Chronik der Bibel

Chronik der Bibel

Berichte, Fakten, Reportagen

Herausgeber: Derek Williams

R. BROCKHAUS VERLAG WUPPERTAL

Titel der englischen Ausgabe:
The Bible Chronicle

Erschienen bei Eagle, einem Imprint des
Inter Publishing Service (IPS), Guildford, England

© 1997 by Inter Publishing Service (IPS) Ltd

für die deutsche Ausgabe:
© 1997 by R. Brockhaus Verlag Wuppertal

Umschlaggestaltung: Dietmar Reichert, Dormagen
Satz: OLD-Satz, Neckarsteinach
Druck: Graficromo, Spanien

ISBN 3-417-24672-5

Mitarbeiter
Gesamtleitung: David Wavre
Herausgeber und Hauptautor: Derek Williams
Co-Autoren: Mike Fearon, David Porter
Architektonische Diagramme: Howard Birchmore
Lektorat: Susan Wavre
Fachberater: Carl Armerding, John Bimson, Gordon McConville, David Wenham
Illustrationen: Jane Taylor
Layout und Design: Sally Hiller
Landkarten: Sally Maltby
Projektkoordination: Lynne Barratt
Bildbeschaffung: Holly Whitelaw
Historische Recherchen: Ricarda Leask
Farblithos: Laser Image Bureau
Druck: Graficromo, Spanien

Für die deutsche Ausgabe:
Redaktion: Hans-Werner Durau
Übersetzer: Antje Balters, Beate und Ulrich Bartsch, Christina Baumeyer, Hans-Werner Durau, Wolfgang Stedtnitz
Satz Landkarten: TSW, Langenfeld
Für einzelne Abbildungen siehe Bildnachweis S. 415

Inhalt

Einführung

Die Bibel ist ein Buch voller Geschichte. Sie ist die Geschichte Jahwes mit seinem Volk Israel, die schließlich durch Jesus Christus in die Geschichte des Christentums einmündet, und sie ist die Geschichte des Volkes Israel inmitten anderer Nationen (Ägypten, Assyrien, Babylonien, Persien, Griechenland, Rom und viele mehr).

Die Bibel ist auch ein Buch voller Geschichten: Die von Adam und Eva, von Noah, von Jona und viele Geschichten von Jesus sind heute weltbekannt. Andere kennt man weniger: Die Ereignisse, die sich während der Richterzeit oder des geteilten Reiches Israel abspielten zum Beispiel sind selbst Bibelkennern kaum gegenwärtig.

Die Bibel ist kein langweiliges Buch, auch wenn dies viele meinen. Sie ist voller Leben, mit »Action« gefüllt, dabei durchdrungen von dem, was Gott in der Geschichte tut. Gott hat sich den Menschen gezeigt, er hat sich ihnen enthüllt, offenbart.

Die CHRONIK DER BIBEL sieht die Geschehnisse der Bibel in ihrem historischen Zusammenhang. Dabei ist nicht nur interessant, was in der Bibel selbst berichtet wird, sondern auch das, was in anderen Kulturen stattfindet. Nicht nur der Vordere Orient und der Mittelmeerraum werden berücksichtigt. Auch Mittel- und Nordeuropa, China, Indien und Amerika findet man wieder.

Die Informationen zur Bibel und ihrer Zeit werden in einer ungewöhnlichen Verpackung dargeboten: im Stil von Zeitschriftenartikeln von heute. Diese wollen, wie heute im Journalismus üblich, nicht bloß trocken berichten, sondern attraktiv und lebendig, bisweilen »reißerisch« und nicht ohne Humor, dabei aber nicht (schein-)objektiv, sondern oft durchaus parteiisch.

Schon die Überschriften sind so: Sie sollen Aufmerksamkeit erregen und Neugier auf den Text wecken. Dass dabei der »Journalist« einen anderen Blickwinkel einnimmt als ein Bibelleser, der etwa die biblischen Geschichten von Kindheit auf kennt, ist klar. Das Sensationelle oder Skurrile wird an manchen Stellen bewusst überbetont. Das mag einige irritieren, hilft aber auch, sich über Wunder wieder neu zu wundern.

Auch sprachlich passt sich der Text dem 20. Jahrhundert an. Natürlich gab es zur Zeit der Bibel keine »Yuppies« und keine »Zeitbombe«, die da (in übertragenem Sinn) etwa getickt haben mag. Doch auch in diesen unerwarteten Sprachanachronismen soll eine Würze des Buches liegen.

Neben der Bibel haben eine ganze Reihe anderer historischer Quellen ihren Niederschlag gefunden. Dennoch bleibt die Bibel im Mittelpunkt. Dabei werden die Ereignisse der Bibel für bare Münze genommen. Das biblische Geschehen wird in der CHRONIK kommentiert, nicht aber in seiner Historizität angezweifelt.

Um die CHRONIK DER BIBEL anschaulich zu machen, sind zahlreiche Illustrationen beigefügt. Archäologische Funde aus der Zeit der Bibel, Fotos von biblischen Orten heute, Zeichnungen, Diagramme und Landkarten machen Geschichte anschaulich.

Datierung und Chronologie sind in manchen Fällen nicht mit letzter Sicherheit gewährleistet (siehe Zirka-Angaben). Im Fall biblischer Ereignisse gilt dies vor allem für den Auszug aus Ägypten, für das Leben Jesu und das des Paulus. Wir haben uns für jeweils eine Variante entscheiden müssen. Andere Möglichkeiten werden nicht diskutiert, müssten bei näherer Untersuchung aber in Betracht gezogen werden.

Schwerpunkt der CHRONIK ist das biblische Geschehen. Wo zeitlich viel in der Bibel passiert, haben andere historische Ereignisse weniger Raum. Wo die Bibel zeitliche Lücken lässt, wird mehr über Ereignisse der Weltgeschichte berichtet.

Bei der Wahl der Ortsnamen haben wir zum Teil Original-Ortsnamen, zum Teil aus Gründen der Verständlichkeit moderne Ortsnamen verwendet. Bereits innerhalb der in der CHRONIK erfassten Geschichte änderten sich dabei die Ortsnamen. Beigefügt ist ein ausführliches Orts- und Personenregister, wo diesem Sachverhalt Rechnung getragen wird und alle Benennungsvarianten Berücksichtigung finden.

Die zahlreichen Bibelzitate entstammen keiner speziellen Bibelübersetzung, sondern sind für den jeweiligen Zusammenhang frei formuliert. Dabei wurde aus stilistischen Gründen mehr Wert auf die ansprechende Wiedergabe des Inhalts als auf exakte Worttreue gelegt. Die Bibelstellen sind jeweils angegeben, so dass der Leser sie mit der von ihm benutzten Bibelübersetzung vergleichen kann.

Es ist der Wunsch der Redaktion, dass der Leser nicht nur Informationen zu Bibel und Weltgeschichte findet, sondern mit mehr Freude oder vielleicht zum ersten Mal nach langer Zeit wieder zur Bibel greift und die Bibel für den Leser mehr als »nur« ein Geschichtsbuch wird.

Die Redaktion

Wie die Zeit begann

Der Vorgang geht weit über die menschliche Vorstellungskraft hinaus: Einen Augenblick zuvor gab es noch buchstäblich nichts – außer Gott. Im nächsten Augenblick war die Welt erschaffen. Als Ausdruck schöpferischer Kraft begann die Schöpfung, an deren Ende die Welt stand, wie wir sie heute kennen.

Wie sie sich genau entwickelt hat und warum sie gerade zu diesem Zeitpunkt entstanden ist, sind Rätsel, deren Lösungen nur dem Schöpfer bekannt sind.

Der biblische Bericht geht davon aus, dass sich die geschilderten Vorgänge im Rahmen einer relativ einfachen Abfolge ereignet haben. Jeder einzelne Schritt in dieser Abfolge wird durch den göttlichen Regisseur geführt und »Tag« genannt. Die biblischen Texte verwenden den hebräischen Begriff für »Tag« nicht nur, um damit einen klar umrissenen, 24 Stunden dauernden Tag zu beschreiben, sondern auch als Bezeichnung für eine unbestimmte Zeitspanne. Im Allgemeinen wird es durch den Zusammenhang, in dem der Begriff für »Tag« gebraucht wird, deutlich, welche der beiden Bedeutungen gemeint ist.

Die Bedeutung des hebräischen Begriffs für »Tag« im ersten Kapitel des 1. Buches Mose ist jedoch umstritten. Trotz unterschiedlicher Ansichten kommt aber in jedem Fall die übergeordnete Botschaft des biblischen Schöpfungsberichtes klar zum Ausdruck, nämlich, dass die Geschichte und die Zeit einen genau bestimmten Beginn haben und dass dieser Beginn dem Willen und den Zielen Gottes entspricht. Laut dem biblischen Bericht war dies der Ablauf der Ereignisse:

• Auf den Befehl Gottes hin erschien zuerst Licht. Licht und Dunkelheit wurden durch Gott voneinander getrennt. Dem Licht gab Gott den Namen »Tag« und die Dunkelheit wurde mit »Nacht« bezeichnet.

• Am zweiten Tag erschuf Gott den Himmel.

• Am dritten Tag erschuf er trockenes Land. Er brachte auch Pflanzen und Bäume hervor, von denen ein je-

Sonnenaufgang

der nach seiner Art Frucht tragen und Samen produzieren würde.

• Am vierten Tag erschuf Gott die Sonne, den Mond und alle die übrigen Himmelskörper.

• Am fünften Tag erschuf Gott lebendige Wesen, die sich im Meer tummeln, und Vögel, die sich in die Lüfte erheben.

• Am sechsten Tag erschuf Gott menschliche Wesen, die den Stempel seines Ebenbildes trugen. Er erschuf sie als Mann und Frau, setzte sie inmitten seiner neu geschaffenen Welt ab und übertrug ihnen die Aufgabe, über die ganze andere Schöpfung, zu herrschen und für sie zu sorgen.

• Am siebten Tag ruhte sich Gott von seinem Schöpfungswerk aus. All seine Schöpfung sah Gott als »gut« an.
(1. Mose 1,2-2,3; vgl. auch 1. Mose 2,4-7)

Was die Bibel sagt, auch wenn sie über vieles schweigt

Die ersten drei Kapitel des ersten Buches Mose bilden ein Vorwort zur gesamten Bibel. Kurz und bündig drücken sie Grundgedanken aus, die von jeder Generation und von jeder Kultur nachvollzogen werden können:

• Gott hatte nicht nur die Kontrolle über den ursprünglichen Schöpfungsakt. Er überwacht auch den andauernden Schöpfungsprozess des Lebens auf dieser Welt. Die Rose erblüht jedes Jahr aufs Neue, weil es Gottes Wille ist, dass sie genau dies tut.

• Die Welt ist das Ergebnis einer Abfolge von Schöpfungsakten, deren Krönung die Erschaffung menschlicher Wesen war.

• Die Tatsache, dass der Mensch »Krone der Schöpfung« ist, ist nicht die Folge eines blinden Zufalls in der natürlichen Auslese. Vielmehr ist die Herrschaft des Menschen über die Schöpfung das Ergebnis einer Wahl, die Gott, der Mann und Frau nach seinem eigenen Bild erschaffen hat, bewusst und seinem Willen entsprechend getroffen hat. Dies trennt den Menschen von den Tieren.

• In ihrem Urzustand war die von Gott geschaffene Welt eine gute Welt.

• Die bewusste Entscheidung Gottes, menschliche, beziehungsfähige und verantwortliche Wesen zu erschaffen, gibt dem Leben des Menschen und der menschlichen Gesellschaft Bedeutung und Ziel. Wir leben, um in Gottes guten Absichten die Erfüllung zu finden, die der tiefste Wunsch aller Menschen ist.

• Die Tatsache, dass Gott genau zwei Menschen erwählt hat, spiegelt seinen Wunsch wider, dass die Menschen ihn kennen und in einer engen Beziehung mit ihm leben sollen. Die gesamte Bibel zeigt die Entschlossenheit Gottes, mit seinen menschlichen Geschöpfen eine enge Verbindung einzugehen, trotz aller Ablehnung vonseiten der Menschen.

• Die Ablehnung Gottes durch den Menschen ist in dem Bericht über den sogenannten »Sündenfall« von Adam und Eva dargestellt. Dieser Sündenfall hatte auf die gesamte Menschheit verheerende Auswirkungen. Er beeinflusste jeden einzelnen Menschen und jeden Teil der menschlichen Gesellschaft. Er wird als die Wurzel allen Übels und aller Leiden angesehen, die sich schnell auf die ganze Menschheit ausgebreitet und auf die gesamte Schöpfung übergegriffen haben. Der Apostel Paulus kann im Neuen Testament davon sprechen, dass die Schöpfung der Vergänglichkeit unterworfen ist und sich nach Erlösung sehnt (Römer 8,20).

Gott: die einzige Konstante des Universums

Die Existenz Gottes wird in den biblischen Berichten als gegeben vorausgesetzt. Keiner der biblischen Schreiber macht sich die Mühe, Gott zu »beweisen«. Vielmehr wollen sie beschreiben, wie Gott ist, wie er handelt und was er von den Menschen fordert. Gott selbst ist nicht Ergebnis eines Schöpfungsaktes und das unbegreifliche Wesen Gottes geht weit über die Grenzen unseres menschlichen Verstandes hinaus.

Christen glauben, dass die Bibel die grundlegende Offenbarung dieses Gottes ist. Diese Offenbarung liegt jedoch nicht in Lehrsätzen, sondern in Gestalt einer gewaltigen »Erzählung« vor, die in manchmal beinahe ermüdender Ausführlichkeit über Geschehnisse berichtet, die tatsächlich in Raum und Zeit stattgefunden haben.

Die handelnden Personen sind häufig alles andere als vollkommen. Doch was wird über Gott ausgesagt?

Gott wird in der Kunst in vielfältiger Weise vor allem als Schöpfer dargestellt. Berühmt ist die Darstellung Michelangelos in der Sixtinischen Kapelle.

- Gott ist in sich selbst vollkommen. Er erschuf die Welt und ihre Bewohner nicht etwa, weil er einsam gewesen wäre. Im Gegenteil: Gott möchte seine Güte mit anderen Wesen teilen, einfach weil Liebe seine Natur ist.
- Gott ist für sich selbst eine Gemeinschaft. Das Neue Testament offenbart, wenn nicht wörtlich, so doch in der Sache, Gott als »Dreieinigkeit«, als Gemeinschaft »in sich selbst« – ein Bild, das jeder »vernünftigen« Erklärung trotzt und die menschliche Vorstellungskraft bei weitem übersteigt. Demgegenüber erscheint auch die vollkommenste Gemeinschaft zwischen Menschen nur wie ein blasses Abbild.
- Gott steht seiner Schöpfung gegenüber und ist nicht bloß Teil von ihr.
- Er ist der einzige Gott. Das Alte Testament wurde in eine Welt hineingeschrieben, in der Himmelsobjekte und Naturgewalten angebetet wurden. Demgegenüber beschreibt der Schöpfungsbericht einen Kosmos, in dem all diese Dinge als »bloße« Schöpfung dargestellt werden.

Brautschau im Paradies

Die beiden »ersten Menschen« lebten nicht etwa »wie die ersten Menschen«. Nicht Höhlen oder Bäume waren ihr Zuhause. Gott hatte ihnen mit dem Garten Eden eine Luxusunterkunft besorgt. Das alles war gratis, lediglich einige Punkte einer Art »Hausordnung« (oder besser »Gartenordnung«) mussten eingehalten werden: Die ersten Menschen sollten auf den Garten aufpassen.

Gott übertrug dem von ihm erschaffenen Mann, dessen Name passenderweise »Adam« (das hebräische Wort für »Mann«) war, die Verantwortung, diesen idyllischen Garten zu pflegen und ihn zu genießen. Adam durfte außerdem alle Früchte essen, die der Garten hervorbrachte. Die einzige Ausnahme bildeten die Früchte der beiden Bäume in der Mitte des Gartens.

Möglicherweise damit es Adam nicht langweilig wurde, erhielt er von Gott den Auftrag, jedem lebendigen Wesen einen Namen zu geben. Gott brachte jedes Wesen einzeln zu Adam, und dieser bestimmte dann, mit welchem Namen das Wesen in Zukunft bezeichnet werden sollte.

Dies war wohl gleichzeitig als eine Art Brautschau gedacht, die allerdings erfolglos endete: Keines der Lebewesen konnte die Funktion eines Gefährten und Helfers für Adam erfüllen. Daher entnahm Gott kurzerhand dem schlafenden Adam eine seiner Rippen und erschuf daraus die »Frau«. Beide lebten in perfekter Einfachheit miteinander und mit Gott.

(1. Mose 2,8-25)

Adam und Eva in einem Gemälde von Lucas Cranach d. Ä.

Wo, bitte, geht es nach Eden?

Die Lage des geheimnisvollen Gartens Eden bleibt im Dunkeln. Dennoch hat es in der Vergangenheit viele Versuche gegeben, die Lage des Gartens zu bestimmen. Hier einige Hypothesen unter vielen:

• Die biblische Bezeichnung »Land Hawila« könnte sich möglicherweise auf die Region zwischen dem Schwarzen und dem Kaspischen Meer beziehen, in der Gold und kostbare Edelsteine zu finden sind.

• Der im biblischen Bericht als »Pischon« bezeichnete Strom ist möglicherweise derselbe Fluss, den die alten Griechen als den Fluss »Phasis« bezeichnet haben und der in das Schwarze Meer mündet. Die Geschichte von Jason und dem Goldenen Vlies bezieht sich auf diese Region. Einige Fachleute vertreten auch die Ansicht, dass das Vlies ein Hinweis auf die Häute sein könnte, die damals von Goldsuchern zum Sieben des Flusssandes verwendet wurden.

• Obwohl Mesopotamien von vielen als die Wiege der Menschheit betrachtet wird, gibt es durchaus auch andere Hinweise, die eher auf im iranischen Hochland gelegene Orte als Ausgangspunkte der ersten menschlichen Kulturen hindeuten.

• Zu dieser Zeit wurden unterschiedliche Siedlungen häufig mit demselben Namen bezeichnet. Das Land »Kusch« im ersten Buch Mose (2,13) darf zum Beispiel nicht von vornherein mit der Stadt »Kusch«, die in späteren Büchern des Alten Testamentes auftaucht, gleichgesetzt werden. Auch die Tatsache, dass es in Mesopotamien eine urzeitliche Stadt mit Namen »Enosch« gab, bedeutet nicht notwendigerweise, dass diese Stadt auf den im vierten Kapitel des ersten Buches Mose erwähnten »Enosch« zurückgeht.

Der Garten Eden wurde oft mit den oberen Bereichen der Euphratregion identifiziert.

Verlorenes Paradies

Adam und Eva im Garten Eden, Gemälde von Jan Breughel d. Ä. (1568-1625)

Adam und seine Partnerin haben eines der für den Garten Eden gültigen Gesetze übertreten. Als Strafe für ihr Vergehen sind sie (und ihre Nachkommen) für alle Zeiten aus dem Paradies verbannt worden.

Die Tragödie ereignete sich nach einem Zwiegespräch, das die Frau mit einer Schlange geführt hatte. Im Verlauf dieses Gespräches hatte die Schlange die Integrität Gottes offen in Frage gestellt. Das Reptil verstieg sich sogar zu der Behauptung, dass Gott nur aus Angst um seine Macht gelogen habe, als er sagte: »Esst nicht von den Früchten des Baumes der Erkenntnis von Gut und Böse! Ihr werdet sonst sterben!« Von dieser hinterlistigen Art eingelullt, pflückte Eva eine Frucht des Baumes und teilte sie mit Adam.

Sofort nachdem die beiden das Obst gekostet hatten, wurden sie von Scham überwältigt. Ihre Nacktheit, die ihnen vorher kein Problem war, mussten sie nun eilfertig bedecken. Als Gott am selben Abend noch in den Garten kam, versteckten sie sich hinter den Bäumen. Vergeblich, wie sich denken lässt.

»Was hast du mir da auch für eine unzuverlässige Person an die Seite gegeben?«, soll sich da Adam ereifert haben. Die Frau schob ihren Fehltritt wiederum auf die gewundenen Reden der Schlange. Doch Gott ließ keine Ausflüchte gelten und erklärte, dass jeder der beiden schuldig geworden sei.

Dies habe, so Gott, ernste Konsequenzen. Der Frau würden zum Beispiel in Zukunft Kinder nur unter Schmerzen geboren werden. Adam hingegen würde von nun an seine Arbeit, die ihm bisher nur Vergnügen bereitet hatte, »schwitzend« verrichten müssen. Auch die Schlange wurde bestraft. Vor allem aber hat der Tod nun in der Welt Einzug gehalten.

Die enge Gemeinschaft Gottes mit den Menschen ist auf schreckliche Weise aufgekündigt worden. Allerdings, und dies wirkt bei allem beinahe versöhnlich, gab Gott Adam und Eva auch die nötige Garderobe mit auf den Weg.

(1. Mose 3)

»Geistliche Welt« ist kein Hirngespinst

In Mittelalter und Renaissance wurden Dämonen gerne mit Hörnern, gegabelten Schwänzen und Mistgabeln dargestellt (Gemälde von Hans Memling).

Es gibt nicht nur Wesen »zum Anfassen«. Nach mehr als einer Aussage der Bibel gibt es eine ganze Menge nicht-körperlicher, geistiger Wesen, zum Beispiel die **Engel**. Wir finden zwar keinerlei Hinweise darauf, wann die Engel erschaffen worden sind, doch als Gott die natürliche Welt erschaffen hat, waren sie schon dabei (Hiob 38,7). Sie bilden quasi den Hofstaat Gottes (Hiob 1,6; Jesaja 6,2-4), dienen Gott und preisen ihn (Psalm 103, Psalm 148). Dennoch sind die Macht und der Status der Engel endlich: Jesus ist weit größer als die Engel (Hebräer 1,4-14) und sie werden eines Tages von menschlichen Wesen gerichtet werden (1. Korinther 6,3). Offenbar gibt es verschiedene Arten von Engeln und sie bekleiden auch unterschiedliche Rangstufen: Zahllose Engel umringen den Thron Gottes (Daniel 7,10) und durch die gesamte Bibel hindurch treten, oft bei Schlüsselereignissen, immer wieder Engel auf, die im Namen Gottes handeln oder eine Botschaft überbringen.

Dämonen hingegen werden in der Bibel nur selten erwähnt. Eine Ausnahme bilden die Evangelien, die über einen Zeitabschnitt berichten, in dem dämonische Aktivitäten ungewöhnlich weit verbreitet waren. Besonders fällt natürlich hier die Austreibung der Dämonen durch Jesus auf. Als Chef der Dämonen wird »Beelzebul« bezeichnet, was für Satan steht (Matthäus 12,26-28).

Satan (das im Hebräischen soviel wie »Gegenspieler« bedeutet) wird in der Bibel als eine Person (nicht etwa nur als »Macht«) beschrieben. So etwa besonders im Buch Hiob. Andere Namen, die für ihn verwendet werden, sind »Schlange«, »Teufel«, »der Ankläger der Brüder«, und »der Herrscher des Reiches der Lüfte«. Er verfügt über große Macht und über zerstörerische Kräfte. Doch Satans Macht ist nicht unbegrenzt und in den Evangelien geht er aus jedem Aufeinandertreffen mit Jesus als Verlierer hervor.

Am Ende der Zeiten wird Satan endgültig geschlagen und in einen Feuersee geworfen werden. Dort wird er auf ewig vernichtet sein.

(Offenbarung 20)

Brudermord jenseits von Eden

Bruderliebe hat enge Grenzen: Aus religiöser Eifersucht brachte Adamssohn Kain seinen Bruder Abel mit einem landwirtschaftlichen Gerät um. Kain, der ältere der beiden Brüder, bebaute Ackerland, Abel hingegen war ein Viehhirte. Kain brachte Gott die Erstlingsgarben seiner Ernte zum Opfer dar, Abel opferte Gott die besten Fleischstücke der erstgeborenen Tiere aus seinen Herden. Gott nahm zwar das Opfer Abels an, doch das Opfer, das Kain ihm gebracht hatte, lehnte er ab. Offenbar geriet Kain in Rage, als Gott ihm unmittelbar vor dem Mord sagte, er müsse erst einmal vor seiner eigenen Türe kehren, was seine persönliche Schuld betrifft.

Kain wurde von Gott dazu verdammt, sich »vom Acker zu machen« und als rastloser Wanderer die Erde zu durchstreifen. Damit die Gewalt nicht eskaliert, machte Gott ein Zeichen an Kain. »Wer sich an Kain vergreift, der wird es siebenfach zu bereuen haben«, soll Gott sinngemäß gesagt haben.

Die Familie Adams zerstreute sich anschließend in alle Winde und besteht nun zum Beispiel in der Linie Lamechs, eines Nachkommen von Kain, weiter. Jabal wird unter Nomaden und Viehzüchtern als patriarchalische Figur verehrt und sein Bruder Jubal hat der Menschheit die Musik geschenkt. Der Halbbruder der beiden, Tubal-Kain, ist zum Stammvater aller Metallarbeiter geworden.

Wie eine Epidemie breiten sich aber Ungehorsam gegenüber Gott nebst allgemeinem Sittenverfall über die ganze Welt aus. Ganze Völker haben damit begonnen, Götter anzubeten, die sie sich selbst geschaffen haben. Abbilder von Stieren und Fruchtbarkeitsgöttern sind in vielen Kulturen gang und gäbe. Vom Idyll Eden ist kaum noch die Erinnerung da.

Darstellung von Adam und Eva in einer römischen Katakombe aus dem 4. Jh. n. Chr.

Wunderwerk Schöpfung

Das Universum: Es besteht aus mehr als 8 Milliarden Galaxien (Milchstraßen), die sich weit über die Reichweite der leistungsstärksten Radioteleskope hinaus erstrecken.

Die Milchstraße: Eine einzige Galaxie des Universums mit einem Durchmesser von über 100000 Lichtjahren, die aus möglicherweise mehr als 100 Millionen Sternen und unzähligen Planeten gebildet wird.

Das Sonnensystem: Die Sonne ist ein Stern der Milchstraße, dessen Temperatur im Kern 15 Millionen Grad Celsius beträgt und an dessen Oberfläche immer noch eine Temperatur von 6000 Grad Celsius herrscht. Die Sonne wird von neun Planeten umkreist und ist ein gigantisches Kernkraftwerk, das Wärme und Licht an diese Planeten abstrahlt.

Die Erde: Ein »Ball« mit einem Durchmesser von mehr als 12000 Kilometern. Im flüssigen Kern der Erde herrscht eine Temperatur von etwa 4500 Grad Celsius. Die Erdkugel enthält 525 Millionen km³ Wasser, das 70 Prozent der Erdoberfläche bedeckt.

Das Ökosystem: Es enthält ungefähr 300000 namentlich bekannte Pflanzenarten und etwa 1,2 Millionen Tierarten, die namentlich unterschieden werden. Häufig lassen sich die verschiedenen Arten wiederum in viele Unterarten unterteilen. So gibt es zum Beispiel allein in Südamerika über 100 verschiedene Arten von Moskitos! Ein einziges Gramm Erde enthält mehrere hundert Millionen mikroskopisch kleiner Bakterien.

Darstellung der Erde und der Himmelswelt. Mittelalterliche Reproduktion einer Karte des Ptolemäus (um 150)

Der Mensch erscheint auf der Bildfläche

Die Bibel stellt Adam und Eva als die ersten »echten« Menschen dar; das heißt, als Wesen, denen Gott die ganz besondere Fähigkeit geschenkt hat, Gottes Existenz und seine Absichten bewusst wahrzunehmen und zu erfahren. In der Sprache der Bibel schuf »Gott den Menschen zu seinem Bilde«. Die Lehrmeinungen der verschiedenen christlichen Glaubensrichtungen weisen jedoch erhebliche Unterschiede in der Deutung des Wortlautes des biblischen Berichtes auf: Für eine Reihe von Christen besagen die biblischen Texte eindeutig, dass Adam und Eva die allerersten Menschen waren und als solche von Gott in einem besonderen Schöpfungsakt und ohne jegliche Vorfahren innerhalb der Evolution erschaffen wurden. Andere theologische Schulen hingegen vertreten die Ansicht, dass es sich beim Schöpfungsbericht lediglich um eine Bildrede handelt, deren Kernaussage eben Gott als den Schöpfer darstellt. Was auch immer diese Geschichte letztendlich bedeuten mag: Es gibt doch einige Hinweise darauf, dass die geschilderten Ereignisse historische Grundlagen haben.

• Der sogenannte »fruchtbare Halbmond«, der sich durch den heutigen Iran und Irak bis hinein nach Syrien erstreckt und in dem sich das biblische Land Eden allem Anschein nach befand, ist anerkanntermaßen eine der Wiegen der ersten Zivilisationen.

• Zwischen der Entwicklung des Menschen während der Neusteinzeit (ca. 15000-10000 v.Chr.) und der Entwicklung, die in den ersten Kapiteln des 1. Buches Mose beschrieben wird, gibt es durchaus Parallelen, insbesondere was die Anfänge der sesshaften Landwirtschaft, den Gebrauch von Metallen und die Entwicklung von Kunst und Religion in diesen frühen Zivilisationen betrifft.

• In vielen Kulturen sind eigene Schöpfungsmythen zu finden, die Berichte über erste Menschen (und über eine nachfolgende verheerende Flutkatastrophe) enthalten und die durchaus Ähnlichkeiten mit den biblischen Erzählungen aufweisen.

• Die biblischen Schöpfungsberichte stellen für manche nur eine unter anderen unzähligen uralten Mythen dar. Doch könnte dasselbe Ereignis in vielen Religionen eben anders beschrieben worden sein.

Alles Schöpfung – oder?

Eine der bedeutendsten Fragen der Menschheit ist naturgemäß die nach dem Anfang der Welt. Die Bibel spricht davon, dass Gott die Welt aus dem Nichts erschaffen hat. Diese Aussage wurde zu einer Grundlage des jüdischen wie christlichen Glaubens. Gott steht hier als der Höchste seiner Schöpfung gegenüber. Und mehr als das: Er ist auch durch die ganze Geschichte hindurch ihr Erhalter.

Dies ist aber nun bei weitem nicht die einzige Möglichkeit, wie sich nach Ansicht der Religionen die Weltentstehung denken lässt. Es gibt eine große Anzahl von Weltentstehungsmythen (oder im Zeitalter der modernen Naturwissenschaften: Weltentstehungstheorien) mit ganz anderen Aussagen.

Da gibt es bei manchen »Naturvölkern« (und in der Philosophie!) die Vorstellung, der Schöpfergott habe mit der Schöpfung seine Arbeit getan und sich gleich danach aus dem Weltgeschehen verabschiedet. In den Lehren der Gnosis und des (Neu-)platonismus war der Schöpfergott ein »Demiurg« (»Handwerker«), der weder als gut noch als der Höchste gedacht wurde.

Älter sind z.B. die Vorstellungen von einem Weltei, aus dem der Schöpfer erst hervorgeht. Nach ägyptischer Vorstellung (von denen es allerdings auch unterschiedliche gibt) erhebt sich aus einem Urmeer ein Urhügel, von wo aus ein Urgott sein Schöpfungswerk beginnt. Nicht selten wird der Schöpfer als Töpfer gesehen, der aus einem bereits vorhandenen Urstoff schafft.

Im Hintergrund der meisten Entstehungsmythen steht dunkel das Chaos. Dies wird entweder besiegt oder richtet weiter durch alle Zeiten hindurch Unheil an (so dass auf diese Weise die Schlechtigkeit der Welt eine Erklärung findet). Häufig ist die Schöpfung nicht »sehr gut« wie nach Gottes eigener Aussage im ersten Buch Mose, sondern Gutes und Böses, Licht und Finsternis kämpfen gleichberechtigt von Anfang an gegeneinander. Diese »Theologie« mag für den Menschen angesichts der irdischen Unordnung auf den ersten Blick einleuchtender erscheinen: Der biblische Schöpfungsbericht sagt das krasse Gegenteil. Gott wirkt hier als Platzanweiser des Bösen, hier als (nachträglich auftauchende) Schlange dargestellt.

Besonders häufig sind mythologische Erzählungen bei denen das Universum aus einem toten Körper eines Urwesens hervorgeht. Berühmt ist hier das babylonische Enuma Elisch: Das Werk schildert den Kampf des Gottes Marduk gegen den Chaosdrachen Tiamat, aus dessen Leichnam er dann die Welt schuf.

Unmittelbar kamen die Israeliten stets mit der Religion der Kanaanäer in Berührung, die ähnliche Vorstellungen hatten. Die chaotischen Urmächte werden im biblischen Schöpfungsbericht mit aller Deutlichkeit abgewertet (um nicht zu sagen lächerlich gemacht: Die in Kanaan als göttlich angesehenen Gestirne wirken in der biblischen Genesis wie aufgehängte Lampen und werden so »entmythologisiert«).

Auch für die griechisch-römische Antike war das Chaos am Anfang, aus dem Erde und Himmel, Nacht und Tag »von selbst« entstanden. Himmel und Erde »heiraten« dann und aus dieser Ehe entstammen die Götter.

All dies sind Erklärungsversuche, ähnlich den wissenschaftlichen Theorien der Neuzeit, die demgegenüber auf Forschungsdaten und nicht auf Überlieferung beruhen. Die »Urknall«-Hypothese mit nachfolgender Evolution ist mindestens in der westlichen Welt kulturelles Allgemeingut geworden. Ob sie nun mit dem christlichen Glauben vereinbar ist oder nicht, darüber streiten sich nicht nur die Theologen. Aber vielleicht steckt auch in dieser Vorstellung mehr »Mythos« als wir ahnen.

Was ist der Mensch?

Der menschliche Körper: 206 Knochen werden von 600 Muskeln in Bewegung versetzt, die von den 300 Mio. Lungenbläschen mit Sauerstoff und damit mit Energie versehen werden. 6,5 Liter Blut erwärmen die Muskeln und Knochen und erhalten sie am Leben. Das Blut kreist jeden Tag 1000mal durch die Blutgefäße, die aneinandergereiht Zehntausende von Kilometern lang wären.

Das menschliche Gehirn: Ein gallertartiger Klumpen, ungefähr 1,4 kg schwer und in zwei Hälften unterteilt. Das menschliche Gehirn ist unendlich viel komplexer als der leistungsfähig-

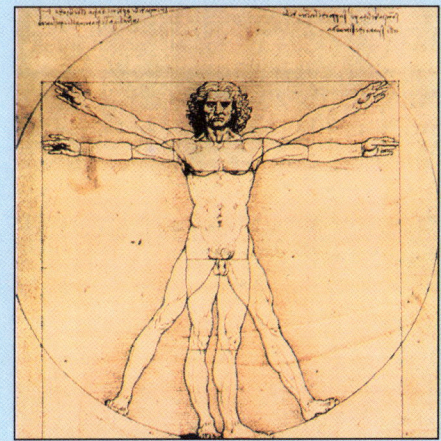

Leonardo da Vincis berühmte »Idealzeichnung« eines Menschen

ste aller jemals gebauten Computer. Es ist der Sitz des menschlichen Bewusstseins. Es ist nicht nur in der Lage, sowohl instinktiv als auch bewusst und vernunftbegabt zu handeln, sondern ist zudem noch fähig zur Kommunikation mit anderen Menschen und mit dem Schöpfer.

Die menschlichen Gene: Der Aufbau der Doppel-Helix der DNA (Desoxyribonukleinsäure), die in jeder Zelle des menschlichen Körpers enthalten ist, ist auch heute noch nicht vollständig klar. Die DNA enthält die kompletten genetischen Informationen, durch die das Aussehen, die Größe, die Körperfunktionen und die unverwechselbaren und persönlichen Eigenschaften der ganzen Person festgelegt werden. Auf die 46 Chromosomen, über die jede menschliche Zelle verfügt, verteilen sich als DNA-Kette mehr als 100000 Erbinformationen.

Wettervorhersage in den Wind geschlagen

Schwimmendes Tierasyl geht vor Anker

Während Noahs Arche davontreibt, versuchen die bösen Mitmenschen verzweifelt, ihr Leben zu retten. Michelangelo, Sixtinische Kapelle

Von einer ausnahmsweise richtigen Wettervorhersage mit fatalen Folgen für die, die sie nicht ernstnahmen, wurde aus dem Nahen Osten berichtet. Dort lebte ein Mann namens Noah, der plötzlich mit der Meldung aufwartete, es werde demnächst aus Kübeln schütten. Nun wäre daran nichts Besonderes, wenn dieser Mann nicht gleichzeitig angekündigt hätte, dass dieser Regen alles vernichte und ein Gottesgericht sei. Ein Verrückter? Noah behauptete, Gott sei sehr ärgerlich darüber, dass die Menschen so schlecht sind, und er, Noah, habe von Gott den Auftrag erhalten, ein Schiff zu bauen, in dem seine Familie und je ein Paar von jeder Tierart Platz und Nahrung haben sollten. Gott wolle die Erde und alle ihre Bewohner zerstören.

Zum Entsetzen aller traf die Vorhersage ein: Vierzig Tage und vierzig Nächte regnete es in Strömen. Außer Noah und seiner Familie, die die große Flut in der Arche überstanden haben, kamen alle Lebewesen um.

In einer Gesellschaft, in der sich die meisten Menschen offen ihres unmoralischen Verhaltens rühmten, stellte Noah die große Ausnahme dar. Er war für seine Frömmigkeit, seine Ehrfurcht vor Gott und seine Integrität bekannt, wurde dafür aber auch oft von seinen Nachbarn gedemütigt und verspottet.

Es war ein beliebter Zeitvertreib, in Noahs Garten zu gehen und sich über seinen Bootsbau lustig zu machen. Noah folgte bei der Herstellung des Bootes den Angaben Gottes bis aufs i-Tüpfelchen. Die fertige Arche hätte mit ihrem Aussehen zwar bei keiner Bootsschau der Welt einen Preis erringen können, aber seetüchtig war sie in jedem Fall.

Wie Gott es vorausgesagt hatte: Noah, der Wetterprophet von Gottes Gnaden samt seiner kostbaren Fracht, hatte nach vierzig Tagen und Nächten Sintflut wieder trockenen Boden unter den Füßen.

150 Tage hatten die Geretteten in der Arche zugebracht. Der 137 Meter lange, 14 Meter hohe und mit Pech überzogene Bootskörper sah aus wie eine große Kiste, die in Hunderte von Innenfächern unterteilt war. Leider gibt es keine Berichte darüber, wie es wohl an Bord während dieser langen Fahrt zugegangen ist.

Als eine Taube, die Noah zuvor von der Arche ausgesandt hatte, mit einem Ölzweig im Schnabel zurückkehrte, wusste er, dass der Wasserstand zurückging.

Vor dem Beginn des großen Regens war eine riesige Menge an Tieren in das Schiff geströmt, wie es heißt paarweise, um ihre Art über die Flut hinweg zu retten. Gleich nachdem das letzte Tier die Arche betreten hatte, schloss sich die große Holztür. Im selben Moment setzten gewaltige Regenfälle ein. Alle Versuche der umstehenden Menschen, Noah dazu zu bewegen, die Tür nochmals zu öffnen, waren vergeblich.

Viele ließen all ihr Hab und Gut zurück und flohen auf die umliegenden Berge, doch das Wasser erreichte und überwältigte sie schnell. Lediglich Sem, Ham und Jafet, die drei Söhne Noahs, mit ihren Frauen durften neben Noah und seiner Gattin mit in die Arche.

Die Arche kam mitten auf dem armenischen Berg Ararat zum Stehen. Es war eine bewegende Szene, als Gott von Noah und seiner Familie gepriesen wurde. Gott gab ihnen das Versprechen, dass er in Zukunft niemals wieder die Erde und die darauf lebenden Kreaturen wegen ihrer schlechten Taten durch eine solche Flut zerstören würde.

Gott schloss mit Noah einen Bund, der für die Menschheit einen Neubeginn darstellte.

Für das Leben auf der Erde erließ Gott einige neue Ordnungen: Fleisch von Tieren durfte nur verzehrt werden, wenn die Kadaver zuvor ausgeblutet waren. Menschliches Blut wurde ebenfalls für wertvoll erachtet und jeder, der es vergießen würde, sollte sich für seine Tat vor Gott verantworten müssen. Die Erde sollte wieder fruchtbar und eben nie mehr von einer ähnlichen Katastrophe heimgesucht werden.

Als Zeichen dieses Bundes schuf Gott den Regenbogen, der die Menschen an sein Versprechen erinnern sollte.

(1. Mose 7-9)

Die Sintflut: ein kulturübergreifendes Ereignis

In vielen Kulturen der Welt sind unter den Mythen, die von Generation zu Generation weitergegeben werden, auch Legenden über eine große Flut. Viele Einzelheiten dieser Erzählungen weisen beträchtliche Ähnlichkeiten mit dem Bericht im 1. Buch Mose auf. Wissenschaftler haben in aller Welt etwa 150 verschiedene Legenden über eine große, urzeitliche Flutkatastrophe gesammelt. Bei vielen dieser Erzählungen kann man davon ausgehen, dass sie unabhängig voneinander entstanden sind.

Hier einige Beispiele:

• Auf dem indischen Subkontinent gibt es Erzählungen über eine »Überschwemmung, die alles menschliche Leben auslöschte«, und über den Bau eines großen Schiffes, in dem »Tiere des Feldes, Vögel der Luft und (…) die Familie« gerettet wurden.

• Eine in Apamea (Makedonien) geprägte Münze zeigt einen großen Kasten, aus dem Menschen strömen, sowie einen Vogel, der einen Olivenzweig im Schnabel hält. Die Frontseite des Kastens ist mit den Buchstaben NOE beschrieben.

• Der babylonische Historiker Berosus berichtet, dass »eine große Flut stattgefunden hat (…) Kronos erschien ihm (Xisuthros) in einer Vision und teilte ihm mit, dass am 50. Tag des Dasius eine Flut kommen und die Menschheit zerstören würde… Er sollte ein Schiff bauen und es zusammen mit seiner Familie, Vögeln, Vierfüßlern und Proviant betreten. Nachdem die Flut vorüber war, sandte Xisuthros Vögel aus.« Berosus erstellte außerdem eine Liste von zehn vorsintflutlichen »Königen«, die beinahe mit den zehn Patriarchen von Adam bis Noah übereinstimmt.

In der griechischen Legende veranlasste Zeus eine Flut, um die Menschen für ihre Bosheit zu bestrafen. Ein Mann namens Deukalion wurde gerettet.

Diese Überlieferungen einer großen urzeitlichen Flutkatastrophe, die in Ländern des Nahen Ostens gefunden wurden, unterstützen allem Anschein nach die Behauptung, dass Gott die Flut schickte, um die Menschen für ihre Schlechtigkeit zu bestrafen. Diejenigen Nachweise, die an weiter entfernten Orten gefunden wurden, führen jedoch auch andere Gründe an, z.B. die Zerstörung durch Riesen. Letzteres erinnert an 1. Mose 6,4.

Es wird angenommen, dass viele dieser Berichte mündlich von Noah auf die nachfolgenden Generationen überliefert wurden. Viele Einzelheiten lassen darauf schließen, dass die Berichte von Augenzeugen stammen. Durch eine genauere Untersuchung des biblischen Berichtes lassen sich zumindest einige Widersprüche klären. Die wenigen Einzelheiten und die hebräischen Worte, die in dem Bericht der Bibel zu finden sind, lassen den Schluss zu, dass zur selben Zeit sowohl im Nahen Osten und in klimatisch ähnlichen Regionen ein verheerender Regensturm tobte. Auch einige Überreste von vorsintflutlichen Kulturen sind der Nachwelt erhalten geblieben. Christen vertreten unterschiedliche Meinungen darüber, ob der biblische Bericht eine weltweite Flut beschreibt oder ob von der Katastrophe nur das Gebiet betroffen war, in dem die in der Bibel beschriebenen Völker gelebt haben.

Kommunikationsknoten

Dass Hochmut vor dem Fall kommt, ist eine Binsenweisheit. Dass aber allzu ehrgeizige Bauprojekte dadurch bestraft werden, dass am Ende ein verbales Durcheinander auftritt, ist sicherlich einmalig. So geschehen in Babel.

Dort hatten ambitionierte Architekten nicht nur eine Stadt gebaut, sondern einen Wolkenkratzer in die Landschaft gesetzt, der seinesgleichen suchte. Ziel der ganzen Mühe: Die Einwohner Babels wollten berühmt werden. Gleichzeitig sollte der Monumentalbau das Volk zusammenschweißen.

Da Gott dies als Angriff gegen seine Souveränität ansah, griff er zur Gegenwehr. Er verwirrte die Sprache der Leute, so dass niemand mehr den anderen verstand. Die Sprachprobleme auf der Baustelle waren hier so unüberwindlich, dass der Bau aufgegeben wurde. Die Leute verstreuten sich in alle Winde.

(1. Mose 11,1-9)

Der Anfang der Völker

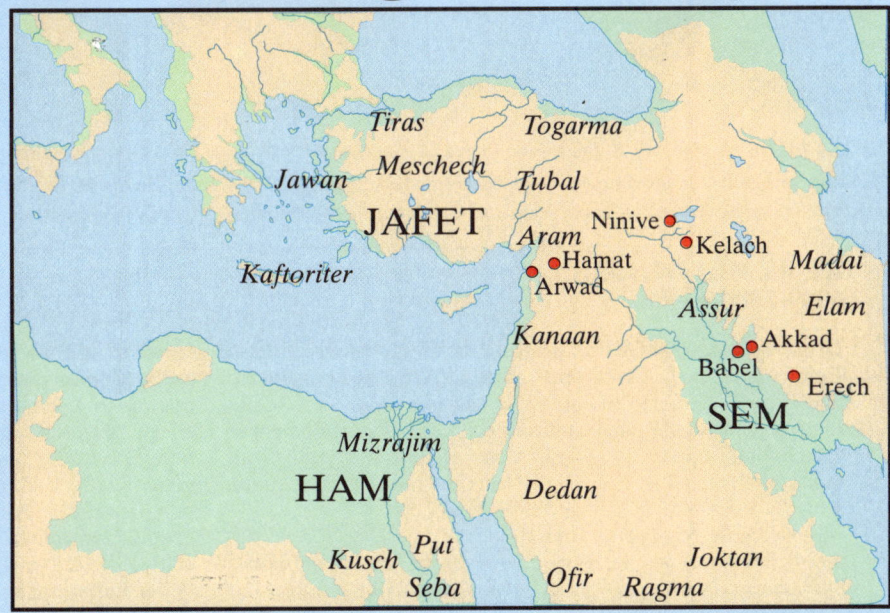

Nach biblischer Tradition wanderten die Söhne Noahs aus: Jafet und seine Nachkommen wanderten nach Griechenland und Kleinasien, die Sem-Linie siedelte in Mesopotamien und Ham zog nach Nordafrika. Später wurden diese Gebiete nach den Namen der Nachkommen der drei Brüder weiter unterteilt.

Harte Schale – frommes Herz?

Ca. 10000-8000 v.Chr.

Die Menschen sind seit alten Zeiten fest davon überzeugt, dass es ein Leben nach dem Tod gibt.

Schon die Neandertaler verwendeten große Sorgfalt auf die Bestattung ihrer Toten, indem sie neben die Leichen der Verstorbenen Waffen und Nahrungsmittel legten. Die Menschen des Steinzeitalters verfügten über noch ausgefeiltere Begräbnisri-

tuale. Sie waren außerdem der Überzeugung, dass das Leben nach dem Tod dem Leben hier auf Erden sehr ähnlich war.

In Grimaldi an der Nordküste des Mittelmeeres wurden beispielsweise eine alte Frau und ein junger Mann gemeinsam begraben. Die Leichen der beiden Verstorbenen wurden in gebückter Haltung und mit Kronen und Armbändern geschmückt vorge-

funden. Der Junge wurde möglicherweise am Grab als Menschenopfer dargebracht.

In der Nähe des Grabes wurde ein Junge bestattet, dessen Kopf nach Norden zeigt. Neben seinem Körper wurden Muscheln, Hirschzähne und Schmuckstücke aufgereiht.

Für die Menschen, die nur spärlich über den Globus verteilt sind, ist das Leben sehr hart. Die Nahrung besteht meist aus Rentieren, Pferden und Bären, manchmal auch von Fischen. Diese Tiere werden mit Steinschleudern und neuerdings auch mit Pfeil und Bogen erlegt. Die Jäger tarnen sich häufig mit Tierfellen, um sich unbemerkt nah genug an ihre Opfer heranschleichen zu können.

Die Menschen kleiden sich mit Tierfellen, die sie mit getrockneten Därmen oder mit Pferdehaar zusammennähen. Als Werkzeuge benutzen sie aus Feuerstein gefertigte Äxte, Pfrieme und Schaber. Die Menschen, die nicht in Höhlen leben, bauen sich Hütten aus Baumzweigen. Feuer spendet Wärme und Schutz.

Doch haben die Menschen auch Zeit für Vergnügungen. Diese haben möglicherweise auch religiöse Hintergründe. Malereien an Höhlenwänden zeigen sowohl Menschen als auch Tiere. Jagd- und Gesellschaftsszenen sowie Paarungsszenen von Pferden (die möglicherweise in Verbindung mit Fruchtbarkeitsritualen stehen) sind häufige Motive in diesen frühen Kunstwerken.

Es gibt viele Höhlen mit steinzeitlicher Malerei, vor allem in Frankreich und Spanien. Die Höhle in Lascaux, Frankreich, weist über hundert eindrucksvolle Malereien auf, die mit Asche oder anderen natürlichen Materialien aufgetragen wurden.

KURZMELDUNGEN 6000-5000 v.Chr.

Urgalerie (ca. 6000 v.Chr.): In Tassili nahe der Sahara sind hochentwickelte Steinmalereien zu finden, die Jagd- und Gesellschaftsszenen und menschliche Gestalten in Angsterregenden Haltungen zeigen. Diese Malereien sind möglicherweise als religiöse Symbole gedacht.

Handelsstadt (ca. 6000 v.Chr.): In Mergar, das auf einer Terrasse am Fluss Bolan in der Kachhi-Ebene in Südasien

liegt, bauen die Menschen Lagerhäuser aus Lehmziegeln. Diese Häuser lassen auf eine sich fortentwickelnde soziale Struktur und ein aufstrebendes Handelssystem schließen. Den Verstorbenen werden viele und wertvolle Grabbeigaben mit auf ihren letzten Weg gegeben.

Metropole des Fortschritts (ca. 6000 v.Chr.): Die Siedlung von Catal Huyuk in Anatolien ist eine der weltweit am weitesten fortgeschrittenen Gemeinschaften. Sie nimmt eine Fläche von 13

Hektar ein, ist unbefestigt und beherbergt eine Gruppe von rechteckig angeordneten Häusern, die so nahe aneinander gebaut sind, dass sie nur durch Löcher in den Dächern betreten werden können. Die Leute sind überwiegend Rinderzüchter und haben hauseigene Altäre anstelle einer zentralen Anbetungsstätte. Sie treiben mit anderen Wirtschaftszentren Handel. Handelsgüter sind vor allem Schmuck und vulkanisches Glas, das zur Werkzeug- und Waffenherstellung verwendet wird.

Sie essen mit Knochen (ca. 5000 v.Chr.): Die Bewohner der ungefähr 160 km östlich von Assur gelegenen Siedlung Jarmu leben in quadratischen, aus gepresstem Lehm gebauten Häusern, die jeweils mehrere Räume aufweisen. Sie essen mit Besteck aus Knochen, nähen mit Nadeln, ebenfalls aus Knochen, und spinnen Wolle und Flachs mit steinernen Spindeln. Ihre Verstorbenen begraben sie unter der Erde und eine schwangere Göttin aus Stein genießt ihre Verehrung.

Ein Kreativschub der Menschheit

Ca. 8000-6000 v. Chr.

Die Verantwortung, die Gott den Menschen für die Erde und ihre Schätze gegeben hat, wird von diesen endlich wahrgenommen. Menschliche Kreativität breitet sich an vielen Orten explosionsartig aus.

Getreide wie Gerste und Weizen wird nun als Nahrungsmittel angebaut. Zuvor wurde lediglich wildes Gras gesammelt und zu grobkörnigem Mehl verarbeitet. Aus dem Tierreich wurden einige wildlebende Arten zur Züchtung ausgewählt. Ihr Fleisch und ihre Felle werden von den Menschen entweder verzehrt oder zu allerlei nützlichen Dingen verarbeitet. Rinder, Schafe, Ziegen, Schweine und Pferde sind ebenso Nutz- und Haustiere geworden wie der Hund. Die

Black Hill in Devon/England ist typisch für die frühgeschichtlichen Steinwälle, die man überall in Europa findet. Oft sind dies einfache Steinansammlungen, die über ein Flachgrab gehäuft sind.

Menschen fertigen Tontöpfe und Körbe aus Binsen und Schilf.

Die Wandlung von Jägern und Sammlern zu Ackerbauern und Hirten ermöglicht es vielen der kleinen halbnomadischen Gruppen, sich niederzulassen und feste Gemeinschaften zu bilden. In der Tat gehen Landwirtschaft und Lebensgemeinschaft Hand in Hand, weil die neuen Errungenschaften die Zusammenarbeit von verschiedenen Familien erfordern. Die Menschen leben in kleinen Dörfern,

Steinzeit in Europa

Orte mit Megalithen findet man in ganz Europa, wobei vor allem England die auffälligsten Monumente aufzuweisen hat. Die meisten dieser Orte sind Grabstätten, die auch als religiöse Zentren genutzt werden. Vieles, was sich hier möglicherweise abgespielt hat, bleibt jedoch für die Nachwelt ein Geheimnis.

die oft an Flussläufen liegen und die Bevölkerung steigt rapide an. Auch die Qualität der Werkzeuge verbessert sich.

Rituelle Bestattungen werden auch weiterhin durchgeführt. In einigen europäischen Gebieten zieht man den Verstorbenen die Haut ab – nur das Skelett der Toten wird begraben. Statt Waffen und Nahrungsmitteln werden den Gräbern nun eher religiöse Gegenstände beigelegt. Offen-

sichtlich soll dies ein Hinweis darauf sein, dass sich das Leben nach dem Tod in einer anderen Welt abspielt.

Es besteht Unklarheit darüber, ob all diese Veränderungen gleichzeitig in verschiedenen Gegenden der Erde begonnen haben oder ob alle diese Kulturen von der sogenannten Wiege der Zivilisation, dem Mittleren Osten, ausgegangen sind. Die letztgenannte Möglichkeit erscheint am wahrscheinlichsten.

Steinmesser mit umwickeltem Schaft

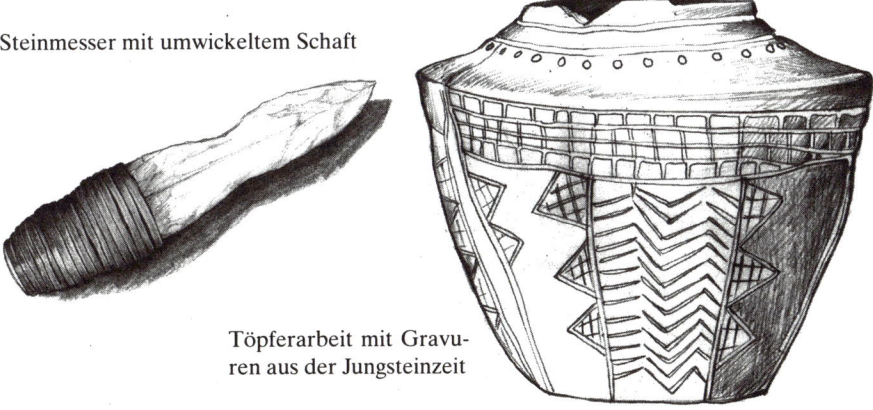

Töpferarbeit mit Gravuren aus der Jungsteinzeit

In Jericho geht es rund

Jericho, ca. 6000 v. Chr.

Die Einwohner Jerichos mögen keine Ecken und Kanten. Sie bevorzugen offensichtlich runde Formen. Ein runder Steinturm und die abgerundeten Ecken der Wohnungen in Jericho verleihen der im Jordantal gelegenen Stadt ihren ganz besonderen Charakter.

Der Turm ist vollständig aus Stein erbaut und hat einen Durchmesser von 8 m. Eine Treppe führt in seinem Inneren von unten nach oben. Da er innerhalb der Stadtmauern gelegen ist, wird er weniger als Verteidigungsposten denn als Zufluchtsort genutzt.

Ursprünglich waren die Häuser in Jericho ganz rund und mit Kuppeldächern versehen. Dies ist nun etwas abgemildert: Heute haben sie eine rechteckige Form mit abgerundeten Ecken. Zwei Gebäude dienen kultischen Zwecken und ermöglichen religiöse Zeremonien. Mehrere Götterstatuen in diesen Gebäuden legen von der Religiosität der Bewohner der Stadt Zeugnis ab. Eine dieser Statuen, auf der ein Mann, eine Frau und ein Kind dargestellt sind, gibt uns einen Hinweis darauf, dass die Menschen von Jericho, ebenso wie viele andere Völker im Nahen Osten, sowohl männliche als auch weibliche Götter anbeten, die zusammen göttliche Kinder als Nachkommen haben können.

Der mächtige Turm des antiken Jericho hat einen Durchmesser von neun Metern. Er befand sich innerhalb der Stadtmauer und diente womöglich als Vorratslager oder Zufluchtsort.

Guter Ton erobert Kanaan

Kanaan, ca. 5000 v. Chr.

Früher war es nur ein Kinderspiel, heute ist es ein aufstrebender Industriezweig. Schon seit den Zeiten der Schöpfung hat jedes Kind gerne Wasser über Schlamm gegossen und aus dem Matsch Gegenstände geformt. Mittlerweile haben Eltern erkannt, dass man durch gezielteres Formen und mit Hilfe der Hitze eines Ofens außer Backsteinen auch noch andere praktische Dinge fertigen kann.

Das sogenannte Töpferhandwerk wird inzwischen weithin angewandt, um Nahrungs- und Flüssigkeitsbehälter herzustellen. Behälter aus Ton haben inzwischen die traditionellen Gefäße, die aus Tierhaut, Holz und Schilf gefertigt wurden, abgelöst. Das Töpferhandwerk ist jedoch nicht neu, sondern es wurde schon vor einiger Zeit durch syrische und anatolische Siedler in Kanaan eingeführt.

Viele der Behälter sind einfache Schalen. Es gibt jedoch auch aufwendiger geformte Gefäße, die zudem manchmal noch mit Henkeln versehen sind. Oft sind die Tonwaren mit geometrischen Figuren verziert, die aufgemalt oder in den Ton eingedrückt werden, bevor dieser mit einer relativ niedrigen Temperatur gehärtet wird. Die Töpferwaren sind meist dunkelfarbig und für gewöhnlich glasiert. Um den Ton besser formbar zu machen, mischen viele Töpfer ihm Strohhäcksel bei.

Fleißige Bienenmenschen

Khabur-Becken, ca. 4300 v. Chr.

Die Menschen, die entlang des Khabur-Flusses zwischen Syrien und Assyrien leben, errichten geheimnisvolle, bienenstockartige Bauten, die aus sonnengehärteten Lehmziegeln bestehen und auf kreisförmigen Steinfundamenten errichtet werden. Der Durchmesser der Gebäude schwankt zwischen vier und neun Metern. Jedes dieser Bauwerke hat einen rechteckigen Vorraum. Der Verwendungszweck dieser Gebäude ist unklar. Möglicherweise handelt es sich um Tempel, vielleicht auch um andere öffentliche Gebäude.

Die Siedlungen entwickeln auf jeden Fall mehr und mehr städtische Organisationsformen. So werden beispielsweise die Straßen während gemeinsamer Arbeitseinsätze durch die Bevölkerung gepflastert. Die Menschen achten jedoch sehr darauf, dass ihr persönliches Eigentum nicht in falsche Hände gerät. Deshalb kennzeichnen sie die Tongefäße, in denen sie ihre Besitztümer aufbewahren und tragen sie ständig bei sich.

Die Töpfe sind farbig gemustert und mit Ornamenten versehen. Talisman-Figuren aus Terrakotta, die Tauben und in den Wehen liegende Frauen darstellen, haben religiöse Bedeutung und dienen dem Schutz der Mütter und ihrer ungeborenen Kinder.

Diese Häuser in der Südtürkei sehen aus wie Bienenhäuser.

Jagen und Sammeln ade! – Sumerer werden sesshaft

Mesopotamien, ca. 4200 v. Chr.

Die hellhäutigen und dunkelhaarigen Sumerer verändern allmählich die Landschaft zwischen den Flüssen Tigris und Euphrat. Sie haben die althergebrachten Arten der Nahrungsmittelgewinnung wie das Jagen und das Sammeln durch Ackerbau und Viehzucht ersetzt. Mesopotamien (»das Land zwischen den Flüssen«) ist eigentlich eine ungastliche, von der Sonne verbrannte Landschaft. Trotzdem versuchen einige Stämme, sich eine Existenz an diesen beiden Flüssen aufzubauen. An den Flussufern bilden sich kleine Dörfer, die halbkreisförmig von Getreidefeldern umschlossen sind. Dattelpalmen wachsen an den

Mauern, die sowohl stolze Paläste und Tempel als auch die einfachen Behausungen der Bevölkerung umgeben.

Woher die Sumerer ursprünglich stammen, ist nicht bekannt. Es ist denkbar, dass sie aus Kleinasien, möglicherweise aus der alten Stadt Catal Huyuk, eingewandert sind. Als Nachkömmlinge der Steinzeit-Landwirte siedelten sie sich an den Ausläufern des schilfbewachsenen Sumpflandes am Persischen Golf an. Sumerische Legenden behaupten, dass sie bereits vor 4000 Jahren Dorfbewohner waren. Damals lebten sie in fruchtbareren Gebieten in den Bergen in der Nähe der Flussquellen.

Von Palmen umgebene Lehmhäuser am Flussufer

Europa setzt auf gemeinsame Aktionen

Mitteleuropa, 4100 v. Chr.

Eine neue Art von Landwirten siedelt sich zur Zeit in den weiten Wäldern Europas an. Hier wächst die Zivilisation nicht so schnell wie in den Ländern des sogenannten »fruchtbaren Halbmondes«. In Europa entstehen nur langsam kleine Dörfer und viele Gemeinschaften sterben einfach aus.

Europa ist kein Land für Einzelkämpfer. »Gemeinsam sind wir stark«, so lautet offenbar die Devise. Feste Gemeinschaften sind die Grundlage für das Überleben der Bevölkerung und wachsende wirtschaftliche Produktivität.

Die Bewohner eines Dorfes, das aus 30 Holzhäusern besteht und etwa 120 km nordwestlich von Warschau liegt, sind gerade damit beschäftigt, das Ökosystem zu verändern,

indem sie Rinderzucht und Landbau betreiben und die Wälder roden. Es wird allerdings befürchtet, dass das Land durch derartigen Raubbau am Ende unfruchtbar ist, die Wälder zer-

Korn mahlende Frau vor typischen Hütten aus der Bronzezeit in England

stört sind und das ganze Gebiet entvölkert ist. Auch gibt es kaum Bodenschätze und der Wettbewerb um sie ist sehr groß. Zur Verteidigung bauen die Menschen Gräben und Pfahlzäune um ihre Dörfer.

Die Dorfbewohner glauben an ein Leben nach dem Tod. Sie legen in die Gräber ihrer Toten Gegenstände, die sie in der nachfolgenden Welt gebrauchen können, wie z. B. Bogen und mit Pfeilen gefüllte Köcher.

Einige der ersten kunsthandwerklichen Arbeiten, die in Europa gefunden wurden, stammen aus Gräbern. Es wurden unter anderem Kupferwerkzeuge und kunstvoll verzierte Diademe gefunden. Letztere geben uns Auskunft über den sozialen Status der Verstorbenen.

KURZMELDUNGEN ca. 4000 v. Chr.

Britannien: In der Ebene von Salisbury im Süden Englands roden Landwirte Wälder und bauen Getreide an. Diese Gegend zeichnet sich durch warmes und trockenes Klima aus

sowie durch kreidige Erde, die leicht zu bearbeiten ist. Einige der Bauern sind vom europäischen Kontinent eingewandert, wo der Wettbewerb um Land größer ist.

Europa: In den Ebenen Osteuropas ist es den Menschen

gelungen, wilde Pferde zu zähmen. Lederriemen, die an einem Stück Geweih befestigt sind und um das Maul des Pferdes gelegt werden, ermöglichen es, den Kopf des Pferdes und damit auch die Richtung, in die es läuft, zu kontrollieren.

Afrika: Die in der Savanne lebenden nomadischen Völker kleiden sich in Tierhäute und schlagen sich unter schwierigen Bedingungen durch. In Höhlen oder selbstgebauten tragbaren Unterständen finden sie Schutz vor Regen und Kälte.

Ur durch Flut völlig vernichtet

Ur, ca. 4000 v. Chr.

Der mörderische Euphrat ist mit zerstörerischer Wildheit über seine Ufer getreten. Über der zerstörten Stadt Ur liegt nun die Stille der Wüste. Wie in vielen anderen sumerischen Städten und Dörfern, so ist die Öde auch in die einstmals stolzen Häuser und Tempel Urs eingezogen. Die älteste Zivilisation, die an dieser Stelle entstand, liegt nun unter einer drei Meter hohen Schlammschicht begraben. Ähnliche Szenen spielten sich überall in der gesamten Ebene zwischen Euphrat und Tigris ab. Die beiden Flüsse haben sich zu einem einzigen riesigen Wasserbecken vereinigt.

An anderen Orten ist der Schaden, den die Flüsse angerichtet haben, weniger folgenschwer. Die Stadt Kisch beispielsweise ist nur von einer 50cm dicken Schlammschicht bedeckt. Doch auch die Bewohner von Kisch werden wohl kaum über ihr »Glück« in Jubel ausbrechen.

Von der jetzigen Flutkatastrophe ist ein Gebiet von 700 km Länge und 170 km Breite betroffen, aber im Gegensatz zur Sintflut Gottes ist diesmal nicht die ganze Welt der Vernichtung anheim gefallen.

Dessen ungeachtet haben die Flüsse ständig ihren Lauf verändert. Das Meer hat sich sowohl das nördliche Ende des Persischen Golfes wie auch den Bodensatz der beiden Flüsse wieder zurückgeholt. Daher münden heute die beiden Flüsse schon einige Kilometer, bevor sie den Golf erreichen, ineinander.

Diese Region ist von großer strategischer und vor allem kultureller Bedeutung: Da es sich um die so genannte »Wiege der Zivilisation« handelt, liegen einige der ältesten und am weitesten entwickelten Siedlungen in diesem Gebiet. So ist diese Flutkatastrophe also ein gewaltiger Rückschlag für das aufstrebende »Menschengeschlecht«.

Mesopotamien – die Wiege der Zivilisation

Mesopotamien, die »Wiege der Zivilisation«, erstreckt sich von Ägypten über Syrien den Euphrat entlang bis zum Persischen Golf. Günstige klimatische Bedingungen waren Voraussetzungen für die frühe Blüte der altorientalischen Völker. Sie profitierten dabei von der reichen Wasserversorgung durch Euphrat und Tigris.

Metallarbeit

Naher Osten, ca. 4000 v. Chr.

Kupfererz wurde aus dem Boden der östlich des Jordans gelegenen Gebiete sowie in Anatolien und Armenien gewonnen. Beim Erhitzen von Steinen fließt das Metall heraus. Aus Kupfer werden Äxte, Pfrieme und ähnliche Werkzeuge hergestellt. Die Erschließung von Kupfer hat der gegenwärtigen Zeit ihren wissenschaftlichen Namen Chalkolithikum gegeben, der sich aus den griechischen Ausdrücken für Kupfer (chalkos) und Stein (lithos) zusammensetzt.

Die Felsen in der Nähe von Petra im Ostjordanland haben auch heute noch einen hohen Kupfergehalt.

Streng der Geruch und kurz das Leben

Avebury, Britannien, ca. 3750 v. Chr.
Sie wünschen sich einen tollen neuen Anzug oder ein schickes Kleid? Als erstes müssen Sie natürlich ein Tier fangen und es töten, anschließend die Haut abziehen. Doch dann stellen Sie fest, dass das Fell zu hart und zu rauh ist, um unverarbeitet als Körperbedeckung für einen Menschen zu dienen. Daher müssen Sie es zunächst gerben und dafür sorgen, dass es weicher und geschmeidiger wird.

Dazu weichen Sie das Fell in Urin ein, kratzen das daran hängende Fett mit einem Feuerstein ab und kämmen die rauhen Haare aus. Danach hängen Sie das Fell so lange in Tierdung, bis es anschwillt. Anschließend tauchen Sie das Fell in angenehm duftendes Eichenharz. Zum Abschluss reiben Sie es mit der Gehirnmasse von Tieren ein, bis es weich und elastisch genug ist, um als Kleiderstoff zu dienen. Es ist nicht verwunderlich, dass bei einer solchen Beschäftigung die durchschnittliche Lebenserwartung in der westenglischen Siedlung Avebury nur 36 Jahre für Männer und 30 Jahre für Frauen beträgt. Die Hälfte der Kinder stirbt vor ihrem ersten Geburtstag. Oftmals ist die Todesursache Unterernährung oder Rachitis (Knochenerweichung). Bis zu 40 Prozent der Bevölkerung sterben, bevor sie das 20. Lebensjahr erreicht haben.

Falls der Gestank, den die Kleider verbreiten, nicht ausreichen sollte, um die Bewohner der Stadt zu ersticken, sind Tetanus, Polio, Tuberkulose und Mala-

Der Steinkreis von Avebury mit seinen 50 aufrecht stehenden Steinen ist von einem Graben umgeben, der früher Teil einer Befestigungsanlage war.

ria zur Stelle, um sie dahinzuraffen. Arthritis, Knochenfrakturen, Zahnkrankheiten und Abszesse kommen hinzu.

Doch auch wenn Sie kerngesund sind, drohen Gefahren. Wenn Sie es vermeiden wollen, durch einen Unfall umzukommen, sollten Sie Spaziergänge im Mondschein besser vermeiden. Nächtliche Begegnungen mit Wölfen, Braunbären, Wildschweinen und Giftschlangen, die sich auf der Jagd nach köstlichem Fleisch befinden, enden für den betroffenen Menschen meist tödlich. Bei Tageslicht löschen einem gelegentlich die lieben Mitmenschen mit einem wohlgezielten Pfeil das Lebenslicht aus.

Kein Wunder, dass Schutzmagie und Aberglaube in höchster Blüte stehen. Deshalb vertrauen viele auch den Medizinmännern, die die Ursachen von Unglücken herauszufinden versuchen. Opferungen und andere Rituale werden durchgeführt, um Gefahren zu vermeiden.

Die Toten werden in Erdhügeln begraben. Um den Geist des Verstorbenen zu befreien, wird der Leichnam zunächst so lange aufgebahrt, bis das Fleisch verwest ist. Erst dann werden die Knochen gebündelt und in ein Holzgebäude gebracht, das anschließend mit Erde überschüttet wird.

Jede Familie besitzt ein eigenes Stück Land und lebt weitgehend als Selbstversorger. Zu ihrem Schutz haben sie aus Holzbalken rechteckige Häuser errichtet. Sie halten zwar Vieh, doch ihre Hauptnahrungsmittel sind pflanzlicher Natur. Da dem Vieh in diesem stark bewaldeten Gebiet kaum Grasland zum Weiden zur Verfügung steht, verbleibt es die meiste Zeit des Jahres im Stall.

Während des Sommers ziehen die Menschen zusammen mit ihren Tieren in Weidegebiete und leben in Lagern unter freiem Himmel. Normalerweise bleiben sie etwa 20 Jahre lang in einer Region, also etwa so lange, bis die Erde ausgelaugt ist. Ausgelaugt sind natürlich nach dieser Zeit auch viele der Menschen.

KURZMELDUNGEN ca. 3500 v. Chr.

Wassergott (3500 v. Chr.): Das südwestlich von Ur gelegene Zentrum Eridu in Mesopotamien wird als die irdische Heimat Enkis, des Gottes der unterirdischen Wasser, angesehen. Ihm zu Ehren ist dort ein einzigartiger Tempel errichtet worden. Der einzige Raum des Tempels ist quadratisch ausgelegt. In ihm befindet sich gegenüber dem Eingang ein Altar. Die Wände sind aus Lehmziegeln gebaut und mit tiefen Daumeneindrücken verziert.

Kopflose Puppen (3500 v. Chr.): Das in der Nähe von Avebury in Britannien gelegene Windmill Hill hat sich zu einem religiösen und wirtschaftlichen Zentrum entwickelt, in dem Töpferwaren aus Asingdon und den Cotswold-Bergen verkauft werden. Auch Gegenstände, die den Tod oder die Fruchtbarkeit beeinflussen sollen, werden hier hergestellt. Figuren, die vorstehende Geschlechtsteile, aber keine Köpfe besitzen, werden aus Kreide gemeißelt und zu religiösen Zwecken verwendet.

Das Vieh, dein Freund und Helfer (ca. 3500 v. Chr.): Die Landwirtschaft in Europa erlebt zur Zeit umwälzende Veränderungen, denn menschliche Kraft wird beim Ziehen der Pflüge mehr und mehr durch Tiere ersetzt. Auch vor die Wagen der Bauern können nun Tiere gespannt werden. Ochsen haben sich für solche Aufgaben besonders bewährt und können größere Lasten als Menschen ziehen. Neben dem Fleisch- und Milchertrag ist damit auch die Zugkraft eines Tieres zu einem wichtigen Merkmal geworden, anhand dessen der Wert von Vieh beurteilt wird.

Makabre Bildhauerkunst (ca. 3500 v. Chr.): Die Bewohner Kanaans praktizieren einen Fruchtbarkeitskult. Die Toten werden meist ohne Kopf unter den Häuserböden begraben. Mit Hilfe von Ton werden die Gesichtszüge des Verstorbenen auf dem Schädel nachgebildet. Die Augen werden durch Muscheln dargestellt. Diese Plastiken werden zu kultischen Zwecken, wahrscheinlich zum Ahnenkult, verwendet.

Ungewöhnliche Nachbarschaft

Kanaan, ca. 3500 v. Chr.

Es gibt unstete Menschen, die sich nirgendwo für längere Zeit niederlassen. Andere sehnen sich nach einem Ort, den sie »Zuhause« nennen können, und verlassen diesen dann nie mehr. In Kanaan leben beide Sorten von Menschen in friedlicher Eintracht oft eng nebeneinander.

Die Ghassuliten sind typische Vertreter des sesshaften Typs. Ihre Dörfer im Jordantal beeindrucken den Betrachter mit rechteckigen Backsteinhäusern, die auf Steinfundamenten errichtet sind und deren Hauptraum sich zu verschiedenen Höfen hin öffnet. Die Häuser sind so dicht zusammengedrängt, dass zwischen ihnen nur schmale Gassen bleiben.

Die Ghassuliten bauen Getreide, Datteln und Oliven an und lagern einige ihrer Ernteerträge in Silos. Sie stellen Töpferwaren in einem für sie charakteristischen Stil her, wie zum Beispiel hornförmige Trinkgefäße mit kurzen Henkeln. Sie dekorieren ihre Häuser mit Figuren ihrer Sagenwelt.

Vorwiegend in Südkanaan leben dagegen Nomaden, die ihre Lager nur vorübergehend aufschlagen und von einem Ort zum anderen wandern. Sie führen ihre Tiere zu frischen Weideplätzen und hausieren mit selbstgefertigten Gegenständen. Tempel, wie zum Beispiel der Tempel in der Wüstenstadt En-Gedi, den sie von Zeit zu Zeit aufsuchen, scheinen der Mittelpunkt ihres Lebens zu sein. Der Tempel in En-Gedi besteht aus einem 20 m langen, jedoch sehr schmalen Raum, in dem sich neben einer Plattform für eine Gottesfigur auch Bänke für die Anbetenden befinden.

Weibliche Figur aus Elfenbein. Als Augen dienen Lapsislazuli-Steine.

Dorf in Flammen

Bulgarien, ca. 3100 v. Chr.

Das Schicksal, das ein Dorf im Gebiet Serdica im Nordwesten Bulgariens erleiden musste, ist typisch für das Chaos, das gegenwärtig Mitteleuropa erschüttert. Die von den Einwanderern aus Yamnaya bewohnte Siedlung ist von einem nicht näher bekannten Volk überfallen worden.

In einem der Häuser wurde sogar der Brennofen ausgeraubt, während er noch brannte. Einige der Töpfereiwaren wurden zerstört. Der Rest wurde durch die Feuersbrunst, die das Dorf verschlungen hat, fertig gebrannt.

Die Yamnayas sind ein nomadisches Hirtenvolk, das vor etwa 500 Jahren aus dem Gebiet hinter der Wolga einwanderte, da sich das Klima dort immer weiter verschlechterte. Sie brachten zweirädrige Ochsenkarren mit sich. Auf dem Balkan, über dem sie sich ausbreiteten, waren sie wegen ihres Reichtums und ihrer neuen Errungenschaften bei den dort ansässigen Völkern höchst willkommen.

Allerdings führen die massiven Einwanderungen, die zur Zeit stattfinden, nun dazu, dass die Bodenschätze der Region knapp werden und Streitereien um Landbesitz an der Tagesordnung sind. Ehemals wohlhabende Siedlungen auf beiden Seiten der Donau wurden durch den Druck der Flüchtlinge und durch Überfälle der Yamnayas zerstört.

Landwirte setzen auf High-Tech

Mesopotamien, ca. 3300 v. Chr.

Moderne, Arbeit sparende Techniken ersetzen die althergebrachte Methode des Pflügens. Ackerbau und Viehzucht werden nun auf geschickte Weise kombiniert und die Landwirte entwickeln neue Verfahren, die Erde zu bearbeiten.

Die heutigen Pflüge werden von Ochsen gezogen, die in ein hochentwickeltes Geschirr aus Kupfer gespannt sind. Das Erz wird aus dem Boden ausgegraben und in einfachen Öfen geschmolzen. Dieser Ochsenpflug stellt einen großen Fortschritt im Ver-

gleich zu der alten Methode dar, bei der nur mit den Händen und mit einem Stock gearbeitet wurde.

Die früher übliche Methode, die Setzlinge während der trockenen Sommermonate zu bewässern, indem man in kleinen Töpfen Wasser aus dem Fluss herbeischaffte, wurde inzwischen weitgehend automatisiert. Kleine Breschen werden in die über Jahrhunderte entstandenen natürlichen Dämme der Flüsse geschlagen. Dies erlaubt es, das Flusswasser in künstliche Kanäle und Wasserbehälter zu leiten. Von dort aus wird das

kostbare Nass in Bewässerungsgräben befördert. Dies geschieht mit Hilfe eines sogenannten »Schaduf«, eines Schöpf-Eimers der an dem einen Ende einer langen Stange aufgehängt ist. Das andere Ende der Stange wird durch ein Gegengewicht beschwert.

Mehr und mehr Felder, die weiter entfernt von dem Fluss liegen, werden inzwischen durch dieses Verfahren bewässert und können somit bebaut werden. Manche der dafür notwendigen Kanäle haben eine Länge von mehreren Kilometern.

Das Medium der Zukunft?

Händler waren an der Entstehung des Schreibens maßgeblich beteiligt. Auch förderten sie die ersten Schulen, wie etwa diese frühe arabische Schule (Abbildung aus dem 19. Jh.).

Mesopotamien, 3200 v. Chr.

Die Sumerer haben eine Reihe von besonderen Zeichen entwickelt, die in Stein, Ton oder Schiefer eingeritzt werden und mit deren Hilfe sie miteinander kommunizieren können.

Die Priester verwenden Federhalter aus Schilf, um diese seltsamen Zeichen (sogenannte »Piktogramme« oder »Bildworte«) in Tontafeln einzuritzen. Der Inhalt der Botschaften kann dann später von all jenen entziffert und verstanden werden, die die Bedeutung jedes einzelnen Zeichens oder Symbols erlernt haben.

Dieses Verfahren, das als »Schreiben« bezeichnet wird, erfreut sich in letzter Zeit auch unter Händlern einer immer größeren Beliebtheit.

Landwirte haben schon seit ungefähr 5000 Jahren. bestimmte Zeichen oder Marken verwendet, um eine Inventarliste über ihre Waren zu erstellen und aufzuzeichnen. Mit der Zeit wurden diese Marken dann auch als eine Art Lade- oder Lieferschein verwendet, die ge- oder verkaufte Waren begleiteten.

Das neue System ist inzwischen auch von anderen Zivilisationen übernommen und weiter verbessert worden. Die nahe gelegene elamitische Stadt Susa hat die Grundidee der Sumerer dahingehend weiterentwickelt, dass sie nun anstatt der groben Umrisse der Gegenstände, aus denen die Schrift der Sumerer besteht, keilförmige Zeichen verwenden, die Laute darstellen. Durch die Kombination mehrerer solcher Zeichen können durch diese Schrift auch sehr komplexe Worte dargestellt werden. Diese neue Schrift ist den »Piktogrammen« so deutlich überlegen, dass sie schon heute als das System anerkannt wird, dem die Zukunft gehört.

Na denn, prost!

Naher Osten, ca. 3500 v. Chr.

Wie vor kurzem herausgefunden wurde, haben bestimmte verrottende Früchte eine berauschende Wirkung auf den Menschen. Man hatte beobachtet, dass Überbleibsel von Datteln, Feigen und Weintrauben in Krügen oder Töpfen zu gären begannen. Der bei diesem Vorgang entstandene Saft hatte nicht nur einen kräftigeren Geschmack, sondern zeichnete sich auch noch durch stark bewusstseinsverändernde Eigenschaften aus. »Ich fühle mich supergut«, soll einer gesagt (oder besser genuschelt) haben, der eine größere Menge davon genossen hatte. Das hat dazu geführt, dass dieses Getränk jetzt auch in Produktion geht. Durch Versuche hat man herausgefunden, dass mit Malz versetztes Getreide der Ausgangsstoff ist, mit dem man den neuen Drink am wirtschaftlichsten herstellen kann.

Turm mit Ohren

Troja, ca. 3000 v. Chr.

An der Südküste der Ägäis ist am Hellespont für einen König eine neue Stadt namens Troja errichtet worden. In einen der Kalksteintürme, die das Eingangstor der Stadt säumen, ist ein herzförmiges menschliches Gesicht eingemeißelt worden. Die Ohren des Gesichts sind von Bohrlöchern umgeben. Die Dekoration ist weltweit die erste ihrer Art.

Die vier Meter dicken Mauern der Stadt geben einer Siedlung Schutz, die überwiegend aus rechteckigen Ziegelhäusern besteht. Die Stadt wurde von Siedlern aus Thrakien gegründet, das auf halbem Weg zwischen Nordgriechenland und dem Schwarzen Meer liegt. Obwohl Troja nicht über einen eigenen Hafen verfügt, ist die Stadt dennoch von

Kleine Statue eines Königs oder Priesters aus Uruk/ Süd-Mesopotamien

strategischer Bedeutung, denn sie kontrolliert die Meerenge des Hellespont.

Fleisch – ein Stück Lebenskraft?

England, ca. 3500 v. Chr.

Zu Beginn der Errichtung eines neuen Grabhügels steht in England reichlich Fleisch auf dem Speiseplan. In Wessex verzehren die Festteilnehmer für gewöhnlich Ochsenfleisch, in Yorkshire Schweinebraten. In den religiösen Zeremonien werden Tieropfer dargebracht, die jedoch in Krisenzeiten durch Menschenopfer ersetzt werden.

Götterschwemme verursacht Bauboom

Mesopotamien, ca. 3000 v. Chr.
Wenn man der von den sumerischen Priestern entwickelten Kosmologie (Lehre über die Entstehung des Weltalls) Glauben schenkt, dann gibt es mehr als 3000 Götter. Und jeder einzelne dieser Götter hat angeblich die Kontrolle über je einen Aspekt des menschlichen Lebens.

Dazu kommt, dass außerdem noch jedes einzelne Dorf, jeder Hügel, ja sogar Pflüge über eigene Gottheiten verfügen.

Nicht alle Götter haben dabei dieselbe Machtfülle. Ein besonderes Götterquartett hat für die sumerischen Gläubigen die Kontrolle über die wichtigsten Naturgewalten inne. Der Gott An, der Herrscher über den Himmel, wurde früher als die mächtigste Gottheit überhaupt betrachtet. Heutzutage jedoch hat ihn Enlil, der Gott der Lüfte, von diesem Platz verdrängt.

Die Priester behaupten, dass die Götter derselben Vielfalt an Gefühlen unterliegen wie diejenigen, von denen sie angebetet werden: Sie genießen Speis und Trank, lieben und heiraten. Die Götter verharren nicht in Schweigen, sondern reden durch die Priester und unter Verwendung von Zeichen und Omen. »Zeige mir eine Schafsleber, und ich sage dir, wo es langgeht«, scheint hier Motto zu sein. Aberglauben ist bei den Sumerern allgegenwärtig.

Die Sumerer glauben, dass die Menschen nur Tonpüppchen seien, die die Götter sich als Sklaven halten. Deshalb sind sie auch davon überzeugt, dass mangelnde Anbetung der Götter katastrophale Fluten, Seuchen und Dürreperioden zur Folge haben kann. Um die Götter zu besänftigen, haben die Sumerer Tempel errichtet, die erhöht auf sorgfältig aufgeschütteten Plattformen stehen. Ob die Tempel der Götter erhöht stehen, damit sie dem Himmel näher sind oder nur um sie vor den Überflutungen der Regenzeit besser zu schützen, ist nicht bekannt. Wenn eines dieser Gebäude einstürzt, werden die Überreste dazu verwendet, an derselben Stelle einen beeindruckenderen Tempel zu errichten.

Das Aufeinanderfolgen neuer Gebäude, die sich aus den Ruinen der alten erheben, hat inzwischen Ähnlichkeit mit einer Folge von riesigen Stufen. Diese prächtigen sogenannten »Zikkurats« sind mit großartigen Statuen und farbenfrohen Fresken verziert, die Männer mit langen Haaren und Bärten und nackten Oberkörpern darstellen. Um den Unterkörper tragen die Männer ein rockartiges Kleidungsstück.

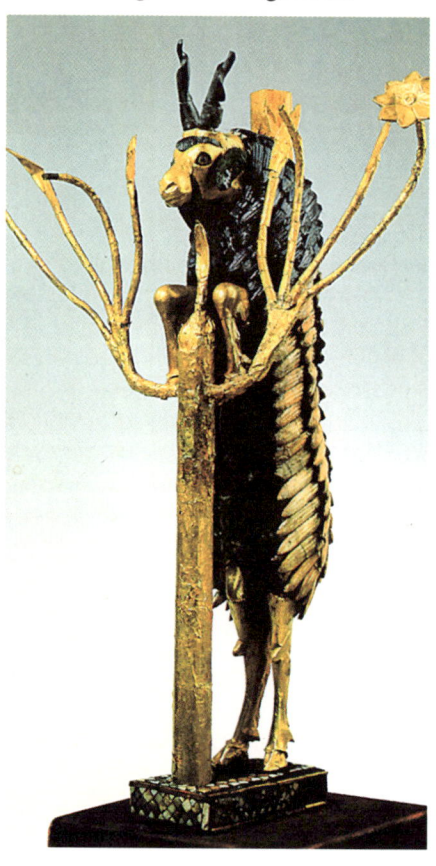

Eine Ziege, die einen Baum anknabbert. Diese Figur aus Muscheln, Lapislazuli und Gold wurde in Ur gefunden und lässt sich auf 2500 v. Chr. datieren. Wozu sie diente, ist unklar.

Bergwanderer vermisst

Ötztaler Alpen, ca. 3000 v. Chr.
Ein Mann aus Norditalien hat den Versuch, die Alpen zu überqueren, wahrscheinlich mit seinem Leben bezahlt. Letzte Hinweise deuten darauf hin, dass der Wanderer durch ein schwer zu durchdringendes Gletschergebiet hindurchreisen wollte.

Der Vermisste ist am Körper tätowiert. Ausgestattet ist er mit einer beeindruckenden Axt mit einer Klinge

Die sumerischen Stadtstaaten erleben zur Zeit eine wirtschaftliche Blüte. Der Handel mit den Völkern Syriens, Kleinasiens und den Ländern, die am Persischen Golf liegen, hat das Wachstum von Lagesch und Uruk (oder Erech) gefördert und dazu geführt, dass sie heute die mächtigsten unter den sumerischen Stadtstaaten sind.

»Starke Männer« auf dem Vormarsch

Mesopotamien, ca. 2900 v. Chr.
Sogenannte »Starke Männer« spielen in Mesopotamien eine immer größere Rolle und gerieren sich in der einstmals recht demokratischen sumerischen Gesellschaft nun immer mehr als »Führer«.

In der Vergangenheit wurden alle wichtigen Entscheidungen von Räten getroffen, die aus den Aristokraten und Ältesten gebildet wurden. In Krisenzeiten wurde von den Räten im Allgemeinen ein sogenannter »Starker Mann« (oder »Lugal«) ernannt, der während der Krise das Land führen und die notwendigen schnellen Entscheidungen treffen sollte. Nachdem die Notsituation überstanden war, kehrte dieser starke Mann in der Vergangenheit wieder zu seiner ursprünglichen Beschäftigung zurück.

Den Lugals gefiel natürlich die plötzliche Machtfülle. Als die Not ein Ende hatte, wollten sie die einmal gewonnene Macht nicht mehr missen. So sind ihre Befugnisse längst nicht mehr auf militärische Aufgaben beschränkt: Sie ersetzen nun die Räte ganz allein.

aus Kupfer, die an einem Stiel aus Eibenholz festgebunden ist. Die weitere Ausrüstung des Wanderers bestand in einem Köcher aus Wildleder, in dem sich vierzehn Pfeile mit aus Stein gefertigten Spitzen befanden, sowie einem Steinmesser, enger Wadenbekleidung aus Leder, einem Regenmantel aus gewobenem Gras und einer mit einem Lederriemen versehenen Pelzkappe.

Ganz Ägypten in einer Hand

Ägypten, ca. 3000 v. Chr.

Menes hat sich zum Herrscher über ein vereinigtes Ägypten aufgeschwungen. Die verschiedenen Gebiete entlang des Nils sind nun unter einem einzigen Verwaltungssystem zusammengefasst.

Das Gebiet, über das der sogenannte »Gott-König« herrscht, schließt inzwischen auch Unterägypten mit ein, wo durch die erfolgreiche Anwendung neuer Methoden der Landgewinnung das Sumpfland allmählich zurückgedrängt wird. Menes hat die thinitische Dynastie gegründet und Memfis zu seiner Hauptstadt gemacht. Der Regierungssitz liegt in der Nähe des Nildeltas in Oberägypten auf einem Landstrich, der den Sümpfen abgerungen worden ist.

Die weißen Mauern der Gebäude der Stadt leuchten unter der sengenden Sonne. Weitere blühende Städte des Reiches sind Elephantine, Hierakonpolis und Abydos. Obwohl das Königshaus an mehreren Grenzen des Reiches von Nomadenstämmen geplagt wird, kann man doch davon ausgehen, dass der König sich dazu entschließen wird, sein Herrschaftsge-

Die erste Hauptstadt des vereinigten Ägyptens war Memfis. Sobald Herrscher und Dynastien wechselten, wurde auch die Hauptstadt verlegt.

Die ersten beiden Pharaonendynastien dauerten bis 2685 v. Chr., die dritte Dynastie begann den Pyramidenbau.

Viele Städte entstanden, beinahe ausschließlich an beiden Seiten des Nilufers. Vom Nildelta aus drangen die Siedler allmählich ins Landesinnere vor.

● altägyptische Städte
◎ Siedlungen des Mittleren Reiches
◇ Siedlungen der Bronzezeit

50 km
20 Meilen

biet noch weiter nach Süden auszudehnen. Nubien ist mit Sicherheit ein verlockendes Ziel für ägyptische Expansionsgelüste.

Sahara trocknet aus

Afrika, ca. 3000 v. Chr.

Das wohltuende Klima, das das afrikanische Hinterland bis vor kurzem noch so gastfreundlich gemacht hat, ist einem radikalen Wandel unterworfen. Die Seen vertrocknen und Weidegründe sind auf dem Rückzug. Auch die einst riesigen Waldflächen nehmen immer mehr ab.

Löwen, Elefanten, Nilpferde und Nashörner, die in der Sahara umherstreifen, müssen bei ihrer Suche nach Futter nun längere Wege zurücklegen, da der Wasserspiegel der Seen in der Sahara sehr rasch sinkt.

Das Übrige besorgen schwere Sandstürme, die das einst fruchtbare Gebiet nahezu undurchdringlich machen. Offenbar ist der langsame, aber stetige Vormarsch der Wüste nicht zu bremsen.

Eine Fata Morgana (Luftspiegelung) in der Sahara

Sumerer-Epos mit neuer Schrift

Mesopotamien, 2750-2550 v. Chr.

Epen und Mythen werden nun auch in der neuen Keilschrift und unter Verwendung von verbesserten Schreibtechniken für die Nachwelt aufgezeichnet.

Bisher wurden die Zeichen in senkrechten Spalten angeordnet und in der rechten oberen Ecke der Tafel mit dem Schreiben begonnen. Dadurch verschmierten die Schreiber mit ihren Händen beim Einritzen neuer Buchstaben häufig die Buchstaben des Textes, den sie schon vorher geschrieben hatten.

Bei der neuen Schreibweise werden nun Schreibwerkzeuge aus Schilfrohr verwendet. Die Buchstabenreihen werden bei der neuen Schriftform nun von links nach rechts in waagerechten Reihen geschrieben.

Das Erlernen der Kunst, die neue Schrift lesen und schreiben zu können, erfordert eine jahrelange und strenge Unterweisung an einer sogenannten »Edubba«, einem »Haus der Tafeln«, einer Schule. Um das Lesen, Schreiben und Rechnen zu erlernen, müssen die Schüler an den Direktor der Schule, den sogenannten »Ummia«, Studiengebühren entrichten.

Unter den Epen, die in der neuen Schrift aufgezeichnet werden, befindet sich auch das bekannte Gilga-mesch-Epos. Es berichtet über die heldenhaften Taten des König Gilgamesch. Eine Episode schildert zum Beispiel die Begegnung von Gilgamesch mit dem greisen Utnapischitim, von dem behauptet wird, dass er eine unvorstellbare Flutkatastrophe dadurch überlebt habe, dass er für sich, seine Familie und sein Vieh eine Arche gebaut und in ihr auf das Ablaufen der Wassermassen gewartet habe. Diese Erzählung erinnert an die berühmte Geschichte von Noah.

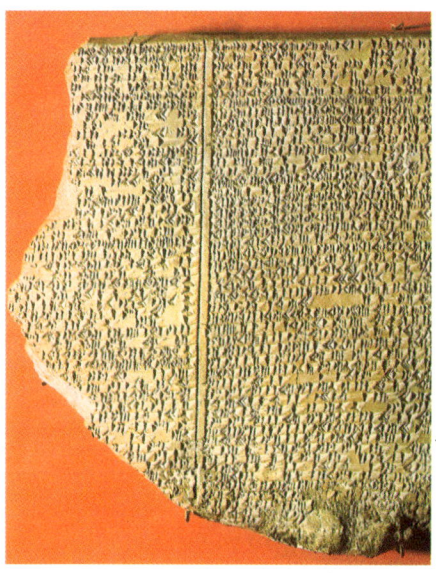

Lehmtafel mit dem Gilgamesch-Epos und dem Bericht einer »Ur-Flut« (Kopie aus dem 7. Jahrhundert v. Chr.)

Umwälzende Erdbewegungen

Silbury, England, ca. 2600 v. Chr.

Als ob es im westlichen England nicht schon genug Hügel gäbe, so haben die unerschrockenen Bewohner dieser Gegend zu allem Überfluss auch noch ihren eigenen Hügel errichtet. Das Ganze dauerte immerhin ein volles Jahrhundert. Der künstliche Hügel ist am Fuß ca. 165 Meter breit und überragt seine Umgebung um sage und schreibe 40 Meter. Die Spitze des Hügels ist abgeflacht und hat einen Durchmesser von ca. 30 Metern.

Schätzungsweise 18 Millionen Arbeitsstunden wurden erbracht, um die gewaltigen Erdbewegungen durchzuführen. Zum Bau des Hügels wurden mehr als 35 Millionen Korbladungen Steine verarbeitet. Die einzelnen Körbe wurden mit Hilfe einer menschlichen Kette, die sich mit einer geringen Steigung spiralförmig um den ständig wachsenden Hügel hinaufwand, an ihren Bestimmungsort befördert. Im Innern des Hügels sollen außerdem noch rund eine viertel Million Kubikmeter Kalk verbaut worden sein.

Der abgeflachte Kegel von Silbury ist der größte jemals von Menschenhand geschaffene Hügel, von denen in England noch manch andere zu finden sind. Möglicherweise wurden diese Hügel als Grenzmarkierungen oder aber als Wachtürme errichtet.

KURZMELDUNGEN 3000-2500 v. Chr.

Geheimnisvolle Steine: An vielen Orten Europas werden riesige, aus großen Steinquadern bestehende sogenannte »megalithische« Monumente errichtet. Es sind kleine Straßen oder Gänge, die von aufrecht stehenden Steinen gesäumt werden. Die Atmosphäre, die diese Monumente verbreiten, ist geheimnisvoll und Ehrfurcht gebietend. Viele dieser Anlagen dienen astronomischen Zwecken.

Pfluglotsen: Die Verwendung von Pflügen ist unter den ersten Bauern, die sich in Indien sesshaft gemacht haben, inzwischen weit verbreitet.

Nabel der Welt: Ägypten steht unbestreitbar im Mittelpunkt des Weltgeschehens und verfügt über enormen Einfluss, Wohlstand und große politische Macht. Vor kurzem hat das Land außerdem mehrere Expeditionen nach Nubien entsandt, die von dort Mineralien und Steine für weitere in der Planung befindliche Bauprojekte nach Ägypten bringen sollen.

Tempel im Turm (ca. 3000 v. Chr.): In Erech ist ein Zikkurat errichtet worden. Es ist das erste Bauwerk dieser Art überhaupt und besteht aus einem hohen, terrassenförmigen Hügel. Als Baumaterial für den Hügel diente den Sumerern gestampfter Lehm und Ziegel, die aus getrocknetem Schlamm hergestellt wurden. Auf dem Hügel steht ein Tempel, der über eine Treppe erreicht werden kann.

Wohlgeformte Frauen (ca. 2500 v. Chr.): Einwanderer aus Anatolien und Syrien bevölkern die Insel Kreta. Die meisten Bewohner hausen noch immer in Höhlen, einige wenige in Häusern. Auch die Kunst des Töpferns hat sich entwickelt. Schwarze, graue, rote und gelbe Gefäße legen davon ein beredtes Zeugnis ab. Die Kreter beweisen auch bei der Herstellung von Tonfiguren großes Geschick. Sehr beliebt sind gedrungene Frauenfiguren, die häufig mit sehr breiten Hüften und dicken Oberschenkeln dargestellt sind.

Siege(l)szug (ca. 2500 v. Chr.): In vielen Gegenden verwenden die Bewohner jetzt Siegel, um ihr Hab und Gut zu kennzeichnen. Die Siegel, die in einer Vielzahl von Formen erhältlich sind, werden in weichen Ton gedrückt. Während in Mesopotamien zylinderförmige Siegel verwendet werden, bevorzugt man in Syrien solche, die die Form eines Stempels haben. In Ägypten werden Siegel aus Steinen hergestellt, die wie ein Käfer geformt sind. Im Land der Meder und in Anatolien sind Siegel, die in einen Siegelring eingearbeitet sind, der neueste Schrei.

Ägypter vom Tod fasziniert

Ägypten, ca. 2600 v. Chr.

Die Ägypter haben eine Leidenschaft für den Tod entwickelt. Man hatte sich ja daran gewöhnt, dass die aus Lehmziegeln errichtete Grabkammer oder die sogenannte »Mastaba« eines jeden ägyptischen Königs immer aufwendiger gestaltet war als die seiner Vorgänger. Doch auch gewöhnliche Sterbliche lassen jetzt ihre Überreste für die Nachwelt präparieren.

Die sterblichen Überreste der Könige werden durch Eintauchen in eine Lösung mit Konservierungsmitteln mumifiziert und anschließend mit wohlriechenden Substanzen gefüllt. Zum Abschluss der Prozedur werden sie straff bandagiert und in Grabkammern bestattet. Grabkammern können heute aus bis zu 70 Räumen bestehen. Häufig erreichen sie eine Höhe von bis zu 5 Metern. Die Kammern sind mit Schätzen und Haushaltsgegenständen wohl gefüllt und stellen somit für Grabräuber eine ständige Quelle der Versuchung dar.

Der Ursprung dieser aufwendigen Zeremonien ist in der Religion des Landes begründet. Die Könige von Ägypten nehmen für sich in Anspruch, das Land am Nil als Erben oder sogar als Verkörperung des Gottes Horus, dem Sohn des Gottes Osiris, zu regieren.

Die Ägypter glauben, dass Osiris ein ehemaliger Herrscher Ägyptens war, der von seinem missgünstigen Bruder Seth brutal ermordet wurde.

Die volkstümliche Mythologie Ägyptens berichtet weiterhin, dass Seth nach dem Mord die sterblichen Überreste seines Bruders Osiris über ganz Ägypten verstreut habe. Doch Isis, die treu ergebene Schwester und Ehefrau des Toten, fügte die einzelnen Teile des Körpers von Osiris wieder zusammen und erweckte ihn anschließend zum Leben. Seit dieser Zeit lebt Osiris nun in der ägyptischen Mythologie als Herrscher über das Leben nach dem Tod weiter. Dem ägyptischen Glauben

Zeichnung eines hölzernen Totenschiffes. Die Seele des Menschen reist nach Abydos, der heiligen Stadt des Gottes Osiris, der als Herr der jenseitigen Welt gilt.

zufolge wird jeder ägyptische König nach seinem Tod eins mit der Göttin Isis. Diese Mythen haben die ägyptischen Könige dazu ermutigt, dafür Sorge zu tragen, dass ihre sterblichen Überreste für lange Zeit und unversehrt erhalten bleiben.

Gigantomanie?

Avebury, England, ca. 2800 v. Chr.

Die Menschen der weithin bekannten Siedlung im Westen des Landes haben damit begonnen, einen riesigen Kreis aus Steinen zu bauen. Als Baumaterial verwenden sie riesige Natursteine, sogenannte »Sarsen«, die aus den nördlich von Avebury gelegenen Marlborough Downs herbeigeschafft werden. Die Aufgabe, die sich die Bauherren von Avebury gestellt haben, ist so gewaltig, dass auch der stärkste Mann allein schon beim Gedanken daran weiche Knie bekommen könnte. Die Sarsen wiegen bis zu 50 Tonnen.

Die Steine werden mit Hilfe von Baumstümpfen aus der Erde gehebelt und anschließend auf einen aus Ulmen- und Eichenholz hergestellten Schlitten, der selbst schon ein Gewicht von mehr als einer Tonne aufweist, herabgelassen. Der Schlitten wird dann auf einer Bahn aus runden Holzbohlen, die vor dem Schlitten ausgelegt werden, vorwärts gezogen.

Die etwa 6,5 Kilometer lange, bergauf führende Reise von den Marlborough Downs zum Standort des Kreises in Avebury nimmt ungefähr vier Tage in Anspruch.

Ist ein Stein dann endlich an seinem Bestimmungsort angekommen, stehen den Arbeitern immer noch mehrere Tage härtester Arbeit bevor, bis er schließlich aufgerichtet ist. Zuerst wird ein Loch gegraben, das den Stein später aufnehmen soll. Anschließend wird der Stein vom Schlitten heruntergehebelt und durch Baumstümpfe abgestützt. Um den Koloss schließlich in eine senkrechte Position aufzurichten, müssen 100 Männer gleichzeitig über eine geraume Zeitspanne hinweg ihre ganze Kraft aufbieten und dabei auch noch die von den Aufsehern erteilten Befehle unverzüglich und peinlichst genau befolgen. Wenn der Stein endlich aufgerichtet ist, wird er mit Hilfe von Balken senkrecht gehalten, während die Basis des Steins mit Lehm ummantelt wird.

Der südliche Ring besteht aus 30 dieser Steine. Weitere 12 Sarsen bilden einen inneren Ring und umgeben den Obelisken, der im Zentrum der Anlage steht. Im Norden befindet sich ein zweiter Ring mit 27 Steinen. Das Zentrum dieses Rings wird durch einen aus drei Sarsen bestehenden Unterschlupf gebildet. Es wird angenommen, dass in den beiden Ringen zu unterschiedlichen Zeiten des Jahres religiöse Zeremonien abgehalten werden.

Treppe zu den Sternen

Ägypten, ca. 2620 v. Chr.

Der ägyptische König Djoser wird seine letzte Ruhe in der aufwendigsten Grabstätte finden, die jemals gebaut worden ist. Eine der heiligen Schriften der Ägypter erläutert, dass der Sinn der zikkuratähnlichen Anordnung des Grabmals darin besteht, dem König eine Treppe in den Himmel zu bauen.

Imhotep, der sich auch als Arzt und Schriftsteller einen Namen gemacht hat, trug als leitender Architekt die größte Verantwortung für die Erstellung der sechsstöckigen treppenförmigen Pyramide. Das in Sakkara errichtete Bauwerk hat eine Höhe von 62 Metern und ruht auf einer Grundfläche von 125 × 109 Metern. Um alle Bedürfnisse des verstorbenen Königs befriedigen zu können, gibt es um die Pyramide herum eine ganze Anzahl von weiteren Gebäuden. Die gesamte Anlage, die von einer 10 Meter hohen Mauer umgeben ist, hat eine Breite von über 1,6 Kilometern.

Das Grabmal war ursprünglich eine traditionelle sogenannte »Mastaba«, also ein kastenförmiges Gebäude, das über einem unterirdischen Grab aus Lehmziegeln errichtet wurde.

Die ersten Mastabas waren in mehrere Abteilungen untergliedert. In einer dieser Abteilungen lag der Verstorbene selbst. Andere Räume waren mit den Schätzen des Toten gefüllt. Außerdem gab es noch Fächer mit Nahrungsmitteln und Getränken. Auch ein Boot aus Holz, das für den Gebrauch durch den Verstorbenen in seinem zukünftigen Leben bestimmt war, wurde in der Nähe der Grabstätte vergraben. Im Inneren der Mastaba schüttete man schließlich auch noch einen Sandhügel auf. Der Hügel wurde von treppenförmig angeordneten Ziegeln eingeschlossen.

Die von Imhotep errichtete Pyramide ist ein Abbild des urzeitlichen Hügels, von dem aus Atum, der Schöpfergott der Ägypter, die Welt erschaffen haben soll.

Rekordgrabmal in der Wüste

Die große Cheopspyramide mit der rätselhaften Sphinx im Vordergrund

Gizeh, Ägypten, ca. 2600 v. Chr.

Wieder einmal stellt ein Grabmal alle anderen Bauwerke in den Schatten: In Gizeh ließ der ägyptische Pharao Cheops die größte Pyramide erbauen, die jemals errichtet worden ist. Das Bauwerk hat eine Höhe von 146 Metern. Die Grundfläche der Pyramide beträgt über 52 000 m² und ihre 230 Meter langen Seiten sind fast genau von Norden nach Süden und von Osten nach Westen ausgerichtet.

Andere Gebäude, die in der nächsten Umgebung der Pyramide errichtet wurden, sollen dazu dienen, die Bedürfnisse des verstorbenen Königs zu befriedigen. Dazu zählen auch Grabstätten für die Höflinge des Königs, die die Hoffnung haben, ihn auch in seinem zukünftigen Leben bedienen zu dürfen. Ein überdachter Graben, der nahe der Pyramide ausgehoben wurde, beinhaltet eine Reihe von Holzbooten. Eines dieser Boote hat eine Länge von 44 Metern.

Für den Bau der Pyramide wurden ungefähr 2,5 Millionen Steine verwendet, von denen jeder einzelne ein Gewicht von rund 2,5 Tonnen hat. Ein Großteil dieser Steine stammt aus nahe gelegenen Steinbrüchen, in denen Arbeiter zu den Zeiten beschäftigt wurden, an denen ihre Arbeitskraft in der Landwirtschaft nicht benötigt wurde. Damit die Arbeiter, unter denen allein 4000 Steinmetzen waren, in der Nähe der Baustelle wohnen konnten, wurden für sie auf dem Gelände spezielle Unterkünfte errichtet.

Während der mindestens dreijährigen Bauphase bekamen die Arbeitskräfte Nahrungsmittel zugeteilt. Daneben standen auch Chirurgen Gewehr bei Fuß (bzw. Messer zur Hand), die bei Unfällen den Verunglückten sofort ärztliche Hilfe leisteten, sowie Chronisten, die alle Vorkommnisse und Fortschritte während der Bauphase genauestens aufgezeichnet haben.

Überschwemmungssteuer für Bessererntende

Ägypten, ca. 2580 v. Chr.

Ägypten hat seit neuestem ein ausgefeiltes Steuersystem. Die Grundlage zur Berechnung der Steuerschuld bildet der Grundbesitz des einzelnen Steuerpflichtigen. Ländereien, die regelmäßig durch die Fluten des Nils überschwemmt und damit bewässert werden, unterliegen einer höheren Besteuerung als die weiter vom Nil entfernten und daher trockeneren Landstriche. Erntequoten werden aufgrund der zu erwartenden Frühjahrshochwassermarke, die bei Elephantine gemessen wird, zugeteilt.

Die wichtigsten Getreidesorten, die in diesem fruchtbaren und grünen Landstrich gedeihen, der durch Kanäle und Wasserspeicher bewässert wird, sind Gerste und eine Art Weizen, der »Emmer« genannt wird. Die üppig begrünten Ufer des Flusses sind von Gemüse- und Obstgärten gesäumt, in denen Salat, Kichererbsen, Gurken, grüne Bohnen, Linsen und Trauben in solchen Mengen wachsen, dass damit die gesamte Bevölkerung versorgt werden kann. Doch ist nicht etwa Rebensaft, sei er nun vergoren oder nicht, das Lieblingsgetränk der Ägypter, sondern Bier. Dies ist in allen Bevölkerungsschichten gleichermaßen populär.

Bewässerungskanal bei Assuan mit alten Wänden aus Lehm

Drei Klassen und drei Jahreszeiten

Ägyptische Musiker spielen bei einer Begräbnisfeier.

Ägypten, ca. 2500 v. Chr.

Kontraste in Ägypten: Die Günstlinge des Hofes leben in üppig ausgestatteten Häusern mit vielen Räumen, die sich um einen großen, offenen Innenhof gruppieren. Die Stühle sind mit Stoff überzogen und selbst die Spielbretter für Brettspiele sind mit Intarsien aus Elfenbein verziert. Ihre Kleidung ist aus weißem Leinen und sie tragen Perücken mit Zöpfen. Während sie sich täglich an Schlemmereien wie Gänsen, Datteln, Feigen und Brot gütlich tun, lassen sie sich von Musikanten mit Harfenspiel unterhalten.

Die Armen, die an den Tischen der Reichen bedienen, tragen hingegen nur einen einfachen Lendenschurz. Viele unter ihnen sind Kriegsgefangene oder Sklaven.

Die Arbeit der Angehörigen der ägyptischen Mittelschicht dreht sich hauptsächlich um die drei Jahreszeiten, also die Zeit, in der der Nil das in der Nähe des Flusses gelegene Land überflutet, die sogenannte »Überschwemmung«, die Zeit der Aussaat oder »des Auftauchens« und die Zeit der Ernte, die sogenannte »Dürre«.

Ein Kind, das der ägyptischen Oberschicht angehört, besucht eine der sogenannten »Papyrus-Schulen«. In ihr lernt es, seine Fähigkeiten in der Anwendung der über 700 Zeichen der ägyptischen Schriftsprache zu vervollkommnen. Nicht selten wird die Prügelstrafe in diesen Schulen, in denen die Lehrer Priester sind, als Zuchtmittel eingesetzt.

Die ägyptische Schrift ist eine Bilderschrift. Stilisierte Zeichen stellen Gegenstände, Gedanken oder Töne dar.

Naturheilkunde statt Hokuspokus

Mesopotamien, ca. 2500 v. Chr.

Ausgebildete Ärzte lassen sich seit neuestem verstärkt in sumerischen Städten nieder und bieten sich für die Behandlung von Krankheiten als radikale Alternative zu den altehrwürdigen Geisterbeschwörern an.

Die neuen Ärzte, die ihre Rezepte auf Tontafeln niederschreiben, verwenden als Heilmittel Pflanzen und Mineralien anstelle von Zaubersprüchen und Beschwörungen. Häufig verordnen sie ihren Patienten einen abscheulich schmeckenden Trank, der nur zusammen mit Bier genießbar ist. Eine der Rezepturen schreibt zum Beispiel vor, dass Rosinen in Bier gekocht werden müssen und das Gebräu anschließend mit Bitumenöl vermischt werden soll.

Salben werden durch Vermischen von Mineralien, die reich an natürlichen Fetten sind, und Sodaasche hergestellt. Salpeter wird als gefäßverengendes Mittel zur Bekämpfung von Blutungen angewandt und Salz, das in die Wunde gerieben wird, dient als Antiseptikum. Dennoch ist die durchschnittliche Lebenserwartung der Sumerer, die bei ungefähr 40 Jahren liegt, durch diese neuen Behandlungsmethoden kaum nennenswert verlängert worden.

Produktvielfalt in Europa

Europa, 2500 v. Chr.

Im Schlepptau der sich schnell entwickelnden Mobilität der Bevölkerung tauchen in Europa nun auch immer mehr neue Handelswaren auf.

So werden zum Beispiel die Klingen von Dolchen und Äxten, die früher ausschließlich aus Stein gefertigt wurden, immer häufiger aus Kupfer hergestellt. Das neue Material ist jedoch im Augenblick noch Stein in punkto Härte und Standfestigkeit unterlegen. Trinkgefäße, die die Form einer auf den Kopf gestellten Glocke besitzen, werden in den Niederlanden produziert. Viele dieser Tassen sind mit schönen Mustern verziert. Sie werden häufig zum Genuss alkoholischer Getränke verwendet. Trinkgefäße mit langen Hälsen sind ganz besondere Prestigeobjekte. Den verstorbenen Besitzern werden sie häufig als Grabbeigabe mitgegeben.

Unbekanntes Volk am Fluss

Industal, 2500 v. Chr.

Die Bewohner des Industals in Pakistan haben damit begonnen, Gebäude zu errichten. Die Vorgeschichte dieser Menschen ist kaum bekannt. Dies liegt zu einem nicht unerheblichen Teil auch an den Schwierigkeiten, die es bereitet, ihre einzigartige Bilderschrift zu entziffern. Möglicherweise waren ihre Vorfahren aus dem Westen kommende Nomaden.

Um der sommerlichen Hitze zu entgehen, suchen die Bewohner in dieser Zeit die kühleren Höhen der Vorgebirge des Himalajas auf. Die Kultivierung des Bodens wird durch die sich alljährlich wiederholenden Überschwemmungen sehr gefördert. Doch sind diese Fluten häufig auch gefährlich und ihr Verlauf ist nur schwer vorhersehbar. Außerdem ändert der Fluss trotz aller Schleusen und Bewässerungsanlagen, die von den Flussanrainern errichtet worden sind, häufig sein Bett. Als Folge davon stehen dann manchmal sogar ganze Dörfer unter Wasser.

Geschäftstüchtige Priesterschaft

Mesopotamien, 2500 v. Chr.

Auch Priester handeln heutzutage gewinnorientiert. Sie bewirtschaften ihren ausgedehnten Landbesitz und verteilen Land als Geschenke, um bei der Zivilregierung Einfluss zu gewinnen. Kaufleute hingegen ziehen gen Osten und bringen von dort seltene Luxusgüter mit, die sie hierzulande für gutes Geld verkaufen können.

Die Macht der Priester ist zusammen mit den Tempeln gewachsen. Von den Bauern wird verlangt, dass sie einen Teil ihrer Ernte an die Priester abgeben, um die Götter zu erfreuen und das Schicksal gnädig zu stimmen. Die Priester horten in ihren streng bewachten Getreidesilos jedoch nicht das gesamte abgelieferte Getreide, sondern geben einen Teil davon an Witwen, Waisen und andere notleidende Personen ab.

Die Gottesmänner suchen dringend nach Fachleuten für die Finanz- und Gebäudeverwaltung, um sich verstärkt ihren eigentlichen religiösen Pflichten widmen zu können.

Die Tempel gleichen auch zunehmend kleinen Städten: Neben den angestammten Priestern und Verwaltungsbeamten bevölkern heute auch Sänger und Musiker, Köche, Hausmädchen, Reinigungskräfte und Weberinnen das Tempelgelände. Sklaven leisten auf den zum Tempeleigentum gehörenden Feldern Fronarbeit. Hinzu kommt, dass Handwerker wie Schreiner oder Töpfer auf dem Gelände des Tempels ihre Verkaufsstände aufgestellt haben. Händler, die in Segelbooten über den Persischen Golf hinaus in das Tal des Indus und um die südliche Halbinsel Arabiens gefahren sind, haben exotische Kämme, die aus Elfenbein gefertigt sind, sowie Perlen aus Elam mit in die Heimat zurückgebracht.

Weniger exotikfreundliche Kaufleute vertäuen Bauholz und Bausteine, die sie im Norden erworben haben, auf Flöße und transportieren sie so flussabwärts. Um die Tragkraft der Flöße zu erhöhen, werden an ihnen aufgeblasene Tierhäute befestigt.

Die sumerische Armee zieht in die Schlacht. Einlegearbeit aus Ur

Eifersucht auf Weideland zerstört alte Stadt

Jericho, ca. 2300 v. Chr.

Die am Rande des Jordantals gelegene Palmenstadt Jericho, eine der wichtigsten Städte der Region, wurde von Eindringlingen geschleift. Wie berichtet wird, haben sich die Invasoren jedoch inzwischen in die westlich der Stadt gelegenen Hänge zurückgezogen und sich dort niedergelassen. Die Neuankömmlinge waren vorher möglicherweise Nomaden, die sich gegen das Monopol auf das fruchtbare Land aufgelehnt haben, das Jericho für sich in Anspruch genommen hat.

Jericho ist der älteste Ort in Kanaan und eines seiner Zentren. Während der vergangenen 1000 Jahre war Jericho eine stetig aufstrebende Stadt, die von einer Mauer umgeben war und zudem zu ihrem Schutz auch noch Türme aus Stein hat. Kunst und Kunsthandwerk erlebten hier eine Hochblüte. In den Häusern der Bürger Jerichos konnte man unter anderem reich gestaltete Töpfereiarbeiten bewundern. Auch Tische, Stühle und Betten aus Holz gehörten zum Inventar. Daneben bewahrten die Menschen in ihren rechteckigen Häusern kleine Schachteln auf, verziert mit Intarsien aus Elfenbein. Jede Familie hatte einen eigenen Haustempel, der den Bewohnern als Anbetungsstätte diente.

Jede Stadt ein kleiner Staat

Mesopotamien, ca. 2500 v. Chr.

Nun soll es bereits 500000 Sumerer geben. 80 Prozent dieser Menschen leben in Stadtstaaten wie zum Beispiel Uruk. Die Stadtmauer von Uruk hat eine Länge von 10 Kilometern und schließt die Stadt völlig ein. Für Uruk bietet diese Mauer überlebenswichtigen Schutz gegen barbarische Eindringlinge, denen sich ansonsten in dem leicht zugänglichen Gelände bei eventuellen Angriffen kaum ein Hindernis entgegenstellt. Außerhalb der Mauern Uruks liegen 76 Dörfer, die ebenfalls Teil des Stadtstaates sind. Die Stadtstaaten sind aufgrund von Streitereien über Wasserrechte häufig untereinander uneins. Als Folge davon gehören Bürgerkriege mehr und mehr zur Tagesordnung.

»Wanderbares« Zweistromland

Mesopotamien, ca. 2050 v. Chr.

Das Mesopotamien des mittleren Bronzezeitalters gleicht einem Bienenstock. Die in diesem Gebiet beheimateten Völker ziehen ständig von einem Ort zum anderen.

Unter diesen auf Wanderschaft befindlichen Familien ist auch die Familie Terachs. Terach, sein Sohn Abram und ihre Familienmitglieder haben mitsamt ihrer Dienerschaft den beinahe 965 Kilometer langen Weg von Ur im tiefen Süden Mesopotamiens flussaufwärts entlang des Euphrats in das im Nordwesten gelegene Haran zurückgelegt.

Beide Städte sind bekannte Zentren für Karawanen und liegen in einer blühenden Region. In Ur steht ein beeindruckender Tempelturm und ein Zikkurat. Der Palast der nahe Ur gelegenen Stadt Mari erstreckt sich über eine Fläche von mehr als 32000 Quadratmetern und bietet die modernsten Annehmlichkeiten. Er hat eine Bibliothek mit einer Sammlung von über 25000 Tafeln mit in Keilschrift verfassten Schriften.

(1. Mose 11, 27-32)

Aufwendig gestaltetes sumerisches Brettspiel mit Intarsien. Die Spielregeln sind unbekannt. Möglicherweise ist es ein Strategiespiel ähnlich wie Schach oder Dame.

ca. 2000 v. Chr.

Wem Gott will rechte Gunst erweisen ...

Haran, ca. 2010 v. Chr.
Religiöse Motive sind offenbar ausschlaggebend dafür, dass sich eine seit langem in Haran ansässige Familie zu einer Reise in ein ihr völlig unbekanntes Land aufgemacht hat. Obwohl die Ehe von Abram, dem Sohn des (erst kürzlich in Haran verstorbe-

nen) Terach, und seiner Frau Sarai bis jetzt kinderlos geblieben ist, hat er Freunden in Haran verkündet, dass Gott ihm verheißen habe, dass er, Abram, Stammvater einer großen Nation sein werde. Wenn man Abrams und Sarais bisherige Fruchtbarkeit, beziehungsweise Unfruchtbar-

keit, sowie das Alter der beiden zum Maßstab nimmt (Abraham zählt stramme 75 Lenze), mutet diese Reise nebst der angeblichen Verheißung ziemlich abstrus an. Jedenfalls scheint mehr als bloße Abenteuerlust dahinter zu stecken.

(1. Mose 12,1-5)

Abraham und seine Familie reisten insgesamt ca. 4000 km durch den Nahen und Mittleren Osten

Konkurrenz für Kanaans Götter

Kanaan, ca. 2000 v. Chr.
Abram hat seinem Gott ausgerechnet an dem Ort einen Altar errichtet, an dem sich auch die Anbetungsstätten der Kanaaniter befinden. Durch diese Vorgehensweise hat er bewusst in Kauf genommen, die Bewohner Sichems durch seine Handlung gegen sich aufzubringen. Der wohlhabende Nomade ist aufgrund eines göttlichen Versprechens davon überzeugt, dass eines Tages das Land Kanaan seinen Nachfahren gehören wird.
In der Zwischenzeit ist Abram von Sichem aus in Richtung Bethel weitergezogen und hat zu Ehren seines Got-

tes in den östlich der Stadt gelegenen Hügeln einen zweiten Altar errichtet. Was die Einheimischen dazu meinen, weiß man nicht genau, es lässt sich aber erahnen. Sie werden über die Götter-Konkurrenz aus dem Ausland wohl kaum in Jubel ausbrechen
Leider ernährt das Land seine Bewohner nicht, also muss auch Abram, ungeachtet aller Verheißungen, wegen der herrschenden Hungersnot nach Süden weiterwandern.

(1. Mose 12,6-8)

Alabasterstatue von Eb-Il, Aufseher von Mari, einer Stadt in der Nähe von Haran

Schwindel um schöne Nomadin

Ägypten, ca. 1995 v. Chr.

Der mesopotamische Auswanderer Abram hat seinen Kopf nur mit knapper Not noch einmal aus der Schlinge gezogen: Er wurde dabei ertappt, den ägyptischen Pharao zu betrügen. Doch beließ es dieser bei einem strengen Verweis.

Da Abram sich der Tatsache bewusst war, dass reisende Frauen in Ägypten stets Gefahr laufen, für den königlichen Harem zwangsverpflichtet zu werden, gab er seiner attraktiven Frau Sarai den Rat, sich als seine Schwester auszugeben. Abram befürchtete, dass ein eifersüchtiger Verehrer Sarais ihn umbringen könnte, wenn er sich zu seiner Stellung als Sarais Ehemann bekennen würde.

Die Ägypter, die von Sarais Schönheit ganz überwältigt waren, berichteten dem Pharao von ihrer Ankunft. Auf Geheiß des Pharaos wurde Sarai an den ägyptischen Hof gebracht und Abram mit seinem ganzen Anhang

Hügelland um Bethel

als Ehrengäste des Palastes behandelt und reich beschenkt.

Dennoch entwickelte sich die ganze Angelegenheit für alle Beteiligten zu einem Alptraum. Von dem Augenblick an, an dem Sarai den königlichen Haushalt betreten hatte, wurden dessen Mitglieder von einer Serie von Krankheiten heimgesucht. Der Pharao erfasste die Ursache dafür erstaunlich schnell: In seinem Inneren wusste er genau, dass Sarai verheiratet ist und die Krankheiten eine Strafe der Götter (bzw. des Gottes Abrahams) waren. Erstaunlicherweise wurde Abram für diesen Betrug nur milde bestraft. Der Pharao begnügte sich damit, Abram zu tadeln und ihn und seine Familie aus seinem Land zu geleiten.

(1. Mose 12,10-13,1)

Wer die Wahl hat, hat nicht immer Qual

Kanaan, ca. 1990 v. Chr.

Die Familie Abrams hat sich in zwei Gruppen gespalten. Grund dafür ist offenbar der Wohlstand Abrams: Sowohl er als auch sein Neffe Lot führten Viehherden mit sich, doch als Folge der Tatsache, dass Abrams Herden ständig größer wurden, trat in der Nähe der Lagerplätze bei Bethel immer häufiger Wassermangel auf. Darüber zerstritten sich die Hirten beider Parteien.

Abram schlug schließlich vor, dass sich die Wege der beiden Kontrahenten trennen sollten. Großzügigerweise überließ er seinem Neffen in Bezug auf die zukünftigen Weidegebiete der beiden Gruppen die erste Wahl. Lot

hatte sich also zwischen den fruchtbaren Gebieten im Jordantal und dem weniger attraktiven Weideland auf den Höhen Kanaans zu entscheiden. Selbstverständlich hat Lot ohne Zögern das Jordantal gewählt.

Dennoch scheint für Lot trotz der weitaus besseren landwirtschaftlichen Situation nicht alles eitel Sonnenschein zu sein. Die Bösartigkeit und Verdorbenheit der Kanaaniter ist sprichwörtlich und die in den Ebenen gelegenen Städte gelten als überaus dekadent. Lot soll zwar das Jordantal schwärmend mit dem Garten Eden verglichen haben, doch Unschuld wird man in diesem Tal wohl vergeblich suchen.

Abram behauptet, dass er nach der Trennung von seinem Neffen Lot von seinem Gott eine weitere Vision erhalten habe. In dieser Vision soll Gott ihm verheißen haben, dass seine Nachkommen so zahlreich sein würden, dass man sie ebenso wenig zählen könne wie Staubkörner und dass seine Nachkommen all das Land, das er von seinem Standpunkt aus überblicken könne, eines Tages in Besitz nehmen würden.

Doch zunächst müsste eigentlich mal der Anfang gemacht werden. Von Nachwuchs ist bei dem greisen Ehepaar nämlich noch nichts zu sehen.

KURZMELDUNGEN 2000 v. Chr.

Ur-Bürokratie: In Abrams Heimatstadt Ur schickt sich die dritte Dynastie unter dem Regenten Shulgi an, den Aufbau der ausgefeilten Verwaltung sowie der dazu nötigen Infrastruktur, der unter Shulgis Vater Umammu begonnen wurde, zu vollenden. In Ur ist der Straßen- und Kanalbau hochentwickelt und eine starke Polizeitruppe erhält die öffentliche Ordnung aufrecht und wacht über die Sicherheit der Bürger. Daneben sorgen Inspektoren der Regierung dafür, dass alles nach Plan verläuft.

Emporkömmlinge: In Kleinasien hat sich ein in Zukunft möglicherweise mächtiges Reich gebildet. Die dortigen Siedler haben den Namen »Hetiter« von den ursprünglichen Bewohnern des Gebietes übernommen.

Vereinigung mit Fußangeln: Pharao Mentuhotep II. ist es gelungen, Ägypten zu vereinen. Bei dem Versuch, die im Nildelta lebenden Nomaden unter seine Herrschaft zu bringen, ist er jedoch auf Schwierigkeiten gestoßen. Es ist zu befürchten, dass diese Nomaden auch in Zukunft eine Bedrohung für die Einheit Ägyptens darstellen werden.

Flammendes Inferno: Troja ist von einer Feuersbrunst heimgesucht und zerstört worden. Selbst die großartigen Mauern und Verteidigungsanlagen konnten die Stadt nicht vor dem Inferno bewahren.

Ehre, wem Ehre gebührt!

Kanaan, ca. 1970 v. Chr.

Der mächtige Stammespatriarch Abram hat in einem großmütigen Akt persönlicher Opferbereitschaft seine Frömmigkeit bestätigt.

Bei der Rückkehr von der Schlacht mit den vier Königen traf Abram in der Ebene auf den König von Sodom und auf Melchisedek, den Priesterkönig von Salem. Dieser sprach über Abram den traditionellen Segen. Abrams Antwort war materieller Art: Er gab ein Zehntel der Beute, die er in der vorangegangenen Schlacht gemacht hatte, an Melchisedek ab.

Die Umstehenden waren sehr wohl in der Lage, die tiefere Bedeutung dieser Handlung zu ermessen: Abram drückte durch die Gabe des Zehnten an einen Priester seine Dankbarkeit darüber aus, dass Gott ihm den Sieg geschenkt hatte.

Der König von Sodom drängte Abram daraufhin, die Besitztümer Sodoms, die Abram zurückerobert hatte, doch für sich selbst zu behalten und lediglich die Bewohner der Stadt, die von Kedor-Laomer gefangen genommen worden waren, nach Sodom zurückkehren zu lassen. Doch Abram lehnte dieses Angebot entschieden ab und berief sich auf Gott als seinen Zeugen, dass er geschworen habe, aus dem Los der Menschen, die er aus der Gefangenschaft befreit hatte, keinen persönlichen Vorteil zu ziehen. Abram gab als Begründung für seinen Verzicht an, er wolle verhindern, dass jemals ein Mensch von sich behaupten könne, er habe Abram zu seinem Reichtum verholfen.

Aus diesem Grund behielt Abram auch nur den notwendigen Proviant zur Verköstigung seiner Leute und Kriegsbeute nur in Höhe der Auslagen ein, die ihm durch diese Militäroperation entstanden waren.

Die wichtigste Wirkung von Abrams Verzicht ist jedoch ohne Frage, dass er seine Hingabe an Gott gegenüber allen seinen Nachbarn auf eine Art und Weise ausgedrückt hat, die jeden Zweifel ausschließt.

(1. Mose 14, 17-23)

Bei Lot wieder alles im Lot

Kanaan, ca. 1980 v. Chr.

Der semitische Abenteurer Lot hat in einem bitteren Befreiungskrieg sein gesamtes Vermögen verloren. Doch sein noch wohlhabenderer Onkel brachte alles wieder ins Lot.

Die in der Ebene Kanaans gelegenen Städte Sodom, Gomorra, Adma und Zoar waren seit zwölf Jahren Untertanen des Königs Kedor-Laomer der Supermacht Elam gewesen. Elam war an den fruchtbaren Gebieten rund um die Städte brennend interessiert. Doch dagegen hatten die Städte begreiflicherweise etwas und ihre Anführer schlossen sich zu einem Bund gegen den König zusammen.

Als Antwort auf diese Herausforderung wurde ganz Kanaan von einer elamitischen Streitmacht überrannt, die keine Gnade kannte. Die Aufständischen versuchten zwar verzwei-

felt, im »Tal der Toten« ihre Stellung gegen das Militärbündnis zu halten. Doch alles war vergeblich: Ihre Truppen wurden aufgerieben, Sodom und Gomorra von den Elamitern eingenommen und geschleift. Die Wertsachen und Nahrungsmittelvorräte der Städte wurden geplündert. Auch Lot wurde gefangen genommen und verlor sein gesamtes Hab und Gut.

Ein Überlebender des Massakers be-

Das Ela-Tal zeigt Kontraste: vorne die fruchtbare Ebene, im Hintergrund die karge Hügellandschaft.

richtete daraufhin Abram, was vorgefallen war. Dieser rief sofort die 318 gut ausgebildeten Männer seines Haushalts zusammen (aufgrund seines Reichtums konnte Abram sich eine eigene Privatarmee leisten), um seinem Neffen zu Hilfe zu eilen. Abram jagte den siegreichen Eindringlingen auf einer Strecke von über 240 Kilometern nach, bis er sie schließlich nördlich von Dan eingeholt hatte. In der darauf folgenden Nacht startete er dann schließlich einen Angriff auf die Entführer Lots.

Abram teilte seine kleine Armee in mehrere Gruppen auf. Dadurch hatten die Babylonier den Eindruck, dass sie gleichzeitig von mehreren Seiten aus angegriffen würden, und zogen sich ungeordnet und in Panik zurück. Abram verfolgte die wild und planlos fliehende babylonische Armee bis hinter Damaskus und eroberte alle gestohlenen Güter wieder zurück, darunter die seines Neffen.

(1. Mose 14, 1-6)

Alle an die Waffen!

In Kriegszeiten wird in einem Haushalt in Palästina jeder taugliche Mann in die Armee eingezogen. Sobald der Krieg beendet ist, kehren die Soldaten dann wieder zu ihrer gewohnten Beschäftigung zurück. »Armeen« sind in Palästina für gewöhnlich Banden von Kriegern. Bündnisse werden häufig zwischen Völkern geschlossen, die von einem gemeinsamen Feind bedroht sind oder sich einen Anteil aus der Beute versprechen, die man bei einem Überfallangriff zu machen hofft.

Gottesvertrag eines alternden Nomaden

Mamre, ca. 1985 v. Chr.

Alte Männer hängen oft ihren Träumen nach. Der greise Abram hat Visionen. Oder sollte man besser sagen: Hirngespinste? Wenn es nach seinen »Vorstellungen« geht, neigen sich die langen Jahre ohne einen männlichen Erben dem Ende zu. Laut Abrams eigener Aussage hat er in Mamre mit seinem Gott einen außergewöhnlichen Vertrag abgeschlossen.

Aufgrund dieser Vereinbarung oder dieses »Bundes« werden Abram und Sarai die leiblichen Eltern eines Sohnes werden. Dessen Nachfolgegenerationen sollen sich dann so lange vermehren, bis man sie ebenso wenig mehr zählen könne wie die »Sterne des Himmels«. Außerdem würden diese dann das Land Kanaan, in dem Abram zur Zeit wohnt, in ihren Besitz nehmen.

Diese Neuigkeiten sind für Abrams Kammerdiener, den aus Damaskus stammenden Elieser, eine große Enttäuschung. Dieser war nämlich von Abram adoptiert worden und galt als dessen Erbe, was im Falle der Geburt eines leiblichen Sohnes natürlich hinfällig wird.

Der neue Bund folgt dem Muster, das der Gott Abrams schon in zwei vorangegangenen Abkommen mit Abrams Vorfahr Noah festgelegt hatte. Dabei wurde Noah von Gott in die Pflicht genommen und als Gegenleistung versprach Gott Noah Schutz und »Segen«.

Die Bedingungen des Abram-Bundes unterscheiden sich jedoch ganz erheblich von den Klauseln, die normalerweise in zivilen Verträgen festgelegt werden. In letzteren sind beide Vertragspartner gleichberechtigt. Die »göttlichen« Abkommen jedoch ähneln eher den vielen Bundesabkommen, wie sie seit etwa 1000 Jahren zwischen Königen und ihren Völkern geschlossen werden.

Obwohl Abrams Frau Sarai unfruchtbar ist, glaubte Abram den Zusagen Gottes, ohne den geringsten Zweifel anzumelden. Doch verlangte er von Gott handfeste Garantien dafür, dass seine Nachfahren das zugesagte Land

Satellitenfoto von Israel

auch wirklich bekommen. Daraufhin hat Gott seinen Bund mit Abram ratifiziert: Er nahm ein zeremonielles Tieropfer Abrams an. Im Anschluss daran erläuterte Gott in einem Traum Abram seine Verheißungen näher:

• Abram wird ein hohes Alter erreichen und in Frieden sterben.

• Er wird viele Nachkommen haben, deren Los es sein wird, 400 Jahre lang als Sklaven in Ägypten zu leben.

• Seine Nachkommen werden diese Erfahrung jedoch als geeintes Volk überstehen und mit Reichtümern beladen daraus hervorgehen.

• Das Land, das Gott Abrams Nachkommen geben wird, ist genau bestimmt und erstreckt sich vom Nil bis hin zum Euphrat.

(1. Mose 15)

Familienstreit um Ersatzmutter

Mamre, ca. 1990 v. Chr.

Zehn Jahre nach der gewaltigen Verheißung Gottes ist Abram im hohen Alter von 86 Jahren nun wirklich Vater eines Sohnes geworden. Doch die Geburt des Kindes hat die Familie Abrams gespalten. Die Mutter des Jungen ist nämlich nicht Abrams Frau Sarai, sondern Sarais Magd.

Nach zehn Jahren der Unfruchtbarkeit glaubte Sarai nicht mehr der Botschaft, die ihr Mann von Gott im Traum erhalten haben will. In einer heißblütigen Auseinandersetzung mit Abram beschuldigte Sarai Gott, sie absichtlich unfruchtbar zu machen. Sie forderte ihren Ehemann auf, mit ihrer ägyptischen Dienstmagd Hagar einen Sohn zu zeugen, in dieser Region ein nicht unüblicher Ausweg aus der Nachkommensnot.

Doch nachdem Hagar von Abram schwanger geworden war, verspottete sie Sarai wegen ihrer Unfruchtbarkeit, woraufhin die wütende Sarai Hagar nur noch schlecht behandelte. Obwohl sie hochschwanger war, lief Hagar daher bald davon.

Einige Tage später kehrte sie jedoch zurück und bat Sarai um Vergebung. Während Hagar auf der Wüstenstraße an einem Brunnen gerastet hatte, war ihr der Engel des Herrn erschienen und hatte ihr befohlen, zurückzukehren und sich Sarai zu unterwerfen. Hagar war allerdings nicht verzweifelt, sondern voller Hoffnung. Denn ebenso wie Abram hatte auch sie von Gott Versprechungen erhalten:

• Ihre Nachkommen werden zu zahlreich sein, als dass man sie zählen könnte.

• Ihr Baby wird ein Junge sein. Er soll den Namen Ismael (»Gott erhört«) erhalten.

• Ismael wird aber ein aufsässiger und schwieriger Junge sein, der mit seinen Brüdern stets auf Kriegsfuß stehen wird.

(1. Mose 16)

Schmerzhaftes Abkommen

Kanaan, ca. 1980 v. Chr.

Es gibt Vereinbarungen, die weh tun. Das werden alle männlichen Nachkommen des Halbnomaden Abram zu spüren bekommen.

Abrams Gott verlangt von ihm als zeichenhafte Gegenleistung für großzügige Versprechungen seinerseits, dass alle männlichen Mitglieder seiner Familie sich die Vorhaut ihres Penis abschneiden lassen sollen.

Von nun an muss jeder männliche Nachfahre Abrams und jeder Mann in seinem Haus beschnitten werden. Dabei spielt es keine Rolle, ob er direkt von der Linie Abrams abstammt. Die Regel gilt auch für Zugereiste, Sklaven und andere Mitglieder des Hauses Abram.

Als Gegenleistung hat Gott seine Versprechen, die er Abram schon zuvor gemacht hatte, noch einmal bekräftigt. Im Mittelpunkt der Aussagen Gottes steht dabei, dass Abram Stammvater einer großen Sippe, um nicht zu sagen eines großen Volkes werden soll. Gekoppelt sind damit die Eigentumsrech-

te am Land Kanaan, in dem Abram derzeit wohnt. Auch sicherte Gott ihm Beistand in der Zukunft zu.

Zudem heißt Abram fortan »Abraham«. Er wird so vom »Erhabenen Vater« zum »Vater vieler Nachkommen«, was natürlich eine Steigerung ist.

Auch Abrahams Frau Sarai hat einen neuen Namen erhalten: Ihr neuer Name »Sara« drückt aus, dass von ihr Nationen und Könige abstammen werden.

Es fällt Abraham nicht leicht, diesen Verheißungen Glauben zu schenken. Er selbst ist nun schon beinahe 100 Jahre alt und auch seine Frau Sara hat schon das gesegnete Alter von 90 Jahren erreicht. Abraham erlaubte sich denn auch, diese bizarre Verheißung anzuzweifeln und seinen 13-jährigen Sohn Ismael, Sohn seiner Dienerin Hagar, als den folgerichtigen Empfänger von Gottes Segen vorzuschlagen. Doch Gott versicherte Abraham: Ismael wird zwar ebenfalls gesegnet und der Stammvater einer Nation sein, Gottes Bund jedoch wird durch das Kind erfüllt werden, das

Alte Eiche auf dem Berg Tabor

Sara Abraham noch schenken wird. Der soll übrigens »Isaak« genannt werden. Das heißt wiederum »er wird lachen«, vielleicht, weil Abraham sich bei diesen Ankündigungen zunächst das Lachen nicht verkneifen konnte. Die männlichen Mitglieder der Familie einschließlich Abraham und Ismael erholen sich zur Zeit von der kleinen Operation, der sie sich jüngst unterzogen haben.

(1. Mose 17)

Hochburg der Unmoral durch Feuerregen zerstört

Siddim-Tal, ca. 1975 v. Chr.

Die Städte Sodom und Gomorra im Siddim-Tal in der Nähe des Toten Meeres sind von einer schweren Na-

Salzebenen am Toten Meer – das Gebiet, in dem nach Meinung vieler Fachleute Sodom und Gomorra einst vor ihrer Zerstörung gelegen haben sollen

turkatastrophe heimgesucht und völlig zerstört worden. Nach letzten Berichten haben in den betroffenen Städten nur drei Menschen das Inferno überlebt.

»Es war eine Katastrophe! Feuer und Steine fielen vom Himmel«, berichtete ein Augenzeuge. Einige Leute behaupten, das furchtbare Geschehen hätte übernatürliche Ursachen.

Möglicherweise wurden Gase, die aus dem Inneren der Erde an die Oberfläche aufgestiegen waren, durch Feuer entzündet. Dadurch konnte sich das Feuer mit rasender Geschwindigkeit in der ganzen Region ausbreiten.

Doch wird nicht ausgeschlossen, dass es sich um eine Strafmaßnahme des Gottes Abrahams handelt. Die beiden Städte waren für ihre Selbstgefälligkeit, ihre offen zur Schau gestellte

Sittenlosigkeit und für Gotteslästerung berüchtigt.

Auf besonders grausame Weise kam im ganzen Geschehen eine Frau zu Tode. Ihr Ehemann Lot und seine beiden Töchter, die einzigen Überlebenden der Katastrophe, mussten hilflos zusehen, wie sie buchstäblich in eine Salzsäule verwandelt wurde. Die Frau hatte sich einige Meter hinter ihrer auf der Flucht befindlichen Familie aufgehalten und eine kurze Pause eingelegt, um die Feuersbrunst zu beobachten.

Lot ließ sich nach einem Familienzwist mit seinem Onkel Abram, in dem fruchtbaren Landstrich bei Sodom nieder. Der Streit endete damit, dass der Ältere der beiden einwilligte, die Weidegründe seiner Tiere auf das weniger attraktive Hochland Kanaans zu beschränken. Nun sieht es ganz so aus, als ob Abram schließlich doch das bessere Ende für sich behalten würde.

(1. Mose 19)

War Sodom-Katastrophe ein Gottesgericht?

Kanaan, ca. 1975 v. Chr.

»Die ganze Katastrophe ist eine Strafe Gottes. Die Einwohner sind selber schuld an ihrem Untergang.« Starke Aussagen von Lot, einem der Überlebenden der Katastrophe von Sodom.

Lot versichert, dass er Besuch von zwei Engeln erhalten habe, die ihn vorgewarnt hätten. Lots in Kanaan lebender Onkel hat inzwischen bestätigt, dass auch er dieselbe Botschaft erhalten habe.

Laut Aussage von Lot seien die zwei Fremden am Vorabend des Infernos in der Stadt angekommen. Er habe sie überredet, in seinem Heim zu übernachten. Das Haus wurde dann später am Abend von einer gewalttätigen Bande von Männern umzingelt, die Lot aufforderten, ihnen die Fremden auszuliefern, so dass sie sie sexuell missbrauchen könnten.

Doch die Männer wurden plötzlich von einem Anfall von Massenblindheit heimgesucht. In der darauf folgenden Verwirrung gaben die Fremden Lot den Rat, die Stadt so schnell wie möglich zu verlassen.

Obwohl die Fremden Lot gewarnt hatten, dass die Stadt der Zerstörung anheim fallen würde, gelang es Lot lediglich, auch seine Frau und seine beiden Töchter zum Verlassen der Stadt zu bewegen. Es wird angenommen, dass der Rest seiner Familie in dem Inferno den Tod gefunden hat.

Die Fremden verschwanden kurze Zeit nachdem sie Lot und seine Töchter in Sicherheit gebracht hatten. Ihre Identität ist nicht bekannt. Lot ist felsenfest davon überzeugt, dass die Fremden »Engel« gewesen seien, also Botschafter Gottes, der die Lasterhaftigkeit Sodoms nicht länger ertragen konnte.

Vor kurzem erst hat Lots Onkel Abraham drei Fremden Gastfreundschaft gewährt, ohne zunächst zu bemerken, dass sie, wie er behauptet, ebenfalls Engel gewesen sind.

Die Fremden kamen ohne jede Vorankündigung zu Abrahams Zelt in Mamre. Bei einem Essen erzählten sie Abraham, dass sie auf dem Weg nach Sodom seien, um zu überprüfen, ob die Stadt wirklich so voll Sünde wäre, wie es ihr Ruf vermuten ließ.

In einem erstaunlichen Tauschhandel setzte sich Abraham bei Gott dafür ein, die Stadt vom Untergang zu verschonen, falls sich in ihr noch rechtschaffene Leute aufhalten würden. Gott sagte daraufhin zu, die Stadt zu verschonen, falls sich in ihr zehn integre Personen befänden.

Wüste am Toten Meer

»Was kann ich denn dafür?«, soll Abimelech Gott gefragt haben. Während einer öffentlichen Versammlung trat Abimelech sodann Abraham Auge in Auge gegenüber und warf diesem vor, ihn hinters Licht geführt zu haben.

Als dieser daraufhin seine Angst zugab, stimmte das den König milde. Mehr noch: Er überhäufte Abraham mit Geschenken.

Das Gleiche war Abraham vor einiger Zeit mit dem ägyptischen Pharao schon einmal passiert (wir berichteten). Auch hier verließ Abraham den Hof überreich beschenkt. Steckt dahinter vielleicht nicht Dummheit, sondern eine raffinierte Methode, um zu Besitz zu kommen?

(1. Mose 20; vgl. auch 1. Mose 12,14-20)

Kunst hat ihren Preis

Frauenkopf aus Marmor, Amorgos, Kreta

Kreta, ca. 2000 v. Chr.

»Willst du Klunker, fahr nach Kreta.« Die minoische Kultur Kretas versteht es ausgezeichnet, Schmuck herzustellen. Allerdings sind die Erzeugnisse nicht gerade preiswert. Kein Wunder, greift man doch auf teure Importe wie ägyptische Perlen und syrisches Elfenbein zurück.

Alter schützt vor Torheit nicht

Gerar, ca. 1970 v. Chr.

Bereits zum zweiten Mal hätte der hundertjährige Halbnomade Abraham um ein Haar seine Frau verhökert. Wie bei einem ähnlichen Vorfall in Ägypten hat er seine Frau Sara als seine Schwester ausgegeben, weil er befürchtete, dass man ihn sonst wegen ihr möglicherweise töten würde. Der Vorfall hat sich in Gerar in der Wüste Negeb zugetragen. Der König von Gerar, Abimelech, hatte ein Auge auf die attraktive Greisin geworfen und wollte sie heiraten. Doch bevor die Ehe vollzogen werden konnte, hatte Abimelech einen Traum, in dem Gott ihm sein Vergehen vorhielt und drohte, ihn zu töten.

Junge samt Mutter von eifersüchtiger Greisin in die Wüste geschickt

Gerar, ca. 1967 v. Chr.

Eine Mutter in mittleren Jahren und ihr Sohn wurden durch die Eifersucht einer schwangeren Greisin in die Wüste Paran vertrieben. Ismael, der Sohn der Hagar, war dieser Frau ein Dorn im Auge.

Bei dieser Frau handelt es sich um Sara, die Frau des Abraham. Dieser hatte durch seinen spektakulären Kontakt mit Gott schon öfter für Aufsehen gesorgt. Wie man sieht, hängt auch bei den Frömmsten zuweilen der Haussegen schief.

Hagar hatte schon viele Jahre als Magd für Sara gearbeitet. Da Sara unfruchtbar war, hatte sich Hagar sogar von Abraham schwängern lassen. Hagar hatte gehofft, dass ihr Sohn das Erbe Abrahams antreten werde. Dabei dachte sie möglicherweise auch an ihre persönliche Altersversorgung.

Die Ausgelassenheit Ismaels aus Anlass eines Festes waren offensichtlich Anlass genug für Sara, ihren Stiefsohn nebst Mutter davonzujagen.

Mit nur spärlichem Proviant machten sich die beiden auf und gerieten bald in Gefahr. Als der Sohn schließlich dem Tod nahe war, griff, nach Aussagen Hagars, Gott ein. »Plötzlich war da ein Brunnen. Den habe ich vorher überhaupt nicht gesehen!« Mehr noch: Auch sie bekam wie Abraham ein Versprechen Gottes, dass ihr Sohn Stammvater einer großen Nation werden wird. Ob nun Ismael oder Isaak ein Vater vieler Nationen wird oder gar beide? Man darf bei dieser Familie offenbar auf alles gefasst sein.

(1. Mose 21,1-21)

Friedenspharao tot

Ägypten, 1962 v. Chr.

Amenemhet, der Pharao von Ägypten, ist tot. Die Regentschaft des Monarchen war durch eine Zeit des Friedens gekennzeichnet sowie durch den erfolgreichen Versuch, das Land noch weiter zu vereinen. Gerüchten zufolge ist er einem Mordanschlag zum Opfer gefallen. Amenemhet verlegte die Hauptstadt des Reiches von Theben nach Memfis. Der König richtete einen hoch entwickelten Verwaltungsapparat ein, um im Volk sein Ansehen als Herrscher zu verbessern, und schuf insgesamt einen effektiven und modernen Staat. Während der vergangenen zehn Jahre teilte Amenemhet die Regentschaft mit seinem Sohn Sesostris, der ihm nun auf dem Thron folgen wird.

Die Einigung Ägyptens war das Werk von Mentuhotep II. vor etwa 175 Jahren gewesen. Die bis dahin faktisch regierenden Ortshäuptlinge (»Nomarchen«) beschnitt er drastisch in ihren Einflussmöglichkeiten. Er regierte von Theben aus, der Stadt, die nun ins zweite Glied gerückt ist.

Mentuhotep förderte auch den kulturellen Fortschritt nach besten Kräften: Während seiner Regentschaft standen sowohl die bildenden Künste wie auch die Literatur, die Schmuckherstellung und die Architektur in voller Blüte. Aus diesem Grund wird seine Regierungszeit von vielen auch als das »Goldene Zeitalter Ägyptens« bezeichnet.

Streit um Brunnen beigelegt

Beerscheba, ca. 1965 v. Chr.

Der von den Knechten des Abimelech von Gerar dem Patriarchen Abraham mit Gewalt entrissene Brunnen ist nicht länger Zankapfel. Die beiden Parteien schlossen einen Treuevertrag. Bereits in der Affäre »Sara« waren beide aneinander geraten. Auch dieser Streit konnte damals (wir berichteten) friedlich und freundschaftlich beigelegt werden.

Steinübersäte Landschaft im Jordantal in der Nähe des Toten Meeres

---

Man trägt wieder Holz. Die phönizische Stadt Byblos profitiert durch ihren Hafen vom Zedernholz-Boom. Der nahe gelegene Libanon sorgt für genügend Bauholz.

Die Viecher wollen einfach nicht. Ägypten hat den Versuch aufgegeben, Antilopen zu zähmen und als Haustiere zu halten. Um die Nahrungsmittelversorgung der Bevölkerung sicherzustellen, wendet man sich dort jetzt als Ergänzung zur Landwirtschaft verstärkt der Jagd und der Fischerei zu. Rinderhaltung für die Erzeugung von Fleisch und Milchprodukten ist im gesamten Nahen Osten weit verbreitet. Außerdem werden die Anbaumethoden in vielen Gebieten immer weiter verfeinert. In Afrika werden Wassermelonen angebaut, in Indien Tee und Bananen und in Arabien Feigen.

Segel setzen! Phönizische und kretische Schiffe verfügen nun über quadratische Segel und über bis zu drei Masten.

Mit denen muss man rechnen! Babylon hat die Sumerer als führende Macht des Mittleren Ostens abgelöst. In den Aufzeichnungen der Babylonier wird zum ersten Mal das Dezimalsystem verwendet.

Stein wie Glas. Phylakopi auf der griechischen Insel Melos exportiert seit neuestem Obsidian (glasartiges Gestein).

Menschenopfer in letzter Sekunde verhindert

Beerscheba, ca. 1950 v. Chr.

Nur äußerst knapp ist Isaak, der Sohn des Abraham, dem Opfertod entgangen. Er lag schon gefesselt auf dem Holz des Brandopfers und wartete darauf, dass sein Vater ihm die Kehle durchschneiden und anschließend das Feuer entzünden würde. In diesem Moment hörte der Vater jedoch ein unbekanntes Geräusch in der kargen Gebirgsgegend. Beim Anblick des Widders, der den Lärm verursacht hatte, besann sich der Mann und opferte diesen. Aus Kreisen der Dienerschaft Abrahams wurde berichtet, dass Abraham darüber sehr erleichtert gewesen sei. Allerdings wurden auch Stimmen laut, die von religiöser Verwirrung sprachen.

Obwohl Menschenopfer auch in Kanaan nicht völlig unbekannt sind, so kommen sie doch äußerst selten vor. Tiere werden von vielen Volksgruppen in Kanaan für religiöse Zwecke geopfert. Warum aber legt ein Vater seinen einzigen Erben auf den Altar?

Die Opferung Isaaks; Ausschnitt aus einem Gemälde von Rembrandt

Zur Erinnerung: Vor der Geburt Isaaks waren Abraham und Sara schließlich jahrzehntelang bis ins hohe Alter ohne Nachkommen geblieben. Der Vorfall ereignete sich im Zentrum Kanaans, auf dem Berg Morija, einem felsigen und unbewohnten Hügel, der ungefähr drei Tagesreisen von Beerscheba entfernt liegt. Von Packtieren und zwei Dienern begleitet, war das Paar zu dem Tal am Fuß des Hügels gezogen. Doch da die Diener auf Geheiß Abrahams unten zurückbleiben mussten, konnten sie das Geschehen auf dem Berg nicht beobachten.

Abraham versicherte nach dem Ereignis, dass er von Anfang an gewusst habe, dass sein einziger Sohn Isaak als Opfer vorgesehen war. Selbstverständlich habe er jedoch dem Jungen nichts davon gesagt. Abraham war der festen Überzeugung, dass sein Gott ihn dazu berufen hätte, genau die Person zu töten, die seine einzige Hoffnung auf eine zukünftige Dynastie war.

Als sich dann Isaak während der Reise nach dem Opfertier erkundigte, gab der alte Mann einfach nur zur Antwort, dass »Gott das Lamm bereitstellen werde«. Abraham versichert, dass er die ganze Zeit der festen Überzeugung war, dass Gott, falls es notwendig werden sollte, Isaak auch von den Toten auferwecken könne. Abraham behauptet nun, er habe dadurch Gott seinen Gehorsam bewiesen. Eine Art Prüfung sei es gewesen. Daraufhin habe Gott seinerseits erneut sein Versprechen bestätigt, dass Abrahams Nachkommen »so zahlreich wie die Sterne am Himmel« sein werden. Außerdem wolle Gott durch ihn viele Nationen segnen.

Hier wurde auch ein Präzedenzfall geschaffen, der die Möglichkeit von rituellen Menschenopfern durch Mitglieder der Abraham-Sippe für alle Zeiten ausschließt. Es scheint sich beim Gott Abrahams um einen Gott zu handeln, für den jedes Menschenleben einen hohen Stellenwert genießt. Ihm scheinen aufrichtige Tieropfer lieber zu sein.

(1. Mose 22,1-19; Hebräer 11,17-19)

Sein erster Grundbesitz: ein Friedhof

Alter jüdischer Friedhof im Hinnom-Tal bei Jerusalem

Hebron, ca. 1940 v. Chr.

Sara, die Frau Abrahams, ist im Alter von 127 Jahren verstorben. Ihr trauernder Ehemann ist nun, nachdem er die offizielle Trauerzeit vollendet hat, in Verhandlungen mit den Hetitern eingetreten, um von ihnen Land zu erwerben, auf dem er Sara bestatten kann. Da Abraham als Nomade ohne festen Wohnsitz und in diesem Land ein Fremder ist, blieb Abraham keine andere Wahl, als das Gelände für eine Grabstätte für Sara zu kaufen.

Die Hetiter hatten Abraham angeboten, sich eines ihrer Gräber auszusuchen. Er bat um die Höhle von Machpela. Abraham und Hetiterkönig Efron einigten sich auf den Kaufpreis von 400 Schekeln. Durch die Bestattung Saras ist die Höhle auch vor dem Gesetz zu einer Begräbnisstätte für das Volk Abrahams geworden. Ist das vielleicht der erste Schritt zu weiterem Landbesitz im von Gott zugesagten Land?

Die gegenwärtigen Bewohner des Gebietes bevölkern es nun schon seit mindestens tausend Jahren. Sie leben in großen Stadtstaaten. Unter diesen ist Jericho mit Sicherheit einer der beeindruckendsten.

Die Region ist von großer strategischer Bedeutung: Kanaan und seine Umgebung haben ein ganzes Netz von Handelsstraßen.

(1. Mose 23)

Familienzusammenführung um sieben Ecken

Beerscheba, ca. 1945 v. Chr.

Eine ebenso romantische wie kuriose Familienzusammenführung fand in Beerscheba statt: Ein Diener des bekannten Patriarchen Abraham wurde auf Brautschau geschickt. Mit Geschenken im Sack sollte er sich in die alte mesopotamische Heimat aufmachen und dort für eine Ehe in Kanaan werben. Eine Kanaaniterin wollte Abraham seinem Sohn nicht zur Frau geben.

Während der Reise bittet der Diener Gott, ihm die richtige Frau für den Sohn seines Herrn zu zeigen, und wählt ein riskantes Zeichen: Die erste Frau, die ihm anbieten wird, seine Kamele zu tränken, solle die Gesuchte sein.

Wie es im Leben (eigentlich selten) geht, trat die Situation bald ein. Das Mädchen war wohl sowohl ledig als auch attraktiv. »Da hattest du sicher keine Schwierigkeiten, sie von den Kamelen zu unterscheiden«, frozzelten hinterher die Kollegen des Dieners. Kurioserweise stammte das Mädchen zudem noch aus der Familie Abrahams. Sie war die Enkelin eines Bruders namens Nahor.

Offenbar haben die Angehörigen des Mädchens ohne viel Federlesens in die Eheschließung eingewilligt. »Was hätten wir denn sonst antworten kön-

nen?«, lautete der Kommentar des verwunderten Laban. Er ist der Bruder des Mädchens und der Sprecher der Familie. »All dies ist das Werk Gottes. Wie kann man mit einem Gott herumstreiten, der die Dinge auf solch eine Art und Weise zusammenfügt?«

Es ist heutzutage unter vielen Volksgruppen nicht ungewöhnlich, Ehen auf diese Art zu stiften. In diesem Fall jedoch ist die Zusammenführung der Brautleute scheinbar im Himmel beschlossen worden und niemand auf der Erde brachte den Mut auf, um den Brautpreis zu feilschen.

Abraham hat also wieder einmal Recht behalten. Seine oft wenig wahrscheinlich klingenden Vorhersagen hatten in der Vergangenheit bei seiner Familie und seinen Dienern Unglauben und Kopfschütteln hervorgerufen. In seinen Abschiedsworten hatte er seinem Diener versichert, dass Gott ihm seinen Engel als Begleitung senden und dafür sorgen würde, dass sein Unternehmen erfolgreich sein würde.

(1. Mose 24)

Brunnen in der Nähe von Beerscheba

Lieber rot als Zweiter

Beerscheba, ca. 1850 v. Chr.

Isaak und Rebekka sind Eltern von Zwillingen geworden. Die glücklichen Eltern dachten lange Zeit, sie wären zur Kinderlosigkeit verurteilt. Dennoch beteten sie regelmäßig für einen Sohn. Nun haben sie ihn in doppelter Ausführung.

Die Knaben konnten es offenbar kaum erwarten, das Licht dieser Welt zu erblicken. Dies jedenfalls behauptet ihre Mutter Rebekka, die selbst schon weit über 50 Jahre alt ist: »Die beiden haben während der letzten neun Monate in meinem Bauch Volkstänze getanzt!«

Der kleine Jakob wurde von seinem Bruder Esau im Rennen um das Licht der Welt knapp geschlagen. Das passte ihm offenbar nicht. Er klammerte sich, als er aus dem Bauch seiner Mutter hervorkam, an die Ferse Esaus. Ob der kleine Kerl schon im Mutterleib was zum Thema Erstgeburtsrecht mitbekommen hatte?

Jakob heißt übrigens »Fersenhalter« (aber auch »Betrüger«). Esau (»rot«) verdankt seinen Namen seiner bemerkenswert roten Körperbehaarung.

(1. Mose 25,21-26)

Isaak wiederholt väterliche Peinlichkeiten

Gerar, ca. 1870 v. Chr.

Dem Drehbuchautor der Geschichte scheint der Stoff auszugehen. Der Semit Isaak hat seine Frau als seine Schwester ausgegeben, aus nackter Angst um sein Leben.

Bereits sein Vater Abraham hatte in zwei Fällen genau das Gleiche versucht, doch flog der Schwindel jeweils schnell auf.

Isaak wollte es besser machen: Als in Kanaan aufgrund einer Hungersnot die Nahrungsmittelvorräte zur Neige gegangen waren, zog er in südwestlicher Richtung nach Gerar, das an der Grenze zum Gebiet der Philister liegt, und überredete seine Frau Rebekka, sich als seine Schwester auszugeben. Dieser Lüge wurde anfangs geglaubt. Zu ihrem Pech wurden Isaak und Rebekka jedoch von König Abimelech

persönlich beim Tête-à-Tête erwischt. Bei diesem König handelt es sich um einen Nachfolger des Abraham-Kontrahenten gleichen Namens.

Der erboste Monarch zerrte Isaak ans Licht der Öffentlichkeit und ließ sich vor allen Beobachtern wortreich über die Folgen aus, die solch unmoralisches Verhalten und solch ein Betrug unweigerlich hervorrufen muss. »Stell dir vor, einer von uns hätte jetzt mit deiner Frau geschlafen, weil er dachte, sie sei noch zu haben«, wird er zitiert. Offenbar befürchtete Abimelech den Zorn seiner Götter für solch ein Vergehen.

Dennoch nahm alles wie schon bei Abraham einen glücklichen Ausgang: Der König stellte den wohlhabenden Isaak und seine Frau Rebekka unter den besonderen Schutz des Hofes.

(1. Mose 26,1-11)

Ziegenfell und Linsensuppe – Betrüger zieht alle Register

Kanaan, ca. 1800 v. Chr.

»An Vaters Segen ist alles gelegen und dafür ist mir jedes Mittel recht«, hat sich Jakob, der Zweitgeborene des Patriarchen Isaak, wohl gesagt und seinen älteren Zwillingsbruder doppelt übertölpelt.

Esau ist der ältere der beiden Zwillinge. Obwohl Jakob nur Sekunden nach Esau zur Welt kam, steht Esau von Rechts wegen der überaus wichtige Segen seines Vaters zu. Es ist allgemein bekannt, dass Isaak dem Jäger Esau den Vorzug gibt. Rebekka, die Mutter der beiden, hat hingegen den häuslicheren Jakob zu ihrem Liebling erkoren.

Da der altersschwache Vater der beiden befürchtete, dass er sterben könnte, ohne vorher seinem ältesten Sohn den traditionellen Segen des Patriarchen gegeben zu haben, bat er Esau, für ihn etwas Wildbret zu jagen und ihm daraus sein Lieblingsgericht zu bereiten. Anschließend würde er Esau dann seinen Segen erteilen.

Doch auf Drängen Rebekkas, der Mutter der beiden Brüder, gab sich Jakob vor seinem fast völlig erblindeten Vater als sein Bruder Esau aus. Durch diesen Trick erschlich sich Jakob den väterlichen Segen. Kein Wunder, hatte Rebekka doch den Isaak mit Ziegenfellen präpariert, so dass auch der Tastsinn Isaaks versagen musste.

Nachdem Isaak seine anfänglichen Zweifel an der Identität des falschen Esaus abgeschüttelt hatte, sprach er schließlich seinen Segen über Jakob. Ist solch ein Segen erst einmal ausgesprochen, kann er weder zurückgenommen noch ein zweites Mal an eine andere Person erteilt werden. Das Versprechen an Jakob beinhaltete, dass er von den Nationen verehrt werden würde und dass seine Brüder ihm dienen sollten.

Beduinen beim Kochen auf einer offenen Feuerstelle

Als Esau von der Jagd zurückkehrte und erkennen musste, dass er um den Segen seines Vaters betrogen worden war, flehte er seinen Vater an, ihm ebenfalls einen Segen zu erteilen. Er erhielt von Isaak aber nur eine ominöse Voraussage: »Du wirst vom Schwert leben und deinem Bruder dienen. Doch irgendwann wirst du dein Joch abschütteln.«

Eigentlich hätte sich Esau nicht beschweren dürfen. Hatte er doch selbst bereits vorher sein Erstgeburtsrecht für einen simplen Eintopf an Jakob abgetreten. Eines Tages kam er völlig ausgehungert von einem ausgedehnten Jagdausflug nach Hause. In der Küche schlug ihm aus einem dampfenden Topf der Duft einer kräftigen Linsensuppe entgegen, den Jakob gerade zubereitet hatte. Rasend vor Hunger bat Esau seinen Bruder, ihm einen Teller davon abzugeben. Jakob forderte kaltblütig von Esau, ihm als Gegenleistung für eine Portion des Linseneintopfs das Erstgeburtsrecht abzutreten. Vielleicht nahm Esau das nicht ernst. Auf jeden Fall war ihm das Hemd näher als der Rock und er willigte ein.

Esau ist offenbar auch der Bund ziemlich egal, den Gott mit seinem Vater geschlossen hat, denn er ist mit zwei hetitischen, also aus einem fremden Volk stammenden Frauen verheiratet. Dennoch erzählt Esau nach diesem erneuten und für ihn so folgenschweren Betrug Jakobs jedem, der es hören möchte, dass Jakob ihm sein Erstgeburtsrecht gestohlen habe. Die ohnehin wenig familiäre Beziehung zwischen den beiden Brüdern ist anscheinend unwiderruflich zerstört.

Jakob ist inzwischen nach Haran geflohen. Seine Mutter Rebekka hatte ihn gedrängt, bei ihrem Bruder Laban um die Hand von einer von dessen Töchtern anzuhalten.

(1. Mose 25,27-34; 27,1-28,9)

Brunnenzwist beendet

Beerscheba, ca. 1850 v. Chr.

Die Auseinandersetzungen zwischen Isaak und Abimelech um Wasservorkommen sind beendet. Die beiden Männer haben gemeinsam ein Friedensabkommen unterzeichnet, in dem sie sich verpflichten, 32 Kilometer voneinander entfernt zu leben.

Isaak hatte seine Ziegen in der Umgebung der Stadt Gerar weiden lassen, die für ihr trockenes Klima bekannt ist und über die Abimelech herrscht. Doch in dem Maße, wie sich die Herden Isaaks vergrößerten, wuchs auch der Druck auf die beschränkten Wasservorräte. Als Folge davon entflammten zwischen den Angestellten der beiden Männer an den Wasserstellen immer häufiger Streitigkeiten. »Wenn alle Brünnlein fließen, so muss man sie beizeiten zuschütten, jedenfalls dann, wenn sie einem nicht gehören«, so dachten wohl die Philister. Sie versuchten damit, Isaak zu vertreiben, obwohl Isaak auf die Aufforderung Abimelechs hin die unmittelbare Umgebung von Gerar zuvor schon verlassen hatte.

Abimelech hat jedoch nun öffentlich anerkannt, dass der Gott Isaaks seinen Segen über Isaaks Familie ausgeschüttet hat, seit der Patriarch in diese Gegend gekommen ist. Abimelech war es auch, der Isaak den Vorschlag für einen Friedensvertrag unterbreitet hat.

Die Tatsache, dass die Diener Isaaks genau an dem Tag, an dem der Vertrag aufgesetzt wurde, eine neue Wasserquelle entdeckt haben, ist ein hübscher Schlusspunkt zu diesem »Brunnenkrieg«.

(1. Mose 26,12-33)

Schlitzohr erklimmt Himmelstreppe im Schlaf

Würdenträger in ehrfürchtiger Haltung, Statue aus Gold und Bronze

Bethel, Kanaan, ca. 1790 v. Chr.
Jakob, der Sohn Isaaks, ist der festen Überzeugung, dass er während seiner hastigen Flucht vor den Mordplänen seines Bruders Esau direkt in die Arme seines Gottes gelaufen sei.

Der emporgekommene Trickbetrüger, der Esau sowohl um sein Erbe als auch um den Segen des Vaters und damit um seine rechtmäßige Stellung gebracht hat, gilt nicht gerade als ein Musterbeispiel für Frömmigkeit. Dennoch hat er zu Ehren seines Gottes einen Steinhaufen errichtet, der als Fundament für ein zukünftiges Gotteshaus dienen soll, das Jakob errichten will, sobald er wieder in seine Heimat zurückgekehrt sein wird. Außerdem hat er geschworen, ein Zehntel seiner Besitztümer an Gott abzutreten.

Jakob behauptet, dass ihm im Traum eine Treppe erschienen sei, die so aussah wie eine jener Treppen, die an der Seite eines Zikkurats entlangführen. Die Treppe Jakobs reichte jedoch bis in den Himmel. An ihrer Spitze stand Gott und wiederholte die Verheißungen, die er schon Jakobs Großvater Abraham gegeben hatte, nämlich dass Jakobs zahlreiche Nachkommen Kanaan besiedeln und unter seinem Schutz stehen würden. Daraufhin legte Jakob ein feierliches Gelübde ab: »Wenn ich heil zurückkomme, soll hier ein Gotteshaus gebaut werden!« Bethel (»Gotteshaus«) ist eine wohlhabende Stadt, die ungefähr 20 Kilometer nordwestlich von Jericho liegt. Auch Abraham betete Gott an diesem Ort an. Jakob war in Richtung Haran unterwegs. In dieser Stadt, die an den Quellflüssen des Euphrat liegt, leben Jakobs Verwandte.

(1. Mose 28,10-22)

Sieben Jahre Schufterei für Liebesnest mit Kuckucksei

Haran, ca. 1780 v. Chr.
Was macht einer, der sieben Jahre schuftet, um endlich seine Flamme heiraten zu können, und dem am Ende eine andere untergejubelt wird? Sieben Jahre Fronarbeit fanden ein Ende, als Jakob endlich zu seiner Braut ins Bett stieg, für die er nur aus Liebe so lange und so hart gearbeitet hatte. Doch beim ersten Tageslicht erwartete den Bräutigam eine böse Überraschung. Als er den Schleier über dem Gesicht seiner Braut beiseite zog, musste er feststellen, dass man ihn hinters Licht geführt hatte: Er war mit der älteren Schwester seiner Angebeteten verheiratet worden.

Jakob hatte als Hirte jahrelang ohne Lohn für seinen Onkel Laban gearbeitet. Seine Arbeit war der Ersatz für den traditionellen Brautpreis, um dessen jüngere Tochter Rahel heiraten zu können und den der mittellose Romeo auf andere Art und Weise niemals hätte entrichten können.

Es war Liebe auf den ersten Blick gewesen, als Jakob seine Kusine zum ersten Mal gesehen hatte. Jakob hatte gerade an einem Brunnen Halt ge-

Frauen am Brunnen, Zeichnung aus dem 19. Jahrhundert

macht, um sich nach dem Weg zu erkundigen, als sie mit ihren Schafen auftauchte. Auch sie verliebte sich auf Anhieb in ihn.

»Die vergangenen sieben Jahre sind mir vorgekommen wie sieben Tage«, sagte der bis über beide Ohren verliebte Bräutigam während der Hochzeitsfeier. Doch er hatte anstatt mit seiner großen Liebe mit deren älterer Schwester Lea geschlafen, die nun überhaupt nicht seinem Geschmack entsprach.

Denn der örtliche Brauch, über den die Einheimischen Jakob gegenüber freilich kein Wort verloren hatten, schreibt vor, dass die ältere Schwester zuerst unter die Haube gebracht werden muss.

Jakob, rasend vor Wut, stellte Laban zur Rede. Dieser erlaubte ihm dann auch, Rahel als zweite Frau zu nehmen. Der Brautpreis war derselbe wie beim ersten Mal, nämlich sieben Jahre Fronarbeit. Doch als Zugeständnis erlaubte Laban Jakob, diesmal zuerst zu »kaufen« und erst später zu bezahlen.

(1. Mose 29,1-30)

Falschen Zeugen droht die Todesstrafe

Susa, Elam, ca. 1760 v. Chr.

Aufgrund der vor kurzem von König Hammurabi verabschiedeten Gesetzessammlung droht nun in Babylon Zeugen, die eine andere Person fälschlicherweise eines Mordes oder Einbruchs bezichtigen, die Todesstrafe. Hehlern, die Diebesgut aus Tempeln oder aus staatlichem Besitz zu Geld machen wollen, droht das gleiche Schicksal.

Hammurabi, der seit 32 Jahren als König von Babylon regiert, hat in der etwa 320 Kilometer östlich von Babylon im Gebiet der Elamiten liegenden Stadt Susa einen 2,5 Meter hohen Obelisken errichten lassen, in dem diese und viele weitere Gesetzesvorschriften eingemeißelt sind. Man geht davon aus, dass sich auch an anderen Orten des babylonischen Reiches ähnliche Obelisken im Bau befinden. Hammurabis Gesetzessammlung deckt aber bei weitem nicht alle durch Gesetze zu regelnde Bereiche ab. So enthält sie z.B. keine Vorschriften darüber, wie Mord oder Totschlag zu ahnden sind. Die einzige Ausnahme bezieht sich auf den Fall, dass eine schwangere Bürgerin als Folge von Gewalt, die ihr angetan wird, eine Fehlgeburt erleidet. Als Strafe für dieses Delikt ist eine Geldbuße von 10 Silberschekeln festgelegt. Sollte die Frau als Folge der Gewaltanwendung ebenfalls sterben, beträgt die Buße eine halbe Mina.

Mehrere Vorschriften beziehen sich auf die Ehe und auf das sexuelle Verhalten. Als Strafe für Ehebruch ist Tod durch Ertränken vorgeschrieben. Dem Ehemann einer unfruchtbaren Priesterin ist es jedoch gestattet, sich eine Frau, die Mitglied eines religiösen Ordens ist, als Konkubine zu nehmen, so dass er nicht ohne Nachkommen bleiben muss.

Ansonsten gilt: Gleiches wird mit Gleichem vergolten. Einem Sohn, der die Hand gegen seinen Vater erhoben hat, ist als Strafe die Hand abzuhacken. Einer Person, die einem Bürger einen Knochenbruch zugefügt hat, sollen im Gegenzug ebenfalls die Knochen gebrochen werden. Wer ei-

Der Obelisk Hammurabis mit einer Darstellung des Herrschers und dem Text des »Codex Hammurabi«

nem Bürger etwas antut, wird allerdings strenger bestraft, als wenn er einen Sklaven oder Bauern schädigt.

Das Reich Hammurabis erstreckt sich von der Mittelmeerküste bis hin zu den Ländern, die östlich des Euphrat und des Tigris liegen. Hammurabi hat eine starke, zentralisierte Regierung aufgebaut. Sein besonderes Interesse gilt der Errichtung gut ausgebauter Wasserwege und Bewässerungsanlagen. Daneben beschäftigt er sich auch noch intensiv mit Fragen der Landwirtschaft. Auch die Wirtschaft Babylons hat er durch ein wirkungsvolles Steuersystem wieder in Schwung gebracht. Viele prächtige öffentliche Gebäude, die während Hammurabis Regentschaft entstanden sind, zeugen ebenfalls von seinem Tatendrang. Mit seinen von ihm selbst verfassten Aufzeichnungen über seine Erfolge und Errungenschaften hat er auch einen Beitrag zur Literatur Babylons geleistet.

Bibliotheksstadt dem Erdboden gleichgemacht

Babylonien, 1757 v. Chr.

Die bedeutende, westlich des Euphrats liegende Stadt Mari, die bereits vor vielen hundert Jahren gegründet wurde, ist von König Hammurabi von Babylon dem Erdboden gleichgemacht worden. Der Palast des abgesetzten Regenten Zimri-Lim ist nur noch eine Ruine. Von den prächtigen Säulen, die die oberen Stockwerke des Palastes geschmückt hatten, sind nur noch Trümmer übriggeblieben, die zwischen den Mauerresten des ehemaligen Erdgeschosses herumliegen.

Maris riesige Bibliothek ist ebenfalls irgendwo unter den Überresten des Palastes begraben. Die mehr als 20000 Tontafeln der Bibliothek hatten jeden Aspekt des Lebens am Hof dokumentiert, einschließlich der schier endlosen Folge von Belagerungen, der mit Hilfe von Streitwagen geführten Kriege und der Überfälle durch umherziehende Banden, die ihren Lebensunterhalt durch kriegerische Unternehmungen bestreiten. Ansonsten bestimmten diplomatische Angelegenheiten die Korrespondenz

Ein Teil des privaten Schriftverkehrs der Könige hat ein weit größeres Publikum gefunden, als die Verfasser der Briefe wohl ursprünglich beabsichtigt hatten. Unter den Dokumenten sind auch manche Privatbriefe. In einem weist zum Beispiel ein Monarch seinen Sohn zurecht. Die Könige von Mari waren jedoch bestimmt nicht die Ersten, die sich über Schwierigkeiten mit ihren Kindern beklagen.

Die etwas mehr als 320 Kilometer nordwestlich von Babylon gelegene Stadt verdankte ihren unglaublichen Reichtum dem Handel, der über den Euphrat abgewickelt wurde.

Doch dies alles gehört nun der Vergangenheit an, und die wenigen Schätze, die aus den Ruinen der Stadt geborgen werden konnten, sind inzwischen wohl alle von Maris Eroberern weggeschafft worden.

Kinderlose Ehefrauen heuern Leihmütter an

Haran, ca. 1750 v. Chr.

Was macht eine Frau, die keine Kinder bekommen kann?

Rahel ist zwar Jakobs große Liebe, jedoch nur seine zweite Ehefrau. Die Erkenntnis, dass sie ihrem Ehemann keine Kinder schenken konnte, war ein vernichtender Schlag für sie. Ihre Rivalin und ältere Schwester Lea hingegen hatte Jakob schon mit vier kräftigen Söhnen beschenkt. Deshalb veranlasste Rahel ihr Dienstmädchen Bilha dazu, an Rahels Stelle als eine Art Leihmutter von Jakob ein Kind zu empfangen.

Um nicht von Rahel in der Anzahl der Söhne, die sie Jakob geschenkt hatte, übertroffen zu werden, veranlasste nun auch Lea ihre Magd Silpa dazu, mit Jakob zu schlafen. Nachdem auch Silpa Jakob schon zwei Söhne geboren hatte, brachte Lea selbst noch zwei Söhne und eine Tochter zur Welt. Doch selbst damit war der Kindersegen noch nicht zu Ende. Von den Folgen der unbändigen Fruchtbarkeit ihres Ehemannes umgeben, wurde Rahel erneut schwanger und schenkte Jakob den elften Sohn. Es ist zu befürchten, dass der kleine Josef gründlich verzogen werden wird. Als Nesthäkchen und einziges Kind seines Vaters aus der Beziehung mit seiner großen Liebe Rahel ist Josef der Liebling seiner Eltern. Seine Mutter wird auch nicht müde, zu versichern, dass Gott durch ihn »ihre Schande hinweggenommen« habe.

(1. Mose 29,31-30,24)

Wenn die Heimat ruft … und der Schwager nervt!

Haran, ca. 1750 v. Chr.

Jakob, der Sohn Isaaks, der inzwischen sogar reicher ist als sein Schwiegervater und Onkel Laban, für den er fast zwei Jahrzehnte lang Fronarbeit geleistet hat, ist in die Fußstapfen seines Großvaters Abraham getreten. Er hat beschlossen, weiter in den Süden zu ziehen und sich in Kanaan anzusiedeln. Die Entscheidung Jakobs ist eine Folge der wachsenden Spannungen innerhalb der Familie sowie der Tatsache, dass gegen ihn der Vorwurf des Betrugs erhoben wird.

»Ich war es doch, der ein ums andere Mal betrogen worden ist!« Mit diesen Worten machte Jakob erst vor kurzem seiner Empörung Luft. »Und die Verwandten meiner Frau haben Partei gegen mich ergriffen. Doch Gott hat mich wohlhabender gemacht als sie.« Diesen Vorwürfen stehen Gegenvorwürfe an die Adresse Jakobs gegenüber, der vor Jahren als Flüchtling nach Haran kam. Die Ursache seiner damaligen Flucht war die Furcht, dass sein Bruder ihm wegen eines gestohlenen Segens an den Kragen geht. Die jüngsten gegen Jakob gerichteten Vorwürfe besagen unter anderem, dass sein Reichtum die Folge eines Zuchtprogramms sei, bei dem durch einen Züchtertrick die besseren Tiere in seine Herde hineingeboren werden. Auf diese Weise habe Jakob dafür gesorgt, dass die Herden seines Arbeitgebers unterentwickelt blieben, während die Tiere seiner eigenen Herden über alle Maßen wuchsen und gediehen und häufiger als gewöhnlich Nachkommen warfen.

Die Beziehung zwischen Schwiegervater und Schwiegersohn ist inzwischen an einen historischen Tiefpunkt angelangt. Nun ergreifen sogar schon Jakobs Ehefrauen Lea und Rahel gegen ihren Vater Partei, obwohl sie noch nie eine Reise unternommen haben, die sie außerhalb der Grenzen der Stadt geführt hätte. Die Frauen bezichtigen Laban, er habe den Brautpreis, den Jakob durch seine Arbeit und später durch seinen Lohn für sie entrichtet habe, ausgegeben, ohne dass er das Recht dazu hatte. Lea und Rahel sind schon dabei, ihr Hab und Gut für den 650 Kilometer langen Marsch zum Geburtsort Jakobs zusammenzupacken.

(1. Mose 30,25-31,18)

Der Zug Jakobs mit seiner Familie ging über Sichem nach Gilead im Ostjordanland. Auf diese Weise kehrte er wieder in das Land Abrahams zurück.

Götzenjagd

Gilead, ca. 1750 v. Chr.

Der aus Haran stammende Laban hat einen Dieb 480 Kilometer weit verfolgt. Doch trotz all der Mühen, die er auf sich nahm, konnte er den Beweis, nach dem er suchte, nicht finden.

Laban war davon überzeugt, dass seine Haushaltsgötzen, die er als unverzichtbar für sein geistliches und materielles Wohl ansah, von einem Mitglied seiner Familie entwendet worden waren. Der mutmaßliche Schuldige musste sich deshalb im Tross befinden, der Labans Neffen und Schwiegersohn Jakob auf der Rückkehr in sein Heimatland begleitete. Doch trotz einer gründlichen Untersuchung jedes einzelnen der zahlreichen Auswanderer konnten die vermissten Figuren nicht ans Tageslicht befördert werden. Sowohl die Familie als auch die Diener Jakobs unterstützten die Suche nach besten Kräften. Lediglich Jakobs Ehefrau Rahel erklärte, dass sie ihre Monatsregel habe und daher rituell unrein sei. Aus diesem Grund weigerte sie sich auch, sich von ihrer Lagerstatt zu erheben. Jakob selbst ist Anhänger einer Religion, die die Anbetung von Götzen verabscheut.

(1. Mose 31,22-55)

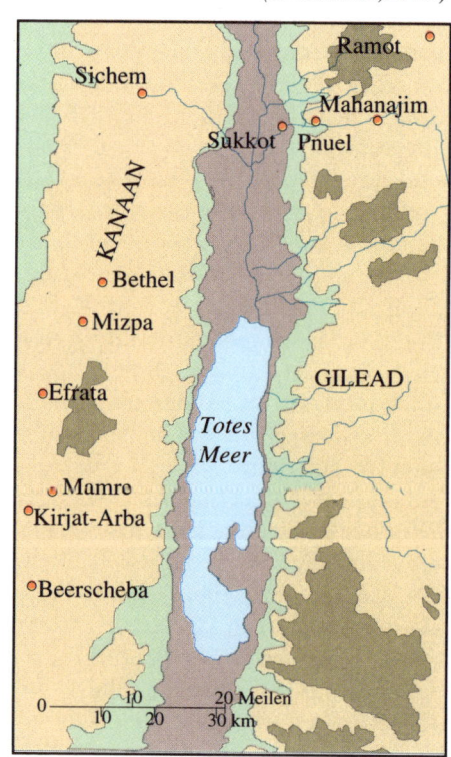

Mit neuem Namen alten Streit beendet

Sichem, Kanaan, ca. 1745 v. Chr.

Er ist religiöser geworden als früher. Er ist auch älter, weiser und weniger impulsiv. Ja, er hat sogar einen neuen Namen bekommen.

Nach zwei Jahrzehnten auf der Flucht ist Jakob nun nach Hause zurückgekehrt, um seine Jugendsünden wieder gutzumachen. Er hat seine Verwandten, die so zahlreich sind, dass sie eine kleine Stadt bevölkern könnten, zusammen mit seinen Dienern und seinen Herden den ganzen Weg von Haran bis in das hügelige Gebiet von Sichem geführt und dort Ländereien erworben.

Auf dem Weg nach Sichem hat Jakob offenbar einen Mordanschlag unversehrt überstanden. Der Ort, an dem sich Jakob niedergelassen hatte, ist ungefähr eine Tagesreise von Bethel entfernt. Dort hatte ihm Gott zum Abschied das Versprechen gegeben, dass er eines Tages zurückkehren würde. Und Gott hat auch während der langen und langsamen Rückreise eine so herausragende Rolle gespielt, dass Jakob, nachdem er sein Zelt aufgestellt hat, als erstes dem Gott, den er nun in der für ihn typischen Übertreibung als »den mächtigen Gott Israels« bezeichnet, einen Altar gebaut. Jakob behauptet, dass ihm der Name »Israel« an der östlich des Jordans gelegenen Jabbokfurt verliehen worden sei. Laut seinen Angaben verdanke er seinen neuen Namen einem vorangegangenen heldenhaften Kampf mit einem mysteriösen Mann, der angeblich die Absicht hatte, ihn zu töten. Er sei in der Lage gewesen, den Angreifer erfolgreich abzuwehren, und das trotz der Behinderung durch eine ausgerenkte Hüfte, die er während des Kampfes erlitten habe. Als wohl nicht heilbare Folge des Kampfes hinkt er seitdem.

Als Jakob jedoch erkannte, dass sein Gegner augenscheinlich kein Mensch, sondern göttlicher Natur war, schlüpfte er aus der Rolle des Opfers und wurde zum Angreifer. Er nutzte selbst diese Situation zu seinen Gunsten und erzwang von diesem Mann oder Engel einen »Segen«. Der neue Name »Israel«, der Jakob in dem Segensspruch verliehen wird, bedeutet nichts anderes als »Er hat mit Gott gekämpft«.

Die stattlichen Grundmauern des Osttores der befestigten Stadt Sichem

Einige Kilometer weiter östlich hatte er zuvor einen Traum, in welchem er dem Heerlager Gottes einen Besuch abstattete. Eine Vorbereitung für das, was danach kam?

Jakob war sich darüber im Klaren, dass nur Gott ihm helfen könnte, die Sache mit seinem Bruder Esau in Ordnung zu bringen, den er in seiner Jugend ziemlich übel ausgetrickst hatte. Jedenfalls richtete Jakob ein Gebet an Gott und bat ihn darum, dafür zu sorgen, dass die Begegnung mit seinem Bruder Esau einen für Jakob vorteilhaften Verlauf nehmen würde. Vorab schickte er Esau dann eine üppige Versöhnungsgabe: 400 Ziegen, 220 Schafe, 30 Kamele, 40 Kühe und 10 Bullen sowie 30 Esel. Über die Frage, ob das Geschenk als Bestechung, zur Beruhigung seines Gewissens oder als ein Zeichen der Reue dienen sollte, verlor er kein Wort. Esau versammelte 400 seiner Männer um sich, als er sich aufmachte, um sich Jakobs Gefolge zu stellen. Er muss völlig gerührt gewesen sein. Sein tränenreicher Willkommensgruß sprach Bände.

Jakob ging dennoch kein Risiko ein. Obwohl er dem Vorschlag Esaus zugestimmt hatte, ihm nach Seïr zu folgen, wich er nach Sukkot und später über den Jordan nach Sichem aus. »Es ist immer klüger, sich den Gegner vom Leib zu halten«, so muss Jakob wohl gedacht haben, »selbst dann, wenn man Gott auf seiner Seite hat«.

(1. Mose 32,1-33,20)

Vergewaltigung löst Blutbad aus

Kanaan, ca. 1740 v. Chr.

Eine aus der Laune des Augenblicks heraus begangene Vergewaltigung einer einzigen Frau durch einen einzigen Mann war die Ursache für das brutale Hinschlachten der gesamten männlichen Bevölkerung einer Stadt in Zentralkanaan.

Das Opfer der Vergewaltigung war Dina, die einzige Tochter des Jakob. Der Täter war Sichem, der Sohn Hamors, der als Häuptling über das Gebiet herrscht. Nach dem Vorfall bot Sichem an, Dina zu heiraten. Er versicherte auch, dass sein Motiv für diese Ehe nicht Pflichtgefühl, sondern Liebe zu Dina sei. Doch die Söhne Jakobs schmiedeten einen Racheplan und schlugen das Angebot in den Wind. Sie kamen mit Hamor und Sichem überein, dass sie der Verbindung zwischen Sichem und Dina zustimmen würden, allerdings unter einer Bedingung: Alle Männer der Stadt sollen sich beschneiden lassen Dies schien den Bewohnern ein geringer Preis zu sein im Vergleich zu der Aussicht, Einfluss über ihre Nachbarn zu gewinnen.

Doch die an sich harmlose Operation führte dazu, dass die Männer für einige Tage leicht verwundbar und militärisch wertlos waren. Die Söhne Jakobs nutzten diesen Vorteil brutal aus: Alle Männer wurden getötet. »Schließlich ist unsere Schwester keine Prostituierte«, war die einzige Begründung für die Bluttat.

(1. Mose 34)

Jugendlicher Traumtänzer von seinen Brüdern verkauft

Kanaan, ca. 1733 v. Chr.

Ein Jugendlicher, der durch seine narzisstischenTräume und dadurch, dass er die Zuneigung seines Vaters für sich allein beanspruchte, den Zorn seiner Brüder auf sich gezogen hatte, hat einen Anschlag auf sein Leben unver-

Josef und sein bunter Rock, von Henri Vernet (1789-1863)

letzt überstanden. Dennoch dürfte er im Augenblick nicht sehr glücklich sein, denn er wurde von seinen eigenen Brüdern in die Sklaverei verkauft. Als der erst 17-jährige Josef bei einem Besuch an der Arbeitsstätte seiner Brüder von diesen festgehalten wurde, trug er eine kostspielige und reich verzierte Robe. Diese hatte er von seinem Vater, der in ihn vernarrt ist, als Geschenk erhalten. Als sich die semitischen Schafzüchter mit ihren Herden etwa 21 Kilometer südlich in der Nähe von Sichem befanden, begannen die Weideflächen knapp zu werden.

Von Josef, dem zweitjüngsten von zwölf Brüdern, wird gesagt, er habe Traumvisionen gehabt, die er als Anzeichen auf die herausragende Stellung innerhalb der Familie, die er in Zukunft einmal einnehmen würde, deutete. In einer seiner Phantastereien sah er einmal, wie Korngarben, die von seinen Brüdern eingesammelt worden waren, sich vor seinen eigenen Garben beugten. In einem anderen Traum sollen sich die Planeten, durch die seine Eltern und seine Brüder repräsentiert wurden, am Himmel vor ihm niedergebeugt haben.

So weit von zu Hause entfernt, war Josef für seine Brüder eine leichte Beute. Ruben, einer der Brüder, überzeugte seine Mitverschwörer davon, dass sie ein ruhigeres Gewissen haben würden, wenn sie nicht, wie geplant, Josef ermorden, sondern ihn in eine unterirdische Wasserzisterne werfen und ihn dort verhungern würden. Als dann jedoch eine midianitische Handelskarawane vorüberzog, war die Verlockung des Geldes stärker als der Wunsch nach Rache und die Brüder stimmten dem Vorschlag von Juda zu, Josef als Sklaven zu verkaufen.

Um ihrem Vater eine glaubhafte Erklärung für das Verschwinden Josefs geben zu können, töteten die Brüder einen Ziegenbock. Anschließend befleckten sie Josefs farbenprächtige Kluft mit dem Blut des Tieres. Ihrem Vater gegenüber behaupteten sie dann, Josef sei »von einem Löwen oder einem Bären angefallen und getötet« worden.

Wie berichtet wird, ist Jakob über den Tod des Jungen untröstlich. Als das erste Kind, das ihm seine zweite Frau Rahel geschenkt hat, stand Josef ihm besonders nahe.

Die Händler, die Luxusgüter wie Gewürze, Medikamente und Kosmetika aus dem Osten nach Ägypten brachten, um sie an die dortige Oberschicht zu verkaufen, haben, so wird berichtet, den gut aussehenden Josef an Potifar verkauft. Potifar ist als ein hochrangiger Militärbeamter am Hofe des Pharao tätig.

(1. Mose 37)

Neuankömmlinge stellen Einheit Ägyptens auf die Probe

Ägypten, um 1700 v. Chr.

Ägypten setzt weiter auf Expansion und technischen Fortschritt. Während seiner Regentschaft vor 150 Jahren hatte Sesostris III. die ägyptische Armee um eine große Zahl kampfkräftiger Einheiten aufgestockt, das Land mit starken Verteidigungsanlagen versehen, die Regierung zentralisiert und das Staatsgebiet in drei Verwaltungszonen eingeteilt. Seine Nachfolger haben seine Politik fortgesetzt und die Reformen gefestigt. Vor 20 Jahren war das Ansehen, das Ägypten sowohl im Innern als auch in der Völkergemeinschaft genoss, so groß wie wohl noch niemals zuvor in seiner Geschichte.

Doch aufgrund der zunehmenden Anzahl von Einwanderern sind in der ägyptischen Gesellschaft tief greifende Veränderungen vorgegangen. Viele ehemalige Bewohner Palästinas haben sich in Ägypten niedergelassen und Einwohner aus Asien bevölkern heute das östliche Nildelta. Dadurch haben sich die ehemals rein ägyptischen Siedlungen in multikulturelle Gemeinschaften verwandelt. Einige dieser neuen Gruppen gehen jetzt sogar schon so weit, eine unabhängige Verwaltung für ihre Volksgruppe zu verlangen. .

Vom Knast zum Ministerposten

Ägypten, ca. 1720 v. Chr.

Ein 30-jähriger Semit aus Kanaan ist in das Team von Zauberern und Wahrsagern berufen worden, die am Hof Pharaos Dienst tun. Josef kam als 17-jähriger nach Ägypten. Bis vor kurzem noch saß er wegen versuchter

Hölzerne Statue des ägyptischen Kanzlers Nakhti, der eine ähnliche Position wie Josef bekleidete, allerdings schon um 1950 v. Chr.

Vergewaltigung einer Beamtengattin im Gefängnis, obwohl er selbst die Tat auf das Entschiedenste bestreitet. Es hat sich herausgestellt, dass er in Bezug auf die Deutung der Träume, die den König so sehr belasten, jedem anderen Fachmann weit überlegen ist.

In einem seiner Träume hatte Pharao sieben magere und sieben fette Kühe gesehen. Entgegen aller Logik jedoch wurden die fetten Kühe von den mageren aufgefressen. Kurz darauf hatte er einen weiteren Traum, in dem er sah, wie sieben magere Ähren, noch weniger der Wirklichkeit entsprechend, sieben prachtvolle Ähren verschlangen. Die seltsamen Traumgesichte des Pharaos waren allen ein Rätsel und ständiges Gesprächsthema.

Doch eines Tages erinnerte sich der königliche Mundschenk an Josef: Einst waren er und Josef Zellengenossen gewesen. Der junge Mann war ihm aufgefallen, weil er die Bedeutung von mehreren Träumen genauestens analysiert hatte. Nachdem der Mundschenk aus dem Gefängnis entlassen worden war, vergaß er jedoch sein Versprechen, sich bei dem Pharao für Josefs Entlassung einzusetzen. Der Mundschenk holte sein Versäumnis nun umgehend nach.

Josef deutete die Träume des Pharao wie folgt: Der Wohlstand und der Überfluss an Getreide werde noch sieben Jahre anhalten. Dann würden eine Reihe von Missernten sieben Jahre lang Hunger und Entbehrung bringen.

Die beste Vorgehensweise, so der Rat Josefs, sei, einen Regierungsbeamten zu ernennen, der genügend Lagerhäuser bauen lassen solle. Die überschüssigen Vorräte der nächsten Jahre sollten für die darauf folgenden mageren Jahre eingelagert werden. Außerdem sollte dieser Beamte auch die Verantwortung für die spätere Verteilung der Vorräte tragen.

Als Antwort auf die Deutung ernannte der tief beeindruckte Pharao Josef selbst für diesen Posten. Er selbst führte ihn mit einer feierlichen Zeremonie in sein neues Amt ein. Der König hat bestimmt, dass Josef nur ihm persönlich untersteht, und ihn somit zum zweitmächtigsten Mann des ägyptischen Reiches gemacht.

(1. Mose 41)

Ein Fluss bestimmt den Lebenszyklus

In Ägypten sind Niederschläge sehr selten. Am Nildelta fallen zum Beispiel nur durchschnittlich 3 Liter Regen pro Quadratmeter und Jahr. Ägyptens Felder müssen bewässert und das Vieh getränkt werden. Dies geschieht durch den großen Nil, der jedes Jahr über seine Ufer tritt und das umgebende Land überschwemmt. Im ägyptischen Kalender wird der Zeitraum zwischen Juli und November »Zeit der Überschwemmung« genannt.

Das Wasser fließt dann über die Ufer des Nils und versorgt die angrenzenden Felder sowohl mit Flussschlamm, der reich an Nährstoffen ist, als auch mit Wasser. Dadurch wird der Boden für die nächste Jahreszeit vorbereitet, die von November bis März dauert und die Bezeichnung »Zeit des Auftauchens« trägt. Während dieser Jahreszeit wird in Ägypten der größte Teil des Getreides angebaut, denn die letzte Jahreszeit, die im März beginnt und im Juli endet, trägt zu Recht den Namen »Zeit der Dürre«: Der Nil verschwindet bis auf ein Rinnsal völlig und hinterlässt nichts als ein ausgedörrtes Flussbett.

Dieses Gemälde aus dem Grab des Onson in Theben zeigt Landarbeiter bei der Ernte. Das Getreide wird in Garben auf Schiffe geladen und zur Lagerung oder zum Export abtransportiert.

Reiche Semiten der Spionage bezichtigt

Ägypten, ca. 1715 v. Chr.

Zehn wohlhabende Semiten sind von Josef, dem für die Nahrungsmittelvorräte Ägyptens zuständigen Minister, der Spionage bezichtigt worden. Sie hielten sich in Ägypten unter dem Vorwand auf, für ihre unter der Hungersnot in Kanaan leidenden Familien Getreide zu erstehen

Josef hat einen der zehn, Simeon, als Faustpfand verhaften lassen. Die anderen neun sollen auf seinen Befehl hin aus Kanaan zurückkehren und dabei ihren jüngsten Bruder namens Benjamin mit nach Ägypten bringen, um dadurch ihre Glaubwürdigkeit unter Beweis zu stellen. Josef hat angedroht, anderenfalls Simeon töten zu lassen.

Derzeit wollen wegen der außergewöhnlichen Hungersnot viele Menschen Getreide in Ägypten kaufen. Josef hatte während der vorangegangenen sieben Wohlstandsjahre für ein ansehnliches Getreidereservoir gesorgt. Viele der potentiellen Käufer werden von Josef persönlich befragt, bevor er die Ausfuhrgenehmigung erteilt. Beobachter berichten, dass Josef, als die zehn Brüder vor ihm niederknieten, sie sofort beschuldigte, militärische Spione zu sein.

Trotz aller Proteste und Unschuldsbeteuerungen der zehn Brüder ließ Josef sie erst einmal für drei Tage ins Gefängnis werfen. Anschließend, so drohte er, werde er alle bis auf einen als Gefangene in Ägypten behalten, bis ihr jüngerer Bruder herbeigeholt worden sei und ihre Angaben bestätigt habe.

Da jedoch eindeutige Beweise, dass die Zehn in feindlicher Absicht gekommen sind, fehlten, hat Josef schließlich allen Brüdern, mit Ausnahme Simeons, die Erlaubnis erteilt, Ägypten zu verlassen, und ihnen die gewünschten Getreidevorräte mitgegeben.

Es wird angenommen, dass die zehn Brüder aus demselben Gebiet, wenn nicht sogar aus demselben Stamm wie Josef selbst kommen. Nach den Aussagen von Josefs Untergebenen hat er während der Verhöre die Sprache der Brüder offenbar gut verstehen können.

(1. Mose 42)

Versöhnung auf krummen Wegen – Ministerträume werden wahr

Ägypten, ca. 1712 v. Chr.

Großer Versöhnungsakt in Ägypten: Ernährungsminister Josef hat seinen Brüdern einen Mordversuch vergeben. Damit wurde einem spektakulären Familiendrama ein Ende gesetzt. Als Jugendlicher hatte Josef geträumt, dass seine Brüder sich eines Tages vor seiner Autorität beugen würden. Nun sind sie vor ihm in den Staub gefallen und ganz auf seinen guten Willen angewiesen, um die lebensnotwendigen Getreidevorräte für das hungernde Kanaan zu erhalten.

15 Jahre zuvor jedoch hatten die Brüder sich zusammengetan, um den verhätschelten Liebling ihrer alternden El-

Diese Wandmalerei aus dem Grab Sebekhoteps in Theben zeigt semitische Abgesandte, die dem Pharao Tributzahlungen präsentieren (1420 v. Chr.).

tern umzubringen. Allein die Tatsache, dass gerade zu diesem Zeitpunkt zufällig eine midianitische Handelskarawane vorüberzog, rettete dem unglücklichen Jugendlichen das Leben: Seine Brüder schlitzten ihm nicht wie ursprünglich geplant die Kehle auf, sondern verkauften ihn in die Sklaverei.

Vor zwei Jahren nun kam es zum Wiedersehen, als wegen der aufgebrauchten Getreidevorräte die Brüder als Käufer in Ägypten vorstellig wurden. Sie wurden der Spionage angeklagt, doch schließlich unter zwei Bedingungen freigelassen: Ein Bruder blieb in Haft, die anderen sollten aus der Heimat ihren noch fehlenden Bruder Benjamin holen.

Jakob, der Vater Josefs, weigerte sich, den Brüdern zu erlauben, Benjamin mit sich nach Ägypten zu nehmen. Doch als das Getreide, das die Brüder aus Ägypten mitgebracht hatten, zur Neige ging, blieb ihnen nur die Wahl, Benjamins Leben zu riskieren oder den Hungertod zu erleiden. So beluden die Brüder denn die Maulesel mit Geschenken für den ägyptischen Minister. Außerdem brachten sie die Silbermünzen zurück, die Josef heimlich in ihre Getreidesäcke hatte packen lassen.

Der listenreiche Josef verschwieg den Brüdern erneut seine wahre Identität. Er leistete sich sogar eine Lüge, indem er behauptete, dass es Gott gewesen sei, der ihnen das Geld zurück in die Taschen gepackt hatte. Erneut sandte Josef seine Brüder mit dem erbetenen Getreide und dem Geld zurück nach Kanaan. Doch diesmal versteckte er zudem noch einen silbernen Trinkbecher in ihrem Gepäck und befahl seinen Wachen, den Brüdern nachzujagen und den »Dieb« gefangen zu nehmen. Der »gestohlene« Trinkbecher wurde in der Tasche Benjamins gefunden. Nun warfen sich die Brüder vor Josef wirklich in den Staub, als er ihnen anbot, sie alle bis auf Benjamin freizulassen. Die Brüder waren sich darüber im Klaren, dass dieser Verlust ihren Vater töten würde. Das Versteckspiel nahm hier jedoch ein Ende: Josef demaskierte sich schließlich.

»Ihr wolltet mir Böses antun«, sagte er, »doch Gott nahm das Ganze in seine Hände. Nun bin ich hier und habe eine Stellung inne, wie ich sie mir in meinen kühnsten Träumen nicht hätte vorstellen können!«

(1. Mose 43-45)

Familienzusammenführung beendet

Goschen, Ägypten, ca. 1710 v. Chr.
Ein 130-jähriger Mann hat die mehr als 480 Kilometer lange Reise von Kanaan nach Ägypten unternommen, um ein Wiedersehen mit seinem Sohn zu feiern, von dem er zwei Jahrzehnte lang geglaubt hatte, er sei tot. Allerdings reiste er nicht allein, sondern mit 66 Familienmitgliedern und Dienstboten sowie all seinem Besitz und Vieh.

Das ergreifende Treffen fand in Goschen im Nordosten Ägyptens statt. Der greise Jakob schloss seinen so lange vermissten Sohn Josef, Ägyptens angesehenen Ernährungsminister, in seine Arme.

Jakob ist aufgrund alter familiärer Überlieferungen (von Begegnungen mit Gott ist die Rede) davon überzeugt, dass sein zur Zeit noch kleiner Familienverband eines Tages sehr zahlreich sein und nach Kanaan zurückkehren wird. Von Goschen aus, das in der fruchtbaren Region des Nildeltas liegt, machte sich Josef auf, um seiner Familie entgegenzureisen und sie in die neue Heimat zu begleiten. Der Pharao hatte der Familie die Wahl überlassen, wo in Ägypten sie sich niederlassen wollten. Sie hatten sich für Goschen entschieden, weil diese Gegend reich an guten Weidegründen ist. Der Pharao hatte angeordnet, dass die Jakob-Familie die besten landwirtschaftlichen Nutzflächen erhalten sollen. Den fähigsten unter den Neuankömmlingen sind sogar Anstellungen am königlichen Hof angeboten worden.

(1. Mose 46 und 47)

Bemalte ägyptische Steinstatuen zeigen, wie naturgetreu die Darstellungsweise der Ägypter war.

Staatstrauer für Patriarchen

Hebron, Kanaan, ca. 1700 v. Chr.
Jakob, der verstorbene Vater Zafenat-Paneachs, des bedeutendsten Ministers am ägyptischen Hof und besser bekannt unter dem Namen Josef, erhielt ein Staatsbegräbnis. Jakob wurde angeblich 147 Jahre alt.

Der Pharao hat eine 70 Tage dauernde Staatstrauer angeordnet. Dies sind nur zwei Tage weniger, als traditionell einem verstorbenen Staatsoberhaupt zustehen. Der Verstorbene wurde auf seiner 320 Kilometer langen letzten Reise in sein Heimatland von einer festlichen Prozession begleitet. Seinem Wunsch entsprechend wurde Jakob neben seinen Großeltern Abraham und Sara, sowie neben seinem Vater Isaak nördlich von Hebron bei Mamre beigesetzt.

Das Ehrengeleit wurde von ranghohen Vertretern des offiziellen Ägypten sowie ägyptischen Adligen, einer aus Wagenlenkern bestehenden Ehrenwache und natürlich den Mitgliedern von Jakobs großer Familie gebildet.

Das Begräbnis fand in einer Höhle statt. Die Semiten halten nichts davon, für Verstorbene besondere Mausoleen oder Pyramiden als Grabstätten zu bauen. Auch balsamieren sie ihre Verstorbenen nicht ein, damit deren Körper für das nächste Leben unversehrt erhalten bleiben. Jakobs Leichnam allerdings wurde tatsächlich von ägyptischen Ärzten einbalsamiert.

Als eine seiner letzten Handlungen sprach Jakob noch auf seinem Totenbett einen prophetischen Segen für seine zwölf Söhne aus. Außerdem nahm Jakob die Söhne Josefs, Ephraim und Manasse, die geboren wurden, bevor Jakob nach Ägypten ausgewandert war, als seine eigenen Söhne an.

(1. Mose 49,29-50,14).

Familienangelegenheit

Als Jakob auf dem Totenbett lag, sprach er über seiner Familie einen traditionellen Segen. In diesem Segen sagte er das Schicksal der einzelnen Mitglieder seiner Familie und das ihrer Nachkommen voraus.

Die elf Söhne Jakobs wanderten vor zwei Jahrzehnten zu ihrem Bruder Josef nach Ägypten aus, um einer verheerenden Hungersnot zu entgehen.

Dies sind die Sprüche des Vaters:

Ruben: Jakobs ältester Sohn wird seine Stellung als Erstgeborener aufgrund seiner Beziehung mit Bilha, der Nebenfrau seines Vaters, verlieren.

Simeon, Levi: Zwei zornige junge Männer, deren Gewalttätigkeit zur Folge haben wird, dass ihre Nachkommen unter den anderen zerstreut leben müssen.

Juda: Er trägt den Spitznamen »der Löwe«. Jakob weissagt über Juda, dass er der Gründer des Stammes sein wird, der »Israel« anführen und aus dessen Reihen in Zukunft eine große Führerpersönlichkeit hervorgehen wird.

Issachar: Ein klappriger Esel, dem das Gras auf der anderen Seite des Zaunes immer grüner und verlockender erscheint. Sein Stamm wird seine Freiheit gegen Besitztümer eintauschen.

Dan: Sein Stamm ist dazu berufen, Richter für Israel hervorzubringen. Möglicherweise wird sein Stamm jedoch auch ungerecht und gehässig werden.

Gad: Seine Nachfahren sollen in einem Grenzgebiet leben, das immer hart umkämpft sein wird. Dennoch wird das Gebiet des Stammes niemals von Feinden überrannt werden.

Asser: Landwirte und Kaufleute aus diesem Stamm werden die zukünftigen Könige ernähren.

Naftali: Ein vorbildliches Volk, das seinen religiösen Wurzeln treu bleiben wird.

Josef: Der in seiner Jugend Ausgestoßene, der es im Alter zu höchsten Ehren gebracht hat, ist als Anführer Ägyptens sowohl zum Beispiel als auch zum Vermittler von Gottes Geduld geworden.

Benjamin: Der jüngste Sohn wird für eine Reihe von kriegerischen Heldentaten gerühmt werden.

(1. Mose 49, 1-28)

Bruderkrieg abgewendet

Goschen, Ägypten, ca. 1700 v. Chr.
Der mächtigste Minister des ägyptischen Reiches versichert seinen verräterischen Brüdern, dass sie in Ägypten keine Verfolgung zu befürchten haben. Im Gegenteil: Sie sollen in seinem Land ein Leben in Frieden führen können. Josef sah es dabei trotz der Mordpläne seiner Brüder in der Vergangenheit als wichtiger an, für den Erhalt seiner Sippe zu sorgen.

Als Folge von eskalierenden Eifersüchteleien wurde Josef damals an midianitische Kaufleute als Sklave verkauft. Nach einem zwischenzeitlichen Gefängnisaufenthalt stieg Josef später aufgrund seiner außergewöhnlichen Fähigkeiten bei der Deutung von Träumen in höchste Staatsämter auf.

Die Brüder hatten zuvor versucht, Josef gnädig zu stimmen, indem sie behaupteten, ihr Vater Jakob hätte auf dem Sterbebett an die Versöhnungsbereitschaft Josefs appelliert. Ob Josef dies als Lüge durchschaute oder nicht, wurde nicht deutlich. Auch steht nicht mit Sicherheit fest, dass dem Vater die ganze Tragweite des Doppelspiels der Brüder bewusst war.

(1. Mose 50,15-21)

Nilpferdwahnsinn!

Ägypten, ca. 1580 v. Chr.
In Ägypten hat eine Herde von als Haustiere gehaltenen Nilpferden die Regierenden der Hyksos-Dynastie beinahe zum Wahnsinn getrieben. Die Nilpferde gehörten dem Marionettenkönig Sekenenre, der tief im Süden Ägyptens in No (Theben) lebte. Doch Sekenenres »Chef« Apophis konnte angeblich den Lärm, den die Tiere machten, nicht aushalten – immerhin wohnt er 644 Kilometer entfernt in Avaris im Gebiet des Nildeltas.

Die Streitereien nahmen solche Formen an, dass die beiden Städte einander den Krieg erklärten. Die Thebaner sahen in den Klagen des Apophis lediglich eine von vielen Provokatio-

nen. Die ganze Angelegenheit endete schließlich tragisch: König Sekenenre fiel in der Schlacht, der Obduktion nach während der Flucht. Es wird allerdings nicht ausgeschlossen, dass er von Leuten seines Hofstaates ermordet wurde. Pro-Hyksos-Tendenzen gab es dort schon seit längerer Zeit.

China wächst trotz innerer Unruhen weiter

China, ca. 1700 v. Chr.
Im Fernen Osten ist es umtriebig. China ist seit Tausenden von Jahren bevölkert. Die meisten dieser Bewohner haben sich im Norden an den fruchtbaren und wasserreichen Gebieten am Hwang Ho oder »Gelben Fluss« angesiedelt. Ebenso wie die Kulturen des Mittleren Ostens haben sich auch die chinesischen Siedler von Jägern zu Hirten weiterentwickelt. Unter den Überresten dieser früheren Zivilisationen findet man zur Hälfte in die Erde eingelassene Häuser und Töpferwaren, die nach Ansicht mancher Fachleute Anzeichen eines frühen chinesischen Alphabets aufweisen.

Zur Zeit erlebt China einen erneuten Entwicklungsschub. Keine Frage: Hier wächst eine Hochkultur heran.

Solidargemeinschaft zwischen Bauern und Bürokratie

Ägypten, ca. 1710 v. Chr.
Während Dürre und Hungersnöte Ägypten und Kanaan immer fester in ihren Würgegriff nehmen, läuft die ägyptische Staatsmaschinerie auf Hochtouren. Von »einziger Chance« und »genialem Sanierungsprogramm« des Ministers Josef ist die Rede. Erstaunlich dabei: Freie Bauern geben ihr Land, ihr Vieh und sogar sich selbst freiwillig dem Staat.

Da die meisten sich keine Lebensmittel mehr leisten können, sind sie gezwungen, ihre Viehherden und ihr Land an die Minister Josef unterstellte Lebensmittelverwaltung zu veräußern. Die Bauern erhalten zwar kostenloses Saatgut für den Getreideanbau, doch als Gegenleistung müssen sie ein Fünftel ihrer Ernte an die Regierung abtreten.

Die Priester sind als einzige Bevölkerungsgruppe von dieser Verpflichtung befreit. Da die Regierung ihnen für die Ausübung ihrer heiligen Funktionen einen Freibetrag zugesteht, wird es ihnen gestattet, ihr Land zu behalten.

(1. Mose 47,13-27)

Nilufer bei Luxor, Ägypten

Arzneimittel – Geschenke der Götter?

Ägypten, ca. 1600 v. Chr.

Haben die Ärzte ihre Heilkräfte von den Göttern? Angeblich sollen Rezepturen, Zaubersprüche und anderes medizinisches Beiwerk unmittelbar der Götterwelt entstammen. Dies wird zumindest in einer Papyrusrolle behauptet, die erst jüngst aus älteren Schriften zusammengestellt worden ist.

In über 870 Abschnitten beschäftigt sich der Papyrus vornehmlich mit der Entfernung von Schadstoffen aus dem Körper. Um dies zu erreichen, werden häufig Abführmittel wie Magnesium und Senna-Samen empfohlen. Andere Rezepturen verwenden Urin oder Dung. Von diesen wird angenommen, dass böse Geister sie als widerwärtig empfinden. Daher werden, so der Papyrus, die Geister den Patienten, der einen Trank mit solchen Zutaten zu sich nimmt, schleunigst verlassen.

Von einigen Krankheiten wird angenommen, sie seien eine göttliche Strafe für den Patienten. Bei anderen wiederum gehen die Ärzte davon aus, dass sie durch andere Ursachen wie zum Beispiel Wurmbefall hervorgerufen werden.

Unter den Ratschlägen zum Thema Verhütungsmittel befindet sich auch eine Anleitung für die Herstellung eines Zäpfchens aus Wolle, das mit einer Mixtur getränkt ist, die aus Honig,

Akazienblättern und anderen Kräutern besteht. Um das Ergrauen der Haare zu verhindern, wird die Einnahme von Medikamenten empfohlen, die aus schwarzen Substanzen zubereitet sind. Kahlköpfigkeit hingegen kann durch Einreiben der Kopfhaut mit einer Mixtur aus Öl und der Asche der Wirbelsäule eines verbrannten Stachelschweins geheilt werden.

Frauenkrankheiten werden manchmal durch eine Art Aromatherapie behandelt. Dabei fragt der Arzt seine Patientin, welchen Geruch sie in ihrer Einbildung wahrnimmt, und ordnet an, dass ihr der wirkliche Geruch, also zum Beispiel der Geruch von Rostbraten, vor die Nase geführt wird.

Unter den verschiedenen Tests, mit deren Hilfe bestimmt werden soll, ob eine Frau empfängnisbereit ist, befindet sich auch eine Untersuchung, bei der die Brüste der Frau abgetastet

Ausschnitt aus dem gut auf Papyrus erhaltenen Buch der Toten: Die Seelen der Verstorbenen werden gewogen.

werden (wenn die Brüste fest sind, kann die Patientin schwanger werden). Ein probates Mittel ist wohl auch, eine Knoblauchzehe in die Scheide der Patientin einzuführen. Wenn ihr Atem 24 Stunden später nach Knoblauch riecht, kann man davon ausgehen, dass die Patientin mit hoher Wahrscheinlichkeit empfängnisbereit ist.

Welches Heilmittel auch immer verabreicht wird, sie sind stets von passenden Beschwörungsformeln begleitet.

KURZMELDUNGEN 1750–1550 v. Chr.

Heimkehr (ca. 1730 v. Chr.): Nach dem Tode seiner Lieblingsfrau Rahel ist der Halbnomade Jakob zu seinem greisen Vater Isaak zurückgekehrt, um diesem an seinem Lebensabend Gesellschaft zu leisten. Rahel war wieder schwanger geworden, doch es stellte sich heraus, dass die Geburt des Kindes für ihren gealterten Körper eine zu große Anstrengung bedeutete. Das Baby hingegen, das auf den Namen Benjamin hören soll, hat die Geburt überlebt und ist wohlauf. (1. Mose 35,27–29)

Man sieht sich ja nur bei Beerdigungen…(ca. 1725 v. Chr.): Isaak, der Sohn Abrahams, der als Kind um ein Haar von seinem Vater zum Opfer dargebracht worden wäre, ist im Alter von 180 Jahren verstorben. Er wurde von seinen Söhnen Jakob und Esau beigesetzt. Man nimmt an, dass dies das erste Wiedersehen der beiden Brüder seit der kurzen Begegnung bei Jakobs Rückkehr nach Kanaan war. (1. Mose 35,27–29)

Palast, zweite Auflage (ca. 1700 v. Chr.): Der zerstörte Palast von Knossos/Kreta ist in prachtvoller Weise wieder aufgebaut worden. Er ist ein Monument für das minoische Reich mit seinen ausgedehnten Handelsbeziehungen im ganzen Mittelmeerraum.

Geisterstadt (ca. 1700 v. Chr.): Die seit der Bronzezeit bestehende Stadt Harappa ist von ihren Bewohnern aufgegeben worden. Die Stadt war schon seit dem Jahr 2500 v. Chr. bevölkert und ist ein Wahrzeichen des Indus-Tales. Die an dem Fluss Ravi gelegene Siedlung verfügte sowohl über Befestigungen als auch über Unterkünfte für die zahlreichen Arbeiter, die in ihr eine Beschäftigung gefunden hatten.

Inselhüpfen (ca. 1700 v. Chr.): Kaufleute ziehen seit neuestem von dem in der Nähe von Neu-Guinea liegenden Bismarck-Archipel hinaus, um sich auf den Inseln des südwestlichen Pazifiks, einschließlich der Salomon- und Fidschi-Inseln, niederzulassen. Auf diesen Inseln wird nach denselben Methoden Landwirtschaft betrieben, die die Kaufleute von ihren Heimatländern her kennen.

Tierische Aufrüstung (ca. 1668 v. Chr.): In Ägypten sind nun Pferde aufgetaucht. Sie ziehen seit neuestem die Kampfwagen der Hyksos, des semitischen Volkes, das seinerzeit in Ägypten eingefallen ist und das Land heute regiert.

Getreidehit (ca. 1650 v. Chr.): In Osteuropa erfreut sich Roggen als Getreide zunehmender Beliebtheit. Dies gilt insbesondere für den Norden Osteuropas, da dieser sich durch kurze Sommer auszeichnet und Roggen im Vergleich zu Weizen sehr viel früher nach der Aussaat geerntet werden kann.

Herrschaft der Hyksos zusammengebrochen

Theben, ca. 1570 v. Chr.

Pharao Ahmose von Theben hat Ägypten wieder vereinigt und ein sogenanntes »Neues Königreich« ausgerufen.

Er hat damit die Vertreibung der fremden Könige aus dem Volk der Hyksos abgeschlossen, die Ägypten seit ca. 100 Jahren regiert haben. Außerdem hat er den Norden Nubiens zurückerobert und Überfälle auf Palästina gestartet.

Die im Allgemeinen milden Regenten der Hyksos-Dynastie hatten Ägypten nicht nur eine Zeit des Friedens und des Wohlstandes beschert, sondern auch die einheimische Bevölkerung gerecht behandelt. Kulturelle Eigenständigkeit war erlaubt. Auch verzichteten sie darauf, in Verwaltung und Wirtschaft die Sprache der Einheimischen durch ihre eigene zu ersetzen. Einige Ägypter haben sogar unter den Hyksos-Dynastien hohe Regierungsämter bekleidet. Dennoch waren die Hyksos in den Augen der einheimischen Ägypter immer »fremde Könige«.

Der Name »Hyksos« ist eine griechische Verstümmelung des ägyptischen Ausdrucks für »Herrscher fremder Länder«. Selbst der Pharao, der gemeinsam mit Josef die siebenjährige Hungersnot bewältigte, wurde deshalb bei weitem noch nicht von allen Ägyptern geliebt. Der Leistung, die Josef vollbracht hat, wird demgegenüber auch heute noch weitgehend Bewunderung und Respekt gezollt. Doch es gibt auch Kritik. »Josef hat die Bevölkerung ausgebeutet und den Fremden unser Hab und Gut in die Hände gespielt«, so die Ansicht mancher Nationalisten. Dass derart gegensätzliche Ansichten auftreten, ist angesichts der Radikalität der Maßnahmen nur zu verstehen.

Der Anteil der Fremden an der ägyptischen Bevölkerung hatte sich während der Zeit der Regentschaft der Hyksos erhöht. Besonders die im Nildelta gelegenen semitischen »Kolonien«, so etwa die Siedlung der Nachfahren Josefs, haben sich stark vergrößert.

Hetiterkönig fällt Anschlag zum Opfer

Babylon, ca. 1530 v. Chr.

Mursili I., der König der Hetiter, der für seine aggressive Expansionspolitik berüchtigt war und der unter anderem Babylon geplündert hat, ist einem Attentat zum Opfer gefallen.

Vor kurzem noch von vielen als zukünftige Großmacht angesehen, läuft das Reich der Hetiter nun Gefahr, an den Folgen der inneren Unruhen, die das Land erschüttern, auseinander zu fallen. Die Grenzen des Reiches erscheinen zunehmend anfällig.

Das Heimatland der Hetiter ist das Hatti-Land auf der türkischen Hochebene. Von ihm leitet sich auch der Name »Hetiter« ab. In diesem Landstrich siedelten sich die Hetiter vor ca. 400 Jahren an.

Die in diesem Gebiet ursprünglich ansässigen Völker wurden von den Hetitern gezwungen, die Kultur und die Sprache der Eindringlinge zu übernehmen.

Lasst Mutti auf den Thron!

Ägypten, ca. 1500 v. Chr.

Königin Hatschepsut meldet nach dem Tod ihres Ehemanns Thutmosis II. und der Thronbesteigung ihres jungen Stiefsohnes und Neffen Thutmosis III. selbst Ansprüche auf die Macht an. Das gesamte höfische Leben steht unter der Fuchtel der amtierenden Re-

Ein Bankett; Ausschnitt aus einer ägyptischen Wandmalerei

gentin und viele sind davon überzeugt, dass sie danach trachtet, die Stellung des neuen Pharaos zu untergraben. Hatschepsut hat in einer Bucht in den Klippen bei Deir el-Bahri mit dem Bau eines prachtvollen Totentempels be-

gonnen. Der Tempel liegt gegenüber dem großen Tempel des Gottes Amun bei Karnak auf der anderen Seite des Nils. Der im Bau befindliche Totentempel ist in seiner Architektur einzigartig in Ägypten. Das Gebäude erhebt sich über drei Terrassen, die an der Vorderseite mit Säulen geschmückt sind, hin zu einem zentralen Heiligtum, das in den Felsen gehauen wurde.

Ein Relief an der mittleren Terrasse stellt die Geburt Königin Hatschepsuts dar. Offenkundige Propaganda also: Die Königin von Ägypten soll vom höchsten Gott Amun persönlich gezeugt worden sein und dazu ausersehen, später zum Pharao von Ägypten gekrönt zu werden. Außerdem enthält das Relief auch eine Szene mit der Krönung Hatschepsuts. Laut der Darstellung werden bei dieser Krönung auch die Götter zugegen sein. Indem Königin Hatschepsut ihr eigenes Schicksal mit dem des Gottes Amun verbunden hat, folgt sie dem Vorbild anderer vorangegangener Regenten des Neuen Königreiches.

Jahrtausendbauwerk ist vollendet

Die Steinkreise von Stonehenge

Südwestengland, ca. 1490 v. Chr.
Mehr als 1500 Jahre nach Baubeginn ist ein aus riesigen Steinblöcken errichtetes Monument endlich fertig gestellt worden. Stonehenge, das im Südwesten Englands liegt, besteht aus 40 kreisförmig aufgestellten Sarsensteinen (Kalkstein), die an der Oberseite von 35 Oberschwellen abgeschlossen werden. Die Sarsen stammen aus den ungefähr 24 Kilometer nördlich von Stonehenge gelegenen Marlborough Downs. Beim Transport der Steine wurden Räder, Seilzüge, Kanus und Walzen verwendet. Im Inneren der Anlage befindet sich ein älterer, aus Blaustein bestehender

Kreis. Im Zentrum dieses inneren Kreises befindet sich nun ein neu erstelltes Hufeisen, das von fünf Trilithen gebildet wird, je zwei Säulen, die an ihrer Oberseite durch einen Sturz verbunden sind. Es zeigt genau in die Richtung, in der die Sonne bei der Sommersonnenwende aufgeht. Dieses neue Hufeisen wiederum umgibt ein kleineres Hufeisen aus Blaustein. Stonehenge ist seit langem ein Anbetungszentrum, an dem zur Zeit der Sommersonnenwende ein sich jährlich wiederholendes Ritual stattfindet. Die Anlage ermöglicht aber auch die Beobachtung der Sonne und des

Mondes, so dass sich mit ihrer Hilfe sogar vorhersagen lässt, wann die nächste Sonnen- oder Mondfinsternis stattfinden wird.

Erst rollt der Ball und dann der Kopf
Mexiko, ca. 1500 v. Chr.
Nur der Sieg zählt bei dem Spiel, das derzeit Mexikos letzter Schrei ist. Es zahlt sich auch wirklich nicht aus, bei diesem Spiel zu den Verlierern zu gehören. Denn bei dem »Tlachtli« genannten Ballspiel werden die Spieler, die der unterlegenen Mannschaft angehören (oder zumindest der Mannschaftskapitän der Verlierer) enthauptet.
Für das Spiel wurde erst vor kurzem im Südosten des Landes in der Nähe zur Grenze zu Guatemala ein neues Spielfeld errichtet. Es besteht aus einer ungefähr sieben Meter breiten Gasse, die an beiden Seiten von hohen und steilen Böschungen gesäumt ist. Zu einer Mannschaft gehören normalerweise vier oder fünf Spieler, obwohl auf kleineren Spielfeldern auch paarweise gespielt wird. Die Aufgabe der Spieler ist es, einen Gummiball von einem Ende der Gasse zum anderen zu treiben. Um den Ball vorwärts zu bewegen, dürfen sie jedoch nur Hüften, Oberschenkel und die Ellbogen verwenden. Der Ball prallt mit hoher Geschwindigkeit von den Böschungen an den Seiten der Gasse ab. Die Neigung der Böschungen sorgt dafür, dass die Flugbahn des Balles sich ständig verändert und daher für die Spieler unberechenbar wird.

KURZMELDUNGEN 1600-1450 v. Chr.

Einheitssprache (1600 v. Chr.): Die griechische Sprache, die früher eine Ansammlung von lose miteinander verbundenen Sprachgruppen und Dialekten war, ist nun endlich vereinheitlicht worden. Die frühere Form des gesprochenen Griechisch war das sogenannte »Proto-Griechisch.« Diese Sprache wurde von den ersten Einwanderern gesprochen, die die griechische Halbinsel vor etwa 400 Jahren besiedelt haben.

Ein ganzes Dorf für eine Villa (ca. 1550 v. Chr.): In einem klei-

nen Dorf auf Kreta ist eine prachtvolle Sommervilla errichtet worden, die durch eine befestigte Straße mit dem an der Südküste liegenden Palast in Phaestos verbunden ist. Um die Bedürfnisse der Bewohner der Villa erfüllen zu können, ist das Dorf, das zuvor nicht mehr als eine kleine Ansammlung von Häusern war, nun stark ausgebaut worden. Alle Neubauten sind mit Fassaden aus Gips versehen worden und die Fresken der Gebäude gehören zu den schönsten, die die Welt je gesehen hat.

Späte Rache an Stiefmutter (ca. 1483 v. Chr.): Thutmosis

III., nach dem Tode seiner Stiefmutter Hatschepsut nun endlich Alleinerbe, hat damit begonnen, jeglichen Hinweis auf sie aus den Monumenten des Reiches zu tilgen. Der König hat viele der Reliefbilder im Tempel von Deir el-Bahri zerstören lassen. Außerdem ließ er Statuen, die Hatschepsut darstellen, in einen nahe gelegenen Steinbruch werfen und damit zerschmettern. Selbst vor den Gräbern der Verehrer Hatschepsuts machte Thutmosis III. nicht Halt. So ließ er den roten Granit-Obelisken seiner Tante, der in Karnak steht, einmauern. Der Kuh-

Göttin Hator jedoch hat der König in Deir einen Schrein geweiht.

Korbangriff (ca. 1460 v. Chr.): Der Hafen von Jafo ist von dem ägyptischen General Thoth erobert worden. Er schmuggelte 200 seiner Soldaten in großen Körben in die Stadt. Die Körbe enthielten angeblich Beutegut, das aus Eroberungen des Prinzen von Jafo stammen sollte. Nach Anbruch der Dunkelheit entschlüpften die Soldaten ihren Körben und öffneten die Stadttore, um der restlichen ägyptischen Armee Zugang zu der Stadt zu gewähren.

Hochkonjunktur für ägyptischen Außenhandel

Ägypten, ca. 1500 v. Chr.
Königin Hatschepsut hat eine aus fünf Segelschiffen bestehende Erkundungsflotte über das Rote Meer nach Punt in Somalia entsandt. Die Expedition soll in ihrem Auftrag Myrrhesträucher erwerben, die im Tempel des Gottes Amun angepflanzt werden sollen. Als die Ägypter an Land gingen, begegneten sie einem Stammeshäuptling, der sie aufs Wärmste begrüßte und ihre Schiffe mit Myrrhesträuchern, Ebenholz, Elfenbein, Holz von Zimtbäumen, Affen und Sklaven beladen ließ. Die Ägypter wiederum schenkten dem Häuptling Glasperlen, Äxte, Dolche und Armbänder. Die Forschungsreisenden sahen bei ihrem Besuch Pfahldörfer, in denen mit Kuppeldächern versehene Hütten auf Stelzen gebaut waren.

Außerdem sind die Ägypter dabei, den Handel mit Nubien (Sudan) weiter auszubauen. Dabei dient der Nil als Transportweg. Dort ansässige Fischer sind dafür verantwortlich, dass die Schifffahrtsstraße, die vor 800 Jahren um die Felsen und Stromschnellen herum gebaut worden war, gefahrlos befahren werden kann. Die Ägypter tauschen Elfenbein, Ebenholz und Pantherhäute aus Nubien gegen Öl, Honig und Kleidungsstücke ein.

Die Küste des Roten Meeres

Megiddo nach langem Kampf gefallen

Kanaan, ca. 1481 v. Chr.
Nach einer sieben Monate dauernden Belagerung ist die kanaanitische Stadt Megiddo schließlich doch von den Ägyptern eingenommen worden. Die ägyptischen Streitkräfte hatten versäumt, die Stadt schon zu einem früheren Zeitpunkt einzunehmen, als ihre Verteidigungsanlagen weit offen standen. Die von Thutmosis III. geführte Armee war schon zuvor erfolgreich durch Kanaan marschiert und hatte die Städte Gaza und Jehem eingenommen.

Bei seinem ersten Versuch, Megiddo einzunehmen, hatte Thutmosis sich der Stadt durch einen Engpass genähert, der gerade breit genug war, um einem beladenen Pferd den Durchgang zu ermöglichen. Zunächst schien es, dass die Kanaaniter überrascht werden könnten: In der anschließenden Schlacht wurden die Kanaaniter in die Flucht geschlagen und suchten in ihrer Stadt Schutz. Doch die Ägypter legten bei der Verfolgung ihrer Gegner eine Pause ein, um das Beutegut, das sie auf ihrem Weg vorfanden, einzusammeln. Die Bummelei der Ägypter gab den Einwohnern von Megiddo Gelegenheit, ihre Stadt zu befestigen, und machte die anschließende Belagerung erst notwendig.

Megiddo liegt im Karmel-Gebirge, 30 Kilometer südöstlich von Haifa. Die Stadt ist schon seit Jahrhunderten bewohnt. Während der relativ friedlichen letzten Jahre wurden beeindruckende Bauwerke wie der Palast, der Tempel und ein Torbogen erbaut. Auch Kulturen aus dem Norden übten ihren Einfluss auf Megiddo aus, dessen Bewohner große Kunstliebhaber sind. Besonders stolz sind sie auf die Gegenstände aus geschnitztem Elfenbein, die sie von phönizischen Kunsthandwerkern erworben haben.

Überreste des alten Megiddo

KURZMELDUNGEN 1450–1400 v. Chr.

Prinzen hingerichtet (ca. 1447 v. Chr.): Sieben gefangene Prinzen aus Nubien wurden von König Amenhotep II. dem ägyptischen Gott Amun zum Opfer dargebracht. Gemäß altem Brauch, schlug der König die Gefangenen zuerst mit seinem Zepter, bevor er sie mit dem Kopf nach unten am Bug seines Schiffes aufhängen ließ. Anschließend wurden sechs der Prinzen an der Mauer, die den Tempel in Theben umgibt, aufgehängt. Der siebte Gefangene wurde nach Nubien zurückgebracht und dort hingerichtet, damit »die siegreiche Macht des Königs für alle Zeiten ein Denkmal habe«.

Befreier der Sphinx (ca. 1419 v. Chr.): Der neue Pharao Thutmosis IV., Nachfolger seines Vaters Amenhotep II., der Ägypten 34 Jahre lang regierte, verwendet Propaganda, um seine Stellung zu sichern. Eine lange Inschrift, die in Gizeh zwischen den Klauen der Sphinx in einen großen Stein eingemeißelt ist, berichtet, dass der junge Prinz einmal während einer Jagd in der Wüste im Schatten der Sphinx eingeschlafen sei. Der Sonnengott, den die Sphinx verkörpert, soll dem Jungen dann im Traum erschienen sein und ihm die Königswürde versprochen haben, falls der große Körper aus Kalkstein von dem Sand, der ihn einschließt, befreit werden würde.

Vulkanausbruch verwüstet Kreta

Kreta, ca. 1470 v. Chr.

Ein schwerer Vulkanausbruch auf der kleinen griechischen Insel Santorin (Thera) hat Tausende von Todesopfern gefordert und in weiten Gebieten große Schäden verursacht. Ein großer Teil der Insel Kreta, die etwas mehr als 90 Kilometer südlich von Santorin liegt, sowie

Schaden für die Landwirtschaft ist immens. Zudem ist die Luft durch giftige Schwaden verpestet. Der größte Teil der Paläste und der prächtigen Häuser der Insel liegen in Schutt und Asche. Riesige, schätzungsweise über 30 Meter hohe Flutwellen sind über die Region hinweg geschwappt.

Paläste von Knossos und Phaestos wieder aufgebaut.

Kreta ist eine Insel mit einer überwiegend friedliebenden Bevölkerung, die von Königen regiert wird. Seine Kultur steht der Ägyptens oder Mesopotamiens in nichts nach. Der Stolz Kretas sind die zweigeschossigen Paläste, die um einen zentralen Hof herum gebaut sind und sogar über Toiletten verfügen, die mit einem gut funktionierenden System von Abwasserkanälen verbunden sind.

Unter den bekanntesten Kunstwerken der Kreter sind Fresken auf den Gipswänden der größeren Häuser sowie kunstvolle Edelsteingravuren und Schmuckstücke. Eine neue Form eines auf Buchstaben beruhenden Alphabetes hat vor kurzem die ältere Schrift ersetzt, die auf Bildzeichen aufgebaut war. Im Mittelpunkt der Religion der Kreter stehen Göttinnen, denen die männlichen Gottheiten untergeordnet sind. Unter den religiösen Zeremonien befindet sich auch das einzigartige Bullenspringen, bei dem Jugendliche beiderlei Geschlechts sowohl Saltos als auch den Handstand auf dem Rücken eines Stieres vollführen. Männer und unverschleierte Frauen mischen sich ohne gesellschaftliche Beschränkungen untereinander und gehen sehr ungezwungen miteinander um.

Vulkanausbrüche sind von jeher eine Quelle der Angst. Im Mittelmeergebiet gibt es einige noch aktive Vulkane. Dieses Bild zeigt den Vesuv.

die Inseln Karpatos und Rhodos wurden völlig dem Erdboden gleichgemacht.

Kreta ist von einer fünf Zentimeter dicken Ascheschicht bedeckt. Der

Kreta wurde nicht zum ersten Mal durch Naturgewalten verwüstet. Nach einer ähnlichen Katastrophe vor ungefähr 300 bis 400 Jahren wurden die

Kriegerpharao für ein halbes Jahrhundert

Ägypten, ca. 1450 v. Chr.

Der mumifizierte Leichnam von Thutmosis III. von Ägypten wurde mit großem Pomp im Tal der Könige begraben. Der Pharao, der ein leidenschaftlicher Krieger war, hatte das Gebiet des ägyptischen Reiches stark ausgedehnt und 50 Jahre regiert.

Unter der Führung Thutmosis' III. war die ägyptische Armee in 17 Feldzügen siegreich. Über 350 Städte wurden unter seinem Kommando dem Reich einverleibt. Er schlug die Syrer zweimal und griff später auch das Königreich Mitanni an, das versucht hatte, die Vorherrschaft Ägyptens zu untergraben. Er eroberte mehrere mitannische Städte. Dennoch gelang es Thutmosis III. nicht, das gesamte Mitanni zu erobern, so

dass er schließlich sein Ziel aufgeben musste, ganz Mesopotamien unter seine Kontrolle zu bringen. Unter Thutmosis III. erstreckte sich das ägyptische Reich bis an den Euphrat. Auch weitete der Pharao seine Macht auf Nubien aus.

Der König war ein tief religiöser Mann und finanzierte aus den Einnahmen, die ihm seine Schlachten einbrachten, Tempel. Als sein Nachfolger wird sein Sohn Amenhotep II. den ägyptischen Thron besteigen. Von ihm wird gesagt, dass er sechsmal so schnell wie sein schnellster Gegner rudern könne.

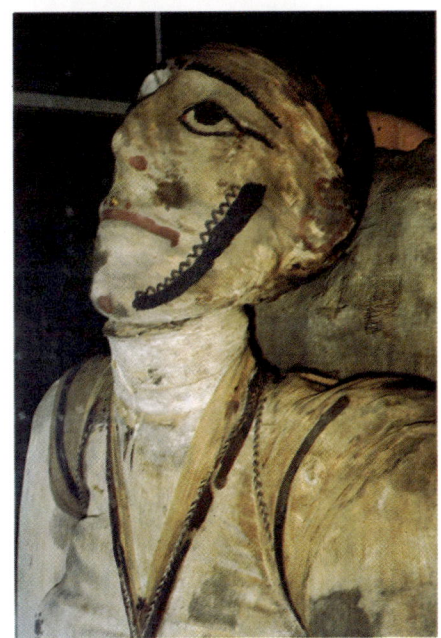

Nicht identifizierte Mumie, auf deren Leichentuch Gesichtszüge gemalt wurden.

ca. 1400-1360 v. Chr.

Haben es die Dänen denn so eilig?

Dänemark, ca. 1400 v. Chr.
Um zudringliche Bewunderer in gebührendem Abstand zu halten, haben dänische Frauen damit begonnen, auf ihren Bäuchen eine mit Gravuren verzierte Bronzescheibe zu tragen, die mit einem Dorn versehen ist. Die

Der goldene Sonnenwagen aus Trundholm. Diese 60 cm lange Figur wurde in einem Grab gefunden.

Röcke der dänischen Frauen bleiben jedoch weiterhin kurz. Sie bestehen aus Wollbändern, die von einem Gürtel herabhängen. Über den Röcken tragen sie Pullover mit Halbarm und an den Füßen kurze Socken aus Wolle. In einem Grab fand man eine 20-30 Jahre alte Frau, die in dieser Weise bekleidet begraben worden war. Neben ihr befand sich die Asche eines Kindes, möglicherweise ihr eigenes.
Im Gegensatz dazu tragen die dänischen Männer Mäntel mit Kapuzen über einem gegürteten Rock. Die Dänen fertigen ihre Kleidung aus schwarzer Wolle, die im Sommer von den Schafen abgeschoren und auf großen Webstühlen verwoben wird.
Die meisten Dänen werden in Särgen beerdigt, die aus ausgehöhlten Baumstämmen hergestellt werden. Die Särge werden anschließend in Hügelgräber gestellt, die bis zu vier Meter hoch sind und einen Durchmesser von bis zu 20 Metern haben können. Nur Kinder werden bei den Dänen feuerbestattet.
Den Verstorbenen wird nur wenig als Grabbeilage mitgegeben. Gelegentlich erhalten sie für das Leben nach dem Tod ein Getränk, das aus Blaubeeren, Weizen und Honig zubereitet wurde, als Wegzehrung.

So muss man sich die dänische Damenmode zur Bronzezeit vorstellen (rekonstruiert nach Ausgrabungen).

Archiv der Wirren

Achet-Aton (Amarna), ca. 1360 v. Chr.
Die Wirren in Kanaan nehmen stetig zu und die Stadtstaaten werden immer mächtiger. Zudem weigern sie sich, sich der Herrschaft Ägyptens zu unterstellen, wie aus mehr als 400 Briefen, die in Achet-Aton (Amarna) zu den Akten gelegt wurden, hervorgeht. Die Hälfte der Briefe stammt aus Kanaan und Syrien. Die Liste der Unterzeichner schließt die Anführer diverser kanaanitischer Städte ein. Zwar beteuern die Unterzeichner ihre Loyalität zu Ägypten, doch in manchen Fällen wird man den Verdacht nicht los, dass sie hauptsächlich ihre eigenen Schäfchen ins Trockene bringen möchten.
In einem der Briefe bittet der Regent von Jerusalem, Abdiheba, die Ägypter um die Entsendung von Bogenschützen, die die Ordnung in der Stadt aufrechterhalten sollen. Er be-

Amenhotep IV. Echnaton war um 1360 v. Chr. Pharao. Hier eine eindrucksvolle, wenn auch beschädigte Statue, die ursprünglich bemalt war.

richtet, dass eine Karawane entführt wurde, die kostbare Geschenke für den Pharao mit sich führte.
Wie andere Briefschreiber auch, so verweist Abdiheba häufig auf die Habiru, eine abschätzige Bezeichnung für die umherziehenden Zigeunerbanden, die ihren Lebensunterhalt durch Überfälle und Plünderungen zu bestreiten scheinen. Trotz der Ähnlichkeiten im Klang der beiden Namen wird nicht angenommen, dass die Habiru mit den Hebräern verwandt sind, von denen viele als Sklaven in Ägypten leben.

Hetiter mischen die Karten neu

Mitanni, ca. 1370 v. Chr.

Mitanni, das seit etwa 130 Jahren von den Ariern regiert wurde, ist an die vor kurzem erst wieder erstarkten Hetiter unter Suppiluliuma gefallen. Das Gebiet von Mitanni schließt den größten Teil Syriens und einen großen Teil von Mesopotamien ein.
Suppiluliuma bestieg vor zehn Jahren den Thron. Nachdem er mehrere Jahre lang sein Hauptaugenmerk darauf gerichtet hatte, sein Reich im Innern zu festigen, begann er mit Angriffen auf die vielen Feinde seines Landes. Der wichtigste Feind waren die südöstlich von Hatti-Land (und nördlich von Assyrien) lebenden Mitanni.
Nachdem Suppiluliumas noch unlängst in Aram (Syrien) schwere Verluste erlitten hatte, ist es ihm nun gelungen, die Mitanni erfolgreich von hinten anzugreifen. Er schloss mit den Stämmen, die an seinem Weg lagen und das schwer bezwingbare Gelände kontrollierten, Abkommen und hielt sich dadurch den Rücken frei. Schließlich schleifte er die Hauptstadt von Mitanni, Wassukkanni. Anschließend wandte er sich westlich nach Syrien hinein. Der Unterstützung Mitannis beraubt, ergaben sich die Prinzen Syriens ohne Widerstand. Die im nördlichen Syrien gelegene Stadt Halab (Aleppo) fiel unter die Kontrolle der Hetiter, die weiter nördlich gelegene Stadt Karkemisch blieb allerdings weiterhin feindlich gesinnt.
Im letzten Jahrhundert hatte das ägyptisch-hetitische Bündnis die Mitanner aus Syrien vertrieben. Später hatten dann jedoch die Ägypter die Seiten gewechselt und die Mitannier unterstützt. Auch jetzt bleiben die Ägypter weiterhin Verbündete der Mitannier in deren Kampf gegen die Hetiter.
Das Gebiet des ehemaligen Mitanni ist nun zwischen den Hetitern und dem seit kurzem unabhängigen Assyrien aufgeteilt worden, doch bleibt die Armee Mitannis weiterhin eine militärische Macht, mit der man wohl auch in Zukunft noch zu rechnen haben wird.

Die neuen Machthaber im Mitanni-Reich forderten Geschenke und Unterwürfigkeit. Diese goldene Statue zeigt einen Mann, der ein Schaf opfert.

Grab mit Schweinskopf und drahtige Beinkleider

Haguenau, Frankreich, ca. 1400 v. Chr.

Die Europäer, die das Gebiet um Haguenau bewohnen, haben den Brauch aufgegeben, ihre Toten in Embryohaltung zu begraben. Stattdessen legen sie die Leichen ihrer Verstorbenen nun auf den Rücken. Auch in der Mode ändern sich die Dinge: Sie haben eine ebenso einzigartige wie eigenartige Beinbekleidung entwickelt, die aus gewundenen Bronzespiralen hergestellt wird.
Die Lage der Toten ist häufig so ausgerichtet, dass ihr Kopf in Richtung der aufgehenden Sonne zeigt. Außerdem werden den Gräbern Tiere beigegeben. So wurde zum Beispiel der Kopf eines Mädchens auf einen Schweinskopf gelegt, um an ihren Beruf als Schweinehirtin zu erinnern und um sie mit einer symbolischen Mahlzeit für das Leben nach dem Tod auszurüsten. Unter den Gegenständen, die den Verstorbenen als Grabbeigaben mitgegeben werden, sind unter anderem tönerne Krüge, Tassen und Schüsseln sowie Waffen aus Metall.
Die aus Spiralen mit etwa einem Dutzend Windungen bestehende Beinbekleidung wird hauptsächlich von Frauen getragen. Dadurch hoffen sie, die Aufmerksamkeit auf ihre wohlgeformten Beine zu lenken.

KURZMELDUNGEN 1400-1350 v. Chr.

Wasserschutzpolizei (ca. 1400 v. Chr.): Pharao Amenhotep III. hat die Gründung einer Wasserschutzpolizei bekannt gegeben. Diese soll im Nildelta patrouillieren und mit den Piraten (die häufig Schiffe kapern, um die Besatzung als Sklaven verkaufen zu können) und mit Schmugglern, die sich der Entrichtung von Zollgebühren auf eingeführte Waren entziehen wollen, kurzen Prozess machen.

Schlechtes Wetter fördert Feindschaft (ca. 1400 v. Chr.): Das Wetter, das beliebteste Gesprächsthema in Britannien, wird kälter und feuchter. Durch diese Klimaveränderungen wird zwar die Torfproduktion gefördert, nicht jedoch der Ackerbau. Dadurch scheinen die Menschen kriegslüsterner geworden zu sein. Auf Hügeln errichtete Forts sind immer häufiger zu sehen, da die Siedlungsgemeinschaften gezwungen sind, sich vor anderen zu schützen, die kurz vor dem Hungertod stehen.

Getreidefortschritt (ca. 1350 v. Chr.): Die Entdeckung der Möglichkeit der Wintersaat hat eine wesentliche Verbesserung der Situation bei den Nahrungsmittelvorräten gebracht. Der größte Teil der Gerste (der Anteil der Gerste am Getreideertrag beträgt 80 Prozent) ist geschält und kann das ganze Jahr über gesät werden. Als Folge der vermehrten Vorräte wächst auch die Zahl der Bevölkerung.

Pharao ordnet Ausrottung israelitischer Säuglinge an

Eine Tochter des Pharaos Amenhotep IV. Echnaton, 1350 v. Chr.

Ägypten, ca. 1350 v. Chr.

Die achtzehnte Dynastie der ägyptischen Könige geht weiterhin scharf gegen in Ägypten lebende Ausländer vor. Zielscheibe des Regimes, das die Dynastie der Hyksos 200 Jahre zuvor auf dem ägyptischen Thron verdrängt hat, sind nun die Israeliten. Als Gründe werden sowohl der Reichtum der Israeliten genannt als auch die Tatsache, dass sie allein aufgrund ihrer großen Zahl eine mögliche Bedrohung für das ganze Reich darstellen.

Der Pharao hat angeordnet, dass Hebammen, die zu in den Wehen liegenden israelitischen Frauen gerufen werden, sicherstellen sollen, dass kein hebräischer Junge überlebt. Doch ging diese Maßnahme ins Leere. »Die Hebräerinnen sind von ihrer Natur her hart im Nehmen, die machen so eine Entbindung im Do-it-yourself-Verfahren. Ehe wir zur Stelle sind, ist schon alles passiert«, so eine ihrer Sprecherinnen. Es ist fraglich, ob dies wirklich den Tatsachen entspricht oder nur eine religiös motivierte Schutzbehauptung ist.

Der Pharao hat daher den Befehl gegeben, alle neugeborenen hebräischen Jungen im Nil zu ertränken. Nach diesem Erlass werden wohl die hebräischen Mädchen in der Sklaverei enden und somit von der ägyptischen Kultur vereinnahmt werden.

Jahrelange Spannungen zwischen den beiden Bevölkerungsgruppen haben den Israeliten, die einst die Lieblinge der Pharaonen der Dynastie der Hyksos waren, die Sklaverei beschert. Vor über 400 Jahren siedelten sie als kleiner Familienverband von Kanaan nach Ägypten über, nachdem einer aus ihren Reihen, Josef, zum wichtigsten Minister des Reiches aufgestiegen war. Mittlerweile hatte jedoch das Pharaonenhaus Angst vor der Machtfülle und dem Wohlstand der Israeliten bekommen. »Die wachsen uns am Ende über den Kopf oder kollaborieren mit unseren Feinden«, verlautet aus Regierungskreisen.

Bunte Glasvase in Form eines Fisches, ca. 1850 v. Chr., El-Amarna (Achet-Aton)

Prinzessin adoptiert Findelkind

Nildelta, ca. 1350 v. Chr.

Die Tochter des ägyptischen Pharaos hat ein Baby adoptiert, das sie in den flachen Ufergewässern des Nils vorfand. Wahrscheinlich war das Baby zuvor von seinen Eltern in der Nähe ausgesetzt worden. Der ungefähr drei Monate alte hebräische Junge lag in einem Korb aus Papyrus, der mit Pech versiegelt war.

Das zur Zeit gültige Gesetz verlangt, dass die männlichen Neugeborenen

Osiris-Darstellung aus dem Totenbuch des Hunefer, ca. 1310 v. Chr.

der Hebräer nach ihrer Geburt im Nil ertränkt werden müssen. In der Regel belassen es jedoch die hebräischen Frauen beim Aussetzen des Kindes. Sie hoffen dadurch für ihre Kinder auf eine Überlebenschance. Die flachen, mit Schilf bewachsenen Ufergewässer bieten den Kindern sowohl vor der sengenden Sonne als auch vor räuberischen Krokodilen Schutz.

Die Pharaonentochter hat das Kind »Mose« genannt. Sie wird den Jungen nicht selbst aufziehen. Stattdessen hat sie eine hebräische Amme mit Namen Jochebed angestellt, die den Säugling stillen wird. Gerüchte im Lager der Israeliten besagen, dass Jochebed die leibliche Mutter des Babys sei.

(2. Mose 1,1-10; vgl. 2. Mose 6,20)

König erfindet neuen Sonnenkult

Achet-Aton, Ägypten, ca. 1345 v. Chr.
Amenhotep IV. hat eine neue Hauptstadt errichtet, die dem Sonnengott Aton geweiht ist. Auch der Pharao selbst hat sich nach Aton benannt und heißt jetzt Echnaton. Der »Atonismus« gilt nun als Staatsreligion. Achet-Aton (El-Amarna), die neue Hauptstadt, liegt auf halber Strecke zwischen Theben und Memfis.

Mehr und mehr wurde offensichtlich, dass die Kulte der Götter Amun und Aton in Ägypten nicht friedlich nebeneinander bestehen konnten. Die Anbetung Amuns ist nun amtlich verboten worden. Die Tempel des Kultes sind geschlossen und die in den Tempeln aufbewahrten Wertgegenstände wurden von Echnaton eingezogen. Da der Pharao immer noch in weiten Kreisen Ägyptens als Gott betrachtet wird, ist die vielköpfige Priesterschaft des Amunkultes nun arbeitslos und hat auch keine Aussicht, wieder Beschäftigung zu finden: Gebete zu Aton werden ausschließlich durch den Pharao selbst gesprochen.

Populär ist die Aton-Bewegung allerdings nicht. Der Gott Aton, im Grunde die Sonne selbst und als solche eine Verkörperung des Gottes Ra, ist schon seit Jahrhunderten verehrt worden. Er wurde jedoch niemals zuvor als eigenständiger Gott angebetet.

Viele Ägypter sehen keinen Grund dafür, warum nicht mehrere Götter gleichberechtigt nebeneinander angebetet werden sollten. Sogar das Gebet zu ihrem Lieblingsgott Osiris wurde verboten. Von vielen wird die Abkehr von Amun als ungeheuerliche Ketzerei angesehen.

Laut einer besonderen Hymne, die der Pharao selbst komponiert hat und die in eine Wand in Amarna eingemeißelt wurde, ist Aton der Schöpfer und Bewahrer des Universums. Er kümmert sich ebenso sehr um andere Länder wie um Ägypten, ist jedoch nur dem Pharao persönlich bekannt. Aton überwacht Tag und Nacht, schenkt Leben und Wasser für alle und bestimmt die Anzahl der Lebenstage jedes einzelnen Menschen.

Die neue Hauptstadt des Pharaos wird von einem aus Klippen gebildeten »natürlichen Amphitheater« zu

Pharao Amenhotep IV. und Königin Nofretete als ungewöhnlich bemalte Steinstatuetten.

beiden Seiten des Nils umringt. Es wird von einer Reihe von 15 großen, aufrecht stehenden Steinen (Stelen) begrenzt, von denen jede mit einem Relief geschmückt ist, das die Pharaonenfamilie bei der Anbetung von Aton zeigt.

Ägyptischer Schmuck (ca. 1350-1300 v. Chr.), wahrscheinlich von einer Prinzessin

Greiser Beamter ersetzt jungen Prinzen als Ehemann

Ägypten, ca. 1326 v. Chr.
Königin Anchesenpaanum hat, nur wenige Wochen nach dem Tod ihres ersten Ehemannes, des 17jährigen Tutanchamun, nun auch den für die zweite Ehe auserwählten Prinz Zannaza kurz vor der Hochzeit verloren. Die Königin hatte Kontakt mit den Hetitern aufgenommen und angefragt, ob ein geeigneter Prinz bereit sei, die Ehe mit ihr einzugehen. Daraufhin hatte der hetitische König Suppiluliuma Prinz Zannaza zu ihr gesandt.

Der Prinz wurde jedoch an der Grenze ermordet. Die Tat geschah mit großer Wahrscheinlichkeit auf Befehl des ägyptischen Armeechefs Haremhab, der ein enger Verbündeter Ajas ist, des greisen Beamten, den Königin Anchesenpaanum nun heiraten muss und der somit der Nachfolger Tutanchamuns werden wird.

Der jugendliche König verstarb plötzlich, die Todesursache ist unbekannt. Er wurde im Tal der Könige begraben. Seine Mumie wurde in einen Sarg aus purem Gold gebettet, der von zwei hölzernen, mit Gold überzogenen Särgen umgeben ist. Das Gesicht Tutanchamuns ist mit einer goldenen Totenmaske bedeckt. Über 170 Grabbeigaben bedecken den Leib des toten Königs.

Tutanchamun wurde nicht in dem Grab bestattet, das für ihn ursprünglich vorgesehen war. Dem jungen König war nicht die Zeit vergönnt, das Grab fertigzustellen. Stattdessen wurde er in der kleinen Grabstätte beigesetzt, die eigentlich für Aja vorgesehen war. Selbst die Särge waren für jemand anderen bestimmt gewesen: Der Name Semenchkare wurde grob entfernt und mit dem Namen des Königs überschrieben.

Mörder auf der Flucht

Ägypten, ca. 1320 v. Chr.
Der ägyptische Höfling Mose ist nach dem Mord an einem Sklavenaufseher in die arabische Wüste geflohen. Er hatte den Aufseher tätlich angegriffen, nachdem dieser einen israelitischen Sklaven geschlagen hatte.

Mose wurde bislang als Ägypter angesehen und war auch so erzogen worden. Doch geht das Gerücht um, dass seine Eltern Semiten waren. Die Sklaven sehen aber in ihm nur einen Querulanten.

Anscheinend ging Mose davon aus, dass niemand seine Tat mitbekommen habe. Am Tag nach dem Totschlag besuchte er das Gebiet erneut und mischte sich in einen Streit zwischen zwei Israeliten ein.

Einer der Kontrahenten machte Mose jedoch rasch klar, dass Verbrechen und Täter sehr wohl allen bekannt waren. Mose ergriff daraufhin sofort die Flucht.

(2. Mose 2, 11-15)

Im ägyptischen Gebiet Goschen wurde dieser kanaanitische Totentempel aus der Hyksos-Zeit, der Zeit der Anwesenheit des Volkes Israel in Ägypten, ausgegraben.

Po mit Ohren?

Ägypten, ca. 1325 v. Chr.
Der Mörder Mose machte schon in der Schule erste Erfahrungen mit körperlicher Gewalt. Ägyptische Pädagogen vertreten die Ansicht, dass »die Ohren eines Schülers an seinem Hinterteil befestigt sind« und »er nur aufmerksam ist, wenn er Schläge erhält«.

Die wichtigsten Fächer sind Sprachen und Schreibkunst. Die Sprache des internationalen Handels ist die akkadische Keilschrift. Als Semit hat Mose jedoch wohl auch den Gebrauch des einfacheren Alphabetes der Kanaaniter und die Bedeutung der ägyptischen Hieroglyphen erlernt.

Kinder (zumeist Jungen) gehen schon im Alter von vier Jahren in die Schule. Nach vier Jahren Grundschule werden die Schüler an anspruchsvollere Aufgaben wie das Aufsetzen offizieller Dokumente oder das Studium der Geschichte herangeführt. Letzteres eignen sich die Schüler an, indem sie das Erlernte in einer Art Sprechgesang im Chor laut wiedergeben.

Die Schüler verwenden als Tinte rote und schwarze Pigmente, die mit Hilfe einer Bürste aus Schilfrohr aufgetragen werden. Platten aus dem Holz der Sykomore (ägyptischer Maulbeerfeigenbaum), die mit einer Gipsschicht überzogen sind, werden bei formellen Anlässen als Schreibtafeln verwendet. Papyrus ist teuer und steht daher im allgemeinen nur in Rollenform und ausschließlich denen zur Verfügung, die die Kunst des Schreibens meisterhaft beherrschen.

Kinder, die dem Harem des Palastes angehören, dem Dreh- und Angelpunkt des häuslichen Lebens am Hof, und in dem auch Mose aufgewachsen und erzogen worden ist, werden im Allgemeinen durch den Aufseher unterrichtet, der die Verantwortung für den Harem trägt.

Ägyptischer Schreiber mit Schreibgeräten

Räuber schwärmen von »Bienenstöcken«

Mykene, ca. 1300 v. Chr.
Sowohl die Lebenden als auch die Toten werden von Grabräubern gepiesackt, die zu den bienenstockähnlichen Grabhügeln schwärmen, die seit kurzem das Merkmal der Zivilisation in Mykene sind.

Das größte dieser Bienenstockgräber ist über 13 Meter hoch und hat einen Durchmesser von 14,5 Metern. Das Grab ist in einen Hügel hineingetrieben worden. Der Zugang erfolgt über eine unüberdachte Passage, ist also recht einfach. Der Türsturz hat eine Breite von 8,5 Metern und wiegt über 120 Tonnen. Das runde Mauerwerk verengt sich nach oben hin. Das abschließende Loch ist durch eine Platte verschlossen. Durch den seitlichen Druck, den die Steine ausüben, wird das Gebäude am Einsturz gehindert.

Unter den Schätzen, die die Grabräuber erwarten, befinden sich Schnitzereien aus Elfenbein, Ohrringe und Trinkgefäße aus purem Gold, sowie entenförmige Schalen aus Bergkristall. Auch Waffen werden mit ihren Besitzern begraben. In einem königlichen Grab, in dem drei Verstorbene bestattet sind, wurden mehr als 90 Schwerter gefunden.

Marktplatz am Mittelmeer

auf die Phönizier sind unübersehbar. Vor 500 Jahren gelang es den Ägyptern, in Phönizien einzumarschieren. Seit dieser Zeit ist Phönizien ein wertvoller Bestandteil des ägyptischen Reiches. Zwischen beiden Ländern bestehen enge und umfangreiche Wirtschaftsbeziehungen. Doch gibt es, im Zuge des hetitischen Drucks gegen Ägypten, seit etwa hundert Jahren auch Unabhängigkeitsbestrebungen mit zunehmender Erfolgstendenz.

Als »Seevölker« werden verschiedene Stämme und Volksgruppen bezeichnet, die im Verlauf von mehreren hundert Jahren vom Mittelmeer aus die östliche Küste besiedelten. Einige kamen aus Griechenland, verbreiteten sich über die Ägäis und Zypern bis nach Phönizien und Ägypten. Andere waren möglicherweise in Kleinasien oder Anatolien beheimatet. Der Küstenstreifen von Tyrus bis Gaza war ihr Hauptsiedlungsgebiet. Weit ins Landesinnere drangen sie nicht.

Phönizien, ca. 1300 v. Chr.
Phönizien, der etwa 320 Kilometer lange und bis zu 24 Kilometer breite Landstreifen zwischen den libanesischen Bergen und dem Mittelmeer, gewinnt immer mehr an wirtschaftlicher Bedeutung.

Eigentlich ist Phönizien, auch als Sidonien bekannt, eine Ansammlung von Stadtstaaten wie Sidon, Tyrus, Tripoli und Akko. Gelegentlich wurde Phönizien auch »Kanaan« genannt, wegen seines hohen Kanaanäeranteils in der Bevölkerung. Über Jahrhunderte hinweg haben die Phönizier sowohl Seehäfen in leicht zu verteidigenden Buchten eingerichtet, als auch die örtliche Bevölkerung ihrer Herrschaft unterworfen.

Die Einwohner Phöniziens sind Semiten. Man nimmt an, dass sie sich erstmals vor ca. 1200 Jahren in dieser Gegend niedergelassen haben. Die kulturellen Einflüsse Babylons

Phönizische Mittelmeerküste bei Rosh-Ma-Nigra

KURZMELDUNGEN ca. 1330-1300 v. Chr.

Seuchen schwächen Weltmacht (ca. 1325 v. Chr.): Der König der Hetiter, Mursili II., hat die Götter angefleht, sein Volk von einer Pest- oder Typhusepidemie zu befreien. Das Ausmaß der Seuche ist so verheerend, dass sogar die Verteidigung des Landes beeinträchtigt ist. Einige Stämme aus dem Norden haben inzwischen einige Überfälle auf die Nordgrenze des Reiches unternommen. Schon in der Vergangenheit hatte es wiederholt Warnungen an die Bevölkerung gegeben, beim Verzehr von aasfressenden Hunden und Schweinen darauf zu achten, dass das Fleisch gründlich gekocht wurde, um die Ansteckung mit manchmal tödlichen Wurmkrankheiten zu vermeiden. Auch für Ratten sind verdorbene Lebensmittel, die in den Straßen verrotten, ein gefundenes Fressen. Sie werden auch in erster Linie für die Verbreitung der Seuche verantwortlich gemacht.

Religionsreform geht weiter (ca. 1321 v. Chr.): Der greise Pharao Aja ist verstorben. Seine Regentschaft dauerte nur vier Jahre. Als eine der ersten Aufgaben hat Ajas Nachfolger Haremhab, der ehemalige Armeechef, den Abschluss der Wiedereinführung des Amun-Kultes in Angriff genommen. Haremhab hat aus den Reihen der Armee Priester ernannt, die ihm treu ergeben sind, und den Tempel von Aton zerstört. Durch die Heirat mit der Schwester von Königin Nofretete, Echnatons schöner Ehefrau, hat Haremhab seine Stellung weiter gefestigt.

Mädchenopfer (ca. 1300 v. Chr.): Ein 15-jähriges Mädchen wurde in Leubingen (Sachsen) nach dem Tode eines alten Mannes, der möglicherweise ein Prinz war, als Menschenopfer dargebracht. Man nimmt an, dass er darauf bestanden hatte, sie mit sich in den Tod zu nehmen, damit er sich mit ihr in seinem zukünftigen Leben vergnügen kann. Es ist nicht bekannt, ob das Mädchen freiwillig in den Tod gegangen ist. Die Körper der beiden wurden übereinander, das Mädchen zuoberst in Form eines Kreuzes angeordnet. Beide sind in einem Hügelgrab beigesetzt.

Gott stellt sich vor

Sinai, ca. 1279 v. Chr.

»Namen sind Schall und Rauch« ist ein Grundsatz, der mindestens nicht für Götter gilt. Ganz besonders nicht, wenn es um den einen Gott Israels geht, der bislang noch keinen richtigen Namen hatte. Er wurde zwar in vergangener Zeit mit verschiedenen Titeln angeredet, ein regelrechter Name war bis dato aber nicht bekannt. Der Name, mit dem der Gott Abrahams in Zukunft bezeichnet werden möchte, lautet »Jahwe«. Der Name bedeutet: »Ich bin, der ich bin« oder »Ich werde sein, der ich sein werde«. Dieser Gott hat sich selbst weder als Gott des Krieges noch als Fruchtbarkeitsgott vorgestellt, wie das bei anderen Göttern üblich ist.

Mose behauptet, dass Jahwe, der Gott Abrahams, sein Volk aus der

Teile der Wüste Sinai und des Negeb sind mit trockenem, dornigem Gestrüpp bedeckt.

Sklaverei befreien und es erneut in Kanaan ansiedeln wird, dem Land, das vor über 600 Jahren für Abraham zur neuen Heimat wurde.

Mose lebt als Schafhirte unter den halbnomadischen Midianitern, die ihm Schutz gewährt haben und aus deren Reihen er sich vor über 50 Jahren eine Frau erwählt hat. In jungen Jahren floh er wegen einer Totschlagaffäre aus Ägypten. Mose gibt an, dass Jahwe ihm in einem brennenden, aber nicht verbrennenden Busch erschie-

nen sei, während er mit seinen Schafen in der Wüste Sinai unterwegs war.

Nach seinen eigenen Angaben stand Mose der Vision zunächst skeptisch gegenüber. Er sollte dem Wunsch Jahwes gemäß bei Verhandlungen mit den Ägyptern eine führende Rolle spielen. Mose spricht zwar beide Sprachen und ist sehr gebildet, doch die Verbindung zu seinen eigenen Blutsverwandten ist seit vielen Jahren abgerissen. Als weitere Gründe für seine ablehnende Haltung gegenüber dem Auftrag, zu dem ihn Jahwe berufen hat, führte Mose persönliche Schwächen sowie Bedenken an, dass seine gesellschaftliche Stellung es ihm nicht erlauben würde, dieser Aufgabe gerecht zu werden.

Doch inzwischen versichert Mose, dass Jahwe ihm Zeichen geschenkt habe, die sowohl den Israeliten wie auch den ägyptischen Führern als Beweis dienen. Unter anderem verwandelte sich sein Schäferstab in eine Schlange. Mose erkrankte außerdem plötzlich an einer Hautkrankheit – und wurde innerhalb von Minuten wieder davon geheilt.

Als Zugeständnis an Mose stimmte Jahwe zu, dass der Bruder von Mose, Aaron, in der Öffentlichkeit als Sprecher auftreten soll. Man nimmt an, dass die beiden Männer nach Jahrzehnten der Trennung erst vor kurzem wieder Verbindung miteinander aufgenommen haben.

Ohne Zweifel wird Mose darum beten, dass Jahwe sich als ein Gott erweisen wird, der Macht über alle diese Bereiche besitzt, wenn er sich daran macht, eine so aussichtslos erscheinende Aufgabe in einem Lebensalter anzupacken, in dem die meisten Menschen nur noch nach einem einfachen Weg suchen, ihren Lebensunterhalt zu sichern.

(2. Mose 3,1-4,17)

Mondänes Mykene

Mykene, ca. 1280 v. Chr.

Wenn nach einem langen Tag der Sport- oder Jagdanzug ausgezogen wird, ist es an der Zeit, sich in Schale zu werfen, um bei der rauschenden Ballnacht in Mykene dabei zu sein, einem der reichsten Orte der Welt.

Das griechische Mykene beherrscht die Handelswege mit dem Festland.

Töpferarbeit aus Mykene

Mykene hat sowohl im kanaanitischen Hafen Ugarit als auch an mehreren Orten in Kleinasien Handelsposten errichtet und verfügt über bedeutende Betriebe, die sich auf Elfenbeinschnitzereien spezialisiert haben. Außerdem werden in der Stadt Töpferwaren und Waffen aus Bronze hergestellt, die anerkanntermaßen zu den besten der Welt gehören.

Die Bevölkerung Mykenes ist der festen Überzeugung, dass ihre Stadt durch den Helden Perseus gegründet wurde und dass sie selbst Nachfahren der Stämme sind, die Griechenland während der großen Völkerwanderungen besiedelt haben, die etwa vor 700 Jahren in Europa stattgefunden haben. Die Bewohner Mykenes sprechen einen griechischen Dialekt und haben eine Buchstabenschrift entwickelt. Mykenes Stellung als Führungsmacht der in der Ägäis beheimateten Kulturen gründet in der Eroberung des kretischen Knossos.

Unter den architektonischen Glanzleistungen Mykenes ragen die dicken Stadtmauern und das sogenannte »Löwentor« besonders heraus.

Überstunden statt Volksfest

Nildelta, ca. 1277 v. Chr.

Kein Volksfest für Israeliten: Die israelitischen Baustellen-Sklaven erhielten vom Pharao eine abschlägige Antwort auf eine entsprechende Eingabe. Im Gegenzug sind die Arbeitsbedingungen der Sklaven weiter verschärft worden. In den Lagern der Sklaven kocht man vor Wut über die eigenen Anführer, die diese Konfrontation mit dem König herausgefordert haben.

Diese, Mose und Aaron, hatten mit Zustimmung des Ältestenrates der Israeliten vom Pharao die Genehmigung gefordert, zu Ehren ihres Gottes in der Wüste ein Fest abhalten zu dürfen. Da für die Ägypter Rinder heilig sind, die Opferung von Vieh jedoch ein Bestandteil der geplanten Festlichkeiten sein sollte, wollten die Israeliten Rücksicht auf die Empfindungen der ägyptischen Bevölkerung nehmen und vermeiden, dass das Fest auf ägyptischem Boden stattfinden würde.

Noch heute werden in Ägypten nach uralten Methoden Ziegel gebrannt.

Arbeiter, die Ziegel herstellen; hölzernes Modell

Der Pharao lehnte jedoch nicht nur den Antrag der Sklaven auf das geplante Fest ab. Er reduzierte den Israeliten den Nachschub an gehäckseltem Stroh, das diese dringend für die Ziegel benötigen, die sie produzieren müssen. Das Stroh verstärkt die Ziegel und erhöht ihre Festigkeit. Schon bei der Herstellung gehen jetzt mehr Ziegel zu Bruch. Doch müssen die Israeliten immer noch dieselbe Anzahl an Ziegeln abliefern wie zuvor. Eine Abordnung aus Vorarbeitern der Israeliten hat bei dem Pharao vorgesprochen, um gegen diese Arbeitsbedingungen zu protestieren. »Ihr seid einfach nur zu faul«, antwortete daraufhin der Pharao und beließ alles, wie er es angeordnet hatte.

Doch obwohl Mose angesichts dieser Schlappe demoralisiert scheint, nimmt er für sich in Anspruch, dass er von Gott weitere Visionen und Botschaften erhalten habe, die seine göttliche Berufung zum Anführer der Sklaven bestätigt hätten. Er behauptet, dass Jahwe ihm mitgeteilt habe, dass er die Unterdrükkung der Israeliten durch die Ägypter mit Hilfe von mächtigen Taten überwinden werde. Doch die Israeliten sind zur Zeit nicht in der Stimmung, auf Botschaften dieser Art zu hören.

(2. Mose 4,29- 6,12)

KURZMELDUNGEN 1300-1270 v. Chr.

Urnen sind »in« (ca. 1300 v. Chr.): Verstorbene werden in England immer häufiger nicht mehr beerdigt, sondern feuerbestattet. Die Asche der Toten wird in großen, nur roh behauenen Urnen mit umgeschlagenen Kanten und verzierten Wülsten aufbewahrt.

Strick um den Hals (ca. 1290 v. Chr.): Irland führt in zunehmendem Umfang verdrillte Seile aus Gold aus, die eine Länge von bis zu einem Meter haben können. Hauptabnehmer der Seile ist Frankreich. Sie sind spiralförmig gewunden und werden um den Hals getragen.

Erfolgs-Pharao (ca. 1279 v. Chr.): Pharao Sethos I. ist tot. Sethos' Feldzüge gegen Syrien, seine Eroberung Palästinas, seine erfolgreichen Auseinandersetzungen mit den Libyern im Westen und die Schlachten gegen die Philister (mit Friedensschluss) hatten großen Anteil daran, dass ihm als Monarch große Bewunderung entgegengebracht wurde. Unter den Errungenschaften des Sethos im Bereich der Architektur sind an erster Stelle der (zur Zeit noch im Bau befindliche) Tempel in Abydos sowie das prächtige Grabmal zu nennen, das er in der Nähe von Theben im Tal der Könige für sich selbst hat errichten lassen. Sein Sohn und Nachfolger Ramses II. hat Ramses, die königliche Stadt, zu seinem Regierungssitz erkoren.

Hände hoch! (ca. 1270 v. Chr.): In den Scharmützeln in der Wüste, bei denen es um die fruchtbarste Oase in weitem Umkreis ging, haben die Israeliten einen entscheidenden Sieg errungen. Sie wurden dabei von einem jungen General namens Josua angeführt. Die halbnomadischen Amalekiter, die auf der Halbinsel Sinai umherziehen, haben erfolglos versucht, die Neuankömmlinge zu vertreiben. Um den Sieg zu feiern, errichtete Mose einen Altar, der »Jahwe, dem Vertreiber« gewidmet ist. Während der Schlacht hatten die Israeliten immer dann die Oberhand gewonnen, wenn Mose seine Hände im Gebet erhoben hatte. (2. Mose 17, 8-15)

ca. 1280-1270 v.Chr.

Katastrophenserie nach Zauberwettstreit

Der Nil verfärbt sich: Szene aus dem Film Die Zehn Gebote.

Das Gebiet des Nildeltas, ca. 1275 v. Chr.
Die Bevölkerung des Nildeltas leidet immer noch unter den Nachwirkungen der Serie von Naturkatastrophen, von denen das Land in den letzten Monaten heimgesucht wurde. Allgemein werden diese als Ergebnis kultischer Zauberei gedeutet. Ein Machtkampf zwischen Pharao Ramses II. und Mose, dem Anführer der israelitischen Sklaven, scheint hierbei eine gewichtige Rolle zu spielen. Mose hatte bereits vor einiger Zeit vergeblich verlangt, dass der Pharao einen gesetzlichen Feiertag einführen solle, so dass die Israeliten in der Lage wären, eines ihrer religiösen Feste zu begehen. Seit dieser Zeit ist der Ruf »Lass mein Volk ziehen!« zu einer Art Schlachtruf und Markenzeichen des Mose geworden.

Offenbar ist der Streit nun eskaliert und hat geradezu unheimliche Dimensionen angenommen. Als Mose und Aaron vor dem Pharao erschienen, forderte dieser sie heraus, ein Wunder zu vollbringen und dadurch ihre Kräfte unter Beweis zu stellen. Daraufhin warf Mose seinen Stab auf die Erde und dieser verwandelte sich in eine Schlange. Doch die Zauberer am Hofe des Pharao waren in der Lage, dieses Kunststück zu wiederholen. Das Reptil, das aus dem Stab von Mose entstanden war, bewies jedoch mehr Lebenskraft und fraß die Schlangen auf, die die Zauberer des Pharao hervorgebracht hatten.

Das war aber nur die Ouvertüre zu dem, was danach folgte:
Zunächst färbte sich das Nilwasser, nachdem Mose dies angekündigt hatte, zu einer blutroten, bestialisch stinkenden Brühe. Die Magier am Pharaonenhof waren dagegen machtlos. Was folgte, war ein zermürbendes Katz-und-Maus-Spiel: Mose, so der Pharao, solle mit seinem Volk ausreisen, wenn er die normalen Verhältnisse wieder herstelle. Sobald Mose jedoch das Land von der Flussverseuchung befreit hatte, nahm der Pharao seine Zusagen zurück. Nach diesem Strickmuster ging es weiter. Immer wieder gelang es Mose, warum auch immer, für das Ende der Plage zu sorgen. Ebenso erwies sich der Pharao als konsequent wortbrüchig.
Die meisten Plagen beeinträchtigten den Nil, die lebensspendende Wasserader Ägyptens. Auf eine Froschplage, bei der die Frösche sich vor dem vergifteten Wasser des Nils aufs trockene Land retteten, folgte eine Stechmücken- und eine Fliegeninvasion. Beide fanden durch verwesende Wildtiere und Brackwasser beste Fortpflanzungsbedingungen vor. Im Schlepptau der Mücken und Fliegen verbreiteten sich Krankheiten in rasender Schnelle. Schließlich verendeten Tausende von Tieren an einer Viehpest, eigenartigerweise keine israelitischen. Auch die Menschen wurden krank und litten unter offenen Geschwüren.

Im darauf folgenden Februar und März wurde das Nilbecken von den für diese Jahreszeit und dieses Gebiet üblichen Hagelstürmen und Gewittern aufgewühlt. Ein Großteil der Ernte des Frühjahrs fiel diesen Stürmen zum Opfer.
Gleichzeitig vermehrten sich die Heuschrecken im Nildelta. Dort entging ihrer Zerstörungswut kein einziges grünes Blatt.
Schlussendlich folgte eine gewaltige Dunkelheit, die man sich nicht erklären kann. Besonders rätselhaft: Wiederum wurde das Gebiet, in dem die Israeliten wohnen, verschont.
Zu diesem Zeitpunkt war der Pharao nahe daran, seinen Widerstand aufzugeben, doch sein Versuch, mit Mose um Kleinigkeiten zu feilschen, führte rasch zum Stillstand der Verhandlungen. Schließlich warf der König Mose hinaus und drohte ihm mit Hinrichtung. Mose antwortete seinerseits mit einem Verhandlungsstopp. Das Maß sei voll, die ganze Angelegenheit liege ab sofort allein in den Händen des Gottes der Israeliten.
Durch diese Drohung hat sich nun in vielen Köpfen die bange Frage festgesetzt: »Wer ist dieser Gott, der Naturgewalten gegen die Feinde seines Volkes mit so verheerenden Auswirkungen einsetzt? Wie weit wird dieser Gott noch gehen, wenn der Pharao weiterhin auf stur schaltet?«
(2. Mose 7-10)

Friedensvertrag zwischen Großmächten

Ägypten, ca. 1280 v. Chr.
Der Wortlaut eines Vertrages zwischen Pharao Ramses II. von Ägypten und Hattusili, dem König der Hetiter, wurde sowohl in die Wände zweier ägyptischer Gebäude eingemeißelt als auch in dem in der östlichen Türkei gelegenen Boghazköy in akkadischer Keilschrift aufgezeichnet.
Das Abkommen legt fest, dass keines der beiden Länder die Grenze des anderen Landes verletzen darf.

Ägyptens dunkelste Stunde

Nildelta, ca. 1275 v. Chr.

Staatstrauer in Ägypten: Jede ägyptische Familie hat einen Trauerfall zu beklagen. Während einer einzigen, schrecklichen Nacht wurde in jeder Familie der Erstgeborene getötet.

Auch die besten Tiere sind hingemetzelt worden. Selbst der königliche Palast ist nicht verschont geblieben: Auch der älteste Sohn des Pharaos hat diese Nacht nicht überlebt. Die Folgen der ökologischen Katastrophen der jüngsten Vergangenheit erscheinen im Vergleich zu diesem letzten verheerenden Schlag geradezu lächerlich gering.

Während Ägypten trauert, hat sich die Kolonie der Israeliten für die gemeinsame Ausreise vorbereitet. Ein stetiger Zug von Menschen, Vieh und Gepäck bewegt sich zur Landesgrenze.

Nach über 400 Jahren Aufenthalt in Ägypten befinden sich die Israeliten nun auf dem Rückmarsch in das Land ihrer Vorfahren. Sie folgen damit den Träumen und Visionen ihrer Ahnen und den Ankündigungen ihres 80-jährigen Anführers Moses, dass ihr Gott irgendwo in Kanaan, nämlich dort, wo ihr Urahn Abraham einst lebte, ein neues und besseres Land für sie bereithalten wird.

Während der langen Jahre der Sklaverei und des Leidens haben die Israeliten die Hoffnung, dass das Versprechen ihres Gottes eines Tages in Erfüllung gehen und sie aus Ägypten ausziehen würden, von Generation zu Generation weitergegeben. Nun ist der Traum Wirklichkeit geworden. Auf Außenstehende mögen diese müden Menschen mit ihren wunden Füßen wie Flüchtlinge wirken. Doch: »Wir fliehen nicht, wir gehen nach Hause«, so der Kommentar eines Israeliten.

Die Israeliten waren die Einzigen, die der Hand des Todesengels entgangen sind. Der Grund dafür sei, wie die Israeliten versichern, ein hastig zubereitetes Opfer und eine Zeremonie, durch die sie sich vom Rest der Bevölkerung abgehoben haben. Das ganze Geschehen bildete den Höhepunkt nervenaufreibender Auseinandersetzungen mit dem Pharaonenhaus.

Gestern nun schlachtete jede israelische Familie ein makelloses Lamm und schmierte das Blut des Opfertieres an die Türpfosten des eigenen Hauses. Anschließend verzehrten sie das Fleisch des Lammes zusammen mit Kräutern und ungesäuertem Brot. Jeder Körperteil des Opfertieres wurde entweder verzehrt oder verbrannt und das Mahl wurde von den Familien in Reisekleidung eingenommen. Die Israeliten beabsichtigen, dieses zeremonielle Mahl, dem sie den Namen »Passah-Mahl« verliehen haben, von nun an jährlich als Gedenkfeier zu wiederholen.

Noch in dieser Nacht ließ der gebrochene und verzweifelte Pharao Moses und dessen Bruder Aaron zu sich rufen. Er flehte sie an, Ägypten zusammen mit ihrem Volk so schnell wie möglich zu verlassen.

An der Spitze des schier unendlichen Zuges stehen Moses und Aaron, deren Auseinandersetzung mit dem Pharao nun zu Ende ist.

(2. Mose 11-12)

Goldener Behang mit Edelsteinen, die die Insignien Ramses II. tragen

Zwei Sieger oder Unentschieden?

Kadesch, Syrien, ca. 1274 v. Chr.

Nach der Schlacht zwischen dem ägyptischen Pharao Ramses II. und dem Anführer der Hetiter, Muwatalli, nehmen beide Seiten den Sieg in der Schlacht von Kadesch in Syrien für sich in Anspruch. Ägypten bezeichnet sich zwar als militärischen Sieger, doch geändert hat sich faktisch wenig: Noch immer haben die Hetiter Macht über das Gebiet.

Seit dem Tod des großen Suppiluliuma I. vor 110 Jahren. haben die Hetiter die durch ihn errungene Machtposition noch weiter ausgebaut, obwohl sie eine Reihe von Kriegen führen mussten, um ihre Stellung zu verteidigen. Insbesondere Assyrien ist gegenwärtig dabei, seine gerade erst gewonnene Unabhängigkeit eiligst zu festigen. Daher erhebt Assyrien auch beträchtliche Gebietsansprüche gegenüber dem Reich der Hetiter.

Der Hauptfeind der Hetiter bleibt jedoch weiterhin Ägypten. Die Ägypter haben selbst sehr großes Interesse an Syrien. Sie erscheinen nicht gewillt, in dieser Region eine andere imperiale Großmacht zu dulden. Dennoch erstrecken sich die durch die Hetiter annektierten Gebiete von der Ägäis im Westen bis hin nach Armenien im Osten.

Nasser Tod für ägyptische Armee

Nildelta, ca. 1275 v. Chr.

Desaster für die ägyptische Armee: Die gesamte Sondereinsatztruppe des Pharaos mit ihren gefürchteten Streitwagen ist in den Sümpfen östlich des Nildeltas im Schilfmeer versunken, während der Israeliten-Treck unversehrt durch das Meer hindurchmarschiert ist. Dabei wies ihnen ein wolkenähnliches Gebilde den Weg, für das der Name »Feuersäule« passender wäre und von dem die Israeliten behaupten, es sei eine Manifestation der Gegenwart ihres Gottes.

Die entkommenen Hebräer hatten ihr Lager am Schilfmeer aufgeschlagen. Eine Streitmacht von 600 Kampfwagen, die von anderen Divisionen unterstützt wurde, schnitt ihnen bei Anbruch der Nacht jeden Fluchtweg ab. Unter den in der Falle sitzenden Sklaven brach eine Panik aus. In ihrer Verzweiflung überschütteten sie ihren Anführer mit Vorwürfen. »In Ägypten gab es wenigstens Gräber. In der Wüste hier nicht mal das. Wo hast du uns hingeschleppt?« So etwa lauteten die sarkastischen Kommentare.

Mose schien dagegen nur auf Anweisungen Jahwes, seines Gottes, zu warten und beruhigte das Volk: »Ihr werdet sehen, alles wird gut. Jahwe kämpft für euch.« Erste Schutzmaßnahme Jahwes schien dabei die »Wolke« zu sein, die sich in der Nacht zwischen das Heer und die Israeliten schob.

In der Nacht herrschte ein extrem starker Ostwind. Als die Israeliten während der Nacht aus ihren durchnässten

Die ägyptische Armee wird von den Wassermassen überwältigt; Szene aus dem Film *Die Zehn Gebote*

Zelten krochen, entdeckten sie, dass durch den Ostwind im Schilfmeer ein enger Durchgang mit trockenem Boden entstanden war. Manche sagten auch, Mose habe wieder »gezaubert«. Die Israeliten packten hastig ihr Hab und Gut zusammen und folgten dem Weg, den die »Wolke« erleuchtete. Doch schien die leuchtende »Wolke« Partei zu ergreifen: Die Armee des Pharaos, die die Verfolgung der ehemaligen Sklaven aufgenommen hatte, stolperte im Zwielicht über ihre eigenen Beine. Auf dem immer noch feuchten Untergrund verloren viele der Streitwagen ein Rad oder blieben im Sumpf stecken. Die in Panik geratenen Soldaten des Pharaos versuchten gerade, sich auf festen Untergrund zurückzuziehen, als Moses seinen Arm erneut über das Schilfmeer ausstreckte und der trockene Durchgang sich wieder in ein Meer verwandelte. Alle Soldaten ertranken.

Ramses II. war der Pharao, mit dem Mose um die Ausreise seines Volkes stritt. Er errichtete auch zahlreiche Bauten, so etwa den Tempel in Luxor mit seinen monumentalen Figuren.

Die Israeliten sind nun auf dem Weg in die Wüste Sinai. Obwohl das erklärte Ziel der Israeliten, Kanaan, nordöstlich von ihrem jetzigen Standpunkt liegt, verläuft ihre Reiseroute in südöstlicher Richtung, da sie glauben, dass Jahwe sie angewiesen habe, wegen der Philister die an sich kürzere Küstenstraße zu meiden.

Als Vorbereitung auf ihr neues Leben haben die Israeliten jeden männlichen Erstgeborenen, ganz gleich ob Mensch oder Tier, ihrem Gott geweiht. Außerdem haben sie feierlich versprochen, jedes Jahr am Jahrestag des Auszuges aus Ägypten das Passah-Mahl miteinander zu essen. Unter den Schätzen, die sie mit sich führen, sind die von ihnen verehrten Gebeine von Josef, einem ihrer Vorfahren, dessen Familie vor über 400 Jahren während einer Hungersnot nach Ägypten auswanderte.

Um die bemerkenswerte Flucht der Israeliten zu feiern, haben Mose und seine Schwester Mirjam ein Siegeslied komponiert, dessen Klänge durch die Wüste hallen: »Ich will dem Herrn singen, denn er hat eine herrliche Tat getan. Ross und Mann hat er ins Meer gestürzt.«

(2. Mose 13,1-15,21)

Frisches Brot – mitten in der Wüste

Die endlose Gebirgslandschaft der Sinai-Halbinsel

Wüste Sin, ca. 1274 v. Chr.

Der Gott Israels scheint derzeit mit Wundern nicht gerade hinterm Berg zu halten.

Ein mit natürlichen Ursachen unerklärlicher Vogelregen hat für die Versorgung des israelitischen Volkes während seiner Wüstenwanderung gesorgt. Hinzu kam das plötzliche Auftreten von Unmengen Brot sowie die Verwandlung von bitterem Wasser in trinkfähiges Nass.

Als die Israeliten nördlich der Halbinsel Sinai in Mara in der Wüste Schur angekommen waren, beklagten sie sich zunächst über die mangelnde Qualität des dortigen Wassers. Das sei ein »indiskutables, bitteres Gesöff«, so einer von ihnen. Mose, der Anführer der Israeliten, warf ein Stück Holz ins Wasser – in einem Augenblick göttlicher Inspiration, wie er später behauptete. Dadurch wurde das Wasser offenbar genießbar.

Die Unzufriedenheit des Volkes hielt dennoch an. Das betraf vor allem den Proviant, der ging nämlich allmählich zur Neige. Man begann, sich wieder nach der vermeintlich goldenen Zeit der Sklaverei zu sehnen: »Wenn ich an das herrliche Fleisch dort denke, könnte ich sofort wieder zurück«, lautete ein Kommentar. Mitten in solchem Lamento fielen plötzlich eine riesige Anzahl Wachteln wie Steine vom Himmel. Die Israeliten fingen und erlegten die Wachteln sofort, noch bevor die Aasfresser der Wüste Zeit hatten, die unerwartete Beute für sich in Beschlag zu nehmen. Mose forderte die Israeliten auf, diesen unerwarteten Festschmaus dem Konto Jahwes gutzuschreiben.

Als ob dies für sich allein nicht schon genug wäre, erwachten die Israeliten am nächsten Morgen und bemerkten, dass die Erde mit etwas bedeckt war, das aussah wie Schnee. Bei näherer Betrachtung stellten sie jedoch fest,

Der Berg Sinai (Dschebel Musa)

dass der »Schnee« den Geschmack von mit Honig gebackenen Waffeln hatte. In Ermangelung eines besseren Namens nannten sie es »Manna«. Ein für uns wohlklingender Name, der aber eigentlich nur bedeutet: »Was ist das bloß für ein Zeug?«

Dieses »Manna«, so erklärte Mose, sollte für die Israeliten während der Dauer ihrer Reise in ihr neues Land der Ersatz für ihr tägliches Brot sein. Sie sollten es als Zeichen dafür betrachten, dass Jahwe immer für sie sorgt, und ihm dafür dankbar sein. Jedenfalls war die Erde mit genügend Manna bedeckt, so dass jedermann satt wurde. Mose wies die Israeliten an, das Manna nicht zu horten. Diejenigen, die den Anweisungen Moses nicht Folge leisteten, fanden bald heraus, dass sich das Manna in Wurmnester verwandelt hatte.

Eine Ausnahme zu dieser Regel bildet der Freitag, an dem die Israeliten angewiesen wurden, die doppelte Menge als an anderen Tagen zu sammeln. Denn der Samstag war ihr Ruhetag und auch das Sammeln von Nahrungsmitteln war nicht gestattet. Trotz göttlichen Beistandes leben die Israeliten von der Hand in den Mund. Man mag dies erstaunlich finden, Jahwe scheint jedenfalls auf diese Weise dafür zu sorgen, dass dem Volk die Häufung von Wundern nicht zu Kopf steigt.

(2. Mose 15,22-16,36)

Skandal um goldenes Rindvieh

Halbinsel Sinai, ca. 1274 v. Chr.

Schweigen ist nicht immer Gold: Als Mose vor sechs Wochen das Lager der Israeliten verließ, um zu einer Konferenz mit Jahwe aufzubrechen, verfiel die Menschenmenge in Schweigen. Während sie Mose dabei beobachteten, wie er den heiligen Berg hinaufstieg, hatten sie die Empfindung, dass Gottes Gegenwart und Majestät anwesend sei, so dass sie mit Ehrfurcht erfüllt wurden.

Als Mose in das Lager zurückkehrte, verfiel die Menschenmenge erneut in Schweigen. Nur dass es dieses Mal ein peinliches Schweigen war. Vergleichbar war die ganze Sache mit einem Leichenschmaus, bei dem der vermeintlich Verstorbene plötzlich hereinspaziert und feststellen muss, dass seine Verwandten verfrüht seinen Tod feiern.

In dieser kurzen Zeitspanne hatten die Israeliten Jahwe beiseite gesetzt, den Gott, den sie einst als den obersten Gott betrachtet hatten, von dem kein Abbild hergestellt werden durfte. Nun jedoch hatten sie Jahwe durch eine gegossene Statue eines Stierkalbs ersetzt. Dies bedeutete eine Rückkehr zur Religion der Kanaaniter, die ihre Vorfahren schon vor Jahrhunderten zugunsten Jahwes aufgegeben hatten.

Bevor Mose zu seiner Konferenz mit Jahwe aufbrach, hatte er die Ältesten um sich geschart. Er kenne aufgrund einer vorangegangenen Offenbarung Jahwes ihn als »heiligen Gott mit strengen Maßstäben an sein Volk«. Mose rief die Ältesten dazu auf, den Bund zu erneuern, durch den sich Jahwe als Gegenleistung für ihren Gehorsam und ihre ungeteilte Hingabe dazu verpflichtete, der Gott des Volkes Israel zu sein. Das Bundesversprechen wurde in einem feierlichen religiösen Fest erneuert.

Als der über achtzig Jahre alte Anführer der Israeliten jedoch von seiner Unterredung mit Jahwe zurückkehrte, wurde er Zeuge einer völlig anders gearteten Feierlichkeit: Unter der Leitung seines eigenen Bruders Aaron feierten die Israeliten im Schatten der goldenen Statue ein fröhliches Gelage, das von einem Singsang mit dem Text »Das ist dein Gott, der dich aus Ägyptenland herausgeführt hat« begleitet wurde.

In einem Anfall von Zorn zerschmetterte Mose die Steintafeln, in denen die wichtigsten Gebote Jahwes eingraviert waren. Das erste dieser Gebote lautete: »Du sollst keine anderen Götter neben mir haben.« Im zweiten dieser Gebote ordnet Jahwe an: »Du sollst dir von mir kein Bildnis machen.«

Aaron hingegen rechtfertigte seine Handlung mit der Begründung, dass die öffentliche Meinung nach sichtbaren Göttern verlangt habe, und dass man angenommen habe, dass Mose tot sei. Schließlich war er auf einem sturmumtosten Berg wochenlang verschollen, so dass dieser Schluss nahe lag. Mit dieser lahmen Entschuldigung und dem schlechten Gewissen eines Kleinkindes, das beim Zerdeppern von Geschirr ertappt worden ist, fügte Aaron hinzu: »Ich habe den Leuten nur gesagt, dass sie ihren Schmuck in das Feuer werfen sollten, und irgendwie kam dann dieses Kalb dabei heraus!« Dabei vergaß Aaron geflissentlich, den kunstfertigen Handwerker zu erwähnen, der die Form für das Kalb geschaffen hatte.

Mose rief eine Lagerversammlung aus und lud diejenigen, die Jahwe treu bleiben wollten, dazu ein, sich ihm anzuschließen. Trotz der vorangegangenen großen Anstrengungen erklomm er am darauffolgenden Tag den Berg erneut, um dafür zu beten, dass Jahwe den Israeliten vergeben möge. In einer beispiellosen Massenhinrichtung vollstreckten die Leviten, die an dem Götzendienst nicht teilgenommen hatten, die Todesstrafe an mehr als 3000 Anbetern des goldenen Kalbes, die keine Reue zeigten. Auch wurde das Volk von Krankheiten heimgesucht, die als Strafe Gottes gedeutet wurden.

Das Volk der Israeliten ist die einzige unter den zeitgenössischen Kulturen, in der die bildliche Darstellung von Göttern strikt untersagt ist.

(2. Mose 19; 24; 32)

Mal stresst einen das Volk, mal die Familie

Halbinsel Sinai, ca. 1273 v. Chr.

Mehr Verantwortung für viele fördert nicht immer die Einheit. Dies muss auch das Volk Israel erfahren.

Mose hat den Rat seines Schwiegervaters Jitro angenommen, eines midianitischen Priesters, der einen anderen Gott als Jahwe anbetet und der gelegentlich seine entfernte Verwandtschaft in der Wüste besucht. Dieser hatte ihm vorgeschlagen, Älteste zu ernennen, die bei Streitigkeiten vermitteln und ein Urteil fällen sollten. Bis zu diesem Zeitpunkt hatte sich

Dieser Bronzestier aus dem Königreich Saba zeigt die Anbetung des Stiers als Fruchtbarkeitsgötze in Arabien. Die Figur trug ursprünglich Edelsteine als Augen und war goldverziert.

Mose alle Klagen persönlich angehört, so nichtig sie auch sein mochten. In einer ungewöhnlichen Einweihungszeremonie wurden die 70 Ältesten zur Stiftshütte gebracht, dem Heiligtum der Israeliten. Dort wurden sie vom Geist Jahwes so sehr berührt, dass sie augenblicklich inspirierte Worte der Weisheit und der Ermutigung von sich gaben. Diese Art von Vorfall hat sich seitdem nicht wiederholt, obwohl zwei Älteste, die an dem Treffen nicht teilnehmen konnten, zur selben Zeit dieselbe Erfahrung gemacht hatten.

Doch solche Demonstrationen der geistlichen und organisatorischen Einheit sind bisher sehr selten geblieben. Das Lager ist ansonsten regelmäßig durch Streitereien und Klagen geteilt. Meist geht es um das Erdulden von Mangelsituationen, die das Leben in der Wüste mit sich bringt. Die Antwort Jahwes auf diese Klagen, so wird berichtet, spiegelt sowohl seine Gerechtigkeit wie auch seine Gnade wider: Ein Feuer hat die am Rande des Lagers gelegenen Zelte zerstört. Gleichzeitig jedoch schenkte Jahwe den Israeliten wieder einmal eine großzügige Sonderzuteilung an »verunglückten« Wachteln.

Der bedrohlichste Aufstand kam aus der Führungsschicht selbst: Moses Schwester Mirjam und ihr Bruder Aaron konstruierten einen Widerspruch, indem sie Mose vorwarfen, Jahwe dienen zu wollen und dennoch mit einer Frau aus einem anderen Volk verheiratet zu sein. Zudem hatten sie den Eindruck, dass Mose für seine Rolle als Sprachrohr Gottes mehr Würdigungen erfuhr als sie selbst.

Derart persönliche Angriffe aus dem engsten Umfeld des Mose haben viele überrascht. Mose ist als ein Anführer bekannt, der sich in seine Aufgabe und für seine Untergebenen aufreibt. Öffentliche Reden und ausgeprägtes Führergehabe widerstreben ihm. Intensiver befragt, würde Mose möglicherweise einräumen, dass er sich manchmal wünscht, er hätte sein Leben lang Schäfer bleiben können. Mose ist auch deshalb einzigartig, weil von ihm gesagt wird, dass er mehrere direkte Begegnungen mit Jahwe gehabt habe, also mit dem Gott, der andere Menschen durch Ehrfurcht gebietende Zeichen seiner Heiligkeit in gebührendem Abstand hält.

Der Familienstreit wurde anscheinend von Gott selbst zu einem Ende gebracht, indem er Mirjam mit einer Hauterkrankung schlug. Mose, wie immer voller Fürsorge und ohne jede Spur von Bitterkeit seinerseits, betete für Mirjams Heilung. Nach einer nervenaufreibenden Woche des Wartens wurde Mirjam dann auch tatsächlich gesund.

Der Führer der Israeliten hat eine bemerkenswerte Geduld. Viele andere wären schon zurückgetreten, wenn sie nur die Hälfte der Anzahl an Misstrauensvoten erhalten hätten, die Mose zu erdulden hatte.

(2. Mose 18; 3. Mose 11;12)

Riesen-Enttäuschung

Kadesch-Barnea, ca. 1273 v. Chr.
Ende der Vorstellung: Die Stämme der Israeliten, die sich anschickten, das ihnen von Jahwe versprochene Kanaan zu betreten, mussten voller Enttäuschung in die Wüste Sinai zurückkehren.

Laut Mose hat Gott bis auf eine Handvoll Ausnahmen alle Israeliten dazu verurteilt, in der Wüste zu sterben. Die Kinder der jetzt lebenden Generation jedoch werden das Land betreten dürfen, das sie schon jetzt »das Land, in dem Milch und Honig fließen« nennen.

Die plötzliche Umkehr erfolgte, nachdem ein Aufklärungstrupp, der aus zwölf Männern bestand (jeder Stamm stellte einen Mann), von einem Spähtruppunternehmen aus Kanaan zurückkehrte. Die Gruppe brachte riesige Weinreben sowie mit Granatäpfeln und Feigen gefüllte Körbe als Muster dessen mit, was die umherziehenden Exsklaven erwarten würde.

Zwischen den Zeilen des Berichtes der Kundschafter jedoch war zu hö-

Felsen in der Wüste

ren, dass die derzeitigen Bewohner Kanaans gut befestigte Stadtstaaten errichtet hatten. Zu allem Übel sind die Bewohner einer dieser Städte, nämlich die Bewohner Hebrons, als Nachfahren des legendären Riesen Enak auch noch außerordentlich groß gewachsen. Sofort keimten im

Fries mit großer Weintraube, Kapernaum

Lager der Israeliten wilde, jedoch unbestätigte Gerüchte auf, dass die Enakiter mit den mysteriösen Nefilim identisch seien, die der Legende nach vor Noah gelebt haben sollen.

Die gut gefüllten Früchtekörbe konnten die bitteren Befürchtungen nicht aufwiegen, dass die Israeliten ausgelöscht werden würden, falls sie versuchten, die Grenze zu Kanaan zu überqueren. Das zuvor so selbstbewusst geäußerte Vertrauen in Jahwe war gründlich erschüttert. Die Israeliten haben sich schließlich für die ihnen bekannten Entbehrungen eines Lebens in der Wüste anstatt für die unbekannten Risiken entschieden. Das hatte den Richterspruch Jahwes zur Folge.

Zwei der zwölf Kundschafter jedoch hatten eine andere Ansicht vertreten: Josua, der junge persönliche Assistent des Mose, und Kaleb waren davon überzeugt, dass die Hindernisse mit der Hilfe Jahwes nicht unüberwindlich waren. Als Belohnung für ihren Glauben hat Jahwe ihnen versprochen, dass sie ihren Fuß nach Kanaan hineinsetzen und dort leben werden. Die Wartezeit bis zu diesem Augenblick wird den beiden wahrscheinlich unendlich lang vorkommen.

(4. Mose 13 und 14)

Das Gesetz Jahwes

Die Gesetze, die Mose von Jahwe erhalten hat, regeln vier Bereiche des menschlichen Lebens: individuelle und gesellschaftliche Ethik, religiöse Zeremonien und religiöse Opfergaben. Kern des gesamten Gesetzes sind die Zehn Gebote. Sie legen die Rahmenbedingungen für den Glauben und das Verhalten fest, das Gott von den Menschen fordert. Die anderen Gesetze befassen sich mit äußerst unterschiedlichen Sachverhalten. Nachfolgend einige Beispiele:

Über die Bediensteten

Hebräische Bedienstete sind nach sechs Jahren Dienst in die Freiheit zu entlassen, ohne dass sie dafür eine Entschädigung zu entrichten haben. Wenn jedoch dem Diener von seinem Herrn eine Frau gegeben wurde, muss sie dem gemeinsamen Herrn weiterhin dienen. Der Bedienstete hat die Möglichkeit, ebenfalls weiterhin im Dienst seines Herrn zu verbleiben. Falls der Diener sich zu diesem Schritt entschließt, geht er damit jedoch eine lebenslange Verpflichtung ein.

(2. Mose 21,2-11)

Über Mord und andere Übergriffe

Gegen Mörder ist die Todesstrafe zu verhängen. Personen, die eine andere Person unabsichtlich getötet haben, müssen in sogenannte »Zufluchtsstätten« gesandt werden, an denen sie Schutz vor der Blutrache durch die Familie des Getöteten genießen. Gegen Entführer und gegen Personen, die einen Fluch gegen ihre Eltern aussprechen, ist ebenfalls die Todesstrafe zu verhängen. Eine Person, die eine andere Person während eines Streites verletzt, muss dem Verletzten den Verdienstausfall für die Zeit erset-

zen, in der dieser arbeitsunfähig ist. Bedienstete, die von ihrem Herrn körperlich misshandelt worden sind, müssen von ihrem Herrn sofort freigelassen werden. Ein Stier, der Menschen anfällt, muss getötet werden. Dies gilt auch für den Besitzer des Stiers, wenn der Stier schon zuvor wiederholt Menschen angegriffen hatte und nicht in geeigneter Weise angekettet war.

(2. Mose 21,12-35)

Über den Schutz des Eigentums

Viehdiebe müssen, falls die Tiere inzwischen getötet worden sind, als Strafe die vier- oder fünffache Anzahl der Tiere, die sie gestohlen haben, zurückzahlen. Falls die Tiere lebendig und gesund wieder gefunden werden, sind als Strafe doppelt so viele Tiere fällig, wie gestohlen wurden. Sollten die Diebe zahlungsunfähig sein, müssen sie als Dienstboten verkauft werden. Eine Person, die ein Feuer entzündet hat, das auf ein Nachbargrundstück übergegriffen hat, muss dem Nachbarn den Schaden ersetzen. Wenn das Eigentum einer Person von Dieben gestohlen wurde, während es sich unter der Obhut einer zweiten Person befunden hatte, so muss die zweite Person zum Gericht gehen und die Richter davon überzeugen, dass er oder sie es nicht selbst gestohlen hat.

(2. Mose 22,1-15)

Über nachbarschaftliche Beziehungen

Ein Mann, der eine unverheiratete Frau verführt, soll diese heiraten und den angemessenen Brautpreis an ihre Familie entrichten. Witwen und Wai-

sen dürfen nicht übervorteilt werden, sondern es soll für sie gesorgt werden. Dasselbe gilt für Fremde, die im Land leben. Jeder, der einem anderen Geld leiht und dafür dessen Mantel als Pfand nimmt, muss dem Gläubiger abends den Mantel zurückgeben, so dass dieser während der Nacht nicht zu frieren

---

Die Zehn Gebote

1. Ich bin Jahwe, dein Gott, der dich aus der Knechtschaft in Ägypten geführt hat. Du sollst keine anderen Götter neben mir haben.
2. Du sollst dir kein Bildnis und keine Darstellung anderer Art in der Absicht anfertigen, diese Abbilder anzubeten.
3. Du sollst den Namen Jahwes, deines Gottes, nicht leichtfertig in den Mund nehmen oder missbrauchen.
4. Achte auf den Sabbattag und heilige ihn als einen Ruhetag im Gedenken daran, dass Gott am siebten Tag der Schöpfung ebenfalls geruht hat.
5. Du sollst deinen Vater und deine Mutter ehren.
6. Du sollst nicht töten.
7. Du sollst keinen Ehebruch begehen.
8. Du sollst nicht stehlen.
9. Du sollst weder über deinen Nächsten ein falsches Zeugnis ablegen noch vor Gericht über ihn einen Meineid leisten.
10. Du sollst nichts begehren, was deinem Nächsten gehört.

(2. Mose 20,1-17)

---

braucht. Falsche Berichte dürfen nicht weiterverbreitet und Bestechungsgelder nicht angenommen werden.

(2. Mose 22,16-23,9)

Die Stiftshütte bestand aus einem Zelt, des von einem Hof umgeben war. Dieser Hof wurde umgrenzt von einer Wand aus Leinwandbehängen. Jahwe gab den Israeliten exakte Anweisungen und Maße für den Bau.

Die religiösen Feste Israels

In ihren Festen feiern die Israeliten die Güte und die Vorsorge ihres Gottes. Aber auch Bekennen von Sünden ist ein wesentlicher und notwendiger Teil eines Festes. Doch gleichzeitig wird die Tatsache gefeiert, dass selbst die Sünde, die den Sünder (und Gott) grämt, durch die Gnade Gottes weggenommen ist. Nachfolgend sind die wichtigsten religiösen Feste der Israeliten aufgeführt:

Das Passah-Fest (März/April)

Dieses große Fest ist eine Gedenkfeier, die an die Geschehnisse erinnern soll, die sich während der Nacht der Befreiung Israels aus der Sklaverei in Ägypten ereignet haben. Das Festmahl ist eine Kopie des Mahles, das in dieser Nacht von den Israeliten verzehrt wurde. Auf das Passah-Fest folgt das Fest der ungesäuerten Brote, das an die Hast erinnern soll, mit der das Volk Israel seine letzte Mahlzeit auf ägyptischem Boden einnehmen musste. Eine ganze Woche lang wird weder mit Hilfe von Sauerteig hergestelltes Brot verzehrt noch irgendwelche Arbeit verrichtet. Beide Feste gehen auf die Nacht zurück, in der die Israeliten aus Ägypten ausgezogen sind und sind jährlich zu wiederholen.

(2. Mose 12,1-28; 12,43-49;
4. Mose 28,16-25)

Das Fest der Ernte

Dieses Fest wird auch als »Wochenfest« (oder »Pfingsten«) bezeichnet. Es wird fünfzig Tage nach dem Sabbat des Passah-Festes, also in den Monaten Mai oder Juni, begangen. Die Feierlichkeiten sind durch das Darbringen von Opfern und durch das Abhalten einer religiösen Versammlung gekennzeichnet. Ziel des Festes ist es, das Einbringen der Getreideernte zu feiern.

(2. Mose 23,16; 4. Mose 28,26-31;
vgl. auch: 3. Mose 23,15-21;
5. Mose 16,9-12)

Das Laubhüttenfest

Das sogenannte »Laubhüttenfest« oder »Fest der Lese« wird während der Zeit der Herbstregenfälle begangen, in der auch die Äcker gepflügt werden. Mit diesem Fest wird der Abschluss der Obsternte, die als letztes eingebracht wird und somit den Abschluss der gesamten Ernte bildet, gefeiert. Die Menschen errichten aus belaubten Ästen und Zweigen kleine Zelte (oder Hütten) und leben in ihnen während der sieben Tage dauernden Feierlichkeiten. Das Laubhüttenfest soll an die Zeit erinnern, als die Israeliten in der Wüste umherwanderten.

(2. Mose 23,16; 2. Mose 34,22;
4. Mose 29,12-40)

Der Neumondsabbat (Tag des Hornblasens)

Ein weiteres Fest, das die Israeliten etwa Mitte September begehen. Die Absicht des Festes ist es, den Sabbat zu feiern. An diesem Tag darf keinerlei schwere Arbeit verrichtet werden und es müssen bestimmte vorgeschriebene Opfer dargebracht werden. Er wird mit Hornblasen gefeiert.

(3. Mose 23,23-25; 4. Mose 29,1-6)

Der Große Versöhnungstag

Im Verlauf dieser Feierlichkeiten, die am zehnten Tag des siebten Monats im jüdischen Kalender stattfinden, werden sowohl die Sünden des ganzen Volkes wie auch die Sünden, die jeder einzelne Israelit begangen hat, bekannt. Gott wird das sühnende Blut des zum Sündopfer bestimmten Tieres dargebracht. Die Tatsache, dass alle Sünden weggenommen sind, wird durch den Sündenbock veranschaulicht. Die Sünden des Volkes Israel werden in einer symbolischen Handlung auf den Sündenbock gelegt und dieser wird anschließend in die Wüste geführt. Von dort kehrt der Sündenbock nie mehr zurück. Der Hohepriester betritt nur einmal im Jahr, und zwar am Großen Versöhnungstag, das sogenannte »Allerheiligste«, also den heiligsten Teil der »Stiftshütte«. So nennen die Israeliten das Zelt, das für sie zugleich Heiligtum und Stätte der Anbetung ist.

(4. Mose 29,7-11; vgl. auch:
3. Mose 16,2-34)

Der Sabbat

Obwohl der wöchentliche Sabbat oder Ruhetag von den Israeliten nicht zu den großen Festen gerechnet wird, stellt er doch ein wesentliches Element im Leben dieses Volkes dar. Das wichtigste Ziel dieses Tages ist es, die Aufmerksamkeit auf Gott als den Geber aller Gaben zu lenken und die Abhängigkeit des Menschen von Gott aufs Neue anzuerkennen. Die Mahlzeiten für den Sabbat werden am Vorabend zubereitet. Die benötigten Feuer müssen über Nacht brennen bleiben.

(2. Mose 23,10; 2. Mose 31,12-17;
2. Mose 35,1-3)

Mose und die Gesetzestafeln. Szene aus dem Film *Die Zehn Gebote*

Konfusion um Kanaan

Falls jemand sich etwa mit dem Gedanken tragen sollte, »Kanaan« zu erobern, und sich im Verlauf dieser Unternehmung verirren sollte, so wäre ihm wohl kein Vorwurf daraus zu machen. Niemand ist in der Lage, genau zu bestimmen, wo »Kanaan« nun eigentlich liegt. Der Name »Kanaan« lässt sich auf die Enkel Noahs zurückführen und wird sowohl als Bezeichnung für ein Volk als auch für einen Landstrich verwendet. Die Kanaaniter sind ein semitisches Volk und eng mit den Phöniziern verwandt. Das Land, das sie bewohnen, liegt zum größten Teil ebenfalls auf phönizischem Gebiet. Im Allgemeinen bezeichnet »Kanaan« das Land und die Völker der syrisch-phönizischen Küste, obwohl in einigen Fällen auch noch zusätzlich das Gebiet, das sich ins Landesinnere bis hin zum Toten Meer erstreckt, gemeint ist. Die Ägypter hingegen verwenden den Ausdruck »Kanaan« häufig für das gesamte syrisch-phönizische Gebiet, das unter ihrer Kontrolle steht.

Das an der nördlichen Mittelmeerküste gelegene Bezet-Tal war immer ein fruchtbares Gebiet, das an Phönizien und Kanaan angrenzte.

In einer weitergefassten Bedeutung wird auch die Küstenebene und das hügelige Hinterland manchmal als »Kanaan« bezeichnet. In diesen Gebieten leben eine Reihe von Volksgruppen, von denen, wie man annimmt, viele direkte Nachfahren des Urahnen Kanaan sind, der der Sohn von Ham und der Enkel von Noah war, so z.B. die Hetiter, Jebusiter, Amoriter und die Hiwiter.

Um die Verwirrung vollständig zu machen, kommt noch die Konfusion um den Begriff »Amoriter« hinzu. Eigentlich ist damit ein Volk gemeint, das in den Hügelgebieten des Libanon lebt und sich damals mit Abraham verbündet hatte, um die vier Könige in die Flucht zu schlagen. Jedoch wird der Begriff auch als Synonym für »Kanaaniter« gebraucht. Angehörige des Volkes der Amoriter stellen einen so großen Teil der Bevölkerung Kanaans, dass es nur folgerichtig erscheint, ihren Namen auch als Bezeichnung für das gesamte Gebiet zu verwenden.

Land voller Kontraste

Eigentlich ist Kanaan mit nur etwa 200 Kilometern Nord-Süd-Länge und 65 West-Ost-Breite ein schmales Handtuch. Jedoch vereinigt es auf dieser kleinen Fläche eine große Bandbreite an gegensätzlichen Landschaften. Als die Israeliten ihren ersten Blick auf Kanaan warfen, befanden sie sich in den öden Sandsteinbergen des Transjordanlandes, das östlich des Jordans liegt.

Vor den Augen der Israeliten entfaltete sich die üppige Pflanzenwelt des Flusstales, zwischen der viele wilde Tiere umherzogen. Das Klima im Jordantal ist beinahe subtropisch: Im Sommer klettert das Thermometer bis auf etwa 38°C, im Winter selten unter 18°C Normaltemperatur.

Westlich des Jordantales erheben sich die Kalksteinfelsen des regenarmen Hochlandes von Judäa. Das Gebiet ist von Tälern durchzogen, die sowohl das Reisen als auch eine Eroberung sehr erschweren.

Noch weiter westlich finden wir die schmale Küstenebene, die von den Phöniziern bewohnt wird. Dort herrscht ein mildes, vom Mittelmeer geprägtes Klima. Weiter südlich erstreckt sich der Negeb vom Toten Meer bis hinunter nach Arabien. Der Negeb ist eine trockene Felswüste mit nur wenigen Siedlungen.

Mehrere große Handelsstraßen durchqueren die Region von Norden nach Süden. Der sogenannte »Seeweg« verläuft entlang der Küste Ägyptens über Galiläa bis nach Damaskus in Syrien (Aram). Auch die sogenannte »Königsstraße« führt vom Golf von Akaba aus bis nach Damaskus.

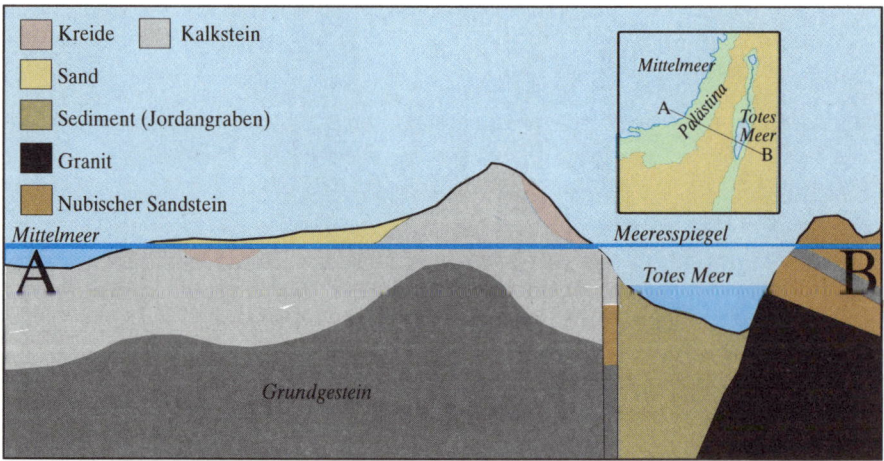

Querschnitt durch das Land Kanaan. Man sieht deutlich die Höhenunterschiede. Das Tote Meer liegt 400 Meter unterhalb des Meeresspiegels.

Das Who's who der Feinde Israels

Kanaan, ca. 1200 v. Chr.

Folgende Gegner sind, nach Meinung politischer Beobachter, die Hauptfeinde Israels:

Die **Ammoniter** halten ein Gebiet östlich des Flusses Jabbok besetzt. Sie sind Nachfahren von Lots Sohn Ben-Ammi. Zur Zeit Moses waren die Israeliten von Jahwe angewiesen worden, sie freundlich zu behandeln.

Die **Amoriter** wurden von den Philistern aus ihrem angestammten Gebiet vertrieben. Zur Zeit findet man sie verteilt auf beiden Seiten des Jordans. Amoritische Könige herrschten zur Zeit der Eroberung Kanaans durch die Israeliten über einen Großteil des Transjordanlands.

Die **Aramäer** (»Syrer«) halten sich in den nördlichen Gebieten auf. Sowohl Isaak als auch Jakob hatten aramäische Ehefrauen.

Die Einwohner **Hazors**: Die im Norden Kanaans gelegene Stadt Hazor wurde zwar von Josua zerstört, doch niemals durch die Israeliten besetzt. Die Kanaaniter haben die Stadt inzwischen wieder aufgebaut.

Die **Hetiter** stehen möglicherweise in Verbindung mit dem nicht mehr bestehenden hetitischen Reich, das sich von Kleinasien nach Syrien erstreckte. In der Umgebung von Hebron sind die Hetiter stark vertreten.

Die **Hiwiter** sind in den Bergen des Libanon zu Hause. Über ihre Geschichte ist nichts Genaues bekannt.

Die **Jebusiter** sind die ursprünglichen Einwohner Jerusalems, das sie Jebus nannten. Die Stadt wurde bei der Eroberung Kanaans zwar zerstört, doch die Jebusiter sind entschlossen, sie zurückzuerobern.

Die **Midianiter** bedrohen hauptsächlich das Gebiet des Stammes Manasse im Kern Kanaans. Die fünf Familien der Midianiter gehen auf Midian, den Sohn Abrahams, zurück.

Die **Moabiter** leben in einem Gebiet südöstlich von Kanaan, in der Hochebene, die östlich des Toten Meeres liegt. Sie sind Nachfahren Lots.

Die **Perisiter** wohnen im Hügelland. Über sie ist nur sehr wenig bekannt.

Die **Philister** halten die südliche Küstenebene besetzt. Sie haben nun auch mit Überfällen ins Landesinnere begonnen.

Die **Sidonier** sind Kanaaniter, die in der Umgebung der Stadt Sidon leben. Die militärische Stärke von Sidon ist so groß, dass sie für die Israeliten eine bedeutende Bedrohung darstellt.

ca. 1250-1230 v. Chr.

Pharao hält nichts von Understatement

Der große Tempel von Abu Simbel, erbaut von Ramses II.

Ägypten, ca. 1240 v. Chr.
Besucher in Ägypten sind unweigerlich vom neuen, großen Tempel beeindruckt, den Ramses II. am Westufer des Nils in Abu Simbel hat errichten lassen. Die Fassade des Tempels, die aus behauenem Felsen besteht, ist 30 Meter hoch und 35 Meter breit und stellt vier riesige Königsstatuen dar.
Jede dieser Statuen zeigt den Regenten (den seine Untertanen als Gott verehren) zusammen mit Mitgliedern seiner Familie, die, in wesentlich kleinerer Größe dargestellt, zu seinen Füßen sitzen. Weitere acht Statuen des Königs bilden die acht Säulen der Großen Halle. Zweimal im Jahr scheint die aufgehende Sonne im richtigen Winkel, um vier weitere Statuen, die sich in einer Nische im hinteren Teil des Tempels befinden, zu illuminieren. Drei dieser Statuen stellen ägyptische Götter dar, die vierte den König.
Ein kleiner Tempel in der Nähe ist eine verkleinerte Ausführung des mächtigen Nachbarn. Unter den Statuen und Dekorationen dieses kleinen Tempels befinden sich auch Abbildungen der Königin.

Bibliophiles Völkchen

Nippur, ca. 1230 v. Chr.
Eine riesige Bibliothek mit Literatur über Wirtschaftsthemen berichtet auf über 12000 Steintafeln über die bedeutenden Ereignisse eines Jahrhunderts, das den Kassiten ungewöhnlichen Wohlstand bescherte. Zudem sind die Kassiten auch noch bemerkenswerte Literatur-Liebhaber.
Die Bibliothek, deren Sitz sich in Nippur, der religiösen Hauptstadt der Kassiten, befindet, hat eine neue Tradition des Schriftverkehrs begründet und verwendet ein neuartiges System der Katalogisierung. Diese Systeme haben bei der Standardisierung von geschriebenen Texten, die in der Sprache der Akkader und der Sumerer abgefasst sind, eine große Rolle gespielt.

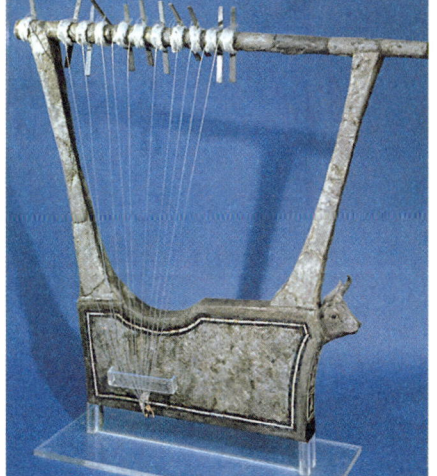

Neue Töne in Europa

Europa, ca. 1250 v. Chr.
Europa singt zu neuen musikalischen Klängen. Dies ist eine Folge der Tatsache, dass die Technologie der Instrumentenherstellung immer weiter verfeinert wird.
In Dänemark wurden zum Beispiel die altehrwürdigen Viehhörner zu sogenannten Luren weiterentwickelt. Luren sind riesige Bronzetrompeten, deren Beherrschung ernsthaftes Üben erfordert. Sie werden für verschiedene Tonarten hergestellt. Die ausgereiftesten Modelle ermöglichen das Spielen von 22 verschiedenen Tönen mit einem Tonumfang von vier Oktaven.
Luren werden zur Begleitung in religiösen Gottesdiensten verwendet. Sie besitzen unterschiedliche Formen. Einige verfügen, ähnlich wie ein Jagdhorn, über ein kurzes, gebogenes Rohr. Sie sind häufig mit einer Kette ausgestattet, die an der Glocke beginnt und am Mundstück endet. Dies ermöglicht es dem Musiker, das Instrument ruhig zu halten.
Am Westrand Europas stellen die Iren Hörner aus Bronze für verschiedene Tonarten her. Die Einsatzmöglichkeiten dieser Instrumente sind jedoch weniger vielfältig als die von Luren, denn es können auf ihnen in jeder Oktave nur einige wenige Noten gespielt werden. Das Mundstück kann sich bei diesen Instrumenten sowohl an der Seite wie auch am Ende befinden. Die Iren fertigen auch sogenannte Crotals als Rhythmusinstrumente. Crotals sind hohle Kugeln aus Bronze, in denen sich Bronze- oder Knochenstücke befinden.
In ganz Europa verwendet man Metalle, um Rasseln als Anhänger für Pferdegeschirre herzustellen. Doch ändern sich manche Dinge nie: Trommeln werden immer noch aus Tierhäuten hergestellt, die über große Töpfe gespannt werden.

Silberne Lyra mit Einlegearbeit, aus den Königsgräbern in Ur, Babylonien

Scheidung bei Königs

Der größte Raum des königlichen Palastes in Ugarit, möglicherweise der Audienzsaal

Ugarit, ca. 1250 v. Chr.
Der König des im nördlichen Syrien gelegenen Königreiches Ugarit, Amistamru, hat seine Frau, die Tochter des Königs von Amurru, einem Nachbarstaat von Ugarit, verlassen. Der hetitische König Tudhaliya IV. hat über den Fall zu Gericht gesessen.
Amistamrus Ehefrau wurde angewiesen, all ihr Hab und Gut zusammenzupacken und das Haus Amistamrus in Zukunft nie wieder zu betreten.

Gold des Nordens

Nordeuropa, ca. 1250 v. Chr.
Das in der Natur vor allem im Baltikum vorkommende Bernstein-Harz wird als das »Gold des Nordens« bezeichnet. Bernstein ist sowohl Zahlungsmittel als Exportartikel.
Zwei Handelsrouten sind für den Transport des Bernsteins aus dem Baltikum in den Mittelmeerraum von besonderer Bedeutung. Die eine Route verläuft über die Alpen und Dalmatien bis

Der Kronprinz von Ugarit ist Utri-sharruma, der älteste Sohn des Paares. Wenn er es wünscht, kann er seine Mutter begleiten. Damit würde er jedoch auch auf seine Rechte als Thronfolger verzichten.
Die anderen Kinder, die aus dieser Ehe hervorgegangen sind, werden als zu Amistamru gehörig betrachtet und seine frühere Frau kann keinerlei Rechte an ihnen beanspruchen. Es ist ihr auch nicht gestattet, nach dem Tod ihres Ehemannes nach Ugarit zurückzukehren.

nach Griechenland, die zweite von Russland über die Donau zur Adria. Außerdem gibt es noch einen Seeweg, dessen Ausgangspunkt in England liegt. Die nordische Welt hat kaum Zinn- oder Kupfervorräte, doch werden diese Metalle zur Herstellung von Waffen benötigt. Zinn wird aus Britannien oder Böhmen eingeführt, Kupfer aus dem Alpenraum bezogen. Beides wird mit Bernstein- oder Viehlieferungen bezahlt.

Gehörnte Krieger stärken Abwehr

Korsika, ca. 1250 v. Chr.
Die beeindruckenden, zwei Meter hohen Kriegerstatuen aus Granit, sogenannte »Menhire«, werden von den neuen Herrschern der Insel in Stücke zerbrochen. Die gewonnenen Materialien werden anschließend in der Landesverteidigung zum Bau von Wachtürmen wieder verwendet.
Die neugeschaffenen Bauwerke, »Torres« genannt, dienen der Verteidigung von Dörfern und sind oft gleichzeitig Stätten der Anbetung. Torres werden auf Höhenlagen errichtet. Sie haben einen zentralen Turm, der für gewöhnlich mit der Schutzmauer des Dorfes verbunden ist.
Die Menhire sind Darstellungen von Kriegern, die mit einem Schwert und einem Dolch bewaffnet sind und einen Helm tragen. Die Helme haben Löcher, in die Hörner eingesetzt werden. Gehörnte Helme sind zur Zeit in weiten Teilen Europas »in«.

KURZMELDUNGEN 1250 v. Chr.

Leichenmuseum? (ca. 1250 v. Chr.): Die Völker der Insel Menorca haben in den Zentren ihrer Dörfer spektakuläre Steinaltäre errichtet, die sie als »Taulas« bezeichnen. Riesige, rechteckige Säulen, die 4m hoch und beinahe 3m breit sind, unterstützen die

rechteckigen, waagerecht angeordneten Abschlussplatten. Das Ganze muss als ein Wunderwerk der Ingenieurkunst bezeichnet werden. Über den genauen Zweck, dem diese Bauwerke dienen sollen, ist nichts Genaueres bekannt. Gerüchte besagen jedoch, dass sie für Menschenopfer vorgesehen sind. Es ist aber auch denkbar, dass

die Altäre dazu dienen, die Leichen Verstorbener auszustellen.

Sicherheitsnadel und Rasierklinge (ca. 1250 v. Chr.): Die Menschen in Norditalien haben sowohl eine Sicherheitsnadel erfunden, die sich für das Zusammenhalten von Kleidungsstücken als wesentlich besser geeignet erwiesen

hat als die bisher gebräuchlichen geraden Nadeln, als auch eine Rasierklinge aus Metall entwickelt.

Schweizer Messer (ca. 1250 v. Chr.): Schweizer Handwerker haben sich auf die Herstellung von Messern spezialisiert. Es gibt bereits Messer, die ganz aus Bronze und phantasievoll gestaltet sind.

77

Ausgezählt!

Die Ebenen Moabs, ca. 1230 v. Chr.
Heute sind nur noch drei der Israeliten am Leben, die den Auszug des Volkes Israel aus Ägypten persönlich miterlebt haben. Dennoch zählt das Volk Israel heute fast genauso viele Köpfe wie damals. So lautet jedenfalls das Ergebnis einer vor kurzem durchgeführten Volkszählung. Aus der Volkszählung geht hervor, dass Israel über 601730 Männer verfügt. Dies bedeutet im Vergleich zu der Zahl der Männer, die am Auszug aus Ägypten teilgenommen haben, eine Verringerung um nicht einmal 2000.
Es gibt drei Überlebende, die den Auszug aus Ägypten noch persönlich miterlebt haben: Mose, der Anführer der Israeliten, sowie die beiden ehemaligen Kundschafter Josua und Kaleb. Diese beiden hatten damals nach der Erkundung des Landes ein Minderheitsvotum abgegeben, in dem sie, im Gegensatz zu den zehn anderen Kundschaftern, Mose empfohlen hatten, Kanaan sofort einzunehmen. Josua ist inzwischen öffent-

Beduinenzelte außerhalb Jerusalems um 1850, im 20. Jahrhundert ein selten gewordener Anblick

lich zum Nachfolger des greisen Mose ernannt worden. Mose selbst, so wurde es ihm jedenfalls von seinem Gott

gesagt, wird es wohl nicht vergönnt sein, das Land zu betreten.
(4. Mose 26; 27,12-23; 5. Mose 21,1-8)

Tod auf der Zielgeraden

Ebene von Moab, ca. 1225 v. Chr.
Mose, der Anführer der Israeliten, ist tot. Er starb kurz vor der geplanten Einnahme des Landes Kanaan durch die Israeliten, des Ziels einer langen

Ein Opfertisch aus unbehauenen Steinen

Wüstenreise. Er wurde inzwischen in einem ungekennzeichneten Grab auf einem Berg in Moab bestattet.
Mose wird als einer der ganz großen Männer aller Zeiten in die Geschichte eingehen. Fast ganz auf sich allein gestellt, formte Mose aus einer Horde entmutigter Sklaven einen funktionierenden Staatenbund, obwohl die zwölf Stämme gezwungen waren, eine Generation lang in der Wüste Zin zu leben.
Mose wurde zwar als Hebräer geboren, doch er ist am ägyptischen Hof aufgewachsen und hat die dort übliche Erziehung genossen. Dennoch verbrachte er seine »besten Jahre« als unbekannter Schäfer in Midian. Als Jahwe ihn dazu berufen hat, die Israeliten aus der Sklaverei in Ägypten herauszuführen, lehnte er mit der Begründung ab, dass er erstens zu alt für solch eine Aufgabe wäre und dass ihm zweitens die Fähigkeit abginge, im Rampenlicht der Öffentlichkeit zu

stehen. Jahwe war zu einem Zugeständnis an Mose bereit und ernannte Moses Bruder Aaron zum Sprecher.
Mose hat seine Bescheidenheit niemals verloren, obwohl er gelegentlich seinem Zorn freien Lauf lassen konnte. Die Ursachen seiner Zornausbrüche waren fast immer der Ärger und die Frustration über die Flut von Klagen und über die Gegnerschaft, die ihm von einigen aus den eigenen Reihen entgegengebracht wurde.
Mose wird als ein Mann des Gebetes in Erinnerung bleiben. Er stand seinem Gott Jahwe wohl näher als irgendein anderer Mensch und erhielt von ihm Anweisungen, die sich nicht nur auf politische, rechtliche und gesellschaftliche Fragen bezogen, sondern auch religiöser Natur sind. Mose hat keine Familiendynastie begründet, sondern seinen persönlichen Assistenten Josua zu seinem Nachfolger bestimmt.

(5. Mose 33-34)

Mitten durch den Fluss – ohne nasse Füße

Jordantal, ca. 1220 v. Chr.

Sie haben es also zum zweiten Mal geschafft: Mehr als eine Million Menschen aus allen Stämmen Israels haben eine wasserbedeckte Fläche überquert, ohne dass auch nur ein Tropfen Wasser ihre Sandalen benetzte, von ihrem Gepäck ganz zu schweigen. Somit hat nun die Eroberung Kanaans, die den Israeliten schon vor so langer Zeit von ihrem Gott versprochen wurde, endlich doch noch begonnen.

Die Geschichte hat sich wiederholt, als der normalerweise um diese Zeit wildreißende Fluss Jordan plötzlich in der Nähe von Adam, ca. 25 Kilometer nördlich der Stelle, die Jericho gegenüberliegt, still stand.

Vor ungefähr einem halben Jahrhundert waren die Israeliten über das sogenannte »Schilfmeer« ihren ägyptischen Verfolgern und somit auch der Sklaverei entronnen. Damals wurde die Wasserfläche genau zum richtigen Zeitpunkt durch starke Winde zeitweilig trockengelegt. Die Israeliten sind davon überzeugt, dass beide Ereignisse auf das Eingreifen ihres Gottes Jahwe zurückzuführen sind, der auf diese Weise seine Verheißungen, sie zu einem mächtigen Volk zu machen und sie in Kanaan anzusiedeln, erfüllt hat.

Die Überquerung des Jordans erfolgte nach einer Woche sorgfältiger Vorbereitungen. Die Menschen waren angewiesen worden, für die Reise Nahrungsmittel zuzubereiten und ihr Hab und Gut reisefertig zusammenzupacken. Eine kleine Gruppe war

Das Jordantal

schon zu Aufklärungszwecken vorausgesandt worden und die zwölf Stämme verlegten ihr Lager aus dem östlichen Hochland nahe Moab hinab ins Jordantal. Dort warteten sie drei Tage lang.

Am Tag der Flussüberquerung selbst gab es keinerlei Anzeichen dafür, dass die Israeliten über Transportmittel irgendwelcher Art verfügten, die geeignet sind, solch eine unvorstellbare Menschenmasse über den Fluss zu bringen. Obwohl der Jordan an dieser Stelle nicht besonders breit ist, stellt er doch um diese Jahreszeit ein bedeutendes Hindernis dar. Aufgrund der Frühjahrsregen ist der Fluss wesentlich tiefer und breiter als sonst.

Doch die Menschen brachen das Lager wie befohlen ab und die Priester luden die Bundeslade, die für die Israeliten die Gegenwart ihres Gottes in ihrer Mitte verkörpert, auf ihre Schultern. In diesem Augenblick begann der Wasserspiegel des Flusses

plötzlich zu fallen, bis schließlich das steinige Flussbett deutlich sichtbar war. Die Priester blieben mit der Bundeslade auf den Schultern in der Mitte des Flusses stehen, um den Massen, die sich eiligst ihren Weg durch das Flussbett suchten, Sicherheit zu geben. Selbst die ängstlichsten unter den Israeliten konnten sich nicht vorstellen, dass Jahwe es zulassen würde, dass die Bundeslade von den Fluten verschlungen wird. Kurze Zeit darauf brach der Damm bei Adam und der Wasserspiegel stieg wieder auf die für diese Jahreszeit übliche Höhe an.

Eine kleine Gruppe von Familien aus den Stämmen Ruben, Gad und Manasse blieben am östlichen Ufer des Jordans zurück. Diesen Stämmen waren bei der Verteilung des zu besetzenden Landes Gebiete östlich des Jordans zugewiesen worden.

(Josua 3-5; vgl. auch Josua 1,10-18; 2,8-12)

KURZMELDUNGEN 1250-1200 v. Chr.

Ein sehr guter zweiter Mann (ca. 1235 v. Chr.): Aaron, der zusammen mit seinem Bruder Mose die Israeliten aus der Gefangenschaft in Ägypten geführt hat, ist auf einem Berg in der Wüste verstorben. In Ägypten wurde er unter der Führung seines Bruders Mose zum Sprecher für die Nation ernannt. Später wurde er dann zum Begründer des Priesterordens, der

im Namen des Volkes dem Gott der Israeliten Weihrauch und Opfergaben darbringt. Nach dem Tode Aarons sind seine Priestergewänder an seinen Sohn Elieser übergeben worden und es wurde eine 30-tägige Trauerzeit abgehalten. (4. Mose 20,22-29)

Gottesgrotte (ca. 1220 v. Chr.): Gottesdienstbesucher in der hetitischen Hauptstadt Hattusa versammeln sich in einer Grotte, die sich außerhalb der

Stadtmauern befindet. In die Wände der Grotte sind Bildnisse von hetitischen Göttern eingemeißelt. Das Bildnis der Sonnengöttin Arinna und das ihres Ehemannes, des Wettergottes Hatti, blicken auf die häufig stattfindenden Gottesdienste.

Kultur am Ende (ca. 1200 v. Chr.): Die großartigen Paläste Mykenes liegen in Schutt und Asche. Große Gebiete des Landes mussten evakuiert werden und eine

demoralisierte Bevölkerung sucht zwischen den Trümmern notdürftig Schutz. Die Wände der Paläste bestanden aus einem Kern aus unbehauenen Steinen, die mit einer Täfelung aus Holz umgeben waren. Dadurch waren die Paläste sowohl bei Erdbeben wie auch bei Feuer, die durch das für die Lampen verwendete Öl entstanden, sehr anfällig. Die mykenische Kultur war in jüngster Zeit ohnehin nur noch ein Schatten ihres einstigen Glanzes.

Verrat durch Callgirl – Israel bläst Jericho den Marsch

Jericho, ca. 1220 v. Chr.

Alarm in Ostkanaan: Die Israeliten kommen und machen alles nieder! Es erscheint fast so, als ob selbst die Steine die Überlegenheit der Israeliten – oder die ihres Gottes – ergeben anerkennen würden.

In der ersten großen Offensive seit dem

Nur eine Familie in Jericho hat das Massaker überlebt. Ironischerweise ist dies die Familie einer Frau, an der die Israeliten, ihrem Gesetz entsprechend, eigentlich sofort die Todesstrafe hätten vollstrecken müssen, denn die Frau ist eine Prostituierte. Doch Rahab hatte einige Wochen zuvor den

Die genaue Lage des von Josua zerstörten alten Jericho ist unbekannt. Archäologen haben Hinweise dafür entdeckt, dass es an diesem Ort sowohl befestigte Siedlungen gab, als auch, dass dort gewaltsame Zerstörungen stattgefunden haben. Das Alter der bislang gefundenen Überreste stimmt nicht mit dem Zeitpunkt des Einmarsches von Josua in Jericho überein. Der biblische Bericht behauptet jedoch auch nicht, dass die Stadt zur Zeit Josuas von besonderer Größe oder besonders schwer befestigt gewesen sei.

Einmarsch in Kanaan umzingelten die Israeliten unter ihrem Befehlshaber Josua die Siedlung Jericho und marschierten mit ihrer Armee sechs Tage lang jeweils einmal rund um die Stadt. Dabei wurden sie von ihren Priestern angeführt, die währenddessen mit ihren Widderhörnern einen Kriegsmarsch schmetterten, der jedem Zuhörer durch Mark und Bein ging. Am siebten Tag umrundeten die Israeliten die Stadt siebenmal. Als die Israeliten am Ende der siebten Runde plötzlich alle gleichzeitig ihr Kriegsgeschrei ausstießen, brachen die Mauern der Stadt schließlich in sich zusammen. Die Israeliten machten die Stadt dem Erdboden gleich und töteten die Einwohner. Gold, Silber und Metallgegenstände wurden in das religiöse Heiligtum der Israeliten gebracht.

Aufklärungstrupp, den die Israeliten in die Stadt eingeschmuggelt hatten, in ihrem Haus versteckt. Während des Überfalls brachte sie dann das mit den Kundschaftern verabredete Zeichen an: ein rotes Band, das vom Giebel ihres Hauses herabflatterte. Daraufhin verschonten die Eroberer das Haus.

Im Anschluss an den Angriff belegte Josua jeden, der versuchen sollte, die Stadt wieder aufzubauen, mit einem Fluch. Der Fall Jerichos hat das Selbstvertrauen der Anführer der anderen Stadtstaaten in diesem Gebiet nicht gerade gestärkt: Sie alle fragen sich nun, wer von ihnen den Israeliten wohl als nächster gegenüberstehen wird und ob es ihre Stadt nach der Begegnung mit den Eindringlingen noch geben wird.

(Josua 2 und 6)

Erschlichener Eid bleibt gültig

Hochland von Judäa, ca. 1210 v. Chr.

Jahwe ist offenbar ein Gott, der seine Versprechen einhält, selbst dann, wenn er – oder sein Volk – durch einen Betrug dazu gebracht worden sind, eine Zusage abzugeben. Diese erstaunliche Wahrheit haben die Einwohner von Gibeon zu ihrer großen Erleichterung am eigenen Leib erfahren.

Die Bewohner Gibeons haben von den Israeliten eine unbefristete Sicherheitsgarantie erhalten. Allerdings gebrauchten sie einen Trick, um die Israeliten dazu zu bewegen. Dennoch hätten die meisten anderen Völker den Vertrag wohl einfach zerrissen und ihre Vertragspartner getötet, sobald der Betrug in der Öffentlichkeit bekannt geworden wäre, nicht so jedoch das Volk Israel.

Die Bewohner Gibeons, deren Siedlung nahe bei Jerusalem liegt, hatten sich mit mehreren anderen Stadtstaaten verbündet, um den Eindringlingen Einhalt zu gebieten. Doch anstatt sofort Zuflucht zu brutaler Gewalt zu nehmen, versuchten sie ihr Glück erst einmal mit einem Ränkespiel.

Eine Abordnung aus Gibeon verkleidete sich als Reisende aus einem fernen Land. Um glaubwürdig zu wirken, trugen die Unterhändler zerschlissene Kleidung und führten verschimmelte Vorräte mit sich. Es sollte vorgetäuscht werden, sie kämen von einer langen Reise. Der Vorschlag der Delegation an die Israeliten, ein Friedensabkommen abzuschließen, wurde von diesen angenommen. Denn obwohl es den Israeliten nicht gestattet ist, mit den in Kanaan lebenden Völkern Verträge zu machen, hatten sie bis zu diesem Zeitpunkt von ihrem Gott Jahwe keinerlei Anweisungen erhalten, wie im Fall von weiter entfernt lebenden Völkern zu verfahren sei. Allerdings fragten sie ihn auch nicht danach.

Als die Israeliten das Ränkespiel durchschauten, kamen sie zu dem Schluss, dass die ehrenvollste Lösung sei, den geschlossenen Vertrag zwar einzuhalten, doch die Bewohner Gibeons für alle Zeiten zum Dienst als Hausdiener der Israeliten zu verpflichten.

(Josua 3)

Schuldspruch per Lotterie

Ai, ca. 1220 v. Chr.

Der vorübergehende Rückschlag, der den Israeliten durch die Verteidiger von Ai beigebracht worden ist, hat den Schwachpunkt in der Bewaffnung der Eroberer zum Vorschein gebracht.

Ein erster Angriff der Israeliten auf dieses scheinbar leichte Ziel wurde von entschlossenen Kanaanitern zurückgeschlagen. Die Niederlage, die auf Seiten der Israeliten 36 Männern das Leben kostete, wird von den Unterlegenen selbst darauf zurückgeführt, dass Jahwe ihnen seine Unterstützung entzogen habe, nachdem einige wenige aus ihren Reihen gegen die religiösen Gesetze verstoßen hatten.

Ein von den Israeliten gebildeter Kontrollausschuss fand die Lösung durch ein ungewöhnliches System. Der Hohepriester hat ein Lospaar bei sich, von denen ein Stein als »Urim« und der andere als »Tummim« bezeichnet wird. Mit Hilfe dieser heiligen Lose werden Schuld und Unschuld bestimmt.

Die Anführer des Volkes ermittelten zuerst den Stamm, dem der Schuldige angehörte. Nachdem der betreffende Stamm bestimmt war, wurde innerhalb des Stammes die Familie des Übeltäters ausgelost. Innerhalb der Familie fiel dann das Los auf Achan

Ai lag nur eine kurze Strecke von Bethel entfernt. Da der Name »Ai« soviel wie »Ruine« bedeutet, ist es sehr wohl denkbar, dass Ai schon eine zerstörte Siedlung war, die von den Bewohnern Bethels als befestigter Außenposten und als eine erste Verteidigungslinie benutzt wurde.

aus dem Stamm Juda. Er hatte bei der Einnahme von Jericho durch die Israeliten ein Festgewand und ungefähr drei Kilo Gold für sich beiseite geschafft, obwohl diese Dinge ausdrücklich ausschließlich für den Gebrauch durch Jahwe bestimmt waren. Dies wurde als Diebstahl betrachtet, und zwar als Diebstahl an Gott selbst. Die Strafe, die auf dieses Vergehen steht (Tod durch Steinigung), wurde sofort vollstreckt.

Nachdem Josua mit der Korruption in den eigenen Reihen aufgeräumt hat-

te, eroberte er die strategisch wichtige Stadt im zweiten Anlauf.

Die Tatsache, dass die Sünde einer einzigen Person die Ursache für die ursprüngliche Niederlage des gesamten aus zwölf Stämmen bestehenden Staatenbundes war, wirft ein bezeichnendes Licht auf die Einheit der Stämme als auch auf ihre absolute Treue zu Jahwe. Es zeigt aber auch, dass die größte Bedrohung der Israeliten wohl aus ihren eigenen Reihen kommt.

(Josua 7 und 8)

Sonnenstillstand nach Horror-Hagel

Gibeon, ca. 1210 v. Chr.

Die Zeit schien stillzustehen, als die fünf Städte des mächtigen Staatenbundes der Stadtstaaten, der Gibeon angegriffen hatte, schließlich dem Erdboden gleichgemacht und ihre Bewohner hingerichtet wurden. Die israelitischen Sieger waren den Gibeoniten, mit denen sie vor kurzem erst ein Bündnis geschlossen hatten, zu Hilfe geeilt.

Die Schleifung der Städte folgte einem erstaunlichen Kraftakt, den die Israeliten unter ihrem General Josua mit großer Zähigkeit und Entschlossenheit vollbracht hatten. Diese Großtat wurde von Erscheinungen begleitet, die man nur als Naturwunder bezeichnen kann. Für die Israeliten begann der Feldzug mit einem ermüdenden 32 Ki-

lometer-Marsch von Gilgal nach Gibeon, der die ganze Nacht in Anspruch nahm. Sofort nach ihrer Ankunft in Gibeon warfen sich die Israeliten ins Schlachtgetümmel. Es gelang ihnen, die Armee der Stadtstaaten in die Flucht zu schlagen. Ein verheerender Hagelsturm fügte den fliehenden Soldaten der geschlagenen Armee zusätzlich schweren Schaden zu. Durch die geradezu monströsen Hagelkörner verloren an diesem Tag mehr Soldaten der Stadtstaaten das Leben als durch die Schwerter der Israeliten.

Angeblich hatte Josua zu Jahwe gebetet und um zusätzliche Zeit bei Tageslicht nachgesucht, so dass er die Schlacht erfolgreich zum Abschluss bringen konnte. Offenbar waren so-

wohl die Sonne als auch der Mond für einen beträchtlichen Teil des Morgens sichtbar. Den Kanaanitern, die sich sehr mit Astrologie beschäftigen und sich auch in ihren Plänen nach den Sternen richten, musste dies als schlechtes Vorzeichen erscheinen. Dies mag einer der Gründe für ihre plötzliche und überstürzte Flucht gewesen sein.

Am darauf folgenden Tag nahm Josua die fünf Könige gefangen. Als Zeichen der Schande ließ er die Leichen der Könige nach der Hinrichtung an Bäumen aufhängen. Die Städte, über die diese Könige regierten, wurden von den Israeliten in Schutt und Asche gelegt.

(Josua 10,1-28)

Ran an den Feind mit göttlichem Rückenwind

Oberflächlich betrachtet bestehen zwischen dem israelitischen Staatenbund und den kanaanäischen Volksgruppen kaum Unterschiede. Beide Gruppen versuchen, Lebensraum dadurch zu erringen, dass sie in ihren Augen heilige Kriege führen, die von ihren Göttern befohlen worden sein sollen. Es erscheint immerhin sonderbar, dass Jahwe, der doch laut der Beschreibung der Israeliten ein gerechter Gott sei, der an sich nichts gegen Ausländer habe, damit fortfahren sollte, ein so aggressives und zu Zeiten ruchloses Volk zu unterstützen. Denn wenn die Israeliten eine Siedlung einnehmen, metzeln sie häufig alles nieder, was sich bewegt.

Es gibt Berichte, die besagen, dass, als die Israeliten zur Eroberung Kanaans auszogen, Josua in einer höchst ungewöhnlichen geistlichen Erfahrung sich einem Engel des Herrn gegenübersah, der wie ein Krieger gekleidet war. Als Antwort auf die Frage Josuas, auf welcher Seite der Engel stünde, antwortete die Gestalt etwas kryptisch mit: »Auf der Seite des Heers Jahwes« (Josua 5,13-15).

Indem er Josua Anweisung gab, seine Schuhe zum Zeichen seiner Unterwürfigkeit in der Gegenwart Jahwes auszuziehen, deutete der Engel an, dass Gottes Absichten weit größer als der Ehrgeiz eines Stammes oder menschliches Geplänkel seien.

Man erzählt sich, dass Jahwe das Volk Israel nicht deswegen erwählt hat, weil es so zahlreich oder so mächtig gewesen war, sondern einfach deshalb, weil er es liebte und seine Abmachung mit Abraham einhalten wollte (5. Mose 7,7-8).

Möglicherweise erklärt solche Rückendeckung die militärische Stärkung der Israeliten. Ihre »Alles-oder-Nichts«-Politik konzentriert sich auf den religiösen Bann, mit dem Völker und Güter gerade dadurch völlig an Jahwe übergeben werden, dass man sie zerstört. Wertgegenstände wie Gold und Silber werden normalerweise von der Zerstörung ausgenommen, um damit das Nationalheiligtum

Schauplatz der Schlacht

Die meisten Nationen verwenden, ebenso wie Israel, Pfeil und Bogen mit einer Reichweite von ungefähr 300 Metern. Bei kürzeren Entfernungen werden Speere mit Spitzen aus Bronze, gebogene Schwerter und Kurzäxte eingesetzt. Die Wirkung dieser Waffen ist meist tödlich. Die Israeliten haben keine stehende Armee, in der gut ausgebildete Soldaten dienen. Im Falle eines Falles werden aus allen Stämmen Männer im kampffähigen Alter zu den Waffen gerufen. Viele der Stadtstaaten Kanaans sind durch dicke Erdwälle befestigt, die zum Angreifer hin von einem tiefen Graben umgeben sind. Auf der Kuppe der Wälle sind Fußwege und »Zinnen« angelegt, die den Verteidigern Schutz bieten sollen. Die Wälle von Hazor sind ungefähr 15 Meter hoch und mit einem Burggraben versehen, der ebenso tief und bis zu 80 Metern breit ist.

Die Befestigungsanlage von Hazor, strategisch günstig auf einem Hügel gelegen. Im Hintergrund der Hermon

zu schmücken. Private Bereicherung an Kriegsgut ist dabei ebenso verboten wie Verträge oder Mischehen mit Mitgliedern eroberter Stämme (5. Mose 7,1-6).

Diese Politik wird jedoch nicht konsequent eingehalten. Im Fall von Ai durften die Leute die Viehbestände und Besitztümer der Bewohner plündern. Ein Zugeständnis an die menschliche Natur? (Josua 8,1-2; 8,26-29)

Dieses Konzept führt dazu, dass die Israeliten unorthodoxe Methoden anwenden. Ein Beispiel für die oft ungewöhnliche Vorgehensweise Israels (man denke an den Marsch um Jericho!) ereignete sich während des

Feldzuges im Norden, als Josua Hazor zerstörte. Anstatt die Pferde seiner Gegner zu töten oder sie ihnen wegzunehmen, lähmte Josua die Tiere, so dass sie niemals wieder einen Gegner in den Kampf tragen konnten. Hinzu kommt noch, dass er auch die Streitwagen verbrennen ließ. Jeder andere Feldherr hätte sie wohl für seine Armee einkassiert (Josua 11,6-9).

»Offenbar«, so ein Beobachter, »will Jahwe, dass sie sich nicht auf ihre Waffen verlassen, sondern auf ihren Gott.« Dies scheint jedenfalls die vorherrschende Strategie Jahwes zu sein, auch wenn sie nicht in jedem Fall mit der seines Volkes übereinstimmt.

Aufatmen nach zwanzig Jahren Krieg

Kanaan, ca. 1200 v. Chr.

»Wir sind wohl aus dem Gröbsten raus«, so die Einschätzung der Ureinwohner Kanaans. Nach 20 Jahren Dauerverteidigung ebbt die Aggression des Volkes Israel offenbar ab. Zur Zeit versuchen die Einwohner Kanaans, in ihr Leben wieder so etwas wie Alltag einkehren zu lassen. Israel kontrolliert nun ganz Kanaan von den nördlich von Galiläa gelegenen Städten Kadesch und Hazor bis tief hinunter in den Negeb nach Lachisch und Hebron und bis an die Westseite des Toten Meeres. Die fünf Städte der Philister, Gaza, Aschdod, Aschkelon, Gat und Ekron, verteidigen jedoch wild entschlossen ihre Unabhängigkeit und der Nordwesten steht weiterhin größtenteils unter der Kontrolle der Phönizier. Bislang waren nur wenige Expeditionen der Israeliten in der Lage, ihre Verteidigungsstellungen zu durchbrechen.

Das Land ist unter den zwölf Stämmen des Staatenbundes, der Kanaan nun besetzt hält, aufgeteilt worden. Drei dieser Stämme siedeln auf der östlichen Seite des Jordans. Überall in der Region sind den Leviten, den Angestellten, die im Heiligtum Dienst tun und daher kein Anrecht auf ein bestimmtes Gebiet besitzen, Siedlungen übereignet worden.

Zusätzlich sind noch sechs Orte zu »Zufluchtsstätten« erklärt worden. In ihnen finden Menschen, die unter der Anklage des Totschlags stehen, also der unbeabsichtigten Tötung eines Menschen, Zuflucht vor der Familie ihrer Opfer, da an diesen Orten Tötungen aus Rache verboten sind.

(Josua 10,29-22,34)

Kollaps eines Großreiches

Anatolien, ca. 1200 v. Chr.

Das einst mächtige Reich der Hetiter ist zusammengebrochen. Plündernde Seevölker sollen dem Reich der Hetiter den Todesstoß versetzt haben.

Die Hetiter waren schon seit einigen Jahren unter Druck. Ernteausfälle erforderten die Einfuhr von Getreide aus so weit entfernten Gegenden wie Ägypten, um Hungersnöte abzuwenden. Auf der politischen Ebene bedrängten die Assyrer das Reich der Hetiter von Osten her und die Vasallenstaaten in Syrien weigerten sich, die fälligen Steuern zu entrichten.

Eine Zeit lang sah es jedoch so aus, als ob König Suppiluliumas II. mit dem Versuch, dem Niedergang Einhalt zu gebieten, Erfolg haben würde. Er unternahm in Mesopotamien einen erfolgreichen Feldzug gegen die Assyrer und sicherte sich erneut die Unterstützung der syrischen Vasallenstaaten. Schließlich war er auch noch in einer wichtigen Seeschlacht vor der Küste Zyperns siegreich.

Doch all das war letztlich vergeblich. Die einfallenden Völker schnitten die Hetiter zuerst von der nordwestlichen Handelsstraße und anschließend auch von ihren Kupfervorräten ab. Als die Eindringlinge dann auch noch den nördlichen Teil Syriens unter ihre Kontrolle brachten, waren die Hetiter am Ende.

Karte Kanaan, ca. 1200 v. Chr.

Legende:
- unterhalb NN
- NN-500m über NN
- 500-1000m über NN
- mehr als 1000m über NN
- Freistädte

20 Meilen / 20 km

Mittelmeer

Beschriftungen: Sidon, Damaskus, Tyrus, Dan, Bet-Rehob, DAN, Achsib, Abdon, Kedesch, ASSER, NAFTALI, Hazor, BASCHAN, Akko, See Genezareth, Rehob, SEBULON, Golan, Edrei, Hammat, En-Dor, Beer, Ramot, MANASSE, Dor, Megiddo, ISSACHAR, Schunem, Jesreel, Bet-Schean, Taanach, Jibleam, Besek, MANASSE, Hefer, Abel-Mehola, Jabesch, Socho, Tirza, GILEAD, Sichem, Baal-Schalischa, Sukkot, Rabba, Gat-Rimmon, Atarot, Jafo, Afek, Silo, GAD, AMMON, Bet-Dagon, EPHRAIM, DAN, Gibbeton, Ofra, Gilgal, Jabneel, Geser, BENJAMIN, Schittim, Heschbon, Baalat, Schikkaron, Bethel, Gibea, Jericho, Aschdod, Zora, Jerusalem, Bet-Peor, Bezer, Ekron, Timna, Libna, Middin, Socho, Bethlehem, RUBEN, Medeba, Aschkelon, Gat, Adullam, Nibschan, Baal-Meon, PHILISTER, Lachisch, Bet-Zur, Zeret-Schahar, Gaza, Eglon, Debir, Hebron, En-Gedi, Bet-Markabot, Sif, Dibon, Gerar, Ziklag, Goschen, Madmanna, Maon, Betul, JUDA, ARAD, MOAB, Aschan, Horma, Beerscheba, SIMEON, Sif, EDOM, Totes Meer, Adam

ca. 1200 v. Chr.

Vertrag mit Gott

Sichem, ca. 1200 v. Chr.
Unter der Leitung Josuas, des greisen militärischen und geistlichen Führers des israelitischen Staatenbundes, haben die zwölf Stämme in einer feierlichen Zeremonie ihren Bund mit Jahwe erneuert und sich verpflichtet, allein ihm zu dienen.

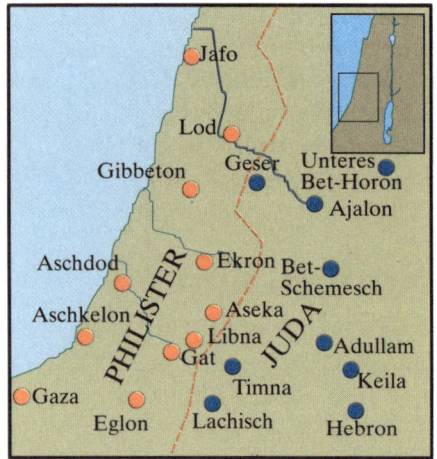

Die befestigten Städte der Philister bildeten zum Mittelmeer hin eine Verteidigungslinie, die den Israeliten undurchdringlich erscheinen musste.

In einer Rede, die, wie Josua einräumte, möglicherweise seine letzte große Rede gewesen sein könnte, erinnerte er die Nationalversammlung an die Taten Gottes, die das Volk Israel erst nach Kanaan gebracht hatten. Gleichzeitig legte er seinen Zuhörern dringend ans Herz, Jahwe, der sowohl in schlechten als auch in guten Zeiten zu ihnen gestanden habe, die Treue zu halten.

Er warnte sie jedoch auch, dass Ungehorsam verheerende Folgen haben könnte. Die Völker, die ursprünglich das Land bewohnt hatten, würden sich in diesem Fall zu Eroberern Israels aufschwingen und es wieder in ihren Besitz nehmen. Seine aufrüttelnde Rede endete mit einer Herausforderung an die Zuhörer, sich an diesem Tag zu entscheiden, wem sie dienen wollten: Jahwe oder den Göttern der anderen Nationen. Die Antwort der Anwesenden war eindeutig und lautstark: »Wir wollen Jahwe dienen!«

Josua folgte dem Muster, nach dem allgemein Verträge abgeschlossen werden. Die Bestimmungen des Vertrages werden auf der Grundlage eines geschichtlichen Überblickes aufgebaut und die Versammlung zu den im Gesetz vorgeschriebenen Zeugen für das Dokument erklärt.

Dies war schon die zweite Erneuerung des Bundes unter der Führung Josuas. Eine ähnliche Zusammenkunft hatte schon einige Jahre zuvor auf den Bergen Ebal und Garizim stattgefunden. Dieses erste Treffen schloss sowohl Tieropfer als auch die öffentliche Lesung des mosaischen Gesetzes mit ein.

(Josua 23;24, vgl.8,30-35; 1. Mose 12,6-7)

Seevölker überfluten Kanaan

Naher Osten, ca. 1200 v. Chr.
Sie kommen in Schiffen, sie kommen in Wagen. Großgewachsene Krieger, die Federschmuck tragen und ihre Familien und ihren Besitz mitbringen, ergießen sich über die gesamte Region. Sie überfallen Siedlungen, nehmen sie ein und töten ihre Gegner.
Niemand weiß, wo diese Völker (pauschal »Seevölker« genannt) eigentlich hergekommen sind.
Wie urzeitliche Ungeheuer wurden sie scheinbar aus der Tiefe der See an die Ufer des östlichen und südlichen Mittelmeeres an Land gespült, um dort ihr Unwesen zu treiben. Einige sind der Meinung, dass die Insel Kreta ihre ursprüngliche Heimat sei. Andere Gruppen sollen aus Asien oder Libyen kommen.
Diese Völker bringen auch ein neuartiges Metall mit, das Eisen genannt wird und aus dem sie vernichtende Waffen herstellen.
Keine Region zwischen Ugarit im Norden und Ägypten im Süden ist von dem zerstörerischen Wirken dieser Gruppen verschont geblieben. Sie sind nachgewiesenermaßen dafür verantwortlich, dass die letzten Reste des einst so mächtigen Reiches der Hetiter hinweggeschwemmt wurden. Sie haben die Einwohner Sidons vertrieben, die im nahe gelegenen Tyrus Zuflucht gesucht hatten. In einer Orgie der Zerstörung sind sie dann durch den südlichen Teil Kanaans gezogen.
In den Augen der Bewohner Kanaans bringt das Auftauchen dieser Eindringlinge, die in diesem Gebiet als Philister bezeichnet werden, bis jetzt jedenfalls nur einen Vorteil mit sich. Sie sind zu einer Art Puffer geworden, der die Ägypter auf Abstand hält. Für das Land Kanaan und seine Einwohner ist die Präsenz der Philister aber vor allem eine Zeitbombe, die nicht so leicht zu entschärfen sein wird.

Das solide Fundament des östlichen Tores der Stadt Sichem

Riskanter Deal syrischer Großunternehmer

Ugarit, ca. 1200 v. Chr.

Joint Venture in Ugarit: In einer vor kurzem getroffenen Übereinkunft haben vier Handelsunternehmen über 1000 Schekel Silber für den Außenhandel aufgebracht. Mit diesen Mitteln soll eine Handelsreise nach Ägypten finanziert werden.

Solche Unternehmungen sind natürlich nicht immer ein Volltreffer. Häufig verlieren die Händler in ihrem Streben nach Reichtum sogar ihr Leben. Meist sind Banditen dafür verantwortlich zu machen, die Menschenleben geringer schätzen als Wertsachen. Die Bewohner von Ugarit tragen die Verantwortung für die Sicherheit fremder Kaufleute. Für den Fall, dass ein Händler in ihrer Stadt ermordet wird und der Täter nicht gefasst werden sollte, sind sie verpflichtet, den Hinterbliebenen eine Entschädigung zu bezahlen. Nicht jeder Stadtstaat ist so humanitär gesonnen. In Ugarit bilden die reichsten Händler eine eigene Klasse, deren Mitglieder den Titel »Mariannu« tragen. Dieser Titel wird vom König selbst verliehen und bedeutet für den Träger in der Stadt einen gesellschaftlichen Rang, der nur noch von dem der Mitglieder der königlichen Familie übertroffen wird. Der Reichtum einiger Händler stellt den des Königshauses in den Schatten.

Ugarit, politisch eigentlich kaum bedeutsam, hat sich zum wichtigsten Handelsknoten im nördlichen Syrien entwickelt. Diese Stellung nimmt die Stadt nun schon seit rund 200 Jahren unangefochten ein. In Ugarit enden eine Reihe von Handelsstraßen, die aus Anatolien, Syrien und Mesopotamien kommen. Außerdem verfügt die Stadt über einen blühenden Seehafen. Die verschiedensten Handelsgüter werden auf ihrem Weg zu ihrem Bestimmungsort in Ugarit umgeschlagen. Die Bandbreite reicht von Grundnahrungsmitteln aller Art, über Stoffe und Garne bis hin zu den verschiedensten Metallen und jeglicher Art von Vieh. In Ugarit werden jedoch auch exotische Handelswaren wie Myrrhe aus Arabien, Lapislazuli aus dem Norden Afghanistans und Ebenholz aus Zentralafrika angeboten.

Figur eines bärtigen Händlers aus Susa in Nordsyrien

Israeliten droht Guerillakrieg

Kanaan, ca. 1200 v. Chr.

Die zwölf Stämme Israels sind dabei, sich in ihrem »von Jahwe geschenkten« Land häuslich niederzulassen. Jedem der Stämme ist ein eigenes Gebiet zugeteilt worden. Doch Israel ist weit von einer stabilen Lage entfernt. Militärisch potente Nachbarvölker warten auf jede sich bietende Schwäche.

Doch mächtige Nachbarn sind nur ein Teil des Problems, dem Israel nun gegenübersteht. Auch innerhalb der Landesgrenzen haben sich bis jetzt noch eine Reihe von Widerstandsnestern gehalten. Eine der dringlichsten Aufgaben für die Armee Israels wird es sein, diese auszuheben. Die Israeliten müssen lernen, einen Guerillakrieg zu führen.

Vorteil und Nachteil zugleich ist die Tatsache, dass das Land zum größten Teil aus Hochebenen besteht. Die Hügel und Hochebenen Kanaans bilden zwar eine natürliche Verteidigungsanlage gegen angreifende Armeen, doch sind diese Ebenen von Tälern und Tiefebenen durchzogen. Diese bieten nicht nur Widerstandskämpfern Schutz und Deckung, sondern teilen auch das Territorium Israels in voneinander abgetrennte Gebiete, was die militärische Koordination erschwert.

Landflucht in Mexiko

Mexiko, ca. 1200-1000 v. Chr.

Die gesellschaftlichen Strukturen Mexikos verändern sich zur Zeit dramatisch.

Ursprünglich stammen die Bewohner Mexikos von Nomaden ab. Um das Jahr 3000 v. Chr. herum entstanden die ersten Dörfer, in denen Landwirtschaft betrieben wurde und die auch heute noch die am weitesten verbreitete Siedlungsform in Mexiko sind. Nun jedoch verlassen viele Menschen ihre Heimatdörfer und es entstehen in Mexiko die Anfänge einer städtischen Gesellschaft deren Kennzeichen monumentale, stufenförmige Bauten und ungewöhnliche Statuen sind.

Moabitischer Krieger, aus Rediom-al-Aabed in Jordanien, ca. 1200 v. Chr.

Eiserne Verschwiegenheit

Kanaan, ca. 1190 v. Chr.

Die Philister halten den Rest Palästinas (oder Kanaans) buchstäblich in eisernem Griff, da sie sich weigern, Einzelheiten über ihre neue Technologie der Metallbearbeitung preiszugeben. Selbstverständlich würde jede andere Nation der Welt liebend gerne das Geheimnis lüften. Man nimmt an, dass die Philister die neue Technologie aus Zypern mitgebracht haben. Dort hatten griechische Siedler zuerst mit der Verwendung von Metallen begonnen. Heute ist die Bearbeitung von Eisen ein gut gehütetes Monopol der Philister. Benachbarte Völker müssen hohe Gebühren an die Philister entrichten, wenn sie von deren Fähigkeiten profitieren möchten, das heißt, sofern sich diese überhaupt zu einer Zusammenarbeit bereit finden. Eisen verleiht jeder Armee in der Schlacht einen unschätzbaren Vorteil. So musste zum Beispiel während eines Feldzuges im südlichen Kanaan ein militärischer Ausfall der Israeliten, der von den Hügeln Judas hinunter in die von Philistern bewohnte Ebene führen sollte, angesichts der eisernen Streitwagen und Waffen der Philister aufgegeben werden. So haben es die Philister selbst in der

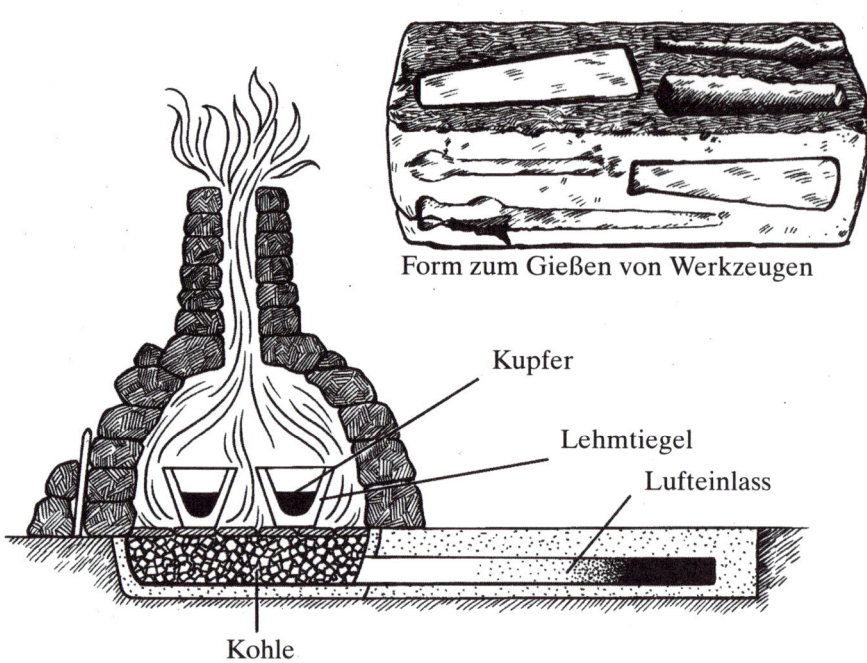

Form zum Gießen von Werkzeugen

Kupfer

Lehmtiegel

Lufteinlass

Kohle

Rekonstruktion eines Kupferschmelzofens aus dem 11. vorchristlichen Jahrhundert nach einem Fund bei Tell Qasile im Gebiet der Philister. Zwei Lehmtiegel mit geschmolzenem Kupfer wurden ebenfalls gefunden.

Hand, welchen Völkern sie Zugang zu dieser neuen Technologie gewähren und welchen nicht.

Die Philister kamen als ein Teil der umherwandernden Seevölker in diese Region. Dennoch hatten sich größere Gruppen von ihnen erst kurze Zeit vor dem Einmarsch der Israeliten in Kanaan niedergelassen. Die fünf von Philistern bewohnten Städte (Gaza, Aschkelon, Aschdod, Ekron und Gat) kontrollieren das Mittelmeer so vollständig, dass dieses auch als »Meer der Philister« bezeichnet wird.

Religiöse Seitensprünge

Kanaan, ca. 1180 v. Chr.

Dass man aus Schaden klug wird, gilt wohl nicht für die Israeliten. Wieder einmal sind sie dabei, sich von ihrem Gott Jahwe abzuwenden und mit den Religionen ihrer Nachbarn zu flirten. Sie gehen gemischte Ehen mit kanaanitischen Frauen ein und dienen sogar den Göttern Kanaans. An den heiligen Plätzen kann man unter den Gottesdienstbesuchern regelmäßig auch Israeliten beobachten, die sich vor den fremden Götzen verbeugen.

Die Nation ist seit Josuas Tod durch bewegte Zeiten gegangen. Einerseits gab es erfolgreiche Feldzüge gegen die Philister und einen Sieg über Jerusalem. Andererseits aber hat sich im Volk ein Gefühl der Führungslosigkeit ausgebreitet. Dennoch sind die Tage von

Mose und Josua noch in guter Erinnerung und wenige Nationen haben auch nur annähernd soviel Anlass, ihrem Gott dankbar zu sein. Diese Tatsache macht die Untreue, die Israel gegenüber seinem Gott Jahwe so häufig zur Schau stellt, umso unverständlicher. Stereotyp läuft stets dasselbe religiöse Spiel ab: Israel fällt ab, bereut dann wieder, kehrt zum gnädigen Jahwe zurück und wird aufs Neue untreu.

In Anbetracht dieser maroden Situation fällt den Richtern Israels in Bezug auf die Führung der Nation eine Schlüsselrolle zu. Denn obwohl das Richteramt unter Mose ursprünglich als Schiedsstelle für Streitigkeiten auf lokaler Ebene eingerichtet wurde, verkörpern die Richter Israels heute eine wichtige politische Kraft.

Volk kehrt um – Gott meldet sich zurück

Ca. 1180 v. Chr.

Der Richter Otniel hat die Israeliten zum Sieg über die Aramäer geführt. Diese hatten das Volk Israel acht lange Jahre unterjocht und grausam unterdrückt. Die heutige Niederlage von König Kuschan-Rischatajim bedeutet nach Meinung vieler das Ende einer Periode, während der der Gott Israels sein Volk für offenkundigen Abfall von ihm bestraft hatte.

Es schien in den letzten Jahren so, als habe Jahwe, der es aus Ägypten befreit hatte, nun während der aramäischen Bedrückung abseits gestanden. Otniels schneller Aufstieg zur Macht fiel mit einer Phase nationaler Reue zusammen.

Tod eines Eroberers – Nachfolge völlig unklar

Kanaan, ca. 1190 v. Chr.
Überall in der Welt haben die Menschen den Ehrgeiz, das, was sie als ihr Lebenswerk ansehen, zu vollenden, bevor sie sterben. Nur wenigen wird es vergönnt sein, so zufrieden in ihrem Grab zu ruhen wie Josua, dem Sohn Nuns. Er führte die Stämme Israels nach 40 Jahren des Umherziehens in der Wüste in das Land Kanaan hinein und blieb auch danach ihr militärischer Führer. Außerdem bestimmte er die für die einzelnen Stämme vorgesehenen Stammesgebiete.

Josua wurde 110 Jahre alt. Man bestattete ihn auf dem Gebiet seines eigenen Stammes im Hügelland Ephraims. Ganz Israel wird Josua als einen erfolgreichen Helden im Gedächtnis behalten, der jedoch stets abhängig von Jahwe war.

Josua war noch ein Teenager, als Mose die Israeliten aus ihrem Sklavendasein befreite und sie aus Ägypten hinaus in die Wüste Sinai führte. Da er allgemein als eine Person anerkannt war, auf der der Geist Gottes ruhte, wurde er von Mose zu dessen persönlichem Assistenten ernannt. Während seiner langen Lehrzeit bekam Josua Gelegenheit, Licht und Schatten eines Lebens in der Öffentlichkeit am eigenen Leib zu erfahren.

Mose änderte seinen Namen von Hosea (»Erlösung«) in Josua (»Gott erlöst«). Diese Namensänderung war möglicherweise eine prophetische Vorwegnahme der Rolle, die Josua in Zukunft spielen sollte.

Als Josua sich allein und mit einigem Bangen einer ungewissen Zukunft gegenübersah, wurde er, wie behauptet wird, durch eine Botschaft von seinem Gott ermutigt, in der Jahwe ihn dazu aufrief, »stark und sehr mutig zu sein«. Göttlicher Beistand sei ihm ebenso gewiss wie das bei Mose der Fall war. Auch wies Jahwe ihn an, sich Tag und Nacht in das Gesetz zu versenken, das sein Vorgänger niedergeschrieben hatte. Dieses Gesetz wurde für Josua zu einer Quelle der Kraft und Inspiration.

Josua war auch Mitglied des von Mose entsandten Aufklärungstrupps zur Begutachtung des Landes Kanaan. Bekanntlich war die Analyse der Kundschafter vernichtend. Nur Josua und sein Freund Kaleb waren anderer Meinung. Wohl weniger aus jugendlichem Leichtsinn als aus Vertrauen auf Gott hatten die beiden Mose damals empfohlen, den Vormarsch unverzüglich fortzusetzen, wurden aber überstimmt.

Josua hat niemand eindeutig zu seinem Nachfolger bestimmt. Die Israe-

Landschaft bei Sebaste

liten, die behaupten, dass Jahwe ihr König sei, werden in Zukunft wahrscheinlich eher darauf angewiesen sein, dass sich Führungspersönlichkeiten aus ihren Reihen herauskristallisieren. Jeder der zwölf Stämme Israels verfügt über eine gewisse Autonomie mit eigener Führung und eigener Gerichtsbarkeit. Dies ist nur dann eine ideale Regierungsform, wenn die Stämme ihrem gemeinsamen Glauben und dem Gesetz treu bleiben. Anderenfalls wird das Volk wohl unweigerlich zersplittern. Bürgerkrieg wäre dann die logische Folge.

(vgl. 2. Mose 24,13; 32,17; 33,11; 4. Mose 13,16; 14,6-38; 27,18-23; 5. Mose 31,1-8; Josua 1 und 24)

KURZMELDUNGEN 1200-1170 v. Chr.

Hausrat für eine Leiche (ca. 1200 v. Chr.): In Dayangzhou (China) wurde ein örtlicher Regent in einem der aufwendigsten Grabmale beigesetzt, die je gebaut worden sind. Dem Verstorbenen wurden 365 Tonkrüge, 65 Gefäße und über 400 Waffen und Werkzeuge aus Bronze sowie 150 Schnitzereien aus Jade mit auf die letzte Reise gegeben. Einige der aus Bronze gefertigten Stücke sind von beträchtlicher Größe. Darunter befindet sich auch ein etwa 50 Zentimeter langer Tiger, auf dessen Rücken sich ein Vogel niedergelassen hat. Das Grabmal ist ein Beweis dafür, dass die Kultur der Shang-Dynastie sich auch in Gebiete ausgebreitet hat, die weit entfernt vom Gelben Fluss liegen.

Multikultur (ca. 1200 v. Chr.): Menschen aus dem mykenischen Teil Griechenlands überfluten Kreta, um den Schwierigkeiten in ihrer Heimat zu entfliehen. Dadurch entsteht auf der Insel derzeit ein mykenisch-minoischer Kulturmix, der auch auf die Kunst Auswirkungen hat.

Spieß umgedreht (1187 v. Chr.): Ramses III. hat einen Versuch der Seevölker, in Ägypten einzumarschieren, erfolgreich abgewehrt. Nun ist er dabei, seine angeschlagenen Feinde bis tief nach Palästina und Syrien hinein zu verfolgen. Die Erfolge von Ramses, der den Sieg über die Seevölker bei seiner Krönung vor 11 Jahren zu einem der wichtigsten Ziele seiner Politik erklärte, sind das Ergebnis einer großartigen militärischen Operation. Die Angreifer hatten schon eine beträchtliche Strecke nilaufwärts zurückgelegt, ehe die Flotte von Ramses, die in einem Hinterhalt auf der Lauer gelegen hatte, zum entscheidenden Schlag ausholte. Die Ägypter haben mit ihrem entschlossenen und brutalen Vorgehen auch anderen Banditen, die in den Mittelmeerstaaten ihr Unwesen treiben, eine unmissverständliche Warnung erteilt.

Rustikale Kriegsführung (ca. 1175 v. Chr.): Der Israelit Schamgar hat, nur mit einem Ochsensporn bewaffnet, 600 Philister getötet. Aufgrund des fremden Klanges des Namens Schamgar vermuten einige, dass er der Spross einer der vielen Mischehen ist, die heutzutage zwischen Israeliten und Einheimischen geschlossen werden. Man nimmt an, dass diese Ehen einer der Gründe für den Zorn sind, den Gott gegenüber seinem Volk Israel hegt. Doch haben die Heldentaten Schamgars Israel zumindest zum gegenwärtigen Zeitpunkt vor der Bedrohung durch die Philister gerettet. (Richter 3,31)

ca. 1180-1150 v. Chr.

Linkshänder ermordet königlichen Dickwanst

Auferstanden aus Ruinen

Gilgal, ca. 1180 v. Chr.

Ehud, seines Zeichens Richter in Israel, hat das Leben des beleibten, aber in Israel wenig beliebten Moabiterkönigs Eglon mit einem einzigen Dolchstoß ausgelöscht. Während Moab trauert, bejubelt ganz Israel den Mut und die Gerissenheit Ehuds. Ehud war Chef einer Abordnung aus Israel, die die fälligen Steuern und Tribute an König Eglon von Moab überbringen sollte.

Doch Ehud hatte einen überraschenden Trumpf in der Hinterhand: Während seines Aufenthaltes am moabitischen Königshof überzeugte Ehud den König davon, dass er von Gott eine persönliche Botschaft für ihn erhalten habe, die er diesem jedoch nur unter vier Augen anvertrauen könne.

Sobald Ehud mit dem Tyrannen in den königlichen Gemächern allein war, ergriff er das Schwert, das er an seinem Körper verborgen hatte und rammte es in den Leib des Königs. Möglicherweise hat Eglon die tödliche Waffe nicht einmal gesehen, denn die Bewegungen Ehuds waren so behende und sein Stoß so heftig, dass das Schwert sofort tief in den König eindrang und durch die Falten von Eglons mächtigem Bauch verdeckt wurde.

Bei seiner Flucht schloss Ehud die Türen hinter sich ab. Die Diener Eglons vermuteten, dass ihr Herr die Toilette benutzte. Sie wurden erst besorgt, als er nicht wiederkam. Schließlich brachen sie die Tür gewaltsam

auf und fanden den König tot auf dem Boden liegend vor.

Der Erfolg des Israeliten war nur dadurch möglich, dass er Linkshänder ist: Ehud hatte sein Schwert am Oberschenkel seines rechten Beines befestigt, also an einem Ort, an dem nach einer Waffe zu suchen sich kein Leibwächter die Mühe machen würde.

Die Unterdrückung Israels durch die Moabiter hatte 18 Jahre gedauert. Nach dem Tod des Richters Otniel hatte sich die Nation von Jahwe, ihrem Gott, abgewandt. König Eglon von Moab eroberte daraufhin die Stadt Jericho, ein Schmuckstück der gerade erst entstandenen Nation Israel. Nach dem Attentat Ehuds stehen nun die Aussichten auf eine friedliche Zukunft für die zwölf Stämme sehr gut.

(Richter 3,12-30)

Fundamente von Lagerhäusern und Teilen der Stadtmauer von Hazor

Hazor, ca. 1170 v. Chr.

Kanaaniter haben ihre alte, 24 Kilometer nördlich von Galiläa gelegene Festung Hazor wieder aufgebaut. Die neue Festung ist beinahe dreimal so groß wie Jericho und stellt eine weitere Bedrohung für Israel dar.

Hazor ist schon immer ein strategisch wichtiges Tor zwischen Ägypten und Asien gewesen. Daher ist es nur zu verständlich, dass die Kanaaniter eine Wiederbesiedlung des Ortes angestrebt haben.

Selbst als Ruine bot Hazor noch einen beeindruckenden Anblick. Die Stadt hatte 40000 Einwohner, erstreckte sich über eine Fläche von 121000 Quadratmetern und überblickte eine tiefer gelegene Ebene von 708000 Quadratmetern. Rund um dieses Plateau waren starke Erdbefestigungen aufgeschüttet und ein trockener Burggraben vervollständigte einen buchstäblich undurchdringlichen Verteidigungsring, der mögliche Eroberer dazu zwang, eine etwa 30 Meter hohe Rampe aufzuschütten. Josua hinterließ Hazor als Trümmerhaufen. Die in Schutt und Asche gelegte Stadt war ein sichtbares Mahnmal, das sowohl an die Genialität, die Josua als Führungspersönlichkeit bewiesen hat, als auch an die Größe des Gottes der Israeliten erinnerte.

Jabin, der Anführer der Hazoriten, trägt auch den Titel »König von Kanaan«. Die Hazoriten sind nicht nur schwer bewaffnet, sondern sie verfügen auch über 900 Streitwagen aus Eisen.

(Josua 11,1-11; Richter 4,1-3)

KURZMELDUNGEN 1170-1150 v. Chr.

Tempelstreik (ca. 1170 v. Chr.): Die königlichen Begräbnistempel und Friedhöfe in Theben haben erstmals in ihrer Geschichte einen Streik der dort beschäftigten Arbeiter erlebt. Aus Protest über die verzögerte Bezahlung ihrer Löhne stellten die Bauarbeiter ihre Arbeit so lange ein,

bis ihre Forderungen erfüllt wurden.

Wirtschaftskrise (ca. 1160 v. Chr.): Die Pharaonen werden weiterhin durch wirtschaftliche Probleme geplagt. Das Zusammentreffen verschiedener Faktoren wie eine Nahrungsmittelknappheit (die zum Teil ihre Ursache darin hat, dass das Hochwasser des Nils niedriger als erwartet

ausgefallen ist), aufstrebende, mächtige und korrupte Priester, Arbeiterunruhen in den königlichen Grabanlagen sowie eine wachsende Anzahl an Verbrechen tragen dazu bei, dass die Anspannung im Volk immer weiter zunimmt.

Ende einer Ära (ca. 1158 v. Chr.): Die Zeit der babylonischen Dynastie der Kassiten, die sich über den in der

Geschichte beispiellosen Zeitraum von 576 Jahren an der Macht gehalten hat, ist mit dem Tod des letzten kassitischen Königs Enlil-nadin-ahi zu Ende gegangen. In den letzten Jahren wurde das Reich von den Assyrern und den Elamiten (Persern) überfallen und trotz starken inneren Widerstandes in Wahrheit von den Elamiten regiert.

Wenn die Männer sich verkrümeln...

Ephraim, ca. 1170 v. Chr.

Als die Männer aus Angst zu Hause blieben, sprangen Frauen in die Bresche und befreiten Israel von den Kanaanitern unter General Sisera.

Die Streitkräfte der Israeliten waren zwar zahlenmäßig nur von geringer Stärke, doch sie erhielten Hilfe »von oben«: Ungewöhnlich starke Wolkenbrüche hatten zur

Im Zelt des Keniters Heber suchte der General Zuflucht für die Nacht. Hebers Ehefrau Jaël, eine heimliche Anhängerin der Sache Israels, schlug jedoch einen Pfahl durch den Kopf des schlafenden Sisera. Später übergab sie dann Siseras Leiche an Barak. An diesem Sieg hatte er sowohl durch seinen persönlichen Kampfesmut wie auch als Anführer, der seine Truppen ausgezeichnet geführt hatte, unbestritten großen Anteil. Dennoch ist er von einer Frau um die Ehre gebracht worden, den Unterdrücker persönlich getötet zu haben.

Die Israeliten sind davon überzeugt, dass diese Schlacht ein entscheidender Wendepunkt in ihrem Kampf gegen König Jabin darstellt.

Der Gegensatz zwischen dem Siegesgesang von Debora und der ursprünglichen Ängstlichkeit, die Barak zur Schau gestellt hatte, könnte nicht größer sein. Deboras Gesang war ein Ausbruch des Lobpreises an den Gott, dem Barak nicht vertrauen konnte. Das Lied betont, dass keine bewaffnete Macht der Welt einem Volk widerstehen kann, das unter dem Schutz des Gottes der Israeliten steht.

(Richter 4 und 5)

Blick vom Karmel ins Kischon-Tal

Die Richterin der Israeliten, Debora, ein Staatsoberhaupt, das auch mit der Abwicklung von alltäglichen Zivilgerichtsverfahren betraut ist, unterrichtete Barak davon, dass Gott ihn dazu ausersehen habe, eine Armee von 10000 Mann in die Schlacht gegen Sisera, den Befehlshaber der Armee von König Jabin, zu führen. Debora sagte sogar den Ort voraus, an dem Sisera geschlagen werden würde: den Fluss Kischon, der im Bergland im Gebiet des Stammes Manasse entspringt und nördlich vom Karmel ins Mittelmeer mündet. Doch Barak weigerte sich, ohne Debora in den Kampf zu ziehen. Debora willigte ein, Barak zu begleiten, wies ihn jedoch auch auf die Nachteile hin: »Nun ja, dann fällt die Ehre eben einer Frau zu.«

Folge, dass der Kischon durch die abfließenden Wassermassen plötzlich gewaltig anschwoll. Die reißenden Fluten traten über die Ufer. Dadurch verwandelte sich die Jesreel-Ebene, deren fester Boden normalerweise guten Halt bietet, in ein einziges Schlammfeld. Siseras eiserne Streitwagen blieben in dem Morast stecken und wurden daher zum Ballast, der die Niederlage unvermeidlich werden ließ.

Die Israeliten trieben die flüchtende Armee anschließend durch ein enges Tal. Dies machte es für Sisera unmöglich, seine Truppen neu zu formieren. Er ließ daraufhin seine geschlagene und dem Untergang geweihte Armee im Stich und versuchte, zu Fuß nach Hazor zurückzukehren.

Versilberte Tauschgeschäfte

Ägypten, ca. 1150 v. Chr.

Das Handelsvolumen in ägyptisch-kretischen Geschäftsbeziehungen nimmt ständig zu. Nicht überall ist Silber Zahlungsmittel. Gelegentlich werden immer noch Güter getauscht. In einem soeben abgeschlossenen Handelsgeschäft wurde der Preis für eine Sklavin zwar in Silber festgesetzt, jedoch durch Kleidungsstücke und Gefäße aus Bronze bezahlt. Auch diese wurden in Silber bewertet, so dass ein Umrechnungskurs entstand.

Die wichtigen Zweige des Außenhandels werden vom Staat sorgfältig überwacht. Sandalen, Textilien und Nahrungsmittel werden häufig in Läden in Hafen- bzw. Ufernähe an Endabnehmer verkauft.

Wenn Gott sich in der Wolle zeigt

Ofra, ca. 1150 v. Chr.

Große Trauer in Israel: Gideon, der fünfte Richter Israels, wurde in Ofra zu Grabe getragen. Die lange Amtszeit des Verstorbenen war durch großartige militärische Erfolge sowie durch das eindeutige Bekenntnis gekennzeichnet, dass Israel als Nation von seinem Gott Jahwe abhängig ist. Seine Aufgabe war, Israel von den Midianitern zu befreien, von denen es unterdrückt wurde. Nach Ansicht vieler sei dies wieder einmal eine Reaktion Gottes auf die Abwendung seines Volkes gewesen. In diesem Fall war das Volk immerhin sieben Jahre untreu.

Gideons militärische Fähigkeiten waren zum ersten Mal gefordert, als er, als Antwort auf eine Offensive der Streitkräfte der Amalekiter und der Midianiter, vier israelitische Stämme zu den Waffen rief. Gideon bat Gott, seine Position zu bestätigen. Zu diesem Zweck legte er über Nacht geschorene Wolle auf die Tenne und bat Gott um ein Zeichen: Nur die Wolle sollte vom Tau durchweicht sein, während der Boden ringsherum trocken bleiben sollte. Der Test funktionierte. Noch immer unschlüssig und von Befürchtungen geplagt, wiederholte Gideon den Versuch in der nächsten Nacht. Diesmal jedoch bat er Gott darum, dass die Wolle trocken bleiben sollte, der Boden aber nicht. Auch dies traf ein.

Die meisten Veteranen, die am Begräbnis Gideons teilgenommen haben, erinnern sich noch gut daran, wie erstaunt die Truppe damals war, als Gideon den Befehl Jahwes umsetzte und fast seine gesamte Streitmacht nach Hause schickte: Von den ursprünglich 32000 Mann wählte er für einen Überraschungsangriff auf das feindliche Lager nur 300 Kämpfer aus. Gideon hat auch beträchtliche diplomatische Fähigkeiten bewiesen, als die Ephraimiten als seine Verbündeten Anstoß daran nahmen, dass er sie im Kampf gegen die Midianiter zu spät um Beistand ersucht hatte. Gideon spielte die Bedeutung seines eige-

Ein Hirte, der sein Schaf in traditioneller Weise auf den Schultern trägt

nen Sieges herunter und würdigte den Sieg der Ephraimiten über alle Maßen. Seine Entschlossenheit wurde deutlich, als er und seine erschöpften Untergebenen die Könige Sebach und Zalmunna verfolgten. Diese hatten zuvor Gideons Brüder erschlagen. Gideon ließ die beiden Könige hinrichten und bestrafte die Städte, die den Königen Schutz bieten wollten.

Gideon weigerte sich, eine königliche Dynastie zu beginnen. Stattdessen machte er den Israeliten deutlich: »Jahwe wird über euch regieren.« Die einzigen Trophäen, die er seinen geschlagenen Feinden abgenommen hat, waren ihre goldenen Ohrringe. Aus diesen ließ er ein religiöses Standbild machen und in Ofra aufstellen. Dieser Ausdruck der Hingabe Gideons an seinen Gott war jedoch ein Schuss, der nach hinten losging, denn trotz Gideons persönlicher Treue zu Jahwe machten andere das Standbild zum Objekt ihrer Anbetung.

(Richter 6–8)

Vor der eigenen Türe gekehrt

Gideon erhielt schon früh in seiner Karriere den Spitznamen »Jerubbaal« (»Soll doch Baal mit ihm fertig werden«). Der Name geht auf eine Unternehmung Gideons zurück, die in seinen Augen der erste Auftrag war, den er von Jahwe erhalten hat: Er sollte einen Altar niederreißen, den sein eigener Vater Joasch gebaut und dem kanaanitischen Götzen Baal gewidmet hatte. Gott hatte den Israeliten schon zuvor befohlen, alle fremden Altäre in ihrer Mitte zu zerstören. Und Gottesfurcht fängt zu Hause an.

Gideon bewältigte diese Aufgabe mit Hilfe von zehn Männern im Schutz der Dunkelheit. Am nächsten Morgen waren die Bewohner der Gegend hell entsetzt: Ein neuer Altar war errichtet worden. Auf diesem hatten die Erbauer einen Stier geopfert. Inmitten der Asche des Opferfeuers konnten die vor Schreck erstarrten Einwohner von Ofra noch die verkohlten Überreste der heiligen Säule erkennen. Die Bewohner der Stadt hatten keine Schwierigkeiten, Gideon und seine Helfer als diejenigen auszumachen, die für die Untat verantwortlich waren. Sie konfrontierten Joasch mit den Vorwürfen gegen seinen Sohn und forderten für diesen die Todesstrafe. Doch Joasch blieb unnachgiebig. Er wies die Ankläger darauf hin, dass, falls Baal wirklich so mächtig sei, wie sie glaubten, er auch seine Feinde selbst hinrichten könne. Wenn sie nun Baal um dieses Privileg bringen würden, käme dies doch wohl einer unverzeihlichen Beleidigung Baals gleich. So kam es, dass Gideon einen neuen Namen erhielt: »Soll doch Baal mit ihm fertig werden«.

(Richter 6,25–32)

Von der Tagelöhnerin zur Gutsherrin

Juda, ca. 1150 v. Chr.

Die »Hochzeit des Jahres« war die Krönung einer märchenhaften Liebesgeschichte zwischen dem wohlhabenden Gutsherrn Boas und seiner neuen Braut Rut, einer Moabiterin. Es herrschte eitel Freude, als die Familien und die Freunde auf das Wohl

des Brautpaares anstießen. Was für ein Unterschied zu den verzweifelten Umständen, in denen sich Rut und ihre Schwiegermutter Noomi nur ein Jahr zuvor wieder gefunden hatten. Im wirklichen Leben geschehen eben manchmal unwahrscheinlichere Dinge als im Roman.

Die Geschichte begann vor vielen Jahren in Juda. Die Jüdin Noomi war mit dem Moabiter Elimelech verheiratet. Das Paar hatte zwei Söhne. Zu dieser Zeit wurde Juda von einer Hungersnot geplagt. Moab hingegen war ein Land voller fruchtbarer Ebenen und großer, wohlgenährter Viehherden. Daher nahm Elimelech seine Frau mit in sein Heimatland. Als sie jedoch in Moab angekommen waren, wurde die Familie von einer Tragödie nach der anderen heimgesucht. Zuerst verstarb Elimelech, anschließend die beiden Söhne des Paares. Zurück blieben drei einsame Witwen.

Eine von Noomis Schwiegertöchtern, Orpa, blieb in Moab zurück, in der Hoffnung, ein zweites Mal heiraten zu können. Rut, die andere Schwiegertochter Noomis, gab jedoch jede Hoffnung auf eine zweite Ehe auf, um Noomi während ihres Lebensabends beizustehen: »Wo du hingehst, da will ich

auch hingehen. ... Dein Volk ist mein Volk und dein Gott ist mein Gott.«

Diese Handlungsweise einer Israeliten gegenüber einer Moabiterin war schon erstaunlich. Noch bemerkenswerter war aber wohl der glückliche Umstand, der dazu führte, dass Rut ausgerechnet in die Felder des wohl-

Getreide wurde von der Spreu mit einem siebähnlichen Korb getrennt. Eine Gabel diente zum Aufsammeln des Strohs.

habenden Boas ging, um Ähren aufzusammeln. Denn genau wie es das israelitische Gesetz vorschreibt, erlaubte Boas Fremden, seinen Erntehelfern zu folgen und alle Ähren aufzulesen, die diese fallen gelassen hatten. Als Boas Ruts Namen erfuhr, versicherte er ihr, dass er schon von ihr und ihrer Schwiegermutter gehört und dass ihn ihre Hingabe an Noomi sehr berührt habe.

Boas erteilte daraufhin heimlich seinen Erntehelfern den Befehl, absichtlich mehr Ähren als gewöhnlich fallen zu lassen. Erst als Rut mit einer riesigen Menge Gerste nach Hause zurückkehrte und Noomi davon erzählte, wie großzügig Boas gewesen war, erfuhr sie, welche Beziehung zwischen ihr und ihrem Wohltäter in Wirklichkeit bestand: Boas war nämlich ein enger Verwandter ihres verstorbenen Schwiegervaters Elimelech.

Noomi sah darin sofort eine Lösung für Ruts Zukunft, die buchstäblich vom Himmel gesandt worden war. Nach dem levitischen Gesetz war ein Mann verpflichtet, die Witwe eines Blutsver-

wandten zu heiraten, wenn dieser ohne einen Erben verstorben war. Diese Verpflichtung erstreckte sich auch auf nächste Verwandte. So drängte Noomi ihre Schwiegertochter, Boas zu bitten, sie, Rut, zur Frau zu nehmen. Boas stimmte der Bitte Ruts mit Freuden zu. Dieses Eheversprechen bedeutete für Boas jedoch gleichzeitig eine erhebliche finanzielle Belastung, denn es war für ihn nicht damit getan, einfach nur Rut zu heiraten, sondern er musste außerdem das Land, das der Familie gehörte, von Noomi abkaufen und die Verbindlichkeiten des verstorbenen Elimelech übernehmen.

Bevor die außergewöhnliche Liebesgeschichte zwischen Boas und Rut jedoch ein glückliches Ende nehmen konnte, musste noch ein weiteres Hindernis überwunden werden: Für den Fall, dass ein Verwandter als sogenannter »Auslöser für einen Verwandten« (so der juristische Fachausdruck) auftreten würde, musste dem nächsten Verwandten des Verstorbenen vorrangig die Gelegenheit eingeräumt werden, die Witwe zu heiraten. Und in der Tat war einer der Nachbarn des Boas enger mit Elimelech verwandt als dieser selbst. Doch nach langen und harten Verhandlungen kam der Nachbar zu dem Schluss, dass er nicht in der Lage sei, zur selben Zeit sowohl das Land zu erwerben als auch für Rut zu sorgen. Nachdem somit alle gesetzlichen Voraussetzungen erfüllt waren, konnten Boas und Rut endlich Hochzeit feiern.

(Rut 1-4)

Auch heute noch werden Siebe zum Worfeln von Getreide benutzt.

Könige unerwünscht?

Sichem, ca. 1150 v. Chr.

Der Versuch Abimelechs, sich als König von Israel zu etablieren, ist nach nur drei Jahren gescheitert. Der Möchtegernkönig war ein Sohn Gideons, des verstorbenen Richters Israels, und einer aus Sichem stammenden Magd Gideons.

Bevor Abimelech von den Einwohnern zum König gekrönt wurde, hatte er in einem Massaker seine 70 Brüder umgebracht. Doch gelang es Jotam, einem der Söhne Gideons, dem Massaker zu entkommen. Dieser brachte seinen Widerstand gegen Abimelech in einer beherzten Rede zum Ausdruck: Er verglich Abimelech ironisch mit einem Dornbusch, der das Volk einlädt, in seinem Schatten Schutz und Sicherheit zu suchen. Er verfluchte die Bewohner Sichems für den Verrat an Gideon und seiner Familie. In Gaal, einem Neuankömmling in der Stadt, erwuchs Abimelech schon bald ein populärer Gegenspieler. Doch wurde die Widerstandsbewegung des Gaal niedergekämpft und die Bewohner Sichems getötet.

Die Bewohner von Tebez verfolgten beim Angriff Abimelechs eine ähnliche Strategie, allerdings erfolgreicher: Eine der Frauen stieß einen Mühlstein von den Zinnen des Turmes hinab in die Tiefe. Abimelech wurde von dem Stein getroffen und flehte seinen Diener daraufhin an, ihn von seinen Schmerzen zu erlösen und ihm die Schmach zu ersparen, von einer Frau getötet worden zu sein.

Dieser Vorfall hat die kurze Zeitspanne beendet, während der das Volk Israel damit liebäugelte, sich für ein Königtum als Regierungsform zu entscheiden. Stadtstaaten mit eigenen Königen sind in Kanaan üblich. Doch Israels eigenes Modell eines theokratischen Staatenbundes, der von Israels Gott Jahwe mittels Richtern regiert wird, ist immer noch tief im Volk verwurzelt.

(Richter 9)

Modell einer kanaanitischen Kultstätte (ca. 1100 v. Chr.). Unklar ist, wofür dieses Modell verwendet wurde.

Opfer der Gedankenlosigkeit

Gilead, ca. 1140 v. Chr.

Von Familientragödien heimgesucht wird Jeftah, der militärische Befreier Israels, dem es gelungen ist, die ammonitischen Eindringlinge zurückzudrängen. Aufgrund seiner Abstammung als Sohn einer nicht-israelitischen Prostituierten wurde Jeftah zunächst von seiner Familie verstoßen. Dennoch wurde er von den Männern des Stammes Gilead, dem er angehört, zum Heerführer berufen.

Im Augenblick des Hochgefühls legte Jeftah dabei einen voreiligen Schwur ab: Im Falle eines Sieges werde er das Erste, was ihm bei der Rückkehr in sein Haus entgegenkäme, als Opfer darbringen. Das unschuldige Opfer dieser Gedankenlosigkeit war Jeftahs Tochter, sein einziges Kind.

Solch ein Gelübde ist für einen Israeliten ungewöhnlich, denn das Gesetz Israels verbietet Menschenopfer. Doch auch bei den anderen Stämmen, die Kanaan bewohnen, kommen Menschenopfer verhältnismäßig selten vor. Jeftahs Entschlossenheit, seinen Schwur zu erfüllen, war unerschütterlich. Immerhin gestattete er seiner Tochter, doch noch wenigstens zwei Monate im Kreise ihrer Freunde zu verbringen und sich auf ihren vorzeitigen Tod vorzubereiten.

Dem Sieg Jeftahs über die Ammoniter folgte eine Fehde zwischen den Stämmen Gilead und Ephraim, die durch gegenseitige Beleidigungen entfacht wurde. Dabei metzelte Jeftah 42000 Menschen nieder. Unter den Opfern sollen sich auch Flüchtlinge befunden haben, die angeblich niedergestreckt wurden, nachdem sie einen einfachen Sprachtest nicht bestanden hatten: Jede Person, die wegen ihres Dialekts das Wort »schibbolet« (»Flut«) nicht korrekt aussprechen konnte, wurde von Jeftahs Männern als Mitglied des Stammes Ephraim betrachtet und hingerichtet.

(Richter 10-12)

KURZMELDUNGEN 1150-1100 v. Chr.

Was kommt? (ca. 1139 v. Chr.): Nach dem Tode des großen Pharaos Ramses III. haben führende Kreise Ägyptens die Besorgnis geäußert, dass in Zukunft der Wohlstand und die nationale Sicherheit des Landes nicht mehr gewährleistet seien. Es wird zunehmend wahrscheinlicher, dass die Priesterschaft von Amun das möglicherweise entstehende Machtvakuum füllen wird.

Staubiger Angriff (ca. 1120 v. Chr.): Nebukadnezar I. hat einen erfolgreichen Angriff gegen die Elamiten gestartet. Im Verlauf dieses Angriffs hat Nebukadnezar I. wichtige Archive und die Statue des babylonischen Gottes Marduk zurückerobert. Nebukadnezar stammt von den Siedlern ab, die nach Babylon eingewandert sind, nachdem die Elamiten die Stadt verlassen hatten. Sein Angriff fand mitten im Sommer statt und kam völlig unerwartet. Während der Schlacht wurde der Himmel durch Staubwolken verdunkelt.

Luxus-Bienenstöcke (ca. 1100 v. Chr.): Die traditionellen, bienenstockähnlichen Behausungen der Bewohner Sardiniens, die sogenannten »Nuraghi«, haben sich zu architektonisch anspruchsvollen Bauwerken weiterentwickelt. Der Turm hat die Form eines Kegels, von dem die Spitze abgeschnitten wurde.

Refugium für Totschläger

Die Freistädte zur Zeit der Richter

Kanaan, ca. 1100 v. Chr.
Im jüdischen Gesetz sind Gerechtigkeit und Gnade untrennbar miteinander verbunden. Dies kommt im Gesetz über die Freistädte zum Ausdruck: Sechs Städte, die sich allesamt im Besitz der Leviten (der Priester des Volkes Israel) befinden, sind von Josua als Heiligtümer für Personen bestimmt worden, die einen anderen Menschen unbeabsichtigt getötet haben und zu weit vom Altar des Zentralheiligtums entfernt sind.
Im Gegensatz zum Mörder ist also der Totschläger vor der Rache der Familie des Opfers geschützt, solange er sich in einer dieser Städte aufhält. Das Gesetz schreibt vor, dass das Asyl desjenigen, der einen Totschlag begangen hat, bis zum Tod des zu dieser Zeit amtierenden Hohenpriesters dauern soll.
(Josua 20,1-9; 4. Mose 33,6-34)

Wiedergeburt in Sicht

Tempelruinen, das Meer und zahllose Inseln – das kommt einem in den Sinn, wenn man an Griechenland denkt. Hier der Poseidon-Tempel am Kap Sounion bei Athen.

Griechenland, 1100 v. Chr.
Nach dem Zusammenbruch der großartigen Kultur Mykenes befindet sich Griechenland zur Zeit zwar in einer Periode kulturellen Niedergangs, doch sind schon wieder erste Anzeichen einer Wiedergeburt zu erkennen.
Die verschiedenen Völkerwanderungen in dieser Region während der letzten Jahre haben für die Verbreitung von verschiedenen griechischen Sprachvarianten wie des dorischen, des äolischen und des ionischen Dialektes gesorgt. In Arkadien, Pindar und anderen Gebieten Griechenlands werden weiterhin eine Vielzahl von alten Dialekten gesprochen. Doch in Athen herrscht der attische Dialekt, eine Form des Ionischen, vor. Attika mit der Hauptstadt Athen umfasst ein Gebiet von 2600 Quadratkilometern und ist damit viel größer als die meisten anderen griechischen Staaten.
Mit dem Zusammenbruch der mykenischen Paläste ist die Kunst des Schreibens in Griechenland regelrecht in Vergessenheit geraten. Die Paläste selbst sind nur noch Ruinen. Dennoch gibt es eine Reihe von Anzeichen dafür, dass die Kreativität nicht ausgestorben ist. Als Beispiele seien aus Ton gefertigtes und wundervoll dekoriertes Geschirr genannt sowie die Technik der Eisenverarbeitung.

Krug mit Ausguss in Form eines Greifenkopfs

Heirat gegen die Vorschriften

Zora/Kanaan, ca. 1120 v. Chr.
Die Ankündigung Simsons, des langhaarigen Muskelprotzes aus Zora, dass er sich eine Braut aus dem Volk der Besatzungsmacht der Philister erwählt habe, hat sowohl Simsons Familie als auch den Nachbarn einen schweren Schock versetzt.

Das Gelübde

Die »Gottgeweihten« oder »Nasiräer« geloben, sich für eine bestimmte Zeit aus der Welt zurückzuziehen, um Gott zu dienen. Ihr Gelübde schließt unter anderem die folgenden in 4. Mose 6,2-21 aufgelisteten Punkte ein:

- Völlige Abstinenz, das heißt, vollständiger Verzicht auf den Verzehr von Wein und von Produkten, die Wein enthalten oder aus Wein hergestellt sind.
- Der Verzicht auf den Verzehr von Trauben, Rosinen oder Traubensaft
- Keine Rasur und kein Haarschnitt
- Vermeidung jeglicher Nähe zu oder gar das Berühren von menschlichen Leichen oder Tierkadavern, selbst wenn es sich bei den Verstorbenen um enge Verwandte handeln sollte

Die Rasur des Kopfes und das Verbrennen der abgeschnittenen Haare ist der wichtigste Ritus, durch den das Ende der Gültigkeit eines Gelübdes eines »Gottgeweihten« angezeigt wird. Anschließend folgen Opfergaben, die vor Gott dargebracht werden, sowie ein heiliges Mahl.

Am schlimmsten getroffen sind Simsons Eltern, die stets behauptet haben, dass ihnen der Engel des Herrn die Geburt Simsons vorhergesagt habe. Der Engel teilte ihnen damals mit, dass ihr Sohn, der zu diesem Zeitpunkt noch nicht einmal gezeugt war, zum Dienst für Gott ausersehen sei und dass er die Nation Israel von der Besatzungsmacht befreien würde.

Sein langes Haupthaar und sein Bart sind Folgen eines Gelübdes aufgrund eines religiösen Weiheritus, der schon zur Zeit des Mose eingeführt worden war. Dennoch ist Simson kein typischer »Gottgeweihter«, denn er wurde im Gegensatz zur normalen Praxis bereits vor seiner Geburt zum Dienst für Gott geweiht, und nicht wie üblich für einen beschränkten Zeitraum, sondern lebenslang.

Simson verfügt über ein außergewöhnliches Maß an körperlicher Kraft, daher sehen viele in ihm schon deshalb eine Befreiergestalt. Während seines ersten Besuches in Timna, dem Wohnort seiner Verlobten, riss er mit bloßen Händen einen jungen Löwen in Stücke.

Verdirbt Simson seine guten Anlagen durch eine unüberlegte Ehe? Ganz abgesehen davon, dass es Sache der Eltern und nicht die des Sohnes ist, eine Braut für ihn auszusuchen, so sind Simsons Eltern ganz besonders durch die Tatsache verletzt, dass die Verlobte ihres Sohnes eine Philisterin ist.

(Richter 13,1-14,7)

Simsons Niederlagen waren seiner Schwäche für attraktive Frauen zu »verdanken« (Gemälde von Peter Paul Rubens).

Quiz endet mit Amoklauf

Timna, ca. 1120 v. Chr.
Simson, der als kommender Anführer Israels gehandelt wird, hat in einem Amoklauf 30 Menschen niedergemetzelt, nachdem ihm Philister den Sieg bei einer Wette streitig machen wollten.

Simson war auf dem Weg zu seiner Hochzeit, als er entdeckte, dass ein Bienenschwarm im Kadaver eines zuvor von ihm erlegten Löwen Bienenwaben angelegt hatte. Ungeachtet der Tatsache, dass ihm wegen seines Nasiräergelübdes das Berühren eines Kadavers strengstens verboten war, bediente sich Simson an dem Honig.

Während des in dieser Region üblichen Festes vor der Hochzeit forderte der Israelit seine Gäste zu einer Wette heraus. Er stellte den 30 Philistern, die an seiner Hochzeit teilnahmen, ein Rätsel und setzte ihnen für die Lösung der Aufgabe eine Frist von einer Woche. Bei der Wette ging es um hohen Einsatz, nämlich um 30 Leinengewänder und 30 Anzüge aus Kleiderstoff.

Das Rätsel bezog sich auf den Vorfall mit dem Honig im Löwenkadaver. Auch nach vier Tagen war noch niemand in der Lage, Simsons Frage richtig zu beantworten. Die Philister kochten vor Zorn und zwangen Simsons Frau dazu, die Antwort aus ihm herauszulocken.

In einer Art Amoklauf hat Simson daraufhin 30 Einwohner der Stadt Aschkelon niedergemetzelt und überreichte den Verschwörern die Kleider der Toten als Preis für die gewonnene Wette.

(Richter 14,8-20)

Fuchsschwänze und Eselskiefer-knochen – Rache ist Blutdurst

Land der Philister, ca. 1120 v. Chr.
In einem furchteinflößenden Gewalt-akt hat Simson 1000 Philister eigen-händig erschlagen. Dabei war Simson bei dem Massaker nur mit dem Kie-ferknochen eines Esels bewaffnet.
Dieses Blutbad ist der jüngste Akt in der Auseinandersetzung, die nach dem Motto »wie du mir, so ich dir« zwischen Simson und den Philistern tobt. Die Fehde begann damit, dass Simson seine diese Offerte rundweg ab und heckte einen hinterhältigen Racheplan aus. Er band 300 Füchse paarweise an ih-ren Schwänzen zusammen und befe-stigte eine Fackel im Schwanzknoten. Anschließend ließ er die Tiere in den Feldern der Philister frei. Dieser An-schlag hat in den Feldern der Philister schwere Verwüstungen angerichtet.
Die Vergeltung kam schnell und ließ an Brutalität nichts zu wünschen üb-

Die Blendung des Simson nach einem Gemälde von Rembrandt: »Und die Philister packten ihn und stachen ihm die Augen aus und banden ihn mit ehernen Fesseln.«

eigene Hochzeitsfeier wutentbrannt verließ, und hat sich seitdem ständig verschärft. Die Abwesenheit Simsons kam in den Augen vieler Philister fak-tisch einer Scheidung gleich. Nicht so bei Simson: Dieser kehrte mit Geschen-ken beladen nach Timna zurück. Offen-sichtlich war er noch darum bemüht, den entstandenen Riss zu kitten.
Bei seiner Ankunft musste Simson je-doch feststellen, dass seine Frau in-zwischen mit einem anderen Mann eine zweite Ehe eingegangen war. Die Eltern von Simsons Frau hatten diese mit Simsons Trauzeugen verheiratet. Nun unterbreiteten sie ihrem wutent-brannten ersten Schwiegersohn als Friedensangebot, die jüngere Tochter zur Braut zu nehmen. Simson lehnte rig: Die Philister zogen zum Haus von Simsons Schwiegereltern und steck-ten es in Brand. Dabei fanden Sim-sons Schwiegervater und Simsons Braut in den Flammen den Tod.
Simson versteckte sich zunächst in einer Höhle, die in der Nähe seiner Heimat-stadt liegt. Immerhin war die Truppe, die Simson festnehmen sollte, 1000 Mann stark. Simson ließ sich zunächst mit neu-en Seilen fesseln, entwickelte dann aber solch übernatürliche Kräfte, dass es ihm gelang, seine Fesseln zu sprengen. Er er-griff den Kieferknochen eines kurz zu-vor getöteten Esels, schwang ihn wie die Sense eines Erntearbeiters und schlug damit eine riesige Bresche mitten durch die Reihen seiner Feinde.

(Richter 15)

Kultur-Uhr abgelaufen

Griechenland, ca. 1120 v. Chr.
Die Paläste und Zitadellen in Myke-ne, Pylos und Theben sind allesamt zerstört und die Könige dieser Städte auf dem Schlachtfeld gefallen. Die mykenische Kultur ist am Ende.
Viele nehmen an, dass die sogenann-ten »Söhne des Herakles« für den Untergang der mykenischen Zivilisa-tion verantwortlich sind. Diese rauh-beinigen, griechisch sprechenden Do-rer aus dem Norden nehmen für sich in Anspruch, von Herakles selbst ab-zustammen. Sie behaupten auch, dass das Land von Rechts wegen ihnen zu-stehe.
Der Angriff der Söhne des Herakles auf Mykene kam nicht unerwartet. Während der letzten Jahrzehnte hat-ten die Bewohner von Mykene ihre Befestigungsanlagen verstärkt und Schutzmauern errichtet, die sich quer über den Isthmus von Korinth er-streckten. Doch trotz der dicken Mau-ern fielen alle vier Zitadellen wie Streichholzburgen.
Die Zerstörung der Festungsanlagen bedeutet das Ende einer einst blühen-den Kultur, deren Untergang schon vor Jahrhunderten eingeläutet wurde. Gerüchte über Mordanschläge inner-halb der königlichen Familie und Un-ruhen, die in den unteren Gesell-schaftsschichten ausgebrochen waren, verstärkten die ohnehin schon vorhan-dene allgemeine Schwächung des Staa-tes und den Zusammenbruch von Ge-setz und Ordnung noch, die schon zu-vor viele Bewohner Mykenes zur Aus-wanderung getrieben hatten. Einige Überlebende der Katastrophe sind je-doch inzwischen klammheimlich in die zerstörten Paläste zurückgekehrt.
Die kulturellen Leistungen der Dorer halten keinem Vergleich mit der Kul-tur Mykenes stand. Abgesehen von Schwertern aus Eisen und langen Bronzenadeln zum Feststecken von Kleidungsstücken haben die Dorer bisher kaum etwas dazu beigetragen, die Lebensqualität der Weltbevölke-rung zu verbessern.

ca. 1110-1100 v. Chr.

Liebe macht blind

Gaza, 1110 v. Chr.
Simson, der israelitische Richter mit der Kraft eines Riesen, ist so gestorben, wie er gelebt hat. Kompromittiert durch seine moralische Schwäche, blind und hilflos, hat er den Spieß umgedreht und seine philistinischen Folterer und sich selbst in einer letzten, spektakulären Kraftanstrengung vernichtet.

Der Bacchus-Tempel in Baalbek. Simson zerstörte einen ähnlichen Tempel.

Es geschah nicht zum ersten Mal, dass eine Frau ihm zum Verhängnis wurde. Obwohl Simson schon zwanzig Jahre Israels Richter war, zeigte er sich immer noch für weibliche Reize empfänglich. Auf seinem Weg durch den Südteil der Stadt Gaza ging er zu einer Prostituierten und ließ dabei völlig außer Acht, dass jeder ihn aufgrund seiner langen Haare und seines Körperbaus sofort erkennen musste.
Wie zu erwarten war, legten ihm die Einwohner von Gaza am Stadttor einen Hinterhalt. Er aber überrumpelte sie, indem er die Stadt bereits vor dem Morgen verließ und dazu einfach die Stadttore aushob und auf seinen Schultern davontrug.

Viele haben bereits versucht, das Geheimnis von Simsons Stärke zu entdekken. Allein seine ewige Schwäche für Frauen brachte ihn dazu, das Geheimnis schließlich zu verraten. Er verliebte sich in Delila, eine Philisterin. Natürlich sahen die Philister hier eine günstige Gelegenheit und überredeten Delila zu einer Intrige. Er sollte das Geheimnis seiner Kraft verraten. Simson gelang es dreimal, Delila zu täuschen, aber dann wurde er schwach. »Meine Haare geben mir Kraft«, gab er schließlich zu.
In jener Nacht weckte Delila Simson mit dem Ruf: »Die Philister greifen an!« Unbesorgt sprang er auf, da er darauf vertraute, dass seine Stärke ihn vor jeder Bedrohung schützen würde. Aber er musste feststellen, dass das Haus von Philistern umstellt und sein Kopf kahl geschoren war. Seine Stärke hatte ihn verlassen und der Geist Jahwes war von ihm gewichen. Die Philister blendeten ihn und warfen ihn ins Gefängnis, wo er Sklavenarbeiten verrichten musste.
Doch die Tragödie sollte sich noch in einen Triumph verwandeln, denn in dem düsteren Gefängnis bemerkte niemand, dass Simsons Haare nachwuchsen. Als die Philister ihn nun einige Zeit später aus seiner Zelle holten, weil sie ihn auf einem Festgelage zu Ehren ihres Gottes Dagon unterhalten sollte, wurde dem blinden und in Ketten gelegten Simson seine Bitte gewährt, sich gegen die Tempelsäulen lehnen zu dürfen.
Seine geschwundenen Muskeln bäumten sich noch einmal in ihrer alten Kraft auf, und so war es für ihn das Werk eines Augenblicks, die Säulen aus ihren Fundamenten zu heben und den Tempel über der Menge zusammenstürzen zu lassen. Schätzungen belaufen sich auf weit mehr als eintausend Tote, unter ihnen auch Simson.

(Richter 16)

Alte Götter in Palästina
Die Philister brachten wahrscheinlich ihre eigenen Götter mit nach Palästina, wo diese dann mit der in dieser Region bereits vorhandenen kanaanitischen Religion verschmolzen. Die einzigen verfügbaren Informationen über die Religion der Philister sind in den Texten der Bibel überliefert, wogegen die Gottheiten der Kanaaniter in den zeitgenössischen Schriften häufig erwähnt werden.

Dagon (Dagan)
Dagon, der in ganz Mesopotamien seit der Mitte des dritten Jahrtausends v.Chr. verehrt wird, ist der Hauptgott der Philister; das Zentrum der Dagon-Verehrung ist Gaza. Die Israeliten nennen ihn auch Dagan (›Korn‹), was bedeuten könnte, dass eine Verbindung zwischen ihm und den Göttern des Wachstums und des Korns besteht, aber seine genaue Identität ist nicht völlig geklärt. Verschiedene Orts- und Personennamen in dieser Region erinnern an ihn.

Aschera
Die Muttergöttin der Philister vereinigt in sich Elemente von Fruchtbarkeit, Liebe und Krieg. Sie wird im gesamten Nahen Osten verehrt. Darstellungen von nackten Frauen gibt es an vielen Orten und eine große Anzahl von ihnen sind Abbilder von Aschera. Die Verehrung von Aschera ist ein Brauch, der orgiastische Ausschweifungen zur Folge hat. Sie übte eine starke Anziehungskraft auf die Israeliten in Kanaan aus, wo die Aschera-Verehrung weit verbreitet war.

Baal
Der Name ›Baal‹ hat unter den Israeliten gelegentlich für Verwirrung gesorgt, da er »Herr« oder »Ehemann« bedeutet und in diesem Sinne manchmal in guter Absicht auf Jahwe übertragen wurde. Die einheimische kanaanitische Kultur ist die Kulisse für blühende Baal-Kulte, in deren Mittelpunkt der Sturmgott Hadad steht, der von seinen Verehrern auch ›Baal‹ genannt wird. Baal, auch als Sohn Dagons und Gefährte der Aschera bezeichnet, ist ein Symbol der Fruchtbarkeit und triumphiert über den Tod und das Meer. Er gilt als die größte der kanaanitischen Gottheiten.

96

Mehr Komfort im Eigenheim

Rekonstruiertes altisraelisches Haus, Erez-Israel-Museum, Tel Aviv

Kanaan, 1100 v. Chr.
Nach Jahrzehnten der Genügsamkeit bauen sich die Stämme Israels endlich bequeme Häuser.
In den ersten Jahren ihrer Eroberungen war ein gehobener Lebensstil für sie nicht von vorrangiger Bedeutung. Viele Familien lebten zusammengedrängt in den Überresten der von ihnen eroberten befestigten Hügelstädte Kanaans, und oft teilten sie die Wohnstätte mit ihren Schafen und Ziegen.

Einigen Israeliten fiel es schwer, sich von einem nomadischen Leben in der Wüste auf das Stadtleben umzustellen, sie zogen Zelte am Rande der Stadt vor. Tatsächlich sahen auch die ersten Häuser der Israeliten – rund mit einem Dach wie ein Bienenkorb – eher wie Zelte aus.
Die Häuser von heute sind quadratisch und ihr einziger Eingang zeigt nach Norden. Sie haben nur wenige Fenster, so dass es innen auch am Tage kühl bleibt. Jedes Haus hat einen kleinen Hof. Daher müssen die Israeliten nicht länger zusammen mit ihren Tieren in einem Raum leben.
Verbesserungen sind aber immer noch möglich. Die Häuser sind aus Schlamm gebaut (diese Fertigkeit erlernten die Israeliten als Sklaven in Ägypten), meist undicht und sehr klein. Zum Glück ist das Klima mild, da sich die meisten Aktivitäten des Tages im Hof abspielen. Andererseits kann die Nutzfläche dieser Häuser leicht erweitert werden: Das flache Lehmdach ist so stabil, dass es einen Aufenthalt während der Sommermonate aushält, wobei eine einfache Leiter als Treppe dient.

Geographisch oben – moralisch unten

Lajisch (Dan), 1110 v. Chr.
Israeliten des Stammes Dan haben diese Stadt im Norden Kanaans eingenommen und ihr den Namen ihres Vorfahren gegeben. Die Entfernung zu anderen Städten und damit zu möglicher Hilfe ist allerdings groß. Sie ist der bisher nördlichste Punkt auf dem Eroberungszug der Stämme Israels.
Die Daniter, die auch nach ihrem Einzug in Kanaan ihr teilweise nomadisches Leben nicht ganz aufgegeben haben, sind laute, ungehobelte Menschen. Ihr Motto scheint zu lauten: »Wer wagt, gewinnt«. Auf ihrem Erkundungszug durch die Region beschlagnahmte die Vorhut die Hausgötzen eines reichen Mannes namens Micha und »überredete« dessen Privatpriester zur Durchführung ihrer religiösen Rituale.
Aus dieser Aggression sowie der Tatsache, dass der silberne Altar, der zwar Jahwe geweiht ist, aber trotzdem gegen das israelitische Gesetz verstößt, kann man schließen, dass die Israeliten trotz einer Reihe von gottesfürchtigen Richtern, welche sie aus den geistigen und militärischen Abgründen geführt haben, immer noch weit von den Idealen entfernt sind, die ihnen ihr erster Führer Mose vorgegeben hat.
(Richter 17 und 18)

Israel gerät ins Schleudern

Kanaan, 1100 v. Chr.
Eine neue Waffe verändert den Schlachtenablauf. In den Händen von geschickten Schützen ist die »Schleuder« eine zielgenaue und mächtige Waffe. Geschosse mit einem Gewicht von bis zu 450 Gramm können eine Geschwindigkeit von 140 km/h erreichen.
Die Waffe besteht aus einer Lederschlaufe, deren Mitte so ausgeformt ist, dass sie das Geschoss, in der Regel ein runder oder eiförmiger Stein, hal-

Junger Mann mit Schleuder

ten kann. Der Schütze hält die Enden der Schlaufe in der linken Hand, schleudert sie über seinem Kopf und lässt dann ein Ende los, wodurch der Stein in Richtung Ziel fliegt.
Unter den israelitischen Streitkräften genießen die Benjaminiter einen besonderen Ruf als Schleuderer.
(Richter 20,16)

ca. 1110-1100 v.Chr.

Tödlicher Schlag gegen Gemeinschaft unabhängiger Staaten

China, 1110 v.Chr.

Wu-Wang aus dem Königreich Zhou hat die Shang-Dynastie gestürzt. Diese Verbindung aus mehr oder weniger unabhängigen Staaten war im Verlauf der letzten Jahre zunehmend schwächer geworden.

Bronzene Standfigur aus Szechuan, 2,60 m hoch (ca. 1100 v.Chr)

Die besiegten Staaten stellen immer noch einen nicht zu unterschätzenden Machtfaktor dar, weil die von den Zhou-Herrschern aus ihrer Hauptstadt in der Nähe von Sian ausgehende Kontrolle nicht sehr stark ist. Sie wollen die lockere Feudalstruktur der Shang-Dynastie straffen, aber bereits jetzt versuchen einige Städte sich abzusetzen. Ein besonders großer Druck geht von den nomadischen Stämmen im Norden und Nordwesten aus.

Die Zhou brauchten drei Generationen, um die Shang zu besiegen. Wu-Wangs Großvater hat sie zur stärksten Macht westlich der Shang gemacht, die bereits durch interne Auseinandersetzungen und moralischen Verfall geschwächt waren.

Die Dächer eines alten buddhistischen Tempels in Szechuan zeigen, dass die Architektur sich über Jahrtausende hinweg wenig verändert hat.

Der Volksglaube besagt, dass die erste große Dynastie vor 1200 Jahren von Yu gegründet wurde, dem Noah Chinas, der die Fluten versiegen ließ, um das Land bewohnbar zu machen. Die Shang übernahmen die Macht im vor etwa 400 Jahren und stellten 30 Könige. Sie leisteten einen beträchtlichen Beitrag zur Entwicklung der chinesischen Kultur.

Sie waren begabte Menschen, die in großen Häusern lebten. Ihre Wirtschaft basierte auf einer hoch entwickelten Landwirtschaft und Kaurimuscheln dienten als Zahlungsmittel. Die Shang hatten Begabung für die Jade- und Bronzebearbeitung und fertigten nicht nur feine Ornamente, sondern auch prachtvolle Urnen.

Die Zhou betrachten sich selbst eher als Bewahrer denn als Erneuerer und haben bereitwillig viele der Errungenschaften der Shang übernommen.

Ein bronzenes Opfergefäß aus China mit naturalistischer Darstellung von zwei Widdern (1200 v.Chr.). Derartige naturgetreue Darstellungen sind für China eigentlich ungewöhnlich.

Filet für den Gottesmann

Silo, 1100 v.Chr.

Die ruchlosen Söhne eines älteren und gottesfürchtigen Priesters schnappen sich bei den von den Gläubigen dargebrachten Opfergaben die Filetstücke und machen die Kultdienerinnen zu ihren persönlichen Prostituierten.

Von jeher haben die Priester einen Anspruch auf einen Teil des Fleisches der Opfergaben. Aber die Söhne Elis haben dieses Privileg missbraucht, indem sie die besten Stücke für sich selbst beanspruchen, bevor das Opfer Jahwe dargebracht wird.

Ein derartiger Sittenverfall erinnert an die kanaanitischen Kultreligionen, die die Israeliten eigentlich ausgerottet haben sollten. Der Vater Eli ist machtlos und kann nichts gegen seine missratenen Söhne tun. Ein Prophet hat bereits einen Fluch über sie und ihre Nachfahren gesprochen und vorhergesagt, dass beide Söhne zur gleichen Zeit sterben werden. Aber auch das änderte nichts.

(1. Samuel 2,12-36)

Hohe Zeit für Uhren und Kalender

Ägypten, 1100 v. Chr.

Die Ägypter haben einen Text verfasst, der für jeden Monat die Stunden des Tageslichts und die der Dunkelheit nennt. Jeder Tag hat immer 24 Stunden, aber da die Aufteilung zwischen Tageslicht und Dunkelheit je nach Jahreszeit unterschiedlich ist, haben die Stunden nicht dieselbe Länge.

Sternenuhrtabellen gab es schon vor etwa 1000 Jahren. Ein Kalender mit zwölf Monaten wurde in 36 Wochen à zehn Tage plus fünf Zusatztage unterteilt. Es wurden diejenigen Sterne oder Konstellationen ausgesucht, die jeweils am ersten Tag jeder Woche kurz vor Sonnenaufgang erschienen. So konnte durch die Beobachtung der Sterne und den Vergleich mit der Tabelle die Zeit in der Nacht berechnet werden.

Dann kamen die Sonnenuhren. Ein nach Osten ausgerichteter Sockel hatte vier Markierungen und an einem Ende eine Stange. Mit dem Lauf der Sonne verkürzte sich der Schatten der Stange, bewegte sich über die Markierungen und teilte so den Tag in vier Abschnitte.

Wasseruhren wurden erfunden, damit die Menschen die Zeit auch während der Stunden der Dunkelheit bestimmen konnten. Ein Gefäß wurde bei Einbruch der Dunkelheit mit Wasser gefüllt, das dann aus einem kleinen Loch heraustropfte. Messzeichen an der Innenseite des Gefäßes zeigten an, wie viele Teile der Nacht vergangen waren. Die Nacht wurde, egal wie lang sie war, in zwölf gleiche Abschnitte unterteilt und jeder der zwölf Mondmonate hatte eine eigene Skala.

Bürgerkrieg nach Gruppenvergewaltigung

Gibea, 1110 v. Chr.

Während eines kurzen aber heftigen Bürgerkrieges zwischen den israelitischen Stämmen haben wahrscheinlich bis zu 65000 Soldaten ihr Leben verloren, zahlreiche Städte wurden zerstört und ihre zivile Bevölkerung dahingemetzelt. Die Kampfhandlungen wurden durch eine die Nation erschütternde Nachricht über eine Gruppenvergewaltigung ausgelöst.

Ein reisender Levit und seine Nebenfrau hatten in Gibea, einer Siedlung des Stammes der Benjaminiter im Süden Kanaans, eine Unterkunft für die Nacht gefunden. Eine Gruppe gewissenloser Rowdys hämmerte an die Tür und verlangte homosexuelle Handlungen von dem Besucher. Er bot ihnen seine weibliche Begleitung als Ersatz an, die daraufhin wiederholt vergewaltigt und schließlich getötet wurde.

Untröstlich und erschüttert schnitt der Levit ihren Körper in 12 Stücke und schickte diese grausigen Überreste an die zwölf Stammesführer Israels.

Die ersten Angriffe gegen die Benjaminiter wurden zurückgeschlagen und ca. 40000 Israeliten getötet. Durch einen Hinterhalt wendete sich das Blatt, 25000 Benjaminiter wurden getötet und ihr Stamm unterworfen.

Damit wurde auch die Uneinigkeit unter den Stämmen beigelegt. Sie waren sich einig, dass die Benjaminiter als Stamm weiter bestehen durften. Eine Streitmacht wurde nach Jabesch in Gilead entsandt, da der Stamm Gilead die Allianz nicht unterstützt hatte. Alle seine Jungfrauen wurden als Ehefrauen für die Überlebenden entführt, um den Fortbestand des Stammes Benjamin zu sichern. Auch aus Silo wurden Frauen ohne weiteres Blutvergießen entführt.

(Richter 19-21)

Diese Stele zeigt zwei Priester, Vater und Sohn, in einer feierlichen Weihehandlung, die im Detail auf der Stele aufgezeichnet ist.

Grausame Assyrer

Assyrien, 1100 v. Chr.

Tiglat-Pileser I., König von Assyrien, ist in eine bewaffnete Auseinandersetzung mit den Ahlamu, einem Stamm semitischer Barbaren, verwickelt.

Sie kommen aus den Steppen östlich des Euphrat und werden auch Aramäer genannt. Sie haben beträchtliche Teile Syriens erobert und in Babylon herrscht ein aramäischer König. Ihre Sprache ist bereits weit verbreitet.

Tiglat-Pileser hat auch Schlachten gegen die Muski und die Gasga geführt, Stämme, die sich seit dem Fall der Hetiter über Zentral-Anatolien ausgebreitet haben. Sie kontrollieren die alten Handelsrouten und Furten.

Tiglat-Pileser herrscht seit zwölf Jahren mit extremer Brutalität über Assyrien, das seinen früheren Ruhm wiedererlangt hat.

Die grausamen Bestrafungen von Gesetzesbrechern sind berüchtigt. Ohren, Finger oder Lippen werden amputiert, der Verbrecher kastriert oder sein Gesicht mit kochendem Teer überzogen. Die Assyrer kontrollieren die Eisenerzvorkommen in Kleinasien. Ihre Kriegsmaschinerie mit Streitwagen, Infanterie und schwer gepanzerten Sturmtruppen ist beispiellos.

Ein Nebenprodukt sind die hochentwickelten Pflüge der Assyrer, die typisch sind für ihre fortschrittliche Landwirtschaft.

Früh übt sich, was ein Richter werden will

Rama, 1070 v. Chr.
Zum ersten Mal seit Jahrzehnten haben die Israeliten eine oberste Autorität, an die sie sich bei Streitigkeiten wenden können. Im Gegensatz zu seinen Vorgängern ist Samuel jedoch kein militärischer Befehlshaber. Der Wanderrichter, dessen Wort in Israel Gesetz ist, hatte schon als Kind enge Verbindung zu seinem Gott Jahwe.

Im Grunde seines Wesens ist Samuel ein Mann des Friedens. Er verfügt über die Gabe der Prophetie und gibt Jahwes Mitteilungen an das Volk weiter. Diese Fähigkeit erlernte er als Kind in der vielleicht härtesten Prüfung seines Lebens.

Er wurde von seiner Mutter dem Dienste im Heiligtum geweiht, da sie seine Geburt für eine Antwort Gottes auf ihre Gebete hielt. Samuel behauptet, dass Jahwe ihn eines Nachts, als er noch im Dienste des Priesters Eli stand, mit Namen rief. Zuerst dachte er, es wäre Eli, und ging zu dem alten Mann, der jedoch annahm, dass der Junge träumte. Als dies aber zum dritten Mal geschah, riet er Samuel, mit folgenden Worten zu antworten: »Rede, Herr, denn dein Knecht hört.«

Als Samuel diese Worte sprach, wurde ihm mitgeteilt, dass er den Priester im Namen Jahwes warnen sollte: Jahwe war nicht erfreut darüber, dass Eli seine gesetzlosen Söhne nicht kontrollieren konnte, die ihre Position als Priester missbrauchten. Eli glaubte den Worten Samuels. Der Junge bekam keine Prügel dafür, dass er Dinge phantasiere, die dem priesterlichen Haus zudem noch zum Schaden gereichen.

Inzwischen ist Samuel zu seiner Familie nach Rama zurückgekehrt. Er macht seine Runde, um in den Städten der Israeliten Gericht zu halten. Diese Runde führt durch »heilige« Orte von Bethel über Gilgal nach Mizpa. Samuel spricht auch in Rama Recht, wo er Jahwe einen Altar errichtet hat.

(1. Samuel 1-3; vgl. 7,15-17)

Viel mehr als ein Talisman

Kirjat-Jearim, 1060 v. Chr.
Die Bundeslade ist wieder nach Israel zurückgekehrt. Im ganzen Land ist eine große Erleichterung zu spüren. Die heilige Truhe, in der die Zeichen des Bundes Israels mit Jahwe und die

Die Bundeslade, Steinarbeit aus Kapernaum, 1. Jahrhundert n. Chr.

Gesetzestafeln aufbewahrt werden, war von philistäischen Plünderern gestohlen worden. Sie ist der wertvollste Besitz des Volkes.

Sie symbolisiert den Alten Bund, der zwischen dem Volk und Gott geschlossen wurde, und bezeichnet den Ort, an dem die sündigen Menschen mit dem gerechten Gott zusammentreffen; sie ist das Zeichen der Gegenwart Jahwes und der Siege, die die Israeliten aus ihren Schlachten davontragen.

Diese verehrte Reliquie ging verloren, so sagen einige, weil sie wie ein Glücksbringer behandelt wurde. Nach der Niederlage gegen die Philister hatten die Ältesten Israels beschlossen, die Lade mit den Soldaten in die Schlacht zu schicken. Hofni und Pinhas brachten sie ins Lager, wo sie mit verzückter Begeisterung empfangen wurde.

Der Aufruhr im israelitischen Lager spornte jedoch die verängstigten Philister unerwarteterweise zu neuen Anstrengungen an. Sie metzelten die israelitische Infanterie nieder, erbeuteten die Lade und töteten die Priester Pinhas und Hofni. Als ihr Vater Eli das hörte, brach er zusammen und starb.

Dieses Schicksal war den Priestern vor einigen Jahren von Israels Richter Samuel als Strafe für ihr lasterhaftes Leben vorhergesagt worden.

Die Philister brachten ihre Beute nach Aschdod, mussten aber bald feststellen, dass sie ihnen nur Ärger bereitete. Die Lade wurde im Tempel des Gottes Dagon aufbewahrt und prompt lag am nächsten Morgen die Statue des Gottes auf der Nase. Als dies zum zweiten Mal passierte, brachten sie die Lade nach Gat, aber dort wurde die Bevölkerung plötzlich von Geschwüren befallen. Der allgemein verbreitete Glaube, dass der Gott Israels den Diebstahl der Lade rächte, verwandelte sich in Panik, als die Lade nach Ekron gebracht wurde und die Krankheit dort ebenfalls ausbrach.

Sieben Monate nach dem Diebstahl wurden die Einwohner der Stadt Bet-Schemesch in Juda von einer großen Abordnung philistinischer Würdenträger überrascht. Diese überreichten die Lade, die mit Geschenken der Versöhnung in Form von goldenen Abbildern der von ihnen erlittenen Seuchen gefüllt war.

Trotz der Kapitulation der Philister wurden den Israeliten durch diese Ereignisse harte Lektionen erteilt. Die Dankopfer in Bet-Schemesch wurden von dem Tod von ca. 70 Einwohnern überschattet, die ihre Neugier nicht bezähmen konnten und die Lade wie eine faszinierende Kuriosität behandelten. Wie die Philister stellten die Einwohner von Bet-Schemesch fest, dass die Lade keine Touristenattraktion war und brachten sie zum Hause Abinadabs in Kirjat-Jearim. Es liegt ca. 24 km weiter nördlich, und dort konnten angemessene Vorkehrungen für ihre sichere Verwahrung getroffen werden. Eleasar, der Sohn Abinadabs, wurde zum Wächter des heiligen Schatzes geweiht.

(1. Samuel 4,1-7,1)

Religiöse Umkehr lehrt Feinden das Fürchten

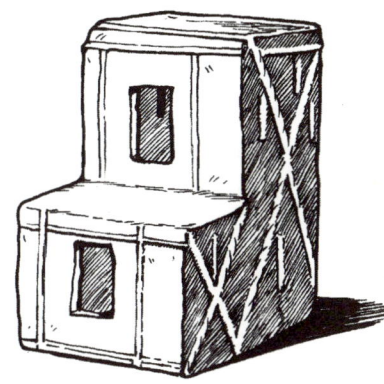

Rama, 1050 v. Chr.

Besucht man heutzutage eine durchschnittliche israelitische Gemeinschaft, so wird man feststellen, dass unter der Bevölkerung eine Veränderung stattgefunden hat. Das Volk hat sich Jahwe wieder zugewandt.

In einer landesweiten Aktion hat Samuel dazu aufgerufen, alle Spuren fremder Religionen im Land auszulöschen, und das Volk ist ihm dabei bedingungslos gefolgt.

Religionsexperten haben prompt darauf hingewiesen, dass Israels Abwendung von Jahwe nur Unglück brachte; aber nun, da es Jahwe wieder folgt, hat das Volk wieder seinen Segen.

So wurde z.B. in Mizpa der Ablauf einer Zeremonie nationaler Bekehrung und Weihe durch einen Überfall der Philister bedroht. Aber nach inbrünstigen Gebeten und der Darbringung eines Brandopfers stürzte ein plötzlich hereinbrechendes Gewitter die Philister in Verwirrung. Zum ersten Mal seit vielen Jahren konnten die Israeliten sie in die Flucht schlagen.

(1. Samuel 7,2-12)

Diese Häusermodelle aus getrocknetem Lehm wurden in Syrien gefunden und stammen aus der Zeit um ca. 1000 v. Chr. Sie dienten als Hausaltäre und spiegeln die Architektur dieser Zeit wider.

In eisernem Griff

Kanaan, 1040 v. Chr.

Durch das Eisenmonopol der Philister befindet sich die Kriegsmaschinerie Israels deutlich im Nachteil. Die Philister haben den unschätzbaren Vorteil ihrer eisernen Streitwagen, wogegen Sauls Infanterie noch nicht einmal über Schwerter und Spieße verfügt. Die einzigen Waffen dieser Art in der gesamten Armee gehören Saul und Jonatan.

Das Schmiedehandwerk ist in Israel aufgrund einer geplanten Strategie der Philister unbekannt, die dadurch ihr Monopol schützen und andere Nationen daran hindern wollen, sich zu bewaffnen. Aus demselben Grund verlangen sie Wucherpreise für das Schärfen eisenbeschlagener Geräte.

(1. Samuel 13,16-27)

Vox populi – Vox Dei?

Rama, 1050 v. Chr.

Der Wunsch der Bevölkerung nach einer zentralisierten Monarchie ist in Israel so stark geworden, dass eine Delegation von Stammesführern Samuel diesbezüglich ein offizielles Ersuchen vorgelegt hat. »Das hatten wir doch schon einmal«, merken Kenner der Geschichte Israels nicht zu Unrecht auf.

Samuel ist schon alt und hat seine Söhne als seine Nachfolger im Richteramt benannt. Aber so wie schon Eli vor ihm muss auch er erleben, dass seine Söhne verdorben sind und Jahwe nicht verehren.

Selbsternannte Propheten mit Geschichtsbewusstsein erinnern an die schlechten Zeiten, als Israel keine zentrale Führung hatte. Einige von ihnen meinen auch, dass von einem König geführte Länder in Schlachten erfolgreicher sind.

Für Samuel ist dieses Ersuchen eine Zurückweisung von allem, was er für das Volk getan hat. Noch mehr betrübt ihn, dass das Volk Jahwe als König und Führer ablehnt und ihm einen menschlichen König vorzieht.

Er hat den Ältesten die Warnung Gottes übermittelt, dass ein menschlicher König streng regieren und sein Volk unterdrücken wird.

Aber sie wollen nicht auf ihn hören. Jahwe scheint jedoch für diese Forderung Verständnis zu haben, obwohl dadurch offensichtlich die Theokratie abgelehnt wird und somit der Staat, der durch religiöse Einigkeit regiert wird, zu zerfallen droht. Einem Gerücht zufolge hat er Samuel dazu ermächtigt, einen König zu ernennen.

(1. Samuel 8)

KURZMELDUNGEN 1150-1100 v. Chr.

Pest verhindert Rache (1105 v. Chr.): Bei einem Versuch, die Plünderung Babylons durch die Elamiter vor gut einem halben Jahrhundert zu rächen, hat Nebukadnezar aus Babylon einen Angriff gegen Elam mit für ihn katastrophalen Folgen geführt. Seine Truppen wurden von der Pest befallen und in ihrer panikartigen Flucht hätten sie ihn beinahe getötet.

Krokodil mit Schleife (1100 v. Chr.): Tiglat-Pileser hat die Herrschaft Assyriens bis in den Libanon hinein ausgedehnt. Als er dort eintraf, sandte ihm der König Ägyptens ein Krokodil als Geschenk – es bleibt unklar, ob es sich dabei um eine verschleierte Warnung handeln könnte, weiter nach Süden vorzudringen.

Gute Figur (1100 v. Chr.) Dekorative Skulpturen werden in China produziert: Darstellungen von Menschen und Tieren als Säulenfundamente sowie kleine Tierfiguren und Menschenköpfe.

Umsiedlung (1100 v. Chr.): 2000 Libyer sind gefangen genommen worden und ihnen wird nun die ägyptische Sprache aufgezwungen. Kriegsgefangene werden in der Regel in der Heimat derer angesiedelt, die sie gefangen genommen haben, wo sie dann mit der Zeit die vollen Rechte eines Staatsbürgers erwerben können.

Kannibalismus (1083 v. Chr.): Eine furchtbare Hungersnot hat Babylon heimgesucht. Die Menschen in den Städten essen schon Menschenfleisch und es wird berichtet, dass König Marduk-nadin-ahhe verschwunden ist.

Königsherrschaft im Lotto gewonnen

Mizpa, 1045 v. Chr.

Sollten die Israeliten jemals einen Sängerwettstreit veranstalten, so könnten sie diesen kaum spannender gestalten, als es die erste Wahl ihres Königs war. Es würde ihnen auch schwer fallen, einen ahnungsloseren Kandidaten zu finden.

Der Erfolgreiche ist jedoch einer der beeindruckendsten jungen Israeliten seiner Generation: Saul, Sohn des Kisch, überragt alle anderen um wenigstens einen Kopf.

Saul, dessen Interesse an den nationalen und geistigen Problemen des Landes so oberflächlich war, dass er noch nicht einmal wusste, wer der Richter Samuel war, befand sich in der Nähe von Rama auf der Suche nach ein paar Eselinnen, die sich von der Herde seines Vaters entfernt hatten. Sein Diener schlug vor, den Seher des Ortes – Samuel – zu befragen.

Samuel erwartete ihn bereits, da Jahwe ihm die Ankunft eines Mannes angekündigt hatte, der der König Israels werden sollte. Samuel überzeugte den widerstrebenden Saul davon, dass Gott ihn zum Führer seines Volkes erwählt hatte, und salbte ihn mit Öl. Er sagte Ereignisse voraus, die Samuels Behauptungen bestätigen würden, und prophezeite auch, dass der Geist Gottes ihn zu einem anderen Menschen machen würde.

Saul kehrte nach Hause zurück, aber er erzählte seinem Vater nichts von diesen Ereignissen. Und dann begann das Drama erst richtig. Auf einer nationalen Versammlung bediente sich Samuel Israels althergebrachter Methode zur Bestimmung von Jahwes Wahl – das religiöse Los.

Die Königssuche wurde zu einer nationalen Lotterie. Nach und nach schieden die Stämme und dann die Geschlechter und Familien aus, bis das Los schließlich auf Saul fiel – aber dieser hatte sich vor lauter Angst beim Tross versteckt.

Die Popularität der Wahl und das Gefühl der nationalen Einheit, von dem die Ernennung begleitet wurde, sind ein gutes Omen für den Beginn eines neuen Abschnitts der Geschichte Israels.

Auch heute sind Esel als Lasttiere sehr beliebt. Hier reitet ein Araber in der Nähe von Rama.

Saul ist inzwischen wieder heimgekehrt nach Gibea. Er wird keinen Hofstaat begründen, sondern so auf die Bedürfnisse seines Volkes reagieren wie vor ihm schon die Richter.

(1. Samuel 9 und 10)

Salz für britischen Rindfleisch-Boom

Britannien, 1050 v. Chr.

Die Notwendigkeit, Nahrungsmittel besser zu konservieren, hat zu der Gründung einer Salzgewinnungsanlage bei Walton-on-the-Naze in Essex geführt.

Das Meerwasser verdunstet in großen, offenen Pfannen, und das verbleibende konzentrierte Salzwasser wird durch Kochen in primitiven Gefäßen weiter reduziert. Wie alle in diesem Verfahren verwendeten Gegenstände sind auch diese Gefäße aus Ton. Dieser neue Industriezweig benötigt warmes Wetter für die Verdunstung und kann daher nur im Sommer betrieben werden.

In Britannien ist die Rinderzucht eine Wachstumsbranche. Das Salz wird zur Haltbarmachung des Fleisches benötigt.

Klare Verhältnisse

Gilgal, 1040 v. Chr.

Sauls Herrschaft als König ist durch einen spektakulären militärischen Sieg gefestigt worden, als er die Gileaditer von der Belagerung der Ammoniter befreite.

Auf einer nationalen Versammlung in Gilgal, auf der der alte Richter und Prophet Samuel Saul die alleinige Führung übertrug, äußerte dieser gleichzeitig eine ernste Warnung. Er erinnerte das Volk an seine eigenen makellosen Leistungen als ihr Führer und an ihre nationale Geschichte als auserwähltes Volk Jahwes. Sie hatten den soeben gekrönten König gewählt, obwohl das nicht in der Absicht Jahwes lag. Dies könnte sich zum Nachteil kehren, sprach er.

Er warnte sie vor der Macht Gottes, Ungehorsam zu bestrafen, und lieferte den Beweis dafür: Er bat Jahwe um Donner und Regen, woraufhin das Wetter sich schlagartig änderte. Angesichts des Gewitters in der trockenen Erntezeit erkannte das Volk, dass es mit seiner Forderung nach einem König gesündigt hatte, und flehte Samuel an, sich für sie bei Gott einzusetzen.

Der alte Prophet versicherte ihnen, dass Jahwe trotz ihres irregeleiteten Wunsches nach einem König sein eigenes Volk nicht verstoßen würde, solange sie versprachen, Jahwe zu dienen und ihm zu gehorchen.

Während dieser mit einer Erneuerung des Bundes vergleichbaren Zeremonie wurden religiöse Dankopfer dargebracht.

(1. Samuel 11 und 12)

Die Jesreel-Ebene vom Gilboa-Gebirge aus gesehen

Hände weg von meinem Job!

Gibea, ca. 1030 v. Chr.
Sauls Ruf befindet sich auf einem noch nie dagewesenen Tiefpunkt, seit er Samuel in dessen Abwesenheit bei einer religiösen Zeremonie vertrat. Saul rechtfertigte sich damit, dies sei aus nackter Angst geschehen. Samuel legte dies als klaren Fall von Amtsanmaßung aus.

Vorausgegangen war eine Schlacht gegen die Philister. Angeführt von Sauls Sohn Jonatan hatte Israel die Initiative ergriffen und den Außenposten der Philister bei Geba angegriffen, das in dem rauhen Land nördlich von Jerusalem lag und ideal war für Guerillataktiken. Aber die mit Streitwagen gut ausgerüsteten Verstärkungstruppen der Philister waren schnell eingetroffen und zerstreuten die israelitische Armee. Die meisten, etwa 90% der Soldaten, gaben den Kampf auf, den sie gar nicht gewollt hatten,

und so formierten sich nur 600 von ihnen in der nahe gelegenen, von den Israeliten gehaltenen Stadt Gibea neu. Während sie auf Samuel warteten, der sich verspätet hatte, brachte Saul zur Besänftigung Jahwes Tieropfer dar, obwohl ihm diese Aufgabe ausdrücklich untersagt war. Der alte Prophet sagte voraus, dass sich aufgrund dieser Anmaßung Sauls sein Königreich nicht auf seine unmittelbare Nachkommenschaft weitervererben würde.

(1. Samuel 13,1-15)

In Felsen gehauener Teich mit spiralförmiger Treppe in El-Jib, dem alten Gibea. Die Treppe hat 79 Stufen und führt zur Wasseroberfläche, die 25 m unter dem Erdboden lag.

Zwei Männer und ein Erdbeben

Michmas, 1035 v. Chr.
Jonatan ist der Held im israelitischen Lager, nachdem seine wagemutige Tat den Verlauf des Krieges änderte und die Israeliten nun im Vorteil sind. Nur von seinem Waffenträger begleitet, näherte er sich einem Außenposten der Philister und sah dessen Beschimpfungen und Aufforderungen zum Kampf als Zeichen, dass Jahwe ihn schützt.

Sie hatten bereits ca. 20 Mann getötet, als die Erde von einem Beben erschüttert wurde und dies die Philister in Panik versetzte. Die Israeliten schrieben dies Gottes besonderer Vorsehung zu und fielen über die fliehenden Soldaten her.

(1. Samuel 14,1-23)

Naschkatze entgeht Hinrichtung

Michmas, 1035 v. Chr.
Israelitische Soldaten haben eine Begnadigung für ihren Helden Jonatan erwirkt. Dem Sohn des Königs drohte die Todesstrafe, weil er im Dienst Süßigkeiten gegessen hatte.

Saul hatte seinen Männern befohlen, bis zum Abend nichts zu essen, und bald waren sie vor Hunger geschwächt. Jonatan hielt diesen Befehl für eine denkbar schlechte Maßnahme. Er hatte ihn erst zu spät gehört und bereits wilden Honig gegessen. Da ein Aufstand ausbrechen könnte, falls Saul seine Drohung, alle Schuldigen zu töten, wahr machte, nahm der König Abstand davon, seinen Sohn hinzurichten.

Lebensmittel waren der Anlass noch weiterer Unruhen. Am Abend waren

Gemischte Herde aus Schafen und Ziegen in der West Bank

die Soldaten nach heftigen Kämpfen schwach vor Hunger und schlachteten Rinder und Schafe aus der Beute des Tages. Sie hatten das Fleisch jedoch nicht nach den religiösen Vorschriften zubereitet.

Saul versuchte, Jahwe durch Opfergaben zu besänftigen, und errichtete einen Altar. Anschließend wurde durch ein Losverfahren versucht, den Willen Gottes zu ermitteln, was jedoch nicht eindeutig gelang. So blieb unklar, welcher Schritt als nächstes in diesem Feldzug unternommen werden sollte. Somit hat die Militäraktion gegen die Philister ein vorläufiges Ende gefunden. Die Philister haben sich in ihre eigenen Gebiete zurückgezogen – sie werden sich neu formieren, neu bewaffnen und dann in eine neue Schlacht ziehen.

(1. Samuel 14,24-28)

Schickes Outfit für das Jenseits

Ägypten, 1050 v. Chr.

Stirbt heutzutage jemand in Ägypten, so kann es ihm passieren, dass er tot besser aussieht als zu Lebzeiten.

Die ägyptischen Einbalsamierer, die seit zwei Jahrtausenden Meister in der Kunst der Mumifizierung sind, haben neue Techniken entwickelt, mit deren Hilfe die Leichen lebensecht und beinahe vital aussehen. Es werden nicht nur leinene Päckchen mit Sägemehl unter die Haut geschoben, sondern auch künstliche Augen eingesetzt und wundgelegene Stellen mit Lederflicken kaschiert.

Die Methode, bei der die inneren Organe getrennt gelagert wurden und man den Körper in harzgetränkte

Bandagen wickelte, ist veraltet. Heute werden die Bandagen in einer teerartigen Substanz getränkt und das Innere des Körpers verwest nicht mehr. Das sind gute Neuigkeiten für die frommen Ägypter. Schließlich geht es bei der Prozedur (die einschließlich der Rituale ca. 70 Tage dauert) darum, dass die Leiche für das Leben nach dem Tod so gut wie möglich aussieht. Das Äußere ist das Wichtigste, und daher sind künstliche Augen und Innereien aus Sägespänen auch kein Problem, solange alles echt aussieht. Und solange der Kopf lebendig wirkt, kümmert es auch niemanden, dass die Einbalsamierer das Hirn entfernt haben (normalerweise ziehen sie es mit einer Sonde durch die Nasenlöcher heraus).

Die Grabbeigaben sollen dem Verstorbenen den Übergang in die Unsterblichkeit erleichtern. An die Wände werden Texte geschrieben, die besagen, dass er oder sie ein gutes Leben geführt hat – eine große Hilfe für den Verstorbenen beim Verhör durch die Götter, obwohl es auch hier unwichtig ist, ob die Antworten der Wahrheit entsprechen.

Es gibt auch Bilder vom Haus, den Bäumen, Gärten, Dienern und anderen Besitztümern des Verstorbenen, da man glaubt, dass es sie auch in der nächsten Welt geben wird. So hat sich eine ganze Industrie entwickelt, die von den Grabbeigaben existiert.

Vögel, Fische und Tiere werden auch einbalsamiert, denn in der ägyptischen Religion werden Tiere oft mit Göttern in eins gesetzt. Einige Einbalsamierer sind auch schon mit der Mumifizierung von Spitzmäusen beauftragt worden.

Sogar Katzen wurden in Ägypten mumifiziert. Diese waren in Ägypten einerseits Haustiere, andererseits galten Katzen auch als Götter.

Mumie und verzierter Sarg einer unbekannten Priesterin von Theben (ca. 1050 v. Chr.)

Monarch stolpert über Beutevieh-Affäre

Südkanaan, 1030 v. Chr.

Die weitere Karriere Sauls als König von Israel sieht trostlos aus, da ihm Berichten zufolge nicht nur Samuel seine Unterstützung, sondern auch Jahwe seine Gunst entzogen hat.

Samuel hatte Saul von Jahwes Absicht berichtet, die Amalekiter für die schlechte Behandlung Israels zu bestrafen. Saul sollte sie angreifen und alle Menschen und Tiere vernichten. Er versammelte eine riesige Armee, legte einen Hinterhalt und lockte die Amalekiter in eine Falle. Er beschloss jedoch, das Leben einiger zu verschonen, König Agag von Amalek gefangen zu nehmen und die bes-

ten Tiere zu beschlagnahmen, anstatt sie zu töten.

Als Samuel zu Saul kam, hörte er die Geräusche der Tiere und wusste sofort, was geschehen war. Mit den Beweisen seines Ungehorsams konfrontiert, wollte Saul sich rechtfertigen, aber Samuel nahm seine Entschuldigungen nicht an.

Er warnte Saul, dass er als König unhaltbar geworden sei. In einem letzten Akt der Reue überredete Saul Samuel, die Verehrung Gottes ein letztes Mal in seiner Gegenwart zu vollziehen. Dann richtete Samuel König Agag selber hin, so wie Saul es hätte tun müssen.

Die beiden Männer trennten sich kurz darauf. Es wird berichtet, dass Samuel zutiefst betrübt über die Geschehnisse ist und Saul nie wieder sehen will.

(1. Samuel 15)

Das Hügelland südlich von Bethlehem bietet hervorragende Weidegründe.

Unbekannter Schafhirte zum König-in-spe erklärt

Bethlehem, 1035 v. Chr.

Wieder wird ein unbekannter junger Mann von einem kleinen Stamm als zukünftiger König Israels gehandelt, nachdem er von Samuel in einer geheimen Zeremonie in Bethlehem, acht Kilometer südlich von Jerusalem, gesalbt wurde.

Der offizielle Grund für Samuels Reise nach Bethlehem war, Gott dort eine Opfergabe darzubringen. Aber als er ankam, schien er deprimiert und darauf bedacht, Sauls Feindseligkeit ihm gegenüber nicht weiter zu schüren.

Samuel lud Isai und dessen Söhne zur Opferdarbringung ein. Isai kam mit sieben Söhnen, alle groß und gut aussehend. Samuel erkundigte sich jedoch, ob er noch mehr Söhne habe, da die innere, geistige Stärke einen größeren Eindruck auf Jahwe mache als ein muskelbepackter, attraktiver Körper. Der achte Sohn, David, wurde von seiner Arbeit als Schafhirte herbeigerufen. (Nebenbei bemerkt: Hässlich ist dieser David nun wahrhaftig nicht.)

In einer improvisierten Zeremonie salbte der Prophet den Jungen mit Öl und verkündete vor dessen Vater und Brüdern, dass David von Gott zum wahren König Israels erwählt wurde. Man spricht bereits davon, dass David vom Geist Gottes erfüllt sei, ganz so, wie Saul es bei seiner Krönung war. Heute glaubt man jedoch, dass der Geist Gottes von König Saul gewichen ist, dessen unberechenbares Verhalten einige zu der Vermutung veranlasst hat, dass er unter dem Einfluss eines Dämonen steht.

(1. Samuel 16,1-13)

Hüne erleidet Schleudertrauma

Socho, Juda, 1025 v. Chr.

Der kopflose Körper eines philistäischen Riesen namens Goliat liegt verlassen auf einem Schlachtfeld bei Socho – blutige Erinnerung an einen höchst erstaunlichen Kampf.

Sein Bezwinger David – der am Hofe König Sauls in hoher Gunst steht, da sein Harfespiel die Depressionen des Königs wunderbar zu lindern vermag – ist zum Nationalhelden ausgerufen worden.

Isais Söhne haben ihre bisherige Meinung von ihrem kleinen Bruder gehö-

Der unerwartete Sieg Davids über den Riesen Goliat wurde zum Sinnbild dafür, dass das Kleine und Gute über das Mächtige und Böse triumphieren kann.

rig geändert. Die israelitische Armee stand bei Socho, 24 km westlich von Bethlehem an der philistäischen Grenze, einer massiven Streitkraft der Philister gegenüber. David sollte Lebensmittel zu Isais Söhnen und Neuigkeiten über sie für die Daheimgebliebenen in Erfahrung bringen.

Er fand eine demoralisierte Armee, die sich vor einem drei Meter großen Riesen namens Goliat duckte – seit mehr als einem Monat schon forderte er die israelitischen Soldaten zweimal täglich zum Zweikampf heraus. Der Koloss trug einen schweren Panzer aus Bronze und war mit einem riesigen Speer bewaffnet, dessen Spitze aus bestem philistäischen Eisen bestand.

Die Israeliten haben bisher keinen Kandidaten für diesen Zweikampf gefunden, trotz der enormen Belohnungen, die Saul versprochen hat – Reichtum, Steuerbefreiung und die Hand seiner Tochter. Der Anblick des Riesen, dessen gefederter Kopfschmuck auf einem Berg von gepanzerten Muskeln sitzt, ließ vorsichtige Männer in ihren Zelten bleiben. David versuchte gar nicht erst, seine Verachtung über die Feigheit seiner Verwandten zu verbergen.

Der junge Mann erbot sich, selbst gegen Goliat anzutreten, und zählte seine Heldentaten gegen Löwen und Bären auf, die er bei der Verteidigung seiner Schafe bereits vollbracht hatte.

David bringt Saul Goliats Kopf.

Als Saul ihm seine eigene Rüstung anbot, lehnte David ab.

»Er ging hinaus, nur mit seinem Schäferhemd bekleidet und mit seiner Schleuder und fünf glatten Steinen bewaffnet«, erzählte Eliab, sein älterer Bruder.

Als Goliat entschlossen vortrat, sahen die erschreckten Israeliten, wie David ruhig einen Stein in seine Schleuder legte. Er verfehlte sein Ziel nicht und Goliat war wahrscheinlich schon tot, bevor sein riesiger Körper den Boden berührte. David brachte dann die Sache mit dem Schwert des Riesen zu Ende.

Die jubelnden Israeliten nutzten die Gelegenheit und machten die meisten Soldaten der Philister nieder.

(1. Samuel 17)

Ungewöhnlicher Brautpreis

Gibea, 1025 v. Chr.

Ein Stoff, aus dem Legenden sind: Töte 200 Feinde und heirate dafür die Tochter des Königs. Und David, Bezwinger des Riesen, erfüllte diese Aufgabe. Er hatte die Hochzeit mit Prinzessin Merab als Belohnung für die Tötung Goliats abgelehnt. Weil er den Brautpreis für eine Prinzessin nicht aufbringen konnte, widerstrebte es ihm auch, deren Schwester Michal zu heiraten, die in ihn vernarrt war (und er wohl auch in sie).

So schlug Saul, der potentielle Schwiegervater, eine blutige Alternative vor: 200 Penisvorhäute von philistäischen Leichen. David kam der Aufforderung nach und zählte die Vorhäute persönlich vor Saul aus.

Es wird vermutet, dass Saul im Geheimen gehofft hatte, dass David bei dem Unternehmen getötet würde. Aber stattdessen führt sein Rivale nun eine glückliche Ehe und genießt öffentliche Anerkennung. Des Königs Neid soll sich noch gesteigert haben.

(1. Samuel 18,17-30)

Sauer auf den Seelentröster

Gibea, 1025 v. Chr.

Musik mag an sich die Seele zart umspielen, aber diesmal ließ sich der unruhige Geist des Königs nicht von ihr verzaubern. Im Gegenteil, sie löste einen derartigen Unmut in ihm aus, dass er seinen Speer gegen den Musiker schleuderte und ihn nur knapp verfehlte. Und so geht der Kampf für den Riesenbezwinger David, der regelmäßig am Hof dem König ein Ständchen brachte, weiter.

Der Vorfall ereignete sich am Tag nach der Rückkehr der Armee von dem Socho-Feldzug. In ihren Gesängen und Tänzen haben die Frauen Israels David als den wahren Helden des Krieges gefeiert. Saul – neidisch, weil seine eigenen Heldentaten nicht beachtet wurden – sank in tiefe Depressionen. Als David gerufen wurde, um in den Gemächern des Königs Saul etwas auf seiner Harfe vorzuspielen, ergriff der König die Gelegenheit, ihn loszuwerden.

Saul wird klar, dass dieser Neuankömmling zu einer echten Bedrohung seiner Autorität werden könnte. Und immerhin sind David und Sauls Sohn Jonatan dicke Freunde.

In einem Versuch, diese Bedrohung abzuwehren, hat Saul David zu Militäroperationen abkommandiert. Dieser Plan verfehlte jedoch sein Ziel, da das Bataillon Davids bemerkenswerte Erfolge verzeichnen konnte.

(1. Samuel 18,1-16)

Volksheld gibt Fersengeld

Südkanaan, 1020 v. Chr.

David, Bezwinger des Riesen Goliat, Schwiegersohn des Königs und herausragender Musiker, ist irgendwo in der Wüste im Süden als Geächteter auf der Flucht. Sein Verbrechen: Er ist zu populär.

Aber nicht alle im Hause Saul unterstützen den Rachefeldzug des Königs. Seine Tochter Michal – Davids Frau – verhalf ihm zur Flucht und verwischte seine Spuren. Ihr Bruder Jonatan, ein enger Freund Davids, hatte ihn rechtzeitig vor Sauls Todesspruch gewarnt. Zuerst floh David nach Rama, wo er Zuflucht bei Samuel im Bezirk der Propheten suchte. Als Saul ihn einholte, kam es zu einem außergewöhnlichen Schauspiel, als zuerst die ansässigen Propheten, dann Sauls Männer und schließlich Saul selbst von Ekstase überwältigt wurden und sich Prophezeiungen von ihren Lippen ergossen.

David aber begab sich in das Dorf Nob in der Nähe von Jerusalem. Unbewaffnet und hungrig bat er den Priester Ahimelech um Hilfe. Um zu erklären, warum er unbewaffnet war, nahm er Zuflucht zu einer Lüge: er sei in einer dringenden Angelegenheit für Saul unterwegs.

Ahimelech gab ihm das in dem Dorf aufbewahrte Schwert Goliats. Es gab keine Lebensmittel außer dem Brot des Heiligtums, aber der Priester reichte es ihm, da David und seine Gefolgsleute nicht unrein waren.

Dann reiste er weiter nach Westen, ins Land der Philister, wo er inkognito bei König Achisch in Gat wohnte. So brachte er auch Goliats Schwert in dessen Heimatstadt. Er wurde jedoch bald erkannt und entkam, indem er eine Geisteskrankheit vortäuschte – er rannte gegen Holzpfosten und Speichel tropfte ihm in den Bart.

Dann wurde David bei der Höhle Adullam in Juda in den westlichen Hügeln nahe der philistäischen Grenze gesichtet. Vierhundert unzufriedene Männer haben sich seiner Söldnertruppe angeschlossen. Außerdem sah man ihn in Mizpa in Moab, östlich des Toten Meeres, wo er sich um eine sichere Unterbringung seiner Eltern kümmerte; in Bethlehem wären sie Saul ausgeliefert gewesen.

Dies war wohl ein weiser Schachzug. Nicht jeder war dem Flüchtigen freundlich gesinnt und Davids Bewegungen wurden von dem Edomiter Doëg verraten. Saul startete einen Rachefeldzug gegen diejenigen, die David geholfen hatten. Er ordnete ein Massaker der Priester von Nob und der ansässigen Bevölkerung an.

Dies war die Tat eines verzweifelten und gestörten Monarchen, der eine ernsthafte Bedrohung seines Thrones erkennt und sich bewusst wird, dass er nicht nur die Unterstützung des Volkes, sondern auch die Jahwes verloren hat.

(1. Samuel 19-22)

David musste oft um sein Leben fliehen und suchte als Versteck das rauhe Gelände der Wüste Juda in der Nähe des Toten Meeres auf.

Beinah-Attentat bei königlichem Stuhlgang

En-Gedi, 1020 v. Chr.

König Saul fand in zweifacher Hinsicht Erleichterung, als David ihn mit heruntergelassenen Hosen in der Wüste bei En-Gedi antraf.

Saul benutzte eine Höhle zum Austreten, ohne sich bewusst zu sein, dass sein Feind in der Dunkelheit hinter ihm lauerte. Aber David wollte den König lieber in Verlegenheit bringen als ihn zu töten.

che Familie, wenn es einmal soweit wäre.

Diese Episode ist der Höhepunkt eines Katz- und Maus-Spiels, das sich in der Weite der Wüste abspielte. Sowohl David als auch Saul hatten sich gegenseitig argwöhnisch beobachtet und gleichzeitig gegen die Philister gekämpft.

Als David hörte, dass die Philister Keïla plünderten, eine der Städte in

Die Oase En-Gedi in der Wüste Negeb bietet einen eindrucksvollen Wasserfall und einen kühlen Teich mit frischem Wasser.

Während Saul seinen persönlichen Bedürfnissen nachging, schnitt David einen Zipfel vom Rock des Königs ab. Sogar diese kleine Geste stürzte ihn in tiefe Reue, da er, wie er zu seinen Männern sagte, Hand an »den Gesalbten des Herrn« gelegt hatte.

Als Saul die Höhle verließ, folgte ihm David und brachte eine bewegende Bitte vor. Er wies darauf hin, wie leicht er des Königs Kehle hätte durchschneiden können anstatt nur dessen Rock, und er flehte Saul an, dies als eine Geste des guten Willens zu akzeptieren.

Saul erkannte, wie nahe er dem Tode gewesen war und brach weinend zusammen. Er gab zu, dass es dem Königreich vorherbestimmt war, auf David überzugehen, und bat ihn inständig um Gnade für die jetzige königli-

der Ebene zwischen der philistäischen Küste und den Hügeln Judas, eilte er ihr zu Hilfe. Seine Männer protestierten, dass sie nicht kampfbereit wären, aber David versicherte ihnen, dass Jahwe ihm im Gebet Erfolg versprochen hatte. Sie retteten die Stadt.

Es waren die Neuigkeiten dieses Sieges, die Saul dazu veranlassten, sich eilends nach Keïla zu begeben, um die Stadt zu belagern und David gefangen zu nehmen. Aber David zog sich mit seiner kleinen Armee von nur 600 Mann in die Wüste zurück, wo Saul ihn nicht finden konnte.

Obwohl einige Angehörige der Wüstenstämme Saul über Davids Aufenthaltsorte informiert hatten, war dieser in Freiheit geblieben und die Suche Sauls blieb erfolglos.

(1. Samuel 23 und 24)

Abrakadabra als letzte Rettung

Jesreel, 1010 v. Chr.

In der Not scheint den König von Israel sein »dummes Geschwätz von gestern« offensichtlich nicht mehr zu kümmern: Ein zunehmend verzweifelter Saul hat sich an die Geisterbeschwörer gewandt, die er einst selber aus dem Land verbannte. Von ihnen erhofft er sich Rat angesichts der philistäischen Aggressionen.

In seinem Eifer für Jahwe hatte Saul einst das religiöse Gesetz buchstabengetreu durchgesetzt und alle Geisterbeschwörer geächtet. Nun aber, Jahre später, fragt er sie um Rat, da die normalen Kommunikationskanäle zu Jahwe unterbrochen zu sein scheinen.

Der Geisterbeschwörerin von En-Dor ist es zu ihrer eigenen und zu Sauls Überraschung sogar gelungen, eine Erscheinung des verstorbenen Richters Samuel heraufzubeschwören. Samuel schien über diese Störung nicht sehr erfreut und spendete dem beunruhigten König keinen Trost. Er wiederholte lediglich die Prophezeiung des Untergangs, die er schon zu seinen Lebzeiten ausgesprochen hatte.

Saul steht nun einer massiven philistäischen Armee gegenüber, die weit in das nördliche Kanaan eingedrungen ist, und diesmal ist ihm keine göttliche Zusage eines Sieges zuteil geworden – im Gegenteil, ihm klingt die Vorhersage seines eigenen Todes im Ohr. Aber es gibt keine Anzeichen dafür, dass er das Handtuch werfen wird, anscheinend will er bis zum letzten Atemzug kämpfen.

Die Tatsache, dass die Geisterbeschwörerin trotz des Bannes offen weiter praktiziert hat und Sauls Kundschafter sie so problemlos fanden, sagt etwas über die Hartnäckigkeit von Volksreligionen aus. Die Tatsache wiederum, dass sie den verkleideten König nicht erkannte und auch nicht damit gerechnet hatte, dass Samuel erscheint, wirft aber auch ein bezeichnendes Licht auf ihre Fähigkeiten.

(1. Samuel 28)

Witwe eines Einfaltspinsels schließt Spontanehe

Wüste Juda, 1020 v. Chr.

Reichtum und Weisheit gehen nicht immer zusammen. Nabal, ein Grundbesitzer in Karmel, einem Dorf tief in der Wüste des südlichen Juda, war zwar vermögend, doch nicht eben helle. Diese Diskrepanz kostete ihn das Einzige, das er mit Geld nicht kaufen konnte – sein Leben.

Kunstvoll dekorierter Sattel, wie ihn David benutzt haben könnte

Eine Horde Wegelagerer, die von dem Geächteten David angeführt wurden, forderte als Gegenleistung für die seinen Dienern gewährte Hilfe ein Schutzgeld, aber Nabal – dessen Name »Dummkopf« bedeutet – schickte sie zurück in die Wüste. Glücklicherweise besaß seine Frau Abigajil mehr Verstand und belud eine Karawane mit vielen guten Sachen, um die Banditen dazu zu bewegen, ihren Mann nicht zu töten. Aber als der reiche Mann dann hörte, wie knapp er mit dem Leben davongekommen war, brach er zusammen und starb.

David, der sowohl von Abigajils Lebensweisheit als auch von ihrer Schönheit beeindruckt war, bat sie, seine dritte Frau zu werden. Sie ist für ihn eine Entschädigung für den Verlust von Sauls Tochter Michal, die der König nach einer von ihm angeordneten Quasi-Scheidung nach Davids plötzlichem Verlassen des Hofes einem anderen Mann gegeben hatte. Außerdem hat David zusätzlich Ahinoam aus Jesreel geheiratet, einem anderen Dorf tief im Süden.

(1. Samuel 25)

Das Ganze noch einmal!

Wüste Sif, 1020 v. Chr.

Zum zweiten Mal in nur wenigen Monaten hat David absichtlich eine Gelegenheit verstreichen lassen, König Saul zu töten. Auf der Suche nach seinem Rivalen führte Saul eine 3000 Mann starke Streitmacht in die Wüste, wo er mit Hilfe von Informationen der Wüstenbewohner, die David schon früher verraten hatten, das Versteck des Rebellenführers aufspürte.

Aber David fand Saul zuerst. Als in der hereinbrechenden Nacht die Hitze der Wüste langsam nachließ, schlich er zum Schlafplatz Sauls, den Speer wurfbereit in der Hand. Einer von Davids Begleitern erbot sich, den König mit dessen eigenem Speer zu töten, aber David bestand erneut darauf, dem Gesalbten Gottes kein Leid zuzufügen. Saul würde sterben, wenn Gott es bestimmte, sei es eines natürlichen Todes oder in der Schlacht, sagte er und verließ den Ort so leise, wie er gekommen war.

Als Saul und das Lager aus einem von vielen für einen übernatürlich gehaltenen Schlaf erwachten, bemerkte der König, dass David seine Leibwächter von einem nahe gelegenen Hügel aus verspottete und dabei Sauls Speer und seinen Wasserkrug schwenkte. Zum zweiten Mal hielt Saul eine emotionale Rede, in der er David für seine Gnade dankte und ihm große Dinge prophezeite. Dann zog er demütig nach Hause – wahrscheinlich frustriert über den erneuten Fehlschlag, den Geächteten zu fassen.

(1. Samuel 26)

Agent und Frauenbefreier

Die Philisterstadt Gat lag auf dem Rücken dieses Hügels.

Wüste von Juda, 1010 v. Chr.

Der Rebellenführer David hat einen Schutzengel. David hat die Seiten gewechselt und sich seinen alten Feinden, den Philistern, angeschlossen. Das bereuen die Philister nun, da David einen geheimen Guerillakrieg gegen sie geführt hat, während er vorgab, gegen die Israeliten vorzugehen.

Als die Gefahr bestand, mit den Philistern in die Schlacht gegen Israel ziehen zu müssen, haben die Generäle ihren König überstimmt und entschieden, dass David ein zu großes Risiko darstellte. Innerlich dankbar zog er nach Hause, nach außen hin mimte er aber die beleidigte Leberwurst.

David hatte sich zuerst in Gat niedergelassen. Die Heldentaten, die über ihn erzählt wurden, begeisterten Achisch den Herrscher der Stadt, so sehr, dass er David die Siedlung Ziklag zur persönlichen Nutzung übergab.

Aber das Dorf wurde von den Amalekitern, einem plündernden nomadischen Stamm in Davids Abwesenheit zerstört und alle Frauen, auch die Ehefrauen Davids, wurden entführt. In einem mutigen Angriff, in dem David zahlenmäßig mit 400 kampffähigen Männern weit unterlegen war, da er 200 erschöpfte Männer zurücklassen musste, brachte er die gesamte Beute und alle Frauen zurück und tötete viele der Amalekiter.

(1. Samuel 27; 29-30)

Selbstmord auf dem Schlachtfeld

Nordkanaan, 1010 v. Chr.

König Saul ist tot. Er hat nach einem Tag voller Missgeschicke auf dem Berg Gilboa Selbstmord begangen. Nachdem ihn ein Pfeil schwer verwundet hatte, stürzte er sich lieber in sein eigenes Schwert, als von seinen Feinden getötet zu werden. Seine drei Söhne sind ebenfalls in der Schlacht gefallen.

In einer rührenden letzten Geste der Ehrerbietung schlichen sich die Männer von Jabesch in Gilead bei Nacht durch die Reihen der Philister, um die Leichen Sauls und seiner Söhne unter Einsatz ihres Lebens zu bergen. Seinen ersten Sieg als König hatte Saul bei der Befreiung ihrer Stadt errungen; und dort, wo Sauls Herrschaft so vielversprechend begonnen hatte, wurde er von einem weinenden und fastenden Volk zur letzten Ruhe gebettet.

Am Ende war es doch nicht David – der das Leben seines Königs bereits zweimal verschont hatte –, der ihn tötete.

Auf dem Schlachtfeld auf dem Berg Gilboa lagen die Leichen der Israeliten so, wie sie gefallen waren. Auch Davids geliebter Freund Jonatan war unter ihnen.

Saul, der blutüberströmt am Boden lag, hatte seinem Waffenträger befohlen, ihn zu töten. Als der sich weigerte, stürzten sich beide in ihre eigenen Schwerter.

Ein eifriger Israelit, der dem wahrscheinlichen Thronfolger David die Nachricht über die Niederlage überbrachte, behauptete, dass er selber Saul in einem Akt der Gnade getötet hätte. David war so erzürnt über dessen Dreistigkeit, dass er ihn ohne viel Federlesens hinrichten ließ.

David trauert und hat ein persönliches Klagelied komponiert. »Sagt's nicht in Gat«, sang er, »dass sich nicht die Unbeschnittenen freuen. Ihr Töchter Israels, weint über Saul! Wie sind die Helden gefallen!«

Zahlreiche israelitische Städte im Jordantal liegen verlassen da und heimatlose Flüchtlinge ziehen in langen Kolonnen in das israelitische Hinterland. Es ist ein Wettlauf gegen die Zeit, da die siegreichen Philister hin-

Das Gebirge Gilboa und die Ebenen in Nordkanaan

ter ihnen in das Tal strömen und weite Landstriche besetzen.

(1. Samuel 31; 2. Samuel 1)

Königsdoppel

Kanaan, 1010 v. Chr.

Die zwölf Stämme Israels haben zwei rivalisierende Könige gewählt. Die Männer des Stammes Juda haben David gesalbt und damit eine alte Prophezeiung erfüllt.

Er hat versprochen, die Menschen von Jabesch in Gilead zu belohnen, die Sauls Leiche geborgen und beerdigt hatten; aber er warnte sie zugleich, dass sie stark und tapfer sein müssten, da Juda nur einer der zwölf Stämme sei und es nicht leicht sein würde, seinen Herrschaftsanspruch über das ganze Land auszudehnen.

In Mahanajim hat Sauls Kommandant Abner Sauls Sohn Isch-Boschet zum König über die elf Stämme Israels gemacht, die Davids Herrschaft nicht anerkennen. Isch-Boschets Titel steht aber nur auf tönernen Füßen. Der größte Teil des Landes wird von den Philistern beherrscht.

(2. Samuel 2,1-11)

Auf diesen Hügeln befand sich die Stadt Gat.

Warum lässt Marduk das zu?

Babylon, 1010 v. Chr.

Ein Dichter hat sich darüber beklagt, dass er trotz seines vorbildlich geführten Lebens von seinem König und den Göttern verlassen wurde. »Wie kann ein Mensch denn wissen«, so fragt er, »was den Göttern gefällt?«

Er listet eine Reihe von ihm widerfahrenen Missgeschicken und Unglücken auf und beschreibt dann, wie der Gott Marduk sich am Ende gnädig zeigte und ihm seinen früheren Wohlstand zurückgab.

In dem ›Gedicht des rechtschaffenen Leidenden‹ werden das Gute und das Böse nicht mehr als göttliche Belohnung und Strafe betrachtet. Der Dichter meint in Bezug auf die moralischen Ansprüche der Götter »nichts Genaues weiß man nicht« und folgert, dass der Einzelne nur darauf vertrauen kann, dass die Götter sich am Ende gnädig zeigen. In dem Gedicht passiert dies tatsächlich und er erhält seinen Reichtum zurück.

Ein anderes Werk der babylonischen Literatur, die ›Theodizee‹, ist in Form eines Dialoges zwischen dem Leidenden und seinem Freund verfasst. In diesem Gespräch versucht der Freund den Leidenden davon zu überzeugen, dass die Götter am Ende in der Tat das Gute belohnen und das Böse bestrafen. Der Schlüssel zum Wohlstand sei die Frömmigkeit. Der Leidende weist diese Ansicht zurück und die Diskussion steht deutlich über jedem mythischen Fatalismus.

Doch noch Sieg für David nach Remis im tödlichen Wettkampf

Gibeon, 1008 v. Chr.

Ein tragisch verlaufenes Kampfspiel wurde Ursache für eine blutige Kette von Ereignissen, die mit dem Tod von Isch-Boschet, dem König des größten Teiles von Israel, endeten.

Der Wettbewerb wurde von Isch-Boschets Berater Abner vorgeschlagen und war ein durchsichtiger Versuch, Davids zunehmenden Einfluss einzudämmen. Joab, der als einer der härtesten Soldaten in Davids Armee Anerkennung genießt, nahm die Herausforderung an.

Aus jeder Armee wurden zwölf Männer ausgewählt, die als Vertreter der übrigen kämpfen sollten. Es war eine humane Alternative zu den sonst zu erwartenden riesigen Verlusten. Aber keiner der Soldaten überlebte die Zweikämpfe und der Kampf blieb unentschieden.

Es folgte eine heftige Schlacht, die David gewann. Während des Kampfes wurde Abner von Joab und dessen Brüdern verfolgt, von denen er einen in Notwehr tötete. Mit einer leidenschaftlichen Rede konnte er seine Verfolger jedoch beschwichtigen. Von diesem Zeitpunkt an nahm Abners Einfluss auf Isch-Boschet zu.

Ihre Beziehung verschlechterte sich, als Isch-Boschet Abner vorwarf, mit einer der königlichen Nebenfrauen zu schlafen, um so den Thron für sich zu beanspruchen. Erzürnt über diese Unterstellung wechselte Abner die Seiten und setzte alles daran, ganz Israel unter die Herrschaft Davids zu bringen.

David – dessen Ansehen im Lande in dem Maße gestiegen ist, wie das des Hauses Saul abgenommen hat – war in der Position des Käufers. Er stellte harte Forderungen und verlangte, dass Abner bei einem Seitenwechsel Davids erste große Liebe Michal mitbringen musste, die Saul während Davids Exil einem anderen Mann gegeben hatte. Abner erfüllte diese Forderung und Michal kam in den königlichen Haushalt in Hebron, wo die anderen Frauen Davids mit ihren Söhnen lebten.

Abner nahm sofort diplomatische Verhandlungen mit den anderen Stämmen auf und überredete sie, ihre Treue von seinem früheren Arbeitgeber auf David zu übertragen.

Dies sollte jedoch nur ein kurzer Triumph für Abner sein. Er wurde von Joab ermordet, der den Tod seines Bruders nicht verwunden hatte. David war über seinen Tod sehr aufgebracht, ordnete Staatstrauer an und sagte sich öffentlich von dem Mörder los.

Die Neuigkeiten über Abners Tod demoralisierten Isch-Boschet und seine Männer. Abner war der große Stratege gewesen, er stand hinter Isch-Boschets Griff nach der Krone. Isch-Boschets Popularität hatte jedoch stetig abgenommen und schließlich fiel er zwei Attentätern vom Stamm Benjamin zum Opfer.

Seine Mörder hofften auf eine Belohnung von David, doch sie hätten sein Verhalten bei Sauls Tod bedenken müssen. Wie vorherzusehen war David über den Mord erzürnt und ließ die Attentäter hinrichten.

(2. Samuel 2,12-4,12)

Wer hüpft halbnackt vorm Heiligtum?

Jerusalem, 1000 v. Chr.

Die triumphale Rückkehr der Lade Gottes aus ihrem Lager in der Stadt Kirjat-Jearim nach Jerusalem markiert einen Wendepunkt im Schicksal Israels.

Massen jubelnder und singender Zuschauer beobachteten, wie die heilige Truhe vorsichtig von Ochsen durch die Stadttore und die Straßen gezogen wurde. Musikanten und Tänzer feierten die Rückkehr der Lade, die vor mehr als 20 Jahren von den Philistern gestohlen worden war. Es gibt wohl kaum ein mächtigeres Symbol für Davids Sieg.

Seine eigene überschwängliche Freude war deutlich zu erkennen. Er entledigte sich seiner königlichen Gewänder bis auf einen Priesterschurz und tanzte ohne alle Hemmungen an der Spitze der Prozession. Nur seine Frau Michal war »not amused« und empfand diese Zurschaustellung als peinlich und eines Königs nicht würdig. Die Feierlichkeiten endeten mit den traditionellen Tieropfern.

Die Tänzer in den Straßen gaben Acht, dass sie der Lade nicht zu nahe kamen, denn sie gilt als heiligster Gegenstand der israelitischen Religion. Ihre Unberührbarkeit sollte sich auf grausame Weise zeigen: Als die Ochsen ausglitten, versuchte ein Zuschauer namens Usa, die Lade zu halten, und starb augenblicklich.

Aber nichts kann die freudige Stimmung in Jerusalem lange trüben. Nach dem Tod von Isch-Boschet ist Israel endlich unter David vereint, der im Alter von 30 Jahren König über das ganze Land wird. Er hatte den Stamm Juda siebeneinhalb Jahre lang regiert und ist dabei Militärgenie geblieben. Während dieser Zeit schlug er zwei Angriffe der Philister in der Ebene Refaïm zurück und er-

Die Rückkehr der Bundeslade wurde von spontanen Freudentänzen begleitet.

rang einen wichtigen Sieg über die Jebusiter in Jerusalem, das er nun zur Hauptstadt gemacht hat.

(2. Samuel 5-7)

König ehrt Behinderten

Jerusalem, 995 v. Chr.

König David, für den Loyalität und das Einlösen von Versprechen die höchsten menschlichen Tugenden sind, hat einen Weg gefunden, seiner Freundschaft mit Sauls Sohn Jonatan zu gedenken.

Nach einer aufwendigen Suche hat er einen überlebenden Sohn Jonatans ausfindig gemacht, einen Krüppel namens Mefi-Boschet, den er an den königlichen Hof geholt hat.

Wegen seiner Behinderung konnte Mefi-Boschet niemals König werden und war sein ganzes bisheriges Leben dem allgemeinen Gespött ausgesetzt. Er fürchtete, dass er zu seiner Hinrichtung nach Jerusalem gerufen wurde, aber heute werden nicht alle alten Rechnungen in Jerusalem mit Blut beglichen.

Jonatans Sohn hat sein armseliges Leben in Lo-Dabar gegen das Dasein eines wohlhabenden und wichtigen Mannes eingetauscht. Alle früheren Besitztümer des Hauses Saul gehören nun ihm, und David hat Sauls Diener Ziba angewiesen, Mefi-Boschets neues Vermögen zu verwalten – eine notwendige Aufgabe, da der neue Günstling in Jerusalem lebt, wo er am Hofe verehrt wird und am hohen Tisch des Königs speist.

(2. Samuel 9)

Gott will weiter im Zelt wohnen

Jerusalem, 990 v. Chr.

Lieblingssöhne können sich manchmal alles erlauben, nur dann nicht, wenn ihr ›Vater‹ Jahwe heißt.

König Davids blutbefleckte Hände haben Israel eine bisher nicht gekannte Freiheit gebracht, aber seine Pläne zum Bau eines Tempels für Jahwe wurden von Gott selbst durchkreuzt. David ist der Gegensatz zwischen seinem großartigen Palast und dem Zelt

Zitadelle in Jerusalem

der Verehrung, in dem die Lade aufbewahrt wird, schmerzlich bewusst. Seine Feinde hat er nach und nach besiegt und nun besteht er hartnäckig darauf, dass für die Lade des Herrn eine angemessene Stätte geschaffen wird.

Der Prophet Nathan, der auch die Aufgaben des Hofpredigers wahrnimmt, war am Anfang dafür, doch in der Nacht sprach Jahwe zu ihm und tadelte ihn. Nathan hat nun die undankbare Aufgabe, dem König zu erklären, dass er kein Haus Gottes errichten darf. Stattdessen hat Jahwe verfügt, dass es von einem noch ungeborenen Sohn Davids gebaut werden wird, der in Frieden regieren wird.

David ist sehr enttäuscht darüber, dass sein liebevoll entworfenes Projekt nun nicht umgesetzt werden kann. Aber zusammen mit den schlechten Nachrichten übermittelte Nathan auch ein Versprechen Gottes:

Niemals wird die Gnade von Davids Sohn weichen wie sie von Saul gewichen ist, auch dann nicht, wenn er Fehler machen sollte. Das Haus David wird »in Ewigkeit« regieren.

Diese Nachricht überwältigte David. Es wird berichtet, dass er viele Stunden im Gebet verbrachte und Gott nicht nur für dieses Versprechen, sondern auch für den gütigen Schutz und den Erhalt seines Volkes im Verlauf der Geschichte dankte.

(2. Samuel 7)

KURZMELDUNGEN ca. 1000 v. Chr.

Menschenopfer: Im Nahen Osten stirbt der Brauch, Menschen zu opfern, langsam aus, aber bei den Assyrern wird er noch praktiziert. Kündigen die Zeichen eine große Gefahr für den König an, wird ein Ersatzkönig ernannt, der so lange regiert, bis die Gefahr vorüber ist. Wenn er und seine Gemahlin dann noch am Leben sind, werden sie rituell getötet. Andere Orte, an denen immer noch Menschen geopfert werden,

sind Palästina, Phönizien und Nordafrika.

Das geht auf die Knochen: Die Shang-Dynastie hat ihre Methoden der Wahrsagung verfeinert, nachdem Wahrsager eine Zeit lang zu zahlreichen Themen und den täglichen Problemen befragt worden waren. Nun beschränkt sich deren Wahrsagung auf Opfer, die kommenden zehn Tage, die kommende Nacht und die Jagd. Dazu werden ausgehöhlte Tierknochen extremer Hitze ausgesetzt. Die dadurch entstehenden Risse

werden dann als gutes oder schlechtes Omen ausgelegt. Meistens sind es optimistische Auslegungen, vielleicht deshalb, weil die genauen Einzelheiten der Vorhersage und der Name des Wahrsagers anschließend in die Knochen geritzt werden.

Alles für das Pferd: Mit zunehmendem Einsatz von Pferden gibt es in Europa inzwischen auch die ersten Geschirre. Sie bestehen aus Wangenstücken, die aus Geweihstangen oder Bronze gefertigt sind, und Bändern aus

Bronze. Es gibt auch Bauchriemen, Anhänger und anderes Zubehör für die Reiterei.

Letzter Richter tot: Samuel, der letzte große Richter Israels, ist in seinem Haus in Rama gestorben. Er war ein begnadeter Prophet und führte die zwölf Stämme während des Übergangs von einem losen Bündnis zu einer vereinten Nation unter ihrem ersten König Saul. Man fürchtete ihn, weil er das Gericht Jahwes verkündigte und seine Prophezeihungen in der Regel auch eintrafen. (1. Samuel 25,1)

Bei den Gräbern geht's jetzt rund

Britannien, 1000 v. Chr.

Die Bronzezeit in Britannien nähert sich ihrem Ende. Sie begann vor 900 Jahren, als Invasoren die Tradition der Kriegsführung, das Bogenschießen und bronzene Dolche mit sich brachten.

Damit konnten sie die Briten der ausgehenden Steinzeit leicht besiegen. Die megalithischen Grabbauten und langen Erdhügel, in denen die Toten begraben wurden, wichen runden Hügelgräbern. Die traditionelle Art, die Toten zusammen mit den Notwendigkeiten des täglichen Lebens zu begraben, ist einer spirituellen Auffassung des Todes gewichen. Nun ist es üblich, die Toten einzuäschern, und der Hügel, nun ohne Verzierungen und Gegenstände, wird über der Asche errichtet. Die Einäscherung setzt sich von der Ägäis bis nach Zentraleuropa (in einigen Fällen bis nach Nordeuropa) durch.

Das Volk von Deverel-Rimbury in Dorset begräbt seine Toten in charakteristischen Urnen auf unmarkierten Friedhöfen. Sie betten ihre Toten in besonders errichteten Hügelgräbern oder in den Seiten von bereits bestehenden Gräbern. Man geht davon aus, dass sie durch kontinentale Beerdigungsbräuche beeinflusst wurden.

Ein anderes Merkmal der Landschaft der späten Bronzezeit in Britannien (und ein Zeichen des Einflusses der Invasoren) sind steinerne oder hölzerne Kreise. Sie sind die Zentren des religiösen Lebens, und einige von ihnen, so wie der Kreis bei Avebury, wurden in der frühen Bronzezeit vollendet; andere, darunter als bekanntestes das großartige Gebilde bei Stonehenge, wurden im Verlauf von fast einem Jahrtausend ergänzt und verfeinert.

Während der Bronzezeit hat sich die Verwendung von Metall weit verbreitet. Es ist ein Zeichen der Zeit, dass heute mehr Bronze für Waffen als für die Landwirtschaft oder für Haushaltsgeräte verwendet wird.

Auch die Landwirtschaft wandelt sich. Die Getreideernte besteht heute zu 80% aus Gerste, der Rest ist Emmer. Eine große Veränderung brachte die Einführung der Wintersaat. Siebzig Prozent der Gerste gehört zu der gespelzten Art, die auch im Winter ausgesät werden kann,

Der größte Grabhügel in Europa ist Silbury Hill in der Nähe von Avebury. Er ist über 40 m hoch.

wodurch eine ständige Versorgung mit Nahrungsmitteln das ganze Jahr über sichergestellt wird. Die Felder werden jetzt mit Kreuzpflügen bestellt.

Die zusätzliche Ernte und damit die größere Menge an Nahrungsmitteln führen zu einer Bevölkerungsexplosion.

Arische Wanderungen

Indien, 1000 v. Chr.

Die vedische Kultur in Indien geht in eine neue Phase über: Die erste Epoche eines frühen vedischen Zeitalters ist wohl zu Ende.

Das vedische Zeitalter begann, als die Arier aus der Region im Nordwesten abwanderten und sich im Gangestal niederließen. Sie waren mit Streitwagen ausgerüstet und militärisch hoch entwickelt, so dass sie die einheimischen Dravidianer vertrieben und in dem Gebiet Ackerbau betrieben.

Heute sind die Arier wieder in Bewegung, sie dehnen ihr Territorium aus und führen auch Kriege untereinander. Ihr heiliges Buch, die Rig-Veda, schreibt die Verehrung einer unpersönlichen Macht der Wahrheit (Rita), einzelner namentlich genannter Götter und die Verehrung natürlicher Kräfte wie Feuer und Sonne vor. Die indische Religion umfasst eine Priesterschaft und ein Opfersystem (einschließlich der Soma-Opfer unter Einsatz von Rauschmitteln) und verkündet die Notwendigkeit der Erlösung und der Vereinigung mit der unendlichen Wirklichkeit.

Großkopfete und Werjaguare

Mexiko, 1000 v. Chr.

Das Volk der Olmeken hat bei San Lorenzo im südlichen Vera Cruz ein großes Zeremonienzentrum errichtet. Zu den Bauwerken gehören acht riesige behauene, Olmekenherrscher darstellende Basaltköpfe, der größte ist mehr als 2,85 m hoch. Einige der massiven Basaltäre haben an der Vorderseite Nischen, in denen Figuren der Herrscher stehen.

Der Basalt kommt aus Steinbrüchen in den Tuxtla-Bergen und wurde wenigstens 80 km weit transportiert. Zuerst wurden die Steine zu schiffbaren Flüssen gezogen, wo sie auf Flöße aus Balsaholz verladen und so bis zum Golf von Mexiko und von dort aus den Fluss Coatzacoalcos hinauf transportiert wurden. Für das letzte Stück bis hinauf zum San Lorenzo-Plateau wur-

Der stilisierte Jaguar auf dem Kopf einer Axt symbolisiert die Macht über die unsichtbare Welt.

den wahrscheinlich Rollklötze verwendet.

Die Olmeken ernähren sich hauptsächlich von Fleisch und haben kannibalistische Neigungen. Es wird vermutet, dass sie aus Meereskröten gewonnene Halluzinogene verwenden. Zu ihrer Mythologie gehört die Legende, dass vor langer Zeit eine Rasse von »Werjaguaren« aus der Verbindung zwischen einer Frau und einem Jaguar gezeugt wurde, deren geschlechtslose Nachkommen gespaltene Köpfe haben. Die Figuren in den Altarnischen halten entweder ein Junges von einem »Werjaguar« oder ein Seil zum Fesseln von Gefangenen in den Händen.

Rundumschlag eines Erfolgreichen

Kanaan, 990 v. Chr.

Unter David, ihrem neuen König, scheinen die Israeliten unbesiegbar zu sein. Ein Stamm nach dem anderen unterliegt ihrer Militärmacht. Sie konnten bereits einen großen Sieg über die Philister erringen und das Volk unterwerfen.

Nach einer eindeutigen Niederlage der Moabiter (das Volk, das sich während Davids Exil um dessen Eltern gekümmert hatte) wurden zwei Drittel ihrer Soldaten nach deren Gefangennahme getötet. Die Moabiter stehen jetzt unter Davids Herrschaft.

Nach einer Schlacht gegen den König von Zoba an der Nordgrenze Israels konnten eintausend erbeutete Streitwagen der Waffenkammer Israels zugeführt werden. David machte jedoch bis auf eine Handvoll alle der erbeuteten Schlachtrösser lahm, da Israel den Streitwagen nicht gern als Kampfmittel einsetzt.

Weiter im Norden bei Aram (Syrien) errang David einen Aufsehen erregenden Sieg über Damaskus, und der Sieg im Osten über 18000 Edomiter im Salztal vergrößerte seinen Ruhm als Kommandant und begründete seine Herrschaft über die Edomiter.

Er ist zwar kein besessener, blutrünstiger Eroberer, aber wenn er beleidigt wird, ist er ein gefährlicher Gegner. Dies mussten die Ammoniter zu ihrem Leidwesen feststellen, als sie eine Beileidsbekundung Davids zum Tod ihres Königs zurückwiesen und seine Botschafter demütigten. In zwei darauf folgenden Schlachten tötete er 40000 von ihnen und ihren aramäischen Verbündeten.

David hat zum Krieg eine ganz andere Haltung als Saul. Seine Trophäen werden alle nach Jerusalem gebracht, wo sie zusammen mit der anderen Beute Jahwe geweiht werden.

(2. Samuel 8 und 10)

Unter David weitete das Königreich Israel sich sehr aus. Ein Ende der Expansion wurde erst unter Salomo erreicht.

Heißes Eisen

Naher Osten, 1000 v. Chr.

Eisen ist die begehrte Ware dieser Zeit. Die Metallhandwerker lernen, dieses neue Metall zu bearbeiten, das die Bronze vermutlich bald ersetzen wird. In Zypern und Syrien gibt es schon mehr eiserne als bronzene Messer, und in Griechenland werden die beiden Metalle zu gleichen Teilen verwendet.

Bis vor kurzem wurde Eisen nur zu dekorativen Zwecken eingesetzt und als wertvolles Metall gehandelt. Es wurde möglicherweise nur zufällig als Nebenprodukt bei der Kupferverarbeitung entdeckt. Der Schmelzpunkt von Eisen ist höher als der von Kupfer oder Bronze. Nach dem ersten Schmieden ist Eisen formbar und ziemlich weich. Aber wenn man es in einem Schmelzofen mit kohlehaltigen Brennstoffen erhitzt und dann in kaltem Wasser plötzlich abkühlt, ist es extrem hart und wird dann normalerweise als Stahl bezeichnet.

Die Stadt des Königs

Eine Stadt namens Jerusalem gibt es in ihrer gegenwärtigen Lage in den Hügeln von Juda mindestens seit zweitausend Jahren. Der Name bedeutet wahrscheinlich »Fundament des Friedens«. Ursprünglich war es wahrscheinlich eine von Ägypten kontrollierte Hügelfestung. Man nimmt an, dass es die Stadt ist, die Melchisedek als »Salem« regierte (1. Mose 14). Als die Israeliten in das von Jahwe zugesagte Land

kamen, wurden sie von den Jebusitern beherrscht, deren König Adoni-Zedek der Verlierer einer der berühmteren Schlachten Josuas war. Aber die hervorragenden natürlichen Verteidigungsanlagen machten es Josua unmöglich, sie einzunehmen; die Jebusiter prahlten sogar, dass auch eine Streitmacht von Blinden und Lahmen die Stadt verteidigen könnte, da sie auf einem steilen Hügel lag und stark befestigt war.
Als »Jebus« blieb sie eine jebusitische Stadt und ihre Bewohner lebten sicher hinter ihren starken Mauern. Der Stamm Benjamin nahm jedoch das Gebiet außerhalb der Stadt unmittelbar vor den Befestigungen ein und schuf somit eine im Grunde geteilte Stadt.

Die Stadt hatte ein raffiniertes Wasserleitungssystem. Wahrscheinlich hat Davids Kommandotruppe die Stadt eingenommen, indem sie durch einen zur Kanalisation gehörenden tiefen Brunnen in die Stadt gelangte und dann die Stadttore öffnete.
David machte Jerusalem aus einer Reihe von Gründen zu seiner Hauptstadt. Einer davon war ihre strategische Lage, die die Stadt in der Vergangenheit für so viele Völker begehrenswert gemacht hat. Außerdem würde die Einnahme von Jerusalem dazu beitragen, gute Beziehungen zwischen den Stämmen Juda und Benjamin zu schaffen.
David hat dort seinen prächtigen Palast gebaut. Die kunstvoll verzierten

Modell von Jerusalem, wie es in Davids Zeit ausgesehen haben könnte

Jerusalem war eigentlich kaum mehr als ein befestigtes Dorf auf einem kleinen Hügel. Was David zunächst bescheiden begann, baute Salomo später großartig aus. Insbesondere der Tempel mit seinen Gebäuden sorgten für eine Erweiterung des Gebiets.

Die Mauern Jerusalems folgen an dieser Stelle dem Verlauf der von David errichteten Mauer.

Balken und die fein behauenen Steine sowie die meisten der Handwerker wurden von Hiram, dem König von Tyrus, als ein Geschenk an den neuen Monarchen geschickt.
Viele Menschen nehmen diesen Wohlstand als ein Zeichen dafür, dass Gott wirklich mit David ist. Die ständig wachsende Zahl von Frauen und Nebenfrauen in Davids Haushalt lässt andere wiederum befürchten, dass auch David moralische Schwächen hat und dadurch die langfristige Stabilität der Monarchie bedroht sein könnte.

(vgl. 2. Samuel 5,9-12)

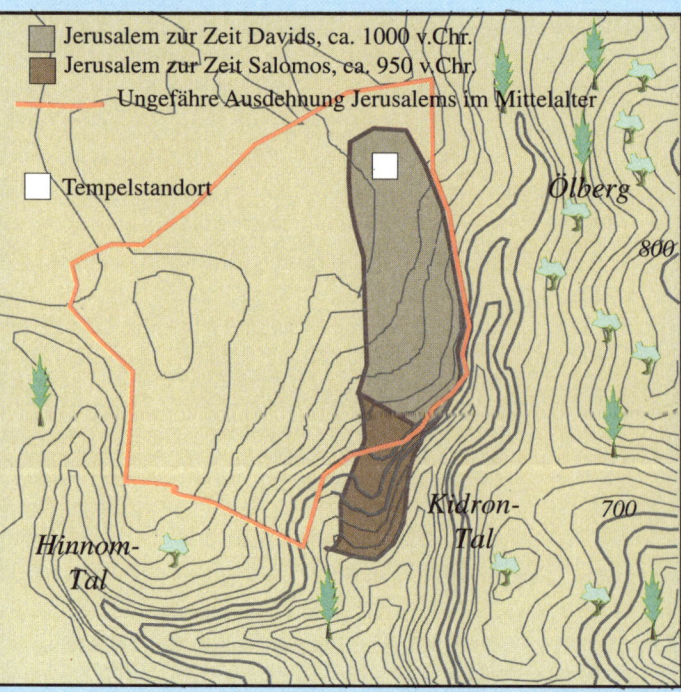

Jerusalem zur Zeit Davids, ca. 1000 v. Chr.
Jerusalem zur Zeit Salomos, ca. 950 v. Chr.
Ungefähre Ausdehnung Jerusalems im Mittelalter
Tempelstandort
Ölberg
800
Kidron-Tal
700
Hinnom-Tal

David – der Dichterkönig

Das Gesangbuch der Israeliten wächst beständig, da König David neben all seinen anderen Fähigkeiten auch ein begnadeter Psalmenschreiber ist.

Wenn es während Davids Herrschaft auch Tragödien und Irrtümer gab, so hat er doch stets Jahwe Folge geleistet. Er weiß, dass alle seine Leistungen als König nur durch Gottes Hilfe möglich wurden, und gilt als ein Mann echter, wenn auch unvollkommener Frömmigkeit.

Seine Psalmen sind im ganzen Land gut bekannt. Es sind sowohl Gemeindegesänge als auch tiefsinnige Meditationen, mit denen er der großen Momente seines Lebens gedenkt. Hier sind einige Zitate aus dem Psalmenbuch des Königs.

Bei seiner Flucht aus Sauls Palast:
»Meine Stärke,
    zu dir will ich mich halten;
denn Gott ist mein Schutz.«
(Psalm 59,9-10)

Als er sich vor Saul in einer Höhle versteckt:
»Höre auf meine Klage,
denn ich werde sehr geplagt.
Errette mich vor meinen Verfolgern,
denn sie sind mir zu mächtig.
Führe mich aus dem Gefängnis,
dass ich deinen Namen preise.«
(Psalm 142,7-8)

Nach dem Sieg über die Edomiter:
»Schaffe uns Beistand in der Not;
denn auf Menschenhilfe ist kein Verlass.

Mit Gott wollen wir Taten tun.
Er wird unsre Feinde niedertreten.«
(Psalm 60,13-14)

Palmen in einer Oase in der Wüste Sinai. David wird oft solche Plätze aufgesucht haben.

Während Absaloms Rebellion:
»Ich liege und schlafe und erwache;
    denn Jahwe erhält mich.
Ich fürchte mich nicht vor
    vielen Tausenden,
die mich umzingeln.«
(Psalm 3,6-7)

Einer der schönsten seiner Psalmen ist der Lobgesang auf Jahwe nach einem seiner großen Siege, der gleichzeitig seine vertrauensvolle Haltung zu Jahwe gegen Ende seines Lebens beschreibt:

»Jahwe ist mein Fels
    und meine Burg und mein Erretter.
Gott ist mein Hort, auf den ich vertraue,
mein Schild und Berg meines Heils,
mein Schutz und meine Zuflucht,
mein Retter, der du mir hilfst
    vor Gewalt.
Ich rufe Jahwe an,
    den Hochgelobten,

so werde ich vor meinen
    Feinden errettet.«
(2. Samuel 22,2-4)

Seine in Poesie gefassten letzten Gedanken über seine Herrschaft sind die Worte eines Mannes, der in seinem Leben nicht nur Ruhm und Ehre, sondern auch Niederlage und Schande erfahren hat und sich trotzdem einen unerschütterlichen Glauben daran bewahrt hat, dass sein Gott ein gerechter und liebender Gott ist:

»Der Geist Jahwes hat durch mich
    geredet,
und sein Wort ist auf meiner Zunge...
so hält mein Haus treu zu Gott;
denn er hat mir einen ewigen Bund
    zugesagt,
in allem wohl geordnet und gesichert.
Was immer ich erbitte,
    er gewährt es mir.«
(2. Samuel 23,2.5)

KURZMELDUNGEN ca. 1000 v. Chr.

Goldene Stola: Aus einem einzigen Blatt Gold wurde in Wales ein Schulterumhang gefertigt. Seine Oberfläche ist so reich verziert, dass er beim Tragen Falten wie ein Stoff zu werfen scheint. Er ist innen mit Leder ausgekleidet und wird durch aufgenähte Bronzestreifen verstärkt. Das Gold, aus dem er gemacht ist, kommt aus Irland. Solche Kunstwerke kannte man bisher nur aus dem alten Ägypten, aber die zunehmende Anzahl der Goldschmiede in Europa lässt darauf schließen, dass hier eine neue Schmuckindustrie im Entstehen ist.

Messer immer besser: Schweizer Jagdmesser haben inzwischen einen beeindruckenden Ruf. Die frühen Modelle hatten geschwungene Rücken und hölzerne Griffe. Spätere Messer hatten gebördelte Hefte und Wickelverbindungen und waren mit dünnen Schichten scharfen Horns versehen. Aber das heutige, völlig aus Bronze bestehende Produkt mit den eingearbeiteten Verzierungen und einem Ring, an dem das Messer an den Gürtel gehängt werden kann, ist das bisher hochwertigste.

Schmiedeschulen: In ganz Europa entstehen neue Schulen zur Metallverarbeitung, einige davon auch in Frankreich. Im Medoc werden massive Äxte für den Export geschmiedet. In der Bretagne stellen die Küstenbewohner unverwechselbare Speerspitzen und Rapiere mit bronzenen Heften für den Export nach Holland her. Eine weitere Produktionsstätte ist in der Normandie.

Kindsopfer und andere Scheußlichkeiten: Die Region im Westen Britanniens war Schauplatz einiger schrecklicher Kindsopfer. Es wird vermutet, dass bei Kindern die Gehörknöchelchen entfernt wurden, was jedoch nur möglich ist, wenn auch das Gehirn entfernt wird. Die Gehörknöchelchen könnten als Symbol für das Gehirn gelten und wurden möglicherweise zusammen mit dem Gehirn verzehrt. Außerdem wurden einige Frauen gemeinsam mit ihren verstorbenen Ehemännern (allerdings lebendig) begraben.

Die Frau ins Bett – der Mann an die Front

Jerusalem, 985 v. Chr.

Der Hofprophet Nathan hat eine königliche Liebesaffäre mit einer verheirateten Frau enthüllt, die durch den sorgfältig geplanten Quasi-Mord an ihrem Mann vertuscht werden sollte.

König David, der sich einst weigerte, Saul um des Thrones willen auch nur ein Haar zu krümmen, und für den menschliche und geistige Loyalität die höchsten Tugenden sind, hat sich zu einem für ihn außergewöhnlichen Fehltritt bekannt.

Hätte David seine militärischen Pflichten erfüllt, so wäre es nie zu diesem Vorfall gekommen. Nachdem er seinen Kommandanten Joab zu einem Feldzug gegen die Ammoniter ausgesandt hatte, der sich als erfolgreich erweisen sollte, erging er sich eines Abends auf dem Dach seines Palastes und sah eine attraktive Frau beim Baden.

Es war Batseba, die Frau von Uria, einem seiner Generäle, der mit in die Schlacht gezogen war. Er schickte nach ihr, schlief mit ihr und sie wurde schwanger.

David rief Uria unverzüglich aus dem Krieg zurück und versuchte ihn zu überreden, die Nacht zu Hause bei Batseba zu verbringen; nach seinen Berechnungen musste es dann so aussehen, als wäre das Kind in dieser Nacht gezeugt worden.

Uria weigerte sich jedoch und begründete dies mit der Kriegsvorschrift, dass sich ein kämpfender Soldat des Geschlechtsverkehrs enthalten soll. Also gab David ihm einen Brief, den er an Joab überbringen sollte. Uria hat nie erfahren, dass er sein eigenes Todesurteil überbrachte: Dieser Brief wies Joab an, Uria in der nächsten Schlacht in die vorderste Front zu beordern, wo er dann fiel.

Nach Batsebas Trauerzeit brachte David sie sogleich als seine Frau in den königlichen Palast, wo das Baby – ein Junge – zur Welt kam.

Es schien so, als sollte er damit durchkommen – bis eines Morgens der Prophet Nathan ihm plötzlich eine Geschichte erzählte:

»Der höchste Besitz eines armen Mannes war ein junges Schaf. Er liebte und hegte und pflegte es. Aber ein reicher Nachbar mit einer riesigen Schafherde nahm das Lamm des armen Mannes, schlachtete es anstelle eines seiner eigenen Schafe, um einen Gast zu bewirten.«

David war erzürnt, bis Nathan ihn darauf hinwies, dass er lediglich das Verhalten des Königs beschrieben hatte. Er wurde deutlicher: Jahwe ist erzürnt, weil David mit seinem Ehebruch alles Gute schmähte, das er je von ihm erhalten hat.

Nathans Warnung lautete, dass von nun an Unheil das Haus David verfolgen würde. Der königliche Harem wird einem anderen Mann gehören. Der König hat heimlich gesündigt, aber er wird öffentlich dafür bestraft. Gramgebeugt und von seinem Gewissen geplagt bereute David sofort. Nathan versicherte ihm zwar, dass er wegen seines Verbrechens nicht sterben werde, aber der aus diesem Ehebruch hervorgegangene Sohn würde nicht überleben. Sobald der Prophet den Hof verlassen hatte, wurde das Baby krank und starb sieben Tage später.

Dies war für David eine niederschmetternde Erfahrung und seine Reue kommt in einem von ihm komponierten Psalm (2. Samuel 11.12; vgl. Psalm 51) deutlich zum Ausdruck.

Inzest und Brudermord im Königshaus

Jerusalem, 980 v. Chr.

Der Skandal über eine von zwei Königssöhnen begangene Vergewaltigung und einen Mord haben ein einst hoch angesehenes Königshaus in Verruf gebracht. Davids Familienleben wird ebenso von Tragödien heimgesucht wie das eines normalen Bürgers und auch er scheint dagegen machtlos zu sein.

Davids Sohn Amnon hat seine Halbschwester Tamar nicht nur vergewaltigt, sondern anschließend auch verstoßen. Er hat sich beharrlich geweigert, Verantwortung für sie zu übernehmen, und so lebt sie nun als gebrochene Frau im Hause ihres Bruders Absalom.

Der als Vater notorisch nachsichtige König David hat keinen Versuch unternommen, Amnon zu bestrafen, und sein Zorn allein zeigt wenig Wirkung. Absalom weigert sich nun schon seit zwei Jahren, mit Amnon zu sprechen, und sein Hass auf ihn ist unübersehbar.

Die Sache nahm schließlich eine blutige Wende. Absalom lud seine königlichen Brüder zu einem Schafschurfest ein und befahl seinen Männern, Amnon betrunken zu machen und ihn dann zu töten. Die anderen Brüder flohen in Panik. Bei ihrer Rückkehr trieben die Gerüchte bereits wilde Blüten: Es hieß, dass alle Brüder getötet worden wären.

Absalom floh ins Exil und suchte Asyl bei seinem Großvater mütterlicherseits nördlich des Sees Genezareth.

Dem israelitischen Gesetz zufolge hätte sein nächster Verwandter Amnon rächen müssen. Das bedeutet, dass David Absalom töten müsste. Aber dieser empfand größere Trauer über Absaloms Exil als über Amnons Tod; Absalom, der große, gutaussehende Prinz mit der makellosen Haut und dem prächtigen Haar steht dem Herzen des Vaters am nächsten.

(2. Samuel 13)

David und Nathan; Zeichnung von Rembrandt

Traurige Flucht eines Herrschers

Jerusalem, 980 v. Chr.

König David ist durch die Androhung eines Staatsstreiches durch seinen Sohn Absalom aus seiner eigenen Hauptstadt vertrieben worden.

Absalom war in die königliche Gunst zurückgekehrt, nachdem Joab den König durch eine List dazu brachte, ihm zu vergeben. Nach einer zweijährigen Trennung hatten sich die Gemüter sowieso abgekühlt.

Aber der König hat seinen Sohn Salomo zu seinem Nachfolger bestimmt, obwohl Absalom vor dem Gesetz dem Thron am nächsten steht.

In den letzten vier Jahren hat Absalom sich einen prestigeträchtigen Streitwagen und eine kleine Truppe von 50 Leibwächtern zugelegt. Er hat seinen Einfluss und seine Popularität im Volk vergrößert und im Falle seiner Thronbesteigung größere Gerechtigkeit versprochen. Er hat es sich zur Aufgabe gemacht, so viele unzufriedene Menschen wie möglich für sich zu gewinnen, und er scheint in jeder Hinsicht ein plausibler Nachfolger zu sein. Er hat den Hof unter dem Vorwand verlassen, Jahwe im nahe gelegenen Hebron zu verehren – er behauptete, im Exil einen diesbezüglichen Schwur getan zu haben –, und hat sich dann dort selbst zum König ernannt. Absalom hat sich einer breiten Unterstützung im Volke versichert und es ist ihm sogar gelungen, Davids treuen Berater Ahitofel auf seine Seite zu ziehen.

Ansicht Jerusalems vom Osten. Durch dieses Tal floh David.

David zeigte die Reaktion eines erfahrenen Wüstenguerillakämpfers. Er verließ Jerusalem, um dessen Zerstörung zu verhindern, und ließ auch die Lade Jahwes zurück.

Es kam zu bewegenden Szenen, als er die Stadt über den Ölberg verließ. Die ihn begleitenden Soldaten und treuen Diener verbargen ihre Tränen nicht.

Absalom kam näher und David zog auf der Jerichostraße nach Nordosten, kaum 16 km von der vorrückenden Armee seines Sohnes entfernt. Auf der Straße traf er auf Mefi-Boschets Diener Ziba, der Lebensmittel brachte. Als Ziba sagte, dass sich sein Herr immer noch in Jerusalem befinde, befürchtete David das Schlimmste. Sauls Enkel Mefi-Boschet rechnete sich Chancen auf den Thron aus.

Bei Bahurim kurz vor Jerusalem wurde David von Schimi, einem Mitglied des Hauses Saul, beleidigt und mit Steinen beworfen. Er reagierte mit der ihm eigenen Milde, obwohl seine Gedanken in Aufruhr gewesen sein müssen, als er die königliche Stadt hinter sich ließ und in die Wüste zog. Aber er hat einen Verbündeten zurückgelassen. Huschai, der Arkiter, hat den Auftrag erhalten, in Absaloms Dienste zu treten und als »Spion vor Ort« Ahitofels Ratschläge zu untergraben.

(2. Samuel 15,1-16,14)

Usurpator tappt in die Falle

Jerusalem, 975 v. Chr.

Absalom ist in Jerusalem eingezogen und hat König David fliehen lassen. Dies könnte der Wendepunkt in diesem Konflikt sein.

Das Volk scheint Absalom in seinem Anspruch auf den Thron zu unterstützen. Trotzdem hat Davids angesehener Berater Ahitofel, der sich Absalom angeschlossen hat, davor gewarnt, dass ein Angriff auf die Städte zu einem Bürgerkrieg führen würde. Er empfahl Absalom, den von David zurückgelassenen Harem für sich zu beanspruchen. Diese Beleidigung wäre für den König eine so große Schande, dass er es nie wagen könnte zurückzukehren.

Absalom befragte auch Huschai, einen Freund Davids, der dem König im Geheimen die Treue hielt. Dieser riet prompt zu einer Zerstörungspolitik: jede Stadt, die David aufnahm, sollte zerstört werden. Die Aussicht auf weitere ruhmreiche Eroberungen gefiel dem eitlen Absalom.

Da erkannte Ahitofel, dass Absalom seine Chance auf einen Sieg vertan hatte. Die Einnahme von Jerusalem war reine Zeitverschwendung gewesen. David kannte die Wüste genau und wenn es ihm gelang, seine alten Verbündeten rechtzeitig zu erreichen, seine alten Festungen zu besetzen und seine Truppen zu verstärken, konnte niemand ihn aufhalten. Ahitofel erkannte Absaloms wahrscheinliche Vorgehensweise, kehrte in seine Heimatstadt zurück, ordnete seine Angelegenheiten und beging Selbstmord.

Inzwischen hatte Huschai David mitgeteilt, was er Absalom geraten hatte. Er drängte ihn dazu, sofort den Jordan zu überqueren, falls Absalom seine Meinung noch ändern sollte. David zog nach Manahajim, dessen Einwohner ihn gastfreundlich aufnahmen und wo es ihm nach Huschais Vorhersage gelang, seine Armee zu organisieren. Absalom steht nun einem ausgeruhten und kampfbereiten König gegenüber.

(2. Samuel 16,15-17,29)

117

Haarpracht wurde zum Verhängnis

Ephraim, 975 v. Chr.
Davids Armee hat den Aufstand Absaloms im Wald Ephraim niedergeschlagen. Absalom, der aufständische Sohn des Königs, ist unter den 20000 gefallenen Kämpfern.

Von ihnen hatten fast ebenso viele ihr Leben durch das gefährliche Waldterrain wie in der Schlacht verloren. Davids Männer dagegen hatten in diesem Gebiet bereits Kampferfahrung. Als Absalom durch den Wald ritt, traf er auf eine Abteilung von Davids Männern. In dem darauffolgenden Durcheinander verfingen sich seine langen Haare in ei-

Das Hügelland von Ephraim ist sowohl abgelegen als auch unwirtlich.

nem Baum, sein Maultier ging durch und er blieb baumelnd hängen.

Die Männer erstatteten Joab Bericht, der ihnen vorwarf, dass sie den wehrlosen Absalom nicht getötet hatten. Obwohl David Joab in Hörweite der Soldaten ausdrücklich angewiesen hatte, Absalom zu verschonen, ignorierte er diesen Befehl und tötete Absalom mit eigener Hand.

Als David dies hörte, brach er in ein wildes Klagen aus, das die Truppen verunsicherte. Joab forderte David

auf, sich zusammenzureißen und einige Worte an seine Männer zu richten, und nur so konnte er den Zusammenbruch der Moral verhindern. David durfte nicht den Eindruck erwecken, dass ihm das Leben des aufständischen Absalom wichtiger war als das seiner treuen Krieger, die eben noch für ihn ihr Leben auf dem Schlachtfeld riskiert oder sogar verloren hatten.

So fand ein gut geplanter und strategisch ausgeklügelter Feldzug ein trauriges Ende. David hat als Vater versagt und es nicht geschafft, seine Söhne zu disziplinieren. Dies und die Tatsache, dass er nicht erkannte, dass durch Absaloms Tod ein möglicherweise endloser und blutiger Konflikt ein schnelles Ende fand, trüben diesen Sieg, der sonst vielleicht Davids größter gewesen wäre.

(2. Samuel 18,1-19,8)

Pest abgewendet

Jerusalem, 975 v. Chr.
Ein Ausbruch der Pest konnte noch einmal verhindert werden. König David errichtete Jahwe einen Altar als Zeichen seiner Reue für seine Anmaßung, eine Militärschätzung durchzuführen. Die Seuche wäre als Jahwes Bestrafung für Davids Stolz auf seine Kriegsmaschinerie angesehen worden.

Er bezahlte den vollen Marktpreis für das Land, auf dem er den Altar errichtete, obwohl der Besitzer Arauna, ein Jebusiter, es ihm kostenlos überlassen wollte. »Gaben an Gott sollten nicht umsonst sein«, sagte David.

Dem alternden König wurde es von seinen Beratern untersagt, weiterhin in die Schlacht zu ziehen, und sein frustrierter Kampfgeist könnte ihn dazu geführt haben, die Zahl der kriegsfähigen Männer feststellen zu lassen. Dieses Mal sprach sich sogar Joab gegen diese Idee aus, der sonst nicht unbedingt für seine religiösen Skrupel bekannt ist.

In Jahwes Augen mögen die Zahlen nicht viel bedeuten, aber die Tatsache, dass sich 500000 allein aus Juda und weitere 800000 aus den anderen Stämmen gemeldet haben, wird andere Nationen dazu veranlassen, sich einen Angriff auf Israel in Zukunft zweimal zu überlegen.

(2. Samuel 21,15-22; 24,1-25)

Versöhnung auf breiter Front

Jerusalem, 975 v. Chr.
David ist wieder in Jerusalem. Seine Trauer um Absalom ist vorüber.

Die Menschen strömen auf die Straßen, um ihn willkommen zu heißen. Jubelnd und singend säumen sie dieselben Straßen, auf denen David vor gar nicht langer Zeit die Stadt als Flüchtling verlassen hatte.

Der großmütige Sieger David hat Schimi vergeben, der ihn auf seiner Flucht aus der Stadt verflucht hatte. Schimi hat David aufgesucht und ihn um Gnade angefleht. Ihm wurde nicht nur vergeben, sondern zudem noch seine Sicherheit durch einen persönlichen Schwur des Königs garantiert.

Auch Ziba wurde vergeben, der des eigenen Vorteils wegen David gegenüber verleumderische Anspielungen machte, dass auch Mefi-Boschet den Thron beanspruchte. Aber anstatt den

Diener zu bestrafen, befahl David, dass Mefi-Boschets Vermögen – das zuvor ganz auf Ziba übertragen worden war – zu gleichen Teilen zwischen Ziba und Mefi-Boschet aufgeteilt werden soll. Sauls Enkel Mefi-Boschet zeigte sogar noch mehr Großmut und überließ Ziba aus Freude über Davids sichere Rückkehr das gesamte Vermögen.

Der König hat seine Dankbarkeit auch gegenüber denen erwiesen, die ihn in Manahajim aufgenommen hatten.

Nur einer Person wurde nicht vergeben. Joab, der Absalom gegen den ausdrücklichen Befehl des Königs getötet hatte. Sein Posten als militärischer Oberkommandierender wurde von Absaloms Militärführer Amasa übernommen. Joab scheint sich den besonderen Zorn des Königs zugezogen zu haben.

(2. Samuel 19,8-40)

Rebell geköpft

Kanaan, 975 v. Chr.

Trotz der Niederschlagung des Aufstands Absaloms hält die Unzufriedenheit in Israel an.

Für kurze Zeit umfasste Davids Königreich nur noch den Stamm Juda, den er unmittelbar nach dem Tode Sauls regiert hatte. Die anderen elf Stämme waren abgefallen, nachdem der Benjaminiter Scheba Einwände dagegen erhoben hatte, dass David während des Aufstandes ausschließlich vom Stamm Juda beschützt worden war.

David sandte Joab aus, um diese Angelegenheit zu regeln. Der unbarmherzige Armeekommandant verfolgte Scheba bis nach Abel-Bet-Maacha in Dan nördlich von Galiläa. Die Stadt wurde allein durch eine Frau vor der Zerstörung bewahrt, die Schebas Hinrichtung veranlasste und dann seinen Kopf über die Stadtmauer warf. Joab beendete die Belagerung und kehrte nach Jerusalem zurück.

Joab hatte in dieser Woche schon einmal Blut vergossen. Auf seinem Weg nach Norden hatte er Davids Boten, seinen Rivalen Amasa, getötet, der zu lange benötigt hatte, um Judas Armee zur Verteidigung des Königs zu organisieren. Joabs Position als zweitmächtigster Mann im Königreich war nun wieder ebenso sicher wie die des Königs.

(2. Samuel 19,41-20,26)

Letzter Wille eines großen Königs

Jerusalem, 970 v. Chr.

König David ist tot, und damit ist eines der wichtigsten Kapitel in der Geschichte Israels abgeschlossen. In der ihm eigenen Art hat er noch einige Dinge geregelt und damit bis zum Schluss seinen Ideenreichtum unter Beweis gestellt.

Seine letzten Jahre hatte er in Abischags Gesellschaft verbracht, einer schönen jungen Pflegerin, mit der er allerdings keinen geschlechtlichen Kontakt hatte.

Als er älter und zunehmend schwächer wurde, war der nun bald leer stehende Thron das Thema bei seinen Söhnen. Sein ältester überlebender Sohn Adonija wollte Nachfolger seines Vaters werden.

Sein Vater hatte dem gut aussehenden Mann voller Charisma stets jeden Wunsch erfüllt. Im Rahmen seines Planes zur Übernahme der Nachfolge veranstaltete Adonija ein großes Festopfer, an dem einige seiner Brüder, Joab und andere Angehörige des Hofes teilnahmen. Salomo und einige andere hatten keine Einladung erhalten. Auf dem Fest wurde Adonija praktisch zum König ausgerufen.

Aber König David und Nathan beruhigten Batseba. Sie bestätigten das gegebene Versprechen, dass ihr Sohn König werden würde. David ernannte Salomo zum Mitregenten und Nathan salbte ihn während einer prachtvollen Krönungsfeier, die den Beifall des Volkes fand. Adonija wurde daraufhin von seinen Anhängern im Stich gelassen und hat Salomo um Gnade angefleht.

Auf seinem Totenbett sprach David mit Salomo und trug ihm auf, Jahwe zu folgen und seine Gebote einzuhalten. Er warnte Salomo auch vor bestimmten Personen an seinem Hof und in der Armee, die er besonders im Auge behalten sollte, und nannte andere, für die er sorgen und die er beschützen sollte.

Nun ist David tot und liegt in der heiligen Stadt bei seinen Vorfahren begraben. Er hat fast vierzig Jahre lang regiert. Er hatte die Nachfolge eines geistig verwirrten Königs angetreten und auch seine eigene Herrschaft war nicht frei von Skandalen geblieben. Es wird in Zukunft kaum jemals einen so eindrucksvollen König wie David geben.

(1. Könige 1,1-2,11)

Weise Wünsche

Gibeon, 970 v. Chr.

Salomo ist einer der frommen Könige, dessen hochfliegende Pläne durch aufrichtige Demut gemäßigt werden. Nachdem er Gott eintausend Opfer dargebracht hatte, erhielt er ein märchenhaftes Angebot: Er durfte sich wünschen, was immer er wollte.

Während sich andere Gesundheit, Reichtum und Glück gewünscht hätten, bekannte Salomo sich zu seiner eigenen Unerfahrenheit und zu der gewaltigen Aufgabe, die vor ihm lag. Zwei Bitten hatte er an Jahwe: dass dieser ihm die einst seinem Vater David für die Zukunft gegebenen Versprechen bestätigte und dass er ihm das für die Herrschaft über das Königreich nötige Wissen und die erforderliche Weisheit verlieh.

Salomo zufolge war Gott von diesen Bitten so angetan, dass er ihm nicht nur Weisheit versprach, sondern auch Reichtum und Ehre, wie sie noch kein Monarch vor ihm erhalten hatte.

(1. Könige 3,4-15; 2. Chronik 1,2-13)

Jerusalem, hier vom Berg Skopus aus gesehen, bleibt auch 3000 Jahre später untrennbar mit dem Namen Davids verbunden.

Säuberungsaktion im Königshaus – Erbfolgestreit eskaliert

Jerusalem, 970 v. Chr.

Drei der ärgsten Rivalen König Salomos wurden eliminiert. Damit festigte er seine Position als rechtmäßiger Nachfolger Davids. Adonija, der älteste überlebende Sohn Davids, und Joab, Davids ehemaliger Oberkommandierender, wurden exekutiert, während der Priester Abjatar vom Hofe verbannt wurde.

Die Lage hatte sich zugespitzt, als Adonija um Erlaubnis bat, Abischag heiraten zu dürfen, Davids schunemitische Nebenfrau, die ihn im Alter gepflegt hatte. Adonija gab zwar vor, Salomos Autorität zu akzeptieren, für Salomo war dies jedoch nur ein weiterer Versuch seines Halbbruders, ihm den Thron streitig zu machen, und daher befahl er dessen Hinrichtung.

Joab, der sich während Adonijas versuchtem Staatsstreich vor Davids Tod mit Abjatar verschworen hatte, suchte im Heiligtum Jahwes Zuflucht. Da er seine Mordtaten aber alle vorsätzlich begangen hatte, wurde ihm kein Schutz gewährt, er wurde neben dem Altar hingerichtet.

Weil Abjatar die Bundeslade, Israels Heiligtum, getragen hatte, wurde es ihm gestattet, in Verbannung in Anatot zu leben, sechs Kilometer nördlich von Jerusalem. Schimi, einem anderen Gegner Davids, wurde ebenfalls Verschonung zugesagt, solange er sich innerhalb der Grenzen Jerusalems aufhielt.

(1. Könige 2,13-38)

Das Königreich Salomos in seiner größten Ausdehnung

Legende:
- Das Reich Salomos
- Handelsstraßen
- Kupferminen
- befestigte Städte

Reiche dürfen brennen

Ohio, ca. 970 v. Chr.

Die Menschen der Adena-Kultur bauen reich verzierte Grabhügel, die bis zu 20 m hoch sein können. Auch hier ist es Sitte, den Toten Gebrauchsgegenstände oder Schmuck mit ins Grab zu geben.

So finden sich etwa Perlenketten, Kupferspangen, rohrförmige Tabakspfeifen und polierte Steinwerkzeuge. Die oberen zehntausend, wenn es denn so viele sind, legt man in Gräber aus Baumstämmen, die man anschließend verbrennt. Darüber wird dann ein Hügel errichtet.

Die Adena-Leute haben runde Hütten mit kegelförmigen Dächern. Das Fachwerk aus Pfosten ist mit Flechtwerk gefüllt. Ein Loch im mit Tierhäuten gedeckten Dach dient als Abzug für die Feuerstelle im Haus.

Viel Öl für eine Menge Holz

Jerusalem, 966 v. Chr.

Eine noch aus der Anfangszeit von Davids Herrschaft stammende Handelsverbindung zwischen Israel und Phönizien ist von König Salomo als Teil seines ehrgeizigen Tempelbauprojektes wieder belebt worden.

Nach diesem Abkommen wird König Hiram von Tyrus, der über riesige Zedernwälder und Steinbrüche verfügt so wie damals beim Bau von Davids Palast die Baumaterialien und den größten Teil der Arbeiter liefern. Salomo zahlt dafür jeweils den üblichen Marktpreis.

Die jahrhundertealten Zedern auf dem Libanon-Gebirge dienten in der Zeit der Könige Israels als Bauholz für repräsentative Bauwerke.

Solche Abkommen sind sowohl für Tyrus als auch für Israel von Vorteil. Das zwischen dem Meer und den prächtigen Zedernwäldern des Libanon gelegene Tyrus lebt hauptsächlich vom Schiffsbau – aber Holz können die Menschen natürlich nicht essen. Hiram empfindet zwar echte Freude darüber, dass ein gottesfürchtiger König Israels Thron bestiegen hat, und hat dies David gegenüber auch in einem Schreiben zum Ausdruck gebracht. Geschenke verteilt er deswegen aber trotzdem nicht.

Salomo zahlt ihm 440 Kiloliter gepresstes Olivenöl und 4400 Kiloliter Weizen für das Holz und die Arbeitskräfte. Hirams Schiffe liefern auch weiterhin Edelsteine und exotische Hölzer in Salomos Lagerhäuser.

Auch andere Nationen schließen Bündnisse und Handelsabkommen mit dem aufstrebenden Israel.

Salomo hat die Tochter des ägyptischen Pharaos geheiratet und so zwei wichtige Nationen miteinander verbunden. Außerdem brachte seine Braut ihm die Stadt Geser als Mitgift, die zur Zeit zwar nur eine ausgebrannte Ruine ist, aber einst ein wichtiges Handelszentrum auf halbem Wege zwischen Jerusalem und Ägypten war.

(1. Könige 3,1; 5,1-18; 2. Chronik 2,1-18)

König verpasst dieses Jahr Backpfeifen

Babylon, 960 v. Chr.

Zum neunten Mal in Folge wurde das Neujahrsfest in Babylon wegen der geringen Sicherheit im Land nicht gefeiert.

Bei diesem Fest gibt der Gott Marduk den Babyloniern seinen Segen für das kommende Jahr, der als Grundlage für das Wohlergehen des Volkes gilt. Dieses Fest nicht feiern zu können, ist ein schlechtes Zeichen.

In der Regel dauert es mehrere Tage. Reinigungszeremonien und Gebete finden bis zum vierten Tag statt, an dem das Schöpfungsepos vorgetragen und nachgespielt wird. Dann werden dem König von dem Hohepriester alle Symbole seiner königlichen Macht abgenommen und er wird zeremoniell geohrfeigt. Er kniet vor Marduk und schwört, dass er keine Sünden begangen und seine Pflichten nicht vernachlässigt hat.

Der Hohepriester gibt ihm seine königlichen Kleider zurück. Dabei wird er wieder so heftig wie möglich geohrfeigt – kommen dem König vor Schmerz die Tränen, ist dies ein Zeichen für Marduks Zufriedenheit. Am Abend wird ein weißer Stier geopfert. Später nimmt der König die Hand von Marduks Abbild und führt ihn den Prozessionsweg hinunter durch das Ischtar-Tor.

Silber, Gold und Gottes Segen

Jerusalem, 957 v. Chr.

Jerusalem ist eine florierende Stadt, die vor Silber und Gold glänzt. Steine und wertvolles Zedernholz sind das gewöhnliche Baumaterial. Das neue Libanon-Waldhaus ist ein riesiges Gebäude, das hauptsächlich aus Zedernholz und hochwertigem rosa Kalkstein besteht, und den Tempel kann man als Weltwunder bezeichnen.

Zu König Salomos umfangreichem Bauprogramm gehört auch ein Gerichtsgebäude und ein Palast für seine Frau, die Tochter des Pharaos.

In den riesigen königlichen Ställen stehen 1400 Streitwagen und 12000 Pferde. Die reinrassigen Zuchtpferde kommen aus den für ihre Zucht berühmten Ländern Ägypten und Koë. Israel verkauft sogar Pferde und Streitwagen an die Hetiter und Aramäer.

Der Wohlstand der Nation ist ein Zeichen ihres Ruhmes. Der einzigartige Thron des Königs ist aus Elfenbein und mit reinstem Gold überzogen. An den Armlehnen und auf den sechs Stufen stehen geschnitzte Löwen. Salomo ließ auch 200 große und 300 kleine goldene Schilde nur für den Palast anfertigen. Andere Zeichen der Größe sind die goldenen Trinkgefäße im königlichen Haushalt und die königliche Handelsflotte.

An dem Reichtum und dem Glanz Israels erkennen seine Besucher die Größe des Gottes von Israel. Die Königin von Saba im Jemen kam, um Salomos berühmte Weisheit durch einige schwierige Fragen auf die Probe zu stellen. Sein Reichtum beeindruckte sie ebenso sehr wie seine Weisheit und sie erklärte, dass alles, was sie gesehen und gehört hatte, sie davon überzeugte, dass Jahwes Segen auf Israel ruht und dass Salomos Thronbesteigung ein Zeichen von Gottes ewiger Liebe zu seinem Volk war.

Als Zeichen der Anerkennung brachte sie Gold, Gewürze und Edelsteine. Salomo überreichte ihr Geschenke aus der königlichen Schatzkammer.

(1. Könige 10; 2. Chronik 9)

Imposantes Bauwerk für einen imposanten Gott

Jerusalem, 970 v. Chr.

Während einer prächtigen 14-tägigen Feier, bei der 22000 Rinder und 120000 Schafe geopfert wurden, wurde Salomos großartiger Tempel Jahwe geweiht. Brand-, Getreide- und Feueropfer wurden im Vorhof des Tempels dargebracht.

Es wird berichtet, dass Gott Salomo erschienen sei und sich erfreut über das Werk zeigte. Er bestätigte, dass die königliche Familie Davids für immer auf dem Thron Israels sitzen würde, wenn Salomo dem Beispiel seines Vaters folgte und Jahwe Gehorsam erwies. Sollten Salomo oder seine Söhne sich jedoch von Gott abwenden, seine Gebote nicht einhalten oder anderen Göttern dienen, dann würde er das Volk Israel aus dem Land, das er ihnen gegeben hatte, vertreiben und den Tempel niederreißen.

Der von Salomo errichtete Tempel, einst Davids großer Traum, ist sowohl ein Heiligtum, in dem die Bundeslade aufbewahrt wird, als auch ein Gerichtsgebäude im Zentrum der Nation. Er hat einige Ähnlichkeit mit der Stiftshütte, dem beweglichen Verehrungszelt, das Israel durch die Wüste nach Kanaan begleitet hatte.

Besonders das »Heiligtum« erinnert stark an die Stiftshütte, aber es hat zusätzlich noch eine Vorhalle und drei Räume. Neben dem großen Hauptraum (dem »Heiligsten«) und dem sogenannten »Allerheiligsten« befinden sich Lagerräume. Zum Teil sind Einflüsse der phönizischen Handwerker erkennbar, die König Hiram von Tyrus geschickt hatte.

Der Tempel ist trotz seiner aufwendigen Gestaltung von vergleichsweise bescheidener Größe (ca. 27 m lang und 9 m breit). Er ist das Haus Gottes, in dem dieser gemäß seinem Versprechen mitten unter seinem Volk wohnen wird, und soll keine große Gemeinde aufnehmen. Die Bauzeit betrug dennoch sieben Jahre und erforderte ein großes Heer von Arbeitern.

Alle Arbeiten mit schweren Werkzeugen wurden außerhalb der Baustelle durchgeführt, die als heilig galt. Die Steine wurden im Steinbruch geschnitten und verziert, wahrscheinlich unterirdisch, um Lärm zu vermeiden. Auf der Baustelle wurden sie lautlos weiterbearbeitet.

Der Tempel wurde aus libanesischer Zeder und einheimischem Kalkstein errichtet und hat kleine Fenster auf dem Dach. Die Innenwände sind mit Zedernholz vertäfelt und Gold bedeckt fast jede Oberfläche – ein unvergesslicher Anblick. Aber nur wenige ausgesuchte Priester werden das Heiligste betreten und noch geringer wird die Anzahl derer sein, die durch die goldüberzogenen Türen aus Öl-baumholz in das Allerheiligste treten dürfen.

Die Einrichtung des Tempels wurde von Hiram erstellt, einem Handwerker aus Tyrus, der nach Salomos Anleitungen arbeitete. Sie besteht aus Kupfersäulen, die mit ketten-, granatapfel- und lilienförmigen Verzierungen versehen sind. Außerdem schuf er im Vorhof ein riesiges, von zwölf Rindern getragenes Kupferbecken für Waschungen.

In der Vorhalle stehen überhaupt keine Möbel. Im Heiligsten stehen goldene Tische für die Schaubrote, fünf Paare goldener Leuchter und der Räucheraltar. Im Allerheiligsten steht die Bundeslade.

Die Wände und Türen sind mit Schnitzarbeiten verziert, die Pflanzen und Cherubime darstellen und anscheinend keine symbolische Funktion haben.

Im Rahmen der Eröffnungsfeierlichkeiten brachte Salomo wertvolle Gegenstände, die David Gott geweiht hatte, in die Lagerräume des Tempels.

(1. Könige 5,1-9:9; 2. Chronik 2,1-7:22)

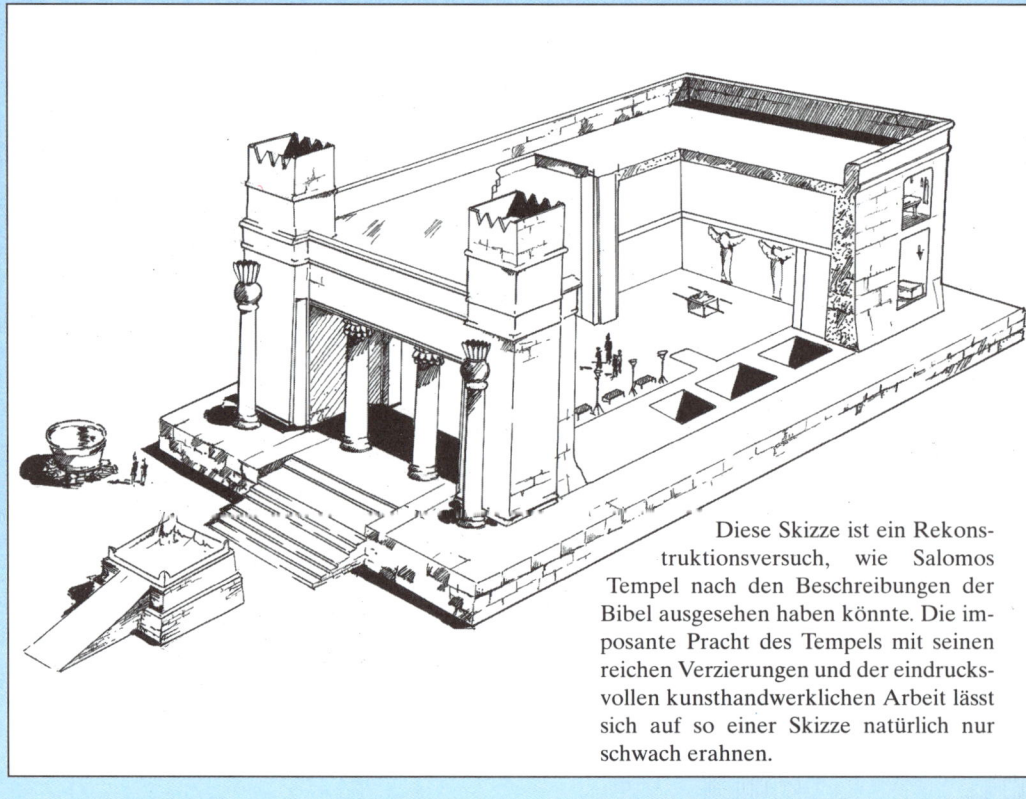

Diese Skizze ist ein Rekonstruktionsversuch, wie Salomos Tempel nach den Beschreibungen der Bibel ausgesehen haben könnte. Die imposante Pracht des Tempels mit seinen reichen Verzierungen und der eindrucksvollen kunsthandwerklichen Arbeit lässt sich auf so einer Skizze natürlich nur schwach erahnen.

»Schlagt das Kind in zwei Teile!« – Die sprichwörtliche Weisheit Salomos

Dieser Miniaturschrein des Königs Tutanchamun ist über und über mit Gold bedeckt. Ähnlich verziert muss man sich den Tempel Salomos vorstellen.

Salomos Poesie

Ich bin gekommen, meine Schwester, liebe
Braut, in meinen Garten.
Ich habe meine Myrrhe samt meinen Gewürzen gepflückt;
ich habe meine Wabe samt meinem Honig
gegessen;
Ich habe meinen Wein samt meiner Milch
getrunken …

(Hohelied 5,1)

Salomos Philosophie

Ein jegliches hat seine Zeit,
und alles Vorhaben unter dem Himmel hat
seine Stunde:
geboren werden hat seine Zeit, sterben hat
seine Zeit;
pflanzen hat seine Zeit, ausreißen, was gepflanzt ist, hat seine Zeit;
töten hat seine Zeit, heilen hat seine Zeit;
abbrechen hat seine Zeit, bauen hat seine
Zeit;
weinen hat seine Zeit, lachen hat seine Zeit;
klagen hat seine Zeit, tanzen hat seine Zeit.

(Prediger 3,1-4)

Salomos Weisheitssprüche

Denn der Weisheit Anfang ist: Erwirb
Weisheit und erwirb Einsicht mit allem,
was du hast.

(Sprüche 4,7)

Wer vorübergeht und sich in fremden Streit
mengt, der ist wie einer, der den Hund
bei den Ohren zwackt.

(Sprüche 26,17)

Salomos Weisheit ist nun schon sprichwörtlich; sein Geist und sein Wissen sind außergewöhnlich. Die akademische Welt erkennt ihn als großen Gelehrten an. Er hat 3000 Sprüche und über 1000 Lieder verfasst, ist ein scharfsinniger Wissenschaftler und ein Experte für Flora und Fauna. Schüler kommen aus der ganzen Welt, um ihm zu lauschen.

Seine Weisheit zeigt sich am besten in seinen Gerichtsurteilen, bei denen sein scharfer Verstand auch die kompliziertesten Fälle zu durchleuchten vermag. In einer berühmten Anhörung behaupteten zwei Prostituierte, die Mutter ein und desselben Babys zu sein. Die eine sagte, dass die andere ihr das Kind gestohlen hätte, weil ihr eigenes Kind gestorben war. Salomo ignorierte das Plädoyer und verlangte nach einem Schwert, um das Kind in zwei Hälften zu zerteilen und den Frauen je eine Hälfte zu geben.

Eine der Frauen war dafür und meinte, dass keine von beiden das Kind haben sollte. Die andere aber bat um das Leben des Kindes, auch wenn sie es dadurch an die andere Frau verlieren würde. Salomo übergab das Kind der zweiten Frau, die sich durch ihr Verhalten eindeutig als Mutter zu erkennen gab.

Der König steht in einer langen, kulturübergreifenden Weisheitstradition. Babylonien und Ägypten sind gleichermaßen bekannt für ihre Bücher der Weisheit, Phönizien und Israel haben jeweils ihren eigenen Kreis weiser Männer und Frauen, die die Regierungen beraten und bei Streitfällen schlichten.

Viele der Sprüche enthalten praktische Ratschläge für den Alltag, insbesondere darüber, wie man eine harmonische Beziehung aufrechterhalten kann und wie man sich von Schwierigkeiten fernhält. Die Lehre von Amenhotep, die vor gar nicht langer Zeit in Ägypten verfasst wurde, enthält viele erstaunliche stilistische und inhaltliche Parallelen zu den israelitischen Sprüchen der Weisheit.

»Hüte dich davor, die Armen zu berauben«, so wird gewarnt. »Entferne keine Grenzsteine. Strebe keine Reichtümer an. Wirst du durch Diebstähle reich, so wird dein unrechtmäßig erworbener Reichtum bald vergehen. Verkehre nicht mit hitzköpfigen Menschen. Brot und Zufriedenheit sind besser für dich als Reichtum und Streit.«

Auch gibt es eine babylonische Theodizee, die wenigstens einhun-

Salomos Urteil (nach einem unbekannten holländischen Meister). Die dargestellte Geschichte symbolisiert in besonderer Weise die nun seit Jahrtausenden gerühmte Weisheit des Königs.

---

dert Jahre alt ist. Eine von einem Priester verfasste Abhandlung über das Leiden.

Salomo wird auch ein ausgezeichnetes Liebesgedicht zugeschrieben, in dem ein Mann eine Frau umwirbt. Das Paar spricht von seiner Liebe und dem gegenseitigen Verlangen, während ein Chor Kommentare und Ratschläge gibt.

(1. Könige 3,16-28; 4,29-34;
vgl. 2. Samuel 14,2; 1. Chronik 27,32)

Ex-Chaoten lieben es lakonisch und spartanisch

Sparta, 950 v. Chr.

Dorische Nomaden, die als letzte Gruppe von Norden her nach Griechenland eingedrungen sind, siedeln sich in Dörfern Lakoniens auf der Peloponnes (Südgriechenland) an. Mindestens vier von ihnen haben eine politische Einheit unter zwei Königen gebildet.

Das südlich von Argolis und Arkadien und östlich von Messenien liegende Lakonien war einst dicht bevölkert, aber seit die Dorer hier vor 200 Jahren die mykenische Kultur zerstörten, ist es weitgehend verlassen.

ebene, dort, wo der Eurotas aus den arkadischen Bergen herabfließt. Hier gibt es den fruchtbarsten Boden der gesamten Region, der wegen der Steine, die von der angrenzenden Taygetos-Bergkette herunter gewaschen werden, für Obst- und Weinanbau besser geeignet ist als für Weizen.

Bei Gytheion, etwa 45 km südlich, gibt es am lakonischen Golf auch einen Hafen und über ihn Verbindungen mit der Ägäis und dem Mittelmeer.

Die Dorer entwickeln einen neuen Töpferstil. Er ähnelt dem »protogeometrischen« Stil, der im letzten Jahr-

Staaten und Hauptstädte im Griechenland der Antike

Die verbleibenden mykenischen Bewohner werden nun in die Sklaverei gezwungen und viele von ihnen wandern auf der Suche nach einem besseren Leben aus. Oft werden sie zu Piraten in Kleinasien, Thrakien, Makedonien, Italien und Ostsizilien.

Sparta, eines dieser neuen Dörfer, erstreckt sich über eine Gruppe flacher Hügel am Rande einer Schwemm-

hundert in Zentralgriechenland entstanden ist, weist aber eher Einflüsse des Westens und Nordwestens als solche aus Argos oder Athen auf. Für die dorische Zivilisation ist dies ein Fortschritt, da von ihnen bislang nichts als Chaos und Zerstörung ausging und sich ihre Erfindungen bisher auf eiserne Schlachtschwerter und lange, bronzene Kleidernadeln beschränkt haben.

Jede Menge Heiligtümer

Vitsa, Epiros, 950 v. Chr.

Wandernde Schafhirten des Balkans haben in Vitsa im Nordwesten Griechenlands in einer Höhe von 1030 m ü. NN. ein Sommerdorf errichtet. Es liegt in einem kleinen Tal unterhalb eines Bergkammes und ist im Winter wegen Schnee und hindurchfegender Sturmböen unbewohnbar.

In Vitsa stehen ca. 12 aus kleinen Steinplatten errichtete Häuser mit geraden Wänden. Die meisten Häuser auf dem Balkan sind rund und aus Holzpfählen und Stroh gebaut. Wenn ein solches Haus zusammenfällt, wird ein anderes auf seinen Resten errichtet.

In Epiros gibt es viele nomadische Schafhirten. Sie leben in einem patriarchalischen System. Jeder ihrer Führer ist gut bewaffnet, um seine Leute und die Herden vor Schafdieben und wilden Tieren zu schützen. Landwirtschaft und Fischen sind weitere Zweige der regionalen Wirtschaft.

Obwohl die Menschen ständig unterwegs sind, halten sie doch eine religiöse Verbindung mit den Orten, an denen sie gelebt haben. Epiros rühmt sich vieler bekannter Orakel. Bei Oricum steht ein Heiligtum der Hekate, und in der Nähe von Arta eins der Nymphen. Auch die Verehrung Pans ist weit verbreitet.

Die Aenianer, ein Stamm aus Dodona, verehrt den Gott Zeus zu Hause, aber er schickt auch Männer und Mädchen zur Zeusanbetung nach Kassope in Südepiros. In Delphi unterhalten sie einen Kult von Neoptolemos, dem Sohn des Achilles. Die Böotier schicken jedes Jahr besonders gekleidete Abgesandte zur Zeusanbetung nach Dodona.

Die 60 Einwohner von Vitsa beerdigen ihre Toten in einfachen Gräbern auf einem Friedhof, der an das tiefstgelegene Haus angrenzt. Die Leichen werden aufeinander geschichtet, zwei bis fünf Schichten übereinander, von denen die oberste dicht unter der Oberfläche ist.

Bäuerliche Schreibübung

Der hebräische Kalender

hebräische Monate	heutige Monate	Landwirtschaft	Feste
Abib/Nisan	März/April	Spätregen; Gerstenernte	Passa/Ungesäuerte Brote
Siv/Ijjar	April/Mai	Sommerbeginn; Gersten- und Weizenernte	
Siwan	Mai/Juni	Weizenernte	Pfingsten (Wochenfest)
Tammuz	Juni/Juli	Beginn der Weinlese	
Ab	Juli/August	Weinlese; Feigen- und Olivenernte	
Elul	August/September		
Etanim/Tischri	September/Oktober	Frühregen; Pflügen	Neumondsabbat; Großer Versöhnungstag; Laubhüttenfest
Bul/Marcheschwan	Oktober/November	Gersten- und Weizensaat	
Chislev	November/Dezember	Winteranfang	Tempelweihe (Chanukka)
Tebet	Dezember/Januar		
Sebat	Januar/Februar	Mandelblüte	Purim
Adar	Februar/März	Ernte der Zitrusfrüchte	
Ve-Adar	Dieser Monat wurde alle drei Jahre als Schaltmonat eingefügt.		

Geser, 950 v. Chr.

Für die Kinder ist das »Bauernjahrgedicht« eine Schreibübung, die ihnen gleichzeitig hilft, die Monate des Jahres zu lernen. Der Kalender hält sich an die Reihenfolge des bürgerlichen Jahres, die Monate werden jedoch durch das jeweils vorherrschende landwirtschaftliche Ereignis beschrieben.

Einer der Jungen hat das Lied in Hebräisch in ein 11x7 cm großes Stück weichen Kalkstein geritzt. Der Stein hat ein Loch für einen Haken, so dass man ihn zu Hause an die Wand hängen kann. Und dies ist die Weise:

Zwei Monate einholen [Öl und Wein],
Zwei Monate säen.
Zwei Monate Frühjahrswachstum.
Einen Monat Flachsernte.
Einen Monat Gerstenernte.
Einen Monat Weizenernte.

Zwei Monate Zurückschneiden [Weinreben].
Einen Monat Obsternte.

Dieser kleine Steinkalender wurde in Geser gefunden. Auf ihm befindet sich als Schreibübung eines Schülers ein Bauernkalender.

Ab heute seid Ihr Sklaven!

Jerusalem, 950 v. Chr.

Menschen, die nicht zur israelitischen Rasse gehören, aber innerhalb der Grenzen des Landes leben, sind nun offiziell zu Sklaven erklärt worden. Sie wurden in Arbeitskolonnen eingeteilt, die bei den zahlreichen Bauprojekten König Salomos im ganzen Land eingesetzt werden.

Bis jetzt sind noch keine Israeliten versklavt worden, obwohl die Vorschrift über die vorübergehende Zwangsarbeit als Möglichkeit der Steuerzahlung noch in Kraft ist. Die betroffenen Volksgruppen sind die Amoriter, die Hetiter, die Perisiter, die Hiwiter und die ursprünglichen Einwohner der Hauptstadt, die Jebusiter. Sie stammen alle von den Kanaanitern ab, die in den Gebieten lebten, die Israel unter Josuas Führung vor dreihundert Jahren besetzte.

Die ersten zwanzig Jahre von Salomos Herrschaft waren durch eine rege Bautätigkeit gekennzeichnet. Nach der anfänglichen Konzentration auf den königlichen Palast und den Tempel ist der König nun dabei, Dörfer wieder herzurichten und neu zu besiedeln. Er befestigt auch Städte in militärisch wichtigen Gebieten des Königreiches.

Eines der wieder aufgebauten Dörfer ist Geser (die Mitgift der Königin), das von ihrem Vater, dem König von Ägypten, niedergebrannt worden war.

(1. Könige 9,15-24; 2. Chronik 8,3-16)

KURZMELDUNGEN 979 v. Chr.

Noch eine Absage: In Babylonien sind die Krönungsfeierlichkeiten für Nabumukinapli, sind ausgefallen. Das Land ist durch die 50 Jahre andauernde politische Instabilität derart geschwächt, dass das traditionelle Neujahrsfest (an dem die Könige ihren Thron besteigen) abgesagt werden musste. Das Fest ist das religiöse Hauptereignis des Jahres, an dem der König zeremoniell die »Hand von Marduk ergreift«. Marduk ist der oberste babylonische Gott.

Was soll man ohne Gott bloß machen?: Der Diebstahl der Statue des Gottes Marduk durch assyrische Plünderer hat weitere Probleme für Babylon gebracht. Für die Gläubigen ist seine Statue eine Garantie seiner Gegenwart und ihr Verlust ist eine schwere Beleidigung des Gottes. Die Statue ist das zentrale Element des Neujahrsfestes. Ohne sie haben die Gläubigen keine Möglichkeit, Marduks Gunst zu erlangen, da sie ihr nun keine Früchte opfern können. Babylons Feinde kennen die Bedeutung der Statue, die deshalb schon oft verschleppt worden ist.

Weiser König bei Frauenfrage betriebsblind

Jerusalem, 935 v. Chr.

Die Propheten äußern Jahwes Missfallen über den sinnenfrohen Lebenswandel Salomos, der ihrer Aussage nach trotz seines bisherigen großen Erfolges inzwischen auch Fehler begeht. Ihre Warnungen werden anscheinend durch eine Reihe von Aufständen in dem bisher friedlichen Königreich bestätigt.

Ausländische Frauen, an denen Salomo schon immer Gefallen fand, erweisen sich jetzt als sein Ruin. Sein Harem zählt inzwischen 700 Ehefrauen und 300 Nebenfrauen aller Nationen. Sie kommen aus Moab, Ammon, Edom, Sidon und dem hetitischen Reich – alles Völker, mit denen Jahwe die Mischehe verboten hat, da sich die Israeliten sonst möglicherweise von ihm abwenden könnten.

Das israelitische Gesetz verbietet die Polygamie nicht. Sie gilt nicht als Ehebruch, sondern vielmehr als eine Form Zwei-Klassen-Ehe, in der den dann als Israelitinnen geltenden Nebenfrauen grundlegende Rechte eingeräumt werden. Aber bei einem Harem von 1000 Frauen ist eine echte Beziehung zum Ehemann wohl unmöglich.

Mit zunehmendem Alter ist auch Salomos Interesse an fremden Gottheiten gewachsen. Seine religiöse Zuwendung erstreckt sich inzwischen auch auf Idole wie Moloch, dessen Anhänger Kinder opfern, oder Astarte, die der Mittelpunkt eines grotesken Fruchtbarkeitskultes ist. Einigen dieser fremden Idole hat er Heiligtümer und Altäre (angeblich für seine Frauen) errichtet.

Quellen bei Hofe zufolge hat Jahwe Salomo deswegen verurteilt. Es geht um, dass ihm prophezeit worden sei, dass das Königreich auseinander gerissen und einer von Salomos Untergebenen nach dessen Tod König werden wird.

Als ob Gott diese Warnungen bekräftigen wollte, sieht sich Salomo mit einigen Revolten konfrontiert. Die Beziehung zu seinem engsten Verbündeten Hiram von Tyrus hat sich merklich abgekühlt, seit Salomo ihm 20 Städte als Sicherheit für einen Kredit überlassen hat. Mit Recht klagt Hiram, dass die Städte zum größten Teil entvölkert und die sie umgebenden Ländereien geplündert sind. Seinen Unmut darüber hat er deutlich zum Ausdruck gebracht.

Hadad, ein edomitischer Prinz, der dem Massaker an den Edomitern durch David und Joab entronnen war, ist aus seinem Exil in Ägypten zurückgekehrt, um Salomo das Leben so schwer wie möglich zu machen.

Im Norden sorgt Reson, der ebenfalls einer erfolgreichen Schlacht Davids entronnen war (diesmal bei Zoba in der Nähe von Damaskus), für Unruhe und wird Salomo noch für einige Zeit ein Dorn im Auge sein. Er hat

Die Küste nördlich von Scharon

Damaskus eingenommen, das einst Davids Hauptquartier im Norden war, und damit Salomos Kontrolle des Nordens stark beeinträchtigt.

(1. Könige 11,1-25)

Zerfetzter Mantel – zerteiltes Reich

Jerusalem, 935 v. Chr.

Der Sturz König Salomos und eine Spaltung des Landes ist noch einmal verhindert worden. Der versuchte Staatsstreich, dessen Anführer Jerobeam in Ägypten um politisches Asyl ersucht hat, geschah mit Billigung der Propheten, da der Unmut gegen den König wegen der hohen Steuern und der Zwangsarbeit zunimmt.

Jerobeam, ist kein Verwandter des Königs, sondern ein viel versprechender Beamter, der Salomos Aufmerksamkeit durch seine Effizienz und seinen Fleiß bei der Anlegung der Verteidigungsanlagen Jerusalems erregte. Später wurde ihm die Verantwortung für die Lastenträger des Stammes Josef und damit quasi die Kontrolle über das Transportwesen des Staates übertragen.

Seine Loyalität seinem König gegenüber wurde jedoch von der Loyalität gegenüber seinem Stamm Ephraim übertroffen, dessen Ländereien im Norden Jerusalems durch die Ausdehnung der Hauptstadt und deren wirtschaftliche Dominanz bedroht waren.

Jerobeam nahm die Ankunft des neuen Propheten Ahija am Hofe zum Anlass für seinen Staatsstreich. Als Symbol für die zukünftige Teilung des Landes, deren Ursache Jahwes Unmut über Salomos religiöse Abkehr sein würde, zerriss Ahija seinen Mantel in zwölf Teile. Er gab Jerobeam zehn Stücke als Zeichen für die zehn Stämme, die er führen wird. Die übrigen beiden Stämme werden laut Ahijas Prophezeiung auch weiterhin einen König aus dem Hause Davids haben.

Der Prophet sagte auch, dass diese Ereignisse erst nach Salomos Tod eintreten würden, aber Jerobeam folgte seinem eigenen Zeitplan. Der Aufstand wurde schnell niedergeschlagen und Jerobeam zum Tode verurteilt. Doch konnte er fliehen.

Ahija stammt aus Silo, das zur Zeit des von den Richtern angeführten Bundes der Stämme Regierungssitz und religiöser Mittelpunkt war. Ahija ist wahrscheinlich einer von den vielen, die kein Verständnis mehr für Salomos erdrückende zentralisierte Bürokratie und die Duldung anderer Götter haben.

(1. Könige 11,25-40)

Brutalo auf dem Thron spaltet die Nation

Sichem, 930 v. Chr.

Zehn der zwölf Stämme Israels haben sich vom Haus Davids losgesagt, als die Entscheidung des neuen Königs Rehabeam bekannt wurde, die Politik seines Vaters Salomo in Bezug auf das Staatseigentum und die zentralisierte Verwaltung sogar noch mit aller Gewalt zu verstärken.

Die Königreiche Juda und Israel. Das von ihnen kontrollierte Gebiet nahm immer mehr ab.

»Mein Vater hat euch ausgepeitscht. Ich setze eins drauf und schlage euch mit neunschwänzigen Geißeln«, tönte er.

Die Stämme des Nordens reagierten darauf, indem sie den Abgesandten des Königs töteten und den früheren Aufrührer Jerobeam zu ihrem König ernannten. Er war eben erst aus seinem politischen Asyl in Ägypten zurückgekehrt. Ein Prophet hatte einige Jahre zuvor vorhergesagt, dass er das Volk führen würde.

Rehabeam war zur offiziellen Ratifizierung seiner Nachfolge Salomos nach Sichem gekommen. Als die Stämme Israels Kanaan vor vierhundert Jahren für sich beanspruchten, hatte Josua in dieser zentral gelegenen israelitischen Stadt den Bund des Volkes mit Jahwe erneuert. Zweifellos hoffte Rehabeam auf eine ähnliche Demonstration nationaler Einheit und Überzeugung.

Aber stattdessen verlangte eine Delegation der Stämme des Nordens als Gegenleistung für die andauernde Loyalität niedrigere Steuern und kürzere Arbeitszeiten bei der Zwangsarbeit für den Staat. Salomos ehemalige Ratgeber rieten ihm zu Konzessionen, aber seine Altersgenossen drängten ihn in ihrem ersten Machtrausch nach den Jahren im politischen Niemandsland zu einer harten politischen Gangart.

Als dann Rehabeams unnachgiebige Politik nach drei Tagen intensiver Beratungen verkündet wurde, verließ die Delegation des Nordens die Feierlichkeiten. Zur Durchsetzung seiner Autorität entsandte Rehabeam Adoram, seinen für Zwangsarbeit zuständigen Stabschef, aber der wütende Mob steinigte ihn zu Tode.

Rehabeam flüchtete sich in seinem Streitwagen in das sichere Jerusalem, wo die südlichen Stämme Benjamin

Die Teilung des Königreichs Israel brachte ein Wiederaufleben der Anbetung fremder Götter. Dies ist ein kleines Modell eines kanaanitischen Heiligtums aus dieser Zeit.

und Juda ihm die Treue geschworen haben. Ein weiterer Versuch, die Aufständischen durch eine Streitmacht von 180000 Männern niederzuschlagen, wurde auf Anweisungen des Propheten Schemaja aufgegeben, der verkündete, dass Jahwe keinen Bürgerkrieg wünsche.

Die Stämme des Nordens versammelten sich, um Jerobeam zu ihrem König zu machen. Diese Teilung könnte den Einfluss von Schischak, dem König von Ägypten, in diesem Gebiet verstärken, der Jerobeam einst als Flüchtling aufgenommen hatte. Damit wären die geschwächten Stämme Angriffen gegenüber verwundbar, um nicht zu sagen wehrlos.

(1. Könige 12,1-24; 2. Chronik 10,1-11,4; vgl. Josua 24)

KURZMELDUNGEN
ca. 950 v. Chr.

Zedern und mehr: Die dichten Wälder des Libanon, die durch reichlich Regen und zahlreiche Wasserläufe versorgt werden, liefern das Holz für Schiffe und Bauprojekte für die ganze Region. Außer den legendären Zedernwäldern werden im Libanon auch Oliven, Weintrauben, Maulbeeren, Feigen, Äpfel, Aprikosen und Walnüsse angebaut.

Eisen für alle: Eiserne Pflüge, Sicheln und Schneidwerkzeuge sind inzwischen weit verbreitet. Seit dem Fall des hetitischen Reiches ist Eisen viel leichter erhältlich, obwohl die Philister in einigen Regionen immer noch das Monopol an der Eisenbearbeitung halten.

Zinn in Mode: Der Zinnabbau entwickelt sich zu einer wichtigen Industrie in Europa. Man findet das Mineral in der Nähe kleiner Granitablagerungen, manchmal an der Oberfläche, aber oft liegt es tief in der Erde. In Großbritannien wird eine neue Metalllegierung, die Bleibronze, entwickelt.

Neue Straßen: Die Bevölkerung der westlichen Regionen Britanniens baut eine Straße aus Reisig, die mit Pflöcken befestigt wird. Dort wo der Boden besonders feucht ist, werden zusätzliche Planken verwendet.

»Bloß weg hier, die goldenen Bullen kommen!«

Der Totengott Ptah-Sokaris-Osiris wird hier als Stier vor einem Berg dargestellt (Ägypten, ca. 950 v. Chr.). Die Stierverehrung war zu dieser Zeit sehr weit verbreitet.

Sichem, 928 v. Chr.

Die zehn Stämme Nordisraels haben sich auf Anweisung von König Jerobeam den Göttern Kanaans zugewandt. Die vom Staat finanzierte Aufstellung von Stiergötzen hat zu einer panikartigen Flucht der Priester Jahwes aus dem Land geführt.

Nach der Abspaltung der Stämme des Nordens von denen des Südens um Jerusalem hat Israel keinen zentralen Anbetungsort mit einendem Einfluss mehr. Daher sind bei Dan im Norden und bei Bethel nahe der südlichen Grenze zwei neue religiöse Zentren errichtet worden. Sie werden von riesigen goldenen Stierkälbern beherrscht, die Jerobeam zu Israels Göttern erklärt hat. Derartige Abbilder sind von dem überlieferten israelitischen Religionsgesetz strikt verboten. Jerobeam rechtfertigt sie mit der Behauptung, dass sie nur die irdischen Sockel seien, auf denen der unsichtbare und nicht darzustellende Jahwe ruhe, so wie die Cherubime in Salomos Tempel in Jerusalem. Kritiker weisen jedoch darauf hin, dass das Kalb in den einheimischen kanaanitischen Religionen als ein Fruchtbarkeitssymbol verehrt wird. Und es scheint mehr als nur ein Zufall zu sein, dass die Religion Ägyptens, wo Jerobeam sich einige Jahre als politischer Flüchtling aufgehalten hatte, vom Stierkult von Memfis stark beeinflusst wurde. Die neuen Götzen sowie eine Reihe von »Höhenheiligtümern« für die Verehrung von Ziegen und Kälbern werden von neu ernannten Priestern versorgt, die nicht mehr ausschließlich aus dem alten Priesterstamm Levi stammen. Aus diesem Grund verlassen viele der jahwetreuen Priester den Norden und kehren nach Jerusalem, der geistigen Oase in diesem politischen Niemandsland, zurück.

Jerobeam feierte die Einweihung der Heiligtümer mit der Einführung eines neuen Festes, das mit dem im Süden gefeierten Fest in der Stiftshütte zusammenfällt. Dabei brachte er Tieropfer in seinen beiden Zentren dar.

(1. Könige 12,25-33; 2. Chronik 11,14-16)

Neue Hauptstadt befestigt

Sichem, 927 v. Chr.

In einem weiteren Versuch, seine auseinander brechende Nation zu einen, hat Israels König Jerobeam den strategisch günstig gelegenen Ort Sichem zu seiner neuen Hauptstadt bestimmt und mit den Befestigungsarbeiten begonnen.

Sichem, dessen hügeliges Umland vom Stamm Manasse bevölkert wird, liegt in einem Tal zwischen den hohen Gipfeln der Berge Ebal und Garizim. Es ist zwar keine besonders fruchtbare Region, aber es gibt zahlreiche Süßwasserquellen, die in den Kalksteinhügeln entspringen. Die Stadt liegt zudem an einer Kreuzung von Handelsrouten.

Sie ist ein Stück israelitischer Geschichte. Der Patriarch Abraham lebte hier und brachte Jahwe sein erstes schriftlich belegtes Opfer dar. Später lagerte hier sein Enkel Jakob auf seinem Rückweg nach Kanaan. Es ist auch der Ort, an dem die unter Josua eindringenden Israeliten ihren Bund mit Jahwe bestätigten.

Jerobeam hat auch die Befestigungen seiner nördlichsten Stadt Dan verstärkt und dort den bisher größten Torbogen im ganzen Land errichtet.

Die alten Mauern von Dan

Das östlich des Jordans gelegene Pnuël, das auch mit Jakob in Verbindung gebracht wird, ist ein weiteres Entwicklungsgebiet.

(1. Könige 12,25)

Seltsame Propheten

Bethel, 927 v. Chr.
Ein erfolgreicher Prediger, der sich der Völlerei schuldig gemacht hatte, wurde von einem hungrigen Löwen als ungenießbar verschmäht.

Der Prophet, der ungenannt blieb, ist König Jerobeam bei seinem neuen Heiligtum in Bethel auf spektakuläre Weise entgegengetreten. Er prophezeite, dass ein König namens Josia in Jerusalem herrschen und die abtrünnigen Priester auf dem Altar von Bethel opfern würde. Als Beweis für diese Prophezeiung würde der Altarstein bersten.

Als Jerobeam mit einer königlichen Geste die Verhaftung des Propheten anordnen wollte, war sein Arm plötzlich gelähmt, wahrscheinlich durch einen leichten Schlaganfall. Als dann kaltes Wasser auf den Altar gegossen wurde, um das verbrannte Opfer zu löschen, brach der Stein tatsächlich entzwei.

Diese Zeichen zeigten eine größere Wirkung als alle Worte. Der König bat den Propheten, für seine Heilung zu beten. Das Gebet wurde erhört und der Arm des Königs geheilt. Jerobeam bot dem Propheten eine Erfrischung an, die dieser ablehnte. Gott hatte ihm aufgetragen zu fasten, bis er in sein eigenes Land zurückgekehrt sei.

Als er fortging, folgte ihm ein älterer Prophet. Er überredete ihn zu einem Abendessen bei sich zu Hause, da ihm zufolge Gott seine Meinung geändert hatte und nun befahl, dass sie zusammen essen sollten. Der verwirrte, aber hungrige Prediger war einverstanden. Beim Essen verdammte ihn der alte Mann jedoch, weil er dem ursprünglichen Fastenbefehl nicht gefolgt war.

Ruine eines kleinen Tempels in Arad, Israel. Man nimmt an, dass das Heiligtum in Bethel ähnlich aussah.

Die Leiche des Predigers wurde später an der Straße nach Juda gefunden. Anscheinend hatte ihn einer der asiatischen Löwen angefallen, die durch das Hügelland von Zentralkanaan streifen, aber unerklärlicherweise war seine Leiche nicht angefressen und auch sein Esel blieb unverletzt. Der alte Prophet begrub ihn und änderte sein Testament: Er wollte neben dem Jüngeren begraben werden, »denn seine Prophezeiung wird sich erfüllen«. König Jerobeam scheint sich jedoch keine Sorgen mehr zu machen. Nachdem sich sein erster Schreck gelegt hat, geht an den Altären alles wieder seinen gewohnten Gang.

(1. Könige 13)

Königsfamilie ausgerottet

Tirza, 908 v. Chr.
Ein Rebellenführer hat den König von Israel gestürzt und dessen gesamte Familie getötet. Bascha vom Stamme Issachar südwestlich des Sees Genezareth tötete König Nadab, während dieser sich auf einem Feldzug gegen die Philister in Gibbeton im Süden Israels befand.

Nachdem er den Thron an sich gerissen hatte, tötete Bascha systematisch alle Überlebenden der Familie von Jerobeam, Israels erstem König und Nadabs Vater. Dies ist bei vielen Stämmen des Nahen Ostens bei einer unrechtmäßigen Übernahme der Herrschaft die übliche Praxis. Auch ist diese grausame Maßnahme gleichzeitig die Erfüllung einer alten Prophezeiung, nach der Jerobeams Haus vernichtet werden würde.

Nadab, der seinem an Altersschwäche gestorbenen Vater auf den Thron gefolgt war, war kaum zwei Jahre König gewesen.

(1. Könige 14,19-20; 15,25-31; vgl. 14,14)

KURZMELDUNGEN 930-924 v. Chr.

Weise, aber wankelmütig (930 v. Chr.): König Salomo ist im Alter von 60 Jahren gestorben. Seine Herrschaft dauerte ca. 40 Jahre und er wird als ein weiser Mann in Erinnerung bleiben. Seine größte Tat war die Errichtung des Tempels zu Ehren Jahwes, aber seine Wankelmütigkeit wurde schließlich sein Untergang. Er wurde in Jerusalem begraben.

Hufeisentaktik (927 v.Chr.): König Rehabeam hat seine östliche, südliche und westliche Flanke hufeisenförmig mit Befestigungen umzogen und damit die Verteidigungsmöglichkeiten seiner beiden kleinen südlichen Stämme gegen Überfälle aus Ägypten, Moab und dem Land der Philister verbessert. Im Norden hat er jedoch keine Befestigungen errichtet. Vielleicht hofft er noch, so kann man zumindest spekulieren, auf eine mögliche Wiedervereinigung mit den zehn abgefallenen Stämmen Israels. (2. Chronik 11,5-12)

Pharao tot (924 v.Chr.): König Schischak von Ägypten ist tot, und seine Mumie wurde in Särge aus Silber und Holz gebettet und in den königlichen Gräbern bei Tanis begraben. Er wird als ein starker König in die Geschichte eingehen, der Ägypten einte, indem er die Splittergruppen von Theben und Tanis zusammenbrachte.

Ägypten mischt Juda kräftig auf

Theben, 925 v. Chr.

Eine gewaltige ägyptische Sondereinheit ist nach einem Feldzug durch Juda und Israel siegreich zur Basis zurückgekehrt. Über 150 Siedlungen wurden zerstört oder schwer beschädigt, Palast- und Tempelschätze geplündert und den Herrschern hohe Geldstrafen abverlangt.

Nach ihrem wichtigsten Feldzug seit den Tagen von Ramses III. vor ca. 250 Jahren und seinen gefeierten Siegen über die Seevölker preisen die Ägypter ihren Gott Amun. Schätzungen zufolge waren 1200 Streitwagen und 60000 libysche und nubische Soldaten zusammen mit Hilfstruppen gleichzeitig an verschiedenen Orten im Einsatz.

Ursprünglich war die Operation, die von Pharao Schischak geleitet wurde, eine Strafexpedition gegen Fremde, die eine Handvoll Ägypter in einem Grenzzwischenfall in der Nähe der Bitterseen getötet hatten. Gleichzeitig ist es aber auch für Ägypten eine

Gelegenheit, die strategisch günstig gelegenen Nachbarn die eigene Macht spüren zu lassen.

In Kanaan teilte sich die Streitmacht. Eine Abteilung neutralisierte die südlichen Handelsposten und Befestigungsanlagen entlang der Wüste Negeb und griff außerdem die Hafenstadt Ezjon-Geber am Roten Meer, das Zentrum der Kupferbearbeitung, an.

Die Hauptstreitmacht stieß nach Gibeon nördlich von Jerusalem vor. Ihre bedrohliche Anwesenheit allein reichte aus, um Judas König Rehabeam zur Herausgabe der reichen

Schätze aus Salomos Palast und Tempel zu bewegen. Derart entschädigt verzichteten die Ägypter darauf, die Hauptstadt anzugreifen, und zogen zerstörend und plündernd weiter durch Juda.

Sie stießen trotz der engen Beziehungen König Jerobeams zu Ägypten nach Israel vor. Schischak errichtete sein nördliches Hauptquartier in der Nähe von Megiddo, von wo aus plündernde Scharen die Region Galiläa heimsuchten. An dem Ort, an dem Thutmosis III. die Kanaaniter vor 500 Jahren besiegte, errichtete er in einer gefühlsschwangeren Zeremonie eine Siegessäule mit Darstellungen seiner Eroberungen.

Schischaks militärische Erfolge werden für die Nachwelt an den Wänden des Amun-Tempels in Karnak verewigt. Beim zweiten Pylon, einem typisch ägyptischen Pyramiden-Eingangsgebäude, soll ein neuer Hof angebaut werden, dessen südliche Au-

ßenwand mit einem Relief von dem durch Amuns Gnade und Stärke siegreichen Schischak verziert wird. Es soll seine gefallenen Feinde und die von ihm zerstörten und geplünderten Siedlungen zeigen. Die Sandstein-Steinbrüche bei Gebel el-Silsila sind wieder in Betrieb genommen worden, um das dazu notwendige Baumaterial zu liefern.

Nach dem Rückzug des Expeditionskorps nach Ägypten ist es jedoch zweifelhaft, ob die Nation ihre bei diesem Blitzüberfall gewonnenen Vorteile festigen kann. Schischaks

Regierung weist zwar außenpolitische Erfolge auf, innenpolitisch ist ihre Position aber eher schwach.

Nach der Invasion leckten die besiegten Könige ihre Wunden. Rehabeam bestellte kupferne Nachbildungen der gestohlenen goldenen Tempelschilde. Durch die Propheten ermutigt, dankte er Gott, dass Jerusalem Schlimmeres erspart geblieben war. Ein Akt der nationalen Reue scheint Jahwes Zorn über Judas offenen religiösen Abfall besänftigt zu haben.

(1. Könige 14,25-28;
2. Chronik 12,1-12)

Tod des Kronprinzen böses Omen

Tirza, 926 v. Chr.

Der Tod von Kronprinz Abija, dem ältesten Sohn von Jerobeam, der an einer nicht genannten Krankheit starb, wurde von einem älteren, geachteten Propheten als Zeichen für Israels kommenden Zerfall bezeichnet.

Auf Befehl des Königs hatte Jerobeams Frau den inzwischen erblindeten Propheten Ahija in Silo aufgesucht, um ihn verkleidet und mit einem üppigen Frühstückskorb versehen um Rat zu fragen. Ahija hatte seinerzeit Jerobeams Aufstieg zum König über die zehn Stämme des Nordens prophezeit. Doch vor dem Propheten nützte die Verkleidung nichts, wohl aufgrund einer Eingebung. Der Gottesmann erkannte sie schon an ihren Schritten vor der Tür. Er grüßte sie mit ihrem Namen und sagte ihr, dass ihr Sohn Abija bei ihrer Rückkehr sterben werde.

Ihm zufolge war es ein Zeichen für Jahwes Missfallen über Jerobeams Verhalten, und durch ihn spricht Gott zu Jerobeam: »Ich habe das Königtum Davids Haus entrissen und dir gegeben. Aber anstatt Davids Beispiel zu folgen und mir zu gehorchen, hast du dir andere Götter gemacht und mir den Rücken gekehrt. Daher werde ich deine Familie ausrotten und dein Sohn wird als Erster ster-

Die Armbänder Pharao Schischaks. Wurden sie aus dem Gold des Tempels gefertigt?

ben. Das Land wird so schwach wie schwankendes Schilf im fließenden Wasser werden.«

Wenig Erfreuliches hatte er auch für die Nachfahren zu melden: »Wer in der Stadt stirbt, den werden die Hunde fressen, wer auf dem Land stirbt, die Vögel.«

Die königliche Familie ist vor kurzem von Sichem in das zehn Kilometer weiter nördlich gelegene Tirza umgezogen. Das ist eine recht ansprechende Siedlung am Rande des Wadi Farah, die schon seit ca. 2000 Jahren bewohnt ist und zu Beginn der israelitischen Invasion von Josua erobert worden war.

(1. Könige 14)

Blick auf die Gegend um Tirza bei Silo in Samaria

Nieder mit dem heiligen Vieh

Ephraim, 913 v. Chr.

Die Armee von Juda hat die heiligen Kälber des mächtigeren Israel vernichtet. Sie schlug die israelitische Armee in die Flucht, die ihre Stiergötter als Glücksbringer mit sich führte, und eroberte das Heiligtum von Bethel.

Das Verhältnis beider Staaten war von beiderseitigen Feindseligkeiten gezeichnet, wobei diese Schlacht wahrscheinlich durch eine Aggression Israels entfacht wurde. Als sich die Armeen in der Nähe des Gebirges Ephraim gegenüberstanden, ergriff der zahlenmäßig weit unterlegene König Abija von Juda die Initiative.

In einer eindringlichen, an Israels tiefsitzende religiöse Gefühle appellierenden Rede beschuldigte er König Jerobeam, sich von Jahwe abzuwen-

den, den beide Staaten einst verehrten. Außerdem warf er ihm den Sturz von Rehabeam, dem legitimen Nachfolger König Davids und Abijas Vater, vor, den er aber selbst als »schwach und leicht beeinflussbar« beschrieb.

Juda war Jahwe treu geblieben und hatte die täglichen Opfer unter genauer Einhaltung der Rituale in Jerusalem dargebracht. Israel dagegen, so Abijas Vorwurf, hatte Jahwe durch Stiergötter ersetzt und jeder konnte Priester werden, der den Mitgliedsbeitrag des Kultes aufbrachte, auch wenn er nicht aus dem traditionellen Priesterstamm kam. Sollte Israel seinen Angriff fortführen, so würde es gegen Gott selbst kämpfen.

Die Ansprache machte auf Jerobeam keinen sonderlichen Eindruck, und

während sein Feind seine Rede hielt, legte er in dessen Rücken einen Hinterhalt. Überrascht und alarmiert betete Juda zu Gott und die Priester bliesen die Trompeten. Die Schlacht nahm eine unerwartete Wende. Die Judäer schlugen die Israeliten und fügten ihnen schwere Verluste zu.

Juda eroberte das in der Nähe des Schlachtfeldes gelegene Bethel sowie die Städte Efron und Jeschana. Zum ersten Mal seit dem Auseinanderbrechen der Nation konnte eine Seite einen wesentlichen Vorteil erringen.

Die religiösen Führer Judas haben den Sieg als ein Zeichen gefeiert, dass die Stämme für Jahwe ein Licht in der Dunkelheit des Bürgerkrieges und der religiösen Abkehr sind.

(1. Könige 15,1-8; 2. Chronik 13,1-19)

KURZMELDUNGEN 920-900 v. Chr.

König tot (913 v. Chr.): Rehabeam, der erste König des südlichen Königreiches von Juda, ist im Alter von 57 Jahren eines natürlichen Todes gestorben. Seine 17-jährige Herrschaft war durch rigide Innenpolitik, ständige Scharmützel mit dem nördlichen Israel und durch die Einführung fremder Götter getrübt. Er hinterlässt 18 Ehefrauen, 60 Nebenfrauen und 34 Kinder.

(1. Könige 14,21-31; 2. Chronik 11,18-21)

Noch ein König tot (912 v. Chr.): Assurdan II. ist nach 22-jähriger Herrschaft gestorben. Seit hundert Jahren ist er der erste König gewesen, der regelmäßig militärische Feldzüge durchgeführt hat, durch die er vor allem die von den Aramäern besetzten Gebiete zurückerobern wollte. Er ist auch in Kadmukhu am oberen Lauf des Tigris einmarschiert. Er führte die Bevölkerung zu-

rück, die Assyrien wegen Hunger und Armut verlassen hatte, und begann mit dem Bau des Handwerkertors und des Neuen Palastes bei Assur. Sein Nachfolger ist sein Sohn Adadnirari II.

Schmuckindustrie (900 v. Chr.): Bronzeschmuck, der aus zwei durch eine Schlaufe miteinander verbundenen Spiralen besteht, kommt in der wohlhabenden Stadt Vergina in Makedonien in Mode, ebenso wie die so genannten Fibeln, die sich

um die Mitte eines achtförmigen Gebildes wickeln.

Sicherheit auf polnisch (900 v. Chr.): Die Europäer errichten immer mehr Befestigungen, sowohl im Hügelland als auch in den Ebenen. Nach neuen Entwürfen in Polen werden die alten Wälle, Gräben und Holzzäune durch eine Reihe von am Hang liegenden Holzkonstruktionen ersetzt, die mit Steinen verkleidet und mit Geröll aufgefüllt sind.

Heilige Besoffenheit

Peru, 900 v. Chr.

Die rituelle Betrunkenheit gehört zum Alltag der peruanischen Bevölkerung. Sie brauen Chicha (Maisbier) mit einem Alkoholgehalt von drei Prozent. Dieses gegorene, nahrhafte Getränk wird aus gekeimten Maiskörnern gebraut, die gemahlen, mit Wasser versetzt und erhitzt werden.

Große Chicha-Trinkschalen werden aus Kürbis hergestellt und vor dem Trinken werden jedesmal ein paar Tropfen Bier für Mutter Erde auf den Boden gegossen. Seit 900 Jahren ist der Anbau von Mais, ein religiöses Fruchtbarkeitssymbol, ein wichtiger Teil ihrer vorwiegend auf Gärtnerei beruhenden Wirtschaft, die durch ein kompliziertes Bewässerungssystem ermöglicht wird. Wilde Sträucher werden regelmäßig gerodet, um größere

Fratze aus einem olmekischen Breitbeil

Felder zu schaffen, die dann von neuen Kanälen bewässert werden.

Die Peruaner aus den verschiedenen Regionen des Landes treiben Handel miteinander. Mais, Erdnüsse, Baumwolle und Paprika kommen aus den Regenwäldern. Das wichtigste Handelsobjekt der Küstenvölker ist Salz, das in Becken am Meer gewonnen wird.

Ihre Häuser sind aus Stein, Bambus, Holz oder sonnengetrockneten Ziegeln. Sie verwenden auch ein mit Schlamm verstärktes Bambusgeflecht oder binden Bambusmatten auf einen Rahmen aus Stangen.

Seit 500 Jahren hat sich die Chavin-Kultur in Peru verbreitet. Ihre unverwechselbaren Maurerarbeiten zeichnen sich durch ihren abstrakten Stil und die eingemeißelten symbolischen Darstellungen von Adlern, alligatorenähnlichen Kaimanen und Katzen aus. Es gibt Ähnlichkeiten mit der Kultur der Olmeken in Mexiko. Die Menschen verehren steinerne Abbilder des Himmels und der Erde sowie Wassergötter. Ihre Priesterschaft hat einen großen Einfluss auf weltliche Dinge.

Mit Jahwe gegen die Invasion

Marescha, 896 v. Chr.

Die Judäer haben eine eine Million starke ägyptisch-afrikanische Invasionsstreitmacht aus Kanaan vertrieben. Und dies mit einer Truppe, die nur etwas mehr als halb so groß war. Angeführt von Serach aus Kusch (Sudan) hatten sich die Invasoren in einem Tal in der Nähe von Marescha östlich der philistäischen Grenze versammelt.

Inspiriert durch ein Gebet ihres Königs Asa zerstreute Juda jedoch die Invasionsarmee und plünderte mehrere nahe gelegene philistäische Städte und Nomadenlager.

Asa, der seinem Vater Abija vor 14 Jahren auf den Thron gefolgt war, ist ein frommer Anhänger Jahwes, dem dieser Sieg auch zugeschrieben wird. In seinem Gebet sprach er: »Wir verlassen uns auf dich und ziehen in deinem Namen. Gegen dich vermag kein Mensch etwas auszurichten.«

(2. Chronik 14,9-15)

Opferaltar am Tell-Dan (Golan-Höhen)

Königinmutter gestürzt

Jerusalem, 895 v. Chr.

Maacha, Judas Königinmutter, hat in einer von ihrem Enkel König Asa angeordneten religiösen Umstrukturierung ihre ehrenvolle und mächtige Position verloren. In einem letzten symbolischen Akt wurde ihr privates Aschera-Standbild umgehauen und auf der Müllhalde im Kidrontal verbrannt.

Der unerfahrene Asa hatte bei seiner unerwarteten Thronbesteigung nach dem vorzeitigen Tode seines Vaters Abija nach nur dreijähriger Regierungszeit in der Matriarchin zunächst eine Stütze gesucht.

Aber mehr noch wurde Asa von den Propheten Jahwes beeinflusst. Einer von ihnen, Asarja, drängte ihn dazu, Jahwe so wie früher zum einzigen Gott Judas zu erklären. »Der Herr ist immer mit dir, wenn du ihn aufrichtig suchst«, sagte Asarja, »wenn du ihn aber verlässt, wird er dich auch verlassen.«

Der Prophet erinnerte Asa an die bewegte Geschichte seines Landes, das seinen Aggressoren immer dann unterlegen war, wenn es sich von den religiösen Gesetzen und Ritualen abgewandt hatte. »Sei stark und geh voran«, drängte er den jungen König, dessen Vater auch schon ein frommer Verehrer Jahwes gewesen war. »Gottes Lohn wird dir gehören, wenn du für ihn wirkst.«

Auf diese Weise ermutigt, räumte Asa mit der Religion Judas auf. Er erneuerte Jahwes Altar und brachte die Tempelschätze zurück. Auch befahl er die Vernichtung aller Abbilder anderer Götter, deren Höhenheiligtümer er jedoch in ihrem Zustand beließ.

Bei einer Massenversammlung in Jerusalem im Frühjahr wurde der Bund des Volkes mit Jahwe durch das Opfer von 700 Rindern und 7000 Schafen und Ziegen bestätigt. Selten hat in den letzten Jahren sich die Jahwe-Frömmigkeit in Juda so hervorgetan.

(1. Könige 15,9-15; 2. Chronik 15,1-18; vgl. 2. Chronik 14,2-6)

Assyrien will die Welt erobern

Assyrien, 894 v. Chr.

In seiner jährlichen rituellen Zurschaustellung seiner Stärke ist König Adadnirari II. unbehelligt durch ganz Khanigalbat marschiert und hat von den Bewohnern Tribute eingefordert. Er hat seinen Marsch entlang der Ufer des Khebar und des Euphrat ausgedehnt.

Es ist eine assyrische Tradition, dass der König in jedem Frühjahr seine Truppen »auf Assurs Befehl« sammelt und sie durch die von ihnen zuvor unterworfenen Gebiete führt. Jeder, der sich ihnen dabei in den Weg stellt, wird bekämpft. Einige Gegner verstecken sich, aber die meisten bringen Geschenke, küssen devot des Königs Füße und versprechen feierlich, regelmäßig ihren Tribut zu zahlen.

Diejenigen, die ihr Versprechen nicht halten, werden gefoltert, ihre Untertanen massakriert oder versklavt, ihre Städte und Dörfer niedergebrannt und ihre Bäume und Feldpflanzen ausgerissen. Diese Maßnah-

Der Tribut an den König wird gewogen; Relief aus Nimrud (9. Jahrhundert v. Chr.).

men veranlassen die benachbarten Dorfältesten dazu, eiligst Geschenke zu bringen und ihre Treue zu beschwören. Die Armee kehrt dann mit Gefangenen und Tierherden beladen nach Hause zurück.

Bei einem kürzlich durchgeführten Feldzug im Norden machten die Assyrer reiche Beute: 150 Streitwagen (plus Mannschaften und Pferde), 460 Pferde, je 61 Kilo Silber und Gold, je 3040 Kilo Blei und Kupfer, 9117 Kilo Eisen, 1000 Kupfergefäße, 2000 Kupferpfannen, -schüsseln und -kessel, 1000 gefärbte wollene und leinene Kleidungsstücke, viele mit Gold überzogene Holztische und Liegen aus Elfenbein, 2000 Rinder, 5000 Schafe, die Schwester des Herrschers, die Töchter seiner Adeligen und deren Mitgift sowie 15000 Untertanen.

Der herrschende Prinz wurde getötet und seinem Nachfolger ein jährlicher Tribut von 1000 Schafen, 145000 Litern Weizen, 1,2 Kilo Gold und 6,5 Kilo Silber auferlegt.

Assyriens Entschlossenheit, die Welt zu erobern, hat drei Ursachen. Zum Ersten wollen sie ihr Land vor feindlichen Nachbarn schützen, zweitens sind sie von Natur aus habgierig und drittens haben ihre Kriege eine tief verwurzelte religiöse Ursache. Sie glauben, dass ihr Gott Assur der höchste Gott in der Götterhierarchie ist und dass der König von Assyrien als Assurs Vertreter auf Erden daher über alle Völker herrschen sollte.

Aus Menschen, Herden und Wagen bestehende Kriegsbeute wird von den Assyrern fortgeführt.

KURZMELDUNGEN ca. 900 v. Chr.

Noch ein Jahwe-Tempel: In der Grenzstadt Arad in der Wüste Juda (Negeb) ist ein neuer Tempel für Jahwe errichtet worden. Sein Entwurf ähnelt dem von Salomos Tempel in Jerusalem. Er hat zwei steinerne Räucheraltäre, zwei Opfertische, einen Leuchter und einen Sockel für einen der Bundeslade ähnlichen Gegenstand. Im Hof steht ein Opferaltar aus unbehauenen Steinen mit einer Platte aus Feuerstein.

Auf ein Neues!: Die wichtige Stadt Beerscheba wird nach ihrer Zerstörung durch den ägyptischen König Schischak in ihrem ursprünglichen Grundriss wieder aufgebaut. Neue Lagerhäuser entstehen neben einem neuen Tor. Die alten Befestigungen werden durch eine starke Kasematte ersetzt. Der Palast wird wieder aufgebaut und der Marktplatz vergrößert.

Feind aus dem Osten: Das sich auf den Stadtstaat Damaskus gründende aramäische Königreich gewinnt unter König Reson ständig an Macht und Reichtum hinzu. Es lässt nun seine Muskeln spielen und bedroht Israel und Phönizien nicht nur politisch und militärisch, sondern auch wirtschaftlich.

Rohstoffwechsel: Schmiede in Britannien, Irland und im Nordwesten Frankreichs produzieren immer noch große Mengen an hochwertigen Waffen, Haushaltsgeräten und Schmuckstücken aus Bronze, obwohl Eisen dieses Material allmählich zu ersetzen scheint. Blei wird nur noch selten verwendet.

Wasser und Brot für unpopulären Kritiker

Jerusalem, 886 v.Chr.

Judas König Asa wird zunehmend reizbarer: Als ein Prophet Kritik an seiner Außenpolitik äußerte, warf er ihn kurzerhand ins Gefängnis.

Der König hatte ein Abkommen mit dem aramäischen Herrscher Ben-Hadad aus Damaskus geschlossen und bezahlte diesen dafür, dass er sich gegen Judas früheren Verbündeten Israel wandte.

Die Israeliten, die einst mit Juda zusammen eine Monarchie bildeten, hatten die nur acht Kilometer nördlich von Asas Hauptstadt Jerusalem gelegene Grenzstadt Rama befestigt. Sie wollten den Handel mit Juda unterbinden und es unterwerfen. Als aber Israels König Bascha von der Allianz hörte, gab er seinen Plan auf und zog sich nach Tirza zurück.

Dem Propheten Hanani zufolge verstößt ein Abkommen mit einer fremden Macht gegen Judas übliche Politik, nur Jahwes Hilfe in Anspruch zu nehmen. Die Aramäer seien nun eine viel größere Bedrohung als Israel, so behauptete er. Gegen diesen kleinen, verwundbaren Staat wären militärische Aktionen und Wirtschaftssanktionen ausreichend wirksame Waffen. Er hätte daran denken sollen, wie Jahwe bei der ägyptisch-nubischen Invasion vor zehn Jahren gehandelt hatte. »Die Augen des Herrn schauen auf alle Länder und stärken diejenigen,

Die Stele von Si-Gabbor, Priester des Mondgottes. Dieses Denkmal ist repräsentativ für Kultur und Religion der Aramäer, deren Einfluss von Phönizien bis Babylon reichte.

die mit ganzem Herzen bei ihm sind«, erklärte Hanani dem König, »du hast dumm gehandelt! Von nun an wird es Krieg geben!«

Dies gefiel dem König nun gar nicht und der Prophet wurde zum Schweigen gebracht. Asa befahl, auch Hananis Anhänger unter Druck zu setzen. In der Zwischenzeit ist Juda dabei, die Befestigungen von Rama wieder abzubauen und das Baumaterial für die Befestigung der Grenzposten bei Geba und Mizpa zu verwenden.

(1. Könige 15,17-22;
2. Chronik 16,1-10)

Blutrünstige Monarchen

Tirza, 885 v.Chr.

Nachdem die zehn Stämme Israels in zwei Jahren blutiger Machtkämpfe drei Könige in Folge verloren haben (Bascha, Ela und Simri), streiten nun zwei rivalisierende Möchtegernkönige um den Thron.

Nach einem von der Armee unterstützten Coup sitzt Omri in Tirza, der Hauptstadt des nördlichen Königreiches, jetzt fest im Sattel. Der Aufenthaltsort seines Rivalen Tibni, der zwar sehr beliebt ist, aber nur über eine kleine Guerillastreitmacht verfügt, ist nicht bekannt. Beide Männer hatten den Thron nach Simris Selbstmord beansprucht.

Der Thronbesteigung Simris hatte sich die Armee sofort widersetzt und deren Kommandant Omri hatte ihn in seinem Palast in die Enge getrieben. Als Simri nach nur sieben Tagen als König keinen Ausweg mehr sah, setzte er den Palast in Brand und kam in den Flammen um.

Simri selbst hatte zuvor König Ela, den legitimen, aber dem Alkohol verfallenen Sohn und Erben von Bascha, getötet. Simri, der einer von Elas Beamten war, ging zielstrebig vor: Er tötete den betrunkenen König auf einer Party und brachte dann auch dessen Familie aus Angst vor deren Vergeltung um. Nach dem Tod seines Vaters, der von einem Propheten verflucht worden war, hatte Ela weniger als zwei Jahre regiert.

(1. Könige 16,8-21)

KURZMELDUNGEN ca. 890–880 v.Chr.

Tod des Herrschers (891 v.Chr.): Nach 20-jähriger Herrschaft ist Assyriens König Adadnirari gestorben. Er hat die Gebietsansprüche seines Landes durchgesetzt und den verlassenen Palast bei Apqu im Herzen Assyriens wieder aufgebaut. Außerdem hat er Vorratslager für die Versorgung der Krieg führenden Armee eingerichtet.

Drei-Königs-Jahr (889 v.Chr.): Pharao Osorkon und sein Mitregent Schischak II. sind nacheinander im Abstand von nur wenigen Monaten gestorben. Sie wurden zusammen in Tanis beigesetzt. Der Thron wird von Takelot, einem von Osorkons Söhnen, übernommen. Im vergangenen Jahr verlieh Osorkon Schischak die Oberpriesterschaft von Amun in Karnak.

Hundefutter (886 v.Chr.): Bascha, seit 22 Jahren König von Israel, ist nach dem Fluch eines Propheten gestorben, der es seiner Familie vorherbestimmte, ein Fraß für die Hunde zu werden. »Wer in der Stadt stirbt, den sollen die Hunde fressen, und wer auf dem Felde stirbt, den fressen die Vögel«, lautete die Warnung von Hananis Sohn Jehu. Bascha hatte weiterhin fremde Religionen gefördert und alle möglichen Rivalen beseitigt. (1. Könige 16,1-7)

Noch mal davongekommen (885 v.Chr.): Die Belagerung der philistäischen Stadt Gibbeton durch die Israeliten wurde nach der Machtergreifung durch Armeekommandant Omri aufgehoben. Der Feldzug, an dem Fußsoldaten und Streitwagen beteiligt waren, war nur eines der ständigen Scharmützel in der Grenzregion zwischen den beiden Nationen. (1. Könige 16,15)

Machtmensch folgt Baukönig (884 v.Chr.): Der assyrische König Tukulti-Ninurta II. ist nach sechsjähriger Herrschaft gestorben. Er führte bedeutende Bauprojekte in Ninive und Assur durch, u.a. errichtete er den Tempel von Anu. Nachfolger ist sein Sohn Assurnasirpal II., ein ehrgeiziger und skrupelloser Herrscher, der begierig ist, die Macht Assyriens weiter auszudehnen.

Abwechslung für den Henker

Syrien, 883 v.Chr.

Die Bevölkerung von Suru, einer syrisch-aramäischen Vasallenstadt an den Ufern des Khabur, wird sich nicht mehr so schnell der Herrschaft Assyriens widersetzen. Es wurde einer Bestrafung unterzogen, die auch die Tollkühnsten in Zukunft abschrecken wird.

Der Chefhenker von Assurnasirpal II. beschrieb die auf diesen Feldzügen üblicherweise angewandten vielfältigen Bestrafungsmethoden. »Ich habe eine Säule am Stadttor errichtet, alle aufständischen Anführer gehäutet und die Säule mit ihren Häuten überzogen. Einige habe ich in die Säule eingemauert, einige habe ich auf der Säule gepfählt und andere habe ich an Pfähle rund um die Säule gebunden... Ich habe von den aufständischen königlichen Beamten die Gliedmaßen abgeschnitten...Viele der Gefangenen habe ich verbrannt oder als lebende Gefangene genommen. Einigen habe ich die Nasen, Ohren oder Finger abgeschnitten oder ihnen die Augen ausgestochen. Ich habe eine Säule aus den Lebenden und eine aus Köpfen errichtet und ich habe ihre Köpfe an Baumstämme rund um die Stadt gebunden.

Der Palast von Kelach (Nimrud) in einer Darstellung aus dem 19. Jahrhundert

Ihre jungen Männer und Mädchen habe ich verbrannt.«

Seit Adadnirari II. war die Khabur-Region Assyrien untertan, bis der Nachbarstaat Bit-Adini die Bevölkerung von Suru aufhetzte und sie den von Assyrien ernannten Gouverneur tötete, um ihn durch einen Mann aus Bit-Adini zu ersetzen. Als Assurnasirpal von

Ein Löwe fällt einen Nubier an. Elfenbeinschnitzerei aus Kelach (Nimrud)

dem Aufstand hörte, marschierte er unverzüglich 320 km durch die sengende Hitze, um ihn niederzuschlagen.

Die Ältesten fielen dem König bei seiner Ankunft zu Füßen und sagten: »Töte oder lass Gnade walten, wie es dir gefällt! Tu, was immer du willst!« Also stürmte Assurnasirpal die Stadt und die Ältesten übergaben ihm die Aufständischen und den neuen Gouverneur. Der König hat einen neuen Gouverneur eingesetzt, einen hohen Tribut gefordert und die Schuldigen mit der üblichen Grausamkeit bestraft.

Babylons König Nabu-apla-iddina hat Truppen mit seinem eigenen Bruder zur Unterstützung der Aufständischen nach Suru entsandt. Sowohl Babylon als auch Assyrien haben ein reges Interesse an Suru, einem reichen Staat an der Handelsroute entlang des mittleren Euphrats. Die Assyrer behielten die Oberhand, aber erstaunlicherweise hat das der freundlichen Beziehung zwischen den beiden Staaten keinen Abbruch getan.

Waffenwäsche im Mittelmeer

Phönizien, 883 v.Chr.

Nach einem großen Feldzug entlang der Westgrenzen Assyriens, auf dem die assyrische Armee erneut nur auf wenig Widerstand gestoßen war, wusch Assurnasirpal seine Waffen gemäß einem alten Ritual im Mittelmeer. Er nahm Geiseln in Karkemisch und Patinu und überquerte dann den Orontes, um in den Libanon zu kommen.

Als der König seine Waffen wusch, wurde er von den Küstenstädten Tyrus, Sidon, Byblos und Arwad mit Geschenken überschüttet. Darunter waren Gold, Silber, Zinn, Kupfer, kupferne Gefäße, leinene Kleider mit bunten Verzierungen, große und kleine Affen, Ebenholz, Buchsbaumholz und Elfenbein von Walroßzähnen.

Sie brachten dem König ihre Geschenke und küssten ihm die Füße. Der zog denselben Weg wieder zurück, errichtete auf den Amanu-Bergen eine Stele und brachte dort wachsendes Bauholz für den Tempelbau nach Assyrien.

»Ich bau mir eine neue Hauptstadt!«

Samaria, 879 v. Chr.

König Omri von Israel hat Tirza, die Hauptstadt seiner Vorgänger, verlassen und ist nach Westen gezogen, um einen neuen Hauptsitz auf einem bisher unbefestigten Hügel zu errichten.

Der Hügel, der wahrscheinlich nach seinem früheren Besitzer Schemer »Samaria« genannt wird, bietet mit einer Höhe von 100 m einen guten Ausblick über ein fruchtbares Tal ca. 11 km nordwestlich von Sichem. Von hier aus ist der Zugang zu den Handelsrouten in der Küstenebene besser als von Tirza aus.

Omri hat für den Bauplatz 70 kg Gold bezahlt und ist nun dabei, starke Befestigungen zu errichten. Er plant einen Palast, mehrere Tempel und große Wasserzisternen.

Das Tal unterhalb Samarias wird in der Regenzeit ab und zu überschwemmt, aber es trägt reiche Weizen- und Olivenernten.

(1. Könige 16,23,24)

Samaria hat als Stadt auf einem Hügel eine strategisch günstige Position. Gegründet wurde sie von König Omri.

Des Königs Elfenbeinturm

Samaria, 870-865 v. Chr.

Ahab hat den von seinem Vater Omri begonnenen Palast vollendet und ihn und die Einrichtung mit wertvollen elfenbeinernen Einlegearbeiten und Schnitzereien verziert.

Die Errichtung eines Tempels für den Sturmgott Baal hat Israel noch ein Stück weiter von der Religion, die Jahwe als einzigen Gott anerkennt, entfernt und den Zorn der Propheten erregt. Beide Gebäude haben hohe Säulen mit palmblattartig verzierten Kapitellen. Sie zählen zu den herausragendsten Leistungen von Ahabs umfassenden Bauprogrammen im ganzen Land.

Er hat auch Samarias Befestigungen verstärkt. Die Hügelstadt ist nun von einer Kasematte umgeben, die aus rechteckigen, glatten, ohne Mörtel ineinander gefügten Kalksteinblöcken besteht.

In Megiddo hat er Salomos Kasematte aufgefüllt, um sie zu verstärken. Auf Grundstücken, auf denen zuvor private Häuser gestanden hatten, wurden ein Gouverneurspalast und drei Reihen Lagerhäuser errichtet. Für die Wasserversorgung hat Ahab auch einen Schacht ausgehoben, um das durch einen von Menschen geschaffenen Tunnel geleitete Wasser einer Quelle außerhalb der Stadt anzuzapfen.

Hazors Fläche hat sich in den letzten Jahren fast verdoppelt und damit Salomos großes Tor überflüssig gemacht. Ein Teil der alten Kasematte, die nun innerhalb der Stadt liegt, ist zu Geschäften umfunktioniert worden. Neue Geschäfte und eine starke Mauer wurden hinzugefügt.

(1. Könige 16,29-34; vgl. 22,39; Amos 3,15; 6,4)

Die Reste des Westtores von Samaria stehen noch. Diese Mauern sind allerdings jüngeren Datums.

König des Wohlstands ist tot

Samaria, 874 v. Chr.

Omri, der König von Israel, der den von inneren Auseinandersetzungen zerrütteten zehn Stämmen politische Stabilität und wirtschaftlichen Wohlstand gebracht hatte, ist nach 12-jähriger Herrschaft gestorben.

Der gerissene Politiker übernahm eine geschwächte Nation, deren Gebiet sich seit ihrer Blütezeit unter ihrem ersten unabhängigen König Jerobeam verkleinert hatte. Die ersten vier Jahre musste Omri die Macht mit dem aufständischen Emporkömmling Tibni teilen. Nach dessen Tod vor acht Jahren stellte er den alten Wohlstand wieder her.

Er brachte Israels Macht über Moab im Osten erneut zur Geltung und baute eine neue, starke Hauptstadt in Samaria. Auch verbesserte er die Beziehungen zu Juda und schloss ein politisches Abkommen mit Etbaal, dem König der phönizischen Städte Tyrus und Sidon. Das Abkommen wurde durch die Hochzeit zwischen Omris Sohn Ahab und Etbaals Tochter Isebel besiegelt.

Es gelang ihm jedoch nicht, die Aramäer in Schach zu halten, und er musste den in Samaria tätigen Händlern aus Damaskus Marktkonzessionen einräumen. Außerdem zahlte er den Assyrern, die die Region kurz heimsuchten, einen hohen Tribut.

Während seiner Herrschaft wurden die oberen und mittleren Klassen spürbar reicher, die ärmeren Schichten profitierten jedoch nicht von dem allgemeinen Wohlstand. Einige verloren sogar ihr Land. Die Propheten haben ständig gegen Omris Förderung der kanaanitischen Heiligtümer protestiert. Sein Sohn Ahab tritt seine Nachfolge an.

(1. Könige 16,21-28;
vgl. 20,34; Micha 6,16)

König Assurnasirpal II. in höfischer Kleidung; 2 m hohes Steinrelief aus Kelach (Nimrud), 875 v. Chr.

Pompöser Palast – Bombastisches Büfett

Kelach, Assyrien, 877 v. Chr.

Assurnasirpal hat aus Anlass der Einweihung seiner neuen Hauptstadt Kelach 69574 Gäste zehn Tage lang bewirtet. Einige kamen aus so entfernten Ländern wie dem Iran, Anatolien und Phönizien. Die üppige Speisefolge wurde für die Nachwelt auf einer königlichen Stele eingemeißelt.

Kelach (Nimrud) ist eine strategisch günstig gelegene Stadt, 80 km südlich der früheren königlichen Residenz Ninive. Sie wird im Westen durch den Tigris und im Süden durch den Oberen Zab geschützt. Die ehemalige Kleinstadt wurde vor 500 Jahren von Salmanassar gegründet und dann verlassen. Gefangene aus besiegten Ländern sind hier angesiedelt worden. Alle, die unter assyrischer Herrschaft stehen, mussten unentgeltliche Arbeitsstunden in der Stadt leisten, die von eigens importierten Zwangsarbeitern vollendet wurde. Sie wird von einer Mauer umgeben und hat Obstgärten und einen Zoo. Zur Bewässerung der sie umgebenden Ebene wurde ein Kanal vom Zab abgeleitet.

König Assurnasirpal II. auf einem Fest in seinem Garten

Assurnasirpals Palast besteht aus Zedern-, Zypressen-, Wacholder-, Buchsbaum-, Maulbeerbaum-, Pistazien- und Tamariskenholz. Er hat eine Fläche von 24800 m² und ist unterteilt in Verwaltungs-, Zeremonie- und Wohnbereiche. Der Wohnflügel wird durch breite, in die Mauern eingelassene Öffnungen belüftet. Die Steine, mit denen die Räume verkleidet sind, zeigen Reliefs und Inschriften. Die Gebäude sind von Statuen wilder Tiere und Monster umgeben.

Dem Kriegsgott Ninurta wurde ein Tempel mit einem Stufenturm errichtet. Auch verschiedenen anderen Göttern wurden Tempel gebaut. Außerdem hat Assurnasirpal Bauarbeiten an dem Ischtar-Tempel, dem Adad-Tempel und dem Bit-natkhi in Ninive in Auftrag gegeben und den Tempel von Sin und Schamasch in Assur restauriert. Die Renovierungsarbeiten am Palast in Apqu sind im Gange.

Die Kosten für diese Projekte werden die Assyrer gar nicht spüren. Ihre Städte und Bevölkerungen sind reich, da sie die von ihnen unterdrückten Stämme und Nationen vollständig ausgebeutet haben. Diese in dem riesigen Reich weit voneinander entfernt lebenden Untertanen sind völlig verarmt und leben in ständiger Rebellion. Assyrien erhält sein Einkommen durch Gewalt und die Stabilität des Königreiches ist auf Terror gegründet.

Religiöse Volkshochschule

Die Höhle des Elia: Eine kleine grüne Insel in der rauhen Wildnis des Sinai wird als der Platz angesehen, an dem Elia ausruhte.

Jerusalem, 869 v. Chr.
König Joschafat von Juda hat einen landesweiten religiösen Kreuzzug gestartet, um dem Volk die Grundzüge des Jahwe-Glaubens zu vermitteln.

Fünf Beamte, acht Leviten und zwei Priester wurden beauftragt, durch die Stämme Juda und Benjamin zu ziehen und die Glaubensgrundlage, d.h. die Gesetze Moses, vorzulesen und zu erklären. Gleichzeitig werden die Heiligtümer anderer Götter geschlossen und die zu ihnen gehörenden männlichen Prostituierten verbannt.

Der König setzt die von seinem Vater Asa begonnene Politik fort: Er entfernt alle kanaanitischen Schreine und verbannt alle anderen Religionen und religiösen Bräuche. Nach dem Tod seines Vaters, mit dem er drei Jahre lang zusammen regierte, hat er vor kurzem die alleinige Herrschaft übernommen. Joschafat betreibt auch ein umfassendes Bau- und Befestigungsprogramm, um seine Grenzen weiter zu stärken. Es wird berichtet, dass einige philistäische und arabische Führer Steuern an ihn entrichten, damit er mit seiner großen Armee nicht in ihre Gebiete einfällt.

(2. Chronik 17,1-19; vgl. 1. Könige 22,46)

Tod durch Fußleiden

Jerusalem, 869 v. Chr.
König Asa von Juda wurde mit einem großen Staatsbegräbnis beigesetzt. Er litt in seinen letzten Lebensjahren an einer Fußkrankheit, möglicherweise an einer Verstopfung der Blutgefäße, die zu Gangränen in seinen Beinen und Füßen führte.

Seine Leiche wurde mit exotischen Gewürzen und Düften einbalsamiert, und zu seinen Ehren wurde in der Hauptstadt dieses kleinen Staates ein riesiges Feuer entzündet. Er wurde in einem Felsengrab beigesetzt, das er für sich bestimmt hatte.

Seit vier Jahren hatte er gemeinsam mit seinem Sohn Joschafat regiert, der ihm nun nachfolgt. Insgesamt war Asa 41 Jahre an der Macht. Trotz einiger privater und religiöser Fehltritte wird er als ein gottesfürchtiger Mann in Erinnerung bleiben, der Juda Stabilität brachte.

(1. Könige 15,23.24; 2. Chronik 16,11-14)

Machte Ex-Eremit Toten lebendig?

Zarpat, 864 v. Chr.
Den Angaben einer verwitweten Mutter zufolge hat ein israelitischer Prophet ihren Sohn von den Toten erweckt. Außerdem behauptet sie, dass der Prophet Elia ihr versprochen habe, ihr magerer Vorrat an Nahrungsmitteln würde nicht ausgehen, solange er bei ihr bliebe.

Die Frau, deren Name nicht genannt wurde, sagte, dass ihr Sohn vor seinem Zusammenbruch bereits einige Zeit krank gewesen war. Verzweifelt nahm sie an, dass dies Gottes Strafe für ihre Sünden sei. Elia aber brachte den jungen Mann in sein Zimmer, betete zu Jahwe und ihr Sohn kehrte lebendig zu ihr zurück. »Ich glaube, dass Elia ein Mann Gottes und Jahwes Sprachrohr ist«, sagte sie später.

Der Prophet ist in dieser Küstenstadt, die von Etbaal von Sidon einige Meilen weiter nördlich aus regiert wird, eine rätselhafte Figur. Er ist vor Israels König Ahab geflohen, den er wegen der in Israel zugelassenen Baalverehrung verurteilt hatte. Und nun ist Baal der oberste Gott der Region, in der Elia jetzt lebt. Etbaal ist auch der Vater von Ahabs Frau Isebel, die Jahwes Altäre in Israel zerstören lässt und die Hinrichtung seiner Propheten befohlen hat.

Bevor Elia nach Zarpat kam, lebte er versteckt als Eremit, doch scheint er nun vom Regen in die Traufe geraten zu sein. Er hat sich bisher wahrscheinlich in den unfruchtbaren Hügeln in der Nähe Jerichos am Jordan aufgehalten, wo er sich von dem ernährte, was die Raben fallen ließen.

Als er die Witwe in Zarpat traf, backte sie gerade Brot von ihrem letzten Mehl und Öl. Aufgrund ihrer Armut und der wegen der langen Dürre herrschenden Hungersnot konnte sie nichts mehr kaufen. Wie Elia es schafft, für sie zu sorgen, bleibt ein Rätsel. Oder ist es ein weiteres Wunder?

(1. Könige 17,1-24; vgl. 18,4.30)

Feuer nach Wettkampf im Gottesdienst

Karmel, 864 v.Chr.

Jahwe ist wieder der Hauptgott der Israeliten, nachdem ein Opfer von selbst Feuer fing. Der Vorfall ereignete sich während eines religiösen Wettkampfes und wird als ein direktes Eingreifen Jahwes interpretiert.

Es war ein Wettbewerb zwischen 800 Priestern von Baal und Astarte, den von Israels König Ahabs Frau Isebel geförderten phönizischen Göttern, und Elia, dem Propheten Jahwes. Er wurde veranstaltet, nachdem Elia seine Landsleute aufgefordert hatte, nicht länger verschiedene Götter anzubeten, sondern den Gott als einzigen Gott anzuerkennen, der die dargebrachten Opfer in Brand setzen würde.

Im Anschluss an den Wettkampf und die öffentliche Proklamation Jahwes beendete ein Platzregen die dreijährige Dürrezeit, die zu einer Lebensmittelknappheit im ganzen Land geführt hatte. Dies war für die einheimische Bevölkerung ein weiteres Zeichen von Jahwes Überlegenheit über den phönizischen Sturmgott, der ihnen keinen Regen gebracht hatte.

Aber als Elia die Priester der anderen Götter den Gesetzen Moses entsprechend am Fuße des Berges Karmel tötete, unterschrieb er sein eigenes Todesurteil. Die erzürnte Isebel ignorierte die Elia zuteil werdende öffentliche Anerkennung und befahl seine Hinrichtung.

Die 550 m hoch gelegene Landspitze Karmel an der Mittelmeerküste dient oft als Zentrum der Verehrung. Sie liegt in der Nähe der Grenze zwi-

Baal-Melkart war der Gott des Gewitters. Auf dieser Stele aus dem 9. Jahrhundert schwingt er einen Stock (den Donner) und hält einen Blitz als Speer in der Hand.

schen Israel und Phönizien und ist normalerweise grün und dicht bewaldet. Nach der Dürre jedoch, die Elia als Jahwes Bestrafung von Israel bezeichnet, ist alles vertrocknet.

Unter einem wolkenlosen Himmel und einer heißen Sonne hatten die Baalspriester fast den ganzen Tag lang ihre Rituale vollzogen. Sie verstümmelten sich sogar selbst in einem letzten Versuch, Baal dazu zu bewegen, ihren Altar in Brand zu setzen.

Das Schauspiel brachte ihnen aber nur den derben Spott von Elia ein. Er deutete an, dass Baal vielleicht gerade schlief, auf der Toilette saß, oder im Ausland unterwegs war, und forderte sie auf, lauter zu rufen.

Nach stundenlangem, vergeblichem Bitten gaben sie auf und nun war Elia an der Reihe. Er errichtete Jahwe einen Altar aus zwölf Steinen, einen für jeden Stamm Israels. Dann goss er in einer großartigen Geste Wasser über das knochentrockene Holz und den eben geschlachteten Stier, um zu zeigen, dass es sich nicht um einen Taschenspielertrick handelt.

Er vermied alle Theatralik, erhob seine Hände zum Himmel und sprach das einfache Gebet: »Jahwe, Gott Abrahams, Isaaks und Jakobs [die Altvorderen Israels], zeige, dass du der wahre Gott bist, dass ich dein Diener bin und dass du dir die Herzen des Volkes wieder zuwenden wirst.«

Was dann passierte, kam völlig unerwartet. Der durchnässte Altar verwandelte sich in ein rasendes Feuer, ob durch Blitzschlag oder Selbstentzündung ist unklar. Die Menge begann zu singen: »Jahwe ist Gott! Jahwe ist Gott!«

Trotz der nationalen Erneuerung gab es für Elia keine Ruhepause. Der Prophet, der seit drei Jahren auf der Flucht ist, suchte wieder das Weite, als Isebel das Todesurteil erneuerte. Nach einem kurzen Zwischenstopp in Jesreel wurde er zuletzt auf dem Weg nach Süden Richtung Juda gesehen.

(1. Könige 18,1-19,3; vgl. 5. Mose 13,12-18; 17,2-5)

KURZMELDUNGEN ca. 880-865 v.Chr.

Eroberer sieht Männer in Frauenkleidung (880 v.Chr.): Der assyrische König Assurnasirpal hat die Zamua-Region (im südlichen Kurdistan) nach drei von Nur-Adad angeführten schweren Aufständen endlich unterworfen. Auf den ersten beiden Feldzügen hat Assurnasirpal alle Städte und Garnisonen Nur-Adads geplündert, zerstört und die

Bevölkerung niedergemetzelt. Auf seinem letzten Feldzug hat er Zamru und mehrere andere Städte verwüstet und kontrolliert nun ganz Zamua, das Tribut zahlen und kostenlose Arbeitskräfte liefern wird. Die Zamuaner werden beim Bau der neuen Stadt bei Kelach eingesetzt werden. Der König führte weiterhin aus, dass er an Orten gewesen sei, wo sich einige Männer wie Frauen kleideten.

Vasallen gerächt (879 v.Chr.): Assurnasirpal hat aufgrund der Nachricht über die Ermordung des Vasallenfürsten Amme-baal den Tigris überquert, um dessen Tod zu rächen. Amme-baals erzwungene 13-jährige Treue hatte in dessen eigenem Volk Unmut erregt. Assurnasirpals Rachefeldzug stieß auf wenig Widerstand und er ist mit einem üppigen Tribut und einigen neuen Prinzessinnen und

deren Mitgift zurückgekehrt.

Heiße Prognose (865 v.Chr.): Der Prophet Elia hat einige Jahre der Trockenheit vorhergesagt. In einer Audienz mit dem König von Israel sagte er, dass die Dürre Jahwes Strafe dafür war, dass das Volk Baal bevorzugte und ihm diesem in Samaria gar einen Tempel gebaut hatte. (1. Könige 16,31-33; 17,1)

33 betrunkene Könige ermordet

Samaria, 860-857 v. Chr.

Ben-Hadad aus Damaskus dachte, dass er mit der Einnahme von Israels Hauptstadt leichtes Spiel haben würde. Aber als er vor Samaria lag, haben ihm 232 tollkühne junge Offiziere den Spaß verdorben und ließen ihn um sein Leben rennen.

Der aramäische König hatte für die Belagerung Samarias 32 benachbarte Könige und ihre Armeen zusammengezogen. Er nannte seine Bedingungen: Silber und Gold als Schutzgeld, die schönsten Frauen als Sexobjekte und die Kinder als Sklaven. Bei Nichterfüllung würde Israel sein blaues Wunder erleben.

König Ahab, dessen Armee größtenteils außerhalb der Stadt lag, musste einwilligen. Aber als Ben-Hadad auch noch Zutritt zur Stadt forderte, um sie zu plündern, biss er auf Granit.

»Der Staub von ganz Samaria ist nicht genug, um die Hände der Leute zu füllen, die ich mitnehmen werde«, geiferte daraufhin Ben-Hadad. »Wer die Rüstung noch anhat, hat weniger Grund zum Jubeln als der, der sie abgelegt hat«, konterte Ahab und deutete damit an, dass Ben-Hadad den Tag nicht vor dem Abend loben sollte.

Als die Belagerer sich in Vorfreude auf ihre Beute betranken und mehr oder weniger sturzbetrunken in ihren Zelten lagen, marschierten die 232 jungen Offiziere aus der Stadt, töteten die zu ihrer Verhaftung ausgeschickten Kundschafter und stießen mit ihrer Armee durch die Reihen der Aramäer vor.

Ben-Hadad blieb noch nicht einmal Zeit, seinen königlichen Streitwagen zu besteigen, und sein Abgang auf einem geliehenen Pferd war alles andere als würdevoll. Israelitische Kommandos aus der Umgebung fielen über die Aramäer her und fügten ihnen schwere Verluste zu.

Israelitische Quellen behaupten, dass die Strategie von einem ungenannten Propheten angeregt wurde, der versicherte, dass Jahwe für sie siegen würde, um somit erneut seine Überlegenheit zu demonstrieren. Ahab hatte allen Grund zur Freude.

(1.Könige 20,1-21)

Urgeschichte, zweite Auflage

Babylonien, 870-860 v. Chr.

Die Babylonier erholen sich immer besser von den Jahren der aramäischen Invasionen und Schlachten und verfassen wieder literarische Werke. Ein neues Werk ist das Erra-Epos, das von dem Terror, den Invasionen und den Plagen der Vergangenheit sowie von der darauf folgenden Wiedererstehung der Nation erzählt. Es werden jedoch auch viele alte Texte neu aufgelegt, darunter das Schöpfungsepos und das Gilgamesch-Epos.

Arabisches Sumpfdorf. So ähnlich kann man sich auch die Siedlungen zur Zeit der Babylonier vorstellen.

Das Schöpfungsepos

Apsu und Tiamat, die Verkörperung des Wassers unterhalb von Erde und Meer, zeugten die Götter. Als diese Götter ihnen lästig wurden, wollte ihr Vater Apsu sie vernichten, da er wegen ihres Lärms nicht schlafen konnte. Sein Plan wurde jedoch von der weisen Ea durchkreuzt, die Apsu vernichtete.

Dann wurde Marduk, der »Mächtigste der Ersten«, geboren und kämpfte gegen Tiamat, die Rache für die Vernichtung von Apsu forderte. Marduk gewann den Kampf, rettete somit die anderen Götter und wurde als die oberste Gottheit anerkannt.

Marduk nahm den toten Körper von Tiamat, um die Schaffung von Himmel und Erde zu vollenden:

»Er schnitt sie in zwei Teile,
aus der einen Hälfte schuf er den Himmel…
auf ihrem Kopf ließ er die Berge entstehen…

und ließ den Euphrat und den Tigris durch ihre Augen fließen.«
Dann beschloss Marduk, die Menschen zu erschaffen:
»Blut werde ich schaffen und ein Skelett, eine niedrige, primitive Kreatur hervorbringen, die ›Mensch‹ heißen wird…
Ihm wird die Arbeit übertragen, so dass die Götter ruhen können.«

Dann errichteten die anderen Götter für Marduk die Städte Babylon und Esagila und erklärten ihn zum »König aller Götter«.

Das Gilgamesch-Epos

Das auf zwölf Tafeln geschriebene Epos erzählt die Abenteuer von Gilgamesch, dem König von Uruk, der zwei Drittel Gott und ein Drittel Mensch war. Er erringt große Siege über Dämonen und sogar über einen riesigen Stier des Himmels, der ausgesandt wurde, um ihn zu töten. Aber sein Herz bricht, als sein Freund Enkido stirbt, und die Suche nach der eigenen Unsterblichkeit treibt ihn in die Verzweiflung.

Die Flut

Die Geschichte erzählt von einem Mann, den der Gott Ea davor warnte, dass der böse Gott Enlil die ganze Erde mit Wasser überfluten wollte. Ea sagte ihm: »Bau ein Schiff, verzichte auf Reichtum, rette dein Leben und bringe alle Samen des Lebens auf das Schiff.« Der Mann tat, wie ihm gesagt wurde, und überstand die Flut.

Ministatue belebt alten Glauben

König Nabu-apla-iddina von Babylonien hat der Bevölkerung der babylonischen Stadt Sippar bei einer großen Feier eine neue Figur von Schamasch, dem Gott der Sonne und der Gerechtigkeit, gestiftet. Der König verteilte neue Festkleider für alle Statuen der Hauptgötter und stiftete ein Bankett für die Priester. Die neue Statue wurde durch alte und geheime Rituale geweiht, die sie zum Leben erwecken sollen. Die ursprüngliche Statue des Gottes war bei den aramäischen Invasionen der vorangegangenen Jahre verloren gegangen. Seitdem hat die Verehrung vor einer großen Sonnenscheibe stattgefunden, bis vor kurzem eine kleine Statue des Gottes an den Ufern des Euphrat gefunden wurde, nach deren Vorbild die neue Figur entstand.

Skeptiker behaupten, dass diese »Entdeckung« von Gläubigen initiiert worden war, die dem alten Kult seinen früheren Status wiedergeben wollen. Der König stellte jedoch klar, dass seine Handlung Teil einer ihm von Marduk aufgetragenen Mission ist, die lautet, die alten religiösen Zentren neu zu besiedeln, Altäre zu errichten und die alten Riten und Opfer für die Götter wieder einzuführen. Nabu-apla-iddina hat auch den Göttinnen Ischtar und Nanaya in Uruk an den Ufern des Euphrat, 40 km nördlich von Ur, Lebensmittel gestiftet und Marduks Tempel in Esagila größere Mengen Gewürze gespendet.

Obwohl Schamasch nicht zu den wichtigsten babylonischen Göttern zählt, ist er sehr beliebt. Bei den Feierlichkeiten sang die Bevölkerung eine Hymne, die lautete:

»Den Händler, der mit dem
Kornmaß betrügt,
der Korn nach dem Mindeststan-
dard auswiegt,
aber eine hohe Bezahlung fordert,
wird der Fluch des Volkes treffen;
verlangt er die Zahlung vor dem
fälligen Datum, wird er Schuld
auf sich laden.

Sein Sohn wird seinen Besitz nicht
übernehmen, noch seine Brüder
seinen Reichtum.
Der ehrliche Händler, der das Korn
nach dem Höchststandard
auswiegt und Güte zeigt,
gefällt Schamasch, und sein Leben
verlängert sich.
Er wird seine Familie vergrößern,
Reichtum gewinnen,
und wie das Wasser einer nie ver-
siegenden Quelle werden auch
seine Nachkommen nie versiegen.«

Ein Essen für die Götter

So wie andere Völker Mesopotamiens glauben auch die Babylonier, dass die Menschen geschaffen wurden, um den Göttern zu dienen. Sie füttern und kleiden sie und sorgen auch sonst für ihre Götter ebenso wie für ihren König. Sie glauben, dass die Götter in ihren Figuren anwesend sind, so dass ein Gott, dessen Statue im Krieg verschleppt wird, so lange abwesend ist, bis seine Figur zurückkehrt.

Die Figuren in den Tempeln sind normalerweise aus Edelhölzern und tragen vergoldete Kleider, Brustpanzer und Kronen. Sie werden in besonderen Werkstätten hergestellt und stehen auf Sockeln in ihren Tempeln. Die Götter werden von niedrigeren Göttern und Gläubigen besucht und verlassen ab und zu ihre Tempel, vielleicht um auf die Jagd zu gehen.

Sie erhalten das beste Essen, das sie hinter geschlossenen Vorhängen zu sich nehmen. Wenn sie genug gegessen haben, werden ihre Teller dem König und dann an Mitglieder seiner Familie oder des Hofes weitergereicht. Oft sind es große Mengen an Lebensmittel, wie Brot, Fleisch von Schafen, Lämmern, Stieren, Wildschweinen, Vögeln und Enten oder auch Straußeneier, Datteln, Feigen, Rosinen, Bier und Wein.

Jeder Gläubige hat seine eigenen, persönlichen Götter. Er betet zu ihnen und bringt ihnen Opfer dar. Im

Ein Schutzgeist, der eine Ziege und eine Getreideähre trägt. Teile eines Basreliefs aus Kelach (Nimrud; ca. 875 v.Chr.).

Gegenzug tritt der Gott für ihn bei den anderen Göttern ein und schützt ihn vor dem Bösen. Die Menschen tragen Amulette, um sich vor bösen Geistern zu schützen. Die Geister von Menschen, die eines gewaltsamen Todes gestorben sind, werden besonders gefürchtet. Privathäuser werden durch geweihte Wächterfiguren (oft als Hund dargestellt) geschützt, die in der Nähe der Eingangstür vergraben werden.

Ein alter Text erzählt von der Hingabe des »guten« Mannes an seinen Gott:

»Flehen war mein Anliegen, Opfer
meine Regel;
der Tag der Gottesverehrung war
meine Freude,
der Tag der Prozession meiner
Göttin gereichte mir zum Vorteil
und zum Wohlstand.
Die Verehrung meines Königs war
meine Freude,
und ich erfreute mich an der Musik
zu seinen Ehren.
Ich lehrte mein Land, die göttlichen
Riten zu befolgen,
und wies mein Volk an, den Namen
der Göttin zu ehren.
Des Königs Majestät war für mich
gleich der eines Gottes.«

Rückkehr nach göttlicher Psychotherapie

Damaskus, 863 v. Chr.

Der charismatische Prophet Elia kehrt nach einer depressiven Phase, die ihn bis an den Rand des Selbstmordes brachte, in sein Amt bei den weltlichen Machthabern zurück.

Der vielgereiste und unverblümte Kritiker von Israels König Ahab ist 725 km von seinem Wüstenversteck aus nach Damaskus in Syrien gewandert, um zwei zukünftige Könige und einen Propheten auf Gottes Geheiß hin zu ernennen.

Nur wenige Monate zuvor hatte Elia die politische Bühne auf dem Höhepunkt seiner Beliebtheit fluchtartig verlassen. Körperlich erschöpft und voller Zweifel über den Nutzen seiner Arbeit war er nach einem von Königin Isebel erlassenen Todesurteil um sein Leben gelaufen.

Er zog sich in seine abgelegene Eremitenhöhle zurück und betete um einen schnellen Tod. Auf seinem langen Weg nach Süden in den Sinai, wo die Israeliten einst ihre Gesetze von Jahwe erhalten hatten, verkroch er sich in dieser Höhle, wo er dann neue Visionen von Gott für die weitere Ausführung seines Auftrags erhielt.

Er behauptet, dass Gott ihn fragte, warum er ohne Erlaubnis diesen weit entfernten Ort aufgesucht habe. Er erlebte Gottes Abwesenheit in den Naturereignissen – Erdbeben, Sturm und Feuer –, welche die traditionellen Übermittler seiner Gegenwart sind, als eine spürbare Leere, um ihn dann flüsternd wie eine Sommerbrise wieder zu vernehmen.

Nachdem Elia sich Gottes Schutzes sicher war, sein prophetischer Auftrag erneuert wurde und er erkannte, dass er in seiner Verehrung Jahwes trotz der weit verbreiteten Abwanderung zu anderen Göttern nicht allein war, machte er sich auf den langen Rückweg.

Er unterbrach seine Reise in Abel-Mehola am Jordan nördlich von Samaria, wo er Elisa, einen jungen Landarbeiter, zu seinem Assistenten und Nachfolger ernannte. Außerdem salbte er Jehu, einen Armeebefehlshaber, zum zukünftigen König Israels und betrat dann fremdes Territorium, um Hasaël zum König der Aramäer in Damaskus zu designieren.

Seine Maßnahmen werden nicht nur Anlass zu Spekulationen über einen möglichen Coup Jehus geben, sondern auch Ungläubigkeit darüber auslösen, dass Jahwe es anscheinend zulässt, dass eine fremde Macht sein auserwähltes Volk bedroht.

(1. Könige 19,3-21)

Verquere Theologie führt zu Niederlage

Afek, 860-857 v. Chr.

Offenbar hat der Gott Israels einen größeren Kompetenzbereich, als es seine Gegner wahrhaben wollen. Dies musste zumindest die aramäische Armee von Ben-Hadad schmerzlich erfahren.

In den Hügeln um Samaria waren sie von Israel vernichtend geschlagen worden, da die aramäischen Streitwagen in diesem Gebiet der Kavallerie und Infanterie unterlegen waren. Für den neuen Schlachtplan griffen Ben-Hadads Berater auf die Theologie zurück.

Sie argumentierten, dass sich Jahwes Macht hauptsächlich auf Hügelland beschränkte. »Jahwe ist wohl ein Berggott, im Tal hat er keine Chance«, verkündeten sie. Wenn Damaskus und seine Verbündeten also in der Ebene angreifen würden, wäre Israels Gott machtlos. Aber die Israeliten wurden anscheinend von ihren hellsehenden Propheten über diesen Plan informiert. Sie töteten die aramäischen Offiziere und schauten dann zu, wie die Stadtmauern von Afek über dem feindlichen Lager zusammenbrachen.

Ben-Hadad war in Afek eingeschlossen und bat um Frieden. Er bot Israel freie Marktrechte in Damaskus und versprach, die von seinem Vorgänger eingenommenen Städte an Israel zurückzugeben. Ahab erklärte sich einverstanden und ließ den Gefangenen frei.

Diese diplomatische Geste fand bei den Propheten Israels jedoch keine Zustimmung. Einer von ihnen trat Ahab verkleidet gegenüber und gab vor, einen Kriegsgefangenen verloren zu haben. Für dieses »Geständnis« wurde er laut Gesetz zum Tode verurteilt. Daraufhin gab er sich zu erkennen und verkündete Jahwes Todesurteil über Ahab.

(1. Könige 20,22-43)

Raben kommen auch in der Wüste vor, wie schon die Elia-Geschichte weiß.

Tausende von Toten in der Schlacht ohne Sieger

Karkar, 853 v. Chr.

Bei einer großen Schlacht zwischen Assyrien und einem Bündnis von zwölf Ländern bei Karkar an den Ufern des Orontes, ca. 200 km nördlich von Damaskus, hat es hohe Verluste gegeben. Die Assyrer folgten ihrer üblichen Route über den Euphrat Richtung Süden nach Syrien. Der Feldzug nahm einen vielversprechenden Anfang. Salmanassar III. opferte dem Sturmgott und trieb dann Tributabgaben von den Stämmen entlang der Route ein.

Bei Karkar stellte sich ihnen ein Bündnis von zwölf Königen, angeführt von Ben-Hadad aus Damaskus und Irkuleni aus Hamat, entgegen. Auch Ahab von Israel hatte einen großen Trupp Soldaten entsandt und das Bündnis wurde von Byblos, Ägypten und Arwad unterstützt. Nach Angaben von Salmanassars Stab zählte das Bündnis 52 900 Infanteristen, 1900 Reiter, 3900 Streitwagen und 1000 Kamelreiter.

Die Schlacht war blutig und wirr, aber hinterher behauptete Salmanassar »Ich erschlug 14 000 ihrer Soldaten mit dem Schwert. Ich brachte Zerstörung über sie... Die Ebene war zu klein, um ihre Gefallenen aufzunehmen, ihre Gräber bedecken die ganze Gegend. Ich habe den Orontes mit ihren Leichen wie eine Brücke überspannt.« Aber obwohl die Assyrer nach der Schlacht weiter in Richtung Mittelmeer marschierten, traf Salmanassar auf größeren Widerstand, als er erwartet hatte. Da weder Hamat noch Damaskus eingenommen wurden, wird das Staatenbündnis wohl auch in Zukunft Assyrien noch Probleme bereiten.

Eine Gefangenenprozession, die gemeinsam mit ihrem Vieh fortgeführt wird. Aus dem Palast Tiglat-Pilesers III., ca. 730 v. Chr.

Rechtssystem reformiert

Jerusalem, 853 v. Chr.

König Joschafat hat einen Versuch unternommen, das Stammesrechtssystem in Juda zu zentralisieren. Ebenfalls hat er eine noch nie da gewesene Trennung zwischen staatlicher und religiöser Rechtsprechung eingeführt.

Im Rahmen der langfristigen reformpolitischen Maßnahmen hat der König Richter in den befestigten Städten ernannt, die seiner direkten Kontrolle unterstehen. Für sie gilt in Bezug auf Ehrlichkeit und Unparteilichkeit ein strenger Kodex.

Der oberste Priester Amarja wird zum Minister des religiösen Rechts, und Sabadja, ein Führer des Stammes Juda, zum Minister des staatlichen Rechts ernannt. Es ist noch unsicher, ob sich dieses System auch in den kleinen Dörfern durchsetzen wird, in denen heilige und weltliche Gesetze ohne Unterschied von den jeweiligen Ältesten angewendet werden.

(2. Chronik 19,4-11)

Soldaten in Flammen

Samaria, 853-852 v. Chr.

Einhundert israelitische Soldaten sind in einem gegen ihren König Ahasja gerichteten Strafakt Gottes verbrannt. Sie waren in zwei Divisionen von je 50 Mann ausgesandt worden, um den Propheten Elia zu verhaften, der den verletzten Ahasja kritisiert hatte, nachdem dieser das Heiligtum des philistäischen Gottes Baal-Sebub in Ekron, ca. 70 km südlich von Samaria, aufgesucht hatte.

Der Prophet weigerte sich, mit ihnen zu kommen, und rief als Bestätigung für Jahwes Urteil göttliches Feuer auf sie herab. Eine dritte Division bat um Gnade, die ihr auch gewährt wurde, bevor der Prophet seine Nachricht persönlich vor Ahasja wiederholte.

Der König, der sich bei einem Sturz aus einem Fenster schwer verletzt hatte, ist inzwischen gestorben, so wie Elia es vorhergesagt hatte. Er hatte seit dem Tod seines Vaters Ahab weniger als zwei Jahre regiert.

(1. Könige 22,51-2. Könige 1,18)

KURZMELDUNGEN ca. 870-860 v. Chr.

Gräber und Ausgräber (870 v. Chr.): Zwölf mit Steinplatten ausgelegte Gräber wurden nördlich des Berges Olymp ausgegraben. Sie lagen einen halben Meter unterhalb der Oberfläche und auf jedem stand ein kleiner Hügel. In einigen Fällen wurden die Knochen, nachdem die Leiche verwest war, zu rituellen Zwecken vermischt.

Prophetenhöhle (864 v. Chr.): Es wird berichtet, dass sich einhundert Propheten in den Kalksteinhöhlen des Karmelgebietes versteckt halten. Sie werden heimlich von Obadja versorgt, der einer der engsten innenpolitischen Berater König Ahabs ist und der Jahwe trotz der königlichen Vorliebe für Baal treu geblieben ist. Vor kurzem hat Obadja ein Treffen zwischen König Ahab und dem Propheten Elia arrangiert. (1. Könige 18,1-15)

Alles für die Katz (860 v. Chr.): Pharao Osorkon II. hat im Tempel der Katzengöttin Bastet bei Bubastis in Unterägypten einen riesigen roten Granitsaal errichtet. Der Saal enthält Reliefs von ihm und seiner Königin Karomama bei der Feier seines Jubiläums. Außerdem hat er in seinem Namen Gebäude in Memfis, Tanis, Theben und Leontopolis in Auftrag gegeben.

Pharaonendämmerung (860 v. Chr.): Nach dem Tod von Harsiese, der sich vor einigen Jahren selbst zum König von Südägypten ernannt hatte, konnte Osorkon II. seine Position wieder festigen. Harsieses Königtum wurde nie offiziell anerkannt, ist aber Zeichen für Ägyptens Niedergang.

Kritik an Hinrichtung nach Lustgarten-Affäre

Jesreel, 855 v. Chr.

Ein Herrscher, der die Gesetze seines eigenen Landes manipuliert, hat sich an den Teufel verkauft, behauptet der Prophet Elia unverblümt. Dieser furchtlose Vorstoß des Propheten zwang König Ahab von Israel dazu, Unregelmäßigkeiten bei einem Grundstückskauf zuzugeben.

Ahab hatte ein Auge auf den Weinberg geworfen, der an seinen Landsitz bei Jesreel, 35 km nördlich der Hauptstadt Samaria, grenzte. Er wollte einen Palastgarten schaffen, in dem er sich entspannen und die farbenprächtige Natur genießen konnte. Aber der Besitzer Nabot weigerte sich, das Erbe seines Sohnes zu verkaufen, und das israelitische Gesetz verbietet den Zwangsverkauf. Die Phönizier haben jedoch keine solchen Bedenken und Ahabs phönizische Frau, Königin Isebel, wandte

den autokratischen Regierungsstil an, den sie gewohnt war. Sie tadelte den verstimmten König, weil er seine Macht nicht ausnutzte, und organisierte eine Feier, auf der falsche Zeugen Nabot, ein respektiertes Mitglied der Gemeinschaft, der Blasphemie und des Verrates bezichtigten.

Auf beide Verbrechen stand die Todesstrafe und Nabot und seine Erben wurden unverzüglich durch Steinigung hingerichtet. Als Ahab jedoch das Land übernahm, verkündete Elia Jahwes Missfallen. »Du hast dich an das Böse verkauft«, donnerte er, »und deshalb wirst du eines elenden Todes sterben und deine Erben werden dein Land nicht bekommen.« Der bestürzte König beugte sich der höheren Macht und gestand seine Schuld ein. Er legte das rauhe Gewand des Reuigen und Trauernden an und faste-

Bei dieser Art des Weinanbaus kann man, im Gegensatz zu europäischen Varianten, die Trauben von unten pflücken.

te. Eine zweite durch Elia übermittelte Nachricht Jahwes lautete, dass das Unglück eine spätere Generation heimsuchen würde, da er Reue gezeigt hatte.
(1. Könige 21; vgl. 2. Könige 9,21.26)

Verkleidung konnte Pfeil nicht täuschen

Ramot in Gilead, 853 v. Chr.

Israel ist es nicht gelungen, seine Grenzstadt Ramot in Gilead von den Aramäern zurückzuerobern und Israels König Ahab ist in der Schlacht gefallen. Die Armeen von Israel und Juda haben schwere Verluste erlitten. Da nützte die List des Königs nichts: Ahab war verkleidet in die Schlacht gezogen, um den Heckenschützen kein Ziel zu bieten, aber er fiel in einem Pfeilregen, der ziellos in die vorrückende Linie geschossen wurde.

Der Angriff wurde gemeinsam von Israel und Juda durchgeführt. Die Beziehungen zwischen den beiden Staaten haben sich seit der Hochzeit von Judas König Joschafat mit einer von Ahabs Töchtern verbessert. Das Kampfbündnis wurde während eines Familientreffens in Samaria beschlossen, da ein früheres Abkommen zwischen Israel und Damaskus von den Aramäern nicht eingehalten wurde und sie die eroberten Städte nicht zurückgaben.

Beide Könige folgten der Tradition und befragten die Götter zu diesem Unterfangen. Die Hofpropheten von Baal und Astarte in Samaria sagten alle einen Sieg für Israel vorher. Joschafat bestand jedoch darauf, sich dies von einem Propheten Jahwes bestätigen zu lassen. Micha war der einzige gerade anwesende Prophet, aber er ist an Ahabs Hof wegen seiner überwiegend negativen Prophezeiungen nicht beliebt.

Sarkastisch imitierte er den Rat der Hofpropheten und erklärte dann, dass diese aus Angst um ihre Arbeitsplätze

Berittene Krieger konnten unter ihren Feinden gewaltige Zerstörungen anrichten, wie dieses Fries von Ninive zeigt.

lügen würden. Er warnte, dass Israels Armee wie Schafe ohne Hirte über die Hügel verstreut werden würde.

Obwohl Ahab Micha öffentlich kritisierte, sicherte er sich ab, indem er die Kleider eines einfachen Soldaten anstelle seiner königlichen Gewänder trug. Joschafat trug jedoch auf Ahabs Anraten seine Insignien und war somit eine ahnungslose Zielscheibe für die aramäischen Heckenschützen, bis diese ihn erkannten und sich zurückzogen.

Israels König wurde von einem verirrten Pfeil getroffen, der das Gelenk seiner Rüstung durchbohrte. Er verblutete in seinem Streitwagen, der später im Bad der Prostituierten in Samaria gesäubert wurde. So konnten die Hunde blaues Blut kosten, was die Minderheit der Jahwe-Anhänger als Erfüllung einer früheren Prophezeiung des exzentrischen Propheten Elia bezeichnete.
(1. Könige 22,1-38; 2. Chronik 18,1-34; vgl. 1. Könige 20,34; 21,19)

Der Tod in Bologna

Ein großer Bronzeschild mit einem Durchmesser von einem Meter. Über 40 solcher Schilde sind erhalten. Die Bronze wurde durch Hämmern bearbeitet und die Verzierungen mittels Stempeln von der Rückseite aus eingetrieben. Hinter der am meisten gewölbten Stelle wurde ein Griff angebracht. Einige Schilde wurden vergoldet. Typische Ornamente waren Sphinxen, Palmen, Rosetten, Linien oder Schnüre.

Bologna, 850 v. Chr.

Die schnell wachsende Stadt Bologna wird zu einem der wohlhabendsten Zentren Italiens. Ihre Bewohner sind Meister in der Bearbeitung von Bronze und Eisen und treiben einen blühenden Handel mit ihren Nachbarn im Süden. Kupfer und Eisen werden aus der Toskana eingeführt. Es werden eher landwirtschaftliche Geräte (wie Meißel und Sicheln) oder Schmuck als Waffen produziert.

So wie viele andere Italiener gehen sie verstärkt dazu über, ihre Toten einzuäschern. Sie legen die nach der Verbrennung auf dem Scheiterhaufen übrig gebliebenen Knochen in eine Urne, die in ein kleines Loch im Boden eines Brunnens gelassen wird, der dann mit einer Steinplatte versiegelt wird.

Die charakteristischen Urnen sind aus dunklem, mit geschwungenen Mustern verziertem Ton und haben einen breiten Hals. Sie haben nur einen Griff und sind daher schwer zu transportieren. Oft dient nur eine umgedrehte Schüssel oder ein Tonmodell eines Helms als Deckel. Diese Helmurnen sind manchmal mit Kreisen und Scheiben verziert, die einem stilisierten menschlichen Gesicht ähneln.

In Latium haben einige Urnen die Form einer Hütte mit Dach. Sie sind oval oder rechteckig und oft haben sie auch eine mit einem Riegel verschließbare Tür zur Aufbewahrung der Asche. Auf die Seiten werden Fenster gemalt und die Dächer haben Giebel mit Dachvorsprüngen. Meist sind sie aus Ton, ganz selten auch aus Bronze, mit kunstvollen Vogelköpfen oder Booten als Verzierung.

Grabhügel-Recycling

Illyris, Albanien, 850 v. Chr.

In dieser europäischen Region werden Grabhügel (Tumuli) für wichtige oder reiche Personen mehrmals wieder verwendet. Einige können bis zu 100 Gräber enthalten und mehrere 100 Jahre lang verwendet werden.

Für nachfolgende Beerdigungen wird ein Schacht in den Tumulus gegraben, an dessen Ende die Toten begraben werden. Der Schacht wird dann wieder mit Erde aufgefüllt. Bei diesem Vorgang stoßen die Grabenden oft auf früher vergrabene Gegenstände wie Knochen, eiserne Speere, Schwerter, Messer und Streitäxte, verzierte Tonvasen, Nadeln und anderen Schmuck. Manchmal werden auch Ochsen geopfert und mitbegraben.

Eine lebensgroße Terrakottamaske aus Zypern. Diese Masken wurden in Gräbern zurückgelassen, um böse Geister zu erschrecken.

Arbeitsplätze für Diener und Dirnen

Kition, Zypern, 850 v. Chr.

Phönizier aus Tyrus haben auf dem Platz eines seit 150 Jahren verlassenen Tempels einen neuen Tempel mit denselben Außenmaßen, aber einer anderen inneren Struktur errichtet. Das an der Südküste Zyperns gelegene Kition ist die erste phönizische Kolonie auf dieser Insel.

Mit 33,5 m x 22 m ist er einer der größten Tempel, den die Phönizier bisher gebaut haben. Er hat einen rechteckigen offenen Vorhof mit Säulengängen an der Nord- und Südseite. Jeder Säulengang hat ein Dach, das von zwei Reihen aus je sieben Säulen getragen wird.

Am Eingang zum Allerheiligsten stehen zwei rechteckige Steinsäulen, ähnlich der Jachin- und Boaz-Säulen in König Salomos Tempel in Jerusalem, der ebenfalls von Steinmetzen aus Tyrus gebaut wurde. Der Tempel ist der phönizischen Göttin Astarte geweiht und beschäftigt eine große Anzahl von Mitarbeitern, u.a. Wachen, Diener, Bäcker, Barbiere und Prostituierte.

Mit Rücksicht auf die zypriotischen Religionsbräuche werden bei der Anbetung im Tempel Masken in Form von eigentümlich verzerrten menschlichen Gesichtern oder Stierköpfen getragen.

Blutige Fata Morgana

Edom, 852 v. Chr.

Aufgebrachte moabitische Generäle untersuchen eine Fata Morgana, die ihre Armee ins Verderben stürzte. Nachdem auch ein Rachefeldzug mit 700 Elitesoldaten fehlgeschlagen war, hat König Mescha in einem verzweifelten Versuch, die Unterstützung der Götter zu gewinnen, sogar seinen eigenen Sohn als Menschenopfer dargebracht.

Die Moabiter waren durch einen Angriff der vereinten Armeen Israels und Judas auf ihre schwachen südlichen Verteidigungslinien in der Nähe des Flusses Sered südlich des Toten Meers mobilisiert worden.

Schwere Regenfälle ergossen sich wie Wasserfälle von den moabitischen Hügeln und verursachten eine Überschwemmung. Auf den Rat ihres Propheten Elisa gruben die Invasoren eilig Kanäle, um das Wasser auf das ganze Gebiet zu verteilen. In der frühen Morgensonne spiegelten sich die roten Felsen auf unheimliche Weise im Wasser, was die abergläubischen Moabiter als Omen ansahen, dass die Invasoren bereits ihr eigenes Blut vergossen hatten. Beutegierig stürmten die Moabiter in das Lager der Angreifer und stießen auf eine hochmotivierte, disziplinierte Streitmacht, die den schlecht ausgebildeten und eilig bewaffneten Freiwilligen hohe Verluste zufügte. Israel zog weiter und zerstörte nicht nur Siedlungen, sondern auch die für

Das Gebirge am Jordan vom Tal Araba aus gesehen

mögliche Überlebende notwendigen Ernten und Bäume.

Mescha und seine 700 Soldaten unternahmen einen Gegenangriff auf Judas Vasallenstaat Edom, durch den die Angreifer marschiert waren, aber auch der schlug fehl. Da Mescha meinte, dass seine Niederlage durch göttliches Eingreifen herbeigeführt worden war, opferte er seinen Sohn in der Hauptstadt Kir-Heres, um die Götter zu besänftigen.

Der Grund für den israelitischen Angriff war ein Aufstand Meschas. Mescha ist seit 50 Jahren den zehn Stämmen untertan, aber nach dem Tod von Israels König Ahab hatte er die Zahlung einer jährlichen Steuer in Form von Schafen aus seiner riesigen Herde verweigert. Ahabs Nachfolger Joram verbündete sich für diesen Angriff mit Judas König Joschafat und mit Edom. Der Prophet Elisa, der an sich kein Freund der israelitischen Könige ist, unterstützte diese Allianz, da auch Joschafat, ein treuer Anhänger Jahwes, an ihr beteiligt war. Noch bevor er richtig anfing, hätte der Angriff beinahe ein katastrophales Ende gefunden, als der Armee auf dem siebentägigen Marsch aus dem 160 km entfernten Samaria das Wasser ausging. Die Überschwemmung war für die Israeliten somit von zweifachem Vorteil, sie rettete die Soldaten und täuschte die Moabiter.

(2. Könige 3)

Hilfestellung im Bruderkrieg

Babylon, 851 v. Chr.

König Marduk-zakir-schum hat Assyrien zu Hilfe gerufen, um einen von den Aramäern unterstützten Aufstand seines jüngeren Bruders Marduk-belusati niederzuschlagen. Salmanassar reagierte prompt und führte persönlich eine Armee zur Niederschlagung der Aufständischen an. Marduk-belusati floh in die Berge, wo er von Salmanassar verfolgt und bei Kalman geschlagen wurde. Anschließend zog Salmanassar durch Babyloniens religiöse Zentren Cuta, Babylon und Borsippa und brachte in den Tempeln Opfer dar. Er schenkte den Einwohnern von Babylon und Borsippa Lebensmittel und Wein, bunte Kleider und viele andere Gaben.

Aufgrund der aramäischen Bedrohung für beide Staaten besteht zwischen Babylonien und Assyrien bereits seit einigen Jahren ein Abkommen. Die genauen Bedingungen sind nicht bekannt, aber man geht davon aus, dass es eine Garantie der babylonischen Krone enthält. Auf dem Heimweg hat Salmanassar noch einige chaldäische Stämme entlang dem Persischen Golf (»Der bittere Fluss«) und dem Euphrat angegriffen und geplündert.

Mesopotamische Darstellung: Ein als Vogel dargestellter Gott schwebt über einem Baum und wird von zwei Königen flankiert. Die Symbolik drückt wohl aus, dass der König Macht über die Natur hat.

Jahrhundertschlacht endet als Farce

En-Gedi, 852 v. Chr.

Was als Schlacht von epischen Ausmaßen angekündigt worden war, endete in einer Farce, als verbündete Krieger sich in allgemeiner Verwirrung gegenseitig umbrachten.

Als die vereinte Streitmacht aus Moab, Ammon und dem Seïr-Gebirge in Edom mit mehreren Tausend Soldaten in dem kleinen Königreich Juda einfiel, legte sie dem Feind Hinterhalte, in denen sie sich aber selbst verfing. Jeder mit einem ausländischen Akzent war ein mögliches Ziel. Entweder hatten die Kriegsherren vergessen, ihre Armeen mit einer einheitlichen Uniform auszustatten, oder es waren die Gerüchte über Verrat, die sich im Lager verbreiteten – am Ende schien jedenfalls der Schlachtruf zu sein: »Jeder gegen jeden!«

Juda beobachtete das Treiben und brach in Jubel aus. Ohne einen Pfeil zu verschießen, marschierten die Soldaten in das Kampfgebiet und stellten fest, dass die Schlacht bereits vorüber war. Der Wüstenboden war mit Leichen bedeckt und sie brauchten drei Tage, um die verstreute Ausrüstung und Gegenstände der Invasoren zu beseitigen.

Diese Quelle in En-Gedi befindet sich mitten in der Wüste.

Moab, seit 50 Jahren von Israel beherrscht, war unter König Mescha aufsässig geworden und hielt Juda wahrscheinlich für leichte Beute.

Judas König Joschafat blieb keine Zeit, Israel zu Hilfe zu rufen, als die Angreifer das Tote Meer im Süden überquerten und am westlichen Ufer entlang nach Norden vordrangen. Er setzte dagegen auf himmlischen Beistand und rief seinen Gott in einer eilig zusammengerufenen Massenveranstaltung in Jerusalem an.

Mit einem Gebet voller Überschwang beschwor er Jahwe, gerecht zu handeln. Er wies darauf hin, dass Moab vor einigen Jahrhunderten, als die Israeliten unter Josua in Kanaan einmarschierten, auf Anweisung Jahwes verschont worden war. Es wäre nun nicht fair, wenn Gott es zulassen würde, dass sie sein Volk vernichteten.

Nach diesem Gebet sagte ein Prophet namens Jahasiël vorher, dass Juda nicht zu kämpfen brauchte. »Dies ist Jahwes Schlacht, nicht eure«, erklärte er. »Bezieht eure Positionen, verhaltet euch ruhig und seht, wie Jahwe für euch siegt.« Sie marschierten zu dieser Wüstensiedlung, und die priesterlichen Trompeten bliesen Marschgesänge, um ihnen Mut zu machen. Als sie von Tanzmusik begleitet wieder heimwärts zogen, wurden sie fast von der Last der Beute erdrückt.

(2. Chronik 20)

Zweites Gesicht siegt über blinde Armee

Samaria, 850 v. Chr.

Eine Kompanie aramäischer Soldaten, die zur Gefangennahme des israelitischen Propheten Elisa ausgesandt worden war, wurde von dem Propheten selbst gefangen gesetzt.

Dieser Ein-Mann-Coup gehört zu den Störtaktiken, die die Israeliten gegen aramäische Überfälle einsetzen. Elisa hatte die Pläne der Aramäer dank seines »zweiten Gesichtes« immer wieder durchkreuzt, da er wie ein an hoher Stelle plazierter Spion vorhersagte, wo sie angreifen würden, und Israels Verteidigungskräfte warnte.

Nach Aussage von Elisas Assistenten war die Streitkraft groß genug, um Dotan einzukreisen, wo er und der Prophet sich aufhielten. Doch in einer Vision sah Elisa die feindliche Armee von einer weit stärkeren Armee umkreist und bat daraufhin Jahwe, die Aramäer mit Blindheit zu schlagen.

Und tatsächlich: Der Kommandant erkannte Elisa nicht, der die Aramäer davon überzeugte, dass sie sich am falschen Ort befänden. Die Aramäer ließen sich sogar von ihm führen. Als sie merkten, dass sie in die Hauptstadt Samaria kamen, waren sie schon als Kriegsgefangene festgesetzt. Nachdem sie mit Lebensmitteln versorgt worden waren, ließen die Israeliten sie jedoch wieder ziehen, da sie meinten, dass der peinliche Vorfall Strafe genug sei. Seitdem hat es keine weiteren Überfälle der Aramäer mehr gegeben.

(2. Könige 6,8-23)

Felsen bei Samaria; in der Nähe muss Dotan mit seiner Armee gestanden haben.

Übertragbare Krankheit

Samaria, 850 v. Chr.

Gehasi, der persönliche Assistent des Propheten Elisa, erlebte ein für ihn katastrophales Wunder, als er von einem aramäischen Edelmann eine ungebührliche Bezahlung forderte.

Naaman, ein Feldhauptmann der aramäischen Armee, war von einer Hautkrankheit geheilt worden, als er den Anweisungen Elisas folgend siebenmal im Jordan tauchte. Der Prophet hatte eine Bezahlung abgelehnt und er hatte es dem Aramäer gestattet, eine Wagenladung israelitischer Erde mitzunehmen, um darauf Jahwe in Damaskus einen Altar zu errichten.

Gehasi war jedoch der Meinung, dass ein Ausländer ruhig eine Spende für die Unterhaltskosten der prophetischen Gemeinschaft geben sollte. Also erfand er eine Geschichte über mittellose Propheten, die gerade in Samaria angekommen seien, und bat um Geld und Kleidung, die Naaman ihm auch bereitwillig gab.

Elisa erkannte instinktiv, was sein Diener getan hatte. Als der schuldige Gehasi alles abstritt, wurde er zur Strafe von Aussatz befallen: Elisa verkündete, dass er fortan unter Naamans Krankheit leiden würde.

Es ist ungewöhnlich, dass ein Aramäer den Gott Israels um Hilfe bittet, aber Naaman wurde durch eine israelitische Dienerin dazu veranlasst, die in Israel während eines Grenzüberfalls gefangen genommen worden war. Der Hauptmann hielt sich an das Protokoll und wandte sich zuerst an König Joram von Israel. Elisa hörte die ablehnende Reaktion des Königs und übernahm den Fall.

(2. Könige 5)

Baulöwe auf Löwenjagd

Assyrien, 859 v. Chr.

Assurnasirpal II. von Assyrien ist nach 27-jähriger Herrschaft gestorben. Man wird sich an ihn wegen seiner rücksichtslosen Expansionspoli-

Assurbanipal, dessen Leidenschaft die Löwenjagd war, tötet hier einen verwundeten Löwen.

tik erinnern sowie wegen seiner vielen Bauprojekte, wie z.B. die neue Stadt Kelach.

Die Bauten zeigen, dass der König nicht an übertriebener Bescheidenheit leidet. Überall in seinen Bauten ist er in Idealpose auf Bildern zu sehen: Mal jagt er wilde Löwen, ein anderes Mal nimmt er Leute gefangen.

Bei den unterdrückten Völkern ist der Widerstand gegen Assyrien in den letzten Jahren gewachsen, hauptsächlich wegen des von ihnen zu leistenden hohen Tributs, zu dem auch unbezahlte Arbeitsleistungen gehören. Sein Nachfolger ist sein ältester Sohn Salmanassar III.

Der Jordan im 19. Jahrhundert: Möglicherweise war dies der Platz, an dem Naaman von Aussatz befreit wurde.

KURZMELDUNGEN ca. 860-850 v. Chr.

Neues von der Westfront (856 v. Chr.): Salmanassar hat Til-Barsib, die Hauptstadt der syrischen Bit-Adini, erobert. Sie wurde in »Kai des Salmanassar« umbenannt und mit Assyrern besiedelt. Auf einem den Euphrat überblickenden Hügel wurde ein Palast als Operationsbasis für die Westfront errichtet. Bei erbittertem Widerstand waren drei Feldzüge für die Eroberung notwendig gewesen.

Schiffbruch (852 v. Chr.): Eine große Handelsflotte, die unter gemeinsamer Flagge von Israel und Juda stand, ist in der Nähe ihres Hafens Ezjon-Geber am Golf von Akaba zerschellt, bevor sie ihre Dienste aufnehmen konnte. Die Ursache des Unglücks ist nicht bekannt, aber Religionsführer behaupten, dass dies Jahwes Strafe dafür sei, dass Judas König Joschafat eine Allianz mit Ahasja von Israel geschlossen hat. (1. Könige 22,48f; 2. Chronik 20,35-37)

Knoten im Stammbaum (850 v. Chr.): Takelot II. ist seinem Vater auf den Thron Ägyptens nachgefolgt. Sein Halbbruder Nimlot, der Hohepriester in Theben, hat dem neuen König seine Tochter zur Frau gegeben. So hat er nicht nur die Beziehungen zwischen Nord und Süd gefestigt, sondern auch den Familienstammbaum verkompliziert, da er jetzt der Schwiegervater seines Halbbruders ist. Nimlot hat auch versucht, seine eigene Position zu stärken, indem er seinem Sohn die Verantwortung für Herakleopolis übertragen hat.

Klunker für die Ewigkeit (850 v. Chr.): Die Einwohner Athens werden immer reicher und sie nehmen ihre Reichtümer mit ins Grab. Bei einer vor kurzem erfolgten Einäscherung wurden ein großes Modell eines Kornspeichers und mehr als 80 Schmuckstücke und Tonwaren mit der Asche einer Frau begraben. Das aus mehreren Dörfern bestehende Athen unterhält zwar Handelsbeziehungen mit den Inseln der Ägäis, aber nicht mit Zentralgriechenland.

Kannibalismus in Israel

Samaria, 850-845 v. Chr.

Die Aufhebung der Belagerung von Samaria durch die Aramäer kam für eine Mutter zu spät. In einem alptraumartigen Überlebenskampf hatten sie und ihre Nachbarin gerade ihren Sohn getötet und gegessen.

Nur wenige Stunden später strömten die Israeliten aus ihrer Hauptstadt und stürzten sich wie die Geier auf die reichen Überreste des verlassenen aramäischen Lagers. Unter ihnen war die kannibalistische Nachbarin der Frau. Sie hatte zugestimmt, ihren Sohn als Nächsten zu essen, ihn dann aber versteckt.

Die lange Belagerung durch Ben-Hadad II. hatte viele der ärmeren Israeliten zu barbarischen Handlungen gezwungen, während die Reichen sich auf dem florierenden Schwarzmarkt Lebensmittel kaufen konnten, die ihnen durch die strengen Essvorschriften eigentlich verboten waren. Ein Eselskopf soll 80 Silberschekel (ca. 1 Kilo Silber) eingebracht haben. Das Ende kam schnell, als König Joram die Geduld verlor und dem Propheten Elisa, den er für die Belagerung verantwortlich machte, mit Enthauptung drohte. Der Mann Gottes hatte die Belagerung als eine Strafe Jahwes prophezeit, weil Israel Jahwe nicht mehr als alleinigen Gott anerkenne.

Als unbestätigte Gerüchte eines drohenden Gegenangriffs der vereinten Streitkräfte der Hetiter und Ägypter sich im Lager wie ein Lauffeuer ausbreiteten, verließen die Aramäer ihr Lager, ihre Ausrüstung und Vorräte in einer wilden Flucht.

Vier hungrige, von einer Hautkrankheit befallene Ausgestoßene fanden das Lager verlassen vor. Sie hatten sich in der Hoffnung darauf, zu Sklaven gemacht zu werden oder Almosen zu erhalten, ergeben wollen. Nachdem sie sich mehr als satt gegessen hatten und so viel Beute beiseite geschafft hatten, um nie wieder betteln zu müssen, informierten sie die Behörden von Samaria über diesen glücklichen Umstand.

Zur Kontrolle wurden einige Reiter ausgeschickt, bevor sich die Tore öffneten. Ein Armeeoffizier wurde in dem Gedränge totgetrampelt. Die Lebensmittelvorräte im Lager waren so reichhaltig, dass die Preise sofort fielen und feinstes Weizenmehl nur noch zweimal soviel kostete wie Gerste. Währenddessen erinnerte Elisa die Beobachter daran, dass er auch den Preisverfall und den Tod des Offiziers vorhergesagt hatte.

(2. Könige 6,24-7,20)

Der Tod sitzt im Darm

Jerusalem, 841 v. Chr.

Ausgetretene Gedärme haben der achtjährigen Herrschaft eines Königs, der seine Familie und sein Land ausgenommen hat, ein von einigen als symbolhaft beschriebenes Ende bereitet.

Als Joram den kleinen Staat Juda übernahm, tötete er seine als Rivalen gefürchteten sechs Brüder. Er führte die Heiligtümer der kanaanitischen Gottheiten wieder ein, die sein Vater aus Angst, dass sie wie Krebs an der Seele des Volkes nagen, niedergerissen hatte. Später führte er einen katastrophalen Feldzug gegen die Edomiter, die sich gegen Judas Herrschaft aufgelehnt hatten. Er selbst kam nur knapp mit dem Leben davon und sah seine von den Edomitern in die Zange genommene Armee ungeordnet fliehen. Die philistäische Grenzstadt Libna spaltete sich auch ab, und philistäische und arabische Invasoren plünderten Jorams Palast und machten seine Frauen und Kinder zu Sklaven.

Er war in einem der seltenen Briefe des alten und gebrechlichen Elia vor seinem wahrscheinlichen vorzeitigen Tod an einer Darmkrankheit gewarnt worden. Für Kritiker war sein Ende Jahwes Strafe für seine Politik. Dem 40-jährigen Joram wurde eine Beerdigung in den Königsgräbern verweigert und es gab keine offizielle Trauerzeit. Er hatte eine Tochter von Israels König Ahab geheiratet und sein jüngster Sohn Ahasja ist sein Nachfolger.

(2. Könige 8,16-24; 2. Chronik 21,4-20)

Großer Stein für großen Herrscher

Dibon, 840-830 v. Chr.

In Dibon, 20 km östlich des Toten Meeres, soll König Mescha ein Denkmal gesetzt werden, auf dem seine Leistungen während seiner langen Herrschaft über Moab verewigt sind. Der ein Meter hohe schwarze Basaltstein berichtet in phönizischen Schriftzeichen, wie Mescha die Vorherrschaft der Israeliten nach Ahabs Tod abschüttelte. Der König schreibt

In den Inschriften des schwarzen Meschasteins finden auch die erfolglosen Beutezüge König Omris Erwähnung. Er wurde auf Veranlassung König Meschas von Moab errichtet.

den Erfolg seinem Gott Kemosch zu, dem er in Karho einen Tempel errichtet hat.

Mescha behauptet, dass er Nebo auf Kemoschs Anweisung eingenommen hat: Er griff bei Nacht an, tötete dessen 7000 Einwohner und plünderte das Jahwe-Heiligtum. Mit der Hilfe des Gottes, so besagt das Denkmal, eroberte er auch die Städte Atarot und Jahaz.

Der Stein beschreibt Meschas Bauprojekte in Karho, zu denen Wälle und Befestigungen, Parks, ein Palast und Reservoirs gehören, die alle von israelitischen Kriegsgefangenen errichtet wurden. Er berichtet auch über den Ausbau zahlreicher anderer Städte wie Beser, Medeba und Baal-Meon.

Ein wundervoller Glatzkopf

War Elia Jahwes Brandstifter, dann ist Elisa sein Vorschlaghammer. Er ist ein ungestümer, dickköpfiger Mann der Tat mit einem ungewöhnlichen Äußeren und einer der wenigen Glatzenträger in dieser Region. Er fürchtet nichts und niemanden und hat ein Herz für die Benachteiligten dieser Welt. Elisa tritt in die Fußstapfen seines früheren Herrn Elia, übermittelt den Herrschern von Israel, Juda und Syrien Jahwes Worte und

Kanaanitisches Heiligtum bei Megiddo

stammt aus Abel-Mehola im östlichen Jordantal.

Als junger Mann war er Elias Assistent, bevor er sein eigenes Amt als Leiter einer der Prophetenschulen übernahm. Er ist eher als Wundertäter denn als Staatsmann bekannt und hier folgen einige der ihm zugeschriebenen spektakuläreren Handlungen.

Wasserwunder

Nach Elias Ableben, dessen Zeuge Elisa war, probierte Elisa aus, ob Jahwes Geist wirklich auf ihn übergegangen war. Er warf seinen Mantel auf den Jordan und befahl dem Wasser, sich zu teilen, damit er so wie die Vorväter Israels, Mose und Josua, hindurchgehen konnte. Wenig später in Jericho goss er Salzwasser in einen durch Parasiten infizierten Brunnen, der durch diesen symbolischen Akt von Jahwe gereinigt wurde. *(2. Könige 2,13-22)*

Echt der Bär los!

In der Nähe des Baalheiligtums bei Bethel wurde Elisa von einer Horde Teenager angepöbelt. Sie verspotteten sein Aussehen und machten sich über seine Treue zu Jahwe lustig. Er verfluchte sie im Namen Gottes und kurz darauf wurden sie von Bären aus den nahe gelegenen Hügeln angegriffen und getötet. *(2. Könige 2,23-25)*

Ölquelle

Einer von Elisas Mitpropheten starb und ließ seine Frau und seine beiden Söhne verschuldet zurück, so dass ihnen die Sklaverei drohte. Elisa forderte sie auf, so viele Olivenkrüge wie möglich zu leihen, diese aus ihrem eigenen niemals versiegenden Krug zu füllen und das Öl zu verkaufen, um damit die Schulden zurückzuzahlen. *(2. Könige 4,1-7)*

Kinderarzt

Ein reiches Ehepaar in Schunem, 5 km nördlich von Jesreel, nahm Elisa immer bei sich auf, wenn er in der Gegend war. Sie verlangten keine Gegenleis-

Die Ruinen der Gebäude Ahabs, des Hauptgegners des Elisa, in der Nähe des heutigen Megiddo

tung, aber Elisa wollte sie für ihre Freundlichkeit belohnen. Als er bemerkte, dass sie kinderlos waren, prophezeite er ihnen einen Sohn. Jahre später starb der Junge plötzlich, wahrscheinlich an Malaria oder Meningitis. Die verzweifelte Frau suchte Elisa auf, der mit ihr kam und ihren Sohn von den Toten erweckte. *(2. Könige 4,8-37)*

Überwürzt

In Gilgal bei Silo in Zentralisrael saßen die Propheten während einer Hungersnot bei einem Gemeinschaftsmahl. Der Koch hatte eine bittere Gurke in den Eintopf geschnitten, die die Essenden nicht kannten. »Der Tod ist im Topf!«, schrien diese daraufhin. In einem symbolischen Akt tat Elisa Mehl in das Essen, das daraufhin genießbar wurde. Bei einer anderen Gelegenheit sagte Elisa während einer Hungersnot zutreffend vorher, dass 20 kleine Gerstenbrote ausreichen würden, um die ganze Gemeinschaft zu sättigen. *(2. Könige 4,38-44)*

Schwimmaxt

Den Propheten war ihr Gemeinschaftszentrum zu eng geworden und sie wollten sich ein anderes bauen. Als sie im Jordantal Bäume fällten, ließ einer von ihnen eine teure, eiserne Axt ins Wasser fallen. Da er sie nur geliehen hatte, hätte er sich für eine gewisse Zeit versklaven müssen, um sie bezahlen zu können. Elisa ließ die Axt auf der Oberfläche schwimmen, so dass man sie herausholen konnte. *(2. Könige 6,1-6)*

Die Ratgeber des Königs

Zu den weniger bekannten Propheten, die den Königen gegenübergetreten sind, gehören (Könige in Klammern):

Ahija (Jerobeam), 1. Könige 11,29-39; 14,1-18

Schemaja (Rehabeam), 1. Könige 12,22-24; 2. Chronik 11,2-4; 12,5-8

Iddo (Abija), 2. Chronik 13,22

Anonymer Prophet (Jerobeam), 1. Könige 13

Asarja (Asa), 2. Chronik 15,1-8

Hanani (Asa), 2. Chronik 16,7-10

Jehu (Bascha; Joschafat) 1. Könige 16,1-4.7; 2. Chronik 19,1-3

Anonymer Prophet (Ahab), 1. Könige 20,13-14.22.28.35-43

Micha (Ahab; Joschafat), 1. Könige 22; 2. Chronik 18

Jahasiël (Joschafat), 2. Chronik 20,14-17

Die nach dem Mund Jahwes reden

»Bist du nun da, der Israel ins Unglück stürzt?« Diese Worte, die König Ahab äußerte, als er Elia nach einer dreijährigen, von Gott bestimmten und politisch lähmenden Hungersnot traf, sind bezeichnend für das Verhältnis der Könige von Israel und Juda zu den Propheten.

Die Propheten sind geistig unabhängig und mutig, immer bereit, jede politische Strategie oder militärische Taktik, jedes Handelsabkommen oder jeden religiösen Brauch zu zermalmen, der nicht ihren strengen Normen entspricht.

Hebräische Schreiber verwenden drei Wörter für »Prophet«. Das erste wird immer mit »Prophet« übersetzt, das zweite immer mit »Seher«, das dritte manchmal mit »Prophet« und manchmal mit »Seher«.

Das erste mit »Prophet« übersetzte Wort bezieht sich auf jeden, der berufen ist, den Menschen Gottes Wort zu verkünden (1. Samuel 10,10).

Das mit »Seher« übersetzte Wort wird zehn Mal verwendet, davon sechs Mal in Bezug auf Samuel. Es gibt viele belegte Fälle, in denen ein Prophet eindeutig über besondere Informationen über die Gegenwart oder die Zukunft verfügte: Sauls Diener wollten sich Samuels Gabe bei der Suche nach den Eseln zunutze machen, und Samuels Reaktion lässt vermuten, dass dies sehr wohl im Rahmen seiner prophetischen Fähigkeiten lag (1. Samuel 9).

Man muss jedoch festhalten, dass von den Propheten erwartet wird, dass sie ihre Gabe der Vorhersage vor allem in Jahwes Dienst anwenden.

Die Propheten sind fanatische Anhänger Jahwes und erbitterte Gegner aller anderen Götter und aller Nationen, die solchen Göttern folgen. Sie tun sich in Schulen oder Gemeinschaften zusammen, um sich gegenseitig zu unterstützen, und oft scharen sie sich um berühmte Führer wie Samuel, Elia oder Elisa (2. Könige 6,1). Wenn der Geist Gottes sie jedoch veranlasst, Gottes Nachricht an einen Staatsführer zu übermitteln, agieren sie als einsame Boten.

Sie sind davon überzeugt, dass Jahwe der oberste Herrscher über die Welt und über Israel und Juda ist, und sie sind sowohl Historiker, was die Vergangenheit angeht, als auch Lotsen der Zukunft. Ihre scharfe Kritik bezieht sich direkt oder indirekt auf Handlungen, die den Bund zwischen Jahwe und Abraham verletzen. Vorhersagen über die Zukunft reichen von furchtbaren Todeswarnungen bis zu Versprechen anscheinend unmöglicher Siege.

Normalerweise übermitteln sie ihre Nachricht mündlich und unverblümt, aber sie sind auch für bildhafte Symbolik bekannt. Nathan erzählte zum Beispiel einst eine Parabel, um David zu überzeugen (2. Samuel 12,1-15), und Ahija riss seinen Mantel in zwölf Teile,

um damit den Zerfall der Stämme zu symbolisieren (1. Könige 11,29-31).

Der wahre Prophet zeigt sich darin, dass seine Vorhersagen eintreten (z.B. Michas Herausforderung in 1. Könige 22,24-28). Wie der Prophet zu der Überzeugung gelangt, dass seine Nachricht wahr ist, bleibt unklar. In einigen Fällen enthält die Nachricht eine auf Jahwes Geboten basierende »Zwei plus Zwei gleich Vier«-Logik: Wenn du Gottes Gebot auf diese Weise missachtest, wird dich das Unglück auf jene Weise heimsuchen.

Manchmal ist die Vorhersage aber auch sehr spezifisch und persönlich. Ahija sagte zum Beispiel die genaue Zeit des Todes von Jerobeams Sohn vorher (1. Könige 14,12.17) und ein ungenannter Prophet leitete die erfolgreiche (aber höchst ungewöhnliche) militärische Strategie von Ahabs Sieg über Ben-Hadad II. (1. Könige 20,13-22).

Es gibt mürrische und depressionsanfällige Einzelgänger wie Elia oder lebhafte »Charismatiker« (2. Könige 9,1-3.11-12). Letztere brechen manchmal in spontane Prophezeiungen aus, die eher Gottes allgemeinen Charakter und Wahrheiten verkünden als bestimmte, an die Nation oder Einzelpersonen gerichtete Nachrichten (z.B. 1. Samuel 10,5-7). Allen gemeinsam ist, dass sie für ihre positiven Vorhersagen anerkannt und für ihre negativen Prophezeiungen verachtet werden.

KURZMELDUNGEN
ca. 848-840 v. Chr.

Sieben Erben (848 v. Chr.): König Joschafat hat seinen Reichtum und seine Ländereien nach seinem soeben eröffneten Testament unter seinen sieben Söhnen aufgeteilt. Sein ältester Sohn Joram, der während der letzten vier Jahre Mitregent war, ist der neue König. Der eifrige Religions- und Gesellschaftsreformer Joschafat starb nach einer 25jährigen Herrschaft im Alter von 60 Jahren. (2. Chronik 20,31-21,3)

Vom Stamme Nimri (843 v. Chr.): Die Assyrer haben die

kassitischen Stämme von Nimri in den Ausläufern des Zagrosgebirges geschlagen. Die Kassiten gehörten zu den Aufständischen unter Marduk-belusati im Jahr 851. Zusammen mit den Chaldäern waren sie zu einer unabhängigen und ständigen Bedrohung für Assyrien geworden. König Marduk-mudam-miq wurde nicht gefangen genommen, aber die Assyrer plünderten seinen Palast und seinen Harem und beschlagnahmten seine Pferde. Salmanassar will Yanzu, ein Mitglied des kassitisch-kabbanischen Stammes, der ihm Treue geschworen hat, als König von Nimri einsetzen.

Prophetischer Rückenwind (843 v. Chr.): Ben-Hadad ist von seinem engen Berater Hasaël getötet worden. Der bisher unbekannte Prätendent hat den Thron in Damaskus an sich gerissen. Der König war seit einiger Zeit krank gewesen und hatte von dem israelitischen Propheten Elisa eine Prognose eingeholt. Dem Versprechen auf Genesung folgte die Vorhersage, dass Hasaël König werden und Israel verwüsten würde. Der Berater hat keine Zeit verschwendet und die Vorhersage wahr gemacht. (2. Könige 8,7-15)

Lagerhallen (841 v. Chr.): Salmanassar von Assyrien hat an

der Stadtmauer von Kelach ein riesiges Lagerhaus errichten lassen für die Versorgung des Lagers, die Unterbringung von Pferden, Streitwagen, Kriegsausrüstung und Feindesbeute jeder Art.

Kein Leben nach dem Tod (839 v. Chr.): Ein gewaltsamer Aufstand wurde von Pharao Takelot II. in Theben niedergeschlagen. Die Anführer wurden hingerichtet und ihre Leichen verbrannt (und somit jeder Hoffnung auf ein Leben nach dem Tod beraubt). Der Aufstand hatte sich an der Nachfolgefrage für das Amt des Hohepriesters nach Nimlots Tod entfacht.

General geht über Leichen

Jesreel, 841 v. Chr.

Zwei Könige, eine Königinmutter und ca. 700 Mitglieder der königlichen Familien sind bei einem Militärputsch des aggressiven israelitischen Armeegenerals Jehu getötet worden. Dieser hat jetzt den Thron an sich gerissen.

Jehu wurde bei einem unerwarteten Besuch eines Boten des Propheten Elisa zum König gesalbt; unbestätigte Quellen geben Jona als Namen des Boten an. Jehu verschwendete keine Zeit und erfüllte frühere Prophezeiungen über ein blutiges Ende von Ahabs Dynastie.

Der General hatte eine vereinte Streitmacht Israels und Judas gegen König Hasaël von Syrien angeführt, um die Grenzstadt Ramot in Gilead zurückzuerobern. Israels regierender Monarch Joram war in der Schlacht verwundet worden und erholte sich auf seinem Landsitz in Jesreel, wo ihn sein Cousin Ahasja, der neue König des im Süden gelegenen Staates Juda, besuchte.

Jehu befahl seinem Stab, jeden am Verlassen des Lagers zu hindern, damit niemand den Königen von der Nachricht des Propheten berichtete, bevor er mit einer kleinen Abteilung Soldaten nach Jesreel ritt. Ihm entgegengeschickte Boten erkannten seine

Absicht und, anstatt zu ihrem Stützpunkt zurückzukehren, schlossen sie sich ihm an.

Als Joram selbst herauskam, rief Jehu, dass es für Israel keinen Frieden geben könne, solange er fremde Götter duldete. Dann nahm er seinen Bogen und erschoss Joram und Ahasja. Bei seinem Einzug in die Stadt sah er Ahabs Witwe Isebel und befahl seinen Anhängern, sie aus dem Palastfenster zu werfen. Sie war sofort tot und obwohl er ihre Beerdigung anordnete, wurde sie die Beute Aas fressender Tiere, so wie es der Prophet Elia Jahre zuvor prophezeit hatte.

Dies war nur der Anfang der Säuberungsaktion. Jehu stellte Samarias Ältesten ein Ultimatum: Entweder ernannten sie ein Mitglied von Ahabs Familie zum König und kämpften oder sie töteten Ahabs gesamte Familie und ergaben sich. Die Ältesten töteten lieber die 70 Söhne, als ein größeres Massaker zu riskieren. In Körben wurden die Köpfe der Söhne vor Jehu gebracht.

Inzwischen sind weitere Angehörige des königlichen Gefolges getötet worden, ebenso wie 40 Mitglieder von Ahasjas Familie, deren einziges Verbrechen darin bestand, dass sie während des Putsches bei ihren Verwandten in Jesreel zu Besuch waren. Jehu ist ein harter und dynamischer Führer, der seine Leute genauso gnadenlos antreibt wie seinen Streitwagen. Nach den Hinrichtungen, einem normalen Tagewerk, setzte er sich gelassen an sein abendliches Mahl. Er neigt auch zu ausgefallenen Handlungen: Er befahl, Jorams Leiche auf das Feld zu werfen, das Ahab Nabot gewaltsam und unrechtmäßig abgenommen hatte.

Mit Sicherheit hat er einem ungerechten und despotischen Regime ein Ende bereitet und viele hier glauben, dass Ahabs Dynastie nur das bekommen hat, was sie verdient. Andere jedoch fragen sich, ob aus so viel Gewalt ein anhaltender Friede entstehen kann.

(2. Könige 9,1-10,14)

Dieses Fries aus Ninive zeigt den König, wie er in einem Wagen einen Strom überquert.

An Großmacht verschachert?

Samaria, 841 v. Chr.

Israels König Jehu ist gezwungen, mit den Assyrern gemeinsame Sache zu machen, da er weder Freunde in Juda hat, wo er den König und dessen Verwandte tötete, noch in Phönizien, dessen Baalspriester er getötet hat; und gegen Hasaël aus Damaskus führt er immer noch Krieg.

Der schwarze Obelisk Salmanassars III. zeichnet die Feldzüge seiner 31-jährigen Regierungszeit auf. Eine Prozession von Menschen aus eroberten Gebieten bringt ihm Tribut.

König Salmanassar zu huldigen kostete ihn seine Würde und die hohe Tributsteuer als Gegenleistung für den ständigen Schutz Assyriens kostet ihn viel Geld.

Damit hat er Israel außerdem schutzlos der Gefahr ausgeliefert, von dieser großen Macht total beherrscht zu werden. Seit zehn Jahren unternimmt Assyrien regelmäßige Beutezüge an das Mittelmeer und erbeutet Schätze und Abkommen als Souvenirs. Gern würde es ganz Kanaan beherrschen und Jehu hat es ihm möglicherweise auf einem silbernen Tablett überreicht.

Nach seiner Rückkehr nach Kelach hat Salmanassar seine Taten auf einem zwei Meter hohen schwarzen Marmorblock festhalten lassen. Der pyramidenförmige Stein hat Stufen an der Spitze und zeigt Darstellungen der Kriege des Königs und Bilder ausländischer Bürger. Auch Jehu ist zu sehen, der ihm huldigt und Steuern zahlt.

Ahnungslose Priester im Tempel massakriert

Samaria, 841 v. Chr.

Hunderte von Baalspriestern und -propheten wurden in ihrem eigenen Tempel von Anhängern Jehus, dem neuen König von Israel, niedergemetzelt. Sie waren unter dem Vorwand einer Nationalfeier dorthin gelockt worden.

Der König schenkte ihnen neue Gewänder und nahm an Opferdarbringungen teil. Aber er verließ die Feier vorzeitig und befahl 80 Soldaten, alle im Tempel zu töten.

Jehu wurde von Jonadab begleitet, einem Mitglied der kleinen extremistischen Sekte der Rechabiter. Die Rechabiter behaupten, die einzigen wahren Anhänger Jahwes und treue Nachkommen der Israeliten zu sein, die einst aus Ägypten auszogen. Sie leben nomadisch und lehnen alles ab, was zu einem sesshaften Leben gehört, auch beständige Häuser und den Ackerbau.

Seit seiner Thronbesteigung durch einen Militärputsch behauptet Jehu, ein frommer Anhänger Jahwes zu sein. Für viele sind seine Taktiken jedoch oft unnötig brutal. Trotz seiner gegen Baal gerichteten Aktionen hat er die Stiergottheiligtümer bei Dan und Bethel noch nicht geschlossen.

(2. Könige 10,11-33)

König eingeschlossen

Damaskus, 841 v. Chr.

Hasaël, der neue König von Damaskus, hat sich in seiner Hauptstadt verschanzt, um den Angriffen Salmanassars von Assyrien zu entgehen. Der so genannte »Sohn eines Nobodys« wurde nach dem Mord an Ben-Hadad König.

Hasaël wurde in der Schlacht geschlagen, aber er entzog sich Salmanassars Zugriff. Dadurch keineswegs abgeschreckt, verwüsteten die Assyrer die Obstplantagen und Gärten um Damaskus und plünderten Städte in der nahe gelegenen Ebene von Haran. Dann zog Salmanassar auf der Straße zur Küste weiter, um auf dem Karmel den Tribut von Tyrus, Sidon und von König Jehu von Israel entgegenzunehmen.

Kind auf den Thron geschmuggelt

Jerusalem, 835 v. Chr.

König Ahasjas einziger überlebender Sohn, dessen Existenz sieben Jahre lang ein gut gehütetes Geheimnis war, wurde gesalbt und in einem sorgfältig vorbereiteten Coup auf den Thron von Juda gesetzt. Die bisherige Regentin, Königin Atalja, wurde hingerichtet.

Als Säugling war der Thronerbe Joasch von Ahasjas Schwester in einer Vorratskammer des Palastes versteckt worden, als der König von dem israelitischen Thronräuber Jehu getötet wurde. Königin Atalja ließ nach und nach alle Mitglieder der königlichen Familie töten, um den Thron für sich beanspruchen zu können.

Der Coup wurde von dem Jahwe und dem Königshaus David treu ergebenen Priester Jojada organisiert. Er beschützte und versorgte das Kind über all die Jahre und wird bis zu dessen Volljährigkeit dessen Vormund und damit Regent sein.

Jojada hatte die für die Organisation der Tempelgottesdienste zuständigen Leviten und die Ältesten von Juda zu einer besonderen Sabbatfeier zusammengerufen. Den loyalen Tempelwachen wurde jeder Urlaub gestrichen. Als Vorsichtsmaßnahme wurden die Wachen im Inneren des Tempels mit den dort aufbewahrten Kriegstrophäen bewaffnet. Waffen auf das Tempelgelände zu bringen hätte allgemeines Misstrauen erregt.

Während der offiziellen Zeremonie wurde der Siebenjährige auf den Thron gesetzt und gekrönt. Ihm wurde eine Kopie des Bundesgesetzes übergeben, das in Juda die Beziehung zwischen Gott, König und Land regelt. Dann wurde er zu den beiden riesigen Eingangssäulen geführt und beim Klang der Trompeten unter lautem Jubel öffentlich zum König ausgerufen.

Als Atalja den Aufruhr vernahm, rief sie vergeblich nach der Armee. Sie musste den Verrat erkennen, wurde gefangen genommen und kurzerhand für die von ihr begangenen Morde hingerichtet.

Nach der Krönung und der Erneuerung des Bundes verwüstete ein organisierter Mob den Baaltempel, der unter dem Schutz von Atalja gestanden hatte. Das Gebäude wurde eingerissen und sein Oberpriester auf dem Altar getötet.

(2. Könige 11; 2. Chronik 22,10-23,21)

Dieser Ausschnitt einer Sarkophag-Bemalung zeigt einen jungen Mann mit einer Leier. Seit König Davids Zeiten war die Leier ein populäres Musikinstrument.

Es kriselt im Großreich

Assyrien, 824 v.Chr.

Mitten im Bürgerkrieg ist König Salmanassar nach einer 35-jährigen Herrschaft gestorben, von denen er 31 Jahre lang Kriege führte. Nachfolger ist sein Sohn Samsi-Adad, der die wenig beneidenswerte Aufgabe hat, den Bürgerkrieg zu beenden und dabei die Macht Assyriens zu erhalten und zu vergrößern. Die Vasallenherrscher im Norden und Osten haben die Wirren des Bürgerkrieges genutzt und ihren Tribut nicht gezahlt.

Unter Salmanassar hat sich das assyrische Reich weiter als je zuvor ausgedehnt, seine Soldaten sind bis nach Armenien, Zilizien, Palästina und an die Taurus- und Zagrosgebirge und die Ufer des Persischen Golfes vorgedrungen. Zilizien ist die bedeutendste Eisenquelle im Nahen Osten und ein wichtiges Glied im Seehandel mit Zypern und Griechenland.

In Südbabylonien hatte Salmanassar Probleme mit den chaldäischen Stämmen und in Zentralbabylonien musste er eingreifen, um einen von Syrien unterstützten Aufstand niederzuschlagen. Feldzüge in den Nordosten wurden immer schwieriger, als die Völker des östlichen Taurusgebirges am Van-See sich in Urartu zu einem potentiell mächtigen Königreich zusammenschlossen und nun über eine bedeutende Armee verfügten.

In Südkurdistan konnte er die Eroberungen seines Vaters erfolgreich festigen, indem er den schwachen Widerstand des Nomadenvolks der Meder und den der Perser im Nordwesten des Irans brach.

Assyriens Feinde sind heute stärker als früher und obwohl Salmanassar sich stets zum Sieger erklärte, sind seine Feldzüge oft fehlgeschlagen. Die Risse in der zentralisierten Organisation des Landes werden größer und die Zukunft der assyrischen Vorherrschaft scheint ungewiss.

Zu Beginn seiner Herrschaft lebte Salmanassar in Ninive, später zog er in das von ihm ausgebaute Kelach. In seinen letzten Jahren hat er es kaum noch verlassen und die Führung der Nation ist ihm entglitten.

Vor drei Jahren rebellierte Assur-danin-aplu, einer seiner Söhne, zusammen mit 27 Städten, darunter Assur, Ninive, Erbil und Arrapa. Er beauftragte seinen jüngeren Sohn Samsi-Adad mit der Niederschlagung des Aufstandes, der sich gegen die Struktur des Königreiches richtete. Der Landadel und die freien Bürger protestierten gegen die den Provinzgouverneuren übertragene Macht, die zudem oftmals reich und unverschämt waren.

Manager sollen Tempelfinanzen sanieren

Jerusalem, 812 v.Chr.

Ein neues Management-Team wurde per königlichem Erlass für die Tempelangelegenheiten eingesetzt, da die Priester und Leviten bei der Kapitalbeschaffung und der Überwachung der Sanierungsarbeiten versagt hatten.

Einem Gutachten zufolge sind an dem 125 Jahre alten Gebäude dringende Sanierungsarbeiten erforderlich, und es wird vermutet, dass die für diese Arbeiten gespendeten Gelder in andere Kanäle geflossen sind. Ein gesonderter Baufonds wurde eingerichtet.

Nun wird das halbe Lot Silber, das jede Person für die Erhaltung des Tempels entrichten muss, in einem Safe im Tempel gesammelt. Viele geben mehr als den vorgeschriebenen Mindestbetrag, da ihnen nun ordentliche Buchführungsmethoden zugesichert wurden. Die Spenden werden von einem Laien und dem Hohepriester gezählt und für Baumaterialien und Löhne direkt an die Bauleiter oder Vorarbeiter ausgezahlt.

Die von den Gläubigen im Rahmen ihrer regelmäßigen Andacht entrichteten Gaben, zum Beispiel bei Schuld- und Sühneopfern, sind immer noch für den persönlichen Nutzen der Priester bestimmt, die über kein anderes Einkommen verfügen.

Es ist eine Initiative von Joasch, der sich wie viele andere Könige in der Region als persönlichen Hüter des nationalen Heiligtums sieht. Er ist ein frommer Anhänger Jahwes und wird von dem Priester Jojada angeleitet, der praktisch der Adoptivvater des Königs ist.

(2. Könige 12,1-16; 2. Chronik 24,1-14)

Diese phönizische Elfenbeinarbeit zeigt eine Sphinx mit stilisierten Pflanzen. Sie wurde in Kelach (Nimrud) gefunden und dokumentiert so die Ausdehnung der Aktivitäten des assyrischen Reiches bis nach Phönizien hin.

Vertauschte Rollen

Kelach, 820 v. Chr.

Entgegen der sonstigen Rollenverteilung hat diesmal Babylonien dem König von Assyrien bei der Niederschlagung eines Aufstandes geholfen, der gegen Ende von Salmanassars Herrschaft begonnen hatte. An ihm waren mehrere Städte Assyriens unter der Führung eines Sohnes des verstorbenen Königs beteiligt.

Mit Babyloniens Hilfe konnte der jetzige König Samsi-Adad V. seinen Thron halten. Die beiden Nationen haben ein neues Abkommen geschlossen und Babylonien hat Assyriens Schwäche voll ausgenutzt. In den Unterlagen wird dem assyrischen König noch nicht einmal ein königlicher Titel zuerkannt.

Die Bedingungen des Abkommens verlangen, dass Assyrien Flüchtlinge an Babylonien übergibt und Informationen über antibabylonische Verschwörungen weiterleitet.

Kleiner Stein, der einen aramäischen (syrischen) Pferdewagen mit zwei Männern zeigt. Er stammt aus Tell Halat bei Aleppo in Syrien. Die Fußtruppe ist unterhalb zu sehen, wie sie einen Gegner niedertrampelt. Mit ihrer Kavallerie und den Streitwageneinheiten waren die Aramäer ihren Nachbarn militärisch deutlich überlegen.

Armee ein Häufchen Elend

Kanaan, 812 v. Chr.

Die gefürchtete syrische Fußtruppe (wohl eher als »Schlägertruppe« zu bezeichnen) nutzt die Schwäche Assyriens in den westlichen Gebieten des Reiches und zieht wieder plündernd durch Israel, Philisterland und Juda.

Joahas von Israel, der seinem an Altersschwäche gestorbenen Vater Jehu vor kurzem auf dem Thron gefolgt ist, hat bereits mehrere Überfälle erlebt, in denen seine Armee aufgerieben wurde. Es wird gesagt, dass Jahwe der Urheber ist und mit dem König zürnt, weil dieser andere Götter fördert.

Joahas bleiben für zeremonielle Anlässe kaum genug Pferde und nur zehn Streitwagen und er hat nur noch einige Tausend Fußsoldaten. Es wird berichtet, dass er eine nationale Umkehr zu Jahwe veranlasst hat, und die prekäre Situation scheint sich zu bessern.

Weiter im Süden hat Hasaël von Syrien die philistäische Stadt Gat eingenommen und versucht, Jerusalem zu unterwerfen. Von König Joasch hat er für die Wahrung des Friedens beträchtliche Mittel aus Tempel und Palast erhalten.

(2. Könige 13,1-7)

KURZMELDUNGEN ca. 830-810 v. Chr.

Steuerparadies (827 v. Chr.): Den Einwohnern der ca. 32 km südlich der Hauptstadt Babylon gelegenen Stadt Borsippa ist erneut ein steuerfreier Status verliehen worden, der ihnen während der Unruhen vor 24 Jahren entzogen worden war. Babylon wurde schon kurz nach Marduk-mudammiqs Thronbesteigung die Steuerfreiheit gewährt, aber bei Borsippa dauerte es aufgrund der Unruhen und der Ineffizienz der Behörden länger.

Hofkrise (825 v. Chr.): Takelot II. von Ägypten ist gestorben und der nun schon zehn Jahre dauernde Bürgerkrieg geht weiter. Er wurde in Tanis beerdigt. Sein junger Sohn Schischak III. hat die entstandene Verwirrung genutzt und dem rechtmäßigen Nachfolger Osorkon II. den Thron streitig gemacht. Osorkon bleibt zwar Hoherpriester in Theben, aber seine Position ist geschwächt. Die Spaltung zwischen Tanis und Theben wird immer unüberwindlicher.

Reich in Splittern? (818 v. Chr.): Ägypten spaltet sich immer weiter auf. Prinz Pedibastet hat in Leontopolis im Nildelta eine neue Dynastie gegründet. Die Amun-Priester in Theben haben sie anerkannt und einigen Söhnen Pedibastets Machtpositionen übertragen.

Neue Handelsmetropole (814 v. Chr.): Phönizier aus Tyrus haben an der tunesischen Küste Nordafrikas eine neue Stadt namens Karthago errichtet. Sie liegt am Golf von Tunis. Eine Landenge, die an ihrer schmalsten Stelle 5 km breit ist, verbindet die Stadt mit dem Festland im Westen. Schiffe, die im Westen mit Gold, Silber und Zinn handeln, werden hier einen Hafen und Vorräte finden. Die Phönizier, die ursprünglich vom Persischen Golf stammen, unterhalten gute Beziehungen zu den Ureinwohnern, die oft sogar für das Privileg der phönizischen Entwicklung zahlen.

Das Imperium schlägt zurück (812 v. Chr.): Assyrien hat sich an Babylonien gerächt und dessen neuen König Baba-aha-iddina samt seiner Familie nach Assyrien verschleppt. Viele Städte im Osten Babyloniens wurden geplündert und ihre Götterstatuen ebenfalls nach Assyrien gebracht. Es herrscht Anarchie in Babylonien, das nun für jeden eine leichte Beute ist. Man fürchtet die chaldäischen Stämme im Süden, deren Stärke während der letzten Jahre zugenommen hat.

Unruhe am Euphrat (810 v. Chr.): Die syrischen Gouverneure leisten nicht mehr ihren normalen Tribut an Assyrien, da die Vasallenstaaten durch das expandierende Königreich Urartu, das sich nun bis an den oberen Euphrat erstreckt, aus dem Gleichgewicht geraten sind.

Verführter Führer

Jerusalem, 796 v. Chr.

Einige Könige sind zum Führen geboren, andere werden von ihren Beratern geführt. Nach dem gewaltsamen Ende der 40-jährigen Herrschaft von König Joasch von Juda könnte man ihm als Spruch auf den Grabstein meißeln: »Er war leicht zu führen.«

Unter dem wachsamen Auge des gottesfürchtigen Priesters Jojada, seinem Vormund und Ersatzvater, führte Joasch Juda viele Jahre lang durch eine Zeit relativer Stabilität. Er rückte die Traditionen Jahwes wieder in den Mittelpunkt der Kultur des Landes.

Nach dem Tod des Priesters tendierte Joasch jedoch mehr zu den Liberalen, die eine Lockerung der strengen Religionsgesetze vertraten. Die Teilnahme an den Tempelzeremonien nahm ab und gegen den Widerstand der Propheten Jahwes wurden Aschera-Bilder zum Mittelpunkt der Rituale. Joaschs ehemals hohe Prinzipien erreichten ihren tiefsten Punkt, als Jojadas Sohn Secharja gegen die Lage im Land protestierte und den König beschuldigte, Jahwe nicht mehr zu folgen. Für diese verräterische Äußerung wurde Secharja mit Joaschs Zustimmung zu Tode gesteinigt.

Als dann die Aramäer auch noch ihre Angriffe wieder aufnahmen, ging es stetig bergab. Bei einem dieser Angriffe wurde die gesamte Führung der Hauptstadt durch eine kleine Streitmacht vernichtet, obwohl die Verteidiger in der Überzahl waren. Eine Gruppe hoher Beamter, die die Niederlagen satt hatte und über die Behandlung Secharjas entsetzt war, tötete den König. Einem Bericht zufolge wurde Joasch im Bett ermordet, während eines Aufenthaltes in der Garnison bei der Befestigungsanlage Millo im Osten der Stadt. Man begrub ihn in Jerusalem, aber nicht in den Königsgräbern. Sein 25-jähriger Sohn Amazja folgt ihm auf den Thron.

(2. Könige 12,19-21; 2. Chronik 24,17-27)

Söldnerrache verdirbt Sieg im Salztal

Das Tote Meer am südlichen Ende des Jordangrabens

Totes Meer, 790 v. Chr.

Eine Niederlage im Salztal südlich des Toten Meeres erschütterte den Staat Edom (Seïr). 20000 Soldaten sollen bei einem heftigen Angriff durch das benachbarte Juda getötet worden sein.

Bei einem Propheten Judas hinterließ der Sieg jedoch einen bitteren Nachgeschmack. Er verurteilte seinen König Amazja, weil dieser sich bei den von ihm besiegten Göttern eingeschmeichelt habe. Bevor er infolge eines Befehls seinen Protest einstellte, äußerte er noch die dunkle Drohung, dass Amazja eines Tages vernichtet werden würde.

Nach einer Volkszählung hatte Amazja eine große Armee von 100000 Soldaten rekrutiert. Er hatte auch vorgeschlagen, Söldner aus Israel anzuheuern, wurde aber von einem Propheten davor gewarnt, der behauptete, dass Jahwe keinen Angriff unterstützen würde, an dem Kämpfer aus einem abtrünnigen Land beteiligt waren.

Nach ihrer Entlassung wurde dann den Söldnern noch nicht einmal der volle Sold ausgezahlt. Als Folge liefen die enttäuschten Söldner Amok. Sie erbeuteten den in Edom erwarteten Plünderbonus stattdessen von Juda und in einem Akt des Vandalismus wurden 3000 Menschen von den Randalierern in der Nordhälfte des Landes getötet.

Judas Sieg war nicht weniger brutal. Die Hälfte der gefallenen Edomiter waren erst gefangen genommen worden, um dann wie die Lemminge über eine steile Klippe in den Tod getrieben zu werden. Um den verständlicherweise beleidigten edomitischen Gott Qos zu besänftigen, brachte Amazja den von ihm erbeuteten Götterbildern Opfer dar.

Edom, das einst von Esau, dem verstoßenen Zwillingssohn des israelitischen Patriarchen Isaak, gegründet worden war, war von König David erobert worden. Seitdem hatte es trotz eines gewissen Maßes an Autonomie unter Judas Herrschaft gestanden. Während der letzten Generation hatte es sich jedoch immer mehr herausgenommen und Amazjas Feldzug sollte es zur Ordnung rufen.

(2. Könige 14,7; 2. Chronik 25,5-16)

Italiens Künstler mögen es skurril

Italien, 800 v. Chr.
Die in Vetulonia gefertigte Kerze mit der Figur eines Mädchens an der Spitze, deren ausgestreckte Arme auf beiden Seiten ein Dreieck bilden, belegt einen Trend in der heutigen Kunst Italiens. Dieser ist eine Mischung aus realistischen, phantastischen und grotesken Elementen.

einem abstrakten, Flügel andeutenden Kreismuster auf ihrem Körper. In Tarquinia hat ein Künstler einen Weihrauchschwenker in Form eines Vogelkörpers hergestellt, der wie eine Kutsche auf Rädern steht und den Kopf eines Rehs hat.
Die Bewohner Apuliens versehen ihre bunt bemalten bauchigen Gefä-

Kahler Seher tot

Israel, 798 v. Chr.
Der charismatische, extrovertierte Prophet Elisa ist nach langer Krankheit gestorben. Er soll über 80 Jahre alt geworden sein. Eine seiner letzten Taten war die Vorhersage der Niederlage Syriens durch Israel unter der Führung des Joahas.
(2. Könige 13,10-21)

Zertretene Distel

Juda, 785 v. Chr.
Joahas von Israel hat Juda als Dornengewächs bezeichnet und Judas Armee niedergetrampelt. Er hat ein riesiges Loch in Jerusalems Mauern gesprengt und die Reste der Tempelschätze geplündert.
Von Stolz geschwellt nach seinem Sieg über Edom hat Amazja Juda den Fehdehandschuh hingeworfen. Joahas hat mit einer Parabel geantwortet, die sich als genaue Vorhersage des folgenden Kampfes herausstellen sollte. »Eine Distel schlug eine Heirat zwischen ihrem Sämling und dem einer Zeder vor«, höhnte er, »aber sie wurde von einem wilden Tier zertreten.«
Amazja verstand diese Anspielung nicht und setzte seine Provokationen fort. In der Schlacht bei Bet-Schemesch 24 km westlich von Jerusalem wurde seine Armee hinweggefegt, bevor Jerusalem geplündert wurde und zahlreiche Menschen in Gefangenschaft gerieten.
(2. Könige 14,8-16; 2. Chronik 25,17-24)

Musiker auf einem farbenfrohen Gemälde aus einem Grabmal

Die Menschen in Villanova stellen Bronzefiguren her, die dem griechischen »geometrischen« Muster folgen, aber italienische Eigenarten aufweisen; die Figuren, egal ob Darstellungen von Menschen oder Tieren, sind eher grotesk als lebensecht, mit Kreisen als Augen und monströsen Nasen.
Andere Gebilde stellen Wesen dar, die halb Vogel, halb Ochse sind mit

ße mit Griffen mit dreidimensionalen Figuren. Kleine Griffe werden oft mit radähnlichen Mustern verziert. Sie exportieren diese auffälligen Gefäße, die keinen griechischen Einfluss mehr aufweisen, in das übrige Italien und an die Westküste Illyriens. »Moderne Kunst ist phantastisch«, das meinen vor allem die Händler, deren Gewinne ebenfalls phantastisch sind.

KURZMELDUNGEN
ca. 800-782 v. Chr.

Silber mit Gütestempel (800-790 v. Chr.): Silberbarren werden in Assyrien und Syrien gestempelt, um deren Qualität zu gewährleisten. Bisher wurde im Handel verwendetes Silber bei jedem Geschäft ausgewogen, aber skrupellose Händler konnten ohne Angst vor Entdeckung minderwertiges Metall oder falsche Gewichte verwenden.

Arbeit für den Orthopäden (800-790 v. Chr.): Viele Arbeiter leiden an ständigen

Schmerzen, da harte körperliche Arbeit Knorpelschäden und Arthritis verursacht. Auch laborieren viele an Rückenschmerzen. Spondylitis, eine durch Spannungsrisse der Wirbelsäule verursachte Erbkrankheit, tritt bei einigen Familien in der Gegend um Kairo auf.

Dorf-Gemeinschaft (800-790 v. Chr.): In ganz Griechenland schließen sich Dörfer zu Poleis (Stadtstaaten) zusammen. Jeder wird von einer kleinen Gruppe Landbesitzer regiert, die auch als Richter bei Streitigkeiten fungieren

und bei Lebensmittelknappheit Korn zur Verfügung stellen. Die meisten dieser Stadtstaaten liegen in den fruchtbaren Ebenen und sind von Schutzmauern umgeben.

Zweitkönig nach Volksbegehren (792 v. Chr.): Asarja (Usija), wurde auf Verlangen des Volkes zum Mitregenten von Juda ernannt. Er ist der 16-jährige Sohn von König Amazja, dessen Beliebtheit seit seinem misslungenen Angriff auf Israel, während dem er gefangen genommen wurde, stark nachgelassen hat. (2. Könige 14,13-21)

Endlich Erfolg (790 v. Chr.): Joahas ist es gelungen, einige Grenzstädte von den Aramäern nach dem Tod ihres Königs Hasaël zurückzuerobern. (2. Könige 13,24.25)

Tonnenweise Tribut (782 v. Chr.): König Adadnirari III. von Assyrien hat von Damaskus 30 Tonnen Kupfer und Bronze und 60 Tonnen Eisen als Tribut erhalten. Außerdem hat er für seine Tempel und Paläste 100 Zedernstämme aus dem Libanon eingetrieben. Auch von Tyrus, Sidon und von Joasch aus Israel kassierte er Tribute.

Wann geht der nächste Fisch nach Ninive?

Ninive, 760-750 v. Chr.

Dass Menschen im Namen der Religion eigenartige Dinge tun können, ist ja nichts Neues. Dass Gott aber einen Bußprediger losschickt, den zunächst widerspenstigen Mann mit aller (Natur-)Gewalt an seinen Arbeitsplatz schickt, nur um am Ende offenbar seine Meinung zu ändern – das ist in der Tat neu!

Jona, der normalerweise am Hof von König Jerobeam II. seine Runden macht, behauptet, dass Jahwe ihm einen Auftrag erteilt habe. Als er Reichtum und Frieden für Israel verkündete, meinte er Gott zu hören, der ihm auftrug, Verderben und Zerstörung im 1125 km weiter östlich gelegenen Ninive zu predigen.

Jona wird wahrscheinlich auf einem kleinen Handelsschiff seine Reise angetreten haben, vergleichbar diesem typischen Mittelmeerschiff auf der Säule Trajans.

Da die Einwohner Ninives wahrscheinlich noch nie von Jahwe gehört hatten und eine Massenbekehrung genauso wahrscheinlich war wie deren Unterwerfung unter israelitische Herrschaft, verzichtete Jona auf die Reise Richtung Osten und buchte stattdessen eine Mittelmeerkreuzfahrt nach Spanien, um sicherzugehen, dass er noch nicht einmal in die Nähe Ninives kam.

Jahwe hatte jedoch andere Pläne. Das Schiff geriet in einen alptraumartigen Sturm und begann zu sinken. Die Matrosen, die von jeher zu den abergläubischsten Sterblichen gehören, warfen das Los, um herauszufinden, wessen Gott gekränkt worden war und die Elemente derart gegen sie aufbrachte. Das Los fiel auf Jona und als ihre Versuche zur Rettung des Schiffes fehlschlugen, warfen sie ihn als Friedensangebot an die wütenden Mächte über Bord.

Der Sturm legte sich und das Schiff war gerettet. Und zur allgemeinen Überraschung überlebte auch Jona. Er behauptet, dass ein riesiger Fisch ihn geschnappt hätte. Als er das Gebet eines im wahrsten Sinne des Wortes untergehenden Mannes sprach, befand ihn der Fisch als ungenießbar und spie ihn im flachen Wasser aus.

Jona war nun offenbar überzeugt, dass Jahwe seinen Gehorsam forderte, und ging nach Ninive, wo er zu predigen anfing. Zu seiner großen Überraschung glaubten die Menschen und deren Führer die Warnung, dass die Stadt innerhalb von sechs Wochen zerstört werden würde, wenn sie nicht von ihren schlechten Taten ablassen würden. Eine nationale Umkehr wurde verkündet und die Katastrophe abgewendet.

Jona konnte sich jedoch immer noch nicht vorstellen, warum Jahwe sich mit einer heidnischen Stadt abgab, die vor gar nicht so langer Zeit den assyrischen Oberherren über Jonas Heimat Truppen zur Verfügung gestellt hatte. Seine Verwirrung war komplett, als der Busch, unter dem er Schutz gesucht hatte, in einer Nacht völlig austrocknete und Jona der heißen, brennenden Sonne auslieferte.

Und dieses Ereignis, so Jona, ließ ihn die Dinge klarer sehen. So wie der Prophet sich um seine eigene verbrannte Haut sorgte, so sorgt sich Jahwe um alle Menschen, die sich in Gefahr befinden, auch wenn sie nicht zu denen gehören, die er sich eigentlich als Volk ausgesucht hat.

(Jona 1-4; vgl. 2. Könige 14,25)

Die Seefahrer

Wie auch Jona erfahren musste, können Seereisen gefährlich sein, da es im Mittelmeer häufig Stürme gibt.

Die erste große Seefahrernation war Ägypten, das bereits vor über 2000 Jahren seetüchtige Schiffe baute. Der Verkehr beschränkte sich hauptsächlich auf den Sommer, da die Winterstürme und das rauhe Wetter die Meere quasi unbefahrbar machten.

Dann erforschten und besiedelten die Phönizier die Mittelmeergegend und wagten sich bei ihrer Suche nach Zinn sogar bis in den Atlantik vor. Ihre wagemutigen Expeditionen wurden mit reichen Funden in Cornwall belohnt. Möglicherweise haben sie sogar Afrika umrundet.

Die Israeliten haben weder gute Häfen noch geschützte Küsten und sind nicht zur See gefahren. Salomos Verbündeter König Hiram dagegen befuhr die Meere mit reichen Frachten.

Auch die Griechen ziehen die Seereise der Landreise vor, die oft unbequem und schwierig ist.

Das Schiff, das Jona nahm, war wahrscheinlich recht groß und für lange Reisen gedacht, mit Rudern für windstille Abschnitte. Im Gegensatz zu den Kriegsschiffen mit ihrem hervorstehenden Bug für die Standardtechnik des Rammens hatte dieses Schiff eher einen runden Bug. Ein Handelsschiff hatte in der Regel auch ein überdachtes Deck zum Schutz der Fracht und der Ruderer bei Sturm. Unter einem solchen Dach hat Jona wahrscheinlich geschlafen, als der Sturm aufkam.

Chaos in der Königsstadt

Ninive, 760 v. Chr.

Vor ca. 300 Jahren, während der Herrschaft von Tiglat-Pileser I. wurde Ninive zur zweiten Hauptstadt Assyriens ausgebaut und durch mächtigen Stadtmauern befestigt. Aber in den letzten Jahrzehnten ging es in ganz Assyrien drunter und drüber.

Während der Herrschaft von Adadnirari und Salmanassar IV. haben regionale Gouverneure einen immer größeren Teil der Zuständigkeiten übernommen, die zuvor der zentralisierten Regierung oblagen. Unabhängige Aktionen wie die des Gouverneurs von Ninive bei Jonas Verkündigung (er ordnete überraschenderweise eine Buße an, die zu einem fremden Gott gerichtet war) sind an der Tagesordnung.

Der zurzeit herrschende König Assurdan III. hat Feldzüge nach Zentralsyrien unternommen, die im Debakel endeten, und in einigen Städten, wie in Assur und Gesan, hat es

Der Platz, an dem Ninive stand, ist teilweise von der Natur zurückerobert worden. Im Vordergrund die inneren Mauern; mit einem Umfang von ca. 12 km konnte sich innerhalb der Mauern eine Bevölkerung von 175000 Menschen aufhalten.

Aufstände gegeben. Naturkatastrophen traten ebenfalls auf, nach einer totalen Sonnenfinsternis gab es einen Ausbruch der Beulenpest, dazu Fluten und Hungersnöte. Sie gelten als Zeichen für den Zorn der Götter.

Ninive, das am Zusammenfluss des Tigris mit einem seiner Nebenflüsse liegt, hat eine hohe Einwohnerzahl, die von Jona auf 120000 geschätzt wird. Eine Zählung in dem etwas kleineren Kelach ergab eine Bevölkerungszahl von 69574, so dass seine Schätzung zutreffen dürfte.

Die Sommer von Mai bis Oktober sind heiß und trocken und das Land verdorrt. Da die Stadt höher liegt als der Tigris, ist es unmöglich, sie in großem Stil zu bewässern.

Mit solchen phönizischen Handelsschiffen wurde das Mittelmeer befahren (aus dem 7. Jahrhundert).

KURZMELDUNGEN ca. 780-770 v. Chr.

Summ, summ, summ (780 v. Chr.): Honigbienen summen durch die Regionen Suru und Mari am mittleren Euphrat. Der Gouverneur Schamasch-reschusur hat sie aus den Bergen der Osttürkei mitgebracht. Die in Assyrien bis dahin unbekannten Insekten werden zur Honig- und Wachsproduktion eingesetzt.

Olympische Spiele (776 v. Chr.): Dem Gott Zeus zu Ehren wurde bei Olympia an den Ufern des Alpheios im westlichen Peloponnes ein Tag der Wettkämpfe abgehalten. Sie fanden im Heiligtum des Zeus in einem bewaldeten Tal statt. Es waren Wettkämpfe im Laufen und Ringen und als Preise gab es Girlanden aus wilden Oliven. Es ist geplant, diese Wettkämpfe alle vier Jahre abzuhalten. Es wird berichtet, dass ähnliche Wettkämpfe zuvor auch schon an anderen Orten, z.B. in Korinth, abgehalten worden waren.

König für ein halbes Jahrhundert (773 v. Chr.): Schischak III. ist in Tanis nach 50-jähriger Herrschaft gestorben. Während dieser Zeit haben in Ägypten zwei Dynastien um die Vorherrschaft gekämpft, eine von Leontopolis und die andere von Tanis aus, und auch die Priesterschaft in Theben übt einen mächtigen Einfluss aus.

Jung-Reiter (771 v. Chr.): Der Stamm der Jung, der zu Pferd aus der mongolischen Steppe kam, ist in das benachbarte Königreich Zhou eingefallen. Dessen König musste aus seiner Hauptstadt Hao fliehen und weiter im Osten in Zentralhonan bei Loyang eine neue gründen.

Innovatives Volk auf dem Weg zum Wohlstand

Italien, 750 v. Chr.

Auf den ersten Blick scheint es keine Sensation zu sein, dass die Etrusker eine Pferdetrense entwickelt haben, die ein iranisches Modell mit dem geometrischen Stil Griechenlands vereint. Sie ist aus Bronze und die Wangenstücke sind in Form eines Pferdes gegossen.

Von Bedeutung ist allerdings, dass Erfindungsreichtum und Wohlstand der Etrusker augenfällig zunehmen. Ihre auf Industrie und Landwirtschaft basierende Wirtschaft exportiert feine Töpferwaren, Bronze- und Goldarbeiten, Eisenwaren, Fahrzeuge, Möbel, Lederwaren und äußerst farbenprächtige Stoffe.

vielen Riten verbundener Vorgang. Ist der Platz ausgewählt, wird eine Grube für die Opfergaben gegraben. Von dort aus werden die Stadtmauern markiert. Dann spannt der Gründer eine Kuh und einen Stier vor einen Pflug mit einer bronzenen Schar. Er pflügt entlang der Mauermarkierungen eine Furche und lässt die Stellen aus, an denen die Tore geplant sind. Die Erdklumpen legt er sorgsam als symbolischen Graben und Mauer auf die innere Seite der Furche.

Ein freier Streifen auf beiden Seiten der Mauern bleibt heilig und niemand darf darauf bauen oder pflügen. Die Etrusker glauben, dass jede Stadt drei Tore haben muss, drei Straßen sowie drei Tempel, die Tinia (Jupiter), Uni (Juno) und Menrva (Minerva) geweiht sind. Die Tempel der anderen Götter müssen außerhalb der Stadtmauern liegen.

Das müssen auch die Toten. Im Gegensatz zu anderen Völkern Italiens liegen die Friedhöfe der Etrusker außerhalb der Städte. (Überhaupt sind die Etrusker ganz und gar anders als ihre italischen Nachbarn.) Der von Cerveteri liegt bei Sorbo, zwischen der Stadt und der Küstenebene. Die Etrusker verwenden sowohl Schachtgräber für die Beisetzung von Urnen als auch Gruben für die Beisetzung von Leichen. Oft errichten sie am Eingang der Gräber kleine Grabsteine. Eine phallische Form bezeichnet das Grab eines Mannes, ein Haus das ei-

Eine außerordentlich dekorative Pferdetrense. Sie wurde wohl kaum im Alltag verwendet, sondern wahrscheinlich als Dekoration zu feierlichen Angelegenheiten benutzt.

ner Frau. Die Toten liegen in den Gräbern zusammen mit ihren persönlichen Besitztümern meist auf Bänken, manchmal auch in Tonsärgen.

Die Etrusker halten Enten, Gänse, Perlhühner und Hühner, Schweine, Ziegen, Rinder und Schafe. Sie jagen Wildschweine, Hasen, Wild und Tauben und sie fischen in den Süßwasserseen.

Ihr größtes Metallvorkommen ist auf Elba in Populonia. Kupfer, Zinn, Silberblei und Eisen werden oberirdisch abgebaut. Die vor allem für Kupfer verwendeten Schmelzöfen haben einen kegelförmigen Fuß von ca. 2 Metern Durchmesser. Er ist mit hitzebeständigen Kacheln bedeckt und eine perforierte Wand trennt die obere von der unteren Kammer.

Schmelzer legen das Erz mit etwas Holzkohle in die obere Kammer und zünden darunter ein Feuer an. Das Eisenoxid trennt sich und bleibt in der oberen Kammer, während das geschmolzene Kupfer durch die Perforation in die untere Kammer fließt, wo es gesammelt wird.

Seit dem Beginn der Olympischen Spiele waren Athleten beliebte Objekte der bildenden Künstler. Diese Platte aus Athen zeigt einen Diskuswerfer. Sie trägt die Inschrift »Cleomelos ist wunderbar«.

Ihre Städte sind groß, Cerveteri (Caere) z.B. hat ca. 25000 Einwohner. Sie liegt an der Küste zwischen Tarquinia und Veji. Zum Stadtgebiet gehören die Hügel von Tolfa mit reichen Metallvorkommen, auf denen der Wohlstand der Stadt und ihre engen Handelsbeziehungen zu Griechenland beruhen.

Die Gründung einer etruskischen Stadt ist ein komplizierter und mit

Reiche Damen als »fette Kühe« beschimpft

Samaria, 760-750 v. Chr.

Ein bisher unbekannter Prophet aus Juda wurde vom Heiligtum bei Bethel verbannt, weil er die sozialen und religiösen Bedingungen in Israel schonungslos kritisiert hat.

Amos, ein Hirte und kleiner Bauer aus Tekoa, beschimpfte Samarias reiche Frauen der feinen Gesellschaft als »fette Kühe«. Ihm zufolge werden sie und ihre Familien einmal ebenso arm sein wie die von ihnen ausgebeuteten unteren Klassen.

Sowohl die Nachricht als auch ihr Überbringer machen auf die einheimischen Propheten Jahwes einen befremdlichen Eindruck. Der Wohlstand Israels, dessen Gebiet jetzt fast so groß ist wie zu Salomos Zeiten, wird von vielen als ein Zeichen für den Segen Gottes verstanden.

Unter der Führung König Jerobeams II. hat Israel sich die nachlassende Kontrolle Assyriens über die westlichen Randgebiete des Reiches zunutze gemacht. Der Handel blüht und bringt den Kaufleuten gute Gewinne. Die Marktbuden quellen über vor exotischen Produkten. Zollabgaben füllen die Staatskassen und sichern die umfassenden öffentlichen Bauvorhaben

Die Überreste des alten Samaria sind auf dem linken Hügel zu sehen.

und den Ausbau der Textil-, Waffen- und Metallindustrien.

Dies alles wurde jedoch auf Kosten der sozialen Gerechtigkeit erreicht, behauptet Amos. Die feinen Damen der Highsociety schlagen die Arbeiterklasse mit ihren Forderungen nach Luxusgütern und exquisitem Gaumenschmaus in den Staub.

»Wer sich die Zahlung von Bestechungsgeldern nicht leisten kann«, so sagt er, »erhält keine Gerechtigkeit«. Weiter beklagt der Prophet: »Der Landadel schluckt die Felder der Kleinbauern, indem er Getreide zu Schleuderpreisen verlangt und nach einer schlechten Ernte den Verkauf ihres Landes erzwingt. Die Neureichen räkeln sich auf elfenbeinernen Lagern und vertun ihre ausgedehnte Freizeit auf verschwenderischen Festen und Konzerten. Gleichzeitig beklagen sie sich über die restriktiven Sabbatgesetze, die die Mehrung ihres Reichtums beschränken.« Tatsächlich befindet sich die Religion des Staates in einem katastrophalen Zustand, so der Prophet. Zwar herrsche ein guter Gottesdienstbesuch, doch werden neben Jahwe auch andere Götter verehrt, an einigen Altären wie in Bethel sogar ausschließlich diese.

Eine Unterschriftensammlung unter Handelsdokumenten von in Samaria lebenden Menschen – das, was einem Einwohnerverzeichnis in Israel am nächsten kommt – zeigt, dass ebenso viele Menschen nach Baal wie nach Jahwe

benannt sind. Solch eine Verehrung sei Jahwe ein Greuel, behauptet Amos.

Gott findet keinen Gefallen an korrekt ausgeführten Ritualen, wenn die Gläubigen selbstgefällig sind und die Verpflichtungen des Bundes vernachlässigen, sagt er. Ihre geltende Vereinbarung lautet, dass sie Gottes Gesetzen folgen und für die weniger Privilegierten sorgen müssen. In Amos' Anklage schwingt auch Traurigkeit mit: »Dich allein von allen Völkern habe ich gekannt«, klagt er im Namen Jahwes.

Der Prophet sieht nur wenig Hoffnung. Israel ist dazu verdammt, von anderen Nationen überrannt zu werden, so lautet seine Vorhersage, auch wenn Jahwe diese wegen ihres blutrünstigen Kolonialismus verurteilt. Aber Amos ruft das Volk auf: »Suchet Jahwe, so werdet ihr leben«, so dass ihm doch noch Gnade anstelle eines verheerenden »Tag Jahwes« widerfährt. Auch wenn es zum Schlimmsten kommt, wird es in der Zukunft wieder ein gläubiges Volk in diesem Land geben, fügt er hinzu.

Es besteht wenig Hoffnung, dass Amos in Bethel wieder eingestellt wird. Nach einer offiziellen Warnung von seinem Priester Amazja wurde der Prophet dem König gemeldet, dessen Sturz er vorhergesagt hatte. Amos, der sich als »Laie mit einer Nachricht von Gott« bezeichnet, verließ Bethel mit der Ankündigung, dass Amazjas Familie unter Skandalen und Bankrott zu leiden haben werde.

(Amos 1-9)

Warnschilder Gottes

Kommt zu Jahwe, dann werdet ihr leben, damit er nicht über die Nachkommen Josefs herfällt wie eine Feuersbrunst. (Amos 5,6)

Hasst das Böse und liebt das Gute! Sorgt für klare juristische Verhältnisse! Vielleicht wird Jahwe doch denen gnädig sein, die von den Nachkommen Josefs übrig bleiben. (Amos 5,15)

Hör auf mit dem Geplärr deiner Lieder. Dein Harfenspiel will ich nicht hören! Das Recht soll aber wie Wasser fließen und die Gerechtigkeit wie ein nie versiegender Bach. (Amos 5,23.24)

Man wird dies Land von außen schwer bedrängen, dich von deinem hohen Ross herunterreißen und deine Häuser plündern. (Amos 3,11)

Ich will die Sommervillen und Winterpaläste zerschlagen und die elfenbeingeschmückten Häuser sollen zugrunde gehen, so spricht Jahwe. (Amos 3,15)

»Ich bleibe dir treu, auch wenn du auf den Strich gehst!«

Israel, 750-735 v.Chr.

Was tut ein Mann, dessen geliebte Frau ihn verlässt, eine Prostituierte und dann eine Sklavin wird? Die Antwort, die das israelitische Gesetz darauf gibt, lautet: Scheidung. Nicht so Hosea: Er kaufte seine Frau zurück.

Hoseas Frau Gomer hatte ihm zwei Söhne und eine Tochter geschenkt, bevor sie ihn als allein erziehenden Vater zurückließ. Als er sie auf dem Sklavenmarkt in einem so bedauernswerten Zustand fand, dass sie zur Hälfte des üblichen Preises angeboten wurde, bezahlte er und brachte sie nach Hause.

Und er behauptet, dass Jahwe gegenüber seiner gefallenen »Gemahlin« Israel (oder Ephraim, wie er das Land nennt) ebenso fühlt und handeln wird. Aber er muss zugeben, dass er sowohl in Bezug auf sein Liebesleben als auch auf seine unorthodoxe Art und Weise der Prophetie »für einen Dummkopf und Irren« gehalten wird.

Seine plastischen Lehren beschreiben Gott als einen verschmähten Liebhaber, einen liebenden Vater und einen zornigen Vormund. »Wie kann ich dich vergessen?«, klagt er. »Ich liebe dich als Kind, führte dich aus Ägypten, lehrte dich das Laufen und heilte deine Wunden. Ich habe Mitleid mit dir, aber je lauter ich dich rief, desto weiter hast du dich von mir entfernt. Also werde ich dich eines Tages vor aller Welt entblößen und der Schande und Lächerlichkeit preisgeben.«

Als Beweis für Israels Entfernung von Jahwe führt er die Täuschungs-, Mord-, Diebstahls-, Überfall- und Ehebruchraten an. Er beschreibt Israel als ein von politischen Intrigen und zahllosen Gerichtsprozessen zerrissenes Land, dessen Führer nichts Besseres zu tun haben als sich zu betrinken. Er verachtet die politischen Hoffnungen, die auf Bündnisse mit fremden Mächten gesetzt werden und die ihm zufolge Israel nur noch weiter schwächen werden.

In Bezug auf die Religion vergeuden die Menschen ihre Zuneigung an einheimische Götter, die ihre Bedürfnis-

Das Hügelland von Ephraim, nahe Samaria

se nicht befriedigen können, sagt er. Hosea verspottet den Stiergott von Samaria. »Ein Goldschmied hat ihn gemacht! Er ist kein echter Gott und eines Tages wird er zerschlagen werden«, warnt er und deutet an, dass Assyrien Israel eines Tages in die Sklaverei führen wird.

Israel trägt an allem selbst die Schuld, fügt er hinzu. Es hat den Bund mit Jahwe gebrochen. Gott kann jedoch seine eigene Verpflichtung zur Treue nicht brechen und sehnt sich danach, seinem Volk zu vergeben.

Hoseas Verbindung persönlicher Erfahrungen mit prophetischen Ausführungen zeigt sich am deutlichsten in den Namen seiner Kinder. Der älteste Sohn heißt Jesreel (»Gott verstreut«) im Gedenken an die unglückselige Stadt, wo Jehu Ahabs Sohn tötete und eine letzte abtrünnige Dynastie gründete. Sein zweiter Sohn heißt Lo-Ammi (»Nicht mehr mein Volk«), der nach seiner Tochter Lo-Ruhama (»Nicht mehr geliebt«) geboren wurde.

(Hosea 1-14)

Wenn Gott um seine Geliebte weint

Ich werde mich über dich erbarmen. Warst du »Nicht-mein-Volk«, wirst du dann mein Volk sein und sagen: »Du bist mein Gott.« (Hosea 2,25)

Es gibt keine Treue, keine Liebe und keine Kenntnis von Jahwe mehr, sondern Ehebruch und andere Verbrechen. Darum wird das Land vertrocknen und alle seine Bewohner werden verwelken; auch die Tiere auf dem Feld, die Vögel und die Fische werden verenden. (Hosea 4,1-3)

Kommt, wir wollen wieder zu Jahwe zurückgehen; denn er hat uns zerrissen, dann wird er uns auch wieder heilen. Denn er hat uns auch geschlagen und er wird uns verbinden. (Hosea 6,1)

Ich habe Lust an der Liebe und nicht am Opfer, an der Erkenntnis Gottes und nicht am Brandopfer. (Hosea 6,6)

Denn sie säen Wind und werden Sturm ernten. (Hosea 8,7)

Ich fand Israel wie Trauben in der Wüste (...); aber danach gingen sie zum Baal-Peor und gelobten sich dem schändlichen Abgott und wurden so Abscheu erregend wie ihre Liebhaber. (Hosea 9,10)

Nehmt diese Worte mit euch und kehrt zu Jahwe um und sprecht zu ihm: Vergib uns alle Schuld. Wir wollen dir unser Wort opfern. Denn du erbarmst dich über die Schutzlosen. (Hosea 14,2.3)

Visionär verurteilt dekadenten Staat

Jerusalem, 740-735 v. Chr.

Müßig gehende Frauen sind mit Juwelen behängt, in Designermode gekleidet und in Wolken teuren Parfums gehüllt. Reiche Familien beginnen den Tag mit einem üppigen Frühstück und beenden ihn spät am Abend mit opulenten Dinnerparties, auf denen Jahrgangsweine in Strömen fließen und Minnesänger für Unterhaltung sorgen.

Diese tiefe, bronzene Badewanne aus Ur zeugt von einem nahezu unglaublichen Luxus- und Hygienestandard.

Für die einen ist dieses Leben in Jerusalem das Höchste, sozusagen der Himmel auf Erden. Für andere ist es jedoch verachtenswert, da es laut den Andeutungen betroffener Insider allein durch Korruption und Gesetzesverstöße möglich ist.

Wichtige soziale und politische Entscheidungen werden von leichtgläubigen und selbstsüchtigen jungen Männern und nicht von erfahrenen Staatsmännern getroffen, behauptet Jesaja, ein Beamter, dessen Verlautbarungen zunehmend prophetischer Natur sind. Riesige Güter entstehen und Großgrundbesitzer kaufen das Land kleinerer Landbesitzer auf, um landwirtschaftliche Großbetriebe zu gründen, wodurch das normale Landvolk zu Pächtern auf dem ehemals eigenen Land wird. Die Wehrlosesten wie zum Beispiel Witwen erhalten nur wenig Unterstützung, fügt er hinzu.

Außerdem stellen Freidenker traditionelle Werte und Moralvorstellungen in Frage. Was früher für falsch gehalten wurde, unterliegt keiner Zensur mehr und die strenge Disziplin der überlieferten Weisheit und Religion wird gegen einen Hedonismus ausgetauscht, nach dem Motto: »Erlaubt ist, was Spaß macht.«

Jesaja, ein aufrichtiger Anhänger Jahwes, kritisiert den privaten religiösen Formalismus, der keine öffentliche Rechtschaffenheit mehr zur Grundlage hat. Gott hasst die Feiern und Feste, für ihn sind die nur pro forma geleisteten Opfer bedeutungslos und er erhört die Gebete der Menschen nicht, sagt Jesaja. Wie Israel ist auch Juda wie ein Weinberg, der zwar von seinem Besitzer gut gepflegt wurde, aber trotzdem nur ungenießbare Früchte hervorbringt.

Am Ende wird Jahwe ihn umpflügen und ihn von den »wilden Tieren« anderer Nationen zu einem Ödland niedertrampeln lassen, auf dem nur noch Dornensträucher wachsen. An diesem »Tag Jahwes« werden die Menschen in den Höhlen Schutz vor den Invasoren suchen.

Aber wie seine Zeitgenossen Amos und Hosea lässt auch Jesaja noch etwas Hoffnung durch seine düsteren Vorhersagen schimmern. »Lasst uns reden«, zitiert er Jahwe, »obwohl deine Sünden so rot wie das Blut der Unschuldigen sind, das du vergossen hast, kannst du noch rein wie weißer Schnee werden.« Er sieht eine Zeit, in der die Länder nach Jerusalem strömen werden, um Gottes Wort zu suchen. Und er behauptet, dass aus der königlichen Linie ein »rechtschaffener Zweig« hervorgehen wird, der Juda von seinen Sünden reinigen und das Gute ins Land zurückbringen wird.

Jesaja erklärt, dass seine prophetische Karriere durch eine Vision von Ehrfurcht gebietender Heiligkeit begann. Er sah Gott »hoch und erhaben« in einem mit Rauch gefüllten Tempel, umgeben von be-

Frauen mit fein bestickter Kleidung holen Wasser aus einem Brunnen. Gezeichnet nach einer 1850 in Palästina beobachteten Szene.

tenden Himmelswesen. Überwältigt von einem Gefühl seiner eigenen Unzulänglichkeit spürte er, wie seine Lippen symbolisch von dem Feuer von Jahwes Gegenwart berührt wurden, das ihn von seinen Sünden reinigte, so dass er das ihm von Gott eingegebene Wort verkünden konnte.

(Jesaja 1-6; 8)

Prinzessin verbrannt

Salamis, Zypern, 750 v. Chr.

Eine griechische Prinzessin, die in eine reiche Familie aus Salamis eingeheiratet hatte, ist gemäß griechischer Tradition eingeäschert worden. Ihre Überreste wurden in einem der königlichen Gräber der Nekropolis bestattet, zusammen mit vielen zypriotischen und griechischen Töpferwaren, darunter ein Service aus Tellern und Schalen. Ihr verbranntes Skelett trägt eine Kette aus Gold- und Bergkristallperlen.

Manchmal werden Pferde vor der Grabkammer geopfert, die mit Riemen, Scheuklappen, Brustpanzern und Verzierungen aus Bronze geschmückt sind. Einige der führenden Persönlichkeiten lassen bei ihrer Beerdigung auch ihre Sklaven opfern, damit diese sie auch im nächsten Leben bedienen. In einem Königsgrab steht ein Thron aus Elfenbein und Gold, der wahrscheinlich in einer nordsyrischen Werkstatt gefertigt wurde.

Die einzigartigen Königsgräber haben eine kleine Kammer mit einem flachen Dach, eine Fassade aus großen, eckigen Steinen und einen Sims am oberen Rand. Das einfache Volk wird dagegen in schlichten, in Felsen gehauenen Gräbern in einem anderen Teil der Nekropole beigesetzt. Ein Scheiterhaufen aus zerbrochenen Vasen, Schmuckimitationen aus Ton und einige verkohlte Samen und Früchte wird der Leiche beigegeben. Es ist üblich, den Göttern bei einer Beerdigung die Erstlingsfrüchte zu opfern.

Schafhirten zieht es zum Tiber

Rom, ca. 750 v. Chr.

Latinische Schafhirten und Farmer haben in Italien neue Siedlungen an den Ufern des Tiber gegründet. Die Latiner, die in der Ebene von Latium leben, haben bereits einige Siedlungen auf den Hügeln am Tiber, der dort ein S-förmiges, zwischen 800 und 1600 Meter breites Tal bildet.

Klippenartige Hügel und ebene Vorsprünge bilden die Talränder und bieten den dort lebenden kleinen Gemeinschaften natürlichen Schutz. An einem Punkt ist der Tiber flach und gibt eine Furt frei, die die Hauptroute der Latiner über den Fluss ist. Die Mündung des Tiber verschlammt leicht und versperrt den Zugang zum Meer. Die neue Siedlung heißt Rom.

Macht für Geld

Samaria, 743 v. Chr.

Mit Geld kann man keine Liebe kaufen, aber Israels König Menahem glaubt, dass er damit Macht kaufen kann. Er hat gerade einen Handel mit Assyriens Tiglat-Pileser III. über 34 Tonnen Silber abgeschlossen. Es wurde als eine 50-Silberstücke-Steuer von allen vermögenden Einwohnern eingezogen.

Assyrische Quellen berichten, dass Menahem außerdem große Mengen gefärbter Woll- und Leinenstoffe als Teil des Handels übergeben hat. Syrische und phönizische Herrscher haben ebenfalls hohe Steuern entrichtet. Menahem, Israels 16. König seit der Abspaltung des Landes von Juda vor 200 Jahren, war vor seiner Machtübernahme ein Garnisonskommandant in Tirza. Er tötete Schallum, der nur einen Monat lang König gewesen war und zuvor Jerobeams Sohn und Erben Secharja ermordet hatte.

Der neue König unternahm sofort einen blutigen Plünderungszug durch Tifsach, ca. 16 km südöstlich von Samaria. Die Stadt hatte sich geweigert, ihn als König anzuerkennen. Die Plünderung war seine Rache – ein besonderer Befehl lautete, alle schwangeren Frauen zu erdolchen.

Solche Maßnahmen haben ihn bei den Israeliten nicht beliebt gemacht und seine Allianz mit Assyrien lässt vermuten, dass die interne Bedrohung durch rivalisierende Gruppen zunimmt. Es heißt, dass der Armeekommandant Pekach große Unterstützung für ein Bündnis mit Damaskus gegen die Assyrer findet. Der Prophet Hosea hat unverblümt erklärt, dass die Allianz mit Assyrien Israel nicht vor Jahwes Zorn über die religiöse Abtrünnigkeit des Landes retten kann.

(2. Könige 15,1-22; Hosea 5,13; 8,9)

Die Legende von Romulus und Remus, die als Säuglinge von einer Wölfin gerettet und gesäugt wurden, scheint erst später entstanden zu sein. Nach der Legende haben sie Rom an der Stelle gegründet, an der sie von der Wölfin aufgezogen wurden; dieses Symbol wurde zum Wahrzeichen Roms.

»Schieb nicht alles auf die Götter!«

Griechenland, 750 v. Chr.

In ganz Griechenland wird die Poesie des blinden Heldensängers Homer rezitiert. In seinem Werk spielen sich menschliche Taten und Gefühle vor dem Hintergrund göttlicher Werke ab. Der Dichter glaubt, dass die Geschichte allein in den Händen der Götter liegt.

Die Odyssee erzählt von Odysseus, dem tapferen und weisen König von Ithaka, und seiner Heimfahrt zu der Insel während des Trojanischen Krieges. Auf dieser Reise hat er Liebesverhältnisse mit der Nymphe Kalypso

Teil eines Frieses aus dem Parthenon

Ausschnitt aus einer griechischen Vase mit Szenen aus der Ilias. Herakles besiegt den Höllenhund Zerberus.

Homer glaubt aber auch, dass die Menschen ihr Leid selbst verursachen. In einem der ihm zugeschriebenen Werke, der Odyssee, sagt Zeus: »Wie dumm die Menschen sind! Wie ungerechtfertigt sind ihre Anschuldigungen den Göttern gegenüber! Es ist ihr Schicksal zu leiden, aber durch ihre eigene Dummheit vergrößern sie das ihnen vorbestimmte Leid.«

und der Zauberin Kirke (die seine Gefährten in Schweine verwandelte). Er ruft berühmte Tote aus der Unterwelt und begegnet Ungeheuern wie dem einäugigen Zyklopen und dem Matrosen fressenden Seeungeheuer Skylla in der Nähe des Strudels Charybdis. Zu Hause angekommen erschlägt er die Freier seiner Frau Penelope.

Das andere bedeutende Werk Homers ist die Ilias, in deren Mittelpunkt der Zorn und die Rache des griechischen Helden Achilles während des Trojanischen Krieges stehen, die durch die Entführung seiner Geliebten Brisëis durch Agamemnon, dem Oberkommandierenden der griechischen Streitkräfte, geweckt werden. Während Achilles in seinem Zelt ist, treiben die Trojaner und Hektor die Griechen zurück zu ihren Schiffen. Achilles' Freund Patroklos fällt in der Schlacht. Der gramgebeugte Achill tötet Hektor vor den Mauern Trojas. Homer könnte von der ägäischen Insel Chios stammen. Er entstammt der Klasse der staatlichen Arbeiter, zu denen auch die Dichter gehören. Seine Werke sind nicht niedergeschrieben, sondern werden mündlich weitergegeben.

KURZMELDUNGEN
ca. 750–740 v. Chr.

Steinmenschen (750 v. Chr.): Ein obskures Volk lebt isoliert im Nordwesten Italiens (Ligurien). Sie stellen Menhire in Form von menschlichen Statuen her. Niemand vermag zu sagen, wozu sie gut sind, aber es ist eine Praxis, die schon vor 2000 Jahren in anderen Kulturen verbreitet war.

Neue Märkte I (750 v. Chr.): Die Phönizier haben an der Küste Sardiniens eine Reihe von Handelsstützpunkten errichtet. Sie wurden dazu durch den zunehmenden Wohlstand der Insel veranlasst, die reiche Mineralvorkommen hat. Wie schon seit 1500 Jahren bauen die Sarden immer noch Steintürme (Nuragen), die immer kunstvoller werden. An die alten Bauten werden neue Räume angebaut.

Neue Märkte II (750 v. Chr.): Der Einfluss der Phönizier auf Zypern, wo sie einige Kupferminen unterhalten, nimmt ständig zu. Sie exportieren Kupfer und andere Güter von Zypern in die Ägäis und auf die Dodekanes. Auch fällen sie Bäume für den Schiffsbau. Es gibt Berichte, nach denen phönizische Parfümhersteller auf den Dodekanes arbeiten und Parfümflakons nach phönizischen Mustern von den einheimischen Töpfern herstellen lassen.

Bronze-Kultur (750 v. Chr.): In Italien entsteht eine neue Kultur. Das Volk von Este lebt im Veneto, nordwestlich des Po, und sie sprechen ihre eigene Sprache, das Venetisch. Sie stellen bronzene Eimer her, in denen Wein aufbewahrt wird und die »Situlae« genannt werden. Wie die meisten ihrer Bronzearbeiten sind auch diese mit Alltagsszenen verziert

Tagesschau (745 v. Chr.): Seit der Thronbesteigung von König Nabunasir führen die Babylonier genaue Aufzeichnungen und Tagebücher. Sie werden hauptsächlich auf mit Scharnieren verbundenen, mit Bienenwachs überzogenen Tafeln niedergeschrieben und enthalten auch monatliche astronomische Beobachtungen, Preise, Wasserstände und Wetterberichte.

Mit Pul ist nicht zu spaßen

Jerusalem, 732 v. Chr.

Nach Monaten des Blutvergießens scheint Assyrien nun Syrien, Israel und Juda sowie die benachbarten Regionen Edom und das Philisterland zu beherrschen.

Tiglat-Pileser III., der oft auch Pul genannt wird, hat die aramäische Hauptstadt Damaskus zerstört, dessen König Rezin getötet und es zu einer Provinz des Reiches gemacht. Er beherrscht auch eine Reihe israelitischer Städte, hat Aramäer und Israeliten deportiert und Juda eine hohe Tributsteuer auferlegt.

Pul hat deutlich gemacht, dass jede weitere Zurückweisung assyrischer Autorität streng geahndet wird. Dies wird auch von Jesaja behauptet, einem Propheten Jahwes am Hof in Je-

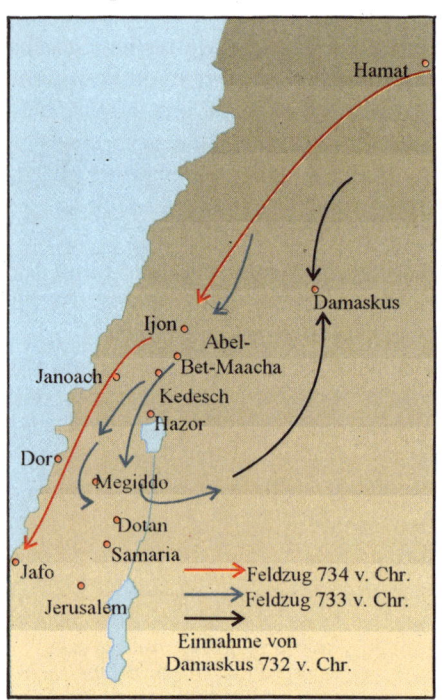

Die ersten beiden Feldzüge Assyriens

rusalem, der die völlige Zerstörung des südlichen Königreiches vorhersagt, falls König Ahas seine gegenwärtige Politik fortführt.

Der Konflikt begann mit einer Allianz zwischen Rezin und König Pekach von Israel, die Juda zur Unterstützung ihres Widerstandes gegen Assyrien zwingen wollten. Der bereits durch Grenzgefechte mit Edom und den Philistern geschwächte Ahas rief Assyrien zur Hilfe. Diese wurde

auch prompt gewährt, aber der Preis war hoch: Juda ist nun ein Vasallenstaat; Pul ist ein Steuereintreiber, kein Wohltäter.

Zum Glück für Juda zeigte sich Pekach barmherzig. Nachdem er viele Judäer getötet und andere als Kriegsgefangene genommen hatte, wurde er von Oded, einem anderen Propheten Jahwes, getadelt und aufgefordert, seine Ehrerbietung für Gott zu zeigen und seine Landsmänner unversehrt zurückzuschicken.

Dies zeugte von einer außergewöhnlichen Umkehrung der Verhältnisse. Propheten wie Hosea zufolge hat Jahwe seine Zuneigung von Israel auf Juda übertragen und das nördliche Königreich zur Vernichtung verdammt. Dabei ist Ahas von Juda weit davon entfernt, Jahwe als ausschließlichen Gott zu verehren.

In einer wortgewandten Darlegung versicherte Jesaja Ahas, dass die syrisch-israelitische Koalition ihm nicht schaden würde, solange er »am Glauben festhält« und keine militärischen oder politischen Gegenmaßnahmen ergreift. Der Prophet warnte auch davor, dass eine Verbindung mit Assyrien nur weitere Probleme bringen würde. Er gab Ahas die Möglichkeit, Gott um ein Zeichen der Bestätigung zu bitten, was der König aber ablehnte.

Das Zeichen geschah trotzdem und Jesajas jungfräuliche Braut empfing und gebar einen Sohn. Es handelt sich aber eher um ein Ereignis, das man doppeldeutig interpretieren kann, da der Spitzname des Kindes, »Immanuel« (»Gott mit uns«), Jah-

Der letzte Feldzug war eine schnelle Angelegenheit: Ein hektischer Krieg an vielen Fronten brach aus, bevor Assyrien zuletzt Juda besiegte.

wes Gegenwart sowohl als Segen als auch als Strafe bedeuten könnte.

Jesaja sagte auch vorher, dass Assyrien Juda demütigen und verwüsten würde. Die Menschen würden ihre Köpfe aus Kummer kahl scheren und sich von Quark und Honig, dem Armeleuteessen, ernähren, womit er der uralten Beschreibung des Landes, in dem »Milch und Honig fließen«, eine ironische Wendung verliehen hat.

Ahas, der Jahwes Tempel geschlossen und in den Straßen Altäre anderer Götter errichtet hatte, wollte davon nichts wissen. Es ist unwahrscheinlich, dass der unbarmherzige König, der bereits seinen eigenen Sohn auf der Müllkippe des Hinnom-Tales den Göttern geopfert hat, seine Waffen gegen eine Gebetsmatte tauschen wird. Seine letzte größere religiöse Tat war es, eine Nachbildung eines Altares zu errichten, der ihm in Damaskus aufgefallen war.

(2. Könige 15,27-16,18; 2. Chronik 28; Jesaja 7; vgl. Jesaja 17; Hosea 1,6.7)

Assyrische Krieger nach der Schlacht mit einem erbeuteten Streitwagen

Schnelle Post und prächtiger Palast

Assyrien hat ein neues Kommunikationsnetz: Poststationen findet man im gesamten Reich und die regelmäßigen Berichte der Provinzgouverneure werden auf diese Weise an den König befördert. Dieser hat auch Repräsentanten in den Vasallenstaaten ernannt, um den assyrischen Handel und die außenpolitischen Interessen des Landes zu schützen.

Vasallenstaaten wie Juda erhalten Schutz und Unterstützung von Assyrien und behalten sogar einen Teil ihrer Unabhängigkeit, solange sie ihre Tributsteuern zahlen und die assyrische Führung anerkennen. Zu den dankbaren Vasallen gehört seit kurzem auch der syrische König von Samal, 112 km nordwestlich von Aleppo, für den Tiglat-Pileser einen Aufstand niedergeschlagen, die Opposition vernichtet und dessen Vater wieder in seine frühere Machtposition erhoben hat.

Innenpolitisch hat Tiglat-Pileser verordnet, dass Assyrien von einer von ihm ernannten Beamtenhierarchie regiert wird, die ihm gegenüber verantwortlich ist. Königliche Inspektoren reisen durch die Provinzen und überprüfen deren Leistung.

Tiglat-Pileser hat die assyrisch-babylonische Grenze bis an ihren äußersten südlichen Punkt verschoben, vom Zagrosgebirge den Diyala entlang bis an den Tigris. In einem anderen wichtigen Sieg hat Assyrien Urartus Vasallenstaat Ullubu nördlich von Ninive besiegt. 29 Städte werden nun von Assyrien beherrscht, deren Bewohner in anderen Teilen des Reiches angesiedelt wurden.

Weiter westlich hat Assyrien nach zwei Jahren und wiederholten Belagerungen den südwestlich von Karkemisch liegenden Staat Arpad besiegt. Arpad, der wichtige Handelsstraßen an das Mittelmeer kontrolliert, dient als Stützpunkt für den Kontakt mit den früheren Vasallenstaaten, die der Damaskus-Koalition beigetreten sind.

Der König dieser Kultur, die sich wie ein Buschfeuer im Nahen Osten verbreitet, gilt beinahe als Gott. Er ist viel unnahbarer als die Könige anderer Staaten. So werden den Besuchern die Augen verbunden, ehe sie ihm gegenübertreten dürfen.

Jeder Unterhof der königlichen assyrischen Familie hat sein eigenes Personal. Die Gesellschaft selbst ist in drei Klassen unterteilt: Bürger mit vollen Rechten, Sklaven ohne jede Rechte und die untere Mittelklasse (einschließlich der einheimischen Bauern), die unter der Aufsicht eines

Assyrische Steinskulptur: Elamitische Musiker feiern König Assurbanipals Eroberung der Stadt Madaktu.

Herrn steht, aber noch über einige persönliche Rechte verfügt und Land erwerben kann.

Die wohlhabenderen Familien leben in großen Häusern aus Lehmziegeln, von denen einige bis zu zwölf Zimmer und ein Obergeschoss haben. Sie werden über einen Hof betreten, der mit Lagerräumen gesäumt ist. Einige haben Toiletten, die an ein Abwassersystem aus Ziegel- oder Tonleitungen angeschlossen sind.

Die Landwirtschaft ist der Hauptwirtschaftszweig. Kühe, Schafe, Ziegen und Geflügel werden gezüchtet und Korn und Trauben werden sowohl für den Eigenbedarf als auch für den Export angebaut. Maultiere, Esel und Pferde ermöglichen den Über-

landtransport, während kleine Schilfruderboote und Flöße aus einem auf aufgeblasenen Schaf- und Ziegenleder ruhenden Holzrahmen Güter über die Flüsse transportieren.

Frauen, die das Haus verlassen, sind in der Regel verschleiert, tragen knöchellange Gewänder und haben ihr Haar zu Zöpfen geflochten. Prostituierte dagegen dürfen Lederjacken tragen und ihre Haare kräuseln. Die bärtigen und langhaarigen Männer tragen einen knielangen Kittel.

Die Assyrer verehren eine Reihe von Göttern. Dazu gehören der Staatsgott Assur, Ischtar (zuständig für Sex und Krieg), Samach, der Sonnengott; Adad, der Wettergott, und Nergal, der Gott der Unterwelt. Jeder gilt als Verkörperung eines einheitlichen göttlichen Wesens. Es gibt auch übernatürliche Kräfte, die Einfluss auf die menschlichen Angelegenheiten nehmen, und Dämonen, die Unschuldige angreifen und schädigen können.

Die irdische Heimat der Götter sind die Tempel, die normalerweise die Form eines Stufenturms haben. Die Abbilder werden täglich versorgt und gekleidet und es gibt Zeremonien, die von einer Vielzahl von Tempelbediensteten durchgeführt werden, von Priestern und Musikern bis hin zu Wahrsagern und Exorzisten. Die Astrologie spielt auch eine wichtige Rolle. Sie interpretiert die Bewegung der Planeten und das Wetter als gute oder schlechte Zeichen für die Zukunft. In der assyrischen Kunst werden die Menschen oft mit riesigen Augen dargestellt, die ihr Staunen über die Götter zeigen.

Das Land mit seinen Vasallenstaaten wird von einer gut organisierten Armee kontrolliert, die auch Reservisten einberufen kann. Durch Streitwagen und Karren ist sie schnell und mobil und der militärische Geheimdienst hat Spione im ganzen Reich.

ca. 740-730 v. Chr.

Frauen im Gottesdienst belästigt?

Griechenland, 735 v. Chr.

Auf der Peloponnes im Süden Griechenlands ist Krieg ausgebrochen. Berichten zufolge hat Sparta das im Westen liegende Messenien angegriffen. Die Spartaner behaupten, dass einige ihrer jungen Frauen während der Anbetung vor einem Heiligtum von Messeniern belästigt wurden. Als der König von Sparta eingriff, wurde er von den Messeniern getötet. Die Messenier behaupten, dass der König von Sparta zu einer List gegriffen habe: Einige Jungen hätten sich als Mädchen verkleidet, um so eine gute Ausgangsposition im Kampf gegen die Messenier zu gewinnen.

Unparteiische Beobachter meinen, dass der eigentliche Grund für den Krieg das fruchtbare Land der Messenier ist. Wie auch immer, es wird keine leichte Schlacht werden. Die Messenier haben eine starke Verteidigungsposition bezogen, die für die Spartaner schwer einzunehmen sein wird.

Dieser Streit zwischen den benachbarten Städten ist typisch für die Situation in ganz Griechenland, dessen Bevölkerung wächst und dessen Städte überquellen. Eine Folge davon ist, dass die ärmeren Stadtbewohner feststellen, dass sich das beste Land in den Händen des Adels befindet, und auf der Suche nach eigenem Land wegziehen. Sie gründen kleine, außerhalb liegende Dörfer und nabeln sich nach und nach vom Stadtleben ab. Sie werden »Perioikoi« (»Umwohner«) und weniger höflich auch »Schaffellträger« oder »Staubfüße« genannt – sie können sich die schicke, gewebte Kleidung der Stadtbewohner nicht leisten. Einige der Dörfer bitten die Städte um Schutz, so dass die mächtigen Siedlungen einen Ring von abhängigen und daher treuen Verbündeten erhalten. Einige benachbarte Gemeinden gründen Bündnisse zur Gewährung von Sicherheit und Schutz ihrer Region.

Der Adel wird immer mächtiger und der Abstand zwischen Arm und Reich immer größer. Eine Stadt wird durch einen Rat »bedeutender Männer« regiert, dessen Mitglieder auf Lebenszeit ernannt werden können, sowie einer Heeresversammlung, die über die Entscheidungen des Rates abstimmt.

Eine weitere Folge des Wachstums ist die Gründung von Kolonien im Ausland. Griechen aus der Stadt Chalkis in Euböa haben Naxos auf Sizilien gegründet. Sie wird zwar von dem Rest der Insel durch unwegsames Gelände getrennt, aber die

Diese griechische Statue (um 700 v. Chr.) zeigt deutlichen ägyptischen Einfluss. Der später so markante griechische Stil ist noch nicht zu erkennen.

Griechen sind in Richtung Ätna vorgerückt und haben eine weitere Kolonie mit Namen Leontini errichtet.

Lebensmittelgenossenschaft

Griechenland, 740 v. Chr.

In Kreta, Sparta und Karthago nehmen die Gemeinden ihre Mahlzeiten im Rahmen einer Einrichtung namens Syssitia gemeinsam ein. In Sparta wird sie durch einen festgelegten Betrag eines jeden Bürgers finanziert; säumige Zahlende verlieren ihre Beteiligung an der Regierung.

In Kreta gibt es einen gemeinsamen Fonds. Von den auf öffentlichen Ländereien produzierten Ernten und den Rindern sowie von den von der Unterklasse gezahlten Abgaben wird ein Teil für die Götteranbetung und die Aufrechterhaltung der öffentlichen Dienstleistungen verwendet, der andere Teil ist für die Syssitia bestimmt. In vielen Städten muss jeder außerdem den Zehnten seiner Ernte in diesen Fonds einbringen und auch die Leibeigenen zahlen eine Abgabe. Deren Abgaben sind jedoch nicht hoch, so dass es nicht oft zu Aufständen der Leibeigenen kommt.

Die Amazonen, eine Rasse Furcht erregender Kriegerinnen, sind zur Legende geworden. Wie viel davon beruht auf Realität und wie viel auf Kriegerlatein? Diese Vase zeigt Achilles, wie er die Amazonenkönigin Penthesilea tötet (540 v. Chr.).

168

Einsames Ende einer langen Herrschaft

Jerusalem, 740 v. Chr.

Judas bislang am längsten herrschender und beliebter Monarch Usija (Asarja) ist nach 52-jähriger Herrschaft gestorben. Unter seiner Führung ist die Macht und der Wohlstand des winzigen Staates gewachsen und er hat die Philister, die Ammoniter und einige edomitische und arabische Stämme unterworfen.

Usija verstärkte die Befestigungen Jerusalems und errichtete neue Grenzfestungen in der Wüste im Süden. Er vergrößerte die Armee und rüstete sie mit modernen Waffen und Verteidigungsmaschinerien aus. Außerdem hat er Judas Landwirtschafts- und Bewässerungssystem ausgebaut. Aber seine Herrschaft, die er am Anfang mit seinem Vater Amazja und am Ende mit seinem Sohn Jotam teilte, war durch eine schwere Hautkrankheit getrübt, die ihn zu einem abgeschiedenen Leben zwang und ihn von den Tempelgottesdiensten ausschloss.

Man geht davon aus, dass die Krankheit ausgebrochen ist, nachdem er die Befugnisse der Tempelpriester widerrechtlich an sich gerissen und Jahwe Rauchopfer dargebracht hatte. Er ist nicht der erste König Judas, der feststellen muss, dass weltliche Macht kein göttliches Recht zur Ausübung eines geistlichen Amtes darstellt.

(2. Könige 15,1-7; 2. Chronik 26)

Alten Feind besiegt

Das Hügelland von Ammon sind dieselben Hügel, die heute Amman, die Hauptstadt Jordaniens, umgeben.

Jerusalem, 740-735 v. Chr.

Der einst mächtige Wüstenstamm Ammon wurde von seinem Nachbarn Juda geschlagen. Nach einer Reihe von Angriffen hat König Jotam von Juda die Ammoniter unterworfen und 10000 Eselsladungen Korn und mehr als drei Tonnen Silber eingetrieben.

Die Ammoniter leben östlich des Jordans noch hinter Gilead in dem Gebiet der israelitischen Stämme Gad und Manasse. Weder Juda noch Israel haben die Ammoniter je vollständig unterwerfen können, obwohl sie ihnen schon immer ein Dorn im Auge waren. Sie sind die Nachfahren von Abrahams Neffen Lot.

Vor seiner alleinigen Machtübernahme hat Jotam zehn Jahre lang zusammen mit seinem Vater Usija regiert. Mit seinem Vater hat er auch seinen Glauben an Jahwe als einzigen Gott gemein und er hat die Wiederaufbauarbeiten in Jerusalem und am Tempel fortgesetzt. Außerdem hat er die südlichen Landesgrenzen von Juda verstärkt.

(2. Könige 15,32-38; 2. Chronik 27)

KURZMELDUNGEN ca. 740-730 v. Chr.

Nicht für Blumen (740 v.Chr.): Künstler in Athen zeichnen Szenen des Lebens und des Todes auf riesige Vasen, von denen einige eineinhalb Meter hoch sind. Motive sind Kriegsschiffe mit vielen Rudern, speerwerfende oder im Meer ertrinkende Männer, oder Beerdigungen mit Trauernden, die sich die Haare ausreißen und auf die Brust schlagen. Die Vasen dienen als Denkmäler auf den Gräbern reicher Leute. Manchmal haben sie ein Loch im Boden, so dass Getränke hindurch in die Erde fließen und den Durst des Toten löschen können.

Neue Heimat (733 v.Chr.): Korfu, eine Insel zwischen Griechenland und Italien, wurde von Bewohnern der Stadt Eretria, die vor dem Krieg in Griechenland geflohen sind, kolonisiert. Andere sind nach Syrakus an der Ostküste Siziliens gezogen.

Ohne Geld läuft nichts (732 v.Chr.): Assyriens Tiglat-Pileser III. hat Hoschea als König von Israel anerkannt. Hoschea hat eine gegen Pekach opponierende Gruppe angeführt, den früheren König getötet und assyrischen Quellen zufolge eine große Summe an Tiglat-Pileser gezahlt, damit er den Thron halten darf. (2. Könige 15,30)

Glotzaugen (725 v.Chr.): Künstler aus Amyklai/Griechenland haben ein Tonfigurenpaar hergestellt. Eine Figur stellt einen glattrasierten Soldaten mit einem kegelförmigen Helm dar, die andere eine Frau mit Ohrringen und einer Kappe. Beide haben aufgerissene, starrende Augen und spitze Nasen und sollen im Profil betrachtet werden. Ihre Augen, Haare, die Ohrringe und die Kappe sind angemalt.

Assyrien erobert Babylon

Babylonien, 729 v. Chr.

Zum ersten Mal seit 400 Jahren wurde einem assyrischen König der Titel eines Königs von Babylonien verliehen. Tiglat-Pileser nahm bei dem Neujahrsfest in Babylon (dem traditionellen Tag der Thronbesteigung) die Hand des Gottes Marduk und wurde von der Priesterschaft vor der Darbringung von Opfergaben formal als König und Vertreter der Götter anerkannt.

Tiglat-Pileser herrscht nun über ein assyrisches Reich, das sich vom Persischen Golf bis an die Grenzen zu Ägypten, durch Nordsyrien bis nach Zilizien und Anatolien und der Küste Kanaans entlang nach Süden bis zum Land der Philister erstreckt.

Drei Jahre haben die Assyrer gebraucht, um Babylonien von den Chaldäern zurückzuerobern. Bei der Einnahme von Babylon wurde König Ukinezer von der assyrischen Armee in seine eigene Hauptstadt im südlichen Babylonien vertrieben, wobei sie sowohl seine als auch chaldäische Gebiete verwüstete.

Das Gebiet von Merodach-Baladan, der verdeckt für Assyrien gearbeitet hatte, wurde verschont, ebenso wie die Gebiete von anderen chaldäischen Fürsten, die mit Assyrien einen Handel abgeschlossen hatten.

Tiglat-Pileser III., König von Assyrien (744-727 v. Chr.), im Triumphritt auf einem Streitwagen; aus Nimrud

Hauptstadt Israels fällt – Tausende deportiert

Samaria, 721 v. Chr.

Es war nur eine Frage der Zeit, aber wie lange die Belagerung dauern würde, bevor die assyrische Armee Samaria endlich einnehmen konnte, wusste niemand vorherzusagen.

Vor drei Jahren war der neue Herrscher Assyriens Salmanassar V. gegen Samaria ausgezogen, das nach dem Tod seines Vorgängers Tiglat-Pileser die Zahlung der Tributsteuer eingestellt hatte. Israels Marionettenkönig Hoschea hatte auch ein geheimes Abkommen mit Ägypten gegen Assyrien geschlossen, wofür er von Salmanassar eingesperrt wurde.

Aber die Mauern der gut befestigten Stadt in der Mitte Israels widerstanden (so schien es zunächst) jedem Angriff und es gab genügend Wasser- und Lebensmittelvorräte für die Bevölkerung.

Nach dem plötzlichen und rätselhaften Tod von Salmanassar, der wahrscheinlich dem Schwert eines Attentäters zum Opfer gefallen ist, hat sein Nachfolger Sargon II. einen erneuten Angriff gegen die königlose Stadt geführt.

Als sie schließlich fiel, führte er 27300 Samariter in einem Zwangsmarsch in verschiedene assyrische Städte. Jetzt ist er dabei, die Stadt mit anderen eroberten Völkern neu zu besiedeln.

Der Fall von Samaria war von den Propheten Jahwes lange vorhergesagt worden. Für sie ist er ein Zeichen für Jahwes endgültige Abwendung von zehn der zwölf Stämme Israels, die sich vor 500 Jahren in Kanaan ansiedelten. Die anderen beiden bei Jerusalem lebenden Stämme sind nicht weniger gefährdet und dies nicht nur wegen der Prophetenwarnungen.

(2. Könige 17)

Scheinblüte für Pflanzensammler

Babylonien, 721 v. Chr.

Merodach-Baladan, der einst mit Assyrien kollaborierte, exotische Pflanzen sammelt und ein astronomisches Observatorium gebaut hat, hat den Thron Babyloniens an sich gerissen. Er behauptet, der Nachfahre eines früheren, selbst ernannten Königs zu sein, so dass ihm der Thron rechtmäßig zustehe.

Sargon II. rückte schnell ein, wurde aber bei Der von den Elamitern aufgehalten, einem starken Stamm aus dem südwestlichen Iran, der Merodach-Baladan unterstützte. Sargon kehrte nach Hause zurück und behauptete, dass er »die Truppen von Humbanigasch, dem König von Elam, vernichtet« und sich entschlossen hätte, sich den aufsässigen König ein anderes Mal vorzunehmen.

Merodach-Baladan sieht sich selbst als Babyloniens Retter, durch den der Gott Marduk seine Feinde besiegen wird. Gemäß der Vorhersage des Propheten Jesaja aus Juda wird seine Macht jedoch bald vergehen. Babylonien wird weiterhin von anderen Nationen überrannt und nach seiner kurzen Blüte die Heimat von Schakalen und Hyänen werden.

(Jesaja 13)

Starker Mann eint zersplittertes Land

Ägypten, 725-720 v. Chr.

Ägypten hat wieder einen einzigen König, obwohl das Volk ihn wahrscheinlich nicht gewählt hätte. Vier rivalisierende Monarchen haben sich Pianchi, dem König von Nubien (Kusch), nach einer Schlacht bei Herakleopolis nacheinander ergeben.

Das südlich von Assuan liegende Nubien erhielt seine Unabhängigkeit von Ägypten, als es vor einigen Jahrhunderten seine eigene Hauptstadt bei Napata gründete. Pianchi ist ein Anhänger des Gottes Amun und glaubt, dass seine Herrschaft über Ägypten ein Geschenk von ihm ist. Auf seinem Triumphmarsch nach Norden machte er in Theben Station, um das Fest von Opet zu feiern, bei dem die Figur von Amun von Karnak zum Tempel in Luxor getragen wird.

Pianchi, der Nubien seit 20 Jahren regiert, hat den ägyptischen Königen gegenüber Milde gezeigt und sie als Gouverneure über ihre Gebiete eingesetzt. Ein Bericht seines Sieges wurde in eine 180 cm hohe Siegessäule geschrieben, auf der Amun zu sehen ist, der beifällig beobachtet, wie Pianchi die vier Könige empfängt.

Er scheint jedoch nicht die Zustimmung Jahwes zu haben. Judas Prophet Jesaja hat vorhergesagt, dass die großen, glatthäutigen Nubier Gott in Jerusal und em ihren Tribut zollen werden.

(Jesaja 18 und 19)

Ein nubisches Dorf bei Assuan; im Vordergrund der Nil

Schafsteuer für gebeutelte Region

Schafe und Ziegen grasen im Hügelland bei Beerscheba.

Jerusalem, 715-712 v. Chr.

Die wohlhabenden Woll- und Hammelfleischproduzenten von Moab finden zwar zunehmend Abnehmer für ihre Tiere, doch wird genau das ihnen ihr Geschäft ruinieren. Nach mehreren Angriffen im Verlauf vieler Jahre hat Assyrien das Hügelland östlich des Jordan erobert, mehrere Städte am Arnon zerstört und die Bevölkerung besteuert. Der exorbitante Steuersatz wird in Schafen berechnet.

Die Region befindet sich in Aufruhr und bekümmerte Menschen werden aus ihren Häusern vertrieben wie »aus dem Nest gestoßene flatternde Vögel«, so Jesaja aus dem benachbarten Juda. Jesajas Rat lautet, dass das verwüstete Land, das Israel und Juda in der Vergangenheit oft unterdrückt hat, als Zeichen der Reue Schafe als Tribut an Jahwe nach Jerusalem schicken sollte, wie es dies schon einmal unter Israels König Ahab getan hat. Die Niederlage ist ein weiteres Zeichen dafür, dass Gott den menschlichen Stolz wie eine Seifenblase zerplatzen lassen kann.

(Jesaja 15 und 16)

Priester als Löwenbändiger

Samaria, 715 v. Chr.

Löwenrudel, die aus dem Jordantal in das ehemalige Gebiet Israels eingefallen sind, haben wiederholt Menschen getötet. Aus diesem Grund kann ein Priester unerwartet aus einem assyrischen Flüchtlingslager nach Hause zurückkehren.

Die in diesem Gebiet angesiedelten Menschen glauben, dass die Angriffe auf Jahwe, den Gott der Israeliten, zurückzuführen sind, weil er hier nicht mehr verehrt wird. Daher verlangten sie für die Durchführung der für die Zähmung Gottes und der Löwen notwendigen Rituale einen Priester. Dies wurde bewilligt und der Priester ließ sich in Bethel nieder.

Israel wird mit aus Syrien, Phönizien und anderen Regionen verdrängten Völkern neu besiedelt. Sie haben ihren mitgeführten Göttern Altäre errichtet. Zu ihnen gehört auch Nergal, der assyrische Gott des Krieges, dessen Symbol ironischerweise ein Löwe ist.

(2. Könige 17,24-33)

Ätzende Gesellschaftskritik durch »kleinen« Propheten

Juda, 715 v. Chr.

Bestechung und Korruption in Juda haben dasselbe Ausmaß angenommen wie einst in Israel, und daher wird Jerusalem dasselbe Schicksal erleiden wie Samaria, behauptet der derzeit in dieser Region aktive Prophet Micha.

Richter werden bestochen, damit sie günstige Urteile fällen, und Propheten verteilen positive Vorhersagen an jeden, der sich die hohe Gebühr leisten kann, sagt er. Reiche Landbesitzer drängen kleine Bauern durch Betrügereien aus dem Geschäft.

Micha, der aus dem Dorf Moreschet-Gat im Süden stammt, war drei Jahrzehnte lang für viele eine Art »Schmalspurprophet«, der die Verkündigungen seines besser bekannten und angeseheneren Kollegen Jesaja wiederholte. Er sagte den Fall Samarias immerhin sechs Jahre vor diesem Ereignis voraus.

Er deutet nun an, dass Jerusalem belagert und schließlich von den Babyloniern zerstört werden wird. Zurzeit stehen diese jedoch noch unter Assyriens Herrschaft und seine düsteren Warnungen finden im religiösen Establishment wenig Beachtung.

Menschen, die sich an Jahwe erinnern, sind heute so selten wie nach der Ernte gesammelte Sommerfrüchte, sagt er. Stattdessen verhält sich jeder wie ein unbarmherziger Jäger. Weder Freunden noch engen Verwandten kann man trauen. »Heutzutage ist es weniger gefährlich, durch eine Dornenhecke zu gehen, als sich mit den rücksichtsvollsten Menschen einzulassen«, behauptet Micha.

Aber für diesen Anwalt der Armen und Geißel der Reichen ist nicht alles finster und verloren. Er prophezeit, dass ein Herrscher »der alten Linie« in Bethlehem südöstlich von Jerusalem geboren wird, der »seine Herde zu Jahwe zurückführen wird«.

Einige werden die für ihn unabwendbare Zerstörung Judas überleben, um einen neuen Anfang zu machen. »Ihr

Die Umgebung von Bethlehem sieht teilweise auch heute noch so aus wie vor 2700 Jahren.

werdet nach Babylon gehen; dort werdet ihr gerettet«, verspricht Micha. Diese Überlebenden werden wieder mächtig und einflussreich werden »wie ein Löwe, der eine Schafherde zerreißt«. Dann wird Jerusalem zu einem Weltzentrum für Gottes Wahrheit, in dem Frieden und Wohlstand herrschen.

Offen blieb allerdings, ob die heute in Juda lebenden Menschen diese positive Wendung der Dinge nach Ansicht des Propheten miterleben werden.

(Micha 1-7)

Herz gebrochen

Urartu, 714 v. Chr.

Der König von Urartu starb vor Kummer, nachdem seine Armee durch das spektakuläre Durchhaltevermögen der assyrischen Truppen geschlagen wurde. Sargon II. hatte seine Armee von Kelach aus durch das gefährliche Zagrosgebirge geführt, durch das sich seine Soldaten

Meder bringen Sargon Tributzahlungen.

ihren Weg mit Bronzehacken bahnen mussten.

An einem Pass südlich von Tabriz waren seine erschöpften Truppen bereits 480 km marschiert und meuterten. In einer Alles-oder-nichts-Aktion führte er seine Gardekavallerie in einen Angriff gegen einen Flügel der urartischen Armee. Der überraschte Feind wich zurück und zerstreute sich in den Bergen, wo viele an Kälte und Erschöpfung starben. König Rusa von Urartu verließ seine Hauptstadt Tuschpa und floh in die Berge, wo er angeblich vor Kummer gestorben ist.

Auf ihrem Heimweg plünderten und brannten die Assyrer Städte nieder, setzten die Ernten auf den Feldern in Brand, verwüsteten Weideland, rissen Dämme ein, so dass Kanäle nutzlos in den Sümpfen versiegten. Sie zerstörten volle Kornkammern und fällten und verbrannten Bäume. Bei Musasir in den Bergen beschlagnahmten Sargon und seine Männer Edelmetalle und -steine, mit Gold und Silber ausgelegte Möbel, goldene, silberne und bronzene Gefäße, zeremonielle Waffen, Statuen und Ornamente.

Warnung im Lendenschurz

Aschdod, 711 v. Chr.

Der dreijährige Aufstand des philistäischen Stadtstaates Aschdod gegen Assyrien wurde von Sargon II. niedergeschlagen, der seinem Sieg auf dem Marktplatz ein Denkmal setzte. Sein Triumph war ihm von Judas Prophet Jesaja vorhergesagt worden. Als Symbol für Assyriens vollständigen Sieg über die Verschwörer kam er regelmäßig mit nicht mehr als einem Lendenschurz bekleidet an den Hof.

Sargon II. in stolzer Pose vor seinem Palast, um 610 v. Chr.

Aschdod, das an der Küste ca. 32 km nördlich von Gaza liegt, hatte benachbarte Staaten wie Edom, Moab und Juda aufgefordert, Assyriens vorübergehende Schwäche auszunutzen und keine Tributsteuern mehr an Sargon zu zahlen. Um einen freundlichen Pufferstaat zwischen sich und Assyrien zu halten, hatten die Ägypter den Verschwörern militärische Unterstützung zugesagt.

(Jesaja, 14,28-32; 20,1-6)

Religiöse Erneuerung mit politischen Untertönen

Jerusalem, 715-712 v. Chr.

König Hiskia, der beim Wiederaufbau des von seinen Vorfahren vor mehr als 250 Jahren entworfenen und gebauten Tempels großen religiösen Eifer an den Tag legte, wird aus diesem Grund sowohl mit David als auch mit Salomo verglichen. In der von Salomo vereinten Nation, die von einer umfangreichen Beamtenschaft verwaltet wurde, war der Tempel der Mittelpunkt. Heute ist Hiskias religiöse Erneuerung von zentraler politischer Bedeutung für Juda.

Der König, der 14 Jahre lang den Thron mit seinem Vater geteilt hatte, übernahm nach Ahas' Tod die alleinige Herrschaft. Er schaffte umgehend die Vielgötterei ab und öffnete den Tempel, den Ahas zugesperrt und verriegelt hatte.

Er befahl auch die Vernichtung aller Abbilder und Heiligtümer anderer Götter. Dazu gehörte auch die bronzene Schlange, welche von Mose in der Wüste als ein Zeichen für Jahwes Heilkräfte geschmiedet und inzwischen zu einer verehrten Reliquie geworden war. Die vor allem in Form von Sachwerten für den Unterhalt der Priester entrichteten Religionssteuern werden wieder eingeführt und Lagerräume zu deren Aufbewahrung auf dem Tempelgelände errichtet.

Es wird berichtet, dass Hiskia königliche Maß- und Gewichtsnormen eingeführt und die Brennmeister angewiesen hat, für den Warenhandel einheitliche, mit seinem Siegel versehene Krüge herzustellen. Aber am deutlichsten kommt sein Bestreben, die Nation zu einen, in dem kürzlich abgehaltenen Passafest zum Ausdruck. Einladungen zu diesem Fest wurden von Kurieren bis in die ehemaligen israelitischen Gebiete getragen, in denen trotz der Vernichtungsfeldzüge Sargons immer noch einige Anhänger Jahwes leben.

Die Reaktion entsprach nicht ganz den Erwartungen des Königs. Nur einige Gruppen der Stämme Asser (nördlich des Karmel), Sebulon (zwischen dem Karmel und Galiläa) und Manasse (die Region um Samaria) kamen nach Süden. Das Fest erwies sich als üppig: 1000 Stiere und 7000 Schafe wurden geschlachtet. Wegen Aufräumarbeiten fand es etwas später als üblich statt.

Dem Fest vorangegangen war eine ebenso verschwenderische Eröffnungsfeier, bei der es für die Durchführung der rituellen Schlachtungen nicht genügend Priester gab, so dass zusätzlich Leviten eingesetzt wurden. Viele Priester waren durch Dienste an den Altären anderer Götter kompromittiert oder hatten die regelmäßigen Reinigungs- und Weiherituale vernachlässigt.

Die Renovierung des Tempels wurde nach Hiskias erster Anregung von Priestern und Leviten durchgeführt. In einem Akt nationaler Reue, ähnlich dem am traditionellen Großen Versöhnungstag, wurden Judas Sünden über einer Opferziege öffentlich bekannt.

(2. Chronik 29-31)

Dieses sechseckige Tonprisma beschreibt unter anderem Sanheribs Feldzug gegen Hiskia.

173

ca. 710-700 v. Chr.

Lichtheilung vertreibt nicht alle Schatten

Jerusalem, 703-702 v. Chr.
Eine Lichterscheinung hat König Hiskia von Juda davon überzeugt, dass er von seiner schweren Krankheit geheilt und ein langes Leben haben wird.

Als ihm in der Blüte seines Lebens durch eine schmerzhafte Schwellungen verursachende Krankheit ein frühes Ende drohte, flehten er und der Prophet Jesaja Jahwe um einen Aufschub an. Als Zeichen dafür, dass Gott diesen Aufschub gewährte, bat er darum, dass sich der Schatten auf den Stufen der Sonnenuhr rückwärts bewegt. So geschah es.

Nach seiner Heilung komponierte Hiskia einen Dankpsalm, in dem er versprach, »für den Rest seiner Jahre Jahwe demütig zu folgen«. Jesaja zufolge, der zwischen Gott und dem König vermittelt und auch die medizinische Behandlung der Krankheit verordnet hatte, hat Hiskia sein Wort jedoch bereits gebrochen.

Während seiner Krankheit suchte ihn eine Delegation des babylonischen Herrschers Merodach-Baladan auf, der um Unterstützung für eine antiassyrische Koalition bat. Merodach-Baladan, der vor seiner Absetzung durch Sargon II. in Babylonien geherrscht hatte, hat sein früheres Staatsgebiet erneut unter seine (wenn auch schwache) Kontrolle gebracht. Hiskia sagte zwar keine Unterstützung zu, aber er empfing die Delegation mit allen Ehren, was die assyrischen Spione zweifellos bereits nach Ninive berichtet haben. Jesaja sagte später, dass alle von der Delegation

Für Hiskia bewegte sich der Schatten der Sonnenuhr rückwärts.

besichtigten Tempelschätze eines Tages nach Babylonien gebracht werden würden. Er hatte dies eigentlich als Vorwurf gemeint, aber für den König war es die Bestätigung, dass Jerusalem zu seinen Lebzeiten nicht gefährdet war.

(2. Könige 20,1-19; Jesaja 38 und 39)

Von den Musen geküsst

Ansicht einer arkadischen Landschaft (Claude Gelee). Häufig wurden Künstler durch Geschichten über ein goldenes bukolisches Zeitalter inspiriert.

Ruhig Blut – ihr werdet siegen!

Jerusalem, 704-703 v. Chr.
Einer von Judas obersten Beratern hat das neue internationale Abkommen mit Ägypten verurteilt. Der auch als Prophet Jahwes tätige Jesaja behauptet, dass Juda gegen Assyrien keine politischen Maßnahmen zu ergreifen brauche.

»Eure Stärke liegt im Vertrauen«, sagte er zu der ungläubigen Staatsführung. »Jahwe will euch seine Liebe zeigen«, fügte er hinzu, »aber ihr besteht auf fremder Kavallerieunterstützung.«

»Die Ägypter sind genauso verwundbar wie alle anderen«, warnte er, »sie sind nicht Gott«. Assyrien, so versprach er, wird »unter einem göttlichen Schwert fallen«. Hiskia ist gerade dabei, die Verteidigungsanlagen Jerusalems und der umliegenden Dörfer zu verstärken. Er hat öffentlich verkündet, dass er an Gottes Beistand in den Schlachten glaubt.

(Jesaja 30 und 31; vgl. 2. Chronik 32,1-8)

Griechenland, 700 v. Chr.
Ein Schafhirte aus Böotien, der behauptet, dass er von den Musen dazu aufgefordert wurde, über die Götter zu singen, hat einige Gedichtbände veröffentlicht. Einer der ersten und bekanntesten ist die »Theogonie«, ein langes Werk über die Ursprünge der Götter und der Erde. Hesiod ist kein Optimist, sondern macht eher den Eindruck eines ungehobelten, aber nachdenklichen Bauern, der wenig Freude am Leben findet und sich von den Göttern unterdrückt fühlt.

Sein späteres Gedicht »Werke und Tage« erteilt seinen Lesern Ratschläge für eine ehrliche Lebensführung und verdammt den Müßiggang. Er verwendet Mythen, Allegorien, Parabeln, Sprichwörter und droht sogar mit göttlichem Zorn. Außerdem enthält das Gedicht Hinweise für die Landwirtschaft und für Seereisen (Hesiods Vater war ein erfolgloser Seehändler).

Lachisch in Schutt und Asche

Lachisch, 701 v. Chr.

Einzig eine Schicht Asche auf einem Haufen Schutt ist von dieser strategisch wichtigen Stadt im Süden übrig geblieben. Das Massengrab für die 1500 Leichen wird zusammen mit dem Müll der assyrischen Eroberer aufgeschüttet.

Die Belagerung von Lachisch, abgebildet auf einem Fries aus Sanheribs Palast in Ninive.

diger von den Mauern schossen, reichten nicht aus, um die gepanzerten Rammböcke und Formationen aus Fußsoldaten und Bogenschützen zurückzuschlagen, die sich mit großen Schilden aus Korbgeflecht schützten. Vor dem Blutbad fliehende Menschen wurden gefangen und gepfählt.

Auf diesem Abhang liegen die Ruinen von Lachisch.

Trotz der von Rehabeam vor 200 Jahren errichteten und jeweils ca. 6 m dicken Kasematten, der schweren Tore und der gut befestigten Wälle konnte Lachisch Sanheribs Ansturm nicht standhalten. Die brennenden Pfeile und die großen Steine, die die Verteidiger von den Mauern schossen,

Sanheribs entscheidender Sieg vernichtet für Juda und für die Philister jede Hoffnung auf militärische Unterstützung aus Ägypten, beide werden jetzt völlig von Assyrien beherrscht. In einem Blitzangriff auf die gesamte Region hat Sanherib 46 Städte zerstört.

Die Invasion folgte auf seinen letzten Sieg über Merodach-Baladan von Babylonien und soll den gesamten Nahen Osten unter assyrische Herrschaft bringen. Die Reichsgebiete im Westen waren aufsässig geworden und mit einer herausfordernden Geste hat Hiskia von Juda die assyrischen Götter zerstört. In dem Versuch, Sanherib von Jerusalem fern zu halten, hat Hiskia eine enorme Steuer von einer Tonne Gold und zehn Tonnen Silber gezahlt, die er zusammen mit einer Entschuldigung für eine von ihm zugefügte Beleidigung übersandte.

(2. Könige 18,13-16; Jesaja 36,1)

KURZMELDUNGEN ca. 720-700 v. Chr.

Lorbeer für Sparta (716 v. Chr.): Sparta feiert seinen ersten Sieg bei den Olympischen Spielen, bei denen sein Kriegsgegner Messenien dominierte.

Eingesackt (715 v. Chr.): Der 21-jährige Krieg zwischen Sparta und Messenien ist vorüber. Sparta hat Messenien annektiert und die Bevölkerung zu Heloten gemacht, ein Status zwischen Sklaven und Bürgern.

Gottes Frau und Oberpriester (715 v. Chr.): Pharao Pianchi hat darauf bestanden, dass seine Schwester Amenirdis als nächste »Göttliche Anbeterin von Amun« in Theben eingesetzt wird. Diese mächtige Position kombiniert die Rollen der Ehefrau und der obersten Priesterin des Gottes. In der Vergangenheit wurde sie mit einer königlichen (in der Regel zölibatären) Prinzessin besetzt, seit kurzem allerdings verstärkt durch die Priesterschaft.

Hauptstadt verlegt (715 v. Chr.): Der assyrische König Sargon II. hat seine Hauptstadt von Kelach nach Khorsabad, ca. 19 km nordöstlich von Ninive, verlegt. Es liegt näher bei Urartu, Assyriens größtem Feind, und außerdem verringert der Umzug das Risiko eines Aufstandes der mächtigen, reichen und alteingesessenen Tempel- und Staatsbeamten in Kelach.

Aufräumarbeiten (707 v. Chr.): Nach einem dreijährigen Feldzug hat Sargon II. Merodach-Baladan von Babylonien vom Thron gestürzt, Gefangene befreit, beschlagnahmte Ländereien zurückgegeben und die Wegelagerei abgeschafft. Der unrechtmäßige Machthaber wurde in seiner Stammeshauptstadt belagert und hat Sargon einen hohen Tribut gezahlt.

Leihverkehr (706 v. Chr.): Eine Reihe unehelicher Spartaner wurde von den misstrauischen Ehemännern ihrer Mütter aus Griechenland vertrieben und hat sich in Tarentum in der italienischen Region Apulien angesiedelt. Sie wurden der Konspiration gegen den Staat verdächtigt. Während des messenischen Krieges waren sie von Soldatenehefrauen empfangen worden, die allein zu Hause zurückgeblieben waren. Sie hatten ihre Ehemänner dazu überredet, von jüngeren Männern Kinder zeugen zu lassen, da so sichergestellt würde, dass sie Jungen gebären würden, die das Land später verteidigen könnten. Aber die Soldaten haben sie dann verstoßen und ihnen die Staatsbürgerschaft verweigert, was Groll hervorrief und zu der vermuteten Konspiration führte.

Großmäuler müssen klein beigeben

Jerusalem, 701 v. Chr.

Die Wende, die zur Aufhebung der Belagerung von Judas Hauptstadt durch die Assyrer führte, kann nur als wundersam bezeichnet werden.

Gerüchte über einen bevorstehenden Angriff Ägyptens auf die Belagerungsmacht sowie der Ausbruch einer Krankheit, wahrscheinlich die Ruhr, an der viele Offiziere und Soldaten starben, haben Sanherib dazu veranlasst, unverzüglich nach Ninive zurückzukehren.

Juda hatte diesen Angriff seit langem erwartet und war gut darauf vorbereitet. Während der letzten Jahre hatte König Hiskia die Befestigungen Jerusalems verstärkt und die Infrastruktur modernisiert. Durch die bemerkenswerte technische Leistung, einen gewundenen, fast 550 m langen Tunnel von beiden Seiten her durch harten Felsen zu treiben und in der Mitte aufeinander treffen zu lassen, wurde ein ständiger Wasserzufluss von der Gihon-Quelle außerhalb der Stadtmauer in die Stadt gelegt.

Außerdem hatte Hiskia andere Wasserquellen stillgelegt, damit die Belagerer sie nicht nutzen konnten. Dies kann auch die Epidemie begünstigt haben.

Während der Konfrontation wurde zwar kein einziger Schuss abgefeuert, aber beide Seiten führten einen immensen Propagandakrieg. Sanherib, der gerade seinen Sieg bei Lachisch errungen hatte, ließ durch seine Offiziere Beleidigungen gegen die Stadt, ihren König und ihren Gott übermitteln. Die Delegation bediente sich der Landessprache Judas, des Hebräischen, anstelle des Aramäischen, der üblichen Verkehrssprache in Diplomatie und Handel, und verspottete den Glauben, dass ein einzelner Gott der Macht Assyriens widerstehen könnte. Jahwe würde so enden wie alle anderen Götter auch, wenn das Volk sich nicht ergab, behaupteten sie. Und im Falle einer langen Belagerung wären die Bewohner bald gezwungen, ihren eigenen Urin

Der Siloah-Tunnel, während Hiskias Herrschaft mühsam in den Fels gehauen, führt auch heute noch Wasser.

zu trinken und die eigenen Exkremente zu essen.

Hiskia, der nach Sanheribs Worten »in seiner Stadt eingesperrt war wie ein Vogel in einem Käfig«, führte seine Offiziere in den Tempel, wo sie zu Jahwe darum beteten, dass er sich als oberster Herrscher der Welt zeigte. Sie befragten auch den Propheten Jesaja, nach dessen wortgewandten Ausführungen Gott selbst den Aufstieg der Assyrer herbeigeführt habe. Er erinnerte sie an die Zerstörung Israels im Norden durch Assyrien, die er als Jahwes Strafe für dessen langjährige Abtrünnigkeit bezeichnete. Wegen Sanheribs Unverschämtheit lautete Jahwes Nachricht dieses Mal jedoch: »Ich werde ihn nach Hause schicken. Er wird keinen Fuß in meine Stadt setzen.«

Jesajas langjährige Politik des gewaltlosen Widerstandes, in der er Vertrauen auf Gott anstatt auf Waffengewalt oder militärische Bündnisse predigte, mündete in diesen spannungsgeladenen Höhepunkt. Als Sanherib dann plötzlich abzog, war Jerusalem von einer drückenden Last befreit.

(2. Könige 18,17-19,36;
2. Chronik 32,1-23; Jesaja 36 und 37)

Viele Städte wurden von den Assyrern belagert, aber nur wenige hatten so viel Glück wie Jerusalem. Dieses steinerne Relief zeigt Lachisch, wo einige von König Sanheribs Soldaten Beute davontragen, während andere Gefangene abführen.

Prachtmetropole für Riesenreich

Ninive, 700 v. Chr.

Die Entscheidung Assyriens, seine Hauptstadt nach Ninive zu verlegen, hat ein umfangreiches Bauprogramm eingeleitet. Ninive liegt am Tigris, ca. 130 km nördlich der bisherigen Hauptstadt Assur. Von hier aus ist das riesige Reich, das sich inzwischen von Babylonien bis nach Juda erstreckt, besser zu kontrollieren.

Ninive, das lange als zweite Hauptstadt des Landes galt, ist außerdem weniger durch religiöse Traditionen eingeschränkt als Assur, dessen Bewohner von umfassenden Befreiungen von Steuern und Arbeitsleistungen profitieren.

Die Außenmauer zieht sich nun über 12 km um die Stadt herum und ist so breit, dass drei Streitwagen nebeneinander auf ihr fahren können. Sie umschließt zwei Stadtbezirke von ca. 4 km². An einigen Stellen ist die Mauer 14 m hoch und sie hat 15 prächtige Tore.

Im Inneren der Stadt gibt es gepflasterte Straßen und Plätze, Privathäuser, Geschäfte sowie eine Militärgarnison mit Ställen und einem Paradeplatz. In botanischen Gärten und Obstplantagen wachsen einheimische und exotische Pflanzen.

Um genügend Wasser für eine Bevölkerung bereitzustellen, die 120000 Seelen leicht übersteigen könnte, zieht Sanherib von einem Damm am Fluss Gomer 48 km nördlich von der Stadt einen Kanal. Er staut auch den Khosr und verbaute 500000 Tonnen Fels für ein 275 Meter-Aquädukt, der das Wasser über ein trockenes Wadi hinwegführt.

Die Krönung ist der königliche Palast, der in einem bewässerten Park steht. Importierte Zedernstämme stützen das riesige Dach und sind wie die Sandelholztüren mit Kupferbelägen verziert. Im Inneren sind die Wände mit Elfenbein geschmückt, von außen werden sie durch glasierte Ziegelsteine und geschnitzte Simse verschönert. Zu den Toren, deren Pfosten riesige, auf bronzenen Löwen stehende Kupfersäulen sind, führt eine 27 m breite Straße aus weißem Kalkstein.

Angriff durch die Hintertür

Assyrien, 694 v. Chr.

Die Hoffnung Assyriens, das östlich von Babylonien gelegene Elam durch einen Angriff zur See zu schlagen, wurde durch einen Gegenangriff der Verteidiger zu Land zunichte gemacht. Der Sohn des Königs war unter den Gefallenen.

Sanherib hatte in Ninive den Bau von Schiffen angeordnet. Sie wurden von Phöniziern den Tigris hinuntergesegelt, auf Rollen über Land zu einem Kanal transportiert, der in den Euphrat mündet, und dann an den Persischen Golf gesegelt, wo die assyrischen Truppen an Bord gingen.

An der elamitischen Küste gerieten sie in einen schweren Sturm. Sanherib notierte, dass die riesigen Wellen »meine Männer in den mächtigen Schiffen wie in Käfigen fünf Tage lang gefangen hielten«.

Die Truppen nahmen viele Städte im Süden Elams ein und plünderten sie. Anstatt jedoch ihre Städte zu verteidigen, zogen die Elamiter nach Norden über den Tigris nach Babylonien, wo sie den assyrischen Marionettenkönig (Sanheribs Sohn) gefangen nahmen und töteten. Als sie dann aber der assyrischen Armee gegenüberstanden, zogen sie sich bald zurück.

Assyriens Angriff auf Elam war ein Versuch, den zunehmenden Einfluss der Chaldäer auf Babylonien einzudämmen, die in Elam Unterstützung und sichere Zuflucht finden.

Eine Nachbildung eines der alten Tore von Ninive lässt die Größe und Pracht der alten Hauptstadt ahnen.

Toten König mit Silber aufgewogen

Babylon, 689 v. Chr.

Nach einer 15-monatigen Belagerung durch die Assyrer ist Babylon gefallen. Der letzte babylonische König wurde auf der Flucht getötet. Sanherib belohnte den Mann, der ihn gefangen genommen hatte, mit dem Gewicht des babylonischen Königs in Silber.

Der assyrische König befahl seinen Truppen die Zerstörung der Stadt. Sie raubten die Tempel aus, entwendeten die heiligen Statuen, rissen Häuser, Tempel und Mauern ein und zerstörten die Fundamente der Stadt, indem sie Kanäle hindurchgruben. Aufgrund des langen Widerstandes und wegen seiner persönlichen Trauer über den Mord an seinem Sohn vor fünf Jahren durch die Elamiter hat Sanherib jeden Respekt für die Stadt als religiöses Zentrum verloren.

Während der Belagerung war der Preis für Gerste ins Unermessliche gestiegen, die Stadttore waren verschlossen, damit die Menschen nicht fliehen konnten, und die Straßen und Plätze der Stadt waren übersät mit Leichen, die niemand mehr begraben konnte.

Die Plünderung Babylons stößt nicht bei allen Assyrern auf Zustimmung. Viele waren entsetzt über diese Entweihung eines religiösen Zentrums. Innerhalb der königlichen Familie ist es zu weiteren Spaltungen gekommen. Judas alter Prophet Jesaja gehört wahrscheinlich zu denen, die jubeln. Er hatte vorhergesagt, dass die Stadt durch Jahwe »wie Sodom und Gomorra« zerstört und ihre religiösen Abbilder zerschlagen werden würden.

(Jesaja 13,19; 21,9)

Das alte Babylon am Euphrat: Die Umrisse des großen Zikkurat sind im Vordergrund deutlich sichtbar.

Vatermörder auf der Flucht

Assyrien, 681 v. Chr.

König Sanherib wurde am Tempeleingang von zweien seiner Söhne niedergestochen. Die Mörder, Adrammalech und Sarezer, sind nach Hangalbat in Urartu geflohen, da es ihnen offenbar nicht gelungen war, den Übergang des Thrones auf den designierten Erben, ihren jüngeren Bruder Asarhaddon, zu verhindern.

Grab eines Würdenträgers, vermutlich aus dem 8. Jahrhundert v. Chr. und vor kurzer Zeit in Jerusalem entdeckt

Zum Zeitpunkt des Mordes befand dieser sich im Ausland. Bei seiner Rückkehr in das Land wurde er von Truppen, die den Anführern des Anschlags treu ergeben waren, aufgehalten. Sie wechselten jedoch schnell die Seiten, da der Vatermord eine allgemeine Unruhe auslöste und der Glaube verbreitet war, dass Asarhaddon von den Göttern erwählt war.

Sanherib hatte ihn in Gegenwart seiner Brüder und mit der Unterstützung eines Orakels der Götter bereits zum Thronerben eingesetzt. Die Königsfamilie und die bürgerliche Oberschicht hatten Asarhaddon auf einer feierlichen religiösen Versammlung die Treue geschworen. Auf seiner Heimreise bestätigte ein zweites Orakel seinen Anspruch auf den Thron.

(2. Chronik 32,21b; Jesaja 37,38)

KURZMELDUNGEN 700-680 v. Chr.

Geld vom Krösus (700 v. Chr.): König Krösus (Kroisos) von Lydien, ein kleiner Staat im Westen Anatoliens, hat anstelle des Tauschsystems eine Währung eingeführt. Elektrumstücke, eine Legierung aus Gold und Silber, auf denen eine Gewichts- und Reinheitsgarantie aufgestempelt ist, sollen als Tauschmittel dienen. Jede Münze hat einen relativ hohen Wert. Griechenland und Persien sind diesem Beispiel schnell gefolgt und stellen Silber- bzw. Goldmünzen her.

Aggressor (690 v. Chr.): Das aggressive Königreich Zh'u hat die kleineren Staaten des Han-Tales besetzt und annektiert. Das in der Mitte des Yangtze-Tales liegende Zh'u wird damit zu einem der stärksten Machtfaktoren des Landes. Es unterscheidet sich von den anderen Staaten in seiner Sprache, im Kunststil und in der Religion. Die Bevölkerung benutzt jedoch auch die chinesischen Schriftzeichen und stellt Bronzegefäße im traditionellen Stil her.

Tod des frommen Königs (686 v. Chr.): König Hiskia ist im Alter von 54 Jahren als reicher und angesehener Mann gestorben. Nachfolger ist sein Sohn Manasse, der den Thron während der letzten elf Jahre mit ihm geteilt hat. Er war ein treuer Anhänger Jahwes und hat den assyrischen Vorstößen in Richtung Jerusalem erfolgreich widerstanden. (2. Chronik 32)

Neue Herrscherklasse (680 v. Chr.): Die königliche Macht in China lässt nach und ein neues System der Oberherrschaft bildet sich heraus. Die Herrscher von mächtigen Gütern werden zu Hegemonen. Der Erste, der als solcher anerkannt wurde, ist der Herzog Huan von Zh'i, dessen Besitz sich im westlichen Shantung bis zum Meer erstreckt. Er ist der einzige Führer, der mächtig genug ist, das aggressive Königreich Zh'u an einer Invasion des Nordens zu hindern.

Pfeiler des Glaubens stirbt

Jerusalem, 681 v. Chr.

Es gibt zwei Arten der Stärke. Die eine ist die körperliche Stärke der Könige und Kommandanten, die sich auf die Macht der Waffen und die Politik der Angst verlassen. Die andere ist die innere Stärke der Visionäre, die diese aus übermenschlichen Quellen beziehen und sie gegen den Strom der politischen Berechnung und der gesellschaftlichen Konformität anschwimmen lässt.

Jesaja, Sohn des Amoz, gehörte zu der zweiten Gruppe. Mit seinem Tod nach einer Laufbahn, die die bewegte

Dieser fein polierte, kleine Krug aus Jerusalem (ca. 700 v. Chr.) scheint für die Verwendung in einem Heiligtum angefertigt worden zu sein, möglicherweise für einen reichen Landbesitzer.

Herrschaft von vier Königen begleitete, verliert Juda einen scharfsinnigen Beobachter, weisen Ratgeber und furchtlosen Kritiker. Seine Botschaft und sein Glaube werden jedoch ohne Zweifel als ewige Wahrheiten weiterleben.

Er stammt aus einer adeligen Familie und verbrachte sein ganzes Leben in Jerusalem. Nach dem Tod von König Usija, dessen lange Herrschaft und großes politisches und geistiges Format Juda neuen Wohlstand gebracht hatten, begann seine Karriere als Hofprophet mit einer eindrucksvollen Vision. Die Zukunft des Landes war ungewiss, als Jesaja in Salomos Tempel stand und plötzlich die Gegenwart des unveränderlichen Allmächtigen spürte.

Niedergedrückt durch das Gewicht der in einer Vision offenbarten glorreichen Heiligkeit Jahwes, stürzte er kraftlos zu Boden. Er hörte Jahwe, der ihm den Auftrag zum Predigen erteilte und ihn zugleich vor der Ablehnung warnte, auf die er damit stoßen würde.

Nur einmal wich Jesaja von diesem Auftrag ab und behauptete, dass auch dies auf Jahwes Anweisung geschah. Nach Ahas' Weigerung, seinem Rat zu folgen, zog sich Jesaja für kurze Zeit aus dem öffentlichen Leben zurück. Gegen Ende seines Lebens, als Juda sich unter der Herrschaft Manasses weiter von Gottes Geboten entfernte als jemals zuvor, ließen seine Aktivitäten nach und er wurde auch nicht mehr so oft befragt. Er nutzte diesen halben Ruhestand dazu, seine Voraussagen niederzuschreiben und die Geschichten der Könige, denen er gedient hatte, aufzuzeichnen.

Viele seiner Weisheiten bezogen sich auf bestimmte Ereignisse. Hiskia, den er beinahe wie ein Mentor durch die Belagerung Jerusalems führte, stand er besonders nahe.

Jesaja war in der Tat ebenso sehr Theologe wie Prophet. Seine Sprachgewandtheit und seine poetischen Anspielungen eröffneten eine neue Perspektive auf Gott, die in krassem Gegensatz zu dem gesetzten, stereotypen und zweckmäßigen Glauben seiner Zeitgenossen stand.

Für ihn war Jahwe »der ewige Fels«, der dem, »der ein festes Herz hat, den Frieden bewahrt« (26,3.4). Nach seinem Gott sehnte man sich. »Von Herzen verlangt mich nach dir in der Nacht und am Morgen«, seufzte er (26,9). Er bereitet »allen Völkern ein fettes Mahl« (25,6).

Aber Jesaja konnte auch die von seinen eigenen privilegierten Nachbarn in den reichen Vororten der unteren Stadt verübte soziale Ungleichheit und Ungerechtigkeit mit kraftvollen Worten verurteilen. Er sah Gott kommen und rief: »Sein Zorn brennt, seine Lippen sind voller Grimm und seine Zunge wie ein verzehrendes Feuer!« (30,27).

Die alten Fundamente der Mauern Jerusalems aus der Zeit der Könige sind unlängst ausgegraben worden.

Trotz seines rechtschaffenen Zorns bietet Jesajas Gott aber auch Hoffnung und Ermutigung. »Denn es werden Wasser in der Wüste hervorbrechen und Ströme im dürren Land. Und wo es zuvor trocken gewesen ist, sollen Teiche stehen, und wo es dürr gewesen ist, sollen Brunnenquellen sein. Wo zuvor die Schakale gelegen haben, soll Gras und Rohr und Schilf stehen.« Und es wird einen »heiligen Weg« geben, den die »Erlösten des Herrn« in sicherer Pilgerschaft in die Heilige Stadt gehen werden, wo alles »Seufzen weichen wird« (35,6-10).

Die Umstände von Jesajas Tod sind ein Geheimnis. Unbestätigten Berichten zufolge wurde der alte Mann auf Befehl oder zumindest mit Wissen von König Manasse zersägt. Es wird vermutet, dass er der Gruppe von Propheten, die sich um ihn versammelt hatte und zu der auch seine Frau, die Mutter seiner beiden Söhne, gehörte, eine weitere Schriftensammlung hinterlassen hat.

(Jesaja 1-39; vgl. 2. Chronik 32,32)

Verfassung per Orakelspruch

Die Landschaft um Sparta

Sparta, 675 v. Chr.

Die Stadt Sparta ist der erste richtige Staat in Griechenland. Sie hat eine Verfassung veröffentlicht, die ihren Bürgern formale Rechte verleiht und die Schaffung eines gewählten Regierungsrates vorsieht.

Die Verfassung ist das Produkt eines gewissen Lykurgos, dessen genaue Identität nicht geklärt ist. Unbestätigten Berichten zufolge sprach in Delphi ein Orakel namens »das große Wort« zu ihm und wies ihn an, Zeus und Athene einen Altar zu errichten, das Volk in Verwaltungseinheiten zu organisieren, einen Rat mit 30 Führern zu gründen und von Zeit zu Zeit nationale Versammlungen abzuhalten.

Sparta hat zwei Könige, die von den Zwillingssöhnen des Herakles abstammen sollen. Beide sind Zeuspriester, ihr Unterhalt wird aus der Staatskasse bestritten und sie sind auf Lebenszeit im Amt. Sie sitzen im Rat, der von den 9000 Bürgern (oder »Gleichen«) gewählt wird. Eine kleinere Gruppe von Oberrichtern (Ephoren) mit exekutiven, richterlichen und disziplinarischen Befugnissen soll jedes Jahr gewählt werden.

Die Einwohner sind dann Bürger, wenn sie ihre Bildung im staatlichen System erhalten haben und aus ihrem eigenen Besitz zu den Gemeinschaftsmahlzeiten beitragen. Land kann nur durch Erbschaft oder Schenkung erworben werden. In Sparta leben auch zahlreiche Heloten, die an das Land, aber nicht an den Eigentümer gebunden sind. Sie gehören oft zu ethnischen Minderheiten aus eroberten Gebieten.

Gut gerüstet

Griechenland, 680 v. Chr.

Es gibt eine neue, auf den Nahkampf spezialisierte Infanterieordnung. Hopliten (oder Bürgersoldaten) rücken in geschlossener Front (Phalanx) in acht Reihen vor, um die Feindeslinien durch die Wucht ihres Angriffs zu durchbrechen.

Jeder Krieger schützt seine linke Seite durch einen kleinen, runden und schweren Bronzeschild. Er trägt einen Helm mit Nasen- und Wangenschutz, einen Brust- und Rückenpanzer (zum Schutz seines Oberkörpers) und Schienbeinschützer. Ebenso trägt jeder ein kurzes gerades Eisenschwert und einen 3 Meter langen Wurfspeer. Manchmal werden die Hopliten von leichter bewaffneten Bogenschützen, Schleuderern und Speerwerfern begleitet.

Jeder Bürger, der sich diese Rüstung leisten kann, ist zum Dienst als Hoplit verpflichtet. Dafür sind ein langes Training und viel Disziplin erforderlich, da die Hopliten als eine geschlossene Einheit agieren müssen; Heldentaten des Einzelnen sind nicht länger gefragt.

Feind serviert

Assyrien, 653 v. Chr.

Auf Banketten werden normalerweise geschmackvolle Delikatessen serviert, aber das, was Assurbanipal bei der Siegesfeier über Elam aufgetischt wurde, hatte nichts Distinguiertes oder Delikates an sich. Im Gegenteil, der König zerfetzte es mit seinem Messer und spuckte dann darauf.

Den Koch hat er aber nicht gefeuert, denn der Stein des Anstoßes war der abgetrennte Kopf seines Erzfeindes Teumman, König von Elam. Nach einem erfolglosen Angriff war er vor den assyrischen Truppen geflohen, in einen Streitwagenunfall verwickelt, festgenommen und hingerichtet worden.

In den letzten Jahren waren die Elamiter für die Assyrer ein ständiges Ärgernis gewesen, und das trotz der großzügigen humanitären Hilfe, die Assurbanipal während einer großen Hungersnot in den vor zehn Jahren geleistet hatte. Er errichtete Lager für die Flüchtlinge und schickte Weizen nach Elam.

Die politische Situation in Elam war in der Vergangenheit häufig unklar, da die Könige in der Regel jung starben. Als Ursache werden Geburtsfehler vermutet und die Tatsache dass die männlichen Mitglieder der Königsfamilie ihre Schwestern heirateten. Außerdem wird die Nachfolge durch die Mutter anstatt durch den Vater weitergegeben, und so waren die für Elam zuständigen assyrischen Diplomaten oft nicht sicher, wer nun legitimer König und wer unrechtmäßiger Machthaber ist.

Herden waren das Statussymbol schlechthin. Es gibt viele Darstellungen, in denen Tiere Kriegsbeute oder Tributzahlungen sind.

Teumman war ein unrechtmäßiger Machthaber, der sich den Thron durch die Ermordung der Söhne seines Vorgängers sichern wollte. Aber da er ein ebenso schlechter Schütze wie Fahrer war, entkamen diese nach Assyrien.

Theologische Zahlenspiele

Babylon, 680 v. Chr.

Ein als Gotteszeichen gedeuteter Zahlentrick hat Asarhaddon von Assyrien die theologische Rechtfertigung für den Wiederaufbau der verwüsteten Stadt Babylon geliefert.

Nach ihrer Zerstörung durch seinen Vater Sanherib hatten die Götter sie angeblich mit einem 70 Jahre dauernden Fluch belegt, der jeden Wiederaufbau verhinderte. Aber da die Zahl 70 bei der Übertragung in die babylonische Schrift zu 11 wird, haben die Priester erklärt, dass Marduk die Zahlen umgewandelt und somit den Fluch geändert hätte. Günstigerweise waren diese 11 Jahre gerade im Jahr von Asarhaddons Thronbesteigung vergangen. Er beseitigte das Unkraut, das die Stadt überwucherte, und leitete die Kanäle um. Auch fertigte er selbst Ziegel für den Wiederaufbau der Stadtmauern und für den Tempel Marduks an. Er hat die Bürger wieder angesiedelt, ihnen ihre Privilegien und Steuerbefreiungen zurückgegeben und die Tempelämter und Kultopfer im ganzen Land wieder eingeführt.

Dies geschah jedoch nicht aus reiner Selbstlosigkeit. Es liegt im Interesse Assyriens, Babylonien zu fördern und es nach und nach mit Vasallenherrschern zu besetzen. Auf die guten Beziehungen wirkt sich außerdem positiv aus, dass die Frau des Königs eine Babylonierin ist.

Meister der Flötentöne

Etruskisches Gefäß mit vier Öffnungen, jedes für eine andere Art Nahrungsmittel. Ob es sich um ein religiöses Gefäß oder einen Haushaltsgegenstand handelt, ist unklar.

Caere, Italien, 650 v. Chr.

Händler in Caere haben das griechische Alphabet in ihre eigene Sprache übernommen und halten damit ihre Transaktionen fest. Diese Praxis wurde mit einigen lokalen Anpassungen von den nahe gelegenen Städten Veji und Marsiliana übernommen. Die Aufzeichnungen erfolgen mit einem scharfen Schreibstift von links nach rechts auf gewachsten Holztafeln.

Die Etrusker haben zwar erst spät lesen und schreiben gelernt, aber sie sind schon lange berühmt für ihre Musik, besonders für ihre Flöten. Flötisten begleiten religiöse Feste, Militärzeremonien, Spiele, Bankette und Jagdfeiern. Ein geistreicher Grie-

che behauptet sogar, dass die Etrusker zum Klang ihrer Flöten ihr Brot kneten und ihre Sklaven auspeitschen. Zweirohrige Instrumente sind am weitesten verbreitet, aber es werden auch einrohrige und Panflöten gespielt, oft zur Begleitung einer siebensaitigen Leier.

Die Menschen in dieser Region bauen viele Sorten Obst und Gemüse an. Sie halten Schweine, Ziegen, Kühe und Schafe, aber der Wein, den sie aus ihren Trauben herstellen, ist nur mittelmäßig.

Etruskischer Anhänger aus Gold (aus Achelus, um 600 v. Chr.)

KURZMELDUNGEN
ca. 680-660 v. Chr.

Hitparade auf Götterfest (676 v. Chr.): Zum ersten Mal fand in Sparta auf dem Karnea, dem Fest des Apollo, ein Musikwettbewerb statt. Der Dichter und Musiker Terpander von der äolischen Insel Lesbos gewann einen Preis. Der talentierte Terpander ist bereits für seine musikalischen Innovationen berühmt. Er hat eine siebensaitige Leier erfunden und komponiert Begleitmusik für seine eigenen Dichtungen und auch für die anderer Dichter wie z. B. Homer. Das Karnea findet im August zur Zeit der Traubenernte statt.

Spezialausbildung (672 v. Chr.): Der assyrische Kronprinz Assurbanipal wird im Bogenschießen, Speerwerfen, Streitwagenfahren, in Hofetikette und Mathematik unterrichtet. Er behauptet, dass er komplexe mathematische Gleichungen lösen und kryptische sumerische und akkadische Texte lesen kann.

Krieg mit Kamelen (671 v. Chr.): Asarhaddon hat sich selbst zum König über Ober- und Unterägypten sowie über Äthiopien ernannt, nachdem er die Ägypter in einer zweiten Schlacht bei Aschkelon geschlagen hatte. Die Anreise der Assyrer zu der Schlacht dauerte mehr als einen Monat.

Sie ritten auf von ihren Wüstenverbündeten geliehenen Kamelen 15 Tage lang durch Sanddünen, zwei Tage lang durch ein mit zweiköpfigen Schlangen verseuchtes Gebiet – und hatten doch noch nicht einmal die Hälfte der Strecke geschafft. Trotz allem haben sie am Ende gesiegt.

Fataler Fehler (670 v. Chr.): Der Aufstand der phönizischen Stadt Sidon gegen Assyriens Herrschaft war offenbar ein großer Fehler. Sie wurde geplündert und zu einer assyrischen Provinz gemacht. Die Kontrolle Assyriens reicht über Nordsyrien und Zilizien hinaus bis nach Kleinasien. Der König von

Tyrus, Nachbar der Küstenstadt Sidon, ist Assyrien treu geblieben und hat dafür einige Dörfer außerhalb Sidons erhalten.

Zwischen den Meeren (668 v. Chr.): Die Bevölkerung von Megara hat gegenüber von Chalcedon eine neue Stadt gegründet. Byzanz liegt an den Südufern des Bosporus, der Meerenge, die das Schwarze Meer mit dem Marmara-Meer und der Ägäis verbindet und Asien von Europa trennt. Der Bosporus ist für seinen Fischreichtum bekannt und auch durch die Erhebung von Schiffszöllen wird die Stadt von vorbeifahrenden Schiffen sehr profitieren.

Umkehr eines Okkultisten

Jerusalem, 648 v. Chr.

Nach der Rückkehr König Manasses nach Jerusalem, der als Geisel des assyrischen Königs Assurbanipal fortgeführt worden war, gab es eine bedeutende Wende in der Innenpolitik. Manasse, der auf typisch assyrische Art wie ein Gaul mit einem Haken durch die Nase abgeführt worden war, behauptet, sich im Ausland bekehrt zu haben. Nun reißt er viele der von ihm in den letzten 40 Jahren errichteten Heiligtümer wieder ein und nur Jahwe darf noch verehrt werden. Der heute 52-jährige König war gleich nach dem Erreichen der Volljährigkeit Mitregent seines Vaters Hiskia geworden. Nach Hiskias Tod hatte er die sozialen und religiösen Strukturen verändert. Eine gnadenlose Welle der Gewalt und der Unterdrückung brach über das Land herein und die Förderung eines haarsträubenden Aberglaubens durch den König führte zu einem Aufschrei der Propheten und der fundamentalistischen Gruppen wie den Rechabitern. Astralkulte und ein Baal-Abbild wurden im Tempel Jahwes errichtet. Wahrsager, Medien und sogar Hexen durften ihre Straßenbuden mit königlicher Genehmigung aufstellen und wurden am Hof gleichgestellt mit den Propheten empfangen.

Manasse selbst führte seine Söhne im Hinnom-Tal in einen Feuerkult ein, aber entgegen anfänglicher Gerüchte opferte er sie wahrscheinlich doch nicht den Flammen. Die Proteste der Propheten stießen auf taube Ohren, da die öffentliche Meinung Toleranz und Pluralismus vertrat.

Auf einem von Asarhaddons zahlreichen Vorstößen nach Palästina war Juda zu einem Vasallenstaat geworden. Manasse nutzte jedoch die Gelegenheit zum Aufstand und schloss sich der von den Elamitern unterstützten babylonischen Erhebung unter Assurbanipals Bruder Schamasch-schum-ukin an. Manasse wurde bald verhaftet und abgeführt, um Zeuge der vierjährigen Belagerung Babylons zu werden.

Diese fand vor kurzem ein Ende, als Schamasch-schum-ukin in einem vermutlich absichtlich gelegten Palastfeuer ums Leben kam. Die Lage in der Stadt war so schlimm, dass einige Babylonier angeblich ihre eigenen Kinder gegessen haben. Nach dem Zusammenbruch des Aufstandes ordnete Assurbanipal ein ordentliches Begräbnis für seinen Bruder an, aber alle anderen Verschwörer sollten den »Hunden, Schweinen, Wölfen, Geiern und Fischen zum Fraß vorgeworfen werden«.

Es ist nicht klar, warum Manasse verschont wurde, aber wahrschein-

Ein Dämon, groteske Steinmetzarbeit aus Babylon

lich hat er einen Reueantrag gestellt und Assyrien die Treue geschworen. Da sich auch Ägypten gegen seinen Oberherrn im Osten auflehnt, ist Juda als Pufferstaat mit einem gezähmten Manasse für die Aufrechterhaltung der assyrischen Vorherrschaft in dieser Region für Assurbanipal wahrscheinlich von Vorteil.

Manasse behauptet, dass Jahwe ihm während seiner Gefangenschaft begegnet wäre und dass er nun seine frühere Begeisterung für das Okkulte

bereut. Die Zerstörung der Heiligtümer findet allerdings keinen großen Beifall im Volk. An den Höhenaltären werden weiterhin Opfer gebracht, auch wenn diese offiziell nur für Jahwe bestimmt sind.

(2. Könige 21; 2. Chronik 33)

Achtjähriger auf dem Thron

Jerusalem, 640 v. Chr.

Der Spruch »Ein kleines Kind wird sie führen« gehörte zu den rätselhafteren Äußerungen des verstorbenen Propheten Jesaja. Sollte sie als direkte Vorhersage gemeint gewesen sein, so hat sie sich eindeutig erfüllt. Ein achtjähriger Junge wurde nach einem Volksaufstand zum König von Juda gekrönt.

König Amon wurde nach nur knapp zwei Jahren im Amt von seinen eigenen Offizieren getötet. Aber das Volk lehnte sich gegen eine mögliche Militärdiktatur oder eine neue königliche Dynastie auf. Die bedrängten Mörder wurden vom Mob gelyncht und Amons junger Sohn Josia auf den Thron gesetzt.

Die normale Lebenserwartung vorausgesetzt (aber was heißt in diesen Wirren schon »normal«?), bedeutet der Kindkönig für Juda die Hoffnung auf eine Rückkehr zu relativer Stabilität. Seit dem Tod Manasses vor zwei Jahren, dessen 55 Jahre währende Herrschaft die längste in der Geschichte Judas und Israels war, hatte es unruhige Zeiten gegeben. Ob Josias Herrschaft aber auch den Rest von Jesajas Prophezeiung über eine Zeit des Friedens erfüllen wird, in der Wölfe bei den Lämmern liegen werden und die Erde von der Erkenntnis Jahwes erfüllt sein wird, bleibt abzuwarten.

Amon hatte den religiösen Pluralismus wieder eingeführt, der in Manasses frühen Jahren geherrscht hatte, später jedoch von ihm abgeschafft worden war. Die genauen Gründe der Verschwörung gegen Amon bleiben unklar.

(2. Könige 21,19-26; 2. Chronik 33,21-25; vgl. Jesaja 11,6-9)

Bücher zum Schutz der Seele

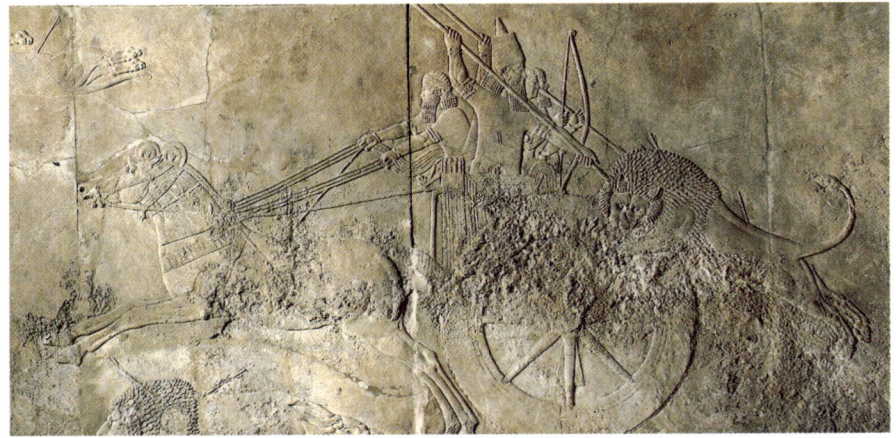

Ninive, 635 v. Chr.
Die Landesbibliothek in Ninive ist mit über 1000 Bänden die größte, die Assyrien jemals hatte. König Assurbanipal hat ein großes persönliches Interesse an diesem Projekt und hat angeordnet, dass die Welt auf der Suche nach neuen Texten für diese Sammlung durchkämmt werden soll.

Sein Hauptinteresse gilt den Omen und ihrer Auslegung. Dieser Bereich umfasst ca. ein Viertel der Bände. Die Bibliothek enthält auch Hymnen, Beschreibungen von Ritualen, Gebete, Beschwörungen, Wort-

listen, Grammatik- und Rechtsbücher sowie Unterlagen über babylonische und assyrische Entdeckungen in der Wissenschaft.

König Assurbanipal jagt Löwen aus der relativen Sicherheit seines Streitwagens heraus.

Assurbanipal sagt, dass er die Bücher für die Nachwelt sammelt, aber auch aus persönlichen Gründen: »Für mein Leben, zum Schutz meiner Seele, damit ich nicht von Krankheit befallen werde und die Grundfesten meines Thrones bestehen bleiben.«
Als Folge davon wird er in Zukunft Acht geben, wohin er sein Abwasser gießt, denn eines der Omen lautet: »Gießt du Wasser vor die Tür eines Hauses und es nimmt die Form einer Schlange an, wird dir Böses widerfahren.« Und mit Zwiebeln wird er sich auskennen: Bei einer bestimmten Beschwörung muss eine Zwiebel in ein Feuer geschält werden, während die Formel gesprochen wird, so dass »die Krankheit, die in meinem Körper ruht, wie diese Zwiebel abgeschält und von diesem Feuer verzehrt wird«.

Markt der Göttlichkeiten

Zypern, 640 v. Chr.
Der Einfluss Assyriens lässt nach und so ist die Mittelmeerinsel Zypern offen für neue kulturelle und religiöse Einflüsse. Sie kommen insbesondere aus Griechenland, das wiederum von den zypriotischen Tonfiguren und Statuen aus Kalkstein fasziniert ist.
Die neuen religiösen Ideen beschränken sich hauptsächlich auf die Städte. Zeus wird in Salamis, Apollo in Kourion, Artemis in Kition und Athene an verschiedenen Orten verehrt.
In den ländlichen Gebieten gibt es Götter der Heilung, des Wetters und des Krieges, aber am häufigsten werden Fruchtbarkeitsgötter verehrt, die oft in Form eines Stieres dargestellt werden. Mittelpunkt der Heiligtümer ist ein Altar, auf dem das Kultbild steht. Oft sind sie von heiligen Bäumen umgeben und haben einen Innen- und einen Außenhof.
In Ayia Irini, wo der Fruchtbarkeitsgott verehrt wird, gibt es Stierfiguren aus Ton und der Gott wird von Dämonen in Gestalt bisexueller Zentauren begleitet. Da er gleichzeitig ein Kriegsgott ist, gibt es auch Tonmodelle von Streitwagen und Kriegern in Rüstungen. Die Figuren stehen in konzentrischen Kreisen um den Altar. In Zypern leben Menschen aus vielen Kulturen: Die Phönizier auf Zypern beten zu Astarte und der ägyptische Gott Bes wird hier schon seit Jahrhunderten verehrt.

KURZMELDUNGEN ca. 660-650 v. Chr.

Verwüstetes Schmuckstück (660 v. Chr.): Theben, das so genannte Schmuckstück von Amun, wurde von den Assyrern geplündert und alle Tempelschätze wurden verwüstet. Der nubische König von Ägypten, Tanutamun, ist bei der Ankunft der Assyrer in seine Hauptstadt Napata geflohen. Assyrien hat schnell auf Ägyptens neuesten Erfolg bei der Rückeroberung seiner Städte reagiert. Assyrien kontrolliert Ägypten jetzt bis an die Grenze bei Assuan.

Tyrann aus der Truhe (657 v. Chr.): Die Bewohner von Korinth haben eine neue Regierungsform. Die Oligarchie der aristokratischen Bacchiaden wurde von Kypselos (der Name bedeutet »Truhe«) gestürzt, der sich selbst mit Hilfe der Priester in Delphi und vieler Korinther, die nicht zu den Bacchiaden gehörten, als ein »Tyrann« oder Herrscher eingesetzt hat. Die Bacchiaden sind eine kleine Gruppe, die die Machtpositionen nur innerhalb ihres Kreises weitergeben. Ihnen ist es noch nicht einmal erlaubt, außerhalb des Clans zu heiraten.

Bei Kypselos' Mutter Ladba machten sie eine Ausnahme, weil sie ein Krüppel war. Einem Orakelspruch aus Delphi zufolge haben die Bacchiaden versucht, Kypselos bei seiner Geburt zu töten, aber seine Mutter versteckte ihn in einer Truhe. Seine Laufbahn soll demnach von den Göttern gesegnet sein.

Hunde, wollt ihr ewig leben? (650 v. Chr.): Die Kriegsgedichte von Tyrtäus heben den Kampfgeist und stärken die Entschlossenheit der spartanischen Soldaten, die zur Zeit gegen die Messenier kämpfen.

Der Dichter ermahnt dazu, den Königen zu gehorchen, da diese gleich nach den Göttern kämen. Er sagt, dass Tapferkeit im Kampf die wichtigste aller Tugenden ist, und fordert die Soldaten auf, aggressiv zu kämpfen und »das Leben als ihren Feind und den schwarzen Tod als die lieben Strahlen der Sonne zu betrachten«.

Doppelkopf (650 v. Chr.): Mexikanische Bildhauer formen zweiköpfige Kreaturen, in denen sich ihr religiöses Konzept des Dualismus widerspiegelt. Tonfiguren werden auch in der Götterverehrung verwendet.

Königsfamilie unter Beschuss

Jerusalem, 630 v. Chr.

Ein Mitglied der Königsfamilie Judas hat die nach der 55-jährigen Herrschaft von Manasse im Lande herrschenden katastrophalen Zustände mit vernichtenden Worten angeprangert. In einer Reihe von prophetischen Äußerungen, die gerade die Runde in der Hauptstadt machen, warnt Zefanja, ein Nachkomme Hiskias in der vierten Generation, vor der Zerstörung des Landes durch nicht genannte Eindringlinge, wenn das Volk nicht zu »Rechtschaffenheit und Demut« zurückkehrt.

Er sieht zwar den Zorn Jahwes, aber er sieht auch einen Gott, der »jeden Morgen Gerechtigkeit übt« und der »niemals etwas Falsches tut«. Eines Tages, wenn das Volk »nichts Böses mehr tut und die Wahrheit spricht«, wird er Jerusalems alten Glanz wieder herstellen. Dieser Gott »ist mit euch, er hat die Macht zu retten und wird sich an euch erfreuen«, fügt er hinzu. »Er wird euch mit seiner Liebe beruhigen.«

Der Prophet prophezeit außerdem, dass dieselbe Strafe auch andere Länder befallen wird. Vielleicht auch mit einem Blick auf die zunehmende Bedrohung durch Skythien behauptet er, dass größere philistinische Städte wie Gaza, Aschkelon und Aschdod vernichtet werden, dass Moab und Ammon so wüst und unfruchtbar wie Salzgruben werden und dass das gut bewässerte Ninive, der Stolz Assyriens, wieder zur Wüste werden wird.

(Zefanja 1-3)

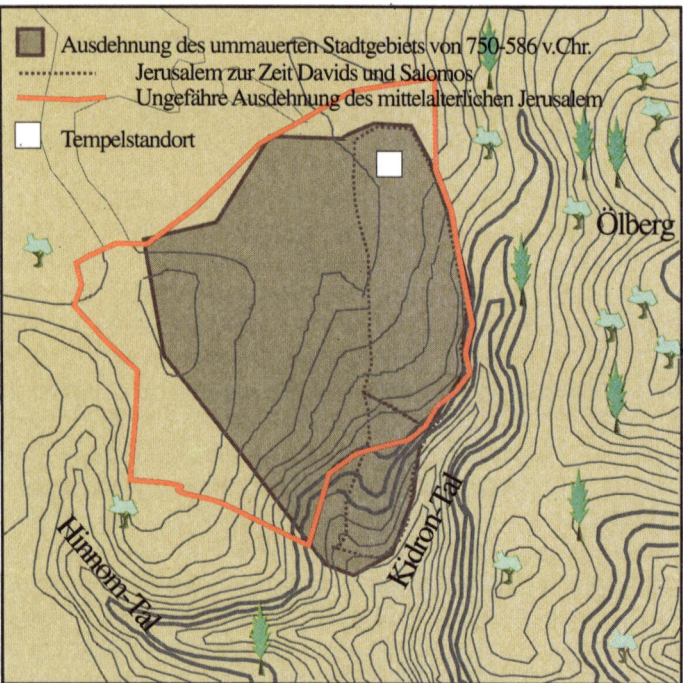

Karte von Jerusalem in der Zeit von 750-586 v. Chr.

Er prangert besonders die Mitglieder der Königsfamilie und die Klasse der Kaufleute an, die sich teure, importierte Kleider leisten können und in ihrer unbegrenzten Freizeit ausländischen Religionen und Kulten folgen. Sie werden als erste am verheerenden »Tag Jahwes« fallen.

Zefanja verhöhnt auch die reichen Agnostiker. Ihr tägliches Leben besteht aus (auf redliche oder unredliche Weise erzielten) Einnahmen und (verschwenderischen) Ausgaben. Mit dichterischer Freiheit vergleicht er die Korruption in den höchsten Ebenen des Staates mit wilden Tieren, die einen Kadaver zerfleddern.

Öffentliche Ohrfeige für Großmacht

Juda, 630 v. Chr.

Den Propheten Judas bedeuten Macht und Reichtum nichts, besonders wenn sie gegen ihr eigenen Land eingesetzt werden. Die neueste Anklage gegen Assyrien wird von einem wenig bekannten Prediger namens Nahum erhoben, der in dem kleinen Dorf Elkosch lebt.

Er verurteilt den assyrischen Oberherrscher Assurbanipal als schlechten Menschen, der gegen Jahwe ins Feld zieht, und tut Ninive, Assyriens Hauptstadt, als gemein und grausam ab. Es wird, so Nahum, von einer ungenannten Nation dieselbe vernichtende Behandlung erfahren, die Assyrien vor 30 Jahren dem ägyptischen Theben zuteil werden ließ.

In einem lebhaften poetischen Stil behauptet Nahum, dass aus Ninive nur Lügen kommen und die Menschen durch Versprechen von Reichtum und freiem Sex angelockt werden. Es hat unschuldige Menschen versklavt und hält andere Nationen in wirtschaftlichem Würgegriff.

Aber die Zeit wird kommen, so seine Warnung, da die Dämme brechen werden und die Stadt mit ihren Prachtbauten in den Fluten versinkt. Fremde Soldaten werden alles töten, was sich regt, und die Stadt ausplündern. Aber vorher werden diejenigen, die Ninive für Freunde hält – reiche Kaufleute und Beamte –, sie ihrer Reichtümer berauben und vor den Invasoren wie ein Schwarm Heuschrecken fliehen.

Nahum zufolge ist dies die Strafe Gottes für alle, die sein Volk unterdrücken. Jahwe, so sagt er, kann die Meere austrocknen und die Erde beben lassen. Er ist ein guter Gott, der für sein Volk sorgt und ihm in schlechten Zeiten Zuflucht bietet. Sein Zorn ist nicht leicht zu entfachen, aber Ninive wird in die Wüste gestampft werden.

(Nahum 1-3)

Die wohlhabende Stadt Ninive erstaunt immer wieder ihre Besucher: hier ein Basrelief eines frühen Perserteppichs, mit dem eine Palastwand bedeckt war.

»Fette, geile Hengste«

Bildersturm fegt Götzen weg

Juda, 620 v. Chr.

Dem jungen Propheten Jeremia zufolge begehen Juda und Israel dieselben Sünden. Das südlicher gelegene Juda hat nichts aus der Zerstörung Israels gelernt und wird in Kürze ebenfalls vernichtet, behauptet er.

In einem plastischen und dabei beleidigenden Vergleich aus dem Sperrbezirk sagt Jeremia, dass Juda den göttlichen Gatten Jahwe verlassen und bei den Göttern anderer Nationen gelegen hat, ohne auch nur rot zu werden.

Was einst von moralischer Bedeutung war, gilt heute als trivial. Die sexuelle Unmoral hat epidemische Ausmaße angenommen und jeder Mann stellt der Frau seines Nachbarn nach »wie ein fetter, geiler Hengst«, behauptet er. Jeremia zufolge sind die offiziellen Religionsführer genauso schuldig wie die bürgerlichen Behörden. Propheten und Priester, die es eigentlich besser wissen sollten, benehmen sich wie alle anderen. Aber er deutet an, dass »Jahwe euch rettet, wenn er nur eine anständige Person unter euch findet«. Jeremia warnt davor, dass eine Armee Jerusalem gnadenlos zerstören wird. Die Nation ist an einem Scheideweg angekommen und sollte den alten Weg des geistigen Gehorsams und des sozialen Mitgefühls einschlagen. Er freut sich auf den Tag, an dem Nachfahren dieser beiden untreuen Nationen von treuen Hirten geleitet zu einem neuen Anfang in ihre Heimat zurückkehren werden.

(Jeremia 1-7)

Jerusalem, 620 v. Chr.

In der oft von Wüsten- und Sandstürmen heimgesuchten Region ist kein Wind so gefürchtet wie der Schirokko. Die heißen, trockenen und staubigen Winde, die das Land zweimal im Jahr heimsuchen, können Geschwindigkeiten von mehr als 100 km/h erreichen. Sie kratzen im Hals und machen reizbar, trocknen das Holz aus und fegen gnadenlos alles hinweg,

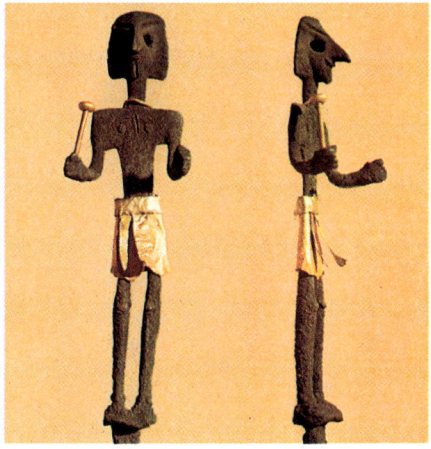

Eine bronzene und eine goldene Baal-Statue aus Aleppo in Syrien

was sich ihnen in den Weg stellt. Aber jetzt weht ein neuer Wind über die Region, der dramatischere Veränderungen als der schlimmste Schirokko bringt, und es gibt keine Anzeichen für ein Nachlassen. Seit einigen Jahren bläst er vom Thron des Königs herunter. Den Propheten zufolge ist es der heiße Atem Gottes, »dessen Weg der Sturm ist«, so die Formulierung des Propheten Nahum.

König Josia ist ein eifriger Anhänger Jahwes und ein Feind aller anderen Religionen. Er hat angeordnet, dass alle Abbilder von Baal und Aschera aus dem Tempel in Jerusalem entfernt werden. Zusammen mit denen von Göttern wie Kemosch und Moloch und Gegenständen der Astralkulte sollen sie im Tal Ben-Hinnom verbrannt werden.

Seine Reform (oder sollte man eher sagen »theologische Revolution«?) lässt an Gründlichkeit nichts zu wünschen übrig: Alle Heiligtümer außerhalb der Hauptstadt wurden zerschlagen. Als ein Akt der Entweihung wurde die Asche der verbrannten Abbilder über Gräber verstreut. Die glücklicheren der Kultprostituierten, Priester und Medien wurden gefeuert, die weniger glücklichen hingerichtet.

Dieser reformistische Sturm weht auch bis nach Israel. Das Heiligtum bei Bethel, die Hauptstätte der Götzenverehrung, wurde zerstört und menschliche Knochen darauf verbrannt, um ihn unrein zu machen.

Josia, der im Alter von acht Jahren König wurde, ist von seinen Beratern im alten Glauben erzogen worden. Er behauptet, dass er mit fünfzehn den Glauben an Jahwe angenommen und mit zwanzig seine Reformen in Angriff genommen hat. Als er Mitte zwanzig war und die Bedrohung durch Assyrien nachgelassen hatte, begann er mit den großen Sanierungsarbeiten am Tempel.

(2. Könige 23,4-25; 2. Chronik 34,3-8)

KURZMELDUNGEN ca. 650-635 v. Chr.

Made in Germany (650 v.Chr.): Obwohl germanische Metallarbeiter immer noch Eimer aus gewalzter Bronze herstellen, fertigen sie jetzt auch kleine Schalen mit Griffen aus fortlaufenden Schlingen. Halbkugelförmige Schalen haben doppelte Schlinggriffe, die mit kreuzförmigen Bronzeplättchen befestigt sind.

Leichenwagen im Grab (650 v.Chr.): Reiche Leute werden zusammen mit Wagen begraben. Bei einer vor kurzem stattgefundenen Beerdigung wurde ein Krieger in einem vierrädrigen Leichenwagen mit mehr als 40 zusätzlichen Gefäßen zur letzten Ruhe gebettet.

Selbst die Toten müssen büßen (645 v.Chr.): Assurbanipal von Assyrien hat die Geduld mit Elam verloren. In einer politischen Kehrtwende hat er das Land verwüstet, das an die Nordküste des Persischen Golfs grenzt. Er hat die Führer gefangen genommen und die elamitische Armee gezwungen, sich seinen eigenen Truppen anzuschließen. Sogar Königsgräber wurden aufgegraben, damit auch die toten Könige litten. So sprach Assurbanipal: »Ich habe die menschlichen Stimmen zum Verstummen gebracht, keine Schafe und Rinder laufen mehr über die Felder und keine fröhlichen Erntelieder erklingen mehr.« Hinter den Kulissen warten bereits die Perser darauf, das verwüstete Elam zu besetzen.

Rechteck statt Kreis (645 v.Chr.): In Gloucestershire werden die alten runden Holzhäuser durch rechteckige Häuser ersetzt, wie sie auf dem Kontinent üblich sind. In Crickley Hill säumen rechteckige Häuser die Straße, die zum Befestigungshügel führt – eine Art der Stadtplanung, wie sie in Europa bereits verbreitet ist.

Familienstreit (638 v.Chr.): In China hat das Königreich Ch'u eine Vormachtstellung inne. Dort herrscht der Herzog von Tsin, der einen Staat zusammenhalten muss, in dem drei Familien um die Macht streiten.

185

Reformation nach Vorschrift

Jerusalem, 622 v. Chr.

Nationale Einheit und religiöse Reform erhielten neuen Auftrieb, als während der Sanierungsarbeiten am Tempel Jahwes ein altes Buch gefunden wurde. Sein Inhalt veranlasste Judas König Josia zu einem unverzüglichen Akt nationaler Umkehr. Er hat seine Anstrengungen, Jahwe zum Mittelpunkt der nationalen Einheit zu machen, verdoppelt.

Obwohl dieser religiöse Akt politische Untertöne hat, ist eine feindliche Reaktion Assyriens inzwischen unwahrscheinlich. Er ereignet sich in einem von Weltuntergangsstimmung und religiöser Erneuerung geprägtem Klima, das während der letzten zehn Jahre bis nach Ägypten und Assyrien zu spüren war.

Das verstaubte und offensichtlich lang vergessene »Gesetzesbuch« wurde von Hilkija gefunden, der als Hohepriester als Einziger Zutritt zum inneren Heiligtum des Tempels hat. Während einer Routinebesprechung über das Sanierungsbudget meldete er den Fund Schafan, dem Sekretär des Königs.

Das Buch stammt aus der Zeit des Mose, der die Israeliten vor 600 Jahren aus der ägyptischen Gefangenschaft führte. Wie viele andere göttliche Gesetzestexte wurde es neben dem zentralen Heiligtum, einer als »Bundeslade« bekannten goldenen Truhe, aufbewahrt.

Als der gläubige König die ewig geltenden Flüche vernahm, mit denen Jahwe Praktiken verurteilte, die inzwischen allgemein üblich sind, zerriss er als ein Zeichen der Reue seine Gewänder. Er entsandte eine Delegation zur Prophetin Hulda, die eine angeheiratete Tante des unerschrockenen jungen Propheten Jeremia sein soll.

Alles, was sie prophezeien konnte, war ein Aufschub der unausweichlichen Bestrafung Judas. Jahwe habe die Sünden der Nation wohl bemerkt, sagte sie, und die Gerechtigkeit Jahwes müsse erfüllt werden. Aber der göttliche Rat hat Josias Reue zur Kenntnis genommen, fügte sie hinzu, und so wird die Strafe erst nach seinem Tod erfolgen.

Nach dieser Verkündung veranlasste Josia das Volk zu einer Erneuerung des Bundes mit Jahwe und verpflichtete es, das Gesetzesbuch zu erhalten. Die Ältesten aus allen Dörfern Judas wurden zur Teilnahme aufgefordert.

Außerdem war das Passafest die größte Feier dieser Art seit der Zeit Samuels vor 400 Jahren. 30000 Schafe und Ziegen wurden rituell geschlachtet und 3000 Rinder als Brandopfer dargebracht. Während Hiskias Reform vor 100 Jahren waren nur 3000 Schafe und 1000 Stiere geopfert worden.

Die Priester und Leviten vollführten die Zeremonie genau nach

Ein fliegender Falke. Dieses goldene Schmuckstück (ca. 600 v. Chr.) wurde von einem ägyptischen Priester getragen.

Vorschrift. Als ein weiteres Zeichen der neuen nationalen Einheit wurden die Opfergaben aus den Vorräten des Königs gestiftet und zentral geschlachtet und gekocht und nicht wie sonst üblich im Familienkreis.

(2. Könige 22,1-23; 2. Chronik 34,8-35,19)

KURZMELDUNGEN
ca. 632-625 v. Chr.

Kein Sportler an der Spitze (632 v. Chr.): Der Versuch von Kylon, einem Adeligen und olympischen Preisträger, die Akropolis zu besetzen und eine Tyrannei zu begründen, ist fehlgeschlagen. Er ist mit der Tochter von Theogenes verheiratet, der Tyrann von Megara wurde, indem er die Herden der Reichen abschlachtete. Aber Kylon fehlte die Unterstützung der breiten Masse und er wurde belagert. Ihm gelang die Flucht, aber seine Freunde, die mit ihm zusammenarbeiteten, ergaben sich und wurden getötet.

Wau, wau (630 v. Chr.): Ein arabischer König, der Assyrien die Unterstützung verweigerte, wurde von Assurbanipal verfolgt und gestellt. Zur Strafe wurde er nach Ninive zurückgebracht und mit einem Halsband in einer Hundehütte angebunden.

Bibliophiler Wüterich (627 v. Chr.): Assurbanipal ist nach 42-jähriger Herrschaft gestorben. Er war einer der rachsüchtigsten Könige Assyriens und kein begabter Politiker oder Stratege. Besonders seine Grausamkeit, aber auch seine Bibliothek in Ninive werden im Gedächtnis bleiben.

Neuer starker Mann (626 v. Chr.): Nabopolassar hat sich selbst zum König über das südliche Sumpfland ernannt und versucht nun, Herrscher über ganz Babylonien zu werden. Er gewinnt Verbündete außerhalb des Landes, darunter die Elamiter, denen er die Götter zurückgegeben hat, die Assyrien vor etwa 20 Jahren erbeutet hat. Einige der Städte werden jedoch noch von Assyrien gehalten.

Platz für die Römer (625 v. Chr.): Das sumpfige Land zwischen den Hügeln Palatin, Esquilinus und Caelius wird entwässert, um einen Versammlungsplatz zu schaffen (das »Forum«). Die Bewohner der umliegenden Dörfer haben sich mit denen der Hügel Quirinal und Viminalis zusammengetan und bilden eine Gemeinde. Ein großer Abfluss nach etruskischem Vorbild wurde errichtet, ebenso eine Brücke über den Tiber, die erste Verbindung zwischen den kampanischen Siedlungen im Süden und Etrurien im Norden.

Gottes Gesetze mit menschlichen Zügen

Das von Hilkija gefundene Gesetzesbuch ist eine Abschrift des 5. Buches Mose. Es ist jedoch kein Lehrbuch des Rechts, sondern enthält drei Kommentare des Mose zu den Gesetzen Jahwes.

Die Hauptlehre ist in den Kapiteln 5-30 enthalten. Ihr voraus geht eine historische Zusammenfassung des israelitischen Lebens in der Wüste nach dem Auszug aus Ägypten (1-4) und es folgen weitere Erzählungen sowie Psalmen. Mittelpunkt ist der Bund Jahwes mit seinem Volk, und die Ausführungen finden ihren Höhepunkt in einer Reihe von Flüchen und Segenssprüchen, denen das versammelte Volk Israels öffentlich zustimmt (27,9-28,68)

Die zu erwartende Strenge ist gelegentlich drastisch – Eltern müssen für die Hinrichtung ihrer ungeratenen Söhne sorgen (21,18-21) –, aber in dem Buch als Ganzes herrscht ein freundlicher Ton. Es zeugt von einem menschlichen Gott, der die Partei der Witwen und Waisen, der fremden Siedler und der Armen ergreift und der von seinem Volk eine ähnlich liebevolle Sorge verlangt.

Trifft jemand zum Beispiel auf die verirrten Tiere eines anderen, so soll er

Archive waren für viele Kulturen von großer Bedeutung. Dies ist der Archivraum von Kuyungik (Ninive), in der Mitte des 19. Jahrhunderts von Layard entdeckt.

sie nicht ignorieren, sondern zusammentreiben und sogar für sie sorgen, bis ihr Eigentümer sie abholen kann (22,1-4). Auf dem Feld wachsende Früchte können von Reisenden zum Verzehr gepflückt, jedoch nicht mitgenommen werden, das wäre Diebstahl (23,25.26). Zur Erntezeit sollen einige Ähren und Früchte absichtlich für die Armen und Landlosen stehen gelassen werden (24,19-22).

Bedürftige Tagelöhner müssen sofort bezahlt werden; ihre Kleider dürfen nicht als Pfand für ein Darlehen genommen werden (24,14-18). Auf Darlehen an Landsmänner dürfen keine Zinsen erhoben werden (23,20.21), und jedes siebte Jahr müssen alle ausstehenden Schulden erlassen werden (15,1-6).

Wird jemand ein Jahr vor der allgemeinen Amnestie um ein Darlehen gebeten, darf er es nicht ablehnen, obwohl er weiß, dass er sein Geld wahrscheinlich nicht wieder sehen wird (15,7-11). Man muss bei der Pfandeintreibung rücksichtsvoll vorgehen und darf die Häuser nicht wie ein Gerichtsvollzieher betreten. Man muss auch einer Person ihren einbehaltenen Mantel jeden Abend zurückgeben (24,10-13).

Könige sollen weder ihren Reichtum absichtlich vergrößern noch ihre Macht und ihren Einfluss darauf verwenden, viele Frauen zu gewinnen. Bei ihrer Krönung muss das Gesetz öffentlich bestätigt werden (17,14-20). Händler müssen korrekte Maße verwenden und die von ihnen benutzten Gewichte müssen auch stimmen (25,13.14).

Sogar dem ernsten Geschäft der Kriegsführung wird ein Hauch Mitgefühl beigegeben. Verlobte oder erst seit kurzem verheiratete Männer sind vom Militärdienst befreit, ebenso wie die, die vor kurzem Land geerbt haben (20,5-9; 24,5). Bevor Städte angegriffen werden, muss ihnen ein Friedensangebot oder das Angebot der Zwangsarbeit gemacht werden; die Obstbäume außerhalb der Städte dürfen nicht gefällt werden, um daraus Belagerungsmaschinen herzustellen oder Brennholz zu gewinnen (20,10-20).

Wie zu erwarten, gibt es auch strenge Gesetze über den sexuellen Umgang miteinander und harte Strafen für Verstöße. Alle Ehebrecher sind hinzurichten (22,22-24). Verlobte Frauen, die in einsamen Gebieten vergewaltigt werden, wo sie keine Hilfe herbeirufen können, werden jedoch verschont; nur der Mann stirbt (22,25-27). Die Vergewaltigung einer ungebundenen Frau wird mit der Ehe »bestraft« (22,28-29). Scheidung ist zulässig (24,1-4). Verboten ist aber, die Kleidung des anderen Geschlechts zu tragen (22,5).

Ein großer Teil des 5. Buches Mose hat die Durchführung der religiösen Zeremonien zum Thema. Der Tag wird herbeigesehnt, an dem es ein zentrales Heiligtum gibt (12), und es gibt ernste Warnungen vor dem Dienst an anderen Göttern. Die Heiligtümer anderer Götter müssen zerstört werden (7,5.6).

»Gott liebt dich« Jahwe stellt sich im Gesetzbuch vor

Er ist der Schöpfer aller Dinge und der einzige Gott, der sich ein Volk mitten aus einem Volk durch Zeichen und Wunder herausholen kann. (5. Mose 4,32-34).

Jahwe allein ist Gott. Du sollst ihn lieben von ganzem Herzen, von ganzer Seele und mit all deiner Kraft. (5. Mose 6,4)

Jahwe hat euch nicht angenommen und erwählt, weil ihr größer wäret als alle Völker – denn du bist das kleinste unter allen Völkern –, sondern weil er euch geliebt hat. (5. Mose 7,7.8)

Er ist ein treuer Gott, der den Bund und die Barmherzigkeit bis in die tausendste Generation für die bewahrt, die ihn lieben und seine Gebote halten. Aber er vernichtet die, die ihn hassen. (5. Mose 7,9.10)

Jahwe ist der Gott aller Götter, der Herr über alle Herren, groß, mächtig und heilig. Er ist unparteiisch und kann nicht unter Druck gesetzt werden. (5. Mose 10,17)

Wenn du die guten Dinge des Lebens genießt, vergiss nicht, dass Gott sie dir gegeben hat – du hast sie dir nicht selbst verdient. Und vergiss nicht all die großen Dinge, die er getan hat, um dich so weit zu bringen. (5. Mose 8,10-18)

Hauptstadt zerstört – Assyrer in Panik

Ninive, 612 v. Chr.
In Assyrien herrscht Verwirrung seit der Zerstörung der Hauptstadt Ninive. Babylonischen Quellen zufolge hatten sich die Skythen mit den Medern verbündet und der babylonische Führer Nabopolassar hatte die Stadt mit einer Blockade belegt. Nach nur drei Monaten fiel die Stadt trotz heftiger Gegenwehr.

Den Angreifern kam der Umstand zugute, dass der Khosr, ein Nebenfluss des Tigris, über die Ufer trat und einen Teil der Verteidigungsanlagen der Stadt wegschwemmte. Die Überlebenden flüchteten Richtung Westen nach Haran, wo Assuruballit, ein Angehöriger des assyrischen Herrschergeschlechtes, zum König ernannt worden war. Er plant, seine Truppen dort aufzubauen und Ägypten, das noch vier Jahre zuvor gemeinsam mit Assyrien gekämpft hatte, um Hilfe zu ersuchen.

Die Meder und Skythen sind allerdings inzwischen aus dem Bündnis ausgetreten und Nabopolassar hat es jetzt sehr eilig, seine Position zu festigen. Zur Zeit hat er Assyrien im Westen bis zur Stadt Nisibis besetzt.

Der Zusammenbruch Assyriens war von mehreren jüdischen Propheten vorhergesagt worden. Jonas Predigten vor einigen Jahrzehnten hatten offenbar eine zeitweilige Änderung zum Besseren bewirkt, was die berüchtigten Übel der Stadt anging, und dadurch eine Verzögerung des von Jahwe angekündigten Gerichtes.

Später dann hatte Nahum die Flut vorhergesagt und Zefanja hatte behauptet, Ninive würde ein Hügel werden, auf dem Schafe weideten.

(vgl. Nahum 2,6-10; Zefanja 2,13-15)

Unnötiger Tod des Reformkönigs

Megiddo, ca. 609 v. Chr.
Ein Versuch König Josias, dafür zu sorgen, dass Juda eine unabhängige Macht bleibt, mit der in der politischen Landschaft des Nahen Ostens zu rechnen ist, ist fehlgeschlagen und hat ihn das Leben gekostet.

Ägyptens Pharao Necho II. marschierte an der Küste entlang nach Norden, um den belagerten Assyrern gegen die Babylonier zu helfen. Josia sammelte seine Truppen bei Megiddo, wo ein enges Tal zwischen sanften Hügeln ins offene Land führt, um dort die Eindringlinge auf ihrem Vormarsch abzufangen.

Sie schickten jedoch ihre Bogenschützen voraus, die gezielt die führenden Kampfwagen beschossen, auf denen sich auch Josia befand, zwar getarnt, aber als Befehlshaber. Er fiel im Pfeilhagel. Ohne seinen König war Juda bereits besiegt.

Das ist das traurige Ende einer langen und bemerkenswerten Herrschaft, traurig auch nicht zuletzt deshalb, weil dieses Ende politisch gesehen einfach unnötig war. Necho hatte nämlich angeboten, Judas Neutralität zu akzeptieren im Gegenzug zu einer sicheren Passage. Und auch er verfehlte sein erklärtes Ziel, Haran vor den Babyloniern zu retten, denn er erreichte die Stadt erst, als diese bereits erobert war. Joahas tritt jetzt die Nachfolge seines Vaters als König von Juda an.

(2. Könige 23,29-30; 2. Chronik 35,20-36,1)

Die Jesreel-Ebene von Megiddo aus gesehen

KURZMELDUNGEN ca. 620-609 v. Chr.

Drakonisch (620 v. Chr.): Ein Anwalt aus Athen, Drakon, hat neue Gesetze für Athen eingeführt, die zum ersten Mal auch niedergeschrieben wurden. Die meisten Vergehen werden mit der Todesstrafe geahndet. Auf die Frage, warum er so streng vorgehe, sagte Drakon, dass kleinere Vergehen die Todesstrafe verdienen und ihm keine härteren Strafen für größere Vergehen einfallen würden.

Zermürbt (620 v. Chr.): Nach einer 11-jährigen Belagerung der Festung Eira haben die Spartaner die Messenier endlich besiegt. Durch die ständigen Guerillaangriffe ihrer Gegner verärgert und geschwächt, haben die Spartaner die Überlebenden als Sklaven genommen und Messenien dem Staat Sparta angegliedert.

Überraschender Rückzug (613 v. Chr.): Aus bisher nicht genau geklärten Gründen haben sich die Meder aus Assyrien wieder zurückgezogen, nachdem sie erst ein Jahr zuvor dort einmarschiert waren und Assur und Tarbisu eingenommen hatten. Außerdem schlossen sie ein Abkommen mit Nabopolassar von Babylon, das ihrer Überzeugung nach ratifiziert ist durch die Eheschließung seines Sohnes Nebukadnezar mit Amyitis, der Enkelin des medischen Königs. Möglicherweise sind die Meder von den Skythen bedroht worden, die kürzlich nach Anatolien und in den westlichen Iran zogen und die Assyrien freundschaftlich verbunden sind.

Marionetten (609 v. Chr.): Ägypten hat, nach einer Amtszeit von nur drei Monaten, Judas rechtmäßigen König Joahas abgesetzt und ihn in Ketten aus der Hauptstadt geführt. Necho II. hat ihn durch einen weiteren Sohn Josias ersetzt, Eljakim, dessen Name als Zeichen seiner Unterwürfigkeit in Jojakim geändert wurde. Jerusalem wurde mit einer harten Besteuerung belegt. (2. Könige 23,31-35; 2. Chronik 36,2-4)

Mit Argumenten dem Tod entronnen

Jerusalem, 608 v. Chr.

Der bekannte Prophet Jeremia ist durch pure Argumentation dem Tode entronnen. Allerdings reichte die Kraft seiner Argumente dann doch nicht aus, um auch einen seiner weniger bekannten Kollegen zu bewahren. Jeremia, seit fast zwei Jahrzehnten der Stachel im Fleisch des religiösen Establishments, wurde vor die Offiziellen der Stadt geschleppt, nachdem er in unmittelbarer Umgebung des Tempels seine bereits oft wiederholte Warnung geäußert hatte, dass Jerusalem zerstört werden wird. Die Ankunft der Offiziellen, die in ihren Büros im Königspalast den Aufruhr mitbekommen hatten, verhinderte wahrscheinlich, dass er von der aufgebrachten Menge wegen Verrats gelyncht wurde.

Mehrere höhere Beamte argumentierten jedoch, dass jemand, der im Namen Jahwes spreche, gehört werden müsse, so schockierend seine Botschaft auch sei. Unterstützung fanden die Beamten bei einigen Ältesten (einheimische Richter), die auf einen Präzedenzfall etwa ein Jahrhundert zuvor während der Herrschaftszeit von Hiskia verwiesen. Damals war der Prophet Micha nicht hingerichtet worden, nachdem er ähnliche Vorankündigungen gemacht hatte.

Dieses Argument beeindruckte König Jojakim allerdings nicht besonders, der erst kürzlich Uria aus Kirjat-Jearim, etwa 16 km westlich von Jerusalem, wegen ähnlicher Behauptungen hatte hinrichten lassen. Es ist nicht das erste Mal, dass Jeremia mit offener Feindseligkeit konfrontiert wurde. Seine eigenen Mitbürger aus Anatot, einer levitischen Stadt, etwa eine Stunde Fußmarsch nordöstlich von Jerusalem, hatten vor einigen Jahren ein Mordkomplott gegen ihn geschmiedet. Der Prophet behauptet, Jahwe habe ihm damals den Plan offenbart und er habe entsprechende Vorkehrungen treffen können.

(Jeremia 26; vgl. 11,18-23)

Die Städte in Israel und Juda wurden häufig von Babyloniern und Assyrern bedroht. Dabei benutzten die Angreifer technologisch hoch stehende Waffen wie diesen Sturmbock.

Welches Spiel spielt eigentlich Gott?

Juda, 605 v. Chr.

Wenn Gott wirklich gut und gerecht ist, wie kann er dann aktiv ein Team von babylonischen Barbaren unterstützen, das alle Regeln der Gerechtigkeit mit Füßen tritt und dann noch infolge seiner Anweisungen und seiner Anleitung zu Macht und Reichtum gelangt? Die uralte Frage, weshalb Gott das Böse zulässt, hat durch einen Berufspropheten, der die gängige Richtung jüdischer Glaubenspraxis vertritt, eine besondere theologische Wendung genommen.

Habakuk, dessen Stil und Anliegen viel Ähnlichkeit mit denen des bekannteren Jeremia haben, behauptet, eine Antwort auf diese Frage gefunden zu haben, die allerdings immer noch eine Glaubenssache bleibt. Die soziale und politische Korruption in Jerusalem betrachtend, stellt er die Frage, ob Gott schläft oder aber unfähig ist. Auf die Standardantwort, dass Jahwe eine ausländische Macht benutzt, um sein eigenes Volk zu bestrafen, stellt Habakuk die Frage, wie Gott denn eine Bestrafung gutheißen kann, die noch schlimmer ist als das ursprüngliche Vergehen. »Du bist zu rein, um Böses ansehen zu können«, antwortet er daraufhin. »Aber du stehst dabei und schaust zu, wie die Invasoren ein perverses Vergnügen daran finden, die Leute hinzuschlachten.« Er gelangt letztlich zu der Antwort, dass die Babylonier für ihr übles Vorgehen Gottes Zorn hervorrufen: »Weh dem, der eine Stadt mit Blut baut … der muss im Feuer verbrennen.« Er behauptet, dass Jahwe sagt: »Was sie anderen angetan haben, wird irgendwann ihnen selbst widerfahren.« Aber das hilft jetzt auch niemandem weiter, behauptet Habakuk: Das Volk Gottes leidet und es ist keine Gerechtigkeit erkennbar, nicht einmal in der Ferne. Darauf erhält er die Antwort, dass Gott sich darum kümmern wird, bevor die Weltgeschichte zu Ende ist, auch wenn Habakuk und seine Zeitgenossen längst von der Bühne abgetreten sind.

»Mein Volk wird in Sicherheit sein durch seinen Glauben an mich«, sagt Jahwe ihm, »und eines Tages wird die Erde erfüllt sein von dem Wissen um Gott. Seid still und vertraut mir.«

Als Antwort bittet Habakuk Jahwe, seine Machterweise aus der Vergangenheit zu wiederholen.

(Habakuk 1-3)

Traumjob für Traumdeuter

Babylon, 604 v. Chr.

Ein junger jüdischer Adeliger hat einen Traumjob in seiner neuen Heimat bekommen (auch wenn er sie nie so nennen würde). Er wurde Herrscher über die Provinz Babylon mit spezieller Verantwortlichkeit für die Sterndeuter und Weisen. Diese haben allen Grund, den fremden Emporkömmling willkommen zu heißen, denn er hat sie gerade vor der Hinrichtung gerettet durch seine scharfsinnigen Erkenntnisse über die Träume König Nebukadnezars.

Der junge Edelmann, von Nebukadnezar »Beltschazar« genannt, unter seinen Mitjuden besser bekannt unter dem Namen »Daniel«, gehörte zu den Juden, die vergangenes Jahr aus Jerusalem deportiert wurden. Diese Aktion war einer von Nebukadnezars Versuchen, sich die rebellische Stadt im Westen zu unterwerfen. Daniel war ausgesucht worden, weil er gut aussah, einen gut entwickelten Verstand hatte und von adliger Herkunft war.

Nebukadnezar hatte seine Astrologen mit der für sie unlösbaren Aufgabe konfrontiert, ihm sowohl den Inhalt als auch die Bedeutung eines Traumes zu nennen, der ihn umtrieb. Andernfalls hatte er ihre Hinrichtung angedroht. Er glaubte, dass nur jemand, der den Inhalt des Traumes weissagen könne, auch so vertrauenswürdig sei, ihn unvoreingenommen zu deuten. Daniel behauptete nun von sich, sowohl Inhalt als auch Deutung von Jahwe erfahren zu haben.

Er sagte, dass eine Statue aus verschiedenen Metallen, teilweise durch einen Stein zerstört, für eine Reihe von Königreichen stehe, die letztlich die Stelle Babylons einnehmen würden. Alle würden zermalmt werden durch das ewige Reich, das Gott errichten werde, sagte er.

Nach seinem kometenhaften Aufstieg zur Macht bat Daniel darum, drei weitere Exiljuden namens Schadrach, Meschach und Abed-Nego als seine Assistenten über die anderen Bezirke zu setzen, damit er selbst am Hofe bleiben könne. In seiner Begeisterung hätte Nebukadnezar ihm vermutlich noch vieles mehr gewährt, aber eine spezielle Eigenschaft des jungen Mannes ist seine Genügsamkeit. Er und seine Gefährten haben konsequent die reichhaltigen königlichen Speisen abgelehnt, vielleicht weil sie für sie persönlich Verbindung zu religiösen Ritualen hatten, welche sie ablehnten.

(Daniel 1 und 2)

Lebenswerk in Flammen – halb so schlimm

Jerusalem, 605 v. Chr.

Hilflos mit ansehen zu müssen, wie das eigene Lebenswerk in Rauch aufgeht, gehört wahrscheinlich zu den schlimmsten Tragödien eines Lebens. Aber für Jeremia muss ein Vierteljahrhundert an Prophetie noch einmal geschrieben werden, nachdem König Jojakim seine einzige Niederschrift davon absichtlich ins Feuer geworfen hat. Zum Glück hat Jeremia wahrscheinlich seine Botschaft auswendig gelernt, weiß man in diesem Volk doch um die Kunst, auch lange Texte zu behalten.

Die Tinte auf der langen Schriftrolle mit Vorhersagen und Warnungen war noch nicht ganz getrocknet, als Jeremias Sekretär Baruch sie anlässlich eines Fastentages, der wegen der babylonischen Bedrohung anberaumt worden war, im Tempel vorlas.

Der Vorfall wurde dem König gemeldet und die Schriftrolle gelangte zu Jojakim, der dermaßen in Wut geriet, dass er jeden einzelnen Absatz, den er gelesen hatte, abschnitt und in die Kohlenpfanne warf. Es heißt, seine Beamten hätten ihm allerdings von dieser Aktion abgeraten. Er ordnete die Verhaftung Jeremias und Baruchs an, die sich zur Zeit versteckt halten.

Jeremia diktierte die Prophetien später noch einmal auf eine neue Schriftrolle, allerdings nicht in chronologischer Reihenfolge. Wenn Baruch sich dann über Krämpfe in den Händen beklagte, dann bekam er eine frische persönliche Botschaft von Jahwe, die ihn aufforderte, nicht für sich selbst Großes zu suchen, sondern sich mit Gottes Zusage zufrieden zu geben, dass er in Sicherheit sei.

Der Prophet begann mit seiner Arbeit vor ungefähr 23 Jahren, Seine Argumentation ist in diesem gesamten Zeitraum gleich geblieben – ebenso wie die Weigerung der Juden, sie zur Kenntnis zu nehmen. Jetzt warnt er, dass das jüdische Volk Babylon 70 Jahre lang wird dienen müssen.

(Jeremia 25,1-14; 36;45)

Sozialreformer an der Spitze

Die athenische Agora, der Marktplatz, war das Zentrum politischer Aktivität.

Athen, 594 v. Chr.

Die Athener haben den Dichter Solon in einem verzweifelten Versuch, die sich ständig vertiefenden sozialen, wirtschaftlichen und politischen Krisen zu lösen, zum obersten Magistrat gewählt. Besonders unter den zahllosen Kleinbauern herrscht Unzufriedenheit, weil sie als Sklaven verkauft werden können, wenn sie nicht in der Lage sind, ihre steigenden Schulden an die reichen Grundbesitzer zurückzuzahlen.

Auch die ärmeren Leute fühlen sich machtlos, weil die Regierung ausschließlich in den Händen von Aristokraten liegt, die ein Geburtsrecht auf die Macht haben. Solon, der von vielen als weise, gerecht und ehrlich anerkannt wird, hat ein Herz für die sozial Unterdrückten. Er behauptet, die bestehenden Probleme rührten von Habgier und Ungerechtigkeit her und beides zerstöre das politische Leben und die persönliche Freiheit.

Zu den von ihm vorgeschlagenen Reformen gehört auch ein Erlass aller Hypothekenschulden sowie die Einführung neuer Münzen und eine entsprechende Reform der Gewicht- und Maßeinheiten.

Alle Bürger sollen in vier Klassen eingeteilt werden, und zwar entsprechend ihrer jährlichen Mais-, Wein- und Ölproduktion, und sie sollen zum Rat zugelassen werden mit einer gewählten Volksversammlung von 400 Mitgliedern, in die alle gewählt werden können außer den Angehörigen der untersten, vierten Klasse. Die Leute qualifizieren sich also jetzt zur Beteiligung am Rat des Areopags durch Besitz statt durch Geburt. Außerdem sollen alle Gesetze Drakons außer denen im Zusammenhang mit Totschlag durch eine neue, humanere Gesetzgebung ersetzt werden.

Die Reaktion auf Solons Reformen sind gemischt. In dem Versuch, es allen recht zu machen, hat er es geschafft, dass sie niemandem recht sind, aber er hat ein hohes Maß an Elend gelindert, wenn nicht gar abgeschafft, und hat den Weg geebnet für eine Intensivierung von Handel und Gewerbe.

Solon, der große Sozial- und Gesetzesreformer in Athen

Junge Kuh wird »ausgebremst«

Karkemisch, 605 v. Chr.

In der poetischen Sprache des Propheten Jeremia wird eine wunderschöne junge Kuh von einer hässlichen Bremse niedergestreckt. Dieselbe Aussage eher prosaisch formuliert: Das ägyptische Heer ist in dieser Stadt am Euphrat von den Babyloniern vernichtend besiegt worden. Die Sieger marschieren jetzt Richtung Südwesten nach Syrien und Juda hinein.

Vielleicht in Anlehnung an die Darstellung ägyptischer Götter als Kühe beschreibt Jeremia das Land als eine »schöne junge Kuh«. Ägypten ist der einzige ernst zu nehmende Herausforderer an Babylons Ehrgeiz gewesen, die Herrschaft über das ehemalige assyrische Reich zu erlangen.

Pharao Necho II. hatte sich bereits der Einwilligung Judas versichert, indem er dessen neuen König Joahas abgesetzt und stattdessen Jojakim inthronisiert hatte. Aber nun, da er bei Karkemisch besiegt wurde, ist Necho von Nebukadnezar 225 Kilometer nach Süden abgedrängt worden und wieder auf dem Weg nach Hamat.

Das einzige Hindernis für weitere Eroberungen im Raum des Nahen Ostens ist nun noch die geringfügige Verspätung, die durch Nebukadnezars plötzliche Rückkehr nach Babylon verursacht wurde, wo er nach dem Tod seines Vaters Nabopolassar den Thron besteigen soll.

(2. Könige 23,31-35; 2. Chronik 36,2-4; Jeremia 46)

Gottes weinender Prophet

Jerusalem, 597 v. Chr.

Die Hauptstadt von Juda ist ein Tränenmeer: Familien werden auseinandergerissen, Häuser zerstört und Besitztümer von den plündernden Truppen Nebukadnezars weggeschleppt. König Jojachin, vom Propheten Jeremia beschrieben als »Gefäß, das niemand haben will«, ist als Gefangener nach Babylon gebracht worden.

Diese kleine Lehmtafel (hier in Originalgröße) stammt aus der Babylonischen Chronik aus den Jahren 605-594 v. Chr. Unter anderem zeichnet sie die Krönung Nebukadnezar II. und den Sieg über Juda 597 v. Chr. auf sowie die Inthronisation des Marionettenkönigs Zedekia.

Und niemand weint lauter als der Prophet selbst, der das Unglück vorhergesagt und seine Landsleute vergeblich gedrängt hat, etwas zu unternehmen, um es abzuwenden.

»Wo ich in ländlichen Gebieten auch hinkomme, sehe ich niedergemetzelte Menschen«, berichtet er. »In den Städten sieht man überall nur Hungersnot. Viele Priester und Führer sind wie Tiere zusammengetrieben und nach Babylon geführt worden.«

Das trauernde Sprachrohr Jahwes beruft sich darauf, dass Gott seinen Bund nicht brechen und dass er irgendwie aus Kummer wieder Hoffnung machen wird.

Drei Monate lang hatten Nebukadnezars Truppen in den Bergen gelagert, seit der Zeit, als der jugendliche Jojachin die Thronfolge von seinem Vater Jojakim übernommen hatte,

der eines natürlichen Todes gestorben war. Trotz langjähriger Warnungen durch Jeremia und andere Propheten hatte die königliche Familie an ihrem extravaganten Lebensstil und ihrer zweifelhaften Moral festgehalten.

»Ein großes Haus zu haben macht einen noch lange nicht zum König«, hatte Jeremia einmal gesagt. »Josia war, was Luxus und Reichtum angeht, genügsam und engagierte sich für soziale Gerechtigkeit. Das hat ihn gerettet und es könnte auch dich retten«, sagte er zu Jojakim, dessen ererbte Verwaltung durch innere Korruption gespalten war. »Steig von deinem stolzen Thron herab, bevor dein Volk in alle Winde zerstreut wird wie Spreu«, bat er.

Unter den 10000 Männern, Frauen und Kindern, die Berichten zufolge in die Gefangenschaft gebracht worden sind, wird auch der Priester Paschhur vermutet, der Jeremia persönlich wegen seiner Ankündigung der Niederlage eingesperrt hatte. Paschhur war gesagt worden, dass sein Lohn für die Inhaftierung des Predigers das Exil für ihn selbst und seine Familie sein würde.

Das Volk wird sich einer kleinen Gruppe von Juden anschließen, die deportiert wurden, als Nebukadnezar vor acht Jahren durchs Hatti-Land (Syro-Palästina) wütete. Damals hatte er Kamelladungen von Kostbarkeiten aus dem Tempel mitgenommen und Mattanja, einen Sohn Josias, auf den Thron gesetzt, nachdem er ihn als Zeichen seiner Unterwerfung in »Zedekia« umbenannt hatte.

(2. Könige 24,8-17; 2. Chronik 36,9-10; Jeremia 14,17-22; 20,1-6; 22,1-30)

Überlebensgroßes Relief aus glasierten Ziegeln aus dem Palast Sargons: ein Soldat in festlicher Kleidung. In Sargons Audienzsaal befanden sich viele solche Bilder. Sie dokumentieren eindrücklich Reichtum und Pracht Babylons.

Juda, ca. 600 v. Chr.

Die Nachkommen Esaus werden laut einer Aussage des wenig bekannten Propheten Obadja wieder in Schwulitäten kommen. Die Nachfahren des Sohnes Isaaks, der das Recht seiner Erstgeburt für einen Linseneintopf an seinen Zwillingsbruder Jakob verkaufte, besetzen jetzt Edom bis zum Südosten des Toten Meeres.

Nun bekommen sie in Gewalt ausbezahlt, was sie anderen zugemessen haben, besonders den Nachkommen Jakobs in Israel und Juda, behauptet Obadja. Man wird in ihre scheinbar uneinnehmbaren Schluchten und Hochebenen eindringen und ihre Siedlungen werden zerstört werden. Der Prophet wiederholt allerdings lediglich Worte seines bekannteren Zeitgenossen Jeremia. Edoms Antipathie reicht zurück bis in die Zeit der Urväter und oft ist es an die Nachbarn versklavt gewesen. Häufig hat es rebelliert und jetzt heißt es, dass es sich an Judas derzeitiger Unterdrückung durch Babylon weidet.

(Obadja)

Prediger spielt den Ochsen

Jerusalem, ca. 593 v. Chr.

Syrien und ganz Palästina werden von dem judäischen Propheten Jeremia aufgefordert, sich dem Joch der Babylonier zu unterwerfen. Er hat sich sogar ein Schulterjoch gebaut und trägt es in der Öffentlichkeit, als lebendige Werbung für eine Botschaft, die von vielen als Verrat betrachtet wird.

In seiner letzten Rede behauptet der Prophet, dass Jahwe Nebukadnezar Judas Nachbarvölker in die Hand geben wird, ebenso wie auch Juda. Jedes Land, das versucht, sich zu widersetzen, wird am Ende dem Erdboden gleichgemacht, sagt er.

Von den meisten Berufspropheten Jahwes und von den Medien und Zauberern anderer Religionen erfährt die Botschaft Jeremias Widerspruch. In einem Wortgefecht vor zwei Monaten nahm der wütende Hananja Jeremia das Joch von den Schultern, zerbrach es und behauptete, dass Babylon innerhalb der nächsten beiden Jahre ebenso zerbrochen sein werde.

»Ich wünschte, es wäre so!«, rief Jeremia, »aber weil die Prüfung eines Propheten darin besteht, ob sich seine

Diese kleine Tafel beschreibt Sonnen- und Mondfinsternisse über einen Zeitraum von 60 Jahren

---

Worte bewahrheiten oder nicht, werden wir wohl abwarten müssen, um festzustellen, wer Recht hat. Du wirst noch dieses Jahr sterben.« Jahwe hat sich nicht viel Zeit gelassen, sein Wort zu erfüllen: Hananja ist bereits gestorben.

(Jeremia 27 und 28)

Fühlt euch ganz wie zu Hause!

Jerusalem, ca. 593 v. Chr.

Tausenden jüdischen Exilierten, die sich zur Zeit in ihrer neuen Umgebung niederlassen, ist vom Propheten Jeremia mitgeteilt worden, sie sollen sich häuslich niederlassen und nicht mit einer schnellen Rückkehr rechnen. Sie wurden angewiesen, Häuser zu bauen, Familien zu gründen und sogar für das Wohl derer zu beten, von denen sie gefangen gehalten werden. Es wird 70 Jahre dauern, bis überhaupt irgendeiner ihrer Nachkommen zurückkehren wird, sagt er voraus.

»Ich weiß wohl, was für Gedanken ich über euch habe, spricht Jahwe, Gedanken des Friedens und nicht des Leides, dass ich euch Zukunft und Hoffnung gebe.« »Ihr werdet mich suchen und finden; denn wenn ihr mich von ganzem Herzen suchen werdet, so will ich mich von euch finden lassen … und will euch wieder an diesen Ort bringen, von wo ich euch habe wegführen lassen.« – Diese Botschaft ist in einem Brief enthalten,

Goldenes Streitwagenmodell, nur 6cm hoch. Möglicherweise war in natura der Wagenführer kleinwüchsig. Der Insasse des Wagens trägt elegante Kleidung mit langen Ärmeln.

der an die Gefangenen in Babylon geschickt wurde. Der Brief fasst außerdem eine längere Prophetie zusammen, die Jeremia an die babylonischen Oberen sandte, und in der er den Niedergang Babylons vorhersagt. Die stolzen Götter der Heiden werden durch die Chaldäer gedemütigt werden, die gegenwärtig das Land bis in den Osten Babylons besetzt halten, sagt er.

(Jeremia 29; 50-51)

Babylon breitet sich aus

Das Babylonische Reich reichte vom Persischen Golf bis zum Mittelmeer. Entscheidend für seine Expansion war die ausgefeilte Technik der Eisenschmelze, das militärische Können und die ganz und gar skrupellose Art und Weise, ganze Völker zu unterjochen.

Exzentrischer Exilprediger

Babylon, 592 v. Chr.

Jeden Tag begibt sich ein jüdischer Priester an dieselbe Stelle an einen Straßenrand in der Vorstadt, wo er aus Lehm ein Minimodell von Jerusalem gebaut hat. Er legt sich auf seine linke Seite neben das Modell auf den Boden. In regelmäßigen Abständen steht er auf, um Getreide, Bohnen und Öl aus Vorratsbehältern zu nehmen und über einem Feuer aus Kuhdung daraus Brot zu backen.

Hesekiel wird von vielen seiner Landsleute milde belächelt. Seit einem Jahr führt er jetzt dieses Ritual durch, und kürzlich ist er auch noch dazu übergegangen, sich auf die rechte Seite zu legen. Er erklärt, das sei ein Symbol für Jahwes Bestrafung der Stadt.

Jetzt hat er seinem exzentrischen Repertoire allerdings noch ein weiteres Spektakel hinzugefügt. Er hat seine Sachen gepackt und aus dem Inneren seines Hauses heraus gräbt er ein enges Loch durch die Hauswand und geht dann mit seinem Bündel davon. Das, so behauptet er, sei das Schicksal des Volkes zu Hause. Sie werden nach Babylon gebracht werden, um sich so König Jojachin anzuschließen, der ebenfalls in Gefangenschaft ist.

Der Priester, der behauptet, dass er zum Propheten berufen wurde, nachdem er mit der ersten Gruppe von Exilierten in Babylon ankam, ist unerschütterlich davon überzeugt, dass der Aufenthalt der Juden in Babylon sehr lange dauern und dass Jerusalem verwüstet werden wird. Er wiederholt damit die Botschaft des in Juda gebliebenen Jeremia. Selbst wenn Noah und Hiob noch am Leben wären und sich mit Daniel zusammentäten, um für das Volk zu beten, würde es ihnen lediglich gelingen, sich selbst zu retten, sagt er.

Hesekiel verwendet eine lebendige Bildsprache um seine düstere Predigt zu untermauern: Juda ist wie ein neugeborenes Kind, das von seinen Eltern verlassen, dann aber von einem freundlichen Wohltäter gerettet wurde, sagt er. Als das Kind aber erwachsen wurde, wurde es zur Prostituierten und seinen Freiern übergeben – den Göttern anderer Länder –, um von ihnen missbraucht zu werden.

(Hesekiel 1-19. Modell: 4,1-5,17; gepacktes Bündel: 12,1-28; Prostituierte: 16,1-63).

Drastische Strafe für »Ehebruch«

Babylon, 591 v. Chr.

Ein geschliffenes Schwert, das im Licht der Herrlichkeit Gottes aufblitzt, schwebt über Juda, um darauf niederzugehen, und jüdischen Ältesten ist gesagt worden, es bestehe keine Hoffnung auf Begnadigung.

Eine Anfrage der Gemeindeleiter der ausgebürgerten Juden an ihren Propheten Hesekiel bezüglich der Zukunft ihres Heimatlandes ergab eine ebenso direkte wie drastische Antwort, wie sie typisch für ihn ist. Er wiederholt nämlich, wie sonst auch in regelmäßigen Abständen, die Verdammung des geistlichen »Ehebruchs« des Volkes.

Juda und Israel verhielten sich wie ein Hurenpaar, sagte er ihnen in manchmal sehr deutlichen Vergleichen. Sie hätten sich mit Fremden niedergelegt, »deren Fleisch wie das Fleisch der Esel und deren Erguss wie der Erguss der Pferde ist«. Jahwes Antwort darauf wird sein, sie auszuziehen, ihre Brüste zu zerreißen und in Stücke zu hauen, fügte er noch hinzu.

Liberaler nach Blick in den Ofen

Babylon, ca. 590 v. Chr.

König Nebukadnezar hat die Religion der Juden, einer der Gruppen, die sich im Raum Babylon in Gefangenschaft befinden, für legal erklärt. Er hat die Todesstrafe eingesetzt für jeden, dem die Lästerung ihres Gottes nachgewiesen wird. Diese Entscheidung stellt eine Kehrtwende dar nach seinem kürzlich gescheiterten Versuch, politische Loyalität anzuordnen. Es folgte die offenbar wundersame Bewahrung dreier jüdischer Dissidenten im Feuerofen, zu dem sie wegen Gotteslästerung verurteilt worden waren.

Die drei Juden Schadrach, Meschach und Abed-Nego sind alle Bezirksverwalter, denen die Teilnahme an der Einweihungsfeier angeordnet worden war. Als sie sich weigerten, wurde ihr Fernbleiben den einheimischen Offiziellen gemeldet, die eifersüchtig waren auf den schnellen Aufstieg der Emigranten. Die drei protestierten, sie könnten sich keinesfalls vor einem anderen Gott verbeugen als vor ihrem eigenen, der niemals in einem Bild darstellbar oder erfassbar sei.

Nebukadnezar schickte sie daraufhin in die weiß lodernden Flammen, aber er behauptet, er habe im Feuerofen einen Engel gesehen, der die drei jungen Männer beschützt hätte. Sie wurden unversehrt befreit und sogar befördert.

(Daniel 3)

Die drei Männer im Feuerofen: Illustration aus den christlichen Katakomben in Rom, um 220 n. Chr. Diese Darstellung stammt demnach aus einer Zeit, in der es für Christen durchaus realistisch war, mit der Möglichkeit zu rechnen, verbrannt zu werden.

Dreifacher Verrat des Königs

Jerusalem und Babylon, 588 v. Chr.
Der Versuch eines Bündnisses mit seinem alten Feind und neu gewonnenen Verbündeten, Pharao Hofra von Ägypten, ist für König Zedekia von Juda fehlgeschlagen. Jetzt muss er sich einer dreifachen Anklage wegen Verrates stellen.

Nebukadnezar, der ihn zum König gemacht hatte im Gegenzug zu seinem Wohlverhalten, hat auf den politischen Verrat reagiert, indem er ungehindert nach Jerusalem marschiert ist und es mit einer Blockade belegt hat. Innerhalb der Hauptstadt äußert der unverblümte Kritiker Jeremia zum wiederholten Male seine Überzeugung, dass alle Bündnisse und Strategien einer Opposition gegen Babylon zum Scheitern verurteilt sind.

Er verurteilt Zedekia allerdings auch für die Umkehr einer früheren Politik, nämlich in Übereinstimmung mit dem Gesetzesbuch, das sein Vater Josia entdeckt hatte, alle hebräischen Sklaven freizulassen. Die befreiten Sklaven sind jedoch wieder in den Dienst gepresst worden, ein Sachverhalt, der von Jeremia als sozialer Verrat bezeichnet wurde. Und drüben in Babylon hat der im Exil lebende Priester Hesekiel Zedekias Wortbruch Nebukadnezar gegenüber als geistlichen Verrat verurteilt. Der Bündnisschwur war nämlich im Namen Jahwes geschlossen worden. Eines der jüdischen Gebote lautet, dass der Name Gottes nicht leichtfertig benutzt werden darf. Einen solchen Schwur einem Menschen gegenüber zu brechen sei nichts anderes, als Jahwe selbst gegenüber wortbrüchig zu werden, behauptet Hesekiel.

(2. Chronik 36,13; Jeremia 34,8-22; 52,3; Hesekiel 17,11-24; vgl. Jeremia 24,8)

Das große Babylon

Blockade gelockert

Jerusalem, 588 v. Chr.
Gerüchte über eine Invasionstruppe, die aus Richtung Ägypten anmarschiert, haben zu einer Lockerung der Blockade Jerusalems geführt und ermöglichen es den Einwohnern der Stadt, wieder ein halbwegs normales Leben zu führen. Nach Aussagen des Propheten Jeremia wird diese Atempause jedoch nur vorübergehend sein.

Jeremia gehörte zu den Ersten, die die Freiheit nutzten, die Stadt durch das Haupttor zu verlassen. Er behauptet, Familienangelegenheiten im Familiensitz Anatot regeln zu müssen.

Als Sympathisant der Babylonier wurde er jedoch von den Wachen unter dem Verdacht der Desertion festgenommen. Nachdem man ihn ausgepeitscht hatte, wurde er ohne Gerichtsverfahren zu Kerkerhaft verurteilt.

Laut ägyptischen Quellen war der Auftrag, Juda zu helfen, die Reaktion auf ein Hilfeersuchen eines hochrangigen Armeeoffiziers der judäischen Armee.

(Jeremia 37,1-16)

Dieses Luftbild des früheren Babylon zeigt im Vordergrund die Reste vom Palast Nebukadnezars sowie vieler weiterer Gebäude.

Oberster Wendehals

Jerusalem, 588 v. Chr.

Einzelheiten aus Geheimgesprächen zwischen König Zedekia und dem Propheten Jeremia sind jetzt bekannt geworden. Zedekia hat sich offenbar aus reinem Opportunismus zwischen alle Stühle gesetzt.

Es heißt, Zedekia habe ganz offen seine Angst vor Folter durch probabylonische Juden eingestanden, falls er sich Nebukadnezar ergeben sollte. Es ist jedoch auch bekannt, dass er Angst vor den Gruppen hat, die für den Widerstand eintreten und denen die Loyalität der meisten seiner Offiziere gilt.

Während des privaten Gespräches wiederholte Jeremia nicht nur seinen Rat, ohne viel Aufhebens zu kapitulieren, sondern er bestätigte dem König außerdem, dass er und seine Familie für den Fall einer Kapitulation künftig nicht zu leiden haben würden. Sollte Zedekia sich jedoch weigern und Widerstand leisten, würden weder er selbst noch seine Nachkommen mit heiler Haut davonkommen.

Bereits zwei Mal zuvor wurden Staatsbeamte geschickt, um Jahwes Wort aus dem Munde Jeremias zu erfahren. Nach einem früheren vertraulichen Treffen ordnete Zedekia persönlich an, dass der Prophet, der zu dem betreffenden Zeitpunkt eine Gefängnisstrafe absaß, unter humaneren Bedingungen unter Hausarrest gestellt und von der Krone versorgt werden sollte.

Diese Anordnung wurde von einigen ignoriert, die sich bei Zedekia über Jeremias »Verrat« beschwerten und Jeremia, wenn nicht mit ausdrücklicher Zustimmung des Königs, so doch mit dessen Kenntnis, zu einem langsamen Tod in einer ungenutzten unterirdischen Zisterne verurteilten, die halb mit Schlammwasser gefüllt war.

Dann unterstützte der König jedoch einen Sympathisanten des Propheten, der eine Rettungsaktion organisierte. Zedekia wird durch die erstaunliche Anzahl seiner politischen Kehrtwendungen als der oberste aller Wendehälse in die Geschichte eingehen.

(Jeremia 21; 34; 38; vgl. 39)

Eine Stadt wird ausgehungert

Jerusalem, Frühjahr 587 v. Chr.

Die Belagerung Jerusalems, die jetzt wieder begonnen hat, mutet befremdlich an. Das Lager der Babylonier mit seinen flatternden Standarten und dem ewig aufsteigenden Rauch aus den Zelten ist von der Stadtmauer Jerusalems aus klar zu erkennen.

Gegen diese Mauern bauen die Bauleute der Angreifer riesige Rampen aus Steinen und Erde. Dort hinauf werden die Soldaten klettern, durch Baldachine vor Stein- und Pfeilhagel geschützt, der von verzweifelten Verteidigern von den Festungswällen aus abgefeuert wird. Eine solche Szene ist nicht ungewöhnlich, eine Wiederholung unzähliger anderer, die sich so oder ähnlich abgespielt haben. Und dennoch ist die Stadt gar nicht so sehr unter Belagerung als vielmehr unter Blockade.

Töpferscherbe aus den Ruinen des Torhauses in Lachisch. Eingraviert findet sich ein Brief eines jüdischen Soldaten an einen Offizier aus den letzten Tagen der Belagerung durch die Babylonier.

Von hohen hölzernen Wachtürmen aus, die um die Stadt herum aufgestellt sind, weisen die babylonische Wachen jeden waghalsigen Händler ab, der in die Stadt hinein will, um dort mit frischen Lebensmitteln das große Geld zu machen. Niemand und nichts darf in die Stadt hinein, und die Nahrungsmittelvorräte gehen langsam zur Neige. Hunger ist Nebukadnezars stärkste Waffe; schwache Menschen können nicht kämpfen, so gut ihre Stadt auch befestigt sein mag.

Einzelne können jedoch nichtsdestotrotz kommen und gehen. Zweifellos schaffen sie es, einige kostbare Laibe Brot an den Wachen vorbeizuschmuggeln oder frisches Gemüse aus den Dörfern vom Lande, obwohl viele Siedlungen von den Invasoren auch verwüstet worden sind, als sei ein Heuschreckenschwarm über die gesamte Region hinweggefegt. So gesehen geht das Leben weiter wie bisher.

Ein Mann, der sich das zu Nutze gemacht hat, ist Jeremia, der probabylonische Prophet und Ratgeber König Zedekias. Obwohl er im Kasernenbereich unter Hausarrest steht, darf er Besuch empfangen. Ein Besucher war sein Cousin Hanamel aus dem Dorf Anatot. Die beiden haben gerade einen Handel besiegelt, um die Landbesitzurkunden gemäß dem strengen Erbrecht Judas Jeremia zu übergeben.

Der Prophet ist überglücklich. Das, so behauptet er, sei ein Zeichen Jahwes, dass eines Tages an diesem Ort wieder Felder ge- und verkauft würden, und dass der Menschen wieder hergestellt werden soll. An jenem Tag werde Gott einen gerechten Führer aus dem königlichen Geschlecht Davids erstehen lassen.

Für diejenigen jedoch, deren Hoffnung auf eine Atempause im Leiden wächst, fügt er hinzu, dass die Stadt zuvor noch zerstört werden müsse.

(2. Könige 25,1-3; Jeremia 15,4-6; 32; 33; 37,17-21; 39,15-18)

Die meisten Dörfer hatten wie dieses heutige Dorf (Siwan) keine Befestigungsanlagen.

Flüchtiger König Jerusalem in Flammen

Jerusalem, 587 v. Chr.

Nicht nur Ratten verlassen ein sinkendes Schiff, manchmal auch der Kapitän. So geschehen bei der Belagerung Jerusalems. Die Stadt Jerusalem wirkt derzeit wie ein leckgeschlagenes Schiff ohne Mann auf der Kommandobrücke, während Wogen babylonischer Soldaten es überrollen.

Jetzt kann durch nichts mehr verhindert werden, dass das einstige Flaggschiff Judas unter der babylonischen Vorherrschaft versinkt. Die nördlichen Befestigungswälle sind niedergerissen worden, um die Angreifer hereinzulassen, und die militärischen Verteidiger und zivilen Führer haben in aller Eile ihre Posten verlassen und sind durch die Südmauer und dann durch den Königsgarten geflohen.

Ein babylonischer Militärrat hält jetzt den strategisch wichtigen Bereich des mittleren Tores besetzt, von wo aus er die letzte Ausräumung von Widerstandsnestern dirigiert. Einige Trupps verfolgen den fliehenden König Zedekia durch die südliche Wüste und treiben die versprengte Armee Judas zusammen.

Die 18-monatige Belagerung hatte nach einem fehlgeschlagenen Versuch Zedekias begonnen, sich ägyptische Hilfe gegen Babylon zu sichern.

(2. Könige 25,4-7; Jeremia 39,1-7; 52,6-8)

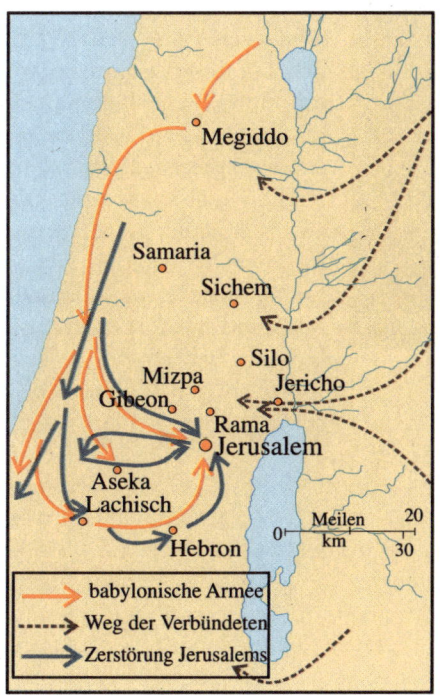

Die Vorderseite und der Eingang des großen babylonischen Palastes am Euphrat. Diese Zeichnung aus dem 19. Jahrhundert basiert auf den Ausgrabungen Layards.

Jerusalem und Babylon, 587 v. Chr.

Rauch ist ein vertrauter Anblick beim Tempel von Jerusalem: Man denke an Weihrauch oder den Rauch von Tieropfern.

Aber die dicke, dunkle Glocke aus Asche und Ruß, die heute in der stillen Luft über der desolaten Stadt hängt, ist alles, was von der Hauptstadt Judas übrig geblieben ist. Jerusalem, sein Königspalast, seine Privathäuser, der heilige Tempel, das alles ist zu einem gewaltigen Brandopfer an die Macht Babylons geworden. Es hat einen Monat gedauert, bis die Invasionstruppen unter dem Kommando von Nebusaradan die Stadt sichern und den Widerstand beenden konnten, obwohl es im Grunde nie Zweifel an ihrer Überlegenheit gab. Mehrere tausend führende Bürger sind zusammengetrieben und aneinander gekettet worden, um die 1450 Kilometer nach Babylon zu ziehen, wo sie zu ihren Landsleuten stoßen werden, die bereits dort in Gefangenschaft sind.

Die verschiedenen Feldzüge der Babylonier demonstrieren ihren unbeugsamen Willen, Juda in ihr Reich einzuverleiben.

Unter ihnen ist auch König Zedekia, der nach einem kurzen Ausflug in die Freiheit wieder eingefangen und wegen Verrates vor Nebukadnezar vor Gericht gestellt wurde, in seinem westlichen Sitz in Ribla. Das Letzte, was Zedekia ansehen musste, bevor er geblendet wurde, war die Hinrichtung seiner beiden Söhne.

Nicht unter den Exilierten ist dagegen Jeremia, dem auf Nebukadnezars persönliche Fürsprache hin die Freiheit gewährt wurde. Durch einen bürokratischen Schnitzer hatte man auch ihn in die Kette der Gefangenen eingereiht, war allerdings später mit diplomatischer Entschuldigung und einer kaiserlichen Pension als Wiedergutmachung versehen wurde. Er hat beschlossen, in Juda zu bleiben.

Bevor die Stadt angezündet wurde, wurden alle Wertgegenstände, einschließlich der Tempeleinrichtung, weggebracht. Sie werden den Staatsschatz vergrößern und Nebukadnezars prächtige Hauptstadt verschönern.

(2. Könige 25,8-21; 2. Chronik 36,15-20; Jeremia 39,5-14; 40,1-6; 52,12-30)

197

»Mein Herz ist krank in mir!«

Tachpanhes, 585 v. Chr.

Das Leben ist ungerecht und manchmal erreicht es seine grausamsten Tiefen, wenn Ungerechtigkeit auch noch in Ironie verpackt daherkommt. Heute nun muss Jeremia, der Prophet Judas, der sein empfindsames Herz vierzig undankbare Jahre lang auf der Zunge getragen hat, reuevoll über die jüngste und wahrscheinlich letzte ironische Wendung seines leidvollen Lebens nachdenken.

Er ist von seinem eigenen Volk entführt und nach Ägypten gebracht worden, in das Land, aus dem Jahwe 700 Jahre zuvor sein Volk gerettet hatte. Und Jeremias Botschaft hatte doch gerade beharrlich die Vergeblichkeit jeglichen Bündnisses mit Ägypten in der Gegenwart betont.

Jeremia gehört zu den Predigern, die an ihrer Botschaft und der Art, wie sie aufgenommen wird, emotional Anteil nehmen. Seine Erkenntnisse berühren jede Faser seines Seins. »Meine Eingeweide, meine Eingeweide! Ich muss mich winden. Die Wände meines Herzens! Mein Herz tobt in mir«, ruft er, als ihm der unweigerliche Fall Jerusalems klar wird (4,19).

Oft wandte er sich an Jahwe, um bei ihm Trost zu finden in den Qualen, denen Jahwe ihn ausgesetzt hatte: »Mein Herz ist krank in mir. Über dem Zusammenbruch der Tochter meines Volkes bin ich zerbrochen; ich trauere, Entsetzen hat mich gepackt. Ist denn kein Balsam in Gilead?« (8,18.21-22).

Er hielt nichts davon, mit Gott zu streiten. Einmal sprach er davon, dass er Gottes Worte gegessen habe, denn sie »waren mir zur Freude meines Herzens«. Er hatte nie mit den Bösen gemeinsame Sache gemacht, warum also »ist mein Schmerz ständig da und meine Wunde unheilbar? Sie will nicht heilen. Ja, du bist für mich wie ein trügerischer Bach, wie Wasser, die nicht zuverlässig sind« (15,15-18).

Als Teenager oder etwa mit Anfang 20 zum Propheten berufen, widersprach Jeremia zunächst mit der Begründung, er sei zu unerfahren. Jahwe versprach, ihm die richtigen Worte zu geben und versicherte ihm, dass er ihn schließlich seit der Empfängnis im Mutterleib kenne. Eben dieser Tag jedoch, so behauptet Jeremia in der finstersten Nacht seiner Seele, sei der, den er am allermeisten bedaure. »Denn das Wort des Herrn ist mir den ganzen Tag zur Verhöhnung und Verspottung geworden«, klagt er. Wenn er jedoch schweige, so weiter, sei es wie ein Feuer, das in ihm brenne. »Verflucht sei der Tag, an dem ich geboren wurde. Wozu nur bin ich aus dem Mutterleib hervorgekommen? Um Elend und Kummer zu sehen? Und dass ich selbst in Schande ende?« (20,8-9.14-18).

Trotz seiner periodisch auftretenden depressiven Anfälle und den oft verdammnisgeladenen Prophetien hatte Jeremia die Hoffnung, dass Jahwe sein Volk in sein Heimatland zurückführen würde. Er verehrt Gott als den alleinigen, höchsten Herrscher.

Verglichen mit den von Menschen erschaffenen, nichtigen Göttern anderer Völker ist Gott nach Aussage Jeremias »in Wahrheit Gott. Er ist der lebendige Gott, ein ewiger König. Vor seinem Grimm erbebt die Erde und seinen Zorn können die Nationen nicht ertragen« (10,10). Er ist der Schöpfer, »der dem Meer den Sand als Grenze gesetzt hat … der Regen gibt zu seiner Zeit, im Frühjahr und im Herbst (5,22.24). Für ihn ist nichts unmöglich«. Ja, Jeremia übermittelte sogar Botschaften von Jahwe an andere Völker, so gegen Ägypten, Moab, Ammon, Edom, Babylon und die Philister (46-51).

Seine schärfste Kritik galt den religiösen Führern, deren Gefälligkeitslügen zwar ihre zahlenden Gönner zufrieden stellten, Jahwe aber anekelten. Es war religiöse Oberflächlichkeit, die Jeremia nach Ägypten verschlug. Leute, die Ismaels Aufstand niedergeschlagen hatten, verlangten nach Gottes Segen für ihren bereits gefassten Plan, nach Süden zu fliehen.

Jeremia klagt über die Zerstörung Jerusalems (Gemälde von Rembrandt)

Es dauerte zehn Tage, bis Jeremia Jahwes Antwort vernahm, und es war nicht die Antwort, die die Ratsuchenden hören wollten. Aber sie gingen dennoch und nahmen den Propheten als menschliche Versicherungspolice gegen einen widrigen Akt Gottes mit.

Er lässt die Knochen tanzen

Babylon, ca. 580 v. Chr.

Der exzentrische Prophet Hesekiel hat seine jüngste Serie von Weissagungen abgeschlossen, die seine Zuschauer und Zuhörer auch weiterhin in Erstaunen versetzen. Er berichtete, er habe ein Tal voller Skelette »besucht«. Während er zwischen ihnen hindurchging, sagte ihm die Stimme Gottes, er solle sie ins Leben rufen. Die Knochen wurden zusammengesetzt, es wuchsen ihnen Sehnen und Muskeln und sie atmeten den Atem Gottes ein, um zu Leben zu erwachen. Das, so sagte Hesekiel, sei ein Bild für die künftige Wiederherstellung der Juden in Juda (Hesekiel 37).

Ein Großteil seines Dienstes in den vergangenen 13 Jahren hat darin bestanden, die Exiljuden davon zu überzeugen, dass ihre missliche Lage gerechtfertigt war. Aber hinter seiner direkten Kritik hängt wie ein riesiges Bühnenbild seine Sicht eines majestätischen Gottes. Im Unterschied zu anderen Göttern sind bei ihm Gott und seine Sphäre jenseits aller Darstellbarkeit, es sei denn symbolhaft.

Hesekiels Laufbahn als Prophet begann mit einer Vision von Gott als einer Wolke, aus der Blitze zuckten und die umringt war von unterschiedlichen Geschöpfen, die alle mehrere Gesichter hatten, Flügel und Augen; sie sahen aus wie Räder, die sich in alle Richtungen drehen konnten. Eine menschenähnliche Gestalt glühte wie geschmolzenes Metall in allen Farben des Regenbogens (1,10).

Ein stets wiederkehrendes Thema in seinem Werk: Jahwe ist Herr über die Geschichte und die Völker. Wie sein Zeitgenosse Jeremia in Juda, so widmet Hesekiel mehrere Prophetien auch anderen Völkern. Ägypten (29-32) und Phönizien (26-28) bekommen dabei die längsten Ausführungen, in denen er sie für all das Böse, das sie

Knochen von verendeten Tieren sind stete Mahnzeichen für Wanderer in der Wüste.

getan haben, zur Asche verdammt und den Stolz beklagt, der letztlich zu ihrem Niedergang geführt hat.

Aber Gott ist nicht rachsüchtig, und der Prophet betont seine Gerechtigkeit bis hin zu dem Punkt, an dem er einen wenn nicht neuen, zumindest aber noch nicht vertrauten Aspekt der Eigenverantwortung hervorhebt. Er entlarvt den populären Fatalismus, der in dem Sprichwort »Die Väter aßen saure Trauben, den Kindern werden die Zähne stumpf« zum Ausdruck kommt. »Unsinn!«, ruft er. Die Leute werden für ihre eigenen Sünden sterben, nicht für die Sünden anderer. Wer sich Jahwe wieder zuwendet, der wird leben (18;33).

Jahwe ist außerdem ein fürsorglicher Hirte seines Volkes, sagt Hesekiel. Im Unterschied zu anderen Hirten – die Propheten und Priester, die durch ihre Selbstsucht die Herde zerstreuen – wird Jahwe sie wieder sammeln, die Kranken pflegen und sie alle zu frischen Weiden führen (34).

Es ist eines der treffendsten Bilder von der versprochenen Heimkehr nach Hause. Überall macht er darauf Andeutungen. »Ich will euch zusammenbringen … und will das steinerne Herz wegnehmen und ihnen ein Herz aus Fleisch geben« (11,17-20). »Und ich werde euch ein neues Herz und einen neuen Geist in euer Inneres geben … und ihr werdet mir zum Volk, und ich, ich werde euch zum Gott sein« (36,24-32). Ein Gott, der richtet, der aber auch vergibt, ist in der Welt von heute wirklich etwas Einzigartiges.

Es ist wenig darüber bekannt, wie Hesekiel als Mensch ist. Seine oft extremen und bizarren Verhaltensweisen, seine kompromisslose Art und Botschaft und seine offenbar hohe Herkunft machen ihn nicht unbedingt zum zugänglichsten aller Menschen. Seine Frau starb sehr jung und ganz plötzlich etwa zu der Zeit, als Nebukadnezar Jerusalem schließlich zerstörte. Trotz seiner Liebe zu ihr weigerte er sich, um sie zu klagen. Er sagte, dieser Tod sei nur ein weiteres Zeichen für Jahwes Entweihung der Stadt und des Tempels (24,15-24).

(Hesekiel)

KURZMELDUNGEN ca. 585-580 v. Chr.

Ein Philosoph, der rechnen kann (ca. 585 v.Chr.): Der griechische Philosoph Thales von Milet hat die Sonnenfinsternis für dieses Jahr exakt vorhergesagt. Er hat bei ägyptischen Lehrern studiert und die »Geometrie« geschaffen, indem er ägyptische Landvermessungsdaten- und methoden übernahm. Er glaubt, dass die Welt aus Wasser entstanden ist und wieder zu Wasser werden wird, das, wie er sagt, göttlich ist.

1. Preis: Lorbeer (582 v.Chr.): Die Pythischen Spiele, die in Delphi abgehalten werden, sollen in jedem dritten Jahr der Olympiade stattfinden. Ehemals ein klassischer Musikwettbewerb, der alle acht Jahre stattfand, sollen zu den Spielen jetzt auch sportliche Wettbewerbe und Pferdesport gehören. Der Siegerpreis ist eine Krone aus Lorbeer. Die Spiele werden nach den Olympischen Spielen die zweitgrößte der Welt sein.

1. Preis: Sellerie (ca. 581 v.Chr.): Die Isthmischen Spiele werden jetzt alle zwei Jahre in Korinth abgehalten. Die Sportveranstaltungen zu Ehren des Gottes Poseidon stehen unter der Schirmherrschaft aller griechischen Staaten. Der Gewinner erhält einen Kranz aus wildem Sellerie.

Lesbisch – oder? (ca. 580 v.Chr.): Eine Dichterin namens Sappho hat eine Schule gegründet, in der sie junge Damen der Oberschicht in Musik und Tanz ausbildet, aber auch auf gesellschaftliche Aufgaben vorbereitet. Ihre Dichtung ist beliebt und spricht eher das Gefühl als den Intellekt an. Sie schreibt über intensive Gefühle wie Liebe, Schmerz und Eifersucht und über die körperliche Schönheit der Mädchen, mit denen sie zusammenlebt. Sie kommt von der Insel Lesbos, ist verheiratet und hat ein Kind.

König: »Ich lebte wie ein wildes Tier«

William Blake, englischer Dichter und Schriftsteller aus dem 18. Jahrhundert, wurde vom Fall Nebukadnezars zu einer Serie von Bildern inspiriert, die den König in einem tierhaften Zustand zeigen.

Babylon, ca. 580 v. Chr.
Ein offenes Bekenntnis Nebukadnezars bestätigt Gerüchte, die in der Stadt kursierten. Er gibt zu, einen Nervenzusammenbruch erlitten zu haben, behauptet aber, wieder vollständig genesen zu sein.

In der Phase seiner Depression hatte der König geglaubt, er verwandle sich in ein Tier, und er hatte sogar schon begonnen, wie ein Tier Gras zu fressen. Nach eigener Aussage war er zuvor in einem Traum vor dieser Möglichkeit gewarnt worden, den ihm der oberste Prophet Beltschazar (Daniel) gedeutet hatte. Er hatte aber dessen Rat, sich vor den Göttern zu demütigen, um die Katastrophe doch noch abzuwenden, in den Wind geschlagen.

Die Krankheit hatte kurz nach einem typischen Ausbruch von Selbstüberhebung begonnen, als der König die von ihm geplante und finanzierte Stadt inspiziert hatte, wobei er kaum in Betracht gezogen hatte, wie viele Menschenleben das Unternehmen fordern würde. Er behauptet, die Genesung habe begonnen, nachdem er ganz neu die Existenz des allerhöchsten Gottes erkannt hätte, den Beltschazar, ein Jude, Jahwe nennt.

(Daniel 4)

Friedensstifter ermordet

Mizpa, 586 v. Chr.
Durch eine völlig sinnlose Trotzgeste ist der Statthalter von Jerusalem einem Attentat zum Opfer gefallen, und ein kurzer, aber gewalttätiger Bürgerkrieg hat unter den Parteien gewütet, die von den Babyloniern in Juda übrig gelassen worden waren. Die Sinnlosigkeit wurde verstärkt durch die Tatsache, dass die Menschen dort gerade die beste Ernte seit Jahren eingefahren haben, obwohl die Stadt und ihre Vororte völlig verwüstet sind. Das Leben hatte wieder ein gewisses Maß an Normalität gewonnen nach der babylonischen Zerstörungsorgie. Die Invasoren gaben sich nicht gerade Mühe, Gedalja, dem Juden, den sie zum Statthalter gemacht hatten, seine Arbeit zu erleichtern.

Allein die Tatsache jedoch, dass er ein Friedensstifter war, eifrig darum bemüht, wieder Stabilität herzustellen, reichte aus, um den heißblütigen Jischmaël zu einem Angriff ge-

gen ihn aufzuwiegeln. Als Nachfahre Davids und ehemaliger Offizier in Zedekias Armee war er vermutlich eifersüchtig auf Gedalja und wahrscheinlich trieben ihn außerdem Rachegelüste gegen die Babylonier.

Ermutigt durch den ammonitischen König Baalis, nahmen Jischmaël und noch zehn andere Männer Gedaljas Einladung an, zu einem Bankett in seinem regionalen Hauptquartier in Mizpa, 12 Kilometer nördlich von Jerusalem, zu kommen, wo sie Gedalja dann ermordeten. Der Plan war allgemein bekannt gewesen, aber Gedalja hatte sich weiterhin der Versöhnung verpflichtet gefühlt und sich geweigert, einem Präventivschlag gegen Jischmaël zuzustimmen.

Dem Attentat folgte ein Massaker an 70 Pilgern aus dem Norden, die gekommen waren, um den Verlust Jeru-

salems zu betrauern. Alle Frauen, die sich im Hause Zedekias befanden, wurden entführt.

(2. Könige 25,22-26; Jeremia 40,7- 41,18)

Alter, steinerner Wachtturm auf den Feldern bei Mizpa

Klagen an die Adresse Gottes

Jerusalem, ca. 575 v. Chr.

Bilder des Leides prägen sich unauslöschlich in die Erinnerung derer ein, die es erleben. Irgendwie müssen Opfer und Zeugen Wege finden, ihre Gefühle mitzuteilen, um mit ihrem Schmerz fertig zu werden.

Die übrig gebliebenen Bewohner von Juda und ihre Verwandten, die nach Babylon verbannt wurden, haben eine solche Ausdrucksmöglichkeit bekommen, die in Worte fasst, was viele während der Zerstörung der Hauptstadt empfunden haben. Eine Reihe titelloser und unsignierter Gedichte beschreibt mit Würde die emotionalen Traumata von Verlust und Trauer.

Die fünf »Klagelieder« berichten von den Schrecken des Hungers. Manche Mütter aßen ihre eigenen Babys (2,20), während Säuglinge in den Armen ihrer Mütter starben (2,12), und auch den Reichen erging es nicht besser: »Runzlig ist ihre Haut auf ihren Knochen, sie ist dürr geworden wie Holz.« Die herumwütenden Babylonier vergewaltigten Jungfrauen, Oberste wurden aufgehängt und kleine Jungen in die Sklaverei gezwungen (5,11-13). Der Anblick der durchlöcherten Mauern, die ausgebrannten Außenwände von Gebäuden, Trümmerhaufen und mehr als alles andere der entweihte Tempel bringen die Tränen des Dichters zum Fließen. Auf die Frage: »Warum ist das passiert?« gibt er eine sehr direkte Antwort. »Wir, wir haben die Treue gebrochen und sind widerspenstig gewesen, du aber (gemeint ist Jahwe), du hast nicht vergeben. … Du hast dich in eine Wolke gehüllt, so dass kein Gebet hindurch drang« (3,42.44).

Das hindert ihn jedoch nicht, seinen Schmerz und seine Trauer auf Jahwe zu werfen, denn »die Gnadenerweise Jahwes sind nicht zu Ende, ja sein Erbarmen hört nicht auf, es ist jeden Morgen neu. Groß ist deine Treue« (3,22.23). »Es ist gut, dass man schweigend hofft auf die Rettung Jahwes«, fügt er noch hinzu (3,26), aber wie alle Trauernden wissen, ist das Warten sehr schwer. »Warum willst du uns für immer vergessen, uns lebenslang verlassen?«, schreit er. »Bring uns zurück zu dir!« (5,20f)

Die Gedichte sind in der klassischen Klagelieder-Tradition des Nahen Ostens, in typisch hebräischer Form verfasst mit der Technik der parallelen Gedanken in einem Vers und einem Rhythmus, der eher Worte als Silben betont. Den ersten vier Texten kommt zusätzlich Würde zu, indem sie streng als so genanntes »Akrostichon« gebaut sind. Dabei fangen die meisten Strophen mit einem anderen Buchstaben des hebräischen Alphabets an.

Es wird erzählt, dass die Lieder aus der Feder des Propheten Jeremia stammen. Im Rahmen seiner Prophetien hat er oft Klagelieder verfasst, und obwohl in dieser spätesten Sammlung Stil und Sprache anders sind, gibt es auch Hinweise und Andeutungen, die an den Dienst des Propheten erinnern (Klagelieder 1,13). Auch Jeremia hatte »ein Feuer in seinen Gebeinen«. Außerdem spricht er vernichtend über falsche Propheten (Klagelieder 2,14; 4,13), ein gängiges Thema bei Jeremia.

(Klagelieder 1-5)

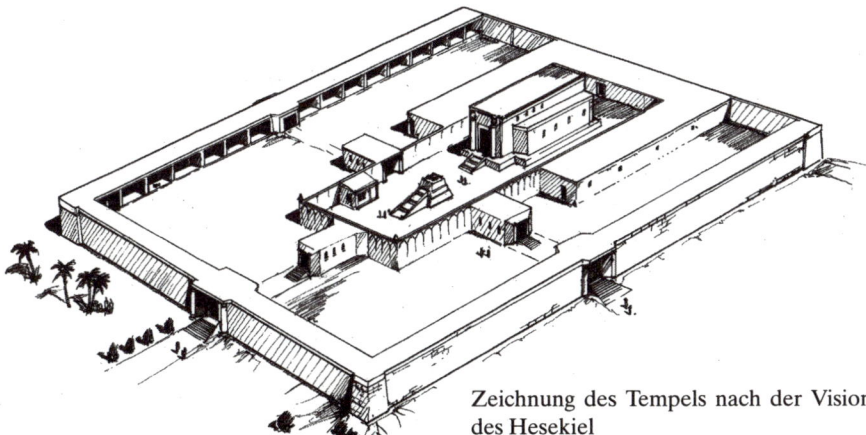

Zeichnung des Tempels nach der Vision des Hesekiel

Pläne für einen neuen Tempel

Babylon, 573 v. Chr.

Ehrgeizige Pläne für einen neuen Tempel in Jerusalem sind von dem in der Verbannung lebenden Priester Hesekiel gezeichnet worden. Er behauptet, von Jahwe selbst detaillierte Anweisungen in Bezug auf Maße und Ausstattung bekommen zu haben.

Obwohl vieles daran idealistisch erscheint, weckt schon die bloße Existenz solcher Pläne neue Hoffnung in den Herzen der Tausenden von Verbannten, die nach der Zerstörung ihres Heiligtums und ihrer Hauptstadt hierher gekommen sind. Hesekiels Grundriss ist ähnlich wie der des Tempels von Salomo, wenn er auch mit 52 Metern Länge und 26 Metern Breite sogar noch um einiges größer ist. Außerdem ist er von einer Anlage umgeben, die mehr als 30 Räume umfasst.

Der Prophet skizziert darüber hinaus die Aufgaben der Tempelbediensteten, die Rituale, die sie durchzuführen haben, und die Kostenumlage der ehemaligen Gebiete Israels und Juda auf die zwölf Stämme, die dort gelebt haben.

Aber wie das bei vielen Visionen von Exzentrikern ist: An der Sache ist mehr, als man auf den ersten Blick sieht. Mitten in den technischen Einzelheiten beschreibt Hesekiel, wie die sichtbare Gegenwart Gottes in den Tempel zurückkehrt, genauso wie er in einer früheren Vision diese Gegenwart hatte verschwinden sehen. Außerdem malt er einen von Bäumen eingefassten Fluss auf, der vom Tempel her südlich durch die Wüste fließt, um das Tote Meer zu entsalzen.

Es wird angenommen, dass hinter den praktischen Möglichkeiten theologische Grundsätze stehen, die die Ordnung und Vollkommenheit von Jahwes künftiger Schöpfung hervorheben. Dort wird alles menschliche Leben darauf ausgerichtet sein, Gott zu verehren und ihm zu dienen. Statt Konflikt und Chaos wird es dort eine friedvolle Ordnung geben. Hesekiels Visionen mögen verwirrend sein, aber sie sind keinesfalls kleingeistig.

(Hesekiel 40-48).

201

Macht und Pracht in Babylon

Babylon, ca. 565 v. Chr.

Der Zikkurat von Babel, ein Jahrhundertbau, ist inzwischen wahrscheinlich das höchste Bauwerk der Welt. Die Arbeiten an der Konstruktion, die von Nebukadnezar bezeichnet wird als »das Haus, das die Grundlage von Erde und Himmel ist«, ist mit dem Bau eines Tempels auf seiner höchsten Ebene fertig gestellt worden.

Er liegt nördlich vom Tempel des Marduk, der jetzt buchstäblich wie die Sonne strahlt, weil seine Wände mit Blattgold überzogen wurden. Es wird geschätzt, dass 22 Tonnen Gold gebraucht wurden, um die Statue des Gottes zu bauen. Mehr als zwei Tonnen Weihrauch werden an dieser Statue täglich verbrannt.

Nebukadnezar kann jetzt auf die Stadt hinunterblicken vom Dach der »hängenden Gärten« aus, die er für seine midianitische Frau Amyitis angelegt hat, um sie an die Berge ihrer Heimat zu erinnern. Überall gibt es Anzeichen für gewaltige Bauarbeiten, von denen manche schon zur Zeit von Nebukadnezars Vater Nabopolassar begonnen wurden.

Die dreifachen Mauern sind noch erheblich verstärkt worden und die Stadt ist von einem breiten Festungsgraben umgeben. In die Mauer eingelassen sind acht großartige Bronzepforten. Das große Ischtar-Tor, verziert mit über 150 Stieren und Drachen (Symbole für die Götter Adad und Marduk), hat glasierte Steine und stellt gelbe und weiße Tiere reliefartig auf einem blauen Hintergrund dar.

Der Südpalast des Königs, direkt am Euphrat, wird vor aufsteigender Feuchtigkeit durch einen riesigen Erdwall geschützt. Der Palast hat fünf Innenhöfe, umgeben von Verwaltungstrakt und privaten Zimmerfluchten. Eine Krypta mit 14 Gewölberäumen dient als Warenlager und Verwaltungseinheit, wo die Rationslisten für die Exiljuden aufbewahrt werden. Einige der Juden haben keinen Blick für die Schönheit der Stadt, in die sie verschleppt worden sind. In einem Klagelied, das derzeit kursiert, weigern sie sich, die Lieder Jerusalems (Zion)

Die Hängenden Gärten von Babylon waren eine außerordentlich komplex gestaltete Terrassenanlage, die über dem neuen Königspalast aufragte. Ihr Ruhm war weit verbreitet; sie gelten als eines der sieben Weltwunder.

für ihre feixenden Häscher zu singen, und sie beklagen den Verlust ihres Tempels und seiner Opfer.

Andere jedoch haben hier Impulse bekommen. Der Prophet Hesekiel hat offenbar aus der spektakulären Architektur und Bildhauerei der Stadt einige Anregungen für seine außergewöhnliche Bildsprache bezogen. Priester und Rechtsgelehrte nutzen die Gelegenheit ihres Zwangssabbats, um ihren alten Glauben neu zu formulieren und neue Formen der religiösen Versammlung zu erarbeiten. Regelmäßig versammeln sich Gruppen, um zuzuhören, wenn das Gesetz des Mose laut verlesen wird, und Schreiber redigieren diese und andere religiöse Texte und historische Dokumente.

Weltliche Juden finden derweil andere Möglichkeiten, von der Gefangenschaft zu profitieren. Einige von ihnen, unter anderem Beltschazar (Daniel) und die Berater des Königs, sind in hohe Ämter aufgestiegen.

(vgl. Psalm 137)

Altersverwirrung?

Babylon, ca. 553 v. Chr.

Der bereits greise König Nabonid, ein ergebener Verehrer des Mondgottes, hat seinem Sohn Belsazar die Verantwortung für Babylon übertragen und dann seine Armee nach Tema im Nordwesten von Arabien gebracht. Manche nehmen an, dass er nicht ganz bei Sinnen ist. Das Motiv für seine Abreise ist zumindest sehr undurchsichtig.

Nabonid hat den Thron vor drei Jahren bestiegen, und zwar als Nachfolger von Labashi-Marduk, der nach nur drei Monaten Regentschaft ermordet worden war. Er ist kein Mitglied der königlichen Familie, hat aber eine bemerkenswerte militärische und diplomatische Laufbahn hinter sich. Seine Mutter war Priesterin des Sin, des Mondgottes in Haran. Babylon kommt nicht zur Ruhe, seit vor zehn Jahren Nebukadnezar gestorben ist. Sein Sohn und Nachfolger Ewil-Merodach missbrauchte seine Macht und wurde bei einem Umsturz getötet. Neriglissar, ein Armeekommandant, der bei der Belagerung Jerusalems gedient hatte, trat seine Nachfolge an, starb jedoch vor drei Jahren auf rätselhafte Weise.

Schreckliches Ende eines fabelhaften Dichters

Griechenland, ca. 564 v. Chr.

Der berühmte Fabelerzähler Äsop ist tot. Nach bisher unbestätigten Berichten wurde er in Delphi nach einer falschen Anschuldigung wegen Gotteslästerung hingerichtet. Wenn das stimmt, handelt es sich hier um einen tragischen Hakenschlag des Schicksals, über den er zweifellos ebenfalls moralisiert hätte. Äsop hat Hunderte von Geschichten mit moralischen Spitzen, meist Tiergeschichten, gesammelt und erzählt.

Wölfe und Schafe schließen einen Waffenstillstand, indem sie Hirtenhunde und Wolfsjunge als Geiseln austauschen, die Wölfe aber dann behaupten, der Waffenstillstand sei gebrochen worden, als sie die jungen Wölfe heulen hören, und die wehrlosen Schafe angreifen: Das Böse findet also immer einen Weg. Ein Pferd nimmt menschliche Hilfe in Anspruch, um einen Hirsch zu besiegen, nur um festzustellen, dass es sich dadurch für immer in die Hände des Menschen begeben hat: Gute Ideen können unabsehbare Folgen haben.

Und eine Landmaus, die von ihrem Vetter in die Stadt gelockt worden ist,

Herakles kämpft gegen Geryon, einem mythologischen »siamesischen Riesendrilling«. Auch Äsop schrieb nicht nur Tiergeschichten. Viele seiner Erzählungen basieren auf Mythen.

erfreut sich an den hellen Lichtern und dem vergnügten Leben, bis eine Party von einem Hund aufgemischt wird: Also beschließt die Landmaus, dass die Teufel, die sie aus dem verschlafenen Dorf kennt, besser sind als die unbekannten in der Stadt.

Über Äsop selbst weiß man wenig. Man glaubt, dass er als Sklave auf Samos geboren wurde, wurde aber manchen Berichten zufolge jedoch ein freier Mann und arbeitete als Berater für Staatsoberhäupter.

Herakles und die Hydra

Traumdeuter in Not

Babylon, ca. 551 v. Chr.

Nach Aussagen des königlichen Beraters Beltschazar (Daniel) wird ein neues Königreich kommen. Aber sogar der schlaue Traumdeuter bekennt sich selbst als außerstande, die geheimnisvollen Bilder zu ergründen, die ihn in den vergangenen zwei Jahren im Schlaf zu schaffen gemacht haben.

Eines steht für ihn jedoch fest: Das Reich, an dem sich Jahwes Volk eines Tages erfreuen wird, wird vom »Menschensohn« beherrscht werden dem alle Völker dienen, den alle Völker anbeten werden und der die Vollmacht und Autorität Gottes selbst haben wird. Daniel beschreibt Jahwe als den »Alten an Tagen«, der weiß erstrahlt und auf einem Thron flammenden Feuers sitzt, umgeben von unzähligen Gefolgsleuten, und der das Buch des Gerichtes öffnet. Seine majestätische Vision von Gott als dem Herrscher über die Geschichte überschattet die Einzelheiten eines Traumes, in dem von Phantasietieren behauptet wird, sie ständen für die künftigen Reiche, die dem Reich Gottes vorausgehen.

In einem zweiten Traum sieht er, wie merkwürdige Tiere gegeneinander kämpfen. Sein himmlischer Führer erklärt, dass es in diesem Traum um die Zukunft der medo-persischen und der griechischen Staaten geht.

Die Bilder sind buchstäblich jenseits jeglicher Beschreibung; Daniel kann nur sagen, wem sie ähnelten, und nicht, wie sie wirklich aussahen.

Es war wirklich so abstoßend, sagt Daniel, dass ihm tagelang schlecht gewesen sei. Im Unterschied zu den meisten vorhergegangenen Visionen, die Jahwe Propheten gegeben hatte, scheinen diese jüngsten kurze Blicke durch den Vorhang der Zeit in Gottes ewige Gegenwart hinein gewesen zu sein. Sie sind mit keiner Botschaft oder Ermutigung verbunden, außer vielleicht der Versicherung, dass bei schweren internationalen Konflikten dennoch Jahwe die Fäden in der Hand hält und nicht etwa eine kleine Pause macht.

(Daniel 7-8)

Geht es bald nach Hause?
Neue Hoffnung durch alten Propheten

Babylon, ca. 545 v. Chr.
Exiljuden in Babylon bekommen neuen Mut durch eine Reihe poetischer Prophetien, die andeuten, dass sie durch die Hilfe des persischen Führers Kyrus, der zur Zeit seinen Einflussbereich vergrößert, in ihre Heimat zurückkehren werden.

Mandelbaumknospe

Die Botschaften werden mit Jesaja von Jerusalem in Zusammenhang gebracht, der vor über 200 Jahren gewirkt hat. Man glaubt, dass sie erhalten, redigiert, eventuell sogar niedergeschrieben wurden von Nachfolgern seiner »Schule«, von Mitpropheten, obwohl detaillierte vorhersagende Weissagung in der jüdischen Überlieferung nichts Unbekanntes ist.
Sie verkünden das Ende von Judas »Frondienst« in der Gefangenschaft als Abtragung der Schuld und versprechen eine Wiederherstellung seines Glücks in glühenden, geradezu überirdischen Tönen.
Die Gedichte, oft geschrieben als spräche Jahwe selbst, feiern ihn als den höchsten Gott des Universums in einer Sprache, die sonst nirgends im zeitgenössischen religiösen Denken zu finden ist.
Jahwe ist »der Erste und der Letzte« (44,6), »der die Himmel geschaffen hat« und »die Erde gebildet und sie gemacht hat, um darauf zu wohnen« (45,18). Er hält die Wasser »in seiner hohlen Hand« und hat »die Berge mit der Waage gewogen« (40,12), nachdem er die Sterne in die Himmel geschleudert hat. Außerdem ist er der Herrscher der Völker, der sie in die

Hände gibt, wem immer er will. Er bezeichnet Kyrus als seinen Hirten (44,28) und behauptet, er leite ihn mit seiner Hand, um Nationen zu unterwerfen, und: »Die Hüften der Könige entgürte ich« (45,1).
Jahwes Überlegenheit wird am deutlichsten sichtbar in Beziehung zu anderen Göttern. Er allein kann die Zukunft voraussehen (41,21-24; 46,10). Götzen verstehen nichts (44,18); sie sind aus demselben Baumstamm gemacht wie das Feuerholz für den Kochherd (44,19). Die babylonischen Götter werden mit besonderer Verachtung bedacht. Marduk (Bel) und Nebo werden dargestellt, wie sie sich hilflos in Schande vor Jahwe verneigen (46,1).
Babylon selbst wird zu Staub zerfallen durch eine plötzliche Katastrophe, behauptet der Prophet, eine Katastrophe, die die dortigen Astrologen und Zauberer nicht werden verhindern können (47). Die Folge wird sein, dass die Juden in ihre Heimat zurückkehren können werden. An dieser Stelle ist der Verfasser am lyrischsten. Die Sprache ist oft zärtlich und bestätigend: »Redet zu Jerusalem freundlich« (40,2). »Wenn du durchs Wasser gehst, bin ich bei dir« (43,2). Selbst wenn eine Mutter ihr Kind vergisst, so wird Gott sein Volk nicht vergessen (49,15.16). Die befreiten Gefangenen »werden an den Wegen weiden und auf allen kahlen Höhen wird ihre Weide sein. Sie werden nicht hungern und nicht dürsten (49,9.10), weil sie mit der besten Nahrung überhaupt gesättigt werden« (55,2). Der Schreiber ist eher vage,

Kein Dank für den Diener

Es gibt vier »Gottesknechtslieder« in dem Manuskript (42,1-7; 49,1-6; 50,4-9; 52,13-53,12), die dem Volk Israel, Kyrus und einem nicht klar identifizierbaren Führer, der vielleicht ein Idealbild vom erwarteten künftigen Erlöser ist, einzigartige Eigenschaften zuzuordnen scheinen.

Der Knecht ist sanft und besonnen; behutsam, um nicht ein geknicktes Rohr zu brechen, und ihm liegt daran, Gerechtigkeit zu schaffen (42,3.4). Er ist von Jahwe selbst berufen und vorbereitet für etwas, das scheinbar eine fruchtlose Aufgabe ist, aber er wird von Gott für seine Treue geehrt (49,1-7).

Obwohl er von Gott selbst angeleitet wird, ist er von den Menschen verachtet (49,7; 50,6; 53,3). Ja, er leidet wirklich sehr und zu Unrecht; er trägt die Sorgen und die Sünden seines Volkes auf seinen Schultern, aber letztlich ist er doch siegreich (53,10-12).

was den Zeitpunkt dieser Ereignisse betrifft – bald schon oder erst am Ende der Zeit – aber wann es auch sein wird, Jahwe wird einen ewigen Bund mit seinem Volk schließen (55,3).

(Jesaja 40-66)

Der ewige Schnee symbolisiert die Reinheit eines neuen Anfangs.

Krösus stolpert über Perser

Ekbatana, Persien, ca. 545 v.Chr.
König Kyrus von Persien hat das Königreich Lydien erobert. Die Aktion erfolgte plötzlich und unerwartet. Der lydische König Krösus (Kroisos) hatte sowohl Nabonid von Babylon als auch die Ägypter um Beistand ersucht, aber Nabonid hatte nicht einmal auf das Ersuchen geantwortet. Lydien ist jetzt eine persische Provinz. Die Perser sind ein indo-europäischer Stamm, der sich auf dem Gebiet des alten Elam im Süden Babyloniens niedergelassen hat. Eine ihrer ersten Festungen war in Parsua (Fars), woher sich auch der Name ableitet.

Kyrus ist der Sohn des persischen Fürsten Kambyses. Er hat die Tochter des medischen Königs Astyages geheiratet. Es heißt, Astyages habe geträumt, das Kind seiner Tochter werde einmal über ganz Asien herrschen, und deshalb ordnete er die Ermordung des Säuglings Kyrus an. Ein Lehnsmann gab das Kind jedoch einem Hirten, der es mit dem tot geborenen Kind seiner Frau vertauschte.

Im Jahre 550 initiierte Kyrus einen Aufstand gegen Astyages. Die medische Armee revoltierte ebenfalls und lieferte Astyages an Kyrus aus, der in der Hauptstadt Ekbatana als rechtmäßiger König empfangen wurde. Persien stellt jetzt eine erhebliche Bedrohung dar, weil es an Größe und Macht zunimmt.

Kyrus und seine Anhänger sind Aufrührer, die die Babylonier ermutigen, Kyrus als ihren Befreier von der Tyrannei Nabonids zu betrachten. Wenn nicht viele enttäuscht wären von Nabonid, wäre es wahrscheinlich schwieriger, sie zu Kyrus hin zu bewegen, der den Ruf hat, in religiösen Dingen tolerant zu sein.

Unheimliches Graffiti

Die Erscheinung der rätselhaften Schrift auf der Wand während des Gastmahls des Belsazar, hier in der Darstellung von Rembrandt

Babylon, ca. 540 v.Chr.
Während die persische Propagandamaschinerie weiterhin ihre Versprechungen einer neuen Ordnung unter König Kyrus hinausposaunt, lässt der babylonische Herrscher Belsazar es bei einer ausschweifenden Orgie mit 1000 Freunden und Wein, Weib und Gesang hoch hergehen.

Dabei wurden statt des sonst üblichen königlichen Tafelgoldes und -silbers sogar die Gefäße benutzt, die sein Großvater Nebukadnezar II. aus dem Tempel von Jerusalem mitgenommen hatte.

Als ihm aber der Wein zu Kopf gestiegen war, hatte Belsazar plötzlich eine sehr ernüchternde Vision, die ihn an seine Sterblichkeit erinnerte. Belsazar behauptet, er habe eine göttliche Hand die Worte »Mene, mene, tekel u-parsin« an die Wand des Thronsaals schreiben sehen.

Als niemand sich einen Reim auf die scheinbar sinnlose Aufzählung babylonischer Gewichte und Maße machen konnte, wurde der älteste Weise und ehemalige Oberste der Weisen, Beltschazar (Daniel), der bereits im Ruhestand ist, zur Hilfe gerufen. Der jüdische Auswanderer erinnerte den Fürsten daran, wie Nebukadnezar von Jahwe, dem allmächtigen Gott, durch Geisteskrankheit gedemütigt worden war. Belsazar hat sich das jedoch nicht zu Herzen genommen, sondern Menschenwerk gehuldigt und überhöht in einer Weise, die nur als Gotteslästerung bezeichnet werden kann.

Daniel sagte, dass die Königsherrschaft Belsazar entrissen und von der medo-persischen Allianz übernommen werden würde. Der Herrscher wird getötet werden. »Du bist auf der Waage gewogen und zu leicht befunden worden«, fügte er noch hinzu.

Trotz der düsteren Auslegung hielt Belsazar sein Versprechen, Beltschazar zu entlohnen und beförderte ihn zum dritten Mann im Staat.

(Daniel 5)

KURZMELDUNGEN ca. 561-550 v.Chr.

Beförderung (561 v.Chr.): Ewil-Merodach, der neue König von Babylon, hat Jojachin, den ehemaligen König von Juda, aus der Gefängnishaft entlassen und ihn zum Mitglied des Königshauses gemacht. Jojachin war 18 Jahre alt und gerade drei Monate an der Regierung, als er von Nebukadnezar deportiert wurde. (2. Könige 25,27-30; Jeremia 52,31-34)

Bösartig (ca. 550 v.Chr.): Der babylonische König Nabonid ist möglicherweise an einer bösartigen Krankheit erkrankt. Es heißt, dass er geistlichen Beistand von einem ungenannten jüdischen Propheten erhält. Nabonid hat in der Gegend einen Feldzug unternommen und seinem Sohn Belsazar die Verantwortung für Babylon übertragen.

Inflation im Galopp (ca. 550 v.Chr.): Die Inflation in Babylonien nimmt schnell zu und verstärkt die allgemeine Unzufriedenheit. Die Preise sind in den vergangenen zehn Jahren um 50 Prozent gestiegen. Das liegt unter anderem an den hohen Ausgaben für öffentliche Bauten und das Militär.

Spende für Spökenkiekerei (548 v.Chr.): Der ägyptische König Ahmose II. (Amasis) nimmt Kontakt mit anderen Völkern auf und finanzierte kürzlich den Wiederaufbau des abgebrannten Orakeltempels des Apollo in Delphi.

Absturz einer Großmacht

Babylon, 539 v. Chr.

Babylon, genannt »die Große«, ist Persien zugefallen, ohne dass viele Bürger es überhaupt bemerkt haben. Die Musik und der Tanz des ersten Neujahrsfestes nach zehn Jahren gingen einfach weiter, während Kyrus und seine Truppen einmarschierten, ohne Gegenwehr zu erleben.

König Nabonid war erst kürzlich nach einem zehnjährigen Aufenthalt in Arabien zurückgekehrt, um das große Fest auszurichten, das ohne seine Anwesenheit nicht stattfinden kann. Er floh aus der Stadt, als die Perser einmarschierten, wurde aber gefangen genommen und getötet.

Kyrus marschierte ein mit der Statue des Gottes Marduk an seiner Seite, die die öffentliche Akzeptanz des Mannes verstärkt, von dem viele glauben, dass er der bankrotten Stadt und seinem abbröckelnden Reich eine bessere Zukunft zu bieten hat. Kyrus hat seinen Truppen verboten,

Babylon zu plündern. In einem Bericht heißt es: »Nicht ein Speer wurde in die Nähe von Esagila gebracht, noch gelangte einer in sein Heiligtum; nicht ein Ritus wurde gestört.« Er hat versprochen, keine der religiösen Einrichtungen zu verändern.

Zum Gouverneur ernannte er einen Einheimischen, Ugbaru, einen gebürtigen Babylonier, der vor einiger Zeit zu den Persern überwechselte. Einst ein hoher Beamter unter Nebukadnezar, herrscht er jetzt über einen Bezirk, »Satrapie« genannt, der fast so groß ist wie das ehemalige chaldäische Reich, zu dem Mesopotamien, Syrien, Phönizien und Palästina gehörten.

Kyrus hat die meisten einheimischen Amtspersonen in ihren Ämtern belassen, aber jede Provinz wird von einem durch die Perser ernannten Satrapen regiert. Hauptstädte haben einen Schatzmeister und einen Garnisonskommandeur, die dem König direkt verantwortlich sind. Einmal jähr-

lich findet eine Inspektion durch einen königlichen Inspekteur statt, bekannt unter der Bezeichnung »Auge des Königs«. Die Satrapen sind einer kleinen Gruppe von Verwaltern verantwortlich, zu denen auch Beltschazar (Daniel) gehört, ein jüdischer Emigrant, der seit den Tagen Nebukadnezars im Dienst Babylons steht. Kyrus hat sehr darauf geachtet, sich an babylonische Rituale und Sitten zu halten, indem er die einheimischen Götter um Hilfe und Unterstützung anrief. Sein Sohn Kambyses soll die Verantwortung über Babylonien bekommen, während sein Vater auf Eroberungsfeldzug geht. Er ist bekannt als »König von Babylon«, was ihn als Kyrus' Erben und Nachfolger kennzeichnet.

Kyrus hat damit begonnen, die alten Tempel wieder aufzubauen und Götterstatuen wieder aufzustellen sowie rituelle Geräte an ihren rechtmäßigen Ort zurückzubringen.

(vgl. Daniel 6,1.2)

Löwen verschmähten zum Tode Verurteilten

Babylon, ca. 538 v. Chr.

Daniel, altgedienter Beamter, der Opfer einer Hasskampagne geworden war, konnte dem sicheren Tod entkommen, nachdem er in eine Löwengrube geworfen worden war.

Die Urheber des Komplotts, von denen angenommen wird, dass ihr Handeln von Eifersucht motiviert war, wurden inzwischen von denselben Löwen verspeist, die sich geweigert hatten, Daniel auch nur anzurühren. Der jüdische Emigrant hat durch Tugendhaftigkeit und Kompetenz drei Reiche überdauert, seit er als Jugendlicher vor fast 70 Jahren nach Babylon verbannt wurde. Vielleicht hatte er beschlossen, dass er nach einer so langen Karriere kaum noch etwas zu verlieren hätte, wenn er ein überflüssiges Gesetz ignorieren würde, das jedoch extra erlassen worden war, um ihn zu Fall zu bringen.

Scheinbar eifrige Beamte schmeichelten dem Ego des Kyrus (unter Einheimischen auch als Darius bekannt), als sie ein 30-tägiges Verbot

Löwen wurden in Babylon in einer speziellen Anlage, einer offenen Grube, gehalten. Die Löwenjagd war ein Hobby des Königs. Diese Wandfliesen aus dem Palast zeigen einen stilisierten Löwen.

für alle religiöse Anbetung vorschlugen, die nicht dem Gott-König galt. Auf frischer Tat ertappt bei der Anbetung seines Gottes Jahwe, war es für Daniel das anscheinend sichere Todesurteil, als er vor den König geschleppt wurde.

Doch die Löwengrube der Stadt war offenbar nicht außerhalb der Reichweite Jahwes. Dass Daniel überlebte, wurde sofort sowohl als Zeichen seiner Unschuld als auch der Größe seines Gottes gewertet.

(Daniel 6; vgl. Hesekiel 19,1-9)

Klassenlose Religion

Persien, ca. 550 v. Chr.

Eine neue Religion ist offizielle Lehre eines kleinen Königreiches im Nordosten Persiens geworden, nachdem sein König Vishtasp beschlossen hat, sie zu begünstigen. Gegründet von dem 40-jährigen Zoroaster, einem verheirateten Priester mit mehreren Kindern, besagt diese Lehre, dass es einen obersten Gott namens Ahuramazda gibt, einen guten und weisen Freund der Menschheit.

Ahuramazda hat alles geschaffen, einschließlich einem Zwillingsgeist, von denen sich einer für die Wahrheit und das Licht entschieden hat, der andere für die Unwahrheit und die Finsternis. Dieser zerstörerische Geist ist verantwortlich für das Böse auf der Welt, die das Schlachtfeld für den Kampf zwischen Gut und Böse darstellt. Gott hat die Menschen geschaffen, ihm zu helfen, diesen Kampf zu gewinnen.

Jetzt muss jeder zwischen den beiden Seiten entscheiden und wird entsprechend gerichtet werden. Wenn die guten Taten eines Menschen die schlechten überwiegen, kommt der betreffende Mensch in den Himmel. Wenn Gott schließlich den Kampf gewonnen hat, wird die Welt in ihrer ursprünglichen Vollkommenheit wieder hergestellt. Zoroaster hatte vor zehn Jahren eine Reihe von Visionen, nach denen er seine Lehre ausrichtete. Sie stieß überwiegend auf Ablehnung, bis sich kürzlich sein Cousin zu dieser neuen Religion bekehrte. Die Bekehrung von König Vishtasp ist allerdings von größerer Bedeutung.

Die neue Lehre kommt jedoch nicht gut an bei den alteingesessenen Priestern und Fürsten, die den Himmel für ihre spezielle Domäne halten und der Meinung sind, dass er für das gemeine Volk nicht zugänglich sei. Sie lehren, dass die Welt voller abstrakter Geister sei, die von den Menschen besänftigt werden müssen, indem diese die richtigen Opfer darbringen.

Sarkophag eines reichen, verheirateten Paares, ebenfalls aus Cerveteri, um 550 v. Chr.

Pornographie im Grab?

Italien, ca. 550 v. Chr.

Ungewöhnliche Grabmalereien der Etrusker mit einem Thema aus der Mythologie stellen widersprüchliche erotische Bilder dar. Auf einem ist ein Stier in sexueller Aktivität mit zwei Männern und einem Mädchen dargestellt, auf dem anderen bezichtigt ein Bulle mit erigiertem Phallus einen Mann, Verkehr mit einem Jungen zu haben. Unklar bleibt, ob die Bilder eine Verurteilung von Homosexualität sind oder ob sie sich auf einen unbekannten Fruchtbarkeitskult beziehen.

Andererseits zeigen die Etrusker auch ein Ausmaß an zivilisierten Praktiken, die andernorts unbekannt sind. Im Gegensatz zur griechischen Praxis wird es begrüßt, wenn etruskische Ehefrauen ihre Männer zu Festbanketten begleiten. Sie dürfen sich sogar zusammen auf hohen Liegen zurücklehnen. Man isst dabei von niedrigen dreibeinigen Hockern, manchmal mit Extraborden, auf denen Teller gestapelt werden können, die vor den Liegen stehen.

Kopf der Frau auf dem unten dargestellten Sarkophag

Ausschnitt aus den ausgiebigen Wandmalereien der etruskischen Totenstadt Cerveteri

Generalamnestie für Exiljuden

Babylon, 537 v. Chr.

Zehntausende in der Verbannung lebende Exilierte erhalten im Rahmen einer von Kyrus ausgerufenen Generalamnestie das Angebot, in ihre Heimat zurückzukehren.

Für einen der Spitzenbeamten, den Juden Beltschazar, ist der Erlass eine direkte Antwort auf seine leidenschaftlichen Gebete zu Jahwe.

Das Grabmal des Kyrus steht in einer heute verlassenen Gegend im Iran.

Kyrus hat für die Amnestie besonders die Juden ausgesucht, die von Nebukadnezar nach seinen großen Feldzügen gefangen genommen worden waren. Als religiöser Mann, der alle Götter achtet, behauptet Kyrus, dass Jahwe ihm die Macht und die Gelegenheit gegeben habe, einen Tempel in der ehemaligen Hauptstadt Judas zu bauen.

Er hat alle Einrichtungsgegenstände und Schätze herausgegeben, die

Der so genannte Kyrus-Zylinder zeichnet den Überraschungsangriff des Kyrus auf Babylon auf sowie die Besonderheit, dass er alle dort deponierten Götterstatuen wieder in ihre angestammten Gebiete zurückbrachte.

damals aus dem Tempel mitgenommen worden waren, und sie einem obersten jüdischen Ältesten namens Scheschbazar anvertraut. Beltschazar, seinen Landsleuten besser bekannt unter dem Namen »Daniel«, wird jedoch nicht unter denen sein, die in ihre Heimat zurückkehren. Nun als alter Mann genügt es ihm, in dem Wissen zu sterben, dass seine Gebete erhört wurden. Nach eigenen Aussagen hat er kürzlich die Prophetien des Jeremia noch einmal gelesen, der die Zerstörung Babylons vorausgesagt hatte sowie eine 70 Jahre dauernde Gefangenschaft.

Als er feststellte, dass diese Zeit jetzt fast abgelaufen war, hatte Daniel gefastet und Jahwe gebeten, er möge seine Verheißung erfüllen und seine Vergebung deutlich machen. Er behauptet, er habe eine neue Botschaft erhalten, der zufolge in einigen Jahrhunderten ein »Messias« in Jerusalem einziehen werde und die Stadt später noch einmal zerstört werden würde. Für die jüdischen Propheten scheint die Geschichte die Gewohnheit zu haben, sich zu wiederholen. Und auch das, was die Propheten über die Zukunft sagen, klingt zuweilen recht ähnlich.

(2. Chronik 36,22-23; Esra 1; Daniel 9)

Einheimische kritisieren Aussiedlerpolitik

Jerusalem, Herbst 537 v. Chr.

Der ehrgeizige Plan einer kleinen Gruppe frommer Juden, die kürzlich nach Jerusalem zurückgekehrt ist, ihren Tempel wieder aufzubauen, erfährt heftigen Widerstand von Bewohnern, die diese Gegend seit Jahrzehnten besiedeln. Aber trotz der Beschwerden und Klagen haben die Exilierten damit begonnen, Jahwe auf einem neuen Altar Opfer zu bringen.

Die Aufgabe, die ihnen bevorsteht, ist gewaltig. Bei der Grundsteinlegung weinten einige Leute, als sie sich vor Augen hielten, wie viel Arbeit nötig sein würde, um das Bauwerk zu vollenden, das König Salomo aus großen behauenen Steinen errichtet hatte, und das jetzt wie ein Haufen überwucherten Schutts dort liegt.

Dabei sind aus der kleinen Schar von ein paar tausend Rückkehrern wenige gelernte Bauleute und alle sind mit dem Problem konfrontiert, neue Wohnungen finden zu müssen, oder Einkommensquellen aufzutun.

Die Einheimischen, von denen viele gezwungenermaßen hier von anderen Ländern her angesiedelt wurden und die die Ankömmlinge mit etwas Neid auf deren Reichtum betrachten, hatten ursprünglich ihre Hilfe beim Wiederaufbau des Tempels angeboten. Aber sie wurden brüskiert, weil sie, obwohl sie Jahwe als den einheimischen Gott des Landes verehrten, sich außerdem auch weiterhin an ihre alten Götter hielten. Ihr Interesse wandelte sich in Opposition.

Die Angst scheint auf Gegenseitigkeit zu beruhen. Von den Juden wird berichtet, dass sie nervös sind wegen eines möglichen Angriffs und dass ihnen außerordentlich daran gelegen ist, in Bezug auf ihren Glauben keine Kompromisse einzugehen. Auf Anregung ihres obersten Priesters Jeschua und des zivilen Leiters Serubbabel umfassten ihre ersten Feierlichkeiten eine Wiedereinführung des Laubhüttenfestes.

(Esra 2,64-4,5)

Kriegspläne in Geheimsprache

Babylon, 536 v. Chr.

Die Mythen über sich gegenseitig bekriegende Götter beruhen tatsächlich ein wenig auf Tatsachen, so der streng monotheistische Visionär Daniel (Beltschazar), ehemaliger Oberster der Weisen in der Blütezeit des babylonischen Reiches.

Durch eine Theophanie – eine sichtbare Gotteserscheinung – bei der teilweise seine Gefährten Zeugen waren, behauptet Daniel, weitere Einblicke in die noch nicht aufgeschlagenen Seiten des Geschichtsbuches Jahwes bekommen zu haben, in denen Engelwesen (keine Götter) um die Vorherrschaft wetteifern, indem sie Einfluss nehmen auf die Konflikte zwischen den Völkern.

Die Vision, die er am Ufer des Tigris hatte, war so gewaltig, dass seine Begleiter von dem Ort flohen und den alten Daniel völlig erschöpft zurückließen. Er habe, so sagt er, einem Himmelswesen gegenübergestanden – farbig wie Edelsteine und hell wie ein Blitz, mit Gliedern wie aus polierter Bronze und mit einer Stimme wie eine ganze Arena voller Menschen.

Diese Vision, die Antwort auf seine Gebete um die Deutung eines Traumes, in dem es um Krieg ging, kam mit Verspätung wegen des Konfliktes zwischen dem unbefugten Engel oder Dämon, der persische Angelegenheiten beeinflusst, und Jahwes offizieller geistlicher Verwaltung, so wurde ihm mitgeteilt. Wie schon in Daniels früheren Erkenntnissen über künftige Politik scheint die neueste die Zeit zu raffen und konkrete Einzelheiten über kommende Reiche und Herrscher sowie allgemeinere Wahrheiten und Grundsätze in Bezug auf Jahwes Herrschaft über die Welt zu verbinden.

Es wurde ihm mitgeteilt, dass noch vier weitere persische Könige erstarken sollen, dass das Reich aufgeteilt und ein »König des Südens« auftreten werde. Nach Schlachten zwischen ihm und dem »König des Nordens« werde er sich um Daniels Heimatland Juda kümmern und danach werde es dann weitere Kämpfe geben.

Zu Gottes Plan, letztlich seine Schöpfung zu erneuern, gehörte auch die Auferstehung der Toten. Am »Ende der Zeit« werde Michael, der Schutzengel des zu Jahwe gehörigen Volkes, während einer traumatischen Phase mit vielen Konflikten das Schwert führen. Dies ist wohl ein Zuspruch an Jahwes Volk, dass Jahwe die scheinbar un-

Dieser geflügelte Steinbock aus Persien diente als prachtvoller Henkel für einen rituell benutzten, verlorenen Krug (500 v. Chr.).

erklärlichen Ereignisse böser Regime stets im Blick gehabt hat.

(Daniel 10-12)

KURZMELDUNGEN ca. 550-535 v. Chr.

Kunst für alle Welt (ca. 550 v. Chr.): Der Einfluss eines auf Samos lebenden griechischen Künstlers breitet sich in alle Richtungen aus. Theodoros hat dazu beigetragen, die Kunst des Modellierens mit Ton einzuführen sowie den Bronze- und Eisenguss. Er hat bereits eine Silberschale für Krösus (Kroisos) von Lydien hergestellt sowie ein Smaragdsiegel für Polykrates. Außerdem wurde er von den Ephesern beim Bau des Artemistempels zu Rate gezogen. Er empfahl ihnen, ins Fundament eine Schicht Kohle mit einzubauen. Außerdem hat er eine Versammlungshalle in Sparta entworfen.

Mit Kuh zur Macht (ca. 545 v. Chr.): In Rom ist ein neuer Diana- (Artemis-) Tempel auf dem Aventin-Hügel mit Blick auf den Tiber mit der Opferung einer jungen Kuh eröffnet worden. König Servius Tullius hofft, dadurch Prophetien zu erfüllen, denen zufolge dasjenige Volk zu kaiserlicher Macht gelangen wird, das der Diana diese spezielle junge Kuh opfert.

Unterwerfung (ca. 545 v. Chr.): Könige der Mittelmeerinsel Zypern haben sich freiwillig König Kyrus von Persien unterworfen. Gemäß der Vereinbarung dürfen die Zyprioten weiterhin ungestört ihr eigenes kulturelles Leben fortsetzen, wenn sie regelmäßig Abgaben an Kyrus zahlen und wenn sie ihre Armee in Bereitschaft halten als Reserve für den persischen König.

Evolutionswissenschaftler tot (ca. 540 v. Chr.): Der erste Mann, der eine Weltkarte gezeichnet hat, ist im Alter von 70 Jahren in seinem Haus in Milet gestorben. Anaximander stellte die bisher einmalige Behauptung auf, das Universum unterliege bestimmten Gesetzmäßigkeiten. Außerdem glaubte er an eine Form der Evolution.

Die Griechen kommen! (ca. 535 v. Chr.): Die griechischen Phoker haben einen knappen Sieg gegen die vereinigten Flotten der Etrusker und der Karthager errungen. Sie haben aber so viele Schiffe verloren, dass sie ihre Kolonie in Aleria an der Ostküste Korsikas im Stich lassen mussten und nach Velia, einer ionischen Kolonie in Süditalien, gezogen sind. Nach der Schlacht steinigten die Karthager und die Etrusker ihre Gefangenen zu Tode. Sie hatten die Schlacht begonnen, weil sie zunehmend alarmiert waren über die vergangenen 40 Jahre griechischer Kolonisation an der korsischen Küste.

Schrift-Wechsel (ca. 530 v. Chr.): Die Keilschrift, die seit Jahrhunderten verwendet in Babylon verwendet wird, wird durch das 22 Schriftzeichen umfassende aramäische Alphabet ersetzt. Die Keilschrift wird geschrieben, indem man ein Stück Knochen oder Stein in weichen Ton oder Lehm drückt, oder indem man die Zeichen in Stein meißelt. Besonderheit der neuen Schrift: Die Texte werden horizontal von rechts nach links geschrieben.

Vater drittes Opfer der Killertochter

Rom, 535 v. Chr.

Der römische König Servius Tullius, der seit 44 Jahren im Amt ist, ist auf Befehl seiner Tochter Tullia und ihres Ehemannes Tarquinius ermordet worden. Tullia hatte Tarquinius bereits veranlasst, seine erste Frau und ihren eigenen Mann umzubringen, damit sie ihn heiraten und Königin werden konnte. Servius wurde von einer Gruppe gedungener Mörder getötet, die ihn verstümmelt auf der Straße liegen ließen. Danach fuhr Tullia mit der Kutsche über den Leichnam ihres Vaters, wobei sein Blut auf ihre Kleidung spritzte. Blutspuren von den Rädern der Kutsche reichten bis zu ihrem Haus. Tarquinius, auch bekannt als »der Hochmütige«, ist jetzt König. Er ist ein unbeliebter Mann, dessen Anspruch auf den Thron allein auf Gewalt beruht. Er herrscht durch Angst. Aus berechtigter Sorge um sein Leben hält er sich Leibwächter und verurteilt jeden zum Tode, der ihm in irgendeiner Weise verdächtig erscheint. Er ist der erste König, der mit der üblichen Verfahrensweise bricht, in öffentlichen Angelegenheiten den Senat zu befragen.

Grausame Vorauswahl für spartanische Kadettenanstalt

Sparta, ca. 525 v. Chr.

Der mächtige Stadtstaat Sparta, der seit über 200 Jahren erheblichen Einfluss auf das gesamte Gebiet der Ägäis hat, übt eine rigorose Kontrolle auf seine Bürger aus. Er hat kaum einen Begriff von »Familie«.

Söhne werden als Eigentum des Staates und nicht als Eigentum der Familie betrachtet und es findet eine selektive »Zucht« statt. Wenn ein Mann die Frau eines anderen bewundert, dann kann er dessen Einverständnis erbitten, mit ihr Kinder zu haben.

Wenn ein Sohn geboren wird, bringt der Vater ihn zu den Ältesten zur Begutachtung. Befinden diese das Kind für stark und gesund, darf der Vater den Jungen großziehen, andernfalls muss das Kind in den Bergen ausgesetzt werden. Im Alter von sieben Jahren werden Jungen aus der Familie herausgenommen und bis zu ihrem 21. Lebensjahr vom Staat erzogen. Die staatliche Erziehung wird geleitet vom Wächter der Jungen, der unterstützt wird vom »Rutenträger«, um für Disziplin zu sorgen. Die Jun-

Auch heute noch ist in solchen Standbildern die Macht und Entschlossenheit der Spartaner deutlich sichtbar.

gen werden in Lesen und Schreiben, Gehorsam, körperlicher Fitness und Tapferkeit im Kampf ausgebildet.

Im Alter von zwölf Jahren werden die Ausbildung und die Aktivitäten härter und militärischer. Sportwettbewerbe spielen eine wichtige Rolle und finden in der Regel in einem religiösen Zusammenhang statt. Statt einer Tunika erhält jeder Junge einen Umhang, der ein ganzes Jahr lang halten muss. Die Jungen schlafen auf Binsenbetten und müssen sich schweren Härtetests unterziehen. Zum Beispiel werden sie ausgesetzt und müssen sich durchschlagen, indem sie Essen stehlen, um zu überleben. Wenn jemand dabei gefasst wird, wird er ausgepeitscht. Wenn ein junger Spartaner heiratet, lebt er trotzdem weiterhin in der Kaserne und darf seine Frau nur heimlich besuchen.

Auch Mädchen müssen sich einem körperlichen Training unterziehen, aber sie leben zu Hause und müssen nicht so strengen Regeln folgen wie ihre Brüder. Im Gegensatz zu anderen griechischen Frauen wird von ihnen nicht erwartet, sich nur im häuslichen Bereich zu bewegen, sondern sie dürfen sich wie die Jungen auch in der Öffentlichkeit sehen lassen.

Despot überlebt Angriff der Alliierten

Samos, ca. 526 v. Chr.

Der gemeinsame Angriff der Spartaner und Korinther gegen die ägäische Insel Samos ist nach 40-tägiger Belagerung gescheitert. Die spartanische Feindschaft gegen Samos konzentriert sich auf den Despoten Polykrates, der angeblich eine spartanische Schale und einen Brustschild von einem Schiff auf See gestohlen hat. Samos unterstützt Persien und hat seine Flotte geschickt, um Kambyses' Angriff gegen die Ägypter zu unterstützen. Auch die Korinther hegen Groll gegen Polykrates.

Polykrates hatte die Tyrannei über Samos vor 14 Jahren an sich gerissen und es zu einer Seemacht und einem Schutzhort für Dichter und Künstler gemacht.

Dichter des 5. vorchristlichen Jahrhunderts priesen den Sieg der Insel Samos über ihre Feinde.

Langfristige Perspektive

China, ca. 525 v. Chr.

Das Volk der Wu, das in den flacheren (seewärts gelegenen) Gebieten des Jangtzekiang lebt, beherrscht jetzt den gesamten Südosten Chinas, nachdem es seine Nachbarn aus dem Binnenland, die Chou, geschlagen hat.

Die langfristige Sicht des obersten Ratgebers Wu Tze-hsiu hat ihn das Leben gekostet. Als graue Eminenz des Königs und ehemaliger Chou, der von seinen Rachegelüsten getrieben war, hatte er dem König gesagt, er solle die Chou nach dem Sieg in Ruhe lassen und sich auf die wachsende Macht der Yueh im Süden konzentrieren, was der König als mangelndes Vertrauen in ihn ansah.

Seine letzte Bitte war, einen Katalpa-Baum (Trompetenbaum) mit herzförmigen Blättern und trompetenförmigen Blüten auf sein Grab zu pflanzen. Wenn dieser Baum ausgewachsen sei, so ordnete er an, solle sein Körper exhumiert, seine Augen herausgenommen und am Tor der Hauptstadt angebracht werden, »damit ich den siegreichen Einzug des Königs von Yueh sehe«.

Leichenfledderei und Blutsuppe

Memfis, 525 v. Chr.

Persien hat Ägypten sowohl militärisch als auch religiös erobert. König Psammetich III., der nicht einmal ein Jahr lang im Amt war, führte seine Armee in die Niederlage bei Pelusium, dem östlichen Eingang nach Ägypten. Der junge Pharao floh nach Memfis, wurde aber gefangen genommen und in die persische Hauptstadt Susa gebracht.

Die Perser unter König Kambyses rasten wie Terroristen durch Memfis, zerrten den einbalsamierten Leichnam des verstorbenen Königs Amasis aus seiner Grabkammer und schändeten ihn, bevor sie ihn in Brand setzten. Kambyses erstach persönlich den heiligen Apis-Stier von Memfis. Die Verehrung des Apis-Stieres wurde vor über 2000 Jahren von einem ägyptischen Pharao eingeführt.

Den Persern war von einem Legionärsgeneral namens Phanes, der in Halikarnassos diente, geraten worden, sich von den Beduinen durch die Wüste führen zu lassen. Er musste bitter bezahlen für diesen Verrat: Seinen Söhnen, die immer noch in Ägypten waren, wurden über einer Schüssel die Kehlen durchgeschnitten. Als sie tot waren, fügten die Ägypter dem Blut Wasser und Wein hinzu und zwangen jeden Söldner, davon zu trinken.

Kambyses hat den ägyptischen Thronnamen Mesutire angenommen, das heißt »Nachkomme von Re«. Er hat allerdings nicht die Absicht, sich in Ägypten niederzulassen, sondern wird von Susa aus regieren und einem persischen Satrapen die Verantwortung übertragen.

Fremdenlegion für Nordafrika

Karthago, ca. 530 v. Chr.

Die Armee des nordafrikanischen Stadtstaates Karthago soll aus Söldnern und Truppen von Nachbarstaaten zusammengestellt und aus öffentlichen Geldern finanziert werden. Alle Generäle werden jedoch Karthager sein.

Den größten Anteil stellen Libyer, von denen man annimmt, dass sie die Hitze am besten vertragen. Mit ihrer Vorliebe für schnelle Überfälle und Hinterhalte werden sie als leichte Infanterie eingesetzt.

Es werden sogar Söldner aus Numidien oder Spanien rekrutiert. Die Spanier werden besonders wegen ihrer Qualitäten im Guerillakampf geschätzt und wegen ihrer Bereitschaft, jedem Führer zu folgen. In ihrer Heimat haben sie keinen Begriff von Gesellschaft, der über die Größe ihres Clans hinausgeht. Auch Bewohner der Balearen haben sich eingeschrieben und darum gebeten, ihnen ihren Sold in Form von Frauen auszuzahlen statt in Silber und Gold.

Bis vor kurzem wurde die karthagische Armee noch zwangsausgehoben, aber die Stadt ist zu klein, um das weit verstreute phönizische Reich zu überwachen. Der Einsatz von Ausländern entlastet die Bürger, so dass sie sich auf den Handel, ihre Haupteinkommensquelle, konzentrieren können. Karthago ist der erste bekannt gewordene Stadtstaat, der versucht, ein Weltreich zu beherrschen.

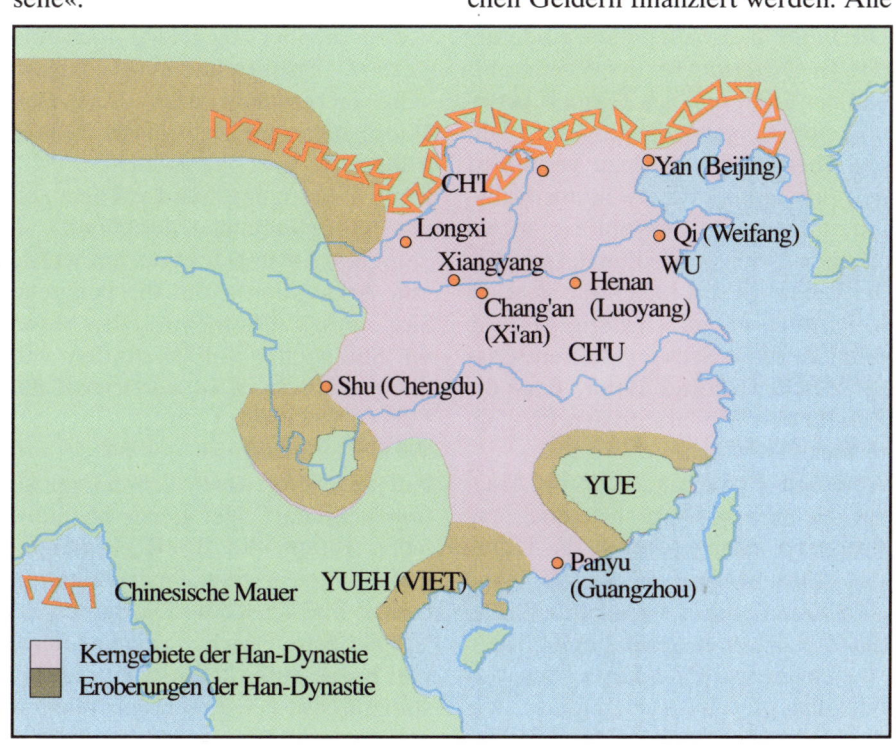

Der Han-Staat bestand aus verschiedenen Völkern, deren Rivalität auch unter einer vereinten Regierung andauerte. Nationale Identität ist eben auch hier ein starker Faktor.

Darius schafft Ordnung im Reich

Babylon, ca. 520 v. Chr.

Der Meder Darius, vierter König von Babylon innerhalb von zwei Jahren, hat strenge Maßnahmen ergriffen, um die Ordnung wieder herzustellen. Er hat seinem Sohn Xerxes die Verantwortung für die Stadt übertragen, in der auch er selbst den Winter verbringt, und er hat mit dem Bau eines neuen Palastes begonnen.

Darius hat eine neue persische Hauptstadt namens Persepolis gegründet und das gesamte Reich in 20 Satrapien mit einer einheitlichen Gesetzgebung aufgeteilt. Ein von ihm entworfenes Straßensystem durch das gesamte Reich gehört genauso zu seinen Plänen wie ein Kanal vom Nil zum Roten Meer.

Babylon ist Schauplatz mehrerer Putsche gewesen, seit Darius das persische Reich von Kambyses übernommen hat, der auf dem Heimweg nach der Eroberung Ägyptens umkam. Nebukadnezar II. hatte damals den Anspruch erhoben, Erbe Nabonids zu sein, und den Thron übernommen, wenige Tage bevor er in einer Schlacht fiel.

Ein weiterer Nationalist, Nebukadnezar III., riss den Thron an sich, obwohl Darius allgemeine Milde mit der Stadt walten ließ. Nach zehn Wochen trafen persische Truppen in Babylon ein, pfählten den »König« und seine Anhänger, plünderten einige Königsgräber und nahmen dann die gesamte Stadt ein.

Die Krieger des Darius in feierlicher Prozession, dargestellt auf glasierten Ziegeln im großen Palast von Babylon

»Kommt endlich aus dem Quark!«

Jerusalem, 520 v. Chr.

Genau an dem Tag, an dem das Wintergetreide gesät wurde, hat der jüdische Prophet Haggai, behauptet, Jahwe werde die letzten kargen Ernten erstatten. Auf der anderen Seite wies er die jüdischen Führer zurecht, weil ihr Engagement beim Wiederaufbau des Tempels von Jerusalem erschlafft sei.

Die Menora, der siebenarmige Leuchter, wurde das Symbol der jüdischen Frömmigkeit wie des jüdischen Volkes. Dieser große Leuchter steht vor dem israelischen Parlament, der Knesset.

In einer geharnischten Ansprache an die jüdischen Führer, seiner dritten innerhalb von vier Monaten, behauptet er, dass Gott sie zwar segnen wird »von diesem Tag an« und dass der Tempel wie Korn sprießen wird. Aber er tadelt die zurückgekehrten Exilierten auch, weil sie Jahwe »unreinen« Gottesdienst dargeboten haben.

Die Leute hier haben ganz eindeutig ihre Begeisterung für den Wiederaufbau der Stadt und des Tempels verloren, eine Aufgabe, die sie vor 15 Jahren überhaupt erst dazu veranlasst hat, den langen Rückweg aus Babylon anzutreten. Obwohl sie inzwischen ordentliche Siedlungen gegründet haben, ist das Leben für sie auch weiterhin hart und schwierig. Manche erklären diese Schwierigkeiten sogar als Zeichen Gottes dafür, dass die Zeit für den Wiederaufbau noch nicht reif sei.

Aber seit Ende August drängt Haggai, zu dem sich kürzlich noch der Prophet Sacharja gesellte, die Leute, ihre Maurerkellen wieder zur Hand zu nehmen. »Ist es für euch selber an der Zeit, in euren getäfelten Häusern zu wohnen, während dieses Haus verödet daliegt?«, fragt er. Er meint, dass die schlechten Ernten der jüngsten Zeit Gottes Ermahnung waren, dass sie ihn gefährlich vernachlässigten.

Der Priester Sacharja hat eine ähnliche Botschaft mitgebracht, allerdings mit einem noch dringlicheren Aufruf zur Buße. Nachdem sie beide Botschaften überdacht hatten, veranlassten der Hohepriester Jeschua und der zivile Führer der Juden die Wiederaufnahme der Bauarbeiten am Tempel.

Die Aufgabe scheint so frustrierend wie zuvor, aber Haggai hat noch eine weitere Ermutigung hinzugefügt: »Die Herrlichkeit des zukünftigen Hauses wird größer sein als die des früheren.«

Seine Ermutigung lässt das Thema eines Psalms anklingen, der kürzlich zu jüdischen Festtagen gesungen wurde und Andeutungen auf die persische Sitte enthält, Ehrengästen den Mund mit Süßigkeiten voll zu stopfen: »Tu deinen Mund weit auf und ich will ihn füllen«, verspricht Gott.

Wieder einmal wurde der Wiederaufbau jedoch von der örtlichen Opposition behindert. Der persische Statthalter Tattenai hat das Recht der Juden in Frage gestellt, einen Tempel zu bauen, und an König Darius schriftlich die Bitte gerichtet, ein angeblich von Kyrus ausgestelltes Edikt zu bestätigen, das den Juden den Wiederaufbau gestattet.

(Esra 4,24-5,17; Haggai 1-2; Sacharja 1,1-6; vgl. Psalm 81,11)

Den Seinen gibt's Jahwe im Schlaf

Jerusalem, 519 v. Chr.

Der süße, wenn auch noch schwache Duft des Erfolges weht über der jüdischen Gemeinde nach der neuerlichen Bestätigung, dass Jahwe sie fähig machen wird, den Tempel wieder aufzubauen. Der Duft rührt her von einer Reihe zum Teil grotesk anmutender Träume des jungen Priesters Sacharja. Er wurde in Jerusalem geboren und war noch ein Kind, als die ersten Verbannten nach Jerusalem zurückkehrten.

Er behauptet, er habe einen Mann auf einem roten Pferd gesehen, der ausrichtete, dass es auf der Erde ruhig sei. Er stand in einem Tal von Myrten und die Botschaft lautete offenbar, dass Juda, genau wie die Myrte, zwar niedrig ist, aber wenn man sie zerdrückt, sie den zarten Duft der Gunst Gottes in die Welt verströmt.

In sieben Visionen hat Sacharja vier Zerstörer Judas gesehen, dargestellt als Hörner, die ihrerseits wieder zerstört wurden. Jerusalem wird von Jahwe beschützt und geläutert werden, als wäre es von einer brennenden Mauer umgeben, glaubt er. Er sah, wie der Hohepriester Jeschua wie ein brennender Stock aus dem Feuer geholt und mit der Reinheit Jahwes selbst gekleidet wurde, ein Bild, das die Vergebungsbereitschaft Gottes und die Erneuerung durch ihn zum Ausdruck bringt.

Jeschua und der weltliche Führer Serubbabel wurden in einem weiteren Traum speziell angesprochen und konkret vor Überheblichkeit gewarnt. Es heißt, dass der Wiederaufbau des Tempels »nicht durch Macht und nicht durch Kraft, sondern durch meinen Geist« geschehen wird. Niemand soll die kleinen Anfänge des Projektes verachten, fügte der himmlische Führer des Propheten dann noch hinzu. In seinen letzten Visionen, die auf eine geistliche Erneuerung hinweisen, hat Sacharja eine riesige fliegende Schriftrolle von neun Metern Länge und viereinhalb Meter Breite gesehen, voll mit Flüchen Gottes gegen Übeltäter. Eine Frau, die

Tempel nach 70 Jahren wieder geöffnet

Jerusalem, 516 v. Chr.

Nach fast 70 Jahren seit seiner Zerstörung durch Nebukadnezar ist der renovierte Tempel Jahwes in Jerusalem jetzt wieder geöffnet.

Einer fröhlichen Einweihungszeremonie folgte das Passahfest, das höchste jüdische Fest des Jahres. Es herrschte auch ein Anflug von Erleichterung darüber, dass ein finsteres Kapitel in der religiösen und politischen Geschichte des Volkes damit zu Ende gegangen ist. Die Pracht der Weihe war nicht zu vergleichen mit früheren Anlässen, aber für die kleine und verarmte Gemeinde war die rituelle Schlachtung von 100 Stieren, 200 Widdern und 400 Lämmern ein echtes Opfer.

Als der ursprüngliche Tempel auf dem Gipfel des Wohlstandes Israels von Salomo eröffnet wurde, waren Jahwe 22000 Ochsen und 120000 Schafe geopfert worden, und die ausgesonderten Tiere hinterließen kaum eine merkliche Lücke im Viehbestand des Volkes.

Es hat ungefähr 20 Jahre gedauert bis zur Fertigstellung des Tempels, obwohl es auch eine Phase von etwa 15 Jahren gab, in denen kaum etwas unternommen wurde. Der »neue Schwung« wurde vor vier Jahren durch die Propheten Haggai und Sacharja ausgelöst und dann durch einen persönlichen Brief des persischen Königs Darius bestätigt. Amtspersonen vor Ort hatten ihn konsultiert im Zusammenhang mit der Rechtmäßigkeit des Baus, dessen Wiederaufbau auch als nationalistischer Akt und als Missachtung des persischen Besatzungsrechtes hätte ausgelegt werden können. Das ursprüngliche Dekret, in dem Kyrus den Bau genehmigt hatte, wurde im königlichen Archiv ausgegraben, außerdem bewilligte Darius Zahlungen für die Arbeiten und für Gottesdienste aus dem Staatshaushalt. Er bat darum, Gebete und Opfer für ihn und das Wohl des Reiches darzubringen.

(Esra 6)

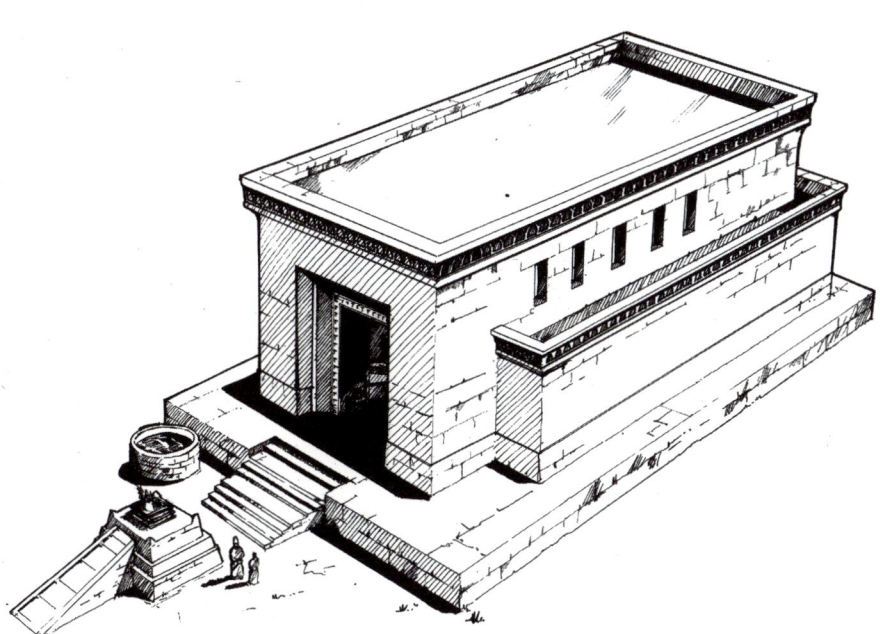

Der zweite Tempel wurde im Jahr 516 v. Chr. fertig gestellt, 70 Jahre nach der Zerstörung des salomonischen Tempels.

---

das Böse darstellt, sprang aus einem Efa (Hohlmaß), wurde aber wieder hineingedrückt und nach Babylon verfrachtet. Und die Engelspferde galoppierten bis an die Enden der Erde

mit der Versicherung, dass Jahwe alles unter Kontrolle hat, dass der Tempel wieder aufgebaut wird und ein rechtmäßiger Leiter oder »Zweig« als künftiger Führer hervorgehen wird.

Stammtischdebatte mit verheerenden Folgen

Rom, 509 v. Chr.

Die Vergewaltigung einer römischen Adeligen namens Lucretia, die ihren sinnlosen Selbstmord nach sich zog, ist so gründlich gerächt worden, dass 100 Jahre etruskischer Herrschaft in Rom beendet sind und ein neues Regierungssystem eingesetzt wurde.

Brutus, der charismatische Anführer der Revolte, und Lucretias Ehemann Collatinus wurden als Konsuln (Magistrate) gewählt, um die Stadt an Stelle von König Tarquinus zu regieren, der ins Exil nach Caere geflohen ist.

Eine typische Männerdiskussion beim Trinken, in der es darum ging, wessen Frau am tugendhaftesten sei, führte zu einem Streit, der dann die Vergewaltigung provozierte. Sextus Tarquinius, der Sohn des Königs, saß mit Collatinus und anderen zusammen. Die Männer beschlossen, ihre Frauen zu überraschen, indem sie unerwartet früh nach Hause kamen, um zu sehen, was ihre Frauen machten. Die meisten wurden feiernd vorgefunden; Lucretia jedoch war zu Hause und spann beim Licht einer Lampe. Sie feierte ihren »Sieg«, indem sie ihren Mann und seine Freunde zum Abendessen hereinbat.

Füllhorn oder ritueller Trinkbecher aus massivem Silber

Sextus jedoch kam ein paar Tage später noch einmal zu dem Haus zurück, wo er von Lucretia gastfreundlich als Freund des Hausherrn aufgenommen wurde. Er wollte aber Sex mit der Dame des Hauses und als sie sich weigerte, drohte er, sie und ihren Sklaven zu töten und ihre Leichen in eindeutiger Position nebeneinander zu legen,

um so eine ehebrecherische Beziehung vorzutäuschen.

Nachdem sie vergewaltigt worden war, schrieb Lucretia in großem Kummer Briefe an ihren Vater und ihren Mann, in denen sie darauf beharrte, trotz der eigenen Unschuld dafür sterben zu müssen, dass ihr Gewalt angetan worden sei. Danach erstach sie sich. Brutus, der Collatinus nach Hause begleitet hatte, zog ihr das Messer aus dem Herzen und schwor Rache. Er drängte das Volk, gegen den König und seine Familie die Waffen zu ergreifen.

Die Armee stand wie ein Mann hinter ihm und Sextus floh in die etruskische Stadt Albi, wo er um Asyl bat. Die Leute dort hassten ihn jedoch bereits wegen seines langen Registers an Raub und Gewalt und sie brachten ihn um.

Die neuen Konsuln sollen alle gleiche Machtbefugnisse haben. Sie befehligen die Armee und sind verantwortlich für das Einziehen der Steuern sowie für die öffentlichen Ausgaben. Sie werden vom Senat beraten, einem Gremium bestehend aus über 100 Patriziern (Familienoberhäupter).

Prophet warnt vor Heu- und anderen Schrecken

Juda, ca. 500 v. Chr.

Eine fürchterliche Plage von Heuschrecken, die ihren Weg durch Wein und Gemüse, durch Feigen und Kornfelder fressen, wird in Zusammenhang gebracht mit einem schrecklichen »Tag Jahwes«, an dem ein Endgericht über die ganze Welt stattfinden wird.

Der Verfasser der bildhaften Beschreibung heißt Joël. Es bleibt jedoch ein Rätsel, wo und sogar wann er gelebt hat oder ob er gar immer noch lebt. Es gibt Beobachter, die Parallelen zwischen Joëls Satzbau und dem der früheren Propheten Jesaja und Amos zu erkennen glauben, und sie nehmen an, dass er eine militärische Invasion voraussagt wie die der Assyrer oder Babylonier. Gerüchten zufolge soll er jedoch auch den Propheten der jüngeren Zeit Haggai und Sacharja nahe gestanden haben. Der kurze Text wird als zeitlo-

se Mahnung an Jahwes Volk ausgelegt, seine Angelegenheiten zu ordnen, um bereit für den Tag des Jüngsten Gerichts zu sein und voller Hoffnung auf die dem Gericht folgende Wiederherstellung.

Heuschreckenplagen kommen im Nahen Osten häufig vor und sind nicht vorhersehbar. Die Insekten sind die einzigen »Kriechtiere«, die von Juden verzehrt werden dürfen. Sie werden vom Wind getragen, verdunkeln den Himmel und erfüllen die Luft mit den Geräuschen ihres Flügelschlagens und ihrer mahlenden Kiefer. Die flügellosen Jungen, oft auch »Hüpfer« genannt, können ebenfalls großen Schaden in der Ernte anrichten.

Jahwes Tag der Abrechnung wird ebenso zerstörerisch sein, sagt Joël. An einem Tag der »Finsternis und Dunkelheit« wird das unzählige Heer

der Engel über die Erde ausschwärmen. Die einzig denkbare Reaktion auf eine solche Aussicht ist von Herzen kommende Buße mit Gebet und Fasten, lieber das Zerreißen eines reuevollen Herzens als das Zerreißen ritueller Kleidung.

Aber Jahwe ist nicht nur erzürnt über die Sünde der Menschen. Er ist auch »gnädig und barmherzig« und wird seinem Volk »die Jahre erstatten, die die Heuschrecken gefressen haben« während seines geistlichen Exils. Mit einem Sprung in die langfristige Zukunft sagt Joël eine gewaltige Ausgießung des Geistes Gottes voraus, die dazu führen wird, dass Alt und Jung prophetisch reden und Visionen haben. Die Erneuerung des Volkes Gottes wird veranschaulicht in dem Bild eines friedvollen Jerusalems, das zur Quelle eines Stromes wird, der die Wüste bewässert.

Kulturelle Vielfalt auf britischer Insel

Maiden Castle in Dorset ist eine typische britische Befestigungsanlage. Seine vier konzentrischen aus Erde angehäuften Kreise sollten Eindringlinge abhalten.

England, ca. 500 v. Chr.
Die Kelten, die sich bis nach England hinein ausgebreitet haben, haben ein neues Ackersystem eingeführt, das darauf beruht, Terrassen in Hügel hineinzubauen und so ehemals unkultiviertes Land urbar zu machen.

Mit Hilfe von Eisenspaten und Pflügen graben die Bauern ein oder zwei Meter tief in eine Böschung hinein und werfen die abgetragene Erde nach unten, wobei auf diese Weise ein niedriger Wall entsteht. Etwa ein Dutzend solcher Wälle werden an jedem Hügel errichtet, unterteilt durch niedrige Mauern, die mit Kiesel oder Stein belegt sind. Das Getreide aus solchen Terrassenfeldern wird in unterirdischen Gruben gelagert.

Die Kelten, die vor etwa 800 Jahren aus der oberen Donauregion in Germanien kamen, haben sich seit ca. 400 Jahren über ganz Europa ausgebreitet. Sie haben entscheidende Neuerungen im Ackerbau eingeführt und beackern ihre Felder mit von Ochsen gezogenen Pflügen statt mit Handgeräten. Sie züchten in England langhörnige Schafe, kurzhörnige Ochsen sowie Schweine.

Einer ihrer weniger begrüßenswerten Züge schlägt auf der Insel ebenfalls Wurzeln: Stammeskämpfe. Englische Stämme sind durch Wälder voneinander getrennt. Ihr Misstrauen gegeneinander führt zunehmend zu Ausbrüchen von Feindseligkeit. Folglich werden mehr Hügelbefestigungen gebaut, je mehr die Stämme ihre Verteidigung ausbauen. Manche dieser Anlagen sind ganz einfache Konstruktionen mit einer einzigen Barriere, die auf der Kammlinie eines Hügels verläuft, aber es gibt auch komplexere, wie beispielsweise das in Hengistbury Head in Hampshire, das über zwei Erdwälle und Gräben verfügt. Sie sind in erster Linie dazu gebaut, schnelle Überfälle abzuwehren, und nicht so sehr, um lange Belagerungen auszuhalten, wie sie im Nahen Osten üblich sind.

Die englische Kultur ist so vielfältig wie das Wetter dort. In Plumpton Plain im südlichen Sussex beispielsweise leben die Menschen in ovalen Einfriedungen, die von Erdwällen umgeben und durch Straßen miteinander verbunden sind. Ihre runden Umzäunungen und mit Lehm verputzten Hütten sind reetgedeckt. Sie treiben Ackerbau auf viereckigen, leicht erhöhten Feldern. Aber nur ein wenig weiter, an der Küste, in der Nähe von Worthing, arbeiten die Menschen nach den keltischen Ackerbaumethoden.

Auf den Orkney-Inseln im hohen Norden Britanniens wiederum leben die Menschen in rechteckigen, mit Tierhäuten gedeckten fensterlosen Hütten von fünf Metern Länge, deren Eingang nicht einmal einen Meter hoch ist.

Schädelstätten

Noves, ca. 500 v. Chr.
Eine groteske Statue eines mythischen Tieres beherrscht die Berggipfelstadt Noves. Seine Klauen sitzen auf menschlichen Händen und ein menschliches Bein hängt aus seinem Maul.

Eine andere Stadt in dieser Gegend südlich des Zentralmassivs hat ein Heiligtum, auf dem ein Haufen menschlicher Köpfe modelliert ist. Außerdem sind dort Menschenschädel an die Wände genagelt und wieder eine andere Stadt hat ein Heiligtum mit Löchern für menschliche Schädel und einen Geier, der über dem Eingang festgenagelt ist.

Solche gruseligen Bilder sind relativ selten, Berggipfelstädte werden aber mehr und mehr gegründet. Die meisten von ihnen sind klein und leben vom Ackerbau, aber sie bauen auch Handelsverbindungen mit griechischen Kolonien wie beispielsweise Marseille auf.

KURZMELDUNGEN ca. 530-517 v. Chr.

Tod auf dem Schlachtfeld (530 v. Chr.): König Kyrus ist in der Schlacht gefallen. Sein Leichnam wurde in seine Heimat zurückgebracht. Seine Nachfolge tritt sein Sohn Kambyses II. an.

Währungsreform (ca. 517 v. Chr.): Das persische Schatzamt hat die erste kaiserliche Währung herausgegeben. Sie ist aus Gold und nennt sich »Dareikos«. Die einheimischen Währungen, meist aus Silber, werden auch weiterhin in Umlauf bleiben, aber es gibt keinen gemeinsamen Standard und kein einheitliches Maß für alle Satrapien. Schatzmeister nehmen nur gemünztes Silber nach dem Metallgewicht des darin enthaltenen Silbers an. Im Handel werden die Münzen entweder gewogen oder der Käufer und der Verkäufer einigen sich auf eine Münzsorte.

Tempelsponsoren (ca. 510 v. Chr.): Weil der Tempel von Delphi vor 38 Jahren niederbrannte, ist nun ein neuer Tempel an derselben Stelle errichtet worden. Die Familie der Alcmaeonidae, die in Delphi im Exil lebt, hat das Projekt durch Spenden erheblich unterstützt.

Neue Religionen werden stärker

Mehrere neue Religionen sind in den vergangenen Jahrzehnten entstanden oder haben verstärkt Aufmerksamkeit gewonnen. Zu den wichtigsten gehören zwei aus Indien und zwei aus China.

Armer Prinz erblickt das Licht

Nepal, ca. 530 v. Chr.

Ein religiöser Lehrer aus Nepal sendet seine aus allen Klassen stammenden Anhänger aus, eine Lehre zu verbreiten, die sich gegen die orthodoxe, durch Opfer bestimmte und von Priestern beherrschte Religion der Zeit stellt.

Die Lehren des Buddha verbreiteten sich rasch bis nach China, wohin nach der Tradition ein dicker, lächelnder Mönch namens Budai die Lehre gebracht haben soll. Seitdem wird Budai als Inkarnation des Buddha verehrt.

Die Religion Gautama Siddhartas hat keinen Gott. Sie hat ihre Mitte im Gesetz des »Karma«, das heißt so viel wie: Wir ernten im nächsten Leben, was wir in diesem gesät haben. Er sagt, es gebe »vier edle Wahrheiten«: Alle Existenz bedeutet Leiden; die Quelle des Leidens ist menschliche Gier; es ist möglich, dass die Gier aufhört (diesen Zustand der Freiheit nennt man »Nirwana«); der Weg, um das »Nirwana« zu erreichen, ist der »edle, achtfältige Pfad«, zu dem unter anderem rechtes Tun und geistige Disziplin wie beispielsweise Meditation und Weisheit gehören.

Gautama Siddhartas Anhänger nennen ihn »Buddha« oder »den Er-

leuchteten«. Er wurde als Prinz geboren, von allen Außeneinflüssen abgeschirmt, in den Künsten und Wissenschaften unterrichtet, heiratete und hatte einen Harem wunderschöner Tänzerinnen, war aber dennoch unzufrieden mit dem Leben. Im Alter von 29 Jahren verließ er seine Familie und wurde ein heimatloser Wanderer auf der Suche nach etwas Besserem. Zunächst lebte er unter äußerst harten Bedingungen und studierte unter einer Reihe religiöser Lehrer. Er kam aber zu dem Schluss, dass das vergeblich sei, und wandte sich stattdessen der Kontemplation zu. Als er eines Tages unter einem Feigenbaum saß und nachsann, wurde er völlig »erleuchtet«, hielt seine erste Predigt vor einer Gruppe von fünf Asketen und fing an, eine Gefolgschaft um sich zu scharen.

Ursprünglich sollten Frauen aus seiner Gemeinde ausgeschlossen sein, weil er sie als Verkörperung der Lebensgier für gefährlich hielt, aber mittlerweile haben seine Stiefmutter und seine Cousine ihn davon überzeugt, sie auch zuzulassen. Er hat das allerdings nur murrend getan mit der Bemerkung, dass seine Lehre jetzt nur 500 Jahre überdauern werde statt 1000.

Die nackte Wahrheit

Indien, ca. 500 v. Chr.

Eine weitere neue Religion, ebenfalls ohne einen Gott, gewinnt in Ostindien Boden unter der Lehre ihres Begründers Jina Vardhamana Mahavi-

ra, genannt der »Große Held«. Er kommt aus demselben Kriegerstamm wie Buddha und wuchs als Prinz in Kundagrama in der Nähe von Patma in Bihar auf.

Er verließ seine Frau und seine Tochter und lebte zwölf Jahre lang als Asket, bevor auch er erleuchtet wurde. Jetzt lehrt er am Ganges, wo er nackt geht, nachdem er sein schlichtes Lendentuch, das er früher zu tragen pflegte, abgelegt hat, weil es ihm zu beschwerlich war.

Er hat seine Anhänger in einer aus Männern und Frauen gemischten Kommunität organisiert, die alle seiner Disziplin des Verzichtes auf jeglichen Besitz folgen. Manche von ihnen tragen Lendentücher, andere sind ebenfalls nackt. Seine Lehre, gemeinhin als Jainismus bekannt, ist nicht völlig neu, denn sie beruht weitgehend auf jahrhundertealten Überlieferungen, die bei den Brahmanen immer umstritten waren, weil sie nicht mit den Veden (Hindutexten) übereinstimmen.

Genau wie Buddha lehnt Mahavira die traditionelle Opferreligion der Zeit und das Kastensystem ab. Er lehrt, dass jedes Lebewesen eine Seele hat und dass das gesamte Universum aus unendlich vielen individuellen Seelen besteht. Deshalb muss alles Leben respektiert werden und Opfer werden verurteilt.

Das Ziel des Jainismus besteht darin, durch Askese und Meditation die Seele zu befähigen, aus dem Körper zu entweichen, so dem Kreislauf der Wiedergeburt zu entfliehen und in ewiger Freude zu leben.

Waldgedanken

Kontemplative und asketische »Waldlehrer« in Indien verfassen Abhandlungen über die Veden, die heiligen Bücher der heiligen Hinduliteratur. Die Upanischaden oder »Danebensitzer«, so genannt, weil die Jünger nahe bei ihren Lehrern sitzen, sind in Sanskrit geschrieben und erkunden das Wesen der Realität. Sie lehren, dass es ein höchstes Wesen gibt, den Brahman, der Grundlage des Universums ist und überall existiert. Ein Mensch findet Brahman, wenn er nach seinem wahren Selbst oder Atman sucht. Die Lehrer fungieren innerhalb des überlieferten religiösen Erbes und stehen in Opposition sowohl zum Buddhismus als auch zum Jainismus.

Moral der Meisterklasse

China, ca. 500 v. Chr.

Zwei Lehrer gewinnen mit unterschiedlichen Philosophien eine große Anhängerschaft in China. Einer von ihnen, Konfuzius oder »Kung der Meister«, gab seine Arbeit bei der Regierung im Herzogtum Lu auf, um hauptberuflich Wanderlehrer zu werden.

Er lehrt, dass die Menschen sich gegenseitig lieben und ihre Eltern und Vorfahren ehren sollen. Eines der höchsten Ziele im Leben ist nach seiner Aussage der Erwerb von Menschlichkeit, einer Eigenschaft, die sich in Offenheit, Mitgefühl und Selbstlosigkeit zeigt. Es erfordert Selbstdisziplin und Kontemplation, sie zu erlangen, und die Person, der das gelingt, ist bekannt als »zhun-zi« oder »Person höheren Wertes«.

»Zhun-zi« zu sein ist weit wichtiger als sozialer Status, der seiner Ansicht nach nebensächlich ist. Seine Lehre richtet sich jedoch im Allgemeinen an die Mitglieder seiner eigenen herrschenden Klasse und er hofft, loyale, ernsthafte und ehrbare Männer zur Führung des Staates hervorzubringen.

Konfuzius ist außerdem daran gelegen, das natürliche Gleichgewicht und die Ordnung des Universums aufrechtzuerhalten durch Beobachtung der Sitten und Rituale. Er sagt, dass alles seinen richtigen Platz hat und dass Vergangenheit, Gegenwart und Zukunft alle fortdauernd existieren. Zu einer kindlichen Frömmigkeit gehört es daher auch, sich um das Leben der Ahnen nach dem Tode zu kümmern. Konfuzius ist eher ein Morallehrer als ein religiöser Lehrer, auch wenn die Chinesen zwischen beidem kaum unterscheiden. Er steht nicht in Opposition gegen Religion an sich – auch wenn manche seiner Rivalen das behaupten –, sondern steht ihr vielmehr gleichgültig gegenüber. Seine Sorge gilt aber eher der menschlichen Gesellschaft.

Greis aus dem Mutterleib ?

China, ca. 500 v. Chr.

Die andere aufkommende Philosophie ist die des Lao-tse, der ein Leben innerer Kontemplation und mystischer Einheit mit der Natur lehrt. Er sagt, jeder solle die eigene Suche nach Weisheit und Lernen aufgeben zu Gunsten absoluter Einfachheit und »wu-wi« – das heißt, den Dingen einfach ihren natürlichen Lauf zu lassen. Seine Lehre ist auch als das Tao-te-king bekannt oder als »das Buch vom Weg des Menschen«. Sie ist keine praktische Philosophie und anders als die Lehre des Konfuzius befasst sie

Lao-tse

sich eher mit dem Mystischen als mit dem Realen.

Lehrt Konfuzius, dass Menschen Weisheit anstreben sollten, um weise Diener der Menschheit zu werden, so sagt Lao-tse, Ziel der Menschen sollte Unsterblichkeit sein, in ewiger Harmonie mit dem Tao (dem »Weg«, d.h. der ersten, alles kontrollierenden Macht) im Universum. Es gibt keine andere Methode, zu innerem Frieden zu gelangen, zu Glück oder einem Ziel, das sich anzustreben lohnt, behauptet er.

Über Lao-tse selbst ist wenig bekannt. Es gibt viele Gerüchte über ihn, unter anderem, dass er über sechzig Jahre im Mutterleib war, mit schneeweißen Haaren geboren wurde und bei seiner Geburt bereits sprechen konnte.

Konfuzius

Also sprach Konfuzius

Derjenige, der durch moralische Tugendhaftigkeit regiert, kann einem Polarstern verglichen werden, der an seinem Platz bleibt, während alle anderen Sterne sich vor ihm verbeugen.

Derjenige, der sowohl sein in der Vergangenheit erworbenes Wissen prüft als auch neues Wissen erwirbt, kann ein Lehrer für andere werden.

Der weise Mann weiß, was richtig ist. Der niedrige Mann weiß, was er bezahlen muss.

Ein Mann ohne Tugend kann es nicht lange im Unglück aushalten, aber auch nicht lange im Glück.

Ein höflicher Mann kämpft nie – außer beim Bogenschießen.

Der weise Mann wünscht, beim Reden langsam und beim Handeln schnell zu sein.

Sich irren und dann seinen Irrtum nicht zu berichtigen ist wirklich Irrtum zu nennen.

Der, der viel von sich selbst und wenig von anderen fordert, wird Feindschaft gegen sich vermeiden.

Der edle Mann hält seine Würde aufrecht, ohne nach ihr zu streben. Er ist umgänglich, ohne sich einer Gruppe anzuschließen.

Einem weisen Mann macht es nichts aus, wenn die Leute ihn nicht kennen; er leidet nur an seinen eigenen Unfähigkeiten.

ca. 500-490 v. Chr.

Was macht eigentlich der Bauch?

Rom, 494 v. Chr.

Die Plebejer haben auf wirkungsvolle Weise die Zukunft Roms aufs Spiel gesetzt, als sie einen Streik aus Protest gegen die Behandlung durch die Patrizier vom Zaun brachen. Sie zogen sich aus dem Leben der Stadt zurück, schlugen ihr Lager auf dem heiligen Berg, etwa fünf Kilometer außerhalb der Stadt, auf und weigerten sich zurückzukehren.

Die Plebs macht ungefähr 90 Prozent der Stadtbevölkerung aus und Rom ist in Bezug auf ihr Können im Kampf auf sie angewiesen. Sie beklagten sich, dass ihnen Führungspositionen vorenthalten würden. Viele waren durch überhöhte Steuerforderungen in die Sklaverei gezwungen worden. Ihnen dürfen auf geliehenes Geld 12 Prozent Zinsen in Rechnung gestellt werden, und es gibt keinen Ausgleich bei Missernten, selbst wenn sie dadurch verursacht werden, dass die Bauern zum Kampf eingezogen wurden.

Die Plebejer wurden besänftigt durch den Magistrat Menenius, der Berichten zufolge das Gleichnis vom Bauch und den Gliedern erzählt haben soll. In diesem Gleichnis lehnen die Körperteile die Tatsache ab, dass sie alles für den Bauch zur Verfügung stellen und besorgen mussten, der ihrer Beobachtung nach einfach nur dasaß und nichts tat, außer Nahrung in Empfang zu nehmen. So dachten sie sich aus, dass die Hand keine Nahrung mehr zum Mund führen sollte und dass sich die Zähne das Kauen verweigern sollten.

Aber dann geschah etwas Unerwartetes: Der Bauch ordnete sich keineswegs unter, sondern sie stellten fest, dass sie selbst immer weniger und schwächer wurden. So wurde ihnen klar, dass der Bauch sehr wohl etwas tat, dass er nämlich jedes Körperteil ernährte und am Leben erhielt. Menenius erklärte, dass eine Nation zusammenwirken muss, wenn sie überleben will, und dass der Aufstand der Plebejer nicht nur dem Staat, sondern auch ihnen selber schaden würde.

Überwältigender Sieg in Schlacht bei Marathon

Marathon, Griechenland, 492 v. Chr.

Die Athener haben bei Marathon einen überwältigenden Sieg über die Perser errungen. Die Stadt Marathon beherrscht die große, fruchtbare Ebene einige Kilometer nördlich der Hauptstadt. Die Perser verloren in

Der direkte Weg zwischen Marathon und Athen führt durch dieses bergige Gebiet. Legende oder nicht: Die Leistung des Kriegsboten wird durch die zahllosen Marathonläufe rund um den Globus gewürdigt. Diese führen über die gleiche Streckenlänge, allerdings meist durch einfacheres Gelände.

der Schlacht 6400 Mann im Verhältnis zu 192 Gefallenen bei den Athenern.

Unbestätigten Berichten zufolge brach ein Läufer aus Marathon, der die Nachricht vom Sieg nach Athen bringen sollte, am Ziel zusammen mit dem Ausruf: »Wir haben gewonnen!«

Die Schlacht war Teil eines strategischen Feldzuges der Perser zur Eroberung der ägäischen Inseln, um von dort aus dann das griechische Festland einzunehmen. Die Perser haben den Athenern nie ihren Beitrag an der Verbrennung von Sardes vor sechs Jahren verziehen. Darius hat sogar einen Sklaven, dessen spezielle Aufgabe es ist, ihn jeden Tag zu erinnern: »Herr, denkt an die Athener.«

Sie kamen in Marathon unmittelbar nach der Übernahme Eretrias an, wo sie Tempel angezündet und die Menschen deportiert hatten. Sie wurden bei der Stadt von einer kleinen aber wütenden und entschlossenen Armee der Athener empfangen, von der sie völlig überraschend besiegt wurden. Athen wetteifert jetzt mit Sparta um militärisches Ansehen.

Frauenglück rettet Rom

Rom, 491 v. Chr.

Die Mutter, die Frau und die kleinen Kinder des Außenseiters Coriolanus haben durch ihr Eingreifen Rom in letzter Minute vor einem Krieg bewahrt. Sie baten ihn nämlich mit Erfolg darum, seine Rebellenarmee zurückzuziehen.

Die Römer haben einen Tempel namens »Fortuna Muliebris« (glückliche Frauen) gebaut, um den Triumph dieser Frauen zu dokumentieren. Coriolanus ist je-

218

doch verschwunden und es kursiert das Gerücht er sei ermordet worden.

Coriolanus, geboren als Gnaeus Marcius, verdankt seinen Spitznamen dem nach eigenen Aussagen »Ein-Mann-Sieg« über die Volsker in der Stadt Corioli vor zwei Jahren.

Die römische Armee, in der er kämpfte, wurde außerhalb der Stadt von einer volskischen Einheit überrascht. Gnaeus Marcius nahm eine kleine Gruppe von Männern mit in die Stadt, schleuderte eine brennende Fackel in eine Wohngegend und verursachte so eine Panik. Daraufhin konnte die römische Armee die Stadt einnehmen.

Der Held war allerdings nur vorübergehend einer und suchte Zuflucht unter denen, die er im Jahr zuvor vernichtet hatte, als er vom Senat verurteilt wurde für seine Opposition gegen die Verteilung von Mais an die Plebejer. Er war ein erbitterter Gegner der neuen plebejischen Tribunen und bezeichnete sie als »Emporkömmlinge aus dem Pöbel«. Er wies eine Vorladung gegen ihn ab, und der Senat entschied, dass es weniger riskant sei, eines der eigenen Mitglieder zu opfern, als einen Volksaufstand in Kauf zu nehmen.

Krieger reiten auf einem mythischen Tier, aus Madhya Pradesh, ca. 400 v. Chr. König Bimbisara hatte ein gut ausgerüstetes stehendes Heer, dessen Großtaten in Verse gefasst und in Stein gemeißelt wurden.

Indischer König erleidet Hungertod

Magadha (Bihar), ca. 490 v. Chr.
König Bimbisara der Region Magadha am unteren Ganges wurde von seinem Sohn, der inzwischen selbst König ist, dem Hungertod preisgegeben.

Bimbisara war ein innovativer und energischer König. Er führte das Prinzip einer aus den Steuereinnahmen politisch organisierter Territorien finanzierten stehenden Armee ein. Er annektierte seinen östlichen Nachbarn Anga, um Zugang zu den Handelsrouten ins Gangesdelta und zum Meer zu bekommen.

Er stand den Lehren Buddhas, Gautama Siddhartas, wohlwollend gegenüber, aber er zelebrierte immer noch die vielen Opfer, die man von einem König erwartet und für nötig hält. Er

hinterlässt 500 Frauen und wird der Sitte gemäß bestattet.

Dies geschieht in Indien oft zweimal. Bei der ersten Bestattung wird die Leiche entweder beerdigt oder einfach ausgestellt und nach einigen Monaten, wenn das Fleisch verwest ist, werden die Knochen zu ihrer letzten Ruhestätte gebracht.

Es gibt ganz unterschiedliche Arten von Gräbern: Große Urnen, die in kleinen Löchern vergraben werden, Rundgräber, das sind Erdvertiefungen, in denen der Leichnam auf einer Holzbahre ausgestellt wird, und Steingräber, normalerweise aus Granitplatten mit Lüftungsfenstern.

Die Steingräber können tief in Löchern vergraben sein oder auf der Oberfläche eines Felsens errichtet werden. Um das Steingrab herum werden neben Töpfen, Waffen und Schmuckstücken Grabgötter postiert. So wurde kürzlich ein Mann zusammen mit einem Dreizack begraben, der mit einer Büffeldarstellung verziert war. Der Büffel wird mit Yama, dem Gott des Todes, in Verbindung gebracht.

KURZMELDUNGEN
ca. 500-480 v. Chr.

Zeit-Rechnung (ca. 500 v.Chr.): Babylonische Astronomen haben die Dauer des Sonnenjahres ausgerechnet, das elf Tage länger ist als das mesopotamische Mondjahr. Um die beiden Kalender zu synchronisieren, muss alle drei Jahre ein Extramonat hinzugefügt werden, aber um die Wirkung zu verbessern, schlägt ein zyklisches Prinzip, das noch zur Ausführung gebracht werden muss, vor, im Laufe von jeweils 19 Jahren sieben zusätzliche Monate einzuschieben.

Handelsweg Mosel (ca. 500 v.Chr.): Die Mosel ist zur wichtigsten Handelsroute für Güter zwischen dem Mittelmeer und Belgien, der Champagne und Mittelgermanien geworden. Schnabelförmige Flaschen und zweihenkelige Tassen gehören zu den gängigeren Importartikeln. Die Moselgegend ist nicht besonders fruchtbar und ihr Reichtum beruht auf den Kupfer-, Gold- und Eisenvorkommen.

Krieg als Vater aller Dinge (ca. 500 v.Chr.): Der griechische Philosoph Heraklit hat eine Abhandlung im Tempel der Artemis (Diana) in Ephesus hinterlegt. Das nominelle Haupt des griechischen Thrones, das seine Königswürde an seinen Bruder abgetreten hat, sagt, dass das Feuer der Ursprung aller Dinge ist dass alles sich verändert und dass das Universum ein unendlicher Kampf zwischen Gegensätzen ist, die durch ein unveränderliches Gesetz im Gleichgewicht gehalten werden. Gott ist eine Vereinigung von Gegensätzen.

Perser im Anmarsch (ca. 494 v.Chr.): Die Perser erheben nach fast fünf Jahren Krieg Anspruch auf die ionischen Städte. Sie zertrümmerten die griechischen Schiffe und eroberten die Stadt Milet. Der ursprüngliche Aufstand wurde von Aristagoras von Milet angeführt, der dem ionischen Bund vorstand, welcher als Zeichen der Einheit eigene Münzen herausgab. Unterstützt wurden die Perser von den Athenern, die zwar 20 Schiffe stifteten, aber später die Angelegenheit nicht weiter verfolgten.

Geisteskrank oder nicht? (ca. 490 v.Chr.): König Kleomenes von Sparta hat Selbstmord begangen angesichts von Gerüchten, er sei geisteskrank. Seine Abenteuerlust machte wett, was ihm an Umsicht fehlte, und seine Herrschaft war gespickt mit Streitigkeiten mit seinem Kollegen König Demaratus. Kleomenes bestach sogar das Orakel von Delphi, um Demaratus für illegitim zu erklären, so dass er sich seiner entledigen konnte. Das Komplott wurde jedoch aufgedeckt und Kleomenes floh. Sein Nachfolger wurde sein Halbbruder Leonidas.

Sonnengetrockneter Tempel

Moche, Peru, 490 v. Chr.

Die schier unvorstellbare Menge von über 130 Millionen sonnengetrocknete Ziegel war nötig, um die »Sonnenpyramide« bei Moche an der Küste von Nordperu zu erbauen. Sie ist über 40 Meter hoch mit einem rechteckigen Grundriss von 365 mal 137

Ein goldener, heiliger Puma mit einem menschlichen Gesicht auf seiner Zunge

Metern. Die Menschen bauten das Monument auf Befehl ihrer religiösen Führer.

In ganz Peru entwickeln sich große städtische Siedlungen, besonders in den Tälern von Rimac, Moche, Chancay und Nazca. Viele dieser Siedlungen befinden sich in Zentren des Maisanbaus. Die Peruaner haben Metallverarbeitungstechniken aus Kolumbien übernommen und stellen jetzt auch Schmuck her.

Zentralperu hat einen ganz eigenen Kunststil, der dem der Olmeken am Amazonasbecken ähnelt. Das Volk der Chavin in Peru verehrt, ebenso wie die Olmeken, die Götter des Himmels, der Erde und des Wassers, die sie in Steinbildern darstellen. Diese Steinmetzarbeiten sind abstrakt und sehr exakt ausgeführt. Sie stellen Symbole dar, unter anderem Raubadler, Kaimane und Katzen. Der Einfluss der Priester in Peru nimmt ständig zu, auch in weltlichen Belangen.

Afrika im Goldrausch geplündert

Karthago, Nordafrika, ca. 485 v. Chr.
Zwei führende Mitglieder der herrschenden Familie der Magoniden, Hanno und Himilkar, sind von getrennten Expeditionen zur Erkundung und zur Verstärkung der Kontrolle der wichtigsten Handelswege zurückgekehrt.

Hanno ist an der »Goldküste« von Westafrika entlanggesegelt mit 60 Schiffen mit je 50 Rudern, 30000 Mann und großen Nahrungsmittelvorräten. Er behauptet, viele Kolonien gegründet und mehrere Heiligtümer geweiht zu haben.

Er begegnete Wilden, »die die Häute wilder Tiere trugen und Steine nach uns warfen«. Die letzte Insel, die seine Schiffe anliefen, »war voller Frauen mit behaarten Körpern, die von unseren Dolmetschern »Gorillas« (wahrscheinlich Pygmäen) genannt wurden«, die »steile Felsen hinaufkletterten und uns mit Steinen bewarfen. Wir fingen jedoch drei der Frauen ein, die ihre Fänger bissen und kratzten. Wir töteten sie, zogen ihnen die Haut ab und brachten ihre Häute mit zurück nach Karthago.«

Himilkar, den man für Hannos Bruder hält, erkundete die spanische, portugiesische und französische Atlantikküste, um die Kontrolle über die Zinnrouten am Rande Europas entlang zu erlangen. Er erreichte Nordbritannien, wo seine Schiffe es mit Kraut, seichten Gewässern, dichtem Nebel und Seeungeheuern zu tun bekamen.

Karthago wird ein wichtiger Stadtstaat und der Begriff »Karthager« ist im Grunde ein Synonym für »Kaufmann«. In Marokko haben die karthagischen Kaufleute ein einzigartiges Tauschhandelssystem entwickelt. Sie legen ihre Waren am Strand aus, kehren dann zu den Schiffen zurück und senden ein Rauchsignal. Wenn die Marokkaner den Rauch sehen, kommen sie an den Strand, lassen Gold im Tausch gegen die Waren da und entfernen sich wieder, ohne die anderen Waren anzurühren.

Die Karthager kommen wieder an den Strand, prüfen das Gold, und wenn sie es als ausreichend befinden, sammeln sie es ein und segeln wieder fort. Wenn nicht, lassen sie das Gold liegen und warten auf ihren Schiffen so lange, bis die Eingeborenen genug Gold am Strand hinterlegt haben. Das Gold, das sie dort einsammeln, ist in der Regel viel mehr wert als die Waren, aber die Marokkaner können die Waren viel besser gebrauchen als das Gold, weil ihnen die Mittel und Möglichkeiten fehlen, es zu nutzen.

Eine Brustplatte der Ashanti von der westafrikanischen Goldküste, der Goldquelle für Jahrhunderte

Schwarze Kunst

Indien, ca. 490 v. Chr.
Indische Handwerker aus dem Punjab am unteren Ganges überziehen ihre Töpferwaren mit einem glänzenden schwarzen Lack. Bisher haben sie diese immer grau bemalt.

Der hochwertige Ton wird zu einer weichen Paste gemacht, bevor er auf der Drehscheibe verarbeitet wird. Dann wird er mit einem Alkali überzogen, der als Schmelzmittel fungiert, wenn das Gefäß bei sorgfältig kontrollierter Temperatur gebrannt wird. Die Handwerker, die berühmt sind für ihre feine Arbeit, verzieren flache, tablettähnliche Schalen und auch tiefe Schüsseln mit einem spitzen Winkel zwischen den Seitenwänden und dem Boden mit Punktreihen, Spiralketten, konzentrischen Kreisen und Zickzacklinien.

Zwei Davids besiegen zwei Goliats

Zwei griechische Schiffe auf einer schwarzen Figurenvase, signiert mit dem Namen des Töpfers Nikosthenes

Griechenland und Sizilien, 480 v. Chr.
Abergläubische Seeleute werden den 21. September sicher in den Annalen der Seefahrtsgeschichte als einen Tag festhalten, an dem keine Schlachten unternommen werden sollten. Denn gegen alle Widrigkeiten sind zwei wichtige Seemächte von sehr viel schwächeren Seestreitkräften durch eine Mischung aus List und Entschlossenheit angegriffen und vom Wasser gefegt worden.

Der persischen Flotte unter Leitung von König Xerxes wurde in der Meerenge zwischen Salamis und Attika in der Ägäis von den alliierten griechischen Seestreitkräften ein Strich durch die Rechnung gemacht. Und die riesige karthagische Söldnerflotte wurde nicht von überlegenen Seeleuten in Brand gesetzt, sondern von der sizilianischen Kavallerie.

Xerxes hatte seinen Thron auf einer Hügelkuppe in der Nähe von Salamis errichtet, um den in seinen Augen unvermeidlichen triumphalen Sieg seiner eigenen Schiffe zu beobachten. Aber die Schlacht wurde durch eine schlaue Nachricht eines athenischen Seekommandeurs namens Themi-

stokles plötzlich hektisch beschleunigt. Themistokles hatte Angst davor, dass seine für Athen lebenswichtigen peleponnesischen Verbündeten die Athener im Stich lassen würden.

Er tat so, als wäre er ein Verräter, und warnte Xerxes, dass die Griechen im Begriff wären, sich klammheimlich davonzustehlen. Die kleinen persischen Schiffe wurden so in die schmale Meerenge gelockt, wo sie von den überlegenen griechischen Seestreitkräften mit den viel schwereren Schiffen in Stücke gerissen wurden. Die Perser verloren dabei 200 Schiffe, die Griechen nur 40. Und die Demütigung der Perser erreichte ihren Höhepunkt, als eine Sklaveneinheit die persischen Fußsoldaten an Land wegfegte.

Auf Sizilien war eine riesige Einheit aus Karthagern, Libyern, Sarden, Korsen und Iberern den Truppen und Seestreitkräften unter dem sizilischen

Tyrannen Gelon zahlenmäßig weit überlegen. Gelon fing jedoch eine Botschaft ab, die die karthagische Kavallerie zu bestimmten eigenen Schiffen zitierte, und sandte dann seine eigene Kavallerie zuerst dorthin.

Nachdem sie die Schiffe dann in Brand gesetzt hatten, griffen Gelons Einheiten das karthagische Lager an, das kaum Gegenwehr leistete und einem Friedensvertrag zustimmte. Er enthält eine Entschädigungszahlung von über 50 Tonnen Silber und die Finanzierung des Baus zweier Tempel.

Banker bauen auf Inflation

Babylon, ca. 485 v. Chr.
Direktoren der Murashu-Bank lachen sich ins Fäustchen, während ihre Profite wachsen. Ihre Kunden allerdings werden zunehmend ärgerlicher über die immer noch steigende Inflationsrate, die eine Atmosphäre der Unsicherheit schafft. Die Inflationsrate beträgt zur Zeit 20 Prozent im Vergleich mit 10 Prozent zur Regierungszeit Nebukadnezars.

Die Babylonier beklagen sich außerdem darüber, dass das Maß der Besteuerung, das der Stadt durch den neuen persischen König Xerxes, Nachfolger des Darius, auferlegt wird, höher ist als irgendwo sonst im ganzen Reich. Zur Zeit stellt Babylonien 30 Tonnen Silber und 500 Jungen jährlich als Eunuchen sowie Ausrüstung und Verpflegung für das gesamte persische Heer und den Hof für vier Monate pro Jahr.

Privatbanken jedoch erleben eine Blütezeit, weil sie sich die Tatsache zu Nutze machen, dass das ehemalige Monopol für den Finanz- und Bankservice, das bei den religiösen Tempeln lag, nicht allen Bedürfnissen gerecht werden konnte. Das Kreditsystem hat sich von der früheren Methode, Handel mit den Sicherheiten des Kreditnehmers zu treiben, dahingehend geändert, dass jetzt direkte Zinsforderungen erhoben werden.

Die Wächter des Schatzes von König Darius

Weisheit für alle

ca. 490-480 v. Chr.

Jüdische Reflexionen über das Leben und das Universum werden seit dem Exil immer beliebter, besonders was das Redigieren und Zusammenstellen der so genannten »Weisheitsliteratur« betrifft. Zu dieser Kategorie gehören die Sprüche Salomos, Hiob und der Prediger, die allerdings nicht die einzigen Werke dieser Art in der jüdischen Literatur sind.

Weisheitsliteratur ist die Aufzeichnung komprimierter Überlegungen und Meditationen, die sich dabei jedoch literarischer Formen bedient, welche sich von denen der Predigt oder der historischen Erzählung unterscheiden. Sprüche schockieren oder erheitern den Leser oft so sehr, dass er eine grundlegende Wahrheit erkennt. Die Berater Hiobs reden Worte, die an Gotteslästerung grenzen, aber die Botschaft, die diese Worte widerlegt, wird dadurch umso deutlicher erkennbar.

Im Buch »Prediger« scheint ein tiefer Pessimismus in Bezug auf alle menschlichen Belange die göttliche Hoffnung zu barem Unsinn abzustempeln. Aber der Schreiber zeigt, dass aus der Perspektive der absoluten Macht und Liebe Gottes das Leben des Menschen große Bedeutung hat, wenn es in der Furcht Gottes gelebt wird – das stets wiederkehrende Thema der biblischen Weisheitsschreiber.

Unter diesen Schriften hat das Buch Hiob eine besondere Stellung. Verfasser und Datierung sind unbekannt. Es berührt viele theologische und philosophische Themen und bietet keine konkreten Antworten. Dennoch ist das Buch gekennzeichnet durch theologische Feinsinnigkeit in der Diskussion, die Hiobs Ablehnung der Aussagen seiner Freunde, die konkrete – und zu einfache – Antworten anbieten, rechtfertigt. Die Leiden Hiobs sind das Mittel, durch die er die unbegreifliche Größe eines persönlichen Gottes erkennt.

Teil der einzigartigen Rolle des Buches ist seine klare Anerkennung der Notwendigkeit eines Mittlers zwischen Gott und dem Menschen (z.B. 9,32-35) und der Auferstehungshoffnung (19,25-27).

Die Geschichte des Hiob

Ein kahler Baum in der Wüste Sinai

Hiob ist ein reicher und gottesfürchtiger Mann, der glücklich ist mit seinem Besitz und seiner Familie. Aber ohne Hiobs Wissen diskutieren in den Vorhöfen des Himmels Gott und der Satan über ihn. Satan argumentiert, dass Hiob nur fromm sei, weil es ihm wirtschaftlich gut gehe; sollte sich daran etwas ändern, so werde er mit Sicherheit Gott verfluchen. Also gestattet Gott dem Satan, seine Theorie zu überprüfen, und Satan nimmt Hiob zunächst den Reichtum, dann die Kinder und schließlich auch noch die Gesundheit. Selbst bei all diesen Widrigkeiten weigert Hiob sich, Gott zu verfluchen.

Drei Freunde kommen, um Hiob zu trösten. Einer nach dem anderen argumentiert, dass die Ursache für Hiobs Leid eigenes Fehlverhalten sei und Gott ihn deshalb gerechterweise bestrafen müsse. Aber Hiob weiß, dass er nichts Unrechtes getan hat, und weist ihre Argumente zurück. Stattdessen appelliert er an den Allmächtigen.

Aber ein vierter Freund, Elihu, argumentiert jetzt, dass Hiob sich seine Probleme selbst geschaffen habe, indem er Gottes Gerechtigkeit in Frage gestellt habe. Elihu betrachtet die Erklärung Hiobs, er sei unschuldig, als Selbstrechtfertigung und Hiobs Ablehnung der drei Freunde als Weigerung, seine Fehler einzugestehen. Der Allmächtige, so sagt Elihu, ist weit entfernt von der Welt der Menschen und seine Macht und Gerechtigkeit sind absolut, entrückt von so simplen Fragen wie »richtig oder falsch«. Gott werde sich nicht herablassen, auf Hiobs Behauptung zu antworten, er sei nur ein unschuldiges Opfer.

Und genau an dieser Stelle spricht Gott direkt zu Hiob. Elihu hat Unrecht; Gott ist zwar allmächtig und weit weg, aber er ist auch nah. Er wird sich von Hiob nicht ins Kreuzverhör nehmen lassen. Vielmehr ist *er* es, der Hiob selbst befragt. In einer Reihe von Fragen, die scheinbar von den Problemen Hiobs wegführen, erweitert Gott in Wirklichkeit Hiobs Verständnis von der Gerechtigkeit Gottes.

Hiob merkt schließlich, dass er auf dem falschen Weg ist. Jetzt, da er versteht, wer Gott wirklich ist (statt die Spekulationen seiner Freunde einfach zu übernehmen), gibt er sein Trachten nach Selbstrechtfertigung auf. So ein Gott wird gerecht handeln, auch wenn seine Wege für den begrenzten menschlichen Verstand unergründlich sind. Hiob tut Buße für seinen Unglauben und seine Bitterkeit und betet Gott an.

Gott tadelt Hiobs »Tröster«, weil sie nicht über Hiobs Integrität und Bereitschaft verfügen, nach der Wahrheit zu suchen. Er vergibt ihnen beides – aber erst als Hiob ihnen vergeben hat. Und Gott gibt Hiob seinen Reichtum und seine Familie zurück und schenkt ihm noch viele Lebensjahre.

Schönheitskönigin vereitelt Komplott des Ministers

Susa, ca. 473 v. Chr.

Das Komplott eines Mannes zur Vernichtung aller Juden im gesamten Persischen Reich ist in letzter Minute durch das mutige Eingreifen von Königin Ester vereitelt worden. Die Königin offenbarte ihre bisher geheim gehaltene jüdische Volkszugehörigkeit in der verzweifelten Bitte, ein unwiderrufliches Gesetz zu neutralisieren, das vom obersten Minister Haman veranlasst worden war. Es schrieb vor, dass alle Juden in Kürze getötet werden müssten.

König Xerxes hatte in seiner Hauptstadt Susa ein Bankett veranstaltet und Königin Wasti lehnte es ab, sich den Gästen vorführen zu lassen. Deshalb wurde sie vom Hofe vertrieben. Ester, eine Cousine des Juden Mordechai, der von Nebukadnezar gefangen genommen worden war und jetzt

Das Bankett des Ahasveros (Xerxes) mit Haman und Ester; Gemälde von Rembrandt

bei Hofe lebte, wurde wegen ihrer Schönheit als Nachfolgerin auserwählt. Mordechai verbot Ester strikt, ihre Herkunft preiszugeben.

Zwei Offiziere des Königs planten derweil ein Mordkomplott gegen Xerxes. Mordechai deckte das Komplott jedoch auf, meldete es Ester, die wiederum den König davon unterrichtete, der die Verräter hängen ließ.

Später befahl der König, dass jeder ihm huldigen müsse. Mordechai weigerte sich, und der erboste Haman überzeugte den König davon, ein Edikt herauszugeben, alle Juden in Susa mit der Begründung zu töten, dass sie sich weigerten, dem König Gehorsam zu leisten. Mordechai bat daraufhin Ester nochmals, ihren Einfluss geltend zu machen. Sie riskierte es, unaufgefordert vor den König zu treten (ein schweres Vergehen), während Mordechai und die anderen Juden beteten und fasteten. Ihr Eingreifen führte dazu, dass Haman gehängt wurde und Mordechai seinen Posten zurückbekam. Ester überzeugte den König, ein zweites Dekret zu erlassen, das den Juden die Selbstverteidigung gestattete, was im Grunde einer Rücknahme des ersten Erlasses gleichkam. An dem Tag, der für die Tötung der Juden eigentlich festgesetzt worden war, töteten sie wiederum Hamans Söhne und andere; 300 Feinde der Juden starben an diesem Tag. Ester und Mordechai ordneten an, dass von dem Tag an dieser Tag von allen Juden als Purimfest begangen werden sollte.

Der Filmemacher D. W. Griffiths nutzte für seinen 1916 entstandenen Film *Intoleranz* die neuesten archäologischen Forschungsergebnisse in Bezug auf den babylonischen Hof. Die Kleidung entspringt allerdings der Phantasie.

Ohne Gott?

ca. 460 v. Chr.

In der Geschichte von Ester, die jetzt niedergeschrieben wird, wird weder der Name Gottes erwähnt noch enthält sie konkrete religiöse Beobachtungen, die mit der Verehrung Jahwes in Verbindung gebracht werden könnten. Vielleicht ist das auch nur ein dichterisches Mittel des Verfassers, um die Souveränität Jahwes auf implizite Weise hervorzuheben: Der Leser mag selbst darauf kommen, dass hinter der ganzen Angelegenheit eben nicht Glück, Zufall oder menschliche Schlauheit stehen.

Der historische Inhalt des Stückes und die Beschreibung des Lebens am persischen Hof ist detailliert und authentisch. Der Verfasser lebt vermutlich in Persien, obwohl er offenbar ein Jude ist, weil er den Ursprung eines der größten Feste im Jahr der Juden, das Purimfest, beschreibt.

Sterne, Sphären, rechte Winkel

Süditalien, ca. 480 v. Chr.

Der Mathematiker Pythagoras ist in Süditalien gestorben. Er entdeckte die mathematischen Regeln hinter den Tonintervallen in der Musik und war der erste Grieche, der herausfand, dass der Morgen- und der Abendstern identisch sind, eine Erkenntnis, über die die Babylonier schon seit 1500 Jahren verfügten. Indem er das Wissen nutzte, dass ägyptische Ingenieure ein rechtwinkliges Dreieck konstruiert hatten mit Seiten im Verhältnis von 3:4:5, stellte er die Theorie auf, dass das Quadrat der Hypotenuse genauso groß ist wie die Summe der Quadrate der beiden anderen Dreiecksseiten. Dadurch war er in der Lage, ein rechtwinkliges Dreieck jeder beliebigen Größe zu konstruieren.

Vor 80 Jahren auf Samos geboren, emigrierte er mit 29 Jahren von dort, wahrscheinlich um dem Tyrannen Polykrates zu entkommen. Als Verehrer des Apollon gründete er eine für Männer und Frauen offene Religionsgemeinschaft, zu der strenge Disziplin der Reinheit, Stille, Selbstprüfung und der Zölibat gehörten.

Er behauptete, es sei möglich, sich an frühere Leben zu erinnern, und er glaubte, die Seele sei eine gefallene Gottheit, die in einem menschlichen Körper wie in einem Grab eingesperrt und zu einem Wiedergeburtskreislauf verurteilt ist, sei es als Mensch, Tier oder Pflanze. Man kann aus diesem Kreislauf befreit werden, indem man Reinheit lernt und einübt, wie sie in seiner Religionsgemeinschaft praktiziert wurde.

Über Schüler seiner Schule heißt es, sie seien zu der Schlussfolgerung gelangt, dass die Erde sphärisch ist. Sie haben ein astronomisches System

Pythagoras

entwickelt, demzufolge die Planeten um ein zentrales Feuer kreisen. Sie erklären alles auf mathematische Weise: Das Universum wurde geschaffen, als die erste Einheit (der Himmel) das Unendliche (Leere, Vakuum) einatmete und daraus viele Gruppen von Einheiten oder Nummern bildete.

Falscher Perser bringt Athen in neue Liga

Griechenland, ca. 475 v. Chr.

Pausanias ist nach Griechenland zurückgerufen worden, nachdem anhand eines Briefwechsels zwischen ihm und Xerxes durchgesickert war, dass er für den Lohn einer königlichen Braut und einer griechischen Tyrannenschaft versprochen hatte, die Griechen zu verraten und sie den Persern ans Messer zu liefern. Er hat außerdem persische Gebräuche übernommen.

Erst kürzlich war der Verräter zum Helden ernannt worden, denn innerhalb eines Jahres hatte Pausanias von einem Stützpunkt in Thrakien aus die strategisch wichtige Stadt Byzantium eingenommen und Milet, Abydos und Cyzicus sowie die griechischen Städte auf Zypern und die Inseln Chios, Lesbos und Samos befreit.

Wegen Pausanius haben die Spartaner jetzt alle Glaubwürdigkeit bei den Ioniern verloren. Athen leitet den neuen Delischen Seebund von Stadtstaaten, dem Sparta nicht angehört. Mit dem Hauptquartier auf der heiligen Insel Delos hat der Bund zum Ziel, den Krieg mit Persien zu beenden. Jeder Mitgliedsstaat hat das gleiche Stimmrecht in politischen Entscheidungen und leistet beim Eintritt in den Bund einen dauerhaft bindenden Treueschwur.

Die Perser haben in den vergangenen Jahren schwere militärische Verluste erlitten und setzen jetzt in ihren Bemühungen um die Weltherrschaft auf Bestechung und Diplomatie.

Zeit läuft ab

Juda, ca. 480 v. Chr.

Die Zeit läuft ab, aber die menschliche Existenz wird weitergehen – laut einer apokalyptischen Vision, die zur Zeit in Umlauf ist. Sie besagt, dass nach der Eroberung Jerusalems Jahwe Israels Feinde bekämpfen und König über die ganze Welt werden wird.

Er wird Tag und Nacht abschaffen, und seine lebenspendende Kraft wird sein wie ein Wasserstrom, der von seinem Thron in Jerusalem aus durch die Wüste fließt.

Das Bild ist eines aus einer Reihe von Bildern, die dem Propheten Sacharja zugeordnet werden, der vor vierzig Jahren zum Wiederaufbau des Tempels in Jerusalem aufrief. Die Prophetien sind in einer poetischen Form geschrieben, die als Chiasmus bekannt ist, eine kreuzweise Gegenüberstellung von Gegensätzen, ähnlich wie seine früheren Prophetien. Zu den behandelten Themen gehört Gottes Gericht über die Völker (9,1-8; 14,16-21) und das Versagen der »Hirten« von Israel, ihr Volk gut zu weiden und zu hüten(11,4-17; 13,7-9).

Es gibt zahlreiche bemerkenswerte, aber irgendwie düstere Andeutungen, zu denen auch eine von einem großen Hirten gehört, der seine Aufgabe im Stich lässt und mit dem Sklavenpreis von dreißig Silberstücken bezahlt wird, die er dann einem Töpfer im Tempel gibt (11,8-13).

Ebenso außergewöhnlich ist das Bild von einem König, der auf einem Esel in Jerusalem einzieht.

(Sacharja 9-14)

Recht in Stein gemeißelt

Kretische Amphoren wie diese dienten zum Transport und zur Lagerung von Wein, Öl und anderen Flüssigkeiten.

denen Frau auf ihren eigenen Besitz. Die Vaterschaft von unehelich geborenen Kindern oder nach einer Scheidung muss geregelt werden, auch wenn solche Fälle in der Regel so gehandhabt werden, dass ein Kind bei Nichtanerkennung durch den Vater entweder von der Frau großgezogen oder in den Bergen ausgesetzt wird. Eigentum wird an die nächsten Verwandten des Verstorbenen weitergegeben, einschließlich vorhandener Enkel. Wenn die Erben von Besitz sich nicht einigen können, wie das Erbe aufgeteilt werden soll, soll alles verkauft und der Erlös verteilt werden.

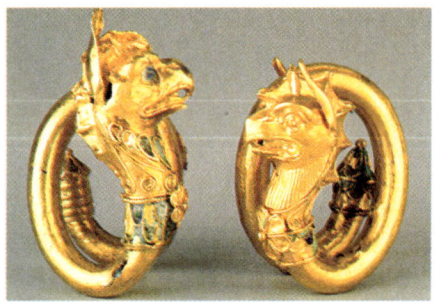

Goldene, spiralförmige Ohrringe mit Greifenköpfen (ca. 420 v. Chr.). Die fein gestaltete Ausarbeitung ist typisch für kretische Goldschmiedearbeit.

Kreta, ca. 460 v. Chr.
Anwälte in der kretischen Stadt Gortyn haben eine der ersten Zivilgesetzgebungen Europas zusammengestellt. Sie ist in zwölf Steinsäulen gemeißelt worden, die in eine kreisrunde Mauer mit einem Durchmesser von etwa 30 Metern eingebaut wurden. Jede Säule ist etwa anderthalb Meter hoch. Die meisten der etwa drei Zentimeter hohen Buchstaben sind von demselben Mann gemeißelt worden.

Die Regelungen betreffen unter anderem die Ansprüche einer geschie-

---

KURZMELDUNGEN ca. 485-465 v. Chr.

Mönchsregel (ca. 483 v. Chr.): Nach dem Tode des Buddhas Gautama Siddharta wurde ein großes Konzil in Rajagh einberufen, um eine umfassende Lehre und Ordensregel für Mönche des Buddhismus zusammenzustellen.

Persertreue (ca. 481 v. Chr.): Alle zypriotischen Städte haben nach einem fehlgeschlagenen Aufstand jetzt propersische Könige. Der propersische König Gorgos von Salamis ist von seinem progriechischen Bruder Onesilos vertrieben worden. Nach einer schweren Schlacht haben die Perser jedoch wieder die Kontrolle übernommen und Gorgos wurde wieder eingesetzt. Andere Städte wurden mehrere Monate lang zur Strafe für den Aufstand blockiert.

Ende einer Großmacht (ca. 480 v. Chr.): König Xerxes von Persien hat die Geduld mit Babylon verloren und die Stadt nach einer mehrmonatigen Belagerung eingenommen. Er hat seinen Truppen befohlen, die Befestigungen niederzureißen und die Tempel niederzubrennen, einschließlich des großen Marduk-Tempels und der Statue des Gottes. Auch der Turm von Babel wurde niedergerissen. Dadurch ist das babylonische Königreich wirkungsvoll beendet worden. Sogar innerhalb der Union des Persischen Reiches besteht es nicht mehr. Xerxes hat die babylonischen Satrapien abgeschafft und sie in denen Assyriens aufgehen lassen.

Verteidigung ist der beste Angriff (ca. 479 v. Chr.): Die Spartaner nehmen für sich einen alleinigen Sieg gegen die Perser in Anspruch. Eine alliierte griechische Einheit war den Persern bei Mykale entgegengetreten, wobei keine der beiden Seiten vorrücken wollte, weil jede Seite ominöse Zeichen erhalten hatte, die den Sieg für die Seite vorausgesagt hatten, die in der Defensive bleiben würde. Die meisten Griechen zogen sich zurück, um für Nachschub zu sorgen, und der persische Kommandeur griff die zurückgebliebenen, aber geschlossenen Linien der Spartaner im Sturm an. Es gelang ihm nicht, sie zu durchbrechen, und die nur leicht bewaffneten Perser wurden niedergemetzelt.

Gesundheitswesen (ca. 475 v. Chr.): Ein zypriotischer König hat eine Art staatliches Gesundheitswesen eingeführt, indem er sich einverstanden erklärte, dem Arzt Onasilos ein Silbertalent oder ein Stück steuerfreies Land zu bezahlen als Gegenleistung für die Behandlung Verwundeter aus dem Krieg gegen die Meder und Phönizier.

Noch mehr zum Bund (ca. 467 v. Chr.): Der Staatsmann und Soldat Kimon von Athen hat eine Flotte von 200 Schiffen der Athener und der Verbündeten Athens nach Pamphylien und Zypern geführt und dabei eine persische Armee samt Flotte am Euphrat völlig zerstört. Die Folge ist, dass noch einige griechische Städte mehr dem Delischen Seebund beigetreten sind.

Gefährliches Schlafzimmer (465 v. Chr.): König Xerxes (auch bekannt als Ahasveros) ist ermordet worden. Man glaubt, dass einer seiner eigenen Sklaven ihn in seinem Schlafgemach getötet hat. Nachfolger ist sein Sohn Artaxerxes.

ca. 460-445 v. Chr.

Gewagter Goldtransport sicher am Ziel

Jerusalem, 485 v. Chr.

Eine große Sendung Gold und Silber ist offensichtlich der Aufmerksamkeit der Räuberbarone während einer viermonatigen, 1450 km langen Reise entgangen und ist sicher und ohne Zwischenfälle von Babylon nach Jerusalem gelangt.

Der Schatz, als ein Geschenk von König Artaxerxes für die Verehrung Jahwes gedacht, wurde von einem Menschenzug, bestehend aus über 1700 Menschen befördert. Viele von ihnen haben Verwandte, die bereits in Jerusalem leben.

Unter der Führung des geachteten Priesters und Lehrers Esra hatten sie das Angebot des Königs abgelehnt, bewaffnete Wachen zu stellen für den Weg durch die fruchtbare Tiefebene Nordmesopotamiens. Das war der kühne Glaubensakt an den Schutz Jahwes einer frommen Gruppe, die drei Tage mit Gebet und Fasten verbracht hatte, bevor sie sich im April vom Kanal bei Ahawa, ihrem Sammelpunkt, auf den Weg gemacht hatte. Esra hatte persönliche Briefe von Artaxerxes bei sich, welche die Expedition genehmigten und darüber hinaus die Anordnung an persische Offizielle in Juda enthielt, Wein, Öl, Weizen, Salz, Gold und Silber für die Tempelbeamten zur Verfügung zu stellen, denen außerdem eine Steuerbefreiung gewährt wurde.

Esra persönlich wird befohlen, das Gesetz Jahwes zu lehren und bei Nichtbeachtung dieses Gesetzes die überlieferten Bestrafungen anzuwenden.

(Esra 7 und 8)

Prozessionsdarstellung am königlichen Palast in Persepolis, begonnen von Darius und von Artaxerxes fertig gestellt. Delegationen aus 23 Ländern bringen Tribut.

Priester regelt Massenscheidung

Jerusalem, 458 v. Chr.

Die Scheidungsgerichte werden in den kommenden Monaten völlig überlastet sein, da ein Bundesübereinkommen von jüdischen Führern in Kraft tritt, das die Auflösung aller gemischtrassigen Ehen anordnet.

Die Juden haben im Laufe der vergangenen 80 Jahre Jerusalem und seine Satellitenstädte wieder bevölkert und Hunderte haben Angehörige der einheimischen Stämme und Rassen geheiratet. Einige der Nichtjuden sind Nachkommen von Leuten, die in die Gegend gebracht wurden, als der babylonische König Nebukadnezar in den von ihm eroberten Gebieten einen »ethnischen Cocktail« mixte.

Das religiöse Gesetz der Juden verbietet solche Verbindungen ganz eindeutig, in erster Linie wegen des erkennbaren Risikos geistlicher Kompromisse mit den religiösen und sozialen Gepflogenheiten und Sitten von Partnern aus anderen Kulturen.

Die gesamte Bevölkerung wurde bei nasskaltem Wetter in Jerusalem zu einer emotionsgeladenen Open-Air-Versammlung zitiert. Esra, der erst kürzlich nach Jerusalem zurückgekehrte Priester, erinnerte noch einmal an das Gesetz des Mose, bevor die Menge den drastischen Maßnahmen zustimmte. Im Gegensatz zu anderen Propheten aus der Vergangenheit hatte Esra nicht auf diesen Fehler des Volkes hingewiesen: Seine Führer deckten ihn als Erste auf und suchten dann den Rat des Priesters.

Esra betete zu Jahwe mit großer innerer Anteilnahme, als er die Anzahl gemischter Ehen erfuhr. Die Massenscheidung wurde von den Führern vorgeschlagen als eine Möglichkeit, dem Gesetz zu gehorchen und dem Zorn Gottes zu entgehen.

Örtliche Gerichte, die von Esra ernannt wurden, werden über die Fälle entscheiden, ein Prozess, der vermutlich einige Zeit in Anspruch nehmen wird. Die entlassenen Frauen und Kinder werden wahrscheinlich zu ihren eigenen Familien in ihr Heimatland zurückkehren.

KURZMELDUNGEN ca. 464-445 v. Chr.

Rebellion nach Erdbeben (464 v. Chr.): Ein schweres Erdbeben hat in Sparta Hunderte von Menschenleben gefordert und die Heloten haben sich das Chaos zu Nutze gemacht, um zu revoltieren. Die Spartaner haben in Athen um Hilfe nachgesucht, aber das Misstrauen zwischen den beiden Städten ist so groß, dass die Athener ohne Begründung wieder fortgeschickt wurden, was natürlich die Beziehungen weiter verschlechtert hat. Die Heloten haben inzwischen einen Guerillastützpunkt am Berg Ithome eingerichtet.

Mischehen freigegeben (445 v. Chr.): Plebejer und Patrizier können in Rom jetzt nach den neuen Gesetzen, die die soziale Abgrenzung verringern, untereinander heiraten. Diese neue Gesetzgebung ist allerdings insofern eingeschränkt, als patrizische Väter absolute Macht über ihre Nachkommen haben und deshalb jedem Heiratsantrag erst zustimmen müssen. Viele Patrizier glauben immer noch, dass es die Götter erzürnt, wenn man sich mit den Plebejern einlässt.

226

Baustopp für Tempel

Jerusalem, ca. 455 v. Chr.

Die Arbeiten am Wiederaufbau Jerusalems sind vom persischen König Artaxerxes gestoppt worden, nachdem ihm in Susa ein Protestschreiben übergeben wurde.

Persische Offizielle hatten aus Furcht vor einem erneuten Aufstand in der für ihre Feindseligkeit fremden Herrschern gegenüber berüchtigten Stadt den König darüber informiert, dass die Befestigungsmauern wieder hergerichtet würden. Sie befürchteten, eine befestigte Stadt könnte sich weigern, Steuern zu zahlen, und baten daher Artaxerxes, die Bauarbeiten zu stoppen. Diese Ängste sind möglicherweise durch die kürzlich angefangene Wiederbelebung von Religion und Nationalismus hervorgerufen worden, die durch die Lehren des Propheten Esra inspiriert waren. Esra war mit der Unterstützung von Artaxerxes in die Stadt zurückgekehrt.

Der König reagierte mit der Verhängung eines Baustopps, aber er hat die Bauleute nicht bestraft und hat sich selbst die Möglichkeit offen gelassen, zu einem späteren Zeitpunkt die Wiederherstellungsarbeiten erneut zu genehmigen. Einige Offizielle haben jedoch als Zeichen ihres Missfallens die Stadttore verbrannt und die Mauern beschädigt.

(Esra 4,7-23; Nehemia 1;3)

Gläserner Römer?

Rom, 443 v. Chr.

Das neue Amt des Zensors ist geschaffen worden, um die offizielle Liste römischer Bürger (den Zensus) beizubehalten. Zwei Zensoren, die jeweils 18 Monate im Dienst sein werden, haben die Macht, rechtlich gegen jeden vorzugehen, der sich des Verschweigens von Informationen über sich selbst, seine Familie oder seinen Besitz schuldig macht. Außerdem werden sie Listen erstellen von denen, die für den Dienst in der Kavallerie tauglich und qualifiziert sind. Der Staatszensus findet normalerweise im Frühling in einem Gebäude auf dem Marsfeld statt.

Mehr Macht fürs Volk

Die Via Sacra mit dem Forum Romanum im Hintergrund

Rom, ca. 450 v. Chr.

Die Römer haben sich für eine neue Regierung entschieden, in der eine Behörde von zehn Männern das Land in Gerechtigkeit regieren soll. Die Plebejer haben zugestimmt, ihre Tribunen aufzugeben, ebenso wie die Patrizier ihre Konsuln.

Die erste Aufgabe der Behörde bestand darin, ein Gesetzeswerk zu entwerfen, das jetzt auf zwölf Holztafeln auf dem Forum veröffentlicht wurde. Das Gesetzeswerk hat zum Ziel, die wichtigsten Regelungen des existierenden Gesetzes zu sammeln. Nach dem neuen Gesetz sollen die Privilegien der Patrizier beschnitten werden. Die zwölf Tafeln enthalten Gesetze in Bezug auf privates, öffentliches, kriminelles und religiöses Verhalten.

Die Arbeit an dieser Aufgabe ist jedoch auch nicht ohne Kontroversen und Skandale vonstatten gegangen. Die erste aus zehn Männern bestehende Kommission trat zurück, nachdem ihr Vorsitzender Appius Claudius vom Verlangen nach der Tochter eines Plebejers verzehrt wurde. Sie wurde von ihrem Vater getötet, um sie vor den Plänen des Claudius zu retten. Die Ersatzleute waren den Plebejern feindlich gesonnen und verursachten dadurch erheblichen Unwillen.

Die zwölf Tafeln erkennen unter anderem an: die gleiche Aufteilung des Erbes zwischen Söhnen und Töchtern, eine vereinfachte Freilassungsklausel für Sklaven, die Freiheit des Anschlusses an Berufsvereinigungen sowie die Vertragsfreiheit zwischen Römern.

Die Zinsforderungen der Geldverleiher werden auf einen Höchstsatz von 10 Prozent festgelegt. Die Todesstrafe wird gegen Verräter verhängt, gegen bestechliche Richter und gegen jeden, der überführt wird, einen Zauber an einem Bürger verübt zu haben. Ein fairer Prozess und das Recht auf Berufung werden garantiert und die Volksversammlung hat in strittigen Fällen das letzte Wort.

Mundschenk wird zum Manager des Wiederaufbaus

Jerusalem, 445 v. Chr.

In den vergangenen zwei Monaten war Jerusalem voller Aktivitäten, weil Arbeiterkolonnen es wieder in eine befestigte Stadt verwandelten, nachdem es 140 Jahre lang wie ein verwüstetes Dorf dagelegen hatte.

Diese erstaunlich schnelle Verwandlung wird dem neuen Statthalter von Jerusalem angerechnet, dem ehemaligen persischen Topbeamten Nehemia, der seine Stellung als königlicher Mundschenk in Susa aufgegeben hat, um die Wiederaufbauarbeiten in sei-

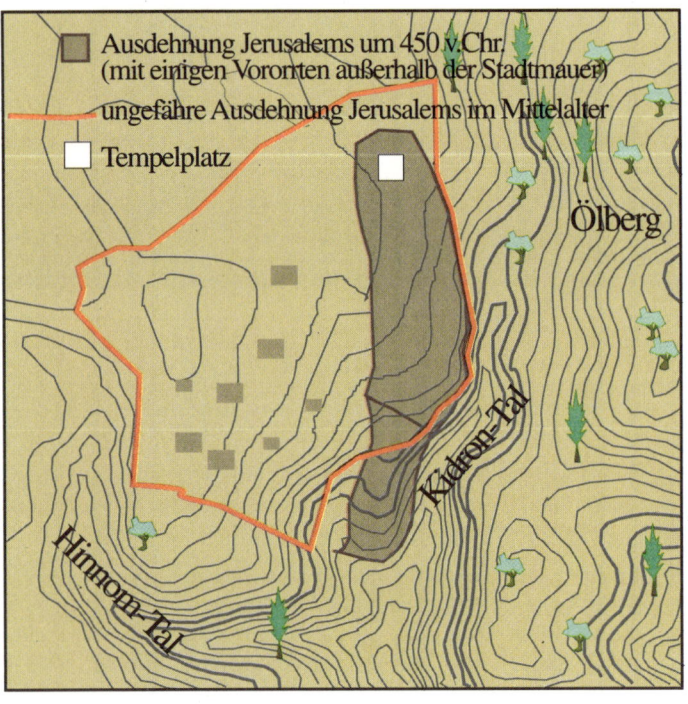

Die neuen Mauern Jerusalems wurden auf den Fundamenten der zerstörten Stadtmauern errichtet. Schnell wurde ersichtlich, dass der befestigte Bereich zu klein war, um alle jüdischen Rückkehrer aus Babylon in der erneuerten Hauptstadt zu beherbergen. Daher siedelten sich viele in schnell wachsenden Siedlungen westlich der Stadt an. Wegen des teilweisen Widerstandes durch die persische Administration dauerte der Wiederaufbau viele Jahre.

ner Heimatstadt zu beaufsichtigen. Aber trotz seiner königlichen Autorität und seiner Empfehlungsschreiben erfuhr er Widerstand von mehreren Offiziellen der einheimischen Stämme und überlebte zwei ungeschickt durchgeführte Attentatsversuche.

Nehemia traf bereits Anfang des Jahres in Jerusalem ein, ohne die verbor-

gene Absicht hinter seinem Auftrag zu offenbaren. Nachdem er eine gründliche Bestandsaufnahme von der Peripherie der Mauern durchgeführt hatte, die an mehreren Stellen durchbrochen waren, rief er die zivilen und religiösen Führer zusammen, die seinem Plan für die Arbeiten am Wiederaufbau zustimmten. Er organisierte die gesamte Gemeinde in Arbeitsgruppen, von denen jede für einen bestimmten Mauerabschnitt zuständig war.

Die Opposition von Tobija und Sanballat, Führer nichtjüdischer Stämme, fing mit negativer Propaganda an (man bezichtigte Nehemia der Rebellion) und gipfelte später in Gewaltandrohungen. Um der Propaganda entgegenzuwirken, wiederholte Nehemia noch einmal seine Überzeugung, dass die von Artaxerxes bewilligte Aufgabe eigentlich von dem höchsten Gott im Himmel unterstützt und gefördert werde.

Um der Gewalt entgegenzuwirken, bewaffnete er die halbe Arbeiterschaft und postierte Wachen an strategisch wichtigen Punkten. Weil die Arbeiter um die Mauer herum verstreut waren, organisierte er außerdem noch ein akustisches Alarmsignal für den Fall eines Angriffs, so dass möglichst schnell Verstärkung herbeigerufen werden konnte.

Es gab allerdings zwei Versuche, den Statthalter in Geheimgespräche mit

einheimischen Stammesleuten zu locken, um ihn einzuschüchtern und wahrscheinlich zu töten. Nehemia weigerte sich jedoch, sich unter Druck setzen zu lassen, und verurteilte ein von Sanballat in Umlauf gebrachtes Dokument kategorisch als Lüge, in dem behauptet wird, Nehemia beabsichtige, sich selbst zum König von Jerusalem zu ernennen und sei daher der Anführer eines Aufstandes.

Innere Unruhen verstärkten seine belastenden Probleme noch. Durch die schweren persischen Steuern verarmte Arbeiter waren gezwungen worden, ihre Kinder mit Mitjuden in die Sklaverei zu verkaufen.

Nehemia ordnete an, alle Zinszahlungen an Mitjuden einzustellen, wie es im religiösen Gesetz festgeschrieben sei. Außerdem setzte er ein Beispiel, indem er nicht seine volle (aus Steuermitteln finanzierte) Lebensmittelzuteilung abholte, die ihm zugestanden hätte.

(Nehemia 2,11-7,3)

Große Feier nach großem Kraftakt

Jerusalem, 445 v. Chr.

»Für Gott ist das Beste gerade gut genug« scheint das treibende Motiv hinter der Arbeit von Jerusalems neuem Statthalter Nehemia zu sein. Er hat bei der Einweihungszeremonie der frisch reparierten Stadtmauer genauso penible Sorgfalt walten lassen wie bei den Bauarbeiten selbst. Und indem er den alten Priester Esra aus dem Schatten geholt hat, damit dieser den Leuten das jüdische Gesetz verliest, hat er an der Wiederbelebung des Laubhüttenfestes und einer Phase nationaler Buße mitgewirkt.

Die sorgfältig instrumentierte Einweihung, zu der zwei Prozessionen gehörten, die in entgegengesetzter Richtung auf der Mauer entlang um die Stadt herumgingen, wurde von Chören und Musikgruppen aus den umliegenden Dörfern angeführt. Am Wege führten Priester und Leviten, Reinigungs- und Weiherituale an den Leuten, der Mauer und den Toren durch. Nehemia ging an der Spitze der einen Prozession, Esra führte die andere an. Die beiden trafen sich am Tempel zu einer abschließenden Feier.

Es war der Höhepunkt mehrerer Wochen religiösen Eifers. Esra hatte regelmäßig öffentlich das Gesetz verlesen. Es hatte ein Massensündenbekenntnis gegeben, gefolgt von einem gemeinsamen Akt neuer Hingabe an Jahwe bei einer größeren, von den Leviten geleiteten Versammlung, die Jahwes große Taten und seine Treue in der Vergangenheit verlasen. Das Laubhüttenfest, bei dem die Leute sieben Tage im Jahr in provisorischen Hütten kampieren als Erinnerung an die Wüstenwanderung ihrer Vorfahren, wurde während der Lesung der Gesetze wiederentdeckt und aufs Neue eingeführt.

Dann unterzeichneten über 80 geistliche Führer unter der Leitung von Nehemia in einer Zeremonie, die der früherer Bundeserneuerungen ähnelte, eine feierliche Willenserklärung, dem Gesetz Jahwes zu gehorchen. Es waren darin zurzeit gehäuft auftretende Missbräuche speziell erwähnt, unter anderem die Heirat mit ausländischen Frauen, Handel am Sabbat und das Nichtannehmen der finanziellen Verpflichtungen den Tempelbeamten und Tempeldienern gegenüber. Es ist wohl bekannt, dass Nehemias Glauben als entscheidende Kraft hinter seiner Verwaltungsbegabung gilt. Es wird gesagt, dass er seine Audienz beim König als direkte Gebetserhörung betrachtete. Während der Konflikte mit Gegnern der Wiederaufbauarbeiten zog er sich häufig ins Gebet zurück und kam auf praktische Lösungen für die Probleme, mit denen er konfrontiert war, einschließlich der Bewaffnung von Arbeitern als Mittel gegen Gewaltandrohungen.

Darüber hinaus hat er Jerusalem in die Lage versetzt, auch wirtschaftlich wieder als Stadt zu funktionieren, indem er ein Zehntel der Familien, die aus der Gefangenschaft zurückkamen, anwies, sich in der Stadt anzusiedeln. Die meisten von ihnen hatten sich nämlich in umliegenden Dörfern niedergelassen. Ein Zeichen für das Maß an Respekt, das er gewonnen hat, ist die Tatsache, dass der Plan, der für erheblichen Aufruhr sorgte, letztlich doch akzeptiert wurde.

Comeback für Starpropheten?

Jerusalem, ca. 432 v. Chr.
Elia, der charismatische Prophet, der vor 400 Jahren bösen Königen wider-

Ein beliebtes Motiv für Künstler ist die Entrückung des Elia im feurigen Pferdewagen. Hier ein Holzschnitt aus einer mittelalterlichen Nürnberger Bibel.

stand, wird laut einer Prophetie, die zur Zeit im Umlauf ist, vor dem endgültigen »Tag Jahwes« noch einmal auf die Erde zurückkehren.

Ob es sich dabei um Elia in seinem Auferstehungsleib handeln wird oder um eine Gestalt, die dieselbe Art von Dienst und Charakter zeigt, wie der Mann, der Feuer vom Himmel herabrief, steht nicht fest. Die Juden glauben nicht an irgendeine Form der Reinkarnation, auch wenn ein Glaube an die Auferstehung nach dem Tod oder am Jüngsten Tag immer mehr Akzeptanz erfährt.

Die verblüffende Vorhersage ist von einem Propheten gemacht worden, der als »Maleachi« oder »Bote Gottes« bezeichnet wird. Sie kommt im Zusammenhang mit einer umfassenden Verurteilung der derzeitigen Glaubenspraktiken.

In Form eines imaginären Streites zwischen Jahwe und seinem Volk klingen darin viele der Sorgen wieder, die von dem in Persien gebore-

nen Statthalter von Jerusalem, Nehemia, angesprochen worden sind.

Es wird dort behauptet, dass Opfer mit Makel (die damit unannehmbar sind) im Tempel dargebracht werden und dass der Zehnte für die Statuen und die Opfer (Spenden) für den Tempeldienst nicht bezahlt werden. Auch die Moral wird kritisiert: Ehen zwischen Juden und Angehörigen anderer Stämme oder Rassen sind, so heißt es, gegen den Willen Gottes, ebenso wie leichtfertige Scheidungen vom rechtmäßigen Ehepartner.

Die Priester und Leviten sind der ganzen Wucht der Kritik ausgesetzt, obwohl die Prophetie nicht ohne Hoffnung ist. Selbst wenn der Tag Jahwes ein Tag des Gerichts sein wird, wird ein künftiger Bote (vielleicht ein weiterer Hinweis auf Elia) wie ein reinigendes Feuer kommen. Ein neuer Gehorsam, so heißt es, wird mit der Fülle der Fürsorge Jahwes belohnt werden.

»Denen, die Gott ehren«, so wird noch hinzugefügt, »soll die Sonne der Gerechtigkeit aufgehen und sie sollen springen wie die Mastkälber.«

(Maleachi 1-4)

Olympia-dichter tot

Böotien, ca. 438 v. Chr.
Der Lyrikdichter Pindar aus Böotien ist im Alter von 80 Jahren verstorben. Er hatte Gönner in ganz Griechenland und ist besonders berühmt geworden durch seine Oden und Siegerpreislieder bei Olympischen Spielen. Viele seiner Oden sind als Chorhymnen geschrieben und haben eine religiöse oder moralische Aussage. Er hatte die Fähigkeit, tiefe Gefühle darzustellen und hatte ein Gespür für Freude und Ehre.

So werden normale Menschen zu Stein

Der Parthenon gilt als besonders herausragendes Symbol für die antike Kultur und beherrscht auch heute noch das Stadtbild von Athen.

Athen, 432 v. Chr.
Im Tempel der Athena Parthenos (die Jungfrau), der jetzt fertig gestellt wurde, sind einfache Leute an der Seite von Göttern geehrt worden. Vor 15 Jahren begonnen, wurden Tempel und Kultus vor sechs Jahren eingeweiht, aber die Arbeit an »Skulpturen« wurde erst jetzt fertig.

General Perikles hat den Parthenon aus dem Etat des Delischen Bundes finanziert. Er gab einen Tempel in Auftrag, der die jüngsten architektonischen Stilrichtungen in sich vereint, um darin die große Kultusstatue zu beherbergen.

Darauf sind menschliche Figuren zum ersten Mal als sich bewegende Objekte dargestellt, die im Unterschied zur früheren eher steifen und stilisierten Kunst auch anatomische Details zeigen. Die Figuren sind in Marmorplatten geschnitzt, welche als Fries unter den Dachtraufen des Tempels angebracht sind. Der Marmor wurde unter großem Kostenaufwand von den Steinbrüchen des Pentelikos geholt, der einige Kilometer nordöstlich von Athen liegt. Der Fries stellt nicht so sehr mythologische oder religiöse Themen mit Göttern und Helden dar als vielmehr einfache Leute aus Athen. Er zeigt die Prozession des panathenischen Festes, bei dem die Leute ein speziell gewebtes Gewand bringen, um damit die heilige Olivenholzstatue der Athene zu bekleiden. Die Szene enthält beispielsweise einen jungen Mann, der sich bückt, um seine Sandalen zuzuschnüren, und junge Mädchen, die das Gewand tragen.

Der Tempel als solcher misst 70 mal 30 Meter und wurde von den Architekten Iktinos und Kallikrates entworfen, die unter der Anleitung des Meisterbildhauers Phidias arbeiteten. Er hat acht Säulen an jedem Ende statt der üblichen sechs und an jeder Seitenwand 17 Säulen. Zum inneren Aufbau gehören Vorhallen mit jeweils sechs Säulen an jedem Ende.

Phidias, ein Endfünfziger, hat die kolossale Athenestatue aus Gold und Elfenbein selbst geschaffen. Bereits vor etwa 20 Jahren stellte er die neun Meter hohe Statue der Athene fertig, die ein Wahrzeichen der Seeleute beim Kap Sounion ist. Er ist zurzeit aus politischen Gründen aus Athen verbannt und arbeitet in Olympia an einer Gold- und Elfenbeinstatue des Zeus.

Detail aus dem Parthenon: Dionysos, eine Plastik vom Ostgiebel, heute im British Museum, London

KURZMELDUNGEN ca. 432-404 v. Chr.

Kein Interesse an neuem Kalender? (432 v. Chr.): Meton von Athen hat einen Kalender entwickelt, der auf einem 19-Jahres-Zyklus basiert, nachdem er entdeckt hatte, dass das Sonnenjahr 365 plus einen neunzehntel Tag lang ist. Jeder griechische Stadtstaat hat seinen eigenen Kalender, aber derzeit zeigen die Athener wenig Interesse an einer einheitlichen Zeitrechnung.

Pest in Athen (430 v. Chr.): Ein Ausbruch der Pest bedroht die Verteidigungsstrategie im Krieg gegen die Staaten der Peloponnes unter Vorsitz von Sparta, der im vergangenen Jahr begonnen hat. Als Führer der Athener hat Perikles die Bevölkerung davon überzeugt, sich ins Innere der vor ca. 30 Jahren gebauten Langen Mauern zu begeben, die Athen mit dem Meer verbinden und die Stadt zu einer isolierten Befestigungsanlage machen. Vor Landangriffen geschützt, können die Athener den Krieg auf ihre seemännische Überlegenheit konzentrieren. Aber es sterben viele an der Pest und Perikles ist aus seinem Amt gejagt worden.

Athen verliert 30-jährigen Krieg (404 v. Chr.): Athen hat den peloponnesischen Krieg verloren, der fast 30 Jahre gedauert hat. Die letzte athenische Flotte wurde jetzt am Hellespont vernichtet. Athen hat während des Krieges mehrere Siege errungen, aber innere politische Spaltungen und Seeunterstützung von Persien für den Peloponnes haben die Bemühungen der Athener unterhöhlt.

Alte Besen kehren gut

Jerusalem, ca. 430 v. Chr.

Der von Persien ernannte Statthalter von Jerusalem, Nehemia, ein frommer Jude, ist für eine zweite Amtszeit nach Jerusalem zurückgekehrt, und zwar mit demselben Glaubenseifer, den er bereits hatte, als er vor 15 Jahren zum ersten Mal in die Stadt kam. Nachdem er von Artaxerxes nach zwölf Jahren in Jerusalem nach Susa zurückbeordert worden war, empfand Nehemia, ehemals oberster Mundschenk des Königs, das religiöse Klima in der Stadt der Juden als ungenießbar.

In einer schnellen Säuberungsaktion befahl er Tobija, ein Ammoniter und regionaler Statthalter, der die Verehrung Jahwes wohlwollend betrachtete, die behaglichen Zimmerfluchten zu räumen, die er mit dem Einverständnis des Hohepriesters Eljaschib im Tempel nutzte.

Dann führte Nehemia die überlieferten Speise- und Geldopfer für die Tempelbediensteten wieder ein und verbot den Handel am Sabbat. Außerdem maßregelte er eine Reihe von Leuten, einschließlich Angehörigen von Priesterfamilien, die nichtjüdische Frauen geheiratet hatten und Kinder großzogen, die die Sprache Judas nicht beherrschten.

Er entschied sich jedoch dafür, die Schurken zu beschämen, indem er ihnen Haare ausriss, statt wie der Priester Esra ein paar Jahrzehnte zuvor eine Massenscheidung zu organisieren.

Sein Vorgehen scheint zumindest teilweise die Erfüllung einer Prophetie gewesen zu sein, die von einem »Maleachi« genannten Propheten stammt und besagt, dass der Bote Gottes in die Stadt kommen werde: »Er wird sitzen und schmelzen und das Silber reinigen« – und ebenfalls die Leviten und die Opfergaben der Menschen.

(Nehemia 13; vgl. Maleachi 3,1-4)

Dies alte weiß getünchte Haus in einem Dorf bei Elephantine ist typisch für die ägyptischen Häuser aus getrocknetem Lehm.

Nil-Juden wollen wieder eigenen Jahwe-Tempel

Elephantine, Ägypten, ca. 407 v. Chr.

Ein Jahrhundert nach dem Wiederaufbau des jüdischen Tempels in Jerusalem setzen sich Juden in dieser Garnisonsstadt auf einer Nilinsel für Genehmigung und Finanzierung ein, um auch ihren Tempel wieder aufzubauen.

Der Tempel war vor drei Jahren vom einheimischen ägyptischen Gouverneur Widrang und Priestern des Gottes Khnub eher in einem Akt politischer Rebellion als aus religiöser Verfolgung zerstört worden.

Elephantine ist ein mit hebräischen Söldnern ausgestatteter persischer Militärstützpunkt, von dem aus die Südgrenzen Ägyptens verteidigt werden.

Die Juden, die vor zwölf Jahren zum ersten Mal von Darius II. die Genehmigung erhielten, das Fest der ungesäuerten Brote zu feiern, haben sowohl Bagoas, den persischen Statthalter in Jerusalem und Nachfolger Nehemias, als auch die Perser in Samaria schriftlich um Hilfe gebeten. Frühere Anfragen an die Tempeloberen in Jerusalem sind scheinbar stets auf taube Ohren gestoßen.

Dorf am Nil bei Elephantine

Das jüdische Gesetz verbietet jegliches Heiligtum zur Anbetung Jahwes außerhalb der Hauptstadt. Die elephantinischen Juden, die seit etwa zweihundert Jahren in Ägypten angesiedelt sind, sind auch für ihre theologische »Unorthodoxie« bekannt. Sie schließen andere Götter, die sie mit Jahwe in Verbindung bringen, wie z.B. Ischum-Betel, Anat-Betel und Herem-Betel in ihre Verehrung ein.

Im Unterschied zu den Juden, die in Babylon in Gefangenschaft waren, hat anscheinend in diesen Gemeinden niemand den Wunsch, wieder in die Heimat zurückzukehren.

Der Brief an Bagoas ruft in Erinnerung, dass der ursprüngliche Tempel fünf Eingangstore hatte, Bronzetüren und ein Dach aus Zedernholz. Die Verfasser behaupten, er sei illegal niedergebrannt worden und die Kunstgegenstände aus Gold gestohlen. Sie sagen, dass sie Sackleinen getragen hätten, das seitdem als Trauerkleidung gilt. Außerdem berichten sie von der Ermordung Widrangs.

Bagoas hat eine Urkunde mit seiner Zustimmung zu den Wiederaufbauplänen geschickt. Unklar ist allerdings noch, wann der Bau finanzierbar sein wird.

Große Dichter und Denker

Mehrere bekannte Schriftsteller und Förderer der Künste sind im vergangenen halben Jahrhundert verstorben. Ihr Einfluss wird jedoch wahrscheinlich unvergänglich bleiben.

Tragischer Pionier: Aischylos

ca. 525-456 v. Chr.

Der Dichter und Tragödienschreiber Aischylos, der im sizilianischen Gela gestorben ist, wird in Erinnerung bleiben wegen seiner häufigen Triumphe bei den dramatischen Wettkämpfen in der Stadt Dionysias, wo er in der Sparte Tragödie gegen Autoren wie Sophokles und Euripides antrat.

Die traditionellen griechischen Theater waren in Berge hineingehauen. Besonders eindrücklich ist das Theater von Delphi.

Genau wie das Werk dieser Männer ist sein Œuvre eine Studie des Charakters und der Geschichte des Menschen, aber auch der menschlichen Beziehungen zu den überirdischen Mächten, die das Universum kontrollieren, sowie der Beziehungen dieser Mächte zum menschlichen Schicksal. Mit 53 Jahren schrieb er »Die Perser«, eine Geschichte der Perserkriege, 14 Jahre später dann seine berühmteste Trilogie für den Wettbewerb, die »Orestie«, bestehend aus »Agamemnon«, »Coephorai« und »Eumenides«. Sie erzählt die Geschichte von der Ermordung Agamemnons durch seine Frau Klytämnestra und die darauf folgende Rache ihres Sohnes Orest.

Aischylos betrat Neuland, indem er bei der Aufführung von Stücken einen zweiten Schauspieler einsetzte. Religiös und patriotisch bis ins Letzte, berichtet sein Denkmal bei Gela von seinem Kampf in der Schlacht von Marathon, seine Dichtung wird jedoch nicht erwähnt. Manche behaupten, er hätte die Denkmalinschrift selbst verfasst.

Die griechische Tragödie hat sich aus den Oden entwickelt, die von Chören zu Ehren des Dionysos gesungen wurden. Die Szenen einer Tragödie bestehen aus feststehenden Reden und manchmal ein wenig Dialog, oft zwischen Schauspieler und Chor. Die einzelnen Szenen sind durch lange Oden des Chores voneinander getrennt. Schauspieler und Chor stellen Menschen dar oder Götter in Menschengestalt.

In Satyrspielen sind die Chormitglieder als Satyre verkleidet (lüsterne Waldgeister), von der Gestalt her meist menschlich, aber mit Merkmalen von Pferden und Ziegen, die einen Phallus tragen. Die Spiele stellen alte Legenden dar, die schon grotesk sind oder ins Groteske umgearbeitet werden.

Schauspieler und Chor tragen Masken, um ihre Identitätswechsel darzustellen. Weil die Masken jedoch verhindern, dass durch Mimik auch Gefühle zum Ausdruck gebracht und vermittelt werden, findet das Drama nur in den gesprochenen Worten statt. Niemals wird Gewalt auf der Bühne dargestellt: Mord, Schlachten und die Eroberung von Städten werden durch Boten berichtet.

Komischer Beobachter: Aristophanes

ca. 450-385 v. Chr.

Die Komödien des Dramatikers Aristophanes drehen sich in der Regel um politische Themen, wobei er hemmungslos Gestalten des öffentlichen Lebens verspottet. Seine bevorzugten Zielscheiben sind dabei Politiker, Dichter, Musiker und Intellektuelle. Seine liebenswerten Charaktere bringen Gefühle von Menschen zum Ausdruck, die sich gegen ihnen aufgezwungene kulturelle Veränderungen wehren. Zu seinen bekanntesten Werken gehören »Die Vögel«, eine Phantasie über Vögel, die von einem Athener dazu überredet werden, eine Stadt in den Wolken zu bauen. Aus diesem Stück stammt auch der Ausdruck »Wolkenkuckucksheim«. In dem Stück »Die Frösche« geht Dionysos in den Hades, um den kürzlich verstorbenen Euripides zurückzuholen, fungiert dort als Jurist in einem Wettbewerb um den Dichterthron im Hades und kommt stattdessen mit Aischylos zurück. In »Lysistrata« zwingen alle griechischen Frauen die Männer dazu, Frieden zu schließen, indem sie in einen Sexstreik eintreten.

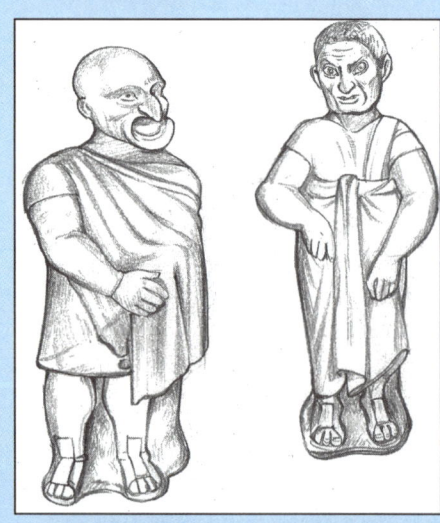

Terrakottamodelle von Komödianten, der eine ein Kahlkopf, der andere ein Schmeichler

Faktenfinder: Herodot

ca. 484-420.

Der griechische Historiker Herodot hat eine Geschichte und Erklärung der Perserkriege geschrieben sowie eine Geschichte des Persischen Reiches. Sein Werk ist in ganz Griechenland anerkannt, obwohl (oder weil?) er von dem Satiriker Aristophanes parodiert wurde. Er war der erste Historiker, der seine Informationen logisch sammelte und deren Zuverlässigkeit prüfte, bevor er sie in lebendige Erzählungen umsetzte.

Er war weit gereist und hatte die halbe Welt besucht – und das alles, wie er sagte, um »Informationen zu sammeln«. Unablässig stellte er Fragen mit der Neugier und Faszination eines Kindes. Er war mehr an Fakten interessiert als an Ideen und Gedanken, weil er ein sehr einfaches Weltbild hatte, in dem die Götter die Gerechten stärken und die Bösen bestrafen, und in dem Menschen für ihr eigenes Handeln verantwortlich sind.

Herodot

Kunstmäzen: Perikles

ca. 495-429 v. Chr.

Der athenische General und Staatsmann Perikles wurde trotz großer Verdienste aus seinem Amt vertrieben, später aber wieder eingesetzt. Innerhalb von sechs Monaten erlag er der Pest. Er verdiente sich Meriten wegen seiner Integrität, seiner Redekunst und seiner weitsichtigen Politik.

Perikles

Sein öffentliches Leben begann in der Funktion als einer der Staatsanwälte im Scherbengericht über Kimon. Er durchlief eine aktive Laufbahn sowohl in der Innenpolitik als auch in militärischen Angelegenheiten. Einige seiner bedeutendsten Beiträge war die Bezahlung von Richtern (damit jeder Zugang zu diesem Amt hatte) und ein staatliches Taschengeld, das es auch armen Bürgern ermöglichte, ins Theater zu gehen.

Er führte die Kleruchien ein, griechische Kolonien, in denen die Siedler ihre athenische Staatsbürgerschaft behalten konnten, was dem Wachstum des athenischen Reiches förderlich war. Außerdem gab er den Bau des Parthenons in Auftrag und hatte engen Kontakt zu führenden Künstlern und Philosophen wie Sophokles, Anaxagoras und Phidias. Als Mensch war er eher reserviert und konnte ausgesprochen arrogant sein. Nach einer schlechten Ehe und einer Scheidung lebte er mit Aspasia zusammen, einer hochintelligenten Frau, die eine Freundin von Sokrates war. Ihr wurde oft vorgeworfen, sie beeinflusse Perikles zu stark und sie war häufig Zielscheibe unmoralischer Witze.

Mythen und Zoten: Sophokles

ca. 496-406 v. Chr.

Der Schreiber Sophokles war der Sohn eines reichen Industriellen. Er zog die Aufmerksamkeit auf sich, weil er gut aussah und ein Kenner von Musik und Tanz war. Er schrieb 123 Stücke und errang in Wettbewerben 24 Siege.

Seine berühmtesten Werke sind die »Antigone«, der »Ajax« und »König Ödipus« (430). Das letztgenannte Stück handelt vom Sohn des Königs von Theben, der, nachdem er das Rätsel der Sphinx gelöst hat, unwissentlich seinen Vater tötet und seine Mutter heiratet. Als ihm klar wird, was er getan hat, sticht er sich die Augen aus, und seine Mutter erhängt sich.

Sophokles führte einen dritten Spieler sowie Kulissen in die Theateraufführung ein. Beide Entwicklungen haben enorme Auswirkungen auf die Vielfalt dramaturgischer Möglichkeiten. Als Mensch war er beliebt wegen seiner Freundlichkeit und seines heiteren Wesens. Er spielte eine aktive Rolle im Staatsleben, war Reichsschatzmeister und gründete einen Literaturclub. Ebenfalls war er ein Priester Halons, des Gottes der Heilung.

Die Handlung seiner Komödien ist in der Regel frei erfunden und phantastisch, spielen in Situationen der heutigen Zeit. Die Schauspieler tragen groteske Masken. Prominente werden manchmal geschmäht, lächerlich gemacht oder parodiert, und Religion wird mit extremer Respektlosigkeit behandelt. Bei ihm macht der Humor nicht oberhalb der Gürtellinie halt: Beliebte Themen sind Sex und Fäkalien.

Ungeselliger Psychologe: Euripides

ca. 480-406 v. Chr.

Der Tragödienschreiber Euripides, der im Alter von 80 Jahren in Makedonien gestorben ist, stammte aus einer reichen Familie, hatte aber den Ruf, ungesellig zu sein. Er schrieb in völliger Abgeschiedenheit in einer Höhle bei Salamis.

Er hat insgesamt 92 Stücke verfasst. Am bekanntesten sind »Elektra«, »Medea«, »Der bekränzte Hippolytos«, »Die Troerinnen« und »Die Bakchen«.

Demokratie auf tönernen Füßen

Athen, 403 v. Chr.

Nach dem 27-jährigen Kampf zwischen den Stadtstaaten Athen und Sparta herrscht nun wieder Burgfriede.

Der Sieger Sparta hatte zunächst die Flotte Athens vernichtet und Athen quasi zum Zweck der Kapitulation ausgehungert. Der siegreiche Spartanische Bund unter Lysander, dem begabten Admiral und Staatsmann, setzte daraufhin im gesamten eroberten Gebiet ein System örtlicher Tyranneien ein, »Dekarchien« genannt. Die Versammlung in Athen wurde von den »Dreißig Tyrannen« geleitet, die unter der Anweisung Spartas eingesetzt wurden und sofort eine Terrorkampagne gegen die letzten Spuren von Demokratie durchführten. Im vergangenen Jahr war eine spartanische Garnison in der Akropolis dafür abgestellt, Widerstand im Keim zu ersticken.

Die alten demokratischen Führer Athens haben über ihr weiteres Vorgehen beraten und dabei Unterstützung in Theben gefunden, wo Thrasybolos im Exil lebte. Im vergangenen Winter leitete er erfolgreich einen Gegenangriff gegen die Dreißig Tyrannen, besiegte sie und belagerte Athen. Lysander reagierte darauf, indem er das von Thrasybolos eroberte Piräus blockierte, und bis vor kurzem hatte es den Anschein, dass der mutige Aufstand zum Scheitern verurteilt sein würde.

Lysander, der sich nicht in Piräus aufhielt, wurde aber zu Hause selbst Opfer eines Putsches und durch Agesilaos ersetzt, dessen erste Amtshandlung die Einrichtung eines Versöhnungsprogrammes mit Athen war. Jetzt hat er erreicht, was anscheinend

Ein typischer Anblick für den Peloponnes: Olivenhaine bedecken die Berge und reichen bis zum Meer hinunter, das tiefblau ist. Im Hintergrund sind Inseln zu sehen.

ein dauerhafter Friede werden kann, wobei die »Dreißig« und ihre Nachfolger unter den ganz wenigen sind, die von einer Generalamnestie ausgeschlossen wurden.

Anstiftung zum Bruderkrieg

Sparta, 400 v. Chr.

Lysander hat etwas getan, was viele als groben Fehler ansehen, ihm aber eigentlich wieder zu Macht verhelfen sollte. Der einst gegen Athen siegreiche spartanische Admiral und Politiker wurde vor einigen Jahren von denen abgesetzt, die seine arrogante Autokratie als Hindernis zum demokratischen Fortschritt betrachteten. Daraufhin hatte er sich mit Kyrus dem Jüngeren von Persien, dem Satrapen von Ionien, zusammengetan. Dieser sollte eine Schlüsselfigur in Lysanders Plänen sein.

Der spartanische Admiral ermutigte Kyrus, einen Aufstand gegen seinen Bruder Artaxerxes zu entfachen, der seit dem Tode von Darius in Persien regiert. Lysander bedrängte Kyrus, eine große Söldnerarmee anzuwerben und unterstützte die Revolte mit einem General und zusätzlichen Truppen. Letztes Jahr zog Kyrus dann gegen seinen Bruder, wurde jedoch in der ersten Schlacht des Feldzuges in Kunaxa am Euphrat besiegt und getötet. Zehntausend Mann griechische Verstärkung flohen unter der Führung des 33 Jahre alten Xenophon durch Armenien. Viele griechische Offiziere wurden hingerichtet.

Die Folgen für Lysander und für die griechische Welt allgemein waren verheerend. Der Nachfolger von Kyrus ist Tissaphernes, der kein Freund Griechenlands ist und eine Reihe von griechischen Städten im Nahen Osten mit Strafsteuern belegt hat. Diese Städte haben Sparta nun um militärische Hilfe gebeten.

**KURZMELDUNGEN
ca. 400-380 v. Chr.**

Kriegshistoriker (ca. 400 v.Chr.): Der Historiker Thukydides ist im Alter von etwa 60 Jahren gestorben. Er betrachtete Perikles, den Führer Athens, mit fast fanatischem Respekt und rekonstruierte viele der Reden dieses Politikers in seinem Werk. In einem alt-modischen, poetischen Stil analysierte er die Ursachen des peloponnesischen Krieges in allen Einzelheiten. Seine Geschichte des Krieges umfasst acht Bücher, war aber noch nicht vollendet, als er starb.

Anfang vom Ende (396 v.Chr.): Der Fall von Veji hat den Anfang vom Ende der etruskischen Kultur in Italien markiert. Während Sparta an Dominanz in der griechischen Welt gewinnt, gewinnt auch eine andere Macht rapide an Einfluss im Mittelmeerraum: Rom.

Ur-Doktor (ca. 380 v.Chr.): Der Arzt Hippokrates ist in hohem Alter im griechischen Larissa verstorben. Als kleiner Mann, der von Kos stammte, wird er als Verkörperung des idealen Arztes und als Begründer der Medizin als Wissenschaft in Erinnerung bleiben. Er lehrte, dass die Natur ihre eigenen Heilkräfte hat und dass es einen direkten Zusammenhang gibt zwischen Krankheiten und der Umwelt.

Großer Denker nahm Giftbecher

Athen, 399 v. Chr.

Der griechische Philosoph Sokrates, der stets mehr an Fragen des moralischen Verhaltens interessiert war als an Spekulationen über die natürliche Weltordnung, ist wegen »Zersetzung der Moral« zum Tode verurteilt wor-

Ein anschauliches Beispiel für den Höhepunkt der klassischen griechischen Kunst ist diese lebensgroße Bronzestatue des Poseidon.

den. Seine Freunde klügelten zwar einen Plan aus, um ihm die Flucht ins Exil zu ermöglichen, aber er weigerte sich mitzumachen und trank schließlich die tödliche Dosis Schierlingssaft. Sokrates war nicht nur einer der klügsten Köpfe der Stadt, die er nur ganz selten verließ, sondern außerdem einer der bekanntesten Athener seiner Zeit. Zunächst war er Bildhauer und Soldat, bevor er sich einen Ruf als brillanter Denker und Gelehrter machte. Seine Beherrschung von philosophischem Diskurs und logischem Denken machten ihn bald zu einem gefragten Lehrer.

Er hatte eine Reihe von Anhängern in Athen, von denen einer der besten der viel versprechende Plato war.

Er war ein Gegner der sophistischen Schule der Rhetorik und ermutigte seine Schüler, hart und unerbittlich zu hinterfragen und zu argumentieren. Sein philosophischer Ansatz bestand darin, Fragen zu stellen, die beim Befragten das Eingeständnis seiner Unwissenheit »herauskitzeln« sollte: »Ich weiß, dass ich nichts weiß«.

Als Mensch war er sehr beliebt und freundlich, bekannt für seinen ausgeprägten Sinn für Humor sowie für seine ungeheuren intellektuellen Fähigkeiten. Menschen kamen von nah und fern zu ihm, um bei geistigen Problemen und Fragen Hilfe zu suchen.

Man berichtet, dass er gelegentlich ein göttliches Zeichen erlebte, das ihn in seinem Vorgehen leitete, aber er hat nie enthüllt, wie dieses Zeichen konkret aussah.

Sokrates wurde als äußerst mutige Persönlichkeit betrachtet, denn er hatte sich zweimal aus moralischen Gründen gegen den Staat gestellt. Er starb durch eigene Hand, in Gehorsam gegen die Todesstrafe, die gegen ihn verhängt worden war. Das Gericht hatte dieses Urteil gefällt mit der Begründung, er habe junge Leute verführt, die Götterverehrung zu unterlassen und die innere Erleuchtung anzustreben.

Sokrates hätte vielleicht die Todesstrafe umgehen können. Drei Gründe führten aber dazu, dass er trotz eigentlich guter Aussichten doch sterben musste: Zum ersten trat er zu mutig (vielleicht sogar tollkühn) dem Gericht entgegen. Zudem wollte er selbst dann noch dem Gesetz gehorchen, wenn er zu dessen Opfer würde. Schließlich lehnte er die Fluchthilfe seiner Freunde ab.

Ein Porträt des griechischen Philosophen Sokrates, nach einer griechischen Büste.

Frieden am grünen Tisch

Sparta, 397 v. Chr.

Der kleine, aber leicht entflammbare Konflikt in der Gegend von Korinth ist auf eine Weise beigelegt worden, die keinem der beiden Beteiligten Beliebtheit einbringen wird.

Nach gemischten Kriegserfolgen hat Sparta ein Bündnis mit Persien geschlossen, das zu radikalen Änderungen auf der politischen Landkarte des Mittleren Ostens führt. Unter diesem »Frieden des Antalkidas« ist die gesamte Westküste Kleinasiens an Persien gegangen, und die griechischen Stadtstaaten Griechenlands sind autonom geworden. Dieses Arrangement macht mehrere Konföderationen zwischen Stadtstaaten zunichte und zerbricht die Koalitionen und Bündnisse, die Athen als erste Schritte zur Wiedererlangung eines Reiches auf- und ausgebaut hatte.

Es ist ein Frieden am »grünen Tisch«, der nicht untermauert ist durch entscheidende militärische Siege, und es ist ein sehr zerbrechlicher Friede. Sparta ist dadurch jedoch in der Lage, sich ganz auf den Ausbau seiner Kontrolle über die griechische Halbinsel zu konzentrieren.

Athen hat inzwischen in aller Stille Bündnisse erneuert und politisch wertvolle Freunde gewonnen.

394-370 v. Chr.

Es gärt in Griechenland

Der eine am Boden – der andere zwischen den Stühlen

Griechenland war in der Antike nie ein einzelner Staat, sondern eine Föderation von Stadtstaaten in Bündnissen mit wechselnden Kombinationen, meistens nach kriegerischen Auseinandersetzungen. Die Geographie Griechenlands mit dem bergreichen Land und den zahllosen Inseln der Ägäis trugen zum Individualismus der einzelnen Städte entscheidend bei.

Griechenland, 394 v. Chr.
Der Stern Athens sinkt, während der von Sparta aufgeht. Bis jetzt ist allerdings noch nicht die gesamte griechische Welt dazu bereit, sich der spartanischen Vorherrschaft zu unterwerfen. Viele der griechischen Staaten blicken Hilfe suchend auf ihren alten Feind Persien.

Die Lechaion-Straße im alten Korinth

Eifersucht auf Sparta vonseiten der Städte Theben, Korinth und Argos hat die anhaltende Instabilität der Region verstärkt und die Athener hätten gern Rache für ihre demütigende Niederlage gegen Sparta geübt. Außerdem ist Persien so reich, dass es einen größeren Krieg gegen Sparta finanzieren könnte. Die neuerliche Feindseligkeit wurde provoziert durch den Versuch Spartas, in einem Zwei-Fronten-Angriff von Thessalien und dem Peloponnes aus das Gebiet um Korinth einzukreisen. Die Thebaner haben darauf reagiert, indem sie ein Bündnis mit Athen geschlossen haben.
Nur der Tod des Lysander hat die unvermeidliche Entwicklung in Richtung Krieg gestoppt, wodurch die Spartaner erst einmal aufgehalten wurden. Der spartanische Kommandeur Agesilaos ist in die Gegend von Korinth zurückbeordert worden. Seine Ankunft jedoch hat kaum dazu beigetragen, das neue Machtgleichgewicht zu verschieben, während die spartanische Flotte entscheidend von den Persern geschlagen wurde, die außerdem erhebliche Landgewinne zu verzeichnen haben.

Griechenland, ca. 371 v. Chr.
Bis vor gar nicht allzu langer Zeit war es in der griechischen Welt eine Großmacht. Doch nun ist Sparta am Boden zerstört. Von ständigen Kämpfen ausgezehrt, unterlagen die Spartaner in einer wohl letzten großen Schlacht bei Leuktra gegen Theben. Nach Ansicht des thebanischen Kommandanten und genialen Strate-

Periandros, der korinthische Tyrann. Römische Kopie eines griechischen Originals.

gen Epaminondas ist nun Theben die neue starke Macht.
Athen wird sich wohl niemals Theben beugen wollen und trotz schlechter Erfahrungen in der Vergangenheit eher als kleineres Übel auf die Karte Sparta setzen.
Durch die spartanische Vorherrschaft ist eine Gesellschaft extremer Ungleichheit entstanden, in der die Reichen immer reicher und die Armen an den Rand des Existenzminimums gedrängt wurden. Das ist nun nicht gerade ein idealer Nährboden für die hehren demokratischen Ideale Athens. Auf der anderen Seite ist das Reich Theben derart von einem Mann, eben dem brillanten Epaminondas, abhängig, dass ein Pakt mit Theben den Athenern wohl noch unpassender erscheinen muss.

236

Böse Überraschung bei voreiliger Siegesfeier

Veji, Italien, 396 v. Chr.

Nach zehnjähriger Belagerung ist die etruskische Stadt Veji an Rom gefallen. Der römische General Camillus führte die größten jemals in Italien aufmarschierenden Truppen. Zum endgültigen Sieg kam es, nachdem römische Soldaten sich über Nacht einen Tunnel gegraben hatten, der im Inneren des Tempels der Juno endete. Sie kamen heraus während einer vorzeitigen Siegesfeier, die vom König von Veji abgehalten wurde.

Der Fall von Veji spiegelt den fortschreitenden Zusammenbruch der etruskischen Macht wider. Obwohl die zwölf etruskischen Städte in Italien eine lockere Konföderation gebildet haben zum Zwecke der Ausrichtung religiöser Feste und Spiele, arbeiten sie ansonsten nicht zusammen. Als Veji um Hilfe nachsuchte, erlaubten ein paar andere etruskische Städte lediglich, dass einige Freiwillige sich melden durften.

Veji hat im Bündnis an Beliebtheit verloren, weil es die Monarchie wieder eingeführt hat. Außerdem heißt es, der König von Veji habe sich beim letzten Jahrestreffen des Bundes arrogant und aggressiv benommen.

Im Kampf gegen die Römer allein gelassen, verstärkten die Vejianer ihre natürlichen Verteidigungsanlagen, indem sie Klippen bearbeiteten, um sie gefährlicher zu machen. Zusätzlich errichteten sie einen Festungswall auf dem Kamm der Klippen. Sie hatten jedoch keine Chance gegen die Römer, die in der Stadt erheblichen

Diese bemalte Tonvase hat die Form einer Ente.

Die Etrusker waren bekannt für ihre kunstvollen Vasen. Diese Bronzevase in Form eines Männerkopfes ist 32 cm hoch.

Schaden angerichtet haben. Sie haben Veji als unabhängigen Stadtstaat ausgelöscht, die Schutzgöttin der Stadt, Uni, übernommen und ihr den römischen Namen Juno Regina gegeben.

Rom kontrolliert nunmehr das größte Gebiet Latiums sowie den gesamten Verkehr tiberaufwärts und die Salzminen in Ostia.

Vor 200 Jahren war die etruskische Macht auf ihrem Gipfel. Die Etrusker kontrollierten Italien von der Poebene bis Campania und hatten außerdem die Apenninen überschritten, um Bologna einzunehmen. Sie schlossen sie sich Karthago an, um die Griechen von Korsika zu vertreiben. Später wurden die etruskischen Könige aus Rom vertrieben während des Skandals im Zusammenhang mit der Vergewaltigung der Lukretia. Rom schaffte anschließend die Monarchie zu Gunsten einer aristokratischen Republik ab.

Schnatternde Gänse retten Rom

Rom, 387 v. Chr.

Rom ist von Galliern überfallen und von einer Schar Gänse gerettet worden. Der römische Konsul Marcus Manlius wurde vom Gackern der heiligen Gänse der Juno im Kapitol geweckt, als die Gallier einen mitternächtlichen Angriff vorbereiteten. Er weckte die Garnison und schlug die Angreifer zurück, obwohl es diesen gelungen war, in die Stadt zu gelangen und sie in Brand zu stecken.

Die Folge dieses mit tierischer Hilfe errungenen Sieges: Manlius bekommt eine neue Feder für seinen Hut und den Nachnamen »Capitolinus«.

Zuvor war es zur Schlacht gekommen, als ein römischer Soldat, nach gescheiterten Vermittlungsversuch zwischen dem etruskischen Clusium und den Galliern sich mit einem gallischen Häuptling duellierte und diesen tötete.

Ein Kind kämpft mit einer Gans.

Der etruskische Stadtstaat trieb seit gut einem Jahrzehnt Handel mit Wein und anderen Produkten mit den Galliern. Ein Adeliger hatte einige Gallier eingeladen, sich in der Gegend anzusiedeln, doch handelte dieser ohne Rückhalt von den anderen Clusiern, wodurch ein Streit zwischen ihnen und den Galliern ausbrach. Als der Schlichtungsversuch des Römers fehlschlug, griffen die Gallier Rom an.

Künstler bauen Giga-Grab

Halikarnassos, ca. 353 v. Chr.
Mausolos, der verstorbene Satrap von Karien, hat einiges getan, um seine Sehnsucht nach Unsterblichkeit in den Augen seiner Mitmenschen deutlich zu dokumentieren: Er hat das größte je gebaute Grabmal (abgesehen von den ägyptischen Pyramiden) für sich errichten lassen. Der riesige Marmorbau

misias, der Witwe des Verstorbenen. Die Bevölkerung wäre wohl kaum bereit gewesen, Geld für eine solch überdimensionale Gedenkstätte zu investieren. Artemisia ist es gelungen, den berühmten Architekten Pythios zu verpflichten, dessen Tempel der Athene Polias in Priene weithin bekannt ist. Inzwischen hat Pythios über beide

Das Mausoleum von Halikarnassos war eines der sieben Weltwunder.

steht in der Küstenstadt Halikarnassos im Norden der Insel Rhodos.
Das rechteckige Fundament misst 30 mal 38 Meter. Eine Halle mit 36 ionischen Säulen steht auf einer hohen Plattform. Die Halle trägt ein pyramidenartiges Dach. Auf der Spitze des Daches befindet sich ein Streitwagen, der von vier Pferden gezogen wird. Das Grabmal enthält diverse Friese mit Szenen aus dem Leben des Mausolos. Finanziert wurde der Monumentalbau aus dem immensen Schatz Arte-

Bauwerke ein Buch veröffentlicht.
Viele prominente Bildhauer wie Skopas, Bryaxis, Timotheus und der von Plato hoch gelobte Leochares haben dazu beigetragen, dass der außergewöhnliche Bau entstehen konnte. Das gilt besonders für die dekorativen Friese, die das Grabmal umrunden. Angeblich haben diese Leute sogar auf Honorar verzichtet, bloß um auf diese Weise verewigt zu sein. Von Pythios selbst stammt die Quadriga an der Spitze.

Ende des heiligen Krieges

Griechenland, ca. 346 v. Chr.
Der zehn Jahre dauernde, so genannte »heilige« Krieg, der so gut wie alle Staaten Griechenlands in Mitleidenschaft gezogen hat, ist durch das Eingreifen Philipps von Makedonien beendet worden.
Wie andere religiös motivierte Auseinandersetzungen begann auch diese mit einem Sakrileg, das die Regeln der Delphischen Amphiktyonie brach, einer Kultgemeinschaft von zwölf Stämmen, die auch die Pythischen Spiele organisierten. Phokische Separatisten wurden beschuldigt, die heilige Ebene zwischen Delphi und Kirrha für den Ackerbau genutzt zu haben, ohne dafür zu bezahlen. Kurzerhand wurde der Krieg ausgerufen.
Separatistenführer Philomelos rief daraufhin Sparta, Athen und Achaja zur Unterstützung an, um die Koalition der Gegenseite aus Thessalien, Theben, Lokris und Böotien aus dem Feld zu schlagen. Sie fielen schließlich in Böotien ein und unterwarfen Doris, Lokris und einen Teil von Thessalien. Die Jahre der schweren Kämpfe hatten die Kriegsparteien aufgerieben. Im letzten Jahr baten Thessalien und Theben Philipp um Hilfe gegen die feindliche Allianz. Schließlich verfiel die Macht Spartas, und Athen schlug sich am Ende auch auf die Seite Philipps, so dass die Phoker nun allein standen.
Die Niederlage der Phoker war somit besiegelt. Philipp stellte die Delphische Amphiktyonie wieder her, wobei die Phoker aus ihr ausgeschlossen wurden. Außerdem wurden sie entwaffnet und müssen nun 60 Talente im Jahr als Strafe bezahlen, die verwendet werden, um die Tempelschätze zu reparieren.
Philipp von Makedonien ist nun selbst Mitglied der Kultgemeinschaft, allerdings mehr als Privatmann denn als Staatsoberhaupt. Doch seine wachsende Macht wird von vielen Griechen mit einiger Sorge betrachtet. Vor allem der Politiker Demosthenes gilt als Erzfeind der Makedonier. Andere Stimmen, wie etwa Isokrates, halten Philipp dagegen für die neue Lichtgestalt, die Griechenland einigen könne.

Ein Leben für hohe Ideale

Athen, ca. 347 v. Chr.

Der griechische Philosoph Plato ist in Athen im Alter von 72 Jahren gestorben. Er war ein Schüler des Sokrates und Gründer der athenischen Akademie, die Männer für staatliche Dienste ausbildet.

Sein Werk umfasst Themen der Metaphysik, Politik und Ethik. Sein bekanntestes Werk ist die »Res publica«, in der er das Wesen von Gerechtigkeit und Gesetz erforscht und ein neues Staatsmodell entwickelt. Seine Vision sieht ein politisches System vor, in dem die sozialen Klassen nicht durch Geburt oder Wohlstand festgelegt sind, sondern durch Bildung. Plato ist anti-demokratisch und zieht es vor, dass nur eine Elite über den Staat herrscht.

In seinen anderen Werken philosophiert er über Wissen, Tugenden und Laster, die menschliche Seele, Kommunikation, Lüge und Irrtum, Vernunft, Zufall und Notwendigkeit sowie über die Wahrheit. Seine Lehrmethoden vermittelten Kenntnisse der Wissenschaft und Philosophie, einschließlich Mathematik und Astronomie.

Plato kam aus einer adligen Familie, die ihn gerne in der Politik gesehen hätte, worin zunächst auch seine Ambitionen lagen. Doch als junger Mann gelangte er unter den Einfluss des Sokrates und damit in den Bereich der Philosophie. Als Sokrates hingerichtet wurde, wandte sich Plato voller Verachtung von Athen und seinen eigenen politischen Plänen ab. Er bereiste Ägypten, Italien und Sizilien, um nach seiner Rückkehr schließlich im Alter von 34 Jahren die Akademie zu gründen.

Viele seiner Arbeiten sind in Dialogform geschrieben. Meist sind dies Gespräche zwischen Sokrates und anderen Personen. Das meiste, was man über Sokrates weiß, ist uns daher durch Plato überliefert. Die dialogische Methode wirkte revolutionär. Vorher wurde sie lediglich zu Unterhaltungszwecken, nicht aber zur Erörterung philosophischer Fragen eingesetzt.

Die Dialogmethode ermutigt den Zuhörer, aktiv teilzunehmen und selbst die Argumentation fortzuführen, anstatt bloße Dogmen auswendig zu lernen. Doch in seinen Dialogen tritt Plato leider niemals selbst auf, so dass man oft nicht genau feststellen kann, was eigentlich seine ureigensten Gedanken sind.

In seinem frühen Werk betonte er, wie wichtig es sei, dass der Mensch sich selbst kenne. Erst dann kann

Plato

man überhaupt andere verstehen, meint er.

Seine späteren Schriften entwickeln vor allem die Vorstellung einer »Idealwelt«, in der ewige Wahrheiten wie »Gerechtigkeit«, »Schönheit« oder »Güte« in einem idealen Zustand existieren, den er »Formen« nennt. Diese Formen sind gewissermaßen Urbilder für die mit Mängel behafteten Dinge in der Welt, in der wir leben. Die Menschen ahnen diese Welt der perfekten Formen zwar, nehmen aber nur einen Schatten dieser Formen wirklich wahr. Jedoch kann nach Plato durch entsprechende Ausbildung deutlichere Erkenntnis darüber erlangt werden.

In seiner Konzeption des Idealstaates würde Plato es gerne sehen, wenn die Regierung in die Hand von Philosophen und Verstandesmenschen geriete. Die Verteidigung sollte den Geistesmenschen und die Wirtschaft den »Appetit«-Menschen überlassen werden, da dieser Appetit der Vater des materiellen Erfolges sei. Gerechtigkeit sei dann gegeben, wenn die drei Teile der Seele (und des Staates) in Harmonie koexistieren.

Gegen Ende seines Lebens hat Plato seine Sicht der Dinge leicht revidiert. In den »Gesetzen« schlägt er einen veränderten, eher diktatorischen Law-and-Order-Staat vor. Das ist nicht ohne Ironie: Solch ein Staat hätte die subversiven Ansichten des Lehrmeisters Sokrates wohl kaum geduldet.

Mord auf Hochzeit

Griechenland, ca. 336 v. Chr.

König Philipp von Makedonien wurde bei der Hochzeit seiner Tochter mit Alexander von Epiros heimtückisch ermordet. Er war kurz davor, mit seinen Truppen in Persien einzumarschieren.

Der Attentäter behauptet, sein Attentat hätte lediglich persönliche Gründe. Allerdings sieht es nach bisherigen Ermittlungen so aus, als handele es sich doch nicht um einen Einzeltäter.

Der Tod des Königs hat im ganzen Land hohe Wellen geschlagen. Nicht wenige hielten Philipp für den größten König, den die Welt jemals gesehen habe, und der bekannte Redner Isokrates pries ihn sogar als kommenden Führer eines vereinigten Griechenland. Doch hatte er auch viele Feinde wie etwa den athenischen Politiker Demosthenes, der wohl kaum um Philipp trauern wird.

König Philipp bestieg vor 23 Jahren den makedonischen Thron. Er verfolgte eine ausgeprägte Expansionspolitik und annektierte bereits relativ kurz nach Amtsantritt Thrakien, Chalkidike und Thessalien. Auf diese Weise stärkte er auch seine wirtschaftliche Macht, so dass er ein stehendes Heer von beachtlicher Größe unterhalten konnte.

Entscheidend war ein vor zwei Jahren errungener Sieg gegen die Streitkräfte von Athen und Theben. Anschließend gründete er den Korinthischen Bund, der zwar nominell unabhängig war, in Wahrheit aber Philipp unterstand.

Sein Nachfolger ist nun sein 20-jähriger Sohn Alexander, der das Werk seines Vaters fortsetzen will, vor allem den Einmarsch in Persien.

Sieg des Außenseiters vom Lande

Der Mosaikfußboden im Palasthof des Philipp von Makedonien

Griechenland, 338 v. Chr.
Der zunächst unscheinbarste aller Bewerber um die Vorherrschaft in Griechenland hat das Rennen gemacht: Makedonien ist nun der mächtigste der griechischen Kleinstaaten. Der Sieg Philipps II. über Athen und Theben in der Schlacht von Chaironeia hat ihn zum Führer beinahe ganz Griechenlands gemacht. Ein Hauptfaktor bei diesem Sieg war der 18-jährige Königssohn Alexander, der die makedonische Kavallerie anführte.

Der Aufstieg Philipps zum Gipfel der Macht hat griechische Politik neu definiert. Makedonien wurde noch vor wenigen Jahren von den anderen griechischen Staaten als nur wenig besser als ein Barbarenstaat eingestuft, obwohl die hellenistische Kultur Fuß gefasst hatte und Wirtschaftsbeziehungen mit Athen entstanden waren.

Unübersehbar ist aber der große Unterschied zwischen dem eleganten Athen der Ära Perikles und den bodenständigen bäuerlichen Gemeinschaften, die das Bild Makedoniens prägen. Diese sind noch weitgehend unbeleckt von den vor allem an der Küste Makedoniens blühenden hellenistischen Gemeinwesen. Doch gerade aus der Bauernschaft rekrutiert sich die Streitmacht des makedonischen Königshauses.

Als Philipp den Thron bestieg, begann er zunächst ein Katz-und-Maus-Spiel mit verschiedenen seiner Rivalen. Zunächst sorgte er für die Sicherung der Grenzen gegen die Einfälle der Barbaren, um sich dann seine unmittelbaren Nachbarn einzeln vorzuknöpfen, und zwar erfolgreich. Nach und nach schaffte er es, alle Verbündeten Athens auf seine Seite zu bringen, sei es durch Krieg oder diplomatisches Geschick.

Nach der Eroberung Thrakiens durch Philipp strengte Athen zwar eine anti-makedonische Konföderation an, doch wurde der Versuch von Philipp durchkreuzt. Als zur gleichen Zeit Byzantium auf die Seite Makedoniens wechselte, war dies schon der Anfang vom Ende der Macht der griechischen Stadtstaaten.

Was folgte, war der unaufhaltsame Abstieg Athens und der Aufstieg Makedoniens. Philipp organisierte ein Treffen in Korinth, um einen ihm ergebenen Bund zu formieren. Vertreter aus den verschiedenen Kleinstaaten bilden nun eine Nationalversammlung. Nur zwei Kräfte stehen in Hellas außerhalb dieser Liga: Sparta und Makedonien selbst.

Philipp hat sich von den beteiligten Staaten eine Garantie geben lassen, dass diese ihn bei seinen Feldzügen unterstützen werden. Angesichts der Expansionsbestrebungen des Makedoniers kann das den anderen Stadtstaaten noch teuer zu stehen kommen.

Jung und dynamisch

Makedonien, 336 v. Chr.
Der 20-jährige neue König Alexander zeigt für sein Alter phänomenale Fähigkeiten als Militärführer. Wie sein kürzlich ermordeter Vater ist auch der Sohn auf dem Schlachtfeld ein Respekt einflößender Mann.

Die Risikobereitschaft liegt ihm im Blut. Wäre er vorsichtiger, hätte er wohl kaum den Plan seines Vaters, Persien einzunehmen, weiter verfolgt. Immerhin hängt der Erfolg zu einem nicht unerheblichen Teil von der Unterstützung durch die griechischen Stadtstaaten ab, und diese wissen noch nicht so recht, was sie von dem Jungspund auf dem Thron halten sollen.

Indessen ist Alexander nun wahrhaftig mehr als ein ungebildeter Haudrauf. Bereits als Kind wurde er von Aristoteles, dem berühmten Schüler Platos, in Wissenschaft, Literatur und Politik unterrichtet. Sein Lieblingsbuch ist die »Ilias« des Homer und seine favorisierte Sportart die Jagd. Außerdem liebt er Trinkgelage mit Freunden und philosophische Debatten.

Nach Ansicht vieler Beobachter hat seine Mutter Olympias großen Einfluss auf ihn. Offenbar färbt ihre leidenschaftlich-ungestüme und bisweilen gegen alle Vernunft handelnde Art auch auf den Sohn ab. Ständig erinnert sie ihren Sohn daran, dass er ja von den griechischen Helden Achilles und Perseus abstamme. Solch ein Glaube ist natürlich gut fürs Selbstbewusstsein des jungen Regenten. Als der als Weiberheld bekannte Philipp sich letztes Jahr scheiden ließ, war jedem bekannt, dass sich Alexander auf die Seite seiner Mutter schlägt.

Olympias ist allerdings ein Stein des Anstoßes für manche adligen Makedonier, die daher auch nicht sehr erfreut über die Thronbesteigung Alexanders waren. Nun scheint Alexander aber Mittel gefunden zu habe, um etwaige Begehrlichkeiten im Hinblick auf den Thron im Keim zu ersticken. Alle möglichen Rivalen sind plötzlich unter merkwürdigen Umständen zu Tode gekommen.

Starke Truppe verbreitet Angst und Schrecken

Makedonien, ca. 335 v. Chr.

Die Einwohner von Theben sind die jüngsten Opfer der 40000 Mann starken Armee Alexanders, die dieser von seinem Vater »geerbt« hatte. Über 60000 Männer, Frauen und Kinder wurden umgebracht, der Rest der Bevölkerung in die Sklaverei geführt. Die Stadt ist dem Erdboden gleichgemacht worden. Grund:

Alexander der Große

Theben hatte gegen Makedonien rebelliert.

Begonnen hatte die Revolte der Thebaner, als ein unbegründetes Gerücht plötzlich kursierte. »Der König ist im Kampf gefallen«, hieß es da. Die Antwort Alexanders belehrte die Thebaner eines Besseren und die anderen griechischen Stadtstaaten starren nun auf Alexander wie das Kaninchen auf die Schlange.

Aufgebaut wurde die Armee durch Philipp II., der aus der Landbevölkerung (die gegen die adligen Grundbesitzer opponiert hatten) veritable Soldaten gemacht hat. Sie waren, ähnlich wie die griechischen Hopliten, zu arm, um sich selbst zu bewaffnen. Also rüstete Philipp sie mit einem vier Meter langen Spieß aus. Auch bekamen sie eine intensive militärische Ausbildung. So wurden aus Bauern richtige Spieß-Gesellen. Sie bilden Schlachtenreihen, um die gegnerische Infanterie so lange in Schach zu halten, bis zu einem günstigen Moment, an dem die vom Adel bestrittene und schwer bewaffnete Kavallerie losschlagen kann.

Diese Kavallerietruppen werden in der Regel von Alexander selbst angeführt. Neben den Angriffstruppen gibt es innerhalb der Kavallerie auch noch leichter bewaffnete Kundschafter. Die Infanterie besteht aus offensiven »Hypaspisten« und defensiven »Phalanxen«, die gleichzeitig die Leibwache des Königs darstellen.

Neben dieser Kerntruppe, zusammen etwa 15000 Mann, kann Alexander noch auf Söldnertruppen und leichte Kavallerie und Infanterie aus dem Lager der Verbündeten zählen, immerhin noch einmal 9000 Mann. Ebenso sind 1000 Speerträger Glieder der Armee, die sich besonders für die Kriegsführung bei Guerillakriegen eignen.

Einzigartig ist auch das von Philipp erfundene hoch technisierte Belagerungssystem. Ein Katapult mit großer Reichweite schießt aus sicherer Entfernung Pfeile in die belagerte Stadt, so dass derweil die Belagerungstruppen ihre Türme aufbauen können.

Seebelagerung erfolgreich

Tyrus, ca. 332 v. Chr.

Tyrus ist nach einer spektakulären, sieben Monate dauernden Belagerung gefallen. Das Ende kam, als Alexander schwimmende Belagerungstürme auf Schiffen bauen ließ, die die Stadt so von allen Seiten angreifen konnten. Die Stadt wurde einkassiert, die Bewohner ermordet oder in die Sklaverei verschleppt.

Tyrus war die einzige phönizische Stadt, die zu Persien hielt. Sie liegt auf einer Insel, etwa einen Kilometer vom Festland weg, und war von 45 Meter hohen Mauern umgeben. Tyrus hatte auch eine beachtliche Flotte, die in drei Häfen stationiert war. Alexander hatte keine Schiffe und ursprünglich baute er seine Belagerungstürme auch auf einem selbst errichteten Damm vom Festland zur Insel. Doch die Schiffe der Tyrer nahmen die Türme unter Beschuss, so dass diese Taktik fehlschlug. Alexander stand kurz vor dem Scheitern, als zu den phönizischen Seeleuten in persischen Diensten die Nachricht drang, dass die anderen phönizischen Städte kapituliert haben und zu Alexander übergelaufen sind. Dies veranlasste auch diese Seeleute zum Seitenwechsel. Nun unterstützten sie Alexander mit aller Kraft.

Dieser Erfolg wird als entscheidende Schwächung des Persischen Reiches angesehen. Zuvor hatte Darius von Persien Alexander noch ein Friedensangebot gemacht, doch war dieser nur an einer Eroberung interessiert.

Die Stadt Tyrus zu Beginn des 20. Jahrhunderts

ca. 331-322 v. Chr.

Grieche wird Pharao

»Ich bin ein Gott«

Die Oase von Siwa, in der die Priester des Ammon Alexander als Pharao anerkannten

Memfis, ca. 331 v. Chr.
Alexander der Große ist in Ägypten zum Pharao gekrönt worden. Er ersetzt damit den Perser Darius, der bisher als Pharao angesehen wurde. Im Triumphzug marschierte der neue Herrscher durch Ägypten bis nach Memfis, ohne auf viel Widerstand zu stoßen. Wie die Phönizier sind auch die Ägypter nur zu dankbar, vom persischen Joch befreit zu ein.

Zur Feier des Sieges hat Alexander gleich eine neue Stadt gegründet. Alexandria liegt an der Mittelmeerküste, wo eine Landenge einen natürlichen Hafen bildet und mehr Platz für eine Flotte bietet als jeder andere Hafen an der Küste. Eigentlich ein schöner Ort für eine Hauptstadt, doch es ist unklar, ob Alexandria das wirklich werden soll.

Während seines Aufenthaltes in Ägypten verbrachte der König auch eine Stunde beim Heiligtum des ägyptischen Gottes Ammon in der Oase von Siwa. Von merkwürdigen, nicht näher definierten Vorkommnissen wird in diesem Zusammenhang berichtet. Die Priester jubelten ihm jedenfalls als »Sohn des Ammon« zu und erkannten ihn somit als Pharao an.

Alexander wird den Titel »Sohn Gottes« wohl als angemessen betrachten. Seine engere Umgebung muss schon seit geraumer Zeit feststellen, dass der junge Herrscher immer despotischer, um nicht zu sagen unerträglich wird. Im Augenblick befindet er sich in Memfis, wo Festspiele abgehalten werden sollen.

Bronzekopf aus Kyrene in Libyen. Er dokumentiert die außerordentliche Ausbreitung griechischen Kunstschaffens unter Alexander.

Makedonien und Indien, ca. 327 v. Chr.
Alexander, König von Makedonien und weiten Teilen der übrigen Welt, hat seine Landsleute angewiesen, ihn als Gott anzusehen. Ein ziemlich eifersüchtiger und abergläubischer Gott, meinen nicht wenige, denen seine unkontrollierten Wutanfälle als Anflug von geistiger Krankheit erscheinen.

Der König hat die Hinrichtung des älteren Parmenion angeordnet aufgrund von falschen Anschuldigungen, die dessen Sohn unter Folterqualen vorgebracht hat. Dabei ist offensichtlich, dass die Verratsanschuldigungen sowohl beim Vater als auch beim Sohn völlig aus der Luft gegriffen sind.

Der ältere Parmenion ist im Gegenteil schon seit Alexanders Machtübernahme stets loyal für den König eingetreten und war auf dem Schlachtfeld ein außerordentlich wertvoller Mann. Man sagt, Alexander habe schon lange ihn und seine Söhne diffamieren und töten wollen, da er sich in der Schuld des Alten fühlte, was ihm nicht behagte. In einem Anfall von Jähzorn hatte Alexander bereits seinen Freund Kleitos erstochen, der ihm sieben Jahre zuvor in der Schlacht von Granikos das Leben gerettet hatte.

Der König sei nun tief zerknirscht über das, was er getan hat, heißt es. Jedenfalls hat ihn diese Reue nicht davon abgehalten, auch Kallisthenes, den Neffen des Aristoteles, erst einzukerkern und dann hinrichten zu lassen, weil dieser sich nicht (eine persische [!] Sitte) vor dem König niederwerfen wollte.

Alexander marschiert derweil in Indien ein, hat bereits den Unterlauf des Indus erreicht und bewegt sich nun in Richtung Punjab.

Für den König scheinen besonders die indischen Religionen faszinierend zu sein, und er verbringt viel Zeit, um mit hinduistischen und buddhistischen Priestern zu sprechen. Was diese allerdings zu seinen blutrünstigen Militäroperationen, seiner Unterwerfungspolitik oder gar seinem Gottespleen sagen, bleibt bislang ein Geheimnis.

Doppelte Meuterei

Persien, ca. 341 v. Chr.

Zum zweiten Mal binnen eines Jahres haben die makedonischen Truppen eine Meuterei vom Zaun gebrochen, dieses Mal für eine merkwürdige, allerdings keinesfalls neue Idee des Königs. Makedonische Adlige sollen persische Bräute ehelichen. Dem König ist es aber gelungen, den Aufstand niederzuschlagen.

Der Befehl geschah, nachdem Alexander seine Männer durch die unglaublich heiße gedrosische Wüste von Indien bis zum Tigris geführt hatte, was vielen das Leben kostete.

Die Männer weigerten sich zu heiraten und schlugen ihm vor, sie zu entlassen, da doch wahrscheinlich der König und sein angeblicher Vater, der ägyptische Gott Ammon, von dem Alexander besessen zu sein scheint, auch ohne sie auskommen könnten.

Alexander bekam einen Wutanfall und ließ die Rädelsführer hinrichten. Anschließend entließ er tatsächlich die Armee. Als die Truppen sahen, dass er es ernst meinte, flehten sie um Gnade. Daraufhin wurde ein Versöhnungsbankett abgehalten, auf dem Alexander betete, dass die Götter doch Harmonie zwischen Griechen und Persern stiften sollten.

Bereits in Indien war es zum Aufstand gekommen, da die erschöpften Truppen sich weigerten, weiterzumarschieren. Sie hatten zuvor am Fluss Hydaspes König Poros geschlagen. Dieser war mit Elefanten aufmarschiert und die makedonischen Truppen töteten zuerst die Elefantenführer, so dass die umherirrenden Dickhäuter Chaos anrichteten. Nun wollten sie aber nicht weiter in den Subkontinent einmarschieren. Alexander gab nach und ließ die Truppen wieder Richtung Persien wandern.

Der Befehl zur Ehe mit persischen Frauen ist nicht die erste Maßnahme, die der königliche Despot anordnet, um gemischtrassige Eheschließungen zu fördern. Bereits drei Jahre zuvor gab es eine Massenhochzeit, bei der 10000 makedonische Soldaten persische Bräute ehelichten und großzügige Belohnungen empfingen. Auch in Fragen der Mode und der Hofsitten gibt sich der König persophil.

»Alle Menschen sind sterblich« – auch der große Logiker

Chalkis, Griechenland, ca. 322 v. Chr.

Nach einer Krankheit der Verdauungsorgane ist der griechische Philosoph und Wissenschaftler Aristoteles im Alter von 62 Jahren gestorben. Er war ein Schüler des Plato und Lehrer Alexanders des Großen von Makedonien. In Athen gründete er eine Schule und sammelte Handschriften, Karten und zoologische Objekte. Bezahlt wurde er von Alexander, der alle Jäger, Vogelfänger und Fischer anwies, interessante Tiere an Aristoteles zu schicken.

Aristoteles wurde in Stagira in Nordgriechenland geboren und wuchs am Hofe Philipps von Makedonien auf, wo sein Vater Arzt war. Er glaubte daran, dass nicht einer allein die Wahrheit finden kann, sondern dass jeder seinen kleinen Beitrag zum Wissen der Welt über die Wahrheit beitragen müsse.

In seinen Schriften behandelt er Themen der Logik, Psychologie, Metaphysik, Zoologie, Ethik, Politik und Physik. Er »erfand« die induktive Methode, zu Erkenntnis zu gelangen. Mittels empirischer Untersuchungen konnte er die Entwicklung eines Hühnerembryos ebenso beschreiben wie den Inhalt eines Magens.

Berühmt wurden seine Klassifikationen. Er teilte die Existenz in »aktuell« und »potentiell« ein. In der Zoologie klassifizierte er Tiere mit Hilfe einer Skala, bei der der Mensch an de Spitze steht, ohne allerdings dabei den Gedanken einer »Evolution« zu verfolgen wie vor ihm andere Philosophen. Die Wissenschaft unterteilte er in theoretische, praktische und produktive: Die theoretische Wissenschaft wie die Mathematik betrachtet Dinge, die ewig, aber nicht materiell sind, die Physik solche, die materiell, aber nicht ewig sind, und die Theologie studiert beides. Die praktische Wissenschaft zielt auf Effektivitätssteigerung und die produktive darauf, die Dinge schön oder nützlich zu machen.

Aristoteles

Aristoteles unterscheidet sich in einem ganz wesentlichen Punkt seiner Lehre von Plato. Anders als Plato geht er nicht davon aus, dass eine Idealwelt mit reinen Formen existiert. Es gäbe nur eine reine Form, und das sei Gott, der sein Leben in Selbstbetrachtung verbringe. Er habe die Welt nicht erschaffen, da diese ewig existiere, dennoch sei er die letzte Ursache für alle natürliche Entwicklung.

Im Bereich der Ethik vertritt Aristoteles die Auffassung, dass der Begriff »gut« in unterschiedlichen Situationen auch differenziert betrachtet werden müsse. Ein einziges »Gutes« gebe es nicht. Seine politischen Schriften fußen auf Daten aus nicht weniger als 158 griechischen Verfassungen, die er und seine Schüler zusammengetragen haben.

Völlig innovativ war Aristoteles im Bereich der Logik. Er war der erste Mensch, der ein formallogisches System aufstellte. Berühmt ist der so genannte Syllogismus, bei dem ein Schluss aufgrund von zwei Voraussetzungen gezogen wird: »Alle Menschen sind Lebewesen. Lebewesen sind sterblich. Also sind alle Menschen sterblich.«

Alexander der Große ist tot

Alexander war ein gewaltiger Eroberer. Seine blitzartigen Feldzüge ließen sein Reich binnen kurzem zu unübertroffener Größe anwachsen. Es reichte von Makedonien bis zum Indus (der Grenze von Indien und Pakistan) und schloss auch Ägypten ein. Das Reich überlebte seinen Tod indessen nicht und wurde unter seinen Nachfolgern aufgeteilt.

Babylon, ca. 323 v. Chr.
Alexander der Große ist tot. Der Eroberer der Welt starb im Alter von 33 Jahren offiziell an einem Fieber, gerüchteweise an einer Vergiftung.
Möglicherweise ist Alexander das größte Militärgenie aller Zeiten. Die Geschwindigkeit seiner Eroberungen und die Liste seiner militärischen Operationen, mit der er ein Großteil der Welt unterwarf, sind einzigartig.
Er war der Sohn König Philipps II. von Makedonien, der Griechenland eroberte und es mit Makedonien zu einem Reich vereinigte. Als Philipp unter ungeklärten Umständen vor 13 Jahren ermordet wurde, bestieg der damals 20-jährige Alexander den Thron. Zwei Jahre nach seiner Machtübernahme eroberte er Kleinasien. Bei der Schlacht am Granikos nahm er 10000 griechische Söldner in persischen Diensten gefangen. Ein weiteres Jahr später besiegt er die Perser erneut bei Issos. Ein weiteres Jahr später nahm er Ägypten ein und gründete das nach ihm benannte Alexandria.
Sieg folgte auf Sieg, bis das Reich von Ägypten bis Indien reichte, wo er auf

Armeen traf, die sogar Elefanten zu Kriegszwecken einsetzten. Nur die Erschöpfung seiner Soldaten hielt ihn davon ab, weiterzumarschieren. In Indien baute sein Admiral Nearchos mit indischen Arbeitern eine Flotte von 800 Schiffen, die große Teile seiner Truppe nach Persien und Babylonien zurückbrachten.
Er war ein oft grausamer Herrscher, getrieben von seiner gewalttätigen und extravaganten Natur und dem unstillbaren Verlangen, weitere Länder zu erobern. Seine Strategien waren genial und sein Mut ein Ansporn für seine Soldaten.
Als Darius III. von Persien Athen und Theben ermutigte, gegen Makedonien zu opponieren, radierte Alexander mit seiner Armee Theben kurzerhand aus. Der Schock saß bei den Athenern tief; sie wurden nun loyale Untergebene Alexanders.
Alexander hatte ein Faible für persische Kultur und versuchte, persische und hellenistische Elemente zu verbinden. Griechen wurden in persischen Gebieten angesiedelt und die Kulturen vermischten sich. So wurde Alexander zur treibenden Kraft für den Hellenismus.

Das Verwaltungssystem der persischen Satrapien behielt er bei, doch stellte er den persischen Statthaltern makedonische Beamte zur Seite. Aus den Unmengen persischen Goldes und Silbers prägte er Münzen und sorgte so für Wirtschaftswachstum und Wohlstand auf breiter Ebene.
In seinen letzten Jahren wurde er nach Ansicht vieler allerdings geistig immer instabiler. Immer mehr Vorkommnisse wurden berichtet, bei denen man am Geisteszustand des Königs Zweifel anmelden musste. Vielleicht war auch Alkohol im Spiel. Am Ende glaubte er gar, ein Gott zu sein und befahl seinen Leuten, ihn anzubeten und sich in persischer Manier vor ihm niederzuwerfen.
Seine von ihm selbst kreierte Grabinschrift besagt, dass er das Reich »dem Stärksten« überlässt. Politische Experten rätseln allerdings darüber, welche Nation oder welcher Herrscher dies wohl sein könnte. Direkte Nachfolger sind nicht in Sicht, da Alexander auch kinderlos starb. Wie dem auch sei: Das Erbe Alexanders wird wohl kaum jemand ohne Blutvergießen erhalten.

Populärer Götterstriptease

Griechenland, ca. 300 v. Chr.

Praxiteles von Athen ist Spezialist für Aphroditestatuen. Seine neueste Serie zeigt die Göttin im Evaskostüm, jede Ausführung ein klein bisschen anders.

Eine seiner berühmtesten Exemplare steht in nackter Schönheit in Knidos. Er hatte den Einwohnern von Kos

Die Venus von Milo, wohl die berühmteste antike Skulptur

diese Statue gleichzeitig mit einer bekleideten Ausgabe zum selben Preis angeboten. Die Insulaner zogen die züchtige Göttin vor, bereuen es aber inzwischen, weil nun die Nacktversion in aller Munde ist. Weltweit rühmt man ihre Schönheit. Der König von Bithynien hat Knidos sogar einen Erlass aller Schulden angeboten, die Knidos bei ihm hat, um die Statue zu besitzen. Doch Knidos lehnte ab.

Nach den bitteren Erfahrungen des Peloponnesischen Krieges boomt jetzt wieder die Kunst. Unter allen Künstlern ist ein gesteigertes Interesse an weiblicher Nacktheit zu beobachten. Außerdem stellt man unter den Bildhauern einen Trend zu mehr naturgetreuer Darstellungsweise fest, im Gegensatz zu den bislang üblichen steifen Posen.

Zwar strahlen diese Statuen nicht die Großartigkeit und Majestät der althergebrachten Werke aus, doch die Leute spüren, dass hier eine Verfeinerung der Kunst vorliegt, die mehr Ausdrucksmöglichkeiten bietet als die begrenzten stilistischen Mittel der bisherigen Meister. Manche Figuren tragen Kleidung, die sich anschmiegt; bei anderen weht ein Stück Umhang im Wind oder fällt in ungewöhnlicher Art über einen Körper. Das bedeutet auch eine Aufwertung des Gefühlsausdrucks. Das kommt etwa in Grabmonumenten zum Ausdruck, die den schmerzlichen Verlust eines geliebten Menschen eindrucksvoll im Bild dokumentieren.

Die Klaviatur des Gefühls beherrscht meisterhaft vor allem Skopas von Paros. Bei diesem Künstler ist insbesondere der Gesichtsausdruck der dargestellten Personen von bemerkenswerter Intensität. Tief eingesunkene Augen, überhängende Augenbrauen und starrer Blick sind einige Versatzstücke aus der reichen Skala, die ihm zur Verfügung steht.

Der einflussreichste unter den Bildhauern ist Lysippos von Sikyon. Keinem anderen hatte Alexander gestattet, ihn abzubilden. Seine Statuen fordern den Betrachter geradezu auf, um sie herumzugehen – sie können von allen Seiten betrachtet werden. Seine geschmeidigen Figuren mit langen Beinen und kleinen Köpfen gehen häufig in eine Richtung, schauen aber in eine andere.

Eine seiner berühmtesten Darstellungen ist die eines Jugendlichen, der Öl von seinem Arm kratzt, der Apoxyomenos. Lysippos ist auch bekannt für seine Gruppenskulpturen mit manchmal 20 Personen sowie für Tierporträts.

Skulpturen werden in der Regel in staatlichem Auftrag angefertigt; der Erstellungsprozess wird von Regierungsbeamten überwacht. Die Motive der größeren Werke stammen zumeist aus der Mythologie. Der Fries des Phidias vom Parthenon in Athen ist da die große Ausnahme.

Vasenmalerei und- töpferei sind Ausdrucksformen unterer sozialer Schich-

ten und oftmals Werke von Sklaven. Die Werke sind anonym und spiegeln das modernen Leben in den Darstellungen wider. Ob Schule, Parties, Bettszenen oder der Arbeitsplatz – alles wird auf Vasen gemalt, bunt gemischt mit Darstellungen aus Legenden und Mythen.

Auch Maler entwickeln mehr und mehr die Fähigkeit, Menschen in realistischer Weise darzustellen. Verschiedene Farben werden auf weißen Untergrund gemalt.

Das Kunsthandwerk floriert besonders in Athen. Die Goldschmiede verwenden Metall und Edelsteine, Statuetten werden aus Gold und Elfenbein gefertigt. Die Goldschmiedearbeiten zeigen den Kunststil der Gegenwart in einem Mikrokosmos. Viele zierliche Gravuren mit Menschen- oder Tierporträts sind zu bewundern.

Der Apollo Belvedere, römische Kopie eines griechischen Statue aus dem 4. Jh. v. Chr.

Götter wie du und ich

In Griechenland gibt es keine Atheisten: Im Gefüge der Gesellschaft haben Götter ihren festen Platz. Doch die Religion der Griechen besteht nicht aus Lehren und Dogmen; auch hat sie nicht viel Einfluss auf das Verhalten der Menschen.

Ziel der Religion ist eine wechselseitige Beziehung der Menschen mit einem oder mehreren Göttern. Diese herrschen jeder für sich über unterschiedliche Teilbereiche des Lebens. Den Göttern werden öffentlich Tiere, Obst oder Kuchen geopfert, man singt ihnen Lieder und betet zu ihnen. Danach findet meist ein großes Fest statt. Sinn der Übung ist, die Götter zu beschwichtigen und sie um Begünstigungen zu bitten, etwa um Fruchtbarkeit für die Felder oder für den Mutterschoß. Menschenopfer sind allerdings seit einigen Jahrhunderten nicht mehr üblich.

Ansonsten trägt die griechische Frömmigkeit mehr Sorge für das Diesseits als für das nächste Leben. Nur die Götter sind unsterblich. Sie vererben selbst dann keine Unsterblichkeit, wenn sie sich mit Menschen geschlechtlich vereinigen. Jeder Mensch, der stirbt, landet im Hades, dem Schattenreich, wo nichts Attraktives wartet und die postmortale Existenz keinen rechten Sinn macht.

Eine offizielle Priesterschaft gibt es nicht. Dienst am Heiligtum ist ein Nebenjob, der keine besondere Ausbildung erfordert. Echte Profis sind dagegen die Wächter bei den Orakeln, die hoch angesehenen Propheten oder Seher. Die Orakel werden vor jeder wichtigen Entscheidung wie auch jeder Schlacht angerufen, um ihnen ein Omen zu entlocken.

Zwölf Hauptgötter kennt der Olymp. Hinzu kommen ungezählte Kleingötter. Die heldischen Halbgötter wie Herakles oder Perseus sind zwar gelegentlich Gegenstand der Verehrung, aber dennoch sterblich. Was das Verhalten angeht, sind die Götter in keiner Weise vorbildlich und zeigen genau die gleichen Marotten und Schwächen, Gefühle und Exzesse wie die Menschen.

Der Berg Olymp

Die zwölf vom Olymp

Die Götterchefs sind Zeus und Hera:

ZEUS Der oberste aller und Vater vieler Götter. Er ist der Sohn des Kronos und der Rhea und regiert mit Hilfe seiner Mutter Rhea (der Erdmutter, die die Zukunft voraussagen kann). Er ist der Himmels- und Wettergott und wird oft als Sturmgott dargestellt. Er gibt Gesetze und lenkt Ereignisse. Oft ist er schlecht gelaunt; seine Liebesaffären mit Menschen und Göttern beiderlei Geschlechts sind sattsam bekannt.

HERA Sowohl Schwester als auch Gattin des Zeus. Sie ist die oberste Göttin und Schirmherrin über Ehe und Geburt. Besonders wird sie mit der Stadt Argos in Verbindung gebracht. Die Winde sind ihre Boten. Sie ist ständig eifersüchtig auf ihren Mann (siehe oben) und demzufolge mürrisch.

Die anderen Mitglieder des olympischen Pantheons in alphabetischer Reihenfolge:

APHRODITE Tochter von Zeus und der Himmelsgöttin Dione. Manche behaupten allerdings, sie sei aus den Genitalien des Uranos aufgetaucht. Sie gilt als Göttin der Liebe. In einer ihrer Verkörperungen ist sie auch die Schutzpatronin der Prostituierten. Aber auch für die reine und wahre Liebe ist sie zuständig. Der Kult um sie ist eher zurückhaltender Natur.

Aphrodite wird aus dem Meer geboren; Ausschnitt aus einem Steinrelief an einem Altar, 600 v. Chr.

Apollon, aus dem Zeustempel in Olympia

APOLLON Der Beau unter den Göttern: athletisch, weise, großzügig und sehr begehrenswert. Er gilt als Gott des Lichts, der Musik, der Prophetie, der Heilung und natürlich der Jugend. Noch als Säugling tötete er den Drachen Python, der seine Mutter, die Ex-Zeus-Gespielin Leto, gepeinigt hatte. Das Geheimnis der Weissagung hatte er dem Gott Pan abgeschwatzt. So wurde er Herr über das Orakel von Delphi und somit zur Hauptautorität für religiöse Angelegenheiten.

ARES Kriegsgott, unter den prominenten Göttern der am wenigsten angebetete (außer natürlich im Krieg). Er ist ebenso brutal wie feige und im Boxkampf mit seinem Bruder Apollon unterlegen. Er war der Geliebte der Aphrodite und wurde von deren Gatten Hephaistos schwer gedemütigt, als dieser sie bei einem Schäferstündchen erwischte.

ARTEMIS Zwillingsschwester des Apollon und Herrin der wilden Tiere wie auch aller Naturlandschaften, insbesondere der unzugänglichen Wälder und Berge. Zwar ist sie Jungfrau, wird aber dennoch als Spenderin der Fruchtbarkeit verehrt.

ATHENE Schutzgöttin Athens und Tochter des Zeus und der Metis. Auch sie ist wie Ares primär für den Krieg zuständig. Ihr Heiligtum, der Parthenon, ist wahrscheinlich der großartigste aller griechischen Tempel.

DEMETER Die fürsorgliche Göttin der Erde, die auch für die Ernten verantwortlich ist. Die Entführung ihrer Tochter Persephone durch den Unterweltgott Hades verursachte ihr eine solche Qual, dass sie die Erde vernachlässigte, was solch ein irdisches Chaos auslöste, dass Zeus eingreifen musste. In Eleusis, Demeters heiligen Ort, kehrte ihre Tochter zu ihr zurück. Allerdings wurde mit Hades vereinbart, dass Persephone ihn einmal im Jahr besuchen müsste – das ist der Zeitpunkt des Winteranfangs.

DIONYSOS Der Wilde. Er ist der Gott der Naturgewalten, des Weins und Schutzpatron des Theaters. Er wird von Satyrn begleitet, tierhaften und charakterlosen Geistwesen. Bei den ekstatischen Gottesdienstfeiern werden Opfertiere verspeist, und die Anhänger meinen, sie würden ein Stück vom Gott selbst essen. Sein Frühlingsfest ist ein Höhepunkt im Kalenderjahr.

HEPHAISTOS Der kleine, hässliche und gelähmte Sohn von Zeus und Hera, im Olymp die Zielscheibe des Spotts. Allerdings ist er sehr klug, kann magische Dinge fabrizieren und ist der Gott des Feuers und des Handwerks. Einst wurde er aus dem Olymp verbannt, da er zu schwach war. Doch gelang es ihm, die Gunst seiner Mutter mit exquisitem Schmuck zurückzugewinnen, und er wurde wieder aufgenommen. Auf Befehl von Zeus heiratete er Aphrodite, die ihn allerdings nicht liebte.

Marmorkopf der Athene; römische Kopie eines Bronzekopfes des Phidias

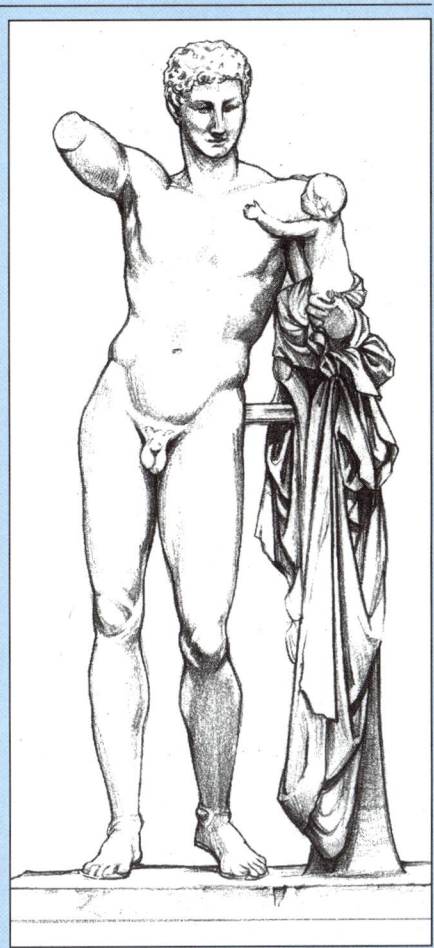

Hermes mit einem kleinen Kind. Eines der seltenen Originale des Praxiteles, die nicht zerstört wurden (ca. 330 v. Chr.). Diese Marmorstatue steht im Museum des Olymp.

HERMES Jovial, schlau und einfallsreich – das ist der Gott des Glücks und der süßen Träume. Es ist ratsam, mit ihm auf gutem Fuß zu stehen, da er Wohlstand bringt und damit Schutzherr der Händler ist (allerdings auch der Diebe: Schon als kleines Kind hat er dem Apollon die Rinder gestohlen). An seinen Sandalen hat er Flügel und gilt als Bote des Zeus (der im Übrigen sein Vater ist) und himmlischer Reiseführer.

POSEIDON Bruder des Zeus und des Hades (der nicht im Olymp, sondern in der Unterwelt residiert). Er ist der Gott der Meere, der Erdbeben und der Pferde. Er begehrte seine Schwester Demeter so sehr, dass diese sich aus lauter Verlegenheit in eine Stute verwandelte. Poseidon machte sich daraufhin zum Hengst – den Rest kann man sich denken.

Ganz Italien in einer Hand

Rom, ca. 272 v. Chr.

Rom hat nun die gesamte italienische Halbinsel erobert. Der letzte Durchbruch war die Eroberung der etruskischen Städte Caere, Tarquinia und Vulci, alle ca. 80 km nordwestlich von Rom gelegen. Damit ist die wechselvolle Geschichte der militärischen Auseinandersetzungen zwischen den beiden Großmächten beendet.

Etrurien wurde zuvor durch innere Kämpfe geschüttelt. Soziale Unruhen führten praktisch zu einem Kollaps. Nun ist der einstmals so mächtige Stadtstaatenbund auf die Gnade seines Exfeindes und neuen Bündnispartners Rom angewiesen.

Wer ist Herr des Meeres?

Karthago, ca. 275 v. Chr.

Sie wollen Ihrer Geliebten etwas ganz Auserlesenes schenken? Oder Ihre aristokratische Freunde mit Exquistem verwöhnen? Kaufen Sie in Karthago! Im Augenblick besonders frisch und en vogue: nubische Sklaven. Aber auch Elfenbein oder Leopardenhäute sind nicht zu verachten. Doch sagen Sie Ihren Freunden nicht, woher Sie diese Spezialitäten haben. Ihre Großzügigkeit hätte für Sie eventuell üble Folgen.

Das auf einer kleinen Halbinsel im Golf von Tunis gelegene Karthago ist Rom ein Dorn im Auge. Schließlich hat es das geschafft, was man eigentlich von Rom erwarten sollte, nämlich im Mittelmeer die führende Handelsmacht zu sein.

Die karthagische Flotte ist mächtig und hat in den letzten fünfzig Jahren eine Menge afrikanischer und auch spanischer Stämme unterworfen. Es ist der Brückenkopf schlechthin zum Inneren Afrikas; jeder, der etwas aus Afrika will, muss es sich über Karthago besorgen.

Die Karthager konnten bereits in Spanien und Sizilien Fuß fassen. Größere Konflikte mit Römern oder Etruskern gab es bislang nicht, man konnte sich noch friedlich einigen.

Die Ruinen von Karthago lassen den einstigen Glanz nur noch schwach erahnen. Hier ein Mosaikfußboden des riesigen Frischwasserbades, der Thermen des Antoninus Pius.

Karthago konnte auch nicht ganz Sizilien erobern, da die Griechen es noch erfolgreich besetzt halten, insbesondere das östliche Gebiet um Syrakus. Doch auch hier kommt es zu einer Konkurrenzsituation mit Rom, da Griechenland eine im nördlichen Mittelmeer nicht unerhebliche Rolle spielt und der Expansion Roms im Wege steht. Die Beziehung der beiden großen Nationen zueinander ist auf einem historischen Tiefpunkt angelangt.

Karthago hat eine lange Handelstradition. Bereits zur Eisenzeit war Karthago das Zentrum für die Eisenschmelze in Afrika. In Afrika breitete sich die Kunst der Eisenverarbeitung außergewöhnlich rasch aus. Eisen wurde verwendet, um Waffen zu schmieden oder landwirtschaftliche Geräte herzustellen. Auch eiserne Äxte wurden geschmiedet, um damit die Wälder zu roden. Ursprünglich war es wohl das Volk der Kuschiter, das die Eisenverarbeitung in Afrika populär gemacht hat.

Dem nordafrikanische Karthago wird bei allem Wohlstand auch Barbarei nachgesagt: Einige seiner Bewohner sollen dem Gott Moloch geopfert worden sein.

Drei Mächte – ein Zankapfel

Rom, ca. 264 v. Chr.

Rom hat einen unwiderruflichen Schritt in eine kriegerische Auseinandersetzung mit seinem Ex-Verbündeten Karthago getan. Italien sieht sich einer massiven Bedrohung gegenüber. Der Konflikt begann, als die Mamertiner aus dem sizilischen Messina die Römer anriefen, um die Karthager gewaltsam zu vertreiben. Die Karthager waren zuvor den Mamertinern gegen die Griechen aus Syrakus zu Hilfe gekommen, allerdings dann länger geblieben, als die Mamertiner es gewünscht hatten.

In Rom wurde über ein Eingreifen hitzig debattiert. Doch siegten schließlich die »Falken«, weil die Großmacht Karthago für Rom gefährlich nahe ist.

Derzeit hat Rom die Kontrolle über Messina. Doch trotz des ersten Erfolges der Römer meinen einige Beobachter, dass schließlich Karthago doch noch siegen könnte, da Rom über keine Kriegsmarine verfügt.

Der Concordia-Tempel in Agrigent, Sizilien

Gesetzestafeln spurlos verschwunden

Rom, ca. 272 v. Chr.

Die vor etwa 180 Jahren in Stein gehauenen zwölf römischen Gesetzestafeln sind spurlos verschwunden. Historiker entdeckten den Verlust, als sie die vor etwa 120 Jahren erfolgte Plünderung Roms durch die Gallier untersuchten.

Die Tafeln sollten ursprünglich demonstrieren, dass es sich beim römischen Gesetz um festgeschriebene bürgerliche Rechte handelt. Sie basierten auf einem älteren Gesetzeskodex und beschrieben das Rechtssystem mitsamt den Hauptstrafen.

Allerdings hatten die Tafeln nur Symbolcharakter, da das Recht auch an anderen Orten aufgezeichnet wurde. Der Verlust wird daher kaum besondere Folgen für das juristische Klima in Rom mit sich bringen und erst recht nicht für die Effizienz der Regierungsarbeit. Die gegenwärtige Republik ist heute kultivierter als je zuvor unter der Herrschaft der Könige.

Die oberste Macht liegt in den Händen zweier Konsuln, die die Stadt regieren und die Armee befehligen. Beratend tätig ist der Senat, und eine Reihe von hierarchisch strukturierten Verwaltungsämtern von den Prätoren bis zu den Quästoren bilden gemeinsam mit den Konsuln den Magistrat, der auch für Recht und Ordnung in der Stadt sorgt. Wer die Karriereleiter etwa zum Statthalter erklimmen will, fängt im Magistrat damit an.

Da es sich bei Rom um eine Republik handelt, werden die wichtigsten Ämter durch Wahl vergeben.

Gekapertes Schiff macht Flotte flott

Rom, ca. 260 v. Chr.

Auf Roms Werften ist nahezu pausenlos zu hören und zu sehen, wie Zimmerleute und Metallhandwerker ihrer Arbeit nachgehen. Die neue Flotte nimmt Formen an und alles,

und Karthago waren die bedauernswerten Römer nicht in der Lage, den feindlichen Seestreitkräften Paroli zu bieten. Dennoch ist es ihnen gelungen, ein punisches Kriegsschiff zu kapern. Dies wird nun zum Vorbild genommen, um die eigene Marine auszurüsten. 100 schwere Quinqueremen und 20 Triremen sind derzeit in Bau. Die Trireme, derzeit wohl das schnellste Kriegsschiff der Welt, hat

auf jeder Seite 85 Ruderer in versetzter Anordnung. Das wendige und einfach zu manövrierende Schiff ist 36 Meter lang.

Quinqueremen sind größer und die Ruderdecks versteckt; ca. 300 Mann Besatzung sind erforderlich. Die Quinquereme ist daher das Standardkriegsschiff, obwohl die andere Konstruktionsweise gegenüber den Triremen keine besonderen Vorteile hinsichtlich der Stabilität bringt.

Beide Schiffstypen sind für Tempofahrten konstruiert und können leicht ans Ufer gebracht werden. Dagegen sind sie für lange Meeresreisen nicht zu gebrauchen und anfällig bei Unwetter und schwerer See. Man

Eine römische Trireme, das schnellste Kriegsschiff der römischen Marine

was keine zwei linken Hände hat, wird zur Arbeit herangezogen.

In den drei Jahren des nach dem Volk der Punier (Karthager) so benannten »Punischen Krieges« zwischen Rom

nommen, um die eigene Marine auszurüsten. 100 schwere Quinqueremen und 20 Triremen sind derzeit in Bau. Die Trireme, derzeit wohl das schnellste Kriegsschiff der Welt, hat

fährt mit ihnen nur die Küste entlang, und dies auch nur tagsüber.

Die hoch bezahlten Ruderer sind bei allen Seeschlachten der Schlüssel zum Kriegserfolg.

KURZMELDUNGEN 300-262 v. Chr.

Ihr Land ist Irland (300 v. Chr.): Keltische Stämme haben auf ihren Wanderungen Irland erreicht. Die gälischen (oder irischen) Einwanderer

haben die Isle of Man und den Südwesten Schottlands besetzt.

Bildungshauptstadt (ca. 300 v. Chr.): In Alexandria ist das erste astronomische Observatorium errichtet worden.

Hauptattraktionen der Stadt sind daneben die große Bibliothek und der prächtige Hafen.

Stoische (Un-)Ruhe (262 v. Chr.): Zenon von Kition, der Gründer der stoischen Philosophenschule, starb in

Athen. Stoiker treten für Bruderschaft und gegen Sklaverei ein. Ihr Name leitet sich von der Säulenhalle ab, in der Zenon lehrte. In verschiedenen griechischen und römischen Widerstandsbewegungen agieren Stoiker.

Fortschrittliches Mittelamerika

Guatemala, ca. 250 v. Chr.

Das südamerikanisches Volk der Maya baut kunstvolle, treppenartige Tempelanlagen, die einen hohen Zivilisationsstandard aufweisen. Sie sind aus mit Mörtel ausgefugten Bruchsteinen erbaut. An den Wänden finden sich reiche Verzierungen aus Gips.
An der Spitze stehen Tempel oder Paläste mit Strohdächern in pyramidenartiger Manier, die man als typisch für ihre Kultur ansehen kann.
Vor knapp 2000 Jahren hat diese Volksgruppe Guatemala erobert. Seitdem fand sich in ihren Siedlungen immer ein zentraler Komplex mit staatlichen oder religiösen Gebäuden.

Viele kleine Kunstwerke sind in den Maya-Tempeln zu finden. Dieses Tonmodell aus Colima zeigt einen haarlosen Hund, der ein häufiges Motiv in der Kunst der Maya war. Hunde galten als Begleiter der Seelen der Toten auf ihrer Reise in die Unterwelt.

Herren der Meere verlieren Seeschlacht

Sizilien, ca. 256 v. Chr.

Die neue römische Flotte hat die der Karthager in der Schlacht am Eknomos besiegt.
Die Schlacht fand bei ruhigem Wetter in Küstennähe statt. Sie war das Ergebnis eines ehrgeizigen Versuches, den sizilischen Kriegsschauplatz zu umgehen und dabei gleichzeitig Karthago einzunehmen. Die römische Flotte bestand aus Quinqueremen und Handelsschiffen zum Transport von Kriegsgütern und Pferden.
Die Flotte der Karthager schnitt der römischen von Sizilien aus kommend den Weg ab. Dem römischen Kommandanten Regulus gelang es, den römischen Mangel an Navigationsfähigkeiten durch eine keilförmige Anordnung der Flotte wettzumachen, in der die anfälligen Schiffe, auf denen sich die Pferde befanden, besonders geschützt wurden. Die Karthager ihrerseits stellten ihre Quinqueremen in eine Reihe mit der Absicht, die römische Flotte am Ende einzukreisen und zu zerstören. Doch die Römer griffen die Mitte der Linie an, die

Reihe der Schiffe brach auseinander und der römische Keil wurde zwischen die beiden Flanken getrieben. Die sich seewärts befindende Hälfte der Flotte machte sich davon. Die andere Hälfte befand sich nun zwischen den Römern und dem Festland und wurde fast völlig zerstört.
Der Sieg wird in den römischen Galeeren gebührend gefeiert. Die navigationstechnisch lediglich durchschnittlich begabten Römer haben die Karthager, die Perfektionisten zur See, besiegt. Regulus will nun die Invasion der afrikanischen Küste fortsetzen.
Der Sieg wird als noch bedeutender angesehen als der vor vier Jahren, als Rom bei Mylae den ersten großen Seesieg gegen die Karthager errang. Die Herren der Meere sind schwer angeschlagen.

Freunde der Erdhügel

Nordamerika, ca. 300 v. Chr.

Indianer im Mittleren Westen und Süden Nordamerikas bauen Erdgräber mit starkem Symbolgehalt, so etwa Great Serpent Mound (Erdhügel der Großen Schlange) in Ohio. Pyramiden mit abgeflachter Spitze, auf der sich das Haus des Häuptlings oder ein Tempel befindet, sind ebenfalls bekannt, so etwa in Mississippi. Diese Indianer arbeiten oft als Kooperationsgemeinschaft von mehreren Stämmen, die von ihren jeweiligen Leitern angeführt werden, um immer größere Projekte zu verwirklichen. Erdhügel sind in Nordamerika bereits seit vielen Jahrhunderten in Gebrauch, doch erst in letzter Zeit wurden aus ihnen Grabmonumente.

Das Blatt hat sich gewendet

Mittelmeeraum, ca. 249 v. Chr.

Nun sieht Rom endgültig der Niederlage ins Auge. Ein neuerliches Desaster zur See hat die Kriegsgeneräle in Schwermut versetzt. Schon die Vernichtung der von Karthago gebeutelt heimkehrenden Restflotte durch einen Sturm vor fünf Jahren war ein schwerer Schlag für den Nationalstolz der Römer und die neuerliche Niederlage der daraufhin neu erbauten Flotte bei Drepanum gegen die Karthager hat die Moral weiter sinken lassen.
Im Rückblick scheint alles auf Fehler des römischen Kriegskommandanten Regulus zurückzuführen zu sein. Eigentlich war dieser Mann durch seine großen Erfolge fast schon eine lebende Legende.
Er nahm auch Tunis ein, aber die Karthager weigerten sich, mit ihm zu verhandeln. Weil seine Truppen schlecht ausgerüstet und versorgt waren, erlitten sie die verheerende Niederlage gegen die Karthager, die sogar Elefanten, aber auch normale Kavallerie in die Schlacht führten.

Ein Marmorrelief aus Karthago zeigt einen Mann, der einen Zweimaster, ein Schiff für die Küstennähe, segelt. Segel wurden wahrscheinlich aus Segeltuch mit Lederverstärkungen an den Rändern hergestellt.

Ein König als Missionar

Indien, ca. 250 v. Chr.

Ashoka, der wohltätige König der indischen Maurya-Dynastie, ist seit neuestem der größte Eiferer für die Religion des Buddhismus. Er ist emsig bemüht, das ganze nationale Leben mit dem Gedankengut zu durchdringen, namentlich die Landbevölkerung, mit der er sich besonders identifiziert. Während seiner Regierungszeit hat Indien außerordentlich von seinen Sozialreformen profitiert.

Das Zeichen des König Ashoka

Überall im Reich finden sich nun buddhistische Heiligtümer. Ashoka sendet Missionare aus, unter anderem seinen Sohn, um die buddhistische Religion in viele Länder weiterzuverbreiten. Dabei ist Ashoka allerdings, wie seine Religion es vorschreibt, tolerant: Andere Religionen werden geduldet und ihre Anhänger haben die vollen bürgerlichen Rechte.

Ashoka erbte ein großes Reich. Inzwischen herrscht er über den größten Teil des Subkontinents. Die meisten Eroberungen geschahen durch Krieg, was der König sehr bedauert, da ihn das Leid der Menschen persönlich schmerzt. Heute gilt er als strenger Pazifist, was auch sein Hauptgrund war, vom Brahmanismus zum Buddhismus zu konvertieren. Das buddhistische Ahimsa-Prinzip, das nicht zulässt, irgendeinem Lebewesen Schaden zuzufügen, hatte ihn überzeugt.

Karthago gibt auf

Karthago

Karthago, ca. 241 v. Chr.

Der Punische Krieg ist vorbei. Karthago gibt seinen Anspruch auf Sizilien auf und zahlt an Rom Kriegsentschädigungen. Der größte Teil Siziliens gilt nun als erste römische Provinz.

Inzwischen waren auch die Soldaten beider Seiten kriegsmüde geworden und zollten dem aufreibenden Kampf Tribut. In den letzten zehn Jahren mussten die Römer um jeden Quadratmeter sizilisches Land gegen das karthagische Militärgenie Hamilkar Barkas kämpfen. Doch der viel versprechende junge General musste sich am Ende Rom unterwerfen.

Hamilkars Probleme beschränkten sich nicht auf die Auseinandersetzung mit Rom. Auch in den eigenen Reihen gab es Zank. Karthagische Söldner bekamen ihren Lohn nicht und liebäugelten mit anderen, feindlichen Dienstherren.

Die Entscheidungsschlacht geschah bei den Ägatischen Inseln. Dort zerstörte die vor zwei Jahren neu erbaute römische Flotte die Seemacht der Karthager.

Eigentlich lief alles auf eine Pattsituation hinaus, lag die letzte Schlacht mit eindeutigen Erfolgen doch bereits einige Jahre zurück. Die bei Pa-

lermo erlittene karthagische Niederlage ließ die Auseinandersetzung auf Sizilien konzentrieren. Durch die Ernennung des hoch begabten Hamilkar und den darauf folgenden zähen Kleinkrieg musste Rom seine Flotte neu aufrüsten.

Riesenepos für die Inder

Indien, ca. 250 v. Chr.

Bereits seit 50 Jahren arbeiten Inder an einem langen epischen Gedicht. Die so genannte Mahabharata ist ein in Sanskrit geschriebener Bericht über die Fehde zwischen zwei adligen Familien, den Pandavas und den Kauravas, und ihren Kampf um ein Königreich in Nordindien. Das Versepos enthält die Bhagavadgita, die schon jetzt als wichtige Schrift für die indische Religion gilt.

Lange Abschnitte der Mahabharata sind in Versen verfasst, die von kurzen Prosastücken unterbrochen werden. Eigentlich ist das Werk gar nicht sonderlich religiös, aber durch die Bhagavadgita und einzelne Stücke wie etwa die Biographie des Shiva ist dieses Buch ein wichtiger Beitrag zur indischen Spiritualität.

Dichter und Bücherwurm

Alexandria, ca. 240 v. Chr.

Der Tod des Dichters Kallimachos hat die literarische Welt erschüttert. Kallimachos wurde etwa 70 Jahre alt. Als Bibliothekar hatte er den ersten großen Buchkatalog überhaupt erstellt. Etwa eine halbe Million Werke sind im Hauptverzeichnis der alexandrinischen Bibliothek aufgelistet, noch einmal 40000 im Ergänzungsteil. Der Katalog ist eine Grundlage für den internationalen Austausch von Schriften. Von einzelnen Stücken der Bibliothek wurden Kopien gemacht und in die ganze Welt versandt.

Dennoch war Kallimachos in erster Linie ein Schriftsteller. Geboren in Afrika, war er 20 Jahre lang Bibliothekar und sein Einfluss ging über die ganze Welt. 800 Werke soll er geschrieben haben. Seine Gedichte sind kurz – ein manchmal wohltuender Kontrast zu den breiten Ausführungen anderer Autoren. Mit seinen schneidenden und blitzgescheiten Epigrammen wird er im Gedächtnis bleiben.

Auch als Kritiker tat er sich hervor, etwa beim Argonauten-Epos des Apollonios. Die Story sei schwer verdaulich und die Charaktere ohne Leben, meinte er. Eines seiner Hauptwerke beschreibt den Ursprung alter Sitten.

Die riesige Bibliothek in Alexandria ist die größte der Welt. Gegründet wurde sie von Ptolemaios I. Soter, ausgestattet von den berühmtesten Lehrern, und einige der bemerkenswertesten Autoren unserer Tage verwalten die unermesslichen Schätze.

Feind unter der Knute

Europa, ca. 225 v. Chr.

Den Römern ist es gelungen, die einstmals gefürchteten Kelten unter die imperiale Knute zu bringen. Die keltische Bedrohung existiert nicht mehr. Die Kelten wurden in der Schlacht von Telamon besiegt. Auch die Kelten in Italien unterstehen nun Rom.

Man findet die Kelten in Zentral- und Nordwesteuropa beinahe überall. Sie sind Bauern und geschickte Handwerker. Ihre Spezialität sind Töpferei und Metallverarbeitung, aber auch die Herstellung von Schmuck. Der keltische Kalender sieht eine ganze Anzahl von Festen und Bräuchen vor. Anlass zur Sorge bereiteten sie den Griechen wie den Römern, als sie sich vor etwa 70 Jahren nach Süden ausdehnten, um neues Land für sich zu finden. Ihr Führer Brennus fiel mit seinem Heer von 150000 Infanteristen und 20000 Kavalleristen in Makedonien ein. Der Apollotempel in Delphi wurde angegriffen, doch scheiterte diese Attacke und der verwundete Brennus beging Selbstmord.

Rom bereitet nun eine Offensive in Richtung Gallien vor, dem Kernland der Kelten.

Koloss am Ende

Rhodos, ca. 224 v. Chr.

Ein fürchterliches Erdbeben hat den Koloss von Rhodos in Schutt und Asche fallen lassen. Die 30 Meter hohe Statue, vor 80 Jahren erbaut, sollte an den Sieg der Insel über die Griechen erinnern. Seinerzeit belagerte der griechische Heerführer die Insel ein ganzes Jahr, um sie Griechenland einzuverleiben.

Dargestellt war Helios, der Sonnengott, der mit einer flammenden Fackel breitbeinig über der Hafeneinfahrt stand. Er wurde als sichtbares Symbol sowohl für die Dauerhaftigkeit der Stadt als auch für den göttlichen Segen gesehen.

Das Theater von Alexandria ist das beeindruckendste unter den noch sichtbaren Gebäuden aus dem 3. Jahrhundert v. Chr.

China mit Gewalt vereinigt

China, ca. 221 v. Chr.

Der mächtige Herrscher Cheng hat sich selbst zum »Ersten Erhabenen und Göttlichen von Ch'in« gekrönt, einem zum großen Teil vereinigten China.

Vor 25 Jahren kam er bereits als Dreizehnjähriger zur Macht. Damals folgte er dem letzten Ch'u Herrscher, der drei Jahre zuvor abgesetzt wurde. Er begann eine Expansionspolitik und annektierte die noch bestehenden anderen sechs Staaten in China.

Lackierte Holzfiguren stellen Diener des Kaisers Cheng dar.

Der Philosoph Meng-Tsu (Mencius), dessen Traum immer ein vereinigtes China war, würde sich darüber freuen, wäre er nicht schon vor 60 Jahren verstorben. Es würde ihn allerdings schmerzen zu sehen, dass die Einigung mittels Gewalt erzielt wurde.

Meng-Tsu, der schon als Klassiker gilt, akzeptierte Gewalt lediglich zur Selbstverteidigung. Politische Macht sollte allen dienen, war eines seiner Leitmotive. Auch die einfachen Leute sollten es besser haben. Doch die neuen Machthaber werden es Meng-Tsu kaum gleichtun. »Wohlstand für alle« steht nicht auf ihrer Tagesordnung.

Neuer Stern am karthagischen Himmel

Hannibal auf einer Münze aus dem 3. Jahrhundert v. Chr.

Karthago, ca. 229 v. Chr.

Hamilkar Barkas, die Geißel Roms, ist tot. Doch sein Sohn Hannibal scheint in die Fußstapfen seines militärisch begabten Vaters zu treten. Ja, mehr als das!

Die Schwierigkeiten Hamilkars fingen damit an, dass er erfolgreich einen Frieden mit Rom aushandelte. Die Söldner, die Karthago nun nicht mehr bezahlen konnte, taten sich mit örtlichen Widerstandsgruppen zusammen und zerstörten beinahe ganz Karthago.

Hamilkar rief Rom um Hilfe an. So gelang es zunächst, den Aufstand zu unterdrücken. Der Preis war allerdings hoch: Korsika und Sardinien mussten abgegeben werden.

Nach dem Sieg mobilisierte Hamilkar alle Kräfte, um Südspanien zu erobern, im Verlangen, der Macht Karthagos zu neuem Glanz zu verhelfen. Doch machte Hamilkar die Rechnung ohne Rom, dessen Reich stets zunahm und das mehr als nur ein Konkurrent war.

Seit dem Punischen Krieg waren Korsika und Sardinien durch Rom befriedet. Der General Fabius Maximus hatte hier mit seinen Feldzügen durchschlagende Erfolge erzielt. Andere Völker mit Ansprüchen auf die Inseln wie etwa die Gallier können den kriegsgewöhnten Römern hier kaum Paroli bieten.

Es sieht so aus, als sei Karthago nicht bereit, die demütigenden Niederlagen und Gebietsabtretungen auf sich sitzen zu lassen. Schließlich sind ihnen mit Sizilien, Korsika und Sardinien auch wichtige Handelsstützpunkte verloren gegangen.

Elefanten spielten im karthagischen Militärwesen eine wichtige Rolle.

Vielleicht wollte Hamilkar auch deshalb nach Spanien, um hier eine neue Operationsbasis für den Krieg mit Rom zu schaffen. Seine drei Söhne, vor allem Hannibal, machen jedenfalls den Eindruck, als könnten sie für Rom gefährlich werden. Auf dem Sterbebett, so sagt man, hatte Hamilkar ihnen den feierlichen Eid abgerungen, niemals ein Freund der Römer zu werden.

Mauerbau gegen den Staatsfeind

China, ca. 221 v. Chr.

Die Chinesen haben damit angefangen, eine riesige, massive Mauer zu bauen. Sie soll in Ost-West-Richtung führen und einen Verteidigungswall gegen die Mongolen und andere Völker Zentralasiens darstellen. Das ehrgeizige Projekt wurde von Kaiser Cheng in die Wege geleitet, dessen Dynastie nun das Land vollständig kontrolliert.

Die Mauer aus Erde und Steinen ist am Sockel zwischen 4,6 und 9,1 Meter dick und an der Brüstung immerhin noch durchschnittlich 3,7 Meter. Ihre Höhe beträgt 7,6 Meter. Brustwehre und Wachtürme sollen es möglich machen, dass eine ganze Armee sie als Plattform benutzen kann. Für den Bau sind Zehntausende von Arbeitern verpflichtet worden.

Inzwischen mussten im Kampf um die Vorherrschaft der Ch'in-Dynastie schon Hunderttausende sterben. Kaiser Cheng hat privaten Waffenbesitz verboten und ein neues Regierungssystem kreiert, das ihm in seinem Amt Unantastbarkeit garantiert. Auch Maßnahmen zur Standardisierung der Schrift, der Maße und Gewichte sollen die nationale Einheit forcieren.

Die Große Mauer in China

Soldat tötet den König der Patente

So war das nicht gemeint!

Archimedes wurde von einem Römer getötet. Die Römer kamen in einem Überraschungsangriff vom Meer her. Diese Zeichnung auf einer griechischen Amphore zeigt zwei stilisierte Militärschiffe aus dieser Zeit.

Syrakus, ca. 212 v. Chr.
Archimedes, der außergewöhnliche griechische Erfinder und Mathematiker, ist in Syrakus im Alter von 73 Jahren getötet worden. Nach Angaben aus der Bevölkerung wurde er von einem römischen Soldaten umgebracht, den Archimedes getadelt hatte, weil dieser durch die von Archimedes in den Sand gezeichneten Diagramme lief.

Am bekanntesten unter seinen Erfindungen ist der Flaschenzug sowie ein System, um mittels einer Schraube Wasser aus einem Brunnen zu schöpfen. Auch entdeckte er die Theorie der Hebelmechanik, welche besagt: Wenn ein Hebel auf einem Drehpunkt nahe an einem seiner Enden liegt, hängt das Gewicht, das bewegt werden kann, vom Druck auf den Hebel ab. Auch die Welt wollte er ausheben. »Gebt mir einen Punkt, wo ich stehen kann, und ich werde die Erde in Bewegung setzen«, soll er gesagt haben.

Am bekanntesten war die Entdeckung eines Prinzips, das sich auf die Verdrängung von Flüssigkeiten beim Eintauchen von Körpern bezieht. Der Auftrieb eines Körpers (der sich in Gewichtsverlust zeigt) ist demnach gleich dem Gewicht einer von ihm verdrängten Flüssigkeitsmenge. Angeblich soll er das beim Baden entdeckt und dabei »Heureka!« gerufen haben – »Ich hab's gefunden!«.

Archimedes, der auch den Wert π errechnete, war gebürtig aus Syrakus und verbrachte sein Leben auch in diesem Gebiet. Einige seiner Erfindungen, wie etwa das Katapult zur militärischen Nutzung, halfen Syrakus beim Kampf gegen die Römer.

Rom, ca. 218 v. Chr.
Streit ums Kleingedruckte im Friedensvertrag hat die alte Feindschaft zwischen Rom und Karthago wieder neu aufflammen lassen. Die Bürger Roms und Karthagos hätten es aber sicher lieber gesehen, dass der Streit vor Gericht statt auf dem Schlachtfeld mit Tausenden von Toten ausgetragen wird.

Der Ebrovertrag vor acht Jahren diente zur Beruhigung von Marseille, einer spanischen Kolonie, die mit Rom verbündet war und nun Angst vor Hamilkars Spanienfeldzug bekam. Hasdrubal, der Sohn Hamilkars, erklärte seinerzeit, er werde südlich des Flusses Ebro bleiben. Fünf Jahre später jedoch war nun Hannibal Kommandant und belagerte Saguntum, das zwar südlich des Ebro lag, aber ebenfalls mit Rom verbündet war. Rom interpretierte dies als Vertragsbruch. Als Saguntum fiel, begann somit ein zweiter Punischer Krieg.

Hannibal gegen Rom

Nach seiner Alpenexkursion füllte Hannibal schnell seine Truppen mit gallischen Söldnern auf. Viele norditalienische Stämme schlossen sich ihm furchtlos an. Die Folge war eine bemerkenswerte Serie an militärischen Siegen.

• **Schlacht an der Trebia** (218 v. Chr.)
In dieser Winterschlacht brachte Hannibal zunächst den Fluss Trebia zwischen sich und die Römer. Während diese auf Verstärkung warteten, schlugen die Karthager zu und konnten die von den vorangegangenen Kämpfen erschöpften Römer besiegen. Von 40000 Soldaten konnten nur 10000 entkommen.

• **Trasimenischer See** (217 v. Chr.)
Der römische Konsul Flaminius hatte versucht, Hannibal militärisch in die Zange zu nehmen. Doch der Karthager griff an, während die Römer marschierten. Die meisten Soldaten wurden ertränkt oder gefangen genommen.

• **Cannae** (216 v. Chr.)
Das größte Desaster für die Römer: Mit einer klassischen Einkreisungsstrategie gelang es Hannibal, die 80000 Mann starke Armee des Aemilius Paullus vernichtend zu schlagen. Daraufhin fielen einige Verbündete von Rom ab und schlossen sich Hannibal an.

• **Tarent** (213 v. Chr.)
Die Eroberung Tarents war für Hannibal ausgesprochen lukrativ. Tarent besitzt den besten Militärhafen in Süditalien, ist ansonsten wohlhabend und liegt zudem an einer strategisch wichtigen Stelle.

Mit 38 Elefanten über alle Berge

Europa, 218 v. Chr.

Wenn es nach Rom ginge, sollte die Entscheidungsschlacht mit Karthago in Spanien ausgetragen werden, um Hannibal in seinem eigenen Revier zu schlagen.

Die römische Kriegsflotte ist inzwischen zu einer hoch entwickelten Streitmacht geworden und die Armee in sehr guter Verfassung. Indes sieht es so aus, als hätten die Römer wieder einmal nicht schnell genug auf die Bedrohung durch Hannibal reagiert. Der Versuch Scipios des Älteren, die Karthager an der Rhône abzupassen, misslang.

Auf Hannibals Zug über die Pyrenäen und die Alpen haben sich ihm Gallier angeschlossen, die nun gemeinsam mit ihm und 38 Kriegselefanten nach Rom marschieren. Hunderte von Kilometern kämpfte sich der Zug Hannibals bei Minustemperaturen durch zwei Gebirge. Diese imponierende und brillante Strategie hat die Römer völlig auf dem falschen Fuß erwischt. Die 99000 Mann starke Armee (90000 Fußsoldaten und 9000 Reiter) zog zunächst mit ihren Kriegselefanten über die Pyrenäen ins Rhônetal. Dann bewegte der Zug sich außerhalb des römischen Einflussgebietes nach Norden in Richtung der von ewigem Schnee bedeckten Alpen. Selbst die Gebirgsbewohner konnten nicht fassen, dass jemand es wagt, ihre Steinriesen im Winter zu überqueren. Sie hatten auch nichts gegen den Durchzug der Truppen, wurden sie von den Karthagern doch reichlich mit Geschenken bedacht.

Nun hat die karthagische Streitmacht sich in der Poebene mit den Galliern vereinigt. Hannibal hat zwar über 30000 Mann durch die klimatischen Verhältnisse und diverse Scharmützel verloren, doch ist Roms Riesenarmee trotz ihrer 600000 Mann äußerst verwundbar, da sie für diesen Angriff überhaupt nicht vorbereitet ist. Darum musste sie ihren ursprünglichen Spanien-Plan aufgeben.

Die römischen Truppen bewegen sich nun nordwärts, um Hannibal entge-

Die schneebedeckten Alpen

genzugehen. Die erste Schlacht soll allerdings bereits verloren worden sein.

Hannibals Armee ausgeblutet

Europa, ca. 207 v. Chr.

Hannibal marschiert auf Rom zu. Doch inzwischen ist seine Armee zu klein, um die Stadt einzunehmen. Zwar hatte er schon vor einiger Zeit in der Heimat um Verstärkung nachgesucht, doch kann Karthago offensichtlich keine mehr liefern.

Nun schwinden die Ergebnisse seiner großen Siege dahin. Rom dagegen kann aus dem Vollen schöpfen: Die ganze Bevölkerung sinnt auf Rache für die Niederlagen, die Hannibal ihnen in den vergangenen zehn Jahren zugefügt hat.

Der entscheidende Schlag war die Niederlage seines Bruders Hasdrubal, der über die Alpen für Nachschub sorgen sollte. Er wurde von den Römern in Norditalien abgefangen und getötet, seine Armee besiegt.

Besonders erschreckt wird Hannibal über die Tatsache sein, dass der Römer Scipio der Jüngere dabei ist, Spanien zu erobern. Selbst wenn Hannibal den Spieß in Rom noch umdrehen sollte: Nach Spanien kann er nicht mehr zurück.

Konfuzius statt Klüngel – Neuer Wind in China

China, ca. 206 v. Chr.

Die Zeit der unterdrückerischen Ch'in-Dynastie in China ist zu Ende: Viel hatte vor allem der Kaiser Ch'in erreicht, aber viele sind dabei auch auf der Strecke geblieben.

Der neue Kaiser heißt Liu-Pang und kommt aus der Han-Familie. Seine ersten populären Maßnahmen waren Steuersenkungen und gesetzliche Erleichterungen. Im Gegensatz zur Bollwerkpolitik der Ch'in setzt Liu-Pang auf Kommunikation und damit auf den von ihm erhofften intensiven Außenhandel.

Der Konfuzianismus wird staatliche Religion. Immerhin sind noch vor sieben Jahren alle konfuzianischen Bücher verbrannt worden. Allerdings gilt der neue Kaiser nicht als doktrinär und akzeptiert auch andere Traditionen.

In einem Punkt konfuzianischer Lehre ist er aber unerbittlich: In Staatsämter werden nur qualifizierte Leute berufen. Vetternwirtschaft und andere Begünstigungen sollen keine Chance haben.

Es gibt sogar Pläne für eine Schule, in der den Politikern konfuzianische Ethik beigebracht werden soll. Hier sollen angehende Staatsdiener zeigen, was sie können – ein denkbar starker Kontrast zur bisherigen Klüngel- und Höflingswirtschaft unter den Ch'in.

Im Finale klarer Sieg für Rom

Dieses Amphitheater in El-Jem ist ein Zeugnis für die Niederlage Karthagos und die darauf folgende Kolonisation durch die Römer.

Nordafrika, ca. 202 v. Chr.
Der zweite Punische Krieg ist vorbei. Rom hat nicht nur Karthago besiegt, sondern nun auch die unumstrittene Herrschaft über Sizilien erlangt.

Die Karthager sind nach der Niederlage gegen Publius Cornelius Scipio am Ende ihrer Kräfte. Der römische Militärführer nahm seine siegreiche Armee von Spanien aus nach Nordafrika, um Karthago direkt zu bedrohen und es ein für alle Mal zu zerstören.

In ihrer Verzweiflung riefen die Einwohner nach Hannibal, doch der steckte noch in Italien. Und auch der Krieg in Italien war für die Karthager bereits verloren. General Fabius Maximus, der auch für die Niederlage des Hannibal-Bruders Mago in Ligurien verantwortlich ist, hat alle von Hannibal eroberten Gebiete zurückgewinnen können.

In Afrika machten die Karthager den größten Fehler seit Beginn des langen Krieges. Obwohl die Niederlage schon längst besiegelt war (was auch Hannibal zugeben musste) und man schon begann zu verhandeln, entschieden sich die Karthager dazu, die Römer anzugreifen.

Bei Zama kam es dann zur Entscheidungsschlacht. General (und jetzt sogar Konsul) Scipio schlug vernichtend die Armee Hannibals, die man mittlerweile eher als randalierenden Pöbel bezeichnen musste.

Die große Zeit Karthagos ist vorbei. Dies wird zementiert durch die nackten Fakten des Vertragsinhalts:

• Spanien und alle anderen Mittelmeerbesitzungen Karthagos fallen an Rom.

• Karthago muss 50 Jahre lang jährlich 200 Talente an Rom zahlen.

• Bis auf zehn Schiffe wird die ganze Flotte Karthagos zerstört.

Blütezeit in Sicht?

Kleinasien, ca. 200 v. Chr.
Antiochos III., der seit fast einem halben Jahrhundert König von Makedonien und seit 23 Jahren König von Syrien ist, hat sein Reich ausgeweitet und Parthien und Baktrien annektiert. Sein Vater hatte beide Gebiete zuvor verloren.

Nun befindet der König sich in kriegerischen Auseinandersetzungen mit Ptolemaios V. von Ägypten, einer Nation, dessen Macht im Schwinden begriffen ist. Auch strebt Antiochos danach, Palästina und den Libanon einzunehmen.

Unter Antiochos ist die Dynastie der Seleukiden zu neuer Größe gewachsen. Antiochos II. (der »Göttliche«) war es nie gelungen, das von seinem Vorgänger Antiochos I. nach einem ermüdenden Kampf gegen die Ägypter verspielte nationale Prestige wiederzuerlangen. Obwohl er viele Gebiete zurückgewann, war das Land in einem stark geschwächten Zustand.

Neue Medien lösen Papyrus ab

Kleinasien, ca. 200 v. Chr.
Da der Papyrusbestand weltweit sinkt, haben kleinasiatische Schreiber nach anderen Schreibmaterialien Ausschau gehalten. Ergebnis ist ein Produkt von höherer Qualität und längerer Haltbarkeit.

Das »Pergament« trägt seinen Namen nach der kleinasiatischen Stadt Pergamon und soll angeblich von König Eumenes II. erfunden worden sein. Es ist aus Häuten von Schafen, Kälbern oder Ziegen gefertigt.

Die Häute werden nicht gegerbt, sondern in Wasser getaucht und auf Rahmen gespannt. Dann werden sie abgeschabt, bis ihre Oberfläche glatt ist. Tritt der erwünschte Zustand ein, wird Bimssteinpuder auf die Häute gestreut.

Man sagt, dass das beste Pergament der Welt wirklich aus Pergamon kommt. Ein feineres Material, das Velin, wird aus den Häuten ungeborener Kälber hergestellt und ist sehr teuer, aber von noch besserer Qualität als das Pergament.

Einen Vorteil hat Papyrus aber nach wie vor: Es ist weicher und kann daher besser gerollt werden.

Ob Papyrus oder Pergament, die Schreibwerkzeuge bleiben dieselben: Federn, Federhalter, Tintenfass und ein Brett, um Tinten zu mischen.

Volk vertreibt Volk

Russland, ca. 200 v. Chr.

Die Skythen, die die russischen Steppen bevölkern, seitdem sie sie vor 500 Jahren erobert hatten, sind kurz davor, ihre fruchtbaren Täler und Felder zwangsweise zu verlassen.

Bereits vor 300 Jahren wusste der Historiker Herodot viel über die Skythen zu berichten. Man nimmt an, dass sie ursprünglich aus Persien kamen. Sie sind Hauptexporteure für Weizen, Siegellack und Sklaven an die griechischen Kolonien. Obwohl sie in den Augen der Griechen Barbaren sind, hat die hellenistische Kultur bei ihnen Eingang gefunden, wie manche kunstvoll hergestellte Grabbeigabe zeigt. Ironie des Schicksals ist, dass diejenigen, die jetzt die Skythen vertreiben, wieder aus Persien kommen. Es handelt sich um die Sarmaten, ein Nomadenvolk wie einst die Skythen, genauer gesagt eine Sammlung verschiedener, miteinander verwandter Völker aus dem persischen Raum.

Zweisprachige Laudatio

Der Stein von Rosette wurde zum Schlüssel für die Entzifferung der ägyptischen Hieroglyphen. Der gleiche Text ist je einmal in Hieroglyphen, demotischer Schrift und in Griechisch abgefasst.

Ägypten, 196 v. Chr.

Zur Erinnerung an Ptolemaios V. Epiphanes, den ägyptischen König, ist ein Loblied auf ihn gemeinsam mit einem Priesterdekret in einen schwarzen Basaltblock eingraviert worden. Die Inschrift wurde in zwei Sprachen, aber in drei verschiedenen Schriften verfasst: in Hieroglyphen, in demotischer Schrift (eine jüngere, kursive Version der Hieroglyphen) und in Griechisch. Aufgerichtet wurde er bei Raschid in der Nähe von Rosette im Nildeltagebiet in Unterägypten. Ägyptische Priester, die in der Hauptstadt Memfis getagt hatten, veranlassten diese Aktion.

Juden verrückt nach griechischer Mode

Judäa, ca. 173 v. Chr.

Griechische Moden, Bräuche und Spiele fegen den Traditionalismus der Judäer beiseite. Die religiös-orthodoxen Kräfte sind konsterniert.

Ein lokaler Konflikt zwischen den Söhnen des Tobias und dem Hohepriester Onias III., der sie aus Jerusalem ausgewiesen hatte, hatte in eine ernste Auseinandersetzung mit Antiochos IV. gemündet, der seit zwei Jahren über Syrien herrscht. Die Anhänger der Tobiassöhne hatten ihn um Hilfe angerufen.

Onias wurde verhaftet. Die vakante Hohepriesterstelle nahm daraufhin dessen Bruder Jason ein. Man vermutet aber, nur aufgrund von Bestechung. Bezeichnend ist, dass er einen griechischen Namen trägt: Jason ist ein fanatischer Hellenistenfreund. Jason versucht nun mit aller Gewalt, Judäa zu hellenisieren. Viele Juden haben bereits griechische Namen statt ihrer hebräischen angenommen (zum Beispiel »Jason« statt »Joschua« oder »Menelaos« statt »Menahem«). Der Adel hat eine Kampfarena für griechische Spiele in der Nähe des Tempels eingerichtet, und die Straßen Jerusalems sind voll von Leuten, die nach der neuesten griechischen Mode gekleidet sind.

Hafen und Hauptstadt ausgemustert

Zypern, 200 v. Chr.

Salamis ist nicht länger die Hauptstadt der Ptolemäer. Sie wurde zugunsten von Paphos im Südwesten der Insel aufgegeben. Die Verschlammung des Hafens hatte diesen als Flotten- und Handelszentrum unmöglich gemacht.

Die Bucht von Salamis war Schauplatz einer Schlacht im ersten Peloponnesi-

Ehemalige Säulenhalle in Salamis

schen Krieg vor etwa 250 Jahren. Die griechische Flotte besiegte damals die Perser zu Wasser und zu Land.

Noch einmal wurde die Bucht zum Kriegsschauplatz, und zwar in den Wirren der Diadochenkriege im Streit um die Aufteilung des Erbes Alexanders des Großen.

Versteckter Brennpunkt der Geschichte

Alle Augen sahen in den letzten Jahrhunderten auf die Kämpfe der Griechen, Römer, Karthager und anderer bedeutender Mächte. Viele Leute haben das Interesse an Judäa verloren, beziehungsweise an dem, was von dem Jahwe-Volk noch übrig ist. Judäa liegt im Kreuzfeuer rivalisierender Reiche. Derzeit schwappt eine enorme Welle griechischer Kultur über das Land. Hier ein kurzer Abriss zu dem, was in den letzten hundert Jahren (besonders in Syrien) passierte.

• *301 v. Chr.*: Die Schlacht von Ipsos und der Tod des selbst ernannten Alexander-Nachfolgers Antigonos (der Einäugige) führten zur Teilung des Reiches. Syrien kommt unter zwei Herrscher: Seleukos im Norden und Ptolemaios (der so genannte »König von Ägypten«) im Süden.

• 295 v. Chr.: Die seleukidischen Könige kontrollieren zeitweise Palästina.

• *285 v. Chr.*: Ptolemaios dankt ab. Seine Regierungszeit war von der Hellenisierung Ägyptens geprägt, das zu einem Zentrum griechischer Kultur wurde.

• *283 v. Chr.*: Die griechische Übersetzung der hebräischen heiligen Schriften entsteht, die so genannte »Septuaginta«.

• *281 v. Chr.*: Seleukos wird ermordet. Sein Nachfolger ist Antiochos I.

• *ca. 261 v. Chr.*: Antiochos I. stirbt. Während seiner Regierungszeit verlor er wichtige Gebiete an Ptolemaios II. von Ägypten. Ihm folgt Antiochos II.

• *247 v. Chr.*: Regierungsantritt des Ptolemaios III. von Ägypten. Er galt als Judenfreund und opfert sogar im Tempel von Jerusalem. Antiochos II. stirbt, nachdem er viele Gebiete, die sein Vater verloren hatte, zurückgewinnen konnte. Ägypten wird aber wieder stärker.

• *223 v. Chr.*: Antiochos III. (»der Große«) wird König von Syrien.

• *218 v. Chr.*: Antiochos III. greift Judäa an.

• *217 v. Chr.*: In der Schlacht bei Raphia wird Antiochos III. von Ptolemaios IV. besiegt. Die Schlacht löste den Konflikt zwischen den beiden Königreichen. Ägypten erlebt von hier an eine Periode der Hellenisierung (die hinsichtlich ihrer Bewertung unterschiedlich gesehen wird).

• *202 v. Chr.*: Antiochos III. greift nach einem Geheimvertrag mit Makedonien erneut Ägypten an und gewinnt sehr viele Gebiete vor allem deswegen, weil der neue ägyptische König Ptolemaios V. noch ein Kind ist.

• *200 v. Chr.*: Schlacht bei Paneion am Jordan. Großer Sieg des Antiochos, der die Kontrolle über Phönizien und Judäa gewinnt. Antiochos beginnt ein mächtiges Hellenisierungsprogramm für sein ganzes Reich, das vor allem bei den Juden auf Widerstand stößt.

Burgruinen findet man in Syrien häufig. Syrien war in vielen Jahrhunderten ein Schlachtfeld für alle möglichen Nationen. Diese arabische Burg steht bei Palmyra.

König rächt Hohepriester

Antiochia, Syrien, ca. 170 v. Chr.
Obwohl er selbst Onias III. als Hohepriester in Jerusalem abgesetzt hatte, nahm Antiochos IV. Epiphanes in seiner typisch brutalen und skrupellosen Manier blutige Rache für den Mord am ehemaligen religiösen Führer der Juden.

Ein römischer Aquädukt in Antiochia

Onias hatte Menelaos, den gegenwärtigen Hohepriester, beschuldigt, Tempelschätze beiseite geschafft und verkauft zu haben, und dies nicht zu Unrecht. Onias fürchtete um sein Leben und floh zum Asylort Daphne, einem Vorort Antiochias mit Apollo- und Artemisheiligtum, wo ihn Menelaos und Andronikos, ein hoher Beamter, aufsuchten.

Andronikos reichte Onias die Hand und versprach ihm freies Geleit. Doch sobald der ebenso treue wie naive Priester den Ort verlassen hatte, wurde er niedergemetzelt.

Viele Griechen schlossen sich dem jüdischen Protest gegen diesen Terrorakt an. In ihren Augen ist ein Mann umgebracht worden, der als aufrechter Friedensstifter bekannt war. Sie appellierten an Antiochos um Gerechtigkeit, und es wird sogar berichtet, der König habe vor aller Augen geweint. Die Folge war: Bei seinem Besuch in Antiochia ließ er Andronikos die Kleider vom Leib reißen und führte ihn an den Tatort, wo er ihn hinrichten ließ.

(2. Makkabäer 4,30-38)

Heiliges Amt verschachert

Jerusalem, ca. 171 v. Chr.

Menelaos hat das Amt des Hohepriesters angetreten, nachdem er im Rennen um das Amt den bisherigen Träger Jason »überboten« hatte: 300 Talente gingen an König Antiochos IV. Jason ist nach Ammon geflohen.

Viele Juden sind mehr als empört. Ein solcher Handel ist für sie ein Schlag ins Gesicht, steht doch das Amt des Hohepriesters als Symbol für das Judentum schlechthin.

Menelaos ist nach Jason schon der zweite in den Augen der Juden illegitime Amtsträger. Der ermordete Onias III. war der letzte rechtmäßige Repräsentant auf diesem Posten. Was die Sache noch brisanter macht: Menelaos gehört nicht einmal einer Priesterfamilie an.

(2. Makkabäer 4,23-29)

Chassidischer Jude im heutigen Jerusalem

Ein machtbesessener Gottesdiener

Jerusalem, ca. 175 v. Chr.

Das Glück des einen ist das Pech des anderen. Eine Binsenweisheit, die in der internationalen Politik nur zu oft zum Tragen kommt. In der kleinen, aber strategisch wichtigen Pufferzone Judäa war es dem Hohepriester Onias III. gelungen, mit Seleukos IV. in friedliche Beziehungen zu treten – da wurde der Monarch ermordet. Onias' Bruder Jason (der eigentlich »Joschua« heißt) sah darin eine günstige Gelegenheit, es den Heldentaten seines mythischen Namenspatrons gleichzutun.

Er bot dem neuen Herrscher Antiochos IV. Epiphanes nicht weniger als 440 Talente (13 Tonnen) Silber für das Amt seines Bruders an und versprach ihm, das seleukidische Hellenisierungsprogamm in Judäa nach Kräften zu unterstützen.

Antiochos hatte alles zu gewinnen und nichts zu verlieren und ging auf den Handel ein. Nun gilt Jason als Vorkämpfer der Hellenisierung in Judäa. Er hat ein Gymnasium gebaut, wo Jugendliche nackt Sport treiben, was für orthodoxe Juden eine derbe Provokation darstellt. Zudem entwickelt sich dieses Haus auch zum Zentrum einer alternativen jüdischen Führungsschicht.

Der konservative Onias hat indessen zur Schadensbegrenzung aufgerufen, um die jüdische Kultur vor dem Untergang zu schützen und

Vater des Widerstandes tot

Judäa, ca. 166 v. Chr.

Mattatias, der Vorkämpfer jüdischen Nationalbewusstseins, ist tot. Er verstarb, nur wenige Monate nachdem er Widerstandstruppen gegen die antijüdischen Kräfte befehligt hatte, die nun Judäa im Griff haben. Er war Priester in Modeïn, nicht weit von Jerusalem.

Von Antiochos IV. ausgesandte Männer sollten ihn dazu zwingen, den hellenistischen Erlassen zu gehorchen und dem Zeus zu opfern, doch er weigerte sich. Als stattdessen ein jüdischer Überläufer dieses Opfer vollbrachte, tötete Mattatias ihn auf der Stelle.

Von nun an musste er sich in den Bergen verstecken, gemeinsam mit seinen fünf Söhnen und anderen Juden, die sich ihm anschlossen, um nun einen Aufstand gegen Antiochos anzuzetteln. Sie überfielen Städte und Dörfer und töteten griechische und syrische Sympathisanten. Sein Sohn Judas Makkabäus (der Beiname bedeutet »Hammer«) ist nun Leiter des Widerstands.

Doch gibt es noch eine andere jüdische Gruppe, die so genannten Chasidim, die »Frommen«. Sie gehen nicht in den bewaffneten Widerstand, weigern sich aber auch, Zeus im Tempel zu opfern und sind bereit, für ihre Standfestigkeit das Martyrium zu erleiden.

Mattatias war kein religiöser Dogmatiker. Als einige seiner Mitkämpfer nur deshalb getötet wurden, weil sie nicht am Sabbat kämpfen wollten, beschloss er, dass bewaffnete Verteidigung an Feiertagen erlaubt sei.

(1. Makkabäer 2)

den Einfluss des Hellenismus zu beschränken.

Allerdings hat seine Absetzung das Versprechen bedeutungslos gemacht, das Exkönig Antiochos III. ihm gegeben hatte, nämlich den Juden ihre Besonderheiten zu bewahren. Und Jasons besessene Jagd auf den Hohepriesterposten sieht Onias als Hauptsünde an

(2. Makkabäer 4,1-17)

Zwei afrikanische Boxer als Terrakottafiguren. Die Handschuhe dienten nicht nur zum Schutz, sondern enthielten Bleikugeln, um den Gegner zu treffen.

Krieg der Hohepriester

Jerusalem, 169 v.Chr.

Jason, der abgesetzte Hohepriester, und seine 1000-Mann-Guerillaarmee mussten aus Jerusalem fliehen, nachdem sie es zuvor besetzt und Hohepriester Menelaos gezwungen hatten, im Tempel Zuflucht zu suchen.

Der Angriff gilt auch als Racheakt gegen Antiochos IV., der Tempelmobiliar aus dem Heiligtum entwendet hatte, um seinen Krieg im Nahen Osten zu finanzieren.

Zuvor war das Gerücht aufgetaucht, Antiochos sei ermordet worden, was nicht stimmte, Jason aber wohl zum Angriff ermutigt hatte.

Eigentlich wird Jason gegenüber Menelaos von orthodoxen Juden als kleineres Übel angesehen, allerdings zunehmend als Übel: Bei seinem Einmarsch tötete er willkürlich zahlreiche Jerusalemer Bürger. Den Helfern des Menelaos gelang es schließlich, den Aufstand zu zerschlagen.

(2. Makkabäer 5,5-10)

Die große Schande!

Jerusalem, 167 v.Chr.

Jerusalem steht unter Schock. Die Stadt hat die vermutlich größte religiöse Katastrophe in ihrer langen und facettenreichen Geschichte erlebt.

Jerusalem ist die Hauptstadt von Judäa und das religiöse Zentrum der Juden. Verschiedene Male wurde Jerusalem bereits zerstört. Doch diesmal ist der Tempel in nie dagewesener Weise geschändet worden.

Auf dem heiligen Altar wurden Schweine geopfert. Für die Juden sind Schweine die unreinsten Tiere schlechthin. Im Tempelhof feierten römische Soldaten Sexorgien.

Mit Absicht hat Antiochos IV. die für die Juden größtmögliche Demütigung initiiert. Damit hat sein Feldzug gegen den jüdischen Widerstand und für die Hellenisierung einen neuen Höhepunkt erreicht. Verletzter Stolz und Judenhass war das Motiv und Jerusalem war zu schwach, um auf die Ausfälle zu reagieren.

Trotz seiner Erfolge in Ägypten wurde Antiochos vom römischen Gesandten aus Alexandria ausgewiesen, der den Griechen eine Lektion erteilen wollte. Er erzwang von Antiochos ein Rückzugsversprechen, bevor er ihm erlaubte, aus einem Kreis herauszutreten, den er zuvor auf dem Boden um ihn herum geschlagen hatte.

Antiochos ließ seine Wut an den Juden aus und griff zur Unterstreichung seiner Autorität Jerusalem an – an einem Sabbat, als viele fromme Juden sich weigerten zu kämpfen. Viele Juden wurden getötet. Beispielhaft ist Eleasar, ein älterer Schriftgelehrter, der sich weigerte, Schweinefleisch zu essen, und lieber den Märtyrertod auf sich nahm.

Abschriften der heiligen Bücher wurden verbrannt. Auf jüdische Sitten wie die Beschneidung und die Beachtung von Sabbatregeln steht die Todesstrafe.

Antiochos, dessen Beiname Epiphanes (»der Erhabene, Göttliche«) von den Betroffenen nun in Epimanes (»der Verrückte«) umbenannt wurde, setzte zum guten Schluss ein Zeusbildnis (das dem König sehr ähnlich war) in den Tempel und ließ Schweine opfern.

Die frommen Juden weisen auf eine Prophetie des Propheten Daniel hin, der diesen »Greuel der Verwüstung« durch einen griechischen König vorausgesehen habe. Treffender kann man die Katastrophe wohl kaum beschreiben.

(1. Makkabäer 1,41-64; 2. Makkabäer 6,1-11)

Das südliche Jerusalem mit dem Kidron-Tal

KURZMELDUNGEN ca. 200-175 v.Chr.

Qualitätswolle (ca. 200 v.Chr.): In den Anden blüht die Alpakazucht. Dieses Mitglied der Familie der Lamas ist beliebt für seine feine Wolle, aber auch für sein Fleisch. Man glaubt, die Alpakas stammen vom Guanako ab, einem wild lebenden Wiederkäuer.

Sie wohnen auf der Terrasse (ca. 200 v.Chr.): Das Volk der Zapoteken hat das Zentrum ihrer Hauptstadt Monte Alban neu gebaut. Das wird der ständig wachsenden Stadt mit ihren etwa 20000 Einwohnern weiteren Auftrieb geben. Sie ist der Mittelpunkt einer Gemeinschaft, die auf den umgebenden Bergen Terrassen angelegt hat, um sich dort häuslich niederzulassen.

Missionar des Hellenismus (ca. 175 v.Chr.): Der seleukidische König Antiochos IV. ist tot. Er starb während eines Feldzuges in Medien. Er nannte sich selbst Epiphanes, was so viel heißt wie »der Göttliche«. Geboren in Athen, war er dort auch zunächst als oberster Magistrat tätig. In Rom wurde er zwölf Jahre als Geisel festgehalten, ehe er den Thron in der Nachfolge seines ermordeten Bruders Seleukos IV. bestieg. Er galt als fanatischer Missionar des Hellenismus und opponierte gegen alles, was nicht griechisch war. Seine antijüdischen Ausfälle wie das Jerusalemer Tempelsakrileg sind hinlänglich bekannt. Sein Nachfolger wird sein 10-jähriger Sohn Antiochos V., zum Regenten ist der oberste Militärführer Lysias ernannt worden.

Juden sammeln Punkte im Guerillakrieg

Arad und das südliche Gebirge Juda bieten den größten Teil des Jahres über gutes Weideland.

Judäa, ca. 165 v. Chr.

Judas Makkabäus ist bereit zum Marsch auf Jerusalem. Während seines zwei Jahre dauernden Kampfes gegen die Seleukiden hatte sich bislang ein unerwarteter Sieg an den anderen gereiht.

Obwohl im Verhältnis eins zu sechs in der Minderzahl, schlug er die syrischen Truppen unter dem noch von Antiochos IV. eingesetzten Regenten Lysias bei Bet-Zur.

Das war bereits der zweite Rückschlag für die Syrer durch die Judäer. Die Krieger des Judas Makkabäus plünderten frech das Lager der Syrer bei Emmaus, während ein Teil der syrischen Armee gerade in den Bergen nach den Judäern suchte.

Auch anderen seleukidischen Oberen hatte Judas bereits peinliche Niederlagen beigebracht. Judas tötete den General Apollonios bei dessen Attacke von Samaria und benutzte dann das Schwert des Syrers, um noch mehr feindliche Soldaten umzubringen. Den General Seron jagte er nach einem Überraschungsangriff am Pass bei Bet-

Schoron buchstäblich über Berg und Tal.

Seine Taten rufen Erinnerungen an die alten israelischen Militärführer wach. So etwa an Josua, der vor tausend Jahren die Eroberung des von Gott verheißenen Landes befehligte. Wie dieser ermutigt auch Judas seine Leute, auf Jahwes Vorsehung, Macht und Schutz zu vertrauen. Vor der Begegnung bei Bet-Zur hatten sich die Juden bei Mizpa versammelt, einem alten religiösen Zentrum, um zu beten, zu fasten und in ihren Schriften zu forschen.

Natürlich kommen Judas auch seine intimen Ortskenntnisse zupass. Der Gegner findet sich in dem strategisch so wichtigen Bergland weit weniger gut zurecht. Die steilen Abhänge sind geradezu prädestiniert für einen Partisanenkrieg. Große, durchstrukturierte Schlachten können hier gar nicht stattfinden. Seit dem Beginn des Aufstands hat Judas bereits einige syrische Außenposten aufgerieben und manches hellenistische Heiligtum zerstört.

(1. Makkabäer 3,1-4,25)

Religionsfreiheit zurückgewonnen

Jerusalem, 164 v. Chr.

Freiheitskämpfer Judas Makkabäus hat seinen größten Sieg errungen: Die Syrer haben das Recht der Juden auf religiöse Freiheit anerkannt.

Menelaos, der Usurpator im Hohepriesteramt, musste seinen Stuhl räumen und wurde durch Eljakim (oder Alkimos) ersetzt, einem gemäßigten Hellenisten. Judas wurde Immunität vor Strafverfolgung zugebilligt.

Der seleukidische General Lysias stimmte diesen Konzessionen zu, nachdem er zuvor Judas in Jerusalem belagert hatte, schließlich aber abziehen musste, da in Antiochia ein Rivale auf dem Sprung war, ihn zu verdrängen.

Dies könnte jetzt das Ende der vielen Scharmützel zwischen Syrien und den Makkabäern sein. Dabei erlitten die Syrer weit größere Verluste. Die Syrer wollten eigentlich die Widerstandsgruppe ausradieren, da sie den Tempel zurückgewonnen hatten. Doch die Makkabäer hatten inzwischen Tempel und Stadt befestigt und fanden immer mehr tatkräftige Unterstützung in der Bevölkerung.

Dennoch ist Judas mit dem Friedensabkommen unzufrieden, obwohl er die Kernpunkte akzeptiert. Aber Judas will mehr als bloße religiöse Toleranz. Er sieht dies nur als erste Stufe zur politischen Freiheit, ohne die, so meint er, auch die anderen Zugeständnisse sich schnell wieder in Luft auflösen können. Und er scheint zu allem entschlossen zu sein.

Derweil leckt Antiochos IV. in Babylon seine Wunden nach einem misslungenen Versuch, das wohlhabende persische Elymais zu plündern. Dass seine Generäle den Rückzug antreten, kann er kaum verschmerzen.

(1. Makkabäer 5 und 6)

Großputz im Tempel beseitigt »Greuel der Verwüstung«

Jerusalem, 164 v. Chr.

Viele hatten sich gefragt, wie weit Judas Makkabäus wohl in seiner Kampagne gegen die Herrschaft der Seleukiden gehen wird. Nun ist die Antwort da: Nach einem überwältigenden militärischen Erfolg über die Truppen des General Lysias bei Bet-Zur, bei denen die Seleukiden 5000 Mann verloren, marschierten Judas Makkabäus und seine Leute in Jerusalem ein.

Dort begaben sie sich schnurstracks zum Tempel, der seit drei Jahren für die Verehrung griechischer Götter zweckentfremdet worden war, und reinigten ihn rituell unter großem Jubel.

Judas und seine Männer fanden den Tempel in einem desolaten Zustand vor. Der Altar, auf dem sich ein Zeusbild befand, war entweiht und beschmutzt worden. Die großen Holztore hatte man verfeuert und der Vorhof, einst der Augapfel der Priester und von ihnen tadellos sauber gehalten, war ein Wald von Unkraut. Nicht besser sah es mit den Räumen der Priester aus.

Der Makkabäerführer hat die Reinigung und Wiedereinweihung des Tempels genauso generalstabsmäßig organisiert wie seine Kriegszüge. Nur Priester, die nach der jüdischen Thora ohne Makel waren, wurden ausgewählt, um die unheiligen Gegenstände zu entfernen. Der entheiligte Altar wurde demontiert, die Einzelteile eingelagert, bis ein zukünftiger Prophet darüber entscheiden wird, was mit ihm zu tun ist. Nach demselben Muster wie sein Vorgänger wurde dann ein neuer Altar gebaut. Die verdreckten Kultgegenstände wurden ersetzt, im Vorhof wurde das Unkraut gejätet.

Der Tempel erstrahlt im alten Glanz wie vor dem »Greuel der Verwüstung«. Die Stadt selbst wurde wieder befestigt und unter Aufsicht einer Garnison linientreuer jüdischer Kämpfer gestellt.

Die Restaurierung des Tempels wurde gebührend acht Tage lang gefeiert. Das Gebäude war voller

Ein Modell des zweiten Jerusalemer Tempels

Musik: Die Menschen sangen zu den Klängen von Harfen, Lauten und Zimbeln. Die Schande, die den Juden von den Seleukiden zugefügt wurde, war exakt nach drei Jahren beseitigt.

Judas und die Einwohner Jerusalems haben entschieden, dass dieses Fest von nun an jährlich gefeiert werden soll. Das Fest der Tempelweihe wird auch Chanukka oder Lichterfest genannt.

(1. Makkabäer 4,34-61)

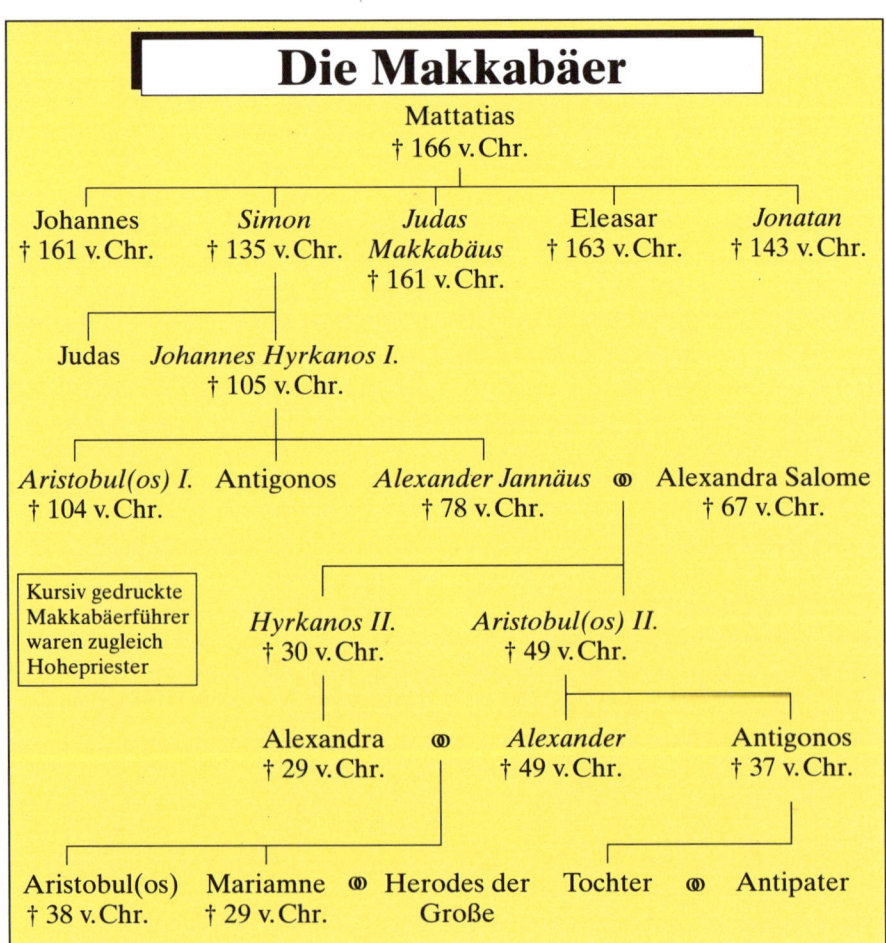

Die Makkabäer

Mattatias
† 166 v. Chr.

| Johannes † 161 v. Chr. | *Simon* † 135 v. Chr. | *Judas Makkabäus* † 161 v. Chr. | Eleasar † 163 v. Chr. | *Jonatan* † 143 v. Chr. |

Judas *Johannes Hyrkanos I.*
† 105 v. Chr.

Aristobul(os) I. † 104 v. Chr.   Antigonos   *Alexander Jannäus* † 78 v. Chr. ⚭ Alexandra Salome † 67 v. Chr.

> Kursiv gedruckte Makkabäerführer waren zugleich Hohepriester

Hyrkanos II. † 30 v. Chr.   *Aristobul(os) II.* † 49 v. Chr.

Alexandra † 29 v. Chr. ⚭ *Alexander* † 49 v. Chr.   Antigonos † 37 v. Chr.

Aristobul(os) † 38 v. Chr.   Mariamne † 29 v. Chr. ⚭ Herodes der Große   Tochter ⚭ Antipater

Der Held von Jerusalem ist tot!

Judäa, ca. 161 v.Chr.

Der Tod des Judas Makkabäus, ohne Frage einer der größten Militärführer, den die Juden jemals hatten, hat ihren Unabhängigkeitskampf schwer zurückgeworfen.

Bereits in den letzten Monaten vor seinem Tod konnte man feststellen, dass die Feldzüge des Judas nicht mehr die Brillanz und Effektivität früherer Tage aufweisen konnten. Nachdem der Tempel wieder erobert und neu geweiht worden war, waren die darauf folgenden Militäraktionen eher politisch denn religiös motiviert. Seine schlimmsten Befürchtungen sah Judas bestätigt, als Alkimos, der Marionettenhohepriester der Seleukiden, einige der frommen Chasidim einsperren und hinrichten ließ. Die orthodoxen Chasidim hatten die Makkabäer unterstützt.

Als Antiochos IV. starb, wollte Judas die syrische Festung in Jerusalem stürmen, scheiterte jedoch dabei. Lediglich interne Querelen der Seleukiden, im Zuge der Königsnachfolge retteten Judas und seine Armee vor der völligen Niederlage. Das Militär putschte und ermordete Antiochos und Lysias. Demetrios I. bestieg nun den Thron und setzte gleich den neuen syrerfreundlichen Hohepriester Alkimos ein. Die Juden waren über ihn zunächst geteilter Meinung, was sich aber änderte, als sich seine judenfeindliche Haltung immer deutlicher zeigte.

Judas rief sogar Rom um Hilfe an, das auch eingriff. Bei Bet-Horon im Nordwesten Jerusalems kam es dann zum Kampf, den Judas für sich entschied. In der darauf folgenden Schlacht bei Elasa wurde er dann allerdings ermordet.

Der Makkabäerführer wurde im Familiengrab bei Modeïn beigesetzt. Judäa trug viele Tage Trauer. Schließlich galt er als Retter Israels, verständlich, wenn man seine Leistungen in den letzten Jahren betrachtet.

Nach seinem Tod besetzte der syrische Statthalter Bakchides die wichtigsten Posten in Jerusalem nur noch mit syrertreuem Personal, das nun versuchte, die Makkabäer und ihre Sympathisanten auszurotten. Simon, Jonatan und Johannes, die drei Brüder des Judas, verstecken sich derzeit in der Wüste.

Viele Höhlen in der Wüste Juda dienten den Makkabäern als Verstecke.

Gottgesandte Familie?

Jerusalem, ca. 141 v.Chr.

Simon Makkabäus hat einen Friedensvertrag mit Demetrios II. abgeschlossen. So gut wie alle Forderungen der Makkabäer während des langen nationalen Aufstandes sind erfüllt worden.

Die Syrer erklärten sich damit einverstanden, Judäa abzutreten und ihre Festung in Jerusalem zu verlassen. Judäa erhält einige Gebiete dazu und kann nun, so hofft man jedenfalls in den eigenen Reihen, getrost der Zukunft entgegensehen.

Als Ergebnis dieses glänzenden Erfolges und der überwältigenden Reaktion des Volkes und der Priester ist Simon nun Hohepriester und unangefochtener Herrscher über Judäa.

Viele sehen die bemerkenswerte Makkabäerfamilie, die mit Simon nun bereits den vierten nationalen Befreier aufzuweisen hat, als von Gott zum Schutz des Volkes gesandt. Die Entscheidung, sowohl das Hohepriesteramt als auch die politische Führung als vererblich in die Hände der Makkabäerfamilie zu legen, hat im Volk breite Unterstützung.

Die neue Dynastie heißt nun »die Hasmonäer«, man nimmt an nach einem Stammvater mit Namen Hasmon. Die Chasidim, die »Frommen«, indes meinen, dass eigentlich die Erben des Onias das Hohepriesteramt bekleiden sollten. Allerdings ist die Familie nach Ägypten ausgewandert und damit ist ihr Anspruch auf den Titel wohl verwirkt.   *(1. Makkabäer 13)*

Diplomatenrebell rennt ins offene Messer

Ptolemaïs, ca. 143 v.Chr.

Jonatan Makkabäus, der Leiter der jüdischen Widerstandsbewegung, wurde von Diodotos, genannt »Tryphon« (»der Mächtige«), getötet, einem vermeintlichen Verbündeten und Anwärter auf den syrischen Thron.

Tryphon lockte Jonatan in die kleine Küstenstadt Ptolemaïs, südlich von Tyrus, mit dem Angebot, Frieden zu machen und alte Vereinbarungen wieder herzustellen. Dies war nur geheuchelt, denn in Wirklichkeit hatte Tryphon Angst, Jonatan könne seine Pläne durchkreuzen. Jonatan wurde schließlich brutal ermordet.

Nach dem Tod des jüngsten Bruders des großen Judas Makkabäus sind die Juden nun weniger zornig als ängstlich. Die fremden Nationen könnten nun die Juden als führerlos und verletzlich einstufen, so ihre Befürchtungen.

Allerdings hat Jonatan das jüdische Volk in einem besseren Zustand verlassen, als er es bei seiner Machtübernahme vorgefunden hatte. Seine Rebellenarmee war zwar klein, doch konnten beachtliche Erfolge der Konsolidierung und des Neuaufbaus erzielt werden.

Was er erreicht hat, liegt daher hauptsächlich auf diplomatischer oder administrativer Ebene. Dem in sich uneinigen seleukidischen Herrscherhaus gegenüber taktierte er geschickt und seine Verzögerungstaktik brachte in vielen Fällen Erfolg.

Sein größter Erfolg war der Friedensschluss mit Syrien vor 14 Jahren. Der seleukidische Throninhaber Demetrios I. wollte diesen Vertrag unbedingt abschließen, da seine Position intern gefährdet war und er Hilfe von außen benötigte. Jonatan schloss sogar Abkommen mit Rom und Sparta, die ihm allerdings kaum behilflich waren.

Dessen Konkurrent und späterer König Alexander Balas machte Jonatan sogar zum Hohepriester. Dadurch wurde Jonatan endgültig zum Führer über Judäa.

263

Ende des indischen Friedensreiches: Neue Herrscher - neue Religion

Indien, ca. 160 v. Chr.

Durcheinander in Indien: Das goldene Zeitalter der Kunst und des Buddhismus während der Maurya-Dynastie ist endgültig vorbei. Neue Eroberer sind im Land.

Der letzte Maurya-Herrscher Brihadratha wurde vor 25 Jahren von einem seiner Minister ermordet. Die Mauryas hatten ihr Reichsgebiet erheblich über ihr Kernland Magadha hinaus erweitern können, auf das sie nun mehr oder weniger zurückgedrängt sind. Die anderen Gebiete haben konkurrierende Mächte an sich gerissen. Das Reich zerfiel in Einzelstaaten.

Um das Maß voll zu machen, durchquerten räuberische griechische Truppen Indien und brachten die ohnehin schwächlichen neuen Schunga-Herrscher in Verlegenheit. Ergebnis war, dass die bis dahin Erfolg versprechende indo-griechische Allianz ins Wanken geriet. Trauriges Ende einer langen Friedensperiode.

Der Hindu-Gott Vishnu

Buddhakopf, Steinplastik aus der Gandhara-Periode, 2. Jahrhundert v. Chr.

Seit 260 Jahren regierten die Maurya, als Dynastiegründer Chandaguptra das Magadha-Reich eroberte und es deutlich auszuweiten wusste. Die Macht des Reiches veranlasste Seleukos I. (den Begründer der Seleukiden-Dynastie) zu einem Ehebündnis. Dies war der Beginn einer fortschreitenden Hellenisierung Indiens. Botschafter der griechischen Könige kamen nach Indien und lebten in der Hauptstadt Patilaputra. Offizielle Religion wurde allerdings der Buddhismus, und zwar während der Regierungszeit Ashokas, der ein Mönch war und der größte der Maurya-Herrscher.

Die Regierungszeit Ashokas, die vor 72 Jahren endete, war gekennzeichnet von hervorragenden künstlerischen Leistungen. Buddhistische und griechische Themen waren Gegenstand der für diese Zeit typischen Reliefdarstellungen. Sie drücken das buddhistische Ideal der umfassenden Liebe zur ganzen Schöpfung aus. Menschen und Tiere werden in naturalistischer Weise dargestellt.

Allerdings kam es während dieser Glanzperiode auch zur Spaltung im Buddhismus. Zwei Hauptrichtungen zeichneten sich ab: die reinere, in Ceylon beheimatete Lehre und eine eher mystische Ausrichtung.

Jetzt werden Buddhisten in Indien verfolgt und der Brahmanismus ist auf dem Vormarsch. Ein Kastensystem, dass die Menschen in verschiedene Klassen teilt, wurde eingerichtet. Indien soll re-indisiert werden. Das lässt für die kulturelle Verbundenheit mit Griechenland nichts Gutes ahnen.

Doch stärker als diese internen Kämpfe scheint die Bedrohung von außen zu sein. In Zentralasien sind riesige Volksbewegungen im Schwange. Einige Völker würden gerne auf dem indischen Subkontinent siedeln. Die Yüe-Chi (Tocharer) bedrohen Baktrien, da sie von den Hunnen aus der Mongolei vertrieben wurden. Skythische Nomaden wollen nach Parthien. Auch andere Stämme sind auf der Suche nach Land. Es sieht nicht danach aus, als ob in absehbarer Zeit das Land eine neue Friedensperiode wie unter Ashoka erleben wird.

Der Hass des alten Mannes

Rom, 160 v. Chr.

Zwei durchschlagende Siege gegen Karthago in zwei zermürbenden Punischen Kriegen scheinen einem römischen Staatsmann, dem älteren Cato, nicht zu reichen.

Cato, seit 35 Jahren Konsul, hat für Karthago nur Hass übrig. Drei Jahre zuvor hatte er Afrika besucht. Seitdem geißelt er Karthago als Sündenpfuhl aus Luxus und Extravaganz, der immer noch Rom bedrohe. Inzwischen enden alle sein Reden mit dem Refrain: »Im Übrigen bin ich der Meinung, dass Karthago zerstört werden muss!«

Cato ist von Hause aus Landwirt. Sein Hass gilt allem Fremden, einschließlich der Griechen. Die griechische Kultur schwäche das Römische Reich, meint er.

Gedemütigte Exgroßmacht greift wieder zu den Waffen

Rom, ca. 150 v. Chr.

Cato, der Fremdenhasser, setzt seine antikarthagischen Verbalattacken fort, nachdem der afrikanische Staat jetzt Numidien angegriffen hat.

Dieser Vorstoß brach einen Waffenstillstand, den Cato vor sieben Jahren vermittelt hatte, und bestätigte alle Schwarzmalereien des römischen Staatsmanns hinsichtlich der Unzuverlässigkeit der Karthager. Tatsächlich ist Karthago wieder eine Bedrohung für Rom, da der greise König Masinissa von Numidien mit Rom verbündet ist.

Cato der Ältere

Allerdings ist Karthago nur noch ein Schatten früherer Tage, als es noch die Mittelmeerwelt beherrschte. Dem Anschein nach ist es heute nicht mehr als ein kleiner Vasallenstaat, abhängig von Rom und mit schweren Reparationszahlungen belastet. Hinzu kommt, dass es auf Druck Roms im Laufe der Zeit mehr und mehr Gebiete an den romfreundlichen Nachbarn Numidien abgeben musste. Aus alter Freundschaft zwischen Rom und Numidien sozusagen, denn es war numidische Kavallerie, die den römischen Sieg bei Zama und damit das Ende des zweiten Punischen Krieges sicherte.

Masinissa war eigentlich ein Verbündeter Karthagos, wechselte aber dann die Seiten, was ihm zum Vorteil gereichte. Als Teil des Friedensvertrags musste Karthago alles Land abtreten, das irgendwann einmal Masinissa oder dessen Familie besessen hatte. Das Königreich Numidien wächst also auf Kosten Karthagos und das, obwohl Masinissa ein Fan karthagischer Kultur ist.

Eigentlich ist Karthago für seine Zähigkeit bekannt, was Cato ja gerade fürchtet. Und so hatten sie sich schon wieder aufgrund ihrer landwirtschaftlichen Fähigkeiten mehr als nur ein klein wenig Wohlstand erarbeitet. Doch als mehr und mehr fruchtbares Land nach Numidien wanderte, stieg die Stimmung auf den Siedepunkt. Dass die Karthager sich für einen bewaffneten Konflikt mit dem Nachbarn präpariert hatten, war kein Geheimnis.

Der Krieg hat begonnen!

Karthago, 149 v. Chr.

Der Krieg in Nordafrika hat begonnen. An der karthagisch-numidischen Grenze stehen sich die feindlichen Heere beider Länder Auge in Auge gegenüber.

Karthago hatte kurzerhand beschlossen, angesichts der zunehmenden Spannung das Heft in die Hand zu nehmen und den prorömischen Masinissa von Numidien anzugreifen. Damit brach Karthago den Vertrag von Zama, der besagt, dass es Krieg nicht ohne Erlaubnis Roms führen dürfe. Masinissa hatte zuvor gefordert, dass Karthago Tribut an Numidien zu zahlen habe.

Rom reagierte umgehend. Ein Krieg zwischen zwei Vasallenstaaten an der Südflanke des Reiches muss ihnen als Bedrohung der eigenen Sicherheit erscheinen. Und Stabilität geht nun einmal über alles.

Auch fragen sich die Römer (und dazu bedarf es nicht einmal der Un-

Sanddünen der Sahara in der Nähe von Karthago

kenrufe Catos), warum Karthago einerseits trotz aller Restriktionen zu Wohlstand gekommen ist aber andererseits Numidien nicht schon längst kurzen Prozess mit Karthago gemacht hat. Braut sich hier etwas gegen Rom zusammen?

In den vorangegangenen Jahren hatte Karthago öfter an Rom wegen der Übergriffe Numidiens appelliert, stieß aber in Rom auf taube Ohren. Immerhin hatte ja Rom dafür gesorgt, dass die Karthager ihre Armee abrüsten und ihre Flotte verbrennen sollen.

Rom scheint währenddessen einen Beobachterposten einzunehmen, um den instabilen Zustand nicht aus den Augen zu lassen.

147 v. Chr.

Außen hui, innen pfui

China ca. 140 v. Chr.

Wu-Ti, der Kaiser aus der Han-Dynastie und Erbe einer blühenden Volkswirtschaft, ist dabei, dieses Erbe vor allem für die Ausdehnung seines Reiches auszugeben, das nun bis in die Mandschurei und Korea im Norden und Kasachstan im Westen reicht. Schwierig scheint es noch mit dem südlichen Bereich unterhalb des Jangtzekiang zu sein.

Lebensgroße Terrakottafigur eines Soldaten; aus dem kaiserlichen Mausoleum in Lintong/China

Um diese Aktionen zu finanzieren, sind die Han auf alte Ch'in-Methoden verfallen. Nun kassieren auch sie hohe Steuern und haben ein rigides Kontrollsystem, was zum konjunkturellen Abschwung führte. Verschlimmert wird die Situation noch durch eine ansteigende Geburtenrate. Unzufriedenheit macht sich breit, eine Rebellion scheint in der Luft zu liegen.

Mit dem Mut der Verzweiflung

Nordafrika, ca. 149 v. Chr.

Nach seinem Präventivschlag gegen Numidien (und damit der Missachtung des Friedens von Tunis) ist Karthago alle seine Verbündeten los und wird nun sowohl von Numidien als auch von Rom attackiert.

Der numidische König Masinissa schlug die Armee der Karthager. Daraufhin änderten die Karthager ihre Politik und waren nun auf einen bedingungslosen Frieden aus. Ihr riesiges Waffenarsenal übergaben sie den Römern. So ist die Stadt nun ohne Schutz. Die Nachbarstaaten, einst Geschäftspartner Karthagos, sind nun auf Seiten Roms.

Doch dem älteren Cato reichte dies wieder einmal nicht. Er fordert ein völliges Ausradieren der Stadt. Die Bevölkerung soll in alle Winde verstreut werden. Die 700000 Einwohner können, so die Gedanken Catos, ohnehin nur durch ein durchorganisiertes Verwaltungssystem überhaupt ernährt werden. Dies fiele bei einer Zerstörung weg. Als natürliche Folge

Ein großer Landwirtschaftsbetrieb und viele dazugehörige Tätigkeiten sind auf diesem karthagischen Mosaik zu sehen.

würde alles Karthagische also nach und nach untergehen.

Die Karthager sind nun entschlossen, bis zum wahrscheinlich bitteren Ende zu kämpfen. Sogar neue Waffen und Verteidigungsstrategien wurden ersonnen. Die karthagische Kavallerie bildet Versorgungslinien im ganzen Gebiet und das Volk verschanzt sich hinter den Stadtmauern.

Numidien - der gefährliche Nachbar

Numidien liegt südlich und westlich von Karthago in Nordafrika. Die Numider (Nomaden) hatten sich zunächst in lokalen Bündnisgemeinschaften organisiert und waren für ihre Reiterei bekannt. Unter ihrem Führer Syphax brachen die Numider mit Karthago.

Nachdem danach allerdings Syphax auf die karthagische Seite wechselte, schlug sich Masinissa, der König des Massyli-Volkes, auf die Seite der Römer. Syphax unterlag mit Karthago, wurde von Masinissa gefangen genommen und starb im Gefängnis in Rom.

Masinissa wurde nun Herrscher über ganz Numidien und das Land erlebte eine Blütezeit in der Landwirtschaft wie im städtischen Leben. Während seiner Regierungszeit legte Masinissa die Grundlage für ein mächtiges Reich im Schatten Roms.

KURZMELDUNGEN ca. 150-142 v. Chr.

Machtwechsel zum Ersten (150 v. Chr.): König Demetrios von Syrien, der durch die Ermordung des elfjährigen Antiochos V. zur Macht gekommen war, ist tot. Er fiel in einer Schlacht gegen Alexander Balas, der behauptet, ein Sohn des Antiochos IV. zu sein. Alexander herrscht nun über Syrien.

… zum Zweiten… (145 v. Chr.): Alexander Balas ist nach einer Niederlage in der Schlacht gegen den (gleichnamigen) Sohn des Demetrios zu den Nabatäern geflohen. Demetrios II. ist nun sein Nachfolger.

… und zum Dritten (142 v. Chr.): Antiochos VI., der minderjährige Sohn des Alexander Balas, ist tot. Er wurde von seinem Regenten Tryphon erschlagen, der ihn noch ein Jahr zuvor selbst zum Gegenkönig gegen Demetrios II. ausgerufen hatte. Tryphon hat sich zum König von Syrien ernannt. Demetrios kann sich im Osten des Reiches allerdings noch halten.

Ein Mann räumt auf

Karthago, ca. 147 v. Chr.

Die Karthager sehen einem harten Winter entgegen. Nach der Belagerung durch den römischen General Scipio droht ihnen nun die Aushungerung durch Land- und Seeblockaden.

Scipio ist auch Konsul, obwohl er für dieses Amt nach den Maßgaben der römischen Ordnung eigentlich zu jung und unerfahren ist. Für die Operation Karthago hat Rom ihm größtmögliche Vollmacht ausgestellt.

Diese Maßnahme wurde aus der Not geboren, um stümperhafte Fehler anderer leitender Personen wettzumachen. Die karthagische Armee ist derweil nur noch dazu in der Lage, Partisanenkrieg zu betreiben.

Die Hoffnungen Karthagos hatten im vergangenen Jahr unverhofft zu keimen begonnen, als sich ein neuer römischer Militärführer als äußerst schwach herausstellte und es an anderen Ecken des Reiches, in Makedonien und Spanien, ebenfalls gärte. Den Karthagern war es sogar gelungen, durch Infiltration die Numidier wie auch die römischen Truppen zu demoralisieren.

Die Ernennung Scipios, des römischen Oberaufsehers über Numidien, erwies sich als Glücksfall für Rom. Zunächst einmal räumte er in der Armee auf. Er führte verschärfte disziplinarische Maßnahmen ein und schickte nutzlose Verwaltungsbeamte nach Hause. Dann isolierte er die Stadt sektorenweise und sorgte in den abgegrenzten Gebieten für konsequente Beseitigung aller rebellischen Kräfte. Die Aufständischen mussten sich in die Altstadt zurückziehen. Die punischen Unterwanderer wurden fortan abgefangen.

Scipios Einkreisungsstrategie gipfelte schließlich in der Schließung der Hafeneinfahrt. Die karthagische Flotte wurde zerstört und den Römern dadurch ein wichtiger Brückenkopf für weitere Militäroperationen geliefert.

Der karthagische General Hasdrubal und seine Truppen verteidigen ihre Stadt mit allen Mitteln. Die Gefangenen, die sie unter den Römern machten, wurden vor den Augen der Truppen beider Lager zu Tode gefoltert. Solche Maßnahmen erwecken nicht den Eindruck, als würde die ganze Sache einmal auf dem Verhandlungswege beigelegt werden können.

Nun ist der Winter da. Die großen Mauern der Stadt sind bereits alle zerstört bis auf diejenigen, die die Altstadt umgeben. Die Einwohner suchen verzweifelt nach Schutz und Nahrung. Davon ist allerdings kaum noch etwas zu finden.

Die Kunst der Rhetorik war bei den Römern hoch angesehen. Die besten Redner wie Aurus Metelus durften damit rechen, dass zu ihren Ehren auf Staatskosten Statuen an öffentlichen Plätzen errichtet wurden.

Das Ende einer Großstadt

Karthago, ca. 146 v. Chr.

Furchtbares Blutbad in Karthago: Die Stadt steht in Flammen, zahlreiche Menschen sind tot oder liegen im Sterben. Rom siegt auf der ganzen Linie.

Die siegreiche römische Armee stieß in die Altstadt vor und plünderte und verbrannte auf dem Weg dorthin jedes Haus, bis sie zur Zitadelle kam. 50000 Karthager ergaben sich. Eine Gruppe römischer Überläufer, die sich Hasdrubal angeschlossen hatte, fanden in einem Tempel auf dem höchsten Punkt der Stadt den Tod. Wohl wissend, dass sie keine Chance auf Gnade hatten, setzten sie den Tempel in Brand und starben in den Flammen. Auch Hasdrubals Frau und Kinder wurden Opfer des Feuers. Hasdrubal selbst ging von sich aus auf die Invasoren zu und bettelte um sein Leben.

Als Scipio die verwüstete Stadt überblickte, kam ihm der Klassiker Homer in den Sinn, und er zitierte aus der Ilias zum Fall Trojas: »Einmal wirst auch du, heiliges Troja, vergehen.«

Mittlerweile sind zehn römische Senatoren in der Stadt eingetroffen, um in den nachfolgenden Verhandlungen die Interessen des Staates zu vertreten. Ihnen wurde ein Anteil der Kriegsbeute überreicht. Die gefangenen Männer, Frauen und Kinder sind bereits in die Sklaverei verkauft worden.

Scipio fand in der Stadt einige griechische Statuen vor, die die Karthager in vorangegangenen Kriegen um Sizilien erbeutet hatten. Diese gab er den ursprünglichen Eigentümern zurück. Eine brillante diplomatische Geste, die die freundschaftlichen Verbindungen zwischen Rom und den verschiedenen Kulturzentren Siziliens festigt.

Die Gebiete Karthagos sind nun römische Provinz. Den Nachbarstädten wurde Land zugewiesen oder auch genommen, je nachdem auf welche Seite sie sich in der Zeit des Krieges gestellt hatten. Karthago wurde vollständig dem Erdboden gleichgemacht und als Ödland hinterlassen. Der Grund, auf dem die Stadt stand, wurde von den Römern verflucht.

Roms Kriegsjahrhundert im Osten

Es hat in diesem Jahrhundert kein einziges Jahrzehnt gegeben, in dem Rom nicht Krieg führte. Der Hauptschauplatz der Konflikte war Nordafrika, aber es gab auch regelmäßig Kämpfe in Griechenland und Kleinasien. Hier einige von ihnen.

ca. 200 v. Chr.: Rhodos und Pergamon, Verbündete von Rom, werden zunehmend verwundbar. Rhodos hatte die Position Athens als Handelszentrum übernommen, eine Rolle, die vom offenen Zugang zum Meer abhängig ist. Aber Philipp V. von Makedonien hat Pläne, den Hellespont zu besetzen. Pergamon ist besorgt über diese Absichten Philipps, weil damit eine Aufteilung Ägyptens zwischen Makedonien und Syrien droht.

200 v. Chr.: Rom erklärt Makedonien den Krieg.

197 v. Chr.: Philipp wird in der Schlacht von Kynoskephalae vom römischen Konsul Flaminius geschlagen. Rom fordert die Kapitulation seiner Flotte, massive Reparationszahlungen und Makedoniens Rückzug aus Thessalien und Griechenland.
Nachdem Philipp jetzt keine Bedrohung mehr darstellt, greift Antiochos III. von Syrien, der gern Führer einer vereinigten hellenistischen Welt wäre, den Hellespont und eine Reihe kleinasiatischer Städte an. Daraufhin bittet Pergamon Rom, Beobachter zu schicken, um die Situation zu klären. Antiochos, der überzeugt ist, dass Rom einen Krieg plant, greift jetzt Griechenland an.

192 v. Chr.: Die Griechen in Aetolia, im Nordwesten von Griechenland, laden von ihrer Seite aus Antiochos ein, Griechenland da zu besetzen, wo Rom unbeliebt geworden ist. Die Römer halten Antiochos bei den Thermopylen auf.

191 v. Chr.: Antiochos' Flotte wird von den Römern zerstört.

189 v. Chr.: Die Römer schlagen Antiochos in der Nähe von Magnesia in Asien. Die seleukidische Dynastie des Antiochos verliert ihren Einfluss im Mittelmeerraum. Der römische Angriff wird von den zwei Scipios angeführt, Lucius Scipio und sein Bruder Scipio Africanus.

188 v. Chr.: Antiochos wird gezwungen, den Vertrag von Apamea zu unterzeichnen. Er verliert ganz Asien westlich des Taurus-Gebirges, das nun zwischen Pergamon und Rhodos aufgeteilt wird. Die Aetolier und Galater werden vernichtet. Die Beute aus diesem Feldzug ist der Grundstock des künftigen Luxus von Rom, weil dadurch den römischen Bürgern eine direkte Besteuerung erspart bleibt.

Der Sieg bei Samothrake. Eine der berühmtesten griechischen Statuen ist gleichzeitig eine der wenigen, von denen bekannt ist, an welcher Stelle sie ursprünglich stand. Die Ehrfurcht gebietende beflügelte Frauendarstellung befand sich ursprünglich an einem Schiffsbug und wurde von den Kämpfern der Insel Rhodos aufgerichtet anlässlich der erfolgreichen Seeschlacht gegen Rom.

179 v. Chr.: Philipp V. stirbt. Obwohl er sich scheinbar geduldig in die Niederlage gegen Antiochos gefügt hat, hat er in Wirklichkeit die Wiederbewaffnung vorangetrieben mit der Absicht, Rom für seine Niederlage im Jahre 197 v. Chr. zu bestrafen. Sein Sohn Perseus verschärft die Spannungen mit Rom. Seine Armee wird im Jahre 168 bei Pidna zerstört, Makedonien wird geviertelt und 148 v. Chr. römische Provinz.

168 v. Chr.: Der Versuch des Antiochos IV., die Verehrung des Zeus in Jerusalem einzuführen, entfacht den Aufstand der Makkabäer, und die inneren Spannungen in Syrien sind so stark, dass der Aufstand nicht unterdrückt werden kann.

147 v. Chr.: Der Achäische Bund – ein Zusammenschluss griechischer Städte – ist nach dem Fall von Makedonien zu dieser Zeit die Hauptmacht in der Gegend. Eine ohnehin unsichere Beziehung mit Rom zerbricht, als Rom Sparta (ein Mitglied des Bundes) und andere Orte einnimmt. Der Bund seinerseits beschließt zu kämpfen, um sie zurückzuerobern.

146 v. Chr.: Der Bund wird besiegt. Die Revolution in Korinth wird von Mummius brutal niedergeschlagen, der danach die Stadt dem Erdboden gleichmacht. Alle Feinde Roms werden niedergemetzelt und Griechenland wird zu einer römischen Provinz degradiert.

133 v. Chr.: Attalos III. von Pergamon stirbt, hinterlässt seinen Besitz und seine Gebiete Rom und gibt den griechischen Städten innerhalb seines Reiches die Freiheit. Im Jahre 131 folgt ein Massenaufstand.

129 v. Chr.: Rom schlägt den Aufstand von Pergamon nieder und gründet eine neue Provinz Asia.

Rom – der Geldsack der Welt

Rom, ca. 135 v. Chr.

In Rom werden heute die Reichen immer reicher und die Zahl der römischen Provinzen nimmt ständig zu. Afrika, Griechenland und Asien gehören jetzt zu Rom. Ihr Geld fließt in Roms Truhen.

Das meiste davon ist in den Taschen der Adeligen gelandet, der reichen Aristokraten, die die Macht hinter dem Senat darstellen. Sie geben es für Land aus, meistens auf Kosten dienender Soldaten, die darunter leiden, dass die mühsamen Feldzüge der vergangenen Jahre es unmöglich machen, sich zu Hause um ihre Landwirtschaft zu kümmern. Wenn ihr Land ihnen erst einmal genommen ist, werden sie es ja auch nicht mehr bebauen müssen. Seit den letzten Kriegen stehen außerdem reichlich Sklaven zur Verfügung, die keine Entlohnung bekommen.

Für die Reichen könnte aber trotzdem noch alles schief gehen. Um in der römischen Armee dienen zu können, muss ein Mann Grundbesitz haben. Nur wenigen der Adeligen, die sich jetzt auf den riesigen Anwesen niedergelassen haben, ist klar, dass es mit der von ihnen verfolgten Politik immer weniger Soldaten geben wird, die in der Lage sein werden, sie zu verteidigen, wenn der nächste Krieg ausbricht.

Inzwischen erfreuen sich die reichen Römer eines luxuriösen Lebensstils. Die griechische Kultur ist gerade »in« und die schönen Künste erleben eine Blütezeit, alle heftig beeinflusst von der hellenistischen Kunst. Cato, der so lange für die Reinheit der römischen Kunst gekämpft hat, sieht jetzt in Rom genau das, was er in Karthago so sehr verachtet hat.

Die reichen Römer haben allerdings mehr zu fürchten als den Zorn Catos. Die Armen, die von den Kriegen nicht profitiert haben, werden unruhig.

Volksheld hinterhältig ermordet

Rom, 133 v. Chr.

Ein heroischer Versuch, den Armen von Rom (denen durch die reichen Senatoren ihr Land genommen wurde) Gerechtigkeit widerfahren zu lassen, hat mit dem Tod des Volkshelden Tiberius Gracchus durch die Hände eines wutentbrannten Senats ein blutiges Ende genommen.

In Rom wurden häufig Musiker engagiert, um in den Straßen zu Ehren der Person zu spielen, die sie bezahlt hatte. Diese Zeichnung zeigt Musiker in Pompeji.

Tiberius Gracchus, ein »Tribunus Plebs« (gewählt, um die Interessen des Volkes zu vertreten), plante ein ehrgeiziges Reformprogramm, um der schreienden sozialen Ungerechtigkeit zu begegnen.

Viele Bauern haben ihr Land verloren, weil sie in der Armee Dienst leisten. Und ein Großteil des Landes, das Rom durch die Schlachten dazugewonnen hat, ist rechtlich gesehen Allgemeinbesitz. Rein theoretisch haben Bauern unter anderem das Recht, dort ihr Vieh zu weiden. Große Flächen dieser Ländereien sind jedoch unrechtmäßig von Adeligen mit Beschlag belegt worden. Der Vorschlag von Gracchus sah nun vor, all diese Ländereien – außer einem kleinen, eher symbolischen Grundbesitz – zu konfiszieren und unter den Armen neu zu verteilen.

Anders als üblich und für ihn mit tödlichen Folgen beschloss Gracchus, seine Sache nicht vor dem Senat zu vertreten, sondern es vor das Konzil, das Forum der einfachen Leute, zu bringen, von dem die Senatoren ausgeschlossen sind. Der Senat war naturgemäß gegen seine Gesetzesvorlage.

Gracchus jedoch überlistete seinen Hauptgegner im Senat, indem er eine Volksopposition dagegen organisierte, mit dem Ergebnis, dass sein Gegner abgesetzt, der Gesetzentwurf vom Senat angenommen und eine Landkommission eingesetzt wurde.

Das Schicksal des Gracchus war besiegelt, als Attalos III. von Pergamon seine Gebiete dem römischen Volk vererbte. Gracchus beeinflusste eine Volksabstimmung dahin gehend, dass Einkommen aus den neuen Gebieten an die Landkommission gehen sollen. Traditionell ist der Senat verantwortlich für außenpolitische Angelegenheiten, aber nachdem das Volk gesehen hatte, dass der Senat so viel öffentliches Land an sich gerissen hatte, war es nicht bereit, ihm das Land anzuvertrauen, das doch dem ganzen Volk vererbt worden war.

Tiberius Gracchus starb unter den Händen eines wütenden Senatspöbels, der ihn und einige Hundert seiner Anhänger aus dem Hinterhalt tötete und ihre Leichen in den Tiber warf.

Attentat auf Friedensherrscher

Jerusalem, 135 v.Chr.

Simon, der letzte der Söhne des Mattatias, ist ermordet worden, was mit an Sicherheit grenzender Wahrscheinlichkeit das Ende einer ungewöhnlich langen Friedensphase in der Geschichte Judäas bedeutet. Er wurde von seinem Schwiegersohn Ptolemaios getötet, der gehofft hatte, durch dieses Verbrechen selbst die Herrschaft über Judäa an sich zu bringen. Aber Simons Sohn Johannes Hyrkanos hat prompt gehandelt, um zu verhindern, dass Ptolemaios von seinen Untaten profitiert und ist direkt nach Jerusalem gegangen, um seine Nachfolge einzufordern. Simon war ein weiser Herrscher über die Juden. In seiner Zeit als Hohepriester (durch Volksernennung) und gleichzeitig als militärischer und ziviler Gouverneur wurde die Nation fest gegründet und das Volk erlebte Wohlstand. Er förderte das Wohl seines Volkes und es bebaute sein Land in Frieden.

Er herrschte in einem faktisch unabhängigen Staat unter der Oberhoheit von Syrien. Zu seiner Zeit wurde es durch die Eroberung von Geser vergrößert, das den westlichen Zugang zu Judäa sicherte; Judäa kontrolliert jetzt die lebenswichtige Küstenstraße nach Joppe. Geser wurde nach einem gewaltigen Kampf eingenommen und mit jüdischen Kolonisten besiedelt. Außerdem wurde der Tempelbezirk befestigt. Simon hinterlässt Judäa als einen starken, modernen Staat, obwohl es möglicherweise noch ein paar ausstehende Rechnungen gibt; nicht zuletzt die Antihaltung des Antiochos VII. von Syrien, der, nachdem er Simon zunächst umwarb, seine Politik änderte und die Rückgabe von Joppe

Hoffnung nach Tod des Monarchen

Jerusalem, ca. 129 v.Chr.

Jüdische Soldaten sind in der syrischen Armee gegen die Parther marschiert, angeführt von ihrem Hohepriester Johannes Hyrkanos. Der syrische Monarch Antiochos wurde in dem Feldzug getötet.

Sein Tod ist das Ende eines Abschnittes in der jüdischen Geschichte, der umso schmachvoller ist, weil sie der höchst erfolgreichen Regentschaft von Johannes' gefeiertem Vater Simon Makkabäus folgt.

Johannes, dessen promptes Handeln nach der Ermordung seines Vaters ihm die Stellung als Hohepriester und auch die zivile Führung in Judäa sicherte, hat bisher nicht halb so viel Ruhm erlangt wie sein Vater. Seine Regentschaft ist ein ständiger Versuch, Antiochos bei Laune zu halten, das allerdings um einen erheblichen Preis, wie Judäa hinterher schmerzlich erfahren musste.

Der syrische König, der nicht die Absicht hatte, sich Judäa entgleiten zu lassen, besetzte das Land, als Johannes Hohepriester wurde, und belagerte Jerusalem. Die Stadt fiel vor fünf Jahren.

Jetzt bekam Antiochos, was Simon ihm verweigert hatte. Er rang Judäa eine Friedenskaution von 500 Talenten ab, entwaffnete die Juden und zerstörte Simons Befestigungsanlagen um den Tempelbezirk herum. Außerdem verlangte er Pacht für Joppe und Geser, die Simons Armee ihm zuvor verweigert hatte. Judäa blieb unter der Kontrolle von Johannes, allerdings jetzt viel mehr als unterworfene Nation als zuvor.

Mit dem Tode von Antiochos wird sich zeigen, ob Johannes Hyrkanos der Herrschertyp werden kann, auf den seine illustren Vorfahren hätten stolz sein können.

Der alte Hafen von Joppe

und Geser forderte. Als Simon ablehnte, forderte Antiochos stattdessen schwere Tributzahlungen. Vor zwei Jahren hatten Simons Söhne Judas und Johannes Makkabäus Antiochos' Armee geschlagen und so für den Rest von Simons Herrschaft den Frieden gesichert.

Jetzt ist Simon tot, und es ist durchaus möglich, dass Antiochos auf Rache sinnt.

KURZMELDUNGEN 125-100 v.Chr.

Kaiserliche Uni (124 v.Chr.): Kaiser Wu Ti aus der Han-Dynastie hat eine kaiserliche Universität in der Kaiserstadt Loyang in Ostchina erbaut. Die Studenten werden dort in den Lehren des Konfuzius ausgebildet, die inzwischen Staatsideologie sind. Gekoppelt war dies mit einer Reform des Lehrkörpers, ebenfalls um konfuzianische Ideen zu stärken. Die Philosophie des Konfuzius lehrt unter anderem Gehorsam gegenüber dem Staat.

Austern ohne Perlen (110 v.Chr.): In Baia, in der Nähe von Neapel, werden erstmals Austern kultiviert. Der erste Austernunternehmer, Sergius Orata, macht das große Geld, indem er die neue Delikatesse an reiche Römer verkauft. Es ist das erste Mal, dass im Westen das Meer bebaut wird.

Krumme Linien (1. Jahrhundert v.Chr.): Eine auffällige, krummlinige Art der Verzierung ist eines der Themen der spätkeltischen Kunst. Obwohl sie auf klassischen Themen beruht, gab es sie zuerst in Osteuropa und Nordfrankreich; Kenner stellen fest, dass diese Kunstart auf den britischen Inseln am reifsten ist. Die spätkeltische Kunst verwendet kein Metall und ist deshalb nicht um Industriezentren herum angesiedelt. Die Verteilung über den Handel scheint zu florieren.

Weltlicher Priester bringt Judäa nach vorne

Jerusalem, 105 v. Chr.

Der Mann, der Judäa mehr als jeder andere Herrscher auf dem Weg zu einem säkularen Staatswesen vorangebracht hat, ist gestorben. Sein Nachfolger ist sein Sohn Aristobulos. Johannes Hyrkanos war ein Hasmonäer der besonderen Art. Im Unterschied zu seinen Vorgängern hat er den Staat mehr als weltlicher denn als geistlicher Herrscher geführt.

Sein Festhalten am Titel des Hohepriesters war ständiger Reibungspunkt zwischen den frommen Juden und dem Regime von Hyrkanos.

Sein Hohepriestertitel war relativ bedeutungslos, einmal abgesehen von seiner Erfüllung öffentlicher Aufgaben. Er war ein Soldatenherrscher, und viele, die in seiner Armee gekämpft haben, waren eher Söldner als Leute, die für ihre Familien, für ihr Volk und vor allem für ihren Gott kämpften.

Seit dem Tod Antiochos' VII. hatte Johannes Hyrkanos die Unabhängigkeit Judäas ausgenutzt, um eine Politik territorialer Expansion zu verfolgen, wo immer das möglich war. Im Osten hat er die größten Städte Medeba und Samaga eingenommen und sich auch die umliegenden Gebiete angeeignet.

Im Norden nahm er Sichem, die Hauptstadt der Samariter, ein, und auf dem Berg Garizim verwüstete er den Tempel der Samariter – ein Akt, mit dem er sich bei den Juden sehr beliebt machte. Im Süden besetzte er Edom, dessen Herrschaft über das »Volk Gottes« vom Propheten Obadja öffentlich gerügt worden war, und zwang die Bevölkerung, den Judaismus zu akzeptieren.

Sein ehrgeizigstes Projekt ist immer noch nicht abgeschlossen. Die griechische Stadt Samaria, eine Schlüsselfestung der Makedonier, ist derzeit unter Belagerung. Die Belagerung begann vor fünf Jahren und wird angeführt von Johannes' Söhnen Antigonos und Aristobulos. Sie wird mit ziemlicher Sicherheit erfolgreich sein.

Schreckensjahr beendet

Jerusalem, 104 v. Chr.

Aristobulos ist tot und ganz Judäa stößt einen Riesenseufzer der Erleichterung aus. Der Sohn von Johannes Hyrkanos hat in seiner zum Glück für Judäa nur sehr kurzen Amtszeit im Volk Blut fließen lassen, und nur wenige seiner Feinde sind noch am Leben. Er war der erste der makkabäischen Herrscher, der sich selbst mit dem Titel des Königs ausstattete. In den vergangenen zwölf Monaten hat er seine eigene Mutter verhungern und all seine Brüder ins Gefängnis werfen lassen, außer Antigonos, den er schließlich jedoch ebenfalls tötete, weil er ihn des Verrats verdächtigte.

Seine Nachfolge tritt sein Bruder Jonatan an, besser bekannt unter seinem griechischen Namen Alexander Jannäus.

Palästina unter den Makkabäern. Der Makkabäeraufstand führte im Lauf der Jahre zu einer Ausweitung des judäischen Gebietes.

Legende:
- Judäa zu Beginn des Aufstands
- *Zuwächse unter*
- Jonatan (160-142 v.Chr.)
- Simon (142-134 v.Chr.)
- Joh. Hyrkanos I. (134-104 v.Chr.)
- Hyrkanos II. (104-103 v.Chr.)
- Alexander Jannäus (103-76 v.Chr.)

Theologen im Clinch mit dem König

Judäa, ca. 100 v.Chr.

Eine mächtige Gruppe theologischer Rechtsgelehrter, die Pharisäer, haben den neuen Herrscher von Judäa, Alexander Jannäus erzürnt, mit der Folge, dass sich die politische Landkarte verändert hat.

Die Pharisäer haben zunehmend Einfluss gewonnen, hauptsächlich in ihrer Eigenschaft als Ausleger des mosaischen Gesetzes, als Wächter über die Arbeit früherer Gesetzeslehrer und als Verfechter des Gesetzes als klare Anleitung für alle Lebensbereiche. Das hat sie zu Sprechern über eine Reihe von Themen gemacht, zu der sich die religiöse Intelligenz bisher nicht geäußert hat.

Ihre jüngste Zielscheibe ist Jannäus selbst. Es gibt Berichte über lange Streitgespräche, in denen die Pharisäer eine seit langem widerlegte Geschichte zitierten, nach der seine Mutter einmal eine Gefangene gewesen sein soll. Nach einer wenig bekannten Klausel im Gesetz würde das Jannäus vom Amt des Hohepriesters disqualifizieren.

Auf dieser ziemlich dürftigen Grundlage haben die Pharisäer die Forderung aufgebaut, dass er als Priester abdanken und ein weltlicher Führer werden soll. Es scheint, dass die Pharisäer schlechte Diplomaten sind, selbst wenn sie sich als gute Rechtsgelehrte erweisen. Jannäus, selbst ehemaliger Pharisäer, hat sich jetzt den Sadduzäern angeschlossen.

Der Konflikt verschärfte sich noch, als Jannäus absichtlich den Praktiken der Sadduzäer folgte statt dem pharisäischen Ritus, während er das Laubhüttenfest leitete. Es wurde daraus ein Aufstand, der von griechischen Söldnern niedergeschlagen werden musste. Man nimmt an, dass dabei im Tempelbezirk über 6000 Menschen ums Leben kamen. Niemand weiß, wie es kam, dass der Begriff »Pharisäer« auf eine Gruppe religiöser Rechtsexperten angewendet wird. Möglicherweise bedeutet er »Separatisten«, weil sie sich von der weltlichen Autorität des Herrschers distanzieren, aber andere Bedeutungen sind ebenfalls möglich. Der Sanhedrin, das religiöse Herrschergremium, ist zurzeit aufgeteilt zwischen den Pharisäern und den Sadduzäern.

Die Pharisäer werden gebraucht, weil neue Gegebenheiten, die von den alten Schriften nicht abgedeckt sind, im mosaischen Gesetz versierte Experten erfordern, um über die Gesetzesauslegung zu entscheiden. Sie rekrutieren sich eher aus dem Volk als aus der Priesterschaft, und im Laufe der Jahre sind sie immer stärker Vertreter der Interessen des Volkes geworden gegen die Macht der Priesterschaft.

Massenkreuzigung beendet Bürgerkrieg

Judäa, 88 v. Chr.

Hunderte von Pharisäern, jüdische Laientheologen, sind als Vergeltungsmaßnahme gekreuzigt worden – das brutale Ende eines kurzen Bürgerkrieges.

Es fing an, als Alexander Jannäus im Jahre vor sechs Jahren von einer desaströsen Offensive gegen die Nabatäer zurückkehrte. Damals stellte er fest, dass die Pharisäer einen Aufstand gegen ihn angezettelt hatten.

In den folgenden sechs Jahren befand sich Judäa im Bürgerkrieg. Die Pharisäer weigerten sich, Frieden zu schließen und forderten die Hinrichtung Alexanders, aber sie hatten sich ernstlich verrechnet, als sie die Syrer um Hilfe baten.

Demetrios III. von Syrien marschierte entgegenkommend ein und zwang den König ins Exil. Doch von den Juden kam eine überwältigende Reaktion, die sich für Alexander einsetzten. Demetrios war so vernünftig, sich daraufhin zurückzuziehen. Nun durfte Alexander zurückkehren. Er nahm schreckliche Rache an den Pharisäern. Neben Hunderten, die gekreuzigt wurden, sind noch sehr viele mehr ins Ausland ins Exil geflohen.

Die Stellung des Königs ist nach dieser Machtdemonstration nahezu unantastbar.

Berühmte Sammlung frommer Schriften

Die geschriebene Geschichte des heldenhaften Kampfes der hasmonäischen Dynastie gegen die griechische Einflussnahme auf Judäa ist einer Schriftensammlung hinzugefügt worden, die als göttlich inspiriert gilt.

Die Sammlung dieser Schriften beinhaltet rein dichterische Werke wie etwa »Bel und der Drache«, eine Legende, die mit Daniel, dem ehemals im babylonischen Staatsdienst tätigen Juden, zusammenhängt. Besonders populär ist die ebenfalls erfundene Geschichte des blinden Tobit, der geheilt und dessen Sohn vom Tod gerettet wird.

Der blinde Tobit beim Gebet. Detail aus einem Gemälde von Rembrandt.

Wichtig ist auch die legendäre Gestalt der Judit, einer Schönheit, die wie einst Ester die Juden von Unterdrückern befreit haben soll. Allein steht sie in dieser Erzählung gegen die Assyrer und lockte den feindlichen General Holofernes in den Tod.

Gemeinsam mit den zwei Büchern über die Makkabäer taucht in der Sammlung auch ein Geschichtsbuch aus der Zeit des Esra auf.

Auch die Weisheitsliteratur ist in der Sammlung vertreten, so etwa die so genannte »Weisheit Salomos«, die allerdings mehr griechische als salomonische Weisheit durchschimmern lässt. In Jesus Sirach gibt es sowohl Aussagen der Weisheit als auch markige Sprüche wie: »Lasst uns die berühmten Männer loben!«

Hebräische Schriften für Juden unverständlich

Alexandria, ca. 100 v. Chr.

Die Bücher der hebräischen heiligen Schriften und andere religiöse Werke werden von vielen Juden gelesen, die selbst gar kein Hebräisch können.

Die Hauptschriften des jüdischen Glaubens sind jetzt ins Griechische übersetzt worden, das die Sprache der internationalen Verständigung ist. Es heißt jedoch, dass der Stil weniger allgemein verständlich ist als vielmehr exzentrisch, wenn nicht sogar altertümlich. Viele Hebraismen sind im Text erhalten geblieben, die ihn unverständlich machen für Leute, die mit jüdischen Bräuchen und jüdischer Redeweise nicht vertraut sind.

Dennoch wird die Übersetzung begrüßt, weil sie den Juden, die nach Ägypten oder in andere Länder ausgewandert sind, oder außerhalb Judäas geboren wurden, eine reiche Quelle jüdischen Glaubens eröffnet.

Wenn man dem Volksglauben Glauben schenken soll, war die aufstrebende jüdische Gemeinde in Alexandria für den Beginn der Übersetzung damals unter der Herrschaft von Ptolemaios II., des griechischen Königs in Ägypten, verantwortlich. Es heißt, Ptolemaios habe persönlich die ursprüngliche Übersetzung des Gesetzes (Pentateuch) unterstützt und 70 Älteste aus Jerusalem nach Ägypten anreisen lassen.

Die Legende erzählt, dass die Männer in 70 Zellen untergebracht wurden, und dass sie, als sie nach solcher Klausur wieder zusammenkamen, alle genau den gleichen Wortlaut für die Übersetzung parat gehabt haben sollen. Die Wahrheit ist vermutlich prosaischer.

Seither haben andere an anderen Büchern gearbeitet, und die Schreiber, die diese Schriften kopierten, haben ihrerseits Veränderungen eingebracht, so dass es keinen einzelnen autorisierten griechischen Text gibt. Man nennt die Schriftsammlung »Septuaginta« (nach den 70 Ältesten).

Roms meistgehasster Mann geht in Ruhestand

Rom 82 v. Chr.

Der zum Aristokraten gewordene Soldaten-Politiker Lucius Cornelius Sulla, der jetzt in den Ruhestand gegangen ist, erklomm die Karriereleiter in der Armee, um der meistgehasste Mann Roms zu werden.

Eine Reihe militärischer Auseinandersetzungen gaben ihm Gelegenheit, seine Tapferkeit im Kampf zu beweisen, allerdings sehr auf Kosten seiner Beliebtheit. Im Jugurthinischen Krieg vor 25 Jahren in Afrika landete er einen diplomatischen Coup, der den Krieg beendete, aber sein Kommandeur Gaius Marius hat ihm nie verziehen, dass Sulla sich dadurch in den Mittelpunkt rückte. Er kämpfte unter Marius auch in Germanien und wurde vor elf Jahren zum Magistrat ernannt, der erste Schritt, um Konsul zu werden, was drei Jahre später auch geschah.

Er führte einen Krieg gegen Mithridates, den König von Pontus, der Provinz Asia, aber der Tribun Sulpicius

Sitzender Trommler. Keramikfigur aus der chinesischen Provinz Szechuan

hatte die Armee unter das Kommando von Marius gestellt. Sulla antwortete darauf, indem er sechs Legionen in Rom einmarschieren ließ, die Armee mit Gewalt übernahm, Sulpicius hinrichten ließ und in den Kampf gegen Mithridates zog. Marius, der vom Volk zum Konsul gewählt worden war, musste fliehen.

Sullas triumphale Rückkehr leitete eine Schreckensherrschaft ein, die mit einem barbarischen Bürgerkrieg ihren Anfang nahm. Im Verlauf dieses Krieges besiegte Sullas aristokratische Partei die »Marianer«. Marius kam zwar vor fünf Jahren zurück, um seine Partei anzuführen, aber er starb schon im selben Jahr.

Nachdem er sich selbst zum Diktator gemacht hatte, ließ Sulla alle Anhänger des Marius entweder hinrichten oder schickte sie in die Verbannung und machte sich daran, die Verfassung radikal zu verändern, um die Macht fest in die Hände des Senats und der Aristokratie zu legen.

Chinesische Heiratspolitik

China, ca. 70 v. Chr.

Das Han-Reich hat jetzt expandiert, um einen Großteil der östlichen Seite der »Seidenstraße« nach Afghanistan und in den Iran zu kontrollieren.

Das liegt in erheblichem Maße an Kaiser Wu Ti und seinen Nachfolgern. Sie haben erfolgreich Krieg geführt gegen die Hsiungnu und die Große Mauer erweitert.

Eine Folge ist, dass die Feinde der Han sich untereinander bekriegen, und einer derer, die Anspruch auf den Thron erheben, hat den jetzigen Kaiser Siuan Ti um Asyl gebeten. Dieser hat es ihm gnädig gewährt und hat sogar eine Heirat zwischen ihm und einer chinesischen Prinzessin arrangiert. Jetzt plant er, dieses zutiefst dankbare neue Familienmitglied auf den Hsiungnu-Thron zu setzen.

Spartakus-Aufstand niedergeschmettert

Die Geschichte des Spartakus-Aufstandes war Inhalt des Films *Spartakus* mit Kirk Douglas in der Titelrolle.

Rom, 71 v. Chr.

Alles ist besser als ein Leben als Gladiator. So dachte der thrakische Sklave Spartakus und mit ihm 90 000 Mitsklaven.

Vor zwei Jahren entfloh er seinem römischen Herrn und begann mit dem Aufbau einer gewaltigen Armee. Eine Zeit lang befand sich sein Hauptquartier in einem Krater des erloschenen Vulkanes Vesuv, was wie ein Symbol wirkt, aber die römischen Herrschenden hätten auch gut daran getan, es zu bedenken.

Seit zwei Jahren bedroht seine Armee, die zeitweilig 70000-100000 Mann zählte, Rom. Aber Uneinigkeiten zwischen den Anhängern des Spartakus führten dazu, dass er seinen ursprünglichen Plan aufgab, nach Norden durch die Alpen zu fliehen. Stattdessen ließ er sich auf eine Terrorkampagne in Süditalien ein. Wahrscheinlich wäre Sizilien ihm zugefallen, wenn die Piratenschiffe, die die Rebellen dorthin bringen sollten, sie nicht sitzen gelassen hätten.

Mehrere Versuche Roms, den Aufstand zu unterdrücken, schlugen fehl. Jetzt hat Crassus Erfolg gehabt, der Spartakus in drei Schlachten schlagen und ihn und seine Armee schließlich bei Lukania völlig vernichten konnte. Tausende gefangene Aufständische sind gekreuzigt worden. Um die restlichen hat sich Pompeius gekümmert, der von seinen Siegen in Spanien zu seinem zweiten Triumphzug nach Rom zurückkehrte (eine seltene Ehre, von der viele sagen, er sei zu jung dafür).

Schon ein Jahr im Duett

Rom, ca. 70 v. Chr.

Eine der zerbrechlichsten Regierungspartnerschaften im jüngsten Rom hat zwölf Monate überdauert. Pompeius und Crassus sind seit einem Jahr Konsuln.

Beide Männer sind macht- und geldhungrig, beide müssen die großartigen Begabungen des jeweils anderen anerkennen, und sie haben sich in ihrer Konsulschaft zusammengetan, um viele von Sullas Reformen zurückzunehmen. Beispielsweise ist die frühere Macht der Tribunen wieder hergestellt. Der erfolgreiche und viel gelobte Pompeius wurde im Alter von 36 Jahren zum Konsul gemacht, obwohl er drei der sonst üblichen Voraussetzungen dafür nicht erfüllte: Er ist rechtlich nicht alt genug für das Amt, er ist zuvor nicht Magistrat gewesen oder hat ein vergleichbares Amt bekleidet und er ist nicht Mitglied im Senat.

Er war ein Protegé Sullas. Unter Sulla erlangte er auch militärische Erfolge und bekam zweimal das Recht, im Triumphzug in Rom einzuziehen, eine selten gewährte Ehre. Er war jedoch keineswegs nur eine Marionette des Feldherrn. Es scheint so, als habe er Sulla gezwungen, ihm den römischen Triumph zu gewähren.

Ganz reibungslos läuft die Zusammenarbeit mit seinem Mitkonsul Crassus aber nicht. Diesen ärgert die Tatsache, dass Pompeius erst nach der Niederschlagung des Spartakusaufstandes auftauchte, also nachdem die schwerste Arbeit bereits erledigt war, und einen Teil des Lohns einstrich.

Königin der Juden

Judäa, ca. 69 v. Chr.

Die Herrschaft der ersten Königin von Judäa ist zu Ende.

Alexandra Salome erhob Anspruch auf den Thron, als ihr Mann Alexander Jannäus in einem von einer ganzen Reihe militärischer Feldzüge umgekommen war, die er unternommen hatte, seit die Syrer vor 14 Jahren vom armenischen König besiegt worden waren.

Es war ein Tod, wie er ihn sich gewünscht hatte, denn Alexander war von seiner Neigung her ein begeisterter, wenn auch nicht immer erfolgreicher Soldat, und ihm war nichts lieber als die Gesellschaft kampferprobter Männer.

Alexander vergrößerte den jüdischen Staat beträchtlich und löschte während dieses Prozesses viel der noch verbliebenen griechischen Kultur in Palästina aus – und die meisten seiner militärischen Eroberungen wurden auf Kosten griechischer Interessen gemacht.

Seine Witwe schloss Frieden mit Alexanders unversöhnlichen Feinden, den Pharisäern, die ihre frühere Stellung fast zurückerlangt haben. Sie sind verantwortlich für einige Neuerungen in der Erziehung, sind aber auch aggressive Gegner der Sadduzäer. Der neue König Aristobulos ist jedoch auf Seiten der Sadduzäer; und die Spannungen nehmen bereits wieder zu.

General entweiht Tempel in Jerusalem

Jerusalem, 63 v. Chr.

Schätzungsweise 12 000 Juden sind von der römischen Armee in einem verbissenen Kampf um die Kontrolle über Jerusalem niedergemetzelt worden.

Als sie erst einmal in der Stadt waren, betrat der römische General Pompeius das Allerheiligste, das innerste Heiligtum des Tempels, was dem jüdischen Glauben nach nur den Priestern gestattet ist.

Sein Vorgehen hat wütende Empörung bei den religiösen Führern ausgelöst und hat Ängste einer Wiederholung der Entweihung des Tempels durch den seleukidischen Führer Antiochos IV. Epiphanes, fast ein Jahrhundert zuvor, wieder geschürt.

Pompeius hat jedoch weder Gegenstände aus dem Tempel als Beute mitgenommen noch irgendwelche heidnischen Riten zelebriert. Er hat den Juden versprochen, dass sie weiter ungehindert ihre Gottesdienste abhalten und ihre Sitten und Feste begehen dürfen.

Der Zusammenbruch Jerusalems geschah nach dreimonatiger Belagerung. Pompeius hatte in dem mörderischen Konflikt zwischen Hyrkanos II., einem Unterstützer Roms, und seinem Bruder Aristobulos II., in dem es um die Führung in Judäa ging, interveniert. Es ging das Gerücht, Aristobulos schmiede einen Komplott gegen Rom, obwohl er ein Günstling von Skaurus ist, dem von Pompeius eingesetzten Kommandeur der syrischen Truppen.

In der Schlacht wurde Aristobulos besiegt und als Kriegsgefangener nach

Pompeius der Große

Rom gebracht. Jerusalem ist zu einem Teil der Provinz Syrien gemacht worden und die Küstengebiete Samarias und Siedlungen östlich des Jordans, die nicht von Juden besetzt waren, sind aus seiner Jurisdiktion herausgenommen worden.

Hyrkanos wurde zum Ethnarchen von Judäa ernannt, darf aber auch weiterhin sein Amt als Hohepriester behalten.

Pompeius' Invasion war die natürliche Folge seines rastlosen Marsches gen Osten. Nachdem er den 20 Jahre dauernden Konflikt mit Mithridates von Pontus beigelegt und das, was vom alten seleukidischen Reich übrig geblieben war, eingesammelt hatte, annektierte Pompeius im vergangenen Jahr Syrien. Er wurde von verschiedenen Parteien hofiert, die um die Macht in Jerusalem wetteifern,

während jüdische Führer sein Vorrücken nach Süden als unausweichlich betrachteten.

Eine Folge dieser jüngsten Aktion besteht darin, dass die alte hasmonäische Dynastie zu Ende gegangen ist, die während des Makkabäeraufstandes vor 100 Jahren begonnen hatte. Eine Person, die daraus mit einiger Anerkennung hervorgegangen ist, die aber von den Juden immer noch mit tiefem Misstrauen betrachtet wird, ist Antipas, der Herrscher von Idumäa.

Er hat Geschäfte mit Hyrkanos vermittelt und wurde vor der Invasion von vielen als die eigentliche Macht betrachtet. Er behält einigen Einfluss, und die Tatsache, dass er die Gegend von Edom beherrscht, das jahrhundertelang ein Pfahl im Fleisch des alten Israel war, schürt Ängste unter den orthodoxen Juden, die befürchten, dass ihre religiöse Identität einmal mehr beeinträchtigt werden wird.

Das Jaffa-Tor in Jerusalem

KURZMELDUNGEN 90–60 v. Chr.

Stamm auf der Flucht (90–75 v. Chr.): Die Angehörigen des Stammes der Skythen sind unterwegs, auf der Flucht vor den Yüe-Chi, die sich von ihrer Heimat in Zentralasien aus in Richtung Süden ausbreiten. Diese Skythen oder »Sakas« kommen aus Belutschistan und besiedeln den Punjab und erobern die vielen kleinen Fürstentümer, die dort in Folge des Ashoka-Reiches durch Baktrien gegründet wurden. Baktrien, eine Schöpfung Alexanders des Großen, ist in den letzten Jahren autonom gewesen und hatte angefangen zu expandieren, was durch die Sakas, zumindest im Punjab, beendet wurde.

Kaiser von China tot (87 v. Chr.): Wu Ti ist tot. Er starb im Alter von 69 Jahren, von denen er 53 Jahre Kaiser war. Seine Feldzüge brachten China das bisher größte Territorium. Es herrscht erhebliche Rivalität zwischen den großen Familien Chinas, und Wu Tis Tod lässt Führungskämpfe befürchten.

Alternativmedizin (75 v. Chr.): Für viele, die den Äußerungen von Doktor Asklepiades von Bithynien glauben, haben Bäder, Ernährung und Körpertraining die Herrschaft angetreten. Der Mediziner ist der Meinung, dass Krankheit bei Menschen die Folge von Disharmonie der Gewebe ist. Zu den Anhängern der neuen Lehre gehört auch der Römer Marcus Antonius.

Stenographie (63 v. Chr.): Marcus Tiro, ein ehemaliger Sklave des großen Redners Cicero, hat eine Kurzschrift erfunden. Sie basiert auf normaler Handschrift, versetzt jedoch einen fähigen Schreiber in die Lage, durch zahlreiche Abkürzungen und Lautsymbole gesprochene Rede exakt wiederzugeben. Der Sprecher muss sein Sprechtempo nicht auf Diktatgeschwindigkeit verlangsamen. Nur Leute, die in dieser neuen Schreibart ausgebildet sind, können sie auch lesen, aber sie erweist sich als unschätzbar, wenn es darum geht, öffentliche Reden niederzuschreiben.

Herrschertrio in Rom

Rom, 60 v. Chr.

Der lange dauernde Würgegriff durch Roms reiche Senatoren und Grundbesitzer könnte demnächst gebrochen werden, weil ein neuer Mitstreiter sich in den Machtkampf zwischen Pompeius und Crassus hineinbegibt. Einem dritten ehrgeizigen und gefeierten militärischen Genie ist es gelungen, Pompeius und Crassus davon zu überzeugen, miteinander und mit ihm gemeinsame Sache zu machen: Sein Name ist Gaius Julius Cäsar.

Die zehn Jahre, seit er Konsul wurde, bekamen Crassus, wegen seines ungeheuren Reichtums auch als »Crassus der Reiche« bekannt, sehr gut. Es gilt als ratsam, nicht zu genau nachzufragen, wie sein Vermögen zustande gekommen ist; Gerüchten zufolge wurde er von Sulla dafür belohnt, dass er ihm als »starker Arm« diente.

Pompeius' großartige Erfolge im östlichen Teil seines Reiches haben ihm zu sehr viel Macht verholfen. Ihm wurde das Kommando gegen die Piraten anvertraut sowie gegen Mithridates VI.; die folgenden sechs Jahre verbrachte er damit, sich die östlichen Provinzen zu unterwerfen und Rom zu großem Reichtum zu bringen. Der Spektakel, mit dem Pompeius seinen persönlichen Reichtum und seinen Einfluss vergrößert – er ist mit Alexander dem Großen verglichen worden –, beunruhigt den Senat und die korrupten herrschenden Klassen des modernen Roms.

Bis zu dem Zeitpunkt, als Pompeius vor zwei Jahren nach Rom zurückkehrte, hatte Crassus sich bereits seinen politischen Gegnern angeschlossen. Seither besteht eine zunehmende Feindseligkeit zwischen den beiden. Julius Cäsar hat im Vergleich zu Pompeius einen eher konventionellen Weg zum hohen Amt zurückgelegt. Obwohl er als Sohn einer Adelsfamilie geboren wurde, hegte er Sympathien für das einfache Volk. So war er zum Beispiel gegen Ciceros Beteiligung an dem Beschluss, die Todesstrafe auch ohne Gerichtsverhandlung zu verhängen. Jetzt ist er von einem erfolgreichen Jahr als Gouverneur von Spanien zurückgekehrt, und

Cicero

es ist ihm gelungen, eine lockere Allianz mit Crassus und Pompeius einzugehen.

Dieses »Triumvirat«, wie es genannt wird, (obwohl es absolut keinen offiziellen Status hat) wird auf jeden Fall eine unschlagbare Kraft darstellen. Der Adel, schon angeschlagen durch Pompeius' und Crassus' Umkehr der proaristokratischen Politik von Sulla, ist jetzt noch stärker eingeschränkt.

Aber nur wenige von denen, die Julius Cäsars Aufstieg auf der Leiter der Macht verfolgt haben, zweifeln daran, dass am Ende alles auf eine Person hinauslaufen wird, auf Julius Cäsar.

Einmarsch in Britannien

Britannien, 56 v. Chr.

Julius Cäsar ist in Britannien einmarschiert und in Rom verehren sie ihn als einen Helden mit einer guten Portion Wagemut.

Vor fünf Jahren reichte das Römische Reich bis zu den Alpen; jetzt erstreckt es sich bis zu der entlegenen Insel, über die nur gelegentliche Märchen von Reisenden bekannt werden. Britannien mit seinem Reichtum an Bodenschätzen und dem Hauch von Geheimnis – man weiß nicht einmal genau, ob es überhaupt eine Insel ist – hat Forschungsreisende schon immer fasziniert und die Nachricht der Invasion durch Cäsar ist in Rom mit enormer Begeisterung aufgenommen worden.

Es war eine kostspielige Eroberung. Eine große Anzahl von Schiffen ist auf dem Kanal verloren gegangen und die Briten haben sich als großartige Gegner erwiesen durch ihr Können in der Kriegsführung mit Kampfwagen.

Cassivellaunus im Südosten hat bedingungslos kapituliert. Der mächtige Stamm der Trinovanten hat zugestimmt, sich unter den »Schutz« der Römer zu begeben. Es ist nunmehr unwahrscheinlich, dass Britannien den Galliern gegen die Römer helfen wird. Alle weiteren Pläne, die Cäsar für Britannien gehabt haben mag, mussten im Augenblick beiseite gestellt werden. Ereignisse in Gallien fordern seine ganze Aufmerksamkeit, und es ist unwahrscheinlich, dass die politische Lage in Rom noch mehr Aggression über den Kanal hinweg auslösen wird. Cäsar hat sich den Südosten des Landes gesichert und der Situation angemessene Beziehungen mit den Bewohnern hergestellt. Damit wird er sich für den Augenblick begnügen.

KURZMELDUNGEN ca. 50-40 v. Chr.

Buddha in der Höhle (ca. 50 v. Chr.): Reisende in den Staat Maharashtra sind begeistert von einer Freskensammlung, die im Laufe von Jahren an Höhlenwänden in Höhlen in der Schlucht von Ajanta angebracht wurden. Es sind darauf in hervorragender Qualität Szenen aus dem Leben Buddhas dargestellt; ihre Lebendigkeit und Farbigkeit versetzen alle Besucher in Erstaunen.

Des Cäsars neuer Kalender (45 v. Chr.): Der erste Tag des Jahres ist nach einem neuen Kalender, dem Julianischen Kalender, den Julius Cäsar bei dem griechischen Astronomen Sosigenes von Alexandria in Auftrag gegeben hat, der 1. Januar. Das Jahr dauert nun 365 Tage. Beendet ist die Konfusion um das 255-Tage-Jahr, bei dem alle zwei Jahre ein Schaltmonat eingeschoben wurde.

Expedition (ca. 40 v. Chr.): Der griechische, im kleinasiatischen Amasia geborene Geograph Strabo hat mit Aelius Gallius, dem Präfekten von Ägypten, den Nil erkundet. Er ist ein produktiver Autor, der detaillierte Berichte über seine Entdeckungen in weiten Teilen der Welt verfasst.

Er kam, sah und siegte

Rom, 46 v. Chr.

Julius Cäsar ist der alleinige Führer des Römischen Reiches geworden nach der militärischen Niederlage des Pompeius und seiner darauf folgenden Ermordung.

Cäsar, der sich in den vergangenen ein bis zwei Jahren in Ägypten aufgehalten hat, wo er Vater eines von Königin Kleopatra geborenen Prinzen wurde, ist jetzt als Diktator nach Rom zurückgekehrt – auf einen Posten, der ihm für die kommenden zehn Jahre gegeben worden ist – und hat alles unter Kontrolle. Er findet sogar noch Zeit, selbst einen Bericht über seine militärischen Eroberungen zu schreiben, von dem es heißt, er sei frei von falscher Bescheidenheit.

Er hat Gallien und Britannien der Liste der von ihm eroberten Nationen hinzugefügt. Bei den anderen Mitgliedern des früheren Triumvirats, mit denen er eine Zeit lang die Macht teilte, sieht es dagegen ganz anders aus.

Crassus (»der Reiche«) raubte viele jüdische Tempel aus – einschließlich

Gaius Julius Cäsar

des Tempels von Jerusalem –, um seinen Krieg gegen die Parther zu finanzieren. Er wurde jedoch in einer Schlacht gegen sie getötet.

Pompeius (bekannt als »Der Große«) hat Cäsars Tochter geheiratet. Während der neun Jahre von Cäsars Gallienfeldzug hatten Cäsar und Pompeius sich nicht oft gesehen. Als Cäsars Frau

starb und das Triumvirat durch den Tod des Crassus im darauf folgenden Jahr auf zwei geschrumpft war, begann Pompeius, sich mit den Gegnern Cäsars in Rom zusammenzutun.

In einer Konfrontation mit dem Senat weigerte Cäsar sich, einen Vergleich zu schließen und führte seine Armee über den Rubikon von Gallien nach Italien – ein Akt äußerster Herausforderung an den Senat und Pompeius, der inzwischen die Truppen des Senats befehligte.

Als Pompeius sich nach Brundisium zurückzog, ergriff Cäsar das Kommando über Italien und begann, seinen ehemaligen Verbündeten zu verfolgen. Nachdem er die Truppen des Pompeius in Spanien besiegt hatte, machte er sich daran, Pompeius selbst anzugreifen, dessen Armee bei Pharsalos besiegt und der dann später selbst ermordet wurde.

Die Feldzüge Julius Cäsars trugen entscheidend zur Ausdehnung des Römischen Reiches bei. Besonders wichtig war die Eroberung Galliens und Britanniens.

Nervii ✕ (54)
✕ (57)
GALLIEN
Agedincum (52)
Avaricum ✕
(52)
Alesia (52) ✕
✕ Bibracte (58)
Gergovia ✕ Lugdunum (58)
(52) ✕ (49)
Atlantischer Ozean

Ilerda ✕ ● Massilia
(49) ● Narbo Martius ITALIEN
● Tarraco
Rom ✕ (49)
Munda (45)
✕
Gades ● Carthago Nova

Schwarzes Meer

(47)
Nicäa ● ✕ Zela (47)
Dyrrhachium MAKEDONIEN
(48)
Brindisi Thessalonich ASIA
(46) Pharsalos ✕ ● Ephesus Tarsus
Athen ●
Lilybäum
SIZILIEN Antiochia
Carthago ●
AFRICA *Mittelmeer*
Hadrumetum ✕
(46) ✕ ● Leptis Minor
Thapsus
(48) ↓
Alexandria ●
CYRENAICA

	Röm. Reich vor Cäsar
	Eroberungen Cäsars
✕ (Zela)	Schlachtenort

Die siegen, die Römer

Gallien, 44 v. Chr.

Vercingetorix, Häuptling des gallischen Stammes der Averner, der vor acht Jahren den Aufstand gegen Julius Cäsar anführte, ist besiegt worden.

Sein Feldzug endete mit einer Belage-

Cäsars Feldzüge in Gallien

rung von Alesia, einer Bergfestung in Gallien, wo er mit 80 000 Mann in der Falle saß, nachdem die Römer zuvor zwei schwere Niederlagen hatten hinnehmen müssen. Cäsars Sieg angesichts überwältigender Widrigkeiten und einer einzigartigen taktischen Situation ist ein bemerkenswertes Zeugnis seiner Genialität als Feldherr.

Cäsar war mit einem zweifachen Problem konfrontiert: Zunächst musste er die Belagerung durchbrechen. Die Gallier waren Cäsars Männern zwar zahlenmäßig überlegen, aber sie waren nicht so gut ausgebildet und ausgerüstet. Cäsar hätte also eigentlich nichts anderes zu tun brauchen als dazusitzen und abzuwarten.

Eben das konnte er sich jedoch nicht leisten, denn Vercingetorix hatte 15000 Mann Kavallerie ausgesandt, um im restlichen Gallien Hilfe anzuwerben, bevor er sich in die Festung begeben hatte. Es war also nur eine Frage der Zeit, bis eine starke Entlastungseinheit ankommen würde, und das wäre dann der Zeitpunkt, an dem für Cäsar die Gefahr bestehen würde, zwischen großen gallischen Truppen in der Festung und den Entlastungstruppen in der Falle zu sitzen.

Seine Lösung des Problems bestand darin, zwei Wälle zu bauen, die die Festung einkreisten. Einen inneren und einen äußeren Wall, die 26 bzw. 18 km lang waren. Sie gewährten den Römern ein hohes Maß an Beweglichkeit, denn sie konnten sich jetzt von Punkt zu Punkt um die Festung herum bewegen, waren aber geschützt. Als die Entlastungstruppe eintraf, war sie 250000 Mann stark.

Die Römer profitierten von der psychologischen Wirkung der befestigten Wälle und der schlechten Koordination der Gallier. Ein Großteil der Kämpfe fand bei Dunkelheit statt mit Verlusten auf beiden Seiten. Teile der Walllinie wurden von der Entlastungstruppe eingenommen, aber Cäsars Vorbereitungen ermöglichten es, dass die römische Kavallerie um die Befestigung herum reiten und von beiden Seiten angreifen konnte. Der Trugschluss, dass feindliche Truppen von allen Seiten kamen, brach die Kampfmoral der Gallier, und der nachfolgende Rückzug vieler Gallier wurde durch die römische Kavallerie vereitelt. Am nächsten Tag kapitulierte Vercingetorix, um seine Männer vor dem Verhungern zu retten. Als Cäsar im Triumphzug nach Rom zurückkehrte, wurde Vercingetorix auf dem Höhepunkt der Festlichkeiten hingerichtet.

Cäsar vom Freund erdolcht

Rom, 44 v. Chr.

Brutus, Gouverneur von Gallien und Freund und Günstling Julius Cäsars, hat eine Gruppe von Verschwörern angeführt, um Julius Cäsar in einem Überraschungsattentat zu erdolchen. Zuvor war Cäsar zum Diktator auf Lebenszeit ernannt worden.

Cäsars Tod beendet eine Serie militärischer Erfolge und könnte Probleme mit Ägypten bedeuten, wohin Kleopatra und Cäsars unehelicher Sohn inzwischen zurückgekehrt sind. Zwischenzeitlich kann sein Großneffe Octavius, der im vergangenen Jahr

Neue Dreierspitze

Rom, ca. 40 v. Chr.

Rom hat jetzt im Verlauf dieses Jahrhunderts ein zweites Triumvirat, und zwar als Folge einer Einigung zwischen drei Rivalen, das Römische Reich untereinander aufzuteilen.

Die Beteiligten dabei sind Gaius Octavius, der von Cäsar selbst eingesetzte Erbe; Marcus Antonius, der große Unterstützung in der Öffentlichkeit erreicht hat, und der Feldherr Marcus Lepidus.

Sie hatten bereits zu tun mit Versuchen von Cäsars Mördern Brutus und Cassius, gewaltsam die Republik wieder einzuführen. Die Armeen trafen bei Philippi aufeinander und das Triumvirat errang dabei einen stattlichen Sieg. Die Attentäter begingen später Selbstmord. Als Marcus Antonius jedoch versuchte, seine Autorität auch bei Kleopatra auszuüben, verliebte er sich in sie und ging mit ihr zusammen nach Ägypten.

Auf der diesjährigen Konferenz des Triumvirats in Italien teilten die drei die römische Welt untereinander auf.

Diese Münze wurde anlässlich des Todes Julius Cäsars während der Iden des März geprägt.

von Cäsar an Sohnes statt adoptiert wurde, davon ausgehen (als designierter Erbe Cäsars), dessen Nachfolge in der Führung anzutreten.

Die mächtigste Person in dieser komplizierten Situation ist Cäsars Mitkonsul Marcus Antonius, der durch geschickte Reden die öffentliche Meinung gegen die Attentäter aufgebracht hat.

Königsernennung für Juden Schlag ins Gesicht

Judäa, 31 v. Chr.

In Judäa bedeutet Elternschaft alles und Protektion zählt nichts. Wenn also ein Mann, dessen Vorfahren erbitterte Feinde der Juden waren, von einem römischen Kaiser die nominelle Königswürde für das Land verliehen bekommt, dann muss das unweigerlich zu Protesten führen.

Herodes, in der Region gebürtig und sogar praktizierender Jude, hat es zurzeit mit einem Sturm von Protesten vonseiten religiöser und rassischer Puristen zu tun, nachdem er von Octavian als König der Provinz bestätigt wurde.

ler Administrator, der rigoros war im Umgang mit Gesetzlosigkeit; nach dem Tode Cäsars hatte Marcus Antonius einen positiven Eindruck von ihm. Der römische Senat verlieh ihm den Titel »König der Juden« als Propagandamittel während der Herrschaft des Antonius. Jetzt haben sie ihn tatsächlich zum König gemacht.

Dieses Vorgehen ist bei den Hasmonäern nicht gerade begrüßt worden, deshalb hat Herodes versucht, ihre Gunst zu erlangen, indem er Mariamne, eine hasmonäische Prinzessin, Enkelin des Hohepriesters Hyrkanos II., heiratete. Ob das viel helfen wird in den Nachwe-

sind immer für die Tatsache verhasst gewesen, dass sie, obwohl Blutsbrüder der Israeliten, diese jahrhundertelang verachteten und sich über deren Unglück hämisch freuten. Dafür hatten ihnen bereits der Prophet Obadja und andere den Zorn Gottes prophezeit.

Obwohl er selbst praktizierender Jude ist, ist es unwahrscheinlich, dass Herodes das Stigma eines solchen Hintergrundes und die Tatsache, Roms nomineller König zu sein, so schnell wird überwinden können.

Neuer Name – neue Rolle

Rom, 27 v. Chr.

Das Triumvirat ist beendet. Nach Jahren des Kampfes, in denen Octavius immer mehr erstarkte, ist endlich wieder Friede eingekehrt. Seit der Eroberung Spaniens hatte er das Triumvirat immer mehr beherrscht.

Er hat Lepidus eingesperrt; Marcus Antonius hat nach der Niederlage in der Schlacht von Actium vor vier Jahren Selbstmord begangen, nachdem ihm das (falsche) Gerücht zu Ohren gekommen war, dass Kleopatra sich das Leben genommen hätte; Cäsars unehelicher Sohn Cäsarion ist ermordet worden. Die Truppen des Lepidus kann man selbst bei nüchterner Betrachtung als zerstrittenen Sauhaufen bezeichnen und Ägypten ist inzwischen römische Provinz.

Die Bühne ist jetzt frei für Julius Cäsars erwählten Erben, der jetzt im Alter von 34 Jahren Herrscher über die gesamte römische Welt ist.

Der Senat hat ihm den Titel Augustus (»der Heilige«) Cäsar verliehen und ihm Machtbefugnisse gewährt, die umfassender sind als je ein römischer Führer sie zuvor hatte. Zu seinen Titeln gehört unter anderem der des Pontifex Maximus (Oberster Priester), der auch den Bereich des Glaubens und der Religion fest unter seinen Machtbereich legt. Außerdem hat er sich selbst zum Kaiser erklärt.

Ansicht von Petra, der Hauptstadt Nabatäas, wo der Schwiegervater des Herodes König war

Dieser Mann – wahrscheinlich eher kein Friedensstifter für die Region –, der vom römischen Senat in den vergangenen zwei Jahren als König von Judäa betrachtet wurde, hat jetzt vollständig die Kontrolle übernommen und wird anfangen müssen, die verworrenen Rivalitäten innerhalb der Provinz zu ordnen.

Sein Vater Antipater hatte durch die Ernennung zum Prokurator von Judäa durch Cäsar enormen Einfluss gehabt. Er machte seinen Sohn zum Militärpräfekten von Galiläa und der römische Gouverneur von Syrien ernannte ihn zum Präfekten von Coelesyrien. Schon bald erweckte er die Aufmerksamkeit der Römer als wirkungsvol-

hen hasmonäischer Feindseligkeit, die durch Kleopatra noch Nahrung erhielt, als sie Judäa und Coelesyrien für ihr Reich zurückforderte, für das sie ihren Bruder Ptolemaios hatte ermorden lassen, bleibt abzuwarten.

Herodes' zweites Hauptproblem ist der Umgang mit der erbitterten Feindschaft zwischen den Sadduzäern und den Pharisäern, die nach wie vor besteht.

Seine edomitische Abstammung ist eine denkbar schlechte Voraussetzung für einen jüdischen König. Die Edomiter, gegen die sowohl Simon Makkabäus als auch Johannes Hyrkanos gekämpft haben, wurden durch Letzteren zwangsweise judaisiert und

Kaiserlicher Friede

Rom, ca. 23 v. Chr.

Augustus bastelt eifrig und strategisch am Image, das Rom in den Augen seiner Bevölkerung und seiner Nachbarn haben soll. Vor allen Dingen möchte er die Kontinuität der alten Republik demonstrieren.

Nach achtjährigem Konsulat hat er nun alle seine Sonderbefugnisse abgegeben und den Staat »zur freien Verfügung des Senats und des Volkes« gestellt. Für sich persönlich behält er eine Provinz, die Spanien, Gallien und Syrien einschließt und in der die meisten bewaffneten Truppen stationiert sind, darüber hinaus Ägypten, weil er es erobert hat.

Schon wegen seines großen nationalen Ansehens hat er aber auch weiterhin die Kontrolle über alle anderen Provinzen.

Zu seinen Neuerungen gehört die Neuorganisation der Armee und der Flotte, die Schaffung einer kaiserlichen Leibgarde für den Dienst rund um die Uhr, eine Polizei für Rom und eine gründliche Neuorganisation des öffentlichen Dienstes.

Der Pax Augusta oder der »Augustinische Friede« ist in Rom bereits spürbar, wo auf Anordnung des Kaisers neue Bauwerke von bemerkenswerter Qualität errichtet werden. Er hat beachtliche Regierungsfähigkeiten und vergrößert außerdem das Reich noch durch Eroberungen: Die Grenze erstreckt sich jetzt bis zur Do-

Diese schöne römische Kamee aus Sardonyx zeigt Augustus. Er trägt den Ägis, einen Brustschild aus Ziegenleder, der ursprünglich der Göttin Athene zugeschrieben wurde und als Träger göttlicher Macht gilt.

nau, obwohl in Germanien irgendwie ein Stillstand erreicht zu sein scheint.

Reich gewürzt

Rom, ca. 24 v. Chr.

Augustus hat wertvolle Unterstützung in Rom gefunden und seine Autorität außerdem auf der internationalen Bühne untermauert, indem er sich entschlossen auf dem Gewürzmarkt engagierte.

Gewürze spielen seit Jahrhunderten eine wichtige Rolle in der Weltgeschichte. Der Gewürzhandel, der ursprünglich von den Arabern beherrscht war, weil sie die Handelsrouten zu Lande dominierten, hat sich geändert, denn Gewürze sind mit der Öffnung der Handelswege zu Wasser mittlerweile eine wirtschaftliche Währung geworden. Zwei Jahre bevor er Kaiser wurde, heuerte Octavius griechische Seeleute an, um die alten Handelsrouten zwischen Indien und Ägypten wieder zu öffnen. Jetzt hat er Aelius Gallus, den Präfekten in Ägypten, auf einen Feldzug geschickt, um das südarabische Gewürzkönigtum für das römische Reich zu annektieren und sich so eine eigene Quelle für diese wertvolle Ware zu sichern.

Gewürzmarkt in Assuan, Ägypten. Das Römische Reich war eine Freihandelszone, in der alle möglichen Delikatessen gehandelt wurden.

Jetzt führen alle Wege nach Rom

Rom, ca. 20 v. Chr.

Straßen, die sich schnurgerade bis zum Horizont erstrecken, sind das Markenzeichen des Römischen Reiches. Die schnelle Verschiebung von Truppen vereinfachend, sind sie Wunderwerke der Baukunst und stellen dabei die Straßen der Etrusker und anderer früherer Kulturen weit in den Schatten.

Eine römische Straße ist gerade, es sei denn eine Kurve ist wirklich unver-

Die gut erhaltene Via Sacra, die zum Forum Romanum führt

meidbar. Ein einfaches Vermessungssystem sorgt für Genauigkeit. Ein Fundament aus großen Steinen bekommt Stabilität durch eine Schicht kleinerer Steine darüber und oft werden die beiden Schichten noch mit Zement verbunden. Dann wird eine Decke aus Kies, Kopfstein oder Pflastersteinen darüber gelegt. Entwässerungsgräben laufen daneben und die Oberfläche ist gewölbt, damit das Wasser abfließen kann. Wo die Straße durch Moor oder unebenes Gelände führt, wird ein speziell angehobener Damm gebaut, um die neue Straße zu tragen. Meilensteine werden in das Straßennetz eingefügt. Obwohl der oberste Nutzen des Straßensystems in der Verbesserung der Truppenmobilität besteht, bildet es auch die Grundlage für ein Handelsnetz und eine soziale Infrastruktur.

Kostspielige PR-Arbeit des Königs

Judäa, 19 v. Chr.

Herodes hat in größere Public-Relations-Aktionen investiert, zu denen auch hohe Ausgaben für öffentliche Arbeiten gehören mit dem Ziel, die Unterstützung der Juden zu gewinnen und den eigenen Ruf innerhalb seines Reiches zu fördern.

In einem Versuch, die jüdischen Dissidenten zu gewinnen, hat er sogar mit dem Bau eines neuen Tempels in Jerusalem begonnen, der seine Vorgänger in den Schatten stellen soll.

Er hat Theater und Stadien in Jerusalem, Jericho und Cäsarea gebaut, obwohl zu bezweifeln ist, ob diese ihm Unterstützung von den nationalistischen oder religiösen Parteien in seinem Königreich einbringen werden, weil sie für die griechischen Spiele errichtet wurden, die zur Ehre von Augustus ausgerichtet werden.Und was den Hellenismus und Romtreue angeht, werden die orthodoxen Juden wohl kaum einen König akzeptieren, der sich auch bei den Feinden lieb Kind machen will.

Bereits der Name »Cäsarea« führt zu Kontroversen. Es ist der neue Name für den renovierten Stratonsturm, der mit einem großartigen Hafen ausgestattet worden ist und zu Ehren des Kaisers so benannt wurde.

Herodes hat Samaria wieder aufgebaut und ebenfalls zu Ehren des Kaisers umbenannt und er hat Festungen im gesamten Königreich errichten lassen. In Jerusalem hat er für sich selbst einen prachtvollen Palast gebaut.

Palästina unter Herodes dem Großen. Das »Königreich« des Herodes, eigentlich eine römische Provinz unter seiner Leitung, erstreckte sich mehr oder weniger über dasselbe Gebiet, das 75 Jahre zuvor von den Makkabäern kontrolliert wurde.

KURZMELDUNGEN 31-7 v. Chr.

Qumran-Höhlen (31 v.Chr.): Ein Erdbeben bei der alten jüdischen Siedlung Qumran am Toten Meer hat die einheimischen Höhlenbewohner gezwungen, den Ort zu verlassen. Man hält sie für Essener – Angehörige einer jüdischen Sekte, die von den hasmonäischen Herrschern schlecht behandelt wurden und jetzt Wohnorte in der Wildnis suchen. Diejenigen, die schon einmal den Ort besucht haben, berichten, dass die Höhlen als schlichte Refektorien, Badeorte und Arbeitsräume zum Abschreiben von Schriftrollen genutzt wurden.

Frau auf dem Schlachtfeld (ca. 24 v.Chr.): Das Römische Reich erstreckt sich inzwischen bis Assuan in Südägypten, wo es eine – zurzeit sehr empfindliche – Grenze gibt zwischen der römischen Provinz und der afrikanischen Nation Kusch. Es hat eine Reihe von Angriffen von Kuschiten gegen römische Festungen gegeben. Einer davon, gegen Philae, wurde von einer Frau, der Königin Kandake, angeführt. Ihr Können in der Schlacht hat in Rom für genügend Verblüffung gesorgt, um sofortige Verhandlungen um Grenzvereinbarungen zwischen den beiden Gebieten zu beginnen.

Liberale Theologie (ca. 15 v.Chr.): Ein jüdischer Rabbi namens Hillel hat zum ersten Mal die Auslegung des mosaischen Gesetzes auf eine systematische Grundlage gestellt. vor 55 Jahren in Babylonien geboren, ist er zum jüdischen Führer und Gelehrten aufgestiegen. Als eher liberaler denn konservativer Theologe hat er weit reichenden Einfluss, besonders wegen seiner Hervorhebung einer persönlichen Frömmigkeit und der Nächstenliebe. Als sein konservativer Widerpart gilt Rabbi Schammai.

Tempel in Jerusalem endlich betriebsbereit

Jerusalem, 9 v. Chr.

Herodes' neuer Tempel erhebt sich 15 Stockwerke hoch über die Heilige Stadt. Der König hat unglaublich viel Aufmerksamkeit darauf verwendet, dafür zu sorgen, dass die Empfindlichkeiten der Juden berücksichtigt werden. 1000 Maurer sind eigentlich Priester von Beruf und mussten für die Arbeit extra ausgebildet werden. Ein großer Bereich von 450 mal 300 Metern wurde als Bauplatz vorbereitet. Früher haben dort die von Salomo und Serubbabel erbauten Tempel gestanden, über deren Grundfläche das neue Heiligtum errichtet werden soll.

Die Konstruktion ist von einer massiven, mit Trümmern verfüllten Mauer umgeben, die an manchen Stellen einen Blick aufs Kidron-Tal gewährt. Vom Tempelbezirk fällt die Festung von Antonia ins Auge, die dazu dienen soll, Ordnung und zivilen Gehorsam im Tempel zu gewährleisten. Herodes hat anscheinend nicht vergessen, dass der durch die Makkabäer befestigte Tempel drei Monate lang gegen Pompeius standhalten konnte.

Der Tempel wird ein Ort für theologische Streitgespräche sein und Einrichtungen für Marktstände und Geldwechsler bieten, um es auch auswärtigen Juden zu ermöglichen, Tieropfer darzubringen.

Es gibt einen Frauenhof, einen Hof Israels und natürlich auch einen heiligen Ort, Priesterhof genannt. Innerhalb dieses Hofes befindet sich das innere Heiligtum.

Die Pläne folgen dem Vorbild des Tempels Salomos; es gibt einen massiven Vorhof, das Tor öffnet sich zum heiligen Platz hin, und ein Vorhang trennt das Heiligste vom Allerheilig-

Eine Kolossalbüste des Herkules. Diese römische Kopie eines griechischen Originals hat wahrscheinlich in einer öffentlichen Kampfarena gestanden.

sten. Über dem Heiligtum gibt es noch einen weiteren Raum und die Nord-, Süd- und Westseite enthalten je drei Stockwerke mit Räumen. Auf dem Dach wird es goldene Spitzen geben, um dort Vögel am Nisten zu hindern. Das gesamte Gebäude wird mit Gold überzogen werden. Dieses prächtige Bauwerk wird die ehemalige Herrlichkeit des Tempels Salomos und des zweiten Tempels, dessen Überreste unter dem neuen Bauplatz begraben sind, noch übertreffen. Jetzt ist es grundsätzlich fertig, aber die letzten Feinheiten werden noch einige Zeit in Anspruch nehmen. Die offizielle Eröffnung war von großen Feierlichkeiten begleitet.

Früher Tod des Nationaldichters

Brundisium (Brindisi), 19 v. Chr.

Der Tod des mantuanischen Dichters Vergil in Brundisium im frühen Alter von 50 Jahren hat die Liebhaber der Dichtung überall schockiert. Er starb auf einer Forschungsreise, deren Zweck die Überarbeitung des großen Gedichtes »Äneis« war. Diese Arbeit konnte er jedoch nun nicht mehr vollenden. Der Kaiser hat dem letzten Wunsch des Dichters, dieses Gedicht zu vernichten, nicht entsprochen.

Vergil war der Verfasser einer Sammlung von Hirtengedichten mit dem Titel »Eklogen«, in denen Bezüge zu real existierenden Personen zu finden sind und die Geburt eines Kindes vorhergesagt wird, das in ein neues, goldenes Zeitalter führen soll.

Seine »Georgica« spiegeln Vergils bäuerlichen Familienhintergrund wider und sind von hervorragender literarischer Qualität. Sie feiern ländliche Werte auf eine fast nationalistische Art und Weise.

Die zwölf Bücher der »Äneis« beschreiben die Abenteuer des Äneas nach dem Fall Trojas und in den sieben darauf folgenden Jahren, die zu seiner siegreichen Ankunft in Italien führen. In dem Gedicht wird argumentiert, dass die Römer ein altes Volk sind, das durch Äneas eine Verbindung zum legendären Troja hat.

Obwohl die »Äneis« vieles mit anderen Epen gemeinsam hat, ist allgemein bekannt, dass Augustus sie in Auftrag gegeben hatte, um den Ursprung des römischen Volkes zu überhöhen. Trotz dieses »Dichtens auf Kommando« gehört sie zu den vollkommensten literarischen Schöpfungen und ist verdientermaßen in der gesamten gebildeten Welt bekannt geworden.

KURZMELDUNGEN 63–1 v. Chr.

Astronomische Ereignisse (11 v. Chr.): Der große (Halleysche) Komet ist nach einer Umlaufbahn von zwei Jahrhunderten wieder in Erdnähe. Er ist sichtbar als schwaches Licht zwischen den Sternen.

7 v. Chr.: Saturn, Jupiter und Venus sind zusammen im Sternbild der Fische; von der Erde aus wirken die beiden wie ein einzelner großer Himmelskörper. Jüdische Astrologen haben vorhergesagt, dass zum Zeitpunkt einer solchen Verbindung der Messias geboren werden wird.

5 v. Chr.: Chinesische und koreanische Astronomen haben eine Nova – die Explosion eines Sterns – registriert, die 70 Tage dauerte. Solche Phänomene betrachten manche als Ankündigung großer Ereignisse.

4 v. Chr.: Ein weiterer Komet ist von der Erde aus sichtbar, auch wenn er mit bloßem Auge nicht gut zu erkennen ist.

Reis für Japan (1 v. Chr.): Zum ersten Mal hat Japan aus China Reis importiert, das von nun an als Nahrungsmittel angebaut wird. In relativ kurzer Zeit wurden Bewässerungsanlagen und Terrassenfelder erstellt.

Priester verschlug es die Sprache

Judäa, ca. 6 v. Chr.

Ein alter Priester, der zum ersten Mal Vater geworden ist, wurde bei der Aussicht auf das Ereignis buchstäblich stumm vor Staunen.

Zacharias konnte schon etwa von der Zeit der Empfängnis des Kindes an nicht sprechen. Aber jetzt, kurz nachdem seine Frau Elisabeth ihren Sohn Johannes geboren hat, hat der Priester seine Sprache wieder gefunden.

Als die glückliche Familie sich in ihrem Heim in den Bergen von Judäa ausruhte, zusammen mit den ungläubigen Nachbarn und Freunden, erzählte Zacharias noch einmal die außergewöhnliche Geschichte seiner Begegnung mit einem Engel, die ihn zu neun Monaten Schweigen gezwungen hatte.

Zacharias schreibt den Namen des Johannes auf eine Tafel; Skizze von Rembrandt.

Als Priester der Dienstgruppe Abija, einer von 24 solcher Dienstgruppen, die ursprünglich von König David eingesetzt wurden, hatte er eine Woche lang Dienst im Tempel von Jerusalem getan. Diese Dienste fanden in einem wöchentlichen Wechsel zwischen den einzelnen Dienstgruppen statt.

Obwohl er die Verantwortung mit vielen anderen teilte, wurde sein Name ausgelost, als es um das nur einmal im Leben stattfindende Erlebnis ging, das Weihrauchopfer darzubringen.

Während er diese heilige Handlung vollzog, merkte Zacharias plötzlich, dass er nicht allein in dem Gebäude war. Rechts vom Altar stand eine majestätische Gestalt, die behauptete, Gabriel zu sein, einer der beiden Engel, die nach jüdischer Überlieferung

einen Namen haben. Zitternd vor Angst hörte der alte Priester die unglaubliche Ankündigung, dass seine Frau, die bereits die Wechseljahre hinter sich hatte und bisher kinderlos geblieben war, einen Sohn haben würde. Als er jedoch wagte, das in Frage zu stellen, wurde er mit Stummheit geschlagen. Und als er irgendwann völlig verwirrt aus dem Tempel kam, nachdem er sich dort sehr viel länger aufgehalten hatte, als es das Protokoll normalerweise erlaubte, war er nicht in der Lage, der wartenden Menge den traditionellen Segen zuzusprechen.

Seitdem hat er sich mit seiner Familie in einer Zeichensprache verständigt und schreibt manchmal kleine Notizen auf Zettel. Außerdem hat er sich fast völlig aus der Dorfgemeinschaft zurückgezogen.

Erst als er – schriftlich – bestätigte, dass das Kind Johannes heißen solle, ein Name, den es bisher in seiner Familie nicht gegeben hatte, stellte er fest, dass er wieder sprechen konnte. Zu seinen ersten Worten gehörte eine prophetische Segenshymne für seinen Sohn, die voraussagte: »Denn du wirst dem Herrn vorangehen, damit du ihm seinen Weg bereitest und seinem Volk Erkenntnis des Heils gibst.«

(Lukas 1,5-25.57-80)

Die eigenen Söhne hingerichtet

Judäa ca. 7 v. Chr.

König Herodes hat versucht, Rivalität und Intrigen innerhalb seiner Familie ein Ende zu setzen, von denen diese seit Jahren geplagt wird, indem er seine beiden Söhne Alexander und Aristobulos tötete.

Als Söhne der Mariamne aus der hasmonäischen Dynastie und zweite von den fünf Frauen des Herodes geboren, wurden die beiden Männer zu Erben der großen Gebiete des Königs bestimmt.

Aber ihre privilegierte Stellung hatte den Neid anderer Familienmitglieder heraufbeschworen, besonders den ihres Halbbruders und Herodes' ältestem Sohn Antipater, von dem behaup-

tet wurde, er hätte Gerüchte in Umlauf gebracht, dass die beiden einen Komplott gegen den König schmiedeten. Sie kamen vor Gericht, wurden für schuldig befunden und gehängt.

Sie wurden in Samaria hingerichtet und Herodes benannte Antipater als Alleinerben.

Tod des Königs der Komplotte

Jericho, Frühjahr 4 v. Chr.

König Herodes von Judäa ist tot. Nach einem Streit über sein sechstes und endgültiges Testament, das nur fünf Tage vor seinem Tod verfasst wurde, hat der König sein Reich unter seinen drei Söhnen Antipas, Archelaus und Philippus aufgeteilt.

Seine Herrschaft von 33 Jahren, der noch ein Jahrzehnt als Gouverneur vorausgegangen war, war gekennzeichnet von extremer Großzügigkeit wie von ebenso extremer Gewalt. Als Halbjude, Sohn des idumäischen Antipater II., wurde Herodes der Große, wie er auch genannt wurde, vor 43 Jahren Gouverneur von Galiläa. Er gewann sofort Zustimmung dafür, dass er das Gebiet von dem Rebellen Hiskias befreite.

Er war Ziel und Veranlasser zahlreicher Mordkomplotte und bei zahlreichen Besuchen am römischen Hof schmeichelte er sich nacheinander bei den verschiedenen Herrschern ein. Als die Eroberung Judäas durch die Parther ihn ins Exil zwang, ernannte der Senat ihn zum König, und er kam drei Jahre später, um Jerusalem zurückzuerobern.

Er rottete jegliche Opposition von den Pharisäern, den Hasmonäern und Kleopatra aus, bis vor 27 Jahren sein Königtum erweitert wurde, nachdem er sich mit Octavian gegen Antonius zusammengetan hatte. Kennzeichnend für ihn war sein Bauprogramm von Festungen, Theatern und Stadien. Bei den Juden wird er als derjenige in Erinnerung bleiben, der den immer noch nicht vollendeten Tempel von Jerusalem wieder neu errichtet hat.

Dorf konsterniert: Wie kam die Jungfrau zum Kinde?

Bethlehem, Judäa, ca. 5 v. Chr.
Religiöser und politischer Enthusiasmus lässt das kleine Dorf Bethlehem in der Nähe Jerusalems nicht zur Ruhe kommen. Die mirakulöse Geburt eines Jungen sorgte für erhebliches Aufsehen. Augenzeugenberichten zufolge muss die Nacht jener Geburt von merkwürdigen Naturerscheinungen begleitet

wohner, geordnet nach Stammeszugehörigkeit«. Dieser Befehl zwang Tausende dazu, ihre Heimat zu verlassen, um sich auf den Weg in die Stadt ihrer Vorfahren zu machen.
Rein juristisch gesehen – so wird betont – konnte Maria zu dieser Reise nicht gezwungen werden. Dem Vernehmen nach soll jedoch Josef, ihr um

Die »Hirtenfelder« bei Bethlehem

Das Fresko *Die Verkündigung* von Fra Angelico (1387-1455) zeigt Gabriel und Maria (San Marco, Florenz).

gewesen sein. Einige Hirten berichteten von »sonnenhellen« Lichtern am Himmel, von Posaunenschall und Erscheinungen »einer unglaublichen Anzahl von Engeln«, welche die Geburt des seit Generationen erwarteten jüdischen Messias besungen hätten. Die Hirten folgten der Aufforderung eines der »Engel«, nach Bethlehem zu gehen, fanden den versprochenen Messias allerdings in einer ausgesprochen unmessianischen Umgebung vor: in einem alten Kuhstall, wo ein Futtertrog mit Hilfe von Heu und alten Tüchern notdürftig als Babybett hergerichtet worden war.
Maria, die junge Mutter, ist wie viele andere ein Opfer der nicht enden wollenden Organisationswut unseres bürokratischen Kaisers Augustus. Wie bekannt fordert seine neueste Order von Quirinius, dem Militärgouverneur von Syrien, eine »genaue und absolut verlässliche Auflistung aller Ein-

viele Jahre älterer Ehemann, darauf bestanden haben. Man erzählt sich, er habe es wohl vorgezogen, seine Verlobte lieber im hochschwangeren Zustand auf einen Esel zu setzen, als sie in ihrer Heimatstadt Nazareth dem Gespött der Nachbarn auszusetzen.
Maria berichtet, die ungewöhnliche Schwangerschaft sei ihr in einer Vision durch den Engel Gabriel angekündigt worden. Obwohl sie und Josef auf jeglichen vorehelichen Geschlechtsverkehr verzichtet hatten, versprach ihr der Engel, sie werde ein Kind zur Welt bringen und »Mutter des Sohnes des Allerhöchsten« werden.
Josef hielt diese Geschichte für reichlich weit hergeholt und ging zunächst davon aus, dass seine Verlobte untreu war. Dann jedoch änderte er seine Meinung und berichtete, auch ihm sei ein Engel begegnet: Er habe ihm versichert, seine Frau sei stets treu gewesen und das Kind, das in ihr heranwachse, sei auf

übernatürliche Weise durch den Geist Gottes entstanden. Sein Name solle »Jesus« lauten, was übersetzt heißt: »Gott rettet sein Volk von seinen Sünden«. Allem Anschein nach schenkte Josef den Worten des Engels Glauben. Die Messiaserwartung hat in den letzten Jahren immer neue Ausmaße angenommen und das Volk Israel läuft jedem noch so kleinen Hoffnungsschimmer hinterher.

(Matthäus 1,18-25; Lukas 2,1-10)

Madonna mit Kind. Mosaik aus der Verkündigungskirche in Nazareth

Männermordende Julia reif für die Insel

Rom, 2 v. Chr.

Julia, berüchtigte und ehebrucherfahrene Tochter des Kaisers Augustus, wird sich auf der Insel Pandateria einer strengen Diät unterziehen müssen: Wein und Männer stehen ganz obenan auf ihrer Verbotsliste! Ihr neuester Geliebter, Jullus Antonius, ein Sohn des Marcus Antonius, ist vor kurzem zum Tode verurteilt worden, weil er offensichtlich nicht nur auf Julia, sondern auch auf den Thron ein Auge geworfen hatte!

Julia, verwitwet seit ihrem sechzehnten Lebensjahr, heiratete nach dem Tod ihres ersten Mannes Marcellus den um vierundzwanzig Jahre älteren Agrippa. Das Paar hatte fünf Kinder. Als Agrippa starb, befahl Augustus seinem Erben Tiberius, sich von seiner Frau scheiden zu lassen, um Julia zu heiraten und damit die Thronfolge zu sichern.

Julias ausschweifender Lebensstil war berüchtigt: Orgien im Forum, Affären mit Dutzenden von flüchtigen Bekannten – es gab kaum ein Laster, dem sich diese Frau nicht hingab. Vor vier Jahren flüchtete ihr verzweifelter Ehemann ins selbst gewählte Exil nach Rhodos.

Zukunft des Königs steht in den Sternen

Jerusalem, ca. 4 v. Chr.

Drei hochrangige Besucher aus Babylonien machten sich vor kurzem aus dem (judäischen) Staube – ohne König Herodes auch nur eines zweiten Blickes zu würdigen. Seine Majestät tobt. Die drei Fremden, dem Vernehmen nach Angehörige einer sterndeutenden, babylonischen Priesterkaste, waren angereist, um dem neugeborenen »König der Juden« ihre Aufwartung zu machen. Seine Geburt, so behaupten sie, sei aus den Sternen klar ersichtlich gewesen.

Kamelreiter in der Wüste Sinai wecken die Erinnerung an den Besuch der drei Weisen.

Der amtierende König zeigte sich von diesen Berichten wenig angetan, hatte doch der ergraute Herodes schon seit Jahren keinen Nachwuchs mehr bekommen und erst vor kurzem – in seinem fünften Testament! – das Reich seinem jüngsten Sohn Antipas vermacht.

Die Babylonier waren aufgrund einer stellaren Konjunktion angereist, die ihrer Ansicht nach auf einen neuen König deutete. Auch ihre Geschenke, Gold, Weihrauch und Myrrhe, gaben dieser Überzeugung Ausdruck.

Nachdem der amtierende König ihnen über einen angeblichen Nachfolger keine Auskunft geben konnte, reisten die Besucher wieder ab. Kurz darauf sollen sie bei einer galiläischen Flüchtlingsfamilie in Bethlehem gesehen worden sein, wie es heißt, um dort einem Säugling die königliche Ehre zu erweisen – fest davon überzeugt, dass es sich bei diesem Kind um den angekündigten König handelt. Eine Einladung des Herodes zur Berichterstattung schlugen sie aus und reisten heimlich ab.

Herodes reagierte in beinahe paranoider Wut und mit brutaler Gründlichkeit: Er ordnete an, sämtliche männlichen Kinder unter zwei Jahren umzubringen. Die jüdische Familie, die es treffen sollte, hat in Ägypten um Asyl nachgesucht.

(Matthäus 2,1-23)

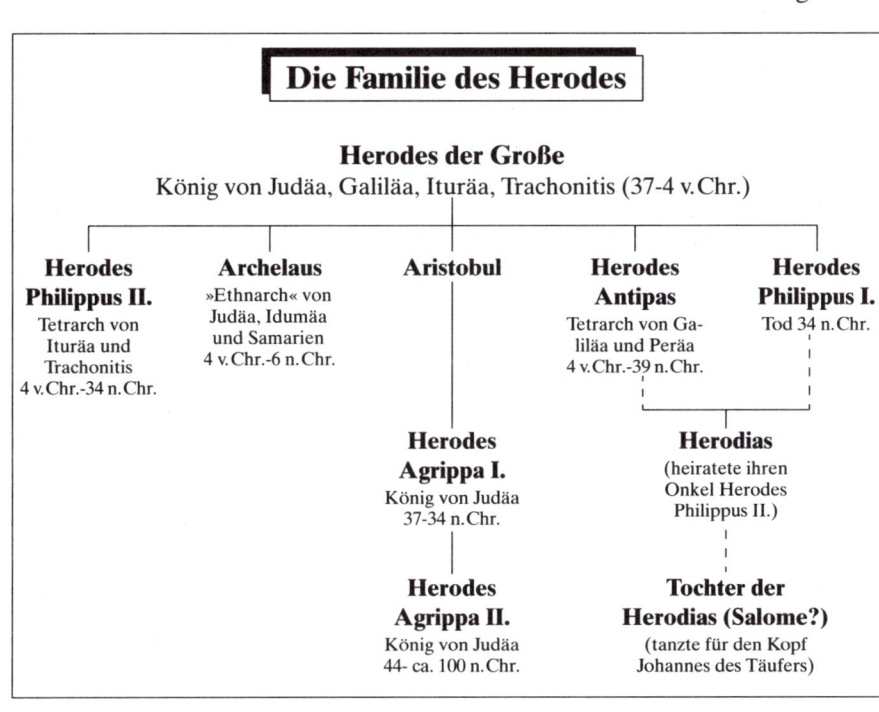

Die Familie des Herodes

Herodes der Große
König von Judäa, Galiläa, Ituräa, Trachonitis (37-4 v. Chr.)

Herodes Philippus II.
Tetrarch von Ituräa und Trachonitis
4 v. Chr.-34 n. Chr.

Archelaus
»Ethnarch« von Judäa, Idumäa und Samarien
4 v. Chr.-6 n. Chr.

Aristobul

Herodes Antipas
Tetrarch von Galiläa und Peräa
4 v. Chr.-39 n. Chr.

Herodes Philippus I.
Tod 34 n. Chr.

Herodes Agrippa I.
König von Judäa
37-34 n. Chr.

Herodias
(heiratete ihren Onkel Herodes Philippus II.)

Herodes Agrippa II.
König von Judäa
44- ca. 100 n. Chr.

Tochter der Herodias (Salome?)
(tanzte für den Kopf Johannes des Täufers)

Wunderkind ausgebüxt

Jerusalem, ca. 7 n. Chr.

In Erstaunen versetzte vor ein paar Tagen ein zwölfjähriger Junge aus Nazareth in Galiläa die gesamte Dienst habende Priesterschaft im Tempel. »Sein Wissen und sein Verständnis sind schier unglaublich!« – so der einhellige Tenor unter den Schriftgelehrten. Seine Eltern hingegen seien außer sich gewesen, wird aus dem Umkreis der Familie berichtet. Vier Tage lang habe man den Jungen überall vergeblich gesucht.

Es handelt sich bei jenem »Wunderknaben« um einen gewissen Jesus Bar Josef, der bereits mehrmals mit seinen Eltern zum Pessach nach Jerusalem angereist war. Sein Geburtsort ist Bethlehem in Judäa, von wo aus seine Familie nach Ägypten auswandern musste, bevor sie sich später in Nazareth niederließ.

Nachdem Jesus dieses Jahr seine »Bar Mizwah« feiern durfte, den traditionellen jüdischen Ritus, der den Eintritt ins Erwachsenenleben markiert, verbrachte er eine auffällig lange Zeit im Tempel, um dort den endlos langen theologischen Debatten zuzuhören, an denen er sich zum Erstaunen der anwesenden Rabbis dann sogar beteiligte.

Der Rest der großen Familie trat dann die Heimreise an und die Eltern nahmen an, er befinde sich irgendwo unter den Verwandten. Als man ihn jedoch auch am nächsten Tag nirgendwo finden konnte, wurde eine fieberhafte Suchaktion eingeleitet, die einen Teil der Familie bis nach Jerusalem zurückführte. Als sei nichts gewesen, saß Jesus dort unter den Rabbis und überraschte seine Eltern mit der Frage: »Wusstet ihr nicht, dass ich im Haus meines Vaters sein muss?« Es scheint, als ziehe diesen Jungen der Tempel geradezu an. Schon als Baby hatte er dort im Mittelpunkt der Aufmerksamkeit gestanden. Einmal mehr erinnerte sich die Familie heute an jene merkwürdige Begebenheit, als zwei alte, etwas exzentrische Gestalten die Begegnung mit ihm suchten. Simeon, der von sich behauptete, Gott habe ihm

Jesus im Tempel von William Holman Hunt

gesagt, er würde nicht sterben, ehe er den Messias in seinen Armen gehalten habe, sagte über ihn, er sei »ein Licht zu erleuchten die Heiden«. Die damals vierundachtzigjährige Hanna bezeichnete das Kind als den »Erlöser Israels«.

Befragt, wie sie die Situation einschätze, antwortete Maria, die Mutter des Jungen, sie habe schon immer gewusst, dass Jesus »etwas ganz Besonderes« sei. Mehr wolle sie zu seinen religiösen Kenntnissen und Interessen nicht sagen.

(Lukas 2,22-52)

Quittung für Terrorkönig

Rom, 6 n. Chr.

Archelaus, der Ethnarch von Judäa, Samaria und Idumäa, wurde nach Vienna ins südliche Gallien verbannt. Sein Reich wurde kurzerhand zur römischen Provinz erklärt.

Archelaus hatte das Gebiet zugesprochen bekommen, als die Region nach dem Tode seines Vaters Herodes des Großen aufgeteilt worden war.

Der äußerst unbeliebte Herrscher verdankt seine Verbannung einer ungewöhnlichen Allianz aus Juden und Samaritern. Es heißt, das Land habe genug gehabt von seiner Brutalität. Wie bekannt hatte dieser Mann kurz nach der Beerdigung seines Vaters über dreitausend Pilger während eines Aufstandes in Jerusalem niedermetzeln lassen. Durch seine Scheidung und anschließende Heirat mit der antisemitischen Witwe seines Halbbruders und die willkürliche Absetzung einiger ihm nicht genehmer Hohepriester war das Maß offenbar voll.

Wie schlecht es um seinen Ruf bestellt ist, sieht man auch daran, dass einige Flüchtlinge, die aus Ägypten in ihre Heimat zurückkehrten, nicht bereit waren, sich in Judäa anzusiedeln, sondern lieber ins entfernte Galiläa auswichen.

(vgl. Matthäus 2,20-23)

Germanen radieren drei römische Legionen aus

Confluentes (Koblenz), 9 n.Chr.
Nach der völligen Ausschaltung dreier römischer Legionen durch germanische Stämme gelten die Gebiete nordöstlich des Rheins endgültig als verloren. Pläne zur Ausdehnung des Reiches bis zum Albis (Elbe) wurden vorerst auf Eis gelegt.

Die Rheingrenze konnte jedoch dank des tapferen Einsatzes des Tiberius gehalten werden. Kaiser Augustus hat das in römischer Hand verbliebene Gebiet inzwischen in einen oberen und einen unteren Bezirk eingeteilt. Die Grenze liegt zwischen Bonna (Bonn) und Confluentes (Koblenz).

Der verantwortliche Kommandant in Germanien, Publius Quinctilius Varus, hat inzwischen die Verantwortung für die Niederlage übernommen und Selbstmord begangen.

Der Niederlage war eine List des Cheruskers Arminius vorausgegangen, welcher die römischen Truppen – genauer gesagt die Legionen XVII, XVIII und XIX – im Teutoburger Wald in einen Hinterhalt gelockt hatte. Nach der verlustreichen Schlacht gilt Arminius bei den Germanen als Nationalheld.

Rom hat nicht vor, die drei Legionen zu ersetzen – vor allem aus Personalmangel. Auch die Nummern der Legionen sollen nicht weiter verwendet werden, da sie verständlicherweise als Unglück bringend gelten. Nach dem Verlust von über einem Zehntel der römischen Soldaten werden nun acht der verbleibenden fünfundzwanzig Legionen die neue germanische Grenze sichern.

Lizenzen für Arbeiterclubs

Rom, ca. 7 n.Chr.
Alle Arbeitervereine müssen von nun an vom Staat genehmigt werden. Grund dafür ist, dass einige dieser Vereine zu Keimzellen der Opposition geworden sind und unterdrückt werden sollen.

Ursprünglich waren die nach Berufsgruppen gegliederten Gemeinschaften um der Geselligkeit willen gegründet worden und sind zum Teil auch religiös geprägt. Bislang haben sie auch noch nicht gegen niedrige Löhne oder schlechte Arbeitsbedingungen protestiert.

Dieser Ausschnitt aus der Trajan-Säule im Forum Romanum zeigt römische und germanische Soldaten im Kampf.

KURZMELDUNGEN 1–9 n.Chr.

Konkurrenzverbot (ca. 1 n.Chr.): Die Bevölkerung der östlichen Provinz Halikarnassos verehrt Augustus als Gott. Dessen Politik ist es, eine solche Verehrung nur dann zuzulassen, wenn Kult und Tempel nicht in Konkurrenz zu den anderen örtlichen Gottheiten treten. Eine Inschrift bezeichnet Augustus als »den Vater, Gott und Erlöser der gesamten Menschheit … dessen Vorsehung alle unsere Gebete nicht nur erfüllte, sondern sogar übertraf«.

Soldatenpension (6 n.Chr.): Auf Befehl des Kaisers sollen entlassene römische Soldaten eine Pension erhalten. Dazu hat er aus seinem eigenen Vermögen 170 Millionen Sesterzen zur Verfügung gestellt. Eine Neuregelung der Dienstzeiten sieht vor, dass Legionäre zwanzig Jahre bei der Truppe bleiben, einen Sold von 10 As pro Tag bekommen und mit einer Abfindung von 3000 Denaren entlassen werden. Das neue System befreit die Generäle von der lästigen Pflicht, nach jedem Feldzug für ihre Soldaten Landrechte zu suchen.

Armenspeisung (6 n.Chr.): Etwa 320000 Menschen in Rom erhalten kostenlose Getreidezuwendungen (gegenüber 150000 vor ca. vier Jahren). Etwa 40 Millionen Scheffel Getreide werden jährlich importiert, um die Stadt zu ernähren. Ein Drittel davon kommt aus Ägypten, der Rest aus weiter westlich gelegenen Ländern.

Feuermelder (6 n.Chr.): Nach einer weiteren schweren Feuersbrunst in Rom hat Kaiser Augustus eine Eingreiftruppe von 7000 »Freigelassenen« aufgestellt, die als Feuerwache und Polizei dienen sollen. Sie ist in sieben Kohorten (je 1000 Mann) eingeteilt. Jede Kohorte ist für zwei Stadtteile zuständig. Die Truppen werden in Privathäusern untergebracht.

Vermeintlicher Pornoautor verbannt (8 n.Chr.): Der römische Dichter Ovid ist nach Tomis (Konstanza) am Schwarzen Meer verbannt worden. Die Gründe dafür seien »offenkundig«, heißt es. Ovid selbst weist jegliche Schuld von sich, gibt aber eine »Indiskretion« zu. Einige seiner Werke werden als pornographisch angesehen und verstoßen damit gegen die moralischen Reformen des Kaisers. Tomis, das am äußersten Rande des Reiches liegt, ist wenig erschlossen, kulturell isoliert und häufigen Angriffen wilder Stämme ausgesetzt. Sein schlechtes Klima ist berüchtigt.

Turbanrevolte (9 n.Chr.): Lin Ying, der gesetzliche Erbe der chinesischen Han-Dynastie ist von Wang Mang gestürzt worden. Dieser nennt seine Dynastie die »Xing« oder »neue« Dynastie. Im Land herrschen überall Unruhen.

Gesetz soll für Nachwuchs sorgen

Rom, 9 n. Chr.
Zur Sicherung des Nachwuchses in der römischen Oberschicht wurden vor kurzem einige neue Gesetze erlassen, welche kinderreiche Familien begünstigen. »Freigeborene« (römische Staatsbürgerinnen durch Geburt) sollen aus jeglicher Vormundschaft entlassen werden, sobald sie drei Kinder haben. Für »freigelassene« Frauen (Sklavinnen, die das Bürgerrecht nachträglich erhielten) gilt dasselbe, wenn sie vier Kinder haben. Vor allem letztere werden von der »Lex Papia Poppaa« profitieren, denn sie erlaubt es ihnen, einen Mann ihrer Wahl (mit Ausnahme eines Senators) zu heiraten und eheliche Kinder zu haben. Früher war es ihnen verboten, frei geborene Männer zu heiraten, deren Zahl die der freigelassenen Frauen überstieg und die es

Neo und seine Frau. Ein wohlhabendes römisches Ehepaar auf einem Wandgemälde in ihrem Haus in Pompeji

nicht immer leicht hatten, eine Partnerin zu finden. Freigelassene Frauen dürfen nun auch einen Teil ihres Vermögens ihren Kindern vermachen, welches früher vollständig auf ihren Herrn überging.

Das neue Gesetz mildert einige Aspekte der unbeliebten »Lex Julia« (vor 27 Jahren erlassen von Kaiser Augustus), welche eine Heirat fast zum Zwang machte. Dieses Gesetz besagte, dass Unverheiratete nicht erben durften. Ab sofort verwirkt eine Witwe ihr Erbe nicht, wenn sie bis zu zweieinhalb Jahre nach dem Tod ihres Mannes wieder heiratet. Dasselbe gilt für eine Geschiedene bis zu achtzehn Monate nach der Trennung (früher betrugen die entsprechenden Zeiträume zwölf bzw. sechs Monate).

Eines jedoch bleibt unverändert: der Versuch vonseiten des Staates, sich in die Angelegenheiten der Familie einzumischen, um die alten römischen Werte aufrechtzuerhalten. Ihren Anfang nahm diese Einmischung im letzten Jahrhundert, als der Bürgerkrieg unsere Gesellschaft in ein regelrechtes Chaos stürzte, in dessen Verlauf der Einfluss des Vaters auf das Familienvermögen beschnitten wurde und sich die Aristokratie dem Vergnügen und nicht der Pflicht widmen wollte.

Das Gesetz für männliche Bürger bleibt unverändert. Sie werden bereits mit der Pubertät von ihren Vormündern unabhängig. Eheschließungen mit Ehebrecherinnen und »Frauen mit schlechtem Ruf« stehen weiterhin unter Strafe.

Scheidung ist in Rom nach wie vor populär. Sie wird gewährt, sobald mindestens einer der Partner die Auflösung der Ehe wünscht, wobei dieser Wunsch öffentlich vor sieben Zeugen vorzutragen ist. Dabei erhält die geschiedene Frau ihre Mitgift zurück, falls das Gericht sie nicht teilweise dem Mann für den Unterhalt der Kinder oder als Kompensation für ein durch die Frau erlittenes Unrecht zuspricht.

Ostbritannien wird vereinigtes Königreich

Colchester, ca. 8 n. Chr.
Cunobelinus, König der Catuvellauner, hat im östlichen Britannien durch Eroberung des Stammesgebietes der Trinovanten ein vereinigtes Königreich geschaffen. Die neue Reichswährung wird in der Hauptstadt Camulodunum (Colchester) sowie in Verulamium (St. Albans) im Westen des Reiches geprägt. Sie trägt lateinische Inschriften und zeigt mythologische Darstellungen.

Inzwischen exportiert Camulodunum bereits die verschiedensten Waren nach Rom: Gold, Silber, Sklaven sowie Jagdhunde für die Spiele in den Arenen. Andererseits erweist sich die römische Besatzungsarmee als verlässlicher Konsument für Getreide, Rindfleisch, Leder und Eisenwaren – wovon die ortsansässigen Händler profitieren.

Römischer Einfluss reicht bis Cherwell im Westen. Jenseits des Flusses haust ein belgischer Stamm, der einen natürlichen Puffer bildet zwischen dem vereinigten Reich und den mächtigen Dobunern, deren Siedlungszentrum sich in Bagendon (Grafschaft Gloucestershire) befindet und die ebenfalls ihre eigenen Münzen prägen.

Letzter Vorhang für Augustus

Rom, 14 n. Chr.

Kaiser Augustus ist tot. Der Herrscher starb 77-jährig in Nola. Seine letzten Worte lauteten: »Habe ich meine Rolle auf der Bühne des Lebens gut gespielt?«

Politische Beobachter beantworten diese Frage fast ausnahmslos mit »Ja«. Die Trauer ist groß. Noch im Alter ging von diesem Herrscher Ruhe und Gelassenheit aus, hatte er doch das erreicht, was nur wenige erreichen: Frieden. Seine »Pax Romana« war ge-

Wandgemälde aus dem Haus der Livia, der Frau des Kaisers Augustus. Dargestellt ist Livia vor einer Siegessäule, auf deren Spitze sich eine Statue befindet, die den Kaiser darstellt.

kennzeichnet durch die Ausdehnung und Vereinigung des italischen Reiches wie auch durch die Achtung der alten römischen Traditionen und Ideale.

Augustus wurde von seiner Mutter Atia erzogen, einer Nichte des Julius Cäsar. Er hatte Cäsar noch gekannt, der ihn in das römische Leben einführte und dem er trotz eigener angeschlagener Gesundheit als Achtzehnjähriger in Spanien diente. Erst nach Cäsars Ermordung wurde bekannt, dass er den jungen Octavius (wie Augustus damals noch hieß) zu seinem Haupterben bestimmt hatte.

Augustus war als Mensch vorsichtig und abergläubisch, doch auch weise und entscheidungsfreudig. Über acht-

zig Tempel wurden auf seine Anordnung hin restauriert. Das religiöse Leben erlebte eine neue Blüte. Vor 40 Jahren wurde der Kaiser zum ersten Mal »Augustus« (»der Ehrwürdige«) genannt. Viele hielten ihn für göttlich und bauten ihm Altäre, wenn er auch selbst dies nie öffentlich unterstützte. Nach den Worten des Dichters Horaz war er der Mensch gewordene Merkur. Sein Lebensstil war äußerst bescheiden. Er schlief vierzig Jahre lang auf einem Feldbett (und zwar immer im selben Zimmer!), trug Kleider, die seine Frau oder seine Tochter für ihn webten, trank kaum Wein und erfrischte sich regelmäßig mit einem sauren Apfel oder einer Gurke. Notgedrungen musste er hin und wieder ein Festessen geben, doch er selbst zog Brot, Käse und Feigen als Nahrungsmittel vor.

Augustus war ein sehr ansehnlicher Mann, legte jedoch kaum Wert auf sein Äußeres. Er arbeitete hart und wusste sich durch anregende Gespräche, Wanderungen, Laufen und Ballspiele zu entspannen. Je älter er wurde, desto stabiler wurde seine Gesundheit. Seine Freunde lobten an

ihm, dass er niemals jemanden fallen ließ, der ihm treu gedient hatte.

Der Kaiser und seine Frau Livia hatten keine gemeinsamen Kinder. Augustus hatte seine Tochter Julia aus seiner ersten Ehe mit Scribona mit in die Ehe gebracht. Testamentarisch wurden sowohl Livia als auch Tiberius als Erben bestimmt. Augustus hinterlässt dem Reich ein Vermögen von 43,5 Millionen Sesterzen.

Zauderer auf Kaiserthron

Rom, 14 n. Chr.

Tiberius ist zum Kaiser gekrönt worden, wenn er das Amt auch nur zögernd und beinahe widerwillig annahm. Tagelang hatte er mit dem Senat gerungen, doch wenigstens einen Teil der Amtsbürde auf andere Schultern zu legen, doch die Senatoren blieben hart: »Das Reich ist unteilbar und die Macht ebenso!«

Tiberius ist dem Vernehmen nach ein schwieriger Mensch und die politische Erfahrung fehlt ihm völlig. Das Erbe, das er antritt, ist schwer, denn ihm fehlt nicht nur die Autorität des Augustus, sondern auch dessen gewinnendes Wesen. Kein Wunder, denn Tiberius erschien kaum je zu den Sitzungen des Senats, nachdem er vor 30 Jahren Prätor geworden war.

Das Forum Augusti in Rom grenzt an das alte römische Forum an.

16-19 n. Chr.

Kaiser resigniert vor germanischem Widerstand

Rom, 16 n. Chr.

Kaiser Tiberius hat der Bitte seines Feldherrn Germanicus, einen letzten Versuch zur Niederschlagung der aufständischen Stämme in Germanien zu unternehmen, eine Absage erteilt. Germanicus wurde kurzerhand nach Armenien versetzt, von wo neue Unruhen gemeldet wurden.

Die Entscheidung beendet einen fast dreijährigen Konflikt in der römischen Garnison in Germanien, wo man aufgrund verschiedener interner Intrigen der Situation nicht mehr Herr wurde. Begonnen hatten die Irritationen kurz nach dem Amtsantritt des Tiberius mit einer Meuterei der Feldherren im unteren Germanien. Sie hatten Germanicus stets als kaiserlichen Rivalen angesehen und ihn deshalb zum neuen Herrscher erheben wollen.

Dies konnte Germanicus nur durch ein auf den Namen des Tiberius gefälschtes Schreiben und eigenes Geld unterdrücken. Dann brachte Germanicus Frau und Kind (der kleine Gaius, der »Stiefelchen« genannt wurde, galt als Glücksbringer der Truppe) in

Sicherheit. Ausgerechnet das brachte die Meuterer zur Vernunft. Wie verlautet, ist Seine Majestät von den Verwirrspielen seines hoffnungsvollen »Germaneneroberers« zwar nicht gerade begeistert, zollt ihm aber dennoch Respekt. Der Kaiser scheint das Interesse an weiteren Expansionen

verloren zu haben. Vielleicht ist er vorsichtig, vielleicht aber auch nur eifersüchtig, wie Anhänger des Germanicus meinen, die diesen mit Alexander dem Großen vergleichen.

Um die Popularität des Germanicus nicht ausufern zu lassen, hat Tiberius inzwischen Calpurnius Piso als Legaten von Syrien eingesetzt. Als Kommandeur über vier Legionen im Osten soll er dafür sorgen, dass Germanicus nicht im Überschwang einen vorzeitigen Krieg gegen die Parther beginnt.

»Gewissen der Nation« ist tot

Padua, 17 n. Chr.

Der Historiker Titus Livius ist im Alter von sechsundsiebzig Jahren verstorben. Seine bahnbrechende Geschichte Roms (von den Anfängen bis in die Gegenwart) füllt 142 Bände, von denen allein 100 die Periode der letzten 150 Jahre umfassen.

Aufgewachsen in Padua und nach strengen moralischen Werten erzogen, legte Livius eben diese Werte auch als Maßstab an die Geschichte an. Immer wieder beklagte er den Verfall von Sitte und Moral.

So bittet er seine Leser bereits im Vorwort seiner »Historia«, sich die »alten Werte Roms« zum Vorbild zu nehmen und sie mit der heutigen gesellschaftlichen Einstellung zu vergleichen. »Ging es nicht ständig bergab?«, fragt er seine Leser und wurde nicht müde, immer wieder auf den beklagenswerten Zustand unserer heutigen Gesellschaft hinzuweisen.

»Je ärmer der Mensch, desto geringer seine Gier« – so die Auffassung dieses alten Historikers. Wenn man sieht, in welche sittlichen und moralischen Abgründe uns der heutige Reichtum gebracht hat, ist man fast geneigt, ihm Recht zu geben.

Fries an der Wand einer römischen Villa in Pompeji: Faunus spielt die Lyra, während die Dame des Hauses speist.

Freitod nach Freispruch

Rom, ca. 19 n. Chr.

Nach einem langwierigen Prozess hat Piso, der römische Feldherr in Syrien, der des Mordes an Germanicus angeklagt worden war, Selbstmord begangen. Zwar wurde er von der Anklage freigesprochen, doch gelang es ihm nicht, seine Unschuld hinsichtlich verschiedener anderer Vorwürfe zu beweisen: der Meuterei und Bestechlichkeit sowie des Versagens bei der Wiedereroberung seiner Provinz.

Es wird allgemein davon ausgegangen, dass Piso, ein enger Vertrauter des Kaisers wie auch dessen Vorgängers Augustus, die geheimen Anweisungen, dem Einfluss des Germanicus einen Riegel vorzuschieben, entweder nicht verstand oder aber falsch deutete. Wäre diese Geheimdiplomatie im Prozess zur Sprache gekommen, hätte sie mit Sicherheit den Kaiser zum Mitverdächtigen gemacht, doch es blieb – wieder einmal – alles im Dunkeln.

Germanicus starb auf mysteriöse Weise in Antiochia, und zwar unmittelbar nachdem er Piso entlassen hatte. Die Todesursache lautet: Vergiftung. Die Feindschaft zwischen den beiden Feldherrn war auf dem Siedepunkt angelangt, als Germanicus nach seiner Rückkehr aus Ägypten feststellte, dass Piso seine Anordnungen einfach rückgängig gemacht hatte. Agrippina, die Frau des Germanicus, verdächtigte Piso umgehend, zumal dieser nach Erhalt der Todesnachricht öffentlich in Jubel ausgebrochen sein soll.

Nachdem Agrippina den Leichnam ihres Mannes nach Rom überführt hatte, waren der Kaiser und seine Gemahlin ungeachtet der vielen Trauergäste in der Stadt den Feierlichkeiten demonstrativ ferngeblieben.

Piso war unterdessen gefangen genommen und dem Senat vorgeführt worden. Es lag dem Kaiser offensichtlich daran, seinem alten Freund einen fairen Prozess zu gewährleisten, was jedoch die schwindende Popularität des Herrschers weiter beschleunigte.

Das riesige Ruinengelände des einstmals stolzen römischen Zentrums Palmyra in Syrien

---

KURZMELDUNGEN 14-28 n. Chr.

Heilende Würzmischung (ca. 14-27 n. Chr.): Asiatische Gewürze werden immer häufiger in der Medizin verwandt. Dies berichtet die »Enzyklopädie der Medizin« von Celsus. So enthält das Medikament Mithridatium allein 36 Bestandteile. Es wurde nach Mithridates von Pontus benannt, der von missgünstigen Verwandten umgeben war und eines Tages über einen »merkwürdigen Geschmack« seines Essens klagte. Mithridatium erwies sich als ein so wirkungsvolles Gegengift, dass der Mann später, als er sich nach seiner Absetzung umbringen wollte, gegen das von ihm gewählte Gift immun war und sich von einem keltischen Söldner erdolchen ließ.

Königsmord (19 n. Chr.): Einer der beiden Marionettenkönige des an der unteren Donau gelegenen Thrakien wurde, nachdem er den anderen ermordet hatte, gefasst und in Rom vor Gericht gestellt. Das Gebiet war von Augustus geteilt worden, um es besser beherrschen zu können.

Druidenaufstand (21 n. Chr.): Wieder ist in Gallien ein Aufstand ausgebrochen. Die eigentliche Ursache waren Forderungen römischer Unternehmer, doch war die Angelegenheit von den Druiden (führenden Stammespriestern) aufgebauscht worden. Widerstand in Gallien erschöpft sich üblicherweise in Worten und ist selten einmütig. Die römische Garnison umfasst etwa 1200 Mann. Schließlich wurden die Legionen vom Oberrhein unter Gaius Silius herbeigerufen, um den Anführer Julius Sacrovir, einen römischen Staatsbürger und Druiden, zu überwältigen.

Kaisersohn tot (23 n. Chr.): Drusus, der Sohn des Kaisers Tiberius, ist gestorben, vermutlich eines natürlichen Todes. Es wird allerdings gemunkelt, dass seine Frau Livilla, Schwester des Germanicus, schuld daran sei, weil sie eine Affäre mit dem Präfekten der Prätorianischen Garde Aelius Seianus hatte. Seianus ist bereits von seiner Frau geschieden, und es heißt, dass Livilla ihn heiraten will. Ursprünglich war Drusus nach seinen erfolgreichen Feldzügen in Illyrien als Nachfolger des Tiberius vorgesehen. Nach den Worten des Juden Herodes Agrippa ist der Kaiser »tief betrübt« und möchte »niemanden am Hof sehen, der ihn an seinen Sohn erinnert.«

Hungernder Historiker (ca. 25 n. Chr.): Der Historiker Cremutius Cordus ist in einen Hungerstreik getreten, nachdem der römische Senat erlassen hat, dass seine Bücher verbrannt und er selbst wegen Verrats vor Gericht gestellt werden soll. Cordus hatte sich geweigert, Augustus zu verehren und stattdessen Brutus, den Mörder des Julius Cäsar, gelobt.

291

Prüde Germanen

Koblenz, 19 n. Chr.

König Maroboduus, ehemaliger römischer Soldat, der den Stamm der Markomannen mit eiserner Faust regierte, wurde abgesetzt und musste fliehen. Seine germanischen Untertanen warfen ihm Machtmissbrauch vor und auch seine römischen Vorgesetzten mochten ihn nicht länger dulden. Mehr denn je degeneriert dieses Land nun zu einem Sammelbecken verschiedener, sich gegenseitig bekämpfender Stämme.

Was den römischen Besatzungstruppen in Germanien vor allem auffiel: Die Leute dort legen eine geradezu unglaubliche Prüderie an den Tag! Gleichgeschlechtliche Liebhaber werden ersäuft und die Ehe gilt als nahezu unauflöslich. Ehebruch wird, jedenfalls bei Frauen, streng bestraft: Das Haupt der Schuldigen wird kahlgeschoren und die Betreffende anschließend aus dem Dorf vertrieben. Oft werden Ehebrecherinnen auch getötet. Die Germanen heiraten erst sehr spät (es gibt Fälle, in denen die Brautleute über zwanzig sind!), ganz zu schweigen von Soldaten, die zunächst ihre Tapferkeit im Feld beweisen müssen.

Sklaven werden allerdings besser als in Rom behandelt. Sie dürfen ihr eigenes Quartier bewohnen und bezahlen die Miete in Form von Getreide, Tuch oder Vieh. Ihre Stellung entspricht eher der der römischen Pachtbauern, nur dass sie eben nicht frei sind.

In Erstaunen versetzt die römischen Soldaten immer wieder das äußere Erscheinungsbild ihrer nördlichen Nachbarn: Die Germanen sind äußerst muskulöse Zeitgenossen, haben vielfach stahlblaue Augen, einen Furcht einflößenden Blick und kämpfen – wie übereinstimmend berichtet wird – zäh und tapfer. Lediglich die Ausdauer fehlt ihnen und so geschieht es immer wieder, dass sie nach Erfolg versprechendem Anfang einer Schlacht schließlich doch verlieren.

»Steppenwölfe« bedrohen das Reich

Mitteleuropa, ca. 25 n. Chr.

Das Römische Reich sieht sich einer neuen Bedrohung ausgesetzt: Entlang der Donau haben sich in ganz Mitteleuropa einige gefürchtete Volksstämme aufgereiht, die ursprünglich den sarmatischen Jazygen in die ungarischen Steppen gefolgt waren.

Sarmatisches Armband (Ungarn)

Es handelt sich bei dieser Steppe um den letzten Ausläufer der eurasischen Tiefebene. Das ursprüngliche Siedlungsgebiet jener Stämme im Bereich der unteren Donau wird inzwischen von den Roxolanen eingenommen.

Als Feinde sehen sich die Sarmaten an der oberen Donau den Germanen gegenüber, denen im Osten die Jazygen folgen, dann die Daker in den transsylvanischen Bergen und schließlich die Roxolanen in der Nähe des Schwarzen Meeres.

Zusammen bilden diese Stämme eine – wenn auch sehr unterschiedlich geartete – antirömische Koalition: Die mutigen Germanen besitzen die größte physische Stärke; die Jazygen haben die beste leichte Kavallerie und die Roxolanen die am schwersten bewaffneten Kämpfer.

Rückzug nach Capri

Rom, 26 n. Chr.

Kaiser Tiberius hat Rom verlassen und sich in die Einsamkeit der Insel Capri zurückgezogen.

Als Vorwand für die Reise diente dem Kaiser die Einweihung eines Jupitertempels in Capua und eines Tempels für Augustus in Nola.

Kurz nach seiner Ankunft jedoch gab er seinen Truppen den Befehl, die Mengen von ihm fernzuhalten und zog sich umgehend zurück.

»Seine Majestät mag diese beiden Städte nicht«, verlautete aus seiner Umgebung, was von der Insel Capri wohl kaum behauptet werden kann. Dort, auf dem abgeschiedenen, hafenlosen Eiland, wohnt Tiberius nun in zwölf verschiedenen Villen, genießt die milden Winter und die verschiedenen Ausblicke auf die Bucht und den vorgelagerten Vesuv. Gerüchte besagen, dass er entweder damit beschäftigt sei, sich neue Grausamkeiten auszudenken oder im Geheimen wilde Orgien zu feiern.

Capri, auch heute ein beliebter Urlaubsort und Ruhesitz

Der Rückzug soll mehrere Gründe haben. Politische Beobachter fragen sich, ob seine Majestät nur vor dem intrigierenden Seianus flieht oder auch vor der eigenen Mutter, die ihren Sohn nicht nur öffentlich zu demütigen pflegt, sondern auch eigene Gedanken über die Aufteilung der Macht hat.

Der Tod des ausgesperrten Dichters

Tomis, ca. 17

Publius Ovidius Naso, der unbestritten größte Dichter Roms, ist im Exil im Alter von 60 Jahren verstorben. Trotz wiederholter Appelle an Augustus und später Tiberius wurde es ihm nie erlaubt, das unfreundliche und isolierte Tomis zu verlassen.

Ovid stammte aus der Kleinstadt Sulmo, ca. 150 km von Rom entfernt. Er wurde als Sohn eines römischen Ritters geboren und sein Vater wollte ihn für den Staatsdienst ausbilden lassen. Er wurde nach Rom geschickt. Dort fiel unter anderem Seneca auf, dass sein Redestil eher Versen als Prosa glich.

Ovid war zunächst in einigen untergeordneten Positionen im Rechtswesen beschäftigt. Augustus hätte ihn gern als Senator gesehen, doch wollte Ovid nicht. Die Verpflichtungen eines Lebens in der Öffentlichkeit raubten seine dichterischen Plänen zu viel Zeit. Das reichliche Vermögen seines Vaters erlaubte es ihm, »freischaffender Dichter« zu sein.

Seine Bücher wurden Bestseller. In seinen Werken schafft er es, tiefe Emotionen auszudrücken, dabei aber viel Esprit an den Tag zu legen. Besonders seine »Metamorphosen«, ein episches Gedicht, sind populär geworden: Geschichten aus klassischem Legendenstoff und Material des Vorderen Orients, eine Chronologie vom »mythologischen Urknall« bis Julius Cäsar.

Auch schrieb er einen Festkalender für das römische Jahr sowie die »Liebeskunst«, die Kritikern zufolge Anstiftung zum Ehebruch und ein Schlag ins Gesicht der römischen Moral sei. Einige Jahre nach Veröffentlichung des Werkes wurde Ovid verbannt. Man nimmt an, dass das Opus als Verbannungsgrund nur ein Vorwand war. Wahrscheinlich war er Mitwisser eines Sittenskandals am Kaiserhof, was den Herrscher veranlasst hatte, ihn des Landes zu verweisen.

Vom Poeten der Liebe

Die Liebe ist eine Art Kriegszustand.

Lass alle Freveltaten! Um geliebt zu werden, sei liebenswürdig.

Vom Lieben habt ihr nichts verstanden. Kunst fehlte euch, nur durch Kunst hat eine Liebe Bestand.

Mich hat Venus zum Meister ernannt für den losen Amor.

Ertrage einen Rivalen mit Geduld, Größeres als dies hat meine Kunst nicht zu bieten.

Möge das Altertum andere erfreuen, ich preise mich glücklich, jetzt erst zu leben, es passt zu meiner Art diese Zeit.

Es ist nützlich, dass es Götter gibt, und da es nützlich ist, wollen wir daran glauben.

Amphitheater wird zum Massengrab

Das Kolosseum in Rom wurde im Jahre 80 fertig gestellt und war und ist bis heute Roms großartigstes Amphitheater. Es gilt als Wahrzeichen der Stadt. Über 100000 Menschen konnten dort einen Sitzplatz finden. Auch hatte es ein bewegliches Dach aus Leinwand, damit die Zuschauer sich die Gladiatorenspiele im Schatten ansehen konnten. Im Theater konnten sogar Seeschlachten simuliert werden, indem man Wasser in die Arena einließ.

Fidenae bei Rom, 27 n. Chr.
Wieder einmal hatte Pfusch am Bau katastrophale Folgen: Ein gerade erst errichtetes hölzernes Amphitheater ist unter der Last seiner über 20000 Besucher wie ein Kartenhaus zusammengefallen. Atilius, ein ehemaliger Sklave und Konstrukteur des Neubaus, wurde umgehend aus dem Reich verbannt. Neue Gesetze zur Sicherung künftiger Bauten sind bereits in Arbeit.

Die Katastrophe ist wohl nur dadurch zu erklären, dass es den Planern einzig und allein um Profit ging. Hinzu kam, dass die römischen Bürger, die unter dem strengen Tiberius unter »Entzugserscheinungen« litten, endlich wieder ihre beliebten Gladiatorenkämpfe sehen wollten und deshalb auf »umgehende« Fertigstellung drängten.
Doch noch vor Beginn der ersten Vorstellung ächzte und krachte das Gebäude unter den vielen tausend Besuchern, bis plötzlich Risse auftraten, die sich in Sekundenschnelle vergrößerten, und dann die Konstruktion unter ohrenbetäubendem Lärm in sich zusammenstürzte. Die meisten der Opfer waren sofort tot und es ist

noch immer nicht klar, wie viele Menschen noch unter den Trümmern verborgen liegen.

Das Kolosseum mit abgestufter Anordnung der Sitze. Der Boden, auf dem die Kämpfe stattfanden, existiert allerdings nicht mehr. Stattdessen liegen die unterirdischen Gänge nun offen.

Intrigen um Nachfolge

Rom, ca. 27-28 n. Chr.
Der Streit um die Nachfolge des Tiberius, der seit langem zwischen den Verwandten des Germanicus und dem Haus der Claudier tobt, kommt nicht zur Ruhe. Die gegenwärtigen Intrigen und Gerüchte um einen Prozess wegen Hochverrats sind einmal mehr der Beweis dafür, dass das Eigentum eines Angeklagten gewöhnlich unter seinen Klägern aufgeteilt wird.
Agrippina, die Witwe des Germanicus, beansprucht den Kaisertitel für ihre Kinder, desgleichen Livilla, die Witwe des Tiberiussohnes Drusus, welcher Seianus unterstützt, der ein Vertrauter des Tiberius und gleichzeitig Erzfeind des Germanicus ist. Diese Unterstützung könnte sich jedoch für den Kaiser als zweischneidiges Schwert erweisen, denn die subtilen Versuche des Seianus, die Macht an sich zu reißen, tragen nur noch mehr zu dem Verfolgungswahn bei, unter dem Tiberius ohnehin schon leidet.

Doppelte weibliche Provokation

Capri, ca. 27-28 n. Chr.
Agrippina, Witwe des Germanicus und Schwiegertochter des Kaisers Augustus, unterlässt anscheinend nichts, um sich immer weiter aus dem Wirkungsbereich der kaiserlichen Gnade zu entfernen. Erst kürzlich wagte sie es, für ihre des Mordversuchs an Seiner Majestät angeklagte Cousine Claudia Pulchra bei Tiberius um Gnade zu flehen.
Claudia hatte Tiberius »bis zur Weißglut« gereizt durch ihre Behauptung, sie selbst – und nicht etwa die Standbilder, denen der Kaiser zu opfern pflegt – sei die Inkarnation des Geistes seines Adoptivvaters Augustus. Hinzu kam, dass der Frau magische Kräfte nachgesagt wurden, welche sie gegen Tiberius eingesetzt haben soll, ganz zu schweigen von ihrem bekannten unmoralischen Lebenswandel.
Erst vor kurzem hatte sich Agrippina geweigert, sich mit Tiberius an einen Tisch zu setzen, da der Kaiser sie »ja doch nur vergiften« wolle.

Das Römische Reich zur Zeit Jesu

BRITANNIA

GERMANIA

Atlantischer Ozean

BELGICA

LUGDUNENSIS

RAETIA

NORICUM

GALLIA

AQUITANIA

ALPES MARITIMAE

VENETIA

PANNONIA

DACIA

NARBONENSIS

• Massilia

ITALIA

DALMATIA

MOESIA

Schwarzes Meer

TARRACONENSIS

Rom

CORSICA

THRACIA

LUSITANIA

BITHYNIA & PONTUS

BALEARES

MACEDONIA

GALATIA

BAETICA

SARDINIA

ASIA

CAPPADOCIA

ACHAIA

• Ephesus

LYCIA & PAMPHYLIA

CILICIA

• Antiochia

Athen •

SICILIA

MAURETANIA

SYRIA

NUMIDIA

• Karthago

CYPRUS

• Tyrus

PHOENICIA

Mittelmeer

AFRICA PROCONSULARIS

JUDAEA

CYRENAICA

• Alexandria

ARABIA

AEGYPTUS

Legende:
- Italien
- Das Römische Reich beim Tod Julius Cäsars (44 v.Chr.)
- Das Römische Reich beim Tod des Augustus (14 n.Chr.)

Nach der raschen Ausdehnung des Römischen Reiches trat unter Kaiser Augustus eine Konsolidierungsphase ein. Das Reich hatte eine für die damalige Zeit außerordentlich gut funktionierende Infrastruktur und ein breites Straßensystem. Dies wurde durch Steuern finanziert. Ein ausgefeiltes Rechtssystem und die stete Militärpräsenz auch in der Provinz sorgten für Sicherheit. Es war ein Zeitalter des Wohlstands, der Stabilität und der wirtschaftlichen Blüte und natürlich eine Zeit, in der das Reisen an Bedeutung gewann.

Ein Feind von Religion und Reisen

Amasia, Pontus, ca. 25 n.Chr.
Der berühmte Historiker und Geograph Strabo ist tot. Er soll über 85 Jahre alt geworden sein. Strabo, ein Verächter der Religion, der jeglichen längeren Reisen abgeneigt war, wohnte lange Zeit in Rom, wo er Hunderte von geographischen Aufzeichnungen zusammentrug und 47 historische und 17 geographische Bücher schrieb. Er behauptete stets, die Erde sei eine einzige große Landmasse, die von einem Weltmeer umgeben sei.

Achtzig Jahre nach Strabo entwarf Ptolemäus eine erstaunlich exakte Weltkarte, welche auf die Aufzeichnungen des Strabo zurückgeht. Die Darstellung gibt wieder, was auf einer mittelalterlichen Kopie der Karte zu sehen ist. Das Original ging leider verloren.

29 n. Chr.

Heuschreckenfänger vom Jordan fasziniert alle

Betanien (Ostjordanland), ca. 29 n. Chr.
Ein charismatischer Einsiedler, der offensichtlich die Wüste zur Synagoge macht, zieht immer mehr Menschen in seinen Bann. Von überall her eilen sie zum Jordan, um den feurigen Reden dieses Wanderpredigers zu lauschen. »Reform, Umdenken und religiöse Erneuerung« – so lässt sich die Botschaft Johannes' »des Täufers«, wie er genannt wird, in wenigen Worten zusammenfassen. Bekleidet ist der Mann lediglich mit einem Kamelhaarmantel, der von einem einfachen Ledergürtel zusammengehalten wird. Als Ernährung dient ihm das, was er in der Wüste vorfindet: Heuschrecken und der Honig wilder Bienen.
Jene unkultivierte Landschaft, in der Johannes der Täufer dauerhaft zu leben scheint, nimmt sich gerade recht aus als Bühne für seine donnernden Appelle.
Der Täufer bevorzugt den Osten, eine Gegend, die jedermann meidet, wenn er sie nicht gerade durchreisen muss. Seit dem Auftreten des Johannes jedoch ist jener Flecken Erde zur Touristenattraktion geworden – und das, obwohl die Reden des Predigers keineswegs leichte Kost sind.
Zur allgemeinen Belustigung soll es beigetragen haben, dass er neulich seinen dürren Zeigefinger auf die unbeliebten Pharisäer und Schriftgelehrten richtete und ihnen unter dem Gekichere der Menge entgegengedonnert haben soll: »Schlangenbrut seid ihr! Denkt bloß nicht, dass ihr dem göttlichen Gericht entgehen könnt«. Ein jähes Schweigen soll sich jedoch breit gemacht haben, als derselbe dür-

Die Taufe Jesu im Film *Jesus von Nazareth* von Franco Zefferelli

re Finger anschließend langsam über die gesamte anwesende Menschenmenge wanderte.
»Und was sollen wir tun?«, fragten nicht nur die sensiblen Naturen unter den Zuhörern. Der Täufer war auch diesmal um eine Antwort nicht verlegen: Steuereinnehmer sollten ihren Gewinn teilen, Soldaten das Plündern und Vergewaltigen lassen und wer Geld habe, die Hälfte davon den Armen spenden.
Um die Spreu vom Weizen zu trennen, bietet Johannes – seinem Beinamen gerecht werdend – all denjenigen, die es mit der Umkehr ernst meinen, eine rituelle Waschung im Jordan an (der ja nicht gerade für sein sauberes Wasser bekannt ist!). »Als Zeichen für die Reinigung und Erneuerung, die wir von Herzen suchen, und als Symbol der Tatsache, dass von nun an Gott die erste Stelle in unserem Leben einnimmt« – so das Zeugnis der Beteiligten, von denen sich übrigens einige als Schüler oder »Jünger« dem Täufer dauerhaft angeschlossen haben. »Seit dem alten Elia hat es so etwas nicht mehr gegeben« – so die einhellige Meinung aller, die Johannes hörten. Einige gehen sogar noch weiter: »Er ist es persönlich!«
Vor kurzem allerdings ereignete sich etwas, was den sonst sehr selbstbe-

wussten und aggressiven Prediger doch ein wenig ins Hintertreffen geraten ließ. Sein Verwandter Jesus von Nazareth wollte sich von ihm taufen lassen, was Johannes zunächst verweigerte. Augenzeugenberichten zufolge soll er gesagt haben: »Ich bin es noch nicht einmal wert, dir die Riemen deiner Sandalen zu öffnen!« Schließlich jedoch gab er nach, taufte ihn und wurde kurz darauf – wohl gerade als Jesus aus dem Wasser stieg – Zeuge einer merkwürdigen Naturerscheinung: Man habe deutlich eine »Stimme vom Himmel« gehört, dieser Jesus sei der Sohn Gottes, und »etwas, das aussah wie eine Taube«, habe sich geradewegs auf seinem Kopf niedergelassen. Johannes hob dann wiederum seinen Zeigefinger, deutete auf Jesus und sagte: »Seht ihn euch an! Er ist das Lamm Gottes, das die Sünden der ganzen Welt trägt.«
Seit diesem Ereignis wendet sich die Aufmerksamkeit der meisten von Johannes ab und jenem Jesus von Nazareth zu. Johannes scheint dem nichts entgegenzusetzen, ja, seinen schwindenden Ruhm sogar zu unterstützen. Sein Kommentar: »Meine Aufgabe war es, auf den hinzuweisen, der nach mir kommt und größer ist als ich.«

(Matthäus 3,1-17; Markus 1,1-11; Lukas 3,1-18; Johannes 1,19-34)

Der Jordan bei Degania, einer der möglichen Taufplätze des Johannes

296

Wanderprediger knapp dem Tod entgangen

Nazareth, ca. 29 n. Chr.

Nur knapp dem Tod entgangen ist offenbar ein Prediger, den ein wütender Mob außerhalb der Stadt von einem Felsen stürzen wollte. Kurz zuvor war es in der dortigen Synagoge zu heftigen Wortgefechten gekommen.

Jesus von Nazareth war einer offiziellen Einladung zum Besuch der Synagoge gefolgt und hatte dort auch die traditionelle Schriftlesung vorgenommen. Eine prophetische Stelle aus dem Buch Jesaja deutete er offensichtlich auf seine eigene Person: »Heute ist dieses Wort vor euren Augen und Ohren erfüllt« – so die Worte eines Zimmermannsohnes, der behauptet, er sei gekommen, um »den Armen das Evangelium zu predigen«. Dem etwa dreißigjährigen Lehrer und Prediger werden verschiedene Wundertaten in der Gegend von Kapernaum nachgesagt. In Nazareth wollte die Menge Beweise sehen, was er mit der Frage konterte, warum sie so wenig Vertrauen zu ihm hätten. Dies war den Einwohnern offensichtlich zu viel: Sie jagten den Rabbi aus der Stadt, doch aus unerklärlichen Gründen gelang es ihnen nicht, ihn wie geplant von einem Felsen hinunterzuwerfen. »Der Mann ging einfach durch uns hindurch und keiner wagte es mehr, ihn zu berühren!« – so ein Kommentar.

»Unser Meister musste noch ganz andere Anfeindungen durchleiden«, erzählt man sich unter seinen Freunden. Er sei angeblich vom Teufel versucht worden, von der Zinne des Tempels zu springen, um seine Macht zu beweisen. Auch sollte er Steine in Brot verwandeln und die Weltherrschaft durch ein für alle unzweifelhaftes Wunder an sich reißen. Leider war nicht festzustellen, ob diese Story einen realen Hintergrund hat oder nur Produkt einer überbordenden Phantasie ist.

(Lukas 4,1-30)

In der Nähe von Nazareth gibt es solche steilen Felsen.

Smyrna Sieger bei Ausschreibung für Kaisertempelbau

Die Säulen des Marktplatzes von Smyrna

Rom, 26 n. Chr.

Die Stadt Smyrna (Izmir) ist in einem Wettbewerb um das Recht auf die Errichtung des einzigen Tiberius-Tempels in Kleinasien eindeutig als Siegerin hervorgegangen. Der Senat entschloss sich mehrheitlich für die aufstrebende Hafenstadt an der Ägäis, die für ihre prachtvollen Bauten ebenso bekannt ist wie für ihr fruchtbares Hinterland. In der Vergangenheit hatte sich Smyrna immer wieder durch Loyalität gegenüber Rom hervorgetan. Von dort aus wurden die Truppen mit Schiffen ausgerüstet und dort wurde bereits vor über 200 Jah-

ren ein Tempel zu Ehren Roms errichtet.

Unvergessen ist vor allem der Winter vor ca. 120 Jahren, als Sullas Truppen im ersten Krieg gegen Mithridates VI., König von Pontus, völlig aufgerieben wurden und die römischen Soldaten aufgrund fehlender Kleidung fast erfroren wären. Ein einziger öffentlicher Aufruf in Smyrna führte dazu, dass sich sofort sämtliche Zuhörer bis auf die Haut auszogen und ihre Kleider an die Soldaten spendeten.

Es liegt auf der Hand, dass angesichts einer solchen Hingabe die Chancen der Mitbewerber nicht sehr aussichtsreich waren. Laodizea und Magnesia wurden sofort von der Liste gestrichen und auch der Ruhm Trojas, einer der Mutterstädte Roms, gilt als verblichen. Nicht schlecht standen, zumindest eine Zeit lang, die Aussichten für Halikarnassos. Über Ephesus, Heimatstadt des Diana-Tempels, und Milet, eine dem Apollo geweihte Stadt, verlautete, es gebe dort bereits genügend andere Tempel. Auch Sardes hatte keine Chance.

(vgl. Offenbarung 2,1-17; 3,1-6.14-22)

Bei Jesus sitzen Kinder in der ersten Reihe

Judäa, ca. 30 n. Chr.

Der bekannte Rabbi und Wanderprediger Jesus von Nazareth hat offensichtlich ein Herz für Kinder. »Ihr könnt viel von ihnen lernen!«, soll er seinen Hörern in seiner neuesten Umkehrung aller bisher gültigen Werte zugerufen haben.

»Wer das Reich Gottes nicht wie ein Kind annimmt, kommt nicht hinein!« – so die Worte des Predigers. »Im Himmel sind die Kleinsten die Größten!«, betonte Jesus, der die versammelte Menge anschließend dazu aufforderte, einander zu dienen, auch wenn man dabei nicht »groß herauskomme«.

Ähnliche Aussagen des Mannes aus Nazareth werden auch aus der Gegend am Ostufer des Jordans überliefert. Dort soll er es zugelassen, ja sogar unterstützt haben, dass die Kleinen bei seinen Predigten in der ersten Reihe sitzen durften. Seinen erstaunten Mitarbeitern – die kurz zuvor auf recht unsanfte Weise mehrere junge Eltern zurückgewiesen hatten, die ihre Kinder von Jesus segnen lassen wollten – erklärte er: »Lasst sie gefälligst zu mir kommen! Das Himmelreich gehört den kleinen Leuten!«
Beobachter sprechen von einer ungeheuren Aufwertung der Unmündigen.

gen, »noch einmal geboren werden«. Immer wieder versucht Jesus, die Fassade des menschlichen Stolzes mit solchen und ähnlichen Worten zu durchbrechen – eine Fassade, die sich die Menschen mühsam aufgebaut haben, die sich jedoch bei näherem Hinsehen fast immer als Seifenblase entpuppt.

(Matthäus 18,1-6; 19,13-15; Markus 9,33-37; 10,13-15; Lukas 9,46-48; 18,15-17)

Geburtenstarke Jahrgänge sorgen für billige Arbeitskräfte

Judäa, 1. Jh. n. Chr.

Für die jüdischen Familien im Römischen Reich sind Kinder willkommene Arbeitskräfte. Sobald es ihre körperlichen Fähigkeiten erlauben, werden sie auf die Felder oder in die Werkstätten geschickt. Es verwundert daher nicht, dass die Geburtenrate in den jüdischen Familien höher liegt als die in den römischen, wenn auch die Säuglingssterblichkeit im gesamten Imperium nach wie vor ein Problem ist.

Immer noch werden Jungen lieber gesehen als Mädchen, da sie als »Stammhalter« der Familie gelten, wenn auch niemand deswegen einen weiblichen Säugling aussetzen würde. Jegliches Kinderopfer ist den Juden übrigens durch ihr heiliges Buch strengstens verboten.

Ansonsten ähnelt die jüdische Versorgung und Erziehung der Kinder fast völlig der römischen. Neugeborene werden mit Salz abgerieben und in Tücher gewickelt. Ab und zu wird ihre Haut mit reichlich Olivenöl behandelt. Gestillt wird im Allgemeinen, gelegentlich von einer Amme und fast immer bis zur Vollendung des dritten Lebensjahres.

Spielende Mädchen, Terrakotta-Gruppe aus Taranto, Süditalien

Diesen Worten vorausgegangen war ein hitziger Disput unter seinen Mitarbeitern, die sich in aller Offenheit darüber gestritten hatten, wer in dem von Jesus angekündigten künftigen »Gottesreich« den besten Posten einnehmen würde.

Als die »Kabinettsliste« fast vollständig zu sein schien, setzte ihr Meister den politischen Plänen seiner »Möchtegernminister« ein jähes Ende und stutzte die zwölf »Reichgottesarbeiter« gehörig zurecht. Bei ihm und seinem himmlischen Vater – so Jesus – gelte nur derjenige als »groß«, der bereit sei, seinen bisherigen Status aufzugeben und so unscheinbar und demütig zu werden wie ein kleines Kind.

Bekanntermaßen war bisher die einzige Möglichkeit, eine offizielle Segnung zu erhalten, der öffentliche Priesterspruch am großen Versöhnungstag. Gegenüber Kinderfeinden sparte Jesus nicht mit drastischen Worten: »Es gibt Menschen, die Kinder zum Bösen verführen. Sie würden sich am besten einen Mühlstein um den Hals hängen und sich anschließend ins Meer stürzen – dort, wo es am tiefsten ist!«
Noch weitere Aussprüche des Nazareners, die sich um Kinder drehen, machen unter Anhängern wie Feinden des Gottesmannes die Runde. Dem bekannten Pharisäer Nikodemus erklärte er während einer nächtlichen Unterredung, er müsse, um in das Reich Gottes zu gelan-

Abtreibung ist zwar nicht unbekannt, wird aber selten praktiziert. Gott hat auch schon das ungeborene Kind im Blick und kann es berufen – so ein populärer Volksglaube. Es wird in diesem Zusammenhang darauf hingewiesen, dass die heiligen Schriften berichten, dass der Prophet Jeremia bereits im Mutterleibe berufen worden sei. Jungen werden am achten Tag nach der Geburt beschnitten, als Zeichen des Bundes Gottes mit seinem auserwählten Volk.

(Psalm 139,15-16; Jeremia 1,5; Lukas 1,41)

Neuer Wein und neue Hoffnung – Rabbi Jesus hat für jeden etwas

Ruine der Synagoge von Kapernaum aus dem 1. Jahrhundert n. Chr.

Kapernaum, ca. 29 n. Chr.
Er spricht die Sprache des einfachen Mannes. Er weiß, wo den Leuten der Schuh drückt, und macht sogar Kranke gesund. Ganz Kapernaum und alle Nachbarorte sprechen von Jesus von Nazareth.

»Das ist kein religiöses Geblubber, so wie wir es von unseren Schriftgelehrten täglich zu hören bekommen. Der Mann redet Klartext!« – so der Kommentar eines Zuhörers.

Jesus hatte erst neulich Aufsehen erregt, als er in der Stadt Kana einigen Freunden zur Hilfe gekommen war, denen bei einer Hochzeitsfeier der Wein ausgegangen war. Statt sich mit geheimniskrämerischen Zaubersprüchen wichtig zu machen, wie wir es von notorischen Quacksalbern kennen, ordnete der Rabbi lediglich an, dass man die Weinkrüge flugs mit Brunnenwasser füllen sollte. Allein die Tatsache, dass es ihm anschließend gelang, den Chefkoch dazu zu bewegen, diese Flüssigkeit zum Gastgeber zu bringen und diesen zu bitten, doch einmal »einen Schluck zu probieren«, wird von Insidern als »Wunder« bezeichnet. Doch was dann geschah, war unglaublich: Das Wasser war kein Wasser mehr, sondern Wein – und zwar von allerhöchster Qualität.

»Das ist typisch für unseren Meister«, kommentierte sein Mitarbeiter Johannes. »Wo er hinkommt, bleibt nichts beim Alten. Er bringt den Menschen neue Hoffnung!«

»Neue Hoffnung« gab es wenige Tage später auch in Kapernaum. Dort fiel bei einem Synagogengottesdienst ein Mann auf, der sich Jesus entgegenstellte und ihn mit ohrenbetäubender Stimme anbrüllte: »Du bist der Heilige Gottes! Willst du uns quälen?« Ein einziger Befehl des Rabbi genügte und der höllische Geist, der offenbar von dem Mann Besitz ergriffen hatte, verließ sein Opfer. Der Mann fiel zwar zu Boden, blieb aber unverletzt – und vor allem: Er ist seither völlig bei Sinnen.

(Lukas 4,31-41; Johannes 2,1-11)

Folgenschwerer Fischfang

See Genezareth, ca. 30 n. Chr.
Zwei Fischerfamilien haben ihre Boote und ihre gesamte Ausrüstung am Ufer des Sees Genezareth zurückgelassen, um – wie sie sich ausdrückten – nicht länger Fischer zu sein, sondern »Menschenfischer« zu werden (was offenbar ein neuer Ausdruck ist für die Nachfolger des Jesus von Nazareth).

Der folgenschweren Entscheidung voraus ging eine Anfrage des Rabbis an Simon Bar Jona, ihm für ein paar Stunden sein Boot zur Verfügung zu stellen, welches der Prediger dann als schwimmende Kanzel benutzte, um zu der riesigen Menschenmenge zu sprechen, die sich am Ufer versammelt hatte.

Nach der Predigt bat Jesus seinen Gastgeber, noch einmal kurz hinauszurudern und die Netze auszuwerfen – und das, obwohl noch nie jemand am helllichten Tag dort irgendetwas an Land gezogen hatte. Was dann geschah, bezeichneten Experten als »unzweifelhaftes Wunder«: Die Netze waren schon nach kurzer Zeit voller zappelnder Fische; die beiden Söhne des Zebedäus eilten mit ihrem Boot zu Hilfe, doch bald lagen beide Boote durch das immense Gewicht des Fangs so tief im Wasser, dass sie zu sinken drohten.

Dass dies den erfahrenen Fischern die Sprache verschlug, verwundert nicht. Beide Familien einigten sich umgehend, den Beruf zu wechseln, und betonten, dass sie erst jetzt eine wirkliche »Berufung« hätten.

Der Weggang von zwei Fischern wird für die Region allerdings wohl keine einschneidende wirtschaftliche Bedeutung haben. Der See Genezareth misst von Nord nach Süd etwa 21 km, ist im Durchschnitt 11 km breit und liegt 210 Meter unter dem Meeresspiegel.

(Lukas 5,1-11)

Viele Fischer verließen ihre Boote, um Jesus zu hören.

Haftstrafe für kritischen Prediger

Die röm. Straße zur Felsenstadt Petra in Nabatäa. Aus ihr kam die Frau des Herodes Antipas.

Machärus/Peräa, ca. 30 n. Chr.
Der Dienst Johannes des »Täufers« – Prediger, Prophet und populärer Hoffnungsträger (den einige gar für den Messias halten) – ist vorerst beendet. König Herodes Antipas hat genug von den Reden dieses Mannes, der ihm öffentlich Ehebruch vorwarf. Wegen »unpassender Äußerungen« musste Johannes eine Haftstrafe unbekannter Dauer antreten.

Herodes Antipas ist der fähigste der Söhne seines Vaters Herodes des Großen und hat offensichtlich von diesem auch die Bauleidenschaft geerbt. Allerdings scheint sein Vater ihm auch seinen Hang zu Intrigen und häufigen Eheschließungen vermacht zu haben. Das herodianische Königshaus taumelt ohnehin seit Jahren von einem Skandal in den nächsten.
Antipas' erste Frau war die Tochter des Aretas von Nabatäa. Von ihr ließ sich Antipas scheiden, um seine Nichte Herodias heiraten zu können, Tochter seines Halbbruders Aristobulus. Dies wiederum zog den Zorn des Aretas auf sich. Auch Herodias war bereits verheiratet, und zwar ebenfalls mit einem ihrer Onkel, nämlich mit Herodes Philippus (ebenfalls ein Halbbruder des Antipas). Während eines Besuches der beiden in Rom bat Antipas Herodias, sich von ihrem Mann scheiden zu lassen – eine Aufforderung, der sie willig nachkam. Dies alles widerspricht der jüdischen Thora, der die Herodianer ihrem eigenen (Lippen-)Bekenntnis nach noch immer verpflichtet sind. Es war offenbar ein einziger Hinweis auf diese Gesetzesübertretung, der den Täufer die Freiheit kostete.
Der Haftort Machärus ist ein tristes Städtchen an der Ostseite des Toten Meeres, wo Johannes allerdings nicht in Isolierhaft gehalten wird, sondern Besuch empfangen darf.
(Matthäus 4,12; 14,3-5; Markus 1,14; 6,17f; Lukas 3,19f)

Lebens-Wandel eines korrupten Grenzers

Kapernaum, ca. 30 n. Chr.
Ein Zöllner hat seinen einträglichen Posten Hals über Kopf verlassen, um sich dem Rabbi Jesus von Nazareth anzuschließen. Levi Alphäus, besser bekannt unter seinem Namen Matthäus, war einer der berüchtigsten und korruptesten Steuereintreiber im Dienst des Herodes Antipas. Neuerdings jedoch scheint ihm seine religiöse Überzeugung wichtiger zu sein als jegliche finanzielle Sicherheit. Kurz nach seiner »Berufung« gab der Grenzer ein Festessen für Jesus und seine Begleiter. Doch so ehrlich es der Zöllner mit seiner »Umkehr« gemeint haben mag – dem Ruf des Jesus von Nazareth war die Veranstaltung eher abträglich. Wie aus Kreisen der jüdischen Orthodoxie verlautet, sollen bei dem Essen einige stadtbekannte Prostituierte gesichtet worden sein.
Befragt, wie sich dieser nicht gerade schmeichelhafte Umgang mit seiner Vorbildfunktion vertrage, antwortete Jesus, offenbar nie um ein schlagfertiges Gegenargument verlegen: »Es sind doch wohl nicht die Gesunden, die einen Arzt brauchen, sondern die Kranken!«.
(Matthäus 9,9-13; Markus 2,13-17; Lukas 5,27-32)

Galiläa zur Zeit Jesu

Der See Genezareth liegt am Nordende des Jordangrabens, der im Süden am Toten Meer endet. Das Gebiet um den See herum ist fruchtbares Grünland und von hohen Hügeln umgeben. Jesus kam auf seinen Reisen wiederholt in diese Gegend.

Keine Konkurrenz unter Predigern

Galiläa, ca. 30 n. Chr.

Johannes der Täufer und Jesus von Nazareth sind entgegen der landläufigen Meinung keine Rivalen, sondern weiterhin Freunde, wie nach einer Unterredung in Galiläa offiziell bestätigt wurde. Dies ändert allerdings nichts an der Tatsache, dass ihre öffentlichen Aufrufe landesweit auf Kritik stoßen und manch einer nicht verstehen kann, wie zwei Personen dasselbe Ziel verfolgen können, die einen derartig unterschiedlichen Lebensstil an den Tag legen.

Johannes, der – wie berichtet – in Machärus inhaftiert ist, rüttelt dort offenbar in großer Enttäuschung an seinen Ketten. Die Geduld des Johannes wird zusätzlich dadurch strapaziert, dass Jesus offenbar keine politischen Führungsqualitäten entwickelt.

Zwei der Mitarbeiter des Johannes berichteten, dass ihr Meister per Kurier eine Anfrage an Jesus richtete, ob er nun der Messias sei oder nicht. Jesus zitierte daraufhin den Propheten Jesaja, wo es heißt, dass beim Kommen des Messias »die Blinden sehen, die Lahmen gehen, Leprakranke geheilt und den Armen das Evangelium verkündet wird«.

»Und glücklich zu preisen ist jeder, der sich nicht über mich ärgert!« fügte der Nazarener dann hinzu, bevor er die Boten wieder entließ. Auf die Frage, was er von Johannes halte, antwortete der Rabbi einmal mehr in seiner bekannten gleichnishaften Sprache: Johannes sei der Größte auf Erden, ein wahrer Prophet im Geist des Elia. »Aber der Kleinste im Himmelreich ist größer als er!«, fügte er hinzu – möglicherweise ein weiterer Seitenhieb auf die prestigehungrige heutige Gesellschaft. Der Vergleich mit Elia weist nach Aussagen seiner Jünger darauf hin, dass Johannes wie dieser Wegbereiter einer neuen Ordnung ist und diese neue Weltordnung – das »Königreich Gottes« – inzwischen vor der Tür stehe.

Wie immer diese Dinge zu verstehen sind: Jesus stellte unmissverständlich klar, dass es kein Konkurrenzverhältnis zwischen ihm und Johannes gibt. Immerhin gibt es eine Gemeinsamkeit:

In Machärus, der Festung des Herodes, wurde Johannes der Täufer gefangen gehalten.

Beider Lebensstil wird von Teilen des Volkes scharf kritisiert. »Wie man es macht, ist es verkehrt – jedenfalls in den Augen des Volkes!«, soll er sinngemäß gesagt haben. »Kommt ein Asket wie Johannes, hat der in ihren Augen einen Dämon. Kommt aber einer, der isst und trinkt, beschweren sich die Leute, dass er mit minderwertigem Gesindel Völlerei treibt.«

(Lukas 7,18-35; vgl. Matthäus 11,2-19; Jesaja 35,5f; 6,1)

Des Jüngers Lehr- und Wanderjahre

Galiläa, ca. 30

Die zwölf engsten Vertrauten des Jesus von Nazareth sind jeweils zu zweit von ihrem Meister losgeschickt worden, um dessen Botschaft ins Land zu tragen. Jesus verbot ihnen allerdings, sich mit Proviant auszurüsten oder Geld mitzunehmen. Auch auf den bei anderen Wanderpredigern so beliebten »Bettelbeutel« sollen die Mitarbeiter des Nazareners verzichten.

Ganz ohne Ausrüstung ließ der Meister sie allerdings nicht. Diese war allerdings nicht von der handfesten Sorte: Er versprach ihnen, sie seien ab sofort mit derselben Kraft zur Krankenheilung und Austreibung böser Geister ausgerüstet, die ihm selbst zur Verfügung stehe. Für die Jünger ist dies alles nichts unbedingt Neues. Seit über einem Jahr ziehen sie nun mit ihrem Herrn durch die Lande, durchaus gewohnt, nicht zu wissen, was es mittags zu essen gibt oder wo sie abends ihr Lager aufschlagen werden. Jetzt können sie zeigen, was sie gelernt haben.

(Lukas 9,1-6; vgl. Markus 6,7-13)

Für kranken Freund aufs Dach gestiegen

Kapernaum, ca. 30 n. Chr.

Religiöse Hoffnungen brechen sich bisweilen ungewöhnliche Bahnen. In seinem voll besetzten Haus fielen während einer neuerlichen Lehrveranstaltung des Rabbis Jesus von Nazareth den Anwesenden plötzlich kleine Lehmbrocken vor die Füße. Die Zuhörer trauten ihren Augen nicht, als sie mit ansehen mussten, wie langsam das Dach des Hauses abgedeckt wurde und ein paar findige Männer das Loch nutzten, um an zwei Seilen eine Pritsche mit einem Gelähmten herabzulassen – dem verehrten Lehrer direkt vor die Füße. Die Männer, deren Kreativität und Vertrauen Jesus ausdrücklich lobte, erwarteten offenbar eine Wunderheilung, doch der Nazarener versprach dem Kranken lediglich, dass er ihm seine Schuld vergeben habe.

Als sich daraufhin das erstaunte Schweigen in abfälliges Gemurmel wandelte (Sünden vergeben kann nach jüdischem Glauben allein Gott), stellte Jesus den anwesenden Pharisäern die Frage, ob es leichter sei, einem Menschen seine Sünden zu vergeben oder ihn körperlich gesund zu machen. Die Antwort lieferte der Rabbi gleich mit: »Du kannst gehen!«, sagte er zu dem Kranken, der diese Aufforderung sofort befolgte – und inzwi-

Boote am Ufer von Kapernaum, Mosaik aus dem 1. Jahrhundert

schen fest davon überzeugt ist, dass Jesus von Nazareth beides kann: heilen und Sünden vergeben!

Ob das Dach inzwischen wieder gedeckt ist (und wer es gedeckt hat), ist nicht bekannt.

(Matthäus 9,2-8; Markus 2,3-12; Lukas 5,17-26)

Das Seeufer von Kapernaum

Der Duft der großen, weiten Halbwelt

Galiläa, ca. 30 n. Chr.

Was tut ein Pharisäer, wenn er fest stellt, dass die ebenso gut aussehende wie wohlriechende Dame, die er eingeladen hat, eine Lebedame aus der Halbwelt ist? Vor dieser Frage stand neulich der Thoraexperte Simon, der unter anderem auch Jesus von Nazareth zum Mittagessen eingeladen hatte. In Tränen aufgelöst hatte die Dirne (nach unseren Informationen hieß sie Maria Magdalena) nach dem Essen ihr teuerstes Parfüm über den Füßen des Meisters ausgegossen und diese anschließend mit ihren langen Haaren getrocknet.

War dies bereits Skandal genug, so versetzte Jesus anschließend die gesamten Anwesenden in Erstaunen, als er verkündete, die Sünden der Frau seien vergeben und vergessen. Dem unverhohlenen Unverständnis seines Gastgebers Simon begegnete er mit der Frage, wie er eigentlich dazu komme, eine solch liebevolle Fußsalbung zu kritisieren, wenn er selbst noch nicht einmal die einfachsten Regeln der Höflichkeit und Gastfreundschaft beachte. Dem Vernehmen nach stieg dem Pharisäer die Schamröte ins Gesicht, als er sich daran erinnerte, dass niemand seinem Gast die Möglichkeit gegeben hatte, den Straßenstaub von den Füßen zu waschen und sich ein wenig zu erfrischen.

»Die Liebe dieser Frau ist dagegen übergroß!«, soll Jesus den Gästen anschließend gesagt und dann seinem kopfschüttelnden Gastgeber ein »Rätsel« vorgelegt haben. »Wer hat wohl größere Liebe?«, wollte Jesus wissen.

»Jemand, dem viel vergeben wurde, oder jemand, dem wenig vergeben wurde?«

Simon verstand diese Anspielung offenbar – auch wenn es ihm als Pharisäer immer noch anmaßend vorkam, dass irgendjemand außer Gott für sich beansprucht, Sünden zu vergeben.

(Lukas 7,36-50)

Solche römischen Glasgefäße wurden unter anderem auch für Parfüm benutzt.

Königliche Tänzerin: »Ich will seinen Kopf!«

Judäa, ca. 30 n. Chr.

Johannes der Täufer hat den Kampf gegen die Unmoral und Korruption am herodianischen Hof endgültig verloren: Bei einem großen Bankett anlässlich des königlichen Geburtstages wurde sein Kopf dem Herodes auf einem Tablett überreicht. Nach Augenzeugenberichten reagierten die geladenen Gäste »mit Trauer, Schweigen und Entsetzen«, als die Tänzerin (nach unbestätigten Informationen hieß sie Salome) mit dem Haupt des Täufers den Saal betrat.

Der verführerische Tanz jener Frau, einer Tochter der Herodias, hatte dem König so gut gefallen, dass er ihr versprach, sie könne ihn bitten, um was sie wolle: Sie werde es bekommen – angeblich »bis zur Hälfte des Königreichs«. Nach kurzer Konsultation mit ihrer Mutter wusste die junge Dame, was sie wollte: den Kopf des Predigers. Antipas wagte es offensichtlich nicht, ihr diese Bitte abzuschlagen, hatte er doch soeben vor den anwesenden hochrangigen Gästen einen Eid geschworen. Auch seine Versuche, Salome zu überreden, doch um etwas anderes zu bitten, schlugen fehl. Schließlich unterschrieb Herodes das Todesurteil, das unverzüglich ausgeführt wurde, in Übertretung der jüdischen Gesetze ohne jeglichen Prozess. Das Köpfen

eines Angeklagten ist ohnehin nicht üblich; normal ist bei religiösen Vergehen die Todesstrafe durch Steinigung, bei politischen Verbrechen die Kreuzigung.

Ungeachtet der Tatsache, dass Johannes die illegale Ehe zwischen Herodes und Herodias angeprangert hatte, war der König von den Reden des Täufers sehr angetan. Er hörte ihn oft und gern. Neuerdings leidet Herodes, wie aus seinem engsten Umkreis verlautet, unter Schlafstörungen. »Er hat ständig Angst davor, dass Johannes von den Toten auferstanden ist, und es sich bei Jesus von Nazareth in Wirklichkeit um den Täufer handelt«, heißt es aus Beobachterkreisen.

Das ging auf keine Kuhhaut!

Nordseeküste, ca. 29 n. Chr.

Eine peinliche Niederlage erlebte die römische Armee bei Kämpfen an der Nordseeküste. Der Stamm der Friesen, die sich hauptsächlich mehr schlecht als recht von der Viehzucht ernähren, brachte den Römern verheerende Verluste bei.

Grund für die Auseinandersetzung war offenbar eine Steuerfehde. Die Friesen hatten geraume Zeit willig ihre Steuern mit Rinderhäuten bezahlt, die für Militärzwecke genutzt wurden. Doch dann kam es anscheinend zu Querelen. Der römische Offizier Olennius interpretierte die Steuerlast um: statt einer bestimmten Menge von Rinderhäuten sollten es jetzt (größere) Büffelhäute sein. Die gibt es zwar bei den Friesen nicht, aber Olennius bestand darauf, dass so viele Häute mehr abzugeben wären, dass man auf dieselbe Menge kommt, als seien es Büffel. Das überforderte jedoch die Friesen. Sie verloren erst ihr Vieh, dann ihr Land, dann ihre Leute (sie wurden römische Sklaven) und schließlich die Geduld: Kurzerhand brachten sie die Steuereinnehmer um.

Das sonst so gut funktionierende römische Heer war nicht auf dem Posten. Oberbefehlshaber Lucius Apronius machte taktische Fehler; Infanterie und Kavallerie konnten ihre Aktionen nicht abstimmen. Selbst die schwach bewaffnete friesische Armee hatte dann keine Mühe mehr, ca. 900 römische Soldaten zu töten. Weitere 400 brachten sich aus Angst vor Misshandlungen gegenseitig um.

Die sterblichen Überreste des Johannes wurden von seinen Jüngern ordnungsgemäß beigesetzt. Jesus soll sich für eine Zeit der stillen Trauer in die Einsamkeit zurückgezogen haben.

(Markus 6,14-29; vgl. Matthäus 14,1-12; Lukas 9,7-9)

Die Enthauptung Johannes des Täufers

30 n. Chr.

Haarsträubende Ereignisse am See Genezareth

Der See Genezareth am frühen Morgen

Gadara, ca. 30 n. Chr.

Noch immer steht den Menschen am Südostufer des Sees Genezareth der Schrecken im Gesicht geschrieben, wenn sie von dem bisher spektakulärsten Zeichen des Wanderpredigers Jesus von Nazareth sprechen: Selbst der Wind gehorcht dem Befehl dieses Mannes aufs Wort! Während eines gefährlichen Sturmes (dessen Anfänge Jesus wohl zunächst buchstäblich verschlafen hatte, weil er sich nach einem anstrengenden Tag erschöpft im Heck seines Bootes zur Ruhe gelegt hatte) wurde der Rabbi unsanft von seinen Jüngern geweckt, die ihm vorwarfen, ihr Leben aufs Spiel zu setzen.

Nachdem er sich erhoben und sie wegen ihres fehlenden Vertrauens gescholten hatte, rief Jesus mit lauter Stimme in den Sturm hinein: »Gib Ruhe und hör auf!«, woraufhin sich der Wind in Sekundenschnelle legte und sich eine unwirkliche Stille über dem See ausbreitete. »In unserem ganzen Leben haben wir so etwas noch nicht gesehen!«, kommentierten die Leute im Boot, die ihren See wie ihre Hosentasche kennen und genau wissen, dass sich dort auch nach dem Ende eines Sturms die Wellen erst nach einiger Zeit beruhigen.

Doch damit nicht genug: Nach der Landung am anderen Ufer wurden die Schüler des Rabbis erneut Zeugen eines Wunders. Ein gefährlicher, völlig unbekleideter »Irrer«, der dort in den Grabhöhlen hauste, sich schon oft selbst verletzt und aufgrund übernatürlicher Kräfte sogar Eisenketten zerbrochen hatte, fiel Jesus unmittelbar nach seiner Ankunft zu Füßen und schrie ihn an: »Quäle uns nicht, du Sohn Gottes!« Nachdem sich die Jünger Jesu vor Schrecken zurückgezogen hatten, unterhielt sich Jesus mit dem Mann, besser gesagt: mit den Geistern, die ihn seinen Angaben zufolge beherrschten und »Legion« heißen sollten. Unter fürchterlichem Gequieke und Geschrei rissen sie ihr Opfer hin und her und baten mit verschiedenen Stimmen flehentlich um eine neue Behausung.

Ein Quieken und Grunzen war auch von einer nahe gelegenen Anhöhe zu hören, wo sich eine riesige Schweineherde befand, deren Besitzer aufgrund ihrer Übertretung der jüdischen Speisegesetze nicht bei allen Anwohnern den besten Ruf genießen. Wiederum gab Jesus einen Befehl und unter wahrhaft höllischem Lärm verließen die Dämonen ihr Opfer und nahmen Besitz von den Schweinen, die sich anschließend alle den Hang hinunterstürzten.

Verständlich, dass jene Gadarener, die vom Verkauf des Fleisches profitiert hatten, wütend waren und Jesus samt seinen Jüngern baten, die Stadt umgehend zu verlassen.

Trotz inständiger Bitten schlug Jesus die Bitte des geheilten Mannes ab, sich ihm anzuschließen, und schickte ihn in die Stadt zurück – womöglich, um den Bewohnern dauerhaft vor Augen zu führen, dass ein Menschenleben wichtiger ist als noch so viele Schweineleben und innerer Friede höher zu achten ist als Profit.

(Lukas 8,22-39; vgl. Matthäus 8,18-34; Markus 4,35-5,20)

Sturm auf dem See Genezareth, Gemälde von Rembrandt

Gaffer verhinderten erste Hilfe, doch Zwölfjährige lebt wieder!

Galiläa, ca. 30 n. Chr.

Ein offenbar totes Mädchen ist wieder zum Leben erweckt worden, nachdem neugierige Menschenmassen eine rechtzeitige erste Hilfe verhindert hatten. Das zwölfjährige Kind war die einzige Tochter des Synagogenvorstehers Jairus. Der Vater hatte sich an den

Die Auferweckung der Tochter des Jairus. Aus dem Film *Jesus von Nazareth* von Franco Zefferelli

umstrittenen Prediger und Wunderheiler Jesus von Nazareth gewandt und ihn dringend um Hilfe ersucht. Doch obwohl Jesus die Nachricht umgehend überbracht wurde, gab es für den Nazarener im dichten Menschengedränge kein Vorwärtskommen. Hunderte von Schaulustigen drängten sich um ihn, bis er plötzlich stehen blieb, sich in der Menge umsah und »die Person, die mich berührt hat«, bat, nach vorne zu kommen.

Dem Vernehmen nach soll einer seiner Jünger kommentiert haben: »Du liebe Zeit! Hunderte haben dich berührt!«

Doch Jesus bestand weiterhin darauf, mit der Frau zu sprechen. Schließlich trat sie vor. Kreidebleich und am ganzen Körper zitternd gab sie an, sie habe seit Jahrzehnten unter Blutungen gelitten, die bei der Berührung urplötzlich zum Stillstand gekommen seien.

Die allgemeine Freude über den Vorfall verwandelte sich jedoch bald in Trauer – als nämlich die Nachricht eintraf, die Tochter des Jairus sei soeben verstorben. Als Jesus den Raum der Toten betrat (die Trauerzeremonie hatte bereits begonnen), behauptete er, das Mädchen schlafe nur. Schweigen breitete sich aus, als er dann mit dem Kind an der Hand vor die Tür trat und die Eltern bat, ihr etwas zu essen zu geben.

Wie diese »Totenauferweckung« zu erklären ist, war von den Eltern (als den einzigen Augenzeugen des Geschehens) auch auf Nachfragen hin nicht zu erfahren. Ihnen sei es egal, wie dies geschehen sei; sie seien nur unendlich dankbar, dass es passiert sei. Ob das Mädchen vielleicht nur scheintot gewesen war, ließ sich im Nachhinein nicht mehr feststellen.

(Lukas 8,40-56; vgl. Matthäus 9,18-26; Markus 5,21-43)

Sind Katastrophen Geißeln Gottes?

Jerusalem, ca. 30 n. Chr.

Menschen, die bei einer Natur- oder sonstigen Katastrophe ums Leben kommen, sind keine schlimmeren Sünder als andere. So eine viel beachtete Aussage des bekannten Wanderpredigers Jesus von Nazareth – der dann allerdings hinzufügte: »Verdient hätten es eigentlich alle!« Erst vor kurzem hatte sich in Jerusalem die Nachricht verbreitet, dass Pontius Pilatus auf brutale Weise gegen jüdische Gläubige vorgegangen war, indem er vor dem Altar des Tempels friedlich zu einem Opfergottesdienst versammelte Gläubige hatte niedermetzeln lassen.

Wenige Tage zuvor war der Einsturz eines Befestigungsturmes der Stadtmauer bekannt geworden, bei dem achtzehn Menschen starben.

Ein populärer Volksglaube besagt in diesem Zusammenhang, dass es sich bei solchen Ereignissen um »Gottesurteile« handle – oder, wie es ein Augenzeuge sehr drastisch formulierte: »Geschieht ihnen recht!«

Doch so einfach liegen die Dinge nicht, was eigentlich jedem aufmerksamen Leser des Buches Hiob aus der Heiligen Schrift der Juden auffallen müsste. Dort wird unmissverständlich klargestellt, dass Unglück und persönliche Schuld nicht im kausalen Zusammenhang stehen müssen.

Jesus zu diesem Thema: »Die Opfer waren nicht sündiger als ihr alle. Aber ihr alle werdet ebenso umkommen, wenn ihr euch nicht bekehrt!«

Ähnlich auch die Aussagen Jesu in einem anderen Fall: Vor einigen Tagen brachte man einen Blinden zu Jesus und stellte dem Nazarener die Frage: »Wer hat denn nun gesündigt und wird durch die Krankheit dafür bestraft? Dieser Mann oder seine Vorfahren?« – »Weder noch!«, lautete die Antwort Jesu, der klarstellte, dass dieser Mann blind geboren sei, um durch eine Heilung einen Beweis der Herrlichkeit Gottes zu erfahren. Kaum hatte er dies ausgesprochen, stellte er sein Augenlicht wieder her!

(Lukas 13,1-5; vgl. Johannes 9,1-3)

Populärer Geschichtenerzähler begibt sich aufs Glatteis

Galiläa, ca. 30 n. Chr.

»Stundenlang könnte ich ihm zuhören!« So hört man es in letzter Zeit immer öfter, wenn es um Jesus von Nazareth geht, den »Meister der Erzählkunst«. Wie kein anderer jüdischer Rabbi versteht es dieser Mann, religiöse Wahrheiten mit eingängigen Geschichten und Anekdoten zu verknüpfen. Allerdings sind diese Geschichten – wie Jesus selbst zugibt – manchmal derart simpel, dass sie bei den theologisch Gebildeten unter sei-

Bei den Juden spricht er vom »Himmelreich«, denn er scheint Rücksicht darauf zu nehmen, dass einem Juden das Aussprechen des göttlichen Namens nicht erlaubt ist. Nicht akzeptabel jedoch sei nach Ansicht der meisten Thoraexperten seine Identifizierung mit dem Zentrum dieses Reichs. »Er hält sich nicht nur für die Mitte der Welt«, soll sich sinngemäß ein Pharisäer beschwert haben, »sondern auch für den Mittelpunkt des Reiches Gottes!«

Hügel in Galiläa, wo Jesus nach traditioneller Auffassung die »Bergpredigt« hielt

nen Zuhörern nicht »ankommen«. – »Wer dem Meister gegenüber voreingenommen ist, braucht sich nicht zu wundern, wenn er nichts versteht!«, wird einer seiner Jünger zitiert. Manche Schriftgelehrten sind indessen davon überzeugt, dass Jesus die Grenze zur Gotteslästerung bereits überschritten habe.

Wenn er über Fischer und ihren Fang erzählt, versteht das jeder. Auch wenn er über das Reich Gottes spricht, wissen die Zuhörer, worauf er hinaus will.

Wie es scheint, versteht Jesus unter diesem Begriff die »Herrschaft und den Herrschaftsbereich Gottes« – nicht nur in ferner Zukunft, sondern mitten in unserer Welt. »Es ist etwas, das nur bestimmte Leute finden können, und sie finden es nur«, so der Mann aus Nazareth, »wenn sie bereit sind, alles andere dafür herzugeben!« Dass viele seiner Hörer diese Bot-

schaft nicht verstehen, liegt nach den Aussagen des Predigers daran, dass sie sie nicht verstehen wollen. Es sei im wahrsten Sinne des Wortes ein Teufelskreis: »Die Menschen verschließen sich der Botschaft, weil sie ihnen zu radikal ist und mit jeder neuen Ablehnung verbauen sie sich den Rückweg zu Gott – bis sie ihn eines Tages nicht mehr finden.«

Jesus führt dabei den Propheten Jesaja im Mund, der ebenfalls gesagt hat, dass die Menschen ihre Augen vor der Wahrheit verschließen und ihre Herzen verhärten.

»Warten wir's ab!«, rumort es unter seinen Kritikern. »Nicht mehr lange, und er wird sich öffentlich zum König aller Juden erklären!«

Die römische Garnison indessen ist überzeugt davon, dass nie so heiß gegessen wie gekocht wird und sieht der Entwicklung – wie es heißt – »sehr gelassen« entgegen.

(Matthäus 13,10-17; 34f)

»Königliche« Thesen

- Denkt um und ändert euer Leben, denn das Königreich Gottes steht vor der Tür!

- Wie glücklich sind alle, die um ihre geistliche Armut wissen. Ihnen gehört das Himmelreich.

- Trachtet zuerst nach Gottes Reich, dann gibt er euch alles andere, was ihr braucht, noch obendrein!

- Durch den Geist Gottes treibe ich die Dämonen aus. Daran könnt ihr erkennen, dass das Reich Gottes mitten unter euch ist.

- Nur wer umkehrt und wieder wie ein Kind wird, kommt ins Himmelreich.

- Eher geht ein Kamel durch ein Nadelöhr als ein reicher Mensch ins Himmelreich!

(Matthäus 4,17; 5,3; 6,33; 12,28; 18,3; 19,24)

Mit Moral – aber ohne Zeigefinger!

In vielen Geschichten über das »himmlische Königreich« fordert Jesus von Nazareth seine Zuhörer auf ganz persönliche Art und Weise heraus. Hier sind seine bekanntesten, einschließlich ihrer Moral (ohne erhobenen Zeigefinger!).

Gute Saat und guter Boden

Ein Bauer geht über sein Feld und sät. Ein paar Samen fallen an den Wegrand und werden von den Vögeln gefressen. Einige fallen auf steinigen Boden, gehen zunächst auf, verwelken dann aber. Einige fallen unter die Dornen und können sich nicht entfalten. Einige Körner fallen aber auch auf fruchtbaren Boden und gehen auf. Aus einem einzigen Saatkorn entstehen 30 oder 100 Körner.
Der Bauer steht für Gott, die Saat für sein Wort. Der Boden ist ein Bild für die Herzen der Menschen. Nicht alle verstehen es und »bringen Frucht«, d.h. setzen es um in die Praxis.
Moral: Bittet Gott darum, dass sein Wort bei euch auf guten Boden fällt.

(Matthäus 13,1-9.18-23).

Vorsicht – Feind sät mit!

Es war einmal ein Bauer, der guten Samen aussäte. Sein Feind wollte ihm schaden und streute schlechten Samen dazwischen. Was tun? Der Bauer bestand darauf, den guten mit dem giftigen Samen zusammen aufwachsen zu lassen. »Würde man ihn zu früh ausreißen, könnten die jungen Wurzeln Schaden nehmen.«
Der Bauer ist der »Menschensohn«, wie Jesus sich selbst oft bezeichnet. Die Saat steht für die Menschen, die ihm nachfolgen. Der Feind ist der Teufel. Wahre und falsche Gläubige sind oft schwer zu unterscheiden. Erst bei der Ernte (dem Gericht) wird sich herausstellen, wer es wirklich ernst meinte.
Moral: Das Reich Gottes wächst langsam und unauffällig – und die Heuchler werden ihrer Strafe nicht entgehen!
(Matthäus 13,24-30; 36-43).

Klein, aber oho!

Man kann das Reich Gottes mit einem Senfkorn vergleichen. Anfangs ist es fast unsichtbar, doch es wächst und wächst, bis es so groß ist, dass die Vögel in dem Strauch ihre Nester bauen können.
Auch kann man das Reich Gottes mit einer kleinen Menge Hefe oder Sauerteig vergleichen, die einen ganzen Ballen Teig durchsäuern, der über hundert Menschen sättigen kann.
Moral: Habt Geduld!

(Matthäus 13,31-33)

Millionenfund!

Ein Bauer gräbt ein Feld um und findet einen Schatz: eine Truhe voller Gold. Schnell vergräbt er ihn wieder und kauft
(Matthäus 13,47-50)
das Feld. Es war der beste Kauf seines Lebens.
Ein Perlenhändler entdeckt auf dem Markt eine riesige Perle. Noch nie in seinem Leben hat er eine so große und wertvolle gesehen. Sofort verkauft er alles, was er besitzt, und kauft die Perle. Es war die beste Entscheidung seines Lebens!
Moral: Zum Reich Gottes zu gehören wiegt alle Reichtümer dieser Welt auf!

(Matthäus 13,44-46)

Die guten ins Körbchen …

Fischer wissen es: Die Arbeit geht erst los, wenn die Netze geleert werden und der Fang sortiert wird. Die guten Fische wandern in den Korb. Die unbrauchbaren werden weggeworfen.
Moral: Gott »sortiert« die Menschen, wenn das Ende der Welt da ist.

Viele Felder in Israel sind so klein und steinig wie dieses.

Starker Tobak für die oberen zehntausend

Stadtbekannte Lebedame »wie ausgewechselt«

Das Damaskustor in Jerusalem. Zur Zeit Jesu mussten alle Reisenden, die sich von Norden her der Stadt näherten, dieses Tor passieren. Es wurde im Mittelalter wieder aufgebaut.

Jerusalem, ca. 30 n. Chr.
Zwei prominente Juden, die in Jerusalem zu den Spitzenverdienern gerechnet werden, spürten vor einigen Tagen, dass sich nicht nur ihr Lebensstil in finanzieller, sondern auch ihre Ansichten in religiöser Hinsicht stark von denen des beliebten Predigers Jesus von Nazareth unterscheiden. Zunächst musste sich ein »Yuppie«, der den Nazarener »guter Rabbi« genannt hatte, die Gegenfrage gefallen lassen, warum er ihn »gut« nenne. Gut sei allein Gott. Dann jedoch ging Jesus, dem der Mann offensichtlich sympathisch war, in allen Einzelheiten auf dessen Fragen ein. Was ihm noch fehle – so Jesus (der im Übrigen den Aussagen des Mannes, er habe die Zehn Gebote von Geburt an befolgt, mit keinem Wort widersprach) – sei eine von Herzen kommende Solidarabgabe an die Armen – in Höhe des Gesamtvermögens! Dies war dem jungen Mann dann doch des Guten zu viel. »Der ist ganz traurig davongeschlichen!«, berichtete ein Augenzeuge.
Auch Nikodemus, Mitglied des Obersten Gerichtshofes, hatte ein paar Fragen an den Nazarener: Wie sich seine

göttliche Mission eigentlich mit seiner offensichtlichen Übertretung des jüdischen Gesetzes vertrage, wollte er wissen. Dabei bestand er darauf, dass die Unterredung mit dem kontroversen Rabbi im Dunkeln stattfinden und dort auch bleiben sollte! Jesus drehte den Spieß um und warf dem Pharisäer Unverständnis geistlicher Zusammenhänge vor. »Fang noch einmal von vorne an und werde wie ein kleines Baby!«, soll er sinngemäß gesagt haben. »Ohne eine neue Geburt kommt kein Mensch in den Himmel!« – so die drastischen Worte des Mannes aus Nazareth.
Für mehrdeutige Äußerungen scheint Jesus ohnehin eine Vorliebe zu haben. Vor kurzem hatte er noch allen Ernstes behauptet: »Eher geht ein Kamel durch ein Nadelöhr, als dass ein Reicher in den Himmel kommt!« Er soll nach einer seufzenden Anfrage seiner Schüler, wer dann überhaupt zu Gott kommen könne, noch hinzugefügt haben: »Gott ist alles möglich – auch das, was menschlich gesehen unmöglich ist!«

(Matthäus 19,16-30; Markus 10,17-27; Lukas 18,18-30; Johannes 3,1-21)

Sychar in Samaria, ca. 30 n. Chr.
Eine Frau in Sychar, die mit ihrem sechsten Mann zusammenlebt und bei allen Sycharern einen zweifelhaften Ruf genießt, scheint ein tief greifendes religiöses Erlebnis gehabt zu haben: Ihren eigenen Worten zufolge ist sie dem Messias begegnet und will von nun an »noch einmal von vorne anfangen«.
Es begann vor ein paar Tagen, als die Frau, welche bisher von allen Einwohnern der Stadt konsequent geschnitten wurde, sich wie gewohnt in der Mittagshitze zum Wasserholen aufmachte. Am Brunnen traf sie einen Mann – den jüdischen Wanderprediger Jesus –, der trotz der üblichen Vorbehalte gegen die Reiseroute durch das samaritanische Gebiet sich dort ausruhte und freundlich um einen Becher Wasser bat.
Erstaunt über so viel Toleranz und guten Willen ging die Frau, nachdem sie ihren Eimer gefüllt hatte, auf das Angebot zum Gespräch ein, um anschließend festzustellen, dass der müde Reisende alles über sie wusste, noch bevor sie sich vorgestellt hatte. Auch habe er versprochen, sie seinerseits mit Wasser zu erfrischen, allerdings nicht mit Brunnenwasser, sondern mit frischem, »lebendigem« Quellwasser, das den Lebensdurst für immer stille. Daraufhin fragte sie ihn, wo denn nun der rechte Ort der Anbetung sei. Wie bekannt bestehen die Juden auf Jerusalem, wohingegen die Samariter den Berg Garizim zum »Konkurrenzheiligtum« erklärt haben. Als Antwort erhielt sie die Auskunft, dass die Frage nach dem Ort in Zukunft keine Rolle mehr spielen werde. Vielmehr werde es darauf ankommen, dass der Vater »im Geist angebetet werde«. Der Fremde forderte sie daraufhin auf, ihren Mann zu holen, worauf die Frau ihm bekennen musste, sie habe noch nie eine Beziehung lange halten können

und lebe nun mit dem sechsten Mann zusammen.

Als der Reisende ihr dann auf ihr Bekenntnis, sie warte auf den Messias, der ihr sicher alles noch genauer erklären könne, antwortete: »Ich bin es«, ließ sie ihren Krug fallen, rannte in die Stadt zurück und forderte jeden auf, den sie traf, zum Brunnen zu kommen und sich den Propheten anzusehen.

Dem Vernehmen nach blieb Jesus mit seinen Begleitern anschließend noch ein paar Tage lang in der Stadt, um den Bewohnern seine Botschaft genauer zu erklären.

(Johannes 4,1-42)

Die heutige Stadt Sychar (Blick vom Berg Garizim)

Mammutpicknick mit Überraschungen

Betsaida/Galiläa, ca. 30 n. Chr.
Der Trick, einen Hasen aus dem Hut zu zaubern, ist bekannt. Doch wie schafft es jemand, der gar kein Zauberer sein will, Tausende von Zuhörern mit Brot zu versorgen, wenn weit und breit keine Bäckerei in der Nähe ist? Über diese Frage denken seit vorgestern über fünftausend Zuhörer des Predigers aus Nazareth nach, der nach einem Mammutpicknick auf freiem Felde anschließend zwölf Körbe voller Brot zu entsorgen hatte.

Die Speisung der Fünftausend aus dem Film *Jesus von Nazareth* von Franco Zefferelli

Fünftausend Männer sowie zahlreiche Frauen und Kinder waren in einem abgelegenen Gebiet zusammengekommen, um Jesus zu hören. Eigentlich hatte sich dieser für eine Zeit der stillen Einkehr in die einsamen Berge am Nordostufer des Sees Genezareth zurückziehen wollen. Doch war die Menge ihm nachgelaufen und hatte ihn schließlich aufgespürt. Ge-

duldig setzten sich die Menschen in der warmen Frühlingssonne auf den Boden und warteten auf das, was der Rabbi ihnen zu sagen hatte. Die Predigt dauerte offenbar länger als gewöhnlich, denn erst nach Sonnenuntergang bat Jesus, dem die hungrigen Menschen Leid taten, seine Jünger, einen kleinen Imbiss zu besorgen. Doch woher nehmen? Ein kleiner Junge stellte spontan seinen Proviant zur Verfügung: fünf Fladenbrote und zwei kleine Fische. Weniger als ein Tropfen auf dem heißen Stein für ein paar tausend Leute – doch anscheinend genug für Jesus, der die Brote in die Hand nahm, durchbrach, den Mahlsegen sprach und dann das Essen an die Menge verteilen ließ. Was sich niemand erklären konnte: Es reichte für alle – ein weiteres »Zeichen« der Liebe Gottes, wie der Jesus-Mitarbeiter Johannes betonte und dabei auf die Symbolik der überreichen Liebe des himmlischen Vaters hinwies, der alle Menschen beschenken will.

Skeptiker, die behaupten, es hätte – dem selbstlosen Vorbild des kleinen Jungen folgend – nur jeder seinen eigenen Vorrat ausgepackt und verteilt, sind in der Minderzahl – und interessanterweise auch nur unter denjenigen zu finden, die nicht selbst dabei waren.

(Matthäus 14,13-21; Markus 6,30-44; Lukas 9,10-17; Johannes 6,1-15)

Juden mit religiösem Spaltpilz infiziert?

Kapernaum, ca. 30 n. Chr.

Der Prediger Jesus von Nazareth scheint mehr und mehr zum Spaltpilz zu werden.

Die Diskussion um die Brotvermehrung hält an und vor allem die Angehörigen der religiösen Oberschicht scheinen nicht bereit zu sein, die radikalen Ansprüche des Jesus von Nazareth zu schlucken. »Drei Pharisäer, vier Meinungen«, munkeln politische Beobachter und weisen darauf hin, dass die Kontroverse noch lange nicht auf ihrem Höhepunkt angelangt sei. »Beweise uns, dass du der Messias bist und gib uns das Zeichen des Mose!« – so die neueste pharisäische Forderung an Jesus, dem der Bericht von der Versorgung der Israeliten mit Manna in der Wüste nicht unbekannt sein dürfte, der es jedoch nach wie vor ablehnt, seine Behauptung, er sei der Messias, auf eine solch spektakuläre Art zu beweisen.

Stattdessen drehte der Mann aus Nazareth – wie so oft – den Spieß um und kam auf den geistlichen Hunger zu sprechen, der seiner Ansicht nach viel bedeutender ist als der materielle. »Ihr solltet euch um das Brot sorgen, das nicht verrottet«, wird der Rabbi zitiert. »Lebensbrot – darauf kommt es an!«
Dem folgten einige anspruchsvolle Aussagen über seine eigene Person, welche die Zuhörer mit einer Mischung aus Betroffenheit und (un-)gläubigem Staunen hörten:

• »Ich bin das Brot des Lebens. Wer zu mir kommt, wird nie mehr hungern und wer mir voll und ganz vertraut, wird auch keinen Durst mehr haben!«

• »Die Menschen, die mir nachfolgen, sind mir von meinem Vater gegeben worden. Ich verspreche euch, dass ich niemanden, der zu mir kommt, abweisen werde.«

• »Ich bin auf die Welt gekommen, um den Willen meines Vaters zu erfüllen: nämlich jedem Menschen, der an mich glaubt, ewiges Leben zu geben.«

• »Ich gebe meinen Leib hin und auch mein Blut wird vergossen werden. Esst von diesem Brot und trinkt von diesem Wein und ihr werdet ewig leben.«

Brotfladen in einer Bäckerei in Jerusalem

So die Worte eines Mannes, dessen Herkunft allseits bekannt ist. Nicht alle nehmen ihm deshalb seinen göttlichen Anspruch ab und manch einem wäre es lieber, er verschwände möglichst schnell wieder von der Bildfläche. Dass Jesus selbst fest davon überzeugt ist, der Messias zu sein, wird unterdessen auch von seinen Gegnern nicht bestritten.
Die Zahl seiner Nachfolger scheint sich indessen gesundzuschrumpfen: Vielen sind seine Worte zu radikal und einige haben sich inzwischen wie-

der von ihm abgewendet. Der harte Kern jedoch scheint zusammenzustehen, ungeachtet der Tatsache, dass Jesus neulich betont hat, einer unter seinen Jüngern sei »ein Teufel«.
Der inoffizielle Sprecher der Jünger, Simon Petrus, erklärte auf Anfrage, er sei davon überzeugt, dass Jesus tatsächlich der Sohn Gottes sei. Petrus: »Was er uns gibt, gibt uns keiner. Wir haben ihm vertraut und er hat uns nicht enttäuscht. Außerdem: Wohin sollten wir gehen? Wer sonst redet so wie dieser Mensch?«
Neuerdings weist Jesus seine Nachfolger verstärkt darauf hin, dass sie sich vor dem Sauerteig (er meint damit die offizielle Lehrmeinung) der Pharisäer hüten sollten. »Das Brot muss durch und durch rein bleiben; schon ein klein wenig Säure macht das Brot ganz und gar sauer« – so die Aussage des Predigers, von dem es heißt, er dulde keine halben Sachen.
Sauer sind darüber auch die Pharisäer. Denn das Bild vom Sauerteig steht häufig für das Böse schlechthin. Allerdings: An anderer Stelle hat Jesus sogar das Reich Gottes mit einem Sauerteig verglichen. Anscheinend ist der Nazarener souverän und benutzt *ein* Bild für ganz unterschiedliche Dinge.
(Johannes 6,25-71; vgl. Matthäus 13,13; 16,5-12; Markus 8,14-21; Lukas 12,1)

Dort, wo die Israeliten in der Wüste während ihrer 40-jährigen Wanderung einst Manna fanden, gibt es auch heute nur Steine und kein fruchtbares Land.

Wasserwanderer vor dem Ertrinken gerettet

Betsaida/Galiläa, ca. 30
Einen gewaltigen Schreck bekamen gestern am späten Abend die Mitarbeiter des Jesus von Nazareth. Etwa fünf Kilometer vom Ufer des Sees Genezareth entfernt hatten zwölf eifrige Fischer eine außergewöhnliche Begegnung mit ihrem Meister – denn dieser ging geradewegs über das Wasser.

Nach einer langen Predigt und der Speisung von über fünftausend Zuhörern (wir berichteten) hatte sich Jesus am Abend zurückgezogen, um im Bergland oberhalb von Betsaida zu beten und neue Kraft zu schöpfen. »Fahrt schon mal los!«, soll er seinen Jüngern zugerufen haben, mit denen er dann am gegenüberliegenden Ufer wieder zusammentreffen wollte.

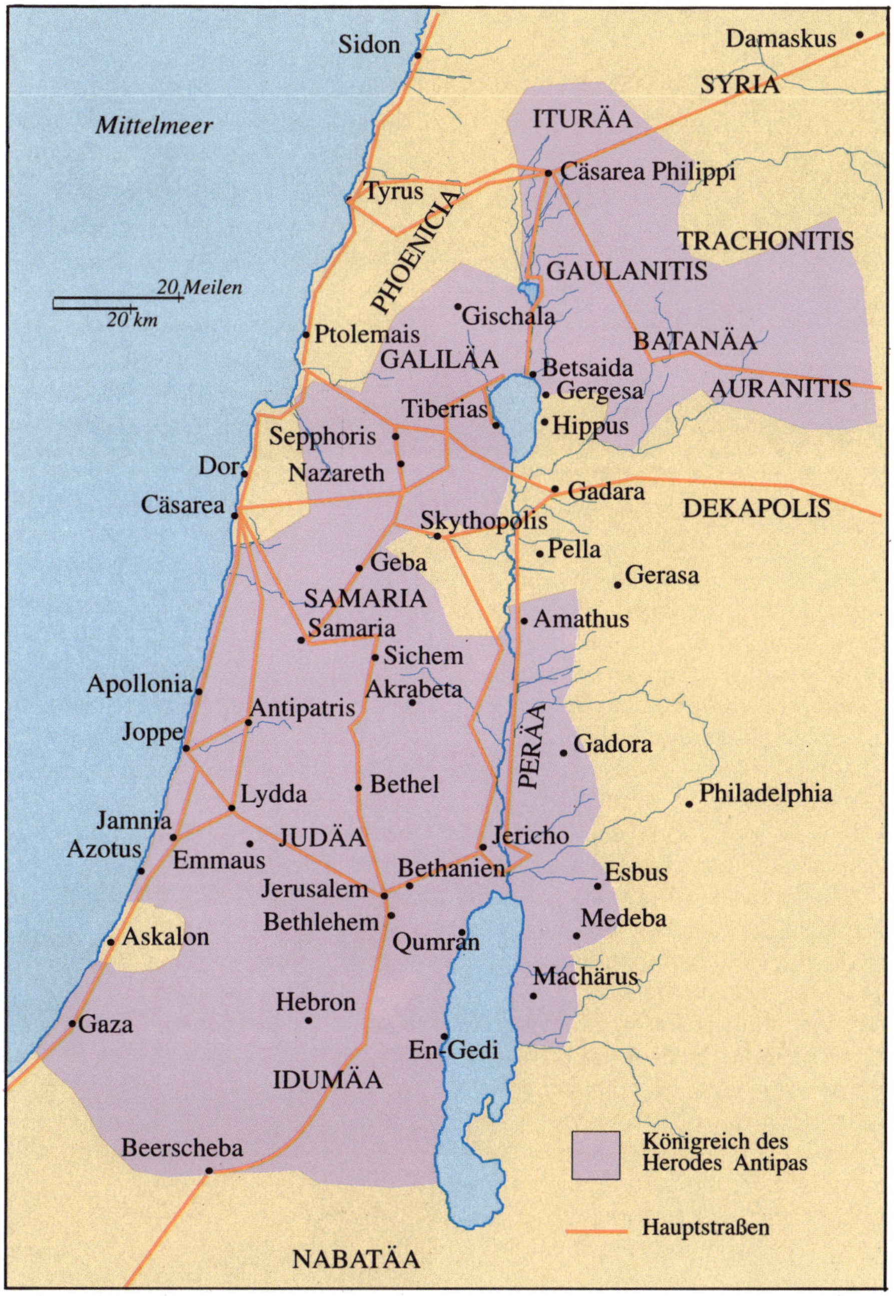

Der See Genezareth

Doch die Mannschaft kam nicht recht voran: Eine steife Brise stellte sich ihnen entgegen und zwang ihnen alle Kräfte ab.

Was sie dann sahen, ließ ihnen das Blut in den Adern erstarren: Jemand ging auf den Wellen – gerade so, als hätte das Wasser Balken. »Wir dachten alle, es sei ein Geist!«, berichtete später einer der Jünger. »Wir haben ja schon einiges erlebt, aber so etwas noch nicht.« Der »Geist« sprach dann mit der ihnen so vertrauten Stimme Jesu: »Keine Angst. Ich bin es doch!« – woraufhin der impulsive Petrus einen Beweis sehen wollte. »Wenn das stimmt, gib auch mir den Befehl, über das Wasser zu gehen!« Gesagt – getan. Mit vor Schreck geweiteten Augen sahen die Zurückgebliebenen, wie Petrus aus dem Boot stieg und tatsächlich für kurze Zeit auf dem See gehen konnte. Dann jedoch schien er sich an die Gesetze der Natur zu erinnern – und bekam im gleichen Moment nasse Füße! Schreiend vor Angst und offenbar kurz vor dem Ertrinken streckte er Jesus die Hände entgegen, der ihn daraufhin packte und aus dem Wasser zog. Wieder im Boot ermahnte er seinen zitternden Jünger: »In Wirklichkeit hast du ja doch gezweifelt!«

Wie die anderen Jünger berichteten, war dies das erste Mal, dass ihr vorlauter Sprecher Petrus nicht wusste, was er sagen sollte!

(Matthäus 14,22-33; Markus 6,45-52; Johannes 6,16-21)

Das Königreich des Herodes Antipas. Zur Zeit Jesu galt das Reisen als sicher. Die landschaftlichen Gegebenheiten waren zwar teilweise ungünstig, das Bergland unwegsam, aber die politischen Verhältnisse ließen es zu, sich frei zu bewegen, sowohl innerhalb der Reichsgrenzen als auch in die Nachbargebiete.

»Ich geh meilenweit, um ihn zu hören!«

Wilde Blumen auf einer Frühlingswiese in Galiläa

Westliches Galiläa, ca. 30 n. Chr.
Sie kommen von überall her. Manche sind seit Stunden unterwegs und haben bereits viele Meilen zurückgelegt: Männer, Frauen und Kinder, die sich auf den Weg gemacht haben, um zu hören, was Jesus ihnen zu sagen hat. Heute lehrt er auf einem Berg und der Aufstieg ist mühsam. Man sieht Vorratsbeutel und einige haben warme Kleidung mitgebracht. Die Menschen scheinen sich auf eine »lange Predigt« gefasst zu machen – und sie mögen diese Predigten, denn sie wissen: Was er sagt, kann auch ein einfacher Fischer oder Bauer verstehen.

Es geht Jesus nämlich nicht um theologische Spitzfindigkeiten. Auch ist er kein Moralapostel, der von oben herab die Sünden der Mitmenschen geißelt. Zudem verbreitet er keine Langeweile, im Gegenteil.

Manches, was er sagt, ist für alle bestimmt. Manches nur für den engeren Kreis seiner Schüler.

Es ist still geworden. Nur die laute, klare Stimme des Rabbi ist noch zu hören. Hin und wieder hebt er seinen Arm und deutet auf etwas in der unmittelbaren Umgebung. »Seht euch diese Blumen an. Sie machen sich keine Sorgen darum, was sie anziehen sollen. Aber sehen sie nicht wunderbar aus in ihren bunten Farben? Gott versorgt die Blumen – und er versorgt auch euch!«

Man hört einen Schwarm von Vögeln. »Seht sie euch an!«, sagt Jesus. »Meint ihr, sie würden sich ständig den Kopf darüber zerbrechen, wo sie etwas zu essen finden? Gott versorgt sie – und euch auch!«

Am Horizont ist der See Genezareth zu erkennen. Sein klares, blaues Wasser funkelt in der Nachmittagssonne. Ein paar Fischerboote sind bereits unterwegs, denn abends werden die Netze das erste Mal eingezogen. »Wenn ein Kind von seinem Vater einen Fisch haben möchte, gibt er ihm dann etwa eine Giftschlange?«, fragt Jesus und einige lachen. »Nein, Gutes gibt er denen, die ihn darum bitten – wie Gott, euer Vater im Himmel!«

»Das hat er schon einmal gesagt, nicht?«, hört man einen Zuhörer fragen. Aber das macht nichts. Jedermann weiß: Ein guter Lehrer lehrt durch Wiederholung – so lange, bis die Schüler seine Worte verstanden und in die Praxis umgesetzt haben.

Und sie werden wiederkommen, um mehr von dem Rabbi zu hören.

Landschaft am See Genezareth, der Tradition nach der Berg der Bergpredigt

Rabbi stellt Gewohnheitsrecht auf den Kopf

»Der Mann ist ein Revolutionär!« – so die Ansicht einer immer größer werdenden Anzahl von Zuhörern des beliebten »Volkslehrers« Jesus von Nazareth: »Was er gesagt hat, hat noch nie jemand gesagt. Es stellt alles auf den Kopf!«

»Nicht zurückschlagen, wenn man angegriffen wird?! Wo gibt's denn so was?« Bei Jesus! – »Seinem Feind noch nicht einmal ein böses Wort ins Gesicht sagen dürfen?! Wer verlangt denn so etwas?« Jesus! – »Keinem hübschen Mädchen mehr hinterherpfeifen dürfen?! Wer will mir das denn verbieten?« Jesus!

Wie immer die Menschen über die angeblich unmöglich zu erfüllenden Forderungen des populären Rabbis denken mögen: Vergessen, was er gesagt hat, können sie nicht. Seine Sprüche und Aphorismen »bleiben hängen« und wer sie gestern nicht verstanden hat, hofft darauf, dass er sie morgen versteht.

Dass die Menschen Jesu Worte für »radikal« halten, ist verständlich. So fordert Jesus: »Trenne dich von allem, was

Ähren im Wind

Notizen vom Berg
Markante Sprüche des Rabbi Jesus

- Nur die »geistlich Armen« – diejenigen, die wissen, dass sie Gott nichts bieten können – werden in sein Reich kommen.
- Wenn ihr wirklich Hunger habt nach Gottes Güte und Wahrheit, wird er euch satt machen.
- Niemand ist so dumm und stellt eine Kerze unter einen Eimer. Sie gehört auf den Leuchter, damit sie allen Licht gibt!
- »Du Vollidiot!«, sagst du zu deinem Mitmenschen? Du hättest die Hölle dafür verdient!
- »Ich schwör's dir!«, sagst du zu deinem Nächsten? Ein einfaches, ehrlich gemeintes »Ja« oder »Nein« wäre besser!
- Du liebst deine Freunde? Jeder Kriminelle tut dasselbe. Als Christ sollst du deine Feinde lieben!
- Prahle niemals damit, dass du viel Geld spendest!
- Schlag nicht zurück, wenn dich jemand schlägt!
- Sammle dir kein Vermögen an! Es wird nur von Rost zerfressen oder von Dieben gestohlen. Kümmere dich lieber um Dinge, die nicht vergehen!
- Diese Dinge – das Reich Gottes! – sollten das Wichtigste in deinem Leben sein. Dann hast du immer genug!
- Verurteile deine Mitmenschen nicht. Kehre vor deiner eigenen Tür!
- Bitte deinen himmlischen Vater und er wird dir das geben, was du brauchst und was gut für dich ist.
- Behandle alle Menschen so, wie du selbst behandelt werden möchtest!
- Der Weg zu Gott ist schmal. Gehe nicht den breiten Weg – wie der Rest der Welt.
- Falsche Propheten erkennt man daran, dass sie nur reden. Bei den echten Stimmen Wort und Tat überein.
- Nur diejenigen Menschen kommen in den Himmel, die auf der Erde den Willen Gottes getan haben.
- Es war einmal ein Mann. Er baute ein schönes, großes Haus – auf Sand. Ein anderer Mann baute auch ein Haus – auf Fels. Das erste fiel zusammen; das zweite hielt. Wer sich an meine Worte hält, ist wie ein schlauer Mann, der auf Fels gebaut hat!

(Bergpredigt: Matthäus 5-7;
Feldrede: Lukas 6,17-49)

dich zur Sünde verführt! Es wäre besser, das Augenlicht zu verlieren, als lüstern auf eine verheiratete Frau zu blicken! Wer das tut, hat bereits die Ehe in seinem Herzen gebrochen!«

Bei aller Radikalität dieses Mannes fehlt es ihm an jeglicher Art von Überheblichkeit. Er wird vielmehr als mitfühlend und barmherzig geschildert, als jemand, der von seiner Mission überzeugt ist und keineswegs die 2000 Jahre alte jüdische Tradition über Bord werfen will. Obwohl er seine Aussprüche oft mit den Worten »Früher wurde gesagt …; ich aber sage euch« einleitet, stellte er neulich unmissverständlich klar: »Nein, das Gesetz aufzuheben bin ich nicht gekommen. Ganz im Gegenteil: Ich bin gekommen, um es zu erfüllen!«

Gelegentlich wird Jesus mit einem dreschenden Bauern verglichen: »Er ist wie jemand, der Spreu und Weizen in die Luft wirft. Noch ist Menschliches und Göttliches vermischt. Aber der Wind tut seine Arbeit: Der Weizen der Wahrheit fällt auf die Erde und die Spreu der menschlichen Auslegungen verweht im Wind« – wobei schon manch einer hinter vorgehaltener Hand hinzugefügt haben soll: »Gut, dass wir endlich von der ›pharisäischen Spreu‹ befreit worden sind!« – womit jene ellenlangen Auslegungen der Schriftgelehrten gemeint sind, die bei vielen in Israel genauso viel gelten wie das Wort Gottes selbst.

31 n.Chr.

Messias, Sohn Gottes oder Scharlatan?

Jerusalem, ca. 31 n. Chr.

Die Gerüchte über eine Verschwörung zur Festnahme des Jesus von Nazareth wollen nicht verstummen, zumal dieser inzwischen ganz offen behauptet, »Sohn Gottes« zu sein.

Eine Umfrage unter den Pilgern, die sich zur Zeit aus Anlass des Laubhüttenfestes in Jerusalem aufhalten, ergab, dass der Mann auf der Straße sich seiner Meinung noch nicht sicher ist. Viele halten Jesus tatsächlich für göttlich, andere sehen in ihm einen Propheten oder lediglich einen guten Menschen. Zudem wird die Tatsache, dass es den Behörden noch immer nicht gelungen ist, ihn festzunehmen, allgemein als Indiz dafür gedeutet, dass es auch in diesen Kreisen eine Reihe von Beamten gibt, die Jesus tatsächlich für den Messias halten. So soll der Pharisäer Nikodemus öffentlich erklärt haben, mit ihm sei eine Anklage des Nazareners nicht zu machen – jedenfalls nicht ohne einen fairen Prozess.

Unter den Thoraexperten dreht sich die Frage vor allem um die Herkunft Jesu. Denn diese ist nach jüdischem Glauben für die Beantwortung der Frage »Messias oder nicht?« ganz entscheidend. Zwar gibt es einige Schriftgelehrte, die behaupten, der versprochene Retter werde »geradewegs vom Himmel« kommen; die meisten jedoch weisen auf Micha 5,1-4 hin: eine Prophetie, die besagt, dass er aus Bethlehem kommen werde.

Nun weiß man jedoch von Jesus, dass er aus Nazareth im nördlichen Galiäa stammt, wenn sich auch hartnäckig Gerüchte halten, er sei während einer Reise seiner Eltern (die im Übrigen nur verlobt, nicht aber verheiratet gewesen sein sollen) in Bethlehem zur Zeit der letzten Volkszählung geboren. Der Rabbi selbst trägt zur Lösung des Geheimnisses wenig bei, da er nur in schillernden, gleichnishaften Sätzen über seine Person Auskunft gibt. »Ihr meint zwar, ihr wisst, woher ich stamme«, erklärte er im Tempel, »aber ich komme nicht in meinem eigenen Namen. Derjenige, der die Wahrheit ist, hat mich gesandt!« Was dieser Andeutung folgte, war eine Drohung (seine Mitarbeiter sprechen von einer »Verheißung«), dorthin zu gehen, »wohin mir niemand folgen kann«. Beobachter deuten dies als einen Hinweis auf die Heiden, in deren Gesellschaft der Mann aus Nazareth wiederholt angetroffen wurde (was natürlich jedem gläubigen Juden die Haare zu Berge stehen lässt!).

Noch zwei weitere Aussagen des Nazareners sind von Bedeutung. Auch sie fielen während der Festwoche, in welcher in Jerusalem die vierzigjährige Wüstenwanderung gefeiert wird und die Menschen – wie damals – in so genannten »Laubhütten« kampieren.

Der herodianische Tempel
20 v.Chr. -70 n.Chr.

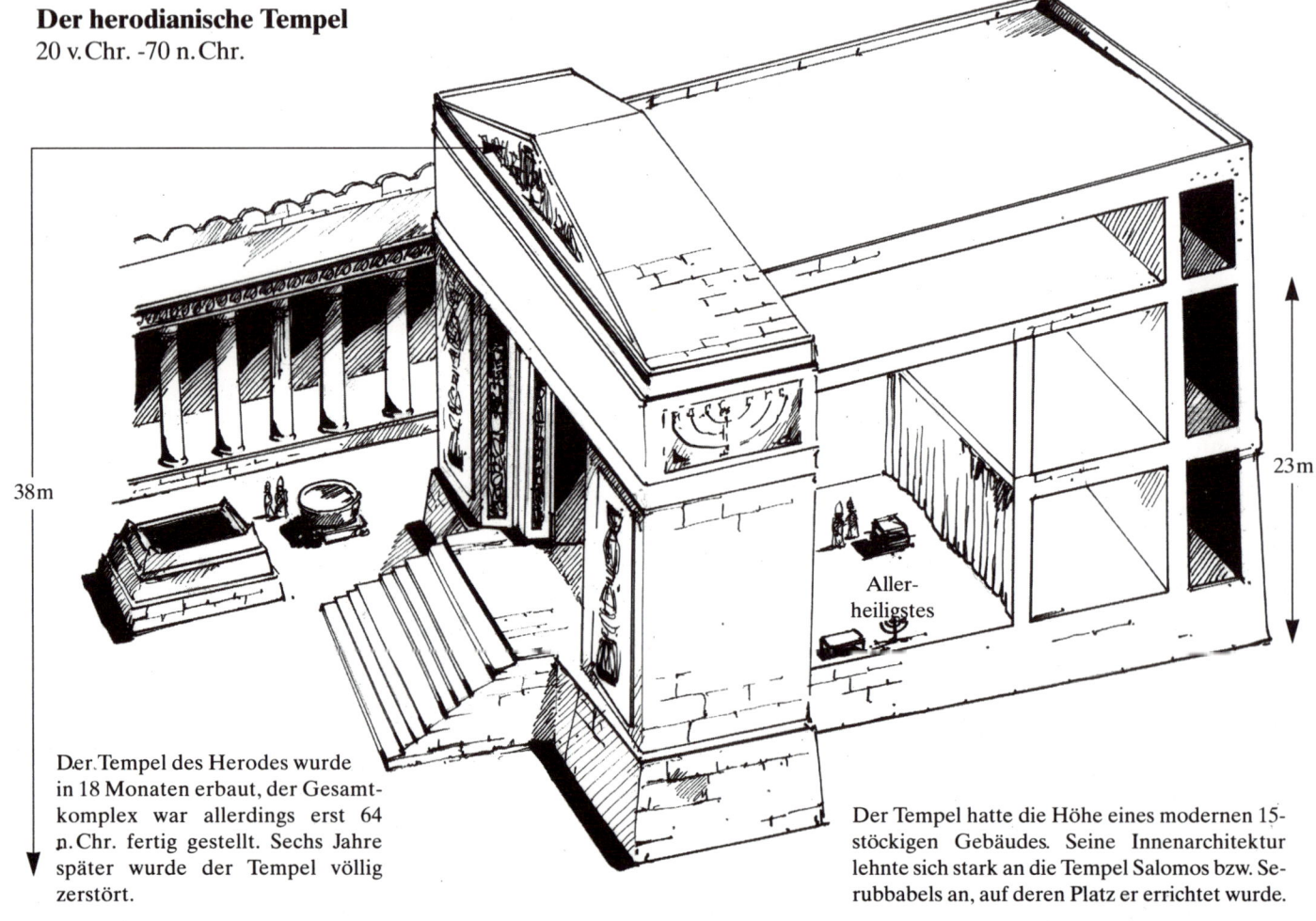

38m

23m

Aller-
heiligstes

Der Tempel des Herodes wurde in 18 Monaten erbaut, der Gesamtkomplex war allerdings erst 64 n.Chr. fertig gestellt. Sechs Jahre später wurde der Tempel völlig zerstört.

Der Tempel hatte die Höhe eines modernen 15-stöckigen Gebäudes. Seine Innenarchitektur lehnte sich stark an die Tempel Salomos bzw. Serubbabels an, auf deren Platz er errichtet wurde.

Pharisäer mit Kriminellen verglichen

Öllampe aus dem ersten Jahrhundert

Jerusalem, ca. 31 n.Chr.

Gesetzestreue jüdische Pharisäer genießen bei Gott weniger Ansehen als kriminelle Heiden, die in Kollaboration mit der römischen Besatzung dem Volk das Geld aus der Tasche ziehen! – Originalton Jesus von Nazareth aus seiner jüngsten Rede.

Wie es hieß, erzählte Jesus von zwei Männern, die zum Beten in den Tempel gekommen waren. Der erste, ein frommer Pharisäer, dankte Gott dafür, dass er das Gesetz des Mose treu erfüllt habe. Der zweite, ein Steuereinnehmer, schlug sich nur verzweifelt an die Brust und seufzte: »Hab Erbarmen mit mir, einem armen Sün-

Noch während die Pharisäer überlegten, wo sie und die von ihnen so verachteten Heiden in dieser Geschichte wohl vorkämen, traf sie die Fortsetzung »wie ein Hammer«, so ein Unbeteiligter. »Es war einmal ein Weinberg«, erzählte Jesus, »der an Pächter verpachtet wurde. Wen immer auch der Besitzer losschickte, um die Miete zu kassieren, wurde von den Pächtern geschlagen und getreten. Schließlich übertrug er diese Aufgabe seinem Sohn, doch diesen brachten sie eigenhändig um. – Denkt nur nicht, dass ihr eurer Strafe entgehen werdet!«, rief Jesus den wütenden Schriftgelehrten zu und wies sie auf Psalm 118,22 hin – eine ihnen wohl-

Zunächst ging es um die Bedeutung des (geistlichen?) Wassers: »Wer zu mir kommt«, so der Nazarener, »wird nie mehr durstig sein. Ich werde dafür sorgen, dass in seinem Innern eine Quelle entsteht, die übersprudelt und nie versiegt.« – »Ein Hinweis auf die überfließende Liebe, die uns in ihm begegnet« – so Johannes, der Sohn des Zebedäus.

Die zweite Aussage wirkte noch steiler: »Ich bin das Licht der Welt!«, wird Jesus zitiert – was offensichtlich nicht dazu führte, dass den Pharisäern unter seinen Zuhörern ein Licht aufging. Sie hielten diesen Satz vielmehr für den letzten, eindeutigen Beweis dafür, »dass sich dieser Mann Gott gleichmacht«. Dies ist insofern verständlich, als die Worte »Ich bin« allein Gott vorbehalten sind und von gläubigen Juden noch nicht einmal in einer alltäglichen Unterhaltung benutzt werden. Als der Nazarener dann schließlich soweit ging, die Ungläubigen als »Kinder des Teufels« zu bezeichnen, sahen die Pharisäer rot: »Noch keine dreißig Jahre ist er alt und behauptet, Abraham zu kennen!«

Bei den meisten scheint das Urteil nun eindeutig auf »Blasphemie« zu lauten – wofür das Gesetz die sofortige Steinigung vorsieht. Doch obwohl dies umgehend versucht wurde, vereitelte die dicht gedrängte Volksmenge, welche eindeutig hinter Jesus zu stehen scheint, das Vorhaben und der Mann aus Nazareth konnte wieder einmal entkommen.

(Johannes 7,1-52; 8,12-59)

Betende Juden an der Klagemauer. Sie ist der einzige noch bestehende Teil des herodianischen Tempels.

der!« Jesus von Nazareth: »Dem Zöllner wird vergeben, dem Pharisäer nicht!« – »Meint ihr etwa, ihr könntet Gott im Himmel etwas vorheucheln?«, soll er seine verdutzten Zuhörer gefragt haben.

Noch eine weitere, ähnliche Geschichte des Nazareners wird in diesem Zusammenhang berichtet: Wer die Einladung in das Reich Gottes, das Jesus mit einem festlichen Hochzeitsmahl verglich, aus fadenscheinigen Gründen ablehnt, braucht sich nicht zu wundern, wenn an seiner Stelle die Menschen auf der Straße eingeladen werden.

bekannte Stelle, wo davon die Rede ist, dass sich »ein Stein, den die Bauleute verworfen hatten«, als Eckstein für das ganze Fundament erweisen würde.

»Wen mag er damit wohl meinen?«, sollen einige der Thoraexperten anschließend spekuliert haben – eine Frage, welche die Laien unter den Zuhörern, die eindeutig auf Seiten des Nazareners standen, längst für sich beantwortet haben.

(Matthäus 21,33-46; Markus 12,1-12; Lukas 14,15-24; 18,9-14)

315

Ist es mit der Ruhe am Sabbat bald vorbei?

Beliebter Prediger hält Sabbatregeln für »Eselei«

Jerusalem, ca. 30/31 n. Chr.

»Man kann auch alles übertreiben!« – so offenbar die Ansicht des beliebten Reisepredigers Jesus von Nazareth, der sich erneut gegen eine allzu strenge Auslegung der Sabbatregeln aussprach.

»Einen Esel, der in den Brunnen gefallen ist, soll man rausholen dürfen, nicht aber einen kranken Menschen wieder gesund machen?!« Der Prediger provoziert damit seine Diskussionspartner. Und für die Pharisäer ist dies keine »Eselei«, sondern ein klarer Fall:

»Das ist Arbeit und Arbeit am Sabbat hat uns Mose verboten!« Was sie nicht sagen: Mose hat das Heilen an keiner Stelle seiner Schriften verboten; nur die Halacha und Haggada (also ihre eigenen Schriften) tun dies. Jesus indessen gibt unumwunden zu, dass diese Schriften für ihn keine Autorität darstellen. Er, der von sich selbst sagt, er sei der Messias, behauptet, auch über den Sabbat Herr zu sein. Im Übrigen gelte: »Der Sabbat ist für den Menschen da und nicht der Mensch für den Sabbat!«

Wie ernst es Jesus von Nazareth mit seinen Worten ist, sieht man daran, dass seinen theoretischen Ausführungen fast immer ein wohltuend praktisches Beispiel folgt: So gab er einem armen Mann, der seit seiner Geburt blind war, das Augenlicht zurück und erklärte: »Ich bin in die Welt gekommen, um blinden Menschen die

Wahrheit zu zeigen!« Damit meint er natürlich nicht nur die rein körperliche Blindheit. Vielmehr sind solche Aussagen schon mehr als ein Wink mit dem Zaunpfahl an die Adresse der religiösen Elite. Und die versteht diesen nur allzu gut.

Bereits bei anderer Gelegenheit hatte er gesagt: »Ich bin das Licht der Welt!« »Der Mann hält sich für Gott selbst!«, erregen sich die Schriftgelehrten – und Jesus widerspricht nicht. Im Gegenteil: Er behauptet, dass auch sein Vater, womit er Gott meinte, nichts anderes tue als er.

Zu seiner Argumentation führt er dabei die Propheten ins Feld, in diesem Fall Hosea: Gott wolle schließlich Barmherzigkeit und keine Schlachtopfer.

Die Meinungen des Jesus von Nazareth zum Sabbat stehen im Gegensatz zur pharisäischen Tradition. Wenn es nach ihr ginge, dürfte jeder Jude am

Juden an der Klagemauer in Jerusalem

Sabbat nur einen Kilometer weit gehen und im Haushalt nichts heben was schwerer ist als eine getrocknete Feige. Man darf nur 900 Meter weit laufen, und auch Kochen ist verboten. Läuse darf man am Sabbat töten; Flöhe jedoch nicht (Erklärung: Sie vermehren sich weniger rasch!). Für alles und jedes hat die Halacha eine Antwort parat – und im Zweifelsfall gilt auch hier die aktuelle Auslegung der Pharisäer. Aus dem schlichten vierten Gebot der Thora wird ein Knäuel von teilweise abstrusen Vorschriften.

Mose selbst verbietet lediglich das Arbeiten (2. Mose 20,10), Pflügen (34,21), Reisen und Feuermachen (35,3). Für Zuwiderhandlungen war nach dem Gesetz die Todesstrafe vorgesehen (2. Mose 31,14-15). Besonders gegen den Handel am Sabbat hatten sich die hebräischen Propheten immer wieder gewandt und ihn als einen der Gründe für den Niedergang des israelischen Nordreiches und des judäischen Südreiches gebrandmarkt (vgl. Jeremia 17,19-27).

Ursprünglich war der Sabbat als Feier- und Ruhetag gedacht. »Mach mal Pause!« – nur darum ging es, für die Juden ebenso wie für die ausländischen Gastarbeiter.

Ein weiterer Gedanke bei der Heiligung des Sabbats war, dass die Israeliten Zeit haben sollten, an Gott und seinen Bund mit ihnen zu denken (2. Mose 31,12-17). Der römische Staat trägt dieser Sabbatheiligung Rechnung, indem er auf Drängen der Juden jetzt Rücksicht darauf nimmt, dass seine jüdischen Soldaten ab dem Sonnenuntergang am Freitagabend keine Waffen mehr tragen – geschweige denn kämpfen.

Man darf gespannt sein, ob es zu noch mehr Diskussionen über das Gesetz kommt. Schließlich ist der Sabbat mit das Jüdischste, was es überhaupt gibt. Gott selbst habe ja schließlich, so glauben die Juden, bei der Schöpfung der Welt eine Sabbatpause eingelegt.

Wird Jesus noch andere Dinge ansprechen, die den Juden lieb und teuer sind? Dann ist es nur eine Frage der Zeit, wann die Schriftgelehrten und Pharisäer zu härteren Maßnahmen greifen werden.

Die Jünger Jesu betonen allerdings, dass es weder ihnen noch ihrem Meister darum gehe, die guten Ordnungen Israels aufzuheben. »Schließlich gehen wir regelmäßig in die Synagoge. Nur den Missbrauch der Gebote Gottes und die Heuchelei kann unser Meister nicht ausstehen!«

Sabbat – ein guter Tag für eine gute Tat

Was Jesus von der Heiligung des Feiertags hält, sieht man am deutlichsten daran, was er am Sabbat tut (und was nicht). Folgende Aktionen des Predigers sind einwandfrei bezeugt:

»Mahlzeit!«

Der »Reisedienst« eines Predigers und Evangelisten macht hungrig! Als Jesus unterwegs seinen Hunger stillt, indem er ein paar Ähren pflückt und die Körner zerkaut, wird er der »verbotenen Arbeit« am Sabbat bezichtigt. Seine Reaktion: Selbst König David aß das heilige Schaubrot, das nur die Priester essen durften. Was sein muss, muss sein! Eine zu rigorose

Der Teich von Betesda in der Altstadt von Jerusalem

Sabbatbeachtung ist unbarmherzig!
(Matthäus 12,1-8; Markus 2,23-28; Lukas 6,1-5)

Rückenstärkung

Eine Frau, die 18 Jahre lang nicht aufrecht stehen konnte, wird von Jesus in einer Synagoge geheilt. Zum Ärger des Synagogenvorstehers, der meinte, zum Heilen gäbe es immerhin sechs andere Wochentage. »Eure Ochsen und Esel haben es am Sabbat besser«, so Jesus in seiner Antwort darauf, »die werden am Sabbat wenigstens gefüttert. Dann sollte diese Frau nicht geheilt werden?«
(Lukas 13,10-17)

Testfall

Jesus ist als Gastredner in einer Synagoge geladen. Zufällig sitzt in der ersten Reihe ein Mann mit einer verkrüppelten Hand. »Wie wird der Nazarener reagieren?«, fragen sich die Pharisäer. Jesus kontert mit einer Gegenfrage: »Hat Mose erlaubt, am Sabbat Gutes zu tun – oder Böses?« Noch bevor jemand antworten kann, berührt er die Hand und heilt den Mann.
(Matthäus 12,9-14; Markus 3,1-6; Lukas 6,6-11)

Wenn es an die Nieren geht

Ein wohl nierenkranker, schwächlicher Mann ist bei seinen pharisäischen Freunden zum Essen eingeladen. Dort ist auch Jesus. Wieder einmal stellt Jesus die Frage, auf die er noch keine Antwort bekam: »Darf man am Sabbat heilen?« – und wieder einmal lässt er Taten folgen: Er heilt den Mann.
(Lukas 14,1-6)

Wellenbad

Viele Kranke versammeln sich am Teich von Betesda, einem ruhigen Wasser, das ab und zu in Bewegung gerät. Die Wellen sollen von einem Engel in Gang gesetzt werden und heilende Kräfte haben. Wer zuerst kommt, den belohnen sie mit Heilung. Aber nicht jeder ist schnell genug. Ein Mann versucht es schon seit vielen Jahren, kommt aber immer zu spät. Eines Tages begegnet ihm Jesus, hat Mitleid mit ihm und heilt ihn. Egal, was die Pharisäer sagen: Er darf seine Matte nehmen und nach Hause gehen.
(Johannes 5,1-15)

Doppelgänger oder nicht?

Es geht nichts über hilfreiche Nachbarn – im Prinzip jedenfalls. Manchmal jedoch können sich wohlmeinende Freunde auch als Hindernis erweisen. So in Jerusalem, als ein paar Männer den »Doppelgänger« eines stadtbekannten Blinden zu den Pharisäern bringen. »Er sieht aus, als wäre er's, aber er kann's nicht sein, denn er sieht!« Der (ehemals) Blinde darauf: »Jesus hat mich sehend gemacht!« Die Pharisäer: »Das darf er nicht!« Der Blinde: »Weiß ich nicht. Ich weiß nur, dass ich vorher blind war und jetzt wieder sehe!«
(Johannes 9,1-41)

Die Heilung des Blindgeborenen. Szene aus dem Film *Jesus von Nazareth* von Franco Zefferelli.

Doch ein Konservativer? – Starke Worte zum Thema »Scheidung«

Peräa, ca. 31 n. Chr.

In ungewohnt scharfer Form hat Jesus von Nazareth das gegenwärtige Scheidungsrecht kritisiert, indem er sich klar auf die Seite der konservativen Fraktion schlug und eine strikte Einhaltung des Ehegelübdes einforderte. Auch die Ehelosigkeit habe Vorteile, betonte Jesus, der allerdings darauf hinwies, dass es sich stets um einen freiwilligen Verzicht handeln sollte.

Der kontroverse Wanderprediger, der stets »das Ohr am Volk« zu haben scheint, war bislang eher für seine progressiven Ansichten bekannt. Diesmal jedoch scheint er ein ausgeprägtes Verständnis für die Seite der Frauen zu zeigen, die sowohl unter dem römischen als auch unter dem jüdischen Scheidungsrecht zu leiden haben.

Die jüngsten Aussagen folgten einer neuerlichen »Fragestunde«, die von den Pharisäern durchgeführt worden war und eigentlich nur den Zweck verfolgte, dem Nazarener eine Falle zu stellen. »Darf man eine Frau entlassen?«, wollten sie wissen, woraufhin Jesus ohne zu zögern antwortete: »Was Gott zusammengefügt hat, soll der Mensch nicht scheiden!« Den Hinweis auf den mosaischen »Scheidebrief« konterte der Nazarener mit der Feststellung, dass dies nur eine Notlösung sei, die den Menschen »aufgrund ihrer harten Herzen« ermöglicht worden sei.

Scheidung, so Jesus, komme nur in einem einzigen Fall in Frage: bei Ehebruch. Seine Ansicht deckt sich mit der des Rabbi Schammai, wohingegen die Mehrheit der Pharisäer (und des Volkes!) der Auffassung des sehr viel liberaleren Rabbi Hillel den Vorzug gibt.

Gegen Ende der Debatte war ein noch weitaus rigoroseres Statement des Nazareners zu hören: »Wer geschieden ist, soll wenigstens ledig bleiben, denn wer nochmals heiratet, bricht die Ehe.« Verständliche Reaktion der Umstehenden (einschließlich seiner eigenen Mitarbeiter übrigens): »Wer traut sich denn dann noch zu heiraten?« – woraufhin Jesus die Vorzüge der Ehelosigkeit hervorhob. Ein Aufatmen ging durch die Runde, als klar wurde, dass der Mann aus Nazareth niemanden dazu zwingen möchte, sondern es nur denjenigen Menschen empfiehlt, die es gelernt haben, sich selbst zu beherrschen und Gott mit vollem Einsatz dienen möchten.

Wie verlautete, verfährt Jesus grundsätzlich so, dass er seinen Zuhörern einige klar verständliche Richtlinien vorlegt, aber nicht für jeden Spezialfall (»Und was wäre, wenn …«) eine Anweisung gibt. »Schließlich ist er kein Pharisäer!«, soll einer seiner Jünger sinngemäß gesagt haben.

(Matthäus 5,31-32; 19,1-12; Markus 10,1-12; Lukas 16,18)

Bis dass der Tod euch scheidet?

Jerusalem, ca. 30 n. Chr.

Eine moderne jüdische Hochzeit; aus dem Film *Anatevka*

Sehr unterschiedliche Auffassungen vertreten die jüdischen Gesetzeslehrer hinsichtlich der Frage nach Scheidung und Wiederheirat. Sie scheiden sich an der Interpretation von 5. Mose 24,1-4, wo es dem Ehemann erlaubt wird, seiner Frau einen »Scheidebrief« auszustellen, wenn er »etwas Schändliches« an ihr gefunden hat. Es gibt zwei Auslegungsvarianten dieser Verse:

Die liberalere Schule des Rabbi Hillel erlaubt es dem Mann, seine Frau ohne jegliche Gegenleistung zu entlassen. Der Scheidungsgrund ist dabei eine Sache der (männlichen) Auslegung, was so weit führen konnte, dass Frauen schon dann etwas »Schändliches« vorgeworfen wurde, wenn ihr Ehemann etwas »Besseres« (sprich: eine attraktivere Dame) gefunden hatte. Schon wenn die Frau einmal versehentlich das Essen anbrennen ließ, konnte ihr Mann den »Scheidebrief« beantragen – unabhängig übrigens von jeder staatlichen oder gesellschaftlichen Kontrolle. Begeht eine Frau Ehebruch oder stellt sich heraus, dass sie die Ehe entgegen ihrer Versicherung nicht als Jungfrau angetreten hat, ist die Scheidung unausweichlich. Auch dies gilt wiederum nur für den Mann; ein Recht der Frau auf Scheidung existiert nicht.

In den Augen des Rabbi Schammai und seiner Schüler ist das »Schändliche« ein eindeutiger Hinweis auf sexuelle Untreue, und diese zieht unweigerlich die Scheidung nach sich. Hierfür ist allerdings der Beweis durch Zeugen nötig. »Gott hasst Treuebruch« (Maleachi 2,16) – ein Vers, auf den sich die Vertreter dieser Richtung, die insgesamt eine strenge Unauflöslichkeit der Ehe vertreten, immer wieder berufen. Allen Juden gemeinsam ist die Auffassung, dass die Ehe eine Verpflichtung nicht nur dem Schöpfer, sondern auch der menschlichen Gesellschaft gegenüber sei. Sinn der Ehe sei die Zeugung von Nachfahren. Singles sind in Israel die ganz große Ausnahme, was man allein daran erkennen kann, dass die hebräische Sprache kein Wort für einen unverheirateten Mann kennt.

Ehen werden im Allgemeinen im Voraus »arrangiert« und es ist Sitte, dass der Bräutigam der Familie der Braut ein »Brautgeld« zahlt – als Entschädigung sozusagen für den entstandenen Verlust.

Die Verlobung gilt als bindend und eine Auflösung derselben kann nur aus zwingenden Gründen (wie sexueller Untreue, vgl. oben) geschehen. Die Hochzeitsfeier ist ein großes – und bis zu einer Woche lang gefeiertes – Ereignis mit Volksfestcharakter, welches damit beginnt, dass der Bräutigam die festlich geschmückte Braut an ihrem Elternhaus abholt und zu ihrem gemeinsamen neuen Wohnsitz geleitet.

Auf Ehebruch steht die Todesstrafe, wenn diese auch nicht immer ausgeführt wird. – Prostitution ist, wenn auch das »älteste«, so doch ein äußerst verachtetes Gewerbe in Israel – was nicht heißt, dass es nicht auch in der Jerusalemer Altstadt ein entsprechendes Viertel gibt.

Stopp für Jesus & Co.

Samaria, ca. 31 n. Chr.

»Sie ließen uns einfach nicht rein!« – Noch immer ereifern sich die Mitarbeiter des Jesus von Nazareth, wenn sie über das berichten, was sie vor einigen Tagen an der Grenze zu ihrem »Nachbarland« erleben mussten: Die Samariter verweigerten ihnen kurzerhand die Durchreise. Über die Gründe ist nichts Näheres bekannt. »Wir

Römische Frauen Opfer des Sittenverfalls

Eine Musikstunde. Römisches Wandgemälde aus Herculaneum, 1. Jahrhundert n. Chr.

Rom, im 1. Jahrhundert n. Chr.

Römische Frauen müssen sich eine ganze Menge von ihren Männern gefallen lassen, doch vorerst scheint keine frauenfreundlichere Gesetzgebung in Sicht.

Für die meisten Männer ist es die Aufgabe der Ehefrau, Kinder zu gebären und diese anschließend zu versorgen. »Für den Spaß ist die Geliebte zuständig« – so ein wohlhabender Bürger. Einen der derben Macho-Scherze, die er uns grinsend erzählte, möchten wir unseren Lesern indessen nicht vorenthalten: »Welches sind die zwei glücklichsten Tage im Leben des römischen Mannes? – Der Hochzeitstag und der Tag, an dem er seine Frau beerdigt!«

Das Römische Reich, einst auf den Grundpfeilern von Sitte und An-

hätten die Stadt am liebsten platt gemacht! Elia hätte kräftig auf den Putz gehauen!«, so die beiden Heißsporne Jakobus und Johannes, die ihren Eifer wohl von ihrem Vater Zebedäus geerbt haben. »Feuer vom Himmel! Das wäre doch eine Lektion gewesen!«

Jesus jedoch soll die beiden umgehend zur Friedfertigkeit ermahnt haben. »Denkt immer daran, wes Geistes Kind ihr seid!«, so der Nazarener.

(Lukas 9,51-55)

stand errichtet, ist längst zu einem Lustgarten degeneriert, in dem Familienwerte kaum noch eine Rolle spielen. Ehebetten sind selten geworden in den vornehmen Villen. »Mann« schläft mit den hübschesten Sklavinnen und überlässt es der Nachwelt, die unehelichen Kinder zu sortieren. Nicht selten treibt es der »Herr des Hauses« erst mit der Mutter und ein paar Jahre später mit der Tochter. »Erlaubt ist, was gefällt!«

Der sittliche Verfall begann vor etwa 200 Jahren, als griechische Einflüsse langsam die römische Moral unterwanderten. Bekanntermaßen gab (und gibt!) es bei den Griechen sogar Tempelprostituierte und noch heute darf sich in der Hafenstadt Korinth jeder Freier nach einem Besuch bei diesen »Damen« eines religiösen Verdienstes rühmen!

Hier wie dort gilt: Was dem Mann recht ist, ist der Frau noch lange nicht billig. In Griechenland wird eine Frau ohnehin erst dann von der Gesellschaft akzeptiert, wenn sie ihr drittes Kind zur Welt gebracht hat.

Dass die Scheidungsrate unter diesen Umständen hoch ist, verwundert nicht, liegt aber auch daran, dass Ehen schon vor der Pubertät (von den Eltern) geschlossen werden.

Konfusion im kleinen Kreis

Cäsarea Philippi, ca. 31 n. Chr.

Das Rätselraten um die wahre (bzw. angebliche) Identität des Jesus von Nazareth nimmt kein Ende. Unbestätigten Berichten zufolge soll der Nazarener der Aussage einer seiner engsten Vertrauten, er sei »der Christus (d.h. Gesalbte) Gottes«, nicht widersprochen haben. Der Mann aus Nazareth hat sich inzwischen mit seinen zwölf Mitarbeitern zu einer Klausurtagung in die Stadt Cäsarea Philippi zurückgezogen.

Wie aus seinem engsten Umfeld verlautete, hatte er zuvor seinen Mitarbeitern die Frage gestellt, für wen ihn die Leute eigentlich hielten. Die Antworten reichten vom Propheten Jeremia bis zum wieder auferstandenen Täufer Johannes. Daraufhin Jesus: »Und für wen haltet ihr mich?« Zumindest für Simon, der als Sprecher der Gruppe gilt, war die Antwort klar: »Du bist der Messias – Christus, der Sohn Gottes!« Die übrigen elf sollen Zustimmung signalisiert haben, woraufhin Jesus Simon darauf hinwies, dass diese Erkenntnis nicht seinem eigenen Denken entsprungen, sondern ihm von Gott offenbart worden sei.

Simon, inoffizieller Sprecher der Gruppe, wurde daraufhin von Jesus

In Stein gemeißeltes Kreuz aus Ephesus, 4. Jahrhundert n. Chr.

(der ihn bereits zuvor »Petros«, »Felsen«, genannt hatte) offiziell als »erster Mann« einer zukünftigen Gemeinschaft bezeichnet oder, wie Jesus es formulierte: »als festes Fundament, auf das ich meine Gemeinde bauen werde.«

Dass diese neue Rolle dem Choleriker Simon auf den Leib geschnitten ist, wird von niemandem bestritten. Zu offensichtlich ist seine Gabe der Organisation und Improvisation, wenn auch dem neuen »Kirchenvater« in der Vergangenheit gelegentlich sein

»loses Mundwerk« zu schaffen machte. »Manchmal redet er erst, bevor er nachdenkt!« – so einer seiner engsten Freunde.

»Ob hier nicht am Ende Pan alles durcheinander gebracht hat?«, meinen zynische Besucher des örtlichen Pan-Heiligtums. Der Gott mit der Flöte soll ja für alle möglichen Wirrnisse zuständig sein.

Zumindest sollen die Anhänger des Jesus von Nazareth seit kurzem unter Schlafstörungen leiden. »Es ist der reinste Alptraum!«, wird einer der Zwölf zitiert, der auf Nachfrage zu Protokoll gab, Jesus habe seiner Mannschaft zu verstehen gegeben, dass in Jerusalem der Tod auf ihn warte. Auch von einer »Auferstehung« habe er gesprochen, doch man habe – bereits verwirrt genug – darauf verzichtet, nach einer Erklärung für diesen nebulösen Ausdruck zu fragen.

Das Rätselraten darf also weitergehen – wobei erschwerend hinzukommt, dass sich die alte jüdische Hoffnung auf einen »Retter der Nation« so gar nicht mit den von Jesus angekündigten Leidenszeiten vertragen will.

(Matthäus 16,13-23; Markus 8,27-33; Lukas 9,18-22)

Diese Quelle bei Banyas (Cäsarea Philippi) war Zentrum der Pan-Verehrung.

Gipfeltreffen der Heiligen

Cäsarea Philippi, ca. 31 n. Chr.

Zitternd vor Furcht (und gleichzeitig strahlend vor Freude!) berichteten die drei engsten Mitarbeiter des Jesus von Nazareth, was sie mit ihrem Meister auf dem Berg Hermon erlebt hatten. Zusammen mit Simon Petrus und den Zebedäus-Brüdern Jakobus und Johannes hatte sich Jesus auf den Weg gemacht, um auf dem 2700 Meter hoch gelegenen Berggipfel eine »Nacht im Gebet« zu verbringen – »dachten wir zumindest«, verlautete aus Jüngerkreisen.

Doch es kam anders. Die drei trauten ihren Augen nicht, als der ihnen so vertraute Herr und Meister plötzlich von einem Lichtglanz umgeben wurde, für den sie nur einen einzigen Ausdruck finden konnten: »Schechina« – die Herrlichkeit Gottes. »Sein Gesicht, ja sein ganzes Aussehen war blendend weiß, von einem Glanz, wie wir ihn noch nie zuvor gesehen haben auf dieser Welt!«

Dann stellten die Jünger fest, dass sie nicht länger zu viert waren. Wie sie übereinstimmend berichten, wollen sie sowohl Mose als auch Elia erkannt haben und Zeuge gewesen sein, wie diese sich mit Jesus über den Ausgang seiner irdischen Mission unterhielten. Petrus fand offenbar als Erster die Sprache wieder. »Mir gefällt's hier oben«, soll er sinngemäß gesagt und anschließend vorgeschlagen haben, zum Zwecke des längeren Aufenthalts flugs ein paar Schutzhütten zu bauen. Doch die Erscheinung ver-

schwand so schnell, wie sie gekommen war, und die drei mussten sich mit ihrem Herrn zusammen auf den Rückweg machen. Wieder im Tal angekommen wurden sie – wie weiland Mose, als er vom Sinai hinabstieg – von einem ungläubigen und ungeduldigen Volk empfangen. Die zurückgebliebenen neun hatten nämlich derweil vergeblich versucht, einen dämonenbesessenen Jungen zu hei-

Der schneebedeckte Gipfel des Hermon

len – sehr zum Ärger der um sie herumstehenden Menge.

Dem verzweifelten Vater des Jungen erklärte Jesus daraufhin, dass eine Heilung möglich sei, »wenn du daran

glaubst« – woraufhin dieser in rücksichtsloser Offenheit gerufen haben soll: »Ich glaube. Hilf meinem Unglauben!« Ruhe trat erst ein, als der Junge, nachdem er sich noch ein paar Mal am Boden gewälzt hatte, tatsächlich und für alle offensichtlich geheilt wurde und anschließend die ersten verständlichen und vernünftigen Sätze seines Lebens sprach. »Ein Tag, den wir so schnell nicht vergessen werden«, soll

Petrus nachdenklich bemerkt haben und immer wieder von der »Herrlichkeit des Herrn« gesprochen haben.

(Matthäus 17,1-21; Markus 9,2-29; Lukas 9,28-43; 2. Petrus 2,16-18)

Wunder über Wunder

Schlüssel zur Isolierstation: Ein Mann, der von einer schweren Hautkrankheit befallen ist, bittet Jesus erfolgreich um »Reinigung«, da ihn sein Leiden religiös und sozial isoliert (Matthäus 8,2-4; Markus 1,40-42; Lukas 5,12-14).

Oberbefehlshaber: Ein römischer Hauptmann bittet Jesus darum, seinen Knecht zu heilen. Er hatte offensichtlich begriffen, dass Jesus mit Krankheiten umgeht, als wären sie

ihm untergeben – daher die Bitte, sich gar nicht erst auf den Weg zu machen, sondern nur einen Befehl zu geben. Jesus sagte, er hätte noch nie einen solchen Glauben gesehen (Matthäus 8,5-13; Lukas 7,1-10).

Rückholaktion: Nach dem Tod ihres Sohnes ist eine arme Witwe völlig mittellos. Jesus hat Mitleid mir ihr und ist bewegt, als er die Menge der Trauernden sieht. Er geht zur Bahre und befiehlt dem Leichnam aufzustehen, was auch geschieht. (Lukas 7,11-17).

Gut gekontert: Eine syrophönizische Frau bittet Jesus, ihre Tochter von einem bösen Geist zu befreien. Jesus stellt ihren Glauben zunächst auf die Probe, indem er sagt, es sei falsch, den »Kindern« (Juden) das Brot wegzunehmen und es den »Hunden« (Nichtjuden) zu geben. Darauf die Frau: »Aber die Hunde essen die Krümel, die vom Tisch fallen.« Jesus gefällt diese Antwort und er heilt das Kind (Matthäus 15,21-28; Markus 7,24-30).

Wenn die Ohren Augen machen: Ein Taubstummer wird zu Jesus gebracht. Dieser legt einen Finger in seine Ohren und befiehlt den Ohren, »sich zu öffnen«. Der Mann fängt daraufhin an zu reden (Markus 7,31-35).

Zwei-Stufen-Heilung: Jesus speit einem Blinden auf dessen Augen, woraufhin sein Sehvermögen zunächst nur teilweise wiederhergestellt wird (»Die Menschen sehen aus wie Bäume«). Jesus heilt ihn dann vollständig (Markus 8,22-26).

Gruseliges Comeback bei eigener Trauerfeier

Betanien, ca. 31 n.Chr.

Es war »der Stoff, aus dem die (Alp-) Träume sind«: Eine Mumie erscheint am Eingang eines Felsengrabes und geht langsam auf die wartende Menge zu. Die Menschen trauen ihren Augen nicht: Ein Toter, bis zum Kopf in Binden gewickelt, kehrt ins Leben zurück. Außer entferntem Vogelgezwitscher ist nichts zu hören. Jemand will aufschreien, vor Freude oder vor Entsetzen, doch – wie im Traum – gelingt es ihm nicht.

Aber es war kein Traum. Dessen sind sich die vielen hundert Einwohner der Stadt sicher. Es geschah am helllichten Tage. Bereits vier Tage zuvor hatte die Trauerfeier für Lazarus begonnen und noch immer können es die Menschen nicht fassen, dass er wieder unter ihnen sein soll. »Wenn ich es nicht selbst gesehen hätte, würde ich es nicht glauben«, so ein Unbeteiligter, der zum Ausdruck bringt, was alle denken.

Zweifel an der Göttlichkeit Jesu scheinen sich nach diesem Ereignis in Luft aufgelöst zu haben – zumindest in Betanien. Anders sieht es in Jerusalem aus, denn, was die führenden Pharisäer betrifft, so hat sich Jesus mit dieser Totenauferweckung selbst das Todesurteil gesprochen. »Das ganze Volk läuft ihm hinterher!«, klagt man dort und überlegt sich, wie man einer solchen »Verführung« umgehend ein Ende bereiten kann.

Lazarus, ein wohlhabender, allein stehender Mann, lebte mit seinen beiden Schwestern Maria und Marta in einer geräumigen Villa, die im Laufe der Zeit zu einer zweiten Heimat für Jesus geworden war. Dass Jesus und seine Jünger mit der Familie des Lazarus »dick befreundet« waren, könne man, so ein Dorfbewohner, schon daran erkennen, dass sie sich heiße Wortgefechte geliefert und trotzdem noch gemocht hätten. So habe sich Marta bei einem Abendessen einmal bitter bei Jesus über ihre Schwester Maria beschwert: »Ich rackere mich hier ab, um dich zu bedienen, und sie sitzt dir zu Füßen und hört einfach nur

zu!« Jesus soll Marta daraufhin ebenso freundlich wie deutlich erklärt haben, dass Maria genau das Richtige gewählt habe.

Doch es war die »Aktivistin« Marta, die angesichts der tödlichen Krankheit ihres Bruders umgehend »den Herrn« holen ließ (Maria soll derweil wie ein »Häuflein Elend« auf ihrem Zimmer gesessen haben). Doch aus unerklärlichen Gründen verzögerte sich die Ankunft Jesu und als der

Blick auf Betanien

Meister dann endlich vor der Tür stand, lag sein Freund Lazarus bereits seit vier (!) Tagen im Grab.

»Wärst du doch hier gewesen!«, wurde Jesus von Marta begrüßt. »Dann wäre er nicht gestorben.« Bewegt wandte sich Jesus daraufhin ab und ließ seinen Tränen freien Lauf (»das erste Mal, dass wir ihn weinen sahen!«, wie es hieß). Dann jedoch rief er mit lauter Stimme in das Grab hinein: »Lazarus, komm heraus!« – woraufhin das Unmögliche geschah. Es dauerte eine ganze Weile, bis sich die Ersten bereit fanden, dem armen Mann dabei behilflich zu sein, sich aus seinen Totenbinden zu befreien.

Kurz darauf soll in Jerusalem das Sanhedrin, der jüdische Oberste Gerichts-

hof, zu einer Dringlichkeitssitzung zusammengetreten sein. Dort wird befürchtet, dass unter der Führung des Nazareners ein Aufstand losbrechen könnte, der den Frieden in der gesamten Region gefährden würde. Und dann wäre es mit den religiösen Rechten, die die Juden genießen, rasch zu Ende.

Der oberste jüdische Priester Kaiphas erklärte indessen, der Tod eines Einzelnen sei durchaus angemessen, wenn es darum gehe, ein ganzes Volk zu retten. Die Frage sei nur, wie man Jesus den Prozess machen könne – einem Menschen, dem bisher (außer vielleicht seinem Kontakt zu Prostituierten und Kriminellen) auch seine Gegner nicht ein einziges Fehlverhalten nachweisen konnten.

Fürs Erste hat der Nazarener dem hohen Gremium die Entscheidung wieder einmal abgenommen: Er verließ die Stadt umgehend und scheint wieder einmal irgendwo Unterschlupf gefunden zu haben.

(Johannes 11,1-54;
vgl. Lukas 10,38-42)

»Was Jesus zu mir sagte«

Es klang wie ein Vorwurf, als Marta Jesus mit den Worten begrüßte: »Warum bist du nicht eher gekommen? Dann würde er noch leben!« Doch die Antwort ihres Herrn übertraf alle ihre Erwartungen: »Jesus sprach mit mir über das ewige Leben!«, berichtete die junge Frau, »und als ich ihm erwiderte, dass ich daran glaube – auch daran, dass er meinen Bruder eines Tages wieder zum Leben erwecken würde – sagte er mir: ›Ich bin die Auferstehung und das Leben. Wer an mich glaubt, wird nicht sterben, sondern ewiges Leben haben!‹«

»Ich wusste, dass der Meister die Wahrheit sagte, und ich wusste, dass er mit ›ewigem Leben‹ mehr meinte als Leben nach dem Tod – und wie froh war ich, dass er in unserer Familie für beides sorgte!«

(Johannes 11,17-28)

Kinder in Rom: ausgesetzt – ermordet – verkrüppelt

Rom, 1. Jahrhundert n. Chr.

Neugeborene und Kleinkinder leben gefährlich im Römischen Reich: Sie werden ausgesetzt, in die Sklaverei verkauft, sterben an Unterernährung oder werden nach der Geburt kurzerhand erstickt – es sei denn, sie »gefallen« ihren Eltern, was durchaus nicht immer der Fall ist. Wohlgemerkt: Dies gilt nicht für uneheliche, sondern für eheliche Kinder. Rechnet man alle zusammen, kommt man zu dem traurigen Ergebnis, dass nur etwa ein Drittel aller Neugeborenen überlebt, und nur die Hälfte von diesen erreicht die Pubertät.

Schwache, hässliche und behinderte Kinder stehen besonders schlecht in der Gunst ihrer Eltern. Mädchen werden häufiger verstoßen als Jungen und uneheliche Kinder haben nur dann eine Chance, wenn sich

Wickelkind

ihre Mutter über sie erbarmt und sie aufnimmt.

Oft werden Kinder schon dann von ihren Eltern verstoßen, wenn diese glauben, sich die Ernährung eines weiteren »Essers« nicht leisten zu können, oder Angst um ihr Erbe haben.

Doch selbst »angenommene« Kinder haben in Rom kein leichtes Leben. Jungen werden, um sie vor »Verweichlichung« zu schützen, früh zum Aushalten von Schmerzen erzogen (zum Beispiel durch das feste Einwickeln in Tücher), und bei Kleinkindern werden die Ammen regelmäßig gewechselt, um keine emotionale Bindung an ihre Person aufkommen zu lassen. Gelegentlich versuchen die »Pädagogen« dem Kopf des Kindes eine »ansprechendere« Form zu geben und Verletzungen bei diesen Kopf- und Kiefermassagen sind nicht selten.

dass angesichts einer solchen Kindheit überall Klagen über die Verrohung der Jugend laut werden, ist zwar traurig, aber auch verständlich.

Der Stoff, aus dem die Bildung ist

Das Römische Reich mag berühmt sein für seine Errungenschaften im Bereich von Kultur und Wissenschaft; der Schulgang jedoch steht nicht nur bei den meisten Kindern sondern auch bei zahlreichen Kritikern nicht besonders hoch im Ansehen. »Für den Charakter tun die nichts!« – so ein weit verbreiteter Vorwurf an die obersten Bildungshüter.

Dass viele Schüler von ihren Lehrern sexuell verführt werden, ist inzwischen so bekannt, dass auch ein Leugnen von höchster Stelle nicht mehr hilft. Ebenso bekannt ist es, dass selbst die moralisch einwandfreien Pädagogen sich unbeliebt machen, wenn sie ihre Zöglinge zu Studienzwecken ständig von einem Ort zum anderen schicken.

Was lernen die Kinder? Lesen, Schreiben und Rechnen selbstverständlich, dazu Grundzüge des Rechtswesens, Rhetorik und Philosophie und natürlich verschiedene Sportarten: Laufen, Schwimmen und Faustkampf. Für jüdische Kinder gelten bestimmte Sonderregeln. Sie lehnen die (in der Regel unbekleidet praktizierten) sportlichen Wettkämpfe aus religiösen Gründen ab und legen großen Wert auf ihre internen Synagogenschulen. Hinsichtlich des oft ermüdenden Auswendiglernens gleicht ihr System dem römischen. »Diskussionen« im Unterricht sind hier wie dort unerwünscht.

Dennoch bleibt der Eindruck, dass die Synagogenbildung praxis- und lebensnäher ist, vielleicht weil in den jüdischen Schriften »Lebensweisheit« und die Ehrfurcht vor Gott ganz obenan stehen.

Turnerinnen auf einem römischen Mosaik

ca. 31 n.Chr.

Missionsazubis auf Wolke Sieben

Judäa, ca. 31 n. Chr.

Freude kam auf, als die vor einigen Tagen von Jesus von Nazareth ausgesandten 70 (anderen Quellen zufolge 72) »Azubis« in Sachen Mission ihrem Meister von ihrem »vollen Erfolg« berichteten: »Kranke geheilt, Dämonen ausgetrieben und das Evangelium verkündigt. Alles lief wie am Schnürchen!« – so der begeisterte Tenor unter den Heimkehrern, die ihren nächsten Einsatz anscheinend kaum erwarten können.

Mit Hilfe eines strengen Auswahlverfahrens waren die Evangelisten aus Hunderten von Bewerbern, die Jesus nachgefolgt waren, ausgewählt worden. Sie sollten sich von vornherein darüber im Klaren sein, so ihr Meister, dass sie nur mit dem Nötigsten ausgestattet sein würden: kein Geld, kein Gepäck, keine Schuhe, keine Tasche – und keine Erlaubnis, irgendwo länger als nötig zu bleiben. »Eure Hauptaufgabe ist es, das Reich Gottes zu verkündigen.« Wenn die Leute das nicht wollen, dann verschwendet mit ihnen auch keine Zeit«, so Jesus, der mit deutlichen Worten warnend hinzu-

Die Mittelmeerküste bei Cape Blanco, südlich von Tyrus

fügte: »Ich sende euch wie die Schafe mitten unter die Wölfe!«

Doch die Siebzig kamen, sahen – und besiegten sogar die Dämonen. Satan selbst – so Jesus nach ihrer Rückkehr – sei »wie ein Blitz vom Himmel gefallen«, als er erkannt habe, dass seine Macht gebrochen sei. »Doch freut euch nicht darüber, dass euch die Dämonen gehorchen!«, fügte er warnend hinzu, »sondern darüber, dass mein Vater eure Namen in sein Buch geschrieben hat!«

Sinn der Mission, so wird berichtet, sei es vor allem gewesen, mehrere Städte auf einen persönlichen Besuch Jesu vorzubereiten. Hierfür habe der Nazarener seine Mitarbeiter in besonderer Weise mit »Geisteskraft« ausgerüstet. Nicht alle Städte, so hieß es weiter, hätten jedoch die einmalige Gelegenheit, die sich ihnen dadurch bot, erkannt und genutzt. Jesus kritisierte insbesondere die Orte Kapernaum, Chorazin und Betsaida. »Hätten Tyrus und Sidon das gesehen, was ihr gesehen habt«, so wird er zitiert, »so hätten sie längst ihr Leben geändert und sich bekehrt!« Damit meinte er, dass selbst Städte der Heiden eher umgekehrt wären als das in seinen Augen halsstarrige Volk der Juden.

Nicht ganz klar ist, ob die ausgesandten Siebzig in irgendeiner Weise mit dem »harten Kern« der Zwölf konkurrieren. Einige Kommentatoren weisen auf die symbolische Bedeutung der Zahl hin und führen an, dass im ersten Buch des Mose von 70 Nationen die Rede ist. Andere weisen auf die Erwähnung von 70 Ältesten in 4. Mose 11,16 und 17 hin oder auf die gleiche Anzahl Personen des Obersten Gerichtshofes. – Wie immer diese Zahl auch zu deuten sein mag: Tagesgespräch ist in ganz Judäa nicht der Symbolcharakter der Mannschaft, sondern ihr Erfolg.

(Lukas 10,1-24)

Rundum gute Nachricht: Zitate des Jesus von Nazareth

Gutes Essen: »Der Mensch lebt nicht allein vom Brot« (Lukas 4,4).

Gute Menschen: »Die Gesunden bedürfen des Arztes nicht, sondern die Kranken. Ich bin gekommen, die Sünder zur Buße zu rufen und nicht die Gerechten« (Lukas 5,31-32).

Guter Wein: »Niemand füllt neuen Wein in alte Schläuche, sonst zerreißt der neue Wein die Schläuche …; sondern neuen Wein soll man in neue Schläuche füllen« (Lukas 5,37-38).

Gute Frucht: »Es gibt keinen guten Baum, der faule Frucht trägt, und keinen faulen Baum, der gute Frucht trägt. Denn jeder Baum wird an seiner eigenen Frucht erkannt. Man pflückt ja nicht Feigen von den Dornen, auch liest man nicht Trauben von den Hecken. Ein guter Mensch bringt Gutes hervor aus dem guten Schatz seines Herzens …« (Lukas 6,43-45).

Guter Hirte: »Ich bin der gute Hirte und kenne die Meinen und die Meinen kennen mich, wie mich mein Vater kennt« (Johannes 10,14-15).

Gute Gebote: »Das höchste Gebot ist das: ›… Du sollst den Herrn, deinen Gott, lieben von ganzem Herzen …‹ Das andere ist dies: ›Du sollst deinen Nächsten lieben wie dich selbst!‹ Es ist kein anderes Gebot größer als dieses« (Markus 12,29-31).

Guter Glaube: »Wenn ihr Glauben so groß wie ein Senfkorn hättet, dann könntet ihr zu diesem Maulbeerbaum sagen: ›Reiß dich aus und versetze dich ins Meer‹, und er würde euch gehorchen« (Lukas 17,6).

Hinrichtung vereitelt

Jerusalem, ca. 31 n.Chr.

Auf frischer Tat ertappt wurde eine junge Frau, die die Abwesenheit ihres Mannes genutzt hatte, um sich mit einem anderen zu vergnügen. Was tut man mit einer Ehebrecherin, deren Vergehen so offensichtlich ist, dass alles Leugnen nichts hilft? Neugierig warteten gestern einige jüdische Gesetzeshüter darauf, was Jesus auf diese Frage antworten würde. Es ist ja bekannt, dass seit einiger Zeit immer wieder von Seiten der Pharisäer versucht wird, Jesus nachzuweisen, dass er Gotteslästerung betreibt oder Anarchie predigt.

Was das Gesetz vorschreibt, ist unzweideutig: sofortige Steinigung (wenn auch die Römer die Todesstrafe für ein derartiges Vergehen nicht kennen und, wo sie nur können, zu verhindern suchen). Immerhin waren ja auch die gesetzlich vorgeschriebenen Zeugen zur Stelle. »Also, was tun?!« Doch der Meister schweigt, bückt sich zur Erde und schreibt mit dem Finger in den Sand.

Was er dort schrieb oder malte, konnte hinterher nicht mehr festgestellt werden. Manche meinen, es seien die Sünden der Männer gewesen, die die Frau steinigen wollten. Vielleicht hatte er aber auch nur demonstrieren wollen, dass ihn das von den Frommen inszenierte Theater unbeeindruckt lässt.

Schließlich richtet er sich auf, sieht erst der Frau und dann ihren Anklägern in die Augen und sagt: »Nun gut. Tut, was das Gesetz verlangt. Wer von euch ohne Sünde ist, soll den ersten Stein werfen!«

Einer nach dem anderen verließen die selbstgerechten Männer den Ort des Geschehens und Jesus versicherte der Ehebrecherin, dass auch er sie nicht verdamme. Sie solle nach Hause gehen und es in Zukunft nicht mehr tun. Wieder einmal war der Rabbi aus Nazareth für eine Überraschung gut. Ob seine Widersacher Jesus mit ihren »Fangfragen« nun allerdings in Ruhe lassen, darf bezweifelt werden.

(Johannes 8,1-11)

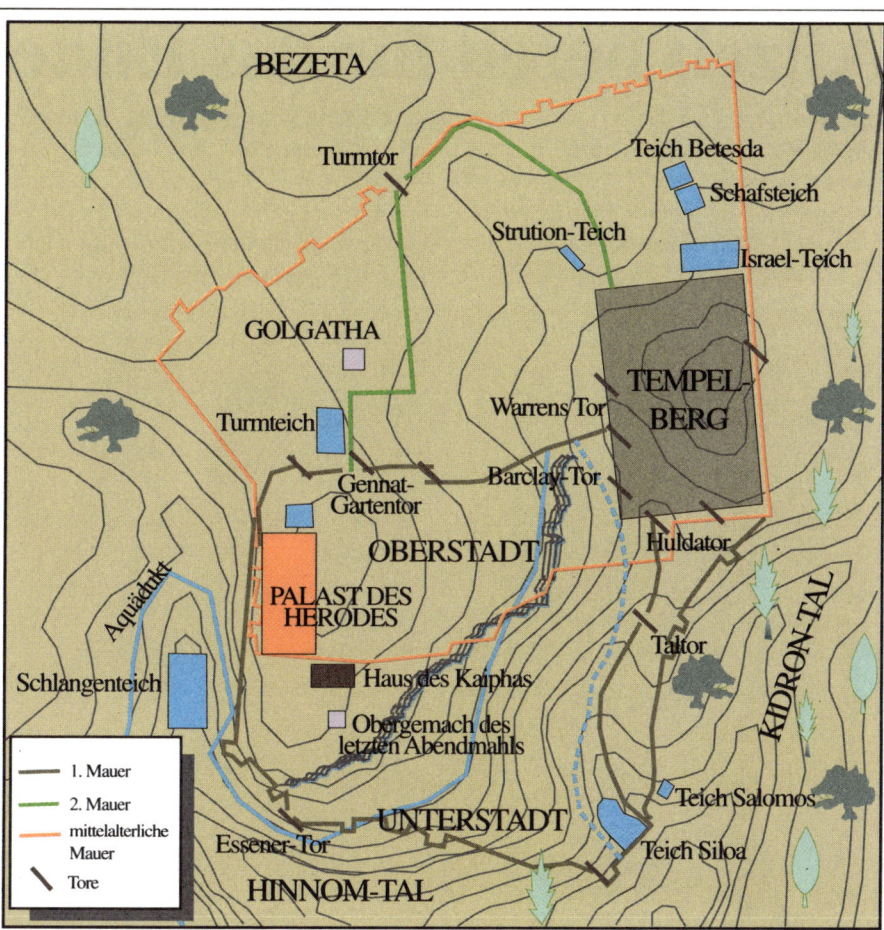

Jerusalem war zur Zeit Jesu eine blühende Stadt, die in den Jahrhunderten zuvor ständig gewachsen war. Damals standen die erste und zweite Mauer, doch die Stadt wuchs bereits über diese Begrenzungen hinaus. Im Mittelalter wurde eine neue Stadtmauer gezogen, die heute noch steht. Zur Zeit Jesu dominierte der Tempel das Stadtbild so wie heute der Felsendom.

Auf welcher Seite steht der Teufel?

Judäa, ca. 31 n.Chr.

Den geballten Zorn des Jesus von Nazareth zogen sich einige Pharisäer zu, die kürzlich behaupteten, er sei in Wirklichkeit nicht Sohn Gottes, sondern Handlanger des Teufels. »Du treibst den Teufel durch den Beelzebub aus!«, lautete ihr Vorwurf, woraufhin Jesus in ungewöhnlich scharfer Form erwiderte, dass sie mit einer solchen Blasphemie, welche das Werk Gottes dem Satan zuschreibe, die einzige Art der Sünde begingen, die Gott niemals vergeben werde. »Beelzebub« oder »Beelzebul« bedeutet eigentlich »Herr der Fliegen«, gemeint ist ein Dämonenfürst.

Nach der erfolgreichen Austreibung eines Dämonen, der sein Opfer offenbar taubstumm gemacht hatte, hielt Jesus seinen Anklägern entgegen: »Angenommen, ihr hättet Recht. Dann wäre der Teufel sein eigener Gegner! Wenn aber ein Reich mit sich selbst uneins ist, kann es unmöglich bestehen!« Jesus erklärte, dass der Satan, den er übrigens als »mächtig« charakterisierte, durch sein Kommen eine schwere Niederlage erlitten habe. Nun sei jemand da, der stärker sei und in der Lage, ihn zu binden. »Daran erkennt ihr, dass die Herrschaft Gottes angebrochen ist!«

»Wer das nicht einsehen will und gegen mich ist, der ist auch gegen Gott – und für den Teufel«, so die deutlichen Worte Jesu an die Adresse der Pharisäer.

(Matthäus 12,22-33; Markus 3,19-30; Lukas 11,14-23; 12,10)

Allzeit bereit für das Ende der Zeit?

Jerusalem, ca. 31 n. Chr.

»Zwei Männer mähen ein Feld; zwei Frauen mahlen Mehl. Ein Tag wie jeder andere – der letzte Tag der Weltgeschichte. Der gesamte Kosmos gerät ins Wanken; die Planeten stürzen

Die traditionelle Art und Weise, Mehl zu mahlen

von ihren Bahnen; die Sonne verliert ihren Schein; die Erde vergeht. In einem einzigen Augenblick werden ein Mann und eine Frau in eine andere Dimension katapultiert. Sie finden sich wieder in der Nähe dessen, auf den sie ihr Leben lang ihre Hoffnung gesetzt haben. Und der andere Mann und die andere Frau stürzen in die Finsternis und sind für immer und ewig von Gott verlassen.«

Die Apokalyptik hat Tradition in Judäa. Seit Jahrhunderten haben sich Menschen diese und ähnliche Zukunftsgeschichten erzählt, wenn auch die wenigsten daran geglaubt haben. Neu und erstaunlich ist, dass sich nun auch Jesus von Nazareth auf die Seite der Apokalyptiker geschlagen und dadurch den Szenarien vom bevorstehenden Weltuntergang neue Nahrung gegeben hat. In aller Offenheit bekannte sich der Nazarener zu seiner Überzeugung von einem »Ende aller Dinge« und sprach dabei mehrere, äu-

ßerst ernste Warnungen aus. Sie lassen sich – so unterschiedlich sie im Einzelnen lauteten – auf einen gemeinsamen Nenner bringen: »Verschlaft euer Leben nicht und seid bereit für das wichtigste Ereignis der Geschichte!«

Wie gewohnt bediente sich der Rabbi einer reichen Bildersprache. Eines seiner »Gleichnisse« handelte von einem reichen Mann, der einen armen Bettler an der Tür seines Schlosses abweist. Nach dem Tod findet sich der Reiche in der Hölle wieder und der Arme in der Geborgenheit des Schoßes von »Vater Abraham«. Der Reiche blickt über die tiefe, unüberbrückbare Schlucht, die zwischen beiden klafft, und fleht den Armen an, ins Leben zurückzukehren, um seine restliche Familie vor den Qualen der Hölle zu warnen. Doch es wird ihm nicht erlaubt. »Wenn sie nicht daran glauben, was Gott ihnen durch Jesus und die Schrift offenbart, werden sie auch nicht glauben, wenn einer von den Toten zurückkehrt!«

Eine weitere Gleichnisrede handelt von einer Hochzeitsgesellschaft. Zehn junge Mädchen wollen die Braut abholen und von ihrem Vaterhaus zum Haus des Bräutigams geleiten. Doch der Bräutigam ist nicht zu Hause. Niemand scheint zu wissen, wann er wiederkommt. Vorsichtshalber haben fünf der Frauen Lichter und Öl mitgenommen (»falls er erst in der Nacht kommt«); die anderen fünf haben nicht vorgesorgt. Als ihnen ihre Nachlässigkeit bewusst wird, laufen sie schnell in die Stadt zurück, um Öl zu besorgen. Doch es ist zu spät. Unter dem Jubel der Hochzeitsgesellschaft kommt der Bräutigam und lässt nur die ersten fünf Frauen herein. Dann wird die Tür verschlossen. Die Feier beginnt und die später Kommenden müssen draußen bleiben.

»Bereit sein ist alles« gilt auch in weiteren Gleichnisgeschichten:

Einige Landverwalter wurden von ihren vorgesetzten Gutsbesitzern damit beauftragt, das Vermögen zu vermehren. Zwei von ihnen erfüllen den Auftrag, indem sie die ihnen anvertrauten Summen gut anlegen und das Geld arbeiten lassen. Einer jedoch lässt das Vermögen einfach liegen und bringt es noch nicht einmal auf die Bank. Für dieses Verhalten wird er von seinem Chef hart bestraft – »hinausgeworfen in die Dunkelheit, wo die Menschen sich fürchten und mit den Zähnen klappern werden«.

Ein weiterer Gutsverwalter wird dafür gelobt, dass er seine Arbeiter gut behandelt und bezahlt. Sein Kollege, der die Abwesenheit des Chefs dazu benutzt, Feste zu feiern und das Personal zu verprügeln, wird dagegen bestraft.

Auch heute noch findet man im Nahen und Mittleren Osten Schafe und Ziegen in Herden gemischt.

Jesus – Hauptperson im Endzeitdrama

Nach einem internen Treffen zwischen Jesus und seinen zwölf engsten Mitarbeitern kündigten diese im Auftrag ihres Herrn folgende geschichtlichen Ereignisse an:

- Der Tempel in Jerusalem wird zerstört.
- Falsche Messiasse und Propheten treten auf.
- Weltweite Kriege, Hungersnöte und Erdbeben
- Menschlicher Hass, Betrug und Verfall der Moral
- Die »gute Nachricht« von der Herrschaft Gottes soll in der ganzen Welt verkündet werden.
- Ein »Greuel der Verwüstung« an heiliger Stelle
- Kosmische Katastrophen und Leiden
- Der »Menschensohn« (Jesus) kommt wieder.
- Die ganze Menschheit wird Jesus erkennen.
- Das Volk Gottes sammelt sich »aus allen Ecken der Erde«.
- Keiner weiß den Zeitpunkt des Endes, nicht einmal Jesus selbst.

(Matthäus 24,1-36; Markus 13,1-37; Lukas 7,26f.34f; 21,5-33)

Schließlich wird das Ende der Welt mit der Sortierarbeit eines orientalischen Schäfers verglichen. Die Schafe seiner Herde (Menschen, die Gutes getan haben, ohne es vielleicht zu merken) kommen auf die eine, die Ziegenböcke (egoistische, böse Menschen) auf die andere Seite. Den einen winkt das Himmelreich, den anderen droht die ewige Verdammnis. Bemerkenswert an diesen Geschichten ist vor allem, dass Jesus sich in jeder einzelnen mit der Person des »Chefs«, »Besitzers« oder »Richters« identifiziert – oder, wie es neulich ein Skeptiker ausdrückte: »Er ist davon überzeugt, die wichtigste Gestalt der Menschheitsgeschichte zu sein!«

(Matthäus 24,37-51; 25,1-46; Lukas 12,35-48; 16,19-31; 19,12-27)

»Raus aus dem Haus meines Vaters!« – Rabbi räumt im Tempel auf

Jerusalem, ca. 31 n. Chr.

»Einfach umwerfend!«, mögen vor kurzem Händler und Besucher im Jerusalemer Tempel gedacht haben, als sie sich einem wutschnaubenden Jesus von Nazareth gegenübersahen, der dem geldgierigen Devotionalienhandel im »Haus meines Vaters« kurzerhand ein Ende bereitete, indem er Händlertische umwarf, Körbe mit Münzen ausschüttete und Opfertiere – vom Lamm bis zur Taube – peitschenschwingend vor das Haupttor trieb. Wahrlich ein Novum für das Gotteshaus!

Gerade die Händler waren es, die sich auf die geschäftigste und gewinnbringendste Woche des Jahres freuten, sind sie doch darauf spezialisiert, kurz vor dem Passahfest den Pilgern die offiziell anerkannten Opfertiere zu verkaufen und die gängigen Währungen in tyrisches Geld – die einzige offizielle Währung im Tempel – umzutauschen.

Jesus soll – so wird übereinstimmend berichtet – während der Aktion den Propheten Jesaja zitiert haben, der den Tempel als »Bethaus für alle Völker« bezeichnet hatte. Ebenso einig ist man sich, dass eben dies – das stille Gebet – heutzutage kaum noch möglich ist, denn der Lärm der Besucher, das Blöken der Opferlämmer und das Feilschen um die Preise lässt den »Vorhof der Nationen«

mehr einem Basar als einem Gotteshaus ähneln und macht jegliche innere Sammlung unmöglich. Stille herrscht nur noch im innersten Bezirk, den die Heiden nicht betreten dürfen.

Weiterhin unklar ist, ob Jesus mit dieser »Tempelreinigung« ein weiteres Mal klarstellen wollte, dass er der lang erwartete jüdische Messias ist. Schließlich gibt es in den heiligen Schriften einige Verse, die davon sprechen, dass eine Zeit kommen wird, in der im Tempel nicht mehr gehandelt und der wahre Gottesdienst wiederhergestellt wird.

Dass Jesus viel an einem recht verstandenen Gottesdienst liegt, sieht man auch daran, dass er immer wieder betont hat, dass es auf die innere Überzeugung und nicht auf die äußerlichen Zeremonien an-

Modell der Burg Antonia

kommt. Auch seine Aussage »Ich bin größer als der Tempel« scheint in diesen Zusammenhang zu passen.

Glücklicherweise war ein Einsatz der römischen Wachtruppen nicht vonnöten; die Truppe konnte in der Burg Antonia verbleiben, die sich ebenfalls auf dem Tempelberg befindet. Offensichtlich war man dankbar für die Abwechslung, die sich ihnen bot.

(Matthäus 21,12-16; Markus 11; 12-18; Lukas 19,45-48; Johannes 2,13-17)

Mückenfischer und Kamelschlucker

Jerusalem, ca. 32 n. Chr.

»Wisst ihr, was sie erreicht haben – die orthodoxen jüdischen Gesetzeslehrer?!«, wird ein zorniger Jesus von Nazareth nach einer weiteren Kontroverse mit seinen Gegnern zitiert. »Sie haben die Leute in ein Verlies gelockt, das voller Giftschlangen ist. Anschließend haben sie die Tür abgeschlossen und den Schlüssel weggeworfen!«

Harte Worte aus dem Mund eines Propheten, der ansonsten eher als mitfühlend und milde bekannt ist. Doch die Selbstgerechtigkeit und Heuchelei vieler Thoraexperten scheint ihm derart zuwider zu sein, dass er in diesem Punkt immer häufiger »Klartext« redet. Dadurch gerät er immer wieder in offenen Konflikt zur Allianz der Gebildeten und Frommen. Von dieser religiösen Oberschicht, so wird gemunkelt, ist derweil die Parole ausgegeben worden: »Wir kriegen dich, Nazarener!«

Das Problem besteht vor allem darin, dass landläufig den menschlichen Auslegungen des mosaischen Gesetzes ebenso viel Wert beigemessen wird wie der Thora selbst. Und das Schlimmste: Die Thoraexperten legen das Gesetz stets so aus, dass sie selbst zu den »Guten« gehören und das »gemeine Volk« aus lauter Übertretern besteht.

Gelächter machte sich breit (nicht unter den Schriftgelehrten, wohlgemerkt), als der Mann aus Nazareth in die Menge rief: »Die fischen die Mücken aus dem Wasser und merken

Jude mit Gebetsriemen

nicht, dass sie ganze Kamele verschlucken! Ihr seid wie Leute, welche die Tassen nur von außen putzen und nicht merken, dass sie innen noch schmutzig sind!«, warf Jesus den Religiösen vor und stellte damit wieder einmal klar, dass er die Reinheit der Gedanken, Gefühle und Motive für sehr viel wichtiger erachtet als die vorgeschriebene Säuberung der Speisegefäße. »Nicht das, was von außen in einen Menschen hineinkommt, macht ihn unrein«, wird er zitiert, »sondern das, was aus seinem Inneren nach außen gelangt: böse Worte und böse Gedanken!«

Auch in dieser jüngsten Auseinandersetzung konnte es der Nazarener anscheinend nicht lassen, sich immer wieder über den leeren Formalismus der Schriftgelehrten und Pharisäer zu mokieren. »Sie beten mehrmals am Tag, aber sie tragen die Gebete außen!«, sagte er in Anspielung auf die Sitte, sich Thoraworte in einer kleinen Lederbox an die Stirn zu binden und besonders lange und bunte Quasten an die Ecken ihrer Mäntel zu befestigen.

Er fügte hinzu, dass es besser sei, ständig in einer inneren Haltung des Gebets zu leben. »Und warum kommen die Pharisäer so früh in die Synagoge? Damit sie einen Platz ganz vorne in der ersten Reihe bekommen und jedermann sehen kann, wie fromm sie sind!«

Jesus begegnet den Pharisäern im Tempel. Aus dem Film *Jesus von Nazareth*

Als der Mann aus Nazareth dem Volk dann die ehrfurchtsvolle Anrede ihrer religiösen Leiter verbot, schien das Maß endgültig voll zu sein. »Niemand von euch sollte einen solchen Menschen ›Vater‹ oder ›Rabbi‹ nennen!«, sagte er und wies darauf hin, dass es nur einen einzigen »Vater« gebe – nämlich den im Himmel. »Ihr aber sollt einander dienen und der Größte unter euch soll sich wie der Geringste benehmen!«

Die Äußerungen des Jesus wie auch sein Auftreten erinnern alle Kenner der heiligen Schriften an ihre alten Propheten. Auch sie teilten Fluch, Segen und Schelte aus (neben allem, was sie auch Positives zu sagen wussten). Jesus leitete seine Vorwürfe immer wieder mit den Worten »Wehe euch!« ein. Diese »Weherufe« stehen in einem deutlichen Gegensatz zu den »Glücklich-« oder »Seligpreisungen«, die aus früheren Tagen berichtet wurden (»Glückselig zu preisen sind die Friedensstifter, denn sie werden Gottes Kinder heißen!«). Dabei sei durchaus nicht alles schlecht, was die Pharisäer lehren. Ihr Leben solle man allerdings besser nicht genauer ansehen.

Dass auch diese Worte bei den Gesetzeslehrern sauer aufstoßen, ist klar, sehen sie sich doch als auserwählte Führer einer ansonsten verblendeten Welt.

(Matthäus 23,1-36; Lukas 11, 37-54; vgl. Matthäus 15,1-20; Markus 7,1-23; Jesaja 5,8-25)

Frömmigkeit top – Hygiene ein Flop

Judäa, ca. 32 n. Chr.

»Einfach ekelhaft!«, brachte ein römischer Besucher die hygienischen Zustände der Provinz auf den Punkt – und fuhr hinter vorgehaltener Hand fort: »Man sollte es nicht glauben, dass ein religiös so hoch stehendes Volk noch nicht einmal vernünftige Toiletten bauen kann!«

In der Tat ist es für römische Reisende, die an tägliche Bäder, Latrinen allerorten und ein stets funktionierendes Be- und Entwässerungssystem gewohnt sind, kaum vorstellbar, heute noch in einer Stadt menschlichen oder tierischen Kot anzutreffen. Zwar gibt es auch im Römischen Reich noch einige solcher Orte, aber – so wird immer wieder betont – »wenigstens sorgen dann die entsprechenden Behörden dafür, dass nachts verschwindet, was sich tagsüber angesammelt hat!« Ganz anders in Judäa: Hier werden menschliche und tierische Exkremen-

te einfach auf die Straße geleitet, vermischen sich mit Haushalts- und Straßenabfällen und ergeben – zumal nach einem Regenguss – ein schlammiges Gemisch, dessen fauliger Geruch kaum zu ertragen ist. Derweil spielen die Kinder barfuß in den Pfützen und die übliche Fußbedeckung auch der Erwachsenen ist die offene Sandale.

Dass öffentliche Bedürfnis- und Badeanstalten in Judäa bis auf wenige Ausnahmen unbekannt sind, liegt wohl vor allem daran, dass sich ein Jude nur sehr ungern in unbekleidetem Zustand zeigt. Wenn zugezogene Römer sich daher ihrer Körperhygiene widmen, tun sie es vorzugsweise hinter verschlossenen Türen. Ohnehin gibt es nur einige wenige Villen mit Latrinen oder Bädern.

»Wenigstens Parfüm können sie herstellen!«, fügte oben zitierter Römer hinzu, womit er auf die vielen Salben und Duftöle anspielte, die überall auf den Märkten erhältlich sind. Auch die rituelle Fußwaschung, die auf erfrischende und effektive Weise den Straßenstaub entfernt, wird von den Römern sehr geschätzt. Übrigens waschen sich die Juden nicht nur die Füße, sondern vor jeder Mahlzeit auch die Hände, und zwar nach einer ganz bestimmten, fest vorgeschriebenen Zeremonie. Auch ihr Essen muss »koscher« sein, das heißt den Gesetzen des Mose, so wie sie in der Thora niedergelegt sind, bis ins Kleinste entsprechen.

»Was würde wohl unser guter alter Ovid dazu gesagt haben?«, fragt man sich auf römischer Seite. Nun, er hätte sich sicher nicht Judäa als Altersruhesitz ausgesucht. Man denke nur an seine Hygieneforderung: »Dein Haar hänge nicht lose von deinem Kopf herab, deine Nägel seien stets gepflegt, dein Atem rieche rein und dein Körpergeruch ähnle nicht dem eines alten Ziegenbocks!«

Öffentliche römische Latrinen in der Ruine eines Badehauses in Ephesus

Lehrstunde in Steuerrecht düpiert pharisäische V-Männer

Jerusalem, ca. 32 n. Chr.

Behörden setzen offenbar zur Überführung des Predigers aus Nazareth gezielt V-Männer ein – »ganz gewöhnliche Judäer«, wie es heißt, die dafür bezahlt werden, »harmlose Fangfragen« zu stellen, von deren Beantwortung man sich einen Beweis der »Gotteslästerung« erhofft.

Römischer Silberdenar mit Bildnis des Kaisers Tiberius

Vorerst allerdings scheint das »Fragespiel« zugunsten des Nazareners ausgegangen zu sein. Dieser hatte auf eine Anfrage seiner Gegner, ob das jüdische Volk verpflichtet sei, der Besatzungsmacht Steuern zu entrichten, mit der für ihn typischen Hintergründigkeit so etwas wie: »Im Prinzip nein!« geantwortet. »Gebt mir mal eben eine Münze!«, bat er, deutete dann auf das Konterfei des Tiberius und fragte: »Nun, wessen Bild trägt sie?«

Um die Antwort war die Opposition nicht verlegen. Daraufhin Jesus: »Dann gebt dem Kaiser, was dem Kaiser gehört, und Gott, was Gott gehört!« Auch dies verstanden die Fragesteller, ist es doch einem jeden gläubigen Juden geläufig, dass der Mensch mit all seinen Lebensäußerungen Gott gehört.

Bereits vor einiger Zeit hatte Jesus im Zusammenhang mit einem kuriosen Fischfang (der Fisch hatte eine Münze im Maul) ähnlich reagiert.

(Matthäus 17,24-27; 22,15-22; Markus 12,13-17; Lukas 20,20-26)

Was nichts kostet, ist auch nichts!

Viele Menschen sind von Jesus begeistert und Hunderte wollen sich ihm anschließen. Aber der Mann aus Nazareth fordert alle Bewerber auf, zunächst das Kleingedruckte zu lesen.

»Ich bin dabei!«, soll neulich ein hoffnungsvoller »Jüngerschaftsanwärter« auf die Frage Jesu geantwortet haben, wer ihm nachfolgen wolle. Doch als der Bewerber erfuhr, dass Jesus und seine Leute gewöhnlich unter freiem Himmel kampieren, überlegte er sich die Sache noch einmal.

Anderen ging es ähnlich. »Nur noch schnell zu Hause ›Auf Wiedersehen‹ sagen« wollte einer, doch auch das kam für Jesus nicht in Frage. Noch nicht einmal ein so wichtiger Dienst wie das Ausrichten einer Beerdigung ist für ihn eine Entschuldigung – selbst wenn es um den eigenen Vater geht. »Lasst die Toten ihre Toten selbst beerdigen!«, soll er gesagt haben.

Kostenanalyse

»Niemand, dem seine engsten Verwandten wichtiger sind als ich, kann mein Jünger sein.«

(vgl. Lukas 14,26)

»Wer sich mir anschließen will, muss seine eigenen Wünsche und Ziele gering achten. Er muss Tag für Tag sein Kreuz auf sich nehmen und auf meinem Weg hinter mir her gehen.«

(vgl. Lukas 9,24)

Wer sich Mühe gibt, sein Leben zu erhalten, wird es verlieren, aber wer es verliert, wird es gewinnen.«

(vgl. Lukas 9,23)

»Was hast du davon, wenn du alles besitzt, was die Welt zu bieten hat, und dabei deinen Seelenfrieden einbüßt?«

(vgl. Lukas 9,25)

Jesus ist für seine »harten Worte« bekannt. Anders als die meisten Religionsstifter und Idealisten schraubt er seine Anforderungen nie herunter, um möglichst viele Anhänger zu bekommen. Im Gegenteil: Er fordert die Menschen auf, sämtliche Kosten zu überschlagen und im Zweifelsfall lieber zu Hause zu bleiben.

Dies sei – so wird er zitiert – doch »völlig normal«. Jeder Bauherr überlege zunächst, ob er die nötigen Mittel habe; jeder Feldherr beschaffe sich Informationen über die feindliche

Die Methoden des Pflügens haben sich im Nahen Osten über die Jahrtausende hinweg wenig verändert.

Armee. »Wer mit tausend Soldaten gegen zehntausend kämpft, ist nicht tapfer, sondern dumm!«

Was hat es überhaupt auf sich mit dieser »Nachfolge«, um die sich so viele Menschen zu reißen scheinen? Es geht dabei nicht um Askese. Was die Jünger essen oder trinken, ist von sekundärer Bedeutung. Wenn man Jesus Glauben schenkt, kommt sie gelegentlich einem Gang zum Galgen gleich. »Wer sich mir anschließen will, muss bereit sein, den Kreuzesbalken zur Hinrichtungsstelle zu tragen. Sein eigenes Leben darf ihm nichts mehr wert sein!« Das scheint ein reichlich hoher Preis für den von den Jesus-Nachfolgern gewählten Lebensstil zu sein.

»Aber es lohnt sich doch!«, hört man von denen, die es ausprobiert haben. Den »Kosten« gegenüber steht anscheinend ein »Nutzen«, der nicht mit Gold aufzuwiegen ist. »Ewiges Leben« verspricht Jesus denen, die ihm voll und ganz ver-

trauen. Er meint damit – so drückte es einer seiner engsten Mitarbeiter aus – ein Leben, das von Liebe bestimmt ist, hier und jetzt beginnt und über den Tod hinausgeht. »Er hat uns keinen Rosengarten versprochen, aber er hat uns zugesagt, immer bei uns zu sein und uns in allen Schwierigkeiten zu helfen.«

Wer wollte es den Menschen verdenken, wenn sie angesichts solcher Sätze lieber den »Meister« hören als die gebildeten, aber »knochentrockenen« Pharisäer? Der Gott des Jesus von Nazareth ist kein harter Schulmeister, wie ihn die Pharisäer sehen, sondern ein liebender Vater, der seinen Kindern Geschenke gibt und stets für sie ein offenes Ohr hat, ob sie nun fröhlich oder traurig sind. Gott fordert auch nicht etwa Opfer, meint Jesus, sondern dass der Mensch sich über die Schwachen erbarmt.

(Matthäus 8,19-22; Markus 8,34-38; Lukas 9,57-62; 14,25-33)

Nutzenanalyse

»Kommt zu mir, wenn ihr niedergeschlagen seid und unter euren Lasten stöhnt! Ich werde euch Ruhe verschaffen. Nehmt mein Joch auf euch und lernt von mir. Denn ich bin gütig und von Herzen demütig. So werdet ihr Ruhe für eure Seelen finden.«

(vgl. Matthäus 11,28-30)

»Wenn ihr euch treu an mein Wort und meine Lehre haltet, seid ihr wirklich meine Jünger. Ihr werdet die Wahrheit erkennen und die Wahrheit wird euch frei machen.«

(vgl. Johannes 8,32.36)

»Die mir folgen, denen gebe ich das ewige Leben.«

(vgl. Johannes 10,28)

Glaube ist kein Spaziergang

Gleichnisse und Geschichten, mit denen Jesus aufzeigt, was Nachfolge heißt.

Erste Hilfe mit vollem Risiko

Klar: Dem Nächsten muss man helfen. Nur: Wer ist das überhaupt? Jesus antwortete auf die entsprechende Frage eines Schriftgelehrten: Es war einmal ein Mann, der auf einsamer Straße überfallen und liegen gelassen wurde. Ein Levit kam vorbei, sah ihn – und ging weiter. Vielleicht wollte er sich nicht verunreinigen; vielleicht befürchtete er einen Hinterhalt. Dann kam ein Samariter und obwohl die Samariter von den Juden verachtet werden, half er dem Mann auf, verband ihn und brachte ihn zur Weiterversorgung in einen Gasthof. Dieser Samariter hat vorgemacht, was es heißt, ein Nächster zu sein!

(Lukas 10,25-37)

Langer Atem

Nicht immer erhört Gott unsere Gebete sofort und nicht immer antwortet er so, wie wir es uns wünschen. Aber er antwortet. Gott gleicht dem Mann, der eines Abends Besuch von seinem Freund bekam. »Kannst du mir ein wenig Brot leihen?«, sprach dieser. »Ich habe Besuch bekommen und möchte noch schnell etwas auftischen!« Obwohl der Mann schon im Bett war, steht er noch einmal auf und gibt dem Bittsteller das Gewünschte.

Das hüglige Ödland zwischen Jericho und Jerusalem. Es existiert nur eine einzige Verbindungsstraße.

Meint ihr, Gott würde nicht auch eure Bitten erhören, wenn ihr sie ernsthaft und immer wieder vor ihn bringt?

(Lukas 11,5-13)

Sinnvolle Investition

Bist du reich und hast viel gespart? Dann gilt dir folgende Geschichte: Es war einmal ein reicher Landbesitzer, der reicher und reicher wurde. »Ich brauche dringend neue Vorratskammern«, überlegte er und baute an. Doch dann starb er – plötzlich und unerwartet. Die Vorratskammern und Reichtümer halfen ihm nicht. – Besser reichlich Glauben haben als reichlich Geld!

(Lukas 12,13-21)

Wie Gott mir, so ich dir

Ein König rechnet mit seinen Schuldnern ab. Einer seiner Untergebenen schuldet ihm zehntausend Goldstücke. Da er sie nicht zurückzahlen kann, bettelt er so lange, bis der König ihm die Schuld erlässt. Er geht hinaus und trifft einen Freund, der ihm zehn Pfennig schuldet. Dieser bittet um Aufschub, doch alles Bitten hilft nichts. »Du entkommst mir nicht, bis du den letzten Pfennig bezahlt hast!«, sagt der unbarmherzige Mann.

Als der König das hört, wird er wütend. »Nachdem ich dir alles erlassen habe, hast du kein Recht darauf, so unbarmherzig zu sein!«

(Matthäus 18,21-35)

Vorratskammern in der Festung Masada

Baumkletterei eröffnet neue Perspektive: Steuerrückzahlung für Jericho

Das römische Steinrelief aus dem 1. Jh. zeigt Steuereintreiber, die ihre Einnahmen zählen.

Jericho, ca. 32 n. Chr.

»Bester Laune« erfreuen sich seit kurzem die geschröpften Steuerzahler im Bereich Jericho. Gestern wurde bekannt, dass eine höhere Rückerstattung noch vor dem Laubhüttenfest zu erwarten sei. Zachäus, ein reumütiger Steuereintreiber, der kräftig in die eigene Tasche gewirtschaftet hatte, will alle seine Schulden zurückzahlen und darüber hinaus den Armen noch Geld geben.

Dass eine solche Wiedergutmachung einen erklecklichen Betrag ergibt, kann man sich denken, galt doch dieser Mann als jemand, dem jedes Mittel recht war, um seinen Mitbürgern den letzten Denar aus der Tasche zu ziehen und diesen dann (nach Abzug einer stattlichen Provision, versteht sich) an die römischen Finanzbehörden weiterzuleiten. Ohnehin sind ja die Zöllner nicht gerade Publikumslieblinge. Immerhin arbeiten sie der verhassten Besatzungsmacht Rom zu. Doch in diesem Fall wurde alles anders: Zachäus hatte von einem Besuch des bekannten Wanderpredigers Jesus gehört, sich kurzerhand frei genommen, und war, da klein von Statur, auf einen Feigenbaum geklettert, um den hohen Gast unauffällig beobachten zu können (getreu der Devise:

»Sehen und nicht gesehen werden!«). Als Jesus mit seinen Begleitern durch die »Palmenstadt« zog, hielt der Tross genau unter dem Baum an. Jesus schaute hoch, begrüßte den verlegenen Zöllner und lud sich umgehend bei ihm zum Essen ein.

Solche Tischgenossen, die es auch noch gut mit ihm meinen, hatte Zachäus bis dahin kaum je gehabt. Auch die Anhänger des Jesus waren über die Anwandlungen ihres Meisters verwundert. Bislang hatte er sich noch nirgendwo selbst zum Essen eingeladen. Noch vor dem Nachtisch soll Zachäus dann verkündet haben, es tue ihm leid, dass er seine Landsleute derart hintergangen habe. Ab heute werde er sein Leben ändern, die Gebote Gottes beachten und die unrechtmäßig einbehaltenen Steuern vierfach zurückerstatten. Juristisch gesehen hätte eine doppelte Rückzahlung vollkommen ausgereicht, denn das Gesetz schreibt eine vierfache Erstattung erst bei Raubüberfällen vor. Es scheint dem Mann demnach tatsächlich ernst gewesen zu sein.

Sichtlich erfreut über diesen Sinneswandel meinte Jesus, dass heute dem Haus des Zachäus »Heil begegnet« sei.

Die Einwohner Jerichos überlegen derweil, was sie mit ihrem unerwarteten Reichtum anfangen.

(Lukas 19,1-10)

Sind im Himmel alle ledig?

Jerusalem, ca. 32 n. Chr.

»Im Himmel gibt es keine Ehen, und im Himmel wird auch nicht geheiratet!« – so eine neue, viel beachtete Aussage des Jesus von Nazareth. Die Körper, wie wir sie aus unserem irdischen Leben kennen, werden aufhören zu existieren; es wird kein Alter, keine Krankheiten und keine Sorgen mehr geben – aber eben auch keine Ehen. Jesus beantwortete damit eine Frage der Sadduzäer, einer religiösen Gruppierung, die – entgegen den Pharisäern – weder an ein Leben nach dem Tod, noch an eine Auferstehung, noch an Geistwesen (»Engel«) glaubt. – »Was geschieht mit einer Frau, die mehrere Männer hintereinander gehabt hat? Mit welchem von ihnen wird sie im Himmel verheiratet sein?«, lautete ihre Anfrage. Doch die scheinbar unmöglich zu beantwortende Frage erwies sich wieder einmal als Bumerang. »Ihr habt keine Ahnung davon, was in der Schrift steht!«, hielt Jesus den Gelehrten vor, wies darauf hin, dass die Menschen im Himmel einen »geistlichen« oder »engelgleichen« Körper hätten und schloss mit dem praktischen Hinweis, dass Gott im übrigen »ein Gott der Lebenden und nicht der Toten sei«.

(Matthäus 22,23-33; Markus 12,18-27; Lukas 20,27-40)

Verlierer und Verlorene

Judäa, ca. 32 n.Chr.

Sind es vor allem die »religiösen Naturen«, die von Gott angenommen werden? »Mitnichten!« – wie Jesus von Nazareth in mehreren Beispielgeschichten deutlich machte. Es sind vielmehr die »Versager- und Verliererertypen«, die Gott finden – und dies nicht, weil sie ihn so fleißig suchten, sondern weil er ihnen nachgeht und seine Suche erst beendet, wenn er auch das letzte »verlorene Schaf« gefunden hat. Den Pharisäern, die schon des öfteren den schlechten Umgang des Nazareners kritisiert hatten, gefällt dies natürlich nicht. Ihrer Ansicht nach stellen die Zolleinnehmer, die mit der Besatzungsmacht kollaborieren, die Prostituierten und die Gesetzlosen (»Verflucht, wer die Thora nicht kennt!«) den »Abschaum der Menschheit« dar.

Doch Gott nimm solche Leute an! Daran ließ Jesus keinen Zweifel. »Ist es nicht genauso, wenn ein Hirte ein Lämmchen vermisst?«, fragte er die verdutzten Gesetzeslehrer. »Er lässt die übrigen Schafe erst einmal stehn und macht sich auf die Suche nach dem verlorenen. Selbst wenn er hundert hat, ist ihm doch das eine wichtig!« Genauso sei es – so fügte der Mann aus Nazareth hinzu –, wenn eine Frau ein Geldstück verloren habe. Sie leuchte den Boden ab, kehre ihre Hütte und gebe sich nicht eher zufrieden, bis sie es gefunden habe. »Und was für eine Freude herrscht, wenn das Verlorene wieder gefunden ist!« – Das sei bei Gott nicht anders, sagte Jesus und schloss seine Ausführungen mit den Worten: »Die Engel

»Böse Buben kommen in den Himmel« – auch wenn's den braven Brüdern nicht gefällt

… unter einer Voraussetzung natürlich: dass den bösen Buben ihre Fehler leid tun, und sie in ihrem Leben eine Kehrtwendung vollziehen. Wie dies praktisch aussehen kann, verdeutlichte Jesus von Nazareth vor kurzem in einer bewegenden Geschichte, die von einem »braven Sohn« und dessen »bösem Bruder« berichtet:

Die Geschichte beginnt damit, dass ein Sohn den Vater um die vorzeitige Auszahlung seines Erbes bittet. Dann verlässt er den Hof, verprasst das gesamte Vermögen und hat eines Tages nichts mehr zum Leben. Notdürftig kommt der Junge bei einer nichtjüdischen Familie unter und muss dort die Schweine hüten. Er besinnt sich, nimmt sich vor, seinen Vater um Verzeihung zu bitten und nach Hause zu gehen. »Vielleicht kann ich dort als Knecht arbeiten«, sagt er sich. Sein Bruder, ein rundherum »guter« Junge, arbeitet derweil zu Hause für zwei. Wie immer tut er alles, was sein Vater von ihm verlangt; wie immer lässt er sich nichts zuschulden kommen. Sein Vater ist seit dem Weggang des anderen Sohnes nicht mehr derselbe. Trauer und Schmerz sprechen aus seinen Augen, und täglich schaut er sehnsüchtig die staubige Straße entlang, über die sein Sohn – dessen ist er sich sicher – eines Tages nach Hause kommen wird. Und der Vater behält recht. Die Sonne steht schon tief, als der Vater seinen Sohn erblickt, ihm freudig entgegenläuft und ihn in seine Arme schließt. Der Junge will etwas sagen, doch der Vater hat vor Freude kaum Zeit, ihn anzuhören. »Schnell, kleidet ihn ein!«, befiehlt er seinen Dienern. »Heute abend wird gefeiert!« »Gefeiert?!« Der Bruder traut seinen Ohren nicht. Was gibt es zu feiern, wenn ein Mensch, der das halbe Vermögen mit Trinkgelagen und Hurerei vergeudet hat, endlich einsieht, dass er sich danebenbenommen hat? Doch der Vater ist anderer Meinung: »Dein Bruder war so gut wie tot; jetzt lebt er wieder. Ich freue mich so sehr, dass er wieder da ist. Wenn das kein Grund zum Feiern ist!« Und die Moral von der Geschicht? Gott ist ein gütiger Vater und der Himmel ist wie ein Zuhause, in das man auch nach dem verkommensten Leben zurückkehren kann!

(Lukas 15,11-32)

Von den alten Wohnhäusern in Chorazin sind nur noch diese Bogengänge erhalten.

im Himmel freuen sich mehr über einen reuigen Sünder als über hundert Gerechte, die nichts zu bereuen haben!« Ähnlichkeiten mit den anwesenden Theologen waren wohl auch diesmal nicht bloß zufällig.

(Matthäus 18,12-14; Lukas 15,1-10; Johannes 6,44)

ca. 33 n. Chr.

Ölkrise nach Pöstchengerangel im Jesuskreis

Betanien, ca. 33 n. Chr.
Zum dritten Mal innerhalb von drei Wochen gärt es im Team des Predigers aus Nazareth. Die neueste Klage: Eines der Mitglieder beschuldigt die Übrigen der unsoliden Finanzwirtschaft. Eine der größten Bewunderinnen des Mannes aus Nazareth (er hatte kürzlich ihren Bruder ins Leben zurückgeholt) hatte diesen vor kurzem mit dem kostbarsten Duftöl gesalbt, das im ganzen Land zu bekommen ist.

Jericho, die Palmenstadt

lich die Jünger Jakobus und Johannes verlangt hatten, dass Jesus ihnen »Arbeitsbereiche« – sprich: Ministerposten – in seinem zukünftigen Reich zuweisen solle. Doch dieser hatte der engagiert geführten (und von der Mutter der beiden unterstützten) Personaldebatte ein jähes Ende bereitet. Er wies darauf hin, dass er erstens nicht bereit sei, politische oder sonstige Herrschaftsposten zu verteilen, dass die beiden

zweitens nicht begriffen hätten, wie sein »Reich« aussehe und dass ihnen drittens eine wichtige Voraussetzung für die Mitarbeit in diesem Reich noch immer fehle: die Bereitschaft, dem Nächsten grenzen- und bedingungslos zu dienen.

Leider waren die Zwistigkeiten unter den Jüngern des Nazareners nicht auf einige wenige seiner Mitarbeiter beschränkt. In einem waren sie sich alle einig: Es sei nicht besonders weise (»reiner Selbstmord«, wie es einer ausdrückte), ausgerechnet jetzt nach Jerusalem zu gehen. »Wer weiß, was uns dort erwartet?« Die Jünger beziehen sich offensichtlich auf mehrere für sie unverständliche Aussagen ihres Meisters, er müsse »leiden, getötet werden und am dritten Tag auferstehen«. Auch meinte Jesus, die Jünger müßten »den Becher trinken, den er selbst trinkt«. – »Was immer das bedeuten mag«, so einer von ihnen, »wir werden anscheinend ganz schön in die Bredouille kommen!«

(Matthäus 20,17-28; Markus 10,32-45; Lukas 18,31-34; 22,24-27)

kommen ist. »Die Frau hat die Tausender einfach über seinen Kopf ausgegossen!«, beschwerte sich ein aufgebrachter Judas Iskariot. »Wenn sie die Salbe loswerden will, hätte sie die Flasche verkaufen und uns das Geld geben sollen. Wie viel Gutes hätten wir damit tun können!«

Doch Jesus war offenbar anderer Meinung. In ungewöhnlich scharfer Form wies er seinen Jünger zurecht und erklärte ihm, dass dazu auch später noch Gelegenheit sei: »Die Armen habt ihr immer bei euch; mich aber nicht!« Zu der Frau gewandt fuhr er mit sehr viel freundlicherer Stimme fort: »Sie hat mir etwas Gutes getan. Seht es doch einmal so: Sie hat meinen Körper schon heute für das kommende Begräbnis gesalbt!«

Bereits auf dem Weg nach Betanien war es zu Unstimmigkeiten im Team des Nazareners gekommen, als nämlich

Enthusiastischer Empfang für vermeintlichen König

Jerusalem, April 33 n. Chr.

Einen begeisterten Empfang bereiteten die Einwohner von Jerusalem Jesus von Nazareth. »Es war wie früher, wenn ein siegreicher König von der Schlacht zurückkehrte!«, hieß es unter den Leuten. Diesmal jedoch war nicht von Krieg die Rede, wenn auch der Einzug unter der religiösen, teilweise wohl auch der politische, Führungsschicht einen regelrechten Schock auslöste. Dieser geht es vor allem darum, in Zusammenarbeit mit der römischen Besatzung für Ruhe und Ordnung zu sorgen.

Der Empfang hatte – dies wird von verschiedenen Seiten bestätigt – tatsächlich nationalistische Untertöne. Tausende von begeisterten Jerusalemer Bürgern säumten die Straßen und applaudierten dem Nazarener, der auf seinem Esel saß und diesmal die Huldigungen nicht abwies (»Wenn ich es jetzt nicht zulasse, werden stattdessen die Steine jubeln«, wird er zitiert). »König von Israel!«, skandierte die Menge und rief immer wieder auf Hebräisch »Hosianna, Hosianna« (»Rette uns!«). Das kann sowohl als

Die Altstadt Jerusalems, vom Ölberg aus betrachtet

Ausruf der Huldigung als auch als Bitte um Befreiung verstanden werden. Der Ruf stammt aus dem 118. Psalm, in dem Jahwe für einen militärischen Sieg gedankt wird. »Alle Völker umringen mich«, so heißt es da, »ich wehre sie ab im Namen Jahwes«. Auch von »Zweigen in den Händen« ist dort die Rede.

Viele Menschen legten in der Tat ihre Mäntel auf die staubige Straße und winkten mit Palmzweigen – eine Geste, die sonst in der Tat nur einem siegreichen Feldherrn bei seinem Triumphzug erwiesen wird.

Vielleicht haben in diesen Momenten die alten Frauen am Wegrand an das zurückgedacht, was sie über den früheren König David gehört hatten. Auch er war einst auf einem geschenkten Eselfohlen in die Hauptstadt eingeritten. Und der Prophet Sacharja weissagte bekanntlich: »Tochter Zion, freue dich. Dein König kommt auf einem Esel … Die Kriegsbogen sollen zerbrochen werden; und … er wird Frieden gebieten den Völkern.« (Sacharja 9,9-11)

»Richtige Feststimmung – und das schon eine Woche früher als sonst!«, freut man sich in der Stadt. Bereits jetzt ist sie voller Pilger, denn jedermann weiß: »Wer zu spät kommt zum Passahfest, der wird mit ausgebuchten Herbergen bestraft!«

Wie aus dem engeren Umkreis des Nazareners verlautet, soll es während des triumphalen Einzugs allerdings auch Tränen gegeben haben. Sie wurden von niemandem anders vergossen als von Jesus selbst. Als er den schmalen Pfad vom Ölberg herabkam, soll er über das Kidrontal hinweg auf die Stadt geblickt haben, deren goldene Dächer im Abendlicht glänzten. Beim Blick auf den Tempel habe ihn unbändige Trauer überkommen – darüber, dass die Stadt, in die er gesandt war, nicht erkannte, was ihr zur Erlösung diente – und das Volk, zu dessen Errettung er gekommen war, seinen einzig wahren König nicht haben wollte. Was die römische Besatzungsmacht dazu zu sagen hat, war nicht zu erfahren. Möglicherweise betrachtet sie es als religiöse Angelegenheit, solange die Autorität des Kaisers nicht angetastet wird.

(Matthäus 21,1-9; Markus 11,1-10; Lukas 19,28-44; Johannes 12,12-19)

Jerusalem zur Zeit Jesu. Das maßstabgetreue Modell verdeutlicht die Ausdehnung der Stadt.

Kleine Gruppen – große Wirkung

Oberflächlich betrachtet ist das Judentum zur Zeit Jesu eine recht homogene Erscheinung. Doch der Schein trügt. Es gibt eine ganze Reihe von religiösen (und politischen) Gruppierungen, die miteinander konkurrieren. Die wichtigsten unter ihnen sind hier in alphabetischer Reihenfolge verzeichnet.

Die Ältesten

Einem Rat von sieben Ältesten obliegt – mit Einverständnis der römischen Behörden – die Aufsicht und Verwaltung der Synagoge und ihrer Angelegenheiten. Hier wird entschieden, ob und inwieweit ein Jude das Gesetz übertreten und welche Strafe er dafür verdient hat. Die Ältesten sind auch im Sanhedrin (siehe unten) vertreten.

Die Essener

Sie sind eine strenge, zurückgezogen lebende Gemeinschaft mit Ordens-

Die Höhlen von Qumran am Toten Meer

charakter, die es sich zum Ziel gesetzt hat, das ursprüngliche Judentum in der »modernen Zeit« zu bewahren. Ihre Klöster liegen meist auf dem

Land, wo die Essener hart arbeiten und bereitwillig Fremden gegenüber Gastfreundschaft üben. Der Tagesablauf wird durch eine festgelegte Liturgie geprägt. Rituelle Reinheit, zölibatäres Leben und die Ablehnung jeglicher militärischer Gewalt spielen eine wichtige Rolle. Eines ihrer Klöster soll in Qumran am Toten Meer liegen, wenn auch Kenner behaupten, dass die dortige Gemeinschaft (die übrigens eine gut sortierte Bibliothek besitzt!) die Essener an Strenge noch übertrifft.

Die Herodianer

Bei ihnen handelt es sich um eine vergleichsweise kleine Gruppierung, deren Lebensziel es ist, die alte (inzwischen an Einfluss verlierende) herodianische Dynastie zu unterstützen. Theologisch gesehen stehen sie den Sadduzäern nahe. Jesus ist für sie ein »Staatsfeind«, da sie einen Aufruhr unter seiner Anführerschaft befürchten.

Die Pharisäer

Die Pharisäer (Wortbedeutung: »Abgetrennte«) sind ursprünglich aus den »Chasidim« hervorgegangen (einer kleinen Gruppierung, die vor etwa zweihundert Jahren während der Hasmonäerzeit für eine strikte Einhaltung der mosaischen Speise- und Zeremonialgesetze eintrat) und stellen die bei weitem größte religiöse Gruppierung in Israel dar. Es gibt etwa sechstausend Pharisäer. Ihr Einfluss im Sanhedrin ist beträchtlich und sie sind

fast ausnahmslos gegen die Römer eingestellt.

Soziologisch gesehen entstammen die meisten unter ihnen der Mittelschicht. Ihr Ziel ist die Einhaltung des mosaischen Gesetzes mittels kleinlicher, kasuistischer Einzelvorschriften, die genau festlegen, was man darf und vor allem nicht darf. Den Pharisäern liegt sehr an einer gut geölten PR-Maschinerie. Doch entspricht die Lautstärke, mit der sie ihre Ansichten kundtun, bei weitem nicht ihrem wirklichen Einfluss. Die Ernsthaftigkeit wird einem Pharisäer niemand absprechen, doch ihre Radikalität und Unbarmherzigkeit macht sie bei vielen ihrer Zeitgenossen unbeliebt.

Die Priester

Diese offiziellen Tempelbediensteten sind Stolz auf ihre Abstammung von Aaron und arbeiten eng zusammen mit den Leviten (die ebenfalls von Levi abstammen, nicht jedoch von Aaron). Es gibt eine streng festgelegte Hierarchie innerhalb dieser Gruppe zwischen den »gewöhnlichen Priestern« und denen, die zum »hohepriesterlichen Geschlecht« oder einer anderen prominenten jüdischen Familie gehören. Die führenden Priester haben die Oberaufsicht über die Tempelgelder und stellen die einflussreichste Gruppe im Sanhedrin.

Noch immer stellt der ehemalige Hohepriester Hannas eine gewisse Autorität dar. Sein Nachfolger und Schwiegersohn Kaiphas gilt als geschickter Diplomat und Vermittler zwischen den einzelnen Parteien.

Die Sadduzäer

Sie entstammen fast ausnahmslos der Oberschicht, sind stets für ein religiöses Streitgespräch zu haben (z.B. mit den Pharisäern) und im Volk generell unbeliebt. Ihr Auftreten entspricht nicht gerade ihrer gesellschaftlichen Position: Sie gelten als ungehobelt und streitlustig. Für das gemeinsame Volk haben sie nur Verachtung übrig. Ihnen obliegt die Aufsicht über den Gottesdienst im Tempel. Sehr viele Sadduzäer sind Priester; allerdings sind nicht alle Priester Sadduzäer. Möglicherweise gehen die Sadduzäer auf einen gewissen »Zadok« zurück, doch dies ist keineswegs erwiesen. Ihren heutigen, allerdings ständig sinkenden Einfluss im Sanhedrin verdanken die Sadduzäer dem Wohlwollen der Hasmonäer (einer Gruppe von Priestern und Königen), die ihnen vor etwa 150 Jahren den Zugang zur Macht eröffneten.

Theologisch vertreten sie in wichtigen Fragen völlig andere Anschauungen als die Pharisäer.

Sie akzeptieren nur die fünf Bücher Mose und leugnen die Möglichkeit einer Auferstehung. Wo es ihnen opportun erscheint, arbeiten sie allerdings mit den Pharisäern auch zusammen.

Der Sanhedrin

Dieser oberste jüdische Gerichtshof hat die größten Machtbefugnisse überhaupt. Sowohl zivil- als auch strafrechtliche Angelegenheiten fallen in seinen Kompetenzbereich. Der wird von den Römern auch kaum angetastet. Zur Zeit besteht der Sanhedrin aus 70 (ernannten, nicht gewählten) Mitgliedern, vor allem aus Sadduzäern, wenn deren Einfluss auch im Abnehmen begriffen ist.

Der Sanhedrin verfügt über eine eigene Polizeitruppe und besitzt sowohl die Legislative als auch die Exekutive im Staat (Ausnahme: die Ausführung der Todesstrafe, welche den Römern obliegt).

Der Sanhedrin trifft sich regelmäßig, wobei die Mitglieder im Halbkreis sitzen und ihre Voten von Schriftführern aufgezeichnet werden. Die Verteidigung muss in jedem Prozess zuerst gehört werden. Schwere Straftaten können nur mit Zweidrittelmehrheit geahndet werden; für weniger schwere genügt die einfache Mehrheit.

Der Sanhedrin bezieht seine Autorität von Mose, der »siebzig Älteste« zu seiner Unterstützung eingesetzt hat-

te, wenn auch bis zur Zeit Esras vor ca. 450 Jahren keine schriftlichen Zeugnisse über ein Zusammentreffen dieses Gremiums vorliegen.

Seit seiner ersten Erwählung hat er eine wechselvolle Geschichte durchlebt. Herodes der Große hatte ihm die Flügel gehörig gestutzt, als die Siebzig ihm unmissverständlich klar machten, dass sie in einigen Fragen überhaupt nicht mit der Politik des Königs einverstanden waren. Doch mittlerweile steht der Sanhedrin wieder in der Blüte, die er zur Zeit Julius Cäsars bereits hatte.

Die Schriftgelehrten (Gesetzeslehrer)

Sie werden oft in einem Atemzug mit den Pharisäern genannt (da ihr Interesse wie diesen dem jüdischen Gesetz gilt), stellen jedoch keine eigenständige religiöse Gruppierung dar. Entstanden sind sie vor etwa 5-600 Jahren, als Thoraexperten und Gelehrte im babylonischen Exil die jüdische Tradition aufrecht erhielten.

Das Herodeion, von Bethlehem aus gesehen

Noch immer genießen sie als Lehrer von Kindern und Jugendlichen hohes Ansehen in Israel – nebenberuflich übrigens. Wie fleißig sie sind, erkennt man auch daran, dass sie sich mit Hingabe um das Abschreiben der heiligen Schriften bemühen.

Sie haben maßgeblichen Anteil an der Entwicklung der Synagogen, den Treffpunkten, wo die Juden Gottesdienste für alle die abhalten, die nicht in den Tempel gehen (können).

Zeloten und Sikarier

Ganz Judäa gilt als ein Sammelbecken für revolutionäre Elemente, die sich allesamt darin einig sind, dass die Römer »raus« müssen. Aufstände waren jedoch immer eng begrenzt

und stellten nie eine wirkliche Gefahr für die Besatzer dar. Lediglich die Zeloten sind eine ernst zu nehmende Bewegung. Sie geht angeblich auf Judas den Galiläer zurück, der vor etwa 25 Jahren einen Aufstand anführte. Vorbild der Zeloten ist Judas der Makkabäer, der vor 150 Jahren Jerusalem von den Griechen zurückeroberte. Dass es unter den Jüngern des Jesus einen »Simon Zelotes« (der »Eiferer«) gibt, könnte bedeuten, dass dieser Mann früher einmal zu jener Gruppierung gehörte, kann aber auch lediglich ein Verweis auf sein Temperament sein.

Zeloten und andere Aufständische werden auch »Sikarier« genannt. Sie tragen stets einen Dolch mit sich, den sie hin und wieder benutzen, um politisch ihnen nicht genehme »Repräsentanten des Systems« zu ermorden. Sie tun dies auch am helllichten Tage und werden oft von der Menge gedeckt, in der sie nach der Bluttat Unterschlupf finden.

ca. 33 n. Chr.

Schatten über Festmahl

Jerusalem, im April 33 n. Chr.

Fast zwei Millionen Pilger machten sich letzte Woche auf den Weg in die Heilige Stadt. Und alle fanden Unterkunft, sei es bei Verwandten, bei Freunden oder in Gasthöfen. Doch es sind nicht nur die Menschen, auch eine schier unübersehbare Menge von Schlachtopferlämmern bevölkert die Stadt.

Es ist wieder einmal die Zeit des »Pessachs«, des Passahfestes (wörtlich: »Fest des Vorbeigehens«). Es sind Tage, an denen die Juden des überstürzten Auszugs aus Ägypten gedenken, als der »Engel des Herrn« nur diejenigen verschonte, deren Türen mit dem Blut eines frisch geschlachteten Lammes bestrichen waren. Dort musste er »vorbeigehen«; alle anderen (ägyptischen) Erstgeborenen wurden getötet.

Auch Jesus von Nazareth und seine Jünger feiern dieses Fest. In einem gemieteten Zimmer unter dem Dach, wo die Luft schwer ist durch den Geruch des gerösteten Fleisches, der sich mit dem Rauch der Öllampen vermischt, herrschte dieselbe feierliche Stimmung wie in jeder anderen jüdischen Familie auch – und doch war an diesem Abend alles anders.

Man hatte an alles gedacht: an das Wasser für die rituellen Waschungen, an Sitzkissen, Becher und Wein, an das ungesäuerte Brot und herbe Kräuter – nur nicht an eine Dienerin, die den wichtigen Dienst der Fußwaschung hätte übernehmen können. Schließlich stand Jesus selbst auf und begann – nach einigen Protesten, aber ohne dass ihm jemand Hilfe angeboten hätte – mit dieser erniedrigenden Aufgabe. »Lasst es bitte zu!«, bat er seine Jünger. »Ich bin dazu da, um euch zu dienen, und ich hoffe, dass ihr es untereinander genauso macht!«

Insgesamt schienen an diesem Abend allerdings düstere Gedanken vorzuherrschen. Wiederholt hatte Jesus davon gesprochen, dass ihn einer aus seinem engsten Umkreis an die Behörden ausliefern werde. Die Jünger wollten Genaueres wissen, doch der

Die wohl bekannteste Darstellung des letzten Abendmahls: Das Fresko von Leonardo da Vinci aus dem Jahr 1497.

Meister weigerte sich, Namen zu nennen. Nachdem er Judas Iskariot ein Stück des Fladenbrots gereicht hatte, befahl er ihm: »Tu's möglichst bald, am besten gleich!« Die anderen verstanden noch immer nicht. »Jetzt noch einkaufen gehen?«, hörte man einen der Jünger murmeln. »Die Händler haben längst dichtgemacht!« Seufzend wandte sich Jesus an Petrus: »Ihr werdet mich alle im Stich lassen und das Weite suchen! Wie eine Schafherde, die ihren Schäfer verloren hat, werdet ihr auseinander laufen!« – »Aber nicht doch!«, ereiferte sich Petrus. »Wir bleiben bei dir, egal, was kommt!« – und auch die anderen schüttelten die Köpfe. Doch Jesus hatte noch etwas zu sagen: »Petrus, du wirst sogar behaupten, dass du mich nie gekannt hast – noch bevor der Hahn kräht!«

Dann wurde gegessen. Während des Essens kam Jesus noch einmal auf die wichtigsten Punkte seiner Mission zu sprechen. Schließlich war das Lamm verzehrt und auch Brot und Wein gingen zur Neige. Jesus nahm den letzten Brotfladen, brach ihn durch, so wie er es immer getan hatte, und gab jedem

seiner Jünger ein Stück. »Hier, esst! Das ist mein Leib!« Genau können sich alle an diese Worte erinnern, auch wenn die wenigsten sie ganz verstanden haben. Das Gleiche tat er mit dem Wein. »Trinkt alle daraus!«, sagte er, reichte den Kelch herum und fügte dann hinzu: »Es ist der neue Bund, gestiftet durch mein Blut. Esst, und trinkt auch in Zukunft daraus; und denkt dabei an mich und an das, was ich euch gesagt habe!«

Schweigen machte sich breit. Jemand verließ den Saal. Andere folgten und gingen in die Nacht hinaus. »Gut, dass wir warme Kleidung dabeihaben!« hört man eine Stimme und eine zweite fügt hinzu: »Und ein paar Schwerter – für alle Fälle!«

Nur ab und zu hörte man aus den Häusern Stimmen und Gelächter. In manchen Familien wurde in diesen Tagen eben doch ein wenig mehr gegessen und getrunken, als es zur Feier der Erinnerung eigentlich nötig ist …

(Matthäus 26,17-29; Markus 14,12-45; Lukas 22,7-38; Johannes 13,1-38)

338

Kratzende Wäsche macht Römer neidisch aufs Ausland

Rom, ca. 33 n. Chr.

»Unbequem und unpraktisch« – so das Urteil einer wachsenden Zahl römischer Bürger über ihre traditionelle Toga. Voller Neid blicken die Römer auf die Kleidungsstücke anderer Länder, die angeblich »so viel hübscher und bequemer« seien.

Das traditionelle überdimensionale Stofftuch, welches über die linke Schulter geworfen und vom linken Arm gehalten wird, ist nach übereinstimmenden Aussagen »im Winter zu dünn und im Sommer zu warm«. Auch

len, und das Tragen der Toga als »Friedenssymbol« verstehen. Doch die meisten Römer blicken voller Neid auf die traditionelle jüdische Bekleidung, ein praktisches, etwa hüftlanges Untergewand, darüber ein längeres Obergewand, über das bei schlechtem Wetter ein Mantel geworfen werden kann. Besonders teure und gute Exemplare – wie das des Jesus von Nazareth (wohl das Geschenk eines Bewunderers) – sind durchgewebt und weisen keinen Saum auf. Zwar wird gelegentlich behauptet, sämtliche

Sowohl römische Frauen als auch Männer tragen Togen. Diese ziehen sie über ein T-Shirt-ähnliches Hemd und ein »Tunika« genanntes Unterkleid. Männer tragen ausschließlich weiße Togen. Frauen lieben es farbenfroher und auch der von ihnen getragene Stoff ist von feinerer Qualität.

biete es kaum Schutz vor Regen, hindere die Bewegungsfreiheit und erschwere das Laufen oder Kämpfen. Anders als früher trägt man heute verschiedene Unterkleider darunter; ohne diese wäre das »kratzbürstige Teil« kaum auszuhalten.

Natürlich gibt es wie überall solche, die sich der Tradition verpflichtet füh-

Obergewänder sähen im Grunde wie »alte Säcke« aus, doch dies trifft nur für den ungefärbten Zustand zu.

»Es macht doch Spaß, sie zu färben«, hört man immer wieder – was übrigens nicht nur um der Verschönerung willen geschieht, sondern auch einen Hinweis auf die soziale Stellung des Trägers gibt.

Wunderrabbi bei Nacht verhaftet

Jerusalem, April 33 n. Chr.
Einer schwerbewaffneten schnellen Einsatztruppe der Tempelpolizei ist es gelungen, den der Unruhestiftung und Volksaufwiegelung angeklagten Prediger Jesus von Nazareth zu verhaften. Die Aktion wurde dabei sogar von einem seiner Anhänger unterstützt und fand kurz vor Mitternacht in einem Olivenhain am Ölberg statt, den der »Rabbi« gewohn-

Die Festnahme (Szene aus dem Film *Jesus von Nazareth*)

heitsmäßig als Ruhe- und Gebetsort nutzte.
Jesus leistete keinen Widerstand, beklagte sich allerdings über den unverhältnismäßigen Aufwand. »Wie gegen einen Gewaltverbrecher seid ihr losgezogen. Dabei habe ich täglich in aller Öffentlichkeit gelehrt!« Zu einem Zwischenfall war es kurz zuvor gekommen, als sein Leibwächter Petrus einem prominenten Mitglied der Einsatztruppe ein Ohr abgeschlagen hatte. »Lass das; steck dein Schwert wieder ein!«, soll Jesus laut gerufen und dann die Wunde versorgt haben. Das, was Insider als Heilungswunder bezeichnen, hinderte die Polizisten nicht daran, den Mann wie geplant abzuführen.

Die Anhänger des Nazareners sollen sich derweil in sämtliche Himmelsrichtungen zerstreut haben, anscheinend froh, mit dem »nackten Leben« davongekommen zu sein – was in Bezug auf einen gewissen Johannes Markus übrigens wörtlich zu nehmen ist: Der Mann war wohl als Nachtwache eingeteilt worden, dann durch den Lärm aufgewacht und hatte anschließend im Handgemenge seine Kleidung verloren.
Wie es heißt, stehen die übrigen Anhänger Jesu noch immer unter Schock, zumal sie bereits kurz zuvor Zeugen eines »äußerst bedrückenden« Ereignisses gewesen seien. Ihr Meister, so wird berichtet, habe zunächst für sie gebetet (»um Liebe und Einheit untereinander«), sich dann zitternd zurückgezogen und irgendwann mit verzweifelter Stimme gerufen, dass er jetzt bereit sei, den »Kelch« zu trinken, den sein Vater für ihn bereithalte. »Als wir dann zu ihm kamen, kauerte er völlig aufgelöst am Boden und hatte Blut- und Schweißflecken auf der Stirn!« – Andere Darstellungen besagen indessen, dass die Jünger ihren Meister in seiner schwersten Stunde allein gelassen hätten: »Als er sie am nötigsten brauchte, haben die sich erst mal schlafen gelegt!«
(Matthäus 26,36-56; Markus 14,32-52; Lukas 22,39-53; Johannes 17,1-18,11)

Einige der Olivenbäume, die man heute im Garten Gethsemane findet, sind möglicherweise Zeugen der Festnahme Jesu gewesen.

Designierter Spitzenfunktionär mimt den Ahnungslosen

Während sämtliche Jünger Jesu »fertig mit sich und der Welt« sind, hat Simon Petrus noch einen weit triftigeren Grund zur Verzweiflung. Der als »Gründer einer zukünftigen weltweiten Gemeinde« gehandelte Sprecher der Gruppe bestritt vehement, Jesus überhaupt zu kennen. »Gehörst du auch zu denen da?«, hatte ihn im Hof des Hohepriesters eine Sklavin gefragt, der sein galiläischer Akzent aufgefallen war. Petrus winkte zunächst ab, wurde dann auf Nachfragen heftig und beinahe ausfällig: »Ich soll verdammt sein, wenn ich den Kerl kenne!« Als ein lauter Hahnenschrei den Morgen ankündigte, merkte er, was er getan hatte. Der »starke Mann« hatte in einer schwachen Stunde seinen Herrn verleugnet – und anschließend »geflennt wie ein Schlosshund«.
(Matthäus 26,57-58.69-75; Markus 14,53-54.66-72; Lukas 22,54-62; Johannes 18,15-18.25-27)

Zweifel nach dem Todesurteil –
War nächtlicher Schnellprozess illegal?

Jerusalem, ca. 33 n. Chr.

Zweifel an der Legalität des Schnellverfahrens, in dessen Verlauf Jesus von Nazareth zum Tode verurteilt wurde, hat zumindest ein prominentes Mitglied des Hohen Rats geäußert: Ein solches »Hauruckverfahren« habe mit Geist und Buchstaben des jüdischen Gesetzes nichts mehr zu tun, wird Joseph von Arimathäa zitiert.

Vor allem die einander widersprechenden Zeugenaussagen ergäben kein klares Bild, sagte der Ratsherr und bezog sich damit auf die verschiedenen Kreuzverhöre, zunächst durch den früheren Hohepriester Hannas und anschließend seinen Nachfolger und Schwiegersohn Kaiphas, »ganz zu schweigen davon, dass Prozesse grundsätzlich nicht in der Nacht stattfinden dürfen«.

In der Tat hatte man sich nicht auf eine einheitliche Anklage einigen können und sämtliche Zeugen hinterließen einen äußerst zwiespältigen Eindruck. Sie widersprachen sich ganz offensichtlich in ihren Äußerungen und machten den Eindruck, als würden sie für ihre Aussagen bezahlt (von wem?). Jesus wurde beschuldigt, den Abriss des Tempels angekündigt zu haben, inklusive des Wiederaufbaus durch ihn selbst innerhalb von drei Tagen.

Jesus selbst hatte auf eine Anfrage nach seiner Theologie vorgeschlagen, der Rat solle doch diejenigen fragen, die ihn gehört hätten (was ihm eine Ohrfeige seitens der Gerichtsaufsicht einbrachte). Dann jedoch nahm der Prozess eine unerwartete Wende. Auf die Frage des Kaiphas, ob Jesus denn nun wirklich der Sohn Gottes sei, hatte jener unumwunden zugegeben: »Du sagst es!« Dies schien ihnen offenkundige Blasphemie zu sein. Damit stand – zumindest für die Juden – das Todesurteil fest.

Darauf wurde der Fall zuständigkeitshalber dem römischen Statthalter Pontius Pilatus übergeben. Obwohl es sich um eine religiöse Angelegenheit handelte, wurde sie dem Pilatus als politische »verkauft«.

Pilatus war innerlich zerrissen: Auf der einen Seite der ihm gar nicht so unsympathische Angeklagte, den er auch selbst verhörte, auf der anderen Seite die jüdischen Autoritäten und natürlich das große Publikum, das Volk. Zunächst versuchte er die Angelegenheit nun seinerseits an Herodes Antipas weiterzuleiten, da es sich bei Jesus ja um einen Galiläer handelt und er aus dem Machtbereich des He-

Der Cardo, eine von Säulen flankierte Straße, die von der römischen Militärbesatzung in Jerusalem übrig geblieben ist.

rodes Antipas stammt. Herodes freute sich darüber: »Nun kann ich endlich mal eines deiner Wunder sehen«, soll er gesagt haben. Als es nicht dazu kam, sandte der König Jesus zu Pilatus zurück – zum Spott gekleidet mit einer königlichen Robe. Immerhin hat diese Aktion des Pilatus dazu beigetragen, dass sich das unterkühlte Verhältnis zwischen ihm und dem König offenbar merklich verbessert hat.

Pontius Pilatus jedoch schien sich noch nicht endgültig entschieden zu haben. Wie aus gut unterrichteten Quellen verlautet, machte dem Prokurator vor allem ein Traum seiner abergläubischen Frau zu schaffen. Sie hatte ihn in letzter Minute eindringlich gebeten, »bloß die Finger von diesem Mann zu lassen«, da sie nach besagtem Traum (den sie nicht näher erläuterte) ein »äußerst ungutes Gefühl« bei der Angelegenheit habe. Nachdem dann noch eine weitere List, mit der sich der Prokurator hatte aus der Affäre ziehen wollen, fehlgeschlagen war (das Volk ging auf sein Angebot, Jesus im Austausch gegen den Aufrührer und Mörder Barabbas freizulassen, nicht ein), nahm das Unheil seinen Lauf.

Vor aller Augen wusch sich der Römer die Hände (»Seht her, ich bin unschuldig am Blut dieses Mannes!«) und überließ ihn den Soldaten. Diese hatten ihren Spaß daran, Jesus zu bespucken, auszupeitschen und ihm anschließend den schweren Kreuzesbalken aufzulegen, den er eigenhändig zur Hinrichtungsstätte »Golgatha« schleppen musste.

Als seine Kräfte nachließen, zwangen die Soldaten kurzerhand einen gewissen Afrikaner namens Simon von Kyrene, den Balken zu tragen, doch auch dieser brach nach kurzer Zeit zusammen. Immerhin wurde dieser dann wieder in die Freiheit entlassen, Jesus jedoch unbarmherzig weitergetrieben …

(Matthäus 26,57-67; 27,1,2,11-32;
Markus 14,53-65; 15,1-21;
Lukas 22,63-70; 23,1-26;
Johannes 18,12-40; 19,1-16)

Schwarzer Freitag in Jerusalem: »König der Juden« hingerichtet

Jerusalem, April 33 n. Chr.

Jesus von Nazareth ist tot. Auf Befehl des römischen Prokurators Pontius Pilatus wurde er gegen Mittag gemeinsam mit zwei Verbrechern ans Kreuz geschlagen. Die Hoffnungen Tausender von Juden, dass er der lang erwartete Messias war, sind da-

Christus am Kreuz – ältestes und wichtigstes Symbol der Christenheit (Gemälde von Rembrandt)

mit nun endgültig zunichte gemacht worden.

Es war ein schlimmer und dunkler Tag – was durchaus wörtlich zu verstehen ist. Bereits als sich Jesus, der um Jahre gealtert wirkte, mühsam zur Hinrichtungsstätte schleppte, verschwand die Sonne hinter dunklen Wolken – um später ihren Schein vollkommen zu verlieren. Aber es war nicht nur die dreistündige Sonnenfinsternis, welche die Menschen zum Nachdenken brachte. Bis zum Schluss bewahrte der Mann, der gepredigt, geholfen und geheilt hatte, seine Würde. »König der Juden« hatte Pilatus über sein Kreuz schreiben lassen – womöglich als stille Ehrerweisung für einen Menschen, dem er nichts Böses hatte nachweisen können. »Und er war doch Gottes Sohn!«, soll selbst

einer der Soldaten gerufen haben, als der Todeskampf am Nachmittag beendet war.

Die letzten Worte des Nazareners sind unvergessen. Nachdem er einen Erfrischungstrunk abgelehnt hatte, fiel sein Blick auf seine Mutter, die weinend zu Füßen des Kreuzes stand. »Johannes, kümmere dich bitte um sie«, rief er seinem Lieblingsjünger zu. Nichts erwiderte Jesus auf die spöttischen Rufe einiger Gaffer, er solle doch herabsteigen vom Kreuz, wenn er Gottes Sohn sei. »Anderen hat er geholfen, nur sich selbst kann er nicht helfen!«, höhnten sie. Jesus schwieg. Ergreifend war dann sein Schrei »Eli, eli, lama sabachtani!« – »Mein Gott, mein Gott, warum hast du mich verlassen?«, ein Gebetsruf aus dem 22. Psalm der Juden.

Als der wachhabende Römer in einem Anflug von Mitleid – und weil das jüdische Gesetz es verbietet, ei-

nen Toten den Sabbat über am Kreuz hängen zu lassen – die Schienbeine des Hingerichteten zertrümmerte, um das letzte aufbäumende Atmen zu beenden, war Jesus bereits tot. Auch ein Lanzenstich in die Seite, der Blut und Wasser hervorbrachte, bewies eindeutig: Er ist tot. Noch kurz

vorher hatte Jesus mit letzter Kraft gestöhnt: »Es ist vollbracht.«

Ratsherr Josef von Arimathäa kümmerte sich um die Beisetzung. Er stellte dem Rabbi, den er immer bewundert und unterstützt hatte, ein erst kürzlich von ihm erworbenes Grab zur Verfügung.

Die Zukunft der Anhänger des Nazareners ist ungewiss. Eine Rückkehr in ihre Berufe wird nach drei Jahren Abwesenheit wohl kaum möglich sein.

Mit Jesus von Nazareth stirbt ein Mann, der wie kein anderer in den letzten Jahren die Gemüter bewegt hat. Er demaskierte den frommen äußeren Schein der religiösen Elite, ja stellte sie öffentlich bloß. Doch trat er nicht nur als Kritiker auf, sondern ließ seinen zum Teil recht herben und anspruchsvollen Aussagen Taten (besser gesagt: Zeichen und Wunder) der Liebe folgen. So heilte er eine ganze Reihe von Leu-

Diese Felsformation nahe des »Gartengrabes« wird häufig mit Golgatha identifiziert.

ten und weckte angeblich sogar Tote auf. Der Nachwelt wird er als großherziger, aber auch streitbarer und nicht immer unkomplizierter Weisheitslehrer im Gedächtnis bleiben.

(Matthäus 27,33-61; Markus 15,22-47; Lukas 23,26-50; Johannes 19,17-42)

Zu späte Reue: Informant erhängte sich

Jerusalem, April 33 n.Chr.

Judas Iskariot ist tot. Der ehemalige Anhänger Jesu, durch dessen Hinweis den Behörden die Festnahme des Nazareners in dem Garten am Ölberg gelang, hat sich offenbar erhängt. Jedenfalls gibt es keinerlei Hinweise auf Fremdverschulden.

Die grässlich zugerichtete Leiche (die Innereien waren bereits herausgequollen) fand sich auf freiem Feld unter einem hohen Baum. Es wird vermutet, dass ein Unbekannter den Strick durchtrennt hatte, um zu verhindern, dass der Tote den Feiertag über dort hängen blieb.

Noch kurz zuvor hatte der Informant das Geld, das er für seinen Tipp erhalten hatte, zurückgebracht und beteuert, dass Jesus völlig unschuldig sei. »Das ist dein Problem, nicht unseres!«, war die einzige Reaktion seiner Auftraggeber.

Unterdessen gehen die Spekulationen über die Hintergründe und Motive der Tat weiter. Ein Sympathisant der Gruppe, der nicht zitiert werden möchte, gab an, dass Judas als einziger Nichtgaliläer von vornherein »schlechte Karten« gehabt habe: »Keiner konnte ihn leiden!« Auch mit der gemein-

Judas wirft das »Blutgeld« in den Tempel (Gemälde von Rembrandt).

samen Kasse habe er nicht umgehen können und immer wieder größere Summen veruntreut, hieß es. Trotzdem habe Jesus stets Wert darauf gelegt, auch diesen Mann an allen Aktivitäten der Gruppe zu beteiligen.

War er ein bezahlter Agent? Auch diese Theorie wird erwogen. Andererseits: Agenten werden gewöhnlich besser entlohnt. »30 Silberlinge – das Monatsgehalt eines Tagelöhners! Das ist ja lächerlich für so einen Verrat!«, hieß es unter den Jüngern. Auch die Annahme, dass Judas nur eine römische »Schutzhaft« erreichen wollte, um Jesus vor den jüdischen Behörden

in Sicherheit zu bringen, gilt nicht länger als wahrscheinlich.

Möglicherweise liegt in dem verräterischen Akt auch eine Portion Enttäuschung. Er hatte sein Leben auf eine Karte gesetzt: Jesus als den Messias zu sehen. Nun hatte Jesus angedeutet, dass sein Weg ein anderer sei, als Judas und die anderen Jünger ihn sich wünschen würden (und manches am Horizont deutete ja darauf hin).

Vielleicht aber, und das ist angesichts der Sachlage nicht unwahrscheinlich, wollte der Mann auch nur seine Haut retten und hatte mit seinem Verrat die »Flucht nach vorne« angetreten.

»Es war eine rundum teuflische Taktik!«, betonte einer der verbliebenen elf Jünger. Er ist sich der Zustimmung der anderen sicher. Auch sie glauben: Es war ein dämonischer Geist, der von Judas Besitz ergriff, seinen Verstand ausschaltete, seine Gefühle betäubte und den Mann schließlich dazu drängte, seinen Herrn und Meister zu verraten. – »In den ist der Satan gefahren!«, fasst einer von ihnen zusammen, was alle denken.

(Matthäus 26,14-16; 27,3-10; Markus 14,10-11; Lukas 22,3-6; Johannes 12,6; Apostelgeschichte 1,18-19)

Worte in dunkelster Stunde

»Ich bin ein König, aber mein Reich ist nicht von dieser Welt. Sonst würden meine Diener darum kämpfen …« *(nach Johannes 18,36-37).*

»Ich bin in die Welt gekommen, dass ich die Wahrheit bezeugen soll. Wer aus der Wahrheit ist, der hört meine Stimme« *(Jesus; Johannes 18,37).*

»Was ist Wahrheit?« *(Pilatus; Johannes 18,38).*

»Ich finde keine Schuld an ihm … Seht, welch ein Mensch!« *(Pilatus; nach Johannes 19,4,5).*

»Du hättest keine Macht über mich, wenn es dir nicht von oben her gegeben wäre« *(Jesus zu Pilatus; Johannes 19,11).*

»Dieser hat nichts Unrechtes getan … Jesus, gedenke an mich, wenn du in dein Reich kommst« *(einer der Verbrecher am Kreuz; Lukas 23,41,42).*

Die Antwort Jesu: »Heute wirst du mit mir im Paradies sein« *(Lukas 23,43).*

»Hilf dir selber, wenn du Gottes Sohn bist, und steig herab vom Kreuz« *(Zuschauer unter dem Kreuz; Matthäus 27,40).*

»Vater, ich befehle meinen Geist in deine Hände« *(Jesus; Lukas 23,46).*

ca. 33 n. Chr.

Spekulation um Toten-erscheinung

Jerusalem, 33 n. Chr.

Es wird nicht ruhig um Jesus von Nazareth. Nach seiner Hinrichtung und Grablegung gibt es in der Stadt Gerüchte, dass der Mann, der nachweislich tot war, doch noch (oder wieder?) lebt. Viele wollten ihn gar mit eigenen Augen lebendig gesehen haben. Zumindest gilt seine Leiche inzwischen offiziell als vermisst.

»Klarer Fall. Seine Jünger haben ihn geklaut und behaupten nun, dass er von den Toten auferstanden sei!« – so die offizielle Version von römischer Seite. Dort bezieht man sich auf »Geheiminformationen« jüdischer Intellektueller, die gehört haben wollen, dass der Rabbi dies schon vor längerer Zeit vorausgesagt habe. Merkwürdig nur, dass seine eigenen Jünger sich sehr viel schwerer taten, an die Theorie einer Totenauferweckung zu glauben.

Unzweifelhaft ist, dass das Grab streng bewacht war – wenn auch unter der Hand erzählt wird, die Wachmannschaft sei gegen Morgen eingenickt. Doch da von einer Bestrafung der betreffenden Soldaten nichts bekannt ist, könnte dies eine Ausrede sein. Es gibt sogar Quellen, die berichten, eben jene Wachsoldaten hätten

Sonnenaufgang in Galiläa. Der Tagesanbruch ist ein altes Symbol für die Auferstehung.

völlig entgeistert von »übernatürlichen Ereignissen am Grab« berichtet. Der dicke Stein soll vom Grab auf unheimliche Weise bewegt worden sein und ihnen fürchterlich Angst eingejagt haben.

Letztlich steht und fällt alles mit dem Bericht dreier Frauen: Maria Magdalena, Maria, die Frau des Alphäus, und Salome, die Gattin des Zebedäus. Diese waren am dritten Tag nach der Hinrichtung in aller Frühe zum Grab aufgebrochen, um die Leiche endgültig einzubalsamieren. Kurz nach Sonnenaufgang, so heißt es, sei ihnen dort Jesus persönlich – und lebendig – begegnet.

Es stellt sich die Frage, wer von der Erfindung einer Lügengeschichte profitieren würde. Dass die römischen Behörden nicht im Besitz der Leiche sind, ist offensichtlich: Sie hätten sie längst vorgezeigt, um dem »Aberglauben« ein Ende zu machen. Sollten die Jünger sie gestohlen haben, wird dies früher oder später ans Licht kommen. Nachdem Judas Iskariot den inneren Kreis verlassen hat, wird der nächste Aussteiger wohl nicht lange auf sich warten lassen. »Vielleicht packt ja einer demnächst aus und verrät das Versteck der Leiche«, denken manche und wissen dabei, dass die Römer über genug Foltermethoden verfügen, um das erwünschte Ergebnis zu erzielen. Um so erstaunlicher, dass von Verhaftung der Jesus-Schüler bislang öffentlich gar nicht die Rede war.

War Jesus am Ende nur scheintot? Wohl kaum, denn die Soldaten, die bei der Hinrichtung zugegen waren, bestätigten, dass er tot war. Nur bei Verstorbenen sammelt sich Blut und Wasser, ganz abgesehen davon, dass niemand in den engen Totenbinden drei Tage lang überleben könnte.

Nach der Aussage des Johannes, Sohn des Zebedäus, waren diese Binden bereits abgenommen und lagen, fein säuberlich zusammengewickelt, am Kopfende der Grabstätte.

»Das verstehe, wer will«, meinte ein Unbeteiligter. – Er könnte Recht haben!

(Matthäus 27,62-28,15; Markus 16,1-8; Lukas 23,50-24,12; Johannes 20,1-9)

Das sogenannte »Gartengrab« in Jerusalem, möglicherweise die authentische Grabstätte Jesu

344

Unwahrscheinliche Begegnungen mit einem »auferweckten« Toten

»Es waren Engel im Garten!«
Die Frauen, die das leere Grab entdeckten, berichten von Engeln, denen sie begegnet seien. Die leuchtenden Gestalten erklärten, dass Jesus von den Toten auferstanden und seinen Jüngern nach Galiläa vorausgegangen sei. Die Frauen liefen zitternd vor Furcht zu ihren Freunden zurück.

(Matthäus 28,1-8; Markus 16,5-8; Lukas 24,2-9)

»Ich dachte, es wäre der Gärtner!«
Nachdem Petrus und Johannes die Gruft inspiziert hatten, blieb die trauernde Maria Magdalena allein zurück. Plötzlich sah sie einen Mann, den sie für den Gärtner hielt, und fragte ihn nach dem Verbleib der Leiche. Als er mit sanfter Stimme »Maria« sagte, erkannte sie, dass es Jesus war.

(Johannes 20,10-18)

»Wir hielten ihn für einen Geist!«
Aus Angst, als Nächste ans Kreuz zu müssen, hatten sich die Jünger hinter verriegelten Türen versammelt. Plötzlich stand Jesus vor ihnen. Da er nicht durch die Tür gekommen sein konnte, meinten sie, er sei ein Geist. Doch er sagte: »Schalom! Seht her, ein Geist

Die Mahlzeit in Emmaus (Gemälde von Rembrandt)

hat doch nicht Fleisch und Blut. Habt ihr etwas zu essen für mich?« Dann aß er vor ihren Augen Fisch und fing an, sie wieder zu lehren.

(Lukas 24,36-49; Johannes 20,19-22)

»Wir trafen ihn auf der Landstraße!«
Zwei der Jünger Jesu machten sich nach den Passahfeierlichkeiten auf den Weg in ihre Heimatstadt Emmaus, gut zehn Kilometer von Jerusalem entfernt. Ein Fremder schloss sich ihnen an. Als das Gespräch auf den Tod Jesu kam, legte er ihnen dar, dass die Schrift dies alles vorhergesagt habe. Als sie ihn gegen Abend zum Essen einluden, erkannten sie an der typischen Art, zu danken und das Brot zu brechen, dass sie es mit Jesus zu tun hatten. In dem Moment verschwand er.

(Lukas 24,13-35)

»Ich habe ihnen kein Wort geglaubt!«
Thomas, einer der zwölf, war nicht dabei, als Jesus den Jüngern hinter verschlossenen Türen begegnet war. »Ich glaube es erst, wenn ich eigenhändig seine Nagelwunden betastet habe!«, sagte er. Als Jesus eine Woche später allen zusammen erschien, bekam er die Gelegenheit dazu. Doch der Anblick reichte ihm bereits. »Mein Herr und mein Gott,« konnte er da nur noch sagen.

(Johannes 20,24-29)

»Er zeigte uns, wo wir fischen sollten!«
Nach einiger Zeit gingen die Jünger zurück nach Galiläa. Petrus und einige andere gingen zum Fischen, aber ohne Erfolg. Als sie gegen Morgen an Land gehen wollten, rief ihnen ein Mann zu, sie sollten die Netze noch einmal auswerfen. Da es durchaus möglich ist, einen Fischschwarm vom Land aus zu sehen, taten sie es und machten einen riesigen Fang. Plötzlich erkannte Johannes in dem Mann Jesus. Petrus, impulsiv wie immer, sprang ins Wasser und schwamm an Land, während die anderen zusehen

mussten, wie sie die Fische ins Boot bekamen.

(Johannes 21,1-14)

»Er vergab mir!«
Petrus, der Sprecher der Gruppe, hatte, während man Jesus den Prozess machte, dreimal geleugnet, dass er ihn überhaupt kenne. Objektiv war dieser Jünger nicht für den Ausgang des Urteils verantwortlich, subjektiv jedoch litt er furchtbar unter seiner Schuld.

Am Ufer des Sees Genezareth

Doch Jesus vergab ihm. Dreimal fragte er seinen Jünger, ob er ihn lieb habe und dreimal beauftragte er ihn damit, seine Lämmer zu weiden. Auch deutete er an, dass Petrus für seinen Glauben einmal sterben müsse.

(Johannes 21,15-19)

»Wir alle haben ihn gesehen!«
Eine Gruppe von fünfhundert Menschen hat Jesus nach seiner Kreuzigung und Grablegung gesehen.

(1. Korinther 15,6).

»Mein Bruder kam nach Hause!«
Jakobus, der leibliche Bruder des Jesus, hat offenbar auch Besuch von Jesus bekommen. Weitere Einzelheiten darüber sind allerdings nicht bekannt.

(1. Korinther 15,7)

Meister verschwunden: Aus für Jesus-Bewegung?

Jerusalem, ca. 33 n. Chr.
Jesus von Nazareth scheint endgültig von der Bildfläche verschwunden zu sein. Selbst von seinen Anhängern werden keine »Erscheinungen« oder Treffen mehr berichtet. Zu einer letzten Begegnung des Nazareners mit seinen Jüngern war es nach deren Angaben vor einigen Tagen am Ölberg, südöstlich von Jerusalem, gekommen. Dort hatte sich der Meister offenbar für immer von seinen Jüngern verabschiedet – wenn diese Aussage auch insofern eingeschränkt werden muss, als eine Engelerscheinung den elf Männern erklärt haben soll: »Er wird einmal wiederkommen und dann wird ihn die ganze Welt erkennen!« Die Abschiedszeremonie muss eigenartig genug gewesen sein. Zunächst gab Jesus seinen Anhängern noch einige Instruktionen mit auf den Weg und nahm Fragen von ihrer Seite entgegen. Als jemand wissen wollte, wann denn nun das Reich Gottes auf Erden anbreche, soll Jesus

Der Ölberg nahe der Jerusalemer Altstadt

Blühende Frühlingswiese in Galiläa

geantwortet haben: »Es ist besser für euch, wenn ihr den Zeitpunkt nicht kennt. Außerdem weiß ihn niemand, nur Gott, der Vater!«
Die Jünger bekamen dann den Auftrag, nach Jerusalem zu gehen, um dort »auf neue Anweisungen« zu warten. »Wir sind uns nicht ganz sicher, was er damit meinte«, sagten sie, »haben aber das Gefühl, dass die Sache weitergeht!« Dann erlebten die Anhänger Jesu ein weiteres Mal, wie ihr Herr von einem blendenden Licht (»Sah aus wie eine Wolke, nur viel heller«) eingehüllt und anschließend davongetragen wurde. Man habe den Eindruck einer »übernatürlichen Erscheinung« gehabt. Jedenfalls ist zu vermuten, dass nach diesem Abgang der Verstorbene die Gemüter weniger beunruhigt.

(Lukas 24,50-53;
Apostelgeschichte 1,6-11)

Kraft von oben

Jerusalem, ca. 33 n. Chr.
Inzwischen sind einige wichtige Details aus den letzten Reden des Jesus von Nazareth bekannt geworden. In der Zeit zwischen seiner Grablegung und »Himmelfahrt« beauftragte der Meister seine Jünger anscheinend damit, in aller Welt Anhänger seiner Lehre zu sammeln. »Was ihr von mir gelernt habt, sollt ihr nun auch anderen beibringen!« Die künftigen Anhänger seien aufgefordert, sich einer rituellen Waschung (»Taufe«) zu unterziehen, und zwar »auf den Namen des Vaters, Sohnes und Heiligen Geistes«.

Er erklärte ihnen darüber hinaus, dass ihr Wirkungskreis sich weit über das Gebiet Jerusalems, Judäas und Galiläas hinaus erstrecken werde. Nicht nur von Samaria als neuem Aktionsgebiet war die Rede, sondern gar »von der ganzen Welt«. Überall sollen Jünger Menschen suchen, die an Jesus als Messias glauben und in seiner Lehre unterwiesen werden wollen.
Vorerst sei dies, so die Jünger, jedoch noch »Zukunftsmusik«. Zunächst seien sie alle gehalten abzuwarten, bis der Meister sie auf eine ganz besondere Art und Weise mit Kraft ausgerüstet habe. »Er ließ überhaupt keinen Zweifel daran«, hieß es selbstkritisch, »dass wir aus uns heraus völlig machtlos sind!« Immer wieder habe Jesus von diesem »Tröster« oder »Beistand« gesprochen, der die Jünger jeden Tag begleiten würde und dessen Wirkung der des Windes ähnle (»Man sieht ihn nicht, aber man spürt ihn«). Um zu verdeutlichen, was es mit diesem »Ruach« (Geisthauch) auf sich habe, soll Jesus die Jünger sogar einmal symbolisch angeblasen haben.
»Aus« für die Jesus-Bewegung also? Das kann wohl nach diesen aktuellen Informationen mit Fug bezweifelt werden!

(Matthäus 28,16-20; Markus 16,14-20;
Lukas 24,44-49; Apostelgeschichte 1,3-8)

Hart ist das Soldatenleben

Rom und Judäa, ca. 33 n. Chr.
Normalerweise wären die Wachsoldaten, die am Grab Jesu eingeschlafen waren, hart bestraft worden. »Wer als Römer das Leben eines Kameraden gefährdet«, so heißt es, »muss dafür büßen!« – oft auf brutale Art und Weise, indem der Schuldige im Lager mit Steinen beworfen oder geschlagen

Nur »frei geborene« römische Bürger dürfen Soldat werden. Weitere Voraussetzungen: Die Bewerber müssen zwischen 17 und 46 Jahre alt und Steuerzahler sein. Wer in 16 Infanterie- oder zehn Kavallerie-Einsätzen gedient hat, wird automatisch in den Ruhestand versetzt. Eine allgemeine Wehrpflicht existiert nicht,

baut werden und man sich dann erst zur Ruhe begibt. Das Lager ist normalerweise von einem Graben umgeben, wobei die ausgehobene Erde anschließend zum Palisadenbau benutzt wird. Römische Lager werden immer nach dem gleichen Schema angelegt und in Quadranten aufgeteilt. Der Dienst habende General befindet sich

Offiziershelm

Rüstung eines römischen Legionärs

wird, manchmal so lange, bis er stirbt. Andererseits gilt: Wer sich vorbildlich verhält, wird belohnt, oft sogar mit Juwelen. Ein General, der in dieser Beziehung als »knauserig« gilt, zieht den Unwillen der Truppe auf sich und muss mit Meuterei rechnen. Leider gibt es unter den römischen Soldaten auch schwarze Schafe und besonders in Judäa hat die Bevölkerung schlechte Erfahrungen mit Raubmorden und Vergewaltigungen gemacht. Hat das römische Heer eine Stadt eingenommen, so wird den Soldaten erlaubt, sich an Beute das zu holen, was ihnen gefällt.

höchstens in Zeiten, in denen sich Rom offiziell im Krieg befindet. Kämpfen darf ein Soldat erst, nachdem er einen Fahneneid geschworen hat (das »Sakramentum«), der ihn an seinen vorgesetzten General bindet und ihn von den Verpflichtungen des Zivillebens befreit.
Das Soldatenleben ist für einen Römer hart, aber nicht unerträglich. Das Kampieren unter freiem Himmel ist unbekannt (»Wir sind doch nicht bei den Barbaren!«). Wenn die Truppe irgendwo hinkommt, wird von allen erwartet, dass die Zelte zuerst aufge-

genau in der Mitte. Die Soldaten tragen dunkelrote Tuniken (um Blutflecken zu kaschieren). Als Waffen führen sie Kurz- und Langschwerter mit sich. Zur Ausrüstung gehören ferner Speere, die bis zu zwei Meter lang sind. Die Verpflegung ist ausreichend, wenn auch nicht üppig. Auf Feldzügen ernähren sich die Soldaten oft tagelang von Weizenbrot und Wasser. Die Geheimwaffe der Römer heißt »Disziplin«. Ihrer eigenen Ansicht nach unterscheiden sie sich damit von allen anderen Truppen und werden von diesen entsprechend gefürchtet.

KURZMELDUNGEN 30-35 n. Chr.

Wissenswälzer: Aulus Cornelius Celsus hat aus Literatur über Landwirtschaft, Medizin, Militärkunde und Rhetorik eine Enzyklopädie zusammengestellt. Sie heißt »Ar-

tes« (die »Künste«) und ist nach fünfzig Jahren das erste größere Werk nach Varros »Disciplinae« (die »Disziplinen«). Im medizinischen Teil formuliert Celsus die vier wichtigsten Entzündungszeichen: Schmerz, Rötung, Hitze und Schwellung.

Kein Kraut dagegen gewachsen: »Ginseng kräftigt die fünf Organe, beruhigt das Gemüt und verlängert das Leben«, heißt es in einem soeben in China erschienenen Handbuch der Kräuterheilkunde. Es beschreibt 365 Wirkstoffe pflanzlicher, mineralischer und tieri-

scher Herkunft und teilt sie in »hochwertig«, »durchschnittlich« und »weniger wertvoll« ein. Die 120 hochwertigen Wirkstoffe, z.B. Ginseng, sind ungiftig und haben eine kräftigende Wirkung. Die 120 durchschnittlichen Wirkstoffe sind Tonika zur Infektabwehr.

Massentaufe nach göttlichem Kauderwelsch

Jerusalem, ca. 33 n. Chr.

Etwa dreitausend Menschen haben sich nach einer beeindruckenden Predigt, die von Wunderheilungen begleitet war, auf den Namen des gekreuzigten Jesus von Nazareth taufen lassen.

Noch immer behaupten die Anhänger dieses Menschen, der bereits vor drei Monaten hingerichtet wurde, er lebe und sei von den Toten auferstanden. Zwar ist in letzter Zeit von keinen »Erscheinungen« mehr die Rede, doch seine Anhänger berufen sich inzwischen auf seinen »Geist«, der mit ihm identisch sei und ihnen übernatürliche Kräfte verleihe. Die »Endzeit« sei angebrochen und Gott gebiete allen Menschen, umzudenken, ihr Leben zu ändern und an ihn – den Messias – zu glauben.

Die neue Sekte verdankt ihr Entstehen einem sonderbaren Ereignis am jüdischen Pfingstfest. Dieser Tag sorgte wie in allen Jahren für ein gewaltiges Volksaufkommen in Jerusalem. Auch diesmal waren es wieder über 50000 Besucher.

An jenem »Fest der fünfzig Tage« hatten sich schon früh am Morgen etwa einhundertzwanzig Anhänger des Nazareners zu einem Gebetstreffen versammelt, als sie plötzlich hör- und fühlbare Manifestationen des göttlichen Geistes erfuhren. Von »Flammen« ist die Rede, von Wind und Feuer sowie der Fähigkeit in ihnen bis dato unbekannten Sprachen zu predigen, die von einigen Zugereisten erkannt und identifiziert worden seien. Wer die Sprache verstand, verstand auch die Predigt – und wusste, dass der Vorwurf der »Betrunkenheit« völlig aus der Luft gegriffen war (ganz zu schweigen von der frühen Stunde).

»Was hier vielmehr geschieht«, rief Petrus in die Menge hinein, »ist etwas, das schon vor vielen Jahren vom Propheten Joël vorausgesagt wurde.« Jesus, so der kühne Sprecher weiter, sei der jüdische Messias, der Retter der Juden, der gekommen sei, um eine neue Weltordnung aufzurichten. Doch trotz eines Lebens ohne Schuld,

Pilger baden im Jordan, Zeichnung von David Roberts (1839)

trotz seiner Wunder und seiner schier einzigartigen Lehre habe man ihn hingerichtet. Doch habe Gott ihn von den Toten wieder auferweckt.

Die Botschaft ging der Menge »durchs Herz«, wie es hieß. Spontan fragten die Menschen: »Was sollen wir tun?«, und setzten die Antwort des Petrus: »Bekehrt euch und lasst euch taufen!« gleich in die Tat um. Auch der Lebensstil der Sekte ist sicherlich für manche attraktiv. »Alles kommt in einen Topf«, heißt ihre Devise. Selbst Kritiker finden angesichts solcher Harmonie nur schwer ein Haar in der Suppe.

»Die lieben sich einfach, dagegen kann man nichts machen«, lautete ein zynisch-doppeldeutiger Kommentar. Allerdings wohnt die Gemeinschaft der Anhänger nicht zusammen. Sie treffen sich wechselseitig in ihren Häusern zu Lehrstunden und feiern eine Art Gedenkfeier, die dem letzten gemeinsamen und bedeutungsschwangeren Abendessen des Nazareners mit seinem Jüngerkreis nachempfunden ist.

(Apostelgeschichte 2,1-47)

Matratzenesser

Rom, 33 n. Chr.

Drusus ist tot. Der Sohn des Germanicus und Enkel des Kaisers Augustus verhungerte in einem Kerker des kaiserlichen Palasts. Noch in den letzten Tagen hatte er in seiner Verzweiflung die Matratze seiner Pritsche zu essen versucht, bevor ihn die Kräfte für immer verließen.

Drusus war von Tiberius zum Staatsfeind erklärt worden, ebenso wie sein Bruder Nero, der sich bereits vor zwei Jahren auf der Insel Pontia das Leben genommen hatte. Dabei hat aber wohl ein Henker nachgeholfen, der ihn mit Haken und Schlingen traktiert hatte.

Dabei hatte der Kaiser persönlich die beiden vor einiger Zeit dem Senat empfohlen, wurde dann jedoch wütend, als er erfuhr, dass sie als Senatoren weniger ihm als sich selbst nützen wollten.

Die Leichen der Brüder wurden derart zerteilt, dass man hinterher Mühe hatte, sie zur Bestattung wieder einzusammeln.

Gesundheit statt Kleingeld

Jerusalem, ca. 33 n.Chr.

Ein verkrüppelter Bettler wollte eigentlich nur ein bisschen Kleingeld haben – und wurde stattdessen gesund gemacht. Die Behörden reagierten umgehend. Sie bestätigten das Heilungswunder und

Petrus heilt den Gelähmten, Gemälde von Masolino

brachten die (Wohl-)Täter ins Gefängnis.

Der namentlich nicht näher bekannte Bettler hatte seit Jahren am »Schöne Pforte« genannten Haupteingang des Tempels um Almosen gebeten. »Er gehörte schon fast zum Inventar«, so ein Beobachter. Nachdem Petrus und Johannes, Anhänger des am Kreuz hingerichteten Jesus von Nazareth, mit ihm gesprochen hatten, beobachteten Umstehende, wie er plötzlich aufsprang und voller Freude über sein wiedererlangtes Gehvermögen wie ein Zweijähriger herumsprang.

Was hatten die beiden ihm gesagt? Wohl vor allem, dass sie – getreu dem Vorbild ihres Herrn und Meisters – kein Kleingeld dabeihätten. »Aber was wir haben, geben wir dir gerne. Im Namen Jesu Christi: steh auf und geh umher!«

Petrus und Johannes nutzten dann die Gelegenheit, um den herbeieilenden Menschen die – wie sie es ausdrückten – »Frohe Botschaft« zu verkünden. Der von den Juden in Jerusalem zum Tode verurteilte Jesus sei von den Toten auferstanden und gebe ihnen die Kraft, solche Wunder zu vollbringen. Da die Tatsache der Totenauferstehung den Sadduzäern ein Greuel ist, ließen diese die beiden Jünger umgehend festnehmen.

»Dass ihr uns nur ja versprecht, in diesem Namen nicht noch einmal zu predigen!«, drohten sie ihnen – worauf die beiden natürlich nicht eingingen! Die Jesus-Sekte hat einen immensen Zulauf und ist explosionsartig auf ca. 5000 Mitglieder angewachsen, die sich in besonderer Weise um die Bedürftigen kümmern.

(Apostelgeschichte 3,1-4,31)

Tod mit Ansage

Jerusalem, ca. 34 n.Chr.

Ein Mann und seine Ehefrau logen ihren Gott an und starben kurz da-

rauf. Vorher hatte der Apostel Petrus ihnen ebendies prophezeit.

Es handelt sich bei den beiden um einen gewissen Hananias und seine Frau Saphira, beide Angehörige einer neuen Sekte, welche sich auf Jesus von Nazareth beruft. Offenbar lebt man dort aus einem gemeinsamen Geldfonds und legt größten Wert auf Ehrlichkeit. »Herzversagen!«, geben Skeptiker zu bedenken, müssen jedoch zugeben, dass damit der unmittelbar darauf folgende Tod der Ehefrau nicht zu erklären ist.

Es begann damit, dass die beiden ein Stück Land verkauft und den Erlös den Gemeindeleitern zur Verfügung gestellt hatten. Ohne deren Wissen hatten sie jedoch einen Teil des Geldes für sich behalten, was ihr gutes Recht sei, wie Petrus betonte, jedoch keinen Grund darstelle, ihm – und vor allem Gott – ins Gesicht zu lügen. Unmittelbar nach dem Tod ihres Mannes wurde auch Saphira (die davon nichts wusste) einem Kreuzverhör unterzogen. Sie blieb bei ihrer Version, dass der gesamte Erlös des Grundstücks den Aposteln ausgehändigt worden sei. Darauf Petrus: »Du hast nicht uns, sondern Gott belogen. Du bist des Todes!«, worauf die Frau tot umfiel und zwei Diener ihre Leiche entfernten.

Außenstehende beschreiben diese neue Entwicklung als »schockierend«. Es werde in dieser Sekte ein Gott verehrt, der offensichtlich Menschenleben wie Fliegen auslösche. Andererseits sind viele von den hohen moralischen Maßstäben der Jesus-Sekte beeindruckt und hoffen darauf, selbst einmal eines der zahlreichen Wunder, von denen berichtet wird, zu erleben. Neuerdings legen die Menschen, sobald sie von einem Besuch der Apostel hören, ihre Kranken einfach auf die Straße. Einer nach dem anderen, so wird erzählt, wird dann geheilt. Die Jesus-Bewegung scheint in der Tat weiterzugehen!

(Apostelgeschichte 5,1-16)

Säulengang im Tempelbezirk

Sektenfunktionär zu Tode gesteinigt

Jerusalem, 35 n. Chr.

Eine leitende Persönlichkeit der Jesus-Sekte ist von einer aufgebrachten Menge zu Tode gesteinigt worden.

Nach der Hinrichtung wurden umgehend Maßnahmen zur Eindämmung des neuen Glaubens ergriffen, die von einem gewissen Saulus von Tarsus koordiniert wurden. Viele Jesus-Anhänger wurden bereits aus der Stadt getrieben, andere in die örtlichen Gefängnisse gesperrt.

Stephanus war hingerichtet worden, weil er sich der Verunglimpfung des mosaischen Gesetzes schuldig gemacht hatte. Zudem behauptete er, Jesus, der Messias, stehe nicht nur über dem Gesetz, sondern sei auch unabhängig von Tempel und Tempelgottesdienst. Stephanus gab dabei die neue Geschichtsauffassung wieder, die unter den Nachfolgern des Jesus von Nazareth so populär ist und diesen dabei zum »Nabel der Welt« macht.

Die steht nun in krassem Gegensatz zu den Gegnern, den Synagogenbesuchern, die solche Thesen nur für Gotteslästerung halten können.

In seiner breit angelegten Rede hatte der junge Mann an den von seinen Brüdern verkauften Josef und den von seinem Volk zurückgewiesenen

Die Westmauer des Tempels in Jerusalem. Wahrscheinlich wurde Stephanus in der Nähe dieser Mauer gesteinigt.

Mose erinnert. In allem zeige sich, so Stephanus, dass Israel den wahren Propheten nicht gehorcht, sondern lieber Götzen hinterherläuft.

Der Gipfel – so Stephanus – sei dann die Verurteilung des von Gott gesandten Retters Jesus Christus gewesen. Immerhin sei dieser ja schon in den alten Schriften angekündigt worden.

Auch solle sich Israel auf den Tempel nichts einbilden. Gott sei nicht an einen speziellen Wohnort gebunden. »Der Himmel ist sein Thron und die Erde sein Fußbänkchen«, rückte Stephanus mit einem Zitat des alten Propheten Jesaja die Verhältnisse zurecht.

War die Menge der Zuhörer auch voller Wut über die Äußerungen des Redners, so konnte ihr doch nicht entgehen, dass dieser geradezu sichtbar überzeugt war von der Gegenwart Gottes: »Er strahlte förmlich!«, hieß es – und: »Sein Gesicht sah aus wie das eines Engels!«

Zum Eklat kam es, als Stephanus, der offenbar fühlte, dass sein Tod nicht mehr fern war, dem Volk zurief, er sehe »den Himmel offen stehen und den Messias zur Rechten Gottes sitzen«. Tumultartige Szenen spielten sich daraufhin ab. Die Menge hielt

sich die Ohren zu, trieb den Mann zur Stadt hinaus und begann sofort mit der Exekution.

Stephanus, »Diakon« und damit ein Sprecher der griechisch sprechenden Jesus-Anhänger in Jerusalem, war der Erste aus der Jesus-Sekte, der für seinen Glauben sterben musste. Seine letzten Worte waren ein Gebet für seine Feinde: »Vater, vergib ihnen!«

(Apostelgeschichte 6,8-8,3)

Vorwurf des »Rassismus« abgewehrt

Jerusalem, ca. 34 n. Chr.

Durch die unbürokratische Ernennung verschiedener Mitglieder der neuen Jesusgemeinde zu »Dienern« (Diakonen) ist offenbar in letzter Minute ein ethnisch bedingter Zwist zwischen hebräisch und griechisch sprechenden Juden abgewendet worden.

»Voraussetzung, dass man hier als Witwe etwas zu essen bekommt, ist, dass man hebräisch spricht!«, lautete der bittere Vorwurf der Griechen. – Da die neuen »Diakone« ausnahmslos griechische Namen tragen und von den Beschwerdeführern selbst ausgewählt wurden, dürfte der Streit nun allerdings beigelegt sein.

Der Vorschlag war von den »Aposteln« (wie sich die Leiter der Gemeinde nennen) gekommen, welche die Kritik bereitwillig aufgenommen und nach einer für alle akzeptablen Lösung gesucht hatten. Wie verlautet wollen sie sich selbst in Zukunft ganz der Verkündigung widmen und die »Essenausgabe zuverlässigen Leuten überlassen.«

Die Namen der neuen Diakone lauten: Stephanus, Philippus, Prochorus, Nikanor, Timon, Parmenas und Nikolaus. Der Letztgenannte ist übrigens kein Jude, sondern »heidnischer« Konvertit.

(Apostelgeschichte 6,1-7)

Stenogramm: Die Predigt des Stephanus

- Gott erwählte Abraham zum Urahnen Israels.
- Die Patriarchen wurden eifersüchtig auf Josef und verkauften ihn.
- Gott benutzte Josef, um dessen Familie zu retten.
- Mose wurde als Leiter Israels zunächst abgelehnt.
- 40 Jahre später berief ihn Gott, das Volk in die Freiheit zu fuhren.
- Während der Wüstenwanderung war das Volk Mose ungehorsam..
- Propheten, welche Jesus als Messias ankündigten, wurden ermordet.
- Auch der Messias selbst wurde ermordet.

Esoterikguru von christlichen Wundern begeistert

Sebaste, ca. 35 n. Chr.

Nach einem Besuch des Evangelisten Philippus hat sich offenbar eine größere Anzahl Sebastianer (Samariter) dem Christentum zugewandt – sehr zum Unwillen des dortigen »Oberesoterikers« Simon, der von allen nur »der Magier« genannt wird und über derart ausgeprägte übersinnliche Kräfte verfügt, dass er von vielen bereits als Gott verehrt wird.

Philippus, ursprünglich ein Tischdiener in der Jerusalemer Christengemeinde, hatte sich erst vor kurzem für den Predigtdienst aussenden lassen und war mit seinen Ausführungen in Sebaste so-

legten (man hörte sie in fremden Sprachen beten), fragte der Magier, was diese Art von »Power« denn koste. »Ihr nennt die Summe, ich bezahle sie!« Doch da war er bei Petrus an der falschen Adresse. Wütend erklärte dieser ihm, wenn er nicht umgehend Gott um Vergebung für seine Machtgier bitte, warte die Hölle auf ihn. Leider ist nicht bekannt, wie sich der Mann schließlich entschied.

Sicher ist indessen, dass es für den neuen Glauben keine alten Grenzen mehr gibt.

(Apostelgeschichte 8,4-25; Lukas 9,51-55; Johannes 4,1-42)

Mehrere leitende Persönlichkeiten der Sekte waren nach weiterer Unruhe stiftenden Predigten kurzerhand eingekerkert worden. Der genaue Anklagegrund konnte nicht in Erfahrung gebracht werden. Man geht hier allerdings davon aus, dass die Gefangensetzung vor allem damit zusammenhängt, dass sich die Theologie der Jesus-Bewegung nicht mit der offiziellen Linie der Sadduzäer verträgt. Auch von »taktischen Erwägungen« und »bloßem Neid« ist hinter vorgehaltener Hand die Rede.

Während die Sadduzäer die Angelegenheit noch einmal überschlafen wollten, um dann am nächsten Morgen mit den »aufmüpfigen« Christen entsprechend zu verfahren, hatten diese bereits in der Nacht das Weite gesucht. Die Sicherheitszelle war leer, die Ketten unversehrt und die Wächter wie betäubt.

Die Befreiungsaktion hätten sie einem Engel zu verdanken, sagen die Sektierer, die sogar schon wieder in aller Öffentlichkeit predigten – eine Behauptung, die je nach Glaubenseinstellung derer, die sie hören, auf Spott oder Bewunderung trifft. Jedenfalls ist die Verwirrung grenzenlos und die Ratlosigkeit nicht minder.

Dass die Christen für das, was sie glauben, geradestehen, lässt sich nicht bestreiten. Vor dem Sanhedrin verteidigten sie ihre Sache tapfer gegen den Vorwurf der Gotteslästerung und erhielten Schützenhilfe von dem als »Taube« bekannten Ratsherrn Gamaliel, der sinngemäß sagte, die Bewegung werde sich totlaufen, wenn sie rein menschlichen Ursprungs sei; anderenfalls könne man ohnehin nichts dagegen ausrichten.

So erhielten die Christen lediglich die Auflage, nicht noch einmal im Namen Jesu Heil und Vergebung zu predigen – was sie allerdings nicht davon abhielt, damit gleich nach ihrer Freilassung wieder anzufangen.

(Apostelgeschichte 5,17-42)

Ruinen des von Herodes zu Ehren des Kaisers Augustus erbauten Tempels

fort auf offene Ohren gestoßen. Da die Samariter traditionell als Feinde der Juden gelten, nahmen sich die Apostel Petrus und Johannes die Zeit, die Stadt zu besuchen und die neuen »grenzüberschreitenden« Bekehrungen offiziell zu bestätigen. Begünstigt wurde die freundliche Aufnahme der »guten Nachricht« durch die Tatsache, dass die Samariter seit langem auf einen »Retter« hoffen – den sie nun in Jesus, dem Messias, gefunden haben.

Beeindruckt von der »Geisteskraft«, welche die Neubekehrten an den Tag

Mysteriöse Flucht aus Gefängnis

Jerusalem, ca. 34 n. Chr.

Wieder einmal haben die unter dem Namen »Christen« bekannten Sektierer bewiesen, dass sie über übernatürliche Kräfte verfügen. Anscheinend heilen sie nicht nur Menschen, sondern sprengen auch Fesseln. Einen anderen Schluss lässt die erst jetzt bekannt gewordene Fluchtaktion aus dem hiesigen Stadtgefängnis kaum zu.

351

Jüdischer Hardliner wechselt ins feindliche Lager

Damaskus, ca. 35 n. Chr.

Der im Kampf gegen die Jesus-Sekte als »Hardliner« berüchtigte Saulus von Tarsus ist offenbar in deren Lager übergewechselt. Seinen eigenen Angaben zufolge war er in der Nähe der Stadt Damaskus vom Pferd gefallen, nachdem ihn ein Licht (»Heller als die Mittagssonne«) so sehr geblendet habe, dass er mehrere Tage lang blind war. Auch behauptet er, eine Erscheinung des auferstandenen Jesus Christus gesehen zu haben. Dieser habe ihm befohlen, ihn nicht länger zu verfolgen, sondern ihm zu dienen.

Die Begleiter des Paulus konnten seinen Bericht bestätigen. Einige allerdings hörten nur die Stimme (»Wie ein Donnergrollen«), während sich andere sicher waren, auch das Licht gesehen zu haben. Normalerweise gilt die Gegend um Damaskus als klimatisch begünstigt und von Gewittern oder häufigen Blitzen ist nichts bekannt.

Mit Saulus von Tarsus tritt ein Mann in die Jesus-Sekte ein, der von nobler Herkunft (seine Abstammung geht auf den Stamm Benjamin zurück) und außergewöhnlicher Intelligenz ist. Zweck seiner Reise nach Damaskus war erneut die Festsetzung einiger flüchtiger Sektenmitglieder, ungeachtet der Tatsache, dass der Einflussbereich der Jerusalemer Synagoge sich gar nicht bis Damaskus erstreckt.

»Wie ein alter Mann« sei Saulus nach seinem Bekehrungserlebnis an den Händen in die Stadt hineingeführt worden, wo ein gewisser Hananias unter Handauflegung für ihn gebetet haben soll. Der ehemals so verfolgungswütige Gesetzesgelehrte ließ sich sogleich taufen und verbrachte einige Zeit in angeregter Diskussion mit den Juden in Damaskus. Wie es heißt, seien ihm seine rhetorischen Fähigkeiten erhalten geblieben und niemand dort habe seinen schlüssigen Beweisen, »dass Jesus tatsächlich der in den Schriften prophezeite Messias sei« irgend etwas Substantielles entgegensetzen können.

(Apostelgeschichte 9,1-22; 22,3-16; 26,9-18; Galater 1,13-17; Philipper 3,3-7)

Saulus entkommt in einem Korb aus der Stadt (Wandgemälde einer Kirche in Damaskus).

Husch, husch ins Körbchen!

Jerusalem, ca. 37 n. Chr.

Saulus von Tarsus ist wieder da. Nachdem der auch unter dem Namen »Paulus« bekannte Konvertit die letzten drei Jahre in Klausur zubrachte (die Rede ist von einer Studien- und Gebetszeit in Arabien),

Akazienbaum in der Nähe von Elat

fand er sich nach seiner Rückkehr sofort zum Predigtdienst in Damaskus ein. Als erstes suchte er die Synagogen auf. Der Erfolg blieb jedoch erst einmal aus. Die dortigen Synagogenbesucher waren außerordentlich oppositionell eingestellt. Sie ließen Tag und Nacht Wachen an den Stadttoren aufstellen, so dass einige Gesinnungsgenossen den furchtlosen Saulus in einem Korb an der Stadtmauer herablassen mussten.

Wäre Barnabas nicht gewesen, hätte man dem ehemaligen Feind der messianischen Jesus-Sekte auch in Jerusalem vor lauter Misstrauen einen kühlen Empfang bereitet. Doch der überzeugte die Anhänger in Jerusalem, dass Saulus »echt« ist, was diesen zwar ein Trost war, jedoch die dortigen Griechisch sprechenden Juden nicht davon abhielt, ihn erneut mit dem Tod zu bedrohen.

Wieder einmal musste er fliehen, diesmal jedoch nicht körbchenweise zur Stadt hinaus, sondern in Begleitung wohlmeinender Freunde nach Cäsarea, um sich in Richtung seiner Heimat Tarsus einzuschiffen.

(Apostelgeschichte 9,23-30; Galater 1,17-23)

»Hurra, der Kaiser ist tot!«

Tiberius

Rom, März 37 n. Chr.

Mit Jubel haben die Einwohner Roms auf die Nachricht vom Tod des Tiberius reagiert. Die Menge skandierte die Worte: »Ab in den Tiber!« und: »Fahr zur Hölle, Tyrann!« Wie der verhasste Herrscher zu Tode kam, ist unklar. Einige behaupten, er sei verhungert, andere, er sei vergiftet worden.

Insgesamt hatte die Amtszeit des sadistischen Tyrannen, der ein Adoptivsohn des Augustus war, 23 Jahre gedauert. Vor seiner Krönung galt er als genialer Militärführer.

Die letzten elf Jahre seiner Regierungszeit verbrachte er auf der Insel Capri. Fast täglich soll er dort der Folterung Gefangener zugesehen und sich daran erfreut haben, wenn sie anschließend von den Klippen ins Meer geworfen wurden. In seinen Privatgemächern feierte er Orgien unbeschreiblichen Ausmaßes. Insider bezeichneten ihn als »vom Wahnsinn umjubelt«. Ständig habe er düstere und schwer verständliche Reden geschwungen. Als wenig verschwenderischer Herrscher hinterlässt ein Vermögen von über zwei Millionen Sesterzen.

Nachfolger des Tiberius wird Gaius, der fünfundzwanzigjährige Sohn des Germanicus. Er trägt den Spitznamen »Caligula« (»Stiefelchen«), weil er in Germanien schon als Kind von den Soldaten seines Vaters in eine Uniform gesteckt worden war. Hobby des neuen und politisch unerfahrenen Kaisers sind Wagenrennen.

Wasserfall in der Nähe des Toten Meeres

Finanzminister von neuer Religion überzeugt

Äthiopien, ca. 35 n. Chr.

Der Finanzminister der äthiopischen Königin erklärte nach seiner Rückkehr von einer Reise nach Jerusalem, er sei zur neuen Religion der Jesusleute übergetreten.

Der Sinneswandel des vor einigen Jahren zum Judentum konvertierten Mannes geht offenbar auf eine Begegnung mit dem griechisch sprechenden Evangelisten und Diakon Philippus zurück, der sich auf der Straße von Jerusalem nach Gaza der Karawane angeschlossen und dem Minister die tiefere Bedeutung einer Prophetie des Propheten Jesaja erklärt haben soll.

Der Minister begriff aus den Ausführungen des Philippus, dass der im 53. Kapitel des Buches erwähnte »Gottesknecht« mit dem gekreuzigten und auferstandenen Jesus identisch ist (»Er duldete alles schweigend wie ein Lamm, das zur Schlachtbank geführt wird«). Spontan ließ er die Karawane anhalten und sich von Philippus taufen.

Dieser soll dann so unvermittelt, wie er gekommen war, wieder verschwunden sein, aber die Karawane zog weiter – »in bester Laune«, wie betont wurde.

(Apostelgeschichte 8,26-40).

KURZMELDUNGEN 35-39 n. Chr.

Ablösung (35-36 n. Chr.): In Ktesiphon am Tigris, ca. 100 km nördlich von Babylon, wurde Tiridates III. zum König gekrönt. Er war von Tiberius mit Unterstützung des Statthalters von Syrien eingesetzt worden und löst Artabanos III. ab. Dieser, König der Parther, hatte die römische Herrschaft über Armenien anerkannt und dafür seinerseits die Herrschaft über Parthien erhalten.

Zurückgepfiffen (36 n. Chr.): Pontius Pilatus, langjähriger Statthalter in Judäa und Samaria, ist nach Rom zurückbeordert worden und soll seines Amtes enthoben werden. Es hatte etliche Beschwerden gegen ihn gegeben, vor allem, weil er in Jerusalem den Kaiserkult einführen wollte. Er galt als unbeugsam, gnadenlos und eigensinnig und überließ es den Juden, Jesus von Nazareth zu kreuzigen.

Nervenkrise (37 n. Chr.): Kaiser Caligula hat einen Nervenzusammenbruch erlitten. Nach seiner Genesung scheint sein Verhalten immer mehr in Despotie auszuarten. Der Kaiser leidet außerdem an epileptischen Anfällen.

Sohn vollendet Vaters Bauwerk (37 n. Chr.): Ein Tempel des Augustus ist von Caligula geweiht worden. Der Bau war von Tiberius begonnen worden, der auch sein einziges anderes Bauprojekt, den Wiederaufbau des Theaters von Pompeji, unvollendet ließ.

So ein Zirkus! (39 n. Chr.): Noch ein abschreckendes Beispiel kaiserlichen Wahnsinns: Als ein paar Zirkustiere Futter brauchten, lehnte Caligula die Preisforderungen der Metzger ab. Er befahl, die Tiere statt dessen mit Leichenteilen verurteilter Verbrecher füttern zu lassen. Ein Sprecher des Gefängnisses sagte aus, er habe, ohne einen Blick auf die Anklageschrift geworfen zu haben, kurzerhand eine Gruppe von Gefangenen hinrichten lassen.

Tempelschändung abgewendet

Rom, ca. 40 n.Chr.

Caligula hat seinen Befehl zur Aufstellung eines kaiserlichen Standbildes (Seine Majestät, dargestellt als Jupiter) zunächst widerrufen.

Der Befehl sollte ursprünglich den Juden »den Kopf waschen«. Aufgebrachte Juden hatten nämlich in Jamnia (Westpalästina) gegen die Aufstellung einer Kaiserstatue in ihrer Stadt protestiert. Die Juden leben in dieser Stadt Seite an Seite mit griechischer Bevölkerung, die im Gegensatz zu ihnen auf so eine Statue sehr erpicht ist.

»Als Strafe« hatte Caligula daraufhin die Errichtung eines Standbildes im Jerusalemer Tempel angeordnet. Als der Statthalter von Syrien, Petronius, mit zwei Legionen Soldaten in Jerusalem eintraf, erlebte er dort einen nie zuvor bekannten, erbitterten Widerstand: Tausende von Juden streikten; viele warfen sich auf den Boden, um der Truppe den Eingang zum Tempel zu versperren. Sie wollten lieber getötet werden, als den Tempel geschändet zu sehen. Dennoch war klar, dass die Gewalt letztlich gesiegt hätte.

Gerade als sich Petronius mit Caligula über das weitere Vorgehen abstimmen wollte, dinierte dieser mit dem jüdischen König Agrippa, dem er in einem Anflug von Gönnerhaftigkeit drei Wünsche freistellte. Der Gast hatte nur einen: die Aufhebung des Befehls.

Danach ist es den Juden – fürs Erste zumindest – weiterhin erlaubt, ihren Gott »nach ihrer Fasson« zu verehren, und auch ihr Heiligtum bleibt heilig.

Caligula als Reiter, Standbild aus Pompeji

Kaiser tötet König

Mauretanien, 40/41 n.Chr.

Durch ein hartes Vorgehen des Generals Suetonius Paulinus sind die Unruhen in Nordafrika vorerst zum Erliegen gekommen. Paulinus benutzte die Gelegenheit, um Roms Einfluss nun auch in Richtung Sahara auszudehnen.

Zu den Aufständen war es gekommen, nachdem der mauretanische König Ptolemaios nach Rom bestellt und dort von seinem Vetter Caligula hingerichtet worden war. Das Motiv für den Mord ist nicht bekannt. Hatte er ein Verbrechen begangen? Möglicherweise gefiel Caligula der rote Mantel seines Vetters nicht (für den debilen Kaiser schon Verbrechen genug). Möglicherweise war Ptolemaios dem Kaiser auch zu reich. Wahrscheinlicher ist, dass der Kaiser Mauretanien kurzerhand annektieren wollte.

Ptolemaios, Sohn Jubas II. und Enkel des Antonius über seine Mutter Kleopatra Selene, hatte den Thron 17 Jahren innegehabt.

KURZMELDUNGEN 40-43 n.Chr.

Muschelsammlung (40 n.Chr.): Bei der Vorbereitung des lange erwarteten Englandfeldzuges erhoben sich erneut Zweifel am Geisteszustand des Kaisers. Als die Armee die Kanalküste erreichte, befahl er seinen Soldaten, »Meeresbeute« (Muscheln) zu sammeln. Seines »Sieges« sollte mit einem hohen Leuchtturm gedacht werden. Doch die Invasion fand nicht statt.

Flamingo-Opfer (40 n.Chr.): Der Kaiserpalast ist bis zum Forum erweitert worden und hat das Heiligtum von Castor und Pollux in sich aufgenommen. Ein neuer Tempel für den »Gott« Caligula ist erbaut worden, wo Flamingos, Pfau-

en, Waldhühner, Perlhühner und Fasanen geopfert werden. Ein Standbild des Kaisers soll täglich mit den gleichen Kleidern bekleidet werden, die der Kaiser selbst trägt.

Bauerntrick (ca. 40 n.Chr.): Eingeborene des Stammes Arawak sind mit ihren Kanus den Orinoco hinuntergefahren und haben sich auf der Insel Iguana (San Salvador) niedergelassen. Sie sind geschickte Bauern, die Land bewässern können. Auch etliche westindische Inseln haben sie besiedelt, wie Jamaika und Kuba.

Verwandschafts-Verhältnis (42 n.Chr.): Lucius Annäus Seneca wurde von Caligula auf die Insel verbannt, weil er ein Verhältnis mit dessen Schwester Julia Livilla hatte.

Vormarsch (42 n.Chr.): Die Römer rücken in die Sahara vor.

Einkassiert (ca. 43 n.Chr.): Vespasian hat die Insel Wight (Vectis) erobert, dreißig Schlachten geführt, zwanzig Siedlungen erobert und die Stämme der Durotriger und Artebater in Dorset unterjocht.

Reisewetterbericht (43 n.Chr.): Der Geograph Pomponius Mela hat ein neues Buch geschrieben: »De Situ Orbis«. Es unterteilt die Welt in heiße und gemäßigte Klimazonen und bezieht sich auf die Entdeckungsreisen.

Alte Hauptstadt – neues Outfit (43 n.Chr.): Kaiser Claudius hat angeordnet, auf dem Grund der alten britischen Stammeshauptstadt Camulodunum (Colches-

ter) eine neue Stadt zu erbauen. Sie soll Hauptquartier der römischen Besatzung werden. Gleichzeitig wurden der Siedlung in Verulamium (St. Albans) Stadtrechte verliehen und ein neuer Brückenkopf an der Themse gegründet: Londinium (London).

Verpuffte Frauenpower (43 n.Chr.): Chinesische Truppen haben eine vier Jahre währende Revolte von adligen Frauen aus dem vietnamesischen Tongking niedergeschlagen. Diese hatten keinen Rückhalt in der Bevölkerung. China hält Vietnam schon ein Jahrhundert lang besetzt. Trotz ihrer Skrupellosigkeit wird der stabilisierende Einfluss der Besatzungsmacht geschätzt, auch weil er die Macht der Großgrundbesitzer beschneidet.

Tote »Gazelle« läuft wieder

Joppe, ca. 39 n. Chr.

Ganz plötzlich verstarb in Joppe eine angesehene Bürgerin – und wurde kurz darauf wieder zum Leben erweckt. Ihr Name wird mit Tabita angegeben (»Gazelle«). Sie ist Mitglied der hiesigen Gemeinde der Jesus-Anhänger.

Dorkas (so ihr griechischer Name) war kurz nach ihrem Tod von einigen Glaubensgenossen in ein Zimmer im ersten Stock gebracht worden. Anschließend ließ man Petrus, den Sprecher der Jesus-Sekte holen, der sich gerade im 20 km entfernten Lydda aufhielt.

Petrus kam, sah – und tat dann genau das, was sein Herr immer getan hatte: Er betete für die Tote und befahl ihr mit klarer Stimme aufzustehen – und das Mädchen öffnete tatsächlich die Augen und erhob sich. Als Folge dieses Wunders schlossen sich viele der erstaunten Bewohner der Jesus-Gemeinde an.

Häuser am Mittelmeer in Joppe (Jaffa)

Bereits kurz zuvor hatte der Apostel in Lydda einen Mann namens Äneas geheilt. Dieser war seit acht Jahren gelähmt gewesen – doch dann auf Befehl des Apostels aufgestanden und nach Hause gegangen.

(Apostelgeschichte 9,32-42)

Zwei Visionen – eine Gemeinde

Überreste des Aquädukts im von Herodes gegründeten Cäsarea

Cäsarea, ca. 40 n. Chr.

»Auch Nichtjuden gehören zu unserer Gemeinde!« So die einhellige Auffassung der Apostel nach einem bewegenden Erlebnis in Cäsarea.

Der römische Hauptmann Kornelius hatte sich dort mit einigen Freunden versammelt, um eine Predigt des Apostels Petrus zu hören. Bevor man sich's versah, wurden die Anwesenden vom Heiligen Geist erfüllt und begannen, in fremden Sprachen zu Gott zu beten.

Die Parallelen zum ersten Pfingstfest, welches als Gründungstag der Gemeinde gilt, liegen auf der Hand. »Dann hat Gott wohl auch die Heiden erwählt!«, lautete die erste Reaktion – oder, wie Petrus es auf den Punkt brachte: »Die Herkunft ist dem Herrn egal!«

Gut, dass der Apostel inzwischen selbst kein religiöser Purist mehr ist. In Joppe, knapp 50 km südlich von Cäsarea, war er zuvor bei einem gewissen Simon, einem Gerber, untergekommen, obwohl ein Jude mit Menschen dieses Gewerbes eigentlich keinen Umgang haben darf. Petrus sah dort in einer Vision ein Tuch voller Kriechtiere und hörte die Stimme Gottes, der ihm befahl, die Tiere zu schlachten und das Fleisch zu essen. Alles Protestieren nutzte nichts: »Was Gott für rein erklärt, sollst du nicht unrein nennen!«, wurde er belehrt.

Kurz darauf wurde der Sprecher der messianischen Sekte ein zweites Mal auf die Probe gestellt. Es klopfte an der Tür und Boten des (nichtjüdischen!) Hauptmanns Kornelius baten den Apostel, mit in die römische Garnison nach Cäsarea zu kommen. Diese Bitte, so die Boten, äußere ihr Vorgesetzter auf göttliche Anweisung (auch er hatte eine Vision gehabt). Dem folgte Paulus und gemeinsam machte man sich auf den Weg nach Cäsarea. In dieser Stadt, einer Gründung des Herodes und Verwaltungszentrum von Judäa, war die Italische Kohorte stationiert, deren Hauptmann Kornelius war.

Dort angekommen erzählte Kornelius, dass er seit einiger Zeit dem jüdischen Glauben folgen würde, nun aber eine umwälzende spirituelle Erfahrung gemacht habe.

Interessanterweise ergänzten sich beide Visionen, so dass die beiden Männer – der eine Römer, der andere Jude – keinen Zweifel mehr daran hatten, dass Gott selbst der Urheber war. Als Petrus dann zu predigen begann, geschah das Merkwürdige: Der Geist Gottes ergriff auch von den Heiden Besitz; sie ließen sich taufen und wurden in die Gemeinde aufgenommen.

Dass sich nun das Heil auf die Nationen erstrecken soll, ist für jeden strammen Juden eine Ungeheuerlichkeit.

(Apostelgeschichte 10)

355

Schwer bewachter Sektenchef befreit

Jerusalem, 43/44 n. Chr.

Trotz strenger Bewachung ist es Simon Petrus, dem Leiter der Jesus-Sekte in Jerusalem, erneut gelungen, aus dem Stadtgefängnis zu entkommen.

Nach der übereilten Hinrichtung des Jakobus, einer der führenden Jesus-Anhänger in Jerusalem, war auch Petrus eingekerkert worden, nach übereinstimmenden Aussagen aufgrund unklarer Anschuldigungen, die dem Herodes wohl durch einige Sadduzäer hinterbracht worden waren. Der Prozessbeginn war für den Tag nach dem Passahfest und dem Fest der ungesäuerten Brote geplant.

In der Nacht zuvor jedoch gelang es offenbar einer fremden Person, in den Sicherheitstrakt einzudringen und die Ketten zu sprengen, mit denen Petrus an zwei wachhabende Soldaten gebunden war. Der Eindringling soll Petrus dann noch ein Stück begleitet haben und sei dann »einfach verschwunden«.

Währenddessen habe man – so wird aus dem Kreis der messianischen Sekte berichtet – im Hause der Maria »intensiv für die Freilassung des Leiters gebetet«. Doch als dieser dann vor der Tür stand und klopfte, wurde ihm erst einmal der Eintritt verweigert. Die »Gläubigen« konnten es anscheinend nicht fassen, dass die Antwort auf ihr Gebet bereits erfolgt war.

Wer Petrus befreit hat, ist weiterhin unklar. Die Anhänger Jesu sprechen von einem »Engel«. Nur diese Wesen seien von dem charakteristischen hellen Lichtschein umgeben.

Die beiden Wachen, welche die Befreiungsaktion verschlafen hatten, wurden verhaftet.

(Apostelgeschichte 12,1-19)

Die Zitadelle und das Jaffa-Tor in Jerusalem, errichtet im Mittelalter

Caligula von Offizieren ermordet

Rom, 41 n. Chr.

Kaiser Caligula ist von einer Gruppe römischer Prätorianeroffiziere, die von Cassius Chärea und Sabinus angeführt wurde, ermordet worden. Mit ihm fanden seine vierte Frau Milonia und die einzige Tochter den Tod.

Caligula war der am meisten verhasste Mann im Römischen Reich. In seiner vierjährigen Amtszeit legte er eine bestialische Brutalität an den Tag. Nach Lucius Accius lässt sich seine Mentalität in die Worte kleiden: »Sollen sie mich doch hassen, solange sie mich nur fürchten!«

Auch im Ausland war Caligula berüchtigt, vor allem, nachdem er den mauretanischen König während einer diplomatischen Mission hinterrücks hatte ermorden lassen. Auch eine seiner Frauen und seine Schwester sowie eine Anzahl Adliger wurden Opfer seiner Heimtücke.

In finanzieller Hinsicht hinterlässt Caligula einen Trümmerhaufen. Nie zuvor in der Geschichte des Reiches hatte ein Herrscher derart hohe Steuern erhoben wie dieser.

Wie gefürchtet er war, lässt sich auch daran erkennen, dass die Menge es nicht wagte, bei der Todesnachricht in Jubel auszubrechen. Man hielt sie zunächst für ein Gerücht, mit dem Caligula die Reaktion des Volkes testen wollte.

Neuer Kaiser wird Caligulas Onkel Claudius, ein Mann, den weder die Armee noch die Prätorianer ernst nehmen. Er leidet seit seiner Geburt an Muskelzuckungen, spricht verwaschen und aus seinem Mund tropft ständig Speichel.

Politiker immer unbeliebter!

Rom, ca. 40 n. Chr.

Offene Empörung herrscht in Roms gesellschaftlicher Oberschicht, nachdem immer mehr »Freigelassene« wichtige Positionen im Staat einnehmen. »Diese Karrierehengste! Wären sie doch Sklaven geblieben!«, lauten die unverhohlen vorgetragenen Beschwerden, die sich zum Beispiel gegen den Staatssekretär des Kaisers, Pallas, ebenso richten wie gegen seine rechte Hand Narcissus.

Zwar bestreitet niemand die Regierungsfähigkeit dieser Leute, doch es wird ihnen Arroganz und Machtbesessenheit vorgeworfen. »Denen da oben geht es doch nur um den Profit!« – eine Klage, die man leider immer öfter hört.

Umstrittene römische Invasion in England

Richborough, 43 n. Chr.

Vier Legionen römischer Soldaten sind unter der Führung des erfahrenen Feldherrn Aulus Plautius in Britannien gelandet. Nach der Unterwerfung mehrerer Stämme im Süden des Landes scheint nun der Weg frei zu sein für die Herrschaft Roms auch in diesem kühlen Teil der Erde. Die Truppen, die inzwischen bis an die Themse vorgedrungen sind, stehen unter dem persönlichen Befehl des Kaisers Claudius, der sich selbst aufs Schlachtfeld begeben hat.

Erster Brückenkopf für die Militäraktion war die Siedlung Richborough an der Kanalküste. Dort trafen die 40000 römischen Soldaten nur auf geringen Widerstand, denn ein stehendes Heer ist in Britannien unbekannt. Vor der Überquerung des Flusses Medway wurde in Schlachtreihen gekämpft, wobei sich der junge General der Legion, Vespasian, durch seine Tapferkeit besonders hervortat und die südbritischen Stämme erfolgreich in die Flucht schlagen konnte. Vereinzelter Widerstand wird nur noch unter der Führung des Caratacus geleistet, vor allem nördlich der Themse.

Die Invasion verfolgte den Zweck, die römische Herrschaft auf der Insel zu konsolidieren. Unter römischen Einfluss war sie bereits mit der Eroberung Cäsars ca. hundert Jahre zuvor gekommen, nie jedoch völlig der römischen Gesetzgebung unterstellt worden.

Ohnehin ist man sich unter politischen Beobachtern nicht einig, wie die Kosten-Nutzen-Analyse einer solchen Militäraktion fernab der Heimat aussieht. Britannien gilt nicht als besonders reich. Es ist zwar fruchtbares Land, hat aber wenig Bodenschätze und ran-

Die Festung Richborough ist ein Überbleibsel der römischen Invasion in England.

Wie alle Darstellungen des Kaisers Claudius ist auch diese Büste geschönt.

giert in der Beliebtheitsskala der römischen Soldaten ganz weit unten. Gerüchte über die magischen Kräfte der Hexen und Druiden auf der Insel sollen die Soldaten zwei Monate lang davon abgehalten haben, ihre Boote zu besteigen, um den Kanal zwischen Britannien und Gallien zu überqueren. Auch von Meutereien wird berichtet.

Warum also eine Invasion? Kommentatoren gehen davon aus, dass es Rom vor allem darum ging, den britischen Überfällen auf Gallien ein Ende zu bereiten. Es sei effektiver gewesen, in Britannien einzumarschieren, als in Gallien mühevoll die Verteidigungslinien auszubauen. Auch scheint Claudius ein Interesse daran gehabt zu haben, sich von vornherein einen Ruf als »Eroberer« zu sichern.

Glaubt man allerdings dem Dichter, so sind die militärischen Ziele der Römer vor allem idealistischer Art. »Uns geht es darum«, so Vergil, »den Völkern der Erde die Pax Romana zu bringen, die Schwachen zu schonen, aber unbarmherzig vorzugehen gegen jene, die sich nicht unterwerfen wollen.«

Wer's glaubt, wird – Soldat!

Weltalmanach

Tingentera, 43/44 n. Chr.

Der Geograph Pomponius Mela aus Tingentera (Spanien) hat eine neue Länderkunde der gesamten bewohnten Welt in lateinischer Sprache verfasst. Das dreibändige Werk trägt den Titel »De Chorographia« und teilt die Erde in eine nördliche und eine südliche Hemisphäre ein, zudem in fünf Zonen, von denen nur zwei bewohnt sind. Es beschreibt die Lage sämtlicher Kontinente (allerdings ohne Angaben von Entfernungen einzelner Orte und Länder zueinander) und nennt alle Meere dieser Welt: Kaspisches, Rotes, Mittelmeer und Persischer Golf. Folgende Länder werden beschrieben: Gibraltar, Ägypten, Palästina, Skythien, Thrakien, Makedonien, Griechenland, Spanien, Germanien, Nordeuropa (teilweise unerforscht), Ostasien, Britische Inseln, Indien, Äthiopien und Westafrika.

Berichte über das Klima und die Kultur der einzelnen Länder runden das zukunftsweisende Buch ab.

43-47 n. Chr.

Gottesgericht über selbstherrlichen König?

Cäsarea, 44 n. Chr.
Herodes Agrippa, der König von Roms Gnaden über weite Teile des alten Landes Israels, ist tot. Der Herrscher starb nach schwerer, nur fünftägiger Krankheit in Cäsarea.

Das Grab der Herodes-Familie außerhalb von Jerusalem

Agrippa war in die Hafenstadt gereist, um die Friedensgespräche mit Tyrus und Sidon wieder aufzunehmen. Der König hatte auf einem Fest zu Ehren des Kaisers Claudius eine viel beachtete Rede abbrechen müssen und war, nachdem eine schwere Darmerkrankung diagnostiziert worden war, nicht mehr aus dem Koma aufgewacht.
Herodes Agrippa galt als ein redegewandter Politiker und war der Enkel

Herodes' des Großen. Vor 21 Jahren hatte er Rom verlassen müssen, nachdem er die Staatsfinanzen nicht mehr hatte unter Kontrolle bringen können. Seit dieser Zeit lebte der Herrscher mit seinem Onkel Antipas (welcher mit Agrippas Schwester Herodias verheiratet war) in Tiberias.
Nach internen Auseinandersetzungen mit Kaiser Tiberius war Agrippa zunächst eingekerkert, von dessen Nachfolger Caligula jedoch wieder freigelassen worden. Dieser hatte ihn dann zum Herrscher des nordöstlichen Palästinas erklärt. Nach der Verbannung des Antipas vor fünf Jahren übernahm Agrippa die Herrschaft über ganz Galiläa und Peräa und erhielt später von Claudius auch noch Judäa und Samaria.
Agrippa verstand sich mit der jüdischen Bevölkerung stets gut, war jedoch gegen die Jesus-Gruppe voreingenommen. Diese behaupten nun, dass sein Tod ein »direktes Gericht Gottes« sei. In Cäsarea nämlich hatte die begeisterte Menge den König als Gott gefeiert, was dieser sich offen-

bar gerne gefallen ließ und nicht von sich wies. Mitten im Jubel brach er zusammen, was nach Aussagen der Leute der Jesusgemeinde »wohl kaum Zufall« sein dürfte.
Agrippa hinterlässt seine Frau und drei Kinder Agrippa jr., Berenike und Drusilla.

(Apostelgeschichte 12,19b-23)

Tod eines Grenzgängers

Alexandria, ca. 45 n. Chr.
Der große jüdische Lehrer und Philosoph Philo von Alexandria ist im Alter von 65 Jahren verstorben. Der Theologe und Staatsmann, welcher die ägyptischen Juden am kaiserlichen Hof vertreten hatte, war vor allem durch seine allegorischen Auslegungen der biblischen Schriften bekannt geworden.
Beeinflusst von der Stoa suchte Philo eine Verbindung zwischen Judentum und griechischem Denken und führte den Begriff des »Logos« (Wort, Rede) in die theologische Debatte ein. Einerseits dem logischen Denken verpflichtet (Werke über Plato und Pythagoras), war er andererseits auch ein Mystiker, dessen spirituelle Erfahrungen dazu führten, dass seine Werke nicht bloß trockene Gedankengebäude enthielten.

KURZMELDUNGEN 44-47 n. Chr.

Handstreich (43/44 n. Chr.): Der römische Feldherr Vespasian hat die römische Machtposition in Britannien durch die Eroberung der Insel Wight und der Burg »Maiden Castle« in Dorset stabilisiert. Diese Festung, in 400 Jahren mühevoll erbaut, wurde von den Römern im Handstreich genommen. Schwere Gefechte führten zu hohen Verlusten bei den Briten.

Kronprinz muss warten (44 n. Chr.): Der unruhige Vorposten Judäa ist nach dem Tod des Königs Herodes Agrippa zu einer Provinz unter dem

Prokurator Cuspius Fadus erklärt worden. Der Sohn des verstorbenen Königs ist mit 17 Jahren noch zu jung, um die Regierung anzutreten.

Gaumenkitzel (44/45 n. Chr.): Die neueste Gaumenfreude in Rom heißt »Kapaun« – ein eigens für den Verzehr gezüchteter kastrierter Hahn. Der Kaiser hat inzwischen das »Vomitarium« eingeführt, ein Raum, in dem Sklaven den Gästen den Rachen kitzeln, damit diese nach dem Erbrechen »das große Fressen« fortsetzen können.

Heuschrecklich! (45 n. Chr.): Nach einer schweren Dürre

folgte in der chinesischen Provinz Hsiung eine verheerende Heuschreckenplage, welche alle noch verbliebene Vegetation zerstörte und zu einer großen Hungersnot führte.

Königsmord flickt Provinz zusammen (46 n. Chr.): Das alte Königreich Thrakien ist nach der Ermordung des Königs Rhoemetalces wieder vereinigt und in eine römische Provinz umgewandelt worden. Es war nach dem Tod eines gleichnamigen Königs vor 34 Jahren von Augustus unter den Verwandten des Königs aufgeteilt worden.

Festspiel (47 n. Chr.): Rom wird 800! Das Jubiläum soll dieses Jahr groß gefeiert werden. Im Mittelpunkt steht der »Trojanische Umzug«, an dem eine Vielzahl von Reitern teilnehmen werden, u.a. der Sohn des Kaisers, Britannicus, und Nero, der Sohn des Germanicus.

Wasser, marsch! (47 n. Chr.): Kaiser Claudius hat einen neuen Aquädukt in Auftrag gegeben, welcher Wasser aus den Monti Sabini in die Hauptstadt leiten soll. Dadurch soll sichergestellt werden, dass die zahlreichen römischen Zierbrunnen niemals leer sind.

358

Für Glaubensgenossen tief in die Tasche gegriffen

Antiochia in Syrien, ca. 47 n. Chr.
Die antiochenische Gemeinde der »Christen« (wie die Jesus-Anhänger jetzt kurz und griffig genannt werden) hat ihren Glaubensgenossen in Jerusalem in der dort herrschenden Hungersnot großzügige Hilfe geleistet. Die neuerliche Nahrungsmittelknappheit ist nicht die einzige, die in den letzten Jahren Teile des Römischen Reiches bedroht hat. Königin

Amphoren aus dem ersten Jahrhundert, die zu Transport und Lagerung von Getreide verwendet wurden

Helena von Adiabene in Mesopotamien, die selbst jüdischen Glaubens ist und bereits Jerusalem besucht hat, um dort Jahwe anzubeten, sandte Getreide und Trockenfeigen für die Armen Jerusalems. Ihr Sohn Izates spendete ebenfalls eine größere Summe.

In Antiochia hatte man schon vor längerer Zeit mit einer Geldsammlung begonnen, nachdem ein Prophet namens Agabus die Hungersnot vorhergesagt hatte.

Die Delegation aus Antiochia wurde von den beiden Leitern der dortigen Gemeinde angeführt, Barnabas und Saulus von Tarsus, letzterer ein ehemaliger Christenverfolger. Während des fünfzehntägigen Aufenthalts traf dieser mit den führenden Persönlichkeiten der Jerusalemer Gemein-

de zusammen, so auch mit Petrus und Jakobus, einem Bruder des Jesus von Nazareth. Saulus erläuterte den beiden den Inhalt der Botschaft, die er nach eigenen Angaben bereits seit zehn Jahren in den syrischen und zilizischen Gemeinden verkündigt. Obwohl man ihn in Jerusalem bislang nur vom Hörensagen kannte, erklärte man sich nun mit ihm solidarisch und Petrus reichte ihm die traditionelle »rechte Hand der Freundschaft«.

Darüber hinaus soll es bei dem Treffen um die Aufnahme nichtjüdischer Mitglieder in die christliche Kirche gegangen sein – eine Entwicklung, der man, wie es hieß, »grundsätzlich offen« gegenüberstehe. Bedingungen wurden keine gestellt. Im Gegenteil:

Titus, ein griechisches Mitglied der Delegation, brauchte sich nicht einmal beschneiden zu lassen. Jedoch fiel auf dieses Treffen ein Schatten: Eine Morddrohung jüdischer Extremisten veranlasste Paulus, die Stadt fluchtartig zu verlassen.

Die Gemeinde in Antiochia war ursprünglich von christlichen Juden gegründet worden, die anlässlich einer Verfolgung aus Judäa geflohen waren. Seitdem hatten sich bereits einige Nichtjuden der christlichen Gemeinde angeschlossen. Barnabas war zuvor von der Christengemeinde in Jerusalem aus geschickt worden, um dieses Phänomen zu inspizieren.

(Apostelgeschichte 9,26-30; 11,19-30; Galater 1,21-2,5)

Gelähmter wirft Krücken auf den Müll

Lystra/Lykaonien, ca. 47 n. Chr.
Ausgelassene Stimmung herrschte in der kleinen römischen Kolonie, nachdem sich die Wunderheilung eines Stadtbekannten und seit seiner Geburt gelähmten Mannes herumgesprochen hatte. Die beiden Wunderheiler, die christlichen Missionare Paulus und Barnabas, wurden von der feiernden Menge als Zeus und Hermes verehrt. Es wurde eigens ein junger Stier geschlachtet, der den beiden Wohltätern geopfert werden sollte. Doch mit dieser Ehrerbietung war man bei den Christen an der falschen Adresse. Aufgebracht zerrissen sie ihre Kleider, um durch diese Geste allen Anwesenden klarzumachen, dass sie bloß Menschen waren. »Die Ehre gebührt allein Gott!«, sollen sie immer wieder gerufen haben. Die Stimmung schlug um, als orthodoxe Juden aus Ikonion in der Stadt erschienen, die Enttäuschung der Bewohner über die menschlich, allzu menschlichen »Götter« ausnutzten und die Menge gegen die beiden aufbrachte. Nun sah alles anders aus: Ein wütender Mob bewarf Paulus so lange mit Steinen, bis er bewusstlos vor

den Toren der Stadt liegen blieb. Dann jedoch erhob er sich und setzte seine Reise fort. Vor wenigen Jahren noch war Paulus, in Jerusalem als Saulus bekannt, selbst an solchen Steinigungsaktionen maßgeblich beteiligt gewesen.

(Apostelgeschichte 14,8-20)

Gebirge in der Nähe von Lystra in Lykaonien

Widerstand in Britannien

Opposition gegen Wundermänner

Colchester, ca. 47/48 n. Chr.

Ein Aufstand der Ikener im Osten Britanniens ist von der römischen Armee erfolgreich niedergeworfen worden. Aus ganz Ostbritannien werden heftige Kämpfe gemeldet, die sich in den letzten Tagen auf das Sumpfgebiet um Cambridge konzentrieren. Die von vielen Tümpeln und Gräben durchzogenen Niederungen machten es den Römern unmöglich, sich wie gewohnt zunächst in Schlachtreihen zu formieren.

Aufgrund der jüngsten Entwicklung ist der neue Befehlshaber der Truppe, Ostorius Scapula, in die Kritik geraten. Schon bei seiner Ankunft auf der Insel wurde er von britischen Partisanen angegriffen, woraufhin er selbst das Kommando einer leicht bewaffneten Kohorte übernahm und die

Aufständischen in die Flucht schlagen konnte.

Anschließend befahl Scapula den Stämmen südlich der Flüsse Trent und Severn, sämtliche Waffen abzugeben. Dieses Gebiet gilt als die Kornkammer der Besatzungsarmee. Die Maßnahme zog den geballten Unwillen der Südbriten auf sich, denen es unter den alten Oberbefehlshaber Paulinius bislang erlaubt war, leichte Waffen zu besitzen, sofern sie nicht gegen die Besatzung eingesetzt wurden.

Auch von Caratacus kommen neue Schreckensmeldungen. Der Rebellenführer hat sich in die walisischen Berge zurückgezogen und bildet dort eine Guerillatruppe aus, die aus den unwegsamen Tälern heraus Überraschungsangriffe führen soll.

Ikonion/Phrygien, ca. 46/47 n. Chr.

Die Welle jüdischer Nachstellungen christlicher Gemeinden scheint diese geradezu zu neuen Taten zu beflügeln. Trotz Opposition und einer Todesdrohung seitens orthodoxer Juden haben die christlichen Missionare Paulus und Barnabas in Ikonion eine neue christliche Gemeinde gegründet.

Eine »beträchtliche Zahl von Einwohnern«, so heißt es, sei in der Stadt, die 145 km östlich von Antiochia in Pisidien liegt, nach Predigten in der örtlichen Synagoge »zum Glauben gekommen«. »Kein Wunder bei all den Wundern!«, soll ein Augenzeuge kommentiert haben. In der Tat wird von Krankenheilungen berichtet, von Gebeten in fremden Sprachen, von inneren wie äußeren Heilungen.

All diese Phänomene führten dazu, dass die Stadt sich in zwei Lager spaltete. Die einen hielten's mit den Juden, die anderen mit den Aposteln. Auch die Nichtjuden in der Stadt ergriffen hierbei größtenteils Partei für die Juden. Der Streit eskalierte derart, dass der aufgeheizte Mob kurz davor war, Barnabas und Saulus zu steinigen.

Den Gemeindegründern und Aposteln war es zuvor eine Zeit lang gelungen, den Anfeindungen von offizieller Seite aus dem Weg zu gehen. Sie haben sich inzwischen allerdings ins 50 km entfernte Lystra zurückgezogen, um dort und in der weiteren Umgebung ihre Mission fortzusetzen.

(Apostelgeschichte 14,1-7)

Schon im alten Rom gab es Fußbodenheizungen.

KURZMELDUNGEN 47-48 n. Chr.

Ich sehe was, was du nicht siehst (47 n. Chr.): Das »älteste Gewerbe der Welt« ist nach Einschätzung des Kaisers – die Wahrsagerei. In Rom wird deshalb offiziell erwogen, den Sehern einen Platz im Senat zu geben, obwohl die Wahrsagerei derzeit nicht gerade einen Boom erfährt. »Ihr Rat hat oft genug zu einer Wiederentdeckung

des religiösen Bewusstseins geführt!« – so der Kaiser, der sich dafür einsetzt, in schlechten wie in guten Zeiten die Medien auf seiner Seite zu haben.

Offen für alle? (47 n. Chr.): Der jüngsten Volkszählung zufolge hat das Reich genau 5984072 Einwohner. Im Senat wird neuerdings darüber nachgedacht, ob nicht auch ausländischen Staatsbürgern die Tür zur Berufung in den

Senat offen stehen sollte. Claudius selbst ist der Ansicht, dass die »Elite eine Chance haben sollte, gleich welcher Herkunft sie ist«.

Volksfeinde hingerichtet (47/48 n. Chr.): Die galiläischen Rebellen Jakobus und Simon sind auf Anweisung des Prokurators Tiberius Alexander am Kreuz hingerichtet worden. Die Söhne des Altrebellen Judas (»der Galiäer«) waren wiederholt durch opposi-

tionelle Taten und Reden aufgefallen – nicht nur gegen die Römer, sondern auch gegen die nach ihrer Ansicht mit der Besatzung kollaborierenden Juden.

Dienstreise (47/48 n. Chr.): Johannes Bar Zebedäus, der »Lieblingsjünger« des Jesus von Nazareth, soll sich nach Ephesus begeben haben, um die dortige in Schwierigkeiten geratene christliche Gemeinde persönlich zu unterstützen.

Politischer Berater mit Blindheit geschlagen

Zypern, ca. 46 n. Chr.

Mit seinem Augenlicht bezahlen musste ein Berater des hiesigen Prokonsuls Sergius Paulus seinen Widerstand gegen das Christentum. Der Mann, der sich »Bar Jesus« oder auch »Elymas« nennt, hatte während einer Privataudienz, die sein Vorgesetzter den beiden christlichen Missionaren Paulus und Barnabas gewährt hatte, diesen ständig widersprochen – wohl in der Absicht, einen Übertritt seines Vorgesetzten zur christlichen Religion zu verhindern. Barnabas, von Geburt ein zypriotischer Levit, und Paulus von Tarsus, der bekannte ehemalige Christenverfolger, wollten eine Predigtreise durch jüdische Synagogen auf Zypern fortsetzen. Sie waren es bereits gewohnt, dass sich an ihrer Rede die Geister scheiden. So auch hier.

Der Hafen des heutigen Antalya (Türkei). Dort ging Paulus an Land, nachdem er Zypern verlassen hatte.

Der für seine magischen Kräfte bekannte »Weise« war nach seinem steten Widerspruch von Paulus verflucht worden. Als »Teufelskind« bezeichnete dieser ihn und warf ihm vor, »die geraden Wege des Herrn krumm zu machen« – »Gott strafe dich mit Blindheit!«, rief der Missionar – und der Fluch traf umgehend ein.

Für Sergius Paulus, der bislang immer auf »seinen Magier« gehört hatte, war damit die Sache klar: Was sein christlicher Namensvetter sagte, musste stimmen. Woher, wenn nicht von Gott, sollte er sonst die Kraft bekommen haben, solche Wunder zu vollbringen?

Nach ihrem anstrengenden Missionseinsatz in Zypern segelten die Missionare Paulus und Barnabas nach Attalia in Pamphylien weiter.

(Apostelgeschichte 13,4-12)

Predigttour mit Pech und Pannen

Antiochia in Pisidien, ca. 47 n. Chr.

Die Behörden im pisidischen Antiochia haben die beiden Christenmissionare Paulus und Barnabas der Stadt verwiesen, obwohl deren Predigt dort auf eine äußerst positive Resonanz gestoßen war.

Über 160 km hatten die Apostel zu Fuß zurückgelegt. Nach einer strapaziösen Überquerung des Taurusgebirges waren sie in die Ebene von Perge gelangt und von dort aus ins weiter nördlich gelegene Antiochia weitergezogen. Kaum etwas war ihnen auf dem Weg erspart geblieben. Zu einer Erkrankung des Paulus kamen Überfälle von Banditen hinzu und der hastige Abschied des bisherigen Begleiters Johannes Markus, den offensichtlich der Mut verlassen hatte.

In Antiochia angekommen, predigte Paulus zunächst in der Synagoge, wo ihm von Woche zu Woche mehr Menschen zuhörten. Alle waren begeistert – bis Paulus eines Tages klarstellte, dass auch Nichtjuden Zugang zum jüdischen Messias haben. Nachdem zweiten Vortrag eine Woche später mit demselben Inhalt kam es zu Tumulten. Die Synagoge war, alarmiert durch die erste Predigt, gerappelt voll. Zwischenrufe störten den gewohnten Ablauf erheblich. Als dann Paulus und Barnabas angesichts der jüdischen Ignoranz erklärten: »Dann reden wir eben zu den Nichtjuden!«, war das Maß voll. Umgehend wurden die Missionare dann der Stadt verwiesen: Die Leitung der Synagoge sorgte gemeinsam mit einigen frommen Bürgerfrauen für den Abgang der Christen. Die Apostel verließen die Stadt mit einer Geste, die abschätziger nicht hätte sein können: Am Ortsausgang schüttelten sie den Staub der Straße aus ihren Sandalen – was übersetzt so viel bedeutet wie: »Auf Nimmerwiedersehen!«

Der einzige Trost für die nach Ikonion weiterreisenden Missionare dürfte die Tatsache sein, dass es dort jetzt eine ganze Reihe neu bekehrter Christen gibt, die im Gegensatz zu den führenden Juden »heilfroh« über den Besuch der Missionare waren.

(Apostelgeschichte 13,13-52; vgl. Galater 4,13)

Notizen aus der Paulus-Predigt

Ausgehend vom 2. Buch Samuel (Kapitel 7,6-16), wo dem Hause Davids ein ewiges Königreich versprochen wird, sprach der Apostel über:

- Gottes Treue zu Israel in der Wüste
- die Abstammung Jesu von David
- die gesetzwidrige Hinrichtung des Messias und seine Auferstehung
- die Gottessohnschaft Jesu
- den Zugang zu Gott durch den Glauben an Christus (statt durch Einhaltung des mosaischen Gesetzes)

Stabwechsel in Galatien

Südgalatien, ca. 48 n. Chr.

Die neu gegründeten christlichen Gemeinden in Südgalatien sind nicht länger ohne Leitung.

Nach ihrer zwölf Monate dauernden Reise, in deren Verlauf Paulus und Barnabas eine Reihe christlicher Kirchen gegründet hatten, haben die beiden Apostel sämtliche Gemeinden ein zweites Mal besucht, um dort so genannte »Älteste« einzusetzen. Diese Älteste wurden in einer Zeremonie eingesetzt, deren Bestandteil Gebet und Fasten ist. Bei den Gemeinden handelt es sich um die in Derbe, Lystra, Ikonion und Antiochia in Pisidien.

Vor ihrem Abschied betonten die Apostel, dass der christliche Glaube sich in Verfolgung bewähren muss. »Doch wenn ihr euch fest an Gott haltet und an das, was ihr gelernt habt, werdet ihr es schaffen!«, ermutigten sie die Gläubigen.

Auf der Rückreise machten die Missionare nochmals Station in Perge, um auch dieser durch ihre Bauwerke berühmten Stadt, einer Hauptstadt des Artemiskultes, die Gelegenheit zu geben, das Evangelium zu hören.

Danach hieß es erneut »Segel setzen«, um nach Seleuzia, der Hafenstadt des syrischen Antiochia (dem Ausgangspunkt der Reise), zurückzukehren.

Hätten die Apostel die Strecke gemessen, die sie zurückgelegt haben, so wären sie auf knapp 2000 km gekommen. Teils gingen sie zu Fuß, teils benutzten sie das Schiff.

(Apostelgeschichte 14,2-28)

Eine alte Mauer und ein Bogengang – die einzigen Überreste des ehemaligen Perge

Größer, tiefer, schöner!

Ostia, ca. 50 n. Chr.

Die Ausbauarbeiten am neuen Hafen machen gute Fortschritte. Seit vielen Jahren hatten Schiffe den natürlichen Hafen an der Mündung des Tibers als Ankerstelle benutzen können, bis Experten feststellten, dass der flussabwärts getragene Schlamm eine Gefahr für die Schifffahrt darstellt. Man entschloss sich deshalb, etwa 3 km nördlich der Stadt mit dem Bau eines neuen Hafenbeckens zu beginnen. Das Projekt ist gigantisch: Der Hafen wird in die Küste hineingebaut und von zwei großen Molen geschützt werden. Es ist eine Gesamtfläche von fast 650000 m² geplant, einschließlich eines mächtigen Leuchtturms an der Spitze einer der Molen.

Der Tradition zufolge war Ostia die erste von König Ancus Marcius vor 600 Jahren gegründete römische Kolonie. Der neue Hafen wird der geschichtlichen Bedeutung der Stadt ebenso Rechnung tragen wie den Handelsinteressen des Römischen Reichs.

Adoptivsohn wird Kronprinz

Rom, 48/49 n. Chr.

Wer wird neuer Kaiser? Britannicus, der rechtmäßige Erbe, musste unlängst feststellen, dass sein Vater ihn schlicht übergangen hatte. Er berief stattdessen Nero, den Sohn seiner dritten Frau Agrippina, einer Nichte des Kaisers. Sie ist die Tochter des (vor sieben Jahren ermordeten) Germanicus und Schwester des Gaius Caligula. Der dritten Ehe des Herrschers war eine Reihe von Skandalen vorausgegangen. So hatte seine zweite Frau Messalina, um ihren Gemahl zu ärgern, »nur zum Spaß« ihren Liebhaber Gaius Silius geheiratet. Der Kaiser verstand diese Art Humor nicht und befahl darauf ihre Hinrichtung. Der vom Kaiser adoptierte Nero bekommt übrigens einen besonders guten Hauslehrer: den Philosophen Seneca, den der Kaiser eigens zu diesem Zwecke aus dem Exil zurückbeorderte. Ganz leer ging allerdings auch Britannicus nicht aus: Die anderen höfischen Rechte blieben ihm erhalten.

Römische Kaufhäuser an der Via dei Molini

Missionare freigebebt

Philippi: Forum Romanum, Agora und Basilika (6. Jahrhundert)

Philippi, ca. 50 n.Chr.
Ein mittelschweres Erdbeben hat die Region um Philippi erschüttert. Nur vereinzelt entstand Sachschaden.

Stark beschädigt wurde allerdings das örtliche Gefängnis, in dem die beiden Missionare Paulus und Silas einsaßen. Sie hatten einem für Geld wahrsagenden Sklavenmädchen einen Dämonen ausgetrieben. Ihre Herren, die von ihrer Fähigkeit profitiert hatten, waren darüber erheblich verschnupft. Unter dubiosen Vorwürfen (»die verbreiten Sitten, die gab es bei uns noch nie!«) wurden die Prediger dann eingesperrt.

Im Gefängnis hinderten weder die Ketten noch die Striemen, die ihnen von der vorangegangenen Auspeitschung geblieben waren, die beiden daran, mitten in der Nacht Psalmen und Loblieder zu singen. Der Gefängnisaufseher traute seinen Ohren nicht – und zweifelte anschließend auch an seinen Augen: Alles schwankte, Ketten sprangen auf, Türen öffneten sich und die Gefangenen versuchten, ins Freie zu gelangen. Nur dank der Umsicht des Paulus gelang es, die Flucht der übrigen Gefangenen wie auch einen Selbstmord des Aufsehers zu verhindern. Nachher ließ dieser sich – überzeugt, dass Gott selbst bei dem Erdbeben im Spiel war – mitsamt sei-

ner Familie taufen und schloss sich der christlichen Gemeinde an.

Allgemeine Verwirrung herrschte am nächsten Morgen unter den städtischen Beamten, die Paulus und Silas baten, die Stadt doch bitte ebenso umgehend wie unauffällig zu verlassen. Aber diese Rechnung hatte man ohne den Rechtsexperten Paulus gemacht: »Uns erst trotz römischen Bürgerrechts ohne Prozess einsperren und dann heimlich aus der Stadt weisen? O nein! Uns steht eine offizielle Entschuldigung zu!« Diese wurde den Missionaren dann auch gegeben.

(Apostelgeschichte 16,6-40)

Dämonische Geldquelle versiegt

Thessalonich, ca. 50 n.Chr.
Eine aufgebrachte Menge haben den Apostel Paulus und seinen Begleiter Silas dazu gezwungen, ihren Missionsbesuch in Thessalonich vorzeitig abzubrechen und Richtung Beröa abzureisen.

Zunächst hatte Paulus in der Synagoge in Thessalonich gepredigt, wo er an drei Sabbaten den Besuchern sein Verständnis der heiligen Schriften darlegte: »Dass nämlich der gekreuzigte und auferstandene Jesus von Nazareth unser langerwarteter Messias ist.«

Obwohl sich viele der Zuhörer sehr interessiert zeigten, gelang es einer einflussreichen jüdischen Minderheit, in der Stadt für Unruhe zu sorgen. Sie versammelten flugs einige kriminelle Elemente um sich, zogen mit diesen zum Haus des Jason (wo Paulus wohnte) und schleppten, als sie den Apostel selbst nicht antrafen, den armen Mann umgehend zum Marktplatz. Dort erklärten sie den Behörden, die Christen wollten den König stürzen und stattdessen »einen gewissen Jesus« einsetzen. Glücklicherweise konnten sich Paulus und Silas rechtzeitig in Richtung Beröa absetzen, wenn auch Jason fürs Erste gefangen gesetzt wurde.

Anders als die Agitatoren in Thessalonich durfte sich die jüdische Gemeinde in Beröa des apostolischen Lobes sicher sein: »Ihr macht es genau richtig, denn ihr überprüft anhand der Schrift, ob das, was wir sagen, stimmt!« Als aber aus Thessalonich importierte Gerüchte die Runde machten, sah Paulus sich zur raschen Abreise gedrängt. Silas blieb (gemeinsam mit Timotheus) in Beröa, um die dortige Gemeinde zu unterstützen.

(Apostelgeschichte 17,1-15)

Überreste des alten Galerius-Triumphbogens auf dem Forum in Thessalonich (Saloniki), wo heute Neubauten das Stadtbild prägen

363

Kirchenspaltung nach Konferenz abgewendet

Nach einer Konferenz der Leiter der Gemeinden Judäas und Samarias ist eine Spaltung der Christenheit in jüdische und nichtjüdische Gläubige in letzter Minute abgewendet worden. Eine von den Aposteln herausgegebene und für alle Gläubigen verbindliche Erklärung besagt, dass die bislang gültigen jüdischen Zeremonialgesetze nicht auf nichtjüdische Gläubige zu übertragen sind.

Feindliche Brüder?

Jerusalem, ca. 49 n. Chr.
Begonnen hatte alles mit einer guten Nachricht: Die Zahl der Gläubigen

Überreste des römischen Aquädukts in Antiochia/Pisidien

bens an Jesus als den lang erwarteten jüdischen Messias. *Jüdische Christen* waren bislang der Ansicht, dass dies keineswegs die Abschaffung des mosaischen Gesetzes bedeute; sie forderten deshalb nicht nur die Taufe, sondern auch die Beschneidung und die Einhaltung der Speisegesetze. *Nichtjüdische Christen* hielten dem entgegen, dass allein der Glaube selig mache und nicht die Befolgung der mosaischen Gesetze. Sie verwiesen auf den Apostel Paulus, der kürzlich in deutlichen Worten die Christen in Galatien vor einem Rückfall in »die Sklaverei des Gesetzes« gewarnt hatte.
Zum Eklat war es dann in Antiochia gekommen, der syrischen Heimatgemeinde des Paulus, die vor allem aus Nichtjuden besteht. Dort waren Delegierte aus Jerusalem (welche den

war nach dem Märtyrertod des Stephanus und der Vertreibung der Christen aus Jerusalem schneller gewachsen als erwartet. Gewachsen waren allerdings auch die Spannungen zwischen Juden und Nichtjuden (Heiden). Dass beide an denselben Messias glauben, bedeutet nämlich noch nicht, dass die uralte Feindschaft auf einmal vom Tisch ist. Von jüdischer Seite wurde befürchtet, dass es demnächst mehr heidnische als jüdische Christen gibt und dies unweigerlich zu einer Aufweichung der Moral führen müsse.
Übereinstimmung herrscht unter allen Christen hinsichtlich des Glau-

Bruder Jesu, »Jakobus, den Gerechten«, auf ihrer Seite wähnten) erschienen und hatten versucht, die jüdischen Sitten und Gebräuche einzuführen. Nach hitziger Debatte entschloss sich die dortige Gemeindeleitung, ihrerseits eine Delegation nach Jerusalem zu schicken, um die leitenden Ältesten um Rat zu fragen. Angeführt wurde die Gesandtschaft von Paulus und Barnabas, die einschlägige Erfahrungen mit der Bekehrung von Nichtjuden gemacht hatten.

Apostelknatsch

Während des Besuches der Jerusalemer Delegation in Antiochia war es zu einer offenen Konfrontation zwischen den Aposteln Petrus und Paulus gekommen. Petrus hatte sich dort zunächst mit den nichtjüdischen Gläubigen an einen Tisch gesetzt, war dann jedoch, als die Judenchristen aus Jerusalem erschienen, plötzlich aufgestanden. Umgehend zog sich dann auch der verwirrte Barnabas von den »bösen Heiden« zurück.
Paulus stellte daraufhin Petrus öffentlich zur Rede: »Du lebst doch auch sonst nicht wie ein Jude!«, rief er. »Warum bürdest du denn nun den Nichtjuden die jüdischen Gesetze auf?« Die Beziehung zu Gott stehe und falle mit dem persönlichen Glauben, so Paulus, nicht mit der Beachtung irgendwelcher Vorschriften.
Im Laufe der Jerusalemer Konferenz verteidigte Petrus die Sache der Heiden, galt er doch als der erste Apostel, durch dessen Einfluss Nichtjuden zum Glauben an Chris-

Hebräische Thorarolle, gesehen an der Klagemauer in Jerusalem

tus gekommen waren (so der römische Hauptmann Kornelius in Cäsarea).

Möglicherweise hatten die Besucher Petrus vorgeworfen, sein Verhalten werde in Jerusalem als skandalös betrachtet. Es war im Übrigen nicht das erste Mal, dass dieser Apostel einen Mangel an Standfestigkeit gezeigt hatte. Die Geschichte, wie er seinen Herrn, der ihn für höhere Aufgaben bestimmt hatte, zuerst verleugnet hatte und dann später von diesem als Leiter der Kirche wieder eingesetzt wurde, macht seit längerem die Runde. Jakobus, der die Rolle des Vermittlers einnahm, erklärte abschließend,

dass nach allem Gesagten nichts dafür spreche, den »Nationen« weitere Vorschriften aufzuerlegen. »Wir und der Heilige Geist beschlossen darum« – so drückte sich der Apostel aus –, »euch den Glauben nicht unnötig zu erschweren.« Dabei verwies er explizit auf Simon Petrus, einst die

rechte Hand des Jesus, der ja mit eigenen Augen gesehen habe, wie »die Gnade Gottes« auch über die Nichtjuden gekommen ist.

(Galater 2,11-14)

Erleichterung in Antiochia

Mit spürbarer Erleichterung haben die Christen in Antiochia auf den Konferenzbeschluss aus Jerusalem reagiert.

Der Brief wurde während eines Gottesdienstes öffentlich verlesen. Judas und Silas (sie gelten als begabte Redner und als Propheten) ermutigten die Mitchristen in Antiochia und blieben noch eine Weile dort, bevor sie nach Jerusalem zurückkehrten. Paulus und Barnabas blieben in Antiochia.

(Apostelgeschichte 15,30-35)

Die Pforte nicht zu eng machen

Mit Hinweis auf den Propheten Jesaja forderte Jakobus von den Heiden lediglich die Enthaltsamkeit vom Genuss bluthaltigen Fleisches (gewissermaßen als kleinsten, gemeinsamen Nenner der Solidarität mit den Juden)

und natürlich den Verzicht auf sexuelle Unmoral. Das letztgenannte Gebot gilt ohnehin schon in sämtlichen Kirchen als christlicher Grundkonsens. Auch sollte das Fleisch nicht verzehrt werden, welches zur Opferung an andere Götzen bereits vorgesehen war. Hierbei mag mitschwingen, dass diejenigen (vor allem von den Juden), die vielleicht gerade frisch Christen geworden sind, doch etwas irritiert sein würden, wenn genüsslich und ohne Bedenken das anderen Göttern geweihte Fleisch verspeist wird. An die Adresse der jüdischen Teilnehmer gewandt betonte Jakobus, es stehe allen nichtjüdischen Christen offen, im gesamten römischen Reich die Synagogen zu besuchen und am Sabbat die Lesung aus dem mosaischen Gesetz zu verfolgen.

Eine gemeinsame schriftliche Erklärung rundete die Konferenz ab. Der Brief wurde durch die Kuriere Judas (Barsabbas), Silas, Paulus und Barnabas persönlich nach Antiochia gebracht.

(Apostelgeschichte 15,1-30)

Die Teilnehmer

Jakobus, »Bruder des Herrn« (Vorsitzender). Seit mehreren Jahren allseits geschätzter Leiter der Jerusalemer Gemeinde. Gilt als Verfechter einer fairen Streitkultur und eines Glaubens mit starker Betonung seiner ethischen Konsequenzen.

Die Gruppe der Pharisäer-Christen. Orthodoxe Juden, die gemäß ihrer Theologie die Möglichkeit einer Totenauferstehung kennen und Jesus von Nazareth als Messias anerkennen. Fordern die Beschneidung der Nichtjuden und deren Beachtung der mosaischen Zeremonialgesetze.

Simon Petrus, erster Missionar unter Nichtjuden. Erlebte die Bekehrung des römischen Hauptmanns Kornelius, wenn auch sein Hauptaugenmerk den jüdischen Gemeinden gilt. Auf der Konferenz sprach er über seine Vision, in der Gott ihm befahl, nichts mehr unrein zu nennen (auch keine Nichtjuden).

Die Apostel Paulus und Barnabas. »Gründungsväter« der meisten christlichen Gemeinden. Ihr Argument: »Wir haben erlebt, wie viele aus den Nationen sich bekehrt haben. Also hat Gott auch sie angenommen.«

Apostel und Älteste der Jerusalemer Gemeinde. Haben sich durch verschiedene Angriffe hindurch bewährt; sind nach Herkunft und Überzeugung meist jüdisch.

Wenn ein Apostel die Gemeinden zusammenstaucht …

Verrückt geworden?

Antiochia/Syrien, ca. 49 n. Chr.
Deutliche, um nicht zu sagen drastische Worte fand Paulus nach seiner anstrengenden Missionsreise durch Zypern und Südgalatien für die Christen in den von ihm gegründeten Gemeinden Antiochia/Pisidien, Ikonion, Lystra und Derbe. Er nennt die dortigen galatischen Christen »unverständig«. »Ver-rückt« worden seien sie von den Glaubensgrundsätzen, die er sie gelehrt habe.
Der Brief beginnt damit, dass Paulus gegenüber gegnerischen Lehrern seine Autorität als Apostel verteidigt. Er habe die »Gute Nachricht« durch eine direkte Offenbarung von Gott empfangen. Trotz seiner eigenen jüdischen Abstammung betont der Ex-pharisäer, dass das Einhalten jüdischer Sitten und Gebräuche nicht den christlichen Glauben ausmacht. Wer erkannt habe, dass das Vertrauen auf den Messias, d.h. der Glaube allein, rettet, dürfe nicht nachträglich neue Gebote einführen.
Auch Abraham – so der Apostel –, sei durch Glaube und nicht durch Taten gerettet worden. Zur wahren Familie des Abraham gehörten darum alle, die an Christus glauben, weshalb es völlig überflüssig sei, von Neubekehrten die jüdische Beschneidung zu fordern. Das Gesetz des Mose habe die Aufgabe, den Menschen zu zeigen, dass sie einen Messias brauchen, nicht aber ihnen durch seine Befolgung einen Weg zu Gott zu eröffnen.
»Ihr dummen Galater, warum seid ihr vom Weg abgekommen?«, fragt Paulus voll Sorge um seine Mitchristen, denen er bezeugt, sie hätten sich noch vor kurzem »die eigenen Augen ausgerissen« und ihm gegeben, wenn dies ihm geholfen hätte.
Der Brief endet – in milderem Tonfall – mit der Aufforderung, einander in Liebe zu dienen. Auch führt er den Galatern vor Augen, was dabei als »Frucht« herauskomme, wenn man Jesus in seinem Leben Herr sein lasse, nämlich eine Fülle von Tugenden und Verhaltensweisen, so z.B. Liebe, Freude und Sanftmut. Wenn nicht, so regiere ein Ungeist, der Zank, Eifersucht und alle möglichen anderen destruktiven Haltungen hervorbringe, die vom Apostel als »fleischlich« bezeichnet werden.
Herzliche Grüße des Apostels runden den Brief ab – diese übrigens eigenhändig geschrieben, denn der übrige Teil wurde diktiert.

Der Galaterbrief – ein kantiges Rundschreiben

1,1-10: Eingangsgrüße; Hinweis auf das *eine* Evangelium

1,11-24: Das Evangelium kommt von Gott, nicht von Menschen.

2,1-10: Während meines Besuchs in Jerusalem musste niemand jüdische Vorschriften beachten.

2,11-21: Petrus und Barnabas waren inkonsequent. Wir stehen nicht unter der Gewalt des Gesetzes.

3,1-25: Das Beispiel Abrahams zeigt: Der Glaube rettet, nicht das Einhalten des Gesetzes.

3,26-4,7: Wir sind Gottes Kinder, nicht Sklaven der Sünde. Alle Menschen sind gleich.

4,8-20: Lasst euch nicht wieder zu Sklaven machen!

4,21-31: Allegorische Deutung der Geschichte von Abrahams Frau Sara und ihrer Magd Hagar

5,1-15: Aber Vorsicht: Freiheit ist weder Maßlosigkeit noch Gesetzlosigkeit.

5,16-26: Lebt Gottes Geist gemäß und folgt nicht euren eigensüchtigen Wünschen.

6,1-18: Werdet nicht müde, Gutes zu tun! Persönliche Grüße

Die erste Missionsreise des Paulus

Die erste Reise des Paulus führte ihn von Antiochia nach Zypern und dann zu einer Anzahl wichtiger Städte in Kleinasien, die relativ nah beieinander lagen.
Paulus war der erste christliche Leiter, von dem uns eine solche Reise überliefert ist. Obwohl das Reisen zur Zeit des Paulus im Vergeich zu früheren Jahren sicher und einfach war, haben doch die Länge des Weges, den der Apostel zurückgelegt hat, sowie manche prekäre Situation die Reise zu einer Strapaze werden lassen.

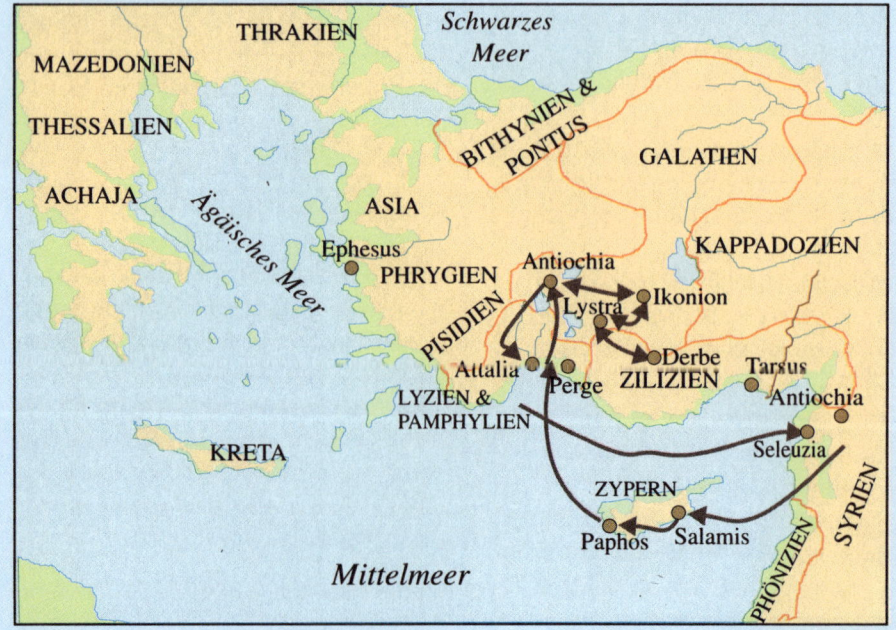

Modell Jerusalems zur Zeit der ersten Christen. Damals stand wahrscheinlich noch der Tempel im Mittelpunkt des gottesdienstlichen Lebens. Man traf sich in seinen Säulengängen (rechts im Bild) und in den Häusern in der Nähe des Tempels.

Nichts für reine Theoretiker!

Jerusalem, ca. 49 n. Chr.

»Rede nicht, handle!« – Unter dieser Devise steht ein Rundbrief, den Jakobus kürzlich an die Diasporachristen im gesamten Römischen Reich geschrieben hat. Glaube sei nur dann Glaube, wenn er nicht bloß theoretisch bleibe, sondern sich auch im praktischen Tun erweise. »Wer sich als Großgrundbesitzer Christ nennt und den Arbeitern ihren Lohn vorenthält, ist ein Widerspruch in sich selbst!«, soll der Apostel sinngemäß gesagt haben.

»Behandelt die Menschen liebevoll, ganz gleich, wie viel Geld sie haben und wie angesehen sie sind«, lautet eine weitere Forderung. Jakobus ist davon überzeugt, auch den Patriarchen Abraham auf seiner Seite zu haben, wenn er argumentiert: »Was nützt es, wenn ihr jemandem alles Gute wünscht und ihm nicht alles Gute tut?« Auch Abraham, so der Apostel, sei nicht aufgrund eines theoretischen, sondern eines sehr praktischen Glaubens von Gott angenommen worden: »Dass er glaubte, erkennt man daran, dass er gehorchte!«

Worauf es vor allem ankomme, sei ein ständiges »In-Zucht-Nehmen der Zunge«, wie sich Jakobus ausdrückte. »Wie viel Unheil hat dieses kleine Körperteil schon über die Menschen gebracht!« Ein und derselbe Mund lobe Gott und beschimpfe den Nächsten – auch dies ein Widerspruch, den der Apostel nicht bereit ist zu tolerieren. Schließlich nennt er noch falsche Selbstsicherheit und Habsucht als Wurzeln des Bösen. All dies seien keine probaten Haltungen vor Gott. Geduldiges Warten auf den demnächst wiederkommenden Herrn sei demgegenüber angesagt.

Er schließt seinen Brief mit der Aufforderung, als Christen füreinander zu beten, sich der Kranken anzunehmen und müde gewordene und abgefallene Christen auf den rechten Weg zurückzubringen.

Leitwolf und Integrationsfigur

Jerusalem, ca. 49 n. Chr.

Unbestritten führender Kopf der christlichen Gemeinde ist Jakobus. Der unter dem Spitznamen »der Gerechte« bekannte Bruder (einige behaupten: Halbbruder) Jesu von Nazareth setzt sich bekanntermaßen für einen versöhnlichen Dialog zwischen Juden und Christen ein. Dass Heiden (also Nichtjuden) zur Gemeinde Gottes gehören, steht für ihn allerdings außer Frage.

In jüngeren Jahren soll Jakobus samt seinen anderen Brüdern dem Wirken des ältesten Bruders Jesus äußerst skeptisch gegenübergestanden haben. Nach dessen Tod war er jedoch von Christus persönlich besucht und als Apostel eingesetzt worden. Ob es stimmt, dass Jesus ihm damals auch die Leitung der Jerusalemer Urgemeinde anvertraute, ist umstritten.

Unzweifelhaft ist, dass der als »hart gegenüber sich selbst und anderen« bekannte und äußerst diszipliniert lebende Mann hohes Ansehen bei der römischen wie jüdischen politischen Führung genießt.

Götter, Gräber und Gebräuche

Britannien, ca. 50 n. Chr.

Wie die römische Besatzung auf der inzwischen eingenommenen Insel feststellte, gibt es bei den britischen Stämmen keine Tempel. Man trifft sich zur Verehrung der Naturgötter vielmehr an Flussufern oder auf einer Lichtung im Wald. Nur ein einziger Tempel wurde bislang entdeckt. Er befindet sich in der Stadt Bath und ist der Göttin Sulis geweiht. Die Römer setzen sie mit der Göttin Minerva gleich.

Nach Ansicht der Briten bewohnen die Geister mit Vorliebe Brunnenschächte – je tiefer, desto lieber. Oft werden dort Knochen von Opfertieren hineingeworfen, entweder um die betreffenden Dämonen günstig zu stimmen oder um die Zukunft von ihnen zu erfahren.

In Wales und Irland sind viele Götter auch namentlich bekannt, z.B. Lug, der Handwerker, Krieger und

Der neolithische Steinkreis von Avebury war ein Zentrum druidischer Riten.

Musiker. Er erinnert an den römischen Gott Merkur und gilt auch als Schutzpatron der Reisenden. Lug besitzt einen magischen Speer, mit dem er wahlweise heilen oder töten kann. Andererseits gibt es gerade in Wales und Irland eine Flut von Lokalgöttern, die nicht einmal Namen

tragen, aber dennoch heftig das Schicksal der Menschen bestimmen.

Der Einfluss der Druiden scheint derweil zurückzugehen. Darüber ist Rom nicht traurig, war es doch stets gegen die Macht dieser Kaste, welche bis ins benachbarte Gallien hineinreichte.

Auch der britische Totenkult unterscheidet sich stark vom römischen. Krematorien sind unbekannt; die Briten legen ihre Toten in die Erde, und zwar in Embryohaltung, und geben ihnen einige wichtige Gebrauchsgegenstände mit. Viele glauben daran, dass die Seele sich nach dem Tod einer Person ein anderes Zuhause sucht. In Zentraleuropa nimmt man an, dass die Toten über den Ärmelkanal geschifft werden. Dafür, so meint man, würde das Schiff eine Stunde benötigen, im Gegensatz zu den normalerweise üblichen achtzehn. Germanen glauben daran, dass die Seele einer Person ihren dazugehörigen Körper gelegentlich verlassen kann.

Der oberste Gott der Germanen heißt Odin, der auch als Wotan bekannt ist. Er gilt als kriegserfahren, sein Rat ist allseits begehrt und seine Rhetorik so schlagend, dass es keinen Sinn hat, ihm etwas zu entgegnen. Auch ist er zuständig für die Heilung von Krankheiten und Wunden. Gelegentlich (wenn er nicht die Gestalt eines Fischs oder Vogels annimmt) gesellt er sich zu den Menschen, meist in der Gestalt eines armen Wandersmanns. Odin ist übrigens verheiratet – mit Freya (Frigg).

Zentrum der germanischen Götter ist das sagenhafte Walhall. Dort wohnen auch die Walküren, weibliche Gottheiten, welche in ihren Gemächern die Krieger nach erfolgreichem Sieg bewirten. Von ihrem Wohlwollen hängt es ab, wie eine Schlacht ausgeht.

Ein weiterer bedeutender Gott ist Thor. Als Gott des Sturms ähnelt er dem römischen Jupiter bzw. dem griechischen Zeus.

Dicht besiedelte Wildnis

Die dichten Wälder, welche große Teile Germaniens und Skandinaviens bedecken, sind – jedenfalls nach Ansicht der wenigen Menschen, die dort wohnen – dicht besiedelt. Überall hausen Elfen, Nymphen, Zwerge, Riesen und andere Geister.

Die attraktiven kleinen Elfen können die Zukunft vorhersagen. Ihre Hauptleidenschaft ist allerdings das Tanzen.

Ihre Verwandten, die Zwerge, hausen vor allem im Erdreich und bauen Gold und andere, teilweise magische Edelsteine ab. In der Schmiedekunst übertreffen sie jeden Menschen.

Gefürchtet sind die Wassergeister, die Menschen in den Tod locken können, wohingegen die Hausgeister als Glücksbringer gelten.

Nordskandinavien ist die Heimat der Trolle, welche, wenn sie schlecht gelaunt sind, schon für manche große oder kleine Katastrophe gesorgt haben sollen.

Auch der Glaube an Riesen ist verbreitet. Sie sollen direkt von den Göttern abstammen und ebenfalls in der Natur ihr Unwesen treiben.

Tod des Fabeldichters

Rom, 50 n. Chr.

Der Satiriker, Fabeldichter und Poet Phädrus ist tot. Als Sklave geboren, war er unter Augustus freigelassen und durch seine Sammlung alter lateinischer Fabeln (hauptsächlich Übersetzungen des Aesop) berühmt geworden. Phädrus hielt stets dafür, dass die Fabel das beste Genre sei, »um etwas zu sagen, was man sich nicht zu sagen traut«.

Die literarische Welt wird diesen begabten Dichter sympathischer und beschwingter Werke mit Sicherheit vermissen.

Götter in Rom: Große Namen – wenig Einfluss

Rom, ca. 50 n. Chr.

Der gewöhnliche Römer ist alles andere als religiös veranlagt. Es gibt zwar Götter, aber diese werden mit einer gehörigen Portion Pragmatismus gesehen. Sie bestimmen zwar das Schicksal der Menschen, können aber auch (bei Beachtung bestimmter Rituale) für deren eigene Zwecke ge- (oder miss-)braucht werden.

Die alte Stadt Bath (»Bad«) im Südwesten Großbritanniens. Die römischen Bäder sind gut erhalten.

Dass (ein) Gott Trost spendet oder bestimmte Gebote für ein moralisches Leben erlässt, ist für einen Römer unvorstellbar. Und dass er gar den Charakter eines Menschen verändern können soll, erst recht.

Und doch besitzt jede Familie einen »Hausgott« mit entsprechendem Altar: oft ein kleiner Schrein mit Bild oder Figur des entsprechenden Götzen. Vor diesen Hausaltären wird täglich gebetet und hin und wieder Wein oder eine Speise geopfert. Wird in Rom ein Junge geboren, so erweist man Herkules die Ehre; ist das Kind ein Mädchen, bedankt man sich bei Juno.

Es gibt verschiedene Möglichkeiten, mit den Göttern Kontakt aufzunehmen. Sehr beliebt ist die Traumdeutung oder die Anrufung der Totengeister. Medien agieren als Propheten; so genannte »Auguren« wahrsagen anhand von Vogelflug und Opfertieren. Das Werfen von Losen wird als weitere Möglichkeit gesehen, ebenso die Lektüre der (für göttlich gehaltenen) Werke bestimmter Dichter. Auch die Astrologie findet immer mehr Anhänger, wenn es auch im Römischen Reich strikt verboten ist, den Todestag eines Menschen vorherzusagen.

Tempel gibt es zwar (etwa 100), aber sie werden von den wenigsten Einwohnern besucht. Römische Tempel dienen übrigens nicht nur religiösen Zwecken; sie sind auch Lagerstätten oder Museen für Kriegstrophäen und werden als öffentliche Versammlungsräume oder Banken genutzt.

Die Römer beten stehend und mit nach außen gekehrten Handflächen. Man benutzt dabei häufig Weihrauch und küsst voll Ehrerbietung die Füße der Standbilder.

Das römische Jahr beginnt im März. Dann beginnen die Vestalinnen damit, das Feuer im Herd der Vesta anzuzünden (siehe rechts). Anderen Göttern, wie Apollo oder Jupiter, sind jährliche Spiele gewidmet und der Dezember ist für ein großes Volksfest, die Saturnalien, reserviert, das eine Woche lang andauert.

Die römische Volksfrömmigkeit trifft nicht überall auf Wohlwollen. Sie wird von verschiedenen philosophischen Schulen rundweg abgelehnt. Die Stoiker bauen auf die Vernunft und verachten religiöse Emotionen. Den Epikuräern geht es um ein sinnenfrohes Leben und die Zyniker verachten alles Althergebrachte – vor allem die konservative Moral.

Für die Christen im römischen Staat stellt sich vor allem die Frage nach dem Kaiserkult. Octavian hatte erklärt, die Götter müssten wieder eine bedeutendere Rolle im öffentlichen Leben einnehmen, außerdem sei Julius Cäsar einer von ihnen. Octavian selbst ließ sich gerne »Augustus« nennen (der »Ehrwürdige« oder »Erhabene«), was vielen Römern noch nicht ausreicht: Für sie ist er schlicht der Allmächtige.

Es fragt sich, wie die Christen auf diese neuen Herausforderungen reagieren werden.

Who's who im Pantheon?

Zu den populärsten Göttinnen und Göttern in Rom gehören:

Jupiter: »Chef«-Gott und Herr über Licht und Wetter. Zeigt sich in Gewittern, bewohnt auch Bäume. Nach Cicero ist er es, »der uns Reichtum, Gesundheit und Wohlergehen schenkt«. Hat einen Tempel im Capitol.

Mars: Kriegsgott, noch beliebter als Jupiter. Der dritte Monat des Jahres ist nach ihm benannt. War Vater des römischen Gründungsvaters Romulus.

Juno: Göttin des Staates und der Fruchtbarkeit sowie Mondgöttin. Bewohnt den gleichen Tempel wie Jupiter.

Minerva: Ein »Neuling« im römischen Pantheon. Gilt als Göttin des Kunsthandwerks und Handels. Auch sie wohnt im Jupiter/Juno-Tempel.

Apollo: Ursprünglich ein »Grieche«, doch Augustus baute ihm auf dem Mons Palatinus einen Tempel. Er steht für Jugend und Männlichkeit, beherrscht die Musik ebenso wie die Prophetie und wird täglich in Delphi um Rat gefragt.

Vesta: Eine angeblich besonders schöne Göttin, welche Feuer und Erde personifiziert. Ihr Tempel gilt als das »Herz Roms«. Sechs Jungfrauen (Vestalinnen) bewachen das ihr zu Ehren brennende Feuer in der Nähe des Forums. Sie werden im Alter von 6-10 Jahren für diesen lebenslangen Dienst ausgewählt.

ca. 50–51 n. Chr.

Naserümpfen der Weisen über Philosophie der Christen

Über der Altstadt von Athen erhebt sich die Akropolis.

Athen, ca. 51 n. Chr.
Die Mehrzahl der in Athen lehrenden Philosophen ist weiterhin skeptisch hinsichtlich einer möglichen »Totenauferstehung«, so wie sie Paulus von Tarsus verkündet.

Der bekannte Prediger war neulich von namhaften Stoikern und Epikuräern zu einem Vortrag auf den Areopag gebeten worden, nachdem er zunächst auf dem Marktplatz zum gemeinen Volk geredet hatte.

Dort knüpfte er zunächst an die athenische Sitte der Götterverehrung an,

Ruinen des Apollo-Tempels

berief sich auf den stadtbekannten »Altar für den unbekannten Gott« und fuhr fort: »Genau diesen Gott verkündige ich euch!« Er sei der Schöpfer und Erhalter des Universums, in dem »wir alle leben und unser Wesen haben«, wie sich Paulus in Anlehnung an Epimenides und Aratus ausdrückte.

Vielgötterei, so Paulus, beruhe auf Unwissenheit – auch dies ein Argument, das in der griechischen Philosophie nicht fremd ist (man denke nur an Xenophanes!).

Zum Eklat kam es, als der Apostel behauptete, die Zeit der Unwissenheit sei nun vorbei und der von ihm verkündete Gott fordere »von der ganzen Welt eine Sinnes- und Lebensänderung«. Eine solche »Buße« sei Voraussetzung für den Glauben und die Vergebung der Sünden.

Als der Redner dann auch noch den Ungläubigen für die Zeit nach dem Tod ein göttliches Gericht androhte und behauptete, ein Weiterleben nach dem Tod sei dadurch bewiesen worden, dass Gott auch Jesus von den Toten auferweckt habe, erntete er nur noch Hohngelächter.

Ein gewisser Dionysius allerdings – dies sei der Ehrlichkeit halber hinzu-

gefügt – schenkte dem Gesagten Glauben und schloss sich mit einer geringen Zahl weiterer Athener der christlichen Kirche an.

(Apostelgeschichte 17,16-34)

Heldenhafte Niederlage

Rom, 51 n. Chr.
Kaiser Claudius und der gesamte römische Senat feiern den Sieg über den Rebellenführer Caratacus. Er hatte der römischen Truppe in Britannien schwer zugesetzt und sich zuletzt in das unwegsame Stammesge-

Der Kaiser Claudius auf einer römischen Goldmünze

biet der Siluren (Monmouth) zurückgezogen.

Die entscheidende Schlacht fand im Territorium der Ordiviken statt. Dort, mitten in den walisischen Bergen, hatte Caratacus eine beträchtliche Streitmacht aus befreundeten Stämmen zusammengezogen, die allesamt der drohenden »Pax Romana« entkommen wollten. »Sie nennen es Frieden«, kommentierte ein Kämpfer, »aber es ist die pure Unterdrückung!«

Die Briten befanden sich in einer sehr viel besseren Ausgangsposition als die Römer. Sie igelten sich im steilen Hügelland so ein, dass es nahezu unmöglich war, von irgendeiner Seite an

370

sie heranzukommen. Selbst der römische Gouverneur Ostorius Scapula hatte Respekt vor dem unwegsamen Gelände und den Festungen der Briten, führte dann aber doch die römische Truppe zum Sieg. Dies überrascht etwas, da Scapula sich bislang nicht gerade als genialer Feldherr hervorgetan hat. Aber er konnte sich offenbar auf die Schlagkraft und Disziplin seiner Truppen verlassen.

Mitglieder der Familie des Caratacus wurden gefangen genommen; dem Rebellenführer selber gelang die Flucht. Er tauchte zunächst bei den Briganten unter. Später wurde er allerdings von deren Königin Cartimandua, die zu Rom hält, wieder ausgeliefert und gemeinsam mit anderen Gefangenen nach Rom transportiert. In der Hauptstadt wurde die Auslieferung gefeiert und die Gefangenen im Triumphzug umhergeführt. Als Caratacus dann jedoch vor den anwesenden Senatoren eine mitreißende Verteidigungsrede hielt, wurde er begnadigt.

Vielleicht hat Vergil ja doch Recht, wenn er behauptet, Rom ginge stets milde mit seinen Besiegten um. Trotz des Sieges scheint es jedoch in Britannien nicht zur Ruhe zu kommen. Der Ruf nach Vergeltung ist nur allzu deutlich wahrnehmbar. Ostorius Scapula wird sich nicht lange auf seinen Lorbeeren ausruhen können.

Chinesische Verzierung einer Schwertscheide, aus der Han-Dynastie

Wirtschaftsblüte in Ostasien

China, ca. 50 n. Chr.

Nach der Niederlage des chinesischen Gewaltherrschers und der Wiedereinsetzung der Han-Dynastie blüht das chinesische Reich. Unter dem neuen Kaiser Guang Wudi und der Wiederherstellung der politischen Normalität im Fernen Osten sind Handeln und Reisen äußerst beliebt. Dabei können sich die Chinesen in einem Reich bewegen, dass in vielen Punkten dem römischen ähnelt: Die großen Städte sind systematisch nach einem Gittersystem angelegt, wenn auch die chinesische Kultur sehr viel anders ist als

die römische und es keinen nennenswerten Austausch zwischen den beiden Imperien gibt. So glauben die Chinesen zum Beispiel, der Mikrokosmos der Städte sei ein Abbild des natürlichen Makrokosmos und müsse dementsprechend ein Zentrum aufweisen sowie vier Eckpunkte im Süden, Osten, Westen und Norden. Chinesische Städte sind zur Sicherung von einer Stadtmauer umgeben. Gelegentlich sind die großen Städte auch im Inneren durch Mauern noch einmal in Unterbezirke eingeteilt. Stadt und Land sind durch ein ausgeklügeltes Straßensystem miteinander verbunden, das dem Vergleich mit dem römischen durchaus standhält. Allerdings gibt es im Osten sehr viel weniger Straßen. Auch das chinesische Postwesen arbeitet hervorragend.

Sogar Eisenverarbeitung gibt es dort, und auch diese steht der römischen in nichts nach. Ganz zu schweigen von dem Export von Luxusgütern, von dem bekanntermaßen viele römische Bürger zehren. Neben Jade ist vor allem Seide beliebt, wenn auch die Römer immer wieder neue Theorien darüber aufstellen, wie dieses edle Tuch (das in Wirklichkeit aus den Ausscheidungen einer Raupe gewonnen wird!) eigentlich hergestellt wird. Auch Firnis wird in China mit Erfolg hergestellt, ein Mittel, mit dem die verschiedensten Gebrauchsgegenstände »lackiert« werden können.

KURZMELDUNGEN 50-51 n. Chr.

Sauber! (ca. 50 n. Chr.): Die Römer können sich nun auch mit Seife waschen. Ursprünglich von den Galliern erfunden, die das Gemisch aus Asche und Talg benutzten, um ihre Haare zu färben, dient das neue Reinigungsmittel in Rom auch zur Wundbehandlung. Es ist fest wie flüssig erhältlich, allerdings recht teuer.

Unerwünscht (ca. 50 n. Chr.): Das christliche Lehrerehepaar Aquila und Priszilla musste mit Hunderten anderer Juden Rom verlassen. Die Ausweisung erfolgte nach

neuerlichen Unruhen um ihre Religion auf persönliche Anordnung des Kaisers Claudius. Aquila und Priszilla, von Beruf Zeltmacher, ließen sich in Griechenland nieder.

Neuer Mann (ca. 51 n. Chr.): Der allseits als sympathisch bekannte (wenn auch gesundheitlich angeschlagene) Annäus Novatus, Sohn eines prominenten spanischen Redners und Bruder des bekannten Philosophen Seneca, ist zum Prokonsul der griechischen Provinz Achaja ernannt worden.

Stürmische Reise, stürmischer Empfang (ca. 50 n. Chr.): Ein »Freigelassener« aus Rom namens Annius Plocamus ist – allein vom Monsun getrieben – wohlbehalten in einem Boot von Arabien aus nach Ceylon gelangt. Dort wurde er vom König persönlich empfangen.

Wandernder Ex-Toter (ca. 50 n. Chr.): Wie man sich unter Christen erzählt, soll Lazarus, der vor etwa 20 Jahren von Jesus zum Leben wieder erweckt wurde, nach Gallien ausgewandert sein, um dort das Christentum zu predigen. Angeblich ist er mit seinen beiden Schwestern Maria und Marta in einem Boot ohne Segel und Ruder sicher in Marseille gelandet, wo sich nach seinen Predigten schon

viele Menschen bekehrt haben sollen.

Alles für die Ehefrau (ca. 50 n. Chr.): Zu Ehren seiner Frau Agrippina hat Kaiser Claudius eine weitere Kolonie namens »Colonia Agrippina« am linken Ufer des mittleren Rheins gegründet. Die neue Stadt entstand an der Stelle der Ubiersiedlung Oppidum Ubiorum.

Ämterhäufung (51 n. Chr.): Der römische Feldherr Vespasian ist mit kaiserlichen Insignien ausgezeichnet worden. Außerdem wurden ihm zwei Priesterämter übertragen.

Verwirrung in Mustergemeinde

Zu Lebzeiten des Apostels Paulus war Thessalonich (Saloniki), die Hauptstadt der römischen Provinz Makedonien. Verkehrsgünstig an der Kreuzung zweier Handelswege gelegen (der von Osten nach Westen verlaufenden Via Egnatia und der Nord-Süd-Route von der Ägäis zur Donau) war sie eine freie Stadt. Die Beschreibung der Regierenden durch Lukas in der Apostelgeschichte ist durch Inschriften bestätigt worden. Heute ist Saloniki die zweitgrößte Stadt Griechenlands.

Korinth, ca. 51 n. Chr.
Die vor etwa sechs Monaten gegründete Gemeinde in Thessalonich hat sich trotz beträchtlicher Widerstände und einer Vakanz in der Leiterschaft bislang tapfer bewährt. Dies bestätigte ein von den Paulus-Mitarbeitern Timotheus und Silas angeführtes Visitationskomitee nach seiner Rückkehr in Korinth. Die Delegation hatte die über 350 km lange Reise durch Griechenland auf Bitten des Apostels angetreten, der die Stadt zur Zeit nicht selbst besuchen kann, da er sie erst kürzlich nach einem Aufruhr hatte verlassen müssen.

Zwar genießt die Gemeinde der Thessalonicher überall einen ausgezeichneten Ruf: Ihre Mitglieder gehen liebevoll miteinander um und unterstützen einander, wo sie nur können. Verwirrung bestehe jedoch, so die Visitatoren, hinsichtlich der von Jesus angekündigten »zweiten Wiederkehr«. Vor allem frage man sich, was mit den Menschen geschehe, die vorher sterben.

In einem umgehend verfassten Antwortschreiben – das inzwischen überbracht wurde – geht Paulus detailliert auf die ihm gestellten Fragen ein. Derweil setzt der Apostel seine Tätigkeit in Korinth, der »Hauptstadt der moralischen Verkommenheit«, fort.

(1. Thessalonicher 1,1; 2,17-3,10)

Wachablösung in Korinth

Korinth, ca. 52 n. Chr.
Nach der Abreise des Paulus ist Apollos als neuer Leiter zur korinthischen Gemeinde hinzugestoßen. Der gebürtige Alexandriner kann auf eine ebenso gründliche Schriftkenntnis verweisen wie sein Vorgänger. Schon bald nach seiner Ankunft legte er den Synagogenbesuchern in überzeugender Weise dar, dass Jesus der ersehnte jüdische Messias ist, und stärkte so den Glauben der korinthischen Christen. Einige meinen, er sei »noch besser als Paulus«.

Apollos (oder Apollonius, wie sein voller Name lautet) war nach der ersten Vertreibung der Christen in den dreißiger Jahren zum Glauben gekommen. Leider kannte er nur die Taufe des Johannes und besaß somit ein noch unvollkommenes Verständnis der christlichen Botschaft. Dem halfen bei einem Besuch in Ephesus Priszilla und Aquila ab, Freunde des Apostels Paulus, die Apollos erklärten, warum Jesus am Kreuz sterben musste.

(Apostelgeschichte 18,24-28; 1. Korinther 3,6-9)

Synagogenvorsteher krankenhausreif geschlagen

Korinth, ca. 51 n. Chr.

Der neu ernannte Prokonsul für Achaja, Gallio, hat sich dem Druck führender Juden, den Christenführer Paulus vor Gericht zu stellen, nicht gebeugt. Die Weigerung bestätigt einmal mehr den Gerechtigkeitssinn dieses Politikers.

Eine jüdische Abordnung in Korinth hat Paulus vorgeworfen, er habe sich gesetzwidriger religiöser Aktivitäten schuldig gemacht. Gallio erlaubt es dem Apostel nicht einmal, sich selbst zu verteidigen; dies sei eine innerjüdische, religiöse Angelegenheit, aus der er als Prokonsul sich herauszuhalten habe.

Des Christen Paulus nicht habhaft geworden, knöpfte man sich daraufhin Sosthenes, den örtlichen Synagogenvorsteher vor, den die wütenden Paulus-Gegner vor den Augen des Konsuls zusammenschlugen. Da Gallio davon ausging, dass es sich bei dem Mann um einen Sympathisanten der Christen handelte, blieb er tatenlos: »In Bestrafungen religiöser Natur mische ich mich grundsätzlich nicht ein!«

Neben Paulus halten sich inzwischen noch drei weitere christliche Leiter in Korinth auf. Paulus selbst ist Zeltmacher von Beruf, widmet sich aber zur Zeit ganz der Gemeindegründungsarbeit. Seine Kollegen Silas und Timotheus unterstützen ihn dabei. Die finanziellen Mittel kommen angeblich von anderen Gemeinden, die Paulus bereits vorher gegründet hatte. Dies war bereits die zweite Konfrontation mit den jüdischen religiösen Führern in Korinth. Bereits kurz nach ihrer Ankunft vor etwa einem Jahr wurden sie hart bedrängt. Ausgangsbasis für die weitere Arbeit der Apostel war daraufhin das Haus des Titius Justus. Da dieses in der Nähe der Synagoge lag, waren Konflikte natürlich unvermeidlich.

(Apostelgeschichte 18,1-17; vgl. 1. Korinther 1,14)

Ora et labora

Korinth, ca. 52 n. Chr.

In einem zweiten Schreiben an die Gemeinde in Thessalonich ermutigt der Apostel Paulus die dortigen Christen, »dran zu bleiben« – am christlichen Glauben, an der Arbeit und der Hoffnung auf eine Wiederkehr ihres Herrn.

Dem Schreiben vorausgegangen war ein Besuch der makedonischen Hauptstadt durch Timotheus und Silas, die den ersten Brief persönlich überbracht hatten. Wie die beiden nach ihrer Rückkehr berichte-

Sonnenuntergang über den Teichen von Pamukkale (Hierapolis)

ten, geht es den dortigen Christen gut, wenn auch einige, die sich »auf die faule Haut« gelegt haben (»Warum noch arbeiten, wenn die Welt bald untergeht?«), Anlass zur Sorge geben.

Paulus spart in seinem Antwortbrief gegenüber den »Faulpelzen« nicht mit klaren Worten: »Wer nicht arbeitet, soll auch nicht essen!« Schließlich habe auch er sein Brot mit eigenen Händen verdient, während er in Thessalonich war.

Grund der allgemeinen Untätigkeit waren Spekulationen über eine unmittelbar bevorstehende Wiederkehr Christi. Der Apostel schiebt jedoch einer übertriebenen »Naherwartung« einen klaren Riegel vor, indem er erklärt, so weit sei es noch nicht. Vorher werde noch ein »Mann der Gesetzlosigkeit« auf der Bildfläche erscheinen, über den Paulus allerdings keine näheren Angaben macht. Beobachter halten es für möglich, dass er dabei das abschreckende Beispiel Kaiser Caligulas und seiner Entweihung des Tempels vor Augen hatte. Der kommende »Gesetzlose« wird – so der Apostel – darüber hinaus mit magischen Kräften ausgestattet sein, die er den Menschen als göttliche Wunder »verkaufen« wird.

Wie dem auch sei: Bis der Herr wiederkommt, wird fleißig gearbeitet – und wenn er wiederkommt, wird niemand dieses Ereignis von kosmischer Dimension verpassen.

Apostel mit neuer Frisur

Antiochia in Syrien, ca. 52 n. Chr.

Nach zwei Jahren Abwesenheit ist der Apostel Paulus in seine Heimatkirche in Antiochia zurückgekehrt.

Was einige verwundert: Der Mann, der von sich behauptet, nicht mehr an die mosaischen Vorschriften gebunden zu sein, ließ sich das Haupt scheren, möglicherweise weil er ein Gelübde als Nasiräer abgelegt hat. Den Grund für diese selbst auferlegte Verpflichtung, die zudem die völlige Abstinenz von Alkohol beinhaltet, kann man nur vermuten. Eventuell geschah dies im Hinblick auf neue Aufgaben oder aber aus Dankbarkeit für die Bewahrung auf der vorhergehenden Reise. Jedenfalls mutet es den Beobachter seltsam an, wenn er als einer der profiliertesten Christen solche urjüdischen Gebräuche pflegt.

Dass er dennoch ganz »der Neue« ist, bewies Paulus durch eine Predigt in Ephesus, das verkehrsgünstig auf dem Heimweg lag. Priszilla und Aquila, seine beiden Zeltmacherkollegen, ließ er gleich dort, um die Christen zu ermutigen und im Glauben zu stärken.

(Apostelgeschichte 18,18-22)

Chaos in Korinth

Was man als Apostel so alles mitmacht

Die zweite und dritte Missionsreise des Paulus. Die zweite Reise des Paulus führte durch Kleinasien, bis er in einer Vision von Gott einen Ruf nach Makedonien erhielt. Daraufhin besuchte er die Hauptstädte im griechischen Kernland, bevor er mit dem Schiff nach Jerusalem fuhr. Seine dritte Reise war eine Visitationstour durch von ihm gegründete oder bereits vorher besuchte Gemeinden, um sie im Glauben und in der Lehre zu stärken.

Man hat's nicht leicht als Apostel – bestimmt nicht, wenn sich die neu gegründete Gemeinde in Korinth befindet! Dort gibt es Parteien und Cliquen, Skandale sondergleichen und allerlei Unmoral. Und das, obwohl Paulus sich immerhin anderthalb Jahre höchstpersönlich um die Gemeinde bemüht hat. Längst nicht jede Gemeinde hat so eine Schulung genossen. (Vielleicht hatte es längst nicht jede so nötig.)

Gut, dass wenigstens die Kommunikation des Apostels mit den Korinthern nie abriss! Sein erster (leider unauffindbarer) Brief ist eine Ermahnung, keine sexuellen Entgleisungen unter den Gemeindegliedern zu dulden (1. Korinther 5,9).

In ihrem Antwortschreiben stellten die Korinther Fragen bezüglich des Zölibats (1. Korinther 7,9), des Genusses von Götzenopferfleisch (1. Korinther 8,10) und des »Redens in fremden Sprachen« (1. Korinther 12,10). Zudem hatten die Angehörigen einer gewissen Chloë berichtet, die Bildung von Parteien innerhalb der Gemeinde nähme zu.

Ruinen des Apollo-Tempels in Korinth (6. Jahrhundert v. Chr.)

Paulus beantwortete diese Fragen in dem als 1. Korintherbrief bekannten Schreiben. Es wurde von Timotheus überbracht, dem allerdings die Autorität fehlte, die Anweisungen des

Apostels durchzusetzen, der ihm dann von Ephesus aus zur Hilfe kam (vgl. Apostelgeschichte 19). Der Besuch wird in 1. Korinther 2,1 erwähnt. Nachdem sich auch dadurch die Probleme nicht lösen ließen, schrieb er einen weiteren, sehr deutlichen Brief, den er Titus mitgab (2. Korinther 2,4; 7,8) und der ebenfalls verschwunden ist.

Paulus, der die Antwort kaum erwarten konnte, eilte dann von Ephesus aus seinem Freund entgegen (2. Korinther 2,12f; 7,5-7) und war hocherfreut, dass es diesmal nur Gutes zu berichten gab: Den Korinthern tat ihr Verhalten Leid und sie bekräftigten ihre Wertschätzung für Paulus.

Von Makedonien aus schrieb der Apostel seinen vierten Brief (also den zweiten, in den wir Einsicht haben), der von Ermutigung geprägt ist. Leider folgte ein weiterer Rückschlag, als »falsche Apostel« in die Kirche eindringen und wieder versuchten, seine Autorität zu unterminieren.

Schlussendlich besuchte er die Gemeinde ein weiteres Mal persönlich am Ende seiner bislang dritten großen Missionsreise (2. Korinther 13,1; Apostelgeschichte 20,2-3). Er blieb drei Monate. Mehr ist allerdings über diesen Aufenthalt nicht bekannt.

Rosinen aus den Korintherbriefen

Ich weiß, dass du nichts weißt!

Beeinflusst von spekulativen Gedankengebäuden anderer Philosophien behaupten einige Korinther, Gott habe ihnen eine »Extraportion« Weisheit und Gotteserkenntnis verliehen. Antwort des Paulus: Die göttliche Weisheit sieht anders aus als die menschliche. Er hat die Verachteten berufen und seinen Sohn für ihre Schuld am Kreuz sterben lassen (1. Korinther 1-2).

Fan-Gemeinden

Paulus bedauert, dass es in Korinth »Paulaner«, »Apollonianer« oder »Petristen« gibt. Christus, das Haupt der Kirche, ist unteilbar. Die Apostel, mögen sie Paulus oder Apollos heißen wie sie wollen, sind lediglich Diener (1. Korinther 3-4).

Sexverirrungen

Einige Korinther tun, was ihnen Spaß macht (»Wir sind doch frei vom Gesetz!«). Man besucht Prostituierte und schläft mit der eigenen Stiefmutter. Paulus: Freiheit vom Gesetz darf nicht zur Gesetzlosigkeit führen. Der menschliche Körper ist ein Tempel des Heiligen Geistes. Verunreinigt ihn nicht! (1. Korinther 5-6)

Solo oder Duett?

Der Freizügigkeit der einen steht die völlige Enthaltsamkeit der anderen entgegen. Beide Extreme sind falsch. Wer unverheiratet ist (wie z. B. Paulus), kann Gott zwar ungehindert dienen, doch muss ein Zölibat stets freiwillig sein. Wer verheiratet ist, sollte auf Sexualität nicht verzichten. Enthaltsamkeit in der Ehe (etwa, um mehr Zeit zum Beten zu haben) bedarf der Übereinkunft und sollte zeitlich begrenzt bleiben (1. Korinther 7).

Gemüsestand in einem Jerusalemer Basar

Woher kommt das Fleisch?

Es gibt keine Götzen, sondern nur einen Gott. Trotzdem: Wenn du merkst, dass dein Bruder Anstoß daran nimmt, dass du (billigeres) Fleisch isst, das als Götzenopfer gedient hat, dann lass es lieber. Andererseits: Die Schwachheit des anderen darf dir keine Fesseln auferlegen. Drittens: Die Teilnahme an heidnischen Ritualen ist grundsätzlich verboten (1. Korinther 8 und 10).

Apostel sind keine Schnorrer

Obwohl Paulus als Apostel das Recht gehabt hätte, sich von der Predigt des Evangeliums zu »ernähren«, hat er davon keinen Gebrauch gemacht, sondern nebenher Geld verdient, um niemandem zur Last zu fallen. Sein Motto: »Ich bin frei von allen Menschen und trotzdem ihr Diener!« Auch seine zahlreichen Leiden bestätigen die Dienstbereitschaft und Hingabe des Apostels (1. Korinther 9).

Ordnung ist der halbe Gottesdienst

Die üblichen Sitten und Gebräuche (etwa, dass die Frau – es sei denn, sie ist eine Prostituierte – ihren Kopf bedeckt hält) sollten auch im Gottesdienst beachtet werden. Das Liebesmahl (Abendmahl) ist eine Gemeinschaftsfeier und kein »Schlemmerfest«. Die »Geistesgaben« dienen der gegenseitigen Stärkung. Die Liebe ist die größte unter ihnen (1. Korinther 11-14).

Über die Endstation hinaus

Wer behauptet, es gäbe kein Weiterleben nach dem Tod, irrt gewaltig. Christus ist auferstanden; dies ist die Grundlage unseres Glaubens. Um Skeptikern (»Wie können Tote wieder lebendig werden?«) eine Antwort zu geben, greift der Apostel auf eine Analogie aus der Natur zurück: Auch dort gibt es für dieselbe Sache manchmal verschiedene Erscheinungsformen (Korn, Halm und Ähre). Ähnlich werden die Toten in die Erde »gesät« und dann zu neuem Leben erwachen (1. Korinther 15).

Gesicherte Zukunft

Durch Christi Tod ist ein neuer Bund Gottes mit seinem Volk ermöglicht worden. Er übertrifft den alten Bund mit Israel. Die Aussichten sind herrlich: Nach dem Tod werden wir bei Gott sein. Christus hat im Himmel

Blick durch einen römischen Aquädukt

schon alles für uns vorbereitet. Schon in diesem Leben können wir als neue Menschen mit neuer (Geistes-)Kraft leben (2. Korinther 2-5).

Spaß am Spenden

Die Kollekte der Makedonier fiel sehr reichhaltig aus. Nehmt euch ein Beispiel an ihnen. Denkt aber daran: Freiwillig soll es geschehen, nicht aus Zwang. Gott liebt den fröhlichen Geber! (2. Korinther 8-9).

Ein letztes Ma(h)l Pilze für den Kaiser

Rom, 54 n. Chr.

Kaiser Claudius ist im Alter von 64 Jahren einer Vergiftung erlegen. Seine Frau Agrippina hatte den berüchtigten Giftmischer Locusta mit der Zubereitung der Dosis beauftragt,

Kaiser Claudius und seine Gattin. Ausschnitt aus dem Triumphbogen für den Sieg über Caratacus

die dann vom königlichen Vorkoster Halotus einem Pilzgericht beigemischt wurde.

Agrippina hatte jedwedes »Risiko« ausschließen wollen. Als sie aufgrund der Trunkenheit ihres Mannes die Wirkung des Giftes nicht sicher beurteilen konnte, beauftragte sie zusätzlich den Leibarzt Xenophon, dem Kaiser den Rachen zu kitzeln – angeblich, um ihm das Erbrechen zu erleichtern, in Wirklichkeit, um ihn mit einer vergifteten »Kitzelfeder« end-

gültig umzubringen. Die Nachfolge war von Agrippina bereits zugunsten ihres Sohnes Nero geklärt worden.

Dieser hielt bei der Thronbesteigung eine geschliffene (und von Lehrer Seneca vorbereitete) Rede, in der er noch einmal auf die Erfolge und die »Göttlichkeit« seines Stiefvaters verwies, ein Attribut, das vor ihm übrigens einzig Kaiser Augustus posthum zugewiesen wurde.

Nicht wenige politische Beobachter sprechen bei dieser Art von Göttlichkeit allerdings von einem »Abstieg«, was Nero und seine Mutter – verständlicherweise – ganz anders sehen.

Bücherverbrennung in Ephesus

Ephesus, ca. 55/56 n. Chr.

Einen herben Rückschlag erlebten zahlreiche Esoteriker und Spiritisten in Ephesus, als ihre »geheimwissenschaftlichen« Bücher in Flammen aufgingen.

»Aber das, was wir jetzt haben, ist viel besser!«, so der Kommentar eines bekehrten Zauberers, der es »ganz richtig« fand, dass Bücher, die Menschen in ungute Bindungen bringen, zu Asche werden (im Wert von über 50000 Drachmen übrigens, was dem Jahreslohn von 700 Arbeitern entspricht!).

Angefangen hatte es mit einer Predigt des Apostels Paulus, der die Vergebung der Sünden durch Jesus verkündigt und augenscheinlich über

Wunderkräfte verfügt, die alles bisher Bekannte in den Schatten stellten. Angeblich sollen sogar die Kleidungsstücke des gelernten Zeltmachers Heilkräfte haben.

Wie einst sein Herr Jesus treibt der Apostel Dämonen aus. Dabei mangelt es nicht an starken Worten, in denen Paulus seinen Herrn aller Welt als Messias anpreist, der vor zwei Jahrzehnten gekreuzigt worden, aber von den Toten auferstanden sei und der nun Heil und göttliche Vergebung bringe.

Besondere Bekanntschaft mit den Fähigkeiten des Paulus mussten die stadtbekannten Exorzisten der Familie Skevas machen. Sie selbst hatten zuvor vergeblich versucht, einen bösen Geist »im Namen des Jesus, den Paulus predigt«, auszutreiben. Der Dämon hatte daraufhin nur geschrien: »Jesus kenne ich, Paulus auch. Aber wer seid ihr?!« Daraufhin fiel der Besessene über die sieben Dämonenexperten her, denen nichts

Die Bibliothek des Celsus in Ephesus

anderes übrig blieb, als blutend und halbnackt das Weite zu suchen. Natürlich verbreitete sich diese spektakuläre Geschichte wie ein Flächenbrand und jagte den Bewohnern einen gehörigen Schreck ein.

Paulus hält sich bereits seit über zwei Jahren in Ephesus auf und hatte dort zunächst die Schule des Tyrannus als Unterrichtssaal benutzt. Vor seiner Ankunft hatte er sich mit den wenigen Christen getroffen, die es in der Stadt bereits gab, wenn diesen auch völlig neu war, dass es so etwas wie einen Heiligen Geist gibt.

»Man lernt nie aus!«, mögen die Betreffenden gedacht haben, ließen sich dann sogleich taufen, beteten mit Paulus und freuten sich, dass Gott ihnen seinen Geist und, wie schon anderen zuvor, eine neue Sprache der Anbetung schenkte.

(Apostelgeschichte 19,1-20)

Ergebnislose Stippvisite

Ephesus, 56 n. Chr.
Paulus ist nach einem kurzen und »problematischen« Besuch in Korinth wieder in Ephesus. Die genauen Ursachen der Auseinandersetzungen sind nicht bekannt, doch scheinen in der Gemeinde in Korinth einige Mitglieder seine Lehre ebenso abzulehnen wie seine apostolische Autorität. Paulus war daraufhin umgehend nach Korinth geeilt, doch nur, um feststellen zu müssen, dass auch die, auf deren Unterstützung er gerechnet hatte, gegen ihn waren.

Dem vorausgegangen war ein Besuch des Timotheus, der dem Apostel aus erster Hand von den Querelen in Korinth berichtet hatte. Paulus hatte daraufhin einen weiteren Brief geschrieben, der sich mit dem moralischen Verfall und den Parteizwistigkeiten innerhalb der Gemeinde auseinandersetzte.

Nachdem sein vorgezogener Besuch nicht den gewünschten Erfolg hatte, schrieb der Apostel neuerlich einen Brief – »unter vielen Tränen«, wie er selbst zugab. Leider ist der Text zur Zeit unauffindbar.

(2. Korinther 2,1-4; 7,8; 12,14; 13,1)

Tumult nach Demo für die Göttin

Ephesus, ca. 57 n. Chr.
Eine Massendemonstration zu Ehren der Göttin Artemis hat in Ephesus zu chaotischen Verhältnissen geführt. Es vergingen Stunden, bis es dem Stadtschreiber gelang, die Versammlung zu zerstreuen.

Der Pro-Artemis-Demonstration vorausgegangen war ein Treffen führender Gewerkschaftsvertreter, auf dem sich ein Vertreter der Silberschmiede bitter über die »destruktiven Predigten« der Christen beklagt hatte. Demetrius: »Es steht nicht nur unser Handwerk auf dem Spiel, sondern der Ruf der hochehrwürdigen Göttin selbst!« Die Göttin gilt nicht nur als Schutzpatronin der Jagd, sondern sorgt auch für Fruchtbarkeit, wie an ihren vielbrüstigen Darstellungen unschwer zu erkennen ist, und – für Einkünfte bei den Devotionalienhändlern.

Spontan wurde daraufhin in der Stadt die Arbeit niedergelegt. Von überall her strömten die Menschen zum (25000 Besucher fassenden) Theater am Mons Pion, um dort den Christenmissionar Paulus und seine Mitarbeiter Gaius und Aristarchus zur Rede zu stellen. Paulus, der sich zunächst dem Zugriff entziehen konnte, war zwar bereit, der Menge zu erklären, worum es ging, ließ jedoch von seinem Vorhaben ab, als die für den Kult verantwortlichen Stadtbeamten ihm abrieten. Wie wenig der Mob für Argumente zugänglich war, erfuhr indessen Alexander, ein Vertreter der Synagoge, der einfach niedergebrüllt wurde.

Dem herbeieilenden Stadtschreiber gelang es schließlich, die Menge davon zu überzeugen, dass nicht »die Christen« oder »die Juden« etwas Illegales getan hätten, wohl aber eine solch riesige Versammlung der Anmeldung bedürfe. Religiöse Streitfragen seien ohnedies nicht auf diesem Wege zu lösen, betonte der gemäßigte Politiker, dem die Menge schließlich Recht gab – und die sich dann kopfschüttelnd auflöste. (Die meisten

hatten inzwischen ohnehin vergessen, worum es ging).

Artemisfiguren (oder Diana-, wie die Göttin in Rom heißt) dürfen also vorerst weiter gegossen und verkauft werden. Sie sind eine genaue Nachbildung des angeblich vom Himmel gefallenen Standbildes, welches inklusive des imposanten Diana-Tempels als eines der großen Weltwunder gilt. Der Tempel hat über 100 marmorne Säulen und ist 130 m lang und 67 m breit. Damit ist er vier Mal so groß wie der Parthenon in Athen.

Derjenige, der offenbar wirkliche Wunder predigt, hat die Stadt inzwischen verlassen.

(Apostelgeschichte 19,21-41)

Artemis (Diana) war die Göttin der Jagd wie auch des Mondes. Außerdem vereinigte sie Eigenschaften verschiedener antiker Mutter- und Fruchtbarkeitsgottheiten. Dies wird bei dieser Darstellung an der Vielzahl der Brüste deutlich.

Jugendliches Idol Opfer von Giftmischern?

Rom, 55 n. Chr.

Der dreizehnjährige Sohn des Claudius, Britannicus, starb während eines Festessens im Kreise seiner Familie – und Kaiser Nero sah teilnahmslos zu. Nach dem Genuss eines offenbar vergifteten Getränks war der Junge unter Krämpfen zu Boden gegangen und nach kurzem Todeskampf gestorben.

Während die Gäste entweder fluchtartig den Saal verließen oder wie angewurzelt stehen blieben, tat Nero, als wäre nichts geschehen. »Nur ein kleiner Anfall, so etwas kann passieren. Wird schon wieder!«, soll er kommentiert und nach kurzer Zeit das Essen fortgesetzt haben. Octavia, Schwester des Britannicus und Kaisergattin, schweigt zu dem Vorfall.

Gerüchte besagen, dass der Kaiser selbst die Vergiftung angeordnet haben soll, weil er die Beliebtheit des Jungen als unerträgliche Konkurrenz empfunden habe. Agrippina hatte in letzter Zeit Britannicus mehr unterstützt als Nero, ganz zu schweigen vom römischen Volk, für das der sympathische Junge eine Art Nationalheld war.

Die Beerdigung des Britannicus hätte aufgrund schwerster Stürme beinahe abgebrochen werden müssen. Kaum jemand in Rom zweifelt daran, dass das Wetter zeigte, was die Götter von der Sache hielten.

Reliefdarstellung aus einer Säule Trajans: Handelsschiff, wie es Paulus benutzt haben könnte

Aufgeweckter Teenie hört am liebsten Paulus

Troas, 57 n. Chr.

Er heißt Eutychus, ist ein »ganz normaler Jugendlicher« und hört am liebsten Paulus. Dafür steigt der Junge auch schon mal am späten Abend ein paar Treppenstufen hinauf und wenn im Saal kein Platz mehr frei ist, setzt er sich eben ins offene Fenster.

Aufgeweckt werden musste der junge Mann dann vom Apostel persönlich. Dieser hatte nämlich derart lange gepredigt, dass Eutychus – immer noch im Fenster sitzend – kurzerhand eingeschlafen war. Man fand ihn zwei Etagen tiefer wieder, am Boden liegend und offensichtlich tot. Doch der hinzugeeilte Paulus kniete neben dem leblosen Körper nieder, betete für ihn und nach kurzer Zeit schlug der Junge die Augen wieder auf.

Auf seiner »Tournee« hatte Paulus in den letzten 18 Monaten halb Griechenland bereist, um Gemeinden zu beraten und dort zu predigen. Außerdem sammelte er Geld für die Gemeinde in Jerusalem.

Diese Spende hat wohl nicht zuletzt symbolischen Charakter. Sie soll die »Einheit des Leibes Christi« demonstrieren, die Paulus in seinen Reden immer wieder beschwört. Er denkt sich die christliche Gemeinde als Körper, deren Kopf Jesus sei. Zu diesem Körper gehören sowohl jüdische Christen als auch solche aus anderen Nationen.

Schon öfter gab es zwischen diesen Gruppen Reibereien. Die konservativen Judenchristen beargwöhnten die Unabhängigkeitsbestrebungen der »heidnischen« Christen, während diese die Jerusalemer Gemeinde des Konservatismus zeihen. Hier soll die Finanzspritze also verbindend wirken.

(Apostelgeschichte 20,1-12)

Abschied mit Tränen – für immer?

Milet, 57 n. Chr.

Einen tränenreichen Abschied erlebten die Leiter der Gemeinde in Ephesus, als der von ihnen so sehr geschätzte und geliebte Apostel Paulus unmissverständlich klarstellte, dass ihn nach seiner Abreise niemand mehr wieder sehe – jedenfalls nicht auf dieser Welt.

Der Apostel, der zuvor bereits drei Jahre in dieser Stadt verbracht hatte, war auf einer Reise von Troas nach Jerusalem an Ephesus vorbeigesegelt.

Während eines Zwischenaufenthalts in Milet an der Mündung des Mäander (48 km südlich von Ephesus) hatte er die Pause genutzt, um ein letztes Zusammentreffen mit den dortigen Gemeindeältesten zu arrangieren.

In seiner Abschiedsansprache erinnerte er noch einmal daran, mit welcher Hingabe er sich für diese Gemeinde eingesetzt habe. »Den ganzen Ratschluss Gottes habe ich euch verkündigt, euch nichts vorenthalten und von niemandem einen Pfennig dafür genommen!« Bestürzung machte sich breit, als der Apostel darauf hinwies, dass nach seinem Abschied »Wölfe im Schafspelz« die Gemeinde unterwandern würden, falsche Lehrer, deren Irrlehren nicht einfach zu erkennen seien – und übermäßige Trauer, als der Apostel schließlich zum Schiff ging und sich von jedem Anwesenden ein letztes Mal persönlich verabschiedete.

Noch lange dauerte es, bis sich die Gemeindeleiter nach Hause begaben, wie benommen von der Nachricht, dass sie den Mann, dem sie so viel zu verdanken hatten, erst im Himmel wieder sehen würden.

Für Paulus bleibt derweil noch einiges zu tun. Wie es heißt, will er zunächst nach Jerusalem und anschließend nach Spanien weiterreisen.

(Apostelgeschichte 20,13-38; vgl. Römer 15,23-29)

Prediger beinahe als Tempelschänder gelyncht

Blick auf Milet, im Hintergrund Ephesus

Jerusalem, 57 n.Chr.

Paulus wird vorerst nicht mehr öffentlich predigen. Von Griechenland kommend, endete seine Reise nach Jerusalem im städtischen Gefängnis, nachdem der Apostel nur um Haaresbreite der Lynchjustiz einer aufgebrachten Menge entkommen war. Das geschah für diesen nicht ganz unvorbereitet. »Eigentlich hätte er es wissen müssen. Schließlich ist er ja zu Genüge gewarnt worden«, meinen nicht wenige seiner Glaubensgenossen.

Grund der Aufregung (die vor allem von orthodoxen Juden geschürt wurde): Paulus hatte angeblich einen Heiden namens Trophimus mit in den Tempel genommen und diesen dadurch entweiht. Nur dem schnellen Eingreifen der römischen Schutztruppe ist es zu verdanken, dass der Apostel noch lebt. Dabei hatte er sich kurz zuvor als Jude erwiesen, indem er für vier seiner christlichen Freunde die Opferungen anlässlich des Abschlusses ihrer Nasiräergelübde bezahlt hatte.

Dennoch reichte diese Solidaritätsgeste nicht aus, um die jüdischen Extremisten zu beschwichtigen. Im Gegenteil: Sie unterstellten ihm, er habe seinen nichtjüdischen Begleiter Trophimus aus Ephesus wider alle Vorschriften mit in den Tempel gebracht. Daraufhin versuchten die aufgebrachten Fanatiker sogar, den Apostel zu lynchen, was sicherlich auch geschehen wäre, wenn nicht der römische Militärtribun Wind von der Sache bekommen und mit seiner Truppe eingegriffen hätte. Er führte Paulus ins Militärlager ab.

Unter dem Schutz des Militärs durfte Paulus dann zur Menge reden, die allerdings sofort wieder in wütendes Geschrei ausbrach, als der Apostel von seiner Bekehrung und Berufung, »auch den Nichtjuden das Evangelium zu predigen«, erzählte. In den Sanhedrin bestellt, konnte er dann geschickt die Aufmerksamkeit auf die Totenauferweckung lenken und die anwesenden Pharisäer (die auch daran glauben) gegen die Sadduzäer (die es nicht tun) aufbringen.

Übrigens war Paulus, der daraufhin in die Schutzhaft zurückgebracht wurde, in Troas und in Cäsarea in »prophetischen Worten« vor seiner Reise nach Jerusalem gewarnt worden. Seine Reisegenossen, unter ihnen der Arzt und Chronist Lukas, baten ihn, umzukehren. Ihm jedoch scheint sein Predigtauftrag wichtiger zu sein als die persönliche Sicherheit.

(Apostelgeschichte 21,1-23,11)

Rückenwind für Kaufmannsschiffe

Arabisches Meer

Nach Angaben des griechischen Kaufmanns Hippalus gibt es Winde – so genannte »Monsune« –, die in regelmäßigen Zeitabständen von Arabien aus in Richtung des Indischen Ozeans wehen. Er selbst sei von Kap Ras Fartak (Südarabien) aus bis zum indischen Subkontinent vorgedrungen.

Würden diese »Windstraßen« von Rom genutzt, ließe sich der Handel des Reiches mit dem Orient erheblich ausbauen. Parfüm-, Elfenbein- und Edelsteinliebhaber dürfen sich freuen.

KURZMELDUNGEN 55-60 n.Chr.

Eroberhafen (ca. 55 n.Chr.): An der Küste Cornwalls (Südwestengland) wurde in Nanstallon in der Nähe von Bodmin mit den Arbeiten für einen neuen römischen Hafen begonnen. Die Aufsicht hat Oberbefehlshaber Vespasian persönlich übernommen.

Sippenhaft (57 n.Chr.): Die Brigantenkönigin Cartimandua, eine Anhängerin des Römischen Reiches, hat sich mit ihrem Mann Venutius überworfen und alle seine Verwandten festnehmen lassen. Venutius sammelt inzwischen Truppen für eine Invasion und seine Frau hat an Rom appelliert, die Ordnung schnellstens wiederherzustellen.

Nachbarschaftsstreit (58 n.Chr.): Der thüringische Stamm der Hermundurer hat den benachbarten Stamm der Chatten besiegt, der auf der anderen Seite des Mains lebt. Nach schweren Kämpfen haben die Sieger die Besiegten den Göttern Wodan und Tiwaz geopfert.

Neue Weltreligion in Sicht? (58): Der neue Kaiser Ming hat den Thron bestiegen. Er ist Anhänger des Buddhismus, einer Religion, die sich langsam nach China ausbreitet.

Gotische Expansion (ca. 60 n.Chr.): Die Goten haben ein Königreich an der baltischen Küste entlang der unteren Weichsel errichtet. Ursprünglich stammen sie aus Gotland in Südschweden.

Grundsatzpapier für die Gemeinde

Korinth, 57 n. Chr.

Obgleich Paulus die Gemeinde in Rom (noch) nicht persönlich kennt, schrieb er den Christen in der Stadt einen tiefsinnigen und anspruchsvollen Brief, in dem er ihnen – ausgehend von der Frage, wie der Mensch vor Gott gerecht werden kann – die Grundlagen des Glaubens erklärt, den er verkündet.

Im Unterschied zu den anderen Schreiben des Apostels, die stets aus einem bestimmten Anlass verfasst wurden, ist der »Brief an die Römer« mehr eine allgemeine theologische Abhandlung – eine Art »kleine Dogmatik«.

Zunächst erläutert der Apostel die Verwerflichkeit des Götzendienstes und menschlichen Egoismus. Obwohl ein Wissen um Gut und Böse den Menschen ins Herz gelegt ist, versündigen sie sich, indem sie das Geschaffene statt des Schöpfers anbeten (Kapitel 1).

Dem wird weder ein Jude noch ein Nichtjude widersprechen können, denn schon Salomo betonte im Buch der »Weisheit«, dass »die Erfindung des Götzen den Verfall des Menschen« bedeute. Und Seneca, politischer Berater des Nero, findet: »Wer für den Bauch lebt, hat seinen Tod schon vorweggenommen.«

Heiden wie Juden haben sich gleichermaßen gegen Gott versündigt, behauptet Paulus. Weder die Beachtung des mosaischen Moralgesetzes (etwa der »Zehn Gebote«) noch des ausführlichen Zeremonialgesetzes machen den Menschen annehmbar (»gerecht«) vor Gott. »Alle sind Sünder – ohne Ausnahme und Einschränkung!« Dass der »Gerechte durch den Glauben lebt« (so der Prophet Habakuk), sei, wie Paulus ausführt, keine neue christliche, sondern altbekannte jüdische Lehre. Warum wurde denn Abraham gerecht gesprochen? Doch weil er Gott glaubte! (Kapitel 2-5).

Doch erst durch den Tod des Messias am Kreuz kann der Mensch wirklich aufatmen und in die Gemeinschaft mit Gott eintreten. Dieses »Sühnopfer« befreit ihn sowohl vom Druck des perfekten Gesetzes als auch von

Das Forum Romanum mit dem Tempel der Dioskuren Castor und Pollux, dem Triumphbogen des Titus und dem Kolosseum im Hintergrund

der Macht der Sünde. »Gottes Liebe ist ausgegossen in unsere Herzen« – wie sich der Apostel ausdrückt. Dass ein Mensch, der diese Vergebung erfahren hat, nicht einfach weiter sündigen darf, ist klar. Er möchte und wird es nicht mehr, denn er ist »für die Sünde tot« (Kapitel 6).

Dass auch Christen noch sündigen, weiß indes auch der Apostel und setzt sich darum im 7. Kapitel mit der Frage nach dem inneren Kampf zwischen alter und neuer Natur (»Fleisch und Geist«, wie er es nennt) auseinander. Gottes Geist gibt dem Gläubigen die Kraft zum Leben und ermöglicht es ihm, der (bis zu seinem Lebensende vorhandenen) Macht der Sünde Widerstand zu leisten (Kapitel 7 und 8).

Dann wendet sich Paulus der Frage zu, inwieweit die Juden weiterhin Gottes auserwähltes Volk sind (was einige Christen zu bezweifeln scheinen). Er beantwortet sie eindeutig positiv und warnt die Nichtjuden vor Überheblichkeit (Kapitel 9-11). Nachdem Paulus auf diese Weise seinen Standpunkt festgeklopft hat, wird der Brief ganz praktisch. Schließlich geht es dem Apostel nicht nur um schöne Gedanken, sondern um Veränderung des Lebens. »Das ganze Leben soll für Gott gelebt werden«, so sein Grundtenor. Dazu gehört praktische Nächs-

tenliebe ebenso wie die Tatsache, dass auch der Christ sich als Staatsbürger zu bewähren habe. Im Allgemeinen kommt der Staat in diesen Ausführungen ganz gut weg. Von Anarchie ist jedenfalls nichts zu spüren. In den übrigen Fragen solle man ein gesundes Maß an Toleranz walten lassen (ein Vegetarier verachte nicht den, der Fleisch isst!), und sich nicht wegen zweitrangiger Dinge in den Haaren liegen.

Dem Sekretär Tertius diktiert, wurde der Brief dann mit freundlichen (und äußerst umfangreichen!) Grüßen per Kurier überbracht.

Schriftsteller wird Spitzenpolitiker

Rom, 56 n. Chr.

Als Konsul und Militärkommandeur ist der Schriftsteller Seneca, bisher politischer Berater des Nero, praktisch zweiter Mann im Staat, wenn er sich die Macht auch mit Burrus, dem Chef der Prätorianergarde, teilen muss.

Wie man sich hinter vorgehaltener Hand erzählt, geht es Seneca wie Burrus darum, die unguten Ambitionen des Herrschers ein wenig zu dämpfen.

Paulus entkommt Mordkomplott

Cäsarea/Syrien, ca. 57 n. Chr.

Der Besonnenheit seines Neffen und der Umsicht Claudius Lysias' von der römischen Garnison hat es Paulus zu verdanken, dass es vierzig jüdischen Extremisten nicht gelang, ihn umzubringen.

Die Männer hatten geschworen, nicht eher wieder Nahrung zu sich zu nehmen, bis Paulus tot wäre. Auch Mitglieder des Sanhedrins wussten von dem Plan. Sie hatten vor, den Apostel vorzeitig aus der Gefangenschaft zu entlassen – doch nur, um ihren Kollegen die Gelegenheit zu geben, ihn umzubringen.

Doch in Jerusalem »haben die Wände Ohren«: Der Neffe des Apostels bekam Wind von der Sache und gab die Information an die Römer weiter.

Hauptmann Lysias befahl daraufhin, den Gefangenen im Schutz der Dunkelheit nach Cäsarea zu bringen. Zweihundert Soldaten, siebzig Kavalleristen und weitere zweihundert Speerträger wurden aufgeboten, um den Apostel sicher aus der Stadt zu geleiten. Er wurde dann dem Gouverneur Tiberius Claudius Felix übergeben, einschließlich eines Schreibens aus Rom, in dem dieser aufgefordert wurde, Paulus in Schutzhaft zu nehmen.

(Apostelgeschichte 23,12-35)

Quellen in Cäsarea Philippi

Statthalter vertagt Prozess

Cäsarea/Syrien, ca. 57 n. Chr.

Felix hat den Prozess gegen Paulus vertagt. Der Gouverneur war von einer jüdischen Delegation aufgesucht worden, die Paulus der Unruhestiftung bezichtigt hatte. Auch habe er, wie ihr Sprecher Tertullus behauptete, den Tempel entweiht.

Paulus bestritt die Vorwürfe und nahm die Gelegenheit wahr, den Anwesenden »den Weg« (wie sich die christliche Bewegung nennt) näher zu erklären.

Der Statthalter Tiberius Claudius Felix ist ein zu politischen Ehren aufgestiegener freigelassener Sklave, dem weder das Juden- noch das Christentum fremd sind. Er ist Ehemann der Drusilla, der Tochter Herodes Agrippas I. Felix hörte sich im Paulus-Verfahren zunächst Rede und Gegenrede an und rief dann nach seiner Entscheidung, den Prozess zu vertagen, Paulus noch einmal privat zu sich.

Der Gouverneur wird sich wohl kaum dazu durchringen, den Apostel zu verurteilen; andererseits muss er die römischen Gesetze beachten und hält ihn darum fürs Erste weiter in (leichter) Haft – wohl vor allem, um die jüdischen Ankläger zu beruhigen.

(Apostelgeschichte 24)

Juristisches Eigentor?

Cäsarea, ca. 59 n. Chr.

Paulus, seit zwei Jahren in Haft in Cäsarea, will offenbar von seinem Recht Gebrauch machen, sich vor Nero persönlich zu verteidigen. Der Christenapostel war vor zwei Jahren von Felix gefangen gesetzt worden, der inzwischen nach Rom zurückbeordert wurde.

Kaum in Jerusalem, wurde Festus von den Juden auf Paulus angesprochen: Dieser Christ habe nicht nur gegen ihre Religion, sondern auch gegen die Gebote des Kaisers verstoßen.

Während des folgenden Prozesses konnte jedoch keiner der Vorwürfe bewiesen werden. Paulus, der wohl befürchtete, dass Festus mit der jüdischen Seite sympathisierte, berief sich dann auf den Kaiser.

Noch vor seiner Abreise wurde der Gefangene auch Herodes Agrippa II. vorgeführt. Die Reaktionen auf seine Geschichte waren unterschiedlich. Für Festus ist der bekehrte Pharisäer schlicht »verrückt«, während Agrippa seiner Argumentation, dass Jesus der versprochene Messias ist, durchaus folgen konnte.

Einig war man sich darin, dass Paulus längst hätte frei sein können, wenn er sich nicht auf den Kaiser berufen hätte. So musste man ihn nach Rom schicken.

(Apostelgeschichte 25-26)

Unter Begleitung einer römischen Eskorte reiste Paulus vorwiegend auf dem Seeweg nach Rom.

Schiffsunglück vor Malta

Malta, 59 n. Chr.
Das Schiff, welches den Christenführer Paulus und seine Begleiter Lukas und Aristarchus nach Rom bringen sollte, ist in Seenot geraten. Das einem alexandrinischen Kaufmann gehörige Handelsschiff hatte fast zwei Wochen lang gegen orkanartige Stürme angekämpft und war dann vor der Küste Maltas gestrandet und auseinander gebrochen. Alle 276 Passagiere konnten sich retten. Die Getreideladung war bereits zuvor über Bord gekippt worden.

Paulus hatte sich zusammen mit anderen Gefangenen in Begleitung einer römischen Kohorte unter dem Hauptmann Julius zunächst auf ein Schiff aus Adramyttion begeben, welches die Küste Kleinasiens befuhr. In Myra buchte die »Reisegesellschaft« dann das alexandrinische Schiff für den Weg nach Rom.

Die Probleme hatten bereits kurz nach Beginn der Weiterreise begonnen. Entlang der asiatischen Küste kam das Schiff nicht in Fahrt, weswegen der Kapitän sich für den Kurs nach Süden entschied, in der Hoffnung, einen Ostwind zu erreichen, der ihm anschließend eine Fahrt im Schutz der Südküste Kretas ermöglichen würde. Doch die Rechnung ging nicht auf. Es war schon Ende Oktober, als man in Guthafen ankam, und damit höchste Zeit zum Überwintern (Seereisen gelten nach dem 14. September als gefährlich, nach dem 11. November als selbstmörderisch).

Da Guthafen als Überwinterungsort ungeeignet ist, entschloss sich der Kapitän, den Hafen Phönix an der Südwestküste Kretas anzusteuern. Doch der freudig begrüßte Südwind drehte kurz später auf Nordost und wuchs sich zum Orkan aus, der in Kreta »Eurakylon« genannt wird. Das Schiff war bald nur noch ein Spielball der Wellen.

Paulus konnte den Kapitän und die Reisenden trösten, indem er verkündete, Gott habe ihm in einer Vision mitgeteilt, sämtliche Passagiere würden gerettet – was dann auch geschah. Das Schiff geriet auf eine Landzunge

St. Paul's Bay auf Malta, Abbildung aus dem 19. Jahrhundert

und zerschellte. Die Soldaten wollten die Gefangenen zunächst umbringen, doch ihr Hauptmann, der Paulus wohlgesonnen war, hinderte sie daran. Auf treibenden Planken erreichten schließlich alle das sichere Ufer der Insel.

Als sich die Überlebenden dann am Strand der Insel aufwärmten und stärkten, wollte Paulus einen Ast aufheben, der sich als Schlange entpuppte. Den Inselbewohnern, die sich in rührender Weise um die Schiffbrüchigen gekümmert hatten, war klar: Paulus würde bald tot umfallen; der Seegott Nemesis hatte sich gerächt.

Doch zum Erstaunen aller überlebte der Apostel und bekam dadurch die Gelegenheit, auf der Insel zu predigen und zu heilen – unter anderem den Sohn eines der wohlhabendsten Männer der Insel, der an Ruhr erkrankt war.

(Apostelgeschichte 27,1-28,10)

Leichte Haft für prominenten Knacki

Rom, ca. 60 n. Chr.
Dem christlichen Apostel und Gemeindegründer ist es während der Wartezeit auf seinen Prozess (entweder vor dem Kaiser persönlich oder vor hohen Senatoren) erlaubt, sich in seiner römischen Mietwohnung aufzuhalten. Zwar steht Paulus dort unter ständiger Aufsicht; er darf sich jedoch ansonsten frei bewegen und auch Besuch empfangen.

Für den Christenmissionar ist eine derart leichte Haft – nach allem, was er zuvor erlebt hat – etwas völlig Neues. So ließ er es sich denn auch nicht nehmen, sofort die Synagoge aufzusuchen und den Gottesdienstbesuchern den christlichen Glauben ausführlich zu erklären.

Nachdem Kaiser Claudius vor elf Jahren die Juden aus Rom ausgewiesen hatte, hatte der Rückstrom in die Hauptstadt nur zögernd wieder eingesetzt. Auch gibt es kaum Kontakte zwischen Juden und römischen Christen. Man scheidet sich an der (von Paulus vertretenen!) Interpretation des Gesetzes und der Propheten.

Auf der letzten Station vor seiner Ankunft in Rom konnte Paulus nochmals die Gastfreundschaft einiger Christen in Puteoli erfahren. Diese trugen die Nachricht, dass Paulus sich in Richtung Rom bewege, flugs in die Hauptstadt, so dass ihm nachher von dort ein »christliches Empfangskomitee« entgegenkam.

(Apostelgeschichte 28,11-30)

Rachefeldzug einer Königin

So könnte Königin Boudicca ausgesehen haben.

Colchester/Britannien, 60 n. Chr.
Mehr als 80000 Tote haben Aufständische in Essex nach einer Schlacht mit den Römern zu beklagen – und dies, nachdem sich die Inselbewohner ihres Sieges so sicher waren, dass sie Frauen und Kinder ermutigt hatten, den Kämpfen zuzusehen. Die verantwortliche Rebellenführerin Boudicca beging unmittelbar nach der Niederlage Selbstmord.

Zu dem erbitterten Hass zwischen den Einwohnern von Essex und der römischen Besatzung war es gekommen, als Römer nach dem Tod des Königs Prasutagus dessen Frau Boudicca ausgepeitscht und ihre Töchter der Willkür der Soldaten preisgegeben hatten. Boudicca schwor Rache und sammelte aus ganz Südbritannien Tausende von Aufständischen um sich. Zuerst wurde die römische Siedlung Colchester geplündert. Als die römische Siegesstatue auf den Rücken fiel, betrachteten die Briten dies als gutes Omen. Auch von anderen merkwürdigen Begebenheiten wurde berichtet: Eine Phantomstadt soll an der Themsemündung gesichtet worden sein und das Meer sich rot gefärbt haben.

Nach der Plünderung Colchesters zog man nach st. Albans und London. Über 70000 Römer wurden erhängt, gekreuzigt oder den Flammen übergeben.
Daraufhin hatte Suetonius Paulinus, der römische Gouverneur in Britannien, zum Gegenangriff geblasen. »Niemand fordert Rom auf diese Weise ungestraft heraus«, hieß es in der Hauptstadt.
Obwohl personell in der Minderzahl, gelang es den Römern, die chaotisch anrennenden Briten relativ rasch zu überwinden. Zu allem Überfluss hatten diese sich auch noch ihren eigenen Fluchtweg durch ihre Lasttiere abgeschnitten.
Gegenüber 80000 Briten hatten die Römer lediglich 400 Tote in dieser

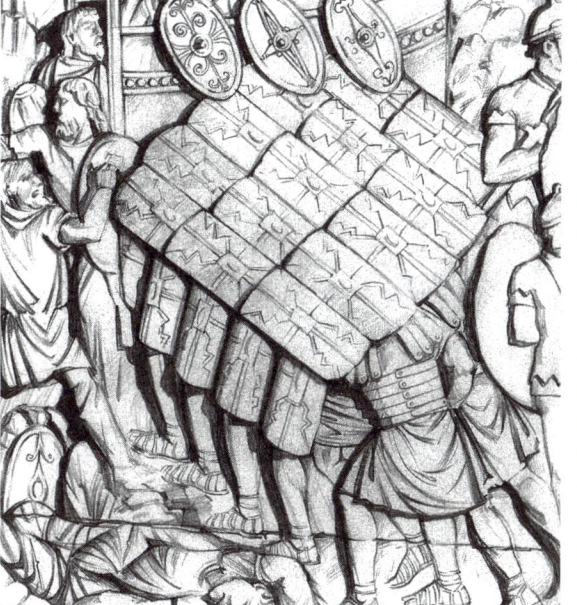

Schlacht zu beklagen. Als sie die Aussichtslosigkeit der Lage erkannte, vergiftete sich Boudicca.

Kaiserlicher Muttermord

Baia, 59 n. Chr.
Agrippina, die Mutter des Nero, ist tot. Nach einem vergeblichen Versuch ihres Sohnes, sie zu ertränken, wurde sie erdolcht aufgefunden. Der Kaiser soll noch einen letzten Blick auf sie geworfen und eine Bemerkung über ihren Körper gemacht haben. Nero hatte sie zunächst an Bord eines Schiffes gelockt, das er auf offener See versenken wollte. Der Kaisermutter gelang es jedoch, sich schwimmend an Land zu retten. Zwei nerotreue Matrosen taten dann das, was dem Kaiser nicht gelungen war.
Der Kaiser bleibt vorerst in Neapel. Dennoch braucht er keine Angst zu haben, nach Rom zurückzukehren. Schließlich hat Seneca schon überall kolportiert, dass Agrippina gegen Nero intrigiert habe. Und im Senat wurde für dessen Rettung schon den Göttern gedankt.

Kriegsszene aus der Trajansäule: Römische Truppen in »Schildkrötenformation«

Hochburg des Okkultismus zerschlagen

Anglesey, Wales, 60 n. Chr.
Die nordwalisische Insel Anglesey – bislang ein Refugium der Druiden – ist von den Römern eingenommen worden.
Den Soldaten war zuvor das Blut in den Adern gefroren, nachdem sie das Eiland – meist schwimmend – erreicht hatten. Schwarz gekleidete Furien mit wilden Mähnen hielten brennende Fackeln in ihren Händen und brüllten, unterstützt von noch schwärzer gekleideten Druidenpriestern, den An-

greifern die fürchterlichsten Flüche entgegen.
Doch die Mischung aus psychologischer und okkulter Kriegsführung half nichts. Die Römer erholten sich recht schnell von ihrem Schreck, sammelten sich zu einem erneuten Angriff und massakrierten die Horden, die sich ihnen entgegengestellt hatten. Der Druidenkult, für den blutige Menschenopfer zum Alltag gehören, ist damit in Wales fürs Erste zum Erliegen gekommen.

Post aus dem Knast

Rom, ca. 61/62 n. Chr.

Dass Paulus Tag und Nacht unter Hausarrest steht, hindert den Apostel nicht daran, auch während seiner Gefangenschaft einen Brief nach dem anderen zu schreiben.

Der Mann, dessen Füße Tausende von Meilen zurückgelegt haben, wird sich für die Zeit seiner Gefangenschaft wohl damit abfinden müssen, nur noch seine Gedanken in die Ferne schweifen lassen zu dürfen. Doch Einfluss nehmen lässt sich auch per Brief.

Mindestens vier Schreiben hat Paulus seinem persönlichen Referenten und Kurier Tychikus bisher anvertraut, der nun schon seit Wochen damit beschäftigt ist, zwischen Rom und den jeweiligen Adressaten in Griechenland und Kleinasien hin und her zu pendeln. Wenigstens sind dies die Briefe, die uns bekannt sind. Doch dürfen wir davon ausgehen, dass auch andere Gemeinden Briefe erhalten haben, die aber sonst niemand zu lesen bekam. Auch unter den Christen mit ihrer gut funktionierenden Öffentlichkeitsarbeit muss nicht alles an die große Glocke gehängt werden.

Das Lykostal bei Kolossä

Nicht begeistert von den Geistern

Der Gemeinde in Kolossä rät Paulus, sich von Irrlehrern nicht verwirren zu lassen. Philosophie und religiöser Traditionalismus werfen nach Ansicht des Apostels ihr Netz aus, um die Christen »einzufangen«. Epaphras, der Gründer der Gemeinde, hatte berichtet, dass von einigen dort die Theorie verbreitet wird, Christus sei nur ein Mensch gewesen und keinesfalls göttlicher Natur. Stattdessen beten diese Leute inzwischen Engel an und rühmen sich des »Kontakts mit der unsichtbaren Welt«. Auf Erden dagegen verbieten sie nicht nur die Freude am guten Essen, sondern auch jeglichen Geschlechtsverkehr.

Paulus, der die Christen in Kolossä nicht persönlich kennt, stellt klar, dass man sich als Christ nicht mit der Geisterwelt (»Elementen dieser Welt«, wie er sich ausdrückt) abgeben, sondern den Blick fest auf Christus gerichtet halten soll. Dieser habe die »Mächte und Gewalten entwaffnet und öffentlich bloßgestellt«.

Den Lehrern in Kolossä, die aus allem ein Geheimnis machen und somit aus den »Erkennenden« eine religiöse Elite, verrät der Apostel, dass das eigentliche Mysterium einen Namen hat: Christus – »und in ihm liegen alle Schätze der Weisheit verborgen.« Den Asketen und Gesetzesfanatikern hält er entgegen, dass ihre angebliche »Heiligkeit« in Wirklichkeit wohl eher stolz sei und eben nicht göttlichen, sondern menschlichen Ursprungs.

Christus throne über allem und eines Tages würden sich alle vor ihm beugen müssen. Bis dahin – so der Apostel – sollten die Christen einander dienen und ihre tägliche Arbeit verrichten – so gewissenhaft, als sei Gott selbst ihr Auftraggeber. Dabei vergaß er auch nicht darauf hinzuweisen, dass Unterschiede in Geschlecht und Stand für einen Christen keine Veranlassung ist, sich dem Untergebenen gegenüber unsozial zu benehmen.

(Kolosserbrief 1-4)

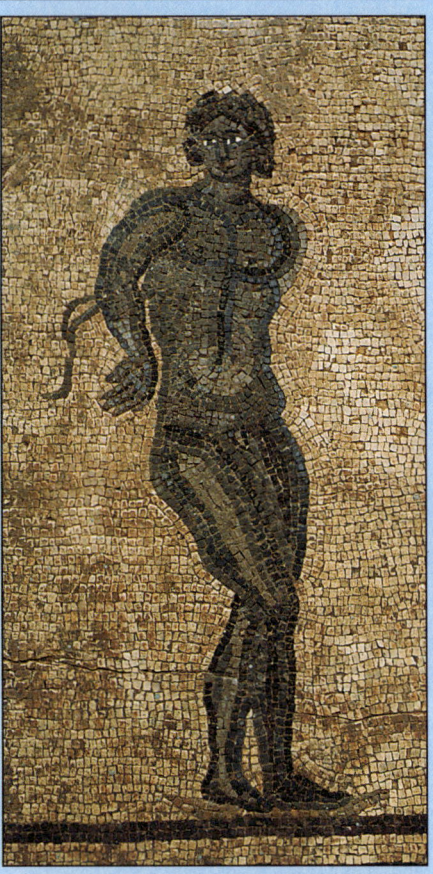

Mosaik mit der Darstellung eines römischen Sklaven (3. Jahrhundert, Paphos/Griechenland)

Zweite Chance für getürmten Sklaven

In einem dringenden Appell hat Paulus seinen Freund Philemon gebeten, auf sein Recht zur Hinrichtung eines Exsklaven mit dem bezeichnenden Namen Onesimus (»der Nützliche«) zu verzichten. Dieser hatte seinem Herrn ohne dessen Einwilligung den Rücken gekehrt, war bis nach Rom geflohen und dort unter dem Einfluss des Paulus zum Glauben gekommen. »Das ist ein wertvoller Mann«, wird Paulus zitiert und bittet Philemon inständig darum, den neu gewonnenen christlichen Bruder doch auch als solchen zu behandeln: »Lass ihn wieder laufen, denn du stehst doch selbst in meiner Schuld!« (Philemon war ebenfalls durch Paulus zum Glauben gekommen.)

Der Brief wurde durch Tychikus überbracht. Onesimus besaß genug Vertrauen, gleich mitzukommen – in der sicheren Hoffnung, mit offenen Armen empfangen und nicht an den Galgen geschickt zu werden.

(Philemonbrief)

Worauf ein Apostel »abfährt«

»Was für ein starkes Thema!«, mag sich der Apostel Paulus gedacht haben, als er seinen neuesten Brief verfasste – und wer so von seinem Thema begeistert ist, dem sieht man es auch nach, wenn er sich einmal wiederholt.

Der inzwischen eingetroffene Brief »an die Epheser« (ein Rundschreiben, das auch in den Gemeinden von Laodizea und Hierapolis verlesen wurde) ähnelt nämlich über weite Strecken dem Kolosserbrief, wenn er

auch auf einige orts- und gemeindespezifische Details verzichtet und sich stattdessen auf allgemeine Wahrheiten konzentriert. Vier davon sind es vor allem, die den Apostel zur Feder greifen und ihn in anspruchsvoller Prosa darlegen lassen, was Christsein eigentlich ausmacht:

Zunächst die Tatsache, dass Christus über allem thront und der Christ von Gott erwählt ist. Verglichen mit der göttlichen Majestät sind wir winzig kleine Wesen, von Gott getrennt:

»sündig«, wie sich der Apostel ausdrückt. Doch Gott hat durch Jesus die Kluft zwischen ihm und uns überbrückt. Er schenkt neues Leben und befähigt die Gläubigen, so zu leben, wie es Gott gefällt. Diese Tatsachen verbinden – zweitens – alle Gläubigen miteinander, gleich, welcher Herkunft sie auch sind. Die Trennung zwischen Juden und Heiden ist aufgehoben.

Der dritte Punkt ist gewissermaßen das »Lieblingsthema« des Paulus: Die Christen sind ein einziger Leib; die Gemeinde ist der »Leib Christi«. Dieser hat nur einen Kopf, den Herrn Jesus Christus, der Gaben ausgeteilt hat, damit man sich gegenseitig als Christen stärke und zur Reife wachse. Viertens und letztens gibt der Apostel einige praktische Tipps, wie das Leben der Gläubigen aussehen sollte: »Ordnet euch einander unter; dient einander; kämpft gegen eure Feinde!« – die sich nach der Überzeugung des Paulus übrigens nicht in unserer Welt befinden, sondern in der unsichtbaren Wirklichkeit!

(Epheser 1-6; vgl. Kolosser 4,17)

Ruine eine römischen Aquädukts, der frisches Wasser nach Laodizea brachte.

»Christus – alles andere kann man vergessen!«

Wann hat ein Mensch Grund zur Freude? Wenn er sich bewusst wird, was Gott für ihn getan hat! So jedenfalls die Ansicht des Apostels Paulus, der in seinem »Brief an die Philipper« jenes goldene Wort gleich sechzehn Mal in den Mund (bzw. die Feder) nimmt.

Was ihn auch freut: eine größere Spende für seine Arbeit in Rom, welche ihm von seinem Mitarbeiter Epaphroditus überbracht wurde. Dieser war erkrankt und später mit dem Antwortbrief des Paulus an die Philipper losgeschickt worden.

In einem »Christushymnus«, der in seiner poetischen Form seinesgleichen in der Literatur sucht, beschreibt der Apostel die Opfertat Jesu, der seine himmlische Majestät für die Zeit seines irdischen Lebens ab-

legte und den Tod eines Verbrechers am Kreuz auf sich nahm. Der so erniedrigte Christus wird in Zukunft (wann genau, weiß man nicht) als »erhöhter Herr« über die Welt richten und »jedes Knie wird sich vor ihm beugen und jede Zunge bekennen müssen, dass er der Herr ist«.

Auf den Boden des Irdischen kommt der Apostel zurück, wenn er anschließend einige Missstände in der Gemeinde in Philippi anspricht. Wichtigste Ermahnung: Vertragt euch! (besonders die beiden Damen Euodia und Syntyche). Von jüdischen Gesetzesfanatikern, welche behaupten, dass ohne Beschneidung niemand Gott gefallen könne, sollen die Philipper gehörigen Abstand halten. Wenn jemand ein »wahrer Jude« sei,

so der Apostel erregt, dann er selbst. Aber »was ist das schon gegenüber der Erkenntnis Christi«? Die Antwort des Paulus: »Skybalon« – ein kaum zitierfähiges Wort, welches der Apostel in seinen Briefen nur dieses einzige Mal gebraucht. Ferner ist es wohl ein Stück »Lebenskunst« des Apostels, sich in jeder Situation mit dem, was er vorfindet, begnügen zu können, ob er nun üppig lebt oder in bitterer Not: »Schließlich habe ich schon alles Mögliche durchgemacht!«.

In allem sei er aber keineswegs perfekt, aber er denke doch, dass er für sein Leben die richtigen Prioritäten gesetzt habe, und die lassen sich im Namen einer Person zusammenfassen: »Jesus Christus«.

(Philipperbrief 1-4; 3,8)

Reisende kann man nicht aufhalten

Rom, ca. 62 n. Chr.

Wie vor kurzem bekannt wurde, steht Paulus nicht mehr unter Hausarrest. Es heißt, der Apostel habe sich umgehend wieder auf die Reise begeben. Es wird angenommen, dass er Spanien anvisiert hat. »Vielleicht besucht er auch«, so einer seiner Bekannten, »einige der Gemeinden, die er vor seinem Arrest gegründet hat«. Damit könnte z.B. Ephesus oder Philippi gemeint sein.

Eine erste Anhörung des Apostels war offenbar ergebnislos verlaufen und der Prozess vertagt worden, möglicherweise um den Fall noch weiter zu untersuchen.

In Rom war Paulus übrigens von seinen engsten Mitarbeitern im Stich gelassen worden, vielleicht, weil diese eine erneute Verfolgung fürchteten. Jedenfalls scheint Kaiser Nero in dieser Hinsicht ziemlich unberechenbar zu sein.

(Römer 15,24; 1. Timotheus 1,3; 3,14; 2. Timotheus 1,15; 4,13,16f, 20; Titusbrief 1,5; 3,12)

Ehefrau verliert für Geliebte den Kopf

Rom, 62 n. Chr.

Das Haupt Octavias, der erst zwanzigjährigen ehemaligen Ehefrau Neros, ist seiner derzeitigen Geliebten Poppäa überreicht worden. Zuvor hatte der Kaiser befohlen, Octavia

Kaiser Nero

die Adern durchtrennen zu lassen. Als der Blutfluss nicht einsetzen wollte, hatte man sie in einem Dampfbad erstickt.

Die Einwohner Roms sind empört – und allesamt von der Unschuld der Frau überzeugt. Nero dagegen hatte abwechselnd behauptet, sie sei unfruchtbar oder habe ihn betrogen. Die Dienerinnen Octavias hielten treu zu ihr und waren auch unter Folter nicht von ihrer Überzeugung abzubringen, dass Octavia unschuldig war.

Auch zwei ehemalige Sklaven des Kaisers wurden ermordet. Ihre »Schuld«: Der eine hatte Neros Ehe mit Poppäa kritisiert, der andere sein Geld selbst ausgegeben, statt es Seiner Majestät zu schenken.

Kassandrarufe des Fischerapostels

Rom, ca. 63 n. Chr.

Simon Petrus, oberster Leiter der christlichen Kirche, warnt in einem kürzlich bekannt gewordenen Rundschreiben die Gläubigen in Kleinasien vor einer drohenden Verfolgung, die demnächst alle Gemeinden bedrohen könne.

Darüber, so der Apostel, brauche sich allerdings niemand zu wundern. Im Gegenteil: Schließlich habe auch Christus gelitten und auch seinen Nachfolgern »Bedrängnisse« vorausgesagt. Die einzig angemessene Lebenseinstellung für solche Zeiten sei es, ein geordnetes und gottesfürchtiges Leben in gegenseitiger Dienstbereitschaft zu führen.

Petrus, der die Stadt Rom als »Babylon« (ein Symbol der Gottlosigkeit) bezeichnete, war vermutlich von Paulus dorthin gebeten worden, nachdem dieser die Stadt verlassen hatte, um in einer Auseinandersetzung zwischen jüdischen und heidnischen Gläubigen zu vermitteln.

Für Petrus ist das »erwählte Volk« identisch mit »allen an Christus gläubigen Menschen«. Ein Treffen der recht unterschiedlichen Charaktere Petrus und Paulus ist insofern bedeutsam, als Paulus prinzipiell nicht in das Arbeitsgebiet eines anderen eingreifen, sondern seine »eigenen Furchen ziehen« möchte. Zudem waren die beiden, wie berichtet, vor etlichen Jahren in Antiochia scharf aneinander geraten, wenn auch seither nichts mehr über irgendwelche Unstimmigkeiten bekannt wurde.

Dass Petrus seinen Kollegen Paulus hoch schätzt, erkennt man daran, dass er ihn, neben Jesus selbst, des Öfteren zitiert.

Es mag verwundern, dass ein an sich kaum gebildeter Fischer so gestochene Briefe zu schreiben vermag. Reisen bildet, mögen manche einwenden. Doch meinen die meisten, dass für diesen Stil wohl eher sein Sekretär Silvanus verantwortlich sei.

(1. Petrus; vgl. Apostelgeschichte 16,6-10; Römer 15,20; 1. Korinther 9,5; Galater

Apostelpost in Kürze

Der Brief des Petrus in Stichpunkten:

- Erinnert euch, wenn ihr leidet, an die herrliche Hoffnung, die Gott euch gegeben hat (1,1-12).

- Christen sollten Christus nachfolgen und ihm ähnlicher werden (1,13-2,3).

- Christus ist der tragende Eckstein der Gemeinde (2,4-3,12).

- Christlicher Lebenswandel bedeutet Gehorsam gegenüber der Regierungsgewalt und liebevolles Miteinander in Familie und Gemeinde (2,13-3,12).

- Die Gläubigen sollten sich auf Verfolgung einstellen und bereit sein, sich Anklägern gegenüber zu verteidigen (3,13-4,19).

- Die Gemeindeleiter, »Presbyter« genannt, sollten vorbildlich leben. Alle Christen sollen ihre Sorgen an Gott abgeben (5,1-4).

Vermächtnis eines großen Predigers

Ephesus, ca. 64/65 n. Chr.

Zwei Privatbriefe des Paulus an seinen Mitarbeiter Timotheus sind vor kurzem an die Öffentlichkeit gelangt. Bedeutsam ist diese Korrespondenz, weil sie die letzten Anweisungen des zum Tode verurteilten Apostels enthalten.

Im ersten Brief an Timotheus (geschrieben wahrscheinlich von Griechenland aus, wo der Apostel womöglich die Pause zwischen zwei Prozessen nutzte) äußert sich Paulus besorgt darüber, dass die Irrlehren, die er schon in Kolossä zu bekämpfen versuchte, inzwischen auch nach Kleinasien vorgedrungen sind. Man beschäftigt sich in den dortigen Gemeinden ausführlich mit Geschlechtsregistern und alten Mythen, fordert das Zölibat und schreibt vor, was die Leute zu essen haben. Ein solches Verhalten, so der Apostel, führe früher oder später zur Kirchenspaltung.

Von den Leitern der Gemeinden sei vielmehr ein vorbildlicher Lebenswandel gefordert – auch zu Hause. Die Frauen sollten sich etwas mehr zurückhalten und vor allem nicht über die Männer herrschen.

Der zweite Brief zeigt Paulus als einen alten, schon etwas einsamen Mann. Wieder ist er im Gefängnis und beklagt sich darüber, dass viele frühere Mitarbeiter ihn verlassen haben. Die restlichen Freunde sind allesamt auf »Dienstreise«: Titus in Dalmatien, Kreszenz in Galatien, Tychikus in Ephesus. »Nur Lukas ist noch bei mir!«, seufzt Paulus.

Beiden Briefen gemeinsam ist der Hinweis auf die Bedeutung der wahren, reinen Lehre. Keinesfalls darf das Evangelium von Irrlehrern für deren eigene Zwecke missbraucht werden.

Doch auch ein paar ganz praktische Tipps hat der Theologe Paulus auf Lager. »Trinke in Zukunft nicht mehr nur Wasser, sondern auch Wein!«, rät er (oder war es Doktor Lukas?) dem magenkranken Timotheus.

»Die spinnen, die Kreter!«

Kreta, ca. 64/65 n. Chr.

Mit den Kretern braucht man eine Engelsgeduld. Aber Paulus war kein Engel, sondern nur ein Mensch – und er hatte seine Probleme mit den Inselbewohnern, so wie viele andere Mittelmeerreisende in unseren Tagen. Die bärbeißigen Kreter gelten nicht nur als faul, sondern auch als verlogen (und manchen gar als verrückt). Dies wirkt sich auch auf die christliche Gemeinde aus.

Mit deutlichen Worten fordert er seinen Mitarbeiter Titus auf, sämtliche Irrlehrer auf der Insel »zum Schweigen zu bringen«. Diese Leute sollten »aufs Schärfste zurechtgewiesen« werden. Diskussionen über Mythen und Geschlechtsregister seien unter allen Umständen zu vermeiden. Gemeindeleiter, die sich nicht zurechtweisen ließen, solle Titus nur zweimal verwarnen (was zu geschehen habe, wenn auch das nichts nützt, sagt Paulus allerdings nicht).

Wer zur Kirche gehört, so der Apostel, sollte sich vorbildlich verhalten und nicht »hintenherum« über andere herziehen – wie es die Lieblingsbeschäftigung der Kreter zu sein scheint …

Olivenhain bei Iraklion, Kreta

Timo und Titus – zwei Männer, eine Aufgabe

Als »Botschafter mit besonderen Aufgaben« hat der Apostel Paulus seine beiden Mitarbeiter Timotheus und Titus ausgesandt. Allerdings sollen sie weniger ermahnen als dienen. Beobachter gehen davon aus, dass gerade für Timotheus diese Aufgabe ein paar Nummern zu groß sein könnte. Der junge Mann, dessen Mutter Jüdin und dessen Vater Grieche war, gilt als kränklich und anfällig. Paulus jedoch, den Timotheus oft auf seinen Reisen begleitet hat, ist offenbar bereit, für »Timo« seine Hand ins Feuer zu legen.

Titus gilt demgegenüber als »Macher«. Auch er, ein geborener Organisator, ist griechischer Herkunft, brauchte sich jedoch im Gegensatz zu seinem Kollegen nicht beschneiden zu lassen. Erste Erfahrungen in der Gemeindebetreuung konnte der Mann, den viele für einen Bruder des Arztes Lukas halten, in Korinth sammeln.

(1. und 2. Timotheus; Titus; vgl. Apostelgeschichte 16,1f; 20,4f)

Verheerende Feuersbrunst in Rom

Rom, Juli 64 n. Chr.

Noch immer wüten die Brände in Rom, die in der Nacht vom 18. auf den 19. Juli begonnen hatten. Zwei Drittel der Stadt sind bereits davon betroffen. Drei Stadtteile wurden völlig zerstört, sieben schwer beschädigt und nur vier blieben unversehrt. Kaiser Nero hat auf dem Marsfeld ein Notaufnahmelager einrichten lassen und Agrippinas Villen ebenso zur Verfügung gestellt wie seine eigenen Gärten. Von Ostia aus werden die Obdachlosen mit Lebensmitteln versorgt. Der Preis für Getreide wurde zudem auf kaiserliche Anordnung drastisch gesenkt.

Das Feuer hatte seinen Ausgang von der nordöstlichen Ecke des Circus Maximus genommen und sich dann in Windeseile ausgebreitet. Das letzte Großfeuer hatte die Hauptstadt vor 450 Jahren heimgesucht.

Überall wird fieberhaft nach den Brandstiftern gesucht, denn dass ein solches Feuer zufällig entstehen könnte, glaubt hier keiner. Es gibt Gerüchte, die besagen, Nero selbst habe es gelegt, um die Stadt danach nach eigenen Vorstellungen wieder

Der Brand Roms, Filmszene aus *Quo Vadis*

aufbauen zu können. Allerdings hielt sich der Kaiser in der fraglichen Nacht in Antium auf.

Zäher Philosoph – Paranoider Kaiser

Rom, ca. 65 n. Chr.

Nero bleibt weiterhin Kaiser. Ein von Senator Piso angeführter Putschversuch scheiterte noch, bevor er zur Ausführung kommen konnte. Zu den Verschwörern gehörte auch Rufus, der zusammen mit Tigellinus vor drei Jahren Burrus als Chef der Prätorianergarde abgelöst hatte.

Auch Seneca ist tot. Der ehemalige Hauslehrer Neros soll in die Verschwörung verwickelt gewesen sein, was allerdings in Rom niemand glaubt. Sein Tod war besonders grässlich, da der Philosoph zum Selbstmord gezwungen wurde, aber erst beim vierten Versuch starb. Nachdem er einen Giftbecher ebenso überlebt hatte wie das zweimalige Aufschlitzen seiner Adern, hatte man ihn in ein Dampfbad getragen, wo er schließlich erstickte.

Wie aus kaisernahen Kreisen verlautet, ist Nero inzwischen »nur noch ein Nervenbündel«. In ständiger Furcht vor einem Attentat ordnete er die Hinrichtung zahlreicher »Verdächtiger« an, unter anderem der völlig unschuldigen Theresa Paetus, deren »säuerlicher Lehrerinnenblick« ihm nicht gefallen habe. Auch Salvidienus Orfitus wurde exekutiert, allein deswegen, weil er Gebäude an hochrangige Vertreter verbündeter Staaten vermietet hatte.

»Die Christen sind schuld!«

Rom, 64 n. Chr.

Die in der Regierungszeit des Tiberius gegründete Sekte der Christen ist inzwischen von offizieller Seite für den Brand von Rom verantwortlich gemacht worden. Tausende sind in Neros Gärten getrieben worden, wo sie auf bestialische Weise niedergemetzelt wurden. Einige steckte man in Tierfelle und warf sie den Löwen zum Fraß vor, andere wurden gepfählt, gekreuzigt oder bei lebendigem Leib verbrannt.

Niemand in Rom glaubt an die Theorie von der Schuld der Christen, wenn diese auch als gesellschaftszersetzende Fanatiker gelten. »Aber eine derartige Bestrafung« – so der Tenor hier – »ist völlig überzogen!«

Christenführer hingerichtet

Rom, 65 n. Chr.

Die bekannten Christenführer Petrus und Paulus sind während einer neuerlichen Verfolgung in Rom hingerichtet worden.

Einzelheiten über ihren Tod liegen nicht vor, doch verlautet aus Christenkreisen, dass Petrus die Stadt habe verlassen wollen, dann aber in einer Vision Jesus gesehen haben soll, der in die Stadt hineinging. Daraufhin sei der Apostel seinem Herrn gefolgt. Mit dem Kopf nach unten sei Petrus ans Kreuz geschlagen worden.

Paulus hatte sich in Rom aufgehalten, weil er in zweiter Instanz seine Sache vor Gericht verteidigen wollte. Diesmal soll Nero einen Schuldspruch erwirkt haben. Der Apostel wurde möglicherweise außerhalb der Stadt auf der Straße nach Ostia geköpft.

Beiden Leitern hat die christliche Kirche enorm viel zu verdanken. Ihre Schriften gelten als Richtschnur des Glaubens, und obwohl die römischen Kaiser die Menschen umbringen konnten, ist das Reich gegen den Einfluss, der weiterhin von ihren Briefen ausgeht, völlig machtlos.

Buddha-Boom im Reich der Mitte

Peking, 65 n. Chr.

Der Buddhismus, eine von Siddharta Gautama vor ca. 500 Jahren im indisch-nepalesischen Grenzland gegründete, nicht theistische Religion, ist von der chinesischen Han-Dynastie zur offiziellen Staatsreligion erklärt worden.

Der »Shakyamuni Buddha«, flankiert von zwei »Bodhisattvas«. Sandsteinarbeit aus dem 1. Jahrhundert, Han-Dynastie, China

Schon seit längerem hatte sich der neue Kaiser Ming mit dieser Religion beschäftigt. Gerüchte besagen, ihm sei in einer Vision ein »goldener Buddha« erschienen, der ihn nach Indien eingeladen habe, um sich von der Wahrheit dieser Religion zu überzeugen.

Der Buddhismus verdrängt damit den traditionellen Konfuzianismus, was insofern überraschend ist, als dieser eine geachtete und für ihre Toleranz und Friedfertigkeit bekannte Religion ist. Lediglich die Aristokratie stand ihm skeptisch gegenüber und lehnte die Betonung der priesterlichen Hierarchien ebenso ab wie die von Konfuzius geforderte stete Distanz zu den Göttern.

Für die Aristokraten ist »Tao« der einzige »Weg« (so die Übersetzung des Wortes). Der Taoismus ist die zweite große Weltanschauung, die in China Fuß fassen konnte. Die Taoisten sind den Göttern gegenüber weniger abgeneigt als die Konfuzianisten. Mit diesen liegen sie auch gelegentlich im Clinch, wenn es um Machtverteilung im Staat geht. Allerdings merkt der Philosoph Wang Chung zum Wohlstand der Taoisten kritisch an: »Diese Leute sind vom Bazillus der edlen Steine infiziert und nur die feinsten Früchte sind ihnen gut genug!«

Männlicher Tänzer, Steingutplastik

Der Buddhismus hingegen kennt keine Klassen. Er lehrt die Erlösung des menschlichen Geistes vom »Karma«, der irdischen Kette von Ursache und Wirkung, was insbesondere heißt, dass das, was man in diesem irdischen Leben tut, Auswirkung auf ein zukünftiges irdisches Leben hat. Ziel allen Strebens (wobei der Mensch nach Ansicht des Buddhismus irrt, solange er noch strebt) ist das »Nirwana« – ein Zustand jenseits der leidbehafteten Kette von Wiedergeburten. Diesen kann der Mensch durch Meditation und das Befolgen eines »achtfachen Pfades« erreichen. Was vielen auf den ersten Blick reizvoll erscheint, nämlich ein zweites Mal zu leben, ist für die Buddhisten ein unerwünschter Zustand.

KURZMELDUNGEN 60-63 n. Chr.

Himmlisches Omen? (60 n. Chr.): Das Erscheinen eines hellen Kometen hat Spekulationen über ein Ende des Kaisers neue Nahrung gegeben. Hinzu kam, dass kürzlich ein Blitz in den Tisch einschlug, an dem Nero gerade zu Mittag aß.

Kaiser auf dem Siegertreppchen (60 n. Chr.): Neben den Olympischen Spielen gibt es in Griechenland nun auch die »Neronia« – Wettkämpfe zu Ehren des Kaisers. Neben Wagenrennen und sportlichen Wettkämpfen stehen Dichtkunst und Rhetorik im Vordergrund – Disziplinen, in denen Nero gleich zweimal gewann. Die »Kaiserspiele« werden allerdings auch von kritischen Stimmen begleitet: »Es handelt sich bei dieser Idee um einen Import aus dem Ausland, auf den wir in dieser schwierigen Zeit verzichten können!«

Sektenmiliz (ca. 60 n. Chr.): Die Sekte der Essener, eine Art Mönchsorden, der überall in Judäa und Samaria Kommunitäten unterhält, gab kürzlich eine Schriftrolle mit Anweisungen zur Kriegsführung gegen die römische Besatzung heraus. Die Rolle zeigt, wie groß die Angst und Verunsicherung unter den Juden ist, wenn auch der Inhalt – militärisch gesehen – eine bloße Kopie der römischen Taktik darstellt.

Erneut christlicher Leiter getötet (ca. 62 n. Chr.): Jakobus ist auf Anweisung des Hohepriesters Hananias wegen »Übertretung jüdischer Gesetze« gesteinigt worden. Der »Herrenbruder« war seit dem Weggang des Petrus Leiter der Jerusalemer Gemeinde gewesen. Hananias, ein strenger Sadduzäer, ist aufgrund seines harten Vorgehens sowohl bei König Herodes Agrippa II. als auch bei Prokurator Albinus angezeigt worden. Doch auch nach seiner Entlassung nimmt er weiterhin Einfluss auf das religiöse Geschehen, teils durch Bestechung, teils durch Intrigen.

Plötzlicher Kindstod?! (63 n. Chr.): Der plötzliche Tod der vier Monate alten Kaisertochter Augusta hat Nero in schwerste Depressionen gestürzt. Aus Anlass ihrer Geburt hatte der Kaiser einen Fruchtbarkeitstempel errichten lassen und das kleine Mädchen zur Göttin erklärt.

»Die Welt hat einen Schauspieler weniger!«

Rom, 68 n. Chr.

Der allseits verhasste Kaiser Nero hat in der Wohnung des »Freigelassenen« Phaon Selbstmord verübt. Als die Nachricht in der Hauptstadt bekannt wurde, eilten Tausende auf die Straßen und jubelten.

Vorausgegangen waren sechs bange Monate, in denen sich Nero mit letzter Kraft an die schwindende Macht geklammert hatte. Im Januar hatte es ihm die Bevölkerung übel genommen, dass er die Stadt in einer schweren Hungersnot von Freigelassenen hatte regieren lassen. Aus Griechenland zurückgerufen, war der Kaiser dann kaum noch Herr geworden über das Chaos in seiner Heimat.

Im März kam es zu einer Rebellion des Gouverneurs der gallischen Provinz Lyon, Julius Vindex. Dieser proklamierte »Freiheit von Nero« – wohl auch, weil er auf eine Teilautonomie Galliens hoffte – und zog mit 100000 Galliern gegen Rom. Als die Unterstützung der Gallier nachließ, gelang jedoch den römischen Legionen ein Sieg in der Schlacht von Besançon und Vindex beging Selbstmord.

Als Nächstes versuchte Sulpicius Galba, Gouverneur von Hispania, gegen den römischen Kaiser Front zu machen. Da er ohnehin davon überzeugt war, dass Nero ihn umbringen wollte, verkündigte er offen, er werde den Tyrannen töten, und ließ sich von der

Truppe bereits als Kaiser verehren. Als Nero mit seiner Reaktion zögerte, schlugen sich immer mehr Legionen auf Galbas Seite.

In Rom überstürzten sich die Ereignisse. Auch Tigellinus, Kommandeur der Prätorianergarde, wurde seinem Herrn untreu, darauf Clodius Macer, der Gouverneur von Afrika. Beide behaupteten zudem, »im Namen der Republik« zu handeln.

Anfang Juni stand Kaiser Nero praktisch allein da. Die letzten Verbündeten flohen und der Senat, der sich noch kurz zuvor gegen eine Anerkennung Galbas gewandt hatte, erklärte diesen nun einstimmig zum neuen Kaiser. Nero blieb nur noch, sich die Art seines Todes auszusuchen: Epaphroditus, ein ihm getreuer Sekretär, musste ihm die Kehle durchschneiden.

Die letzten Worte des Einunddreißigjährigen, der seit seiner Jugend regiert hatte, sollen gewesen sein: »Jetzt hat die Welt einen Schauspieler weniger!«

Ägyptischer Mumienbehälter eines römischen Bürgers (Ausschnitt)

Scheidung im britischen Königshaus – Sie küssten und sie schlugen sich

York, 69 n. Chr.

Der römische Feldherr in Britannien, Cerealis, hat es nicht leicht mit der Bekämpfung der Briganten im Norden der Insel, wo zu den militärischen Problemen familiäre hinzugekommen sind. Die zu den Römern haltende Königin Cartimandua hat sich von ihrem Mann Venetius scheiden lassen und muss sich nun zusammen mit den Römern gegen dessen Gegenangriffe wehren. Zwar hatte sie nach der Trennung vor zwei Jahren das Kommando über die Briganten übernommen, doch Venetius setzt alles daran, um verlorenes Territorium zurückzuerobern. Die Briganten gelten als der größte Stamm in Britannien. Ihr Gebiet umfasst verschiedene unwegsame Berg- und Waldgebiete, in denen die römischen Truppen nur schwer vorwärts kommen. Günstig für die Römer wirkt sich dagegen die schlechte Organisation der Briten aus: Die weit verstreuten und teilweise noch aus Nomaden bestehenden Briganten sind es nicht gewohnt, gemeinsam zu kämpfen. Auch sind einige ihrer Burgen nur schlecht befestigt, sodass Rom auf lange Sicht des Sieges gewiss sein dürfte.

Die Vorbereitungen dafür trifft Cerealis zur Zeit mit der Errichtung einer Linie befestigter Posten von Brough am Fluss Humber bis zur Siedlung Malton in Yorkshire.

KURZMELDUNGEN 65-68 n. Chr.

Fußtritt mit Folgen (65 n. Chr.): Poppäa, die schwangere Ehefrau Neros, ist an den Folgen eines Fußtrittes gestorben, den ihr der Kaiser in einem Wutanfall versetzt hatte. Ihr Leichnam wurde einbalsamiert, was in Rom eigentlich eine unübliche Sitte ist. Auch ließ Nero sie (aus schlechtem Gewissen?) sofort unter die Götter versetzen.

Preishamster gewährt Steuererleichterungen (67 n. Chr.): Kaiser Nero hat Achaja, das bisher dem makedonischen Gouverneur unterstand, endgültig in die Autonomie entlassen. Das Land freut sich über die neu gewonnene Steuerfreiheit. Nero hatte Griechenland aus Anlass verschiedener Sportwettkämpfe (alle wichtigen Spiele fanden in diesem Jahr statt) besucht und genau 1808 Preise mit nach Hause gebracht.

Hat Wasser manchmal Balken? (68 n. Chr.): Der römische Feldherr Vespasian hat die Stadt Jericho aus der Hand jüdischer Rebellen zurückerobert. Anschließend besuchte er das Tote Meer und führte dort ein Experiment durch: Nichtschwimmer wurden mit gebundenen Händen in die See geworfen, doch das Wasser trug sie. Die mysteriöse See soll außerdem Heilkräfte besitzen.

Tod eines Skeptikers (68 n. Chr.): Thomas, einer der zwölf Jünger Jesu, der ursprünglich als einziger Jesus-Jünger die Auferstehung seines Herrn bezweifelt hatte, soll in Mylapore in der Nähe von Madras den Märtyrertod erlitten haben. Wie es heißt, war er nach Indien gereist und hatte in Kerala eine christliche Gemeinde gegründet. Bestätigt werden konnte dies allerdings nicht.

Jüdische Rebellen erobern Bergfestung

Totes Meer, 66 n. Chr.

Jüdische Sikarier (»Dolchträger«) haben die Festung Masada von den Römern zurückerobert. Die Hochebene, auf der sich die Festung Masada befindet, liegt 400 Meter über dem Meeresspiegel und war vor 226 Jahren von Judas Makkabäus zur Festung ausgebaut worden. Herodes hatte dann die Burg großzügig erweitert und später als Familienresidenz genutzt.

Das Gipfelplateau hat einen Umfang von 1200 Metern und wird von einer 5,5 Meter hohen und 3,5 Meter di-

cken Lehmwand eingefasst. Im Inneren der Anlage befinden sich 37 Türme, jeder über 20 Meter hoch. Auf dem fruchtbaren Boden können Früchte angebaut werden. Riesige Wasserreservoire sind in die Felsen eingelassen.

Als die Sikarier den Gipfel erreichten, fanden sie nicht nur Vorräte für mehrere Jahre vor, sondern auch Waffen für etwa 10000 Mann, die Herodes offenbar über die Jahre hinweg dort »gebunkert« hatte.

Der Jüdische Aufstand

Pulverfass Judäa

Jerusalem, 68 n. Chr.

Trotz der Bemühungen des Vespasian und des Einsatzes der 5., 10. und 15. Legion geht der Kampf zwischen Römern und jüdischen Rebellen weiter. Letzter Hort des Widerstands scheint die religiöse und politische Hauptstadt der Juden, Jerusalem, zu sein.

Der Nordpalast von Masada

Die Auseinandersetzungen hatten vor etwa vier Jahren begonnen, als Nero die traditionsreiche jüdische Stadt Cäsarea zum griechischen Territorium erklärt hatte. Als an einem Sabbat ein Grieche vor der Synagoge heidnische Bräuche vollführte und das Gotteshaus damit entweihte, war das Maß voll. Überall brachen Kämpfe aus.

Statthalter Florus, Nachfolger des Albinus, befahl daraufhin den Jerusalemer Tempelbehörden, eine Strafe von 17 Talenten an den Kaiser zu bezahlen. Aufkommenden Protesten begegnete er, indem er Truppen auf den oberen Marktplatz schickte und 3500 Männer, Frauen und Kinder unbarmherzig niedermetzeln ließ. Nur dem persönlichen Eingreifen Königs Agrippa II. ist es zu verdanken, dass es nicht sofort darauf zum offenen Krieg kam.

Dieser brach erst aus, als zwei Jahre später Eleasar, Sohn des Hohepriesters und Hauptmann der Tempelpolizei, die Tempelbehörden anwies, keine Opfer oder Geschenke von Ausländern mehr entgegenzunehmen. Dies schloss die Römer vom Tempel aus und machte damit den Krieg unvermeidbar.

Karte

Feldzüge Vespasians 69 n. Chr.

Weg der 12. Legion

Titus erobert Jerusalem

20 Meilen

20 km

Tyrus

Cades

Gischala

PHÖNIZIEN

OBERES GALILÄA

Ptolemais — Tarichäa

Gamala

Jotapata

See Genezareth

Gaba

Tiberias

Sepphoris

UNTERES GALILÄA

Philoteria

Cäsarea

Skythopolis

DEKAPOLIS

Samaria

SAMARIA — Akrabeta

Coreae

Antipatris

PERÄA

Joppe

Gerasa

Gadara

Lydda

Bet-Horon

Gofna

Jamnia

Jericho

Abila

Azotus

Emmaus

Julias

Jerusalem

Eroberung Jerusalems 70 n. Chr.

Bet-Ter

Kafarabis

Kafartobas

Machärus

Betogabris

Hebron

Gaza

En-Gedi

Römische Belagerung Masadas 73 n. Chr.

Masada

aufständische Gebiete

teilweise aufständische Gebiete

Nun schon vier Jesus-Biographien

Vier Berichte über das Leben Jesu liegen inzwischen vor. Sie werden, einem Terminus des Markus folgend, »Evangelien« genannt (nach dem griechischen Begriff »euangelion«: die gute Nachricht). Nach Zielgruppen und inhaltlichen Schwerpunkten mögen die Berichte differieren – das gemeinsame Anliegen und der gemeinsame Mittelpunkt sind indes unverkennbar. Seit Beginn der Entstehung der neuen Religion haben die Christen Sprüche und Lehrgeschichten ihres Herrn gesammelt. Teils wurden sie mündlich weitergegeben, teils wohl auch aufgeschrieben. Daneben standen in den ersten Gemeinden vor allem die Stellen aus dem »Gesetz und den Propheten« im Vordergrund, die auf Jesus als den Messias hinweisen.

Sehr bald wurden auch die Briefe des Paulus als Autorität anerkannt, wenn diese auch ein Wissen um das Leben Jesu bereits voraussetzen. Nachdem sich immer mehr Menschen der Kirche angeschlossen hatten, war die Zeit reif, auch über das Wirken des

Dieses Fragment des Markusevangeliums wird von einigen Forschern als älteste Handschrift mit einem Text des Neuen Testaments angesehen. Nach deren Untersuchungsergebnissen stammt es aus der Mitte des ersten Jahrhunderts n. Chr.

Religionsstifters verstärkt zu informieren. Immerhin wurden die Leute älter, die ihn noch gekannt haben. Nach deren Tod würde niemand mehr etwas Genaues wissen.

Einer der »Berichterstatter« über das Leben Jesu heißt Lukas und er ist, wie er selbst gleich zu Beginn seines Evangeliums feststellt, nicht der Einzige. Sein Bericht und der des Matthäus zeigen eine Vertrautheit mit Markus als Quelle und sowohl Lukas als auch Matthäus integrieren weiteres Material in ihre Schriften.

Das »etwas andere« Evangelium des Johannes ergänzt die Schriften der Genannten, legt jedoch besonderen Wert auf den letzten Aufenthalt Jesu in Jerusalem, über den an anderer Stelle wenig berichtet wird. Johannes dokumentiert vor allem die Reden Jesu und er scheint als »Lieblingsjünger« des Herrn einen ganz besonderen Zugang zu dessen Worten gehabt zu haben.

Überproportional ausführlich wird in den Evangelien beschrieben, wie Jesus zu Tode gekommen ist. Die letzte Woche seines Lebens (und seine Auferstehung) sind besonders detailgetreu aufgezeichnet. Andere Lebensabschnitte (fast sein ganzes Leben bis zum 30. Lebensjahr) fehlen dagegen in den Evangelien völlig. Es handelt sich also weniger um »Lebensprotokolle«, sondern eher um Schriften, die die Lehre und Bedeutung Jesu in den Mittelpunkt stellen.

Vier Bücher – ein Thema

Das Matthäusevangelium ist thematisch klarer strukturiert als die anderen Evangelien (Jüngerschaft, Reich Gottes, Gericht), wenn es auch genauso chronologisch vorgeht wie Markus und Lukas. Möglicherweise stand dem Autor der Bericht des Markus als Quelle zur Verfügung. Ziel der »guten Nachricht« nach Matthäus: vor allem die jüdischen Leser davon zu überzeugen, dass Jesus ihr lange erwarteter Messias ist. Matthäus ist Zöllner gewesen und hatte sich der Gemeinschaft um Jesus angeschlossen.

Das Markusevangelium, verfasst von dem gleichnamigen Jünger Jesu, ist in einfachem Griechisch und einem »schnellen Tempo« geschrieben. Johannes Markus war zunächst ein Begleiter des Paulus sowie seines Vetters Barnabas. Auf diesen Reisen hatte er offenbar keine gute Figur gemacht und den »Dienst quittiert«. Ein zweiter Anlauf zum Reisedienst mit Paulus wurde von diesem abgelehnt. Es kam zum Bruch, der einige Zeit später wieder gekittet wurde. Sein Evangelium lässt auch eine nähere Bekanntschaft mit dem Apostel Petrus vermuten, dessen Lehraussagen einen Schwerpunkt des Evangeliums bilden.

Das Lukasevangelium, verfasst von Lukas, dem Arzt und Begleiter des Paulus, ist einem gewissen »hochverehrten Theophilus« gewidmet, dem eine verlässliche, historische Grundlage für seinen christlichen Glauben wichtig war. Lukas ist Heidenchrist und stammt wahrscheinlich aus Antiochia in Syrien. Für seinen Bericht (dem Vernehmen nach arbeitet er zur Zeit übrigens an einer Fortsetzung über die Taten der Apostel) betrieb er ein umfangreiches Quellenstudium und befragte wohl unter anderem auch Maria, die Mutter Jesu. Sein Bericht zeigt den Messias als einen mitfühlenden Menschen, der sich auch um Ausgestoßene und Verachtete kümmert und Hochachtung vor der Würde der Frau hat.

Das Johannesevangelium wurde von dem so genannten »Lieblingsjünger« Jesu geschrieben, dem man seine einfache Herkunft noch an dem von der aramäischen Grammatik beeinflussten Griechisch anmerkt. Er schreibt fast meditativ und konzentriert sich auf Themen wie »Licht und Finsternis« als Symbol für Gott und Teufel. Johannes berichtet von vielen Ereignissen und vor allem von Reden Jesu (zum Beispiel seine Abschiedsreden vor seiner Kreuzigung), zu denen die anderen Evangelisten schweigen. Angeblich lebt Johannes inzwischen in Ephesus.

Anonymer Brief stärkt die Frommen

Rom, ca. 68 n. Chr.

Ein nicht unterschriebenes, doch möglicherweise apostolisches Rundschreiben, das kürzlich hier eintraf, gibt Anlass zu Spekulationen über seinen Absender. In Frage kommen Barnabas und Apollos. Sicher ist nur, dass der Absender mehrere italische Emigranten kennt, die er am Schluss des Briefes grüßt. Das mittlerweile unter der Bezeichnung »Hebräerbrief« geläufige Schreiben warnt jüdische Christen vor einem Rückfall in ihre alten hebräischen Traditionen und erklärt ihnen den Dienst des Messias, ihres »wahren Hohepriesters vor Gott«.

Der unbekannte Verfasser erwähnt die Leiden der hebräischen Christen (10,32-34), wobei nicht klar ist, ob er sich auf die Verfolgung in Jerusalem oder die jüngsten Ereignisse unter Nero bezieht. »Haltet durch«, lautet der Tenor des Briefes, »und erinnert euch angesichts eurer Leiden an die viel größeren des Messias!« (12,3-4). Dieser sei sowohl den Engeln, als auch Mose und dem traditionellen Priestertum überlegen. Dass Jesus ganz Gott war, wird in dem Brief hervorgehoben, wenn er auch mehr noch die menschliche Seite des Messias betont. Dem einmaligen Opfer des Messias Jesus für unsere Sünden sei nichts hinzuzufügen, fährt der Schreiber fort, wohingegen es »unmöglich sei, durch das Blut von Opfertieren Sünden wirklich zu sühnen« (10,4). Durch den Opfertod des Jesus schuf Gott einen neuen Bund, der den alten bei weitem überragt.

Das Schreiben enthält auch ernste Warnungen vor Abfall (2,1), Unglauben (3,12; 6,4-6), Absonderung von der christlichen Gemeinde, böswilliger Sünde (10,25-27), Bitterkeit, Unmoral und Gier (Kapitel 12-13). Doch auch die Ermutigung kommt nicht zu kurz. Die hebräischen (wie alle) Christen sollten sich vor Augen halten, dass »Züchtigung«, z.B. durch widrige Umstände, letztlich ein erzieherisches Eingreifen Gottes zu ihrem Besten ist (12,4-11). Ein wichtiges Kernstück des Briefes ist eine Art »Panoptikum der Heiligen«, in welchem die großen Gestalten des Glaubens dem Leser vor Augen geführt werden. Darunter sind dann neben den Lichtgestalten Abraham, Mose und David auch eher zwielichtige Charaktere wie die Prostituierte Rahab und der Playboy Simson.

Vorsicht vor den wilden Tieren

Rom, ca. 64 n. Chr.

Zwei ernste Warnbriefe kursieren derzeit in den christlichen Gemeinden, die auf Spaltungstendenzen in der Kirche hindeuten. Die Schreiben warnen vor »Irrlehrern«, die mit »wilden Tieren« zu vergleichen seien.

Die ähnlich lautenden Briefe kommen aus der Feder des wahrscheinlich von kaiserlichen Gefolgsleuten er-

Der alttestamentliche Prophet Bileam wurde bekannt als Mensch, dessen Wunsch nach Reichtum ihm Schwierigkeiten mit Gott einbrachte. Gott musste ihn schließlich durch Bileams Esel zurechtweisen: Dieser begann plötzlich zu sprechen. Gemälde von Rembrandt.

Aus unbekannter Feder – Der Hebräerbrief

- Jesus Christus
  - überragt alle Engel (1)
  - ist Gott und Mensch zugleich (2)
  - ist größer als Mose (3)
  - ist unser Hohepriester (4.5)
- Ermahnung zur geistlichen Reife (6)
- Priestertum Christi und Melchisedeks (7.8)
- Das Opfer Christi (9.10)
- Ruf zum Glauben (11)
- Praktische Ermahnungen (12.13)

---

mordeten Petrus und des Judas, eines weiteren »Herrenbruders«, dessen Aufenthaltsort unbekannt ist. Petrus wiederholt über weite Strecken die Argumente des Judas, schreibt allerdings im Futur, vielleicht, weil er fürchtet, die Missstände, die Judas beschreibt, könnten demnächst noch weiter um sich greifen. Der Brief des Judas liest sich, als sei er in Eile geschrieben worden. Und der Stil des Petrusbriefes ist nicht gar so elegant wie der erste, der uns von ihm bekannt ist (vielleicht, weil Sekretär Silas nicht die Formulierungen ausfeilte?).

In der Wortwahl sind die beiden Schreiben nicht zimperlich: Sie beklagen, dass sich die Menschen »wie die wilden Tiere aufführen«, himmlische Wesen lästern, nur auf Profit aus sind und sexuellen Lustgewinn über alles stellen. »Brunnen ohne Wasser«, tönt es aus der Feder des Petrus; »Wolken ohne Regen!«, schimpft Judas. Sie werden mit dem alttestamentlichen Bileam verglichen, der den Absichten Gottes um des lieben Geldes willen zuwiderhandelte. Auf diese Menschen warte nur die tiefste Finsternis – »Wehret den Anfängen« ließe sich die Botschaft der beiden zusammenfassen – und vor allem: »Passt auf, dass euch niemand irreführt!«

Vespasian – der Letzte im »Vierkaiserjahr«?

Rom, 69 n. Chr.

Vespasian, der die römischen Truppen siegreich gegen Britannien und Judäa führte, ist neuer Kaiser. Seine Ernennung beendet den Bürgerkrieg und setzt einen Schlusspunkt hinter den ständigen Wechsel unfähiger Nachfolger des Nero.

Zunächst hatte im vergangenen Jahr *Galba*, ein 73-jähriger Witwer, den Thron bestiegen. Der konservative, um nicht zu sagen altmodische Exmilitär behauptete von sich, ein Nachfolger des Jupiter zu sein und war bei der Truppe äußerst unbeliebt. Zunächst Oberbefehlshaber in Germanien, war er anschließend Prokonsul in Spanien, wo er vor allem durch sein häufiges Sonnenbaden auffiel. Als im Januar die Legionen in Germanien meuterten, weil der Kaiser sie nicht rechtzeitig entlohnt hatte, wurde Galba der Proteste nicht mehr Herr und ernannte Piso zu seinem Nachfolger, einen der Verschwörer gegen Nero. Fünf Tage später wurde Galba allerdings ermordet. Seinen Kopf trug man wie im Triumphzug um das Lager der Prätorianer herum. Piso hatte zwar danach Gelegenheit, Kaiser zu werden – doch auch er wurde ermordet.

Galba wurde so durch *Otho* (37) ersetzt, der im Volk vor allem wegen seiner fehlenden Körperbehaarung bekannt war. Doch auch dieser brachte es nicht weit, denn die Truppen präsentierten bald darauf *Vitellius*, Gouverneur im unteren Germanien, als ihren Kandidaten. Er erhielt Unterstützung aus Gallien, Rätien, Britannien und Spanien und marschierte bald darauf gen Rom. Vitellius verlor drei Schlachten gegen Otho, siegte jedoch dann in Betriacum, obwohl seinen Truppen die Vorräte ausgegangen waren. Als sich der sensible Otho, dem Bürgerkriege verhasst waren, am 16. April in seiner Verzweiflung erdolchte, war die Trauer unter den Römern groß.

Nun erklärte sich Vitellius zum Herrscher über das gesamte Römische Reich. Doch erst zwei Monate später konnte er die Stadt einnehmen – zusammen mit 60000 Soldaten, die mit gezogenen Schwertern an seiner Seite marschierten. Während diese anschließend Rom plünderten, sollen Vitellius und seine Getreuen bei einem Essgelage insgesamt 7000 Vögel und 2000 Fische verspeist haben. Vitellius erklärte sich zum obersten Priester, Konsul auf Lebenszeit und versprach Wahlen innerhalb der nächsten zehn Jahre.

Rom hatte nun einen Kaiser, dem kein Laster fremd war. Der Mann, der seine Jugend auf Capri mit männlichen Prostituierten verbracht hatte, war von enormer Größe und außerordentlich korpulent. Er roch ständig nach Alkohol und brachte als erste Amtshandlung dem »Geist des Nero« Opfer dar.

In Judäa jedoch war unterdessen *Vespasian* zum Gegenkaiser erklärt worden. Zusammen mit syrischen und ägyptischen Einheiten hatten sich die dortigen Truppen bereits Anfang Juli auf seine Seite geschlagen. Auch die östlichen Könige unterstützten ihn, später die Donauprovinzen. Vespasian ließ 14 Legionen nach Rom marschieren und sorgte persönlich in Ägypten dafür, dass der Getreideexport nach Rom eingestellt wurde.

Den Flavianern (Anhängern des Vespasian) stellte sich kein ernsthafter Widerstand entgegen. Nach der blutigen und verlustreichen Schlacht von Cremona ergab sich der alte Kaiser. Die Flavianer akzeptierten das Waffenstillstandsgesuch zunächst, metzelten dann aber noch einmal 50000 Römer nieder. Als der Ausgang klar war, schlugen sich auch die Britannier, Gallier und Spanier auf die Seite des Neuen.

Nachdem die Abdankung des Vitellius noch zwei Tage durch loyale Soldaten hinausgezögert worden war, spürten die Römer den geflüchteten Kaiser am 18. Dezember auf, schleppten

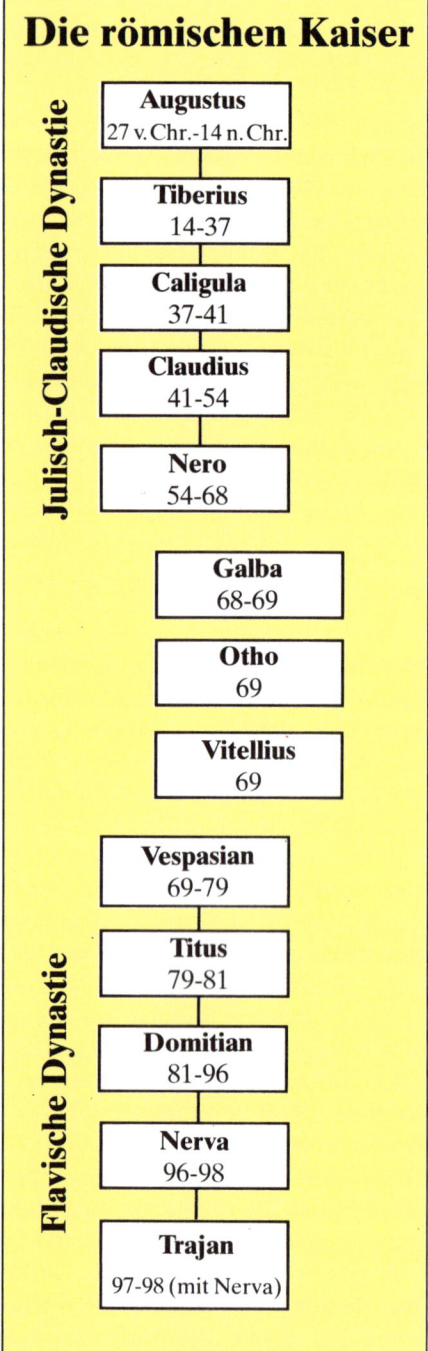

Die römischen Kaiser

Julisch-Claudische Dynastie

| Augustus |
| 27 v. Chr.-14 n. Chr. |

| Tiberius |
| 14-37 |

| Caligula |
| 37-41 |

| Claudius |
| 41-54 |

| Nero |
| 54-68 |

| Galba |
| 68-69 |

| Otho |
| 69 |

| Vitellius |
| 69 |

Flavische Dynastie

| Vespasian |
| 69-79 |

| Titus |
| 79-81 |

| Domitian |
| 81-96 |

| Nerva |
| 96-98 |

| Trajan |
| 97-98 (mit Nerva) |

ihn an den Haaren durch die Straßen und brachten ihn um.

Zum ersten Mal in der Geschichte Roms vereint nun ein Kaiser die gesamte politische und religiöse Gewalt in einer Hand.

Ob dem chaotischen »Vierkaiserjahr« nun ein beschauliches »Einkaiserjahrzehnt« folgen wird?

Kronprinz walzt Gottesstadt nieder

Römische Soldaten tragen den siebenarmigen Leuchter (Menora) aus dem Allerheiligsten des Jerusalemer Tempels weg.

Jerusalem, 70 n. Chr.

Das bei allen Juden als »Stadt Gottes« bekannte und geliebte Zion existiert nicht mehr. Die Stadt Jerusalem wurde vom Kaisersohn Titus praktisch dem Erdboden gleichgemacht.

Die Verluste an Menschenleben sind enorm. Manche sprechen (möglicherweise übertrieben) von bis zu einer Million Toten und ca. 97000 Gefangenen. Die Belagerung und schlussendliche Eroberung der Stadt hatte Zehntausende von Pilgern überrascht, die einmal in ihrem Leben den Tempel besuchen wollten.

»Es war uns alles vorausgesagt worden«, berichteten überlebende Schriftexperten der vom Judentum abgespaltenen Sekte der Christen und beziehen sich damit auf die Worte ihres Gründers Jesus von Nazareth, der vor über 40 Jahren gesagt haben soll, es werde in der Stadt »kein Stein auf dem anderen bleiben«.

Mehrere Monate war die Stadt belagert worden, bis die Soldaten schließlich ungeduldig wurden, »Blut sehen« wollten und angriffen. Viele der Bewohner waren bereits an Unterernährung gestorben und es wird berichtet, dass es Fälle von Kannibalismus gegeben habe.

Jerusalem, die Stadt auf dem Berg mit ihrem alles überragenden Tempel, ist völlig zerstört worden. Nur drei Türme des Heiligtums blieben erhalten sowie ein Teilabschnitt der Westmauer, wo die Römer, wohl in der Hoffnung, eine neue Garnison errichten zu können, fürs Erste Wache bezogen haben.

Nie vergessen können werden es die Juden, dass die Römer ihr zentrales Heiligtum schändeten, indem sie Leichen auf dem Altar Gottes verbrannten, ganz zu schweigen von den im Triumph aus dem Tempel getragenen Beuteschätzen. Sogar der berühmte siebenarmige Leuchter ist von den Truppen des Titus nach Rom gebracht worden.

Seit Jahrzehnten war die Provinz Judäa den Römern ein Dorn im Auge gewesen. Die freiheitsliebenden und in ihrer Religion keine Kompromisse kennenden Juden hatten sich als unfähig zur Integration in das religiöse System Roms erwiesen, wenn man ihnen auch anfangs beträchtliche Freiheiten gelassen hatte.

In den letzten zehn Jahren hatten sich die Beziehungen zu Rom weiter verschlechtert, als an verschiedenen Stellen der Provinz Aufstände ausbrachen, vor allem, nachdem sich in Cäsarea ein Hohepriester geweigert hatte, für den Kaiser ein Opfer darzubringen.

Anschließend hatte man Jerusalem zu einer Festung ausgebaut, wobei sich vor allem der jüdische Gelehrte Flavius Josephus hervortat, der über 60000 Freiwillige um sich scharen konnte. Immer wieder kam es zu Terroranschlägen gegen die Römer und ständig gab es Streit zwischen jüdischen Extremisten und moderateren Kräften.

Von christlicher Seite aus wurde im Anschluss an die Zerstörung Jerusalems behauptet, sie sei Zeichen des göttlichen Gerichts über diejenigen gewesen, die den Messias abgelehnt und gekreuzigt hatten. Andere weisen darauf hin, dass Jesus zwar die Ereignisse angekündigt, dies jedoch voller Trauer und nicht im Tonfall eines Richters getan habe. Vor allem sei wichtig – so die Christen –, dass seine Prophezeiungen denen, die an ihn als den Messias glauben, Ruhe, Rettung und ewigen Frieden verheißen hätten.

Der Titusbogen – hier ein Relief, das den Kaiser auf seinem Wagen zeigt – war vom Kaiser als Gedenkstätte seiner Siege, vor allem über die Juden, erbaut worden. Das Relief zeigt ihn auf einem Streitwagen.

KURZMELDUNGEN 70-73 n. Chr.

Toilettensteuer (70 n. Chr.): »Steuern für ein Bedürfnis!« – Vespasian will die nötigen 40 Milliarden Sesterzen für staatliche Bauprojekte über Steuern finanzieren. Seit neuestem müssen römische Bürger, die ihr Bedürfnis in einer dafür vorgesehenen öffentlichen Einrichtung verrichten wollen, dafür bezahlen.

Dunkel ist der Schwarzwald (73 n. Chr.): Führende römische Militärs planen, den »Schwarzwald«, ein unwegsames, riesiges Waldgebiet im Süden Germaniens, unter römische Kontrolle zu bringen. Dadurch sollen die Verbindungswege zwischen den römischen Lagern am Oberrhein und an der Donau gesichert werden.

Den Römern kommt's bald spanisch vor (73 n. Chr.): Stadtschreibern und führenden Persönlichkeiten spanischer Städte soll binnen kurzem das römische Bürgerrecht und damit eine Laufbahn in der Hauptstadt des Reichs ermöglicht werden.

Riesenarena (73 n. Chr.): Der Bau des Flavianischen Amphitheaters (im Volksmund als »Kolosseum« bekannt) macht gute Fortschritte. Es soll 80000 Besucher fassen.

7000 Sektierer gingen in den Tod

Masada war eine scheinbar unüberwindbare Festung, Keimzelle des jüdischen Widerstands und die Szenerie für einen furchtbaren Massen(selbst-)mord.

Masada, 73 n. Chr.

Die Festung Masada in der südlichen Wüste Judäas ist gefallen. Bis auf eine alte Frau und fünf Kinder gab es keine Überlebenden. Die zu den Sikariern (»Dolchträgern«) gehörigen Bewohner der Festung hatten es unter der Führung Eleasars vorgezogen, lieber Selbstmord zu verüben, als in die Hände der Römer zu fallen.

Sechs Monate lang war die Festung belagert worden. 7000 römische Legionäre hatten zunächst um Masada herum acht Lager angelegt. Schließlich erkämpften sie sich mit Hilfe einer aufgeschütteten Rampe den Weg nach oben. Nachdem es ihnen gelungen war, die Außenmauer einzurammen, mussten sie feststellen, dass sie noch eine weitere Mauer aus Holz und angehäufter Erde vor sich hatten, die zu stabil war, um sie zu rammen. Doch wurde diese stattdessen von den Römern niedergebrannt. Verwir-

rung breitete sich aus, als den Römern dann niemand mehr auf ihre Schlachtrufe antwortete, sondern eine greise Frau am Eingang der Festung erschien. Sie wies stumm nach innen und erklärte den Soldaten dann, dass im Innenhof Tausende von Toten lägen. Es trieb den hartgesottenen Legionären die Tränen in die Augen, als sie die vielen Männer, Frauen und Kinder dicht aneinander geklammert auf dem Lehmboden liegen sahen.

Eleasar, so erzählte die Greisin, habe sie alle vor die Wahl gestellt, entweder in den Tod zu gehen oder von den Römern gefoltert zu werden. Auch sei er sicher, dass Gott den Juden seinen Segen entzogen habe, was man schon daran erkenne, dass er die Zerstörung seiner Heiligen Stadt zugelassen habe. Zehn Bewohner Masadas wurden ausgelost, die anderen und schließlich dann sich selbst umzubringen.

Der Letzte steckte die Holzbauten der Festung in Brand.

Ein römischer Legionär soll, nachdem er den Berg verlassen hatte, kommentiert haben: »Das war kein Sieg, das war eine Niederlage.«

Germanenaufstand niedergeschlagen

Köln, 70 n. Chr.

Die römischen Siedlungen Colonia Agrippina (Köln), Augusta Treverorum (Trier) und Castra Vetera (Xanten) sind endgültig den Germanen entrissen und wieder unter römische Oberhoheit gestellt worden. Das Gleiche gilt für das Stammesgebiet der Batavier auf den Inseln des Rheindeltas.

Zu verdanken hat Rom diesen Erfolg vor allem seinem Feldherrn Petilius Cerialis, der bereits in Britannien verschiedene Aufständische zur Räson gebracht hatte und inzwischen zum dortigen Gouverneur ernannt wurde. Der Germanenaufstand hatte in den letzten beiden Jahren unter der Führung des Bataviers Julius Civilis begonnen. Er hatte die Schwäche der römischen Truppen am Rhein genutzt und zahlreiche im Sold der Römer stehende Germanen zum Überlaufen bewegt. Fast alle Stämme, mit Ausnahme nur der Kimbern und Cherusker, schlossen sich ihm an. Zusätzliche Unterstützung kam von drei Stämmen aus Gallien, den Treverern, Lingonen und Nerviern. Die gemeinsamen Truppen befreiten die Inseln in der Rheinmündung von den Römern, besetzten das Legionslager Casta Vetera und zerstörten bald darauf in ganz Gallien und Germanien bis auf zwei Ausnahmen sämtliche römischen Legionslager.

Nur mit der Hilfe der Legionen aus Italien, Spanien und Britannien gelang es Cerialis, der germanischen Übermacht Herr zu werden, Land und Festungen zurückzugewinnen und schließlich Germanien wieder dem Schutz der Pax Romana zu unterstellen.

»Hast du Schnupfen, küss ein Muli!«

Italien, 77 n.Chr.

Eine Enzyklopädie der Naturwissenschaften, die insgesamt 37 Bände umfasst, ist von Plinius vorgestellt worden. Nach Angaben des Autors enthält das Werk 20000 Artikel und berücksichtigt über einhundert verschiedene Quellen.

Schaut man sich das Inhaltsverzeichnis des Werkes an (es umfasst den gesamten ersten Band), so stellt man fest, dass in Wirklichkeit noch sehr viel mehr Themen behandelt werden: Von der Medizin bis zur Botanik, von der Kunst bis zur Religion ist fast alles vorhanden.

Jagdszenen aus einem Mosaik

Das Lexikon des Plinius ist in der Tat einmalig, wenn auch Schulmediziner ihre Schwierigkeiten haben werden, den esoterischen Therapievorschlägen des Hobbymediziners zu folgen: Gegen Probleme beim Wasserlassen isst man nach Plinius am besten Ringeltaubendung mit Bohnen; und Schnupfen verschwindet umgehend, wenn man ein Muli küsst!

Zustimmung dagegen dürfte dem Autor gewiss sein, wenn er sich im philosophischen Teil seiner Betrachtungen über die Lage der Menschheit auslässt: »Welches Lebewesen außer uns bekämpft seine eigene Art?« – Ein Heilmittel gegen die Übel dieser Welt besteht nach Plinius darin, sich eines einfachen und naturgemäßen Lebensstils zu befleißigen. Ob sich diese Botschaft im Römischen Reich verkaufen lässt?

Vespasian

Er starb nicht im Stehen

Rom, 79 n.Chr.

Flavius Vespasianus ist in Reate im Alter von 69 Jahren an den Folgen einer Grippe gestorben. Seit einem Besuch in Campania hatte sich der Kaiser nicht wohl gefühlt. Kalte Bäder, von denen er sich Besserung erhoffte, hatten seinen Zustand verschlimmert, bis er schließlich – durch Durchfall zusätzlich geschwächt – mehrmals zu Boden fiel. Mit den Worten »Ein Kaiser stirbt im stehen« raffte er sich noch einmal auf, fiel dann jedoch wiederum einem Diener in die Arme mit den Worten: »Weh mir, ich glaube, ich werde ein Gott« – und starb. Die militärische Laufbahn des Vespasian war beachtlich. Nach Siegen in Britannien, Afrika und Judäa war er vor neun Jahren zum Kaiser ernannt worden. Nachfolger wird sein Sohn Titus.

KURZMELDUNGEN 74-80 n.Chr.

Stamm besiegt! (74-78 n.Chr.): Die Siluren, der mächtigste Stamm in Wales, sind von den Römern unterworfen worden. Ihr Wohngebiet am Fluss Usk war äußerst unwegsam und konnte bis vor kurzem erfolgreich verteidigt werden. Nun hat Rom in Caerlon einen befestigten Posten errichtet, dem ein weiterer in der Nähe von Chester folgen soll.

Premieren-Professor (75 n.Chr.): Der bekannte Rhetoriklehrer Quintilian ist der erste nur von öffentlichen Geldern bezahlte Professor im Römischen Reich. Weitere sollen folgen. Das Jahresgehalt liegt bei 1000 Goldstücken.

Noch ein Stamm besiegt! (78 n.Chr.): Dem neuen römischen Feldherrn in Britannien, Agricola, ist es offenbar gelungen, den berüchtigten Stamm der Ordoviken zu besiegen. Eigenen Angaben zufolge beruhen seine Erfolge auf List und Überraschungsangriffen. Auch die Insel Anglesey hat er annektiert.

Steuerschraube (79 n.Chr.): Steuererhöhungen allerorten! Es dürfte niemanden verwundern, wenn in Zukunft die Bürger versuchen werden, dem Staat die Steuern vorzuenthalten. Bereits jetzt sind einige dazu gezwungen, bereits bezahlte Getreideabgaben zu überhöhten Preisen zurückzukaufen, um sie dann wiederum als Steuern abzuführen. Auch sonst verändert sich das Leben in Britannien. Togen werden nun fast überall getragen und die Errichtung von Tempeln hat auf Anordnung Agricolas wieder zugenommen.

Der Berg spuckt! (79 n.Chr.): Ein verheerender Ausbruch des Vesuv hat die Städte Pompeji, Herculaneum und Stabiae vernichtet. Der 1200 Meter hohe Berg hatte plötzlich Asche und Lava kilometerweit in die Luft geworfen und den Menschen im Umkreis von 50 km keine Chance gelassen. Auch Plinius ist unter den Opfern. Er war, als sich der Ausbruch ankündigte, von Misenum aus zum Vesuv aufgebrochen und dann in Stabiae an giftigen Gasen erstickt.

Unbekannte grüne Insel (80 n.Chr.): Ein römischer Vorposten ist in Drumanagh an der Ostküste Irlands in der Nähe von Dublin errichtet worden. Nie zuvor hatte eine fremde Macht ihren Fuß auf diese Insel gesetzt, die den europäischen Kontinent nach Westen hin abschließt. Der Brückenkopf besteht aus einem gut befestigten Lager, welches mehrere hundert Legionäre beherbergt, die von dort aus das von Kelten bewohnte Hinterland erkunden sollen. Ob eine völlige Eroberung der Insel gelingen wird, ist allerdings mehr als fraglich.

Das Römische Reich

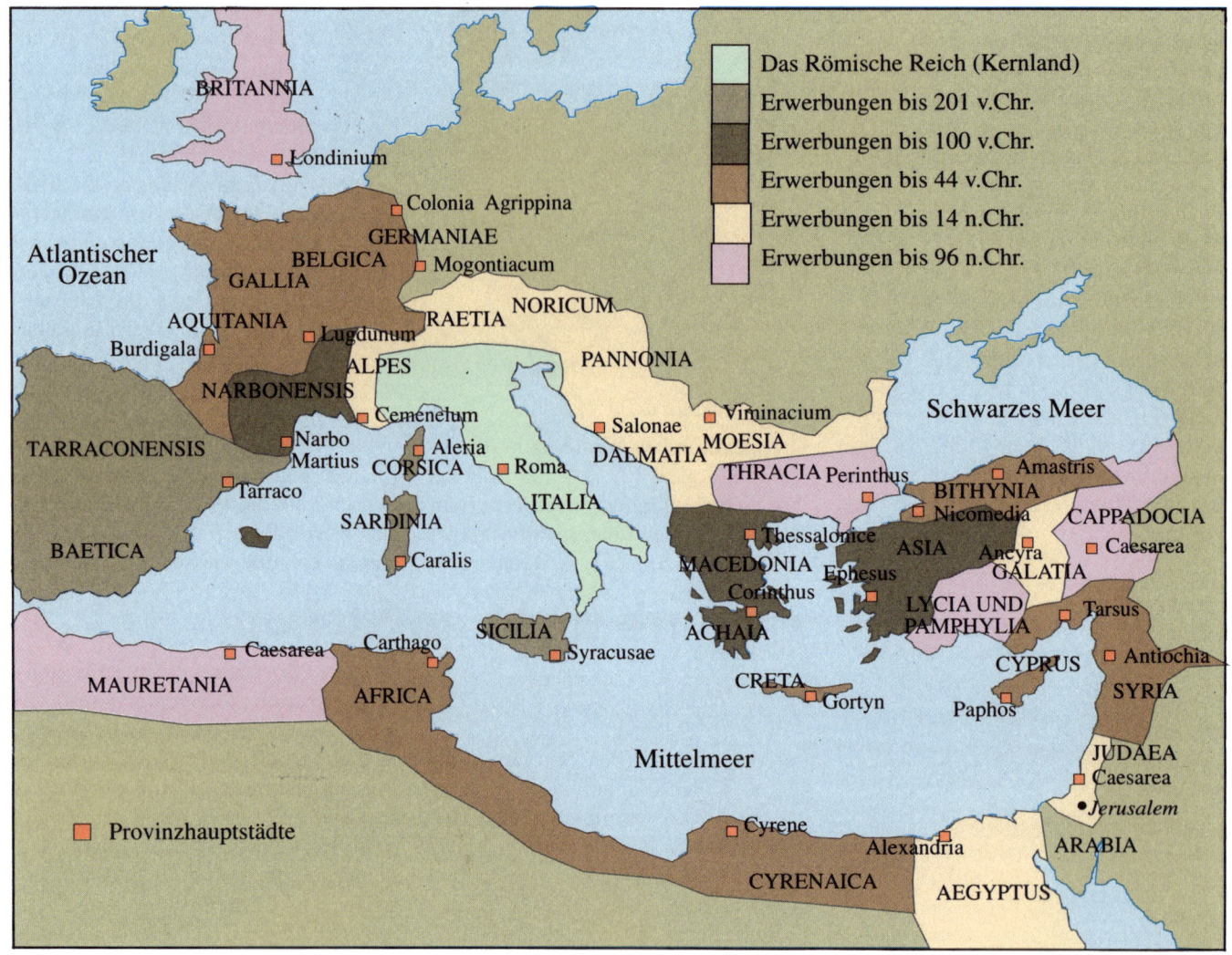

Das Römische Reich (Kernland)
Erwerbungen bis 201 v.Chr.
Erwerbungen bis 100 v.Chr.
Erwerbungen bis 44 v.Chr.
Erwerbungen bis 14 n.Chr.
Erwerbungen bis 96 n.Chr.

Provinzhauptstädte

Das Römische Reich. Es ist deutlich erkennbar, dass das Römische Reich sehr viele Gebiete und Völker unter Kontrolle behielt. Das militärische Geschick und die effektive Verwaltung der Römer kamen dabei auch den besetzten Gebieten zugute, deren Einwohner in relativem Wohlstand und einigermaßen sicher leben konnten.

Schotten geizten nicht mit Unverschämtheiten

Carpow on Tay/Schottland, 84 n. Chr. Über dreißigtausend Kaledonier sind nach einer vier Jahre dauernden Belagerung von den Römern besiegt worden.

Die entscheidende Wendung trat mit der Schlacht von Inverurie ein. Dort hatte der römische Feldherr Agricola zum Angriff geblasen, nachdem sich auch die Flotte einen Weg durch die unwegsamen schottischen Wasserstraßen hatte bahnen können.

Zuvor hatten die rothaarigen Kaledonier (sie gelten als der größte Stamm Nordbritanniens) das Römische Reich »aufs Schwerste beleidigt«. Ihr Stammesführer Calgacus nannte es »einen Sack voller Lumpen, gefüllt mit einer wilden Mischung von Völkern, zusammengehalten nur durch die Kriegserfolge und zum Untergang geweiht, sobald ihm ernsthafter Widerstand entgegentritt«.

Dass die Römer auf solche Verbalinjurien nur mit Kampf antworten konnten, ist klar. Nachdem die Schlachtreihen aufgestellt worden waren, schleuderten beide Seiten mit Wurfgeschossen und gingen anschließend zum verlustreichen Nahkampf über. Etwa 10000 Kaledonier und 360 Römer fanden den Tod. Die noch verbliebenen Schotten verschwanden im Dunkel ihrer heimatlichen Berge.

Agricola hatte mit dem Versuch der Unterwerfung Schottlands vor vier Jahren begonnen, war jedoch damals auf mehrere uneinnehmbar erscheinende Festungen getroffen, so zum Beispiel die Hügelfestung bei Traprian Law, die 160000 m² groß ist. Andere liegen an Seen und sind nur per Boot oder über einen schmalen Damm zu erreichen.

Umso mehr freut er sich nun über seinen Erfolg und hat als nächstes Ziel bereits Irland anvisiert, wo Rom bisher noch nicht Fuß fassen konnte.

Immer schön kritisch bleiben

Ephesus, 85 n.Chr.
Der Apostel Johannes, »Lieblings-jünger« des Jesus von Nazareth, hat sich in einem Schreiben besorgt dar-über geäußert, dass viele Christen auf die »erstschlechtesten« Irrlehrer her-einfielen. Kritisches Denken, so der Apostel, sei heute mehr denn je ge-fragt.

»Prüft die Geister!«, schreibt Johan-nes, »und überlegt, ob sie von Gott kommen oder nicht.« Viele Geistes-strömungen kämen im frommen Ge-wand daher, seien jedoch nichts ande-res als teuflische Lügen, betont der Apostel.

Das große Theater in Ephesus

Sein Brief ist, anders als etwa die Schreiben des Paulus von Tarsus, nicht streng logisch aufgebaut, sondern kreist eher medi-tativ um bestimmte Leit-themen. Vor allem drei Kennzeichen des wahren Glaubens werden von Jo-hannes herausgestellt:
Als Erstes fordert er *Ge-horsam* gegenüber den göttlichen Geboten. »Wer die Gebote nicht hält, kennt Gott nicht!« Ein zweites und nicht minder wichtiges Kennzeichen des Christen sei die *Liebe*, vor allem die Liebe zu anderen Christen. Wer seinen Bruder oder seine Schwester hasst, ist nach den Worten des Johannes ein Lügner und »lebt in der Finsternis« (Johan-nes greift mit Absicht die Licht-Dun-kelheit-Terminologie seiner Gegner auf). Die wahre »Gnosis« (»Erkennt-nis«, auch dies ein gern benutzter Be-griff der Gegner) sei diejenige, dass Christus Gott gleich ist, für uns starb und auferstand. Das Festhalten am *Glauben*, so wie er überliefert wurde, ist also der dritte Schwerpunkt seiner Aussagen.
Wem genau der Brief gilt, geht aus dem Schreiben des Apostels, der sich zur Zeit in Ephesus aufhält, nicht klar hervor. Wahrscheinlich ist auch die-ser »Johannesbrief« als Rundbrief

konzipiert worden, um in verschiede-nen kleinasiatischen Gemeinden ver-lesen zu werden. Auch wenn der Brieftext sich manchmal beschaulich liest, ist der Inhalt an vielen Stellen ebenso knallhart wie seine Formulie-rungen. Seine Warnungen lassen an Klarheit nichts zu wünschen übrig und erinnern an den »Donnersohn«, als den ihn Jesus mal bezeichnet hat. Von Altersmilde ist da nicht viel zu spüren.
Der »erste Johannesbrief« wird übri-gens durch zwei weitere, kürzere Schreiben ergänzt. In einem ermahnt der Apostel seine Leser, nicht allzu gutgläubig mit der christlichen Tu-gend der Gastfreundschaft umzuge-hen (nicht mit jedem Besuch nimmt man einen Engel auf); der andere ist ein sehr persönlich gehaltenes Schrei-ben an einen Freund des Apostels na-mens Gaius.

KURZMELDUNGEN 80-90 n.Chr.

Eine Katastrophe kommt sel-ten allein (80 n.Chr.): Eine verheerende Feuersbrunst hat in Rom das neue Capitol, das Pantheon und die Bäder Agrippas zerstört. Auch eine furchtbare Pest grassiert in der Stadt.

Lieblingskaiser tot (81 n.Chr.): Kaiser Titus ist nach nur zwei-jähriger Regierungszeit gestor-ben. Viele liebten diesen Kai-ser, der den Römern herrliche Badeanstalten schenkte und

sich nicht zu fein war, sie an der Seite der einfachen Leute zu benutzen. Nachfolger des jetzt als Gott verehrten Titus wird Domitian.

Kein Loch mehr in der Mauer (83-85 n.Chr.): In einem über zwei Jahre andauernden Feld-zug ist es Rom gelungen, den Stamm der Chatten endgültig zu unterwerfen und damit die einzige noch verbliebene Lü-cke im Limes zwischen Main und Neckar zu schließen. Das Stammesgebiet der Mattiaker (Odenwald) wurde dem Im-perium ebenso eingegliedert

wie die Landschaften zwi-schen Rhein und Donau.

Maximale Großmannsucht? (85 n.Chr.): Kaiser Domitian hat sich zum obersten Priester und König Roms erklärt. Der neue »Pontifex Maximus« will dem Jupiter Tempel errichten und die Heiligtümer der Göt-ter Janus, Castor und Apollo wieder aufbauen. Eine Prie-sterschule für Minervapriester ist ebenfalls gegründet wor-den. Noch einen weiteren Ti-tel legte sich Domitian zu: »Censor Perpetus« – womit er der Absicht Ausdruck ver-

leiht, in Zukunft als Allein-herrscher zu regieren, notfalls auch ohne den Senat.

Frieden oder Niederlage? (88 n.Chr.): »Ein ehrenwerter Frie-den« ist zwischen Rom und den besiegten Dakern auf dem Balkan geschlossen wor-den. Man einigte sich auf die Anerkennung des Decebalus als Dakerkönig, der im Ge-genzug versprach, sämtliche römischen Kriegsgefangenen freizulassen. Auch finanzielle Unterstützung für den Wie-deraufbau des Landes wurde dem König gewährt.

Apokalyptische Alters-Erscheinung: Alptraum mit Happy-End

Patmos, ca. 95 n. Chr.

Johannes, auch unter dem Namen »der Älteste« bekannt, ist als letzter Überlebender der zwölf Jünger des Jesus von Nazareth kürzlich mit einer »Offenbarung Jesu Christi« an die (kirchliche) Öffentlichkeit getreten. Diese Offenbarung empfing er auf der ägäischen Vulkaninsel Patmos, wohin er sich nach der Christenverfolgung unter Domitian ins Exil begeben hatte.

Seine »Apokalypse« – eine Reihe von Visionen – wurde zunächst in sieben kleinasiatischen Gemeinden verlesen. Für jede dieser Gemeinden hat Johannes ein spezielles »Sendschreiben«, dessen Inhalt dem Apostel direkt von Gott eingegeben worden sein soll.

merkwürdiges Tier mit zehn Hörnern und sieben Köpfen auf, das wie ein Leopard aussieht, aber den Mund eines Löwen und die Tatzen eines Bären hat. Es entsteigt dem Meer, schließt sich mit einem anderen, drachenartigen Tier gegen die Christen zusammen und hat außerdem noch zwei weitere zweihörnige Tiere in seinem Dienst, die ebenfalls gegen die Christen agieren.

Nach diesem »Tier aus dem Abgrund« erscheint ein blutrotes Ungeheuer, welches über und über mit blasphemischen Namen bedeckt ist und von einer mit Juwelen geschmückten Frau geritten wird, die den Namen »Hure Babylon« trägt.

handle es sich dabei eher um einen groben Überblick über die Menschheitsgeschichte als um einen genauen »Fahrplan«, in dem jedem Bild ein geschichtliches Ereignis eindeutig zugeordnet werden könne.

Die »Apokalypse« ist die erste und einzige rein prophetische Schrift der von der Gemeinde anerkannten christlichen Literatur. Das alttestamentliche Buch Daniel, in dem ebenfalls von Visionen die Rede ist, erscheint geradezu »harmlos« gegenüber der johanneischen Version. Es scheint, als habe der Apostel seine Visionen stellenweise selbst nicht ganz verstanden. Dafür bedurfte es dann wohl eines »Engels«, der ihm einiges an Erleuchtung beigebracht haben soll. Der Leser profitiert allerdings wenig davon, denn Johannes habe, so der Apostel, Dinge gesehen, welche er gar nicht weitergeben darf. Verschiedentlich wurde bereits geäußert, das Buch, welches von den »sieben Siegeln« rede, sei selbst ein »Buch mit sieben Siegeln«. Andererseits heißt es in eben diesem Buch, dass Christus die Siegel öffnen kann. Immerhin ist es für den Überblick des Lesers praktisch, wenn stets die heilige Zahl »Sieben« erscheint: Es gibt nicht nur sieben Siegel, sondern auch sieben Engel, Posaunen und »Zornschalen«.

Höhepunkt der Offenbarung ist das Ende der Welt und der Beginn des ewigen Gottesreiches. Die »Stadt Gottes« wird als ein glänzendes himmlisches Jerusalem porträtiert, als ein wunderbares und unvergängliches Land. Gleichfalls wird alles Böse für immer verschwunden sein. »Siehe, ich mache alles neu!«, spricht der Herr und Johannes ruft ihm entgegen: »Maranatha; komm bald!«

Welche Wirkung wird dieses Buch in Zukunft haben? Wird es ein gefundenes Fressen für Spökenkieker? Oder wird es in erster Linie bedrängte Gemeinden trösten? An diesem Buch kann man in Zukunft kaum vorbeigehen.

Christus trennt die Schafe von den Böcken, Mosaik aus dem 6. Jahrhundert (Ravenna).

rekt von Gott eingegeben worden sein soll.

Der Gesamttenor der Offenbarung ist trotz »alptraumartiger« Einzelbilder insgesamt hoffnungsvoll: Die christliche Kirche wird trotz aller Verfolgungen nicht untergehen. Letztlich werde das Gute, oder besser *der* Gute, über das Böse triumphieren.

Die im Einzelnen benutzten Bilder und Symbole sind jedoch teilweise nur schwer zu verstehen. So tritt ein

Dies mag zum einen ein Hinweis auf Rom sein, zum anderen andeuten, dass es in naher Zukunft einmal ein antichristliches Weltreich geben wird, angeführt von einem »Pseudomessias« oder »Antichristus«, der aber schließlich von dem wiederkehrenden Herrn Jesus besiegt werden wird. Viele Leser der Offenbarung sind der Ansicht, dass es nicht Sinn der Sache sein könne, dieses Buch bis in alle Einzelheiten zu interpretieren. Es

Sieben mal sieben – Die Offenbarung des Johannes

Die Zahl der Vollkommenheit spielt in der Offenbarung des Johannes offenbar eine wichtige Rolle. Das letzte Buch der Bibel lässt sich aufteilen in sieben Abschnitte, von denen jeder einzelne wieder sieben Unterabschnitte enthält. Sie alle weisen auf den großen letzten »Tag des HERRN« hin, an dem die Erde vergeht und alle ihre Bewohner vor dem Jüngsten Gericht erscheinen müssen. Die sieben Abschnitte im Einzelnen:

1. Sieben Siegel (6,1-8,1). Christus, das »geschlachtete Lamm«, öffnet eine Schriftrolle, die siebenfach versiegelt war. Plagen kommen über die Erde, doch die Gemeinde bleibt unangetastet.

2. Sieben Posaunen (8,2-11,9). Jeder Posaunenstoß bringt weitere Plagen über die Erde. Sie betreffen die Erde und das Meer, die Flüsse und den Himmel. Die Gottlosen werden gequält und ein Drittel der Menschheit stirbt. Vor der letzten Posaune setzt eine furchtbare Verfolgung der christlichen Kirche ein, die aber dennoch überlebt.

3. Sieben Visionen über das »Reich des Drachen« (12,1-13,18). Ein neugeborenes Kind wird dem Drachen entrissen. Danach bricht ein »Krieg im Himmel« aus und der Satan fällt auf die Erde, um die Mutter des Kindes (erfolglos) zu verfolgen. Den Tieren wird es eine Zeit lang erlaubt, die Gläubigen zu verfolgen. Diese werden zu »Geduld und Ausharren« ermahnt.

4. Sieben Visionen über Christus (14,1-20). Diese Visionen beginnen im Himmel und beschreiben anschließend das Werk Christi auf Erden. Das Gericht über die Völker steht am Ende. Alle bekommen das, was sie verdient haben.

5. Die sieben Schalen des Zorns (15,1-16,21). Wieder werden letzte, große Plagen (Katastrophen) über die Erde ausgegossen, welche vor allem diejenigen treffen, die »das Tier aus dem Abgrund« angebetet haben. Die Umwelt wird zerstört; am Ende steht ein verheerendes Erdbeben.

6. Die sieben Visionen über den Untergang Babylons (17,1-19,10). »Das Tier und die Frau« werden in ihrer antichristlichen Art mit moralisch verdorbenen Despoten verglichen (Anspielungen aufs römische Kaiserhaus?). Babylon (Rom?) fällt dann endgültig; das Volk Gottes wird bewahrt.

7. Die sieben Triumphe des Christus (19,11-21,5). Christus, der Retter, erscheint auf einem weißen Pferd und zerstört alle Kräfte des Bösen. Der gebundene Drache wird ein letztes Mal entfesselt und darf die Erde für eine bestimmte Zeit beherrschen. Die Gläubigen werden zu Gott in den Himmel entrückt. Am Ende der (Welt-)Geschichte wird Satan für immer zerstört, die Toten gerichtet und eine neue Schöpfung Gottes errichtet.

Die vier apokalyptischen Reiter der Johannesoffenbarung haben die Phantasie vieler Künstler beflügelt. Hier die berühmte Darstellung von Albrecht Dürer aus dem 16. Jahrhundert.

Schlechte Noten für Gemeinden

Sieben Gemeinden an der Zahl sind es, die der Apostel Johannes in seinen »Sendschreiben« auf Stärken und Schwächen ihres Glaubens und Lebens anspricht. Sie liegen in der Provinz Asia und sind allesamt – um es milde auszudrücken – nicht mehr das, was sie einmal waren.

Der Gemeinde in Ephesus wird vorgeworfen, die »erste Liebe« verlassen zu haben – traurig besonders für Johannes, denn dies ist seine Heimatgemeinde. Sardes, so heißt es weiter, sei eingeschlafen, Smyrna wenig leidensbereit und Pergamon und Thyatira beherbergten Irrlehrer. Trost erfährt die schwache Gemeinde von Philadelphia; eine Gerichtsdrohung geht an die Gemeinde von Laodizea: Wenn sie nicht umkehrt, so heißt es wörtlich, werde Gott sie »ausspeien«.

KURZMELDUNGEN 90-97 n. Chr.

Familiengrab (ca. 90 n. Chr.): Neben dem Grab ihres Vaters haben die beiden Töchter des Philippus ihre letzte Ruhestätte in Hierapolis gefunden. Eine weitere Tochter des Apostels soll in Ephesus begraben sein. Die drei unverheiratet gebliebenen Schwestern galten bis ins hohe Alter als Augenzeuginnen und wichtige Informationsquellen über die Zeit der christlichen Urgemeinde. Ihr Vater war einer der sieben »Diakone«, von denen die Apostelgeschichte berichtet, und hatte später den Dienst eines Evangelisten (Reisemissionars) ausgeübt.

Was willst du mit dem Dolche? Sprich! (96 n. Chr.): Trotz zahlreicher Vorkehrungen zum Schutze seiner selbst ist Kaiser Domitian von Stephanus, einem Kammerdiener seiner Nichte, erdolcht worden. Dieser hatte eine Verletzung vorgetäuscht und den Dolch tagelang in einer Armbinde versteckt gehalten. Domitian war ein äußerst grausamer, sadistischer Herrscher, der sich als Gott verehren ließ. Sein altes Kindermädchen Phyllis verbrannte den Leichnam, nahm seine Asche und trug sie in den flavischen Tempel. Er wurde 44 Jahre alt und hat beinahe 15 Jahre regiert.

Neuer Nachbar aus Fernost (97 n. Chr.): Der chinesische Feldherr Pan Chao ist auf dem Landweg mit einer Truppe von 70000 Reitern zum Kaspischen Meer vorgedrungen. Damit hat das Römische Reich einen neuen Nachbarn.

Reiseführer für Globetrotter

Gewürze gehörten auf den Märkten der Alten Welt zu den begehrtesten Produkten. Mit ihnen wurde schon früh reger, weltweiter Handel getrieben.

Arabien, ca. 90 n. Chr.
Ein reiselustiger arabischer Kapitän (der offenbar ungenannt bleiben möchte) hat einen neuen Weltreiseführer verfasst, in dem er die von ihm befahrenen Routen ebenso schildert wie Einwohner und Eigenarten Arabiens, Asiens und Afrikas.
An der Ostküste Afrikas entdeckte der Seemann die Stadt Axum, Hauptstadt des Landes Äthiopien. Sie befindet sich etwa acht Tagesreisen landeinwärts vom Hafen Aulis entfernt. Der König von Abessinien (Äthiopien) wird einerseits als »gemeiner Kerl« beschrieben, andererseits sei er aber »sehr intelligent« und spreche fließend Griechisch.
Im Süden des Kontinents, so der Kapitän weiter, befände sich das »Horn Afrikas«, auch »Kap der Gewürze« genannt. Dort wird die Frucht des südasiatischen Zimtbaumes umgeschlagen, wenn die Kaufleute die Herkunft des Zimts auch gerne verschweigen. »Die Leute sollen ruhig glauben, er komme aus Afrika. Dann verkauft er sich nämlich besser!« Am südlichen Ufer des Roten Meeres leben den Angaben des Kapitäns zufolge zwei weitere Könige: der »Weihrauch-« und der »Myrrhekö-

nig«. Letzterer trägt den Namen Eleasus und herrscht mit fester Hand über den unheimlichen Hafen von

Kana. »Dieser Ort ist äußerst gefährlich. Dorthin geschickt zu werden ist eine Strafe. Ein extrem ungesundes Klima! Schon mancher Seemann hat sich mit der Pest infiziert, nur weil er daran vorbeigesegelt ist. Fast alle Sklaven, die dort arbeiten, überleben nicht.«
Eine wichtige geographische Entdeckung betrifft die Südspitze Indiens. Dort will »Captain Anonymus« die größte Insel der Welt entdeckt haben. Sie heiße Taprobane (Sri Lanka) und werde durch ständige Unruhen zwischen Tamilen und Buddhisten geschüttelt. Letztere besäßen angeblich einen Originalzahn des Buddhas. Noch etwas versetzte den Kapitän in Erstaunen: Die Inder haben Segelboote, welche die römischen bei weitem übertreffen. Sie sind nicht nur größer, sondern auch schneller und besitzen bis zu vier Segel, sind etwa 600 Meter lang und können ungefähr 900 Tonnen Fracht laden. Auf einem solchen Boot habe er über 700 Passagiere entdeckt, berichtet der alte Seebär begeistert.

Kaiserliche Willkür verbreitet Angst und Schrecken

Rom, 95 n. Chr.
Kaiser Domitian wütet weiter: Sein Vetter Flavius Clemens fiel der Mordlust des Herrschers ebenso zum Opfer wie dessen Frau, die kaiserliche Nichte Flavia Domitilla. Beiden wurde »Atheismus« vorgeworfen, was bei Domitian gleichbedeutend ist mit »Übertritt zum Christentum«. Ob Juden oder Christen – bei diesem Kaiser macht dies keinen Unterschied; für ihn ist das Christentum ohnehin nur eine jüdische Sekte. Selber betet er Isis an und war schon geraume Zeit nicht gut auf die Juden zu sprechen, was nun eskaliert ist.
Er hat die gefürchteten Verratsprozesse wieder eingeführt, die zuletzt vor einem guten halben Jahrhundert von Tiberius abgehalten wurden.
Um dem Zorn ihres Vorgesetzten frühzeitig vorzubeugen, haben übrigens auch die Feldherren Frontinus und Agricola ihren Rücktritt eingereicht.

Die Anklagen, die Domitian gegen ihm missliebige Menschen vorbringt, werden unterdessen immer bizarrer. Der eine wird umgebracht, weil er wie der frühere Lehrer Seiner Majestät aussieht, der andere, weil er den Geburtstag seines Onkels feiert. Der Onkel hieß Otho, lebt längst nicht mehr, war aber früher mal für ganz kurze Zeit Kaiser.
Sallustius Lucullus wurde getötet, weil er sich erdreistete, eine Lanze nach ihm selbst zu benennen. Junius Rusticus schließlich nannte neulich zwei stoische Philosophen »Heilige«. Auch er musste sterben.
Der Anstand verbietet es, die Foltermethoden dieses Sadisten zu beschreiben – eines Mannes, der anscheinend nur den Göttinnen und Göttern (von Jupiter bis Minerva) bereit ist, Gutes zu tun. Zu diesen Göttern zählt er sich mittlerweile auch selbst und lässt sich entsprechend verehren.

Machtkämpfe im Haus der Frommen

Korinth, 96 n. Chr.

Zu ernsten Differenzen ist es in der christlichen Gemeinde von Korinth gekommen, nachdem man sich dort nicht auf neue Leiterpersönlichkeiten hat einigen können.

Einer der Nachfolger der Apostel, Clemens von Rom, nahm dies zum Anlass, um in einem ernsten Schreiben die korinthischen Christen zu ermahnen, ihre Personalprobleme nicht im Streit, sondern auf friedliche Art und Weise zu lösen. Es gebe keinen Grund für einen Leiterwechsel; die alten Presbyter oder Ältesten seien unverzüglich wieder einzusetzen – und vor allem: zu achten und zu ehren.

Der Ursprung des Streites liegt im Dunkeln. Möglicherweise ist eine Sitte bestimmter Judenchristen dafür verantwortlich, die Älteste immer nur für eine bestimmte Zeit einsetzen wollen. Vielleicht geht es auch »nur« um Personen und deren (richtige oder falsche) Theologie. So besagt eine Erklärung, dass sich die neue, jüngere Generation mit ihrer charismatischen Art, die Gottesdienste zu feiern, im Widerspruch zu den älteren Gemeindegliedern befände, welche die Betonung eher auf Lehrvorträge und praktische Nächstenliebe legen wollen.

Der Brief des Clemens, von ihm selbst unterschrieben und offensichtlich im Namen der gesamten römischen Gemeinde geschrieben, zitiert sowohl Stellen aus den heiligen Schriften der Juden wie auch Worte des Jesus von Nazareth und Paulus von Tarsus. Auch liturgische Elemente kommen zum Tragen. Christus habe – so Clemens – die Apostel selbst eingesetzt und diesen die Aufgabe übertragen, ihrerseits Älteste und Diakone einzusetzen. Eine Ablösung der Ältesten könne nur nach deren Tod erfolgen, beharrt Clemens. Wörtlich schreibt er: »Wir nähmen unsererseits keine geringe Sünde auf uns, wenn wir diejenigen vom bischöflichen Amt ausschlössen, die ohne Tadel gelebt und die Gnadengaben in heiliger Weise verwaltet haben.«

Der triumphierende Christus. Dieses frühe christliche Mosaik wurde in einer vor-konstantinischen Nekropole gefunden, die in der Nähe der St.-Peter-Basilika im Vatikan in Rom ausgegraben wurde. Es zeigt Christus auf einem Siegeswagen mit einem Heiligenschein.

Ein Glaube, der sich breit macht

ITALIEN
Rom
Puteoli
Neapolis
THRAKIEN
MAZEDONIEN
Thessalonich
Philippi
Beröa
Pergamon
Thyatira
ACHAJA
Nikopolis
Sardes
Smyrna
Ikonion
Tarsus
Korinth
Athen
Kolossä
Lystra
Antiochia
Perge
Derbe
Attalia
SYRIEN
Damaskus
Sidon
Tyrus
Cäsarea
Joppe
Azotus
Lydda
Jerusalem
Kyrene
Alexandria
CYRENAICA
LIBYEN
ÄGYPTEN

Ausbreitung des Christentums im 1 Jh. n.Chr.

Städte mit hohem Anteil an Christen

Die Ausbreitung des christlichen Glaubens

Am Ende des 1. Jahrhunderts hat sich der christliche Glaube im ganzen Römischen Reich verbreitet. Die Karte zeigt Gebiete und Städte, in denen das Christentum besonders stark ist. In einigen Städten gibt es in dieser Zeit bereits mehrere tausend Christen. An einigen Orten werden Christen hart verfolgt, an anderen nicht. Die christliche Botschaft soll, Legenden zufolge, sogar den Sprung über die Grenzen des Römischen Reichs hinaus geschafft haben: Der Apostel Thomas habe in Küstenstädten Indiens gepredigt.

Probleme sind der Gemeinde in Korinth nicht unbekannt. Vor vierzig Jahren hatten gemeindeinterne Streitigkeiten den Apostel Paulus dazu veranlasst, insgesamt vier ernste Schreiben an diese große Gemeinde zu richten. Trotz mancher Querelen und trotz der unlängst veröffentlichten düsteren und für die Gemeinden wenig schmeichelhaften Vision des Johannes: Das Christentum hat sich am Ausgang dieses Jahrhunderts etabliert. Aus einer jüdischen Sekte ist, zunächst kaum beachtet, eine Religion geworden, die ganze Landstriche und Städte prägt. Tendenz: steigend. Allerdings gibt es auch Stimmen, die diese Entwicklung kritischer sehen. Der erste Putz sei runter, das geistliche Leben ersticke in Schlaffheit. Wie dem auch sei: Ob das Christentum in seiner Qualität steigt, werden kommende Jahre zeigen. Dass es an Quantität zunimmt, ist nach den Erfolgen der letzten Jahrzehnte für jeden Kenner der Szene überhaupt keine Frage.

Personen- und Ortsregister

In diesem Register finden Sie alle Eigennamen von Personen und Orten, die in der CHRONIK erwähnt werden. Auch mythologische Namen wurden berücksichtigt. Ein B hinter einer Ziffer bedeutet, dass zu diesem Namen eine Abbildung vorhanden ist, ein K meint, dass sich am angegebenen Ort eine Landkarte oder ein Diagramm befindet. Die Begriffe Israel (Staat und Volk) und Jahwe wurden wegen ihrer großen Häufigkeit nicht aufgenommen.

Antiochos III. 256, 258, 259, 268
Antiochos IV. Epiphanes 257-261, 263, 268, 275
Antiochos V. 260, 266
Antiochos VI. 266
Antiochos VII. 270, 271
Antipater (Sohn des Herodes) 262K, 283
Antipater II. (Vater des Herodes) 279, 283
Antipatris (siehe auch Afek) 281K, 311K, 391K
Antium 387
Antonia 327, 327B
Anu 134
Äolien 181
Apamea 17, 268
Apenninen 237
Apherema 271K
Aphrodite 245-247, 246B
Apis 211
Apollo(n) 181, 183, 224, 245B, 247, 247B, 258, 297, 369, 399
Apollonia (Palästina) 271K, 311K
Apollonia (Thrakien) 374K
Apollonios (Dichter) 252
Apollonios (General der Seleukiden) 261
Apollos 372, 375, 393
Apophis 52
Apoxyomenos 245
Appius Claudius 227
Apqu 134
Apsu 140
Apulien 157, 175
Aquila 371, 372
Aquitania 278K, 295K, 398K
Araba 22K, 75K, 146B
Arabia 295K, 398K
Arabien 32, 70B, 202, 206, 244K, 352, 371, 379, 402
Arad 22K, 75K, 83K, 113K, 127K, 129B, 133, 261B
Aram (siehe auch Syrien/Damaskus) 17K, 59, 113, 113K, 120K
Aramäer 99, 121, 131, 134, 134B, 137, 140, 142, 144, 146-149, 156, 166
Ararat 16, 22K
Aratus 370
Arauna 118
Arawak 354
Arbela 244K, 271K
Archelaus 283, 286
Archimedes 254, 254B
Areopag 191, 370
Ares 247
Aretas von Nabatäa 300
Argob 113K
Argolis 124, 124K
Argonauten 252
Argos 124, 124K, 236, 236K, 246
Arier 59, 112
Arimathäa (Ramatajim) 271K
Arinna 79
Aristagoras 219
Aristarchus 377, 382
Aristobulos (Schwager Herodes des Großen) 262K
Aristobulos (Sohn Herodes des Großen) 283, 300

Aristobulos I. 262K, 271
Aristobulos II. 262K, 274, 275
Aristophanes 232, 233
Aristoteles 240, 242, 243, 243B
Arkadia/-en 93, 124, 124K
Arkiter 117
Armenien 22, 22K, 34K, 67, 154, 234, 290
Arminius 287
Arnon 171
Aroër 93K, 113K
Arpad 167
Arrapa 154
Arta 124
Artabanos III. 353
Artaxerxes 225-228, 226B, 231, 234
Artebater 354
Artemis 183, 209, 219, 247, 258, 362, 377, 377B
Artemisia 238
Arwad 17K, 22K, 113K, 135, 143
Asa 132, 134, 138, 150
Asarhaddon 178, 181
Asarja (Prophet) 132, 150
Asarja (Usija/König von Juda) 157, 169, 179
Aschan 83K
Aschdod (siehe auch Azotus) 75K, 83, 83K, 84K, 86, 100, 113K, 166K, 173, 184
Aschera 96, 132, 156, 185
Aschkelon (siehe auch Askalon) 83, 83K, 84K, 86, 113K, 166K, 181, 184, 271K
Aschtarot (Aschterot-Karnajim) 127K
Aseka 75K, 84K, 197K
Ashanti 220B
Ashoka 251, 251B, 264, 275
Asia 268, 273, 295K, 366K, 374K, 376, 381K, 398K, 401
Asingdon 23
Askalon (siehe auch Aschkelon) 281K, 311K
Asklepiades 275
Äsop 203, 368
Aspasia 233
Asser (Sohn Jakobs) 51
Asser (Stamm) 173
Asser (Stammesgebiet) 83K
Assos 374K
Assuan (Syene) 31B, 171, 171B, 183, 244K, 280B, 281
Assur (Gott) 133, 167
Assur (Stadt und Gebiet) 17K, 18, 22K, 131, 133, 134, 154, 159, 177, 188
Assurbanipal 148B, 167B, 180-185, 183B, 186
Assurdan II. 131
Assurdan III. 159
Assur-danin-aplu 154
Assurnasirpal II. 134, 135, 137, 137B, 139, 148
Assuruballit 188
Assyrer/Assyrien 19, 59, 67, 83, 88, 99, 101, 111, 125, 131, 133-135, 133B, 137, 143, 146, 148, 151-155, 157-159, 164, 166, 166B, 167,

167B, 169-178, 170B, 180-186, 188, 191
Astarte 139, 144, 145, 183
Astyages 205
Atalja 153
Atarot 83K, 149
Athen 22K, 93, 93B, 124K, 148, 160B, 169, 188, 191, 191B, 218, 218B, 221, 224-226, 230B, 232-236, 236K, 238-240, 244, 245, 247, 260, 268, 277K, 295K, 369, 370, 370B, 374K, 377, 403K
Athene 183, 230, 247
Äthiopien 181, 353, 357, 402
Atia 289
Atilius 294
Ätna 168
Aton 61, 63
Attalia (Antalya) 361, 361B, 366K, 403K
Attalos III. 268, 269
Attika 93, 124K, 221
Atum 30
Augsburg (siehe Augusta Vindelicum)
Augusta 388
Augusta Treverorum (Trier) 292K, 396
Augusta Vindelicum (Augsburg) 292K
Augustus 278-285, 280B, 287, 288, 289, 289B, 292, 293, 294, 295K, 348, 351B, 353, 358, 369, 376
Aulus Plautius 357
Auranitis (Hauran) 281K, 311K
Aurus Metelus 267B
Auxume 402
Avaricum 277K
Avaris 52
Avebury 19K, 23, 23B, 29, 112, 112B, 368B
Aventicum (Avenches) 292K
Aventin 209
Averner 278
Ayia Irini 183
Ayun Musa 75K
Azmon 75K
Azotus (siehe auch Aschdod) 271K, 281K, 311K, 391K, 403K
Baal 90, 96, 136, 138, 139, 143, 144, 150, 153, 161, 182, 185, 185B
Baalat 83K, 120K
Baalbek 96B
Baalis 200
Baal-Melkart 139B
Baal-Meon 83K, 149
Baal-Peor 162
Baal-Schalischa 83K
Baal-Sebub 143
Baal-Zefon 75K
Baba-aha-issina 155
Babel 17, 17K
Babylon 22K, 40, 45, 34K, 63, 92, 99, 101, 109, 121, 135, 140, 146, 155, 170, 178, 178B, 181, 182, 182B, 188, 190, 192, 193K, 194, 195, 195B, 197, 197B, 199-205, 202B, 206, 206B, 208, 208B, 209, 212, 212B, 213, 221, 223B, 225, 226, 244K, 261

Babylonien 36, 45, 76B, 123, 125, 140, 140B, 141, 146, 154, 155, 165, 170, 172, 174, 175, 177, 181, 186, 189, 191, 192B, 193, 193B, 195-198, 196B, 200, 205, 206, 209, 221, 224, 226, 244, 285
Baca 300K
Bacchus 96B
Baetica 295K, 398K
Bagendon 288
Bagoas 231
Bahurim 117
Baia 270, 383
Bakchides 263
Baktrien 256, 264, 275
Balearen/Baleares 211, 295K
Baltikum 77
Banyas 320K
Barabbas 341
Barak 89
Barjesus 361
Barnabas 352, 359, 360, 361, 362, 364, 365, 366, 392, 393
Barnenez 19K
Baruch 190
Bascama 271K
Bascha 129, 134, 150
Baschan 83K
Bastet 143
Batanäa 281K, 311K
Bataver 292K, 396
Bath 368, 369B
Batseba 116, 119
Beelzebub/Beelzebul 13, 325
Beer 83K
Beerot-Bene-Jaakan 75K
Beerscheba 34K, 40-43, 42B, 46K, 75K, 83K, 93K, 113K, 127K, 133, 171B, 271K, 281K, 311K
Beijing (siehe Peking)
Beirut (siehe Berytus)
Bel 204
Belgica/Belgien 219, 278K, 292K, 295K, 398K
Belsazar 202, 205, 205B
Beltschazar (siehe Daniel)
Belutschistan 275
Ben-Ammi 75
Ben-Hadad I. 134
Ben-Hadad II. 140, 142, 143, 149, 151, 153
Beni-Hasan 27K
Benjamin (Sohn Jakobs) 50, 51, 53
Benjamin (Stamm) 97, 99, 110, 114, 119, 127, 138, 352
Benjamin (Stammesgebiet) 83K
Berenike 358
Beröa 363, 374K, 403K
Berosus 17
Berotai 113K
Berytus (Beirut) 113K
Bes 183
Besançon 292K, 390
Besek 83K
Beser 149
Betanien 296, 311, 322, 322B, 334
Bet-Awen (siehe Bethel)

408

Bildnachweis

Alinari-Giraudon: 11 (Mitte links), 16

Ancient Art & Architecture: 219, 220 (Mitte rechts), 248 (unten rechts), 252 (unten links), 338, 354, 371, 376 (oben links), 389

Archiv für Kunst und Geschichte, Berlin: 58 (oben links)

Jon Arnold: 6-7, 8-9, 10, 21 (oben rechts), 22 (unten Mitte), 23, 27 (unten links), 31 (unten links), 35, 36, 38 (oben rechts), 38 (unten links), 39 (Mitte rechts), 40, 42, 43, 47, 52, 55, 56 (oben rechts), 56 (Mitte links), 63 (Mitte rechts), 64 (Mitte links), 68 (unten links), 69 (oben), 69 (unten Mitte), 71 (unten Mitte), 71 (oben rechts), 74 (oben Mitte), 76 (oben links), 77, 78 (Mitte links), 80, 81, 82, 84 (unten links), 87, 88, 89, 97, 98 (oben Mitte), 100, 102 (unten rechts), 103 (Mitte rechts), 104 (unten rechts), 106, 107, 108 (Mitte links), 108 (Mitte Mitte), 109 (oben Mitte), 109 (unten rechts), 111, 112 (oben Mitte), 114 (Mitte links), 114 t, 115, 117, 118, 119, 126, 128 (unten Mitte), 129, 131, 132 (unten Mitte), 136 (Mitte rechts), 136 (unten Mitte t), 138, 142, 146 (oben links), 147 (oben Mitte), 147 (unten rechts), 150 (Mitte links), 150 (oben rechts), 153, 156, 158, 162, 171 (oben rechts), 171 (Mitte links), 172 (Mitte Mitte), 174 (oben links), 175 (Mitte links), 176 (oben rechts), 179 (oben rechts), 180 (oben links), 188, 191 (oben links), 196 (unten rechts), 199, 204 (oben links), 204 (unten rechts), 210 (oben rechts), 212 (unten links), 218, 222, 227, 231 (oben rechts), 231 (unten Mitte), 232 (Mitte links), 234, 236 (unten links), 240, 242 (oben links), 246 (oben rechts), 248 (Mitte links), 251 (oben rechts), 253 (unten rechts), 255, 256 (oben links), 259 (oben Mitte), 260, 261, 262 (oben rechts), 263, 265 (oben rechts), 266 (oben rechts), 270, 275 (Mitte rechts), 279, 280 (Mitte rechts), 280 (unten links), 284 (oben rechts), 284 (unten rechts), 285 (oben rechts), 287, 289 (Mitte links), 289 (unten rechts), 294 (oben links), 294 (unten Mitte), 296 (unten links), 297 (oben rechts), 297 (unten Mitte), 299 (oben links), 299 (unten Mitte), 300 (oben links), 301, 302 (Mitte links), 302 (oben rechts), 304 (oben links), 306, 307, 308, 309 (oben rechts), 310 (unten rechts), 310 (oben Mitte), 311 (oben rechts), 312 (unten rechts), 312 (oben), 313, 315 (Mitte rechts), 316, 317 (Mitte links), 320 (oben Mitte), 320 (unten), 321, 322, 324, 326 (unten rechts), 327, 329 (unten links), 331 (oben rechts), 331 (unten links), 333, 334, 335 (unten links), 336, 337, 341 (oben rechts), 341, 342 (unten rechts), 344 (unten links), 344 (oben rechts), 345 (Mitte rechts), 346 (Mitte links), 346 (oben rechts), 349 (unten Mitte), 350, 351, 352 (unten Mitte), 353 (oben links), 353 (Mitte Mitte), 355 (oben rechts), 355 (Mitte links), 356, 358, 359 (Mitte links), 359 (unten rechts), 360, 361, 362 (oben rechts), 364, 365, 367, 368, 370 (oben links), 370 (unten links), 372, 373, 375 (oben links), 375 (Mitte rechts), 376 (Mitte rechts), 378, 379, 381 (unten links), 384 (unten links), 385, 391 (oben rechts), 395 (oben links), 395 (Mitte rechts), 396, 399, 402

Ashmolean Museum: 179 (Mitte links)

Bible Scene Slides: 352 (oben rechts), 363 (unten Mitte)

Bible Society: 296 (oben rechts), 305, 309 (Mitte links), 317 (unten rechts), 328 (Mitte rechts), 341 (Mitte links)

Birmingham City Art Gallery: 286

Lee Boltin: 60 (unten links)

BPK: 116

Bridgeman Art Library: 14 (oben), 33, 123 (Mitte rechts), 229, 288, 290, 303, 323 (unten rechts), 389, 400

British Film Institute: 223 (Mitte links)

The British Museum, Photographic Department: 93 (unten rechts), 130, 143, 175 (oben rechts), 176 (unten links), 180 (unten rechts), 183, 184 (unten Mitte), 242

Brooklyn Museum: 20 (oben Mitte)

Howard Birchmore/Brushmarks: 72, 122, 201 (unten links), 213, 314

China Cultural Relics Promotion Center: 98 (Mitte links), 252 (Mitte rechts), 266 (Mitte links), 273

Musée Cognacq-Jay: 393

Comstock: 178 (Mitte links), 195

Da Vinci Museum: 15 (Mitte rechts)

Alistair Duncan-Middle East Archive: 12 (unten Mitte)

Tor Eigeland/Susan Griggs Agency: 140

John Fulleylove: 41 (oben rechts), 44, 78 (oben rechts), 79, 90, 148 (Mitte links), 161, 163 (Mitte Mitte), 326 (Mitte links)

Giraudon/Bridgement Art Library: 13 (oben links)

Ronald Grant Archive: 66, 68 (oben rechts), 73, 274, 318, 388

Sonia Halliday: 13 (unten Mitte), 65 (oben rechts), 169, 200 (unten rechts), 257 (Mitte links), 258 (Mitte Mitte), 258 (oben rechts), 291, 293, 302 (unten Mitte), 330, 363 (oben links), 374 (unten rechts), 380, 384 (oben rechts), 387, 403 (oben rechts)

Paul Hamlyn Photographic Archives: 157

Robert Harding Picture Library: 18, 19 (Mitte links), 123 (oben links), 135 (oben links), 208 (oben links), 215, 357 (unten Mitte), 362 (unten links), 369